专利复审和无效审查决定汇编丛书

专利复审和无效审查决定汇编
（2007）

外观设计（第一卷）

国家知识产权局专利复审委员会　编

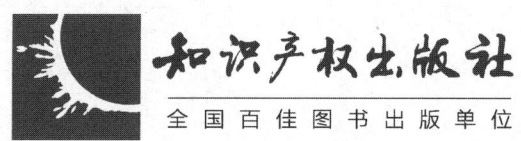

图书在版编目（CIP）数据

专利复审和无效审查决定汇编.2007.外观设计/国家知识产权局专利复审委员会编.—北京：知识产权出版社，2015.12

ISBN 978-7-5130-1607-0

Ⅰ.①专⋯　Ⅱ.①国⋯　Ⅲ.①专利权法—案例—中国　Ⅳ.①D923.425

中国版本图书馆 CIP 数据核字（2012）第 249540 号

内容提要

本书汇集了专利复审委员会 2007 年作出的外观设计专利复审和无效审查决定及相关审查决定和司法判决（根据法律规定需要保密的除外），比较全面地反映了专利复审委员会的审查工作和人民法院专利行政案件审理工作取得的进展，对专利工作者具有一定的借鉴和指导作用，也有利于当事人及广大公众对专利复审委员会的审查工作进行监督。

责任编辑：崔开丽　刘　畅		责任校对：董志英	
责任出版：孙婷婷		封面设计：品　序	

专利复审和无效审查决定汇编丛书

专利复审和无效审查决定汇编（2007）

外观设计（第一卷）

国家知识产权局专利复审委员会　编

出版发行：知识产权出版社有限责任公司	网　　址：http://www.ipph.cn
社　　址：北京市海淀区马甸南村1号（邮编：100088）	天猫旗舰店：http://zscqcbs.tmall.com
责编电话：82000860 转 8377	责编邮箱：cui_kaili@sina.com
发行电话：010-82000860 转 8101/8102	发行传真：010-82000893/82005070/82000270
印　　刷：北京中献拓方科技发展有限公司	经　　销：各大网上书店、新华书店及相关专业书店
开　　本：880mm×1230mm　1/16	印　　张：308.75
版　　次：2015 年 12 月第 1 版	印　　次：2015 年 12 月第 1 次印刷
字　　数：8668 千字	定　　价：1500.00 元（全6卷）
ISBN 978-7-5130-1607-0	

出版权专有　侵权必究
如有印装质量问题，本社负责调换。

本书编委会

主　任：廖　涛

副主任：杨　光　　胡文辉　　祁德山

编　委：金泽俭　　徐晓敏　　廖志峰　　张予革
　　　　白剑峰　　马　昊　　蒋　彤　　李人久
　　　　李　越　　陈迎春　　于　萍　　吴赤兵
　　　　李　隽

前 言

随着经济全球化和我国国民经济的飞速发展，专利制度在经济活动中的作用和地位越来越突出，国民的专利意识也在不断增强。目前，我国专利申请总量超过1170万件，每年专利复审与无效宣告请求案件已超过2万件，2012年达到20261件。作为专利复审和无效宣告请求案件审查的专属机构，专利复审委员会每年都要作出数以千计的审查决定。与之相应，人民法院每年要作出数百篇司法判决。每一篇审查决定和判决书都凝聚着审查员和审判人员的心血和智慧。通过审查员和审判人员结合具体案情的创作型劳动，生硬的法律条文变得鲜活和丰满，形成一笔宝贵的精神财富和公共资源，并不断有专利代理机构、专利代理人以及审查员希望专利复审委员会能够出版专利复审和无效审查决定，作为学习和工作时的重要参考资料。

除根据法律规定需要保密的外，《专利复审和无效审查决定汇编（2007）》汇集了专利复审委员会2007年作出的审查决定，包括针对相应审查决定的司法判决，以便读者了解审查决定的法律状态并对照阅读和分析。本汇编按照技术专业领域将分为8大册，共25分卷：机械（3卷）、电学（4卷）、通信（2卷）、医药（2卷）、化学（2卷）、材料（3卷）、光电（3卷）、外观设计（6卷）。因此，本汇编比较全面地反映了专利复审委员会的审查工作和人民法院专利行政案件审理工作取得的进展。

我们相信，本汇编对专利工作者具有一定的借鉴和指导作用，也有利于当事人及广大公众对专利复审委员会的审查工作进行监督。本汇编也将为推动专利复审委员会的发展，促进专利代理业务水平的提高，为《国家知识产权战略纲要》进一步实施尽微薄之力。

本书编委会
2013年8月

目　录

复审请求审查决定

001 液体分配阀入口
　　复审请求审查决定（第 10311 号） ………………………………………………… 3

002 巧克力花束
　　复审请求审查决定（第 10731 号） ………………………………………………… 5

003 侧裙板
　　复审请求审查决定（第 11166 号） ………………………………………………… 7

004 桌角（吹塑桌面的桌角）
　　复审请求审查决定（第 11631 号） ………………………………………………… 9

无效宣告请求审查决定

001 多色铝合金钓具卷线轮
　　无效宣告请求审查决定（第 6574 号） …………………………………………… 15

002 移动式空调器（26）
　　无效宣告请求审查决定（第 8228 号） …………………………………………… 21

003 换气机（KLF-18AXP）
　　无效宣告请求审查决定（第 8588 号） …………………………………………… 25

004 饮料瓶
　　无效宣告请求审查决定（第 8613 号） …………………………………………… 32

005 灯（散热式一体化节能 D72 系列）
　　无效宣告请求审查决定（第 8614 号） …………………………………………… 37

006 节能灯塑件外壳
　　无效宣告请求审查决定（第 8615 号） …………………………………………… 41

007 儿童锻炼运动车

无效宣告请求审查决定（第 8658 号） …… 45

008 润滑油罐（滨士机油）
无效宣告请求审查决定（第 8668 号） …… 50

009 酒　瓶
无效宣告请求审查决定（第 8776 号） …… 54

010 拖鞋（2321）
无效宣告请求审查决定（第 8782 号） …… 58

011 瓷砖（条形石）
无效宣告请求审查决定（第 8792 号） …… 63
北京市第一中级人民法院行政判决书（2007）一中行初字第 211 号 …… 69
北京市高级人民法院行政判决书（2008）高行终字第 27 号 …… 74

012 搅拌机（BL-747）
无效宣告请求审查决定（第 8797 号） …… 79

013 床（汉斯）
无效宣告请求审查决定（第 8799 号） …… 84

014 耳机（CD-610）
无效宣告请求审查决定（第 8800 号） …… 89

015 瓦楞坑纸
无效宣告请求审查决定（第 8805 号） …… 93

016 长排警示灯（LTF 152121）
无效宣告请求审查决定（第 8816 号） …… 97
北京市第一中级人民法院行政判决书（2007）一中行初字第 335 号 …… 104

017 长排警示灯（LTF 152121）
无效宣告请求审查决定（第 8817 号） …… 108
北京市第一中级人民法院行政判决书（2007）一中行初字第 769 号 …… 112

018 包装桶（黑孚）
无效宣告请求审查决定（第 8822 号） …… 114

019 壁柜下滑
无效宣告请求审查决定（第 8831 号） …… 119

020 标贴（安防器材）
无效宣告请求审查决定（第 8844 号） …… 125

021 自动温热医疗器
无效宣告请求审查决定（第 8845 号） …… 130

北京市第一中级人民法院行政判决书（2007）一中行初字第340号 …………… 137
北京市高级人民法院行政判决书（2007）高行终字第590号 ……………… 141

022 灯（冰柱）
无效宣告请求审查决定（第8848号）………………………………… 145

023 灯（草莓）
无效宣告请求审查决定（第8849号）………………………………… 148

024 灯（火焰）
无效宣告请求审查决定（第8850号）………………………………… 152

025 开关面板
无效宣告请求审查决定（第8852号）………………………………… 157

026 手紧式钻夹头（5）
无效宣告请求审查决定（第8857号）………………………………… 165
北京市第一中级人民法院行政判决书（2007）一中行初字第449号 …………… 171

027 发射笔
无效宣告请求审查决定（第8859号）………………………………… 176

028 香皂包装纸（舰牌洗衣皂）
无效宣告请求审查决定（第8861号）………………………………… 182

029 标帖（石门烧）
无效宣告请求审查决定（第8864号）………………………………… 186

030 腾飞形高压钠灯路灯（1号）
无效宣告请求审查决定（第8872号）………………………………… 191

031 电热壶（XB6158）
无效宣告请求审查决定（第8873号）………………………………… 195

032 摩托车（YB125T—9）
无效宣告请求审查决定（第8874号）………………………………… 200

033 摩托车（125Y）
无效宣告请求审查决定（第8875号）………………………………… 205

034 床（波恩）
无效宣告请求审查决定（第8884号）………………………………… 211

035 包装盒（阳谷一号酒）
无效宣告请求审查决定（第8885号）………………………………… 215

036 染色机（B）
无效宣告请求审查决定（第8889号）………………………………… 219

　　　　北京市第一中级人民法院行政判决书（2007）一中行初字第387号 …………… 225
　　　　北京市高级人民法院行政判决书（2008）高行终字第95号 ………………… 230

037 沙发床（普士）
　　　　无效宣告请求审查决定（第8896号） ……………………………………… 235
　　　　北京市第一中级人民法院行政判决书（2007）一中行初字第97号 ………… 242
　　　　北京市高级人民法院行政判决书（2008）高行终字第10号 ………………… 252

038 沙发床（普士）
　　　　无效宣告请求审查决定（第8897号） ……………………………………… 260
　　　　北京市第一中级人民法院行政判决书（2007）一中行初字第96号 ………… 267
　　　　北京市高级人民法院行政判决书（2008）高行终字第9号 ………………… 277

039 瓶贴（金龙皇食用调和油）
　　　　无效宣告请求审查决定（第8898号） ……………………………………… 285

040 组合收录机（TX-2031）
　　　　无效宣告请求审查决定（第8904号） ……………………………………… 288

041 床（四）
　　　　无效宣告请求审查决定（第8907号） ……………………………………… 292

042 床
　　　　无效宣告请求审查决定（第8908号） ……………………………………… 297
　　　　北京市第一中级人民法院行政判决书（2007）一中行初字第423号 ………… 301
　　　　北京市高级人民法院行政判决书（2007）高行终字第447号 ………………… 304

043 饮料罐（6）
　　　　无效宣告请求审查决定（第8913号） ……………………………………… 308

044 带有滑轮的整理箱
　　　　无效宣告请求审查决定（第8914号） ……………………………………… 312

045 瓶贴（酒）
　　　　无效宣告请求审查决定（第8916号） ……………………………………… 317

046 包装袋（菜脯丝）
　　　　无效宣告请求审查决定（第8928号） ……………………………………… 321

047 淋浴屏（7018）
　　　　无效宣告请求审查决定（第8935号） ……………………………………… 325
　　　　北京市第一中级人民法院行政判决书（2007）一中行初字第470号 ………… 330
　　　　北京市高级人民法院行政判决书（2008）高行终字第249号 ………………… 333

048 车　顶
　　　　无效宣告请求审查决定（第8959号） ……………………………………… 337

北京市第一中级人民法院行政判决书（2007）一中行初字第442号 …………………… 342
北京市高级人民法院行政判决书（2008）高行终字第5号 …………………… 346

049 光信号转换器（6940-1型）
无效宣告请求审查决定（第8974号） …………………………………… 351

050 家具花饰线
无效宣告请求审查决定（第8977号） …………………………………… 356

051 家具花饰线
无效宣告请求审查决定（第8980号） …………………………………… 360

052 地毯（8）
无效宣告请求审查决定（第8982号） …………………………………… 364

053 复合开关（SF6）
无效宣告请求审查决定（第8983号） …………………………………… 370

054 制冰机（QM45）
无效宣告请求审查决定（第8985号） …………………………………… 376

055 吸尘器（YLC24）
无效宣告请求审查决定（第8986号） …………………………………… 381
北京市第一中级人民法院行政判决书（2007）一中行初字第771号 …………………… 386

056 吸尘器
无效宣告请求审查决定（第8987号） …………………………………… 391

057 瓶　子
无效宣告请求审查决定（第8989号） …………………………………… 396

058 荧光灯灯头
无效宣告请求审查决定（第8991号） …………………………………… 400

059 水中原动装置
无效宣告请求审查决定（第8996号） …………………………………… 403

060 花楼木质机
无效宣告请求审查决定（第9005号） …………………………………… 407

061 润滑油桶（双面加强筋）
无效宣告请求审查决定（第9010号） …………………………………… 413

062 浴室取暖器（A716A）
无效宣告请求审查决定（第9014号） …………………………………… 418

063 牙刷柄（11）
无效宣告请求审查决定（第9018号） …………………………………… 426

064 牙刷柄（4）
　　无效宣告请求审查决定（第9019号）…………………………………………… 430

065 打孔器（文具2）
　　无效宣告请求审查决定（第9022号）…………………………………………… 435

066 风扇扇叶（08RF002系列）
　　无效宣告请求审查决定（第9027号）…………………………………………… 438
　　北京市第一中级人民法院行政判决书（2007）一中行初字第777号 ………… 442
　　北京市高级人民法院行政判决书（2008）高行终字第321号 ………………… 446

067 用于电开关、插座及类似物的盖板
　　无效宣告请求审查决定（第9028号）…………………………………………… 450
　　北京市第一中级人民法院行政判决书（2007）一中行初字第355号 ………… 456

068 包装机（JR3410B）
　　无效宣告请求审查决定（第9029号）…………………………………………… 457

069 包装机（JR3400R）
　　无效宣告请求审查决定（第9030号）…………………………………………… 462

070 电气装置盒盖板
　　无效宣告请求审查决定（第9031号）…………………………………………… 467

071 便携式电钻
　　无效宣告请求审查决定（第9034号）…………………………………………… 476
　　北京市第一中级人民法院行政判决书（2007）一中行初字第530号 ………… 479

072 蓝白红相间软管
　　无效宣告请求审查决定（第9038号）…………………………………………… 483

073 电动执行器（一）
　　无效宣告请求审查决定（第9046号）…………………………………………… 488

074 汽油机组（TIGER950）
　　无效宣告请求审查决定（第9051号）…………………………………………… 491

075 负离子烫发夹
　　无效宣告请求审查决定（第9056号）…………………………………………… 495

076 随动端面密封构件
　　无效宣告请求审查决定（第9060号）…………………………………………… 500

077 机动车座椅
　　无效宣告请求审查决定（第9065号）…………………………………………… 505

078 包装盒（节能灯二）

无效宣告请求审查决定（第9066号） 509
北京市第一中级人民法院行政判决书（2007）一中行初字第467号 514
北京市高级人民法院行政判决书（2007）高行终字第528号 519

079 双相血培养瓶（1）
无效宣告请求审查决定（第9076号） 523

080 电动执行器（三）
无效宣告请求审查决定（第9078号） 529

081 异型铝框条（7602）
无效宣告请求审查决定（第9088号） 533
北京市第一中级人民法院行政判决书（2007）一中行初字第207号 535

082 型材（8607）
无效宣告请求审查决定（第9092号） 538
北京市第一中级人民法院行政判决书（2007）一中行初字第394号 546
北京市第一中级人民法院行政判决书（2007）一中行初字第516号 547

083 商业媒体广告扑克
无效宣告请求审查决定（第9093号） 549

084 喷头（2）
无效宣告请求审查决定（第9104号） 553

085 瓶贴（复方穿心莲片）
无效宣告请求审查决定（第9109号） 558

086 超薄密封快餐盒（汤杯）
无效宣告请求审查决定（第9117号） 562

087 食用油瓶标贴（金龙鱼）
无效宣告请求审查决定（第9118号） 569

088 按摩包
无效宣告请求审查决定（第9120号） 573

089 标贴（洋葱干红）
无效宣告请求审查决定（第9121号） 578

090 标贴（干红）
无效宣告请求审查决定（第9122号） 583

091 包装盒（鼓浪屿馅饼）
无效宣告请求审查决定（第9123号） 588

092 杯（竹报平安）

　　　　无效宣告请求审查决定（第9125号） …………………………………………………… 595

093 杯（花开富贵）
　　　　无效宣告请求审查决定（第9126号） …………………………………………………… 598

094 包装盒（肾宝）
　　　　无效宣告请求审查决定（第9131号） …………………………………………………… 604

095 组合前照灯（6880）
　　　　无效宣告请求审查决定（第9132号） …………………………………………………… 607

096 柜式空气调节扇
　　　　无效宣告请求审查决定（第9135号） …………………………………………………… 616
　　　　北京市第一中级人民法院行政判决书（2007）一中行初字第516号 ………………… 626
　　　　北京市高级人民法院行政判决书（2007）高行终字第392号 …………………………… 628

097 家用搅拌机（BL999）
　　　　无效宣告请求审查决定（第9136号） …………………………………………………… 631

098 光子嫩肤仪
　　　　无效宣告请求审查决定（第9137号） …………………………………………………… 635

099 打火机（JY-5）
　　　　无效宣告请求审查决定（第9138号） …………………………………………………… 640
　　　　北京市第一中级人民法院行政判决书（2007）一中行初字第444号 ………………… 645

100 播放机（MP316型）
　　　　无效宣告请求审查决定（第9149号） …………………………………………………… 646

101 异型铝框条8601
　　　　无效宣告请求审查决定（第9156号） …………………………………………………… 651
　　　　北京市第一中级人民法院行政判决书（2007）一中行初字第339号 ………………… 658

102 异型铝框条8604
　　　　无效宣告请求审查决定（第9157号） …………………………………………………… 661
　　　　北京市第一中级人民法院行政判决书（2007）一中行初字第514号 ………………… 668

103 润滑脂泵
　　　　无效宣告请求审查决定（第9179号） …………………………………………………… 671

104 采暖炉
　　　　无效宣告请求审查决定（第9189号） …………………………………………………… 677

105 包装盒（大蒜油软胶囊）
　　　　无效宣告请求审查决定（第9194号） …………………………………………………… 681

106 工具盒（A）

无效宣告请求审查决定（第 9202 号） ……………………………… 687

107 工具盒（B）
无效宣告请求审查决定（第 9203 号） ……………………………… 695

108 包装袋（豆干菜脯）
无效宣告请求审查决定（第 9206 号） ……………………………… 702

109 保温餐具
无效宣告请求审查决定（第 9208 号） ……………………………… 706
北京市第一中级人民法院行政判决书（2007）一中行初字第 355 号 …… 710

110 餐饮具（中华龙系列）
无效宣告请求审查决定（第 9209 号） ……………………………… 712
北京市第一中级人民法院行政判决书（2007）一中行初字第 356 号 …… 726

111 瓶贴（统一鲜橙多）
无效宣告请求审查决定（第 9220 号） ……………………………… 727

112 喷头（2003-1）
无效宣告请求审查决定（第 9226 号） ……………………………… 730
北京市第一中级人民法院行政判决书（2007）一中行初字第 535 号 …… 733
北京市高级人民法院行政判决书（2007）高行终字第 526 号 …………… 737

113 标 贴
无效宣告请求审查决定（第 9227 号） ……………………………… 741

114 吸尘机（NK-117）
无效宣告请求审查决定（第 9234 号） ……………………………… 746

115 瓷用贴花纸（金羽毛）
无效宣告请求审查决定（第 9235 号） ……………………………… 750

116 包装衬板（环氧胶 35）
无效宣告请求审查决定（第 9236 号） ……………………………… 753

117 硅酮密封胶包装塑料筒（9）
无效宣告请求审查决定（第 9237 号） ……………………………… 757
北京市第一中级人民法院行政判决书（2007）一中行初字第 531 号 …… 761

118 环氧胶包装底板（18）
无效宣告请求审查决定（第 9238 号） ……………………………… 764

119 包装衬板（环氧胶 34）
无效宣告请求审查决定（第 9239 号） ……………………………… 769

120 包装衬板（环氧胶 33）

无效宣告请求审查决定（第 9240 号） …………………………………………… 774

121 沙滩桌（HXPT-8836）
无效宣告请求审查决定（第 9243 号） …………………………………………… 779

122 聚光灯（TL150）
无效宣告请求审查决定（第 9244 号） …………………………………………… 783

123 食品保温桶（WJ-C）
无效宣告请求审查决定（第 9248 号） …………………………………………… 788

124 数传电台
无效宣告请求审查决定（第 9254 号） …………………………………………… 793

125 地毯（3）
无效宣告请求审查决定（第 9258 号） …………………………………………… 799

126 瓶贴（慕田峪牌汤河口二锅头）
无效宣告请求审查决定（第 9265 号） …………………………………………… 815

127 插座（接地故障断路器 GFCI）
无效宣告请求审查决定（第 9268 号） …………………………………………… 820

128 手提袋
无效宣告请求审查决定（第 9273 号） …………………………………………… 832
北京市第一中级人民法院行政判决书（2007）一中行初字第 594 号 ………… 835

129 电动剃须刀（RSCX-2028）
无效宣告请求审查决定（第 9280 号） …………………………………………… 837

130 直　管
无效宣告请求审查决定（第 9291 号） …………………………………………… 843

131 环保垃圾车
无效宣告请求审查决定（第 9292 号） …………………………………………… 847

132 标　贴
无效宣告请求审查决定（第 9300 号） …………………………………………… 853

133 透明皂包装袋（舰牌田七）
无效宣告请求审查决定（第 9302 号） …………………………………………… 859

134 金程汽车（3）
无效宣告请求审查决定（第 9306 号） …………………………………………… 863

135 发电机（YF2500）
无效宣告请求审查决定（第 9307 号） …………………………………………… 870

136 欧式大面板跷板开关
无效宣告请求审查决定（第9309号） ·········· 875
北京市第一中级人民法院行政判决书（2007）一中行初字第475号 ·········· 884
北京市高级人民法院行政判决书（2007）高行终字第484号 ·········· 888

137 电子节能灯灯泡
无效宣告请求审查决定（第9316号） ·········· 889
北京市第一中级人民法院行政判决书（2007）一中行初字第388号 ·········· 894
北京市高级人民法院行政判决书（2007）高行终字第458号 ·········· 898

138 外用膏药包装瓶
无效宣告请求审查决定（第9321号） ·········· 902

139 超薄密封快餐盒（750ml圆碗）
无效宣告请求审查决定（第9340号） ·········· 907
北京市第一中级人民法院行政判决书（2007）一中行初字第482号 ·········· 912
北京市高级人民法院行政判决书（2007）高行终字第489号 ·········· 917

140 电脑机箱（MG-760）
无效宣告请求审查决定（第9345号） ·········· 918

141 牵引电磁铁
无效宣告请求审查决定（第9353号） ·········· 921

142 罐头瓶体（2）
无效宣告请求审查决定（第9358号） ·········· 929
北京市第一中级人民法院行政判决书（2007）一中行初字第511号 ·········· 936

143 车用手机免提装置（CZMT-100型）
无效宣告请求审查决定（第9368号） ·········· 942

144 包装袋
无效宣告请求审查决定（第9373号） ·········· 950

145 日光灯支架
无效宣告请求审查决定（第9376号） ·········· 954

146 摩托车（BT50QT-7）
无效宣告请求审查决定（第9387号） ·········· 960

147 异型铝框条（8652）
无效宣告请求审查决定（第9388号） ·········· 964

148 调节器
无效宣告请求审查决定（第9401号） ·········· 969

149 台灯（RL-e01）
　　无效宣告请求审查决定（第9403号） ………………………………………… 975

150 染色机（D）
　　无效宣告请求审查决定（第9404号） ………………………………………… 981

151 异型铝框条8603
　　无效宣告请求审查决定（第9406号） ………………………………………… 989

152 异型铝框条8608
　　无效宣告请求审查决定（第9412号） ………………………………………… 993

153 油　桶
　　无效宣告请求审查决定（第9416号） ………………………………………… 997

154 异型铝框条8606
　　无效宣告请求审查决定（第9419号） ………………………………………… 1002

155 瓶贴（皇城京王子）
　　无效宣告请求审查决定（第9424号） ………………………………………… 1006

156 口香糖包装盒（3）
　　无效宣告请求审查决定（第9426号） ………………………………………… 1011

157 口香糖包装盒（2）
　　无效宣告请求审查决定（第9427号） ………………………………………… 1016

158 斜面电子密码保险柜
　　无效宣告请求审查决定（第9433号） ………………………………………… 1021

159 光催化蚊蝇捕杀器
　　无效宣告请求审查决定（第9438号） ………………………………………… 1024

160 窗锁（2）
　　无效宣告请求审查决定（第9439号） ………………………………………… 1029
　　北京市第一中级人民法院行政判决书（2007）一中行初字第655号 ……… 1033

161 包装袋
　　无效宣告请求审查决定（第9440号） ………………………………………… 1037

162 异型铝框条（8602）
　　无效宣告请求审查决定（第9441号） ………………………………………… 1040

163 链节片
　　无效宣告请求审查决定（第9442号） ………………………………………… 1044

164 平底链节片

　　　　无效宣告请求审查决定（第9443号） …………………………………………………… 1050

165 包装纸
　　　　无效宣告请求审查决定（第9446号） …………………………………………………… 1056

166 枪刷（22T）
　　　　无效宣告请求审查决定（第9447号） …………………………………………………… 1061

167 枪刷（12T）
　　　　无效宣告请求审查决定（第9448号） …………………………………………………… 1064

168 咖啡壶（Ⅴ）
　　　　无效宣告请求审查决定（第9449号） …………………………………………………… 1067

169 咖啡壶（Ⅵ）
　　　　无效宣告请求审查决定（第9450号） …………………………………………………… 1073

170 包装盒
　　　　无效宣告请求审查决定（第9452号） …………………………………………………… 1078

171 酒包装袋
　　　　无效宣告请求审查决定（第9454号） …………………………………………………… 1083

172 摩托车油箱（一）
　　　　无效宣告请求审查决定（第9455号） …………………………………………………… 1087

173 电壁炉（BLT-999A-2）
　　　　无效宣告请求审查决定（第9459号） …………………………………………………… 1093

174 包装箱（牛奶）
　　　　无效宣告请求审查决定（第9462号） …………………………………………………… 1098
　　　　北京市第一中级人民法院行政判决书（2007）一中行初字第692号 ……………………… 1105

175 标贴（永丰饪王）
　　　　无效宣告请求审查决定（第9463号） …………………………………………………… 1112

176 饮料瓶盖
　　　　无效宣告请求审查决定（第9467号） …………………………………………………… 1116
　　　　北京市第一中级人民法院行政判决书（2007）一中行初字第687号 ……………………… 1121
　　　　北京市高级人民法院行政判决书（2007）高行终字第460号 …………………………… 1124

177 卷尺（2001型）
　　　　无效宣告请求审查决定（第9471号） …………………………………………………… 1127

178 包装袋
　　　　无效宣告请求审查决定（第9485号） …………………………………………………… 1132

179 路灯（一）

　　　　无效宣告请求审查决定（第 9488 号） ……………………………………………… 1137

180 滤清器（11）
　　　　无效宣告请求审查决定（第 9492 号） ……………………………………………… 1141

181 滤清器（12）
　　　　无效宣告请求审查决定（第 9493 号） ……………………………………………… 1144

182 瓶贴（清茶低糖-PET500）
　　　　无效宣告请求审查决定（第 9496 号） ……………………………………………… 1147

183 药品盒
　　　　无效宣告请求审查决定（第 9498 号） ……………………………………………… 1152

184 咖啡壶（Ⅲ）
　　　　无效宣告请求审查决定（第 9499 号） ……………………………………………… 1157

185 便携式天线通信机
　　　　无效宣告请求审查决定（第 9504 号） ……………………………………………… 1162
　　　　北京市第一中级人民法院行政判决书（2007）一中行初字第 644 号 …………… 1170

186 水陆两用玩具沙滩车
　　　　无效宣告请求审查决定（第 9509 号） ……………………………………………… 1176
　　　　北京市第一中级人民法院行政判决书（2007）一中行初字第 861 号 …………… 1182

187 电力蒸汽熨斗
　　　　无效宣告请求审查决定（第 9510 号） ……………………………………………… 1185
　　　　北京市第一中级人民法院行政判决书（2007）一中行初字第 794 号 …………… 1201
　　　　北京市高级人民法院行政裁定书（2007）高行终字第 541 号 …………………… 1204

188 智能卡水流计量装置
　　　　无效宣告请求审查决定（第 9512 号） ……………………………………………… 1206

189 标贴（芹菜干红）
　　　　无效宣告请求审查决定（第 9514 号） ……………………………………………… 1210

190 生物试条（B）
　　　　无效宣告请求审查决定（第 9516 号） ……………………………………………… 1214
　　　　北京市第一中级人民法院行政判决书（2007）一中行初字第 805 号 …………… 1220
　　　　北京市高级人民法院行政判决书（2008）高行终字第 41 号 ……………………… 1226

191 标贴（安防设备）
　　　　无效宣告请求审查决定（第 9519 号） ……………………………………………… 1232

192 包装盒
　　　　无效宣告请求审查决定（第 9521 号） ……………………………………………… 1235

193 包装袋（德氏鲜奶糕）
　　无效宣告请求审查决定（第 9536 号） ································ 1242

194 包装盒（2）
　　无效宣告请求审查决定（第 9537 号） ································ 1245

195 包装袋（德氏可可鲜奶糕）
　　无效宣告请求审查决定（第 9543 号） ································ 1247

196 包装袋（德氏猕猴桃真果）
　　无效宣告请求审查决定（第 9544 号） ································ 1250

197 耳机（CD-760）
　　无效宣告请求审查决定（第 9546 号） ································ 1253

198 玩具娃娃头部
　　无效宣告请求审查决定（第 9551 号） ································ 1258

199 电子冷热保温箱（CW-317）
　　无效宣告请求审查决定（第 9552 号） ································ 1260

200 水　杯
　　无效宣告请求审查决定（第 9554 号） ································ 1262
　　北京市第一中级人民法院行政判决书（2007）一中行初字第 775 号 ······ 1267
　　北京市高级人民法院行政判决书（2008）高行终字第 144 号 ············ 1271

201 车体铝型材（导电轨 2）
　　无效宣告请求审查决定（第 9555 号） ································ 1275

202 灯（120V20W 小型柜子灯）
　　无效宣告请求审查决定（第 9556 号） ································ 1279
　　北京市第一中级人民法院行政判决书（2007）一中行初字第 821 号 ······ 1287

203 油漆罐
　　无效宣告请求审查决定（第 9558 号） ································ 1292

204 强力胶托板（11）
　　无效宣告请求审查决定（第 9559 号） ································ 1297

205 饮料包装罐（红牛维生素）
　　无效宣告请求审查决定（第 9570 号） ································ 1302

206 润滑油瓶
　　无效宣告请求审查决定（第 9573 号） ································ 1307

207 润滑油瓶
　　无效宣告请求审查决定（第 9574 号） ································ 1312

208 立式胶体磨
　　无效宣告请求审查决定（第9576号） ……………………………………………… 1317

209 手　柄
　　无效宣告请求审查决定（第9577号） ……………………………………………… 1322

210 电控伸缩门
　　无效宣告请求审查决定（第9578号） ……………………………………………… 1327

211 瓷砖（十）
　　无效宣告请求审查决定（第9579号） ……………………………………………… 1332

212 分体式胶体磨
　　无效宣告请求审查决定（第9580号） ……………………………………………… 1339

213 化妆镜（01）
　　无效宣告请求审查决定（第9581号） ……………………………………………… 1344

214 化妆镜（02）
　　无效宣告请求审查决定（第9582号） ……………………………………………… 1349

215 高尔夫颈套（2）
　　无效宣告请求审查决定（第9585号） ……………………………………………… 1354
　　北京市第一中级人民法院行政判决书（2007）一中行初字第837号 ………………… 1362
　　北京市高级人民法院行政判决书（2007）高行终字第498号 …………………………… 1365

216 高尔夫颈套（1）
　　无效宣告请求审查决定（第9586号） ……………………………………………… 1369
　　北京市第一中级人民法院行政判决书（2007）一中行初字第838号 ………………… 1376
　　北京市高级人民法院行政判决书（2007）高行终字第499号 …………………………… 1379

217 CD包
　　无效宣告请求审查决定（第9587号） ……………………………………………… 1383

218 高尔夫颈套（4）
　　无效宣告请求审查决定（第9589号） ……………………………………………… 1388
　　北京市第一中级人民法院行政判决书（2007）一中行初字第839号 ………………… 1396

219 高尔夫颈套（3）
　　无效宣告请求审查决定（第9590号） ……………………………………………… 1400
　　北京市第一中级人民法院行政判决书（2007）一中行初字第840号 ………………… 1408
　　北京市高级人民法院行政判决书（2007）高行终字第497号 …………………………… 1411

220 瓶贴（假日长城村干红葡萄酒）
　　无效宣告请求审查决定（第9593号） ……………………………………………… 1415

221 灯（120V螺旋玻璃盖柜子吸顶灯）

无效宣告请求审查决定（第9594号） ··· 1420
北京市第一中级人民法院行政判决书（2007）一中行初字第820号 ········ 1425

222 客货汽车（轻型2）
无效宣告请求审查决定（第9595号） ··· 1429
北京市第一中级人民法院行政判决书（2007）一中行初字第888号 ········ 1437
北京市高级人民法院行政裁定书（2008）高行终字第205号 ·················· 1448

223 网格印刷镀膜玻璃
无效宣告请求审查决定（第9596号） ··· 1449

224 挖掘机仪表（WZB201A型）
无效宣告请求审查决定（第9603号） ··· 1453

225 榨菜包装袋
无效宣告请求审查决定（第9604号） ··· 1456

226 高铝陶瓷过滤片
无效宣告请求审查决定（第9609号） ··· 1460

227 除铁机
无效宣告请求审查决定（第9612号） ··· 1465
北京市第一中级人民法院行政裁定书（2007）一中行初字第1154号 ········ 1469

228 咖啡壶（Ⅸ）
无效宣告请求审查决定（第9617号） ··· 1470

229 瓶贴（悠之源鲜橙多）
无效宣告请求审查决定（第9622号） ··· 1475

230 灯（11）
无效宣告请求审查决定（第9625号） ··· 1481

231 灯罩（2）
无效宣告请求审查决定（第9626号） ··· 1484

232 灯（12）
无效宣告请求审查决定（第9627号） ··· 1487

233 窗口双向对讲机（2）
无效宣告请求审查决定（第9628号） ··· 1490

234 窗口双向对讲机（1）
无效宣告请求审查决定（第9629号） ··· 1497

235 包装盒（亮嗓胖大海清咽糖）
无效宣告请求审查决定（第9632号） ··· 1503

§236§ 茶叶罐（六角）
　　无效宣告请求审查决定（第 9633 号） ……………………………………………………… 1505

§237§ 标贴（长城葡园）
　　无效宣告请求审查决定（第 9634 号） ……………………………………………………… 1512

§238§ 包装盒（精制豆腐乳）
　　无效宣告请求审查决定（第 9639 号） ……………………………………………………… 1516

§239§ 墙地砖（米格拉系列 C）
　　无效宣告请求审查决定（第 9640 号） ……………………………………………………… 1522

§240§ 汽车天窗
　　无效宣告请求审查决定（第 9641 号） ……………………………………………………… 1525

§241§ 瓷砖（清晨恋）
　　无效宣告请求审查决定（第 9642 号） ……………………………………………………… 1528

§242§ 巧克力包装盒（7）
　　无效宣告请求审查决定（第 9643 号） ……………………………………………………… 1532

§243§ 办公椅（01）
　　无效宣告请求审查决定（第 9644 号） ……………………………………………………… 1539

§244§ 休闲帽
　　无效宣告请求审查决定（第 9650 号） ……………………………………………………… 1543

§245§ 咖啡杯具（波浪型 C&S47）
　　无效宣告请求审查决定（第 9653 号） ……………………………………………………… 1551

§246§ 米箱（G-10）
　　无效宣告请求审查决定（第 9654 号） ……………………………………………………… 1558

§247§ 头　带
　　无效宣告请求审查决定（第 9657 号） ……………………………………………………… 1562

§248§ 手表（XJ-663）
　　无效宣告请求审查决定（第 9658 号） ……………………………………………………… 1566
　　北京市第一中级人民法院行政判决书（2007）一中行初字第 898 号 ……………………… 1568

§249§ 铝合金型材（扇中立）
　　无效宣告请求审查决定（第 9659 号） ……………………………………………………… 1571

§250§ 瓶贴（5）
　　无效宣告请求审查决定（第 9661 号） ……………………………………………………… 1576

§251§ 吸尘器

无效宣告请求审查决定（第9663号） …… 1579

252 窗帘（百褶帘）
无效宣告请求审查决定（第9666号） …… 1584
北京市第一中级人民法院行政判决书（2007）一中行初字第1030号 …… 1588
北京市高级人民法院行政判决书（2008）高行终字第67号 …… 1593

253 包装袋（沸尔玛）
无效宣告请求审查决定（第9667号） …… 1596

254 猪用复合预混料包装袋
无效宣告请求审查决定（第9669号） …… 1600

255 CD盒（FS1111骰子80片）
无效宣告请求审查决定（第9671号） …… 1603
北京市第一中级人民法院行政判决书（2007）一中行初字第951号 …… 1608
北京市高级人民法院行政判决书（2008）高行终字第63号 …… 1612

256 手表（XJ-662）
无效宣告请求审查决定（第9674号） …… 1616
北京市第一中级人民法院行政判决书（2007）一中行初字第894号 …… 1623

257 自行车后拨链器
无效宣告请求审查决定（第9675号） …… 1627

258 香 条
无效宣告请求审查决定（第9685号） …… 1630

259 订书机（WL3215）
无效宣告请求审查决定（第9686号） …… 1633

260 保温瓶（I）
无效宣告请求审查决定（第9689号） …… 1638

261 保温瓶（III）
无效宣告请求审查决定（第9690号） …… 1646

262 手表（XJ-701）
无效宣告请求审查决定（第9691号） …… 1654
北京市第一中级人民法院行政判决书（2007）一中行初字第897号 …… 1657

263 包装盒（肾宝糖浆）
无效宣告请求审查决定（第9692号） …… 1660

264 包装桶（三）
无效宣告请求审查决定（第9696号） …… 1664

265 茶叶罐

无效宣告请求审查决定（第9697号） …………………………………………………… 1668

266 头盔（FF336）
　　　无效宣告请求审查决定（第9698号） …………………………………………………… 1674

267 煮粥锅（T）
　　　无效宣告请求审查决定（第9699号） …………………………………………………… 1680

268 双头麦克笔
　　　无效宣告请求审查决定（第9701号） …………………………………………………… 1685
　　　北京市第一中级人民法院行政裁定书（2007）一中行初字第1111号 …………………… 1687

269 笔（圆珠笔、活动铅笔）
　　　无效宣告请求审查决定（第9703号） …………………………………………………… 1688

270 节能环保窗式空调（六）
　　　无效宣告请求审查决定（第9704号） …………………………………………………… 1695

271 灯（太阳能多功能）
　　　无效宣告请求审查决定（第9706号） …………………………………………………… 1700

272 双振动手柄（酷豹3）
　　　无效宣告请求审查决定（第9707号） …………………………………………………… 1710

273 手表（XJ-672）
　　　无效宣告请求审查决定（第9708号） …………………………………………………… 1716

274 周转盛具架（大型齿轮）
　　　无效宣告请求审查决定（第9710号） …………………………………………………… 1719

275 周转盛具架（横栏齿轮）
　　　无效宣告请求审查决定（第9711号） …………………………………………………… 1724

276 轮胎（6）
　　　无效宣告请求审查决定（第9714号） …………………………………………………… 1729
　　　北京市第一中级人民法院行政判决书（2007）一中行初字第1076号 …………………… 1735
　　　北京市高级人民法院行政判决书（2008）高行终字第400号 …………………………… 1738

277 制冰机（EC30）
　　　无效宣告请求审查决定（第9716号） …………………………………………………… 1742

278 大孔轻集料填充墙砌块（三孔）
　　　无效宣告请求审查决定（第9720号） …………………………………………………… 1747
　　　北京市第一中级人民法院行政判决书（2007）一中行初字第991号 ……………………… 1754
　　　北京市高级人民法院行政裁定书（2008）高行终字第49号 ……………………………… 1757

279 大孔轻集料填充墙砌块（四孔）

无效宣告请求审查决定（第9721号） ……………………………………………… 1759
北京市第一中级人民法院行政判决书（2007）一中行初字第992号 ……………… 1765
北京市高级人民法院行政裁定书（2008）高行终字第48号 ………………………… 1768

280 大孔轻集料填充墙砌块（双孔）
无效宣告请求审查决定（第9722号） ……………………………………………… 1770
北京市第一中级人民法院行政判决书（2007）一中行初字第993号 ……………… 1777
北京市高级人民法院行政裁定书（2008）高行终字第50号 ………………………… 1780

281 手表（XJ-665）
无效宣告请求审查决定（第9724号） ……………………………………………… 1781
北京市第一中级人民法院行政判决书（2007）一中行初字第896号 ……………… 1787

282 集尘极室（3）
无效宣告请求审查决定（第9725号） ……………………………………………… 1791
北京市第一中级人民法院行政裁定书（2007）一中行初字第843号 ……………… 1797
北京市第一中级人民法院行政判决书（2007）一中行初字第945号 ……………… 1798

283 瓶贴（燕康纯净水瓶）
无效宣告请求审查决定（第9730号） ……………………………………………… 1803

284 步行机（升降式）
无效宣告请求审查决定（第9732号） ……………………………………………… 1808

285 面盆龙头（A3403AC）
无效宣告请求审查决定（第9737号） ……………………………………………… 1814

286 包装袋（夏珍超甜玉米）
无效宣告请求审查决定（第9740号） ……………………………………………… 1818

287 温控器
无效宣告请求审查决定（第9741号） ……………………………………………… 1824
北京市第一中级人民法院行政判决书（2007）一中行初字第1001号 …………… 1833

288 酒包装盒（双回沙酒）
无效宣告请求审查决定（第9742号） ……………………………………………… 1842
北京市第一中级人民法院行政判决书（2007）一中行初字第1004号 …………… 1848
北京市高级人民法院行政判决书（2009）高行终字第285号 ……………………… 1856

289 视听柜（ST0006）
无效宣告请求审查决定（第9759号） ……………………………………………… 1864

290 珩磨刀杆（二）
无效宣告请求审查决定（第9763号） ……………………………………………… 1866

291 型材（内开内挺）

无效宣告请求审查决定（第9767号） ……………………………………………… 1869

292 型材（内平开框）
无效宣告请求审查决定（第9768号） ……………………………………………… 1873

293 摩托车
无效宣告请求审查决定（第9774号） ……………………………………………… 1878

294 炼钢中间包定位上水口
无效宣告请求审查决定（第9776号） ……………………………………………… 1903
北京市第一中级人民法院行政判决书（2007）一中行初字第947号 …………… 1908
北京市高级人民法院行政判决书（2008）高行终字第26号 ………………………… 1913

295 炼钢中间包滑块
无效宣告请求审查决定（第9777号） ……………………………………………… 1918
北京市第一中级人民法院行政判决书（2007）一中行初字第948号 …………… 1923
北京市高级人民法院行政判决书（2008）高行终字第20号 ………………………… 1928

296 型材（外平开框一）
无效宣告请求审查决定（第9778号） ……………………………………………… 1933

297 电脑机箱
无效宣告请求审查决定（第9782号） ……………………………………………… 1937

298 包装罐
无效宣告请求审查决定（第9785号） ……………………………………………… 1941

299 汽车保险杠
无效宣告请求审查决定（第9786号） ……………………………………………… 1944

300 餐台（OD303）
无效宣告请求审查决定（第9787号） ……………………………………………… 1950

301 床（OB312）
无效宣告请求审查决定（第9788号） ……………………………………………… 1955

302 瓶子（精品老作坊）
无效宣告请求审查决定（第9789号） ……………………………………………… 1959

303 摩托车
无效宣告请求审查决定（第9793号） ……………………………………………… 1963

304 巧克力包装盒标贴
无效宣告请求审查决定（第9794号） ……………………………………………… 1973

305 包装袋（德氏草莓真果）
无效宣告请求审查决定（第9799号） ……………………………………………… 1978

306	啤酒瓶（刻花折光）	
	无效宣告请求审查决定（第9802号）	1980

307	台灯（鼠标电脑GUL0305C）	
	无效宣告请求审查决定（第9804号）	1984

308	头戴式放大镜	
	无效宣告请求审查决定（第9806号）	1989

309	平底爪链	
	无效宣告请求审查决定（第9808号）	1995

310	带纸圆珠笔	
	无效宣告请求审查决定（第9811号）	2001

311	包装袋（秦白二号）	
	无效宣告请求审查决定（第9812号）	2005

312	MP3播放器（TA-690）	
	无效宣告请求审查决定（第9814号）	2009

313	笔　具	
	无效宣告请求审查决定（第9822号）	2013
	北京市第一中级人民法院行政裁定书（2007）一中行初字第1112号	2015

314	抽油烟机	
	无效宣告请求审查决定（第9827号）	2016

315	篮球中胎（十二片）	
	无效宣告请求审查决定（第9830号）	2022

316	篮　球	
	无效宣告请求审查决定（第9831号）	2026

317	前组合灯（WY-036）	
	无效宣告请求审查决定（第9832号）	2031

318	滤芯（有扣）	
	无效宣告请求审查决定（第9835号）	2036

319	电吹风（RW-615）	
	无效宣告请求审查决定（第9838号）	2040

320	电吹风（1）	
	无效宣告请求审查决定（第9839号）	2044

| 321 | 电脑机箱面板（1821） | |

无效宣告请求审查决定（第9842号） ……………………………………………… 2048

(322) 反光工矿靴
无效宣告请求审查决定（第9845号） ……………………………………………… 2055

(323) 包装袋（转化洗衣粉）
无效宣告请求审查决定（第9856号） ……………………………………………… 2058

(324) 警示夹克衫（04-06）
无效宣告请求审查决定（第9857号） ……………………………………………… 2062

(325) 洗盆的混合龙头
无效宣告请求审查决定（第9862号） ……………………………………………… 2068

(326) 瓷　砖
无效宣告请求审查决定（第9863号） ……………………………………………… 2074

(327) 节能灯（R50）
无效宣告请求审查决定（第9867号） ……………………………………………… 2077

(328) 美工刀（FL-04）
无效宣告请求审查决定（第9868号） ……………………………………………… 2080

(329) 鲜橙多饮料标签
无效宣告请求审查决定（第9870号） ……………………………………………… 2085

(330) 标贴（统一桂花清茶）
无效宣告请求审查决定（第9871号） ……………………………………………… 2089

(331) 活动铅笔（TM017）
无效宣告请求审查决定（第9872号） ……………………………………………… 2093
北京市第一中级人民法院行政判决书（2007）一中行初字第1193号 …………… 2096
北京市高级人民法院行政判决书（2008）高行终字第71号 ………………………… 2100

(332) 灯座控制面板
无效宣告请求审查决定（第9873号） ……………………………………………… 2105

(333) 膝下热浴器（3）
无效宣告请求审查决定（第9874号） ……………………………………………… 2107

(334) 酒瓶（溶江三花）
无效宣告请求审查决定（第9876号） ……………………………………………… 2116

(335) 封口机（FW-D2）
无效宣告请求审查决定（第9878号） ……………………………………………… 2120

(336) 珩磨刀杆（三）
无效宣告请求审查决定（第9879号） ……………………………………………… 2126

337 自动煎药机（4）
　　无效宣告请求审查决定（第9883号） ………………………………………………… 2129

338 毛衣（5568674）
　　无效宣告请求审查决定（第9884号） ………………………………………………… 2133

339 包装桶
　　无效宣告请求审查决定（第9886号） ………………………………………………… 2136

340 拉手（985）
　　无效宣告请求审查决定（第9887号） ………………………………………………… 2140

341 USB移动硬盘（U225B型）
　　无效宣告请求审查决定（第9891号） ………………………………………………… 2145

342 应急灯（KN-1830RD）
　　无效宣告请求审查决定（第9892号） ………………………………………………… 2150

343 椅扶手
　　无效宣告请求审查决定（第9893号） ………………………………………………… 2157

344 包装盒（酒B）
　　无效宣告请求审查决定（第9895号） ………………………………………………… 2162

345 包装盒（粉底）
　　无效宣告请求审查决定（第9896号） ………………………………………………… 2168
　　北京市第一中级人民法院行政判决书（2007）一中行初字第1449号 ………………… 2171

346 多用架
　　无效宣告请求审查决定（第9900号） ………………………………………………… 2175
　　北京市第一中级人民法院行政判决书（2007）一中行初字第1293号 ………………… 2180

347 包装箱
　　无效宣告请求审查决定（第9901号） ………………………………………………… 2185

348 沙发（2）
　　无效宣告请求审查决定（第9904号） ………………………………………………… 2192

349 马灯（2）
　　无效宣告请求审查决定（第9909号） ………………………………………………… 2197

350 花　布
　　无效宣告请求审查决定（第9920号） ………………………………………………… 2201

351 节能灯（GU10-2）
　　无效宣告请求审查决定（第9925号） ………………………………………………… 2205

352 集尘极室（4）
　　无效宣告请求审查决定（第9927号） ……………………………………………… 2211
　　北京市第一中级人民法院行政裁定书（2007）一中行初字第1066号 ……………… 2216
　　北京市第一中级人民法院行政判决书（2007）一中行初字第1042号 ……………… 2217
　　北京市高级人民法院行政判决书（2008）高行终字第377号 ………………………… 2222

353 矿泉水瓶（4）
　　无效宣告请求审查决定（第9928号） ……………………………………………… 2225

354 编织袋（黑绿蓝条）
　　无效宣告请求审查决定（第9933号） ……………………………………………… 2232

355 杯（龙）
　　无效宣告请求审查决定（第9936号） ……………………………………………… 2235

356 杯子（金玉满堂）
　　无效宣告请求审查决定（第9937号） ……………………………………………… 2237

357 杯（竹报平安）
　　无效宣告请求审查决定（第9938号） ……………………………………………… 2239

358 杯（凤）
　　无效宣告请求审查决定（第9939号） ……………………………………………… 2241

359 杯子（花开富贵）
　　无效宣告请求审查决定（第9940号） ……………………………………………… 2243

360 塑料大桶（一）
　　无效宣告请求审查决定（第9941号） ……………………………………………… 2245

361 塑料大桶（二）
　　无效宣告请求审查决定（第9942号） ……………………………………………… 2251

362 塑料桶（三）
　　无效宣告请求审查决定（第9943号） ……………………………………………… 2257

363 塑料桶（四）
　　无效宣告请求审查决定（第9944号） ……………………………………………… 2262

364 塑料桶（五）
　　无效宣告请求审查决定（第9945号） ……………………………………………… 2268

365 桶（六）
　　无效宣告请求审查决定（第9946号） ……………………………………………… 2273

366 钓竿用导线环
　　无效宣告请求审查决定（第9949号） ……………………………………………… 2278

367 插跟（坡型）
　　无效宣告请求审查决定（第9950号） ……………………………………………………… 2283

368 土工格室
　　无效宣告请求审查决定（第9956号） ……………………………………………………… 2288

369 包装盒（高堂菜脯）
　　无效宣告请求审查决定（第9960号） ……………………………………………………… 2291

370 电壁炉
　　无效宣告请求审查决定（第9961号） ……………………………………………………… 2294

371 轮胎（HN308）
　　无效宣告请求审查决定（第9963号） ……………………………………………………… 2297

372 按摩器（RT-Q008）
　　无效宣告请求审查决定（第9967号） ……………………………………………………… 2301

373 石膏板封头纸
　　无效宣告请求审查决定（第9969号） ……………………………………………………… 2305

374 罐贴（红毛丹水果罐）
　　无效宣告请求审查决定（第9970号） ……………………………………………………… 2308

375 酒　瓶
　　无效宣告请求审查决定（第9973号） ……………………………………………………… 2312

376 包装桶（WSO-1 4L）
　　无效宣告请求审查决定（第9979号） ……………………………………………………… 2316

377 水泵自动控制器
　　无效宣告请求审查决定（第9980号） ……………………………………………………… 2319

378 无轨自动伸缩门（中华豪门）
　　无效宣告请求审查决定（第9981号） ……………………………………………………… 2324
　　北京市第一中级人民法院行政判决书（2007）一中行初字第1343号 ………………… 2328
　　北京市高级人民法院行政判决书（2008）高行终字第94号 …………………………… 2332

379 酵母包装袋
　　无效宣告请求审查决定（第9985号） ……………………………………………………… 2336

380 条形熔断器式隔离开关
　　无效宣告请求审查决定（第9987号） ……………………………………………………… 2340

381 外墙砖（世纪砖）
　　无效宣告请求审查决定（第9993号） ……………………………………………………… 2345

382 瓷砖（七）
　　无效宣告请求审查决定（第 9994 号） ································· 2349

383 手动搅拌器
　　无效宣告请求审查决定（第 9995 号） ································· 2354
　　北京市第一中级人民法院行政判决书（2007）一中行初字第 1302 号 ········ 2359
　　北京市高级人民法院行政判决书（2008）高行终字第 336 号 ··············· 2365

384 玩具（智醒甲虫车）
　　无效宣告请求审查决定（第 9996 号） ································· 2370

385 清洁刷手柄
　　无效宣告请求审查决定（第 9997 号） ································· 2377

386 清洁刷（F-700）
　　无效宣告请求审查决定（第 9998 号） ································· 2384

387 包装盒（复方地塞米松乳膏）
　　无效宣告请求审查决定（第 9542 号） ································· 2391

388 包装盒（酒A）
　　无效宣告请求审查决定（第 10000 号） ································ 2395

389 包装盒（酒C）
　　无效宣告请求审查决定（第 10005 号） ································ 2400

390 包装盒（酒C）
　　无效宣告请求审查决定（第 10006 号） ································ 2404

391 包装盒（酒C）
　　无效宣告请求审查决定（第 10007 号） ································ 2408

392 清洁刷（F-600）
　　无效宣告请求审查决定（第 10016 号） ································ 2413

393 清洁刷（F-800）
　　无效宣告请求审查决定（第 10017 号） ································ 2420

394 簸箕（二）
　　无效宣告请求审查决定（第 10018 号） ································ 2430

395 马桶（一）
　　无效宣告请求审查决定（第 10019 号） ································ 2436

396 饲料槽
　　无效宣告请求审查决定（第 10020 号） ································ 2442

397 饲料盘（一）
　　无效宣告请求审查决定（第10021号） ································· 2448

398 马桶（二）
　　无效宣告请求审查决定（第10022号） ································· 2454

399 塑料缸（二）
　　无效宣告请求审查决定（第10023号） ································· 2461

400 塑料单耳盆（一）
　　无效宣告请求审查决定（第10024号） ································· 2467

401 塑料单耳盆（五）
　　无效宣告请求审查决定（第10025号） ································· 2473

402 塑料单耳盆（四）
　　无效宣告请求审查决定（第10030号） ································· 2479

403 塑料单耳盆（二）
　　无效宣告请求审查决定（第10031号） ································· 2485

404 家禽饲料架（二）
　　无效宣告请求审查决定（第10032号） ································· 2491

405 塑料单耳盆（三）
　　无效宣告请求审查决定（第10033号） ································· 2497

406 盆（一）
　　无效宣告请求审查决定（第10034号） ································· 2503

407 塑料双耳盆
　　无效宣告请求审查决定（第10035号） ································· 2509

408 电子表头（SB）
　　无效宣告请求审查决定（第10039号） ································· 2515

409 咖啡壶（Ⅳ）
　　无效宣告请求审查决定（第10040号） ································· 2525

410 花　边
　　无效宣告请求审查决定（第10044号） ································· 2529
　　北京市第一中级人民法院行政判决书（2007）一中行初字第1167号 ········· 2532
　　北京市高级人民法院行政判决书（2008）高行终字第279号 ··············· 2536

411 播放机（CD-20690）
　　无效宣告请求审查决定（第10047号） ································· 2540

412 播放机（CD-20680）
　　无效宣告请求审查决定（第 10048 号） …………………………………………… 2548

413 长排警示灯（5）
　　无效宣告请求审查决定（第 10050 号） …………………………………………… 2553

414 电池包装膜
　　无效宣告请求审查决定（第 10056 号） …………………………………………… 2557

415 滴丸机
　　无效宣告请求审查决定（第 10057 号） …………………………………………… 2561

416 玉米软糖
　　无效宣告请求审查决定（第 10062 号） …………………………………………… 2566
　　北京市第一中级人民法院行政判决书（2007）一中行初字第 1216 号 …………… 2570

417 盆（九）
　　无效宣告请求审查决定（第 10070 号） …………………………………………… 2574

418 塑料盆（六）
　　无效宣告请求审查决定（第 10071 号） …………………………………………… 2580

419 塑料盆（五）
　　无效宣告请求审查决定（第 10072 号） …………………………………………… 2586

420 盆（二）
　　无效宣告请求审查决定（第 10073 号） …………………………………………… 2591

421 塑料盆（八）
　　无效宣告请求审查决定（第 10074 号） …………………………………………… 2597

422 塑料盆（四）
　　无效宣告请求审查决定（第 10075 号） …………………………………………… 2603

423 水泵自动控制器
　　无效宣告请求审查决定（第 10076 号） …………………………………………… 2609

424 工具箱（MJ20141）
　　无效宣告请求审查决定（第 10078 号） …………………………………………… 2614

425 扑克牌包装盒（983 扑克）
　　无效宣告请求审查决定（第 10080 号） …………………………………………… 2617

426 全程水处理器（SYS/D）
　　无效宣告请求审查决定（第 10082 号） …………………………………………… 2623

427 全程水处理器（SYS/E）

无效宣告请求审查决定（第 10083 号） ……………………………………………… 2629

{428} 椅架（3）
无效宣告请求审查决定（第 10084 号） ……………………………………………… 2633

{429} 水果塑料套袋
无效宣告请求审查决定（第 10088 号） ……………………………………………… 2636

{430} 圆珠笔（永平 7）
无效宣告请求审查决定（第 10092 号） ……………………………………………… 2641

{431} 智能灯杆
无效宣告请求审查决定（第 10093 号） ……………………………………………… 2645

{432} 家禽饲料架（一）
无效宣告请求审查决定（第 10094 号） ……………………………………………… 2651

{433} 畚　斗
无效宣告请求审查决定（第 10095 号） ……………………………………………… 2657

{434} 施工用水泥托盘
无效宣告请求审查决定（第 10096 号） ……………………………………………… 2663

{435} 夜壶（一）
无效宣告请求审查决定（第 10097 号） ……………………………………………… 2668

{436} 塑料缸（一）
无效宣告请求审查决定（第 10098 号） ……………………………………………… 2674

{437} 塑料桶（二）
无效宣告请求审查决定（第 10099 号） ……………………………………………… 2680

{438} 瓶贴（清茶无糖-PET500）
无效宣告请求审查决定（第 10107 号） ……………………………………………… 2686
北京市第一中级人民法院行政判决书（2007）一中行初字第 1358 号 ……………… 2692
北京市高级人民法院行政判决书（2009）高行终字第 1 号 ………………………… 2696

{439} 正压氧气呼吸器
无效宣告请求审查决定（第 10108 号） ……………………………………………… 2701
北京市第一中级人民法院行政判决书（2007）一中行初字第 1243 号 ……………… 2706
北京市高级人民法院行政判决书（2008）高行终字第 232 号 ……………………… 2714

{440} 圆珠笔
无效宣告请求审查决定（第 10109 号） ……………………………………………… 2724

{441} 无烟烤涮一体锅（二）
无效宣告请求审查决定（第 10115 号） ……………………………………………… 2739

442 椅　脚
无效宣告请求审查决定（第 10122 号） …………………………………………… 2742

443 窗口双向对讲机（6）
无效宣告请求审查决定（第 10126 号） …………………………………………… 2746
北京市第一中级人民法院行政判决书（2007）一中行初字第 1345 号 ………… 2753
北京市高级人民法院行政判决书（2008）高行终字第 429 号 …………………… 2756

444 窗口双向对讲机（4）
无效宣告请求审查决定（第 10127 号） …………………………………………… 2762

445 树枝灯
无效宣告请求审查决定（第 10129 号） …………………………………………… 2767
北京市第一中级人民法院行政判决书（2007）一中行初字第 1342 号 ………… 2769
北京市高级人民法院行政判决书（2008）高行终字第 449 号 …………………… 2773

446 涂改笔
无效宣告请求审查决定（第 10131 号） …………………………………………… 2777

447 竹手袋（斜边折叠）
无效宣告请求审查决定（第 10132 号） …………………………………………… 2785

448 散热器片头（竖搭式）
无效宣告请求审查决定（第 10133 号） …………………………………………… 2791

449 用于图形卡芯片组的散热器
无效宣告请求审查决定（第 10134 号） …………………………………………… 2796

450 修眉刀
无效宣告请求审查决定（第 10140 号） …………………………………………… 2802

451 燃气发生炉
无效宣告请求审查决定（第 10141 号） …………………………………………… 2814

452 包装纸（花生牛轧）
无效宣告请求审查决定（第 10146 号） …………………………………………… 2818

453 轮胎（HN329）
无效宣告请求审查决定（第 10148 号） …………………………………………… 2822

454 轮胎（HN205）
无效宣告请求审查决定（第 10149 号） …………………………………………… 2826

455 淋浴喷头
无效宣告请求审查决定（第 10150 号） …………………………………………… 2830

456 电吹风机（DJ-1502）

无效宣告请求审查决定（第 10157 号） ……… 2835

457 电动玩具自行车
无效宣告请求审查决定（第 10159 号） ……… 2840
北京市第一中级人民法院行政判决书（2007）一中行初字第 1393 号 ……… 2846
北京市高级人民法院行政判决书（2008）高行终字第 119 号 ……… 2852

458 包装袋（熊猫榨菜）
无效宣告请求审查决定（第 10161 号） ……… 2857

459 瓶贴（双回沙）
无效宣告请求审查决定（第 10166 号） ……… 2864

460 罐状 CD 碟储存盒（FS-1096）
无效宣告请求审查决定（第 10167 号） ……… 2870
北京市第一中级人民法院行政判决书（2007）一中行初字第 1369 号 ……… 2875
北京市高级人民法院行政判决书（2008）高行终字第 350 号 ……… 2881

461 瓶　盖
无效宣告请求审查决定（第 10169 号） ……… 2887
北京市第一中级人民法院行政判决书（2007）一中行初字第 1131 号 ……… 2891
北京市高级人民法院行政判决书（2008）高行终字第 80 号 ……… 2895

462 便携式电钻
无效宣告请求审查决定（第 10170 号） ……… 2898

463 铝塑推拉窗型材
无效宣告请求审查决定（第 10171 号） ……… 2904

464 毛衣编织自动过梳器（A）
无效宣告请求审查决定（第 10175 号） ……… 2911

465 毛衣编织自动过梳器（B）
无效宣告请求审查决定（第 10176 号） ……… 2918
北京市第一中级人民法院行政判决书（2007）一中行初字第 1173 号 ……… 2925

466 包装箱（永丰饪王）
无效宣告请求审查决定（第 10178 号） ……… 2933

467 瓶　贴
无效宣告请求审查决定（第 10181 号） ……… 2937

468 食品包装机
无效宣告请求审查决定（第 10196 号） ……… 2942

469 地毯（9）
无效宣告请求审查决定（第 10197 号） ……… 2947

470 饮料罐（二）
　　无效宣告请求审查决定（第 10199 号） …… 2952

471 汽车保险杠
　　无效宣告请求审查决定（第 10201 号） …… 2957
　　北京市第一中级人民法院行政判决书（2007）一中行初字第 1349 号 …… 2962
　　北京市高级人民法院行政判决书（2009）高行终字第 816 号 …… 2967

472 扑克牌包装盒（小万花）
　　无效宣告请求审查决定（第 10206 号） …… 2971

473 扑克牌（曲别针）
　　无效宣告请求审查决定（第 10207 号） …… 2975

474 轮胎（HN209）
　　无效宣告请求审查决定（第 10208 号） …… 2978

475 包装盒（大大彩虹）
　　无效宣告请求审查决定（第 10209 号） …… 2981

476 化妆品包装瓶（1）
　　无效宣告请求审查决定（第 10222 号） …… 2984
　　北京市第一中级人民法院行政判决书（2007）一中行初字第 1289 号 …… 2991
　　北京市高级人民法院行政判决书（2008）高行终字第 680 号 …… 2997

477 食品包装袋
　　无效宣告请求审查决定（第 10227 号） …… 3002

478 成套瓷餐具
　　无效宣告请求审查决定（第 10229 号） …… 3007

479 电熨斗（KB-7388）
　　无效宣告请求审查决定（第 10233 号） …… 3013
　　北京市第一中级人民法院行政判决书（2007）一中行初字第 1356 号 …… 3016
　　北京市高级人民法院行政判决书（2008）高行终字第 290 号 …… 3021

480 木沙发（208）
　　无效宣告请求审查决定（第 10234 号） …… 3026

481 一次性多功能口垫器
　　无效宣告请求审查决定（第 10236 号） …… 3029

482 剃须刀（KTSZ-129）
　　无效宣告请求审查决定（第 10238 号） …… 3034

483 滑板车（CF 运动）

无效宣告请求审查决定（第 10240 号） ┄┄┄┄┄┄┄┄┄┄┄┄┄┄┄┄┄┄ 3038
北京市第一中级人民法院行政判决书（2007）一中行初字第 1308 号 ┄┄┄┄┄┄ 3044
北京市高级人民法院行政判决书（2008）高行终字第 311 号 ┄┄┄┄┄┄┄┄┄ 3051

484 手动搅拌器工作头
无效宣告请求审查决定（第 10243 号） ┄┄┄┄┄┄┄┄┄┄┄┄┄┄┄┄┄┄ 3056

485 手表（XJ-709）
无效宣告请求审查决定（第 10247 号） ┄┄┄┄┄┄┄┄┄┄┄┄┄┄┄┄┄┄ 3061
北京市第一中级人民法院行政判决书（2007）一中行初字第 1194 号 ┄┄┄┄┄┄ 3065

486 应急灯（一）
无效宣告请求审查决定（第 10250 号） ┄┄┄┄┄┄┄┄┄┄┄┄┄┄┄┄┄┄ 3070
北京市第一中级人民法院行政判决书（2007）一中行初字第 1118 号 ┄┄┄┄┄┄ 3077
北京市高级人民法院行政判决书（2008）高行终字第 259 号 ┄┄┄┄┄┄┄┄┄ 3084

487 包装袋（涮霸）
无效宣告请求审查决定（第 10255 号） ┄┄┄┄┄┄┄┄┄┄┄┄┄┄┄┄┄┄ 3091

488 电动代步车
无效宣告请求审查决定（第 10256 号） ┄┄┄┄┄┄┄┄┄┄┄┄┄┄┄┄┄┄ 3094

489 汽车驾驶室总成（RDGDC）
无效宣告请求审查决定（第 10258 号） ┄┄┄┄┄┄┄┄┄┄┄┄┄┄┄┄┄┄ 3098
北京市第一中级人民法院行政判决书（2007）一中行初字第 1546 号 ┄┄┄┄┄┄ 3103
北京市高级人民法院行政判决书（2008）高行终字第 293 号 ┄┄┄┄┄┄┄┄┄ 3108

490 轮胎（HN305）
无效宣告请求审查决定（第 10259 号） ┄┄┄┄┄┄┄┄┄┄┄┄┄┄┄┄┄┄ 3114

491 轮胎（HN328）
无效宣告请求审查决定（第 10260 号） ┄┄┄┄┄┄┄┄┄┄┄┄┄┄┄┄┄┄ 3118

492 轮胎（HN236）
无效宣告请求审查决定（第 10261 号） ┄┄┄┄┄┄┄┄┄┄┄┄┄┄┄┄┄┄ 3122

493 摩托车仪表盘（液晶显示）
无效宣告请求审查决定（第 10271 号） ┄┄┄┄┄┄┄┄┄┄┄┄┄┄┄┄┄┄ 3127

494 牙缝刷
无效宣告请求审查决定（第 10272 号） ┄┄┄┄┄┄┄┄┄┄┄┄┄┄┄┄┄┄ 3133

495 汽车驾驶室总成（RSG）
无效宣告请求审查决定（第 10277 号） ┄┄┄┄┄┄┄┄┄┄┄┄┄┄┄┄┄┄ 3137

496 橱柜内置物架（一）
无效宣告请求审查决定（第 10280 号） ┄┄┄┄┄┄┄┄┄┄┄┄┄┄┄┄┄┄ 3141

【497】应急灯（KN-189T）
　　无效宣告请求审查决定（第10282号） ………………………………… 3147

【498】应急灯（KN-189RD）
　　无效宣告请求审查决定（第10283号） ………………………………… 3156

【499】应急灯（KN-822）
　　无效宣告请求审查决定（第10284号） ………………………………… 3165

【500】高速抛光机（VF52）
　　无效宣告请求审查决定（第10286号） ………………………………… 3174

【501】熨衣板
　　无效宣告请求审查决定（第10287号） ………………………………… 3176
　　北京市第一中级人民法院行政判决书（2007）一中行初字第1132号 …… 3182
　　北京市高级人民法院行政判决书（2008）高行终字第295号 …………… 3189

【502】墨水瓶
　　无效宣告请求审查决定（第10298号） ………………………………… 3194

【503】墙地砖（米格拉系列A）
　　无效宣告请求审查决定（第10305号） ………………………………… 3199

【504】墙地砖（米格拉系列B）
　　无效宣告请求审查决定（第10306号） ………………………………… 3201

【505】水烟壶（葫芦形）
　　无效宣告请求审查决定（第10308号） ………………………………… 3203
　　北京市第一中级人民法院行政判决书（2008）一中行初字第187号 …… 3208

【506】瓶　子
　　无效宣告请求审查决定（第10313号） ………………………………… 3213

【507】室内隔断连接件
　　无效宣告请求审查决定（第10317号） ………………………………… 3218

【508】室内隔断连接件（通柱Ⅱ型）
　　无效宣告请求审查决定（第10318号） ………………………………… 3222

【509】室内隔断连接件（通柱Ⅲ型）
　　无效宣告请求审查决定（第10319号） ………………………………… 3227

【510】瓶（1）
　　无效宣告请求审查决定（第10322号） ………………………………… 3232

【511】电动伸缩门
　　无效宣告请求审查决定（第10324号） ………………………………… 3236

【512】 外包装箱
　　无效宣告请求审查决定（第 10327 号） …………………………………………… 3246

【513】 包装盒
　　无效宣告请求审查决定（第 10328 号） …………………………………………… 3249

【514】 包装盒（金鸡浓缩丸）
　　无效宣告请求审查决定（第 10329 号） …………………………………………… 3253

【515】 包装箱（老板拉面）
　　无效宣告请求审查决定（第 10337 号） …………………………………………… 3257

【516】 包装袋（老板拉面）
　　无效宣告请求审查决定（第 10338 号） …………………………………………… 3261

【517】 自动煎药机（2）
　　无效宣告请求审查决定（第 10342 号） …………………………………………… 3266

【518】 包装袋（绿太子鸡精）
　　无效宣告请求审查决定（第 10347 号） …………………………………………… 3272
　　北京市第一中级人民法院行政判决书（2007）一中行初字第 1547 号 ………… 3277
　　北京市高级人民法院行政判决书（2008）高行终字第 230 号 …………………… 3283

【519】 包装袋（金太子鸡精）
　　无效宣告请求审查决定（第 10348 号） …………………………………………… 3286
　　北京市第一中级人民法院行政判决书（2007）一中行初字第 1548 号 ………… 3291
　　北京市高级人民法院行政判决书（2008）高行终字第 238 号 …………………… 3297

【520】 包装袋（黄太子鸡精）
　　无效宣告请求审查决定（第 10349 号） …………………………………………… 3300
　　北京市第一中级人民法院行政判决书（2007）一中行初字第 1549 号 ………… 3305
　　北京市高级人民法院行政判决书（2008）高行终字第 237 号 …………………… 3311

【521】 淋浴房（G 型）
　　无效宣告请求审查决定（第 10351 号） …………………………………………… 3314

【522】 电触头
　　无效宣告请求审查决定（第 10356 号） …………………………………………… 3319

【523】 电连接器
　　无效宣告请求审查决定（第 10357 号） …………………………………………… 3324

【524】 印刷电路板的连接器
　　无效宣告请求审查决定（第 10358 号） …………………………………………… 3329

【525】 美容面具

　　　　无效宣告请求审查决定（第10361号） ……………………………………………… 3336

526 车
　　　　无效宣告请求审查决定（第10362号） ……………………………………………… 3341
　　　　北京市第一中级人民法院行政判决书（2008）一中行初字第59号 ……………… 3352

527 盒（高新康效洗发剂）
　　　　无效宣告请求审查决定（第10367号） ……………………………………………… 3358

528 随身型收音机（AQ522）
　　　　无效宣告请求审查决定（第10370号） ……………………………………………… 3362

529 摄像机（DV5）
　　　　无效宣告请求审查决定（第10372号） ……………………………………………… 3368

530 酒　瓶
　　　　无效宣告请求审查决定（第10373号） ……………………………………………… 3375

531 通风风扇（空气幕）
　　　　无效宣告请求审查决定（第10375号） ……………………………………………… 3380

532 嵌墙直读式水表
　　　　无效宣告请求审查决定（第10379号） ……………………………………………… 3391

533 标贴（营养曲线）
　　　　无效宣告请求审查决定（第10380号） ……………………………………………… 3398

534 童车（2110）
　　　　无效宣告请求审查决定（第10381号） ……………………………………………… 3402

535 酒瓶（心形）
　　　　无效宣告请求审查决定（第10382号） ……………………………………………… 3411

536 耕田机拖箱
　　　　无效宣告请求审查决定（第10383号） ……………………………………………… 3415

537 削笔器（2）
　　　　无效宣告请求审查决定（第10386号） ……………………………………………… 3422
　　　　北京市第一中级人民法院行政判决书（2008）一中行初字第57号 ……………… 3428
　　　　北京市高级人民法院行政判决书（2008）高行终字第643号 …………………… 3434

538 塑料瓶（果粒橙）
　　　　无效宣告请求审查决定（第10387号） ……………………………………………… 3439

539 吹风机
　　　　无效宣告请求审查决定（第10391号） ……………………………………………… 3443
　　　　北京市第一中级人民法院行政判决书（2009）一中行初字第25号 ……………… 3452

　　　　北京市高级人民法院行政判决书（2009）高行终字第 1205 号 ················ 3456

540 组合式开关插座
　　　　无效宣告请求审查决定（第 10394 号）················ 3461
　　　　北京市第一中级人民法院行政判决书（2007）一中行初字第 1465 号 ················ 3468
　　　　北京市高级人民法院行政判决书（2008）高行终字第 453 号 ················ 3476

541 二位欧式开关插座边框
　　　　无效宣告请求审查决定（第 10395 号）················ 3483
　　　　北京市第一中级人民法院行政判决书（2007）一中行初字 1466 号 ················ 3490
　　　　北京市高级人民法院行政判决书（2008）高行终字第 454 号 ················ 3498

542 酒瓶包装盒
　　　　无效宣告请求审查决定（第 10398 号）················ 3505

543 汽车前灯（上）
　　　　无效宣告请求审查决定（第 10403 号）················ 3510

544 汽车前组合灯
　　　　无效宣告请求审查决定（第 10404 号）················ 3515

545 豆奶机（赛珍珠Ⅱ号）
　　　　无效宣告请求审查决定（第 10407 号）················ 3521

546 药品包装盒（胃康灵）
　　　　无效宣告请求审查决定（第 10414 号）················ 3525

547 扭腰踏步器
　　　　无效宣告请求审查决定（第 10415 号）················ 3528

548 前保险杠总成
　　　　无效宣告请求审查决定（第 10416 号）················ 3531

549 前大灯
　　　　无效宣告请求审查决定（第 10417 号）················ 3534

550 锅顶（大窝形）
　　　　无效宣告请求审查决定（第 10418 号）················ 3537
　　　　北京市第一中级人民法院行政判决书（2008）一中行初字第 464 号 ················ 3541

551 锅盖顶（穿平顶）
　　　　无效宣告请求审查决定（第 10419 号）················ 3545
　　　　北京市第一中级人民法院行政判决书（2008）一中行初字第 465 号 ················ 3550

552 锅盖提手（平顶）
　　　　无效宣告请求审查决定（第 10420 号）················ 3554
　　　　北京市第一中级人民法院行政判决书（2008）一中行初字第 466 号 ················ 3560

553 锅盖提手
　　无效宣告请求审查决定（第 10421 号） ……………………………………………………… 3564

554 耳机（A80）
　　无效宣告请求审查决定（第 10425 号） ……………………………………………………… 3571
　　北京市第一中级人民法院行政判决书（2007）一中行初字第 1529 号 …………………… 3580
　　北京市高级人民法院行政判决书（2008）高行终字第 443 号 …………………………… 3590

555 电动助力手推车
　　无效宣告请求审查决定（第 10427 号） ……………………………………………………… 3600

556 皮革（04）
　　无效宣告请求审查决定（第 10433 号） ……………………………………………………… 3603

557 电声大提琴
　　无效宣告请求审查决定（第 10438 号） ……………………………………………………… 3607

558 接线盒（2）
　　无效宣告请求审查决定（第 10441 号） ……………………………………………………… 3612

559 饮料瓶（2）
　　无效宣告请求审查决定（第 10456 号） ……………………………………………………… 3617

560 组合螺丝刀
　　无效宣告请求审查决定（第 10457 号） ……………………………………………………… 3625

561 打印机（微型）
　　无效宣告请求审查决定（第 10459 号） ……………………………………………………… 3630

562 笔
　　无效宣告请求审查决定（第 10462 号） ……………………………………………………… 3635

563 电扇（C 型）
　　无效宣告请求审查决定（第 10463 号） ……………………………………………………… 3640
　　北京市第一中级人民法院行政判决书（2007）一中行初字第 1470 号 …………………… 3645
　　北京市高级人民法院行政判决书（2008）高行终字第 213 号 …………………………… 3652

564 包装瓶（爽身粉 1）
　　无效宣告请求审查决定（第 10464 号） ……………………………………………………… 3658

565 防护门窗
　　无效宣告请求审查决定（第 10465 号） ……………………………………………………… 3663

566 织　物
　　无效宣告请求审查决定（第 10466 号） ……………………………………………………… 3667

567 轮胎（HN258）

无效宣告请求审查决定（第10467号） ……………………………………………… 3672

568 包装袋
　　　无效宣告请求审查决定（第10469号） ……………………………………………… 3676

569 型材（3-D1382）
　　　无效宣告请求审查决定（第10476号） ……………………………………………… 3681

570 面条包装纸
　　　无效宣告请求审查决定（第10477号） ……………………………………………… 3688
　　　北京市第一中级人民法院行政判决书（2008）一中行初字第414号 ……………… 3693
　　　北京市高级人民法院行政判决书（2009）高行终字第5号 ……………………… 3697

571 包装盒（熊猫水彩）
　　　无效宣告请求审查决定（第10481号） ……………………………………………… 3701

572 刀具套
　　　无效宣告请求审查决定（第10482号） ……………………………………………… 3706

573 包装纸卡
　　　无效宣告请求审查决定（第10483号） ……………………………………………… 3710

574 游戏机（ZH-895）
　　　无效宣告请求审查决定（第10485号） ……………………………………………… 3715

575 型材（I）
　　　无效宣告请求审查决定（第10487号） ……………………………………………… 3720

576 发光砖（1）
　　　无效宣告请求审查决定（第10488号） ……………………………………………… 3723

577 麻将牌（黄彩纹竹丝）
　　　无效宣告请求审查决定（第10490号） ……………………………………………… 3728

578 隐形纱窗型材（2S-CH02）
　　　无效宣告请求审查决定（第10491号） ……………………………………………… 3732

579 隐形纱窗型材（YX-AK9）
　　　无效宣告请求审查决定（第10492号） ……………………………………………… 3736

580 童车（大白鲨-6418）
　　　无效宣告请求审查决定（第10494号） ……………………………………………… 3740

581 桌上型计算机（AQ332）
　　　无效宣告请求审查决定（第10495号） ……………………………………………… 3746

582 压缩机热保护器
　　　无效宣告请求审查决定（第10496号） ……………………………………………… 3756

北京市第一中级人民法院行政判决书（2007）一中行初字第 1441 号 …………………… 3761
　　北京市高级人民法院行政判决书（2008）高行终字第 209 号 …………………… 3767

583 广告灯箱（可转动）
　　无效宣告请求审查决定（第 10498 号）………………………………………… 3771

584 笔（绿白）
　　无效宣告请求审查决定（第 10500 号）………………………………………… 3776

585 包装袋（水煮活鱼）
　　无效宣告请求审查决定（第 10501 号）………………………………………… 3780
　　北京市第一中级人民法院行政判决书（2008）一中行初字第 36 号 …………………… 3784
　　北京市高级人民法院行政判决书（2008）高行终字第 610 号 …………………… 3789

586 拉手（988）
　　无效宣告请求审查决定（第 10502 号）………………………………………… 3795

587 苏格兰格仔布（4）
　　无效宣告请求审查决定（第 10505 号）………………………………………… 3801

588 座椅支撑脚（1）
　　无效宣告请求审查决定（第 10510 号）………………………………………… 3805

589 玩具枪（B）
　　无效宣告请求审查决定（第 10518 号）………………………………………… 3809
　　北京市第一中级人民法院行政判决书（2008）一中行初字第 24 号 …………………… 3815
　　北京市高级人民法院行政判决书（2008）高行终字第 405 号 …………………… 3820

590 毛衣罗纹自动过梳器（3）
　　无效宣告请求审查决定（第 10524 号）………………………………………… 3826

591 毛衣罗纹自动过梳器（1）
　　无效宣告请求审查决定（第 10525 号）………………………………………… 3830

592 后　灯
　　无效宣告请求审查决定（第 10527 号）………………………………………… 3834

593 组合仪表
　　无效宣告请求审查决定（第 10528 号）………………………………………… 3839

594 犬粮包装袋
　　无效宣告请求审查决定（第 10533 号）………………………………………… 3845

595 订书机
　　无效宣告请求审查决定（第 10535 号）………………………………………… 3850

596 订书机（S-700）

无效宣告请求审查决定（第10536号） ……………………………………………… 3855

597 玩具汽车（2）

无效宣告请求审查决定（第10544号） ……………………………………………… 3860

598 FM收音机（AQ520）

无效宣告请求审查决定（第10546号） ……………………………………………… 3866

599 十位元计算器（AQ414）

无效宣告请求审查决定（第10547号） ……………………………………………… 3872

600 包装罐（牛奶）

无效宣告请求审查决定（第10549号） ……………………………………………… 3878

601 豆奶机（赛珍珠Ⅱ号）

无效宣告请求审查决定（第10550号） ……………………………………………… 3883

602 视听柜（GS2160-6）

无效宣告请求审查决定（第10553号） ……………………………………………… 3887

603 充电式电推剪（RFC-288）

无效宣告请求审查决定（第10555号） ……………………………………………… 3896

604 化粪池（预制组合型）

无效宣告请求审查决定（第10558号） ……………………………………………… 3901
北京市第一中级人民法院行政判决书（2008）一中行初字第31号 …………… 3905
北京市高级人民法院行政判决书（2008）高行终字第338号 ………………… 3911

605 三轮车

无效宣告请求审查决定（第10575号） ……………………………………………… 3916

606 弓形锯架

无效宣告请求审查决定（第10586号） ……………………………………………… 3926
北京市第一中级人民法院行政裁定书（2008）一中行初字第47号 …………… 3932

607 棺木（波浪头HB130/230）

无效宣告请求审查决定（第10595号） ……………………………………………… 3933

608 棺木（方头HD130/230）

无效宣告请求审查决定（第10596号） ……………………………………………… 3935

609 棺木（圆头HC130/230）

无效宣告请求审查决定（第10597号） ……………………………………………… 3937

610 便　盆

无效宣告请求审查决定（第10598号） ……………………………………………… 3939
北京市第一中级人民法院行政判决书（2008）一中行初字第205号 ………… 3942

611	脚踏冲厕装置的储液桶

无效宣告请求审查决定（第 10599 号）·················· 3947

612	订书机（DXY-910）

无效宣告请求审查决定（第 10601 号）·················· 3952

613	宠物笼（方管折叠式）

无效宣告请求审查决定（第 10604 号）·················· 3959

614	汽车保险杠

无效宣告请求审查决定（第 10606 号）·················· 3964
北京市第一中级人民法院行政判决书（2008）一中行初字第 254 号·········· 3971
北京市高级人民法院行政判决书（2009）高行终字第 129 号·············· 3977

615	后保险杠

无效宣告请求审查决定（第 10609 号）·················· 3983

616	仪表板

无效宣告请求审查决定（第 10611 号）·················· 3988

617	前门（内饰）

无效宣告请求审查决定（第 10612 号）·················· 3994

618	包装盒（黄山毛峰茶）

无效宣告请求审查决定（第 10613 号）·················· 3999

619	手机背盖

无效宣告请求审查决定（第 10616 号）·················· 4004
北京市第一中级人民法院行政判决书（2008）一中行初字第 437 号·········· 4008

620	搅拌器

无效宣告请求审查决定（第 10617 号）·················· 4016
北京市第一中级人民法院行政判决书（2008）一中行初字第 147 号·········· 4021
北京市高级人民法院行政判决书（2009）高行终字第 295 号·············· 4027

621	婴幼儿车车轮护罩

无效宣告请求审查决定（第 10623 号）·················· 4031

622	散热器（灰铸铁柱型 YGB）

无效宣告请求审查决定（第 10626 号）·················· 4037

623	自动车床车头箱

无效宣告请求审查决定（第 10631 号）·················· 4041

624	窗口双向对讲机（3）

无效宣告请求审查决定（第 10641 号）·················· 4045

北京市第一中级人民法院行政裁定书（2008）一中行初字第517号·················4052

625 药品包装盒（古汉养生精口服液）
　　　无效宣告请求审查决定（第10646号）·················4053

626 按摩器（蛋型）
　　　无效宣告请求审查决定（第10647号）·················4057

627 桶贴（建筑胶）
　　　无效宣告请求审查决定（第10651号）·················4061

628 包装袋（植秀66田七）
　　　无效宣告请求审查决定（第10652号）·················4064

629 手动液压力学测试机
　　　无效宣告请求审查决定（第10655号）·················4068
　　　北京市第一中级人民法院行政判决书（2008）一中行初字第241号·················4073
　　　北京市高级人民法院行政判决书（2009）高行终字第1307号·················4079

630 玩具（变形金刚机动阿劲）
　　　无效宣告请求审查决定（第10657号）·················4083

631 玩具（重装战士）
　　　无效宣告请求审查决定（第10658号）·················4088

632 玩具（脉冲战士）
　　　无效宣告请求审查决定（第10659号）·················4092

633 掌上电脑词典（牛津2000）
　　　无效宣告请求审查决定（第10662号）·················4097

634 对讲机（PX-555）
　　　无效宣告请求审查决定（第10663号）·················4102
　　　北京市第一中级人民法院行政裁定书（2008）一中行初字第721号·················4107
　　　北京市高级人民法院行政裁定书（2009）高行终字第233号·················4109

635 节能灯（3）
　　　无效宣告请求审查决定（第10664号）·················4113

636 按钮开关
　　　无效宣告请求审查决定（第10665号）·················4116

637 按钮开关
　　　无效宣告请求审查决定（第10666号）·················4130

638 通气扇（BP11-2D）
　　　无效宣告请求审查决定（第10674号）·················4142

639	酒瓶贴（新二曲）
	无效宣告请求审查决定（第10675号） …………………………………………… 4152

640	玩具（变形金刚黑影战士）
	无效宣告请求审查决定（第10676号） …………………………………………… 4156

641	玩具（变形金刚强击短剑）
	无效宣告请求审查决定（第10677号） …………………………………………… 4161

642	皮革（07）
	无效宣告请求审查决定（第10678号） …………………………………………… 4166

643	包装盒（兰花一）
	无效宣告请求审查决定（第10679号） …………………………………………… 4170
	北京市第一中级人民法院行政判决书（2008）一中行初字第377号 ………… 4174
	北京市高级人民法院行政判决书（2009）高行终字第294号 ………………… 4177

644	秋梨膏瓶
	无效宣告请求审查决定（第10682号） …………………………………………… 4181

645	条播式施肥播种机
	无效宣告请求审查决定（第10683号） …………………………………………… 4185

646	标贴（朗格果肉橙）
	无效宣告请求审查决定（第10688号） …………………………………………… 4190

647	摄像机（球型PA型）
	无效宣告请求审查决定（第10689号） …………………………………………… 4194

648	包装瓶（十）
	无效宣告请求审查决定（第10690号） …………………………………………… 4199

649	摇摆车
	无效宣告请求审查决定（第10691号） …………………………………………… 4204

650	型材防盗扣（二）
	无效宣告请求审查决定（第10693号） …………………………………………… 4209

651	绷缝机（GEM1500B）
	无效宣告请求审查决定（第10696号） …………………………………………… 4214

652	灯　头
	无效宣告请求审查决定（第10698号） …………………………………………… 4220

653	带开关的灯头
	无效宣告请求审查决定（第10699号） …………………………………………… 4224

【654】玩具（空中霸王战士）
　　无效宣告请求审查决定（第10702号） …………………………………………………… 4229

【655】玩具（带翼加达姆）
　　无效宣告请求审查决定（第10703号） …………………………………………………… 4234

【656】玩具（强力机甲战士）
　　无效宣告请求审查决定（第10704号） …………………………………………………… 4239

【657】玩具（剪影机甲战士）
　　无效宣告请求审查决定（第10705号） …………………………………………………… 4244

【658】烧烤炭（CSLDF-5）
　　无效宣告请求审查决定（第10710号） …………………………………………………… 4249

【659】型材（混凝土双T板）
　　无效宣告请求审查决定（第10711号） …………………………………………………… 4253

【660】输送机支脚
　　无效宣告请求审查决定（第10712号） …………………………………………………… 4259
　　北京市第一中级人民法院行政判决书（2008）一中行初字第474号 ………………… 4269

【661】输送机槽板（1）
　　无效宣告请求审查决定（第10713号） …………………………………………………… 4278
　　北京市第一中级人民法院行政判决书（2008）一中行初字第473号 ………………… 4289
　　北京市高级人民法院行政判决书（2008）高行终字第694号 …………………………… 4298

【662】链条（2）
　　无效宣告请求审查决定（第10714号） …………………………………………………… 4308
　　北京市第一中级人民法院行政判决书（2008）一中行初字第472号 ………………… 4320
　　北京市高级人民法院行政判决书（2008）高行终字第693号 …………………………… 4329

【663】包装盒（阿城阿胶）
　　无效宣告请求审查决定（第10715号） …………………………………………………… 4339

【664】椅子（H668-3E）
　　无效宣告请求审查决定（第10716号） …………………………………………………… 4344

【665】电熨斗（7562）
　　无效宣告请求审查决定（第10717号） …………………………………………………… 4349

【666】电熨斗（7562）
　　无效宣告请求审查决定（第10718号） …………………………………………………… 4355

【667】太阳能热水器支架（1）
　　无效宣告请求审查决定（第10719号） …………………………………………………… 4361

668 包装盒（圣天猴奶糖）
　　无效宣告请求审查决定（第10720号） ………………………………………………… 4367

669 包装盒（2）
　　无效宣告请求审查决定（第10722号） ………………………………………………… 4372

670 包缝机（52003200）
　　无效宣告请求审查决定（第10724号） ………………………………………………… 4376

671 包装盒
　　无效宣告请求审查决定（第10727号） ………………………………………………… 4380

672 玩具（变形金刚雷达战士）
　　无效宣告请求审查决定（第10728号） ………………………………………………… 4382

673 玩具（双X战士）
　　无效宣告请求审查决定（第10729号） ………………………………………………… 4387

674 玩具（沙漠战士）
　　无效宣告请求审查决定（第10730号） ………………………………………………… 4392

675 玩具（变形金刚机动阿丁）
　　无效宣告请求审查决定（第10731号） ………………………………………………… 4397

676 玩具（变形金刚禁卫战士）
　　无效宣告请求审查决定（第10732号） ………………………………………………… 4402

677 玩具（变形金刚机动盖兹）
　　无效宣告请求审查决定（第10733号） ………………………………………………… 4407

678 包装袋（圣天猴香芋味奶糖）
　　无效宣告请求审查决定（第10734号） ………………………………………………… 4412

679 玩具（双龙战士）
　　无效宣告请求审查决定（第10735号） ………………………………………………… 4416

680 玩具（艾比安战士）
　　无效宣告请求审查决定（第10736号） ………………………………………………… 4421

681 玩具（加达姆·德斯赛兹）
　　无效宣告请求审查决定（第10737号） ………………………………………………… 4426

682 玩具（烈焰机甲战士）
　　无效宣告请求审查决定（第10738号） ………………………………………………… 4431

683 玩具（地狱死神战士）
　　无效宣告请求审查决定（第10739号） ………………………………………………… 4435

- 684 带支架的液晶电视（51）
  - 无效宣告请求审查决定（第10741号） …… 4440
- 685 对讲机（B）
  - 无效宣告请求审查决定（第10747号） …… 4444
- 686 便携式无线对讲机（1）
  - 无效宣告请求审查决定（第10748号） …… 4448
  - 北京市第一中级人民法院行政判决书（2008）一中行初字第487号 …… 4453
- 687 应急灯（HK-118）
  - 无效宣告请求审查决定（第10750号） …… 4459
- 688 枪刷（12T）
  - 无效宣告请求审查决定（第10751号） …… 4462
  - 北京市第一中级人民法院行政判决书（2008）一中行初字第201号 …… 4470
  - 北京市高级人民法院行政裁定书（2008）高行终字第447号 …… 4477
- 689 枪刷（22T）
  - 无效宣告请求审查决定（第10752号） …… 4478
  - 北京市第一中级人民法院行政判决书（2008）一中行初字第202号 …… 4486
  - 北京市高级人民法院行政裁定书（2008）高行终字第448号 …… 4493
- 690 梳柄（T-C）
  - 无效宣告请求审查决定（第10753号） …… 4494
- 691 梳柄（T-C）
  - 无效宣告请求审查决定（第10754号） …… 4500
- 692 柱盆（2）
  - 无效宣告请求审查决定（第10756号） …… 4507
- 693 磁砖（3）
  - 无效宣告请求审查决定（第10757号） …… 4511
- 694 容器盖
  - 无效宣告请求审查决定（第10758号） …… 4517
  - 北京市第一中级人民法院行政判决书（2008）一中行初字第488号 …… 4522
  - 北京市高级人民法院行政裁定书（2008）高行终字第526号 …… 4527
- 695 椅子扶手
  - 无效宣告请求审查决定（第10759号） …… 4528
- 696 排椅扶手（1）
  - 无效宣告请求审查决定（第10760号） …… 4533

697 无线激光遥控笔（1）
无效宣告请求审查决定（第 10761 号） ········· 4537

698 茶几（356A）
无效宣告请求审查决定（第 10763 号） ········· 4541
北京市第一中级人民法院行政判决书（2008）一中行初字第 453 号 ········· 4545
北京市高级人民法院行政判决书（2008）高行终字第 570 号 ········· 4549

699 包装袋（香甜泡打粉）
无效宣告请求审查决定（第 10765 号） ········· 4554

700 烧烤炭块（CSLDF-1）
无效宣告请求审查决定（第 10766 号） ········· 4558

701 瓶贴（清茶无糖-PET500）
无效宣告请求审查决定（第 10767 号） ········· 4562

702 酒瓶（不锈钢型）
无效宣告请求审查决定（第 10769 号） ········· 4564

703 路灯（白玉兰）
无效宣告请求审查决定（第 10771 号） ········· 4569
北京市第一中级人民法院行政判决书（2008）一中行初字第 435 号 ········· 4574
北京市高级人民法院行政判决书（2008）高行终字第 684 号 ········· 4579

704 组合座椅（三）
无效宣告请求审查决定（第 10772 号） ········· 4583

705 按摩椅（DLK-H009 智能）
无效宣告请求审查决定（第 10773 号） ········· 4588

706 逃生门锁
无效宣告请求审查决定（第 10774 号） ········· 4594
北京市第一中级人民法院行政裁定书（2008）一中行初字第 478 号 ········· 4597

707 横式推杠防盗报警逃生门锁
无效宣告请求审查决定（第 10775 号） ········· 4598
北京市第一中级人民法院行政裁定书（2008）一中行初字第 477 号 ········· 4601

708 毛孔清洁器（防水）
无效宣告请求审查决定（第 10787 号） ········· 4602

709 包装盒（阿胶）
无效宣告请求审查决定（第 10788 号） ········· 4610

710 玩具（变形金刚灾难战士）

无效宣告请求审查决定（第10795号） …………………………………………… 4616

711 玩具（变形金刚易吉斯战士）
　　　无效宣告请求审查决定（第10797号） …………………………………………… 4621

712 包装盒
　　　无效宣告请求审查决定（第10802号） …………………………………………… 4626
　　　北京市第一中级人民法院行政判决书（2008）一中行初字第588号 …………… 4630

713 枕头（1）
　　　无效宣告请求审查决定（第10803号） …………………………………………… 4635

714 皮革（02）
　　　无效宣告请求审查决定（第10804号） …………………………………………… 4640

715 橱柜内置物架（二）
　　　无效宣告请求审查决定（第10807号） …………………………………………… 4644

716 节能灯（2）
　　　无效宣告请求审查决定（第10809号） …………………………………………… 4651

717 储物盒
　　　无效宣告请求审查决定（第10810号） …………………………………………… 4655
　　　北京市第一中级人民法院行政判决书（2008）一中行初字第527号 …………… 4661
　　　北京市高级人民法院行政判决书（2008）高行终字第525号 ………………… 4667

718 宠物笼（方管组装式）
　　　无效宣告请求审查决定（第10820号） …………………………………………… 4673

719 电热水壶
　　　无效宣告请求审查决定（第10829号） …………………………………………… 4677

720 饮料瓶
　　　无效宣告请求审查决定（第10832号） …………………………………………… 4684

721 充电式枪钻（双头）
　　　无效宣告请求审查决定（第10838号） …………………………………………… 4689
　　　北京市第一中级人民法院行政判决书（2008）一中行初字第589号 …………… 4695
　　　北京市高级人民法院行政判决书（2008）高行终字第519号 ………………… 4701

722 蜡　烛
　　　无效宣告请求审查决定（第10839号） …………………………………………… 4707

723 鞋　撑
　　　无效宣告请求审查决定（第10868号） …………………………………………… 4712

724 平板刷

　　　　无效宣告请求审查决定（第 10869 号）······4717

725 **包装袋（转化洗衣粉）**
　　　　无效宣告请求审查决定（第 10874 号）······4721

726 **笔（681）**
　　　　无效宣告请求审查决定（第 10882 号）······4724
　　　　北京市第一中级人民法院行政判决书（2008）一中行初字第 439 号······4729
　　　　北京市高级人民法院行政判决书（2008）高行终字第 456 号······4734

727 **手动脉冲发生器**
　　　　无效宣告请求审查决定（第 10886 号）······4739

728 **冲茶器（巴顿将军）**
　　　　无效宣告请求审查决定（第 10888 号）······4745

729 **订书机（DXY-911）**
　　　　无效宣告请求审查决定（第 10889 号）······4752

730 **工具箱**
　　　　无效宣告请求审查决定（第 10895 号）······4757

731 **育秧盘**
　　　　无效宣告请求审查决定（第 10898 号）······4763

732 **塑料瓶（农药-2）**
　　　　无效宣告请求审查决定（第 10904 号）······4769

733 **包装瓶（高）**
　　　　无效宣告请求审查决定（第 10905 号）······4773

734 **塑料瓶（农药-3）**
　　　　无效宣告请求审查决定（第 10906 号）······4776

735 **护栏横杆（3）**
　　　　无效宣告请求审查决定（第 10908 号）······4780

736 **数码变频发电机组（YK3000i）**
　　　　无效宣告请求审查决定（第 10946 号）······4783

737 **数码变频发电机组（YK3000i）**
　　　　无效宣告请求审查决定（第 10948 号）······4788

738 **斜断锯（095）**
　　　　无效宣告请求审查决定（第 11506 号）······4793

739 **锯铝机（090）**
　　　　无效宣告请求审查决定（第 11507 号）······4798

复审请求审查决定

液体分配阀入口

复审请求审查决定（第 10311 号）

决 定 号	第 10311 号
决 定 日	2007 年 3 月 9 日
发明创造名称	液体分配阀入口
外观设计分类号	23-01
复 审 请 求 人	诺德森公司
申 请 号	200430088985.5
优 先 权 日	2004 年 4 月 2 日
申 请 日	2004 年 9 月 29 日
合 议 组 组 长	崔国振
主 审 员	许 磊
参 审 员	吴通义
法 律 依 据	专利法第 33 条

决 定 要 点

对于外观设计专利申请而言，如果修改后的外观设计实际上已经清楚地表示在原始申请文件中，则这种修改未超出原申请表示的范围。

一、案由

本复审请求涉及复审请求人诺德森公司于 2004 年 9 月 29 日申请的名称为"液体分配阀入口"的 200430088985.5 号外观设计专利申请（下称本申请）。

国家知识产权局于 2006 年 3 月 1 日驳回了本申请，理由是申请人原始提交的视图是由虚线和实线结合绘制的，其中真正保护的只是视图中实线的部分，虚线部分不属于其保护范围，请求人在提交的补正书中将原来的虚线部分改为了实线，导致与原申请日请求保护的范围不一致，这样的修改属于补正超范围，所以不符合专利法第 33 条的规定。

驳回决定所针对的视图为请求人于 2005 年 12 月 27 日提交的外观设计图片第 1 页。

申请人诺德森公司（以下称请求人）对上述驳回决定不服，于 2006 年 5 月 23 日向专利复审委员会提出复审请求，请求人认为，在以实线和虚线结合来作为外观设计图片的外观设计申请中，该申请视图的虚线部分表示该申请的特征实线部分与该申请的公共虚线部分所构成的完整产品不是本申请的唯一保护标的，虚线的应用并非表示本外观设计申请放弃对虚线示出的部分的保护，而是表示其保护范围包括但不限于以图中的所有线条所表示的那一种特定产品，所以虚线的应用实际上是合理地表达了一种较宽的保护范围，而且该虚线所表达的内容也是原始公开的内容，所以将虚线修改为实线后在修改文本中没有出现任何原始公开文本中没有记载的设计要素，所以该修改并未超范围，国家知识产权局驳回的理由不成立。

请求人没有在提出复审请求的同时提交新的专利申请文本。

形式审查合格后，专利复审委员会受理了该复审请求，并于2006年7月21日向请求人发出《复审请求受理通知书》，随后将本申请案卷移交原审查部门进行前置审查。

原审查部门对本复审请求进行了前置审查，认为原虚线部分所绘制的部分仅为示意实线绘制部分的可使用状态，所以其不是所要求保护的产品的一部分，为此将虚线改为实线的理由不成立，所以坚持原驳回决定。

至此，合议组认为本案事实清楚，可以作出审查决定。

二、决定的理由

1. 决定所依据的文本

请求人在提出复审请求时未对申请文件进行修改，所以本决定所针对的文本为驳回决定所针对的文本。

2. 关于专利法第33条

专利法第33条规定：申请人可以对其专利申请文件进行修改，但是，对发明和实用新型专利申请文件的修改不得超出原说明书和权利要求书记载的范围，对外观设计专利申请文件的修改不得超出原图片或者照片表示的范围。

根据该款规定，对于外观设计申请而言，如果修改后的外观设计实际上已经清楚地表示在原始申请文件中，则这种修改未超出原申请表示的范围。

本案中，原始提交的图片的表达方式与其优先权文本中的表达方式相同，均采用了虚线和实线结合的方式；在请求人2005年12月27日提交的修改文件中，仅将原申请中的虚线部分修改为实线部分并删除了第2~23页的附图，除此之外没有进行其他修改。

在原始提交的图片中，产品的局部是以实线表示的，产品的轮廓是用虚线表示的。合议组认为，原始申请文件中的虚线也是原始申请文件公开内容的一部分，从该图片中可以明显看出一种用实线和虚线结合表示的完整产品，即，原申请有些部分用虚线表示的事实并不妨碍在原始申请的图片中已经清楚表示了一种产品外观设计的事实，即包含虚线的图形也清楚地表示了一种完整的产品。因此，请求人将虚线修改为实线后的产品的外观设计已经明确表示在原申请文件中，这种修改并没有超出原申请所表示的范围，因此符合专利法第33条的规定。

根据以上事实和理由，本案合议组作出如下审查决定。

三、决定

撤销国家知识产权局于2006年3月1日对200430088985.5号外观设计专利申请作出的驳回决定。由原审查部门在驳回决定所针对的文本的基础上继续进行审查。

复审请求人对本决定不服的，可以根据专利法第41条第2款的规定，自收到本决定之日起三个月内向北京市第一中级人民法院起诉。

巧克力花束

复审请求审查决定（第 10731 号）

决 定 号	第 10731 号
决 定 日	2007 年 5 月 29 日
发明创造名称	巧克力花束
外观设计分类	01-01
复 审 请 求 人	费列罗亚洲有限公司
申 请 号	200430004588.5
申 请 日	2004 年 3 月 18 日
合议组组长	吴赤兵
主 审 员	张 琳
参 审 员	左 一

法 律 依 据 专利法实施细则第 2 条第 3 款

决 定 要 点

本产品的形状不完全固定，大批量生产无法保证完全一致、确定的形状，不属于专利法保护的客体，不符合专利法实施细则第 2 条第 3 款的规定。

一、案由

本复审请求涉及发明创造名称为"巧克力花束"的 200430004588.5 号外观设计专利申请（下称本申请），申请人为费列罗亚洲有限公司，申请日为 2004 年 3 月 18 日。

2005 年 3 月 18 日，国家知识产权局以本申请设计不符合专利法实施细则第 2 条第 3 款的规定为由驳回了本申请。其具体理由是：专利申请中视图表示的所谓产品设计，实际上是一种产品包装装潢设计，不是专利法意义上的设计，属于不给予外观设计专利保护的客体。

申请人费列罗亚洲有限公司（以下称请求人）对上述驳回决定不服，于 2005 年 7 月 4 日向专利复审委员会提交了复审请求书。请求人在复审请求书中提出的主要意见是：该产品可以通过工业方法大批量制造，然后再通过工业方法与该产品的其他部分组装起来以形成花束，该过程也可以大批量制造，因此本外观设计为经过批量生产的产品本身的形态。本外观设计不是驳回决定中所指的产品包装装潢设计，本产品为产品本身的常规形态并可以通过工业方法大批量制造。此外，请求人提交了其与制造厂（Four Seas Manufacturing Co.）签订的合同作为证据 1 用来证明本申请产品可以通过工业方法大批量制造。

形式审查合格后，专利复审委员会受理了该复审请求，于 2006 年 4 月 26 日向复审请求人发出复审请求受理通知书、向原审查部门发出前置审查通知书。

在前置审查中，原审查部门坚持原驳回决定。专利复审委员会组成合议组，对本复审请求进行审查。

合议组于2006年10月16日向请求人发出复审通知书，指出：（1）本申请的设计其实质是指出售巧克力过程中的包装装潢设计，不是专利法意义上的设计；（2）该花束没有特定的、唯一确定的、一成不变的形状，大批量生产的花束也无法保证完全一致的、确定的形状；（3）该花束也不是包装纸、丝带等的常规形态。因此本申请属于不符合专利法实施细则第2条第3款规定而不给予外观设计专利保护的客体。

请求人于2007年1月30日提交了意见陈述书，其主要意见为：（1）本申请要保护的是糖果装饰物的外观设计，与巧克力本身没有任何关系；（2）本产品因为材料本身的特性而不可能像一般的工业产品那样具有完全一致和确定的形状，实际产品具有基本一致的形状；（3）本申请要保护的是糖果装饰物，图片显示的是其常规形态，不属于排除的保护客体。故本申请符合专利法实施细则第2条第3款规定的外观设计专利保护的客体。同时请求人提交了多份授权外观公告网页打印件，用以证明很多类似的产品已经授权。

合议组经合议，认为本案事实清楚，依法作出本审查决定。

二、决定理由

1. 依据文本

本复审决定所依据的文本是驳回决定依据的文本，即请求人于2004年11月5日提交的外观设计图替换页第1~3页、简要说明第1页。

2. 法律依据

专利法实施细则第2条第3款规定：专利法所称外观设计，是指对产品形状、图案或者其结合以及色彩与形状、图案的结合所作出的富有美感并适用于工业应用的新设计。

合议组认为："巧克力花束"外观申请中视图表示的所谓产品的设计，是指商业过程中为了推销巧克力而进行的，不是对巧克力本身形状、图案、色彩的设计，其花束设计是利用包装纸、丝带等包装物进行包装、捆扎以成花束样式，该花束没有特定的、唯一确定的、一成不变的形状，大批量生产的花束也无法保证完全一致的、确定的形状。同时，本申请捆扎花束的包装纸、丝带的形态也属于审查指南第一部分第三章第6.4.3节第（6）项"要求保护的外观设计不是产品本身常规的形态，例如手帕扎成动物形态的外观设计。"所规定的情形，因此本申请属于不符合专利法实施细则第2条第3款规定而不给予外观设计专利保护的客体。

针对请求人于2007年1月30日意见陈述中的意见，合议组认为：（1）本申请的设计实质是指出售巧克力过程中的包装装潢设计；（2）本产品因为材料本身的特性决定了本产品的形状不完全固定，大批量生产的花束也无法保证完全一致的、确定的形状；（3）包装纸、丝带经过捆扎形成花束，在花束形状不固定而没有授权前景的情况下，其构成花束的包装纸、丝带形成的设计也由于审查指南第一部分第三章第6.4.3节第（6）项的规定没有授权前景；（4）请求人在意见陈述时提交的多份授权外观公告网页打印件与本申请没有直接关系，不予考虑。

综上所述，本申请不符合专利法实施细则第2条第3款的规定。

三、决定

维持国家知识产权局于2005年3月18日针对200430004588.5号外观设计专利申请作出的驳回决定。

当事人如对本决定不服，可以根据专利法第46条第2款的规定，自收到本决定之日起三个月内向北京市第一中级人民法院起诉。

侧裙板

复审请求审查决定（第 11166 号）

决 定 号	第 11166 号
决 定 日	2007 年 6 月 19 日
发明创造名称	侧裙板
复 审 请 求 人	马来西亚国家汽车工业有限公司
申 请 号	200430007957.6
申 请 日	2004 年 4 月 7 日
合 议 组 组 长	吴赤兵
主 审 员	王丽颖
参 审 员	郭健国
法 律 依 据	专利法第 33 条，专利法实施细则第 27 条第 3 款

决 定 要 点

复审请求人提交的修改文本超出了原图片表示的范围，不符合专利法第 33 条的规定。

复审请求人于申请日提交的视图仅为该产品的使用状态参考图，没有清楚地显示要求保护的对象，不符合专利法实施细则第 27 条第 3 款的规定。

一、案由

本复审请求涉及名称为"侧裙板"的 200430007957.6 号外观设计专利申请（下称本申请），申请人为马来西亚国家汽车工业有限公司，申请日为 2004 年 4 月 7 日。

针对本申请，国家知识产权局专利局于 2005 年 5 月 13 日发出了驳回决定。驳回决定指出本申请申请日提交的视图没有清楚地显示请求保护的对象；修改文本明显地超出了申请日提交的视图范围。

申请人（下称复审请求人）对上述驳回决定不服，于 2005 年 8 月 23 日提出了复审请求，并同时提交了修改文本。复审委员会于 2005 年 9 月 21 日发出了复审请求受理通知书，在对本复审请求进行的前置审查中，原审查部门坚持了原驳回决定。

复审委员会成立合议组对本申请进行审查。本案合议组经审查合议，于 2007 年 4 月 3 日向复审请求人发出复审通知书，提出如下意见：（1）申请人在提出复审请求时提交了修改文本，该修改文本包括一幅主视图和一幅立体图；而从本申请的原图片中无法得出该两幅视图，合议组认为该修改文本超出了原图片所表示的范围，因此不予接受，合议组将在原图片的基础上进行审查。（2）从申请人在提出申请时所提交的原图片中无法清楚地获知其所要求保护的侧裙板的设计内容，故不符合专利法实施细则第 27 条第 3 款的规定。（3）此外，申请人在提交复审请求书时一并提交的附件 1（专利号为No.3016867的英国专利的注册查询），合议组认为其与本案无关。

复审请求人于2007年4月11日针对上述复审通知书提交了意见陈述。请求人承认原始提交的视图中存在缺陷并且补正视图超出了原始提交文件所限定的保护范围；同时复审请求人还认为，侧裙板这种产品在使用时只有一个面为消费者所常见，相应地，复审请求人主要是针对侧裙板暴露在外面的那部分进行了外观设计，虽然复审请求人在原始递交视图中采用了仅仅用红笔在装配后的产品视图中标出相应产品的方式，但该原始递交视图已经清楚地显示了所要保护的对象。并同时提交了修改文本，即该产品的主视图及外观设计简要说明。

至此，合议组认为本案事实清楚，可以作出复审决定。

二、决定的理由

1. 关于专利法第33条

复审请求人于2007年4月11日在答复复审通知书时提交的修改文本，该修改文本包括一幅主视图和一份外观设计简要说明；而从本申请的原图片中无法得出该幅主视图，合议组认为该修改文本超出了原图片所表示的范围，不符合专利法第33条的规定，因此合议组不予接受。

2. 关于专利法实施细则第27条第3款

专利法实施细则第27条第3款规定：申请人应当就每件外观设计产品所需要保护的内容提交有关视图或者照片，清楚地显示要求保护的对象。

合议组认为，复审请求人于申请日提交的视图仅为该产品的使用状态参考图，从中无法清楚地获知其所要求保护的侧裙板的设计内容，即其没有清楚地显示要求保护的对象，故不符合专利法实施细则第27条第3款的规定。

基于上述理由，合议组作出如下决定。

三、决定

维持国家知识产权局于2005年5月13日对200430007957.6号外观设计专利申请作出的驳回决定。

复审请求人对本决定不服的，可以根据专利法第41条的第2款的规定，自收到本决定之日起三个月内向北京市第一中级人民法院起诉。

桌角（吹塑桌面的桌角）

复审请求审查决定（第 11631 号）

决 定 号	第 11631 号
决 定 日	2007 年 10 月 15 日
发明创造名称	桌角（吹塑桌面的桌角）
外观设计分类号	06-03
复 审 请 求 人	一生产品有限公司
申 请 号	200430079203.1
申 请 日	2004 年 7 月 28 日
合议组组长	徐清平
主 审 员	严若艳
参 审 员	李巍巍
法 律 依 据	专利法第 33 条，专利法实施细则第 2 条第 3 款
决 定 要 点	

原图片中已经表达出来的内容，不能因其表达方式如线条类型、线条粗细等的瑕疵而认为这部分内容不存在。修改后的图片删除了原图片中用虚线表示的内容，导致修改后的外观设计与原始申请文件表示的外观设计的图案完全不同，明显属于不相同的外观设计，不符合专利法第 33 条的规定。

一、案由

本复审请求涉及国家知识产权局受理的申请号为 200430079203.1 的外观设计专利申请，其外观设计产品名称是"桌角（吹塑桌面的桌角）"，申请人是一生产品有限公司，申请日是 2004 年 7 月 28 日，申请人声明享有在先申请号为 29/198778 的美国在先申请的优先权，在先申请日是 2004 年 2 月 4 日。

经初步审查，国家知识产权局专利局外观设计审查部于 2004 年 10 月 29 日对上述专利申请（下称本申请）发出第一次审查意见通知书，指出本申请的视图所表达的内容，不是可以独立使用或销售的产品，不符合专利法实施细则第 2 条第 3 款的规定，不能授予专利权。2004 年 12 月 28 日申请人针对上述审查意见通知书提交修改文本，将外观设计产品名称变更为"桌面"，将原"使用状态参考图"修改为"主视图"，将原"件 1 主视图"修改为"主视图 A 处局部放大图"，删除申请日提交的其他视图，同时补充提交了外观设计简要说明。原审查部门于 2005 年 4 月 15 日发出第二次审查意见通知书，指出申请人 2004 年 12 月 28 日提交的各视图与申请日提交的视图相比出现了原视图没有记载的设计内容，申请人对视图的修改超出了申请日提交的外观设计视图所表示的范围，不符合专利法

第 33 条的规定。2005 年 6 月 16 日申请人提交了意见陈述，原审查部门认为上述意见陈述未解决指出的缺陷，于 2006 年 2 月 22 日作出驳回决定。驳回的具体理由为：申请人于申请日提交的"件 1 主视图、件 2 主视图、件 3 主视图、件 4 主视图、件 5 主视图、件 6 主视图、件 7 主视图、件 8 主视图"之中任意一个主视图表示的内容，都是桌角的局部设计，而"使用状态参考图"中仅仅表示了桌角在桌面的使用情况，在参考图中也不能看出桌面的全部内容；申请人 2004 年 12 月 28 日提交的主视图明显是一个桌面的整体设计，而桌角仅是桌面的局部内容，申请人的上述修改超范围，不符合专利法第 33 条的规定，不能授予专利权。

申请人（下称复审请求人）对上述驳回决定不服，于 2006 年 5 月 23 日向专利复审委员会提出复审请求，同时提交了修改文本。复审请求人认为：本申请中的角件是一个与桌面可拆卸连接的部件，具有独立的使用价值并且能够在不同的生产厂家之间流通；由于复审请求人没能充分理解中国专利法与美国专利法之间的差异，对于创意在角件本身的本申请，仍用局部视图的形式展现本申请的主题，即在角件的视图上用波浪线表示；修改文本中将局部视图的波浪线修改为直线，以显示该角件是一个单独的部件；删除了件 2~8 的主视图，修改了使用状态参考图。复审请求人还提交了要求作为优先权基础的 29/198778 号美国申请的授权文本复印件供参考。

形式审查合格后，专利复审委员会受理了该复审请求，于 2007 年 1 月 11 日向复审请求人发出《复审请求受理通知书》，同时向原审查部门发出《前置审查通知书》。

在《前置审查意见书》中，原审查部门坚持原驳回决定。

专利复审委员会成立合议组对本案进行审理。

合议组于 2007 年 6 月 21 日发出《复审通知书》，指出：与申请日提交的外观设计图片相比，复审请求日提交的外观设计图片做了四处修改，即修改 1——将"件 1 主视图"修改为"主视图"，去掉了图中的阴影线；修改 2——将"件 1 主视图"中的外缘轮廓线原为波浪线的部分修改为两条互相垂直的直线；修改 3——修改了使用状态参考图的内容；修改 4——删除了其他视图。上述修改中，修改 1 是为了克服申请文本的形式缺陷，修改 4 是为了克服该专利申请的单一性缺陷，上述两项修改符合专利法及专利法实施细则和审查指南的规定。对于修改 2，在该专利申请中，外缘轮廓线表达的应当是产品的外缘形状，复审请求人将外缘轮廓线原为波浪线的部分修改为两条互相垂直的直线，不论原来的波浪线表达的是"不确定的形状"还是"确定的波浪线形状"，这种修改均超出原视图表达的范围。若波浪线表达的是"不确定的形状"，将不确定的形状修改为确定的形状显然超出原视图表达的范围；若波浪线表达的是"确定的波浪线形状"，则将波浪线形状修改为直线形状仍超出原视图表达的范围。因此，修改 2 不符合专利法第 33 条的规定。对于修改 3，使用状态参考图仅用于理解外观设计的所属领域、使用方法、使用场所等，不评述这种修改是否超范围。在该《复审通知书》中，合议组还就复审请求人于 2004 年 12 月 28 日提交的修改文本与申请日提交的视图进行了比较，认为复审请求人将原"使用状态参考图"修改为"主视图"，但同时也修改了视图的内容，此次修改同样超出原外观设计图片表达的范围，不符合专利法第 33 条的规定。

2007 年 8 月 2 日专利复审委员会收到复审请求人提交的意见陈述和修改文本。将原"使用状态参考图"修改为"主视图"，该图中桌面的外缘轮廓线由虚线修改为实线，删除了该图中其余虚线和波浪边界线；将原"件 1 主视图"修改为"局部 A 放大视图"，删除了该图中的阴影线；删除原始提交的其他视图；将使用外观设计的产品名称修改为"吹塑桌面"；提交了简要说明"A 部分是本外观设计的设计要点"。复审请求人认为：原使用状态参考图中，桌面上的特征只有一个角部是用实线示出的，其他特征均用虚线表示，表明本外观设计的特征在于该角部，虚线表示的并不是本外观设计的一部分，因此修改时删除了除表示外缘轮廓线之外的所有虚线；原使用状态参考图中用于划分角部和桌面其余部分的波浪线类似机械制图中的断裂线，不是本外观设计图形的一部分，修改中将其删除。

合议组经合议，认为本案事实清楚，复审请求人已充分发表意见，现依法作出复审决定。

二、决定的理由

1. 关于审查文本

经审查，2007年8月2日的修改文本是为了消除复审通知书指出的缺陷而提交的，符合专利法实施细则第60条的规定。本复审决定针对的文本是专利复审委员会于2007年8月2日收到的外观设计图片和外观设计简要说明，其中外观设计图片包括主视图和局部A放大图。

2. 关于专利法实施细则第2条第3款

专利法实施细则第2条第3款规定：专利法所称外观设计，是指对产品的形状、图案或者其结合以及色彩与形状、图案的结合所作出的富有美感并适于工业应用的新设计。

2007年8月2日的修改文本中，复审请求人将原"使用状态参考图"修改为"主视图"，同时将使用外观设计的产品名称修改为"吹塑桌面"，至此，本申请中视图表达的是适于工业应用的、具有独立使用价值的桌面的外观设计，已符合专利法实施细则第2条第3款关于外观设计定义的规定。

3. 关于专利法第33条

专利法第33条规定：申请人可以对其专利申请文件进行修改，但是，对外观设计专利申请文件的修改不得超出原图片或者照片表示的范围。审查指南第一部分第三章第6.3节进一步规定：修改超出原图片或者照片表示的范围，是指修改后的外观设计与原始申请文件中表示的相应的外观设计相比，属于不相同的设计。

2007年8月2日的修改文本中，对视图名称的修改并未改变外观设计的内容，对产品名称的修改是依据视图名称而修改的，上述修改可以被接受。将原使用状态参考图中除表示外缘轮廓线之外的所有虚线删除，导致修改后的外观设计与原始申请文件中表示的外观设计成为不相同的设计，修改超出原图片或者照片表示的范围。理由如下：

原使用状态参考图和修改后的主视图均只表达了产品的二维形状，即，将桌面视为平面产品。对于平面产品，除了外缘轮廓线，内部线条表达的应该是产品表面的图案。原使用状态参考图中，桌面的四个角上各有三个近似梯形的图案，桌面上均匀分布有椭圆圈图案，靠近上下两端有连续圆弧图案。修改后的主视图中，桌面仅有一个角上有三个近似梯形的图案，其余部分为空白。比较修改后的外观设计与原始申请文件中表示的外观设计，二者仅形状相同，图案完全不同，明显属于不相同的外观设计。

复审请求人认为本外观设计的特征在于桌面的一个角部，虚线表示的并不是本外观设计的一部分，对此合议组认为：图片是表达外观设计最重要最根本的形式，图片中已经表达出来的内容，不能因其表达方式如线条类型、线条粗细等的瑕疵而认为这部分内容不存在。如复审请求人在意见陈述中所言，桌面上的其他特征用虚线表示，表明桌面上除实线表示的部分外还有其他的部分，只不过这部分不被复审请求人视为设计要点。根据图片和复审请求人的意见陈述，原使用状态参考图表达的是该外观设计的主要设计特点体现在桌面的一个角上即A部，修改后的主视图表达的是该外观设计仅在桌面的一个角上有设计内容。

综上，复审请求人提交的修改文本超出原图片或者照片表示的范围，不符合专利法第33条的规定。

三、决定

维持国家知识产权局于 2006 年 2 月 22 日对 200430079203.1 号外观设计专利申请作出的驳回决定。

复审请求人对本决定不服的，可以根据专利法第 41 条第 2 款的规定，自收到本决定之日起三个月内向北京市第一中级人民法院起诉。

无效宣告请求审查决定

多色铝合金钓具卷线轮

无效宣告请求审查决定（第 6574 号）

决 定 号	第 6574 号
决 定 日	2004 年 10 月 28 日
发明创造名称	多色铝合金钓具卷线轮
外观设计分类	22-05
无 效 请 求 人	潮阳市明益五金制品有限公司，郗可如
专 利 权 人	詹正旭
专 利 号	02333713.3
申 请 日	2002 年 8 月 15 日
授权公告日	2003 年 2 月 26 日
合议组组长	赵嘉祥
主 审 员	李 越
参 审 员	李人久
附 图	1 页
法 律 依 据	专利法第 23 条，专利法实施细则第 2 条第 3 款

决 定 要 点

（1）在本专利申请日之前公开的出版物上公开的外观设计与本专利外观设计在形状、主要图案和布局所呈现出的整体外观效果是近似的，一般消费者容易对其在视觉上产生混淆，两者属于相近似的外观设计。

（2）如果一项外观设计专利的图片或照片所表示的是一种能够用工业方法生产出来的有形状、图案的产品，则该外观设计专利属于外观设计专利保护的客体。

一、案由

本无效宣告请求涉及国家知识产权局于 2003 年 2 月 26 日授权公告、申请日为 2002 年 8 月 15 日、名称为"多色铝合金钓具卷线轮"的第 02333713.3 号外观设计专利（下称本专利），专利权人为詹正旭（下称被请求人）。

2003 年 6 月 16 日，潮阳市明益五金制品有限公司、郗可如（以下称请求人）针对该专利权向国家知识产权局专利复审委员会提出无效宣告请求，其理由是本专利不符合专利法第 23 条和专利法实施细则第 2 条第 3 款的规定。

请求人提交了下列证据：

证据1. 2000年10月出版的台湾第116期《钓鱼人》杂志，共4页；

证据2. 2000年11月出版的台湾第117期《钓鱼人》杂志，共5页；

证据3. 2002年5月出版的台湾第132期《钓鱼人》杂志，共3页；

证据4. 日本Shimano《It is wanderful Fishing 2002 Fishing Tackle Catalogue》2002年2月8日发行相关页黑白复印件及译文：Shimana公司《美妙的垂钓！2002钓鱼用具的目录》，共21页；

证据5. 日本Shimano《1998 Fishing Tackle Catalogue》1998年1月30日发行相关页黑白复印件及译文：Shimana公司《1998钓鱼用具的目录》，共16页；

证据6. 日本RYOBI《1998 Fishing Tackle Cataloge》，1998年1月发行，相关页黑白复印件及译文：《1998钓鱼用具目录》，共6页；

证据7. 韩国Banax《2002 Fishing Tackle Catalogue》相关页黑白复印件及译文：巴那克斯《钓鱼用具目录》，共18页；

证据8. 美国《The Power of experience Mitchell & Spidercast 2001 Product guide》相关页黑白复印件及译文：《经验的力量 Mitchell & Spidercast 2001产品指南》，共10页；

证据9. 彩色照片（上述证据1-8出版物的相关页彩照），共19页；

证据10. 彩色照片（申请人明益公司生产相同产品外观设计），共3页；

证据11. 奥林公司订单汇总表，共5页；

证据12. 奥林公司进料验收报告单，共4页；

证据13. 奥林渔具制造有限公司联络单，共1页；

证据14. 奥林公司内部函件，共2页；

证据15. 奥林公司定做多色铝合金钓具卷线轮情况表及附发票，共6页；

证据16. 奥林公司定做"锻造铝合金铝线轮情况"设计图纸，共1页；

证据17. 请求人明益公司产成品出库单及货运单（1），共68页；

证据18. 精明国际公司采购单，共4页；

证据19. 精明国际铝合金线辘定做设计图，共4页；

证据20. 精明国际收货检验不良成品表，共1页；

证据21. 请求人明益公司产成品出库单及货运单（2），共10页；

证据22. 中国银行电子联行收付款通知，共1页；

证据23. 请求人明益公司收款收据，共1页；

证据24. 精明国际公司收货详细报告表，共3页；

证据25. 请求人明益公司与精明国际公司产品销售对帐单，共2页；

证据26. 专利权人詹正旭发给明益公司客户的函件及附《外观设计专利证书》，共2页；

证据27. 请求人潮阳市明益五金制品有限公司营业执照（复印件）公司章程，共15页。

请求人认为，证据1-9表明：与本专利外观设计相同或相近似的外观设计在申请日之前已经在出版物上公开；证据10-27表明：与本专利外观设计相同或相似的外观设计已经在国内公开使用。因此，本专利外观设计应该被宣告无效。

经形式审查合格后，专利复审委员会受理了该无效宣告请求案，并于2003年7月11日向双方当事人发出了《无效宣告请求受理通知书》，并将《宣告专利权无效请求书》及其他有关文件的副本转送给专利权人（下称被请求人），要求其在指定的期限内答复，同时成立合议组对本无效请求案进行审理。

2003年8月12日，被请求人詹正旭针对该无效宣告请求陈述了意见。被请求人认为：（i）本专利外观设计属于色彩与图案、形状相结合的外观设计，符合专利法实施细则第2条第3款的规定；（ii）证据1.2.3.6第一页有印刷日期，但没有记载与本专利同类的产品；其他页虽然记载了同类产品，但缺乏与第一页的关联，而没有明确的公开日，不能表明已经在申请日之前公开，并且印刷页中的每一同类产品与本专利相比，不相同也不相近似；（iii）证据8第1-7页虽然公开了同类产品，但其公开的产品与本专利的产品不相同也不相近似；（iv）证据4.7封面上印刷"2002"，但无具体的公开日，无法表明其在本专利申请日前已公开；（v）请求人关于证据5于"1998年1月30日发行"的主张依据不足；（vi）证据9为彩色图片，无充足的理由证明其公开日，也不能证明其公开的内容与本专利相近似；（v）证据10没有关于"申请日前公开或生产"的依据；证据11-25仅仅记载生产产品的货号或代号，而没有生产产品的形状、图案、色彩；（vi）证据26.27与本专利是否在申请日前公开无关。综上所述，本专利符合专利法第23条的规定，也符合专利法实施细则第2条第3款的规定。

2003年10月22日，合议组向双方当事人发出了口头审理通知书，拟定于2003年12月12日就该无效宣告请求进行口头审理。并将被请求人于2003年8月12日提交的意见陈述书转送给请求人。

2003年12月12日，口头审理如期举行。口头审理中，请求人放弃证据3.6-8和证据5第10页，并且以当庭提交证据代替证据11-27以主张本专利的产品在申请日之前已经使用公开，同时放弃证据11-27，当庭提交的证据为（编号续上）：

证据28. 潮阳市明益五金制品有限公司出具的第00052528号、第00052529号、第00052530号和第0052531号发票复印件；

证据29. 第0083826号、第0082027号、第0068407号、第0068404号、第0068403号和第0055703号销售发票复印件；

证据30. 刘后蔚的名片；

证据31. 潮阳市明益五金制品有限公司出具的"奥林渔具制造有限公司定做多色铝合金钓具卷线轮情况"；

请求人没有出示证据28-29中的发票原件。本案合议组对请求人提出的无效理由、事实和证据进行了充分调查，并听取了双方当事人的陈述。口头审理结束时，合议组宣布：由于证据1.2.4和5属于在国外和台湾形成证据，因此，请求人必须在指定期限内按照最高人民法院《关于行政诉讼证据若干问题的规定》第11条的规定，提交相关的证明手续。

2004年2月2日，请求人提交了证据4和5的公证书和证据1和2的公证书，2004年3月5日，请求人提交的证据1和2的公证书认证书。

2004年4月1日，合议组将证据1和2的公证书、认证书以及证据4和5的公证书转交给被请求人，要求其在指定期限内进行答复。

2004年4月30日，被请求人进行了答复，被请求人认为：请求人于2004年2月2日和2004年3月5日提交的证据超过了合议组指定的期限，应该不予考虑；证据1和证据2的公证书是台湾出具的，其中公证的事实仅仅是声明书上的签名属实，而其内容的真伪不在认证之列，并且声明书的声明人属于本案请求人之一潮阳市明益五金制品有限公司法定代表人石明津的声明书，根据最高人民法院《关于民事诉讼证据的若干规定》第69章第二项规定，本声明的声明人为本案当事人之一，因此，其出具的证言不应采信；证据4和证据5的公证书仅仅表明公证员应潮阳市明益五金制品有限公司法定代表人石明津及其委托代理人郜可如的申请至汕头市津田渔具有限公司对Shimano的产品目录相关页面进行复印，而未证明汕头津田渔具有限公司何时、如何获得产品目录，也未证明汕头渔具有限公司与日本Shimano公司的关系，并且公众不能从津田渔具有限公司自由获取产品目录，因此证据4和

5 不是公开出版物。综上所述，被请求人认为证据1、2、4和5应不予采信。

经过上述审理程序，合议组认为本案事实已经清楚，可以依法作出审查决定。

二、决定的理由

1. 关于专利法实施细则第2条第3款

专利法实施细则第2条第3款规定：专利法所称外观设计，是指对产品的形状、图案或者其结合以及色彩与形状、图案的结合所作出的富有美感并适于工业应用的新设计。

如果一项外观设计专利的图片或照片所表示的是一种能够用工业方法生产出来的有形状、图案的产品，则该外观设计专利属于外观设计专利保护的客体。

本专利的外观设计涉及一种多色铝合金钓具卷线轮，从其图片看，该外观设计主体呈杯状，设有顶部、底部和中间可以缠绕钓鱼线的脖子，在底部周向均匀直线排列单排孔，在该排孔的局部设有与主体不同的色彩条，底部不同与主体的色彩条距最底部留有间隙，在顶部的凸边至接近脖子设有不同于主体的醒目色彩。可以看出，本专利外观设计具有一定形状和色彩，是对产品的色彩与形状的结合所作出的富有美感并适合于工业应用的新设计，符合专利法实施细则第2条第3款规定。

2. 关于专利法第23条

专利法第23条规定：授予专利权的外观设计，应当同申请日以前在国内外出版物上公开发表过或者国内公开使用过的外观设计不相同和不相近似，并不得与他人在先取得的合法权利相冲突。

证据1和2分别是中国台湾地区于2000年10月出版的《钓鱼人》杂志第116期和2000年11月出版的《钓鱼人》杂志第117期，二证据出版日期均在本专利申请日前，请求人在口头审理时出示了原件，并且提交了相关的公证认证手续证明了证据1和2的真实性与合法性。因此，合议组对证据1和2予以采信。

本专利要求保护一种钓具卷线轮，该卷线轮的外形主体呈杯状，设有顶部、底部和中间可以缠绕钓鱼线的脖子，在底部周围缠绕一环形条，环形条上均匀排列单排孔，环形条距最底部留有间隙，在顶部的凸边至接近脖子设有突出的盘状体，该卷线轮从左视图看呈圆盘状，中央有一圆孔，圆孔周围有一系列同心圆，同心圆周围均匀排列四个小孔，从右视图看，其也呈圆盘状，中央有一圆孔，圆孔左右各有一小孔，该三个孔呈直线排列。

证据1公开了一种钓具卷线轮，该卷线轮的外形主体呈杯状，设有顶部、底部和中间可以缠绕钓鱼线的脖子，在底部周围均匀排列单排孔，在顶部的凸边至接近脖子设有突出的盘状体。

本专利要求保护的产品与证据1公开的产品均为钓具卷线轮，属于同样种类的外观设计，将两者相比，相同之处在于：两者的外形主体呈杯状，设有顶部、底部和中间可以缠绕钓鱼线的脖子，在底部周围均匀排列单排孔，在顶部的凸边至接近脖子处设有突出的盘状体，两者的底部、顶部、脖子、单排孔、凸边和突出的盘状体相互之间的比例基本相同。不同之处在于：本专利的卷线轮的单排孔通过环形条均匀排列在底部周围，而证据1公开的卷线轮没有环形条，单排孔直接均匀排列在底部周围；另外，证据1公开的卷线轮没有显示左视图和右视图。

本案合议组认为：本专利的卷线轮与证据1所示外观设计整体形状相同；虽然本专利的卷线轮在底部设有环形条，但该环形条仅仅占整个卷线轮的一小部分，属于细微的局部设计，不会使两外观设计在整体视觉效果上产生明显差异；另外，证据1公开的卷线轮虽然没有显示左视图和右视图，但在使用状态下卷线轮左视图和右视图所示圆孔和同心圆属于看不到的部位，其对卷线轮整体视觉效果的影响并不明显；再者，作为装置于钓具上的卷线轮，其中央必然具有圆孔，本专利左视图和右视图上其他圆孔也是为了便于安装而设计的，属于卷线轮功能的常规设计。综上所述，证据1所示外观设计与本专利外观设计在形状、主要图案和布局所呈现出的整体外观效果是近似的，一般消费者容易对其产生混淆，因此，本专利与证据1所示的外观设计属于相近似的外观设计。

证据2所示外观设计与证据1所示外观设计完全相同，基于同样的分析，证据2所示外观设计与本专利的外观设计属于相近似的外观设计。

综上所述，本案合议组认为：在本专利的申请日之前，与本专利相近似的外观设计已经在出版物上公开发表过，本专利不符合专利法第23条的规定。

鉴于本专利和证据1和2的相近似性比较判断已经得出结论，故本决定对于请求人提交的其他证据不再作出评述。

基于以上事实和理由，本案合议组作出如下审查决定。

三、决定

根据专利法第23条的规定，宣告第02333713.3号外观设计专利权无效。

当事人对本决定不服的，可以根据专利法第46条第2款的规定，自收到本决定之日起三个月内向北京市第一中级人民法院起诉。根据该款的规定，一方当事人起诉后，另一方当事人应当作为第三人参加诉讼。

本专利

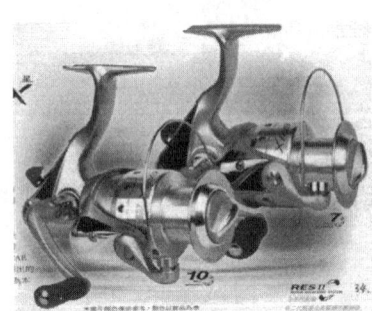 

对比文件1　　　　　　对比文件2

移动式空调器（26）

无效宣告请求审查决定（第 8228 号）

决 定 号	第 8228 号
决 定 日	2006 年 3 月 30 日
发明创造名称	移动式空调器（26）
国 际 分 类 号	23-04
无效宣告请求人	浙江弩牌电器有限公司
被 请 求 人	倪伯杨
专 利 号	02370111.0
申 请 日	2002 年 11 月 19 日
授 权 公 告 日	2004 年 4 月 28 日
合议组组长	马志远
主 审 员	苏 青
参 审 员	郑 直
附 图	1 页
法 律 依 据	专利法第 23 条

决 定 要 点

就移动式空调器而言，其最易引起一般消费者瞩目的部位是具有特定控制面板和出风口位置、形状的主视图，其也正是判定此类产品中两个外观设计是否相同或相近似的主要部分。本专利和对比文件的主视图存在不同，已足以导致一般消费者对二者的整体外观设计产生不同的视觉效果，因此二者不属于相近似的外观设计。

一、案由

本无效宣告请求涉及国家知识产权局于 2004 年 4 月 28 日授权公告的 02370111.0 号外观设计专利（下称本专利），该外观设计名称为"移动式空调器（26）"，申请日为 2002 年 11 月 19 日，专利权人为倪伯杨（下称被请求人）。

针对上述外观设计专利权，浙江弩牌电器有限公司（下称请求人）于 2005 年 8 月 1 日向专利复审委员会提出了无效宣告请求，其主要理由是在本专利申请日以前已有与其相同或者相近似的的外观设计在出版物上公开发表过，因此本专利不符合专利法第 23 条和第 9 条的规定，应宣告其无效。为此，请求人提交了如下附件作为证据：

附件 1 是本外观设计专利公报复印件；

附件2是99334577.8号中国外观设计专利公报复印件，公告日为2000年5月3日；

附件3是98318754.1号中国外观设计专利公报复印件，公告日为1999年10月27日；

附件4是01316328.0号中国外观设计专利公报复印件，公告日为2001年10月17日；

附件5是02362613.5号中国外观设计专利公报复印件，申请日为2002年9月30日，公告日：2003年4月30日；

附件6是《asian sources Gifts&Home Products》2000年12月刊的黑白复印件共4页。

经形式审查合格，专利复审委员会于2005年8月2日受理了上述无效宣告请求，同日将专利权无效宣告请求书及其附件清单中所列附件副本转送给了被请求人，要求其在指定期限内答复。

请求人于2005年8月12日向专利复审委员会寄交了意见陈述书，同时提交了下列附件：

附件7是《HONGKONG enterprise》2001年第12期的首页、第572页的黑白复印件和译文。

请求人于2005年8月19日向专利复审委员会寄交了意见陈述书，同时提交了下列附件：

附件8是浙江省科技信息研究院文献馆的证明的复印件1页。

针对上述无效宣告请求，被请求人于2005年9月12日向专利复审委员会寄交了意见陈述书，在该意见陈述书中，被请求人认为本专利同申请日以前在国内外出版物上公开发表过或者国内公开使用过的外观设计不相同也不相近似，并不与他人在先取得的合法权利相冲突，符合专利法的规定。

专利复审委员会于2006年1月12日向被请求人发出无效宣告请求补正通知书，要求被请求人补交专利代理机构的授权委托书。

合议组于2006年1月19日向双方当事人分别发出了无效宣告请求口头审理通知书，定于2006年2月27日举行口头审理，并随本通知书向请求人转送被请求人于2005年9月12日寄交的意见陈述书，向被请求人转送请求人于2005年8月12日和2005年8月19日寄交的意见陈述书和相关附件的副本。

被请求人于2006年2月8日向专利复审委员会寄交了意见陈述书，补交了专利代理机构的授权委托书。

口头审理如期举行，双方当事人均出席口头审理。在口头审理中，（1）请求人明确表示放弃使用附件6作为证据材料，并当庭出示了附件7和附件8的原件；（2）被请求人对附件2~5的真实性无异议，并且表示附件7和附件8的内容与原件一致，对附件7的中文译文的准确性无异议，对附件8的真实性无异议；（3）请求人明确表示放弃使用附件2~5与本专利进行单独对比，而采用附件2~5作为控制面板和出风口的位置、形状的设计具有多种选择的佐证，以证明附件7的产品与本专利近似；（4）被请求人明确表示采用附件7的第572页中间的附图（AC-9000M、AC-9000R）作为最接近的外观设计与本专利进行对比，请求人认为虽然附件7中仅有一幅立体图，不能完全体现出产品的六面视图，但对于具有特定使用方向的移动空调产品而言，其主视图是体现产品设计内容的设计要部，从附件7的立体图可以看出，其正面形状、出风口的设计位置、高度、形状、控制面板的位置、大小、把手设计的位置，出风栅的位置与本专利是一致的，只是控制面板上按钮的形状略有区别；（5）被请求人认为附件7仅提供了侧面角度的立体图，其仅提供了右视图，主视图和部分俯视图，无法得知其完整的俯视图和后视图，附件7不能反映出其他部件的设计，其不能与本专利进行对比。同时强调移动式空调器的设计要部是其主视图，附件7的主视图中大面积的面板上存在四条纵向的弧线，而且其控制面板是旋钮，与本专利的主视图不同；（6）请求人认为附件7上的四条纵向的弧线是印刷等方式形成。

在当事人的意见陈述和口头审理的基础上，合议组认为本案事实清楚，现依法作出审查决定。

二、决定的理由

1. 关于无效理由

请求人提出无效宣告请求的理由是本专利不符合专利法第23条和第9条的规定，由于请求人在口头审理中明确表示放弃使用附件5与本专利进行单独对比，因此没有证据支持请求人提出的本专利不符合专利法第 9 条的无效理由，合议组将依据专利法第 23 条的规定对本案进行审理。

专利法第 23 条规定："授予专利权的外观设计，应当同申请日以前在国内外出版物上公开发表过或者国内公开使用过的外观设计不相同和不相近似，并不得与他人在先取得的合法权利相冲突。"

2. 关于证据

请求人在口头审理中明确表示放弃使用附件 6 作为证据材料，放弃使用附件 2~5 与本专利进行单独对比，而采用附件 2~5 作为控制面板和出风口的位置、形状的设计具有多种选择的佐证以证明附件 7 的产品的外观设计与本专利相近似，并且采用附件 7 的第 572 页中间的型号为 AC-9000M、AC-9000R 的移动式空调的侧面角度的立体图作为最接近的外观设计与本专利进行对比。

请求人提交的附件 7 是《HONGKONG enterprise》2001 年第 12 期的首页、第 572 页和译文，附件 8 是浙江省科技信息研究院文献馆的证明。在被请求人未对附件 8 的真实性提出异议的情况下，合议组对其真实性予以认定，根据附件 8 中的内容可知，《HONGKONG enterprise》是浙江省科技信息研究院文献馆收藏的馆藏文献，在该刊的 VOL. 12，2001 年 572 页上有 "KING POST INDUSTRIAL CO., LTD." 的产品介绍，并且附件 7 的复印件各页上也加盖了所述的浙江省科技信息研究院文献馆的公章，由此可以认定附件 7 为该浙江省科技信息研究院文献馆馆藏杂志的复印件。虽然附件 7 所示的期刊本身在香港出版，但作为证据材料使用的附件 7 形成于国内，不需要进行公证认证，由此合议组对附件 7 的真实性予以认定。同时附件 7 上标有 "VOL. 12 2001" 字样，由此可以推断出其公开日不晚于 2001 年 12 月 31 日，因此能够认定该期刊确系在本专利申请日以前公开，适用于本案。

在该期刊的第 572 页中间公开了一种型号为 AC-9000M、AC-9000R 的移动式空调（下称对比文件）的侧面角度的立体图。该期刊中公开的产品为移动式空调，与本外观设计属于同一类产品，由于移动式空调的设计要部是其主视图，下面的评述中将主要对比对比文件和本专利的主视图。

从图片上观察，对比文件的主视图大致为长方体，上部是椭圆形的控制面板和条状出风口，控制面板和出风口位于一个凸台上，凸台下面的面板上有一椭圆形的标牌设计，标牌设计两侧有四条纵向的弧线，下部是轮子，其中控制面板上的按钮是旋钮，该凸台的上部为矩形，下部为向下弧形。详见对比文件附图。

本专利也是移动式空调器，主视图大致为长方体，上部是椭圆形的控制面板和条状出风口，控制面板和出风口位于一个凸台上，凸台的下部有一椭圆形的标牌设计，凸台下面的面板上有一条纵向延伸到底端的直线，下部是轮子，其中控制面板上的按钮是液晶控制，该凸台为矩形。详见本专利附图。

将本专利与对比文件相比较，二者所示移动式空调器的主视图的不同之处主要在于：二者的控制面板上按钮的形状不同、控制面板和出风口所在凸台的形状不同、标牌设计的位置不同，并且本专利凸台下面的面板上有一条纵向延伸到底端的直线，对比文件的凸台下面的面板上有四条纵向的弧线。合议组认为，就移动式空调器而言，其最易引起一般消费者瞩目的部位是具有特定控制面板和出风口位置、形状的主视图，也正是判定此类产品中两个外观设计是否相同和相近似的主要部分。本专利和对比文件的主视图存在上述不同，已足以导致一般消费者对二者的整体外观设计产生不同的视觉效果，因此二者不属于相近似的外观设计。

综上所述，本专利符合专利法第 23 条的规定。

三、决定

维持 02370111.0 号外观设计专利权有效。

当事人对本决定不服的，可以根据专利法第 46 条第 2 款的规定，自收到本决定之日起三个月内向北京市第一中级人民法院起诉。根据该款的规定，一方当事人起诉后，另一方当事人应当作为第三人参加诉讼。

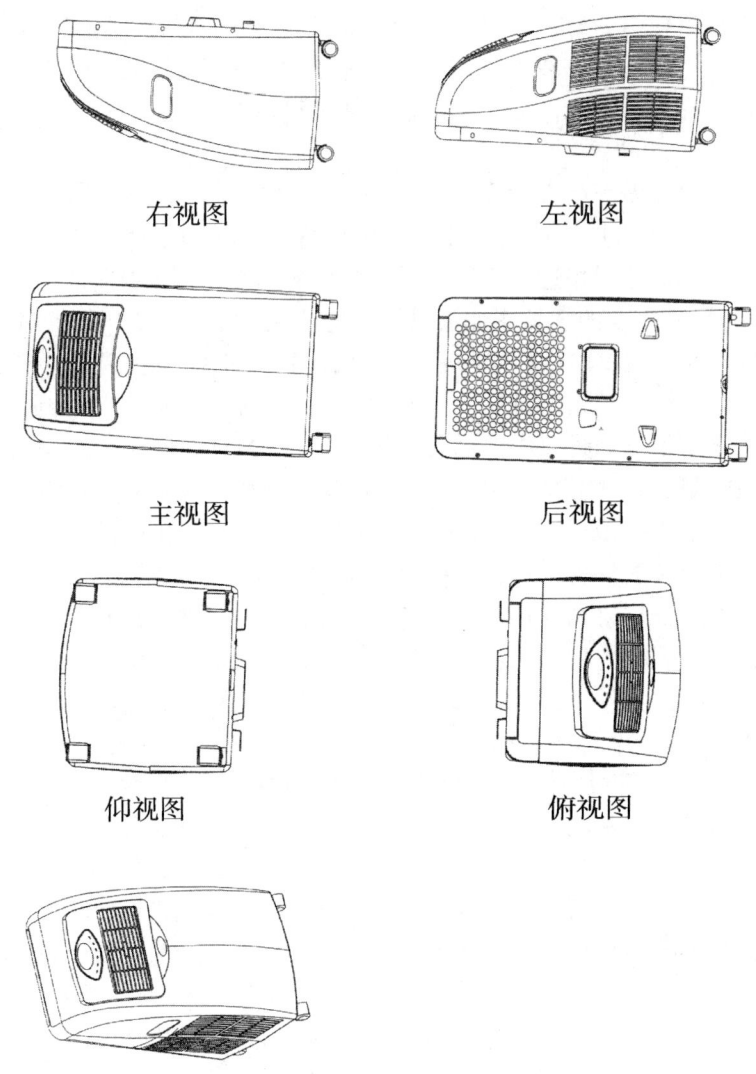

右视图　　　　　　　　左视图

主视图　　　　　　　　后视图

仰视图　　　　　　　　俯视图

立体图

本专利附图

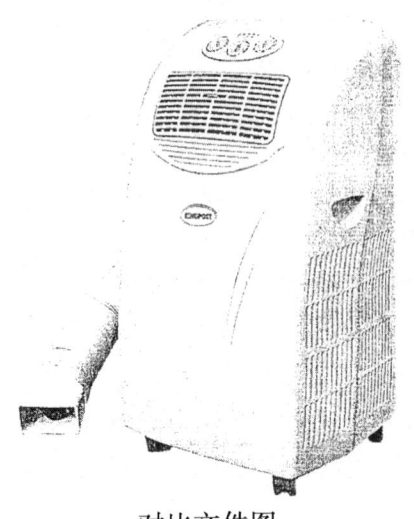

对比文件图

换气机（KLF-18AXP）

无效宣告请求审查决定（第 8588 号）

决 定 号	第 8588 号
决 定 日	2006 年 8 月 14 日
发明创造名称	换气机（KLF-18AXP）
外观设计分类号	23-04
无效宣告请求人	博罗县园洲镇金宏机电设备厂
专 利 权 人	东莞市科达机电设备有限公司
申 请 号	200430033508.9
申 请 日	2004 年 3 月 5 日
授 权 公 告 日	2005 年 3 月 30 日
合议组组长	吴赤兵
主 审 员	柴爱军
参 审 员	郭健国
附 图	3 页

法 律 依 据 专利法第 23 条，专利法实施细则第 2 条第 3 款

决 定 要 点

本专利与对比文件所示的外观设计存在多处区别，这些区别导致两个产品在整体外观上不同，并且对产品的整体视觉效果产生显著的影响，因此，二者属于既不相同也不相近似的外观设计。

一、案由

本无效宣告请求涉及的是国家知识产权局于 2005 年 3 月 30 日授权公告的、专利号为 200430033508.9 的外观设计专利，其产品名称是"换气机（KLF-18AXP）"，申请日是 2004 年 3 月 5 日，专利权人是东莞市科达机电设备有限公司（下称专利权人）。

针对上述外观设计专利权（下称本专利），博罗县园洲镇金宏机电设备厂（下称请求人）于 2005 年 9 月 27 日向专利复审委员会提出无效宣告请求，其无效理由是：本专利的授权不符合专利法第 23 条和专利法实施细则第 2 条第 3 款的规定。与此同时，请求人提交了以下附件：

附件 1：本外观设计专利公报，复印件 2 页；
附件 2：专利号为 01355117.5 的外观设计专利公报，复印件 2 页；
附件 3：附件 2 中的图片按照附件 1 的视图位置重新排列后的图片，复印件 1 页；
附件 4：专利号为 01258734.6 的实用新型专利说明书，复印件 1 份；

附件 5：对无效宣告请求理由的具体意见陈述书；

附件 6：请求人的营业执照副本，复印件 1 页；

附件 7：请求人法定代表人身份证明书，原件 1 页；

附件 8：请求人声称为 2002 年 11 月 15 日"慧聪商情广告"第 5 页背面江苏富通公司 FMX 型环保型空调机，复印件 1 页；

附件 9：请求人声称为 2003 年东莞黄页第 159 页正面东莞林发公司的环保空调，复印件 1 页。

经形式审查合格，专利复审委员会于 2005 年 10 月 19 日受理了上述无效宣告请求，并于同日向双方当事人发出了《无效宣告请求受理通知书》，并将无效宣告请求书及其附件的副本转送给专利权人，要求专利权人在收到通知书之日起一个月内对该无效宣告请求陈述意见。

2005 年 11 月 24 日，专利权人寄交了意见陈述书，专利权人认为本专利分别与请求人所提交的四份对比文件相比较，均不相同、不相近似，本专利符合专利法第 23 条的规定，请求依法维持本专利有效。

2006 年 3 月 30 日，专利复审委员会向双方当事人发出《无效宣告请求口头审理通知书》，定于 2006 年 5 月 11 日在深圳市知识产权局进行口头审理，并随同口头审理通知书将专利权人于 2005 年 11 月 24 日（收文日：2005 年 11 月 30 日）寄交的意见陈述书转送给请求人。

随后专利复审委员会收到了改退批条，将寄给请求人的《无效宣告请求口头审理通知书》等材料退回。合议组与请求人联系，以传真的方式将上述文件再次发送给请求人。口头审理如期举行，双方当事人对对方当事人及其出庭人员的身份无异议，对合议组成员无回避请求。在口头审理中，请求人明确本案的无效理由是：本专利不符合专利法第 23 条和专利法实施细则第 2 条第 3 款的规定，其中不符合专利法实施细则第 2 条第 3 款具体是指本专利不是新的设计。专利权人对请求人提交的附件 1、2、4 的真实性无异议，请求人出示了附件 8、9 的原件，专利权人认为附件 8、9 的复印件与所出示的原件相符。合议组对本案的无效理由及其证据进行了详细的调查，并充分听取了双方当事人的意见。

至此，合议组认为本案事实已经清楚，可以依法作出审查决定。

二、决定的理由

1. 法律依据

专利法第 23 条规定，授予专利权的外观设计，应当同申请日以前在国内外出版物上公开发表过或者国内公开使用过的外观设计不相同和不相近似，并不得与他人在先取得的合法权利相冲突。

专利法实施细则第 2 条第 3 款规定，专利法所称外观设计，是指对产品的形状、图案或者其结合以及色彩与形状、图案的结合所作出的富有美感并适于工业应用的新设计。

2. 关于证据

（1）请求人提交的附件 1 是本外观设计专利公报，附件 5 是意见陈述书，附件 6 是请求人的营业执照副本，附件 7 是请求人法定代表人身份证明书，这些附件均不是用于支持无效理由的直接证据，请求人仅是用于表明本专利权的状态、己方的观点以及请求人的身份等，与本案的实体认定无直接的关联。

（2）专利权人对请求人提交的附件 2 和 4 的真实性无异议，经合议组核实，对附件 2 和 4 的真实性予以认可。请求人提交的附件 3 实际上是对附件 2 中的图片按照本专利的视图位置重新排列后的图片，合议组将其与附件 2 一同进行考虑。

附件 2 是一份外观设计专利公报，其授权公告日是 2002 年 8 月 21 日；附件 4 是一份实用新型专利说明书，其授权公告日是 2002 年 12 月 4 日；两份附件的公开日期均在本专利的申请日之前，属于专利法第 23 条所称的公开出版物，故适用于本案。

（3）请求人在口头审理中出示了附件 8 和 9 的原件，专利权人对此进行了质证，并认为附件 8 和 9 的复印件与原件相符，因此，合议组对这两份附件的真实性予以认可。

附件 8 是慧聪商情广告-暖通制冷市场采购指南，其封面标有"2001 年创办·总 25 期　2002 年 11 月 15 日　月讯"以及"全国版"等字样，根据这些信息可以确认附件 8 是公开出版物，在无其他反证推翻的情况下，合议组确认封面上标明的日期"2002 年 11 月 15 日"为附件 8 的公开日。由于附件 8 的公开日在本专利的申请日之前，故适用于本案。

附件 9 是东莞黄页 2003 年电话号薄，合议组可以确认该电话号薄是公开出版物，其公开时间是 2003 年，早于本专利的申请日，故也适用于本案。

附件 2、附件 4、附件 8 和附件 9 在以下将分别称为对比文件 1~4。

3. 关于相同、相近似

（1）本专利所示的换气机，由主视图、左视图、右视图、俯视图、仰视图、后视图和立体图表示。从主视图看，在一个四角圆弧过渡矩形框体内居中设有一个横向的椭圆形，椭圆形内有文字，并沿椭圆形的上下对应位置向矩形框体的四个内角设有呈发射状的尖角图案，在矩形框体的四周有突出的线条，该线条短于矩形框体的边。从仰视图看，矩形框体之上有一横向的弓形设置，矩形框体的内部横向设有数道格栅，在矩形框体的两侧均有锯齿状图案，在矩形框体的下部有接近于框体边长度的细长方条，在细长方条的下部有两条明显较短的小长方条。俯视图与仰视图对称。从右视图看，矩形框体的左侧有一竖向的弓形设置，弓形的中部有一内凹的圆弧，矩形框体的内部竖向设有数道格栅，在矩形框体的上、下两边均有锯齿状图案，在矩形框体的右侧有接近于框体边长度的细长方条，在细长方条的右侧有两条明显较短的小长方条。左视图与右视图对称。从后视图看，四角圆弧过渡矩形框体内中部有矩形、圆形以及风扇等图案，矩形框体的四个内角处分别设有一形似圆形的图案，在矩形框体的四周有突出的线条，该线条短于矩形框体的边。（详见本专利附图。）

（2）对比文件 1 所示的空调机，由主视图、左视图、右视图、俯视图、仰视图和后视图表示。从俯视图看（相应于本专利的主视图），四个大小不一的矩形相互环套而成，其中最外层的矩形四角呈圆弧过渡，在最外层矩形四周各有一细长方条设置，细长方条长度短于最外层矩形的边长。从后视图看（相应于本专利的仰视图），矩形框体的上部有三层设置，三层总体形似不规则的三角形，矩形框体内部的矩形被数道平行排列的横线均匀分割，该矩形从上到下还贯穿有两条竖线，在矩形框体的两侧均有长方条设置，长方条短于矩形框体的边长，矩形框体的下部有倒置的梯形设置，梯形下方有一长方形。主视图除了矩形框体下部的设置略有不同外，其他均与后视图对称。从右视图看，矩形框体的上部有三层设置，三层总体形似不规则的三角形，矩形框体内部的矩形被数道平行排列的横线均匀分割，该矩形从上到下还贯穿有两条竖线，在矩形框体的两侧均有长方条设置，长方条短于矩形框体的边长，矩形框体的下部依次有两个不规则的四边形，在上面的不规则的四边形内部左右两边各有一个较小的长方形设置。左视图除了矩形框体下部的不规则的四边形内部左右两边没有较小的长方形设置以外，其他均与右视图对称。从仰视图看（相应于本专利的后视图），在矩形框中依次有四角内凹的矩形、矩形、内切于矩形的圆形设置（详见对比文件 1 附图）。

本专利是换气机，对比文件 1 是空调机，二者用途类似，属于相近种类的产品，因此可以进行外观设计的相近似性比较。将本专利与对比文件 1 进行比较，可以看出二者反映在各个视图上的设计内容均有所不同，尤其是二者的面盖其形状和图案的设计差别均较大；机身的四个侧面二者的设计也不相同，本专利在俯、仰视图和左、右视图中均能看见锯齿状图案，而对比文件 1 由于围绕格栅的四周具有矩形框，故在主视图、右视图等视图中看见细长方形设置；二者机身的底座和底部的设计也不相同。这些区别导致两个产品在整体外观上不同，并且对产品的整体视觉效果产生显著的影响，因此，二者属于既不相同也不相近似的外观设计。

（3）对比文件2所示的空调机主要由图1所表示，图1是结构分解示意图。该空调机主要由面盖、四个网框及其底座所构成，面盖呈三层台阶状结构，网框中有数条格栅设置，并由矩形框将格栅的四周包围，底座呈多级结构。（详见对比文件2附图。）

本专利是换气机，对比文件2是空调机，二者用途类似，属于相近种类的产品，因此可以进行外观设计的相近似性比较。将本专利与对比文件2进行比较，可以明显看出二者的面盖、网框、底座的设计均不相同，这些区别导致两个产品在整体外观上不同，并且对产品的整体视觉效果产生显著的影响，因此，二者属于既不相同也不相近似的外观设计。

请求人提供该对比文件2还欲证明广州佳仕峰机电有限公司在申请对比文件1的外观设计专利的同一日、以相同的名称还申请了一个实用新型专利，该专利可参考对比文件2，对比可以看出，对比文件1所示的空调机在后视图中应当具有风扇，只是对比文件1没有画出。合议组认为，由于对比文件2中的图1仅是一个结构分解示意图，并没有表示出产品底部的外观，也没有组合起来的整体外观图片，因此并不能据此判断出对比文件2与对比文件1表示的是同一项外观设计，故请求人主张将对比文件1和对比文件2结合起来评价本专利的专利性违反单独对比原则，合议组不予支持。

（4）请求人指定慧聪商情广告第5页背面的FMX型环保型空气调节机作为对比文件3，该空气调节机主要由机身和底座构成，整体呈六面体形状，机身的前两侧面显示中部具有深色的矩形框，后两侧面不可见，机身的顶部有一较长的突起，底座窄于机身体。（详见对比文件3附图。）

本专利是换气机，对比文件3是空气调节机，二者用途类似，属于相近种类的产品，因此可以进行外观设计的相近似性比较。将本专利与对比文件3进行比较，可以看出二者在机身、面盖、底座部分的设计明显不同，这些区别对产品的整体视觉效果产生显著的影响，因此，二者既不相同也不相近似。

（5）请求人指定东莞黄页2003电话号薄第159页的环保空调作为对比文件4，该空调机主要由机身和底座构成，整体呈六面体形状，机身的前两侧面显示中部具有两个深色的矩形框，后两侧面不可见，机身的顶面不可见，底座呈倒置的四棱台形状。（详见对比文件4附图。）

本专利是换气机，对比文件4是空调机，二者用途类似，属于相近种类的产品，因此可以进行外观设计的相近似性比较。将本专利与对比文件4进行比较，可以看出二者在机身、底座部分的设计明显不同，这些区别对产品的整体视觉效果产生显著的影响，因此，二者既不相同也不相近似。

（6）请求人的另一无效理由是本专利不符合专利法实施细则第2条第3款的规定，具体是指本专利不是新设计。合议组认为，专利法实施细则第2条第3款是对可获得专利保护的外观设计的一般性定义，而不是判断外观设计是否相同或者相近似的具体审查标准。请求人提出的"本专利不是新设计"的主张，在本案中恰当的条款应当是专利法第23条。另外，鉴于目前的证据不能否定本专利不是新设计，故请求人主张的本专利不符合专利法实施细则第2条第3款规定的无效理由不能够成立。

综上所述，请求人提出的无效理由均不能够成立，本专利的授权符合专利法第23条和专利法实施细则第2条第3款的规定。

三、决定

维持200430033508.9号外观设计专利权有效。

当事人对本决定不服的，可以根据专利法第46条第2款的规定，自收到本决定之日起三个月内向北京市第一中级人民法院起诉。根据该款的规定，一方当事人起诉后，另一方当事人应当作为第三人参加诉讼。

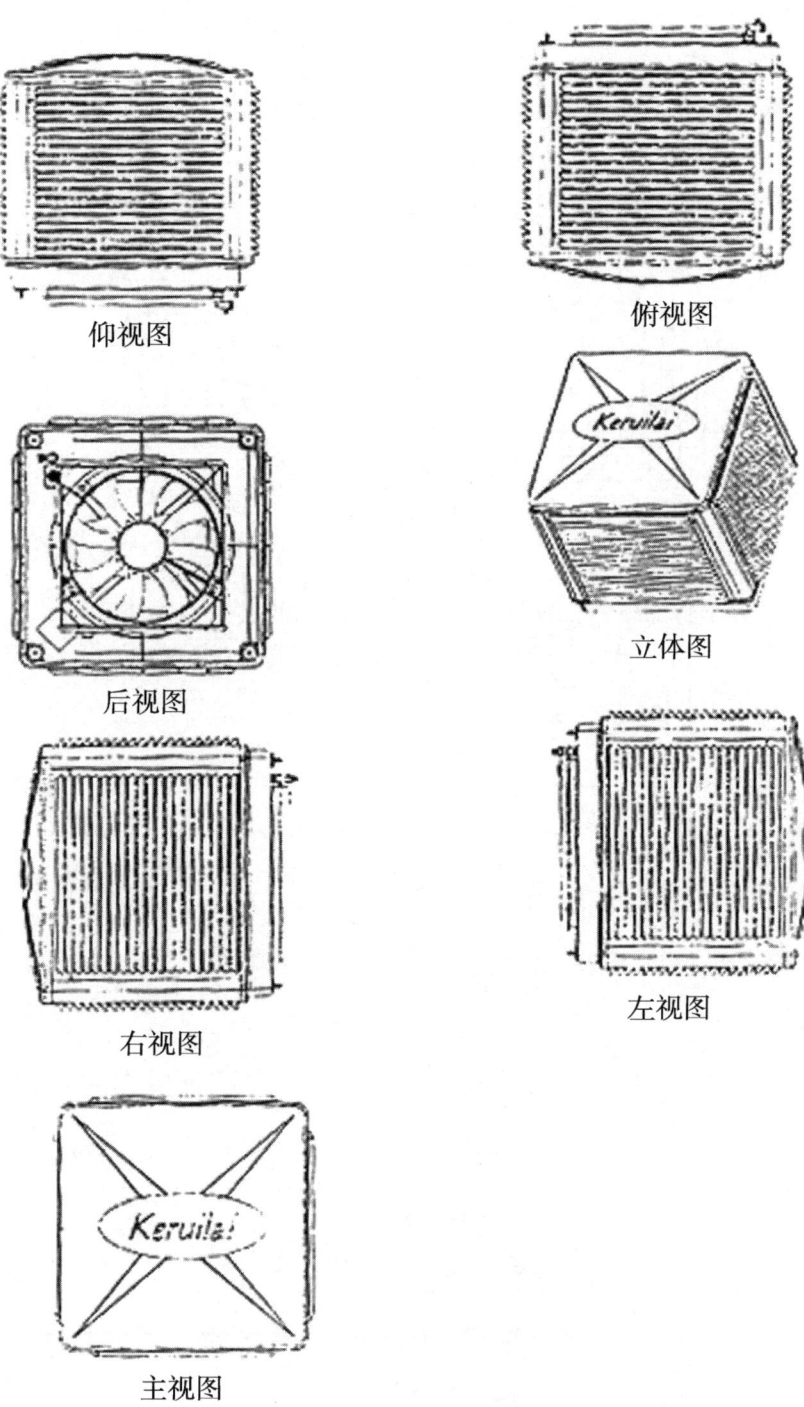

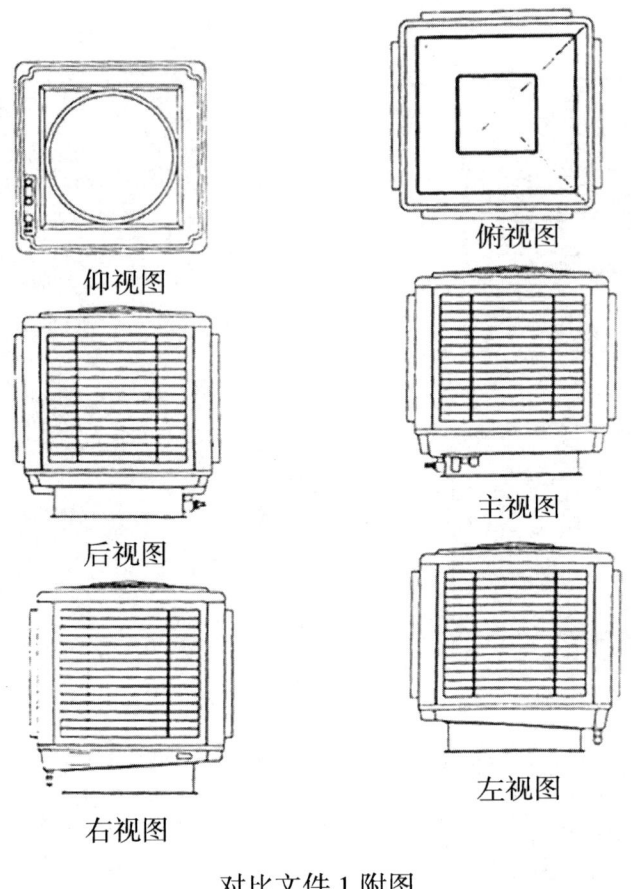

仰视图　俯视图

后视图　主视图

右视图　左视图

对比文件1附图

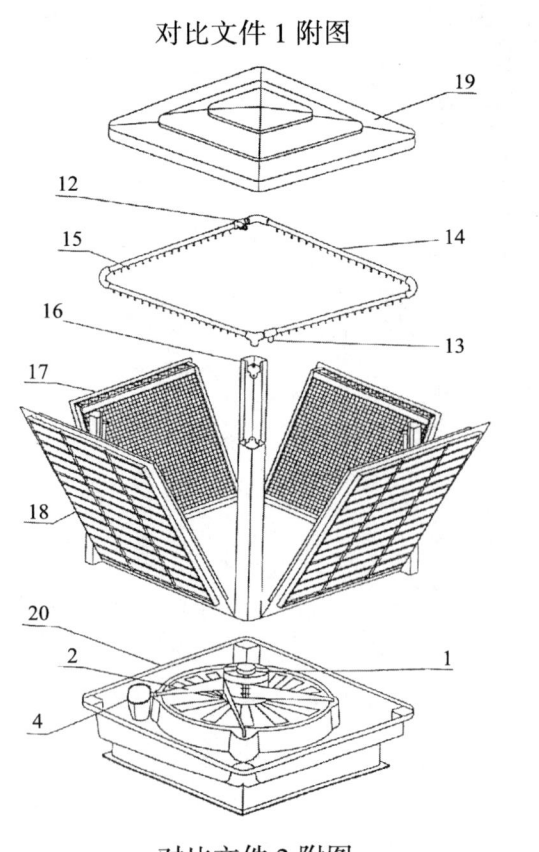

对比文件2附图

对比文件 3 附图

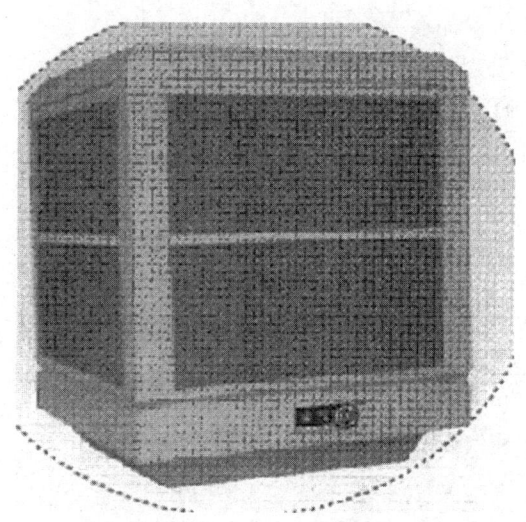

对比文件 4 附图

饮料瓶

无效宣告请求审查决定（第 8613 号）

决 定 号	第 8613 号
决 定 日	2006 年 8 月 23 日
发明创造名称	饮料瓶
国 际 分 类 号	09-01-B0375
无 效 请 求 人	杭州顶津食品有限公司
专 利 权 人	日日（泉州）饮料有限公司
专 利 号	99329504.5
申 请 日	1999 年 4 月 14 日
授 权 公 告 日	2000 年 1 月 19 日
合 议 组 组 长	黄　颖
主 审 员	刘敏飞
参 审 员	刘瑞斌
附 图	1 页

法 律 依 据　专利法第 23 条

决 定 要 点

如果在被比外观设计申请日之前公开的图片不能清楚反映其上记载产品的具体形状，并且未清楚反映的部位也不属于该类产品不被一般消费者关注的部位或该类产品的惯常设计，则该图片不足以证明被比外观设计不符合专利法第 23 条的规定。

一、案由

本无效宣告请求涉及中华人民共和国国家知识产权局于 2000 年 1 月 19 日授权公告的、名称为"饮料瓶"的外观设计专利权（下称本专利），其申请号是 99329504.5，申请日是 1999 年 4 月 14 日，专利权人是日日（泉州）饮料有限公司。

针对上述专利权，杭州顶津食品有限公司（下称请求人）于 2005 年 8 月 4 日向专利复审委员会提出无效宣告请求，理由是本专利不符合专利法第 23 条的规定，并提交了如下 1 份证据：

证据 2：广告播出证明书复印件，共 9 页。

请求人认为：与本专利相同的外观设计的产品在本专利申请日以前已经在广告中公开发表并也已被公开使用，具体为：本专利与证据 2 公开的产品都是盛装饮料的容器，本专利与证据 2 公开的产品属于同一类产品，其分类都是属于 09-03 类，其产品具有相同的用途和功能，本专利与证据 2 公开的产品是相同的设计，因此本专利不符合专利法第23条的规定。

经形式审查合格后，专利复审委员会受理了该无效请求，并于2005年8月5日向请求人及专利权人发出无效宣告请求受理通知书，并将请求人提交的专利权无效宣告请求书及其附件清单中所列附件副本转给了专利权人，要求专利权人在规定的期限内陈述意见。

专利权人于2005年9月5日提交了意见陈述书，专利权人认为：请求人提出申请宣告本专利无效的理由和证据已经由味全食品工业股份有限公司向国家知识产权局专利复审委员会提出，专利复审委员会于2002年3月22日以第4308号《无效宣告请求审查决定书》驳回，请求人现在再以同样理由和证据申请对本专利权宣告无效，应当不予受理；请求人提交的证据仅仅是申请人为宣传其自己的某一种产品而制作的节目录像资料，不属于"公开出版物"，也不能证明与本专利相同或者相近似的外观设计在本专利申请日以前，已经在我国国内外被公开发表过或者在我国国内被公开使用过，该证据的真实性不能确认，其也不能够证明在约三年半前（1998年10月份）的电视广告节目中播出的广告的实际内容；该录像资料的内容是可以随意编辑剪接的，因此该证据不能客观证明其内容及内容的制作时间，更不能证明这些内容曾经在某一时刻向社会公众公开播放过。专利权人随同本意见陈述书提交了第4308号无效宣告请求审查决定书的复印件。

请求人于2005年9月5日提交了意见陈述书，并提交了如下8份附件作为补充证据：

附件1：1999年3月25日出版的《零售市场》封面、目录页、第10页，共3页复印件；

附件2：由北京市公证员协会盖章的转送台湾电视事业股份有限公司的认证书的说明原件，共1页；广告播出证明书，共10页复印件；光盘1张；

附件3：1999年3月号《突破》封面、第6、7、59、65页，共5页复印件；

附件4：1999年2月28日出版的《流通快讯》封面，共1页复印件；

附件5：1998年12月出版的《动脑》封面、第63、64、65页，共4页复印件；包括六幅彩图的1页彩页；光盘1张；

附件6：1998年7月出版的《味全通讯》封面、目录页、第34、35页、封底，共4页复印件；

附件7：1999年9月13日初版一刷的《广告阳谋》封面、封底、第180、181、182、183、184、185、258页、出版信息页，共5页复印件；

附件8：请求人声称摘自互联网的资料，共17页复印件。

请求人认为：本专利与在先公开和使用的产品都是盛装饮料的容器——瓶，本专利与在先公开和使用的产品属于同一类产品，是相同的设计，本专利与在先公开和使用的产品相比，其主视图、右视图、立体图的形状均已在广告所示的产品中公开，因此其与在先公开发表和使用的产品是相同的设计。

专利复审委员会于2006年2月10日向双方当事人发出无效宣告请求口头审理通知书，定于2006年3月29日举行口头审理。随同该口头审理通知书，将请求人于2005年9月5日提交的意见陈述书及其附件清单中所列附件副本转送给专利权人，其中对于光盘2张，由于请求人仅提交了一套光盘，因此未将该光盘转送给专利权人；并且随该口头审理通知书将专利权人于2005年9月5日提交的意见陈述书转送给请求人。

专利复审委员会于2006年2月24日收到专利权人提交的无效宣告请求口头审理通知书回执以及光盘一张。

口头审理如期举行。请求人明确其无效的理由、证据和范围为：本专利不符合专利法第23条的规定。请求人将2005年8月4日提交的证据2与其在2005年9月5日提交的附件2合并成附件2。专利权人认为请求人的一部分证据的证明力已经被专利复审委员会的生效决定否定，根据一事不再理的原则，这部分证据不应被受理，附件4、5均不是公开出版物；附件6是企业内部出版物，不属于公开出版物；不能证明附件7是公开出版物；以目前的技术还不能证明互联网上资料的真实性。请求人当庭提交了附件2、3、4、5的公证认证书的原件，并提交了附件5的原件。专利权人检查并认可附件2、5中所附盖有公证人签章的光盘袋的完好性。合议组当庭开封播放了光盘。专利权人认为，附件2的公证认证件的认证日期与文件落款日期不一致，这种公证是无效的；请求人认为落款日期是证人出证的时间，公证人盖认证章的日期是证明在该日公证人证明了原件与复印件相符；专利权人认为，本附件所证明的事实不在海基会和海协会转送文书的范围内，不符合海基会和海协会签署的公证书使用查证协议第2条的规定；请求人认为既然本附件已经由海基会和海协会转送，即应认可其合法性。专利权人认为由公证员协会转交的台湾赵元孙公证的附件3、4不符合海基会和海协会的协议，附件3、4的公证认证件的认证日期与文件落款日期不一致。专利权人认为附件5的原件（合订本）体现了该附件的出版日期应当在1999年4月以后，不认可附件5出版在98年12月；请求人认为对附件5的出版日期应当以原件的封面日期为准。合议组告知双方当事人由于请求人不能提供附件1、6、7、8的原件，不能核实上述附件的真实性，因此本次口头审理对上述证据不予考虑。请求人认为，附件5作为出版物公开了本专利的内容，其所附的光盘作为所公开内容的佐证；附件3、4只用于佐证附件2广告的播出时间。请求人在附件2中标示了所使用的图片，而且附件2公开在本专利的申请日前。专利权人认为，附件2中所附的光盘并不是98年原版的录像带，光盘的内容可以随意拼接，因此不认可其真实性，同时光盘播放内容的画面中显示了饮料瓶一侧有一条凹槽，但不能看到其另一侧也有凹槽，本专利的仰视图说明凹槽并不是贯通的，这在光盘画面中也不能看到。请求人认为光盘内容中只能看到一个凹槽也可以证明附件2与本专利相近似，附件2的附图中可以看到饮料瓶的凹槽不是贯通的。请求人认为附件3、4佐证了附件2中光盘中所载的内容的播放时间在本专利申请日之前，专利权人不认可这一观点。请求人认为附件5中的第3幅图已经公开了与本专利近似的产品，该图反映了饮料瓶的两个角度，其中图中的右侧的瓶反映了该饮料瓶具有与本专利相同的凹槽。专利权人认为，请求人提供的彩页复印件被加工处理过，因此不认可其证明力。请求人认为复印件与原件相符已经被公证过。请求人认为，附件5所附的光盘镜头清晰的显示了与本专利相近似的外观产品，同时附件5中的文字也证明味全广告在98年已经播出。专利权人认为，请求人提供的光盘并不是98年广告片的原版录像带，光盘的内容可以随意拼接，因此不认可其真实性，而且上述内容在上一次无效宣告请求被提出过，而其中的内容也没有公开与本专利相近似的外观产品。请求人认为本次提供的光盘并未在上一次无效宣告请求中被提出过。合议组当庭播放了专利权人提交的光盘。合议组当庭将请求人提交的两张光盘封存，将专利权人提交的一张光盘封存。

至此，合议组认为本案事实已经清楚，可以作出审查决定。

二、决定的理由

1. 关于证据

由于请求人不能提供附件1、6、7、8的原件，不能核实上述附件的真实性，因此合议组对附件1、6、7、8不予考虑。

附件2包括由北京市公证员协会盖章的转送关于海基会寄来台湾电视事业股份有限公司的认证书的说明原件、广告播出证明书、广告播出证明书所附的附件一和附件二以及光盘，附件3、4分别是999年3月号《突破》和1999年2月28日出版的《流通快讯》，请求人当庭提交了附件2中广告播出证明书的原件、盖有公证人签章的光盘袋以及附件3、4的公证认证书原件。附件2的广告播出证明书中明确记载"广告播出时间：1998年10月8日至1998年10月31日，广告播出之节目名称明细如附件一所示"、"广告播出之内容：味全每日C100%果汁「范文芳篇」，其剧情内容之分镜图片，如附件二所示"，其立证明书人为台湾电视事业股份有限公司，其地址为台北市松山区八德路三段10

号。可见，附件2说明其内广告内容已由台湾电视事业股份有限公司在台湾地区播出。由于我国目前的法律没有延及台湾地区，所以专利法意义上的"国内"仅限于中华人民共和国大陆范围内，因此附件2所证明的在台湾地区以广告方式的公开使用不属于专利法意义上的在国内公开使用，并且请求人明确附件3、4只用于佐证附件2广告的播出时间，因此，附件2、3、4不能用于评述本专利是否符合专利法第23条的规定。

附件5包括1998年12月出版的《动脑》杂志，请求人当庭提交了关于《动脑》的公证认证书的原件，可见，请求人已对附件5中的《动脑》杂志履行了相关的公证认证手续。并且请求人当庭提交了《动脑》杂志的合订本原件，其中包括1998年12月出版的一期《动脑》杂志，经核实其与请求人所提交的附件5中的《动脑》杂志相符，因此合议组认可附件5中《动脑》杂志的真实性，并且由于其出版日期为1998年12月，早于本专利的申请日，因此附件5中的《动脑》杂志可以用于评述本专利是否符合专利法第23条的规定。

附件5还包括一张彩页，光盘一张，请求人明确该彩页是由台湾中视播出广告中抓到的镜头，请求人当庭提交了由北京市公证员协会盖章的转送关于海基会寄来台湾中国电视事业股份有限公司的认证书的说明原件、广告播出证明书的原件、一张彩页及盖有公证人签章的光盘袋。附件5的广告播出证明书中明确记载"兹证明味全食品工业股份有限公司，确实于1998年10月、11月份委托香港商澄丰国际媒体有限公司台湾分公司代理，在本公司播出「味全企业形象WE CAN」篇广告无误，该广告之分镜图及广告片VCD如后所附"，其立证明书人为中国电视事业股份有限公司，其地址为台北市南港区重阳路120号。可见，附件5中由北京市公证员协会盖章的说明、广告播出证明书、彩页及光盘说明其内广告内容已由香港商澄丰国际媒体有限公司台湾分公司代理在台湾地区播出。如上所述，由于我国目前的法律没有延及台湾地区，因此专利法意义上的"国内"仅限于中华人民共和国大陆范围内，因此附件5中由北京市公证员协会盖章的说明、广告播出证明书、彩页及光盘所证明的在台湾地区以广告方式的公开使用不属于专利法意义上的在国内公开使用，因此，附件5中由北京市公证员协会盖章的说明、广告播出证明书及光盘不能用于评述本专利是否符合专利法第23条的规定。虽然请求人认为附件5中的光盘作为附件5中《动脑》杂志所公开内容的佐证，但合议组认为，《动脑》杂志作为出版物证据，其公开的内容以其杂志图片所实际记载的内容为准，不能由其他证据来佐证其所公开的内容。

2. 关于专利法第23条

专利法第23条规定：授予专利权的外观设计，应当同申请日以前在国内外出版物上公开发表过或者国内公开使用过的外观设计不相同和不相近似，并不得与他人在先取得的合法权利相冲突。

请求人认为附件2与本专利相近似，附件5中的第3幅图已经公开了与本专利近似的产品。

如上所述，附件2不能用于评述本专利是否符合专利法第23条的规定。

附件5中的第3幅图虽然显示了两个饮料瓶，但该图片并没有清楚地反映出这两个饮料瓶侧面的具体形状，并且附件5未清楚反映的面也不属于该类产品不被一般消费者关注的部位或该类产品的惯常设计，所以附件5不足以证明本专利外观设计不符合专利法第23条的规定。

基于上述理由，本案合议组依法作出如下决定。

三、决定

维持99329504.5号外观设计专利权有效。

当事人对本决定不服的，可以根据专利法第46条第2款的规定，自收到本决定之日起三个月内向北京市第一中级人民法院起诉。根据该款的规定，一方当事人起诉后，另一方当事人应当作为第三人参加诉讼。

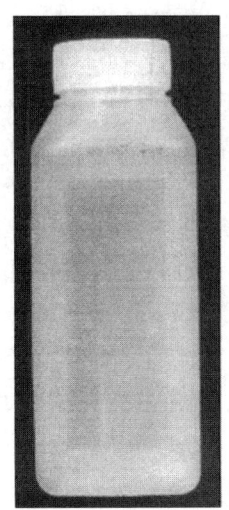 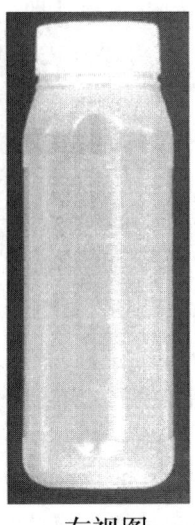 

主视图　　　　　右视图　　　　　立体图

本专利

附件5

灯（散热式一体化节能 D72 系列）

无效宣告请求审查决定（第 8614 号）

决 定 号	第 8614 号
决 定 日	2006 年 8 月 24 日
发明创造名称	灯（散热式一体化节能 D72 系列）
国 际 分 类 号	26-04
无效宣告请求人	虞荣康
专 利 权 人	孙惠新，虞协新
专 利 号	200430001641.6
申 请 日	2004 年 1 月 12 日
授 权 公 告 日	2004 年 10 月 6 日
合 议 组 组 长	黄 颖
主 审 员	刘敏飞
参 审 员	赵 明
附 图	1 页
法 律 依 据	专利法第 23 条

决 定 要 点

虽然在先设计的图片仅显示了一幅视图，但是如果依据一般消费者的认知能力能够确定该视图所示产品的形状和主要图案，则可以将该设计与被比设计进行相近似的比较。

一、案由

本无效宣告请求涉及中华人民共和国国家知识产权局于 2004 年 10 月 6 日授权公告的、名称为"灯（散热式一体化节能 D72 系列）"的外观设计专利权（下称本专利），其申请号是 200430001641.6，申请日是 2004 年 1 月 12 日，专利权人是孙惠新、虞协新。

针对上述专利权，虞荣康（下称请求人）于 2005 年 8 月 1 日向专利复审委员会提出无效宣告请求，理由是本专利不符合专利法第 23 条的规定，并提交了如下 2 份证据：

证据 1：授权公告号为 CN2295108Y 的中国实用新型专利说明书，其授权公告日为 1998 年 10 月 21 日；

证据 2：申请号为 97307202.4 的中国外观设计专利，其授权公告日为 1998 年 2 月 4 日。

请求人认为：证据 1 的描述及附图 1 与本专利外观图形极为相似；证据 2 的主视图、俯视图、立体图、右视图与本专利主视图、俯视图、立体图、右视图、左视图极为相似。因此，本专利与证据 1

和证据2极为相似，不符合专利法第23条的规定。

经形式审查合格后，专利复审委员会受理了该无效请求，并于2005年9月28日向请求人及专利权人发出无效宣告请求受理通知书，并将请求人提交的专利权无效宣告请求书及其附件清单中所列附件副本转给了专利权人，要求专利权人在规定的期限内陈述意见。

专利权人在规定期限内没有提交意见陈述。

专利复审委员会于2006年1月24日向双方当事人发出无效宣告请求口头审理通知书，定于2006年3月16日对本案进行口头审理。

口头审理如期举行，请求人参加了口头审理，专利权人未参加口头审理。

在口头审理中，请求人明确其无效宣告请求的理由、范围和证据是：使用证据1以及证据2，本专利外观与在先公开的专利文件的外观图片极为相似，本专利不符合专利法第23条的规定。

至此，合议组认为本案事实已经清楚，可以作出审查决定。

二、决定的理由

1. 关于证据

证据1和证据2分别是中国实用新型专利和中国外观设计专利，其公开日均早于本专利的申请日，合议组经审查认为，证据1和证据2可以用来评述本专利是否符合专利法第23条的规定。

2. 关于专利法第23条

专利法第23条规定：授予专利权的外观设计，应当同申请日以前在国内外出版物上公开发表过或者国内公开使用过的外观设计不相同和不相近似，并不得与他人在先取得的合法权利相冲突。

虽然在先设计的图片仅显示了一幅视图，但是如果依据一般消费者的认知能力能够确定该视图所示产品的形状和主要图案，则可以将该设计与被比设计进行相近似的比较。

本专利为一种一体化节能灯，从本专利的几个视图及立体图可以看出，节能灯的顶端为具有螺纹的灯头，灯头下面是与灯头连接的半球形灯座，灯座的下部约三分之一位置处有一水平直线，灯座下端是与其连接的圆柱形接圈，接圈具有上下两行水平排列、大致为矩形的孔，其中上孔大于下孔，并且上孔中心与下孔中心相互对齐，接圈下端是圆柱形灯盖，与灯盖下端相连的是4根U形灯管；其仰视图为由灯盖形成的圆，圆内4根灯管的中心部分具有从中心向周围呈放射状分布的花瓣形图案；其俯视图为由灯座形成的圆，在圆内具有与该圆同心的多个圆。

证据1公开了一种一体化节能灯，虽然其只公开了节能灯的一幅视图，但依据一般消费者的认知能力，节能灯U形灯管以上部分的外周轮廓一般为轴对称，且截面为圆形，所以从证据1的附图1可以看出，该节能灯的顶端为具有螺纹的灯头1，灯头1下面是与灯头连接的半球形灯座2，灯座2下端是与其连接的圆柱形接圈4，接圈4具有上下两行水平排列、大致为矩形的孔，其中上孔与下孔大致相等，并且上孔中心与下孔中心错开排列，接圈下端是圆柱形灯盖，可见部分有3根U形灯管与灯盖下端相连。

将本专利与证据1相比较，两者均为节能灯，其相同点为：具有螺纹的灯头、半球形灯座、圆柱形接圈、接圈具有上下两行水平排列大致为矩形的孔、圆柱形灯盖、U形灯管，并且证据1与本专利大体形状相同，两者的灯头、灯座和灯盖的外形轮廓相同，从而证据1节能灯的俯视图也应为由灯座形成的圆，在圆内具有与该圆同心的多个圆，其节能灯的仰视图具有由灯盖形成的圆。其不同点为：证据1的半球形灯座与圆柱形灯盖过渡的部分有一条环形线、其仰视图四根灯管的中心部分具有放射状分布的花瓣形图案，以及证据1与本专利节能灯的接圈内上下孔的大小和对齐方式不同、灯管的数量不同。就此合议组认为，灯座上的直线属于局部的细微变化，不会对整体视觉效果产生显著影响；对于一般消费者来说，节能灯仰视图中放射状分布的花瓣形图案的通风孔是在使用时不容易看到的部位，不会对节能灯的整体视觉效果产生显著的影响；证据1与本专利节能灯的接圈均具有上下两行水平排列、大致为矩形的孔，并且节能灯上的接圈很窄，仅占节能灯整体的很小比例，从而接圈上孔的大小及其对齐方式的不同不会对节能灯的整体视觉效果产生显著影响；灯管数量的不同也不会对节能灯的整体视觉效果产生显著影响。

综上所述，本专利与证据1均是节能灯，属于相同类别的产品，两者之间的不同不能对两者的整体视觉效果产生显著影响，因此本专利与证据1节能灯的外观设计相近似，本专利不符合专利法第23条的规定。

基于上述理由，合议组依法作出如下决定。

三、决定

宣告200430001641.6号外观设计专利权无效。

当事人对本决定不服的，可以根据专利法第46条第2款的规定，自收到本决定之日起三个月内向北京市第一中级人民法院起诉。根据该款的规定，一方当事人起诉后，另一方当事人应当作为第三人参加诉讼。

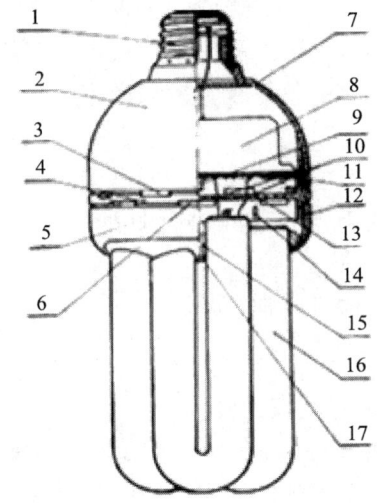

证据 1

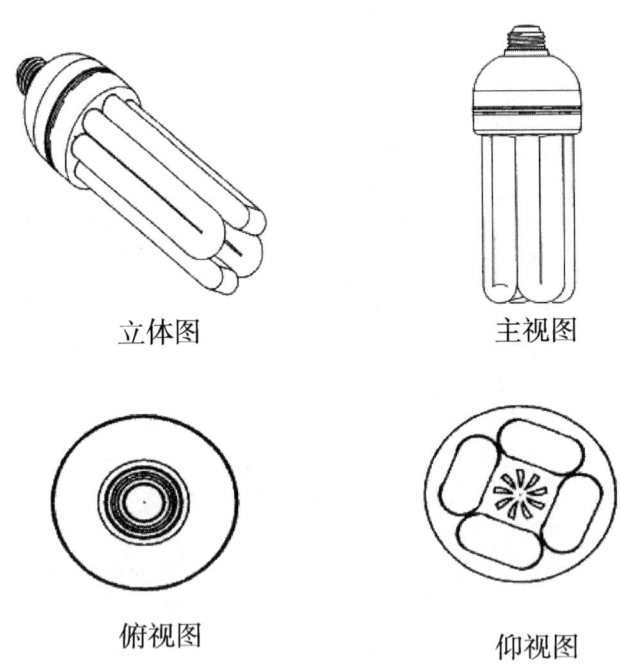

| 立体图 | 主视图 |

| 俯视图 | 仰视图 |

本专利

节能灯塑件外壳

无效宣告请求审查决定（第 8615 号）

决 定 号	第 8615 号
决 定 日	2006 年 8 月 29 日
发明创造名称	节能灯塑件外壳
国 际 分 类 号	26-05
无效宣告请求人	虞荣康
专 利 权 人	孙惠新，虞协新
申 请 号	03365967.2
申 请 日	2003 年 8 月 27 日
授 权 公 告 日	2004 年 7 月 28 日
合议组组长	黄 颖
主 审 员	刘敏飞
参 审 员	赵 明
附 图	1 页

法 律 依 据 专利法第 23 条

决 定 要 点

如果一项外观设计与相同类别的在先外观设计相比，整体形状相似、主要图案相似，即使两者之间存在一些细微的差异，也不影响两者在整体视觉效果上的相近似性。

一、案由

本无效宣告请求涉及中华人民共和国国家知识产权局于 2004 年 7 月 28 日授权公告的、名称为"节能灯塑件外壳"的外观设计专利权（下称本专利），其申请号是 03365967.2，申请日是 2003 年 8 月 27 日，专利权人是孙惠新、虞协新。

针对上述专利权，虞荣康（下称请求人）于 2005 年 8 月 1 日向专利复审委员会提出无效宣告请求，理由是本专利不符合专利法第 23 条的规定，并提交了如下证据：

证据 1：申请号为 00308197.4 的中国外观设计专利公报，其授权公告日为 2001 年 2 月 28 日；

证据 2：申请号为 00332613.6 的中国外观设计专利公报，其授权公告日为 2001 年 3 月 7 日。

请求人认为：证据 1 的主视图、立体图与本专利主视图、立体图极相近似，其俯视图、仰视图与本专利俯视图、仰视图相同；证据 2 的主视图的灯头部分与本专利主视图、立体图极相近似。因此本专利不符合专利法第 23 条的规定。

经形式审查合格后，专利复审委员会受理了该无效请求，并于 2005 年 9 月 28 日向请求人及专利权人发出无效宣告请求受理通知书，并将请求人提交的专利权无效宣告请求书及其附件清单中所列附件副本转给了专利权人，要求专利权人在规定的期限内陈述意见。

专利权人在规定期限内没有提交意见陈述。

专利复审委员会于 2006 年 1 月 24 日向双方当事人发出无效宣告请求口头审理通知书，定于 2006 年 3 月 16 日对本案进行口头审理。

口头审理如期举行，请求人参加了口头审理，专利权人未参加口头审理。

在口头审理中：请求人明确其无效宣告请求的理由、范围和证据是：本专利与证据 1 和证据 2 相比极为近似，本专利不符合专利法第 23 条的规定。

口头审理结束后，合议组于 2006 年 3 月 16 日向专利权人发出合议组成员告知通知书，告知专利权人合议组成员变更。

专利权人逾期没有针对上述合议组成员告知通知书进行答复。

至此，合议组认为本案事实已经清楚，可以作出审查决定。

二、决定的理由

1. 关于证据

证据 1 和证据 2 均是中国外观设计专利公报，其公开日均早于本专利的申请日，合议组经审查核实后认为，证据 1 和证据 2 可以用来评述本专利是否符合专利法第 23 条的规定。

2. 关于专利法第 23 条

专利法第 23 条规定：授予专利权的外观设计，应当同申请日以前在国内外出版物上公开发表过或者国内公开使用过的外观设计不相同和不相近似，并不得与他人在先取得的合法权利相冲突。

如果一项外观设计与相同类别的在先外观设计相比，整体形状相似，主要图案相似，即使两者之间存在一些细微的差异，也不影响两者在整体视觉效果上的相近似性。

本专利为一种节能灯塑件外壳，从其立体图、主视图、右视图、仰视图、俯视图可以看出该节能灯外壳相对于中心轴对称，节能灯外壳的顶端为具有螺纹的灯头，灯头下面是与灯头连接的半球形灯座，灯座下端是与其连接的圆柱形接圈，接圈具有上下平行排列的上、中、下三排孔，上排孔与下排孔均为长矩形，上、下排孔的每个孔的中间部分均具有向上的凸台，上、下两排孔的大小相等并且相互上下对齐，中排孔为较上、下排孔大的大致长矩形孔，该中排长矩形孔的四个角为向内的圆倒角，其中间部分为上、下均向内凹的圆弧，中排孔与上、下排孔交错分布，灯盖与接圈的下部相接，灯盖由上、下两部分构成，灯盖的上部分为圆柱体，灯盖的下部分为下部向内收敛的圆台体，在圆台体的周边具有周向分布的纹路，该纹路在圆周向分组，每组有七个竖向条纹。本专利节能灯外壳的仰视图为由灯盖圆台体所形成的两个同心圆，两个同心圆之间具有纹路，同心圆内为圆周分布的安装灯管的八个圆孔。节能灯外壳的俯视图为由灯座形成的大圆环，在大圆环内为由灯头形成的多个同心圆，同心圆的最外侧两个圆之间以及最内侧两个同心圆之间设计有呈放射状分布的图案。

证据 1 为一种荧光灯灯壳，从其立体图、主视图、仰视图、俯视图可以看出该荧光灯外壳相对于中心轴对称，荧光灯外壳的顶端为具有螺纹的灯头，灯头下面是与灯头连接的半球形灯座，灯座下端是与其连接的圆柱形接圈，接圈具有上下平行排列的上、中、下三排孔，上排孔与下排孔均为长矩形，上、下两排孔的大小相等并且相互上下对齐，中排孔为较上、下排孔大的长矩形孔，每个中排孔的中间部分有一竖板，中排孔与上、下排孔交错分布，灯盖与接圈的下部相接，灯盖由上、下两部分构成，灯盖的上部分为圆柱体，灯盖的下部分为下部向内收敛的圆台体，在圆台体的周边具有周向分布的纹路，该纹路在圆周向分组，每组有八个竖向条纹。证据 1 荧光灯外壳的仰视图为由灯盖圆台体形成的两个同心圆，同心圆内为圆周分布的安装灯管的八个圆孔。荧光灯外壳的俯视图为由灯座形成的大圆环，在大圆环内为由灯头形成的多个同心圆，同心圆的圆心处有三个小同心圆。

将本专利与证据1相比较，其相同点为：两者均为灯外壳，是相同类别的产品，两者都是相对于中心轴对称，具有相同的带有螺纹的灯头、半球形灯座、圆柱形接圈，接圈具有上下水平排列的上、中、下三排孔，上排孔与下排孔均为长矩形，上、下两排孔的大小相等并且相互上下对齐，中排孔较上、下排孔大的长矩形孔，中排孔与上、下排孔交错分布；灯盖由上、下两部分构成，灯盖的上部分为圆柱体，灯盖的下部分为下部向内收敛的圆台体，在圆台体的周边具有周向分布的纹路，该纹路均在圆周向分组；证据1灯外壳的灯头、灯座、接圈、灯盖所占比例与本专利大致相同，证据1与本专利灯外壳的整体形状相似；灯外壳的仰视图均有由灯盖圆台形成的两个同心圆，同心圆内为圆周分布的安装灯管的八个圆孔，虽然证据1灯外壳仰视图的两个同心圆之间没有画出纹路，但由于证据1灯盖圆台体的形状与本专利灯盖圆台体形状相同，其均具有相同的纹路，因此证据1灯外壳仰视图的两个同心圆之间也应具有纹路；灯外壳的俯视图均为由灯座形成的大圆环，在大圆环内为由灯头形成的多个同心圆。证据1与本专利的不同点为：证据1灯外壳的接圈的中排孔及上、下排孔的形状与本专利略有不同；灯盖圆台体上每组竖向条纹的个数不同；证据1灯外壳俯视图的同心圆之间不具有本专利中呈放射状分布的图案，在其俯视图中同心圆的圆心处有三个小同心圆。就此合议组认为，本专利与证据1接圈的三排孔各自所占的大小比例大致相等，并且均大致为长矩形，并且孔的设计属于局部细微设计，对于一般消费者来说，两者之间的差别不会对灯外壳的整体视觉效果产生显著影响；而灯盖圆台体上的竖向条纹以及本专利灯外壳俯视图中同心圆之间呈放射状分布的图案均属局部细微设计，因此证据1与本专利灯盖圆台体上竖向条纹个数的不同、灯外壳俯视图同心圆之间的图案均不会对灯外壳的整体视觉效果产生显著影响；至于证据1灯外壳俯视图中同心圆的圆心处有三个小同心圆，则是由于证据1画出了完整的灯头，该小圆及实心圆点是由灯头顶端形成的，而本专利只画出了部分灯头，其灯头的顶端被省略没有画出。

综上所述，本专利与证据1均是灯外壳，属于相同类别的产品，两者之间的差异不能对两者的整体视觉效果产生显著影响，因此本专利与证据1节能灯的外观设计相近似，本专利不符合专利法第23条的规定。

基于上述理由，合议组依法作出如下决定。

三、决定

宣告03365967.2号外观设计专利权无效。

当事人对本决定不服的，可以根据专利法第46条第2款的规定，自收到本决定之日起三个月内向北京市第一中级人民法院起诉。根据该款的规定，一方当事人起诉后，另一方当事人应当作为第三人参加诉讼。

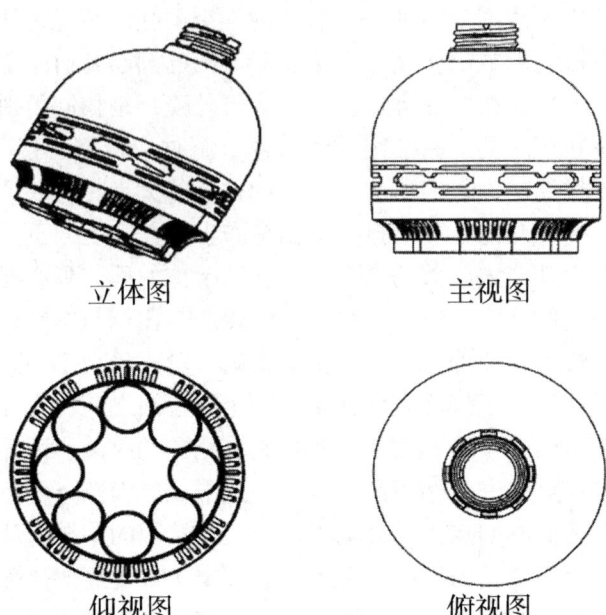

本专利

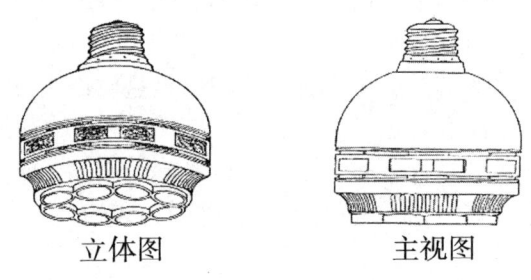

证据 1

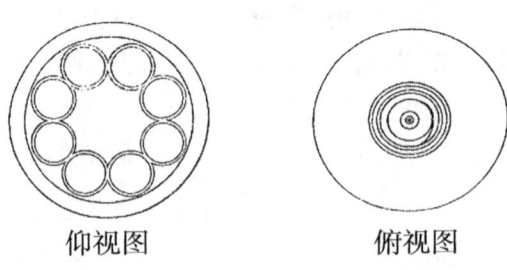

证据 1

儿童锻炼运动车

无效宣告请求审查决定（第 8658 号）

决 定 号	第 8658 号
决 定 日	2006 年 9 月 11 日
发明创造名称	儿童锻炼运动车
国 际 分 类 号	12-12
无效宣告请求人	温州市瓯海仙岩夏比娃儿童玩具厂
专 利 权 人	戴和春
专 利 号	200530080097.3
申 请 日	2005 年 1 月 17 日
授 权 公 告 日	2005 年 11 月 2 日
合 议 组 组 长	宋鸣镝
主 审 员	陈海平
参 审 员	祁轶军
附 图	2 页

法 律 依 据 专利法第 23 条

决 定 要 点

根据整体观察、综合判断的方式，如外观设计专利与对比文件的产品的外观所具有的差异使得该专利产品的外观从整体视觉效果上与对比文件产品的外观相比具有显著的不同，则该专利与对比文件不相近似，本专利符合专利法第 23 条的规定。

一、案由

本无效宣告请求涉及的是国家知识产权局于 2005 年 11 月 2 日公告授权的，专利号为 200530080097.3，名称为"儿童锻炼运动车"的外观设计专利（下称本专利），该专利的申请日为 2005 年 1 月 17 日，专利权人为戴和春。

温州市瓯海仙岩夏比娃儿童玩具厂（下称请求人）针对上述专利权于 2005 年 12 月 7 日向国家知识产权局专利复审委员会提出了无效宣告请求，其理由是本专利不符合专利法第 23 条的规定，请求人同时提交了下述对比文件作为本案的证据：

对比文件 1：专利号为 03259701.0、授权公告日为 2004 年 8 月 4 日的中国实用新型专利（名称为："儿童锻炼运动车"）说明书扉页及附图 1（复印件）。

经审查，上述无效宣告请求符合专利法及其实施细则规定的形式要求，专利复审委员会予以受理，并将上述无效宣告请求书及附件副本转给了专利权人，要求专利权人在指定期限内进行意见陈述。

请求人又于 2006 年 1 月 6 日向专利复审委员会提交了意见陈述书，补充提交了下述对比文件作为本案的证据：

对比文件 2：专利号为 94208474.8、授权公告日为 1995 年 2 月 8 日的中国实用新型专利（名称为："一种儿童健身车"）说明书扉页及附图 1-3（复印件）。

专利复审委员会于 2006 年 1 月 9 日收到专利权人针对上述无效宣告请求书及附件副本作出书面答复，在其提交的意见陈述书中，专利权人认为"请求人提供的证据无法评判本专利相同和相近似的问题"。

专利复审委员会本案合议组于 2006 年 7 月 5 日向请求人及专利权人发出了口头审理通知书，定于 2006 年 8 月 22 日在专利复审委员会对本案进行口头审理，同时将请求人于 2006 年 1 月 6 日提交的意见陈述书及其附件的副本转送给专利权人，将专利权人于 2006 年 1 月 9 日提交的意见陈述书的副本转送给请求人。

口头审理如期在专利复审委员会审议厅举行。双方当事人出席了口头审理。

双方当事人对对方的出庭资格无异议，对合议组成员无回避请求。专利权人对请求人所提交的证据的真实性无异议。

双方当事人就本案所涉及的理由和事实进行了辩论。

在上述工作的基础上，本案合议组经过合议，认为本案的事实已经清楚，可以作出审查决定。

二、决定的理由

请求人认为本专利不符合专利法第 23 条的规定。

专利权人对请求人提交的作为本案证据的对比文件 1、2 的真实性均无异议。由于对比文件 1、2 中公开的产品与本专利的产品属于同类产品，同时对比文件 1、2 均公开于本专利申请日以前，故该二对比文件可以作为本案的证据。

专利法第 23 条规定如下：

"授予专利权的外观设计，应当同申请日以前在国内外出版物上公开发表过或者国内公开使用过的外观设计不相同和不相近似，并不得与他人在先取得的合法权利相冲突。"

在本专利（保护一种具有所示六面视图的四轮儿童车）、对比文件 1 图 1（公开了一种四轮儿童车的立体图）以及对比文件 2 的图 1-3（公开了一种四轮儿童车的立体、俯视及侧视图）中均显示了四轮儿童车产品的外观，被显示的四轮儿童车均具框架式车架、车架侧面轮廓呈现或近似于五边形、车把手均为 T 字形。

但是，将本专利与对比文件中的儿童车的外观进行对照比较可以看出，对应于儿童车的总体尺寸来说，对比文件 1、2 中所公开的儿童车的车轮直径占总体尺寸的比例均显著地小于本专利的儿童车的车轮直径占总体尺寸的比例。即从整体上观察本专利产品的外观，其车轮与车身彼此较为紧凑；而对比文件产品的外观中其车轮与车身之间相对较为离散。

再之，对比文件 1 的儿童车的后支架被一多面体的壳体覆盖，而本专利的儿童车的后支架裸露；对比文件 2 的儿童车的车座为靠背式车座，而本专利的儿童车的车座为鞍座式车座。

综上所述，合议组认为，根据整体观察、综合判断的方式。本专利的产品与对比文件 1 或 2 的产品所具有的上述差异使得本专利产品的外观从整体视觉效果上与对比文件 1 或 2 的产品的外观相比均具有显著的不同，即本专利产品的外观与对比文件 1 或 2 的产品的外观相比均不相同且不相近似。

因而，本专利符合专利法第 23 条的规定。

三、决定

维持200530080097.3号外观设计专利权有效。

当事人对本决定不服的,可以根据专利法第46条第2款的规定,自收到本决定之日起三个月内向北京市第一中级人民法院起诉。根据该款规定,一方当事人起诉后,另一方当事人应当作为第三人参加诉讼。

主视图

后视图

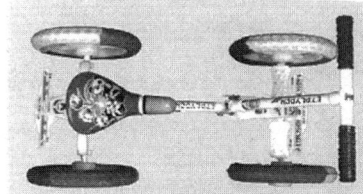
俯视图

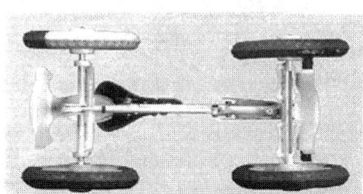
仰视图

左视图

右视图

本专利

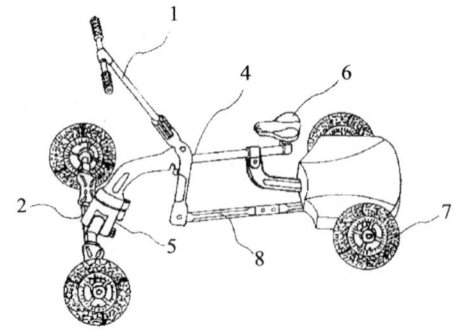

对比文件1

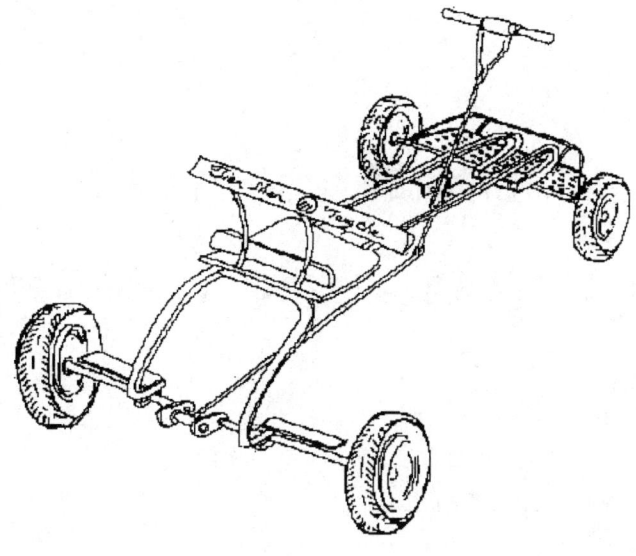

图 1

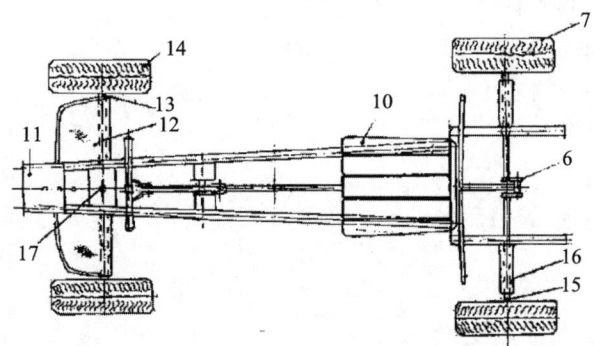

图 2

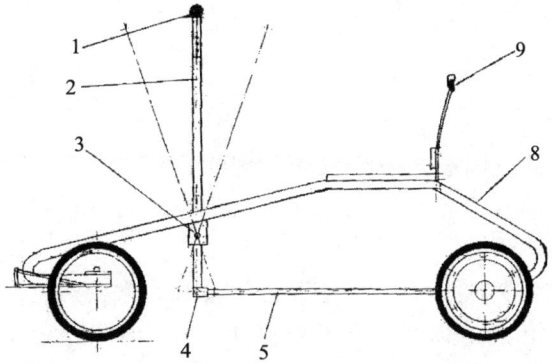

图 3
对比文件 2

润滑油罐（滨士机油）

无效宣告请求审查决定（第8668号）

决　定　号	第8668号
决　定　日	2006年9月19日
发明创造名称	润滑油罐（滨士机油）
外观设计分类号	09-02
无效宣告请求人	北京帝王高级润滑油有限公司
专　利　权　人	施　琴
申　请　号	200430004182.7
申　请　日	2004年3月4日
授权公告日	2004年12月1日
合议组组长	杨克菲
主　审　员	陈海平
参　审　员	宋鸣镝
附　　　图	1页

法　律　依　据　专利法第23条

决　定　要　点

本专利与其申请日之前公开的同类产品相比，其差异在视觉效果上具有显著的影响，一般消费者不会将两者误认、混同，两者应属于不相近似的外观设计。

一、案由

本无效宣告请求案涉及的是国家知识产权局于2004年12月1日授权公告的名称为"润滑油罐（滨士机油）"的外观设计专利，其专利号是200430004182.7，申请日是2004年3月4日，专利权人是施琴。

针对上述专利权（下称本专利），北京帝王高级润滑油有限公司（下称请求人）于2004年12月10日以本专利不符合专利法第23条为由，向专利复审委员会提出宣告无效的请求。请求人认为：在本专利申请日之前，在专利公报上公开发表过的专利号为00338218.4的外观设计专利与本专利两者产品相同，均为塑料包装桶；整体构思及造型近似。请求人同时提交了下述对比文件作为证据：

专利号为00338218.4的外观设计公报（授权公告日为2001年4月4日）。

经形式审查合格，专利复审委员会受理了上述无效宣告请求，并于2005年1月24日将无效宣告请求书及相关材料副本转送给专利权人，要求专利权人在指定期限内答复，并成立合议组对本案进行审查。

针对请求人的无效宣告请求，专利权人于 2005 年 3 月 8 日提交了意见陈述书。专利权人的主要观点为：本专利整体造型圆滑无棱角，对比外观设计扁平、方正、棱角分明，两者属于不相同和不相近似的外观设计，本专利符合专利法第 23 条的规定。

合议组于 2005 年 5 月 27 日将专利权人的上述意见陈述书的副本转送请求人。

请求人于 2005 年 7 月 3 日提交意见陈述书进行答复，请求人仍然坚持其在无效宣告请求书中所提出的意见。

本案合议组经合议，认为本案事实已经清楚，依法作出本审查决定。

二、决定的理由

1. 法律依据

基于请求人提出的无效宣告请求的理由和提供的证据，本案合议组依据专利法第 23 条的规定对本案进行审理。

专利法第 23 条规定："授予专利权的外观设计，应当同申请日以前在国内外出版物上公开发表过或者国内公开使用过的外观设计不相同和不相近似，并不得与他人在先取得的合法权利相冲突。"

2. 证据的认定

请求人提交的对比文件是专利号为 00338218.4 的外观设计专利公报复印件，经合议组核实该复印件与原件一致；该公报的公告日是 2001 年 4 月 4 日，在本专利申请日（2004 年 3 月 4 日）之前，其外观设计分类号为 09-02，所记载的外观设计名称为"塑桶（7）"，与本专利属于相同种类产品，二者具有可比性，因此该证据合议组予以采纳。

3. 本专利外观设计

本专利"润滑油罐"有 7 幅视图（即主视图、后视图、左视图、右视图、俯视图、仰视图、立体图）。由各视图可知，本专利"油罐"整体形状近似于具有一定厚度的曲-直边多边形，外观较为圆滑。从主视图观察："油罐"上方有一扁圆柱形桶盖；左侧轮廓线中上方轮廓线略呈曲线外展，下方轮廓线近似于直线内收；右侧轮廓线整体呈显著向外膨出的外凸曲线，最凸出部偏向下部；底部轮廓线为直线；罐体表面具有形状近似于曲边三角形并具凸边的凹部。后视图与主视图对称。从左视图观察该"油罐"，其轮廓线略呈纵长方形。右视图与左视图基本对称。从俯视图与仰视图观察该"油罐"的罐身轮廓线略呈椭圆形，罐盖位置约在俯视图的中部（详见本专利附图）。

4. 对比文件外观设计

对比文件的"塑桶"有 6 幅视图（即主视图、后视图、左视图、右视图、俯视图、仰视图）。由各视图可知，对比文件的"塑桶"整体形状近似于具有一定厚度的多边形。其中的后视图与本专利的主视图对应，从该后视图观察：该"塑桶"上方有一扁圆柱形桶盖；左侧轮廓线近似于折线，折点接近上端，折点上方的轮廓线外斜度较大，折点下方的轮廓线近似于竖直线；右侧轮廓线上方轮廓线略呈曲线外伸，下方轮廓线也近似于竖直线；底部轮廓线为直线；桶体中、下部表面大部下凹。主视图与后视图对称。从左视图观察该"塑桶"，其轮廓线略呈纵长方形。右视图与左视图基本对称。从俯视图与仰视图观察该"塑桶"的桶身轮廓线略呈曲边矩形，在俯视图中桶盖位置偏于一侧（详见对比文件附图）。

5. 比较判断

本专利与对比文件相比较，两者的主要相同点在于：容器为侧扁形，上方有一圆柱形桶盖，底面轮廓线平直。

两者的主要不同点在于：

（1）整体造型不同：本专利的容器产品轮廓圆滑，而对比文件的容器产品则轮廓棱角较为分明；

（2）容器主、后视图的左、右侧轮廓线形状不同：本专利的容器左、右侧轮廓线下方均明显内收，而对比文件的容器左、右侧轮廓线下部基本呈竖直线；

（3）在容器俯视图中，对比文件的容器盖在容器上所处位置与本专利的容器盖在容器上所处位置相比明显偏于一侧；

（4）容器主、后视图中所见表面凹部形状显著不同。

根据整体观察、综合判断的原则，合议组将本专利与对比文件进行比较后认为，对于上述两者的容器的整体造型、桶身轮廓线、桶盖位置、凹陷形状等处的差异，能引起一般消费者在视觉上注意，尤其是本专利轮廓棱角圆滑，而对比文件则棱角分明；以及容器轮廓线的显著不同，这些差别对整体视觉具有显著的影响，足以构成两者在视觉上具有显著差异，一般消费者不会将两者误认、混同。据此，合议组认为，本专利与对比文件属于不相同且不相近似的外观设计。

综上所述，请求人提交的证据不能支持其无效宣告请求的理由。

三、决定

维持200430004182.7号外观设计专利权有效。

当事人对本决定不服的，可以根据专利法第46条第2款的规定，自收到本决定之日起3个月内向北京市第一中级人民法院起诉。根据该款的规定，一方当事人起诉后，另一方当事人应当作为第三人参加诉讼。

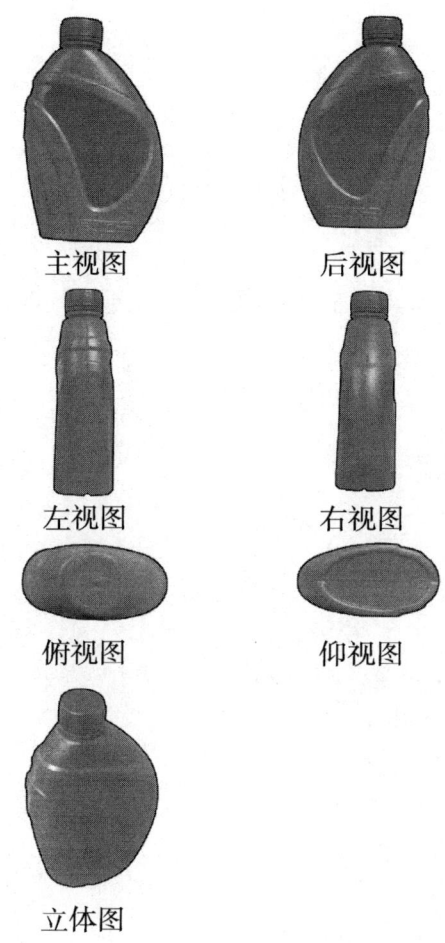

本专利附图

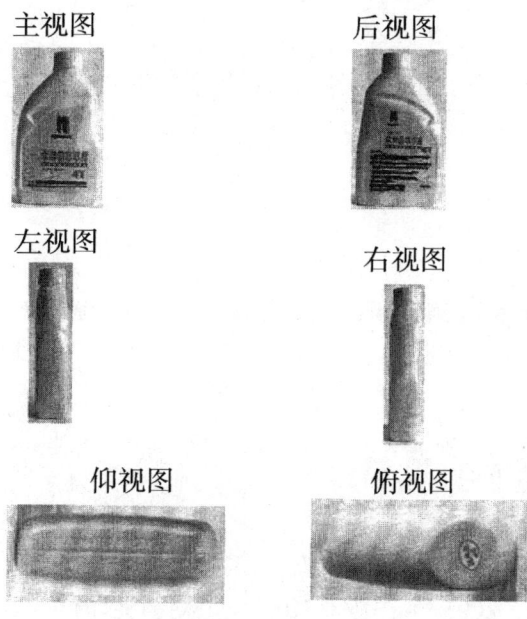

对比文件图

酒 瓶

无效宣告请求审查决定（第8776号）

决　定　号	第8776号
决　定　日	2006年10月27日
发明创造名称	酒瓶
外观设计分类号	09-01
无 效 请 求 人	汝阳杜康（集团）总公司
专 利 权 人	刘更申
申　请　号	200430079049.8
申　请　日	2004年8月16日
授 权 公 告 日	2005年4月13日
合议组组长	徐媛媛
主　审　员	柴爱军
参　审　员	郭健国
附　　　图	1页
法 律 依 据	专利法第23条
决 定 要 点	

在在先设计的图片或者照片未反映产品各面视图的情况下，应当依据一般消费者的认知能力来确定在先设计所公开的信息。

一、案由

本无效宣告请求涉及的是国家知识产权局于2005年4月13日授权公告的、专利号为200430079049.8的外观设计专利，其产品名称是"酒瓶"，申请日是2004年8月16日，专利权人是刘更申。

针对上述外观设计专利权（下称本专利），汝阳杜康（集团）总公司（下称请求人）于2005年9月28日向专利复审委员会提出无效宣告请求，其无效理由是：本专利的授权不符合专利法第23条的规定。与此同时，请求人提交了以下证据：

证据1：本专利的著录项目及其图片，复印件6页；

证据2：洛阳广播电视报，2003年12月17日第51期，复印件2页。

经形式审查合格，专利复审委员会于2005年9月28日受理了上述无效宣告请求，同日向双方当事人发出了《无效宣告请求受理通知书》，并将无效宣告请求书及其证据的副本转送给专利权人，要求专利权人在收到通知书之日起一个月内对该无效宣告请求陈述意见。

2005年10月21日，请求人提交了意见陈述书，并补充了如下证据：

证据3：中国食品博览，2000年第1期，复印件4页。

2006年8月23日，专利复审委员会向双方当事人发出《无效宣告请求口头审理通知书》，定于2006年10月16日对本案进行口头审理，并随同该口头审理通知书将请求人于2005年10月21日提交的意见陈述书及其证据3的副本转送给专利权人。

口头审理如期举行，双方当事人的代理人出席了口头审理，双方对对方出席口头审理人员的身份和资格无异议，对合议组成员无回避请求。在口头审理中，请求人明确本案的无效理由是本专利与证据2或者3上所示的在先设计相同或者相近似，本专利不符合专利法第23条的规定。请求人当庭出示了证据2和3的原件，专利权人核对后认为证据2和3的复印件与原件相符，但只认可两份证据在形式上的真实性，对两份证据的来源合法性亦有异议。请求人指定证据2中所示的"中华杜康"酒瓶图片作为对比文件1，证据3中的中国贵州茅台酒厂集团广告页左上第一幅"茅台"酒瓶图片作为对比文件2，枝江酒业广告页左下第五幅"枝江大曲"酒瓶图片作为对比文件3，20世纪中国名白酒金银榜该页右下第二幅"中华杜康"酒瓶图片作为对比文件4。双方当事人针对上述四份对比文件与本专利的可比性以及相同、相近似性充分地发表了各自的观点。口头审理结束后，专利权人向合议组提交了口头审理代理词。

至此，合议组认为本案事实已经清楚，可以依法作出审查决定。

二、决定的理由

1. 法律依据

专利法第23条规定，授予专利权的外观设计，应当同申请日以前在国内外出版物上公开发表过或者国内公开使用过的外观设计不相同和不相近似，并不得与他人在先取得的合法权利相冲突。

2. 关于证据

请求人提交的证据2是2003年12月17日第51期的洛阳广播电视报，证据3是2000年第1期的中国食品博览，在口头审理中，请求人出示了这两份证据的原件，专利权人核对后认可证据2和3的复印件与原件相符，但对其真实性、合法性仍持有异议。对此，合议组认为，专利权人并未提交任何的反证予以否定证据2和3的真实性以及合法性，故合议组对证据2和3的真实性、合法性予以认可。

证据2和3系专利法意义上的公开出版物，其公开日期均在本专利的申请日之前，因此，在证据2、3上刊登的"中华杜康"酒瓶图片（请求人指定的对比文件1），"茅台"酒瓶图片（请求人指定的对比文件2），"枝江大曲"酒瓶图片（请求人指定的对比文件3），"中华杜康"酒瓶图片（请求人指定的对比文件4）均可以作为在先设计与本专利进行相同、相近似性的比较。

3. 关于相同、相近似

专利权人认为证据2所示的酒瓶仅有一幅视图，不能全面地表示出酒瓶的形状，也就不能唯一、确切地推出酒瓶的形状，酒瓶的瓶身有可能呈扁圆形，也有可能呈圆形，所以无法与本专利进行对比。合议组认为，在在先设计的图片或者照片未反映产品各面视图的情况下，应当依据一般消费者的认知能力来确定在先设计所公开的信息。证据2所示酒瓶的图片虽未公开酒瓶的后部设计，但是该酒瓶的前后面是基本上对称的，并且整个酒瓶的瓶体是透明的，故一般消费者依据上述信息完全能够得知酒瓶后部的大致设计。至于瓶身的形状，合议组认为，证据2所示的酒瓶图片是一幅立体图，该立体图已能够显示出酒瓶瓶身的形状呈扁圆形，再依据酒瓶旁边的配套包装盒更能清楚地确定这一点，故合议组认为，依据一般消费者的认知能力完全能够确定在先设计所公开的信息，证据2所示的酒瓶图片（下称对比文件 1）虽仅有一幅视图，但并不影响与本专利进行相同、相近似性比较。

对比文件 1 所示的"中华杜康"酒瓶仅有立体图片表示，从该立体图可以看出，该酒瓶的瓶身部分呈扁圆形，瓶底部分为小于瓶身的扁圆台形，瓶颈部分较为细长，瓶嘴处与瓶盖构成阶梯状结构，靠近瓶嘴处的阶梯圆周上具有花纹图案，在瓶盖顶部具有一薄片，并在瓶盖的左侧部具有一与靠近瓶嘴处的阶梯相连接的连接片；在瓶身的前面靠近瓶底处具有凸棱设计，在瓶身的左右侧面从靠近瓶底处一直延伸接近瓶颈处具有凸棱设计；在瓶身的中部具有一横向的椭圆形标贴，在瓶身与瓶颈的结合处具有一圆形标贴；除瓶盖及瓶嘴处外，整个酒瓶的瓶体是透明的。（详见对比文件 1 附图。）

本专利所示的酒瓶由主视图、后视图、左视图、仰视图、俯视图以及立体图所表示，其中右视图与左视图对称，省略右视图。从上述视图可以看出，该酒瓶的瓶身部分呈扁圆形，瓶底部分为小于瓶身的扁圆台形，瓶颈部分较为细长，瓶嘴处与瓶盖构成阶梯状结构，靠近瓶嘴处的阶梯圆周上具有花纹图案；在瓶身的前后面靠近瓶底处具有凸棱设计，在瓶身的左右侧面从靠近瓶底处一直延伸接近瓶颈处具有凸棱设计；从主视图看，在瓶身的中部具有一横向的椭圆形设计，在瓶身与瓶颈的结合处具有一圆形设计；除瓶盖及瓶嘴处外，整个酒瓶的瓶体是透明的。（详见本专利附图。）

将本专利与对比文件 1 所示的酒瓶相比较可以看出，二者的区别主要在于：本专利的瓶身中部具有一横向的椭圆形设计，在瓶身与瓶颈的结合处具有一圆形设计，而对比文件 1 在相应处分别贴有一椭圆形标贴和一圆形标贴；二者的瓶盖设计略有不同，对比文件 1 的瓶盖比本专利的瓶盖多一些局部的设计，主要是在瓶盖顶部具有一薄片，并在瓶盖的左侧部具有一与靠近瓶嘴处的阶梯相连接的连接片。对此，合议组认为，上述区别对于产品外观设计的整体视觉效果并不具有显著的影响，二者在酒瓶的设计上均采用了瓶身部分呈扁圆形，瓶底部分为小于瓶身的扁圆台形，瓶颈部分较为细长，瓶嘴处与瓶盖构成阶梯状结构，靠近瓶嘴处的阶梯圆周上具有花纹图案，以及在瓶身上具有凸棱等的设计，这些设计的相同之处足以导致二者在整体上的相近似性，容易导致一般消费者将本专利与对比文件 1 误认、混同，因此，二者属于相近似的外观设计，本专利的授权不符合专利法第 23 条的规定。

鉴于上述的比较分析已得出本专利的授权不符合专利法第 23 条规定的结论，本决定对请求人提交的其他证据不再进行评述。

三、决定

宣告 200430079049.8 号外观设计专利权无效。

当事人对本决定不服的，可以根据专利法第 46 条第 2 款的规定，自收到本决定之日起三个月内向北京市第一中级人民法院起诉。根据该款的规定，一方当事人起诉后，另一方当事人应当作为第三人参加诉讼。

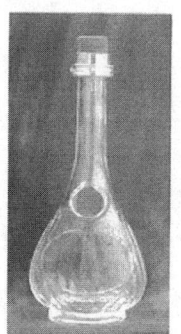
主视图

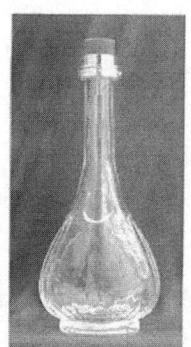
后视图

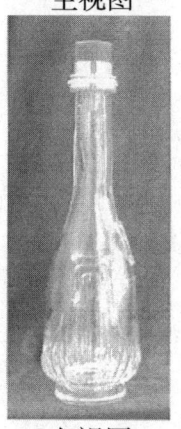
左视图

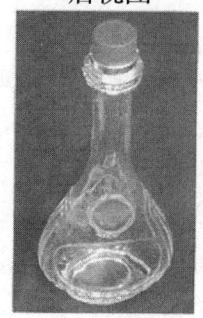
立体图

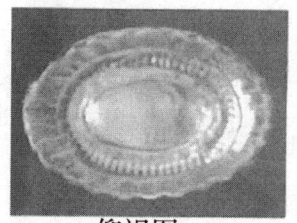
仰视图

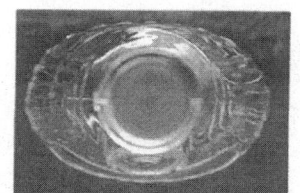
俯视图

本专利附图

对比文件1附图

57

010

拖鞋（2321）

无效宣告请求审查决定（第 8782 号）

决 定 号	第 8782 号
决 定 日	2006 年 11 月 7 日
发明创造名称	拖鞋（2321）
外观设计分类号	02-04
无效宣告请求人	三明市三元区元丰塑料制品厂，三明市闽耀鞋业制品一厂
专 利 权 人	陈梅魁
申 请 号	02334729.5
申 请 日	2002 年 10 月 18 日
授权公告日	2003 年 4 月 30 日
合议组组长	吴赤兵
主 审 员	张雪飞
参 审 员	钟 华
附 图	1 页
法 律 依 据	专利法第 23 条

决定要点

根据法院的生效判决请求人提交的证据已经形成完整的证据链，可以证明公证书上所附的外观设计在本专利申请日前公开使用过，由于该外观设计与本专利相近似，因此本专利不符合专利法第 23 条的规定。

一、案由

本无效宣告请求涉及的是 2003 年 4 月 30 日国家知识产权局授权公告的 02334729.5 号外观设计专利，其名称是"拖鞋（2321）"，申请日是 2002 年 10 月 18 日，专利权人是陈梅魁（下称专利权人）。

针对上述外观设计专利权（下称本专利），2004 年 4 月 23 日三明市三元区元丰塑料制品厂和三明市闽耀鞋业制品一厂（下总称请求人）向专利复审委员会提出无效宣告请求，其理由是本专利不符合专利法第 23 条的规定。请求人认为在本专利申请日以前已有与其外观设计相同或者相近似的产品在国内公开使用过，并提交了作为证据的 9 个附件：

附件 1 是 2001 年 4 月 6 日出版的第 191 期《三明侨报》的头版和 A6 版复印件 2 页；

附件 2 是由三明市工商行政管理局和福建省工商行政管理局三明市检查支队签章确认的投诉材料

复印件 4 页；

附件 3 是由福建省工商行政管理局三明市检查支队签章的照片复印件 11 张；

附件 4 是由福建省安溪县工商行政管理局签章确认的"安工商处字〔2001〕第 3 号"行政处罚决定书复印件 4 页；

附件 5 是由安溪县工商行政管理局注册管理股签章确认的企业信息资料复印件 16 页；

附件 6 是福建省三明市三元区人民法院的档案材料复印件 6 页；

附件 7 是由三明市天立拍卖有限公司签章确认的拍卖材料复印件 9 页；

附件 8 是 2001 年 12 月 23 日出版的《三明日报》的第 2 版复印件 1 页；

附件 9 是照片复印件 1 张。

专利复审委员会根据无效宣告请求审查程序的规定受理了该无效宣告请求，并将请求人的无效宣告请求文件的副本转送专利权人。

专利复审委员会于 2004 年 5 月 11 日向双方当事人发出口头审理通知书，定于 2004 年 6 月 4 日对本案进行口头审理。

请求人分别于 2004 年 5 月 20 日、2004 年 5 月 21 日和 2004 年 5 月 24 日提交了意见陈述书，坚持认为本专利不符合专利法第 23 条的规定，并补充认为本专利与另外两项外观设计专利属于同样的发明创造，本专利不符合专利法实施细则第 13 条第 1 款的规定。请求人同时补充了 2 个附件作为证据（编号续前）：

附件 10 是由三明市质量技术监督协会签章的证明照片 1 张、证明复印件 1 页和技术咨询服务协议复印件 2 页；

附件 11 是 2003 年 5 月 28 日授权公告的 02334728.7 号和 02334731.7 号外观设计专利的公报复印件 1 页，授权公告号分别为 CN 3296553D 和 CN 3296554D，申请日均为 2002 年 10 月 18 日，专利权人均为专利权人。

针对请求人于 2004 年 4 月 23 日提出的无效宣告请求的理由和证据，专利权人于 2004 年 5 月 24 日提交了意见陈述书，认为请求人提交的附件 1 中未显示出可与本专利对比的图形，附件 2 和附件 5~8 均与本专利没有关联性，附件 3 所示照片并非附件 4 处罚决定所对应的照片，附件 9 本身未显示出其上所示产品的销售行为和销售时间，因此本专利应予维持。专利权人同时提交了作为反证的 1 个附件：

反证 1 是调查笔录复印件 2 页。

专利复审委员会分别于 2004 年 6 月 3 日和 2004 年 6 月 4 日口头审理开庭前将上述请求人补充的意见陈述及附件的副本和专利权人提交的意见陈述及反证的副本转送对方当事人。

口头审理如期举行，请求人委托代理人出庭，专利权人由当事人和委托代理人出庭。在口头审理中，请求人的代理人声明仅以附件 11 中的 02334731.7 号外观设计专利作为本专利不符合专利法实施细则第 13 条第 1 款的证据；针对其他理由和证据仍坚持原有观点，并当庭提交了附件 1~7 和附件 9~10 的原件，当庭演示了附件 9 所示的产品实物，附件 10 的出证单位也委派其秘书长贾连贵出庭作证并接受质证；针对专利权人提出的反证 1，请求人认为该调查笔录中涉及的主体与本案无关，且仅为个人观点，不足为证。专利权人也坚持其原有观点；并认为附件 10 中照片和证明及协议没有关联性，且协会的证言不足为证，所涉及产品的封存状态和时间也无法确定；附件 11 中的 02334731.7 号外观设计专利与本专利不相同且不相近似，本专利应予维持；专利权人当庭提交了反证 1 的法院确认件，同时补充了作为反证的 1 个附件（编号续前）：

反证 2 是由安溪县工商行政管理局检查大队签章确认的卷内材料目录 1 页、照片及鞋底模印 5 页和"安工商处字〔2001〕第3号"行政处罚决定书4页。

口头审理结束后，专利复审委员会于2004年7月20日将专利权人补充提交的反证2的副本转送请求人。

请求人分别于2004年8月19日和2004年8月23日提交了意见陈述书，认为反证2中的照片不完整，并补充了2个附件作为证据（编号续前）：

附件12是"明公刑检（2004）第085号"三明市公安局痕迹检验鉴定书复印件9页、资格证书复印件2页和发票联复印件1页；

附件13是由三明市公证处作出的"（2004）三证字第2491号"公证书，内附交接单复印件1页、现场工作纪录复印件1件、发票联复印件1件和照片35张。

专利复审委员会于2004年9月6日将请求人提交的意见陈述和补充证据的副本转送专利权人。

专利权人于2004年9月28日提交了意见陈述书，坚持其原有观点。

在当事人意见陈述和口头审理的基础上，专利复审委员会作出了维持本专利有效的第6680号无效宣告请求审查决定（以下简称第6680号决定）。

请求人不服上述第6680号决定，在法定期限内提起行政诉讼，北京第一中级人民法院经过审理，于2005年12月20日作出（2005）一中行初字第534号行政判决书，判决撤销第6680号决定、专利复审委员会重新就本专利权作出无效宣告请求审查决定。专利复审委员会不服一审判决，在法定期限内提起上诉，北京市高级人民法院经过审理，于2006年4月20日作出（2006）高行终字第87号行政判决书，判决驳回上诉，维持原判。

2006年8月16日，专利复审委员会重新组成合议组，对本案进行审理。

2006年9月7日，请求人向专利复审委员会提交意见陈述书，请求专利复审委员会履行生效法院判决，并提交了如下附件（编号续前）：

附件14：北京市中级人民法院作出的（2005）一中行初字第534号行政判决书复印件；

附件15：北京市高级人民法院作出的（2006）高行终字第87号行政判决书复印件。

2006年9月20日，专利复审委员会向双方当事人发出合议组成员告知通知书，告知其如对合议组成员有回避请求的，请于收到该通知书之日起7日内提交书面请求，并且说明理由，必要时附具有关证据。双方当事人均逾期未进行答复。

合议组经过合议，认为本案事实清楚，依法作出如下审查决定。

二、决定的理由

1. 法律依据

专利法第23条规定：授予专利权的外观设计，应当同申请日以前在国内外出版物上公开发表过或者国内公开使用过的外观设计不相同和不相近似，并不得与他人在先取得的合法权利相冲突。

2. 本专利是否符合专利法第23条的规定

北京市中级人民法院作出的（2005）一中行初字第534号行政判决书第8页认定："……附件13所附照片中涉及地拖鞋至迟在2001年3月20日已经公开销售。由于2001年3月20日早于本专利的申请日，因此所销售地拖鞋地外观设计构成本专利的现有技术……"北京市高级人民法院作出的（2006）高行终字第87号行政判决书第6页认定："……故附件13中第34张照片之前的所有涉及的拖鞋已构成本专利的现有技术……"据此，附件13中第14张照片的拖鞋应属于在本专利申请日前在国内公开使用的拖鞋，该拖鞋的外观设计（下称在先设计）可用以评价本专利是否符合专利法第23条的规定。

专利权人提交的反证1和反证2均与上述生效判决书认定的法院事实无关，因此不能推翻上述法律事实。

本专利是一款拖鞋的外观设计，其前端开口；前鞋帮两侧分别有一条和三条镂空，中部有文字设计；鞋面较平滑，周围环绕一条凹线；鞋底排列有槽和孔。（详见本专利附图。）

在先设计也是一款拖鞋的外观设计，其前端开口，前鞋帮两侧分别有一条和三条镂空，中部有文字设计；鞋面较平滑，周围环绕一条凹线；鞋底排列有槽。（详见在先设计附图。）

将本专利与在先设计相比较，两者整体形状相似，前端、鞋帮、鞋面的形状相似，鞋底的形状也相似，其区别在于：在先设计的鞋底只排列有槽，没有孔，而本专利的鞋底排列有槽和孔。合议组认为：鞋底较鞋面而言不容易为一般消费者注意，且上述区别属于局部的细微的差别，对产品的整体视觉效果不具有显著的影响，因此本专利与在先设计属于相近似的外观设计，不符合专利法第23条的规定。

鉴于上述评述已经得出本专利不符合专利授权条件的结论，本决定对请求人提交的其余证据不再予以评述。

三、决定

宣告02334729.5号外观设计专利权全部无效。

当事人对本决定不服的，可以根据专利法第46条第2款的规定，自收到本决定之日起三个月内向北京市第一中级人民法院起诉。根据该款的规定，一方当事人起诉后，另一方当事人应当作为第三人参加诉讼。

仰视图

 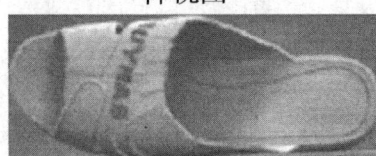 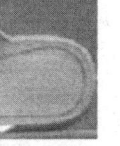

右视图　　　主视图　　　左视图

俯视图

后视图

本专利

在先设计

瓷砖（条形石）

无效宣告请求审查决定（第8792号）

决 定 号	第8792号
决 定 日	2006年11月14日
发明创造名称	瓷砖（条形石）
外观设计分类号	25-01
无效宣告请求人	晋江市欧迪斯陶瓷有限公司，福建省晋江宝达陶瓷有限公司
专 利 权 人	吴顺清
专 利 号	00342286.0
申 请 日	2000年10月30日
授 权 公 告 日	2001年6月20日
合议组组长	吴赤兵
主 审 员	徐清平
参 审 员	李巍巍
附 图	1页

法律依据 专利法第23条

决定要点

本专利与在先设计所示瓷砖或地板砖作为矩形薄片砖均采用纵向、横向仿砌缝凹槽设计，所形成的长方形或方形单元具明显立体凹凸的交错拼贴效果，其更具醒目的视觉效果，而有无本专利所示常见自然纹理设计对整体视觉效果不具显著影响，因此，二者属于相近似的外观设计。

一、案由

本无效宣告请求涉及的是国家知识产权局于2001年6月20日授权公告的00342286.0号外观设计专利，使用该外观设计的产品名称为"瓷砖（条形石）"，申请日是2000年10月30日，专利权人是吴顺清。

针对上述专利权（下称本专利），晋江市欧迪斯陶瓷有限公司（下称第一请求人）于2006年1月10日向专利复审委员会提出无效宣告请求，其理由是本专利不符合专利法第9条、第23条的规定。第一请求人认为，将本专利与其申请日前授权公告的外观设计专利相比较，在先专利所示地板砖形状和由各单元长方形组成的几何图案与本专利所示瓷砖几乎完全相同，而本专利各单元长方形表面上的纵向不规则凹凸花纹不是其主要特征，一般消费者足以对二者造成混淆，二者属于相近似的外观设计。第一请求人提交的作为证据的附件如下：

附件1-1：97313393.7号外观设计专利的著录项目及外观设计图片。

经形式审查合格专利复审委员会受理了该无效宣告请求，并于2006年1月12日将无效宣告请求书及其附件的副本转送给专利权人，要求其在指定期限内陈述意见。

2006年2月27日专利权人提交了意见陈述书，专利权人认为：本专利与请求人提交的在先专利所示外观设计产品形状完全不同，在图案设计上二者虽均为长方形单元组成，但排列方式完全不同，本专利为纵向三排的"二三二"交错排列，且含三块单元的行其旁边两块单元也为长方形，而在先专利为纵向四排的"二三二三"排列，含三块单元的行其旁边两块单元为正方形；本专利每块长方形单元的四角均有弧状倒角，而在先专利相应均为直角；本专利每块长方形单元的表面均有明显的竖状条纹，而在先专利相应为光滑平面；因此，二者属于不相同且不相近似的外观设计，请求人的无效宣告请求理由不能成立。

针对本专利，第一请求人于2006年4月17日再次向专利复审委员会提出无效宣告请求，其依据的事实和理由是：其提交的证据所示编号为"4027"的瓷砖早在2000年5月9日已在国内公开销售过，且该瓷砖与本专利外观设计相同；其提交的证据所示《彩达瓷砖》印刷于2000年1月，其公开了与本专利外观设计相同的产品；本专利亦与在先公告的外观设计专利所示外观设计相近似。因此，本专利与其申请日前在国内公开使用过、在出版物上公开发表过的外观设计相同或者相近似，本专利不符合专利法第23条的规定。第一请求人提交的证据如下（编号续前）：

附件1-2：《南鹰陶瓷》产品宣传材料复印件1页；

附件1-3：福建晋江市内坑裕兴陶瓷厂销售凭单复印件2张；

附件1-4：《彩达瓷砖》产品宣传材料复印件2页；

附件1-5：97313393.7号外观设计专利的著录项目及外观设计图片。

经形式审查合格专利复审委员会受理了该无效宣告请求，并于2006年4月18日将无效宣告请求书及其附件的副本转送给专利权人，要求其在指定期限内陈述意见。

2006年5月18日专利权人提交了意见陈述书，专利权人认为：第一请求人提交的附件1-2、附件1-4所示材料无正规出版刊号，也无出版印刷日期，其本身的真实性法确认，不能证明其公开日期在本专利申请日之前；附件1-3所示销售凭单为单位内部单据，无法证实其真实性，也无法构成完整的证据链；所提交在先专利外观设计与本专利不相同且不相近似。因此，本专利应予维持有效。

针对本专利，福建省晋江宝达陶瓷有限公司（下称第二请求人）于2006年4月29日向专利复审委员会提出无效宣告请求，其依据的事实和理由是：本专利与其申请日之前在先公告的外观设计专利所示外观设计相近似，第二请求人将二者进行比较判断认为，本专利与对比专利外观差别仅在于所示瓷砖单元图案有三排和四排不同，但二者采用的分割单元方式及手法是相同的，本专利在产品表面有凹凸不平的流水纹，其属本专业上的惯常设计，该凹凸不平的流水纹也在所提交的另一篇外观专利文献中被完全公开，因此，本专利与对比专利外观设计相近似，其不符合专利法第23条的规定。第二请求人提交了如下附件作为证据：

附件2-1：97313393.7号外观设计专利的著录项目及外观设计图片；

附件2-2：99316063.8号外观设计专利的著录项目及外观设计图片；

附件2-3：00306436.0号外观设计专利公报复印件1页。

经形式审查合格专利复审委员会受理了该无效宣告请求，并于2006年6月23日将无效宣告请求书及其附件的副本转送给专利权人，要求其在指定期限内陈述意见。

2006年7月27日专利权人提交了意见陈述书，专利权人认为：本专利与第二请求人提交的附件2-1所示在先专利观设形状和图案的排列方式完全不同，其属于不相近似的外观设计，并进行了详细比较判断；第二请求人将附件2-2与本专利的对比，明显违背了外观设计单一对比的判断原则；其提交附件2-3所示专利与本专利分类不同，不具可比性，且其立体形状与本专利完全不同。因此，本专利应予维持有效。

针对本专利，第一请求人于2006年8月14日再次向专利复审委员会提出无效宣告请求，其依据的事实和理由是：本专利所示外观设计属于众所周知的公有技术领域，且在其申请日之前已有相同或相近似的外观设计产品在许多公开出版物及网站上发布过，西班牙特拉可大公司和国内多家公司早在本专利申请日前就公开生产、销售、使用过与本专利外观设计相同或相近似的瓷砖产品。因此，本专利不符合专利法第23条的规定。第一请求人提交了与前述附件1-1相同的证据，同时提交的其他证据如下（编号续前）：

附件1-6：福建省泉州市公证处"（2006）泉证民字第843号"、"（2006）泉证民字第844号"公证书复印件各1份及相关部分中文译文；

附件1-7：有关瓷砖的外观设计检索报告复印件7页；

附件1-8：97313393.7、00327270.2号外观设计专利的图片各1页；

附件1-9：《南鹰陶瓷》产品宣传材料及其证明、福建晋江市内坑裕兴陶瓷厂销售凭单、《彩达瓷砖》产品宣传材料、福建省南安市官桥彩色印刷厂的证明、福建省晋江市内坑镇泉隆建材有限公司的证明、南安市宏彬模具有限公司的证明及有关产品模具照片复印件共23页；

附件1-10：从国外收集的产品宣传材料和邮寄信封及相关中文译文复印件共9页。

经形式审查合格专利复审委员会受理了该无效宣告请求，并于2006年8月15日将无效宣告请求书及其附件的副本转送给专利权人，要求其在指定期限内陈述意见。

2006年9月12日专利权人提交了意见陈述书，专利权人认为：第一请求人提交的附件1-6无法证明所示网站上的图片是何时上传的，即不能证明该网站上的图片是在本专利申请日之前公开的。附件1-7所示检索报告仅有参考价值，不具法律效力。附件1-7所示外观设计与本专利不相同且不相近似。附件1-8中有关产品图册无正规出版刊号、无印刷日期，其真实性亦无法确认；有关证明属证人证言，不足以证明相关事实；有关销售凭单为单位内部单据，无法证实其真实性，亦无法证明其与产品图册上的产品具有一致性；故该组证据无法形成完整的证明体系，请求人的主张不能成立。附件1-10属于域外形成的证据，未经相关公证认证不能作为有效证据使用。专利权人同时提交了如下附件作为反证：

附件A：厦门市鹭江公证处"（2006）厦鹭证内字第03895号"公证书复印件1份；

附件B：厦门市鹭江公证处"（2006）厦鹭证内字第03896号"公证书复印件1份；

附件C：上述附件相关部分中文译文1页。

合议组决定将上述无效宣告请求合并审理，分别于2006年9月4日、2006年9月22向第一请求人、第二请求人和专利权人发出口头审理通知书，定于2006年10月16日对本案进行口头审理。同时上述无效宣告请求中专利权人的意见陈述及其附件的副本分别转送给第一请求人和第二请求人。

口头审理如期举行，专利权人本人及各方委托的代理人参加了审理。专利权人和第一请求人、第二请求人分别对对方参加口头审理人员的身份和资格没有异议，对合议组成员没有回避请求。在审理中第一请求人当庭提交了附件1-2至附件1-4、附件1-6、附件1-7、附件1-9的原件，专利权人当庭提交了附件A、附件B的原件，双方核实了证据原件，专利权人对第一请求人提交的附件1-6的真实性无异议，第一请求人对专利权人的提交的附件A、附件B的真实性无异议。对于第一请求人提交的附件1-8所示00327270.2号外观设计专利图片，专利权人认为其不能适用专利法第23条的规定。第二请求人认为本专利与其提交附件2-3所示在先专利构成权利冲突，其不符合专利法第23条的规定，专利权人认为附件 2-3 不能适用专利法第 23 条的规定。各方将第一请求人、第二请求人均提交的 97313393.7 号外观设计专利及其他外观设计专利与本专利进行了详细比较判断。各方在均在坚持其原有观点的基础上进一步详细阐述了具体主张及理由。

2006 年 10 月 17 日专利复审委员会收到专利权人提交的意见陈述，专利权人认为：对于第一请求人提出的"砌砖的设计理念是一种惯常设计"说法，按照审查指南的相关规定，在比较本专利与对比文件时，应当更加关注其余设计的不同所带来的显著影响，特别是瓷砖表面的条纹设计。因此，本专利与对比文件外观设计存在显著差别，对于一般消费者而言条纹所产生的视觉效果明显不同。

通过上述审理，在双方当事人意见陈述及口头审理的基础上，合议组经合议，认为本案事实清楚，依法作出本审查决定。

二、决定的理由

(1) 第一请求人、第二请求人提出的无效宣告请求理由包括本专利不符合专利法第 9 条、专利法第 23 条的规定，根据请求人所提交的证据，结合本案案情，合议组首先对本专利是否符合专利法第 23 条的规定进行审查。

专利法第 23 条规定：授予专利权的外观设计，应当同申请日以前在国内外出版物上公开发表过或者国内公开使用过的外观设计不相同和不相近似，并不得与他人在先取得的合法权利相冲突。

(2) 第一请求人提交的作为证据的附件 1-1、附件 1-5、附件 1-8 及第二请求人提交的作为证据的附件 2-1 均涉及 97313393.7 号外观设计专利的著录项目和外观设计图片，所示专利公告日为 1998 年 7 月 8 日，使用外观设计的产品名称为"地板砖"，经合议组核实，其内容属实，确系本专利申请日之前公开发表的外观设计（下称在先设计），可适用专利法第 23 条的规定作为本案证据。

(3) 在先设计为"地板砖"的外观设计，本专利使用外观设计的产品为"瓷砖"，从二者用途考虑，瓷砖和地板砖一般均用于墙面、地面等建筑表面作饰面使用，瓷砖亦可作地板砖使用，即二者具有相同的用途，属相同种类的产品，故对二者外观设计作如下对比：

本专利包括主视图和立体图，省略其他视图。所示瓷砖为长方形薄片，瓷砖正面有纵向、横向仿砌缝凹槽，形成多块长方形单元交错拼贴效果，具体为三排，由上至下长方形单元分别为二、三、二数量，每个长方形单元表面均有不规则竖向纹理。详见本专利附图。

在先设计包括主视图、俯视图、仰视图和左视图，所示地板砖为近似正方形薄片，正面有纵向、横向仿砌缝凹槽，形成多块方形、长方形单元交错拼贴效果，具体为四排，由上至下方形、长方形单元分别为二、三、二、三数量。详见在先设计附图。

将本专利与在先设计相比较，二者均为矩形薄片设计，正面有纵向、横向仿砌缝凹槽，均有长方形交错拼贴单元，其交错单元的排列方式相同。二者不同之处主要在于：整体形状上分别为长方形和近似正方形；交错单元上本专利均为长方形，在先设计还包括方形单元；本专利为三排设计，而在先设计为四排设计；在先设计无本专利所示竖向条纹；二者的仿砌缝凹槽截面形状分别为近似圆弧槽和矩形槽。

合议组认为，本专利和在先设计所示瓷砖、地板砖分别采用长方形、正方形薄片形状，其虽有不同，但仍属相近似的矩形薄片，亦属该类产品相近似的惯常形状设计。二者在交错单元排列数量上，虽有三排和四排之别，但其单元排列在横向和纵向的连续方式完全相同，且本专利已表达了完整的单元连续方式，其不同仅仅是较在先设计省略了一排连续单元；在交错单元上虽有部分单元为近似正方形和长方形之别，但二者仍为相近似的矩形单元，而且二者长、短单元的长度比例是相同的，均为 2:1，故所述差异对整体交错排列效果影响甚微。特别是在镶贴于建筑表面的使用状态下，二者的整体形状、交错单元的排数在整体视觉效果中不易被观察到，单元形状的差异亦容易被一般消费者所忽略。对于二者仿砌缝凹槽的截面形状不同，其明显属于局部的细微差异，对整体视觉效果不具影响。对于本专利瓷砖正面的竖向纹理，其在视觉效果上为常见的不规则自然纹理，特别是陶砖、仿石砖表面的的常见纹理设计，在此情况下，本专利与在先设计所示瓷砖或地板砖作为矩形薄片砖均采用纵向、横向仿砌缝凹槽设计，所形成的长方形或方形单元具明显立体凹凸的交错拼贴效果，其更具醒目视觉效果，而二者有无上述纹理设计对整体视觉效果不具显著影响，因此，二者属于相近似的外观设计。

(4) 综上所述，本专利与其申请日前授权公告的外观设计专利相近似，即已有与其相近似的外观设计在出版物上在先公开发表过，因此，本专利不符合专利法第 23 条的规定。

鉴于上述已得出本专利不符合专利法第 23 条规定的结论，本决定对第一请求人、第二请求人提出的其他理由和证据不作评述。

三、决定

宣告 00342286.0 号外观设计专利权全部无效。

当事人对本决定不服的，可以根据专利法第 46 条第 2 款的规定，自收到本决定之日起三个月内向北京市第一中级人民法院起诉。根据该款的规定，一方当事人起诉后，另一方当事人应当作为第三人参加诉讼。

主视图

立体图

本专利

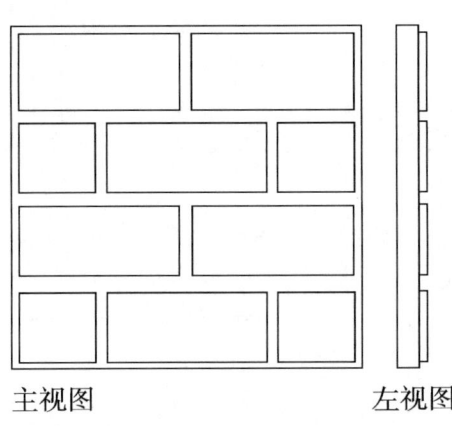

主视图　　　　　左视图

仰视图

俯视图

在先设计

北京市第一中级人民法院
行政判决书

(2007) 一中行初字第211号

原告吴顺清，男，1971年7月10日出生，汉族，住福建省晋江市磁灶镇磁灶石埕路18号。

委托代理人叶勇，北京市汉卓律师事务所律师。

委托代理人刘翠，北京市汉卓律师事务所律师。

被告国家知识产权局专利复审委员会，住所地北京市海淀区北四环西路9号银谷大厦10~12层。

法定代表人廖涛，副主任。

委托代理人徐清平，国家知识产权局专利复审委员会审查员。

委托代理人王伟艳，国家知识产权局专利复审委员会审查员。

第三人晋江市欧迪斯陶瓷有限公司，住所地福建省晋江市磁灶瑶琼。

法定代表人张振华，董事长。

委托代理人谢志宏，福建闽荣律师事务所律师。

委托代理人李色阳，福建闽荣律师事务所律师。

第三人福建省晋江宝达陶瓷有限公司，住所地福建省晋江市内坑湖内。

法定代表人刘松碧。

原告吴顺清不服被告国家知识产权局专利复审委员会（简称专利复审委员会）于2006年11月14日做出的第8792号无效宣告请求审查决定（简称第8792号决定），于法定期限内向本院提起诉讼。本院于2007年1月30日受理本案后，依法组成合议庭，并按照法律有关规定通知晋江市欧迪斯陶瓷有限公司（简称欧迪斯公司）、福建省晋江宝达陶瓷有限公司（简称宝达公司）作为第三人参加诉讼，于2007年4月24日公开开庭进行了审理。原告吴顺清及其委托代理人叶勇，被告专利复审委员会的委托代理人徐清平、王伟艳，第三人欧迪斯公司的委托代理人李色阳到庭参加了诉讼，第三人宝达公司向本院致函明确表示其不到庭参加诉讼。本案现已审理终结。

2006年1月10日、2006年4月17日、2006年8月4日，第三人欧迪斯公司针对原告吴顺清拥有的名称为"瓷砖（条形石）"的第00342286.0号外观设计专利（简称本案专利）分别向被告专利复审委员会提出三次无效宣告请求。2006年4月29日，第三人宝达公司就本案专利向被告专利复审委员会提出无效宣告请求。被告专利复审委员会将上述四次无效宣告请求合并审理，并于2006年11月14日做出第8792号决定，认为：

欧迪斯公司和宝达公司提出的无效宣告请求理由包括本案专利不符合《专利法》第九条、第二十三条的规定，故专利复审委员会首先对本案专利是否符合《专利法》第二十三条的规定进行审查。

欧迪斯公司提交的作为证据的附件1-1、附件1-5、附件1-8及宝达公司提交的作为证据的附件2-1均涉及97313393.7外观设计专利的著录项目和外观设计图片，所示专利公告日为1998年7月8日，使用外观设计的产品名称为"地板砖"（简称在先设计），经核实其内容属实，确系本案专利申请日之前公开发表的外观设计，可适用《专利法》第二十三条的规定作为本案的证据。

在先设计为"地板砖"的外观设计，本案专利使用外观设计的产品为"瓷砖"，从二者用途考虑，瓷砖和地板砖一般均用于墙面、地面等建筑表面作饰面使用，瓷砖亦可作为地板砖使用，即二者具有相同的用途，属相同种类的产品。将本案专利与在先设计相比较，二者均为矩形薄片设计，正面有纵向、横向仿砌缝凹槽，均有长方形交错拼贴单元，其交错单元的排列方式相同。二者不同之处主要在于：整体形状上分别为长方形和近似正方形；交错单元上本案专利均为长方形，在先设计还包括方形单元；本案专利为三排设计，而在先设计为西排设计；在先设计无本案专利所示竖向条纹；二者的仿砌缝凹槽截面形状分别为近似圆弧槽和矩形槽。

专利复审委员会认为，本案专利和在先设计所示的瓷砖、地板砖分别采用长方形、正方形薄片形状，其虽有不同，但仍属相近似的矩形薄片，亦属该类产品相近似的惯常形状设计。二者在交错单元排列数量上，虽有三排和四排之别，但其单元排列在横向和纵向的连续方式完全相同，且本案专利已表达了完整的单元连续方式，其不同仅仅是较在先设计省略了一排连续单元；在交错单元上虽有部分单元为近似正方形和长方形之别，但二者仍为相近似的矩形单元，而且二者长、短单元的长度比例是相同的，均为2：1，故近述差异对整体交错排列效果影响甚微。特别是在镶贴于建筑表面的使用状态下，二者的整体形状、交错单元的排数在整体视觉效果中不易被观察到，单元形状的差异亦容易被一般消费者所忽略。对于二者的仿砌缝凹槽的截面形状不同，其明显属于局部的细微差异，对整体视觉效果不具影响。对于本案专利瓷砖正面的竖向纹理，其在视觉效果上为常见的不规则自然纹理，特别是陶砖、仿石砖表面的常见纹理设计，在此情况下，本案专利与在先设计所示瓷砖或地板砖作为矩形薄片均采用纵向、横向仿砌缝凹槽设计，所形成的长方形或方形单元具明显立体凹凸的交错拼贴效果，其更具醒目视觉效果，而二者有无上述纹理设计对整体视觉效果不具显著影响，因此，二者属于相近似的外观设计。

综上所述，本案专利与其申请日前授权公告的外观设计专利相近似，即已有与其相近似的外观设计在出版物上在先公开发表过，因此，本案专利不符合《专利法》第二十三条的规定。

鉴于上述已得出本案专利不符合《专利法》第二十三条规定的结论，本决定对欧迪斯公司、宝达公司提出的其他理由和证据不作评述。

基于上述理由，专利复审委员会做出第8792号决定，宣告本案专利权无效。

原告吴顺清不服该决定，在法定期限内向本院提起诉讼，认为第8792号决定认定事实错误，适用法律不当，应予撤销，其理由为：1. 本案专利与在先设计的形状不相同也不相近似，方砖和长条砖不会对普通消费者造成混淆，被告专利复审委员会用矩形这一上位概念将正方形和长方形这两个不同的形状说成近似是错误的，一个长为宽两倍的长方形和另一个正方形在形状上绝对不相同，也不相近似；2. 第8792号决定认定本案专利和在先设计的使用状态是错误的；3. 本案专利与在先设计的图案不相近似，本案专利的单元格均为长条格，在先设计均为方格；本案专利是"二三二"三排设计，在先设计为"二三二三"四排设计，二者连续铺贴后视觉效果不同，本案专利连续铺贴后会出现每隔一排即出现两个单元交错的效果，其单元排列是有变化的，呈现花格样式，感觉更加宽松，而在先设计则永远是一一单元交错的效果；本案专利是对称图形，在先设计是不对称图形。

被告专利复审委员会辩称：1. 本案专利和在先设计所示单片瓷砖相比较，其整体视觉效果明显相近似；2. 本案专利与在先设计瓷砖镶贴于建筑表面的使用状态下，其整体视觉效果更加相近似。因此，第8792号决定认定事实清楚，适用法律正确，审查程序合法，请求人民法院予以维持。

第三人欧迪斯公司和宝达公司均同意被告专利复审委员会做出的第8792号决定。

经审理查明：

本案涉及的争议专利系名称为"瓷砖（条形石）"的第00342286.0号外观设计专利（即本案专利），其申请日为2000年10月30日，授权公告日为2001年6月20日，专利权人为吴顺清。

2006年1月10日、2006年4月17日、2006年8月14日，欧迪斯公司针对本案专利数次向专利复审委员会提出无效宣告请求，其无效理由均包括本案专利不符合《专利法》第二十三条的规定，且都提交了在先设计作为证据。欧迪斯公司认为本案专利与在先设计相比较，在先设计所示地板砖形状和由各单元长方形组成的几何图案与本案专利所示瓷砖几乎完全相同,而本案专利各单元长方形表面的纵向不规则凹凸花纹不是其主要特征,一般消费者足以对二者造成混淆,二者属于相近似的外观设计。对此,吴顺清数次提交意见陈述书,认为本案专利与在先设计产品形状完全不同,在图案设计上二者虽均为长方形单元组成,但排列方式完全不同,本案专利为纵向三排的"二三二三"排列,含三块单元的行其旁边两块单元为正方形;本案专利每块长方形单元的四角均为弧状倒角,而在先设计相应均为直角;本案专利每块长方形单元的表面均有明显的竖状条纹,而在先设计相应为光滑平面;因此,二者属于不相同且不相近似的外观设计,欧迪斯公司的无效宣告请求理由不能成立。

2006年4月29日,宝达公司针对本案专利向专利复审委员会提出无效宣告请求,其提交的证据包括在先设计。宝达公司认为,本案专利与在先设计的外观差别仅在于所示瓷砖单元图案有三排和四排不同,但二者采用的分割单元方式及手法是相同的,本案专利在产品表面有凹凸不平的流水纹,其属本专业上的惯常设计,该凹凸不平的流水纹也在所提交的另一篇外观专利文献中被完全公开,因此,本案专利与在先设计相近似,其不符合《专利法》第二十三条的规定。2006年7月27日,吴顺清提交意见陈述书,认为本案专利与在先设计形状和图案的排列方式完全不同,其属于不相近似的外观设计。

2006年10月16日,专利复审委员会进行了口头审理。

2006年11月14日,专利复审委员会做出第8792号决定。

另查:本案专利包括主视图和立体图,省略其他视图。所示瓷砖为长方形薄片,瓷砖正面有纵向、横向仿砌缝凹槽,形成多块方形、长方形单元交错拼贴效果,具体为三排,由上至下长方形单元分别为二、三、二数量,每个长方形单元表面均有不规则竖向纹理。(详见附图。)

在先设计包括主视图、俯视图、仰视图和左视图,所示地板砖为近似正方形薄片,正面有纵向、横向仿砌缝凹槽,形成多块方形、长方形单元交错拼贴效果,具体为四排,由上至下方形、长方形单元分别为二、三、二、三数量。(详见附图。)

上述事实,有本案专利授权文本、第8792号决定、在先设计及当事人的陈述等证据在案佐证。

本院认为:

本案的焦点问题是本案专利与在先设计是否属于相近似的外观设计。

将本案专利与在先设计相比较,二者均为地板砖,是同类产品。二者正面均有纵向、横向仿砌缝凹槽,均有长方形交错拼贴单元,交错拼贴的长短单元的比例均为2∶1;二者的不同之处在于,前者为长方形薄片设计,后者为近似正方形薄片设计;前者表面的交错单元为长方形,后者为长方形和近似正方形;前者为"二、三、二"三排设计,后者为"二、三、二、三"四排设计;后者表面有不规则竖向纹理,前者没有;前者的仿砌缝凹槽截面形状为近似圆弧槽,后者的仿砌缝凹槽截面形状为矩形槽。因为地砖类产品形状通常为方砖或者条形砖,故一般消费者对方砖和条形砖不会产生混淆和误认。在先设计为近似正方形,而本案专利为明显的长方形,故二者形状不相近似。并且,本案专利虽然仅省略在先设计的一排设计,但是,该差异导致二者的整体形状及交错单元的排数明显不同,一般消费者对二者的整体视觉印象自然不会相同。特别是铺贴在建筑物表面的使用状态下,本案专利无论采用何种常用的地砖铺贴法,均存在"二排相同单元排列、一排交错单元排列、二排相同单元排列"的铺贴效果,而在先设计始终为交错单元排列,不会出现二排相同单元排列的铺贴效果,一般消费者对二者的整体视觉效果存在显著的差异,因此,本案专利与在先设计属于不相近似的外观设计。专利复审委员会认定二者属于相近似的外观设计,认定事实不清,适用法律错误,本院予以纠正。鉴于第8792号决定对欧迪斯公司和宝达公司的其他无效理由和证据未作评述,故专利复审委员会应当在进一步认定事实的基础上予以判定。

综上所述，被告专利复审委员会的第8792号决定认定事实不清，适用法律法规错误，应予撤销。依照《中华人民共和国行政诉讼法》第五十四条第（二）项之规定，判决如下：

一、撤销被告国家知识产权局专利复审委员会作出的第8792号无效宣告请求审查决定。

二、被告国家知识产权局专利复审委员会针对第三人晋江市欧迪斯陶瓷有限公司和第三人福建省晋江宝达陶瓷有限公司就第00342286.0号外观设计专利提出的无效宣告请求重新作出决定。案件受理费1000元，由被告国家知识产权局专利复审委员会负担（本判决生效起7日内交纳）。

如不服本判决，各方当事人可于本判决送达之日起15日内，向本院提交上诉状及其副本，并交纳上诉案件受理费100元，上诉于北京市高级人民法院。

审　判　长　彭文毅
代理审判员　江建中
人民陪审员　马晓亚
二〇〇七年九月十五日
书　记　员　瞿文伟

主视图

立体图

本专利

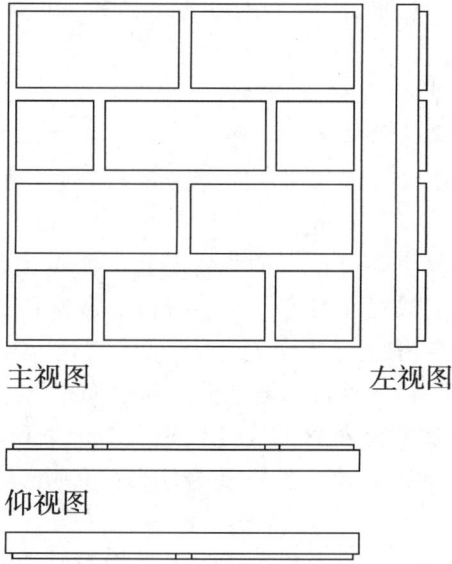

主视图　　　　　左视图

仰视图

俯视图

在先设计

73

北京市高级人民法院
行政判决书

(2008) 高行终字第 27 号

上诉人（原审被告）国家知识产权局专利复审委员会，住所地北京市海淀区北四环西路 9 号银谷大厦 10~12 层。

法定代表人廖涛，副主任。

委托代理人徐清平，该委员会审查员。

委托代理人杨存吉，该委员会审查员。

被上诉人（原审原告）吴顺清，男，汉族，1971 年 7 月 10 日出生，住福建省晋江市磁灶镇磁灶石埕路 18 号。

委托代理人叶勇，北京市汉卓律师事务所律师。

委托代理人刘翠，北京市汉卓律师事务所律师。

原审第三人晋江市欧迪斯陶瓷有限公司，住所地福建省晋江市磁灶瑶琼后坑。

法定代表人张振华，董事长。

委托代理人谢志宏，福建闽荣律师事务所律师。

委托代理人李色阳，福建闽荣律师事务所律师。

原审第三人福建市晋江宝达陶瓷有限公司，住所地福建省晋江市内坑湖内。

法定代表人刘松碧。

上诉人国家知识产权局专利复审委员会（简称专利复审委员会）因外观设计专利权无效行政纠纷一案，不服北京市第一中级人民法院（2007）一中行初字第 211 号行政判决，与本院提起上诉，本院 2007 年 12 月 27 日受理本案后，依法组成合议庭，于 2008 年 1 月 14 日公开开庭进行了审理。上诉人专利复审委员会的委托人徐清平、杨存吉，被上诉人吴顺清的委托人叶勇、刘翠，原审第三人晋江市欧迪斯陶瓷有限公司（简称欧迪斯公司）的委托代理人李色阳到庭参加了诉讼。原审第三人福建省晋江宝达陶瓷有限公司（简称宝达公司）经本院合法传票传唤，无正当理由未到庭。本案现已审理终结。

北京市第一中级人民法院认定，吴顺清是"瓷砖（条形石）"外观设计专利（简称本专利）的专利权人。欧迪斯公司分别于 2006 年 1 月 10 日、4 月 17 日及 8 月 14 日、宝达公司于 2006 年 4 月 29 日以本专利不符合《专利法》第二十三条的规定为由，向专利复审委员会提出宣告本专利权无效的请求。专利复审委员会经审查，于 2006 年 11 月 14 日作出第 8792 号无效宣告请求审查决定（简称第 8792 号无效决定），宣告本专利无效。

北京市第一中级人民法院认为，本专利与在先设计相比在形状、交错拼贴单元的排列方式和排数、瓷砖表面的纹理等方面存在不同。本专利与在先设计不属于近似的外观设计。

北京市第一中级人民法院依据《中华人民共和国行政诉讼法》第五十四条第（二）项的规定，判决：（一）撤销专利复审委员会作出的第 8792 号无效决定；（二）专利复审委员会针对欧迪斯公司和宝达公司就本专利提出的无效宣告请求重新作出决定。

专利复审委员会不服一审判决，向本院提起诉讼。理由是：本专利与在先设计所示单片瓷砖整体视觉效果明显相近似；在将本专利与在先设计瓷砖镶贴于墙面等建筑表面的使用状态下，其整体视觉效果更加相近似。请求依法撤销一审判决；维持专利复查审委员会作出的第 8792 号无效决定；判令吴顺清承担一、二审诉讼费用。

吴顺清、欧迪斯公司、宝达公司服从一审判决。

经审理查明，本专利是名称为"瓷砖（条形石）"的外观设计专利，专利号是 00342286.0 号。本专利申请日为 2000 年 10 月 30 日。于 2001 年 6 月 20 日由国家知识产权局公告授权，专利权人为吴顺清。本专利包括主视图和立体图（见本判决书附图 1），省略其他视图。

欧迪斯公司分别于 2006 年 1 月 10 日、2006 年 4 月 17 日、2006 年 8 月 14 日，3 次向专利复审委员会提出宣告本专利权无效的请求。其理由是：本专利不符合《专利法》第二十三条的规定。本专利与在先设计相比较，在先设计所示地板砖形状和由各单元长方形组成的几何图案与本专利所示瓷砖几乎完全相同，而本专利各单元长方形表面的纵向不规则凹凸花纹不是其主要特征，一般消费者足以对二者造成混淆，二者属于相近似的外观设计。

2006 年 4 月 29 日，宝达公司向专利复审委员会提出宣告本专利权无效的请求。其理由是：本专利与在先设计的外观差别仅在于所示瓷砖单元图案有三排和四排不同，但二者采用的分割单元方式及手法是相同的，本专利在严品表面有凹凸不平的流水纹，其属本专业上上的惯常设计，该凹凸不平的流水水纹也在所提交的另一篇外观专利文献中被完全公开，因此，本专利与在先设计相近似，不符合《专利法》第二十三条的规定。

欧迪斯公司、宝达公司均向专利复审委员会提交了证据，其中，欧迪斯公司提交的附件 1-1、附件 1-5、附件 1-8 及宝达公司提交的附件 2-1 均涉及 97313393.7 号外观设计专利的著录项目和外观设计图片，包括主视图、俯视图、仰视图和左视图（见本判决书附图 2），所示该专利公告日为 1998 年 7 月 8 日，使用外观设计的产品名称为"地板砖"（简称在先设计）。

吴顺清针对欧迪斯公司提出的宣告本专利权无效的请求，数次向专利复审委员会提交意见陈述书。吴顺清主张：本专利与在先设计产品形状完全不同，在图案设计上二者虽均为长方形单元组成，但排列方式完全不同，本专利为纵向三排的"二三二三"排列，含三块单元的行其旁边两块单元为正方形；本专利每块长方形单元的四角均为弧状倒角，而在先设计相应均为直角；本专利每块长方形单元的表面均有明显的竖状条纹，而在先设计相应为光滑平面；因此，二者属于不相同且不相近似的外观设计，欧迪斯公司的无效宣告请求理由不能成立。

针对宝达公司提出的宣告本专利权无效的请求，吴顺清向专利复审委员会提交意见陈述书，主张：本专利与在先设计形状和图案的排列方式完全不同，其属于不相近似的外观设计。

专利复审委员会决定将欧迪斯公司、宝达公司针对本专利提出的无效宣告请求合并审理，并分别向欧迪斯公司、宝达公司、吴顺清发出口头审理通知书。2006 年 10 月 16 日，专利复审委员会就欧迪斯公司、宝达公司针对本专利提出的无效宣告请求进行了口头审理。欧迪斯公司、宝达公司、吴顺清均参加了此次口头审理。

专利复审委员会经审查，于 2006 年 11 月 14 日作出第 8792 号无效决定，宣告本专利权全部无效。专利复审委员会认为：欧迪斯公司和宝达公司提出的无效宣告请求理由包括本专利不符合《专利法》第九条、第二十三条的规定，故专利复审委员会首先对本专利是否符合《专利法》第二十三条的规定进行审查。

欧迪斯公司提交的附件 1-1、附件 1-5、附件 1-8 及宝达公司提交的附件 2-1 经核实内容属实，确系本专利申请日之前公开发表的外观设计，可适用《专利法》第二十条的规定作为本案的证据。

在先设计为"地板砖"的外观设计。本专利使用外观设计的新产品为"瓷砖"，从二者用途考虑，瓷砖和地板砖一般均用于墙面、地面等建筑表面作饰面使用，瓷砖亦可作为地板砖使用，即二者具有相同的用途，属相同种类的产品。将本专利与在先设计相比较，二者均为矩形薄片设计，正面有取向，横向仿砌缝凹槽，均有长方形交错拼贴单元，其交错单元改排列方式相同。二者不同之处主要在于：整体形状上分别为长方形和近似正方形；交错单元上本专利均为长方形，在先设计还包括方形单元；本专利为三排设计，而在先设计为四排设计；在先设计无本专利所示竖向条纹；二者的仿砌缝凹槽截面形状分别为近似圆弧槽和矩形槽。

本专利和在先设计所示的瓷砖、地板砖分别采用长方形、正方形薄片形状，其虽有不同，但仍属相近似的矩形薄片，亦属该类产品相近似的惯常形状设计。二者在交错单元排列数量上，虽有三排和四排之别，但其单元排列在横向和纵向的连续方式完全相同，且本专利已表达了完整的单元连续方式，其不同仅仅是较在先设计省略了一排连续单元；在交错单元上虽有部分单元为近似正方形和长方形之别，但二者仍为相近似的矩形单元，而且二者长、短单元的长度比例是相同的，均为2：1，故近述差异对整体交错排列效果影响甚微。特别是存镶贴于建筑表面的使用状态下，二者的整体形状交错单元的排数在整体视觉效果中不易被观察到，单元形状的差异亦容易被一般消费者所忽略。对于二者的仿砌缝凹槽的截面形状不同，其明显属于局部的细微差异，对整体视觉效果不具影响。对于本专利瓷砖正面的竖向纹理，其在视觉效果上为常见的不规则自然纹理，特别是陶砖、仿石砖表面的常见纹理设计，在此情况下，本专利与在先设计所示瓷砖或地板砖作为矩形薄片砖均采用纵向、横向仿砌缝凹槽设计，所形成的长方形或方形单元具明显立体凹凸的交错拼贴效果，其更具醒目视觉效果，而二者有无上述纹理设计对整体视觉效果不具显著影响，因此，二者属于相近似的外的设计。

综上所述，本专利与其申请日前授权公告的外观设计专利相近似，即已有与其相近似的外观设计在出版物上在先公开发表过，因此，本专利不符合《专利法》第二十三条规定。

鉴于上述已得出本专利不符合《专利法》第二十三规定的结论，本决定对欧迪斯公司、宝达公司提出的其他理由和证据不作评述。

基于以上理由。专利复审委员会作出第8792号无效决定。

吴顺清不服专利复审委员会作出的第8792号无效决定，在法定期限内向一审法院提起诉讼。

以上事实，有本专利文件、第8792号无效决定、第97313393.7号外观设计专利相关文件及当事人陈述等证据在案佐证。

本院认为，授予专利权的外观设计，应当同申请日以前在国内外出版物上公开发表过或者国内公开使用过的外观设计不相同和不相近似，并不得与他人在先取得的合法权利相冲突。

本案中，本专利与在先设计均为薄片设计的地板砖，正面均有纵向、横向仿砌缝凹槽；均有长方形交错拼贴单元，其交错单元的排列方式相同。本专利与在先设计相比较，二者不同之处主要在于：整体形状上分别为长方形和近似正方形；交错拼贴单元上本专利均为长方形，在先设计还包括方形单元；本专利交错拼贴单元排列为三排设计，而在先设计交错拼贴单元排列为四排设计；在先设计无本专利所示竖向条纹；二者的仿砌缝凹槽截面形状分别为近似圆弧槽和矩形槽。

地板砖类产品形状通常为方砖或者条形砖，因此，一般消费者对正方形砖和长方形砖不会产生混淆和误认。本专利与在先设计从形状上比较，在先设计为近似正方形，本专利为长方形，二者形状不相近似。本专利与在先设计相比减小了一排交错拼贴单元的设计，但是，该差异导致二者的整体形状及交错拼贴单元的排数明显不同，一般消费者所感受到的本专利在先设计的视觉效果不相同也不相近似。将本专利与在先设计在使用状态下，即连续铺贴在建筑物表面时进行比较，由于本专利在先设计存在的上述不同，故本专利铺贴的视觉效果，与在先设计铺贴的视觉效果，从一般消费者的角度，二者存在显著的差异。本专利与在先设计相比不相同也不相近似。专利复审委员会在第8792号无效决定中关于本专利与在先设计相比属于相近似的外观设计的认定，属于认定事实不清，其适用法律也是错误的。由于第 8792 号无效决定对欧迪斯公司和宝达公司的其他无效理由和证据未作评述，因此，专利复审委员会应当在进一步认定事实的基础上予以判定。

专利复审委员会的上诉理由不能成立，其上诉请求本院不予支持。

综上，一审判决认定事实清楚，适用法律正确。依据《中华人民共和国行政诉讼法》第六十一条第（一）项的规定，判决如下：

驳回上诉，维持原判。

一审案件受理费 1000 元，由国家知识产权局专利复审委员会负担（自本判决生效之日起 7 日内交纳）；二审案件受理费 100 元，由国家知识产权局专利复审委员会负担（已交纳）。

本判决为终审判决。

审　判　长　刘　辉
代理审判员　岑宏宇
代理审判员　张冬梅
二〇〇八年三月六日
书　记　员　耿巍巍

主视图

立体图

附图1：本专利

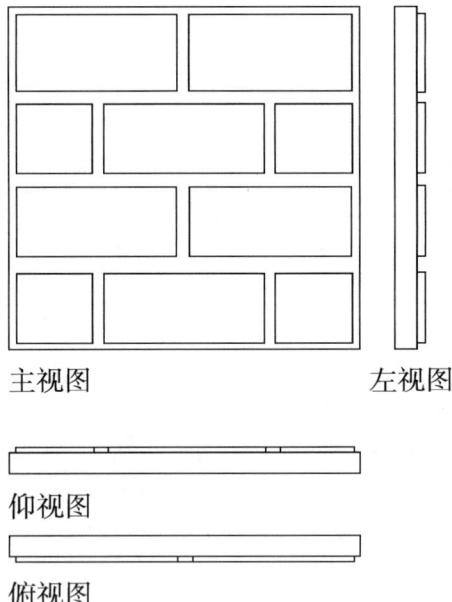

附图2：在先设计

搅拌机（BL-747）

无效宣告请求审查决定（第 8797 号）

决 定 号	第 8797 号
决 定 日	2006 年 10 月 27 日
发明创造名称	搅拌机（BL-747）
外观设计分类	31-00
无效宣告请求人	佛山市顺德区巨天电器有限公司
专 利 权 人	贺 颖
专 利 号	03322962.7
申 请 日	2003 年 4 月 18 日
授 权 公 告 日	2003 年 11 月 26 日
合议组组长	张雪飞
主 审 员	郑 直
参 审 员	张 琳
附 图	2 页
法 律 依 据	专利法第 23 条

决 定 要 点

在申请日前已有与本专利相似的外观设计在公开出版物上发表，因此本专利不符合专利法第 23 条的规定。

一、案由

本无效宣告请求涉及国家知识产权局于 2003 年 11 月 26 日授权公告、申请日为 2003 年 4 月 18 日、名称为"搅拌机（BL-747）"的第 03322962.7 号外观设计专利（下称本专利），专利权人贺颖。

2005 年 12 月 21 日，佛山市顺德区巨天电器有限公司（下称请求人）针对本专利向专利复审委员会提出无效宣告请求，并提交了以下附件作为证据：

附件 1：《慧聪商情广告》2003 年第 1 月讯复印件 3 页；
附件 2：《慧聪商情广告》2003 年第 2 月讯复印件 4 页；
附件 3：《慧聪商情广告》2003 年第 3 月讯复印件 3 页；
附件 4：《慧聪商情广告》2003 年第 4 月讯复印件 2 页。

请求人请求宣告无效的理由是：本专利由上下两部分组成，上部为一个带盖和手柄的杯状容器，其开口较大，沿杯身从上往下渐渐缩小，形成上大而下部略小的外形，与杯身相对的一侧杯口略突出；下部为近似锥台状的支撑台，侧面呈弧形，其高度略小于上部的杯状容器，台身的一面带有一个旋钮。对比文献为公开发行的《慧聪商情广告》2003年第1、2、3、4月讯，其发行日期均早于2003年4月18日，上述文献中均公开有与本专利外观设计非常类似的搅拌机，如对比文件1所公开的SG300-B2多功能搅拌机，与本专利相比，除杯状容器的外形在细部有很小的不同外，上述专利的大部分特征均一致，从整体上比较，两者属于相近似的外观设计。其他的对比资料也与本专利的特征基本一致，根据专利法第23条的规定，应当宣告本专利无效。

经形式审查合格以后，专利复审委员会予以受理，于2005年12月22日向双方当事人发出了无效宣告请求受理通知书，并将无效宣告请求书及其附件清单所列附件的副本转送给专利权人，要求专利权人于指定期限内陈述意见。

专利权人于2006年1月26日提交了意见陈述书，其中将本专利与《慧聪商情广告》2003年第1、2、3、4月讯中的型号分别为SG300-B2、AD-333H、SS250-A3、SS-260、康甜搅拌器、JST300E以及GO-5003B的搅拌机分别进行了比较，认为本专利与对比文件中所列的几款产品均存在显著区别，通过对本专利与在先设计的整体观察，可以发现其差别对产品的整体视觉效果具有显著的影响，因此本专利与在先外观设计既不相同也不相近似，应予维持。

专利复审委员会依法成立合议组，于2006年7月21日向双方当事人发出了无效宣告请求口头审理通知书，定于2006年8月29日进行口头审理，并随口头审理通知书将专利权人于2006年1月26日提交的意见陈述书转送给请求人。

2006年8月15日，专利权人提交了无效宣告请求口头审理通知书回执，表示不能参加口头审理，但是寄送了BL-747型搅拌机实物，同时向专利复审委员会寄送了由广东德尔电器有限公司盖章的以下资料：

(1) 复审无效程序中意见陈述书；
(2) 本专利授权公告（复印件）；
(3) 搅拌机（BL-747）外观设计专利证书（复印件）；
(4) 本专利实施授权书（复印件）；
(5) 顺德巨天电器有限公司侵权证据（影印7张）；
(6) 起诉状（德尔诉巨天公司侵权）；
(7) 佛山市中级法院民事裁定书（复印件）；
(8) 上诉书（德尔向省高院上诉巨天公司侵权）；
(9) 广东省高院受理德尔公司上诉资料凭证（复印件）；
(10) 公司董事身份证明书；
(11) 广东德尔电器公司情况介绍；
(12) 广东德尔电器公司近4年对外宣传资料（每年均有BL-747产品）；
(13) 广东德尔电器有限公司营业执照（复印件）；
(14) 法人代表身份证明书。

口头审理如期举行，请求人出席了口头审理，声明对合议组成员无回避请求，并当庭提交了《慧聪商情广告》2003年第1、2、3月讯的原件。请求人坚持其原有观点，并将《慧聪商情广告》2003年2月讯"好妈咪"电器型号为SS250-A3的搅拌机作为最有代表性的在先设计，认为本专利与其相比仅仅是下面支撑台的形状略微不同，旋钮的设计也有一些细微差错，因此该在先设计与本专利相近似，本专利不符合专利法第23条的规定。

2006年8月29日，专利复审委员会向专利权人发出合议组成员告知通知书。专利权人期满未对合议组成员提出回避请求。

在此基础上，合议组认为双方已经充分陈述了意见，可以依法作出审查决定。

二、决定的理由

1. 法律依据

基于请求人提出的无效宣告请求的理由，合议组依据专利法第23条的规定进行审理。

专利法第23条规定：授予专利权的外观设计，应当同申请日以前在国内外出版物上公开发表过或者国内公开使用过的外观设计不相同和不相近似，并不得与他人在先取得的合法权利相冲突。

2. 关于证据

请求人在口头审理中提交了《慧聪商情广告》2003年第1、2、3月讯的原件，其上明确记载了承办单位为广州市慧聪广告有限公司，广告许可证号为穗临广登字（2002）第788号，根据上述信息，认定其属于专利法第23条规定的公开出版物，合议组对其真实性予以认可，并且合议组核实了2003年1月讯中公开的SG300-B2多功能搅拌器三合一、AD-333H、2003年2月讯中公开的SS250-A3、康甜搅拌器、2003年3月讯中公开的JST300E（三合一E）、GO-5003B的复印件与原件一致。

《慧聪商情广告》2003年第1、2、3月讯的公开日均早于本专利的申请日，因此其公开内容可以作为在先设计使用。在本决定中仅选择《慧聪商情广告》2003年2月讯广告彩页中公开的SS250-A3作为在先设计与本专利相比较。

3. 关于专利法第23条

本专利与在先设计均为搅拌器的外观设计，用途相同，属于相同种类的产品，可以进行如下相近似性对比：

本专利由上下两部分组成，上部为一个带盖和手柄的杯状容器，其开口较大，沿杯身从上往下逐渐缩小，形成上大而下部略小的外形，与手柄相对的一侧杯口略突出；下部为近似锥台状的支撑台，其侧面呈弧形，台身的一面带有一个旋钮。（详见本专利附图）

在先设计的上部为一个带盖和手柄的杯状容器，开口较大，沿杯身从上往下逐渐缩小，形成上大而下部略小的外形；下部为近似锥台状的支撑台，其侧面呈弧形，台身的一面带有一个旋钮。（详见在先设计附图）

本专利与在先设计相比，其区别在于：第一，手柄的形状不同，尽管它们的手柄位置都与杯身的上下边缘具有一定的距离，并且都是上端窄，下端宽，但是本专利的手柄更为圆滑，而在先设计的手柄相对有些生硬；第二，本专利的杯盖顶部具有一突出部分，而在先设计的杯盖没有；第三，在先设计的支撑台上具有一些条纹设计，本专利没有。通过对两个外观设计的整体观察，上述区别仅在于局部的细微变化，这些细微的差别对于搅拌机的整体视觉效果不足以产生显著的影响，二者无论是在整体形状还是在主要部件的形状和连接等方面均采用了相同或者相近似的设计，导致二者产生了相近似的整体视觉效果，因此二者应属于相近似的外观设计。

综上所述，在本专利申请日以前已有与其相近似的外观设计在出版物上公开发表过，本专利不符合专利法第23条的规定。鉴于上述本专利与在先设计的比较判断已得出了本专利不符合专利法第23条所规定的授权条件的结论，本决定对请求人提交的其他证据不再作出评述。

对于专利权人于2006年8月15日提交的涉及侵权程序和本专利实施情况的材料，由于上述材料均与本案涉及的出版物公开和相近似判断的认定无关，因此均不适用于本案。

三、决定

宣告 03322962.7 号外观设计专利权全部无效。

当事人对本决定不服的，可以根据专利法第 46 条第 2 款的规定，自收到本决定之日起三个月内向北京市第一中级人民法院起诉。根据该款的规定，一方当事人起诉后，另一方当事人应当作为第三人参加诉讼。

主视图

立体图

右视图

后视图

使用状态参考图

本专利附图

MODEL NO.:SS250-A3

在先设计图

床（汉斯）

无效宣告请求审查决定（第 8799 号）

决　定　号	第 8799 号
决　定　日	2006 年 11 月 16 日
发明创造名称	床（汉斯）
外观设计分类号	06-01
无效宣告请求人	姜少梅
专　利　权　人	山东今日家居发展有限公司
专　利　号	03350994.8
申　请　日	2003 年 8 月 15 日
授权公告日	2004 年 3 月 24 日
合议组组长	吴赤兵
主　审　员	李巍巍
参　审　员	王霞军
附　　　图	2 页

法　律　依　据　专利法第 23 条

决　定　要　点

本专利与在先设计相比，二者在床头和床尾的形状上均存在着明显不同，其不同点对整体视觉效果具有显著的影响。一般消费者不易将其误认、混同。因此，本专利与在先设计属于不相同也不相近似的外观设计。

一、案由

本无效宣告请求涉及的是国家知识产权局于 2004 年 3 月 24 日授权公告的 03350994.8 号外观设计专利，其产品名称是"床（汉斯）"，申请日是 2003 年 8 月 15 日，专利权人是山东今日家居发展有限公司。

针对上述外观设计专利权（下称本专利），姜少梅（下称请求人）于 2006 年 3 月 9 日向专利复审委员会提出无效宣告请求，其事实和理由是：本专利外观设计是一种形状设计，这种形状是本领域普遍采用的形状，其床头、床头与床体的结合是公知技术，故本专利不符合专利法第 23 条的规定。同时，请求人提交了如下附件作为证据：

附件 1 是《HOME & decor》January/2000 封面和相关页复印件 2 页。

经专利复审委员会形式审查合格后，受理了该无效宣告请求，并于 2006 年 3 月 13 日将无效宣告请求书和证据的副本转送给专利权人，限其在指定的期限内答复。并告知专利权人如逾期不答复，不影响专利复审委员会的审理。

2006年4月5日请求人补交提交了意见陈述书和证据，认为89301095.2号外观设计中的沙发床使用状态参考图中的产品与本专利相近似。同时递交了该外观设计专利公报（编号续前）：

附件2是89301095.2号外观设计专利公报复印件1页。

专利权人于2006年4月24日针对无效宣告请求的理由进行意见陈述，认为：附件1的真实性和关联性无法认定，且其并未给出形状与本专利外观设计相同或相近似的"床"，故应当维持本专利有效。

专利复审委员会于2006年9月6日向双方当事人发出《合议组成员告知通知书》，指出如对本案合议组人员有回避请求的，请于收到本通知之日起7天内提交书面请求书，逾期未答复，视为无回避请求。同日将请求人2006年4月5日提交的补充证据转送给专利权人，将专利权人2006年4月24日提交的意见陈述书转送给请求人。同日还向双方当事人发出《无效宣告请求口头审理通知书》，定于2006年10月24日在专利复审委员会进行口头审理。

专利复审委员会于2006年10月8日收到专利权人的意见陈述书，专利权人针对无效宣告请求的理由进行意见陈述，认为：请求人提交的附件2是"多功能沙发"与本专利"床"不属于相同种类的产品，且从各视图观察，其形状与本专利既不相同也不相近似，应依法驳回其无效宣告请求。

经双方当事人同意，口头审理改在2006年10月23日下午举行，双方均派代表出席。在口头审理前合议组将2006年10月8日收到的专利权人提交的意见陈述书转送给请求人。在口头审理过程中，请求人当庭声明放弃附件1作为宣告本专利无效的证据，保留附件2作为本案的证据。在口头审理过程中，专利权人对附件2的真实性无异议，但认为其与本专利既不相同也不相近似，双方均坚持其原有主张。

口头审理结束后，合议组给双方当事人3天的和解期限，在该期限内合议组未收到有关双方当事人达成和解的意见陈述。

在以上审理的基础上，本案合议组经合议，认为本案事实清楚，依法作出本审查决定。

二、决定的理由

（1）根据请求人提出的无效宣告请求的理由和提交的证据，本案合议组依据专利法第23条的规定对本案进行审理。

专利法第23条规定："授予专利权的外观设计，应当同申请日以前在国内外出版物上公开发表过或者国内公开使用过的外观设计不相同和不相近似，并不得与他人在先取得的合法权利相冲突。"

（2）请求人提交的附件2是89301095.2号外观设计专利公报复印件，对此，本合议组进行了核实，该复印件与原件相符，其真实性可以确定。该专利的申请日是1989年5月9日，授权公告日是1990年7月11日，授权公告号是CN30059768，名称为"多功能沙发"。其授权公告日早于本专利申请日（2003年8月15日），属于专利法第23条所述出版物，该在先设计与本专利属于同一类别的产品，可以作为本案的证据（下称在先设计）。

（3）本专利包括6幅视图，即主视图、左视图、右视图、俯视图、未加床饰的使用状态图、带有床饰的使用状态参考图，简要说明记载：本外观设计的主视图与后视图对称，省略后视图；仰视图为不常见部位视图，无设计要点，故省略。从各视图观察，本专利整体形状大致为长方体，床头、床尾和床体组合后其形状大致呈"元宝"形，其床头和床尾上下端均为圆弧过渡，床头大于床尾，床体下部有支垫，床垫由两长方体组成。（详见本专利附图。）

在先设计包括7幅视图，即主视图、后视图、右视图、俯视图、沙发床使用状态参考图、藏物箱使用状态参考图、沙发使用状态参考图，简要说明中记载：①沙发左视图与右视图相同，省略左视图。省略仰视图。②沙发靠背与沙发座之间角度可变。从沙发床使用状态参考图看，在先设计沙发床大致呈"元宝"形，其床头和床尾上端为圆弧过渡，下端为直角，床头和床尾大的大小相同（从主视图看，其沙发扶手的形状相同，沙发扶手既为床头和床尾），床体下部有支垫，床垫由沙发靠背和沙发座垫组成。（详见在先设计附图。）

当在先设计处于沙发床状时，将本专利与在先设计相比较，二者的相同点是：本专利与在先设计的整体形状均大致呈"元宝"形；床头和床尾上端为圆弧过渡。二者之间存在的不同点是：床头和床尾的大小不同，本专利床头大于床尾，在先设计床头与床尾大小相等；床头和床尾的形状不同，本专利下端为圆弧过渡，在先设计下端为直角。合议组认为，二者在床头和床尾的形状上均存在着明显不同，其不同点对整体视觉效果具有显著的影响。一般消费者不会将其误认、混同。因此，本专利与在先设计属于不相同也不相近似的外观设计。

（4）综上所述，请求人提交的证据均不足以证明本专利不符合专利法第 23 条的规定，故其以此为由请求宣告本专利权无效的主张不能成立。

（5）请求人有责任向专利复审委员会提交充分的证据，如果其提交的证据均不足以支持其无效宣告的请求理由，应承担其主张不能成立的法律后果。

三、决定

维持 03350994.8 号外观设计专利权有效。

当事人对本决定不服的，可以根据专利法第 46 条第 2 款的规定，自收到本决定之日起三个月内向北京市第一中级人民法院起诉。根据该款的规定，一方当事人起诉后，另一方当事人应当作为第三人参加诉讼。

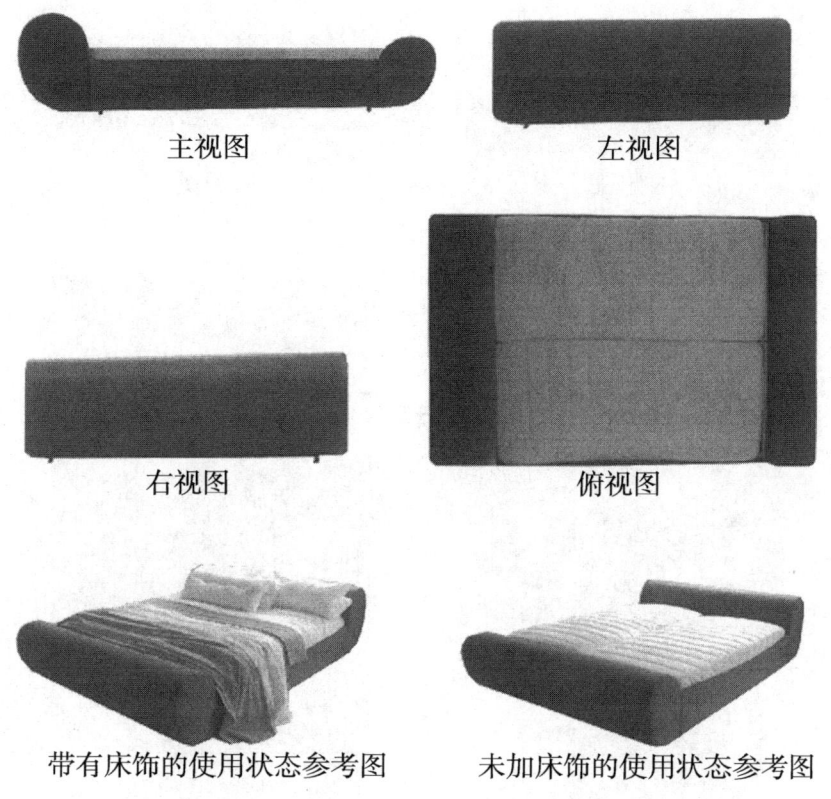

主视图　　　　　　　　左视图

右视图　　　　　　　　俯视图

带有床饰的使用状态参考图　　未加床饰的使用状态参考图

本专利附图

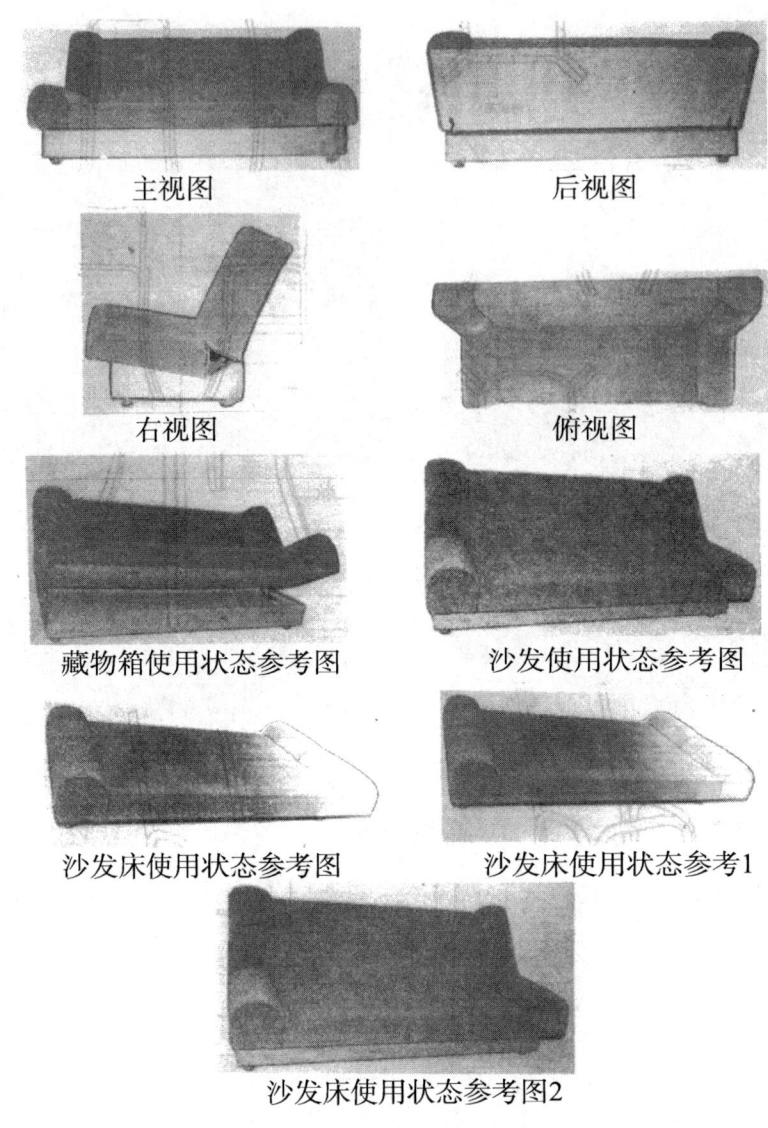

主视图　　　　　后视图

右视图　　　　　俯视图

藏物箱使用状态参考图　　　沙发使用状态参考图

沙发床使用状态参考图　　　沙发床使用状态参考1

沙发床使用状态参考图2

在先设计附图

耳机（CD-610）

无效宣告请求审查决定（第 8800 号）

决　定　号	第 8800 号
决　定　日	2006 年 11 月 16 日
发明创造名称	耳机（CD-610）
外观设计分类号	14-01
无效宣告请求人	博罗县园洲佳禾电子有限公司
专　利　权　人	宏霖电子（深圳）有限公司
专　利　号	01325127.9
申　请　日	2001 年 5 月 15 日
授 权 公 告 日	2001 年 12 月 19 日
合议组组长	张雪飞
主　审　员	李巍巍
参　审　员	钟华
附　　　图	1 页

法　律　依　据 专利法第 23 条

决　定　要　点

本专利与对比文件相比，二者耳机与弧形圆柱连接管与调节杆的连接方式和整体形状均基本相同。因此，本专利不符合专利法第 23 条的规定。

一、案由

本无效宣告请求涉及 2001 年 12 月 19 日国家知识产权局授权公告的 01325127.9 号外观设计专利，其产品名称是"耳机（CD-610）"，申请日是 2001 年 5 月 15 日，专利权人是宏霖电子（深圳）有限公司。

针对上述外观设计专利权（下称本专利），博罗县园洲佳禾电子有限公司（下称请求人）于 2006 年 1 月 14 日向专利复审委员会提出无效宣告请求，请求人认为：附件 2 中第 18、19 页《慧聪商情》杂志 1998 年第十二期（出版发行日期为 1998 年 9 月）中的 CD-610M+VR、CD-610+VR 的耳机产品的外观设计与本专利相近似或者相同；附件 2 中第 20、21 页《慧聪商情》杂志 1999 年第 56 期（出版发行日期为 1999 年 4 月 19 日）中的 CD-610M+VR、CD-610+VR 的耳机产品的外观设计与本专利相近似或者相同；附件 2 中第 22、23 页《工业器材-影音技术与市场》杂志第 22 期（出版发行日期为 1998 年 10 月 30 日）中的 CD-610M+VR、CD-610+VR 的耳机产品的外观设计与本专利相同；附件2中第24、25页《工业器材-影音技术与市场》杂志第28期（出版发行日期为1998年12月10日）中的CD-610+VR的耳机产品外观设计与本专利相同；附件2中第26-28页《影音技术与市场》杂志专刊第六期（出版发行日期为1999年）中的CD-610M耳机产品外观设计与本专利相近似或者相同；附件2中第57~59页《Electronics Marketplace》杂志1998年10月期（出版发行日期为1998年10月）中的CD-610M、CD-610+VR的耳机产品外观设计与本专利相近似或者相同；附件2中第60-62页《Electronics Marketplace》杂志1998年12月期（出版发行日期为1998年12月）中的CD-610M、CD-610+VR的耳机产品外观设计与本专利相近似或者相同。综上所述，在本专利申请日之前在出版物上已经公开了与本专利相近似或者相同的外观设计，因此，本专利不符合专利法第23条和专利法实施细则第2条第3款关于"新设计"的规定。请求人为支持其无效宣告请求的理由提交了如下附件作为证据：

附件1是本专利外观设计专利公报复印件1页；

附件2是北京市第一中级人民法院调取证据复印件118页；

附件3是授权委托书1页；

附件4是法定代表人身份证明1页；

附件5是法定代表人身份证复印件1页；

附件6是请求人的营业执照复印件1页。

专利复审委员会根据无效宣告请求审查程序的规定受理了该无效宣告请求，并于2006年7月5日将无效宣告请求书和证据的副本转送给专利权人，限其在指定的期限内答复。并告知专利权人如逾期不答复，不影响专利复审委员会的审理。

针对请求人提出的无效宣告请求理由和提交的证据，专利权人至今未作出任何答复。

专利复审委员会于2006年9月11日向双方当事人发出《合议组成员告知通知书》，指出如对本案合议组人员有回避请求的，请于收到本通知之日起7天内提交书面请求书，逾期未答复，视为无回避请求。同日专利复审委员会还向双方当事人发出《无效宣告请求口头审理通知书》，定于2006年11月1日在专利复审委员会进行口头审理。并告知口头审理涉及的主要问题，及无效宣告请求人期满未提交回执，并且不参加口头审理的，其无效宣告请求视为撤回。专利权人不参加口头审理的，可以缺席审理。在规定的期限内双方当事人均未对合议组成员提出回避的请求。

口头审理如期举行，仅请求人一方委托代理人参加了口头审理。在口头审理过程中，请求人当庭提交了附件2的复印件，其上盖有《北京市第一中级人民法院档案材料专用章》的红章，合议组对请求人提交的证据进行了核实。专利权人未参加口头审理也提交口头审理回执。

在以上审理的基础上，本案合议组经合议，认为本案事实清楚，依法作出本审查决定。

二、决定的理由

（1）根据请求人提出的无效宣告请求的理由和提交的证据，本案合议组首先依据专利法第23条的规定对本案进行审理。

专利法第23条规定："授予专利权的外观设计，应当同申请日以前在国内外出版物上公开发表过或者国内公开使用过的外观设计不相同和不相近似，并不得与他人在先取得的合法权利相冲突。"

（2）请求人提交的附件2是北京市第一中级人民法院调取证据复印件，对此，合议组与请求人当庭提交的盖有"北京市第一中级人民法院档案材料专用章"红章的复印件进行了核实，该复印件与盖有红章的复印件中的相关页相符。该证据是本案请求人对专利复审委员会第7013号无效宣告请求审查决定不服、向北京市第一中级人民法院提起行政诉讼时，北京市第一中级人民法院依请求人的申请，前往国家工商行政管理总局商标评审委员会调取证据，其所涉及的证据为专利权人因与本案请求人的其他商标异议案向国家工商行政管理总局商标评审委员会提供的证据，该证据经北京市第一中级人民法院核实复印件与原件相符，且对该证据专利权人既没有提出书面的异议也没有参加本案的口头审理。该附件2中的第22、23页（该页码为请求人自行编排）为《工业器材-影音技术市场》杂志的封面及第32页，其封面记载有《工业器材-影音技术市场》专刊第三期，售价10元，右上角注有"22期、1998.10.30"字样，并有刊号，在经过法院确认且专利权人未提出异议的情况下，合议组对其真实性予以认定。其出版发行日期为1998年10月30日，在本专利申请日（2001年5月15日）之前，属于专利法第23条所述出版物，其上所公开的CD-610+VR耳机产品与本专利属于相同种类产品，可以作为判断与本专利是否相近似的对比文件。

（3）本专利6包括幅视图，即主视图、左视图、俯视图、仰视图、立体图、使用状态参考图，简要说明记载：后视图与主视图对称，省略后视图。右视图与左视图对称，省略右视图。从各视图观察，本专利的耳机为圆形，耳机的外侧有一圆柱形突起，其上有一调节杆，连接两耳机的两根弧形圆柱连接管与一长方形连接后与耳机机罩外侧的调节杆相连。（详见本专利附图。）

对比文件为一立体图图片，从该立体图图片观察，对比文件的耳机为圆形，耳机的外侧有一圆柱形突起，其上有一调节杆，连接两耳机的两根弧形圆柱连接管与一长方形连接后与耳机机罩外侧的调节杆相连。（详见对比文件附图。）

将本专利与对比文件相比，本案合议组认为：二者耳机、弧形圆柱连接管和调节杆的形状，及耳机与弧形圆柱连接管与调节杆的连接方式和整体形状基本相同，以一般消费者作为判断主体来观察二者的外观设计，其细微差别在整体视觉效果上明显不具有显著的影响，因此，二者属于相近似的外观设计。

（4）综上所述，在本专利申请日以前已有与其相近似的外观设计在出版物上公开发表过，本专利不符合专利法第23条的规定。

（5）鉴于上述评价已经得出本专利不符合专利授权条件的结论，本审查决定对请求人提出的其他理由和提交的其他证据不再作出评述。

三、决定

宣告01325127.9号外观设计专利权全部无效。

当事人对本决定不服的，可以根据专利法第46条第2款的规定，自收到本决定之日起三个月内向北京市第一中级人民法院起诉。根据该款的规定，一方当事人起诉后，另一方当事人应当作为第三人参加诉讼。

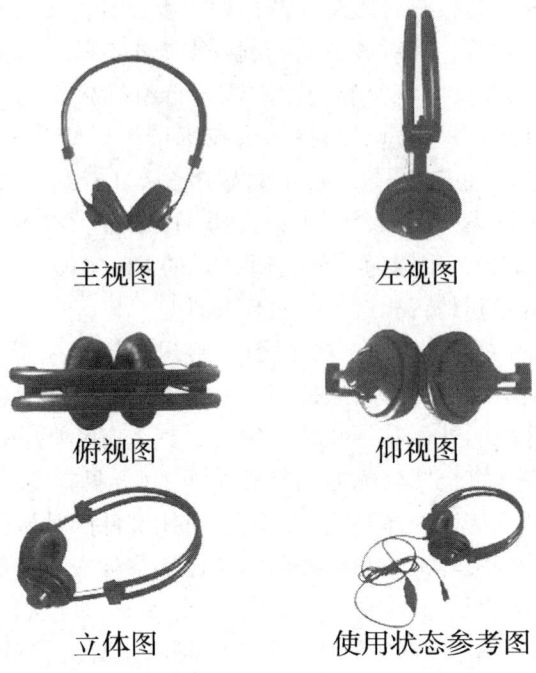

主视图　　　　　左视图

俯视图　　　　　仰视图

立体图　　　　使用状态参考图

本专利附图

对比文件附图

瓦楞坑纸

无效宣告请求审查决定（第 8805 号）

决 定 号	第 8805 号
决 定 日	2006 年 11 月 7 日
发明创造名称	瓦楞坑纸
外观设计分类号	05-06
无效宣告请求人	广东大德特种纸业有限公司
专 利 权 人	谭景文
专 利 号	01354622.8
申 请 日	2001 年 12 月 4 日
授 权 公 告 日	2002 年 12 月 4 日
合 议 组 组 长	崔国振
主 审 员	祝海燕
参 审 员	李金光
附 图	2 页

法 律 依 据 专利法第 23 条

决 定 要 点

本专利外观设计与申请日前公开发表的外观设计相近似，因此，本外观设计专利权的授予不符合专利法第 23 条的规定。

一、案由

本无效宣告请求案涉及国家知识产权局于 2002 年 12 月 4 日公告授予、名称为"瓦楞坑纸"的第 01354622.8 号外观设计专利权（下称本专利），其申请日为 2001 年 12 月 4 日，专利权人为谭景文。

针对上述专利权，广东大德特种纸业有限公司（下称请求人）于 2006 年 3 月 7 日以本专利不符合专利法第 23 条为由向专利复审委员会提出无效宣告请求，同时请求人提交了下述附件作为证据：

附件 1：国家知识产权局专利检索咨询中心出具的"瓦楞坑纸"检索报告一份，委托日期 2005 年 12 月 23 日，复印件共 4 页；

附件 2：第 99317444.2 号中国外观设计专利公报，申请日为 1999 年 12 月 16 日，授权公告日为 2000 年 10 月 25 日，共 1 页；

附件 3：第 01354622.8 号中国外观设计专利公报（即本专利），共 1 页。

依据上述附件请求人的具体理由是：附件 2 中公开的外观设计图形与与本专利的外观图形相近

似，因此本专利的授权不符合专利法第23条的规定。

经形式审查合格后，专利复审委员会受理了上述请求，于2006年5月11日向双方当事人发出《无效宣告请求受理通知书》，并将《专利权无效宣告请求书》及其附件的副本转送给专利权人，要求其在指定的期限内答复，同时成立合议组对本无效宣告请求案进行审理。

专利权人没有针对请求人的无效宣告请求提交意见陈述书。

2006年8月17日，本案合议组向双方当事人发出《合议组成员告知通知书》，告知双方当事人本案合议组成员组成，并告知：如有回避请求，应于收到该通知书七日内提交书面请求并说明理由。

在指定的期限内，请求人和专利权人均没有提出合议组成员的回避请求。

至此，合议组认为本案的事实清楚，可以作出审查决定。

二、决定的理由

1. 关于无效理由

请求人在提出无效宣告请求时明确本案的无效理由是：在本专利申请日以前已有与本专利外观设计相近似的外观设计公开发表，因此本专利不符合专利法第23条的规定。因此，合议组就本专利是否符合专利法第23条的规定进行审查。

2. 关于证据认定

请求人提交的附件2为第99317444.2号中国外观设计专利公报，经核查，合议组对其真实性予以认可。由于附件2的公开日为2000年10月25日，在本专利的申请日之前，且二者均为带有凸凹的波纹纸，属于相同类别的产品，因此可以作为在先设计（下称在先设计）来评价本专利是否符合专利法第23条的规定。

3. 关于专利法第23条

根据专利法第23条的规定，授予专利权的外观设计，应当同申请日以前在国内外出版物上公开发表过或者国内公开使用过的外观设计不相同和不相近似，并不得与他人在先取得的合法权利相冲突。

本专利要求保护的瓦楞坑纸是立体产品，其授权公告文件有主视图、俯视图、右视图、后视图，其中仰视图与俯视图对称，省略仰视图；左视图与右视图对称，省略左视图。其简要说明中明确，本外观设计的设计要点是纸的一面有显"S"状的瓦楞波纹。由各视图和简要说明可知，本专利的瓦楞坑纸一面凸凹起伏，从而在纸的一面形成从上至下贯穿整个面的"S"状的波纹，纸的另一面无凸凹起伏，从而无花纹。

在先设计公开的波纹纸也是立体产品，其授权公告文件有主视图、仰视图、俯视图、右视图、左视图、后视图。其简要说明中明确，本外观设计波纹纸的主要设计要点在于其表面上凸凹起伏的波纹图案。由各视图和简要说明可知，在先设计的瓦楞坑纸也是一面凸凹起伏，从而在纸的一面形成从上至下贯穿整个面的"S"状的波纹，纸的另一面无凸凹起伏，从而无花纹。

将本专利与在先设计相比，在先设计与本专利均为立体纸产品的外观设计，是同一类别的外观设计，并且均为一面凸凹起伏，从而在纸的一面形成从上至下贯穿整个面的"S"状的波纹，纸的另一面无凸凹起伏，从而无花纹的瓦楞纸。两者只是在波纹或瓦楞的起伏度上存在略微的差别。因此，一般消费者会将本专利与在先设计误认、混同，其存在的上述差别对于产品的外观设计整体视觉效果不会产生显著的影响，本专利与在先设计是相近似的外观设计。

综上所述，本专利与申请日之前公开的附件2中的波纹纸外观设计相近似，不符合专利法第23条的规定。

鉴于根据请求人提供的附件2已得出本专利不符合专利法第23条规定的结论，本决定对其他证据不作进一步的评述。

三、决定

宣告第 01354622.8 号外观设计专利权无效。

当事人对本决定不服的，可以根据专利法第 46 条第 2 款的规定，自收到本决定之日起三个月内向北京市第一中级人民法院起诉。根据该款的规定，一方当事人起诉后，另一方当事人应当作为第三人参加诉讼。

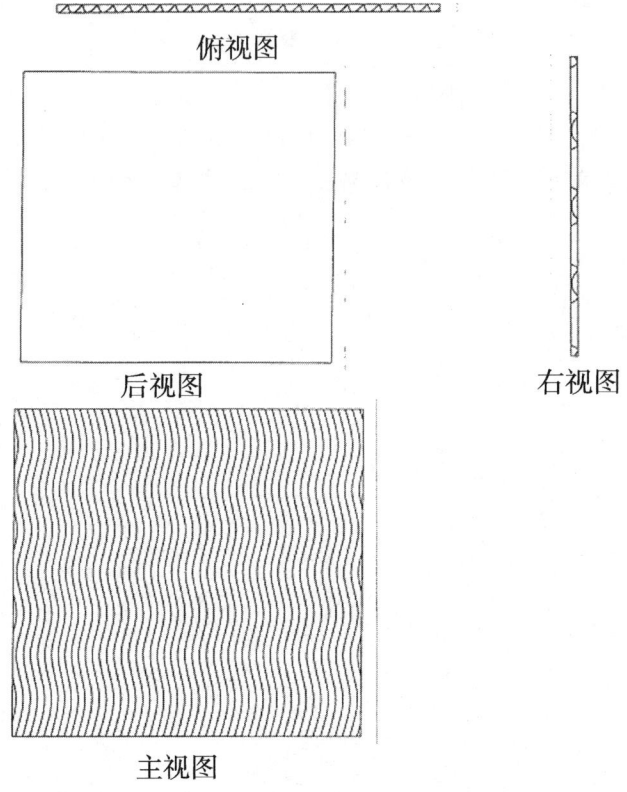

本专利

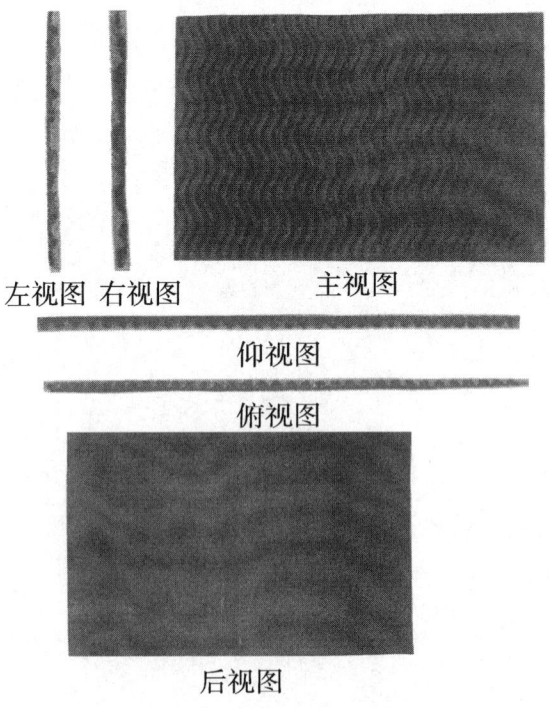

在先设计

长排警示灯（LTF 152121）

无效宣告请求审查决定（第 8816 号）

决　定　号	第 8816 号
决　定　日	2006 年 10 月 23 日
发明创造名称	长排警示灯（LTF 152121）
国际分类号	10-06
无效宣告请求人	浙江利益安防有限公司
专利权人	陈时升
专　利　号	200330126395.2
申　请　日	2003 年 12 月 15 日
授权公告日	2004 年 10 月 20 日
合议组组长	柴爱军
主　审　员	何炜
参　审　员	祝海燕
附　　　图	2 页

法　律　依　据　专利法第 23 条

决　定　要　点

无效宣告请求案件中，当要件事实没有得到证明而导致争议事实难以认定时，负有证明责任的一方当事人应当承担不利的后果。

请求人提供的证据不足以证明本专利与申请日之前在国内外出版物上公开发表的外观设计相同或相近似，其认为本专利不符合专利法第 23 条规定的主张不能成立。

一、案由

本无效宣告请求案涉及国家知识产权局于 2004 年 10 月 20 日授权公告的、名称为"长排警示灯（LTF 152121）"的第 200330126395.2 号外观设计专利（下称本专利），其申请日为 2003 年 12 月 15 日，专利权人是陈时升。

针对上述专利权，浙江利益安防有限公司（下称请求人）于 2005 年 11 月 25 日向专利复审委员会提出无效宣告请求，以本专利不符合专利法第 23 条、专利法实施细则第 2 条第 3 款为由请求宣告该专利权无效。为支持其主张，请求人提交了以下附件：

附件 1：US 427537 号外观设计公告（下称对比文件 1），授权公告日 2000 年 7 月 4 日，共 9 页。

依据上述附件，请求人主张：类似本专利的长排警示灯是澳大利亚 HAZARD 公司上个世纪 90 年代所创，国内早有生产、销售或使用，附件1中公开的警灯与本专利的外观设计也很相似，本专利不属于专利法实施细则第2条第3款规定的新设计，不符合专利法第23条的规定，应予宣告无效。

请求人于2005年12月14日补充提交了意见陈述书和附件2：

附件2：《中国警察装备采购指南》，杨金才主编，中国公共安全出版社，封面、目录以及第4、217、233页复印件共6页。

请求人主张：附件2第217页的"海泽2000系列警灯"与本专利的外观设计完全相同或相近似，因此本专利不属于专利法实施细则第2条第3款规定的新设计，不符合专利法第23条的规定。

经形式审查合格后，专利复审委员会受理了该无效宣告请求案，并于2006年4月3日向双方当事人发出《无效宣告请求受理通知书》，同时将《专利权无效宣告请求书》及其所附证据的副本转送给专利权人陈时升（下称专利权人），要求其在指定期限内答复，同时成立合议组对本无效宣告请求案进行审理。

2006年5月11日，专利复审委员会本案合议组分别向双方当事人发出《无效宣告请求口头审理通知书》，告知双方当事人专利复审委员会定于2006年6月19日对本无效宣告请求案进行口头审理。

2006年5月16日，专利复审委员会收到专利权人提交的意见陈述书，专利权人认为附件1中的产品与本专利外观设计有着明显区别，不构成相近似。

专利复审委员会本案合议组于2006年5月19将专利权人提交的上述意见陈述书副本转送给请求人，并要求其在口头审理时对所转送文件予以答复。

专利复审委员会本案合议组于2006年6月12日将请求人于2005年12月14日提交的意见陈述书和附件2的副本共8页转送专利权人，并要求其在口头审理时对所转送文件陈述意见。

2006年6月19日，口头审理如期举行。双方当事人均参加了口头审理。在口审过程中请求人当庭提交了附件3：

附件3：中国公共安全出版社于2005年12月15日出具的《证明》一份，复印件共1页。

合议组当庭宣布由于附件3用来证明附件2的真实性和公开时间，因此对附件3予以接受，并将附件3的副本转交给专利权人。专利权人当庭提交了意见陈述书1页和反证1-2：

反证1：中国公共安全杂志社和深圳市深锦实业有限公司于2006年6月8日共同出具的《证明》一份，复印件1页；

反证2：中国公共安全网有关"深圳市深锦实业有限公司"的公司介绍网页打印件，共1页。

合议组当庭将上述意见陈述书和反证1-2的副本转交给请求人。庭审中，合议组对请求人提出的无效理由和双方提交的证据进行了充分调查，并听取了各方当事人的陈述。口头审理过程中认定的事实如下：（1）请求人出示了附件2-3的原件，专利权人出示了反证1的原件；（2）专利权人对附件1的真实性、合法性、关联性、公开性均没有异议；（3）请求人对反证1-2的真实性有异议；（4）请求人指定使用附件1的图1-6、以及附件2第217页中的"海泽2000系列8爆闪长排警灯"和"海泽2000系列4爆闪长排警灯"所示的外观设计作为对比文件；（5）请求人放弃本专利不符合专利法实施细则第2条第3款的无效理由，明确本案的无效理由是本专利不符合专利法第23条；（6）专利权人认为本专利产品与附件1中产品既不相同，也不相似，附件2不能确定其公开时间在本专利申请日之前，并结合反证1质疑附件2-3的真实性。庭审结束时合议组宣布允许请求人和专利权人在口头审理后15日内提交意见陈述书，不允许在口头审理后再提交新的证据。

2006年6月28日，专利复审委员会收到了专利权人提交的意见陈述书和反证3-4：

反证3：新闻出版署转发国家技术监督局关于批准《中国标准刊号》国家标准函的通知（1989年1月11日），共5页；

反证4：国家出版局关于实施《中国标准书号》的通知（1986年7月14日），共4页。

专利权人在意见陈述书中重复了口头审理中发表的意见，并认为：（1）附件2写明是"年刊"，而根据反证3的规定，刊物必须用刊号"ISSN"，而非附件2中所示的书号"ISBN"；（2）反证4说明中国合法出版的图书，书号"ISBN"后第一位数字一定是"7"，而附件2中却是"9"。因此怀疑附件2为非法出版物，质疑其真实性。

专利复审委员会于2006年7月4日收到了请求人提交的意见陈述书，其重复了口头审理中的意见。

至此，合议组认为本案的事实清楚，可以依法作出审查决定。

二、决定的理由

1. 无效宣告请求的理由

请求人认为本专利的外观设计与在本专利申请日前已经公开的附件1的图1-6所示产品的外观设计、以及附件2第217页中的"海泽2000系列8爆闪长排警灯"和"海泽2000系列4爆闪长排警灯"所示的外观设计相同或相近似，因而不符合专利法第23条的规定。

2. 关于证据

附件1为美国外观设计专利，授权公告日为2000年7月4日，经合议组调查核实其真实性及其授权公告日均无误，专利权人对其真实性、合法性、关联性、公开性也没有异议，合议组予以接受。由于附件1的公开时间在本专利申请日之前，因此可以用来评价本专利是否符合专利法第23条的规定。

附件2为《中国警察装备采购指南》，其提交时间为提出无效宣告请求的一个月内，符合《审查指南》的有关规定，合议组予以接受。在口头审理中请求人出示了附件2的原件，经核对其内容一致。附件2没有记载其出版发行时间和印刷日，仅在第274页说明其为年刊，第4页和第273页说明其为2003年版，其中第4页的"致读者"内容的落款时间为2003年10月，第2页著录项目中记载崔玉萍为本书的责任编辑之一。请求人认为2003年版是为2003年采购提供指南的，"致读者"的落款时间通常和书的出版时间相同。

请求人还提交了附件3用以证明附件2的出版时间，附件3是一份证人证言，内容是证明附件2的出版发行时间为2003年10月15日，落款为中国公共安全出版社，并有"中国公共安全出版社有限公司"的印章以及"崔玉萍"的签名，落款时间为2005年12月15日。请求人在口头审理中出示了附件3的原件，经合议组核对，其内容一致。专利权人提交了盖有"中国公共安全杂志社"和"深圳市深锦实业有限公司"印章的反证1，内容为"崔玉萍自1996年3月至今在深圳市深锦实业有限公司工作"的证明，落款时间为2006年6月8日。口头审理中专利权人出示了反证1的原件，经合议组核对，其内容一致。专利权人还提交了一网页打印件的反证2，用以证明崔玉萍在深圳市深锦实业有限公司工作的事实。专利权人认为1996年后崔玉萍根本不在中国公共安全出版社工作，不可能是其法定代表人和负责人，因此也不可能作为其负责人出具附件3的证明材料，因而怀疑附件3中是否真是崔玉萍本人签字，进而怀疑附件3的内容真实性。而请求人认为，虽然附件3上的负责人签名不是出版单位的法定代表人，但崔玉萍作为该书的责任编辑在证明上签名，说明是经出版单位领导同意并授权的。

合议组认为，附件3和反证1的证据形式相同，均为单位出具的书证，并且均与原件相符，且出具附件3的"中国公共安全出版社"和出具反证1的"中国公共安全杂志社"分别是附件2的出版单位和主办单位，因此在其证据出具人均没有出席口头审理接受质证的情况下，附件3和反证1的证明力大小相同。反证2虽是一网页打印件，请求人对其真实性亦有异议，但专利权人提交该证据旨在证明崔玉萍的工作单位，而该事实已经由反证 1 予以证明，故合议组对该部分事实予以认可。合议组认为反证 1 和反证 2 虽然证明了崔玉萍自 1996 年 3 月至今在深圳市深锦实业有限公司工作，但并不能完全排除崔玉萍担任 2003 年版《中国警察装备采购指南》责任编辑的可能性，也就是说，反证 1 和反证 2 不能推翻崔玉萍担任该刊物责任编辑这一客观记载于附件 2 上的事实。请求人提交的附件 3 用以证明附件 2 的出版发行时间，但由于崔玉萍并不是出证单位的负责人，对此请求人也予以认可，虽然请求人声称崔玉萍是经该出证单位领导同意并授权的行为，但并未提供明确的授权依据，因此附件 3 这份单位证明仍然缺少单位负责人的签字。其二，出具附件 3 书证的证人仅以文字的方式出具证明，对其所述事实没有出席口头审理参加质证，故合议组不能确认证人是否具有能力出具这份证明。其三，就其所要证明的附件 2 的出版发行时间是本案的一个要件事实，在没有客观证据予以佐证的情况下，合议组难以确认其的真实、准确性。因此，在没有进一步的证据说明，并且证人没有出庭作证从而无法对附件 3 所述的内容进行核实、质证的情况下，附件 3 的证明力不足以证明附件 2 的公开时间为 2003 年 10 月 15 日。

当要件事实没有得到证明而导致争议事实难以认定时，负有证明责任的一方当事人应当承担不利的后果。而根据目前双方提交的证据，无法认定附件 2 的公开时间在本专利的申请日 2003 年 12 月 15 日之前。请求人认为 2003 年版是为 2003 年采购提供指南的，"致读者"的落款时间通常和书的出版时间相同的观点也缺乏事实依据和证据支持，无法合理排除附件 2 在本专利申请日前尚未公开的情况。由于附件 2 为 2003 年版，根据审查指南第二部分第三章 2.1.3.1 节的规定，推定其公开时间为 2003 年 12 月 31 日。因此，在现有证据无法证明附件 2 的公开时间在本专利申请日之前的情况下，附件 2 不能作为现有技术用来评价本专利是否符合专利法第 23 条的规定。

3. 关于专利法第 23 条

专利法第 23 条规定，授予专利权的外观设计，应当同申请日以前在国内外出版物上公开发表过或者国内公开使用过的外观设计不相同和不相近似，并不得与他人在先取得的合法权利相冲突。

请求人在口头审理中指定使用附件 1 的图 1-6 所示的外观设计作为对比文件。附件 1 的图 1-6 公开了一种警示灯的外观设计（下称对比文件 1），与本专利均为车辆使用的长排警示灯，其用途和功能完全相同，属于相同产品，可以进行如下相同或相近似性的比较。

本专利公告有 5 幅视图，即主视图、后视图、右视图、俯视图、仰视图。简要说明记载左视图与右视图对称，故省略左视图。本专利未要求保护色彩。从视图可以得知，本专利"长排警示灯"的灯体形状呈扁长形，长宽高的比例约为 7：2：1；灯体外部为透明灯罩，透过透明灯罩可以看到灯内的构件、线路和灯管；警示灯整体分为三段，中间一段较窄较扁两端较宽较厚，中间与端部的长度比约为 3：1，其中中间的一段又被等分为三截；俯、仰视图显示灯体两端呈内宽外窄的等腰梯形；主、后、右视图显示灯体呈中间略高，两端略低的弧形，底部为平滑相接的弧线，顶部两端较为凸出，顶部的弯曲程度小于底部，两端的边沿最厚（高）；警示灯整体左右对称、前后对称（详见本专利附图）。

对比文件 1 所示产品有 6 幅视图，分别为立体图、主视图、后视图、俯视图、右视图、仰视图，附图说明中说明左视图和右视图对称。从视图可以得知，对比文件 1 公开的外观设计"警示灯"整体形状呈扁长方体，其长宽高的比例约为 7：3：1；灯体外部未显示透明；警示灯整体分为三段，中间一段较窄较扁两端较宽较厚，中间与端部的长度比约为 2：1，其中中间的一段又被分为三截，中间一截长度占三截长度和的一半左右；俯、仰视图和立体图显示灯体两端呈外宽内窄的直角梯形，锐角端都向前部突出，即警示灯前部两边突出，中间向内凹，警示灯后部为一平面；主、后、右视图和立体图显示灯体顶部基本为一平面，底部两端的边沿最厚（高），呈三条折线与中间部位连接；警示灯整体左右对称、前后不对称（详见对比文件图）。

将本专利"长排警示灯"和对比文件1所示"警示灯"外观相比较，合议组认为，两者的相同点主要在都呈扁长形，都是整体分为三部分，中间最长，两端较厚较宽。

两者的不同点在于：（1）本专利产品灯罩是透明的，透过透明灯罩可以看到灯内的构件、线路和灯管，而对比文件1产品未显示是透明的；（2）本专利产品前后是对称的，灯体两端是内宽外窄的等腰梯形，而对比文件1产品前后不对称，后部为一平面，前部两端突出，即两端呈外宽内窄的直角梯形；（3）本专利产品底部为较流畅圆滑的弧线，顶部两端凸起，而对比文件1产品顶部基本为平面，底部两端向下凸出，呈三条折线与中间部位连接。本专利上述部位与对比文件1设计风格不同，相对于在先公开的外观设计而言，足以使消费者在购买该产品时，明显区分出两者为不同的产品，在整体视觉效果上显然构成显著差别，根据整体观察、综合判断的原则，应认为二者是不相近似的外观设计。即本专利与附件1所示产品的外观设计不相近似。

综上所述，请求人未能提交有效证据来证明本专利与申请日之前在国内外出版物上公开发表的外观设计相同或相近似。因此，请求人的主张未能得到证据支持，即请求人以本专利不符合专利法第23条的规定的无效请求理由不成立。

根据上述事实和理由，本案合议组作出如下决定。

三、决定

维持第200330126395.2号外观设计专利权有效。

当事人对本决定不服的，可以根据专利法第46条第2款的规定，自收到本决定之日起三个月内向北京市第一中级人民法院起诉。根据该款规定，一方当事人起诉后，另一方当事人应当作为第三人参加诉讼。

主视图

右视图

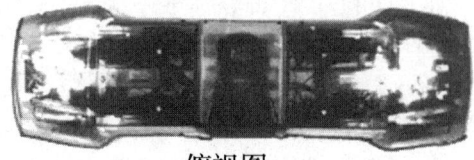
俯视图

后视图

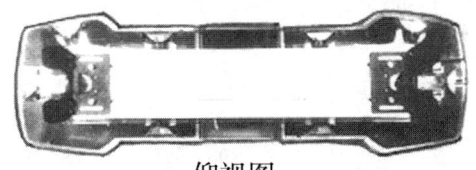
仰视图

本专利

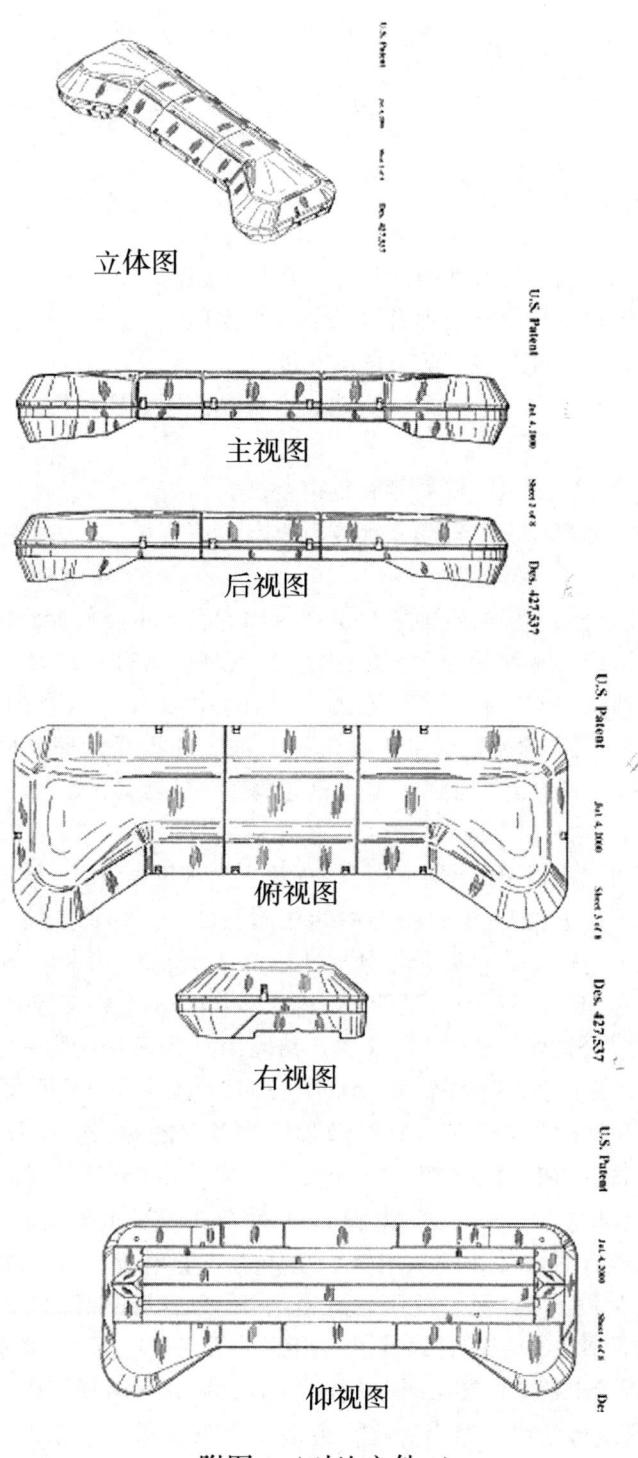

立体图

主视图

后视图

俯视图

右视图

仰视图

附图1（对比文件1）

北京市第一中级人民法院
行政判决书

(2007) 一中行初字第335号

原告浙江利益安防有限公司，住所地浙江省温州市高田路99号
委托代理人吴继道，温州瓯越专利代理有限公司专利代理人
委托代理人云景跃，男，浙江利益安防有限公司职员
被告国家知识产权局专利复审委员会，住所地北京市海淀区北四环西路9号银谷大厦
法定代表人廖涛，副主任
委托代理人何炜，男，国家知识产权局专利复审委员会审查员
委托代理人程强，男，国家知识产权局专利复审委员会审查员
第三人陈时升

原告浙江利益安防有限公司不服被告国家知识产权局专利复审委员会作出的专利无效宣告请求审查决定，向本院提起行政诉讼。本院受理后，依法组成合议庭，依照《中华人民共和国行政诉讼法》第二十七条的规定，依法通知与本案有利害关系的陈时升为本案第三人参加诉讼，并于2007年4月27日公开开庭审理了本案。原告的委托代理人吴继道，被告的委托代理人何炜、程强到庭参加了诉讼。第三人陈时升经本院合法传唤未到庭。本案现已审理终结。2006年10月23日，被告作出第8816号无效宣告请求审查决定（以下简称第8816号决定），维持第三人陈时升所有的名称为"长排警示灯（LTF）"外观专利权（以下简称本专利）有效。为证明第8816号决定合法，被告在法定举证期限内向本院提交了以下证据：1. 第8816号决定中附件2，《中国警察装备采购指南》，杨金才主编，中国公共安全出版社，封面、目录以及第4、217、233页；2. 第8816号决定附件3，中国公共安全出版社于2005年12月15日出具的《证明》一份；3. 第8816号决定中反证1，中国公共安全杂志社和深圳市深锦实业有限公司于2006年6月8日共同出具的《证明》一份；4. 第8816号决定中反证2，中国公共安全网有关"深圳市深锦实业有限公司"的公司介绍网页打印件；5. 口头审理记录表附页。以上证据用以证明原告和第三人在行政程序中各自的主张，以及第8816号决定认定事实清楚，行政程序合法。原告诉行时间是本案的一个重要事实。由于反证1的存在，即不能明确附件3中签字的崔玉萍是出证单位的负责人，虽然原告在口头审理中称崔玉萍签字是经出证单位领导同意并授权的行为，但原告称，被告对附件2的认定错误。作为一份单位（即出版社）盖章、加上经办人（即责任编辑）签字，已经完全符合证据规则的规范要求，足以证明附件2的实际出版发行时间是2003年10月15日，也与附件2中致读者篇首语给出的时间完全对应。而附件2中第217页所提供的警灯系列海泽2000系列所给出的立体图案基本揭示了本专利的六面视图内容，二者极其近似。故请求撤销第8816号决定，判令被告重新作出决定，诉讼费由被告承担。原告未向本院提交证据。被告辩称，证明附件2的出版发未提供有关授权证据，因此附件3作为单位证明缺少单位负责人的签字。且出具附件3书证的证人仅以文字方式出具证明，对其所述事实没有出席口头审理参加质证。在没有客观证据予以佐证的情况下，附件3的证明力不足以证明附加2的公开时间为2003年10月15日。因此，附件2不能作为现有技术评价本专利是否符合《中华人民共和国专利法》（以下简称《专利法》）第二十三条的规定。第8816号决定认定事实清楚，适用法律正确，行政程序合法，请求予以维持。第三人未向本院陈述意见，亦未提交证据。

庭审质证中，原告对被告证据1、证据2的证明作用有异议，对证据3、证据4、证据5的真实性无争议，但认为证据5所记录的口审内容不完整。

经庭审质证，本院审查核实，被告证据及与本案具有关联，且合法真实，本院予以确认。

根据以上确认的有效证据及当事人无争议的事实陈述，本院认定事实如下：2004年10月20日，国家知识产权局授权公告了本专利，其申请日为2003年12月15日。

2005年11月25日，原告以本专利不符合《专利法》第二十三条、《中华人民共和国专利法实施细则》（以下简称《专利法实施细则》）第二条第三款为由，向被告提出无效宣告请求。并提交了以下附件：附件1：US427537号外观设计公告（下称对比文件1），授权公告日2000年7月4日，共9页；附件2：《中国警察装备采购指南》，杨金才主编，责任编辑王君利、崔玉萍，中国公共安全出版社，封面、目录以及第4、217、233页复印件共6页。

经形式审查合格后，被告受理了上述无效宣告请求，并于2006年4月3日向双方当事人发出《无效宣告请求受理通知书》，同时将《专利权无效宣告请求书》及其所附证据的副本转送给第三人，要求其在指定期限内答复。

2006年5月11日，被告向双方当事人发出《无效宣告请求口头审理通知书》，同年6月19日，口头审理如期举行。双方当事人均参加了口头审理。在口审过程中原告当庭提交了附件3：中国公共安全出版社于2005年12月15日出具的《证明》一份。第三人当庭提交了意见陈述书1页和反证两份，即反证1：中国公共安全杂志社和深圳市深锦实业有限公司于2006年6月8日共同出具的《证明》一份；反证2：中国公共安全网有关"深圳市深锦实业有限公司"的公司介绍网页打印件。

口头审理记录表中记载了以下内容：（1）原告出示了附件2、附件3的原件，第三人出示了反证1的原件；（2）第三人对附件1的真实性、合法性、关联性、公开性均没有异议；（3）原告对反证1、反证2的真实性有异议；（4）原告指定使用附件1的图1-6、以及附件2第217页中的"海泽2000系列8爆闪长排警灯"和"海泽2000系列4爆闪长排警灯"所示的外观设计作为对比文件；（5）原告放弃本专利不符合《专利法实施细则》第二条第三款的无效理由，明确本案的无效理由是本专利不符合《专利法》第二十三条；（6）第三人认为本专利产品与附件1中产品既不相同，也不相似，附件2不能确定其公开时间在本专利申请日之前，并结合反证1质疑附件2、附件3的真实性。庭审结束时被告允许原告和第三人在口头审理后15日内提交意见陈述书，不允许在口头审理后再提交新的证据。

2006年6月28日，被告收到了第三人提交的意见陈述书和两份新的反证。同年7月4日，被告收到了原告提交的意见陈述书。原告、第三人在上述意见陈述中均重复了口头审理中的意见。

被告经审查认为：

附件1为美国外观设计专利，授权公告日为2000年7月4日，公开时间在本专利申请日之前，因此可以用来评价本专利是否符合《专利法》第二十三条规定的证据。

附件2为《中国警察装备采购指南》，没有记载其出版发行时间和印刷日，仅在第274页说明其为年刊，第4页和第273页说明其为2003年版，其中第4页的"致读者"内容的落款时间为2003年10月，第2页著录项目中记载崔玉萍为本书的责任编辑之一。附件3是一份证人证言，内容是证明附件2的出版发行时间为2003年10月15日，落款为中国公共安全出版社，并有"中国公共安全出版社有限公司"的印章以及"崔玉萍"的签名，落款时间为2005年12月15日。反证1是第三人提交了盖有"中国公共安全杂志社"和"深圳市深锦实业有限公司"印章的，内容为"崔玉萍自1996年3月至今在深圳市深锦实业有限公司工作"的证明，落款时间为2006年6月8日。反证2用以证明崔玉萍在深圳市深锦实业有限公司工作的事实。被告认为，附件3和反证1的证据形式相同，均为单位出具的书证，并且均与原件相符，且出具附件3的"中国公共安全出版社"和出具反证1的"中国公共安全杂志社"分别是附件2的出版单位和主办单位，因此在其证据出具人均没有出席口头审理接受质证的情况下，附件3和反证1的证明力大小相同。反证2虽是一网页打印件，第三人提交该证据旨在证明崔玉萍的工作单位，而该事实已经由反证1予以证明。原告提交的附件3用以证明附件2的出版发行时间，但由于原告的认可及附件2的记载，证明崔玉萍并不是出证单位的负责人。崔玉萍是经该出证单位领导同意并授权的行为，但并未提供明确的授权依据，因此附件3作为单位证明缺少单位负责人的签字。出具附件3书证的证人仅以文字的方式出具证明，对其所述事实没有出席口头审理参加质证，故不能确认证人是否具有能力出具这份证明。因此，在没有客观证据予以佐证的情况下，附件3的证明力不足以证明附件2的公开时间为2003年10月15日。在现有证据无法证明附件2的公开时间在本专利申请日之前的情况下，附件2不能作为现有技术用来评价本专利是否符合《专利法》第二十三条的规定。

关于本专利与附件1相比是否相同或相近似问题，被告认为：附件1的图1-6公开了一种警示灯的外观设计，与本专利均为车辆使用的长排警示灯，其用途和功能完全相同，属于相同产品，可以进行如下相同或相近似性的比较。

本专利公告有5幅视图，即主视图、后视图、右视图、俯视图、仰视图。简要说明记载左视图与右视图对称，故省略左视图。本专利未要求保护色彩。从视图可以得知，本专利"长排警示灯"的灯体形状呈扁长形，长宽高的比例约为7∶2∶1；灯体外部为透明灯罩，透过透明灯罩可以看到灯内的构件、线路和灯管；警示灯整体分为三段，中间一段较窄较扁两端较宽较厚，中间与端部的长度比约为3∶1，其中中间的一段又被等分为三截；俯、仰视图显示灯体两端呈内宽外窄的等腰梯形；主、后、右视图显示灯体呈中间略高，两端略低的弧形，底部为平滑相接的弧线，顶部两端较为凸出，顶部的弯曲程度小于底部，两端的边沿最厚（高）；警示灯整体左右对称、前后对称。

附件1所示产品有6幅视图，分别为立体图、主视图、后视图、俯视图、右视图、仰视图，附图说明中说明左视图和右视图对称。从视图可以得知，对比文件1公开的外观设计"警示灯"整体形状呈扁长方体，其长宽高的比例约为7∶3∶1；灯体外部未显示透明；警示灯整体分为三段，中间一段较窄较扁两端较宽较厚，中间与端部的长度比约为2∶1，其中中间的一段又被分为三截，中间一截长度占三截长度和的一半左右；俯、仰视图和立体图显示灯体两端呈外宽内窄的直角梯形，锐角端都向前部突出，即警示灯前部两边突出，中间向内凹，警示灯后部为一平面；主、后、右视图和立体图显示灯体顶部基本为一平面，底部两端的边沿最厚（高），呈三条折线与中间部位连接；警示灯整体左右对称、前后不对称。

将以上两外观设计相比较，两者的相同点主要在都呈扁长形，都是整体分为三部分，中间最长，两端较厚较宽。两者的不同点在于：1. 本专利产品灯罩是透明的，透过透明灯罩可以看到灯内的构件、线路和灯管，而附件1产品未显示是透明的；2. 本专利产品前后是对称的，灯体两端是内宽外窄的等腰梯形，而附件1产品前后不对称，后部为一平面，前部两端突出，即两端呈外宽内窄的直角梯形；3. 本专利产品底部为较流畅圆滑的弧线，顶部两端凸起，而附件1产品顶部基本为平面，底部两端向下凸出，呈三条折线与中间部位连接。本专利上述部位与附件1设计风格不同，相对于在先公开的外观设计而言，足以使消费者在购买该产品时，明显区分出两者为不同的产品，在整体视觉效果上显然构成显著差别，根据整体观察、综合判断的原则，应认为二者是不相近似的外观设计。即本专利与附件1所示产品的外观设计不相近似。

综上，被告作出第8816号决定维持本专利有效。原告不服，诉至本院。

本院开庭审理中，原告明确表示对被告关于本专利与附件1相比不属于相近似的外观设计的认定没有争议,并认可崔玉萍不是中国公共安全出版社的法定代表人。

本院认为,《专利法》第二十三条规定:"授予专利权的外观设计,应当同申请日以前在国内外出版物上公开发表过或者国内公开使用过的外观设计不相同和不相近似,并不得与他人在先取得的合法权利相冲突。"据此,作为判断本专利是否属于相同或相近似的外观设计的对比文件,其公开日期依法应当早于本专利申请日。本案争议焦点在于附件2公开日期的确定问题。附件2的形式为公开出版发行物,应当载有出版发行时间,因附件2缺少相关内容,故原告应当举证予以证明。为此原告提交附件3作为证明附件2出版发行时间的证据,但附件3签名的负责人崔玉萍非出证盖章单位的法定代表人,其作为单位负责人签名的行为与单位出证盖章的行为不能形成对应关系,因此,附件3的真实性不能直接认定,原告负有进一步举证证明的责任。由于原告没有提供证据证明崔玉萍系受出证单位法定代表人授权行使证明行为,亦无其他证据佐证相关事实,故附件3的真实性难以确认,不能作为确定附件2出版发行时间的证据。据此,被告关于原告未能提交有效证据证明本专利与申请日之前在国内外出版物上公开发表的外观设计相同或相近似的认定正确,本院应予支持。

原告提出附件2中载明的"2003年版"及"致读者"中的落款时间结合分析应当与附件3所证明的时间并无矛盾,能够证明附件2的出版发行时间为2003年10月15日,其举证责任已经完成,但第三人提出了反证对附件3的真实性持有异议,被告应当依职权予以调查。本院认为,参照《审查指南》的规定,被告一般不得主动调查收集审查案件需要的证据,对当事人及其代理人确因客观原因不能自行收集的证据,应当事人在举证期限内提出的申请,被告认为确有必要时,可以调查收集。因此,被告对证据进行调查的职权属于自由裁量权范畴,被告针对原告所举证据不充分的情形未行使调查职权并无违法之处,故上述诉讼意见缺乏事实和法律依据,本院不予支持。

本院开庭审理中,由于原告明确表示对被告关于本专利与附件1相比不属于相近似的外观设计的认定没有争议,经审查,本院对以上内容予以确认。

综上,第8816号决定认定事实清楚,适用法律正确,行政程序合法,本院应予维持。依照《中华人民共和国行政诉讼法》第五十四条第(一)项的规定,判决如下:

维持被告国家知识产权局专利复审委员会于二〇〇六年十月二十三日作出的第8816号无效宣告请求审查决定。

案件受理费1000元,由原告浙江利益安防有限公司负担(已交纳)。

如不服本判决,可在判决书送达之日起15日内,向本院递交上诉状,并按对方当事人的人数提出副本,上诉于北京市高级人民法院。上诉人在上诉期满后7日内未预交,又不提出缓交申请的,按自动撤回上诉处理。

审 判 长 梁 菲
代理审判员 司品华
代理审判员 欧万雄
二〇〇七年六月二十九日
书 记 员 李轶萌

长排警示灯（LTF 152121）

无效宣告请求审查决定（第 8817 号）

决 定 号	第 8817 号
决 定 日	2006 年 10 月 23 日
发明创造名称	长排警示灯（LTF 152121）
国 际 分 类 号	10-06
无效宣告请求人	杭州美伦信号技术有限公司
专 利 权 人	陈时升
专 利 号	200330126395.2
申 请 日	2003 年 12 月 15 日
授 权 公 告 日	2004 年 10 月 20 日
合 议 组 组 长	柴爱军
主 审 员	何炜
参 审 员	祝海燕

法 律 依 据 专利法第 23 条

决 定 要 点

无效宣告请求案件中，当要件事实没有得到证明而导致争议事实难以认定时，负有证明责任的一方当事人应当承担不利的后果。

请求人提供的证据不足以证明本专利与申请日之前在国内外出版物上公开发表的外观设计相同或相近似，也不足以证明与本专利外观相同或相近似的产品在本专利申请日前已经公开销售，其认为本专利不符合专利法第 23 条规定的主张不能成立。

一、案由

本无效宣告请求案涉及国家知识产权局于 2004 年 10 月 20 日授权公告的、名称为"长排警示灯（LTF 152121）"的第 200330126395.2 号外观设计专利（下称本专利），其申请日为 2003 年 12 月 15 日，专利权人是陈时升。

针对上述专利权，杭州美伦信号技术有限公司（下称请求人）于 2005 年 12 月 21 日向专利复审委员会提出无效宣告请求，以本专利不符合专利法第 23 条为由请求宣告该专利权无效。为支持其主张，请求人提交了以下证据：

证据 1：《中国警察装备采购指南》，杨金才主编，《中国公共安全》杂志社编辑制作，《中国公共安全》出版社出版，封面、目录以及第 4、217 页和广告页的复印件共 8 页；其目录页显示崔玉萍为其责任编辑之一；第 4 页的"致读者"中说明其为 2003 年版，落款时间为 2003 年 10 月；第 217 页有"海泽 2000 系列 8 爆闪长排警灯"的立体视图；

证据 2：中国公共安全出版社于 2005 年 12 月 15 日出具的《证明》一份，复印件共 1 页。其上盖有中国公共安全出版社有限公司的公章、负责人签名处有"崔玉萍"的签字，其中记载："兹证明我社出版发行的 2003 年版《中国警察装备采购指南》一书，书号为 ISBN962-86676-4-5，出版发行时间为 2003 年 10 月 15 日。特此证明。"；

证据 3：2003 国际社会公共安全产品博览会会刊，复印件共 4 页；该刊物中记载了如下事项：博览会的召开时间为 2003 年 10 月 29 日至 11 月 1 日，中国公共安全杂志社（北京办）参加了该博览会，展位号 14-15；

证据 4：浙江省杭州市中级人民法院民事案件应诉通知书（2005）杭民三初字第 152 号，共 1 页。

依据上述证据，请求人主张：（1）证据 1-3 可以证明证据 1 于 2003 年 10 月 15 日由中国公共安全出版社出版发行，并在 2003 年 10 月 29 日至 2003 年 11 月 1 日举办的 2003 国际社会公共安全产品博览会上展示、宣传；（2）证据 1 第 217 页的产品介绍中，海泽 2000 系列公开的长排警灯与本专利的外观设计完全相同，并属于同类产品，因此本专利不符合专利法第 23 条的规定。

经形式审查合格后，专利复审委员会受理了该无效宣告请求案，并于 2006 年 2 月 23 日向双方当事人发出《无效宣告请求受理通知书》，同时将《专利权无效宣告请求书》及其所附证据的副本转送给专利权人陈时升（下称专利权人），要求其在指定期限内答复，同时成立合议组对本无效宣告请求案进行审理。

2006 年 3 月 27 日，专利权人提交了意见陈述书，认为请求人提出的无效宣告请求理由并无充分的证据支持，并认为证据 1 与证据 2 之间、证据 2 的出证人与本案之间及与专利权人之间存在利益关系和利益冲突。

2006 年 5 月 12 日，专利复审委员会本案合议组分别向双方当事人发出《无效宣告请求口头审理通知书》，告知双方当事人专利复审委员会拟定于 2006 年 6 月 19 日对本无效宣告请求案进行口头审理。同时，专利复审委员会本案合议组将专利权人于 2006 年 3 月 27 日提交的意见陈述书副本转送给请求人，并要求其在口头审理时对所转送文件予以答复。

2006 年 6 月 19 日，口头审理如期举行。双方当事人均参加了口头审理。在口审过程中，请求人提出于 2006 年 1 月 18 日向专利复审委员会提交了意见陈述书以及证据 5-8：

证据 5：《中国警察装备采购指南》，杨金才主编，中国公共安全出版社，封面、目录以及第 227 页复印件共 4 页；第 227 页有北京金华龙经贸公司的企业简介；

证据 6：北京金华龙经贸公司市场部的产品出库单（No.0002470），复印件 1 页，记载时间为 2003 年 9 月 19 号，货物型号为"海泽"，品名为"2000 型八爆闪四交替"，数量是"1"，付给方是"杭州美伦"，负责人签字处有"卢孝建"的签名；

证据 7：杭州美伦电声有限公司的入库单（No.002057），复印件 1 页，记载时间为 2003 年 9 月 23 日，货物名称与型号、数量与证据 6 记载一致，"校验"和"仓库"处的签名分别为"朱得利"和"刘海军"；

证据 8：北京金华龙经贸公司出具的增值税发票，复印件 1 页，发票号为 03622967，显示购货单位为"杭州美伦信号技术有限公司"，销货单位为"北京金华龙经贸公司"，货物为"长灯"，规格型号为"2000 型八频闪"，数量是"1"，金额为 10683.76，开票人为"沙晓晴"，开票日期为 2003 年 11 月 25 日。

请求人陈述上述意见陈述书和证据5-8并非用于6W05353号无效宣告请求案，而是用于本无效宣告请求案的证据，专利权人对此没有提出异议，合议组当庭宣布将证据5-8纳入本案审理，并当庭将请求人于2006年1月18日提交的意见陈述书和证据5-8的副本转交给专利权人。专利权人当庭提交了反证1-2：

反证1：中国公共安全杂志社和深圳市深锦实业有限公司于2006年6月8日共同出具的《证明》一份，复印件1页；反证1盖有"中国公共安全杂志社"和"深圳市深锦实业有限公司"两单位的公章，落款时间为2006年6月8日，其中记载："崔玉萍自1996年3月至今在深圳市深锦实业有限公司工作。特此证明。"；

反证2：中国公共安全网有关"深圳市深锦实业有限公司"的公司介绍网页，共1页。

合议组当庭将反证1-2的副本转交给请求人。庭审中，合议组对请求人提出的无效理由和双方提交的证据进行了充分调查，并听取了各方当事人的陈述。口头审理过程中认定的事实如下：（1）请求人出示了证据1-3、5-8的原件，专利权人出示了反证1的原件；（2）专利权人对证据4的真实性没有异议，对证据1、5的真实性和公开时间有异议，对证据2-3、证据6-8的真实性、关联性均有异议；（3）请求人对反证1-2的真实性有异议；（4）请求人明确本案的无效理由是本专利不符合专利法第23条；（5）依据证据5-8，请求人认为北京金华龙经贸公司于2003年9月19日向请求人出售了澳大利亚海泽牌2000型8爆闪四交替警示灯，该公开销售产品即为证据1第217页中的"海泽2000系列8爆闪长排警灯"，并指定使用证据1第217页中的"海泽2000系列8爆闪长排警灯"作为对比文件，认为在本专利申请日前已有相同外观设计的产品在出版物上公开并在国内公开销售、使用，因而本专利不符合专利法第23条的规定；（6）请求人当庭出示了长排警示灯实物，合议组和双方当庭勘验该警示灯并没有铭牌等显示记载其型号和出厂时间等信息；（7）专利权人依据反证1认为证据2-3不能证明证据1、5的公开时间，并怀疑证据2的真实性，认为证据6、7记载的"2000型八爆闪"与证据8记载的"(2000)八频闪"不是同一产品，没有关联性，且证据6-8均没有记载产品外观，不能证明与本专利产品的关联性。庭审结束时合议组宣布允许请求人和专利权人在口头审理后15日内提交意见陈述书，不允许在口头审理后再提交新的证据。

2006年6月28日，专利复审委员会收到了专利权人提交的意见陈述书和反证3-4：

反证3：新闻出版署转发国家技术监督局关于批准《中国标准刊号》国家标准函的通知（1989年1月11日），共5页；

反证4：国家出版局关于实施《中国标准书号》的通知（1986年7月14日），共4页。

专利权人在意见陈述书中重复了口头审理中发表的意见，并认为：（1）证据1、5所示的《中国警察装备采购指南》写明是"年刊"，而根据反证3的规定，刊物必须用刊号"ISSN"，而非证据1、5中所示的书号"ISBN"；（2）反证4说明中国合法出版的图书，书号"ISBN"后第一位数字一定是"7"，而证据1、5中却是"9"。因此怀疑证据1、5为非法出版物，质疑其真实性。

请求人于2006年7月3日提交了意见陈述书，其重复了口头审理中的意见。

至此，合议组认为本案的事实清楚，可以作出审查决定。

二、决定的理由

1. 法律依据

专利法第23条规定：授予专利权的外观设计，应当同申请日以前在国内外出版物上公开发表过或者国内公开使用过的外观设计不相同和不相近似，并不得与他人在先取得的合法权利相冲突。

2. 关于证据

证据4是（2005）杭民三初字第152号民事案件应诉通知书，与本案不具关联性，因此不能作为本案的证据使用。

证据1、5为《中国警察装备采购指南》，在口头审理中请求人出示了证据1、5的原件，经核对，证据1、5的复印件与原件相符。《中国警察装备采购指南》没有记载其出版发行时间和印刷日，仅在第274页说明其为年刊，第4页和第273页说明其为2003年版，其中第4页的"致读者"内容的落款时间为2003年10月，第2页著录项目中记载崔玉萍为本书的责任编辑之一。请求人认为2003年版是为2003年采购提供指南的，"致读者"的落款时间通常和书的出版时间相同。

请求人在口头审理中提交了证据3的原件，经合议组核对其内容一致。请求人认为证据3可以证明证据1曾经在2003年10月29日至2003年11月1日举办的2003年国际社会公共安全产品博览会上展示、宣传，因此可以证明证据1在本专利申请日前已经公开。合议组注意到证据3中虽然有对"中国公共安全杂志社（北京办）"的简介和展位说明，但是没有提到证据1、即《中国警察装备采购指南》的内容，无法证明证据1曾经在该博览会上展示、宣传过。

请求人还提交了证据2用以证明《中国警察装备采购指南》的出版时间，并在口头审理中出示了证据2的原件，经合议组核对，其内容一致。口头审理中专利权人出示了反证1的原件，经合议组核对，其内容一致。根据反证1和反证2，专利权人认为1996年后崔玉萍根本不在中国公共安全出版社工作，不可能是其法定代表人和负责人，因此也不可能作为其负责人出具证据2的证明材料，因而怀疑证据2中是否真是崔玉萍本人签字，进而怀疑证据2的内容真实性。而请求人认为，虽然证据2上的负责人签名不是出版单位的法定代表人，但崔玉萍作为该书的责任编辑在证明上签名，说明是经出版单位领导同意并授权的。

合议组认为，证据2和反证1的证据形式相同，均为单位出具的书证，并且均与原件相符，且出具证据2的"中国公共安全出版社"和出具反证1的"中国公共安全杂志社"分别是证据1、5所示的《中国警察装备采购指南》的出版单位和主办单位，因此在其证据出具人均没有出席口头审理接受质证的情况下，证据2和反证1的证明力大小相同。反证2虽是一网页打印件，请求人对其真实性亦有异议，但专利权人提交该证据旨在证明崔玉萍的工作单位，而该事实已经由反证1予以证明，故合议组对该部分事实予以认可。合议组认为反证1和反证2虽然证明了崔玉萍自1996年3月至今在深圳市深锦实业有限公司工作，但并不能完全排除崔玉萍担任2003年版《中国警察装备采购指南》责任编辑的可能性，也就是说，反证1和反证2不能推翻崔玉萍担任该刊物责任编辑这一客观记载于证据1、5上的事实。请求人提交的证据2用以证明证据1、5的出版发行时间，但由于崔玉萍并不是出证单位的负责人，对此请求人也予以认可，虽然请求人声称崔玉萍是经该出证单位领导同意并授权的行为，但并未提供明确的授权依据，因此证据2这份单位证明仍然缺少单位负责人的签字。其二，出具证据2书证的证人仅以文字的方式出具证明，对其所述事实没有出席口头审理参加质证，故合议组不能确认证人是否具有能力出具这份证明。其三，就其所要证明的证据1、5的出版发行时间是本案的一个要件事实，在没有客观证据予以佐证的情况下，合议组难以确认其的真实、准确性。因此，在没有进一步的证据说明，并且证人没有出庭作证从而无法对证据2所述的内容进行核实、质证的情况下，证据2的证明力不足以证明证据1、5的公开时间为2003年10月15日。

当要件事实没有得到证明而导致争议事实难以认定时，负有证明责任的一方当事人应当承担不利的后果。而根据目前双方提交的证据，无法认定证据1、5的公开时间在本专利的申请日2003年12月15日之前。请求人认为2003年版是为2003年采购提供指南的，"致读者"的落款时间通常和书的出版时间相同的观点也缺乏事实依据和证据支持，无法合理排除证据1、5在本专利申请日前尚未公开的情况。由于证据1、5为2003年版，根据审查指南第二部分第三章2.1.3.1节的规定，推定其公开时间为2003年12月31日。因此，在现有证据无法证明证据1、5的公开时间在本专利申请日之前的情况下，证据1、5不能作为出版物公开的对比文件用来评价本专利是否符合专利法第23条的规定。

请求人在口头审理中出示了证据6~8的原件，经合议组核对无误。专利权人虽然对证据6~8的真实性有异议，但是没有说明怀疑的理由。因此在没有证据证明其不真实的情况下，合议组对证据6~8予以采信。

3. 关于使用公开

基于上述分析，对于与本专利外观相同的产品在申请日前已经公开销售和使用的主张，请求人仅有证据1、5~8可以作为依据，但由于：（1）证据6的出库单与证据7的入库单中记载的货物名"海泽""2000型八爆闪四交替"，与证据8的增值税发票中记载的"长灯""2000型八频闪"并不一致；（2）证据6的付给方"杭州美伦"、证据7的入库单位"杭州美伦电声有限公司"与证据8的购货单位"杭州美伦信号技术有限公司"名称不一致；（3）没有证据能够证明证据6~8中提到的货物"海泽""2000型八爆闪四交替"、或"2000型八频闪""长灯"即为证据1第217页所示"海泽2000系列8爆闪长排警灯"，因为即使是同一种名称的产品也有可能存在多种型号规格、具备不同外观的可能性；（4）虽然请求人在口头审理中出示了一长排警示灯的实物，指出其就是证据6~8中所示警示灯，但由于其没有铭牌等信息记载，不能显示其生产厂家、出厂时间和型号等信息，无法与证据6~8中的货物相联系印证。因此仅凭证据1、5~8无法组成证据链支持请求人提出的"北京金华龙经贸公司于本专利申请日前向请求人出售了证据1第217页所示'海泽2000系列8爆闪长排警灯'的主张。

综上所述，合议组认为在没有其他客观证据支持的情况下，

请求人所提供的证据不足以支持其关于在申请日前与本专利外观相同或相近似的产品在出版物上公开发表或在国内公开销售和使用的主张，因此本专利的授权符合专利法第23条的规定。

根据上述事实和理由，本案合议组作出如下决定。

三、决定

维持第200330126395.2号外观设计专利权有效。

当事人对本决定不服的，可以根据专利法第46条第2款的规定，自收到本决定之日起三个月内向北京市第一中级人民法院起诉。根据该款规定，一方当事人起诉后，另一方当事人应当作为第三人参加诉讼。

北京市第一中级人民法院
行政判决书

（2007）一中行初字第769号

原告杭州美伦信号技术有限公司，住所地浙江省杭州市西湖区文三路408号
委托代理人王正华，浙江海浩律师事务所律师
被告国家知识产权局专利复审委员会，住所地北京市海淀区北四环西路9号银谷大厦
法定代表人廖涛，副主任
委托代理人何炜，国家知识产权局专利复审委员会审查员
委托代理人程强，国家知识产权局专利复审委员会审查员
第三人陈时生

原告杭州美伦信号技术有限公司诉被告国家知识产权局专利复审委员会、第三人陈时生专利无效行政纠纷一案，本院于2007年5月25日受理后，依法组成合议庭进行了审理。在审理过程中，原告杭州美伦信号技术有限公司于2007年7月2日向本院书面提出申请，请求撤回对被告国家知识产权局专利复审委员会、第三人陈时生的起诉。

本院认为，原告的撤诉申请是其真实意思表示，未违反有关法律规定，应予准许。依照《中华人民共和国行政诉讼法》第五十一条之规定，裁定如下：

准予原告杭州美伦信号技术有限公司撤回对被告国家知识产权局专利复审委员会、第三人陈时生的起诉。案件受理费100元，减半收取50元，由原告杭州美伦信号技术有限公司东负担（已交纳）。

审　判　长　任　进
代理审判员　邢　军
代理审判员　于立彪
二〇〇七年七月十九日
书　记　员　袁　伟

包装桶（黑孚）

无效宣告请求审查决定（第 8822 号）

决 定 号	第 8822 号
决 定 日	2006 年 11 月 24 日
发明创造名称	包装桶（黑孚）
外观设计分类号	09-02
无效宣告请求人	北京帝王高级润滑油有限公司
专 利 权 人	周文斌
申 请 号	200430015365.9
申 请 日	2004 年 3 月 16 日
授 权 公 告 日	2004 年 12 月 8 日
合 议 组 组 长	杨克菲
主 审 员	陈海平
参 审 员	宋鸣镝
附 图	2 页

法 律 依 据 专利法第 23 条

决 定 要 点

在外观设计专利与同类产品的在先外观设计之间仅存在有局部差异时，如果该局部差异不足以从使一般消费者从整体视觉上清楚地将它们区分成两种不同造型的产品，则二者属于相近似的外观设计。

一、案由

本无效宣告请求案涉及的是国家知识产权局于 2004 年 12 月 8 日授权公告的，名称为"包装桶（黑孚）"的外观设计专利，其专利号为 200430015365.9，申请日为 2004 年 3 月 16 日，专利权人是周文斌。

针对上述专利权（下称本专利），北京帝王高级润滑油有限公司（下称请求人）于 2004 年 12 月 15 日以本专利的授予不符合专利法第 23 条为由，向专利复审委员会提出无效宣告请求。请求人认为：本专利与申请日之前公开的 99341896.1 号外观设计相近似。与此同时，请求人提交了 99341896.1 号外观设计公报（下称对比文件）作为证据。

经形式审查合格，专利复审委员会于 2005 年 1 月 24 日受理了此案，并将无效宣告请求书及相关材料转寄给专利权人。

专利权人于 2005 年 3 月 8 日以"美国美孚国际石油集团香港有限公司西安代表处（代表）"的身份提交意见陈述书，要求驳回请求人所提出的无效宣告请求。

专利复审委员会本案合议组于 2005 年 5 月 27 日将上述意见陈述书转寄给请求人。

请求人于 2005 年 7 月 5 日提交了意见陈述书，认为上述专利权人所提交之意见陈述书的陈述主体不合格，并坚持认为本专利不符合专利法第 23 条的规定。

合议组于 2006 年 8 月 30 日将上述意见陈述书转寄给专利权人。

专利权人于 2006 年 9 月 16 日以本人身份提交意见陈述书，认为本专利符合专利法第 23 条的规定。

在上述程序的基础上，本案合议组经合议，认为本案事实已经清楚，依法作出本审查决定。

二、决定的理由

1. 法律依据

基于请求人提出的无效宣告请求的理由和提供的证据，本案合议组依据专利法第 23 条的规定对本案进行审理。

专利法第 23 条规定："授予专利权的外观设计，应当同申请日以前在国内外出版物上公开发表过或者国内公开使用过的外观设计不相同和不相近似，并不得与他人在先取得的合法权利相冲突"。

2. 证据的认定

请求人提交对比文件是 99341896.1 号外观设计专利公报，经核实，合议组对该对比文件的真实性予以确认。该公报的公告日是 2000 年 7 月 5 日，在本专利的申请日之前，其外观设计分类号为 09-02，所记载的外观设计名称为"塑桶（1）"，与本专利属于相同种类产品，二者具有可比性，因此，该证据合议组予以采纳。

3. 本专利外观设计

本专利"包装桶（黑孚）"包括 6 幅视图，即主视图、后视图、左视图、右视图、仰视图、俯视图。

由主视图中见到的该"包装桶"的桶体外形基本上呈直立的长方形，其上沿右部略呈右高左低的倾斜状，上沿左部为桶嘴部，桶嘴部上方可见扁形桶盖；

后视图与主视图的外形是对称的；

从左视图观察，可见该"包装桶"的桶体外形基本上呈窄的直立长方形，前述扁形桶盖基本上位于桶体上沿的正上方；

右视图与左视图的外形基本上是相同的，但桶盖下部被遮挡；

从仰视图观察可见到的桶体形状基本上为其左右两窄边呈半圆弧状（右侧的半圆弧由数条短折线构成）的扁长方形，有凸缘环绕桶体外廓；

从俯视图观察可见到的桶体轮廓基本上与仰视图相同，并可见位于图左侧的桶盖形状为圆形。

（详见本专利附图）

4. 对比文件外观设计

对比文件"塑桶（1）"包括 6 幅视图，即主视图、后视图、左视图、右视图、仰视图、俯视图）。

由主视图中见到的该"塑桶"的桶体外形基本上呈直立长方形，但其上沿略呈右高左低倾斜状，上沿右侧为桶嘴部，桶嘴部上方有扁形桶盖；

后视图与主视图的外形是对称的；

从左视图观察，可见该"塑桶"的桶体外形基本上呈窄的立长方形，前述扁形桶盖基本上位于桶体上沿的正上方；

右视图与左视图的外形基本上是相同的，但桶盖被上沿遮挡；

从仰视图观察可见到的桶体形状略呈其两窄边呈半圆弧状的扁长方形，环绕外廓有凸缘（凸缘在通过桶体对称轴处断开），长方形两宽边位于靠近一窄边处有对称的弧状凹入部（桶体捏手部）；

从俯视图观察可见到的桶体形状轮廓略呈其两窄边呈半圆弧状的扁长方形，并可见位于该扁长方形一端的圆形桶盖。

（详见对比文件附图）

5. 比较判断

本专利与对比文件相比较，两者的主要相同点在于两者的整体轮廓相似。同时两者之间也具有一些细部处的不同点，如从本专利主、后、右视图中可见本专利桶体上沿倾斜部下方有数条彼此平行并同向倾斜的棱线、从本专利主、后视图中可见本专利桶体下部有数条彼此平行的立棱线，而在对比文件的桶体中没有上述棱线；从主、后视图上看，本专利桶体与对比文件相比其外形较窄，本专利桶体上部倾斜部外廓呈折线状而对比文件桶体的倾斜部外廓平滑，本专利的桶盖相对于对比文件中的桶盖高度较大，故在本专利的右视图中可以看见桶盖的上半部而从对比文件的右视图中则不能看见桶盖；等等。

专利权人在其所提交的意见陈述书中也指出：本专利与对比文件相比，其"主视图底部不相同""主视图右侧不相近似"；专利权人因此认为"本专利与证据专利不相同也不相近似"。

合议组认为：根据整体观察、综合判断的原则，对本案所涉及的包装桶类产品之间进行相近似性判断时，应重点观察其桶体形状。而在本案中，本专利与对比文件的桶体外观的整体形状轮廓是基本相同的；虽然两者间如前文所述存在有一些细部区别，但相对于二者产品整体造型而言，这些区别属于尚不足以构成使二产品外观形状出现整体显著差异的局部不同，其对于桶体的整体视觉效果不具有显著的影响。因此，合议组认为，本专利与对比文件属于相近似的外观设计。

综上所述，本专利与申请日以前公开发表的外观设计相近似。因此，本专利不符合专利法第23条的规定。

三、决定

依据专利法第23条的规定，宣告200430015365.9号外观设计专利权全部无效。

当事人对本决定不服的，可以根据专利法第46条第2款的规定，自收到本决定之日起3个月内向北京市第一中级人民法院起诉。根据该款的规定，一方当事人起诉后，另一方当事人应当作为第三人参加诉讼。

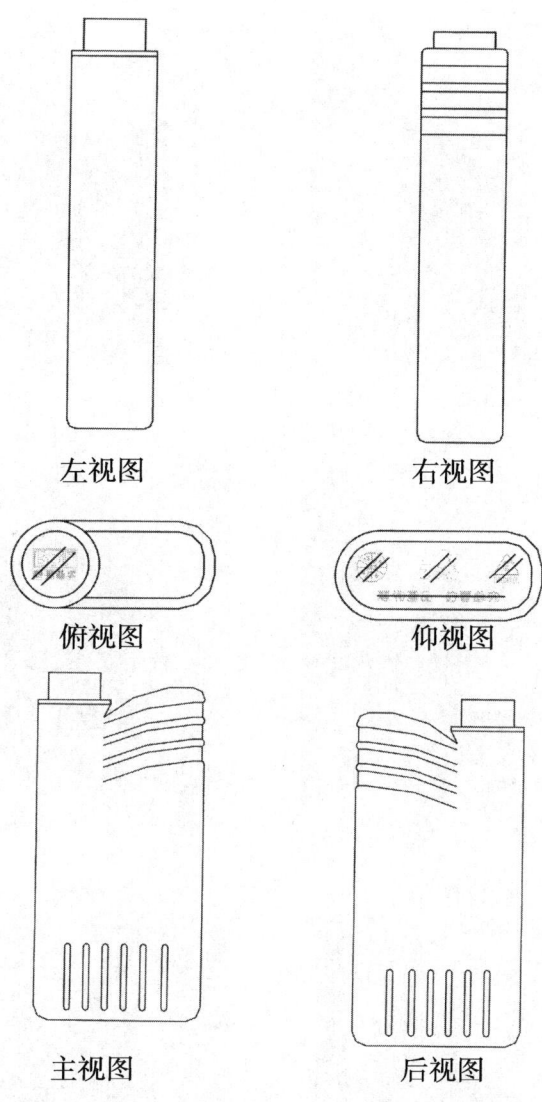

本专利附图

117

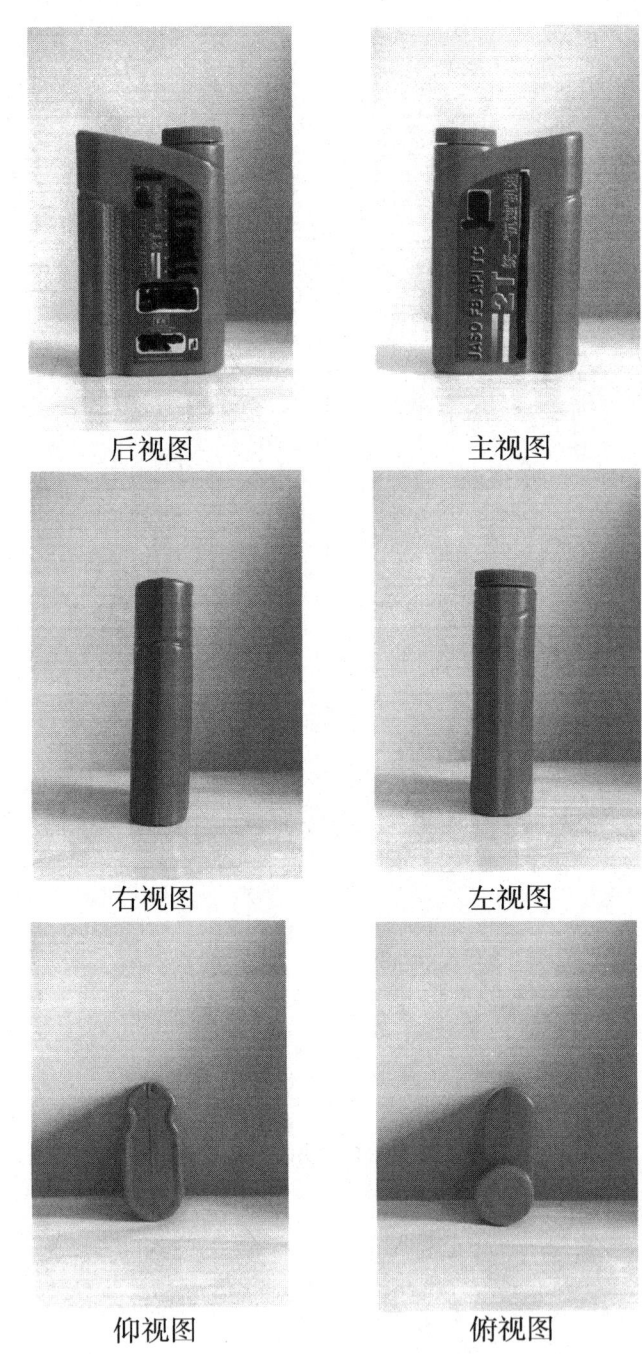

后视图　　主视图

右视图　　左视图

仰视图　　俯视图

对比文件图

019

壁柜下滑

无效宣告请求审查决定（第8831号）

决 定 号	第8831号
决 定 日	2006年11月14日
发明创造名称	壁柜下滑
国际分类号	25-01-A0124
无效宣告请求人	上海汇丽橱柜家具有限公司
专 利 权 人	北京超辰经济发展有限责任公司
申 请 号	2001300550.2
申 请 日	2001年2月8日
授权公告日	2002年7月17日
合议组组长	王桂莲
主 审 员	张梅珍
参 审 员	宋 瑞
附 图	2页
法 律 依 据	专利法第23条；专利法实施细则第2条第3款，第13条第1款
决 定 要 点	

在判断两个外观设计是否属于同样的发明创造时，应当判断二者是否构成相同、相近似。

一、案由

本无效宣告请求涉及中华人民共和国国家知识产权局于2002年7月17日授权公告的、名称为"壁柜下滑"的外观设计专利权（下称本专利），其申请号是2001300550.2，申请日是2001年2月8日，专利权人是北京超辰经济发展有限责任公司。

针对上述专利权，上海汇丽橱柜家具有限公司（下称请求人）于2005年6月14日向专利复审委员会提出无效宣告请求，其提交的证据如下：

证据1：公告号为3415971的中国外观设计专利，申请日为2004年6月4日，公告日为2004年12月29日；

证据2：授权公告号为CN3133110D的中国外观设计专利，授权公告日为1999年12月29日；

证据3：授权公告号为CN3161984D的中国外观设计专利，授权公告日为2000年9月27日。

请求人认为，本专利相对于证据1不符合专利法实施细则第13条第1款的规定；本专利分别相对于证据2、3不符合专利法第23条的规定。

经形式审查合格，专利复审委员会依法受理了上述无效宣告请求，并于2005年8月26日向双方当事人发出无效宣告请求受理通知书，同时将无效宣告请求书及其附件清单中所列附件的副本转送给专利权人。

针对上述无效宣告请求，专利权人于2005年9月20日提交了答复意见，认为：证据1的申请日晚于本专利的申请日，因此本专利并不违反专利法实施细则第13条第1款的规定；证据1~3的外观设计均与本专利不相近似，因此本专利符合专利法第23条的规定。

专利复审委员会于2006年6月9日向双方发出无效宣告请求口头审理通知书，指出本案合议组定于2006年8月8日举行口头审理。随同口头审理通知书，将专利权人于2005年9月20日提交的意见陈述书副本转送给请求人。

口头审理如期举行，双方当事人均出席了口头审理。请求人明确无效理由、证据及范围为：本专利相对于证据1不符合专利法实施细则第13条第1款的规定；本专利分别相对于证据2、3不符合专利法第23条的规定；同时补充无效理由：本专利不符合专利法实施细则第2条第3款的规定。专利权人对证据1~3的真实性无异议。（1）关于专利法实施细则第13条第1款的无效理由，请求人认为证据1与本专利的显著特征都是双"V"槽，整体相近似，仅有细微的区别：A. 本专利没有凸起条状结构，但该区别细节在使用中是不可视的，只是起到功能加固的作用；B. 证据1两边为弧形设计，而本专利两边为直角设计，但认为从整个形状上是构成了相近似。专利权人认为，从立体图来看证据1与本专利完全不同，本专利的边缘是完全直角的，方口适用于木地板以及在同一平面安装，使型材处于同一平面，从固定的角度来讲证据1的弧形边缘可以保护行走安全，减少行走时的障碍感，证据1的中间部分起到便于固定，同时减少空腔空间，从而抑制噪音，所以从技术适用性能和技术进步来讲，结构、外形上本专利与证据1完全不相似，唯一相似的是两者都具有"V"形槽。（2）关于专利法第23条的无效理由，请求人认为证据2、3的公开日均在本专利之前，且属于同类产品，从结构上来看与本专利都是相近似的，均具有凹槽。专利权人认为，从立面的效果来看，证据2和证据3的截面均存在封闭空腔，本专利是没有封闭状的空腔；从使用方面，本专利是门窗类，而证据2、3只是型材；无论外观、结构，本专利与证据2、3均不相近似。（3）关于专利法实施细则第2条第3款的规定，请求人认为，本专利的横截面与现有技术无显著区别，所以认为本专利在形状、结构设计上不构成新的设计，不符合专利法实施细则第2条第3款的规定。专利权人认为，请求人当庭补充的无效理由合议组应当不予采纳。

至此，合议组认为本案事实清楚，现依法作出审查决定。

二、决定的理由

1. 关于证据

请求人在无效宣告请求程序中共提交3份证据，即证据1~3。上述证据均为专利文献，且专利权人对其真实性予以认可，经合议组审查，证据1~3可以作为本案的证据使用。其中证据2-3的授权公告日早于本专利的申请日，因此其可以用于评价本专利是否符合专利法第23条的规定，证据1的公告日晚于本专利的申请日，不能用于评价本专利是否符合专利法第23条的规定，但可以用于评价本专利是否符合专利法实施细则第13条第1款的规定。

2. 关于本专利是否符合专利法实施细则第13条第1款的规定

专利法实施细则第13条第1款规定：同样的发明创造只能被授予一项专利。

请求人认为本专利相对于证据1不符合专利法实施细则第13条第1款的规定。

根据2006年5月24日颁布、2006年7月1日起施行的专利审查指南第一部分第三章第6.5.1节的规定，在判断是否构成专利法第9条所述的"同样的发明创造"时，应当以表示在两件外观设计专利申请或专利的图片或照片中的外观设计产品为准。同样的外观设计是指两项外观设计相同或相近似。根据该专利审查指南第四部分第五章第6节的规定,只有对于相同或者相近类别的产品,才可能存在外观设计相近似的情况。同一类别的产品是指用途完全相同的产品。对于相同类别产品的外观设计是否相近似的判断是指对产品的形状、图案、色彩的设计进行整体观察、综合判断。

本专利是一种壁柜下滑,从横截面来看,呈左右对称结构,其由三个向上的凸起和两个V形凹槽构成,其中凸起和凹槽间隔分布,三个凸起的顶部均为平面,V形凹槽的每一侧壁由两个曲率不同的直线段构成,从而使该槽向下、向外凸出。该壁柜下滑两侧为直角边缘。

证据1是一种下滑型材,从横截面来看,呈左右对称结构,其由四个向上的凸起和三个凹槽构成,凸起和凹槽间隔分布,四个凸起的顶部均为弧线形状,中间的凹槽比另外两个凹槽的深度浅很多,该凹槽具有平的底部,底部向下伸出两个直线段的部件,另外两个凹槽呈V字形状,V形凹槽的每一侧壁大部分为一倾斜的直线段,仅在上部有很短一段竖直向上的线段。该壁柜下滑两侧为圆弧边缘。

将本专利与证据1相比较,二者均为家具中的下滑产品。其横截面的区别在于构成型材的凸起和凹槽的数量以及形状均不相同:(1)前者由三个凸起和两个凹槽构成,后者则是由四个凸起和三个凹槽构成,(2)前者三个凸起的顶部均为平面,后者凸起的顶部均为弧线形状,(3)前者中间部分为平面,后者中间是比较复杂的带有向下伸出的腿的凹槽,(4)前者两侧为直角边缘,后者为圆弧边缘,(5)V形槽侧壁的构成不同。

尽管二者均是由曲线构成的横截面,并且均包含了V形凹槽,但由于存在上述大量区别,上述差别对产品整体的视觉效果产生显著影响,因此本专利与证据1的设计不相同、也不相近似。在此基础上,本专利与证据1不属于同样的发明创造,本专利符合专利法实施细则第13条第1款的规定。

3. 关于本专利是否符合专利法第23条的规定

专利法第23条规定:授予专利权的外观设计,应当同申请日以前在国内外出版物上公开发表过或者国内公开使用过的外观设计不相同和不相近似,并不得与他人在先取得的合法权利相冲突。

请求人认为本专利分别相对于证据2、3不符合专利法第23条的规定。

证据2公开了一种门窗型材,从其主视图来看,呈E字形状,并且形成一个封闭空腔,左侧中部有一个小凹槽,右侧每一凹槽中部向内各有一个小凹槽。

证据3公开了一种型材,从其主视图来看,呈一竖直的平板结构,中部向左侧有一圆弧凸起,中部右侧以该凸起为中心向上、向下各有一个凹槽。该凸起具有一个封闭空腔。

将本专利与证据2相比较,除了二者均有凹槽之外,其外部轮廓大不相同,并且证据2中有明显的封闭结构,而本专利没有上述特征,二者差别对于产品的整体视觉效果产生显著影响,因此二者不构成相同、相近似。

同样,将本专利与证据3相比较,除了二者均有凹槽、凸起之外,其外部轮廓并不相同,并且证据3中有明显的封闭结构,而本专利没有上述特征,二者差别对于产品的整体视觉效果产生显著影响,因此二者不构成相同、相近似。

由此可见,本专利相对于证据2、3符合专利法第23条的规定。

4. 关于本专利是否符合专利法实施细则第2条第3款的规定

请求人在口头审理中补充了无效理由:本专利不符合专利法实施细则第2条第3款的规定。专利权人认为该补充的无效理由不应采纳。

2006年7月1日起施行的专利审查指南中规定了施行修订后审查指南的过渡办法,其中指出,对于在2006年7月1日之前提出的无效宣告请求,对其自无效宣告请求之日起一个月后提出的新理由、新证据的审查适用 2001 年 10 月 18 日公布的审查指南第四部分第三章第 3.1 节的规定。而 2001 年 10 月 18 日公布的审查指南第四部分第三章第 3.1 节规定：对请求人在提出无效宣告请求之日起一个月后提出的需要新的证据支持的新的无效宣告理由和提交的用于证明在提出无效宣告请求之日起一个月内未举证主张的具体事实的证据，合议组不予考虑。在本案中，无效宣告请求的提出是在 2006 年 7 月 1 日之前，并且补充的无效理由不需要新证据支持，因此根据上述规定，请求人于口头审理中增加的本专利不符合专利法实施细则第 2 条第 3 款规定的无效理由应当予以考虑。

专利法实施细则第 2 条第 3 款规定：专利法所称外观设计，是指对产品的形状、图案或者其结合以及色彩与形状、图案的结合所作出的富有美感并适于工业应用的新设计。

专利法实施细则第 2 条第 3 款是对可获得专利保护的外观设计的一般性定义，上文已经论述了本专利相对于证据 2、3 不相同和不相近似，因此，本专利是新的设计，符合专利法实施细则第 2 条第 3 款规定。

三、决定

维持 2001300550.2 号外观设计专利权有效。

当事人对本决定不服的，可以根据专利法第 46 条第 2 款的规定，自收到本决定之日起三个月内向北京市第一中级人民法院起诉。根据该款的规定，一方当事人起诉后，另一方当事人应当作为第三人参加诉讼。

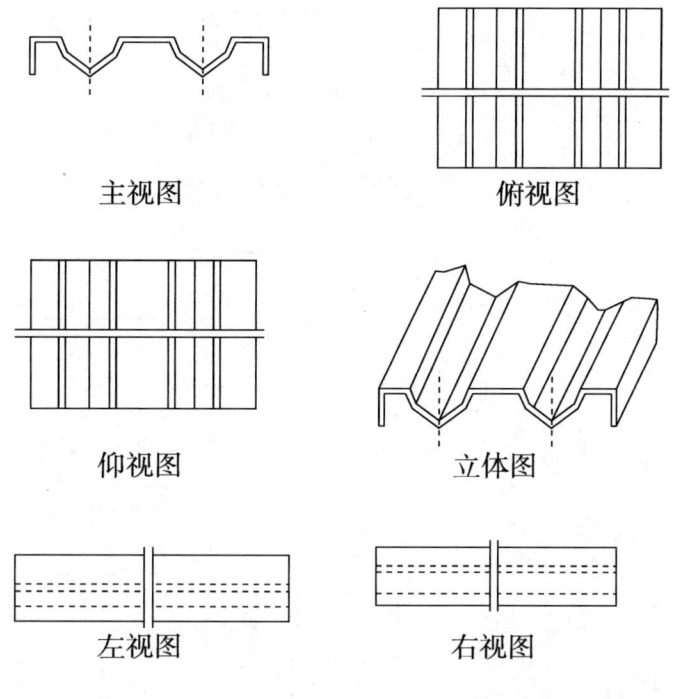

主视图 俯视图

仰视图 立体图

左视图 右视图

本专利

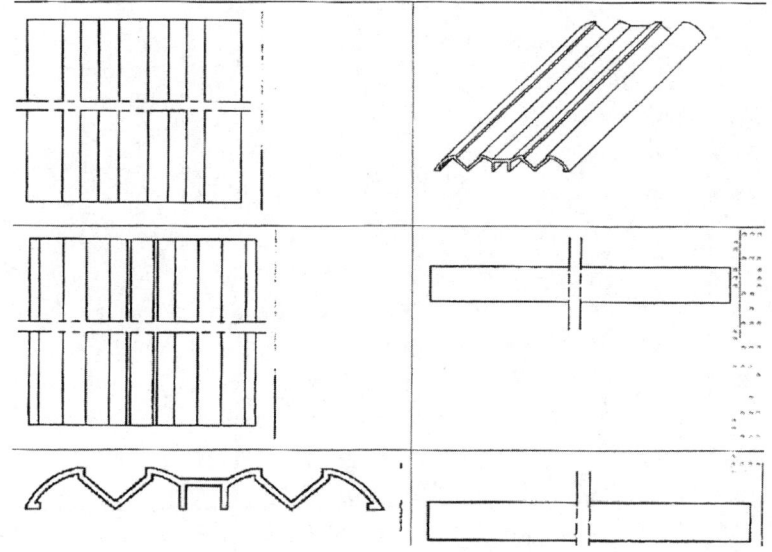

对比文件1图

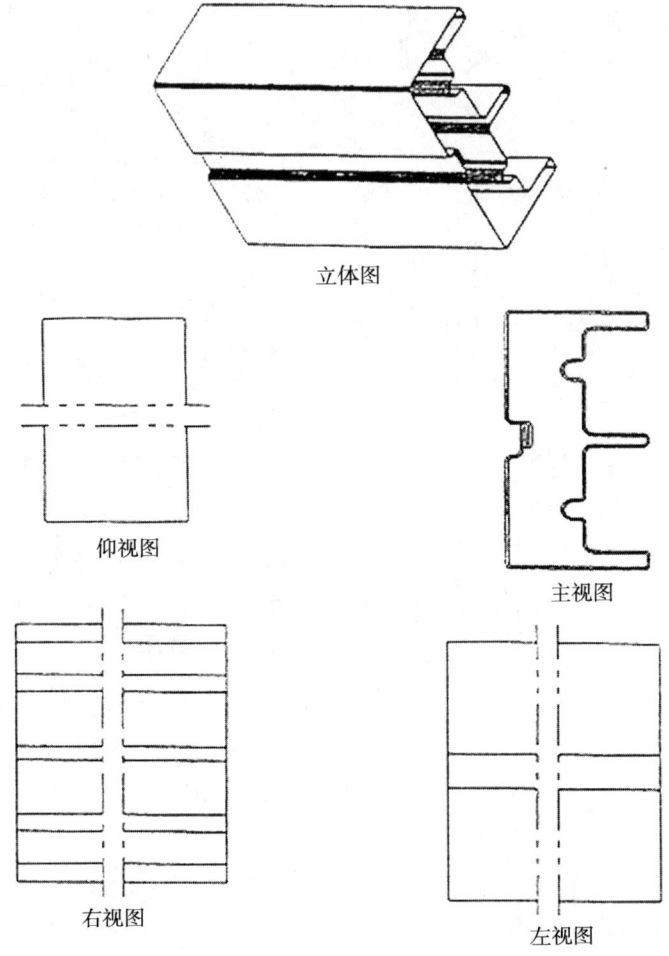

对比文件 2 图

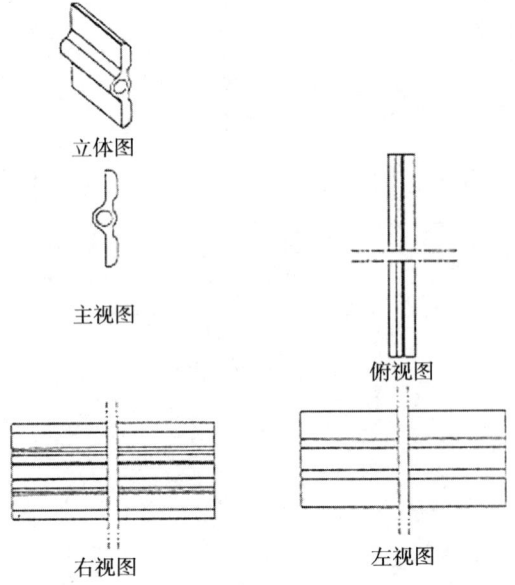

对比文件 3 图

标贴（安防器材）

无效宣告请求审查决定（第 8844 号）

决 定 号	第 8844 号
决 定 日	2006 年 11 月 3 日
发明创造名称	标贴（安防器材）
外观设计分类号	19-08
无效宣告请求人	刘肇怀
专 利 权 人	李科赛
专 利 号	200430032622.X
申 请 日	2004 年 2 月 13 日
授 权 公 告 日	2004 年 9 月 8 日
合 议 组 组 长	刘颖杰
主 审 员	高桂莲
参 审 员	张惠军
附 图	1 页
法 律 依 据	专利法第 23 条

决定要点

如果一件产品同在先设计相比整体外观形状相同，且某一部位上的细微形状变化不会对该产品的整体视觉效果构成显著性影响，应当认为两者属于相近似的外观设计。

一、案由

本无效宣告请求涉及中华人民共和国国家知识产权局于 2004 年 9 月 8 日授权公告的、名称为"标贴（安防器材）"的外观设计专利（下称本专利），其专利号是 200430032622.X，申请日是 2004 年 2 月 13 日，专利权人是李科赛。

针对上述专利权，刘肇怀（下称请求人）于 2006 年 4 月 19 日向专利复审委员会提出无效宣告请求，其提交的证据如下：

证据 1：《中国交通信息产业》2003 年第 10 期的封面页、封底页、目录页、版权信息页、美国 Infinova（英飞拓）有限公司的连页广告 2 页的复印件；

证据 2：《中国公共安全》总第 88 期的首页、目录页、深圳市漠龙智能电子有限公司发布的广告页、广告索引页、第 92~93 页、封底页的复印件，其出版日期为 2004 年 1 月 1 日；

证据 3：2003 年 6 期（总 867 期）《商标公告》（上册）的首页、目录页、第 268 页的复印件；

证据4：深圳市精英商标事务所商标查询服务查询到的 Infinova 引证商标资料复印件1页；

证据5：Infinova 商标注册证（第3090049号）复印件；

证据6：第3090049号注册商标转让证明复印件。

请求人认为，本专利相对于证据1、2或3不具备新颖性，本专利的"Infinova"字样与证据3中的"Infinova"商标相同，与美国英飞拓有限公司在先取得的中国商标权相冲突，本专利不符合专利法第23条的规定。

经形式审查合格，专利复审委员会依法受理了上述无效宣告请求，并于2006年4月19日向双方当事人发出无效宣告请求受理通知书，同时将无效宣告请求书及其附件清单中所列附件的副本转送给专利权人，并要求其在收到通知书之日起壹个月内进行意见陈述。

专利权人于2006年5月31日向专利复审委员会提交意见陈述书，认为：标贴是不同于商标的另一类标识，本专利的标贴必须借助绘画或电脑等工具制作，而商标 Infinova 是可以书写的文字体，因此本专利具有新颖性，另外本专利的标贴具有与 Infinova 不同的寓意性，本专利的 Infinova 具有"向前""创新"之意，该组字母向后倾斜使得字母"F"有向前冲的动感，本专利还将字母"i"中的点换成星，蕴含"创新之星"之意，字母粗重给人稳固感，标贴的外框边线体现了安防的行业特点。

专利复审委员会依法成立合议组对本案进行审理，于2006年8月2日向双方当事人发出无效宣告请求口头审理通知书，指出本案合议组定于2006年9月14日举行口头审理。随同口头审理通知书，将专利权人于2006年5月31日提交的意见陈述副本转送给请求人。

口头审理如期举行，请求人参加了口头审理，专利权人缺席。

在口头审理中，请求人明确无效理由和范围为：本外观设计专利相对于证据1~6不符合专利法第23条的规定。请求人称证据1和2的原件在200430032626.8号（案件编号为6w05911）外观设计案卷内，当庭未提交证据3~6的原件，并表示在口审后15天内提交证据3~6的原件。请求人认为：本专利是在证据1、证据2的公开日之后申请的，因此不符合专利法第23条的规定，证据1的第5页和第6页的左上角均公开了本专利的商标，不同点在于本专利中的字母"i"上面是星号，证据1是普通的字母"i"。证据2的第92~93页右下角图片公开了本专利，且文字部分公开了产品用于安防器材，不同点也在于本专利中的字母"i"上面是星号，证据2是普通的字母"i"。请求人表示证据3作为在先设计用于证明本专利不具有新颖性，证据3已经公开了本专利的特征，从字母的顺序来说，本专利与证据3所公开的完全一致。证据4和5与证据3一起使用证明在本专利申请日之前商标已经公告。并且认为证据6能够证明美国英飞拓公司持有此商标。请求人在当庭提交了（2006）纽领认字第0024200号《认证书》的原件及复印件，表示当庭提交的证据与证据5、证据6一起证明美国英飞拓公司持有此商标。

口审结束后，请求人于2006年9月20日提交了证据3、5和6的原件，经合议组核实，上述证据的原件与复印件一致。

至此，合议组认为本案事实清楚，现依法作出审查决定。

二、决定的理由

1. 关于证据和现有技术

请求人提交的证据1和2分别是2003年第10期的《中国交通信息产业》和2004年第1期的《中国公共安全》相关页的复印件，请求人声称证据1和2的原件在200430032626.8号（案件编号为6w05911）外观设计案卷内，合议组经核实，上述证据1和2的复印件与原件一致，其出版日分别为2003年10月25日和2004年1月1日，在本专利的申请日之前，且专利权人未对其真实性提出异议，因此上述证据可以作为本专利的在先设计使用。

请求人提交的证据 3 为商标公告 2003 年 6 期总 867 期的相关页的复印件，并于 2006 年 9 月 20 日提交了其原件，合议组核实后认为该复印件与原件一致，且专利权人未对该证据的真实性提出异议，因此证据 3 可以作为在先设计使用。

证据 4 为深圳市精英商标事务所商标查询服务查询到的 Infinova 的商标资料，由于请求人未能对该证据的真实性加以证明，该证据不予采信。

证据 5 和 6 分别是 Infinova 商标注册证（第 3090049 号）及该商标的转让证明的复印件，请求人于 2006 年 9 月 20 日提交了上述证据的原件，合议组核实后认为该复印件与原件一致。请求人当庭提交的证据为（2006）纽领认字第 0024200 号《认证书》的原件及复印件及其中文译文，根据审查指南第四部分第三章第 4.3.1 节的规定，该证据不属于新证据。请求人欲使用该证据和证据 5、6 结合说明本专利与美国英飞拓有限公司在先取得的中国商标权相冲突，但请求人没有提交能够证明权利冲突的生效处理决定或判决，根据专利法实施细则第 65 条第 3 款的规定，合议组对上述证据不予考虑。

2. 关于专利法第 23 条

专利法第 23 条规定："授予专利权的外观设计，应当同申请日以前在国内外出版物上公开发表过或者国内公开使用过的外观设计不相同和不相近似，并不得与他人在先取得的合法权利相冲突。"

证据 2 第 92 页和第 93 页刊载有"Infinova®"字样的图片（下称在先设计），其文字部分对"Infinova®"作为注册商标进行了介绍，从该文字部分可知该品牌可用于安防监控系统和光通信领域；而本专利的外观设计"标贴（安防器材）"限定为用于安防器材，由于商标和标贴都用于对产品进行标识，二者都放置于产品的外表面上，使用方式类似，并且本专利与在先设计均可作为安防器材的标识，二者具有相同的用途，因此二者属于相近类别的产品，能够进行相同或相近似性比较。

本专利包括主视图，其所示为 8 个粗体字母，其顺序是 Infinova，其中第一个字母大写，第 4 个字母"i"上的点为一五角星，整行字母稍微向右倾斜，在该 8 个字母外围有一四角为弧形的矩形外框。

在先设计所示为 8 个粗体字母，其顺序是 Infinova，其中第一个字母大写。

经上述比较，本专利与在先设计两者的相同之处均为排列顺序相同的 8 个字母，且第一个字母均为大写。二者不同之处主要在于本专利的第 4 个字母"i"上的点为一五角星，整行字母稍微向右倾斜，以及字母外围具有一矩形外框。在上述区别中，由于本专利第 4 个字母"i"上的五角星相对于整行字母来说所占比例很小，并且该字母的倾斜角度比较小，上述两点并不能对本专利的整体视觉效果带来显著的影响；至于矩形外框，标贴类产品在使用时都具有外框，作为对其形状、尺寸的限定，而矩形外框是外框中的惯常设计，因而，该矩形外框对本专利的整体视觉效果不具有显著的影响。

关于专利权人在 2006 年 5 月 31 日提交的意见陈述书中"标贴必须借助绘画或电脑等工具制作，而商标 Infinova 是可以书写的文字体"的观点，合议组认为外观设计的相同或相近似判断针对的对象是产品的外观，如果其设计过程对最终产品的外观未产生影响，则该设计形成过程等要素在与在先设计比较时不予考虑，因此专利权人的上述主张合议组不予支持。

基于上述理由，本专利和在先设计之间的差别对于二者的整体视觉效果不具有显著的影响，因而二者属于相近似的外观设计，即本专利不符合专利法第 23 条的规定。

鉴于本专利相对于证据 2 不符合专利法第 23 条的规定，本决定不再对其他证据与本专利进行比较。

三、决定

宣告 200430032622.X 号外观设计专利权无效。

当事人对本决定不服的,可以根据专利法第 46 条第 2 款的规定,自收到本决定之日起三个月内向北京市第一中级人民法院起诉。根据该款的规定,一方当事人起诉后,另一方当事人应当作为第三人参加诉讼。

在先设计

主视图

本专利

自动温热医疗器

无效宣告请求审查决定（第 8845 号）

决　定　号	第 8845 号
决　定　日	2006 年 11 月 13 日
发明创造名称	自动温热医疗器
外观设计分类号	24-04
无效宣告请求人	延吉喜来健医疗器械有限公司北京分公司
专 利 权 人	青岛丽可医疗器械有限公司
专　利　号	200330109885.1
申　请　日	2003 年 10 月 28 日
授权公告日	2004 年 7 月 7 日
合议组组长	张惠军
主　审　员	高桂莲
参　审　员	周航
附　　　图	4 页

法 律 依 据　专利法第 23 条

决 定 要 点

如果一项外观设计专利与在先设计之间存在的差异属于局部的细微差别，或者处于使用时消费者不容易看到的部位，所述差异不足以使普通消费者从视觉上清楚地将它们区别开来，也就是说，两者整体外形的相似之处使普通消费者易于将两者混同，则二者属于相近似的外观设计。

一、案由

本无效宣告请求涉及中华人民共和国国家知识产权局于 2004 年 7 月 7 日授权公告的、名称为"自动温热医疗器"的外观设计专利权（下称本专利），其专利号是 200330109885.1，申请日是 2003 年 10 月 28 日，专利权人是青岛丽可医疗器械有限公司。

针对上述专利权，延吉喜来健医疗器械有限公司北京分公司（下称请求人）于 2005 年 11 月 25 日向专利复审委员会提出无效宣告请求，并提交了如下附件：

附件 1：本专利公告文本复印件；

附件 2：韩国登记编号为 30—0331376 的注册设计图案公报（S）及其中文译文复印件，其公告日期为 2003 年 8 月 25 日。

请求人认为本专利的自动温热医疗器与附件 2 所公开的温热医疗器属于相近似的外观设计，因此本专利不符合专利法第 23 条的规定。

经形式审查合格，专利复审委员会依法受理了上述无效宣告请求，并于 2006 年 4 月 13 日向双方当事人发出无效宣告请求受理通知书，同时将无效宣告请求书及其附件清单中所列附件的副本转送给专利权人。

针对上述无效宣告请求，专利权人于 2006 年 5 月 29 日向专利复审委员会提交意见陈述书，其中对无效宣告请求人提交的附件 2 的真实性提出异议，并且认为本专利与附件 2 所列图形不相近似，并在意见陈述书所附的附件中利用图形对比和文字具体陈述了理由。

专利复审委员会依法成立合议组对本无效宣告请求案进行审理，本案合议组于 2006 年 8 月 11 日向双方当事人发出无效宣告请求口头审理通知书，指出本案合议组定于 2006 年 9 月 26 日举行口头审理。随同口头审理通知书，将专利权人于 2006 年 5 月 29 日提交的意见陈述书及其附件副本转送给请求人，并要求请求人在收到口头审理通知书一周内或在口审当庭提交证明其附件 2 真实性的证据，否则该附件 2 不能单独作为定案的依据。

口头审理如期举行，双方当事人均参加了口头审理。

在口头审理中，请求人明确其无效理由、范围、证据为：本外观设计专利相对于附件 2 不符合专利法第 23 条的规定。请求人当庭提交加盖有国家知识产权局专利检索咨询中心副本认证专用章的附件 2，专利权人表示对附件 2 的真实性及其中文译文的准确性不再持异议。请求人认为：本专利主视图对应附件 2 的正面图，后视图对应附件 2 的反面图，俯视图对应附件 2 的平面图，左右视图分别对应附件 2 的左侧图和右侧图，立体图对应附件 2 的参考图 1。请求人认可本专利与附件 2 存在以下差别：（1）本专利床体侧面的床腿之间无支架，而附件 2 相应处有一"U"形支架；（2）本专利床体的头尾侧各有一根横撑连接两弧形床腿，而附件 2 中没有横撑。但请求人认为这两个区别均处于床体的下方，带来的视觉影响比较小。除此之外，专利权人认为本专利与附件 2 还有如下差别：a. 扶手部分的结构和固定方式与附件 2 不同，本专利的弧形扶手下面有两个小撑，附件 2 没有小撑。b. 二者的支撑床腿形状、功能不同；c. 本专利的床体下方有高度调节器，附件 2 没有；d. 使用状态不同，本专利床体可以上调 45 度角。请求人认为：上述区别点 a、b 中的扶手部分和床腿整体形状相同，功能也分别相同，本专利中的小撑处于不易观察的部位，不足以带来明显的视觉差异；至于区别点 c、d，请求人认为显示该特征的是使用状态参考图，且不能否认附件 2 中没有这种功能。

至此，合议组认为本案事实清楚，现依法作出审查决定。

二、决定的理由

1. 关于证据和现有技术

附件 2 为韩国注册设计图案公报，其公告日期为 2003 年 8 月 25 日，早于本专利的申请日，该公报记载的产品名称为"温热治疗器"，与本专利的类别相同，请求人当庭提交加盖有国家知识产权局专利检索咨询中心副本认证专用章的附件 2，且专利权人对附件 2 的真实性及其中文译文的准确性没有异议，因此附件 2 可以作为在先设计与本专利外观设计进行对比，附件 2 所披露的内容以其中文译文为准。

2. 关于专利法第 23 条

专利法第 23 条规定："授予专利权的外观设计，应当同申请日以前在国内外出版物上公开发表过或者国内公开使用过的外观设计不相同和不相近似，并不得与他人在先取得的合法权利相冲突。"

如果一项外观设计专利与在先设计之间存在的差异属于局部的细微差别，或者处于使用时消费者不容易看到的部位，所述差异不足以使普通消费者从视觉上清楚地将它们区别开来，也就是说，两者整体外形的相似之处使普通消费者易于将两者混同，则二者属于相近似的外观设计。

具体在本案中，本专利共有十幅视图，即为主视图、后视图、左视图、右视图、俯视图和立体图，以及使用状态参考图1、2、3、4。这些视图显示了一种温热医疗器的外观，其包括床垫部分、床体部分和扶手部分。床垫部分叠放在床体部分上，该床垫部分整体上呈现出具有一定厚度的长方体形状，从俯视图看该长方体床垫的四个角呈圆角平滑过渡。床垫的大约三分之一处有一折线，将床垫分成两部分，从使用状态参考图可以看出，这两部分床垫分别能够被向上折起一定角度。床体部分包括四个弧形的床腿部分，和分别连接两个弧形床腿的直板，该直板上侧中部略向下凹进呈U形，床体两端的两床腿之间分别设有一横撑。扶手部分处于床体上、床垫两侧中部，呈圆弧形，从主视图、后视图可以看出，该扶手部分与其下方的两个床腿整体上形成一个平滑的圆弧形形状，扶手部分在靠近两端的位置具有两个倾斜的小撑。另外，在床体下方床腿与直板相交位置处斜向下伸出两个小杆，即申请人所说的高度调节器，在床垫一侧扶手上方还有一支杆和控制盒，该控制盒下方的床垫侧面设有接线部分。

附件2以其正面图、反面图、左侧图、右侧图、平面图、底面图、斜视图和使用状态参考图1显示了一种温热治疗器的外观，其也包括床垫部分、床体部分和扶手部分。床垫部分叠放在床体部分上，该床垫部分整体上呈现出具有一定厚度的长方体形状，从俯视图看该长方体床垫的四个角呈圆角平滑过渡。床垫的大约三分之一处有一折线，将床垫分成两部分。床体部分包括四个弧形的床腿部分，和分别连接两个弧形床腿的直板，该直板上侧中部略向下凹进呈U形，该直板下方两床腿之间有一U形的支撑体。扶手部分位于床体上、床垫两侧中部，呈圆弧形，从正面图、反面图可以看出，该扶手部分与床腿部分整体上形成一个平滑的圆弧形形状。从附件2的使用状态图可以看出，在床垫一侧扶手上方也有一支杆和控制盒，该控制盒下方的床垫侧面设有接线部分，通过该附图与其他附图比较可以获知该支杆和控制盒为可拆卸部分。

将本专利与附件2对照比较可以看出，两医疗器整体上均由床垫部分、床体部分和扶手部分组成，且各组成部分的形状以及相互之间的比例关系基本相同，整体视觉形状和设计风格基本相同。虽然本专利与附件2产品在外观上存在以下几处细部差别：（1）本专利的弧形扶手下面有两个小撑，附件2在该处没有小撑；（2）本专利的床体下方有高度调节器，附件2在该处没有高度调节器；（3）本专利的床体两端的床腿之间有一横撑，而附件2在相应位置没有横撑；（4）附件2的床体两侧的床腿之间有"U"形支撑体，而本专利没有。但合议组认为上述区别点（1）位于扶手杆下方、床垫侧面的位置处，区别点（2）（3）（4）位于床板下方，在使用过程中一般不被消费者注意，并且对于整体视觉效果不具有显著的影响。虽然专利权人还认为：①本专利与附件2相比，两者的支撑床腿形状、功能不同，②两者的使用状态不同，本专利床体可以上调45度角。但合议组认为，对上述区别点①来说，本专利与附件2的支撑床腿均为弧形，差别仅在于本专利支撑床腿沿水平向伸出的部分较长，而附件2较短，但二者的整体形状相同，其所起到的作用均为支撑功能，且所述差别仅为局部细微差别。至于上述区别点②，由于本专利仅在使用状态参考图中表示出床体可以上调一定角度这一特征，但使用状态参考图不是本专利的保护范围，仅用于理解外观设计的所属领域、使用方法、使用场所或者用途，以确定产品的类别（参见审查指南第四部分第五章第5.5.2节），而且在先设计的床垫相应位置处也有一道折线，虽然图中没有显示该床垫上折的状态，但不能断定在使用状态下其不能折起。因此，附件2与本专利存在的差别是局部的细微差别或者处于使用过程中一般不被消费者注意的部位，对整体视觉效果不具有显著的影响，因此本专利与附件2相近似，不符合专利法第23条的规定。

三、决定

宣告200330109885.1号外观设计专利权无效。

当事人对本决定不服的，可以根据专利法第46条第2款的规定，自收到本决定之日起三个月内向北京市第一中级人民法院起诉。根据该款的规定，一方当事人起诉后，另一方当事人应当作为第三人参加诉讼。

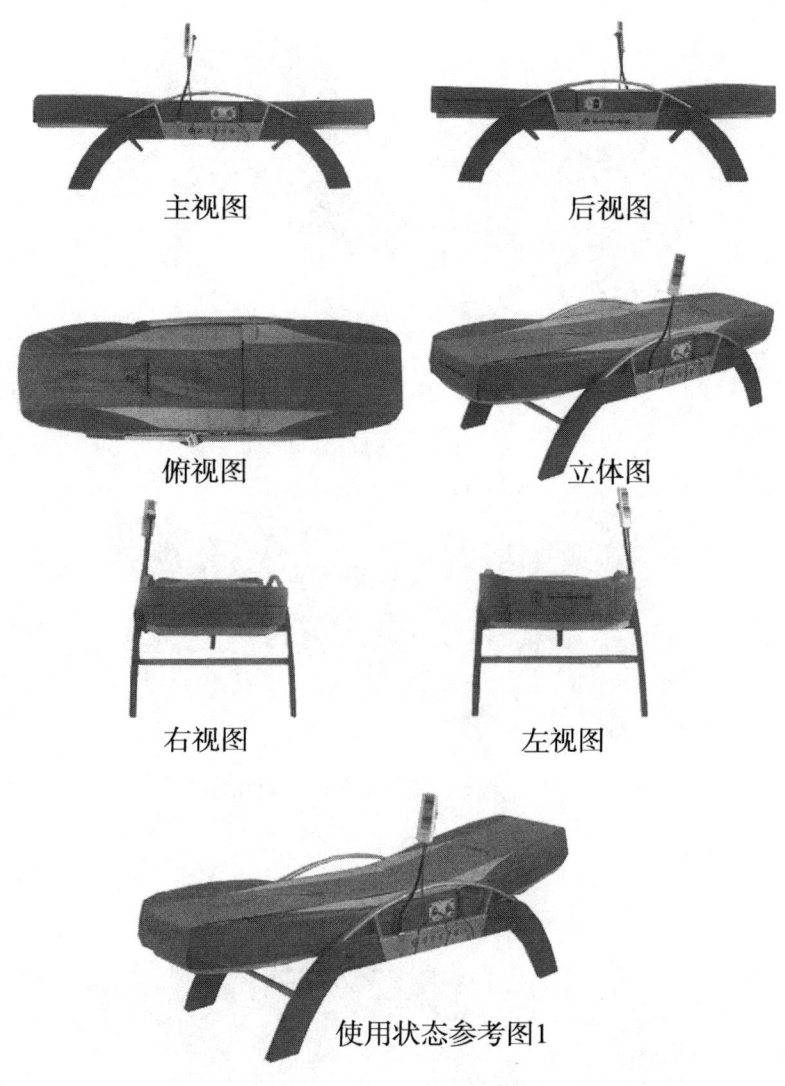

使用状态参考图2

使用状态参考图3

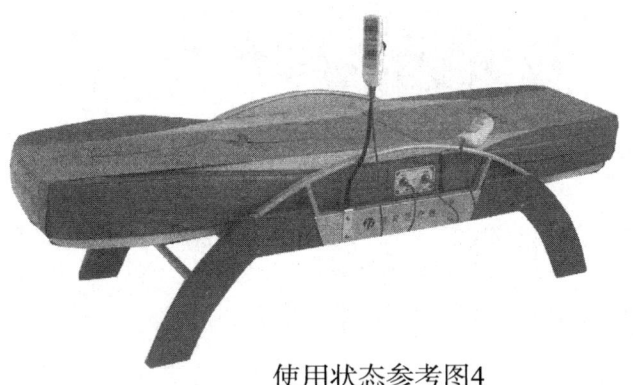

使用状态参考图4

本专利附图

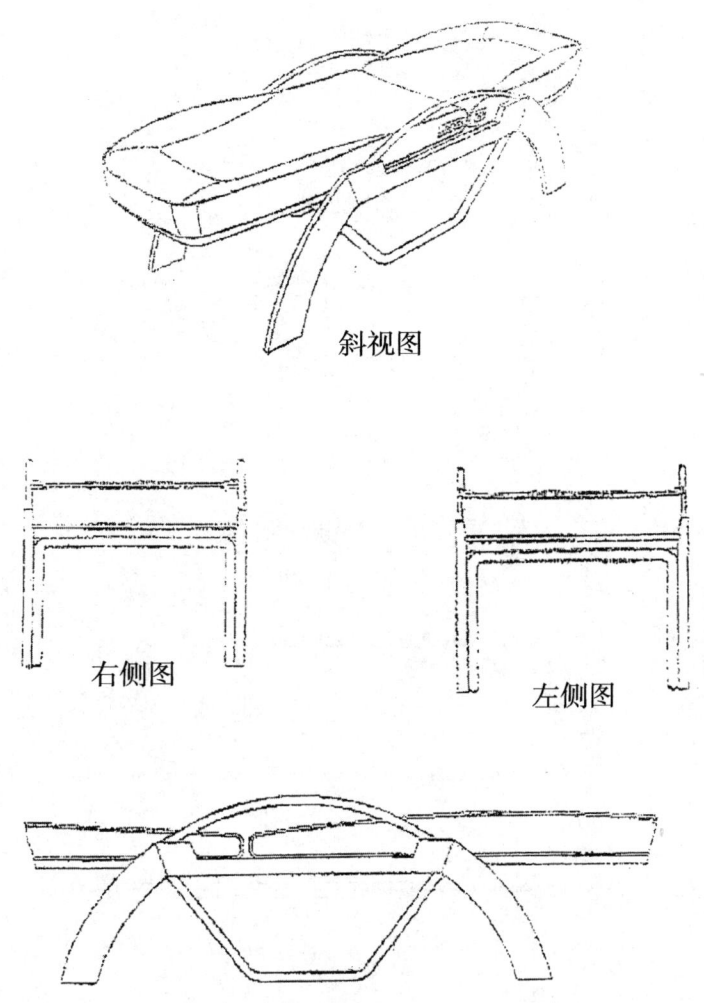

斜视图

右侧图　　左侧图

反面图

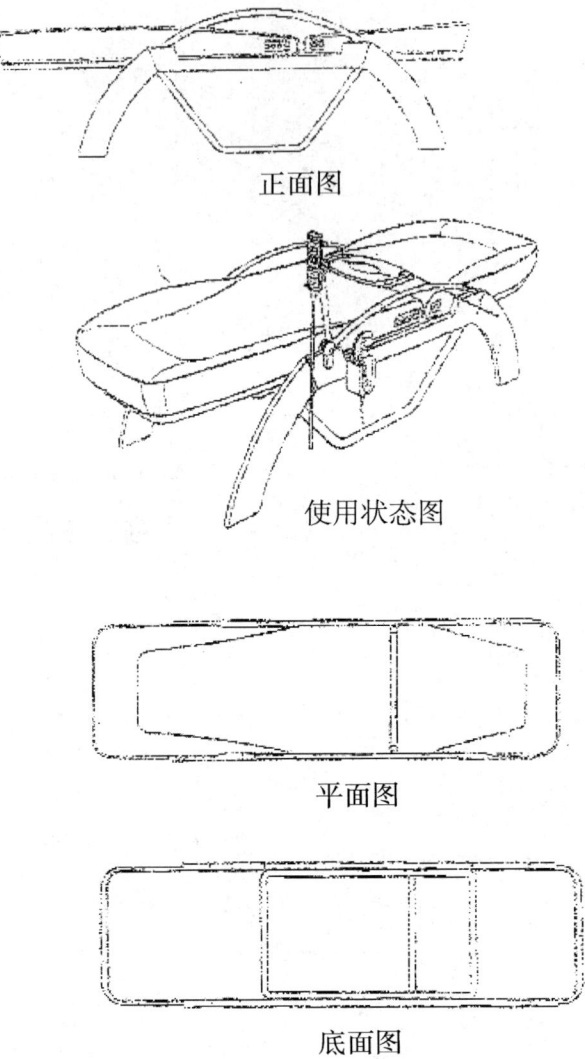

正面图

使用状态图

平面图

底面图

在先设计图

北京市第一中级人民法院
行政判决书

(2007) 一中行初字第 340 号

原告青岛丽可医疗器械有限公司，住所地山东省青岛市李沧区瑞金路37号
委托代理人崔滨生，男，青岛联智专利商标事务所有限公司专利代理人
委托代理人王群，女，青岛丽可医疗器械有限公司法律顾问
被告国家知识产权局专利复审委员会，住所地北京市海淀区北四环西路9号银谷大厦10~12层
法定代表人廖涛，副主任
委托代理人高桂莲，女，国家知识产权局专利复审委员会审查员
委托代理人王伟艳，女，国家知识产权局专利复审委员会审查员
第三人延吉喜来健医疗器械有限公司北京分公司，住所地北京市朝阳区利泽中2路1号506室
负责人张道根，总经理
委托代理人李剑，男，延吉喜来健医疗器械有限公司北京分公司职员，住北京市朝阳区建外大街4号

原告青岛丽可医疗器械有限公司不服被告国家知识产权局专利复审委员会作出的第8845号无效宣告请求审查决定（以下简称被诉决定），向本院提起诉讼。本院受理后，依法组成合议庭，并依法通知本案的利害关系人延吉喜来健医疗器械有限公司北京分公司作为第三人参加本案诉讼，于2007年4月4日公开开庭审理了本案。原告的委托代理人崔滨生、王群，被告的委托代理人高桂莲、王伟艳，第三人的委托代理人李剑到庭参加了诉讼。本案现已审理终结。被告针对第三人的无效宣告请求，对专利号是200330109885.1，申请日是2003年10月28日，授权公告日是2004年7月7日，专利权人是原告，名称为"自动温热医疗器"的外观设计专利权（以下简称本专利）进行审查，依据《中华人民共和国专利法》（以下简称《专利法》）第二十三条的规定，于2006年12月1日作出被诉决定：宣告本专利无效。主要理由如下：将本专利与第三人提供的附件2（即韩国登记编号为30-0331376的注册设计图案公报（S）及其中文译文复印件，其公告日期为2003年8月25日）对照比较，可以看出两医疗器整体上均由床垫部分、床体部分和扶手部分组成，且各组成部分的形状以及相互之间的比例关系基本相同，整体视觉形状和设计风格基本相同。虽然本专利与附件2产品在外观上存在以下几处细部差别，但附件2与本专利存在的差别是局部的细微差别或者处于使用过程中一般不被消费者注意的部位，对整体视觉效果不具有显著的影响，因此本专利与附件2相近似，不符合《专利法》第二十三条的规定。为证明被诉决定合法，被告在法定期限内向本院提供了以下证据：1. 本专利的公报；2. 附件2；3. 原告在无效程序中提交的意见陈述书；4. 口头审理记录表。原告诉称：被告认定事实不清，适用法律错误，导致决定错误，请求法院撤销被诉决定，判决被告重做。理由如下：1. 被告遗漏本专利与附件2之间的重要差别，导致认定事实不清。本专利大垫体外端部无挡边，大垫体形似槽状，对比文件大垫体外端部有挡边，大垫体形似盆状；本专利小垫体外端部没有挡边，小垫体形似槽状，对比文件小垫体外端部没有挡边，小垫体形似盆状；本专利大垫体和小垫体挡边从外至内是平面过渡到斜面，平面与斜面差异微小，对比文件的大垫体从外端到内端是弧形面，弧度明显，小垫体斜面高度落差明显；本专利床垫侧面接线部分设置在大垫体侧面且为两个孔，对比文件侧面均设置有接线部分，且大垫体为4个，小垫体为2个。因此，从本专利图和附件2比较看，本专利

的主要视觉面的床垫形似槽形，而附件2形似盆形造型，本专利与附件2具有明显区别，足以导致消费者能够区别是两种不相近似的外观设计，由此应当认定两者不近似。2. 被告将区别点定义为细微差别显属错误。被告将消费者的注意过程放在使用过程是明显错误的。本专利是一种保健品，其销售对象主要不是医院或疗养院等部门，而恰恰是消费者自身，即使包括少数医疗部门，其消费者的群体理应包括医疗部门的采购人员。所以，对于睡觉的床而言，消费者的关注过程不是在睡觉过程，而是在购买过程。因而，消费者对本专利产品的关注过程是购买过程，而非使用过程。当消费者在购买过程中是整体打量，因而床体是消费者观察的部位。因此，本专利与附件2整体不相近似。3. 被告适用法律错误。由于被告出现认定事实错误，在错误的事实引导下，必然在适用法律时产生错误。为此，原告提供了本专利的授权公告文本和附件2，用以支持其诉讼主张。被告辩称：原告认为被诉决定事实不清的诉讼主张缺乏事实和法律依据，我委坚持被诉决定的理由，请求法院驳回原告的诉讼请求，维持被诉决定。第三人未提供书面陈述意见，在开庭中其口头表示同意被诉决定和被告的答辩意见。其未向本院提交证据。

上述证据经过庭审质证，原告对被告的证据2、证据3、证据4没有异议，认为被告在无效审查过程中，并非用本专利文件公报来对比，而是用案卷中的图片来对比。本专利文件公报比案卷中的图片小三分之二。原告认为被告应当提供被诉决定依据的图片。

被告当庭向本院出示了公报内容，提出其用授权文本来对比，和公报文本基本上是一样的，除了色彩不同，图的大小有差异以外，没有其他区别。第三人对被告的证据没有争议

被告与第三人对原告的证据没有争议，但不同意原告的举证主张。

经审查，本院认为上述证据是行政程序中的有效证据，能够作为本案的证据，本院予以确认。

根据上述有效证据和当事人无争议的陈述，本院确认事实如下：

2005年11月25日，针对本专利权，第三人向被告提出无效宣告请求，并提交了本专利的公告文本复印件及附件2，其认为本专利的自动温热医疗器与附件2所公开的温热医疗器属于相近似的外观设计，因此本专利不符合《专利法》第二十三条的规定。

经形式审查合格，被告依法受理了上述无效宣告请求，并于2006年4月13日向原告和第三人发出无效宣告请求受理通知书，同时将无效宣告请求书及其附件清单中所列附件的副本转送给原告。

针对上述无效宣告请求，原告于2006年5月29日向被告提交意见陈述书，对附件2的真实性提出异议，并且认为本专利与附件2所列图形不相近似，并利用图形对比和文字具体陈述了理由。

被告依法组成合议组对本无效宣告请求案进行审理，并于2006年8月11日向原告和第三人发出口头审理通知书，随同口头审理通知书，将原告于2006年5月29日提交的意见陈述书及其附件副本转送给第三人，并要求第三人在收到口头审理通知书一周内或在口审当庭提交证明其附件2真实性的证据，否则该附件2不能单独作为定案的依据。

2006年9月26日，被告如期进行口头审理，原告和第三人均参加了口头审理。在口头审理中，第三人明确本外观设计专利相对于附件2不符合《专利法》第二十三条的规定，同时当庭提交加盖有国家知识产权局专利检索咨询中心副本认证专用章的附件2，原告表示对附件2的真实性及其中文译文的准确性不再持异议。双方在口头审理中充分发表了各自的意见。

被告经过审查，认定了以下内容：

第一，附件2为韩国注册设计图案公报，其公告日期为2003年8月25日，早于本专利的申请日，该公报记载的产品名称为"温热治疗器"，与本专利的类别相同，第三人当庭提交加盖有国家知识产权局专利检索咨询中心副本认证专用章的附件2，且原告对附件2的真实性及其中文译文的准确性没有异议，因此附件2可以作为在先设计与本专利外观设计进行对比，附件2所披露的内容以其中

文译文为准。

第二，附件2公开了以下内容：其正面图、反面图、左侧图、右侧图、平面图、底面图、斜视图和使用状态参考图1显示了一种温热治疗器的外观，其也包括床垫部分、床体部分和扶手部分。床垫部分叠放在床体部分上，该床垫部分整体上呈现出具有一定厚度的长方体形状，从俯视图看该长方体床垫的四个角呈圆角平滑过渡。床垫的大约三分之一处有一折线，将床垫分成两部分。床体部分包括四个弧形的床腿部分，和分别连接两个弧形床腿的直板，该直板上侧中部略向下凹进呈U形，该直板下方两床腿之间有一U形的支撑体。扶手部分位于床体上、床垫两侧中部，呈圆弧形，从正面图、反面图可以看出，该扶手部分与床腿部分整体上形成一个平滑的圆弧形状。从附件2的使用状态图可以看出，在床垫一侧扶手上方也有一支杆和控制盒，该控制盒下方的床垫侧面设有接线部分，通过该附图与其他附图比较可以获知该支杆和控制盒为可拆卸部分。

第三，本专利的10幅试图的内容如下：显示了一种温热医疗器的外观，其包括床垫部分、床体部分和扶手部分。床垫部分叠放在床体部分上，该床垫部分整体上呈现出具有一定厚度的长方体形状，从俯视图看该长方体床垫的四个角呈圆角平滑过渡。床垫的大约三分之一处有一折线，将床垫分成两部分，从使用状态参考图可以看出，这两部分床垫分别能够被向上折起一定角度。床体部分包括四个弧形的床腿部分，和分别连接两个弧形床腿的直板，该直板上侧中部略向下凹进呈U形，床体两端的两床腿之间分别设有一横撑。扶手部分处于床体上、床垫两侧中部，呈圆弧形，从主视图、后视图可以看出，该扶手部分与其下方的两个床腿整体上形成一个平滑的圆弧形形状，扶手部分在靠近两端的位置具有两个倾斜的小撑。另外，在床体下方床腿与直板相交位置处斜向下伸出两个小杆，即原告所说的高度调节器，在床垫一侧扶手上方还有一支杆和控制盒，该控制盒下方的床垫侧面设有接线部分。

第四，将本专利与附件2对比，两者的区别在于：

1. 两医疗器整体上均由床垫部分、床体部分和扶手部分组成，且各组成部分的形状以及相互之间的比例关系基本相同，整体视觉形状和设计风格基本相同。

2. 两者在外观上存在以下几处细部差别：（1）本专利的弧形扶手下面有两个小撑，附件2在该处没有小撑；（2）本专利的床体下方有高度调节器，附件2在该处没有高度调节器；（3）本专利的床体两端的床腿之间有一横撑，而附件2在相应位置没有横撑；（4）附件2的床体两侧的床腿之间有"U"形支撑体，而本专利没有。

被告根据上述认定，认为：上述区别点（1）位于扶手杆下方、床垫侧面的位置处，区别点（2）、（3）、（4）位于床板下方，在使用过程中一般不被消费者注意，并且对于整体视觉效果不具有显著的影响。虽然原告还认为①本专利与附件2相比，两者的支撑床腿形状、功能不同，②两者的使用状态不同，本专利床体可以上调45度角。但对上述区别点①来说，本专利与附件2的支撑床腿均为弧形，差别仅在于本专利支撑床腿沿水平向伸出的部分较长，而附件2较短，但二者的整体形状相同，其所起到的作用均为支撑功能，且所述差别仅为局部细微差别。至于上述区别点②，由于本专利仅在使用状态参考图中表示出床体可以上调一定角度这一特征，但使用状态参考图不是本专利的保护范围，仅用于理解外观设计的所属领域、使用方法、使用场所或者用途，以确定产品的类别，而且在先设计的床垫相应位置处也有一道折线，虽然图中没有显示该床垫上折的状态，但不能断定在使用状态下其不能折起。因此，附件2与本专利存在的差别是局部的细微差别或者处于使用过程中一般不被消费者注意的部位，对整体视觉效果不具有显著的影响。

据此，被告于2006年11月13日作出被诉决定，并于同年12月1日向原告和第三人邮寄送达。原告不服，于2007年2月28日向本院起诉。

在开庭审理中，原告和第三人对以下内容没有争议：1. 被告的审查职责和审查程序；2. 被诉决定中"案由"部分记载的内容；3. 被告认定的附件2可以作为在先设计与本专利外观设计进行对比，以附件2的中文译文为准作为本案证据使用的内容；4. 被诉决定对附件2公开内容的描述。原告提出被告对本专利描述中遗漏了垫体大小、电源插头、垫子两侧的挡边形状等内容。

本院认为：根据当事人无争议的陈述，本院经书面审查，对上述无争议的内容予以确认。在此基础上，本院将围绕被诉决定宣告本专利无效是否合法进行审查。

判断外观设计专利与在先设计是否相同或近似，应当根据《专利法》第二十三条，同时还应当参照《审查指南》第四部分第五章的有关规定，进行整体观察、综合判断的原则。

本专利是自动温热医疗器，附件2是温热治疗器，属于相同种类的产品，且附件2的公开日早于本专利的申请日，所以被告将附件2作为在先设计与本专利进行对比符合法律规定。基于原告对被告认定在先设计公开的内容以及在先设计与本专利的区别内容没有争议，所以本院认为被告在被诉决定中认定的两者存在有无小撑、床体高度调节器、有无横撑、有无U形支撑体的区别内容事实清楚。对此，被告认为上述区别内容属于细微差别，不被消费者注意，对整体视觉效果不具有显著影响的结论符合《审查指南》第四部分第五章第4节的判断原则。

针对原告提出的两者的支撑床腿形状、功能不同的主张，被告认为两者的整体形状相同，支撑架仅为细微的差别；对于原告提出两者的使用状态不同的主张，由于本专利床体可以上调45度角的图示，是本专利的使用状态图，不应属于本专利的保护范围。被告认为该图示用于理解外观设计所属的技术领域、使用方法、使用场所、用途，以确定产品类别的认定符合《审查指南》第四部分第五章第5.5.2节的规定。同时，被告还针对在先设计床垫的相应位置也有一道折线，认为不能断定在先设计的床垫在使用状态下不能折起的意见并无不妥。

因此，被告认为附件2与本专利存在的差别是局部的细微差别或者处于使用过程中一般不被消费者注意的部位，对整体视觉效果不具有显著的影响，从而认定本专利与附件2相近似的结论事实清楚，适用法律正确，程序合法，本院应予维持。

综上，依照《中华人民共和国行政诉讼法》第五十四条第（一）项，判决如下：维持国家知识产权局专利复审委员会于二〇〇六年十二月一日作出的第8845号无效宣告请求审查决定。

案件受理费1000元，由原告青岛丽可医疗器械有限公司负担（已交纳）。

如不服本判决，当事人可在判决书送达之日起15日内，向本院递交上诉状，并按对方当事人的人数提出副本及预交上诉费，上诉于北京市高级人民法院。

审　判　长　饶亚东
代理审判员　刘景文
代理审判员　杨　旭
二〇〇六年十二月十九日
书　记　员　蒋利玮

北京市高级人民法院
行政判决书

(2007)高行终字第 590 号

上诉人（一审原告）青岛丽可医疗器械有限公司，住所地山东省青岛市李沧区瑞金路 37 号

委托代理人崔滨生，青岛联智专利商标事务所有限公司专利代理人

委托代理人王群，女，青岛丽可医疗器械有限公司法律顾问

被上诉人（一审被告）国家知识产权局专利复审委员会，住所地北京市海淀区北四环西路 9 号银谷大厦 10-12 层

被上诉人（一审第三人）延吉喜来健医疗器械有限公司北京分公司，住所地北京市朝阳区利泽中 2 路 1 号 506 室

法定代表人廖涛，副主任

负责人张道根，总经理

委托代理人高桂莲，女，国家知识产权局专利复审委员会审查员

委托代理人王伟艳，女，国家知识产权局专利复审委员会审查员

委托代理人李剑，男，延吉喜来健医疗器械有限公司北京分公司职员

上诉人青岛丽可医疗器械有限公司（以下简称青岛丽可公司）因专利无效宣告请求审查决定一案，不服北京市第一中级人民法院（2007）一中行初字第 340 号行政判决，向本院提起上诉。本院受理后，依法组成合议庭，审理了本案。本案现已审理终结。2006 年 12 月 1 日，国家知识产权局专利复审委员会（以下简称专利复审委）针对延吉喜来健医疗器械有限公司北京分公司（以下简称延吉喜来健北京分公司）提出的无效宣告请求，作出第 8845 号无效宣告请求审查决定（以下简称被诉决定），依照《中华人民共和国专利法》（以下简称《专利法》）第二十三条的规定，宣告专利权人为青岛丽可公司，名称为"自动温热医疗器"、专利号为 200330109885.1 的外观设计专利权（以下简称本专利）无效。青岛丽可公司不服被诉决定，向北京市第一中级人民法院提起诉讼。北京市第一中级人民法院经审理认为，根据当事人无争议的陈述，经书面审查，对上述无争议的内容予以确认。在此基础上，将围绕被诉决定宣告本专利无效是否合法进行审查。判断外观设计专利与在先设计是否相同或近似，应当根据《专利法》第二十三条，同时还应当参照《审查指南》第四部分第五章的有关规定，实行整体观察、综合判断的原则。本专利是自动温热医疗器，附件 2 是温热治疗器，属于相同种类的产品，且附件 2 的公开日早于本专利的申请日，所以专利复审委将附件 2 作为在先设计与本专利进行对比符合法律规定。基于青岛丽可公司对专利复审委认定在先设计公开的内容以及在先设计与本专利的区别内容没有争议，所以，专利复审委在被诉决定中认定的两者存在有无小撑、有无床体高度调节器、有无横撑、有无 U 形支撑体的区别内容事实清楚。对此，专利复审委认为上述区别内容属于细微差别，不被消费者注意，对整体视觉效果不具有显著影响的结论符合《审查指南》第四部分第五章第 4 节的判断原则。针对青岛丽可公司提出的两者的支撑床腿形状、功能不同的主张，专利复审委认为两者的整体形状相同，支撑架仅为细微的差别；对于青岛丽可公司提出两者的使用状态不同的主张，由于本专利床体可以上调 45 度角的图示，是本专利的使用状态图，不应属于本专利的保护范围。专利复审委认为该图示用于理解外观设计所属的技术领域、使用方法、使用场所、用途，以确定产品类别的认定符合《审查指南》第四部分第五章第 5.5.2 节的规定。同时，专利复审委还针

对在先设计床垫的相应位置也有一道折线，认为不能断定在先设计的床垫在使用状态下不能折起的意见并无不妥。因此，专利复审委认为附件2与本专利存在的差别是局部的细微差别或者处于使用过程中一般不被消费者注意的部位，对整体视觉效果不具有显著的影响，从而认定本专利与附件2相近似的结论事实清楚，适用法律正确，程序合法，法院应予维持。综上，依照《中华人民共和国行政诉讼法》第五十四条第（一）项，判决维持专利复审委于2006年12月1日作出的第8845号无效宣告请求审查决定。上诉人青岛丽可公司不服上述判决，向本院提起上诉，上诉称，一审判决认定事实不清，适用法律错误。上诉人提出专利复审委对本专利的描述遗漏了垫体大小、电源插头、垫子两侧的挡边形状等内容，延吉喜来健北京分公司对此予以认可。被诉决定遗漏上述内容必然对判定本专利与在先设计是否构成近似得出错误结论。此外，一审法院认定上诉人对附件2公开的内容的描述没有争议不是事实。一审法院对上诉人提出的争议焦点置之不理，导致认定事实错误。被诉决定遗漏的内容导致本专利与在先设计不相近似。本专利与附件2存在重大差别即区别5、6、7、8，在垫体上，本专利的大垫体、小垫体均形似一槽状，附件2的大垫体、小垫体则形似一盆状；在挡边形状上，本专利大、小垫体挡边顶面从外至内是平面过渡到斜面，平面与斜面差异微小，附件2的大垫体从外端到内端是弧形面，弧度明显，小垫体的同样部位是斜面且斜面的高度落差明显；在床垫侧面的接线部分，本专利的床垫侧面的接线部分设置在大垫体侧面且为两个孔，附件2无论大小垫体侧面均设有接线部分，且大垫体上为4个、小垫体上为2个。因此，本专利与附件2不相似。一审法院将本专利与附件的区别1、2、3、4认定为细微差别，显属错误。本专利是一种保健产品，其消费对象为一般消费者，消费者对床的关注过程是购买过程，而不是使用过程。在购买时，一般消费者对床体整体打量，不会只看上不看下或只看局部。一审判决认定事实错误，适用法律也错误。请求二审法院撤销一审判决及被诉决定。被上诉人专利复审答辩认为，首先，青岛丽可公司所称的"垫体大小、电源插头、垫子两侧的挡边形状"等内容，在无效程序中没有提及，而被诉决定认定的事实是基于青岛丽可公司和延吉喜来健北京分公司在无效程序中充分发表意见的基础上做出的。上述双方当事人均参加了口头审理，详细列出了本专利与附件2之间的区别，未涉及青岛丽可公司所称的区别点5、6、7、8；而且，青岛丽可公司针对床垫体声称的区别点5、6，由于本专利的大垫体和小垫体的中间纵向均被一条形布覆盖，无法确定青岛丽可公司所认定的该大垫体和小垫体的上述结构特征，区别点7、8属于局部的细微差别，对整体视觉效果不具有显著的影响。其次，本委坚持被诉决定中关于本专利不符合《专利法》第二十三条规定的评述。综上，一审判决认定事实清楚，适用法律正确，请求二审法院驳回上诉，维持一审判决。被上诉人延吉喜来健北京分公司同意一审判决及被诉决定。

经审理查明：2005年11月25日，延吉喜来健北京分公司针对本专利向专利复审委提出无效宣告请求，认为本专利的自动温热医疗器与附件2所公开的温热医疗器属于相近似的外观设计，本专利不符合《专利法》第二十三条的规定，同时提交了本专利的公告文本复印件及附件2，即韩国登记编号为30-0331376的注册设计图案公报（S）及其中文译文复印件，其公告日期为2003年8月25日。

专利复审委受理上述无效宣告请求后，于2006年4月13日向青岛丽可公司进行了转文。同年5月29日，青岛丽可公司向专利复审委提交了意见陈述，对附件2的真实性提出异议，同时认为本专利与附件2所列图形不相近似，并利用图形对比和文字具体陈述了理由。

2006年9月26日，专利复审委进行了口头审理，青岛丽可公司、延吉喜来健北京分公司均参加了口头审理。延吉喜来健北京分公司明确本外观设计专利相对于附件2不符合《专利法》第二十三条的规定，当庭提交了加盖有国家知识产权局专利检索咨询中心副本认证专用章的附件2及其中文译文，青岛丽可公司表示对附件2的真实性及其中文译文的准确性不再持异议。

专利复审委经查，于2006年12月1日作出被诉决定，认定本专利与对比文件构成近似的外观设计，本专利不符合《专利法》第二十三条的规定，宣告本专利无效。主要理由如下：

附件 2 为韩国注册设计图案公报，其公告日期为 2003 年 8 月 25 日，早于本专利的申请日，该公报记载的产品名称为"温热治疗器"，与本专利的类别相同；延吉喜来健北京分公司于口头审理当庭提交加盖有国家知识产权局专利检索咨询中心副本认证专用章的附件 2，且青岛丽可公司对附件 2 的真实性及其中文译文的准确性没有异议，因此附件 2 可以作为在先设计与本专利外观设计进行对比，附件 2 所披露的内容以其中文译文为准。

本专利共有 10 幅视图，即主视图、后视图、左视图、右视图、俯视图和立体图，以及使用状态参考图 1、2、3、4。这些视图显示了一种温热医疗器的外观，包括床垫部分、床体部分和扶手部分。床垫部分叠放在床体部分上，该床垫部分整体上呈现出具有一定厚度的长方体形状，从俯视图看该长方体床垫的四个角呈圆角平滑过渡。床垫的大约三分之一处有一折线，将床垫分成两部分，从使用状态参考图可以看出，这两部分床垫分别能够被向上折起一定角度。床体部分包括四个弧形的床腿部分，和分别连接两个弧形床腿的直板，该直板上侧中部略向下凹进呈 U 形，床体两端的两床腿之间分别设有一横撑。扶手部分处于床体上、床垫两侧中部，呈圆弧形，从主视图、后视图可以看出，该扶手部分与其下方的两个床腿整体上形成一个平滑的圆弧形形状，扶手部分在靠近两端的位置具有两个倾斜的小撑。另外，在床体下方床腿与直板相交位置处斜向下伸出两个小杆，即青岛丽可公司所说的高度调节器，在床垫一侧扶手上方还有一支杆和控制盒，该控制盒下方的床垫侧面设有接线部分。

附件 2 以其正面图、反面图、左侧图、右侧图、平面图、底面图、斜视图和使用状态参考图 1 显示了一种温热治疗器的外观，也包括床垫部分、床体部分和扶手部分。床垫部分叠放在床体部分上，该床垫部分整体上呈现出具有一定厚度的长方体形状，从俯视图看该长方体床垫的四个角呈圆角平滑过渡。床垫的大约三分之一处有一折线，将床垫分成两部分。床体部分包括四个弧形的床腿部分，和分别连接两个弧形床腿的直板，该直板上侧中部略向下凹进呈 U 形，该直板下方两床腿之间有一 U 形的支撑体。扶手部分位于床体上、床垫两侧中部，呈圆弧形，从正面图、反面图可以看出，该扶手部分与床腿部分整体上形成一个平滑的圆弧形形状。从附件 2 的使用状态图可以看出，在床垫一侧扶手上方也有一支杆和控制盒，该控制盒下方的床垫侧面设有接线部分，通过该附图与其他附图比较可以获知该支杆和控制盒为可拆卸部分。

将本专利与附件 2 对比，可见两医疗器整体上均由床垫部分、床体部分和扶手部分组成，且各组成部分的形状以及相互之间的比例关系基本相同，整体视觉形状和设计风格基本相同。在外观上，两者存在以下几处细部差别：（1）本专利的弧形扶手下面有两个小撑，附件 2 在该处没有小撑；（2）本专利的床体下方有高度调节器，附件 2 在该处没有高度调节器；（3）本专利的床体两端的床腿之间有一横撑，而附件 2 在相应位置没有横撑；（4）附件 2 的床体两侧的床腿之间有"U"形支撑体，而本专利没有。专利复审委认为，上述区别点（1）位于扶手杆下方、床垫侧面的位置处，区别点（2）、（3）、（4）位于床板下方，在使用过程中一般不被消费者注意，并且对于整体视觉效果不具有显著的影响。虽然青岛丽可公司还认为：①本专利与附件 2 相比，两者的支撑床腿形状、功能不同，②两者的使用状态不同，本专利床体可以上调 45 度角。但对上述区别点①来说，本专利与附件 2 的支撑床腿均为弧形，差别仅在于本专利支撑床腿沿水平向伸出的部分较长，而附件 2 较短，但二者的整体形状相同，其所起到的作用均为支撑功能，且所述差别仅为局部细微差别。至于上述区别点②，由于本专利仅在使用状态参考图中表示出床体可以上调一定角度这一特征，但使用状态参考图不是本专利的保护范围，仅用于理解外观设计的所属领域、使用方法、使用场所或者用途，以确定产品的类别，而且在先设计的床垫相应位置处也有一道折线，虽然图中没有显示该床垫上折的状态，但不能断定在使用状态下其不能折起。因此，附件 2 与本专利存在的差别是局部的细微差别或者处于使用过程中一般不被消费者注意的部位，对整体视觉效果不具有显著的影响。

青岛丽可公司不服被诉决定，于 2007 年 2 月 28 日向一审法院提起行政诉讼。

根据一审庭审笔录的记载，青岛丽可公司和延吉喜来健北京分公司对以下内容没有争议：1. 专利复审委的审查职责和审查程序；2. 被诉决定中"案由"部分记载的内容；3. 专利复审委认定的附件 2 可以作为在先设计与本专利外观设计进行对比，以附件 2 的中文译文为准作为本案证据使用的内容。青岛丽可公司认可该公司在无效程序中没有提及本专利与附件 2 还存在 5、6、7、8 四点区别。

一审期间，专利复审委在法定期限内向法院提交了下列证据材料，以证明被诉决定合法：1. 本专利的公报；2. 附件 2；3. 青岛丽可公司在无效程序中提交的意见陈述书；4. 口头审理记录表。

一审期间，青岛丽可公司向一审法院提交了本专利的授权公告文本和附件 2，用以支持其诉讼主张。

一审期间，延吉喜来健北京分公司未提交证据。

一审法院经审查，认为专利复审委及青岛丽可公司提交的上述证据是行政程序中的有效证据，能够作为本案的证据，予以确认。

上述证据均已随案移送本院。二审期间，各方当事人均未提交新证据。经审查，本院认为，一审法院的认证意见正确，予以确认。本院依据经认证的证据确认本案事实。

本院认为，本案的争议焦点在于本专利是否构成与对比文件附件 2 相近似的外观设计。将本专利的各幅视图与附件 2 的相应视图进行比对，可以认定专利复审委在被诉决定中对本专利与附件 2 的外观形状的描述以及确认的四点区别是准确的。针对所认定的本专利与附件 2 之间的四点区别，即有无小撑、有无床体高度调节器、有无横撑、有无 U 形支撑体，以及青岛丽可公司提出的两者的支撑床腿形状、功能不同以及使用状态不同的主张，专利复审委认定上述区别属于细微差别或处于一般消费者在使用过程中不易注意的部位，对整体视觉效果不产生显著影响，符合整体观察、综合判断的审查原则，是正确的。对于青岛丽可公司主张专利复审委漏审本专利与附件 2 在大、小垫体、挡边形状、电源插头位置及数量上的区别，首先，核对青岛丽可公司在无效程序中提交的意见陈述书及口审记录表，该公司在无效程序中始终未提及本专利与附件 2 之间存在这些差别，对此该公司在一审庭审中也是认可的；其次，这些差别中，所谓大、小垫体、挡边形状的差别细微致难以分辨，电源插头位置及数量显属细微差别，专利复审委在被诉决定中对此亦有表述。因此，专利复审委作出的被诉决定认定事实清楚，认定本专利与附件 2 构成相近似的外观设计理由成立，宣告本专利无效符合法律规定。一审判决维持被诉决定正确。青岛丽可公司的上诉理由，缺乏相应的事实与法律依据，本院不予采纳。据此，依照《中华人民共和国行政诉讼法》第六十一条第（一）项之规定，判决如下：

驳回上诉，维持一审判决。

二审案件受理费 100 元，由上诉人青岛丽可医疗器械有限公司负担（已交纳）。

本判决为终审判决。

审　判　长　王　燕
代理审判员　朱世宽
代理审判员　任全胜
二〇〇七年十二月十四日
书　记　员　张　怡

022

灯（冰柱）

无效宣告请求审查决定（第 8848 号）

决 定 号	第 8848 号
决 定 日	2006 年 8 月 29 日
发明创造名称	灯（冰柱）
国 际 分 类 号	26-04
无效宣告请求人	东莞建达制造有限公司
专 利 权 人	邵炽良，邓锦洪
专 利 号	03338104.6
申 请 日	2003 年 6 月 20 日
授 权 公 告 日	2003 年 12 月 31 日
合议组组长	马 昊
主 审 员	崔哲勇
参 审 员	樊晓东
附 图	1 页

法 律 依 据 专利法实施细则第 2 条第 3 款

决 定 要 点

仅从本外观设计唯一的主视图来看，该灯（冰柱）可能为下部是正四棱柱上部是正四棱锥的结构，也可能为下部是圆柱体上部是圆锥体的结构，因此仅根据该主视图不能唯一确定本外观设计产品的形状，本外观设计不能适用于工业应用，不符合专利法实施细则第 2 条第 3 款的规定。

一、案由

本无效宣告请求案涉及国家知识产权局于 2003 年 6 月 20 日受理、申请号为 03338104.6、名称为"灯（冰柱）"的外观设计专利（以下称为本专利），专利权人为邵炽良、邓锦洪，本外观设计专利于 2003 年 12 月 31 日授权公告。

针对本外观设计专利专利权，东莞建达制造有限公司（以下称为"请求人"）于 2005 年 7 月 12 日向国家知识产权局专利复审委员会提出无效宣告请求，理由是本外观设计专利不符合专利法第 23 条的规定，同时请求人提交了以下附件作为证据材料：

证据 1：中华人民共和国驻美国大使馆领事部出具的（2004）美认字第 0011693 号认证书及相关证明文件复印件；

证据 2：中华人民共和国驻美国大使馆领事部出具的（2004）美认字第 0011673 号认证书及相关

证明文件复印件；

证据3：中华人民共和国驻美国大使馆领事部出具的（2004）美认字第0011681号认证书及相关证明文件复印件；

证据4：中华人民共和国驻美国大使馆领事部出具的（2004）美认字第0011685号认证书及相关证明文件复印件。

专利复审委员会于2005年7月12日向本案双方当事人发出受理通知书，将请求人所提交的无效宣告请求书及有关证据转送给专利权人，同时成立合议组对本案进行审理。

在规定的期限内，专利权人未提交书面意见陈述。

请求人于2005年8月9日提交意见陈述书，补充无效宣告理由，认为本专利外观设计产品的形状无法确定，不能适用于工业应用，不符合专利法实施细则第2条第3款的规定。

合议组于2005年12月8日向双方当事人发出了口头审理通知书，定于2006年1月19日进行口头审理。口头审理如期进行，请求人出席了口头审理，专利权人未出席口头审理。请求人在口头审理中明确放弃证据1~4及专利法第23条的无效理由，并明确其无效宣告理由为：本专利不符合专利法实施细则第2条第3款的规定。

至此，合议组认为本案事实已经清楚，可以作出审查决定。

二、决定的理由

1. 关于证据

请求人在口审中明确放弃了证据1~4以及关于专利法第23条的无效理由，因此合议组对于上述证据和理由不再予以考虑。

2. 关于本外观设计专利是否符合专利法实施细则第2条第3款的规定

专利法实施细则第2条第3款规定，专利法所称外观设计，是指对产品的形状、图案或者其结合以及色彩与形状、图案的结合所作出的富有美感并适于工业应用的新设计。

本专利仅有一个主视图和使用状态参考图，在其简要说明中说明本专利后视图、左视图、右视图与主视图相同，省略后视图、左视图和后视图。本专利的灯（冰柱）产品的外观设计要素如下：从主视图可以看出，该灯（冰柱）外形轮廓的下部为柱体，上部为锥体，上下部为圆滑过渡，下部柱体的外观视觉效果表现出菱形网格花纹，形成上述菱形网格花纹的线条为斜向。

请求人认为：本专利只有主视图，仅从该视图确定本专利所示产品的形状可能是棱柱，也可能是圆柱体。

专利权人对请求人的无效理由和证据未提出任何书面意见陈述，也未出席口头审理。

合议组在研究本专利唯一的主视图后认为：本专利主视图所示的灯（冰柱）外形轮廓的下部为柱体，上部为锥体，上下部为圆滑过渡，仅从上述视图来看，该灯（冰柱）可能为下部是正四棱柱上部是正四棱锥或下部是圆柱体上部是圆锥体的结构，上述两种结构都可以实现上下部平滑过渡，且左、右、后视图也均与主视图相同。在此情况下，仅根据该主视图不能唯一确定本专利产品的形状，本专利不能适用于工业应用，因此本专利不符合专利法实施细则第2条第3款的规定。

三、决定

宣告03338104.6号外观设计专利权无效。

当事人对本决定不服的，可以根据专利法第46条第2款的规定，自收到本决定之日起三个月内向北京市第一中级人民法院起诉。根据该条款的规定，一方当事人起诉后，另一方当事人应当作为第三人参加诉讼。

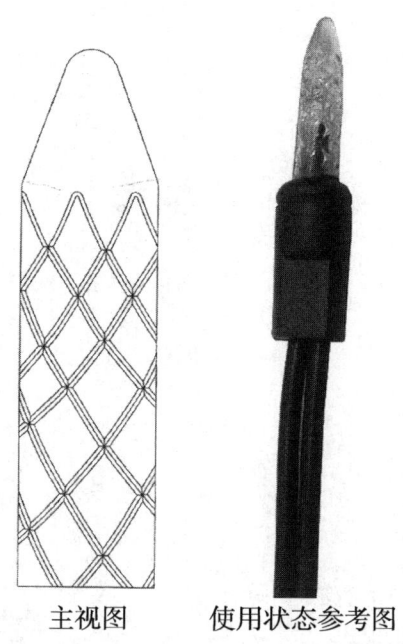

主视图　　使用状态参考图

本专利

灯（草莓）

无效宣告请求审查决定（第 8849 号）

决　定　号	第 8849 号
决　定　日	2006 年 8 月 29 日
发明创造名称	灯（草莓）
国际分类号	26-04
无效宣告请求人	东莞建达制造有限公司
专　利　权　人	邵炽良，邓锦洪
专　利　号	03338105.4
申　请　日	2003 年 6 月 20 日
授权公告日	2004 年 3 月 3 日
合议组组长	马昊
主　审　员	崔哲勇
参　审　员	樊晓东
附　图	1 页

法律依据 专利法第 23 条，专利法实施细则第 2 条第 3 款

决定要点

虽然从严格的制图映射关系来看，主视图上所示的线条存在对应不准确的情况，但这并不影响对该表面图案绘制方式的理解，根据本外观设计主视图已经可以唯一确定本外观设计的外部轮廓和表面图案的绘制方式，因此本外观设计主视图所表现出来的外观设计是确定并且可以工业应用的，符合专利法实施细则第 2 条第 3 款的规定。

一、案由

本无效宣告请求案涉及国家知识产权局于 2003 年 6 月 20 日受理、申请号为 03338105.4、名称为"灯（草莓）"的外观设计专利（以下称为本专利），专利权人为邵炽良、邓锦洪，本专利于 2004 年 3 月 3 日授权公告。

针对本专利专利权，东莞建达制造有限公司（以下称为"请求人"）于 2005 年 7 月 12 日向国家知识产权局专利复审委员会提出无效宣告请求，理由是本专利不符合专利法第 23 条的规定，同时请求人提交了以下附件作为证据材料：

证据 1：中华人民共和国驻美国大使馆领事部出具的（2004）美认字第 0011693 号认证书及相关证明文件复印件；

证据2：中国01328722.2号外观设计专利公报，其授权公告日为2002年1月12日；

证据3：中华人民共和国驻美国大使馆领事部出具的（2004）美认字第0011673号认证书及相关证明文件复印件；

证据4：中华人民共和国驻美国大使馆领事部出具的（2004）美认字第0011681号认证书及相关证明文件复印件；

证据5：中华人民共和国驻美国大使馆领事部出具的（2004）美认字第0011685号认证书及相关证明文件复印件。

专利复审委员会于2005年7月12日向本案双方当事人发出受理通知书，将请求人所提交的无效宣告请求书及有关证据转送给专利权人，同时成立合议组对本案进行审理。

在规定的期限内，专利权人未提交书面意见陈述。

请求人于2005年8月9日提交意见陈述书，补充无效宣告理由，认为本专利外观设计产品的形状无法确定，不能适用于工业应用，不符合专利法实施细则第2条第3款的规定。

合议组于2005年12月8日向双方当事人发出了口头审理通知书，定于2006年1月18日进行口头审理。口头审理如期进行，请求人出席了口头审理，专利权人未出席口头审理。请求人在口头审理中明确放弃证据1、3~5，并明确其无效宣告理由为：本专利不符合专利法实施细则第2条第3款的规定，本专利与证据2所示外观设计相近似，不符合专利法第23条的规定。

至此，合议组认为本案事实已经清楚，可以作出审查决定。

二、决定的理由

1. 关于证据

请求人在口审中明确放弃了证据1、3~5，因此合议组对于上述证据不再予以考虑。

证据2为中国外观设计专利公报，该外观设计专利授权公告日早于本专利申请日，因此可以作为评价本专利的在先设计。

2. 关于本专利是否符合专利法实施细则第2条第3款的规定

专利法实施细则第2条第3款规定，专利法所称外观设计，是指对产品的形状、图案或者其结合以及色彩与形状、图案的结合所作出的富有美感并适于工业应用的新设计。

本专利仅有一个主视图和使用状态参考图，在其简要说明中说明本专利后视图、左视图、右视图与主视图相同，省略后视图、左视图和后视图。本专利的灯（草莓）产品的外观设计要素如下：从主视图可以看出，该灯（草莓）是顶部被截为平面的近似球体，该球体下部连接有圆柱形灯口，该近似球体的表面具有菱形网格花纹平面图案，形成上述菱形网格花纹的线条是从该顶部平面与球体相交形成的圆周出发至近似球体下部等纬度位置的均匀斜向交叉线条，从连接该等纬度位置的圆周以下至圆柱形灯口之间的表面上，不再形成任何图案，由于连接该等纬度位置的圆周长度大于顶部平面与球体相交形成的圆周的长度，因此随着从灯顶部向下部过渡，上述菱形网格花纹中的菱形逐渐变大。

请求人认为：按照本专利简要说明中的说明，本专利后视图、左视图、右视图与主视图相同，但是按照当前主视图推导出的左、右视图上的菱形网格花纹平面图案将不能与主视图完全一致。

合议组在研究本专利唯一的主视图后认为：本专利主视图是人工制图，虽然从严格的制图映射关系来看，主视图上所示的线条存在对应不准确的情况，但这并不影响对该表面图案绘制方法的理解，根据本专利主视图已经可以唯一确定本专利的外部轮廓和表面图案的绘制方式，因此本专利主视图所表现出来的外观设计是确定并且可以工业应用的，符合专利法实施细则第2条第3款的规定。

3. 关于本专利是否符合专利法第 23 条的规定

专利法第 23 条规定，授予专利权的外观设计，应当同申请日以前在国内外出版物上公开发表过或者国内公开使用过的外观设计不相同和不相近似，并不得与他人在先取得的合法权利相冲突。

将证据 2 中所示的节日灯（圆形）与本专利的灯（草莓）比较可以认定：本专利灯（草莓）与证据 2 中的节日灯（圆形）属于相同种类的产品。

本专利的灯（草莓）的外观设计要素如下：从主视图可以看出，该灯（草莓）是顶部被截为平面的近似球体，该球体下部连接有圆柱形灯口，该近似球体的表面为平滑表面，表面上形成菱形网格花纹平面图案，形成上述菱形网格花纹的线条是从该顶部平面与球体相交形成的圆周出发至近似球体下部等纬度位置的均匀斜向交叉线条，从连接该等纬度位置的圆周以下至圆柱形灯口之间的表面上，不再形成任何图案，由于连接该等纬度位置的圆周长度大于顶部平面与球体相交形成的圆周的长度，因此随着从灯顶部向下部过渡，上述菱形网格花纹中的菱形逐渐变大。

证据 2 所示的节日灯（圆形）的外观设计要素如下：从主视图可以看出，该节日灯（圆形）的外形为球体，该球体上部连接有圆柱形灯口，该球体的表面上形成按照经线和纬线方向延伸的凹槽，这些凹槽彼此相交形成近似矩形的立体网格结构，且所形成的矩形在低纬度处较大，在高纬度处较小；从仰视图和俯视图可以看出，该节日灯为完整球体，上述立体网格图案是在整个球体表面上形成的。

将本专利与证据 2 外观设计进行比较，二者外观设计要素具有如下区别：（1）本专利外形轮廓是顶部被截为平面的近似球体，而证据 2 的外形轮廓是完整球体；（2）本专利具有平滑表面，而证据 2 具有凹凸表面；（3）本专利表面上形成菱形网格花纹平面图案，且随着从灯顶部向下部过渡，上述菱形网格花纹中的菱形逐渐变大，证据 2 表面上形成近似矩形的立体网格结构，且所形成的矩形在低纬度处较大，在高纬度处较小；（4）本专利在从连接该等纬度位置的圆周以下至圆柱形灯口之间的表面上，不再形成任何图案，而证据 2 在整个球体表面上形成所述立体网格图案。

综上所述，本专利与证据 2 之间存在上述诸多区别之处，其中区别外观设计要素（1）使本专利与证据 2 的外部轮廓明显不同，区别外观设计要素（2）~（4）使本专利与证据 2 的表面外观图案明显不同，这些区别外观设计要素使本专利与证据 2 的外观设计在整体视觉效果上存在明显的差异，对产品外观设计的整体视觉效果产生显著的影响，因此，本专利与证据 2 属于不相同且不相近似的外观设计，故符合专利法第 23 条的规定。

三、决定

维持 03338105.4 号外观设计专利权有效。

当事人对本决定不服的，可以根据专利法第 46 条第 2 款的规定，自收到本决定之日起三个月内向北京市第一中级人民法院起诉。根据该条款的规定，一方当事人起诉后，另一方当事人应当作为第三人参加诉讼。

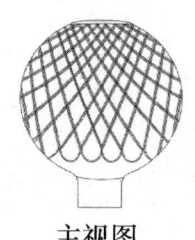
主视图

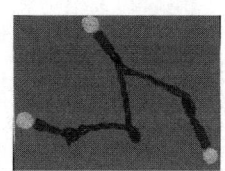
使用状态参考图

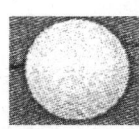
仰视图

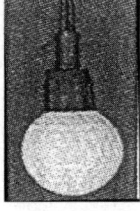
主视图

俯视图

本专利附图

灯（火焰）

无效宣告请求审查决定（第8850号）

决　定　号	第8850号
决　定　日	2006年8月29日
发明创造名称	灯（火焰）
国际分类号	26-04
无效宣告请求人	东莞建达制造有限公司
专　利　权　人	邵炽良，邓锦洪
专　利　号	03338106.2
申　请　日	2003年6月20日
授权公告日	2004年1月21日
合议组组长	马　昊
主　审　员	崔哲勇
参　审　员	樊晓东
附　　　图	1页

法　律　依　据　专利法第23条

决　定　要　点

在本外观设计专利申请日之前，已有与之相近似的灯的外观设计在国外出版物上公开发表过，本外观设计专利不符合专利法第23条的规定。

一、案由

本无效宣告请求案涉及国家知识产权局于2003年6月20日受理、申请号为03338106.2、名称为"灯（火焰）"的外观设计专利（以下称为本专利），专利权人为邵炽良、邓锦洪，本外观设计专利于2004年1月21日授权公告。

针对本外观设计专利专利权，东莞建达制造有限公司（以下称为"请求人"）于2005年7月12日向国家知识产权局专利复审委员会提出无效宣告请求，理由是本外观设计专利不符合专利法第23条的规定，同时请求人提交了以下附件作为证据材料：

证据1，包括：

证据1-1：中华人民共和国驻美国大使馆领事部出具的（2004）美认字第0011696号认证书复印件；

证据1-2：加盖有美国国务院印鉴并由美国助理认证官ANNIE R. MADDUX签署的证明文件复

印件；

证据1-3：加盖有美国宾夕法尼亚州州务卿印鉴并由州务卿 Pedro A Cortes 签署的证明文件复印件；

证据1-4：加盖有 Bucks 县诉讼法院印鉴并由该法院书记员 PATRICIA L. BACHTLE 签署的证明文件复印件；

证据1-5：加盖有公证印鉴、由公证员 Paul E. Perreault 和证人 David R. Allen 签名的证人证明文件复印件；

证据1-6：证据1-5的附件，声称为 Forever Bright 设计公司的目录清单复印件；

证据1-7：证据1-5的附件，声称是从"Trenton Times"摘录下来的报纸文章，该报纸是2001年12月24日在美国新泽西州 Trenton 印刷出版的；

证据2：中华人民共和国驻美国大使馆领事部出具的（2004）美认字第0011693号认证书及相关证明文件复印件；

证据3：中国01328723.0号外观设计专利公告复印件；

证据4：中华人民共和国驻美国大使馆领事部出具的（2004）美认字第0011673号认证书及相关证明文件复印件；

证据5：中华人民共和国驻美国大使馆领事部出具的（2004）美认字第0011681号认证书及相关证明文件复印件；

证据6：中华人民共和国驻美国大使馆领事部出具的（2004）美认字第0011685号认证书及相关证明文件复印件。

专利复审委员会于2005年7月12日向本案双方发出受理通知书，将请求人所提交的无效宣告请求书及有关证据转送给专利权人，同时成立合议组对本案进行审理。

在规定的期限内，专利权人未提交书面意见陈述。

合议组于2005年12月8日向双方当事人发出了口头审理通知书，定于2006年1月18日进行口头审理。口头审理如期进行，请求人出席了口头审理，专利权人极为提交口审回执，也未出席口头审理。请求人在口头审理中明确放弃证据2、4~6，而仅保留证据1和3，并当庭出示了证据1公证认证材料的全套原件；请求人明确其无效宣告理由为：本专利不符合专利法第23条的规定；合议组要求请求人在口审后一个月内提交证据1的中文译文。

2006年2月15日，专利复审委员会收到请求人提交意见陈述书，其中包括证据1的中文译文。

专利复审委员会于2006年2月24日发出转送文件通知书，将请求人提交的证据1的中文译文转送给专利权人，并明确对转送的外文证据译文的具体内容有异议的，应当在收到通知书起一个月内对有异议的部分提交中文译文。

专利权人在规定期限内对该转送文件通知书未答复。

至此，合议组认为本案事实已经清楚，可以作出审查决定。

二、决定的理由

1. 关于证据

请求人在口审中明确放弃了证据2、4~6，因此合议组对于上述证据不再予以考虑。

请求人在口审后提交了证据1的中文译文，在合议组将上述译文转送专利权人后，专利权人在规定期限未对该译文准确性提出异议，因此合议组对上述译文的准确性予以采信。

请求人提交的证据1包括7份子证据，在口审中请求人出示了上述证据1-1至1-5的全部原件，经合议组核实认定原件与复印件相符，因此合议组对上述证据的真实性予以采信。

对于证据1-6和1-7，由于上述证据本身属于公证证据1-5的附件，而上述证据1-6和1-7在美国公证时所用的就是复印件，因此请求人在口审中提交的所谓"证据1-6和1-7的原件"也是复印件，并未提交真正的原件，因此证据1-6和1-7的真实性只能通过证据1-1至1-5来证明。

证据1-1为中华人民共和国驻美国大使馆领事部出具的（2004）美认字第0011696号认证书，用于证明证据1-2上的美国国务院印鉴和助理认证官ANNIE R. MADDUX的签字均属实；证据1-2为加盖有美国国务院印鉴并由美国助理认证官ANNIE R. MADDUX签署的证明文件，用于证明证据1-3中的美国宾夕法尼亚州州务卿印鉴是真实的；证据1-3为加盖有美国宾夕法尼亚州州务卿印鉴并由州务卿Pedro A Cortes签署的证明文件，用于证明Paul E. Perreault是合格的公证员；证据1-4为加盖有Bucks县诉讼法院印鉴并由该法院书记员PATRICIA L. BACHTLE签署的证明文件，同样用于证明证据1-5中的证人证言是由证人David R. Allen在公证员Paul E. Perreault面前进行的，并且证据1-5中公证员和证人的签字都是真实的；证据1-5为加盖有公证印鉴、由公证员Paul E. Perreault和证人David R. Allen签名的证人证明文件，用于证明：证据1-6是Forever Bright设计公司的目录清单，证据1-7是从"Trenton Times"摘录下来的报纸文章，该报纸是2001年12月24日在美国新泽西州Trenton印刷出版的。

纵观上述证据的证明事实，可以确认证据1-5本身是按照正规手续、由合格的公证员出具的证人证言公证文件，请求人试图通过证据1-5中的证言来证明证据1-6和1-7的真实性，对此，合议组有如下意见：（1）证据1-1至1-4已经毫无疑义地证明了证据1-5本身的真实性，在此情况下，请求人通过证据1-5中的证言来证明证据1-6和1-7的真实性，已经构成了完整的证明体系从而完成了其举证责任；（2）在此情况下，如果专利权人对于证据1-5中证言所证明的事实，也就是证据1-6和1-7的真实性有所怀疑，则举证责任应当转移，由专利权人提出自己的反证；（3）对于证据1-5中所证明的"证据1-7是从Trenton时报上摘录下来的报纸文章，该报纸是2001年12月24日在美国新泽西州Trenton印刷出版的"这一事实的真实性，专利权人完全有可能通过多种手段和途径进行核实以查证其真伪，但是专利权人在本无效宣告请求审理过程中始终没有提出任何异议。综合上述三点情况，合议组对证据1-6和1-7的真实性予以确认。

由于证据1-6作为公司的目录清单，不属于审查指南中规定的专利法意义上的出版物，在请求人没有提供其他证据来证明证据1-6在本专利申请日以前是公众能够获知的情况下，证据1-6不能作为评价本专利的现有技术。

证据1-7是从报纸上摘录下来的文章，属于专利法意义上的出版物，并且其刊载的出版日期为2001年12月24日，早于本专利申请日，因此可以作为评价本专利的现有技术。

证据3是中国01328723.0号外观设计专利公告，其授权公告日为2001年12月19日，早于本专利申请日，因此可以作为评价本专利的现有技术。

2. 关于本外观设计专利是否符合专利法第23条的规定

根据专利法第23条的规定，授予专利权的外观设计，应当同申请日以前在国内外出版物上公开发表过或者国内公开使用过的外观设计不相同和不相近似，并不得与他人在先取得的合法权利相冲突。

本案专利权人对请求人提交的无效理由和证据并未提出任何书面意见陈述，也未出席口头审理，在此情况下合议组对本案作出如下认定：

将证据1-7中关于圣诞灯报道的左侧视图中所示的产品与本外观设计专利的灯（火焰）比较可以认定：本外观设计专利灯（火焰）与证据1-7中的灯属于相同种类的产品。

本外观设计专利的灯（火焰）产品的外观设计要素如下：从主视图可以看出，该灯（火焰）的外形轮廓为水滴形，其外表面为平滑表面，其外观视觉效果表现出菱形立体网格花纹，形成上述菱形立体网格花纹的线条为斜向，该灯的底部无上述花纹；从俯视图和仰视图中可以进一步印证上述外观设计要素。

从证据1-7产品的图片中可以看出，该灯的外观设计要素如下：该灯的外形轮廓也为水滴形，其外观视觉效果表现出菱形立体网格花纹，形成上述菱形立体网格花纹的线条为斜向，灯的底部无上述花纹。

将本外观设计专利与证据1-7产品外观进行比较可以发现，二者外观设计要素大部分相同，区别仅在于：本外观设计专利灯（火焰）的外表面为平滑表面，并不是由形成上述菱形立体网格花纹的沟槽所导致的凹凸表面，而从证据1-7中产品图片中不能确定灯的表面是否为平滑表面。

综上所述，本外观设计专利的大部分要素与证据1-7产品外观设计要素相同，虽然二者之间存在上述区别要素，但是合议组认为：本专利与证据1-7中所示产品的外观视觉效果表现出来的主要是具有上述菱形立体网格花纹的灯，此时灯的表面是否光滑对于表现这种菱形立体网格花纹并没有显著的影响。因此在本外观设计专利大部分要素与证据1-7产品要素相同情况下，上述区别要素不能对本外观设计专利的整体视觉效果产生显著影响，因此应当认定本外观设计专利与证据产品的外观设计相近似，本外观设计专利不符合专利法第23条的规定。

三、决定

宣告03338106.2号外观设计专利权无效。

当事人对本决定不服的，可以根据专利法第46条第2款的规定，自收到本决定之日起三个月内向北京市第一中级人民法院起诉。根据该条款的规定，一方当事人起诉后，另一方当事人应当作为第三人参加诉讼。

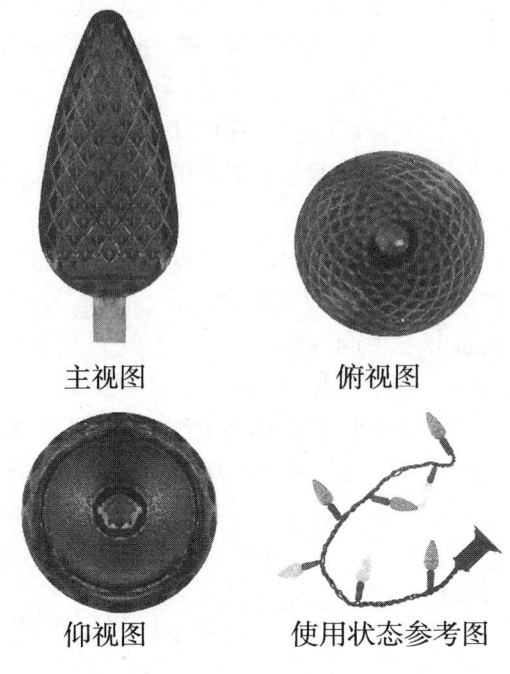

主视图   俯视图

仰视图   使用状态参考图

本专利

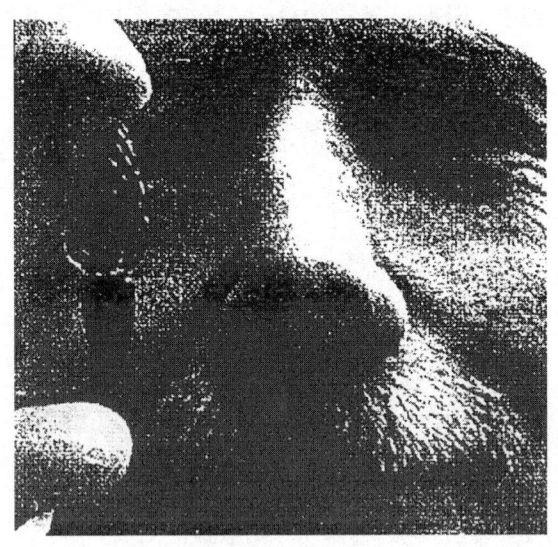

对比文件

开关面板

无效宣告请求审查决定（第 8852 号）

决　定　号	第 8852 号
决　定　日	2006 年 11 月 30 日
发明创造名称	开关面板
国际分类号	13-03
无效宣告请求人	中山市德利斯电器有限公司
专利权人	曾　艺
申　请　号	01348241.6
申　请　日	2001 年 10 月 23 日
授权公告日	2002 年 5 月 8 日
合议组组长	黄玉平
主　审　员	张梅珍
参　审　员	刘　畅
附　　　图	4 页

法律依据 专利法实施细则第 2 条第 3 款，专利法第 9 条、第 23 条

决定要点

一项外观设计是否适于工业应用，应当从反映该外观设计的所有视图综合考虑。

一、案由

本无效宣告请求案涉及国家知识产权局于 2002 年 5 月 8 日授权公告、专利号为 01348241.6、名称为"开关面板"的外观设计专利（以下称本专利），专利权人为曾艺，申请日是 2001 年 10 月 23 日。

针对本外观设计专利权，中山市德利斯电器有限公司（下称请求人）于 2005 年 2 月 5 日以本专利不符合专利法第 23 条以及专利法实施细则第 2 条第 3 款的规定为由向专利复审委员会提出无效宣告请求，同时提交了以下证据：

证据 1：98318189.6 号中国外观设计专利公报复印件，其授权公告日为 1999 年 5 月 12 日。

请求人认为：本专利与证据 1 构成相近似，本专利不符合专利法第 23 条的规定；本专利右视图中的按键是斜面，本专利的仰视图在其二按键开关形成分界纵向线条间有一横向贯穿整个宽度的横线，而这一横线在立体图和主视图上不存在，因而不符合专利法实施细则第 2 条第 3 款的规定。

经形式审查合格，专利复审委员会受理了上述无效宣告请求，于 2005 年 2 月 6 日向双方当事人发出无效宣告请求受理通知书，同时将无效宣告请求书及其所附证据的副本转给专利权人，要求其在

指定的期限内答复。

上述寄给专利权人的信件由于专利权人逾期未领被退回，专利复审委员会于2005年5月18日对该寄给专利权人的无效宣告请求受理通知书进行了地址不祥公告。专利权人逾期未对受理通知书进行答复。

请求人于2005年3月4日补充提交了意见陈述书以及如下证据：

证据2：00347280.9号中国外观设计专利公报复印件，其授权公告日为2001年8月22日；

证据3：01325512.6号中国外观设计专利公报复印件，其申请日为2001年5月24日，授权公告日为2002年1月2日；

证据4：01349799.5号中国外观设计专利公报复印件，其申请日为2001年10月17日，授权公告日为2002年4月24日。

请求人认为：本专利相对于证据2不符合专利法第23条的规定；本专利相对于证据3、4不符合专利法第9条的规定。

专利复审委员会本案合议组于2006年9月1日向双方当事人发出合议组成员告知通知书，指出如对本案合议组成员有回避请求，应当于收到该通知之日起7日内提交书面请求，逾期不答复，视为无回避请求，随同该通知书将请求人于2005年3月4日提交的意见陈述书以及附件清单中所列附件的副本转送给专利权人。

双方当事人逾期均未答复。

上述寄给专利权人的信件由于专利权人逾期未领被退回，专利复审委员会于2006年11月29日对该寄给专利权人的合议组成员告知通知书进行了地址不祥公告。

专利复审委员会本案合议组于2006年10月13日向双方当事人发出口头审理通知书，定于2006年11月22日对本案进行口头审理。

在口头审理中，请求人出席了口头审理，专利权人未出席口头审理。请求人明确本案的无效理由、范围以及证据为：本专利相对于证据3、证据4不符合专利法第9条的规定；本专利相对于证据1、证据2不符合专利法第23条的规定；本专利的主视图与仰视图之间不对应，因而不符合专利法实施细则第2条第3款的规定。(1) 关于专利法实施细则第2条第3款的规定，请求人认为：本专利右视图的按键是斜面，本专利仰视图中在其二按键开关形成分界纵向线条间有一横向贯穿整个宽度的横线，这一横线应该在立体图、主视图上有所体现，但目前的视图不存在，即仰视图和主视图或立体图存在矛盾，使得现实中工业上无法再现仰视图或立体图均对应的产品。(2) 关于专利法第9条的规定，请求人认为：本专利主要是开关面板，由于面板后部的电连接部分是消费者看不到的，进行比较的主要是面板部分，认为证据3也是两键开关，虽然证据3在开关的左右两边留了一个边，但认为这个边并不是很宽，所以证据3与本专利构成相近似的外观设计；并认可证据4与本专利的差别较大。(3) 关于专利法第23条的规定，请求人认为证据1与本专利均为两键开关，与本专利的差别在于：证据1按键两侧有边缘，但认为证据1的边缘比较细，所以证据1与本专利相近似；证据2与本专利的差别在于：本专利是弧形截面，但认为本专利的弧形截面的弧度较小，两者之间差别不大。

在上述工作的基础上，合议组认为本案事实清楚，可以作出审查决定。

二、决定的理由

1. 关于证据

请求人在无效宣告程序中共提交了4份证据，即证据1~4。上述证据均为专利文献，且专利权人未对其真实性予以否认，经合议组审查，证据1~4可以作为本案的证据使用。其中证据1~2的授权公告日早于本专利的申请日，因此其可以用于评价本专利是否符合专利法第23条的规定。此外，证据3、4为在本专利申请日之前申请、本专利申请日之后公开的专利，不能用于评价本专利是否符合专利法第 23 条的规定，但可以用于评价本专利是否符合专利法第 9 条的规定。

2. 关于本专利是否符合专利法实施细则第 2 条第 3 款的规定

专利法实施细则第 2 条第 3 款规定，专利法所称外观设计，是指对产品的形状、图案或者其结合以及色彩与形状、图案的结合所作出的富有美感并适于工业应用的新设计。

请求人认为：本专利的仰视图在其二按键开关形成分界纵向线条间有一横向贯穿整个宽度的横线，即仰视图从上向下数第 2 条横向线段，这一横向线段在立体图、主视图上未体现，即仰视图和主视图或立体图存在矛盾，使得现实中工业上无法再现仰视图或立体图均对应的产品。

合议组认为：一项外观设计是否适于工业应用，应当从反映该外观设计的所有视图综合来看。虽然如请求人所述，本专利仰视图中的横向线段在主视图中没有体现，即本专利视图存在瑕疵，但本领域技术人员根据其他视图、尤其是立体图，能够清楚地确定出本专利开关面板的形状，而不会由于该瑕疵的存在导致在工业上无法实施。所以，本专利符合专利法实施细则第 2 条第 3 款的规定。

3. 关于本专利是否符合专利法第 9 条的规定

专利法第 9 条规定，两个以上的申请人分别就同样的发明创造申请专利的，专利权授予最先申请的人。

请求人认为本专利相对于证据 3、4 不符合专利法第 9 条的规定。

根据 2006 年 5 月 24 日颁布、2006 年 7 月 1 日起施行的审查指南第一部分第三章第 6.5.1 节的规定，在判断是否构成专利法第 9 条所述的"同样的发明创造"时，应当以表示在两件外观设计专利申请或专利的图片或照片中的外观设计产品为准。同样的外观设计是指两项外观设计相同或相近似。

证据 3 公开了一种二位开关，该开关具有大致呈正方形的面板，距面板的上、下边缘一定距离处横向排列了两个大小相同的长方形按键，同时两按键距离面板左、右边缘有一定宽度，两个按键上均设有长方形装饰条。从右视图还可见按键表面略呈弧形。

将本专利与证据 3 的外观设计相比较可以看出，二者的主要区别是：本专利中按键整体的左右边缘分别与面板的左右边缘齐平；与此相反，证据 3 中按键整体的左右边缘未与面板左右边缘齐平，即按键与面板之间存在左右边沿。

合议组认为：按键与面板之间是否存在左右边沿对开关面板的整体视觉效果具有显著的影响，与证据 3 相比，本专利去掉了按键与面板之间的左右边沿，使得本专利面板从整体上看更为简洁，不会引起一般消费者的混同、误认，因此二者是不相同且不相近似的外观设计。

证据 4 公开了一种一位开关，该开关具有大致呈正方形的面板，距面板的上、下边缘一定距离处横向排列了一个长方形按键，同时该按键距离面板左、右边缘有一定宽度，按键上没有长方形装饰条。从右视图还可见按键表面略呈弧形。

将本专利与证据 4 的外观设计相比较可以看出，二者的主要区别是：本专利中是两个按键，两个按键的左边缘与面板的左边缘齐平、两个按键的右边缘与面板的右边缘齐平，按键上有长方形装饰条；与此相反，证据 4 中仅仅是一个按键，并且按键与面板之间存在左右边沿，按键上没有装饰条。

合议组认为：按键是否是多个、按键与面板之间是否存在左右边沿对开关面板的整体视觉效果具有显著的影响，在本专利与证据 4 存在上述多处显著区别的情况下，不会引起一般消费者的混同、误认，因此二者是不相同且不相近似的外观设计。

综上所述，请求人所提交的证据 3 和证据 4 均与本专利是不相同且不相近似的外观设计，即证据 3、4 和本专利不是同样的外观设计，本专利符合专利法第 9 条的规定。

4. 关于本专利是否符合专利法第 23 条的规定

专利法第 23 条规定：授予专利权的外观设计，应当同申请日以前在国内外出版物上公开发表过或者国内公开使用过的外观设计不相同和不相近似，并不得与他人在先取得的合法权利相冲突。

请求人认为本专利相对于证据1、2不符合专利法第23条的规定。

本专利公开了一种开关面板的五面视图及立体图,其中,由于左视图与右视图对称而省略了左视图。从本专利开关面板的各视图可以看到,该开关面板大致为正方形,距面板的上、下边缘一定距离处横向排列了两个大小相同的长方形按键,两按键的宽度之和与面板宽度相同,即按键整体的左右边缘分别与面板的左右边缘齐平,在每个按键的上部还设有两个长方形的装饰条,面板、按键以及装饰条的各角部均为直角。从右视图还可见按键、面板表面呈彼此相配合的弧形。

证据1公开了一种二位开关,该开关具有大致呈正方形的面板,距面板的上、下边缘一定距离处横向排列了两个大小相同的长方形按键,同时两按键距离面板左、右边缘有一定宽度,两个按键上均没有长方形装饰条。面板的各角部略呈一定的圆弧状。从右视图还可见按键相对于面板表面呈倾斜状,但按键、面板表面均为平面。

将本专利与证据1的外观设计相比较可以看出,其主要区别为:本专利中按键整体的左右边缘分别与面板的左右边缘齐平,两按键上有长方形装饰条,同时面板、按键及按键上的装饰条均为角部为直角的矩形形状,从右视图来看,按键、面板表面呈彼此相配合的弧形;与此相反,证据1中按键整体的左右边缘未与面板左右边缘齐平,即按键与面板之间存在左右边沿,面板的四个角部均有圆弧设计,按键上没有长方形装饰条,从右视图上看,按键、面板的表面是平面。

合议组认为:本专利与证据1相比,其主要的差异为,本专利去掉了按键与面板之间的左右边沿,使得面板从整体上看更为简洁,再配以角部全部为直角从而边缘由直线线条构成的面板、按键,更突出了这种简洁的效果,同时由于按键上的装饰条以及按键、面板的弧形设计,使得本专利与证据1产生显著区别,一般消费者经过对本专利与证据1的整体观察可以看出,二者的上述差别对开关面板的整体视觉效果具有显著的影响,因此,二者是不相同且不相近似的外观设计。

证据2公开了一种二位开关,该开关具有大致呈正方形的面板,距面板的上、下边缘一定距离处横向排列了两个大小相同的长方形按键,同时两按键距离面板左、右边缘有一定宽度,两个按键上均设有长方形装饰条,装饰条内各有一个细长的条形图案。从右视图还可见按键表面略呈弧形。

将本专利与证据2的外观设计相比较可以看出,二者的主要区别是:本专利中按键整体的左右边缘分别与面板的左右边缘齐平,装饰条中无条形图案;与此相反,证据2中按键整体的左右边缘未与面板左右边缘齐平,即按键与面板之间存在左右边沿,装饰条中有细长图案。

合议组认为:按键与面板之间是否存在左右边沿对开关面板的整体视觉效果具有显著的影响,与证据2相比,本专利在按键与面板之间没有左右边沿,使得本专利面板从整体上看更为简洁,不会引起一般消费者的混同、误认,因此二者是不相同且不相近似的外观设计。

可见,请求人所提交的证据1和证据2均与本专利是不相同且不相近似的外观设计,本专利符合专利法第23条的规定。

综上所述,本专利符合专利法实施细则第2条第3款、专利法第9条以及第23条的规定,请求人所提出的无效理由不成立,本案合议组依法作出如下决定。

三、决定

维持01348241.6号外观设计专利权有效。

当事人对本决定不服的,可以根据专利法第46条第2款的规定,自收到本决定之日起三个月内向北京市第一中级人民法院起诉。根据该款的规定,一方当事人起诉后,另一方当事人应当作为第三人参加诉讼。

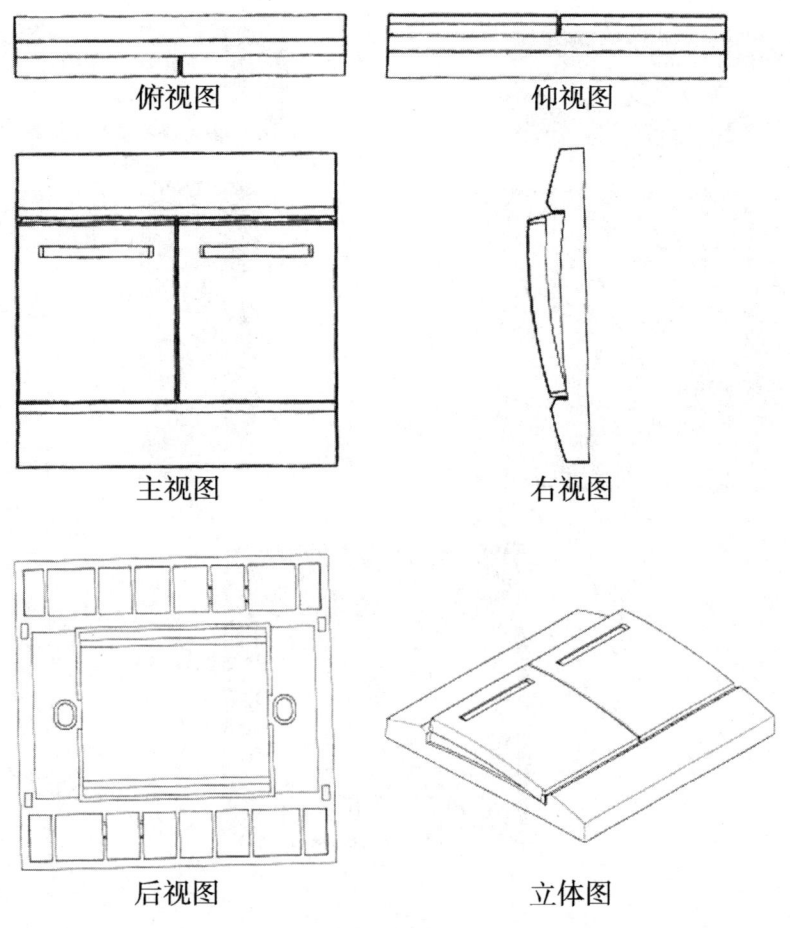

俯视图　　　仰视图

主视图　　　右视图

后视图　　　立体图

本专利附图

161

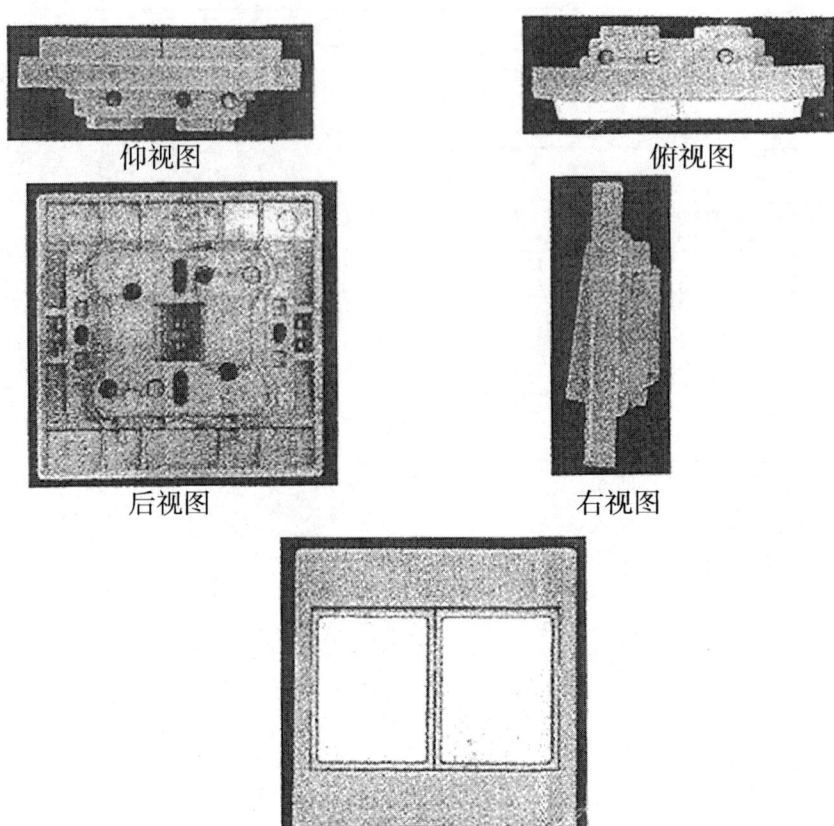

证据 1 图

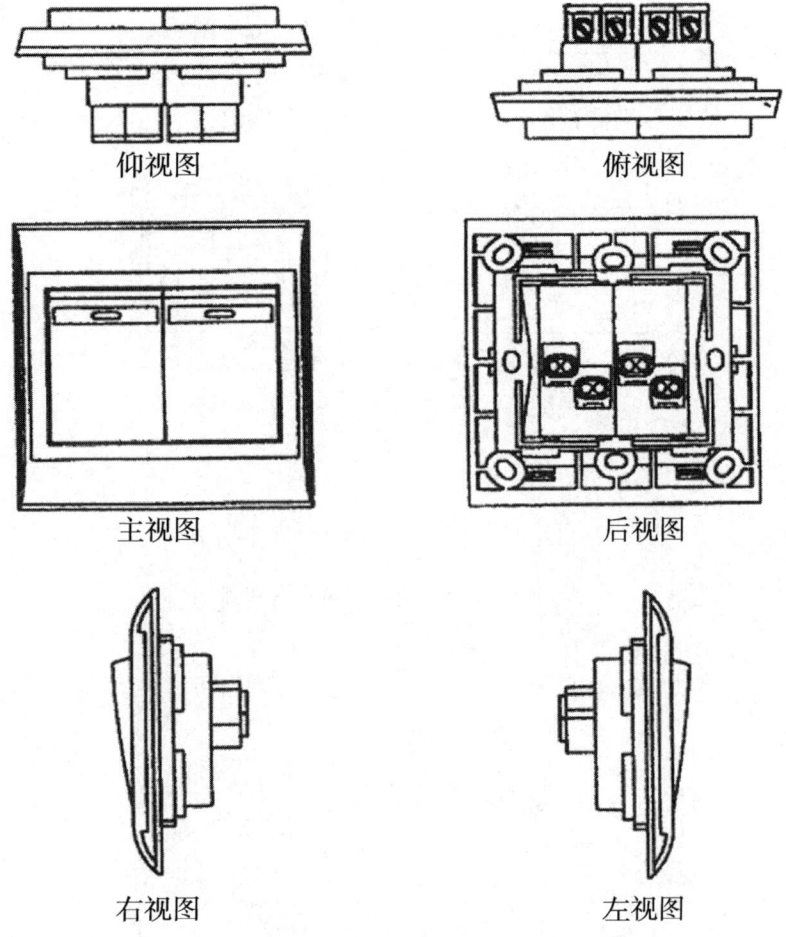

证据2图

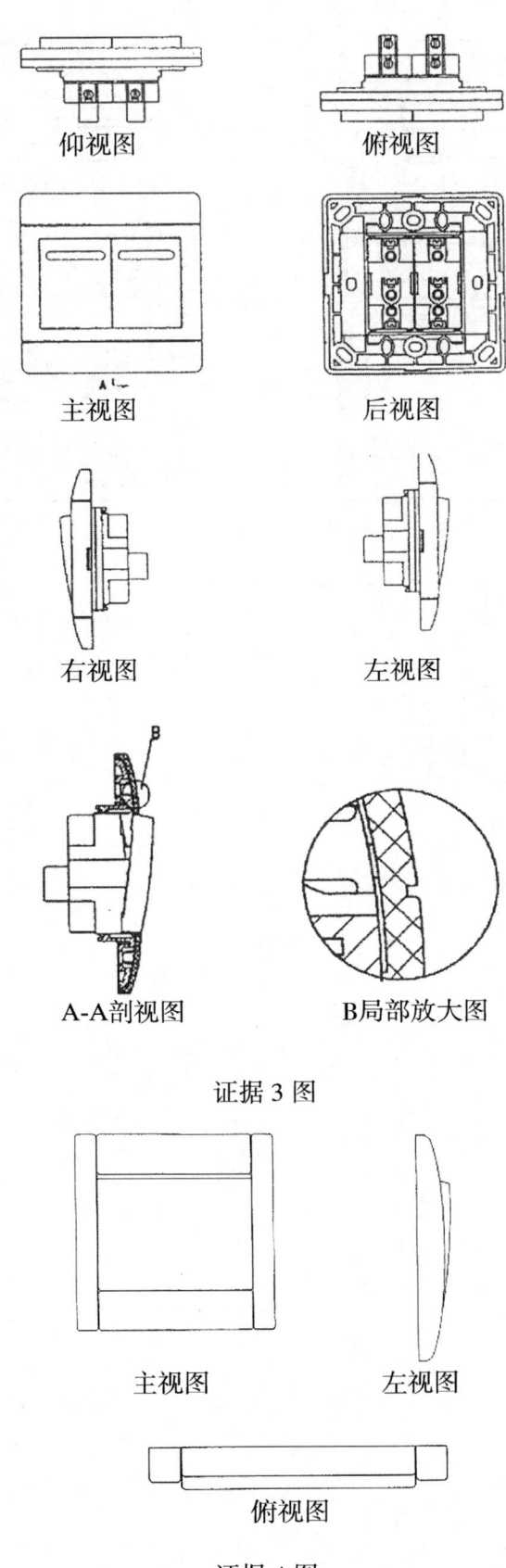

手紧式钻夹头（5）

无效宣告请求审查决定（第 8857 号）

决 定 号	第 8857 号
决 定 日	2006 年 11 月 23 日
发明创造名称	手紧式钻夹头（5）
外观设计分类	08-01-A0206
无效宣告请求人	三鸥集团有限公司，三鸥集团有限公司，三鸥集团有限公司
专 利 权 人	山东威达机械股份有限公司
申 请 号	97305890.0
申 请 日	1997 年 3 月 12 日
授 权 公 告 日	1999 年 6 月 23 日
合 议 组 组 长	马文霞
主 审 员	祝海燕
参 审 员	李金光
附 图	1 页
法 律 依 据	专利法第 23 条
决 定 要 点	

如果一般消费者经过对被比设计与在先设计的整体观察可以看出，二者的差别对于产品外观设计的整体视觉效果不具有显著的影响，致使一般消费者以一般注意力难以区分被比外观设计与在先设计，则可以认定被比外观设计与在先设计属于相近似的外观设计。

一、案由

本案涉及国家知识产权局于 1999 年 6 月 23 日公告授权的、名称为"手紧式钻夹头（5）"、申请号为 97305890.0 的外观设计专利（下称本专利），其申请日为 1997 年 3 月 12 日，专利权人为山东威达机械股份有限公司（变更前为山东威达机床工具集团总公司）。

针对上述专利权，三鸥集团有限公司（下称请求人 I）于 2004 年 3 月 22 日提出无效宣告请求（下称无效宣告请求案 I）。其理由是：（1）在本专利申请日以前，与本专利相同的外观设计已经被出版物（即证据 2）所公开，因此本专利不符合专利法第 23 条的规定以及不符合专利法实施细则第 2 条的规定；（2）本专利与证据 1 所述设计属于同样的发明创造，证据 1 是在本专利申请日前申请的中国外观设计专利，并获得授权，因此，依据专利法第 9 条和专利法第 13 条的规定，本专利不应当获得授权。请求人在提出无效请求时提交了如下证据：

证据1：第97300523.8号中国外观设计专利，申请日为1997年2月5日，优先权日为1996年8月9日，授权公告日为1998年5月27日，专利权人为动力工具支持架公司；

证据2：第361,076号美国外观设计专利，公开日为1995年8月8日。

经形式审查合格后，专利复审委员会受理了上述请求，于2004年3月23日向双方当事人发出《无效宣告请求受理通知书》，并将请求人Ⅰ提交的《专利权无效宣告请求书》及其他有关文件的副本转送给专利权人，要求其在指定期限内答复。

2004年5月8日，专利权人进行了答复，专利权人认为：（1）证据1所示外观设计的外形轮廓、高度与直径的比例及前后套的大小比例均与本专利不相同，不属于相同的外观设计，更不属于同样的发明创造；（2）证据2所示外观设计与本专利存在明显区别，其外形轮廓明显不同，前套的竖槽位置、比例明显不同，前套竖槽的槽型不同，因此本专利符合专利法第9条、第23条，专利法实施细则第2条和第13条第1款的规定。

2004年5月25日，三鸥集团有限公司（下称请求人Ⅱ）针对本专利又提出无效宣告请求（下称无效宣告请求案Ⅱ）。其理由是：（1）证据3证明了在1996年12月28日山东威达机床工具集团总公司制造销售了型号为J1510B自锁钻夹头，证据5证明了该自锁钻夹头的外形，型号为J1510B的自锁钻夹头与本案涉及的外观设计专利完全相同，因此本案涉及的外观设计专利在申请日前已被使用公开，其授权不符合专利法第23条的规定；（2）证据7是山东威达机床工具集团总公司的厂报，从该报第3版上"产量"一栏中显示：在1996年11月1日之前山东威达机床工具集团总公司就大量制造J1510B自锁钻夹头，这同样证明了本案涉及的外观设计专利在申请日前已被使用公开；（3）本案涉及的专利也不符合专利法实施细则第2条的规定。请求人Ⅱ在提出无效请求的同时提交了5份证据：

证据3：（2001）浙椒证民字第155号公证书复印件，公证事项为公证书中所附《实物入库凭证》复印件与原件相符；

证据4：（2001）浙椒证民字第154号公证书复印件，公证事项为公证书中所附《No.00057147号山东省增殖税专用发票》复印件与原件相符；

证据5：（2003）浙台椒证字第000732号公证书复印件，公证事项为：公证书中所附印有J1510B型轻型手紧式钻夹头图片的网页是2003年3月31日从山东威达机械股份有限公司网站下载得到的；

证据6：私营企业取冠浙江（省）名称呈报表；

证据7：1996年11月1日第20期总第24期的《威达报》复印件；

经形式审查合格后，专利复审委员会受理了上述请求，于2004年6月1日向双方当事人发出《无效宣告请求受理通知书》，并将请求人于2004年5月25日提交的《专利权无效宣告请求书》及其他有关文件的副本转送给专利权人，要求其在指定期限内答复。

2004年7月6日，专利权人陈述了意见。专利权人认为：（1）证据6证明1995年3月15日"金华市婺东工量具厂"就变更为"浙江天球工量具实业有限公司"，证据3中记载的时间为1996年12月28日，而其入库厂家名称却为"金华市婺东工量具厂"，因此证据3的来源和真实性值得怀疑、无法确认，其对本案没有任何证明力；（2）证据4中增殖税专用发票的开具日期为1997年5月7日，其不能表明本专利产品的外观设计，也不能证明专利权人在专利申请以前就公开使用了该外观设计；（3）证据5只能证明网页发布时的状况，对于本案专利申请以前的状况没有任何证明力；（4）证据7为专利权人的内部宣传资料，其不能表明产品的外观设计，更不能表明专利权人在专利申请以前就公开使用了本专利外观设计；（5）证据4、5和7均在本专利申请日之后，它们之间无关联性，不能证明专利申请以前公开了本案专利外观设计。因此，本专利符合专利法第23条和实施细则第2条的规定。

2004年7月14日，专利复审委员会向请求人Ⅰ、Ⅱ和专利权人发出《无效宣告请求口头审理通知书》，通知各方当事人，专利复审委员会拟定于2004年9月1日就无效宣告请求案I和II进行口头审理，同时将专利权人于2004年5月8日和2004年7月6日提交的意见陈述书分别转给请求人I和II，要求其在口头审理中答复。

2004年9月1日，口头审理如期举行。各方当事人的代理人均参加了口头审理。口头审理过程中，请求人I确认的无效理由和证据为：根据证据1和2，本专利不符合专利法第9条、第23条，专利法实施细则第2条和专利法实施细则第13条第1款的规定；请求人II确定的理由为：根据证据3-7，本专利不符合专利法第23条和专利法实施细则第2条的规定。专利权人对证据1和2的真实性无异议，但对证据3中入库凭证、证据4中发票和证据5的真实性有异议。请求人当庭提交了（2003）浙台椒证字第00704和第00705号公证书原件（分别为证据9和10）以证实证据3中入库凭证和证据4中发票的真实性。其中证据9中入库凭证复印件与证据3中入库凭证复印件相同，证据9的公证事项为入库凭证复印件与原件相同；证据10中发票复印件与证据4中发票复印件相同，公证10的公证事项为所述发票复印件与原件相同。

2004年11月24日，专利复审委员会针对上述无效宣告请求案I和II，作出第6580号无效宣告请求审查决定，宣告申请号为97305890.0的外观设计专利权无效。决定认定的主要事实及理由如下：

虽然证据6记载"金华市婺东工量具厂"从1995年3月15日变更为"浙江天球工量具实业有限公司"，但《实物入库凭证》应用原企业名称"金华市婺东工量具厂"是完全可能的，因此证据6并不能否认证据3中《实物入库凭证》的真实性。由于证据9已经公证了证据3中《实物入库凭证》复印件与原件相符；且有证据4中《山东省增殖税专用发票》与之相互印证；另外，原专利权人山东威达机床工具集团总公司属于证据3中《实物入库凭证》和证据4中《山东省增殖税发票》的当事人之一，现专利权人山东威达机械股份有限公司对证据3中《实物入库凭证》的真实性存在异议，但没有提供任何具有说服力的反驳证据，因此合议组对证据3中《实物入库凭证》的真实性予以采信。

证据3和4中供货单位、购货单位、产品名称、数量、单价和总价均可相互印证，这两个证据共同表明：山东威达机床工具集团总公司（销货方）向浙江天球工量具实业有限公司（购货方）销售了439只"J1510B型自锁钻夹头"。在该销售行为中，销货方于1996年12月18日向购货方交付了货物，并且销货方于1997年5月7日向购货方开具了发票。在没有相反证据的情况下，销售行为属于公开销售行为，因此在证据3、4业已证明在本专利申请日之前销货方已经向购货方交付了货物的情况下，可以得出的结论为："J1510B型自锁钻夹头"在本专利申请日前已经公开使用。而且，"J1510B型自锁钻夹头"与证据5中所示的"J1510B型钻夹头"属于同一产品，本专利外观设计与"J1510B型自锁钻夹头"相比较其外观设计相同和相近似性，从而与本专利外观设计相近似的外观设计在本专利申请日前已经在国内公开使用过，本专利不符合专利法第23条的规定。并且鉴于已得出上述使用公开的结论，因此对请求人在上述无效宣告请求案I和II中提交的其他证据不再作出评述。

专利权人不服专利复审委员会作出的第6580号无效宣告请求审查决定，向北京市第一中级人民法院提起诉讼，经一审、二审两级司法审查，北京市高级人民法院作出（2005）高行终字第400号行政判决书，判决撤销第6580号无效宣告请求审查决定，由专利复审委员会重新作出无效宣告请求审查决定，其认定如下：

三鸥机械公司作为无效程序中的请求人，其对主张"本专利在申请日之前已经被公开使用"负有提供有效证据加以证明的责任。三鸥机械公司提交的证据4为No.00057147号《山东省增殖税专用发票》，该发票能够证明威达机械公司于1997年5月7日向浙江天球工量具实业有限公司销售J1510B型钻夹头的事实，但该交易日期晚于本专利的申请日，不能破坏本专利的新颖性。三鸥机械公司提供的证据3为NO.0028763号《实物入库凭证》，其开具时间为1996年12月28日，虽然早于本专利申请日,但是该《实物入库凭证》属于单方的内部凭证,而非标准的记帐凭证或销售合同,其随意性较大。此外,在该《实物入库凭证》的上方虽标有"山东威达机床工具集团总公司"及"鞠洪玺"字样,当上述字样前面的栏目名称却没有显示,因此,该份证据中载明的内容是不完整的,况且金华市婺东工量具厂的企业名称已于1995年3月23日经核准变更为浙江天球工量具实业有限公司,但在该《实物入库凭证》上使用的仍是变更前的企业名称。因此,在威达机械公司对该份证据不予认可的情况下,证据3~6也不能形成完整的证据链证明本专利在申请日之前已被公开使用。由于证据9、10内容同证据3、4,因此对其不重复评述。

根据审查指南第四部分第一章第8节以及第3.1节的规定,专利复审委员会对上述无效宣告请求案Ⅰ和Ⅱ重新成立合议组进行审理。

2004年11月18日,三鸥集团有限公司(下称请求人Ⅲ)针对本专利再次提出无效宣告请求(下称无效宣告请求案Ⅲ)。其理由是:(1)根据证据8~14可以证实在本专利申请日以前,与本专利相同的外观设计已经被出版物所公开,因此本专利不符合专利法第23条的规定以及不符合专利法实施细则第2条的规定。请求人Ⅲ提交的证据8~14如下:

证据8:第5411275号美国外观设计专利,公开日为1995年5月2日;
证据9:第363295号美国外观设计专利,公开日为1995年10月17日;
证据10:第5553873号美国外观设计专利,公开日为1996年9月10日;
证据11:第2054777号英国外观设计专利,公开日为1996年7月11日;
证据12:第2048611号英国外观设计专利,公开日为1995年11月21日;
证据13:第2052392号英国外观设计专利,公开日为1996年5月8日;
证据14:第2054779号英国外观设计专利,公开日为1996年6月24日。

经形式审查合格后,专利复审委员会受理了上述请求,于2004年12月8日向双方当事人发出《无效宣告请求受理通知书》,并将请求人Ⅲ提交的《专利权无效宣告请求书》及其他有关文件的副本转送给专利权人,要求其在指定期限内答复。

2005年1月17日,专利复审委员会收到了专利权人的答复,专利权人认为:证据8-14所示外观设计的外形轮廓、高度与直径的比例及前后套的大小比例均与本专利不相同,不属于相同和相近似的外观设计,因此无效宣告请求的理由不成立。

2006年7月10日,专利复审委员会向请求人Ⅰ、Ⅱ和Ⅲ(由于请求人Ⅰ、Ⅱ和Ⅲ相同,为简便起见,下统称请求人)和专利权人发出《无效宣告请求口头审理通知书》,通知各方当事人,专利复审委员会拟定于2006年8月23日就上述无效宣告请求案Ⅰ、Ⅱ和Ⅲ进行口头审理,同时将专利复审委员会于2005年1月17日收到的专利权人提交的意见陈述书转给请求人Ⅲ,要求其在口头审理中答复意见。

2006年7月24日,请求人递交了意见陈述书,表示不参加口头审理,请求人在意见陈述书中再次重申了其在无效宣告请求案Ⅰ、Ⅱ和Ⅲ中提出的意见。

2006年8月18日,专利复审委员会将请求人于2006年7月24日提交的意见陈述当面转给专利权人,并要求专利权人在口头审理时针对上述意见一并进行陈述。

2006年8月23日,口头审理如期举行。请求人未出席口头审理,合议组在专利权人一方出庭的情况下就无效宣告请求案Ⅰ、Ⅱ和Ⅲ进行了庭审调查。庭审过程中,合议组就本案的无效理由及证据逐一进行了调查,专利权人充分陈述了自己的意见。专利权人对请求人提交的证据1、2、8~14的真实性无异议。

至此,合议组认为本案的事实清楚,可以作出审查决定。

三、决定

专利法第23条规定:授予专利权的外观设计,应当同申请日以前在国内外出版物上公开发表过或者国内公开使用过的外观设计不相同和不相近似，并不得与他人在先取得的合法权利相冲突。

如果一般消费者经过对被比设计与在先设计的整体观察可以看出，二者的差别对于产品外观设计的整体视觉效果不具有显著的影响，致使一般消费者以一般注意力难以区分被比外观设计与在先设计，则可以认定被比外观设计与在先设计属于相近似的外观设计。

请求人提交的证据2为第361,076号美国外观设计专利，专利权人对其真实性未表示异议，经核查，合议组对其真实性予以认可。由于证据2的公开日为1995年8月8日，在本专利的申请日之前，且二者均为手紧式钻夹头，属于相同类别的产品，因此可以作为在先设计（下称在先设计）来评价本专利是否符合专利法第23条的规定。

本专利要求保护一种钻夹头，其授权公告文件有主视图、仰视图、俯视图、左视图、右视图、后视图，未要求保护色彩。由各视图可知，本专利的手紧式钻夹头整体呈陀螺状，由同轴的夹头体、后套、前套、前端套、夹爪组组成。后套和前套构成陀螺本体，前套长度约为后套的二倍。后套为短圆柱体，后端带有小倒角；前套为两级截圆锥状，后级长而锥度非常小约5度，前级短而锥度大约45度；后套、前套之间留有窄小缝隙；两者圆周面上均带有均布的直槽，后套直槽稍窄。夹头体大部为后套、前套掩盖，仅于后套后端露出尾端，呈两级侧视为梯形的矮圆台阶状；前端套呈一级矮圆台状，前端以圆弧倒角；夹爪组侧视为锥形，由120度均布的三爪组成。（详见本专利附图。）

在先设计也公开了一种钻夹头，其公开文本有主视图、仰视图、俯视图、和立体图。由各视图可知该钻夹头整体也呈陀螺状，由同轴的夹头体、后套、前套、前端套、夹爪组组成。后套和前套构成陀螺本体，前套长度约为后套的二倍。后套为短圆柱体，后端带有小倒角；前套分为两级：前级短而锥度大，约45度呈截圆锥状，后级长而无锥度呈圆柱状；后套、前套之间留有窄小缝隙；两者圆周面上均带有均布的直槽。夹头体大部为后套、前套掩盖，仅于后套后端露出尾端，呈两级侧视为梯形的矮圆台阶状；前端套呈一级矮圆锥状，前端以圆弧倒角；夹爪组侧视为锥形，由120度均布的三爪组成。（详见在先设计附图。）

将本专利与在先设计相比，两者整体构成相同，局部主要区别在于：本专利后套直槽稍窄，前套直槽稍宽，而在先设计前套后套直槽等宽；本专利前套直槽距窄缝较近，而在先设计直槽距离相对较远；本专利前套后级有一约5度的锥度，而在先设计前套后级无锥度；本专利前套前端矮圆台线条圆滑，而在先设计前套前端的矮圆台线条硬朗。合议组认为：根据整体观察、综合判断的原则，在二者整体形状相同，主要构成部件夹头体、后套、前套、前端套、夹爪组相同，前后套的比例、窄槽的形状及窄槽宽度基本相同的情况下，上述区别仅仅是角度、宽窄方面的微小变化，属于局部细小差别，对整体视觉效果不具有显著的影响，在一般消费者仅给以一般注意力的情况下，非常容易造成对两者的混淆。因此，本专利与在先设计属于相近似的外观设计。

综上所述，本专利与申请日之前公开的证据2的外观设计专利公报中的外观设计相近似，不符合专利法第23条的规定。

鉴于根据请求人提供的证据2已得出本专利不符合专利法第23条规定的结论，本决定对其他证据和无效理由不作评述。

三、决定

宣告申请号为97305890.0的外观设计专利权无效。

当事人对本决定不服的，可以根据专利法第46条第2款的规定，自收到本决定之日起三个月内向北京市第一中级人民法院起诉。根据该款的规定，一方当事人起诉后，另一方当事人应当作为第三人参加诉讼。

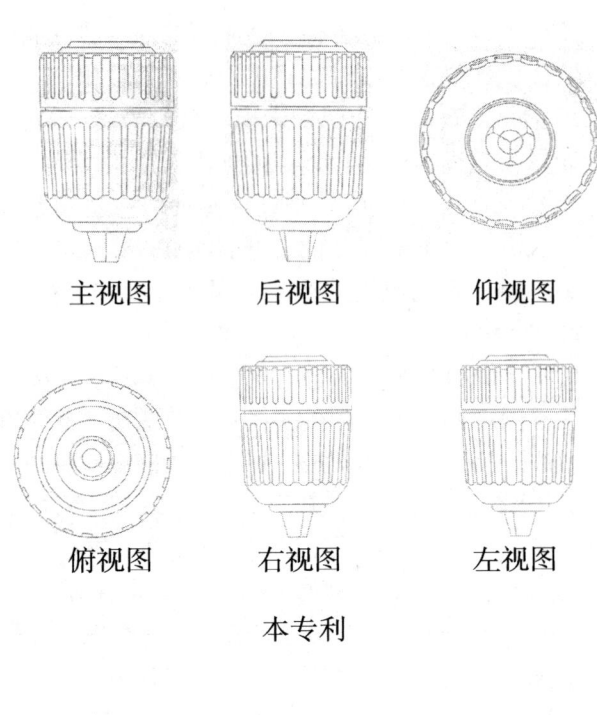

主视图　　后视图　　仰视图

俯视图　　右视图　　左视图

本专利

立体图　　主视图　　俯视图　　仰视图

对比设计

北京市第一中级人民法院
行政判决书

(2007) 一中行初字第 449 号

原告山东威达机械股份有限公司，住所地山东省文登市苘山镇中韩路 2 号

委托代理人张建成，男，1955 年 3 月 22 日出生，汉族，济南舜源专利事务所有限公司专利代理人，住山东省济南市历下区甸柳新村五区 8 号楼 1 单元 401 号

被告国家知识产权局专利复审委员会，住所地北京市海淀区北四环西路 9 号银谷大厦 10~12 层

法定代表人廖涛，副主任

委托代理人李金光，国家知识产权局专利复审委员会审查员

委托代理人程强，国家知识产权局专利复审委员会审查员

第三人浙江三鸥机械股份有限公司，住所地浙江省台州市路桥区永长路高科技区

法定代表人周文华，董事长

委托代理人刘晓春，男，1968 年 1 月 16 日出生，汉族，浙江杭州金通专利事务所有限公司专利代理人，住浙江省杭州市上城区佑圣观路 123 号 3 栋 2 单元

原告山东威达机械股份有限公司（以下简称威达公司）不服被告国家知识产权局专利复审委员会（以下简称专利复审委员会）于 2006 年 11 月 23 日作出的第 8857 号无效宣告请求审查决定（以下简称第 8857 号决定），于法定期限内向本院提起行政诉讼。本院于 2007 年 3 月 15 日受理本案后，依法组成合议庭，并通知第 8857 号决定的请求人三鸥集团有限公司（即本案第三人浙江三鸥机械股份有限公司，以下简称三鸥公司）作为第三人参加本案诉讼。本院于 2007 年 5 月 28 日公开开庭进行了审理。原告威达公司的委托代理人张建成，被告专利复审委员会的委托代理人程强，第三人三鸥公司的委托代理人刘晓春到庭参加了诉讼。本案现已审理终结。被告专利复审委员会针对第三人三鸥公司就专利权人为原告威达公司的名称为"手紧式钻夹头（5）"的外观设计专利（申请号为 97305890.0，以下简称本专利）所提出的无效宣告请求作出第 8857 号决定，该决定认定：三鸥公司提交的证据 2 为第 361，076 号美国外观设计专利，威达公司对其真实性未表示异议，经核查，专利复审委员会对其真实性予以认可。由于证据 2 的公开日为 1995 年 8 月 8 日，在本专利的申请日之前，且二者均为手紧式钻夹头，属于相同类别的产品，因此可以作为在先设计（下称在先设计）来评价本专利是否符合《专利法》第二十三条的规定。本专利要求保护一种钻夹头，其授权公告文件有主视图、仰视图、俯视图、左视图、右视图、后视图，未要求保护色彩。由各视图可知，本专利的手紧式钻夹头整体呈陀螺状，由同轴的夹头体、后套、前套、前端套、夹爪组组成。后套和前套构成陀螺本体，前套长度约为后套的二倍。后套为短圆柱体，后端带有小倒角；前套为两级截圆锥状，后级长而锥度非常小约 5 度，前级短而锥度大约 45 度；后套、前套之间留有窄小缝隙；两者圆周面上均带有均布的直槽，后套直槽稍窄；夹头体大部为后套、前套掩盖，仅于后套后端露出尾端，呈两级侧视为梯形的矮圆台阶状；前端套呈一级矮圆台状，前端以圆弧倒角；夹爪组侧视为锥形，由 120 度均布的三爪组成。在先设计也公开了一种钻夹头，其公开文本有主视图、仰视图、俯视图、和立体图。由各视图可知该钻夹头整体也呈陀螺状，由同轴的夹头体、后套、前套、前端套、夹爪组组成。后套和前套构成陀螺本体，前套长度约为后套的二倍。后套为短圆柱体，后端带有小倒角；前套分为两级：前级短而锥度大，约 45 度呈截圆锥状，后级长而无锥度呈圆柱状；后套、前套之间留有窄小缝隙；

两者圆周面上均带有均布的直槽。夹头体大部为后套、前套掩盖，仅于后套后端露出尾端，呈两级侧视为梯形的矮圆台阶状；前端套呈一级矮圆锥状，前端以圆弧倒角；夹爪组侧视为锥形，由120度均布的三爪组成。将本专利与在先设计相比，两者整体构成相同，局部主要区别在于：本专利后套直槽稍窄，前套直槽稍宽，而在先设计前套后套直槽等宽；本专利前套直槽距窄缝较近，而在先设计直槽距离相对较远；本专利前套后级有一约5度的锥度，而在先设计前套后级无锥度；本专利前套前端矮圆台线条圆滑，而在先设计前套前端的矮圆台线条硬朗。专利复审委员会认为：根据整体观察、综合判断的原则，在二者整体形状相同，主要构成部件夹头体、后套、前套、前端套、夹爪组相同，前后套的比例，窄槽的形状及窄槽宽度基本相同的情况下，上述区别仅仅是角度、宽窄方面的微小变化，属于局部细小差别，对整体视觉效果不具有显著的影响，在一般消费者仅给以一般注意力的情况下，非常容易造成对两者的混淆。因此，本专利与在先设计属于相近似的外观设计。综上所述，本专利与申请日之前公开的证据2的外观设计专利公报中的外观设计相近似，不符合《专利法》第二十三条的规定。鉴于根据三鸥公司提供的证据2已得出本专利不符合《专利法》第二十三条规定的结论，第8857号决定对其他证据和无效理由不作评述。被告专利复审委员会第8857号决定宣告申请号为97305890.0的外观设计专利权无效。原告威达公司不服该决定，于法定期限内向本院提起诉讼，诉称：1. 第8857号决定中被告在作对比分析时违背了相关法规的准则。首先，本案中符合《审查指南》规定的消费群体是钻夹头的购买者即电钻的制造商，他们不但了解钻夹头的外观设计状况，并且追求钻夹头的外观设计与所配套电钻外观设计的一致性。本案中，被告显然在主体的定位上出现了偏差，脱离了钻夹头的消费群体，忽视了钻夹头外观设计的变化恰恰取决于线条的变化、防滑槽的形状变化、以及角度的差异的常识问题。其次，《审查指南》规定：当产品某些设计被证明是该类产品公认的惯常设计时，则其余设计的变化通常对整体视觉效果更具有显著的影响。被告在作出第8857号决定时得出的结论明显违背了该规定。2. 被告认定事实错误。被告对本专利设计的形状特征、在先设计的形状特征以及对两设计的形状对比认定不恰当，具体表现在：本专利前后套间窄槽距前套竖槽上端的距离与其距后套窄槽下端的距离基本相等，而在先设计前后套间窄槽距前套上端的距离数倍于其距后套窄槽下端的距离；本专利后套上的竖槽宽度明显窄于前套上的竖槽宽度，而在先设计的前后套上竖槽的宽度相等；本专利前套上竖槽间距小而后套上竖槽间距大，而在先设计的前后套上竖槽间距相同；本专利前套前端矮圆台为曲线过渡，形成弧面，而先设计前端套矮圆台为直线过渡，形成斜面；本专利的前套后级由锥度形成由后套、前套后级、前套前级、前端套、夹爪组逐级连接过渡的流畅线条布置，而在先设计前套后级无锥度，与后套构成连续的圆柱体配之前套前级及前端套间连续的锥面，形成简洁而棱角分明的设计风格；本专利的前端套呈矮圆柱形状，前端以圆弧倒角，而在先设计的前端套呈矮圆台状，前端无圆弧倒角。上述六处不同设计并不是孤立存在的，而是一个完整统一设计的不同组成部分。这些差异的集合构成了本专利与在先设计的不同设计风格及不同视觉效果，形成了既不相同又不相近似的外观设计。综上，请求法院依法撤销专利复审委员会第8857号决定，依法作出维持本专利全部有效的判决。被告专利复审委员会辩称：在第8857号决定中，专利复审委员会按照《审查指南》规定的一般消费者的标准，通过整体观察、综合判断的方式分析了本专利与在先设计的钻夹头整体外观设计特征及二者主要的区别特征，其中包括线条变化、防滑槽的形状变化以及角度的差异等。尽管第8857号决定中在记载本专利与在先设计的区别之处只记载了二者之间的主要区别，且本专利与在先设计也存在原告在起诉书中所列举出的部分区别之处，但对本专利与在先设计的钻夹头整体而言，原告所列区别之处均在钻夹头这类产品的局部细微处，且属于惯常设计，不足以使消费者将本专利与在先设计的钻夹头相区别。综上所述，专利复审委员会第8857号决定认定事实清楚、适用法律法规正确、审理程序合法，审查结论正确，请求法院维持第8857号决定。第三人三鸥公司陈述意见称：第8857号决定事实清楚，适用法律正确，程序合法。本专利与第三人所提供的对比设计为相近似的外观设计，本案原告所主张的所谓区别点纯属局部的细小差别，对整体视觉效果不具有影响。请求法院维持第8857号决定。

本院经审理查明：1997年3月12日，威达公司向国家知识产权局专利局申请了名称为"手紧式钻夹头（5）"的外观设计专利。本专利于1999年6月23日被授权公告，申请号为97305890.0。

针对上述专利权，三鸥公司于2004年3月22日提出无效宣告请求（下称无效宣告请求案I）。其理由是：（1）在本专利申请日以前，与本专利相同的外观设计已经被出版物（即证据2）所公开，因此本专利不符合《专利法》第二十三条的规定以及不符合《专利法实施细则》第二条的规定；（2）本专利与证据1所述设计属于同样的发明创造，证据1是在本专利申请日前申请的中国外观设计专利，并获得授权，因此，依据《专利法》第九条和《专利法》第十三条的规定，本专利不应当获得授权。三鸥公司在提出无效请求时提交了如下证据：

证据1：第97300523.8号中国外观设计专利，申请日为1997年2月5日，优先权日为1996年8月9日，授权公告日为1998年5月27日，专利权人为动力工具支持架公司；

证据2：第361,076号美国外观设计专利，公开日为1995年8月8日。

2004年5月25日，三鸥公司针对本专利又提出无效宣告请求（下称无效宣告请求案II）。其理由是：（1）证据3证明了在1996年12月28日山东威达机床工具集团总公司制造销售了型号为J1510B自锁钻夹头，证据5证明了该自锁钻夹头的外形，型号为J1510B的自锁钻夹头与本案涉及的外观设计专利完全相同，因此本案涉及的外观设计专利在申请日前已被使用公开，其授权不符合《专利法》第二十三条的规定；（2）证据7是山东威达机床工具集团总公司的厂报，从该报第3版上"产量"一栏中显示：在1996年11月1日之前山东威达机床工具集团总公司就大量制造J1510B自锁钻夹头，这同样证明了本案涉及的外观设计专利在申请日前已被使用公开；（3）本案涉及的专利也不符合《专利法实施细则》第二条的规定。三鸥公司在提出无效请求II的同时提交了5份证据：

证据3：（2001）浙椒证民字第155号公证书复印件，公证事项为公证书中所附《实物入库凭证》复印件与原件相符；

证据4：（2001）浙椒证民字第154号公证书复印件，公证事项为公证书中所附《No.00057147号山东省增殖税专用发票》复印件与原件相符；

证据5：（2003）浙台椒证字第000732号公证书复印件，公证事项为：公证书中所附印有J1510B型轻型手紧式钻夹头图片的网页是2003年3月31日从山东威达机械股份有限公司网站下载得到的；

证据6：私营企业取冠浙江（省）名称呈报表；

证据7：1996年11月1日第20期总第24期的《威达报》复印件；

2004年11月24日，专利复审委员会针对上述无效宣告请求案I和II，作出第6580号无效宣告请求审查决定，宣告申请号为97305890.0的外观设计专利权无效。

威达公司不服专利复审委员会作出的第6580号无效宣告请求审查决定，向北京市第一中级人民法院提起诉讼，经一审、二审两级司法审查，北京市高级人民法院作出（2005）高行终字第400号行政判决书，判决撤销第6580号无效宣告请求审查决定，由专利复审委员会重新作出无效宣告请求审查决定。

根据《审查指南》第四部分第一章第8节以及第3.1节的规定，专利复审委员会对上述无效宣告请求案I和II重新进行审理。

2004年11月18日，三鸥公司针对本专利再次提出无效宣告请求（下称无效宣告请求案III）。其理由是：（1）根据证据8、证据9、证据10、证据11、证据12、证据13、证据14可以证实在本专利申请日以前，与本专利相同的外观设计已经被出版物所公开；因此本专利不符合《专利法》第二十三条的规定以及不符合《专利法实施细则》第二条的规定。三鸥公司提交的证据8、证据9、证据10、证据11、证据12、证据13、证据14如下：

证据8：第5411275号美国外观设计专利，公开日为1995年5月2日；

证据9：第363295号美国外观设计专利，公开日为1995年10月17日；

证据10：第5553873号美国外观设计专利，公开日为1996年9月10日；

证据11：第2054777号英国外观设计专利，公开日为1996年7月11日；

证据12：第2048611号英国外观设计专利，公开日为1995年11月21日；

证据13：第2052392号英国外观设计专利，公开日为1996年5月8日；

证据14：第2054779号英国外观设计专利，公开日为1996年6月24日。

2005年1月17日，专利复审委员会收到了威达公司的答复，威达公司认为：证据8、证据9、证据10、证据11、证据12、证据13、证据14所示外观设计的外形轮廓、高度与直径的比例及前后套的大小比例均与本专利不相同，不属于相同和相近似的外观设计，因此无效宣告请求的理由不成立。

2006年8月23日，口头审理如期举行。三鸥公司未出席口头审理，专利复审委员会在威达公司一方出庭的情况下就无效宣告请求案Ⅰ、Ⅱ和Ⅲ进行了庭审调查。庭审过程中，专利复审委员会就本案的无效理由及证据逐一进行了调查，威达公司充分陈述了自己的意见。威达公司对三鸥公司提交的证据1、证据2、证据8、证据9、证据10、证据11、证据12、证据13、证据14的真实性无异议。

上述事实，有第8857号决定、申请号为97305890.0的外观设计专利证书、第361,076号美国外观设计专利以及当事人陈述等证据为证。

本院认为，根据原告威达公司的起诉及第8857号决定的内容，本案的焦点问题是：本专利与在先设计（证据2）是否属于相近似的外观设计。

将本专利与在先设计相比，二者相同之处在于：二者整体形状相同，主要构成部件夹头体、后套、前套、前端套、夹爪组相同，前后套的比例，窄槽的形状基本相同，后套直槽与前套直槽数量相等，直槽均密布于前、后套上。局部主要区别在于：本专利后套直槽稍窄，前套直槽稍宽，而在先设计前套后套直槽等宽；本专利前套直槽距窄缝较近，而在先设计前套直槽距窄缝相对较远，在前套直槽与窄缝之间有一光滑带；本专利前套后级有一约5度的锥度，而在先设计前套后级无锥度；本专利前套前端矮圆台线条圆滑，而在先设计前套前端的矮圆台线条硬朗。本院认为：本专利与在先设计的整体形状相同，主要构成部件相同，前后套的比例，前后套上直槽的形状基本相同。二者的上述区别仅属于细微处的差别，在一般消费者看来，从整体观察角度，二者构成相近似的外观，容易引起混淆和误认。比如，二者前后套上用于防滑的窄槽均密布于前、后套上，使消费者不易关注本专利后套直槽稍窄，前套直槽稍宽，而在先设计前套后套直槽等宽的差别以及在先设计在前套直槽与窄缝之间有一光滑带的差别；二者前套后级的锥度差别不明显，前套前端的矮圆台部位占该钻夹头整体中的很小部分，其线条风格差别显属细微，在一般消费者施加一般注意力的情况下不易察觉。因此，本专利与在先设计属于相近似的外观设计。

另外，原告认为本案中被告在主体的定位上脱离了钻夹头的消费群体。其理由仅是因为被告认定本专利与在先设计相比其差别微小的缘故，该主张仅为原告主观认为，并无客观事实予以证明，故本院对此不予采信。

《专利法》第二十三条规定：授予专利权的外观设计，应当同申请日以前在国内外出版物上公开发表过或者国内公开使用过的外观设计不相同和不相近似，并不得与他人在先取得的合法权利相冲突。由于本专利与在先设计相近似，故其不符合《专利法》第二十三条的规定。

综上，原告威达公司的诉讼请求缺乏事实和法律依据，本院不予支持。被告专利复审委员会作出的第8857号决定认定事实清楚，程序合法，应予维持。依照《中华人民共和国行政诉讼法》第五十四条第（一）项之规定，本院判决如下：

维持被告国家知识产权局专利复审委员会作出的第8857号无效宣告请求审查决定。

案件受理费1000元，由原告山东威达机械股份有限公司负担（已交纳）。

如不服本判决，可在本判决书送达之日起15日内，向本院递交上诉状，并按对方当事人人数提交副本，交纳上诉案件受理费100元，上诉于北京市高级人民法院。

审　判　长　任　进
代理审判员　邢　军
代理审判员　于立彪
二〇〇七年六月十八日
书　记　员　朱　平

发射笔

无效宣告请求审查决定（第8859号）

决　定　号	第8859号
决　定　日	2006年11月16日
发明创造名称	发射笔
国际分类号	14-03
无效宣告请求人	中山市学而乐电子有限责任公司
专　利　权　人	刘鸿标
申　请　号	200430003927.8
申　请　日	2004年2月16日
授　权　公　告　日	2004年11月10日
合议组组长	马志远
主　审　员	张　琳
参　审　员	李玲玲
附　图	3页

法律依据 专利法第23条，专利法实施细则第2条第3款

决定要点

产品的外观设计即使有功能性的作用，也并不影响其对整体外观设计产生的美感，属于专利法意义上的外观设计，符合专利法实施细则第2条第3款的规定；本专利与对比文件1~4的外观设计分别比较，均整体观察明显不同，属于不相同或者不相近似的外观设计。

一、案由

本无效宣告请求涉及国家知识产权局于2004年11月10日授权公告、申请号为200430003927.8、名称为"发射笔"的外观设计专利（下称本专利），其申请日是2004年2月16日，专利权人是刘鸿标。

针对上述专利权，中山市学而乐电子有限责任公司（以下称请求人）于2005年12月30日向国家知识产权局专利复审委员会提出了无效请求，其无效理由为本专利外观设计相对于附件1~4不符合专利法23条的规定、本专利外观设计相对于附件3、4不符合专利法实施细则第2条第3款的规定。请求人提交了如下附件作为证据：

附件1：CN3258419D号专利文献公告复印件1页；
附件2：CN3334119D号专利文献公告复印件1页；

附件3：CN3005735S号专利文献公告复印件1页；
附件4：CN3233526D号专利文献公告复印件1页。

请求人认为：本专利外观设计相对于附件1~2、4属于相近似的外观设计，不符合专利法第23条的规定，本专利外观设计相对于附件3、4不能产生美感，不符合专利法实施细则第2条的规定。

专利复审委员会依法成立合议组，对本无效请求案进行审理。本案合议组于2006年9月25日向双方当事人发出口头审理通知书，定于2006年11月13日对本案进行口头审理。

口头审理于2006年11月13日如期举行。双方当事人都出席了口头审理，对合议组成员变更无异议。专利权人对附件1~4的真实性无异议。请求人明确无效理由为：本专利相对于附件1~4不符合专利法第23条的规定；本专利不符合专利法实施细则第2条第3款的规定，具体理由为：本专利相对于附件3、4，笔的下部分增加了圆点设计，是属于功能上的设计，不能产生美感，因此不符合专利法实施细则第2条第3款的规定。

在上述工作的基础上，合议组认为本案事实已经清楚，可以依法作出审查决定。

二、决定的理由

（1）关于现有技术：

请求人提交了4份专利文献：

附件1：CN3258419D号专利文献，其授权公告日为2002年10月9日；

附件2：CN3334119D号专利文献，其授权公告日为2003年11月5日；

附件3：CN3005735S号专利文献，其授权公告日为1990年6月6日；

附件4：CN3233526D号专利文献，其授权公告日为2002年4月24日。

专利权人对上述附件1~4的真实性无异议，附件1~4的公开日均早于本专利的申请日2004年2月16日，可以作为对比文件使用，以下分别称附件1~4为对比文件1~4。

（2）基于请求人提出的无效宣告请求的理由，合议组依据专利法实施细则第2条第3款、专利法第23条的规定进行审理。

①关于专利法实施细则第2条第3款。

专利法实施细则第2条第3款规定：专利法所称外观设计，是指对产品的形状、图案或者其结合以及色彩与形状、图案的结合所作出的富有美感并适用于工业应用的新设计。

请求人认为，本专利相对于对比文件3、4的外观设计，笔的下部分增加了圆点设计，是属于功能上的设计，不能产生美感，因此不符合专利法实施细则第2条第3款的规定。合议组认为，发射笔整体圆滑，笔杆下部分增加纵向均匀分布的圆点设计即使有功能性的作用，也并不影响其对整体外观设计产生的美感，本外观设计专利属于专利法所称的外观设计，符合专利法实施细则第2条第3款规定。

②关于专利法第23条。

专利法第23条规定：授予专利权的外观设计，授予专利权的外观设计，应当同申请日以前在国内外出版物上公开发表过或者国内外公开使用过的外观设计不相同和不相近似，并不得与他人在先取得的合法权利相冲突。

本专利的外观设计，笔杆通体呈圆柱形，下半部分沿笔杆纵向均匀分布有小圆点，笔上端呈半球型收拢，顶端有一个环状设计，笔下端圆滑收拢，笔尖短小而粗（参见本专利附图）。

对比文件1的外观设计，感应笔整体呈三段式设计，笔上端有一条线引出，笔杆通体两端粗中间细，笔杆较粗的下半部分设有横向分布的环状凹槽，笔下端呈锥形收拢（参见对比文件1附图）。本专利与对比文件1的外观设计相比较，本专利笔杆一体式设计、通体呈圆柱形、笔杆顶端有一个环状设计、笔杆下半部分沿笔杆纵向均匀分布有小圆点,其与对比文件1的笔杆呈三段式设计、笔杆通体两端粗中间细、笔杆上端有一引线部分、笔杆下半部分设有横向分布的环状凹槽的外观设计明显不同,两者不属于相同或者相近似的外观设计,故本专利相对于对比文件1符合专利法第23条的规定。

对比文件2的外观设计,电子触笔整体呈多段式设计,笔上端通过圆台部分有一条线引出,笔杆中间主体部分呈纺锤状,其下半部分纵向均匀分布圆形凸点,笔尖部分设置有圆盘并锥形收拢(参见对比文件2附图)。本专利与对比文件2的外观设计相比较,本专利笔杆一体式设计、笔杆顶端有环状设计、笔杆通体呈圆柱形的外观与对比文件2呈多段式设计、笔杆顶端有一引线部分、笔杆中间主体部分呈纺锤状的外观设计明显不同,两者不属于相同或者相近似的外观设计,故本专利相对于对比文件2符合专利法第23条的规定。

对比文件3的外观设计,电磁信号输入笔笔体为圆柱形,笔上端有长条形笔夹从笔顶端伸出并延伸在笔杆上部两侧、笔杆下半部分光滑、笔尖细长(参见对比文件3附图)。本专利与对比文件3的外观设计相比较,本专利笔杆光滑、顶端有一环状设计,没有对比文件3信号笔的笔夹、不同于其顶端光滑的外观;本专利笔杆下半部分有凸点分布,对比文件3笔杆光滑没有凸点设计,两者整体上观察明显不同,不属于相同或者相近似的外观设计,故本专利相对于对比文件3符合专利法第23条的规定。

对比文件4的外观设计,感应笔整体呈两段式设计,笔体呈圆柱形,其下部有两列纵向凹点设计,笔上端顶部平滑,上端的一侧设置有一个开关,笔尖部分呈圆锥状收拢,笔尖细长(参见对比文件4附图)。本专利与对比文件4的外观设计相比较,本专利笔杆一体式设计通体呈圆柱形,而对比文件4感应笔则分为笔杆、笔头两段设计;本专利笔杆上端光滑且呈半球形收拢,顶端有一环状设计,而对比文件4笔杆上端一侧设有开关,且顶部较平;本专利笔杆下半部分设置多排细小凸点,而对比文件4笔杆下半部分设置两排凹点,通过对本专利和对比文件4的整体观察,两者明显不同,不属于相同或者相近似的外观设计,故本专利相对于对比文件4符合专利法第23条的规定。

由此可见,本专利与对比文件1~4均不属于相同或者相近似的外观设计,故符合专利法第23条的规定。

综上所述,请求人关于本专利不符合专利法实施细则第2条第3款、不符合专利法第23条规定的无效理由不成立。

三、决定

维持200430003927.8号专利权有效。

当事人对本决定不服的,可以根据专利法第46条第2款的规定,自收到本决定之日起三个月内向北京市第一中级人民法院起诉。根据该款的规定,一方当事人起诉后,另一方当事人应当作为第三人参加诉讼。

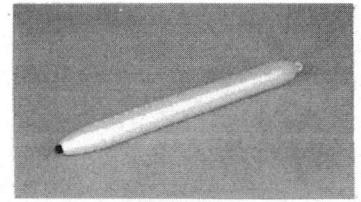

立体图

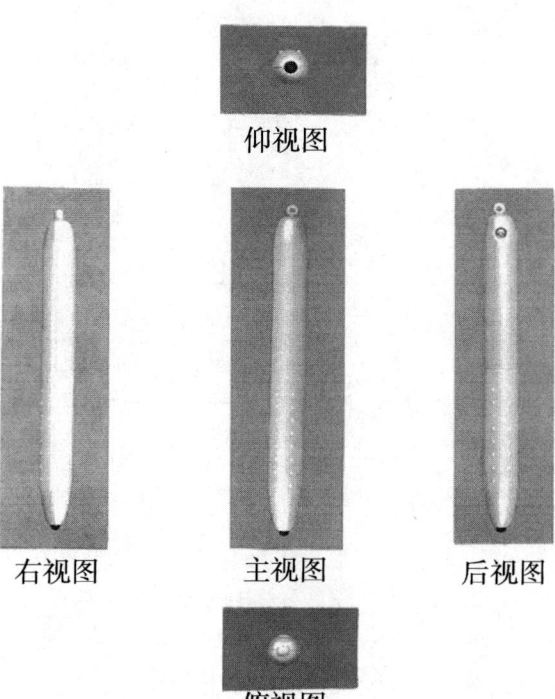

仰视图

右视图　　主视图　　后视图

俯视图

本专利

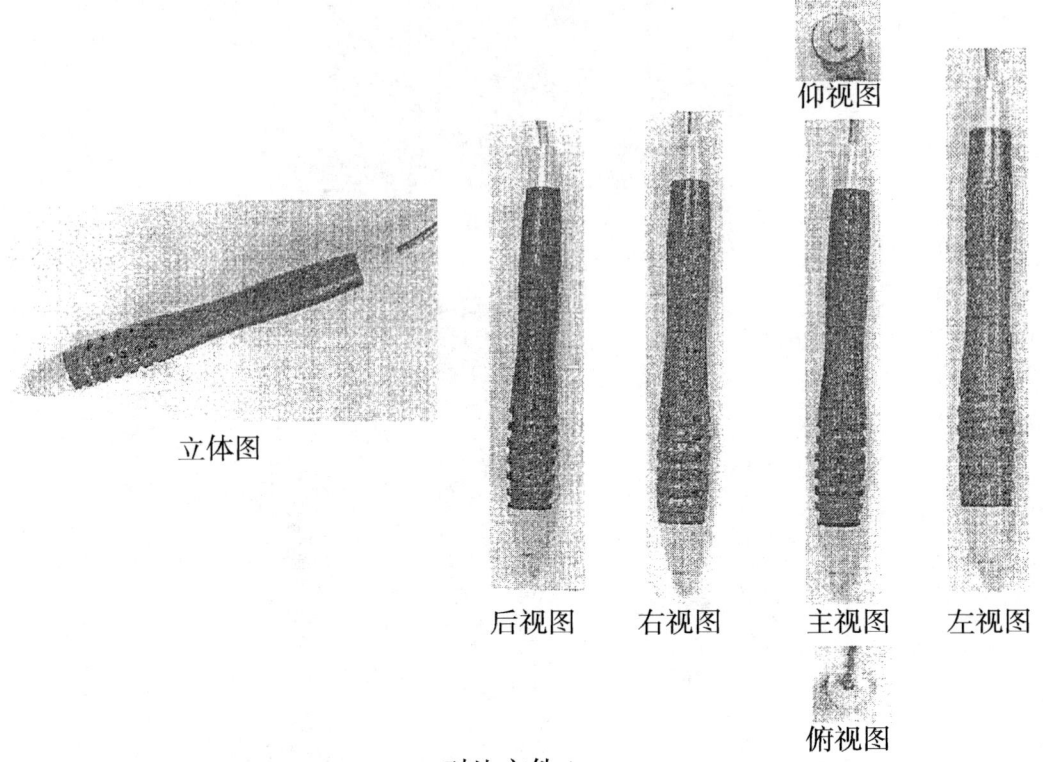

对比文件 1

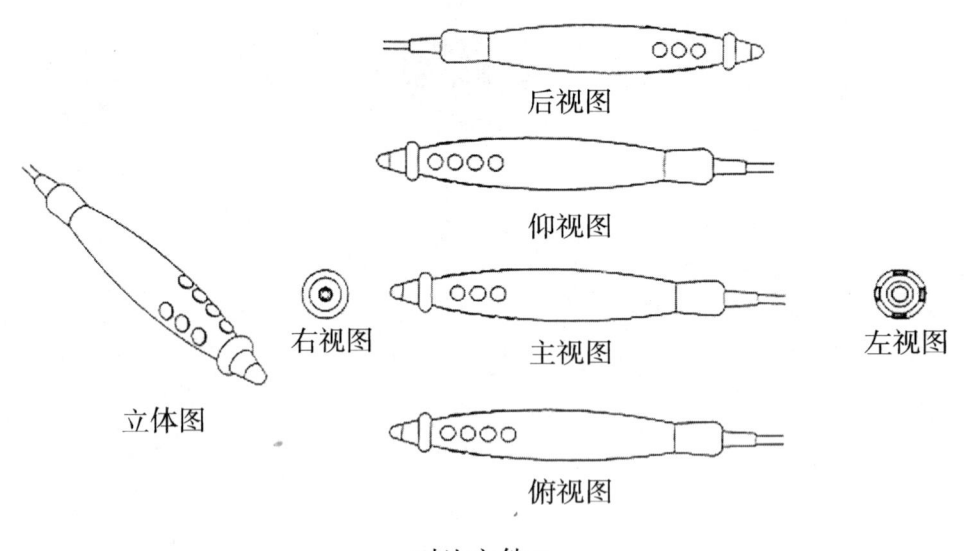

对比文件 2

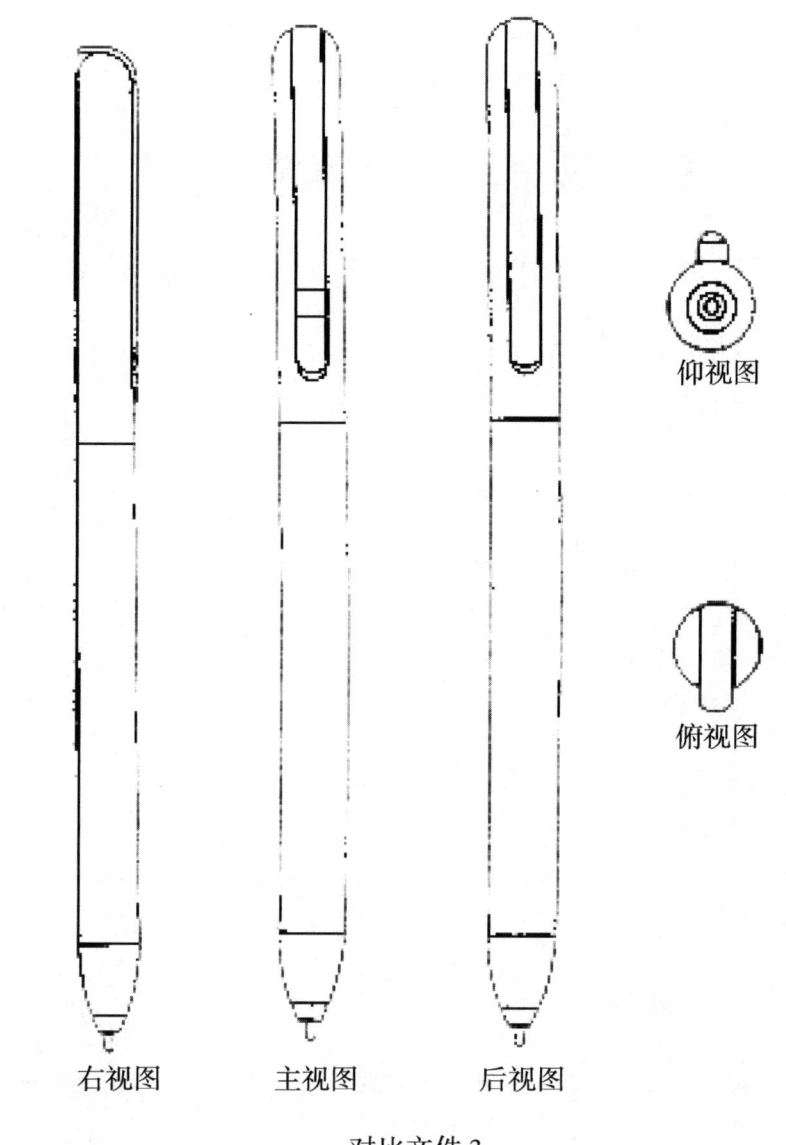

对比文件 3

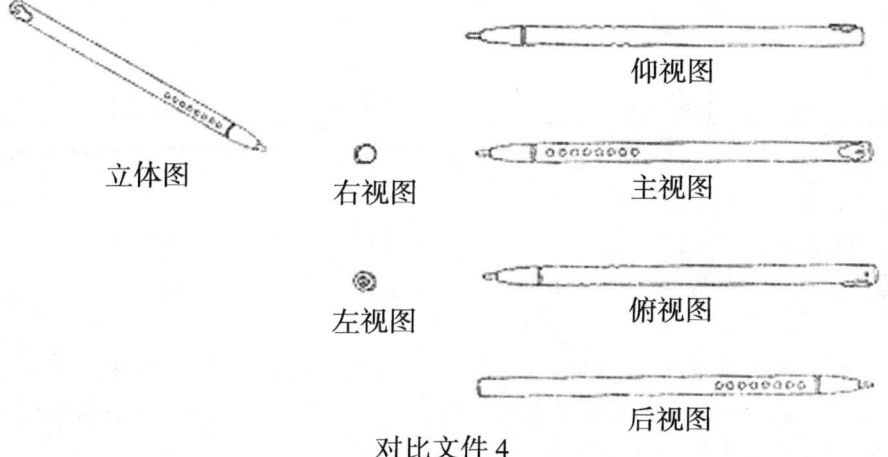

对比文件 4

香皂包装纸（舰牌洗衣皂）

无效宣告请求审查决定（第 8861 号）

决　定　号	第 8861 号
决　定　日	2006 年 11 月 9 日
发明创造名称	香皂包装纸（舰牌洗衣皂）
国际分类号	05-06
无效宣告请求人	杭州东南化工有限公司
专　利　权　人	孙国庄
专　利　号	200430049224.9
申　请　日	2004 年 5 月 12 日
授权公告日	2005 年 2 月 23 日
合议组组长	张　度
主　审　员	黄毅斐
参　审　员	樊晓东
附　图	1 页

法　律　依　据　专利法第 23 条

决　定　要　点

如果一般消费者经过对本专利与在先设计的整体观察可以看出，二者的差别对于产品外观设计的整体视觉效果不具有显著影响，则本专利与在先设计相近似。

一、案由

本无效宣告请求涉及国家知识产权局于 2005 年 2 月 23 日授权公告的 200430049224.9 号外观设计专利（下称本专利），其名称为"香皂包装纸（舰牌洗衣皂）"，申请日为 2004 年 5 月 12 日，专利权人是孙国庄。

针对上述专利权，杭州东南化工有限公司（下称请求人）于 2005 年 7 月 6 日以本专利不符合专利法第 23 条的规定为由向国家知识产权局专利复审委员会提出无效宣告请求，并提交了如下附件作为证据：

附件 1：《杭州研究》2000 年第 2 期杂志复印件共 3 页，出版日期为 2000 年 6 月；
附件 2：1983 年《全国百货优质商品集锦》复印件共 4 页，全国百货商品科技情报中心站编；
附件 3：请求人设计的船牌半透明皂产品样张复印件共 1 页；
附件 4：请求人拥有的第 952457 号商标注册证及核准转让注册商标证明复印件共 3 页。

请求人的无效理由是：（1）请求人在本专利申请日前已经设计完成了与本专利相同或相近似的外观设计，并用于"船牌"香皂产品的外包装，见附件1、2、3。该三份附件中表明了"透明的香皂包装纸"产品，其中心为一椭圆形的图形加上部相接的小圆形图案的结合，椭圆形的图形两端边上各有垂直的两条波浪形条纹，在这两端边波浪形条纹之间设计有象征性的香皂泡沫；椭圆形的图形的再外面两侧分别对称有两条相同图案组成的垂直花形条纹，对比本专利的设计，显然与上述附件中所示的设计内容相同或相近似。（2）1997年2月28日开始，请求人获得国家商标局颁发的第952457号商标权，该商标图案与本专利的外观设计图案相似，即商标图案除了没有象征性的香皂泡沫外，其余均与本专利设计相同，因而本专利的外观设计与在先存在的商标权相冲突。上述事实已经证明本专利不符合专利法第23条的规定。

经形式审查合格，专利复审委员会依法受理了上述无效宣告请求，并于2005年8月30日向请求人和专利权人分别发出无效宣告请求受理通知书，同时将请求人提交的无效宣告请求书及其附件清单中所列附件副本转送给专利权人，要求其在指定的期限内答复。

专利权人逾期未答复上述受理通知书。

2006年5月15日，本案合议组向双方当事人发出口头审理通知书，定于2006年6月20日进行口头审理。

口头审理如期举行，请求人的代理人参加了口头审理，专利权人未到庭参加口头审理，本案合议组对请求人提出的无效理由和事实进行了调查。在口头审理中，请求人对合议组成员无回避请求，当庭出示了附件1的原件，并提交附件2的原件，同时声明放弃使用附件4，放弃本专利与在先存在的商标权相冲突的无效理由，并表示附件3仅供合议组参考。

在口头审理的基础上，合议组经合议，认为本案事实已清楚，依法作出本审查决定。

二、决定的理由

专利法第23条规定：授予专利权的外观设计，应当同申请日以前在国内外出版物上公开发表过或者国内公开使用过的外观设计不相同和不相近似，并不得与他人在先取得的合法权利相冲突。

附件2是由全国百货商品科技情报中心站于1983年编制的《全国百货优质商品集锦》，属于专利法意义上的公开出版物，请求人在口审时提交了附件2的原件，合议组经核实后确认其真实性，因此对附件2予以采信。由于附件2的出版日期是1983年，早于本专利的申请日，因此其104页上刊登的船牌洗衣皂包装依据专利法第23条的规定可以作为本专利的在先设计。

本专利涉及一种香皂包装纸，包括主视图和使用状态参考图，并省略无图案的后视图，不要求保护色彩。由本专利的主视图可见，本专利图案为竖向布局，两侧对称排列有由半圆拱形和在其上交错布置的大、小荷花图案所组成的垂直装饰条纹，中间是由左、右各两条垂直波浪线所包围的不规则分布的肥皂泡图案，在该图案的中间位置有一椭圆形，其内有两行文字图形，该椭圆形上部中间相接有一小的圆形，其内有一斜边为弧形的类似舰艇的三角图案，弧形斜边上有一文字图形。

附件2第104页的上方印有带包装和不带包装的两块肥皂，由左侧的带包装肥皂可见，其包装纸上的图案为竖向布局，两侧对称排列有由半圆拱形和在其上交错布置的大、小荷花图案所组成的垂直装饰条纹，中间是由左、右各两条垂直波浪线所包围的不规则分布的肥皂泡图案，在该图案的中间位置有一椭圆形，其内有两行文字图形，该椭圆形上部中间相接有一小的圆形，其内是由两艘帆船和船底的波浪所组成的图案。

将本专利的香皂包装纸与附件2所示肥皂上使用的包装纸进行对比可见，二者的图案及其布局几乎相同，例如二者都采用竖向布局并采用肥皂泡和荷花图案作为装点等等，所不同的是位于椭圆形上的圆形内的图案，本专利采用类似舰艇的图案，而附件2采用的是帆船图案。对此合议组认为，上述圆形内的图案仅占据整个包装纸的很小比例，且二者都是采用船的图案，在将本专利香皂包装纸与附件2上的包装纸进行整体观察后可以看出，二者之间的上述差别仅是局部的细微变化，对产品的整体视觉效果不产生显著影响，因此二者属于相近似的外观设计，本专利相对于附件2不符合专利法第23条的规定。

鉴于请求人有关本专利相对于附件2不符合专利法第23条的规定的无效理由成立，因此合议组不再对与附件1相关的无效理由进行评述。

三、决定

宣告200430049224.9号外观设计专利权无效。

当事人如对本决定不服，可依据专利法第46条第2款的规定，自收到本决定之日起三个月内向北京市第一中级人民法院起诉。根据该款的规定，一方当事人起诉后，另一方当事人应当作为第三人参加诉讼。

本专利

附件 2

标帖（石门烧）

无效宣告请求审查决定（第 8864 号）

决　定　号	第 8864 号
决　定　日	2006 年 12 月 5 日
发明创造名称	标帖（石门烧）
外观设计分类号	19-08
无效宣告请求人	石家庄康华酒业有限公司
专　利　权　人	石家庄三九嘉禾酒业有限公司
专　利　号	03300101.4
申　请　日	2003 年 1 月 2 日
授 权 公 告 日	2003 年 10 月 8 日
合 议 组 组 长	徐媛媛
主　审　员	崔国振
参　审　员	徐洁玲
附　　　图	1 页
法　律　依　据	专利法第 23 条

决 定 要 点

如果请求人提交的证据证明与本专利的外观设计相近似的在先外观设计已于本专利申请日前公开使用，则本专利而言不符合专利法第 23 条的规定。

一、案由

本无效宣告请求涉及的是国家知识产权局于 2003 年 10 月 8 日授权公告的申请号为 03300101.4 的外观设计专利权，其产品名称是"标帖（石门烧）"，申请日为 2003 年 1 月 2 日，专利权人是石家庄三九嘉禾酒业有限公司。

针对上述外观设计专利权（下称本专利），石家庄康华酒业有限公司（后变更为石家庄康华酒业有限责任公司，下称请求人）于 2004 年 12 月 13 日向专利复审委员会提出无效宣告请求，其理由是：请求人提交的证据证明与本专利相同相近似的外观设计已经公开使用，且本专利内容与请求人的在先商标权相冲突，因此本专利不符合专利法第 23 条的规定。同时，请求人提交了如下证据：

证据 1：第 1792538 号《商标注册证》，复印件共 1 页；

证据 2：河北省商标事务所向国家及河北省知识产权局出具的《证明》，复印件共 1 页；

证据 3：盖有河北省商标事务所公章的《关于"老石门"注册商标被侵权的投诉意见书》，复印件共 2 页；

证据 4：《关于"老石门"注册商标有关问题的批复》，国家工商行政管理局商标局-商标案（2003）52 号，复印件共 1 页；

证据 5：《关于开展"老石门"注册商标专用权保护的通知》，石家庄市工商行政管理局（通知）【2003】第 52 号，复印件 1 页；

证据 6：侵权石门烧销售点、生产点，复印件共 1 页；

证据 7：中仁广告媒介研究中心出具的《电视广告监测报告》，复印件共 17 页；

证据 8：栾城县糖酒公司出具的《证明》，复印件共 2 页；

经形式审查合格后，专利复审委员会于 2004 年 12 月 14 日受理了上述无效宣告请求，并于同日将请求书及有关证据的副本转送专利权人，限其在指定期限内进行意见陈述。

2005 年 1 月 12 日，请求人提交意见陈述书和补充证据，补充的证据如下（序号续上）：

证据 3-1：盖有河北省商标事务所公章的《关于"老石门"注册商标被侵权的投诉意见书》，复印件共 13 页；

证据 8-1：栾城县糖酒公司出具的《证明》，复印件共 1 页；

证据 9：石家庄立波特广告有限公司《证明》及其设计标贴，复印件共 2 页；

证据 10：温州豪能包装有限公司《证明》，复印件共 1 页；

证据 11：豪能包装有限公司《生产指令单》，复印件共 3 页；

证据 12：石家庄嘉禾酒业有限公司《订购函》，复印件共 1 页；

证据 13：浙江省货物销售统一发票（编号 NO.0302808）发票联，复印件共 1 页；

证据 14：石家庄三九啤酒有限责任公司材料入库凭证，复印件共 3 页；

证据 15：石家庄牧工商开发总公司三丰纸制品厂出具的《证明》，复印件共 1 页；

证据 16：三九白酒《业务通知单》及附页，复印件共 2 页；

证据 17：三九白酒《生产通知单》，复印件共 1 页；

证据 18：石家庄三九啤酒有限责任公司材料入库凭证，复印件共 3 页；

证据 19：精美宣传单页设计内容要求及附页，复印件共 2 页；

证据 20：河北省石家庄市工业产品销售发票（编号 NO.0083985），复印件共 1 页；

证据 21：元氏县槐阳镇长胜综合商店代贵平出具的《证明》，复印件共 1 页；

证据 22：藁城市金秋经贸部段志华出具的《证明》，复印件共 1 页；

证据 23：河北省石家庄市服务业统一发票（编号 NO.6408740），复印件共 1 页；

证据 24：赵县工商行政管理局副局长贾继增出具的《证明》，复印件共 1 页；

证据 25：贾继增的《执法证》，复印件共 1 页。

在提交上述证据的同时，请求人提交了《关于请求专利复审委员会核实有关证据的申请》和向河北省知识产权局递交的《申请书》的复印件，主要内容为其提交的证据 7、8-1 以及 9~20 是其代理人从石家庄三九嘉禾酒业有限公司提交给河北省知识产权局的案卷中复印的，但河北省知识产权局口头通知其对于上述材料是否与卷宗中的材料一致不能作出书面确认；证据 3-1 是从国家工商行政管理总局商标局复印的，但该局不能为代理人和当事人出具加盖与原件是否一致印章的复印件，故提供相关证据线索，请求专利复审委员会依职权对上述证据予以核实。

结合上述证据，请求人认为证据 2~20 相互印证，形成一个完整的证明体系，证明本专利在申请日之前已经印制、广告宣传以及销售；证据 3-1、8、21~25 证明了本专利在申请日之前已经在制造、广告宣传和在出售的白酒上使用。因此，本专利不符合专利法第 23 条的规定。

2006年8月2日，专利复审委员会将请求人2005年1月12日提交的意见陈述书及附件清单中所列附件的副本转送给专利权人，并要求其在一个月内答复，并告知其期满未答复的，视为其已经得知转送文件中所涉及的理由、事实和证据，并且未提出反对意见。

2006年10月20日，专利复审委员会向双方当事人发出《无效宣告请求口头审理通知书》，通知双方当事人将于2006年11月29日对本案进行口头审理。

2006年11月21日，专利复审委员会本案合议组审查员崔国振、徐洁玲前往国家工商行政管理总局商标局依职权对证据3-1进行核实，经核实，请求人在本案中提交的证据3-1的复印件与商标局《国家工商行政管理局商标局-商标案（2003）52号》中保存的原件一致。

口头审理如期举行，请求人委托了代理人出席了口头审理，专利权人未出席口头审理。请求人对合议组成员无回避请求，在口头审理中，请求人出示了证据1、2、5、6的原件以及盖有"河北省工商行政管理局商标专用章"红章的证据4复印件，并提交了证据8、8-1、21~24的原件；合议组当庭告知请求人根据其请求依职权对证据3-1的核实情况；请求人明确使用证据1~6证明本专利与请求人的在先取得的商标权相冲突，使用证据2~24证明本专利在申请日前已经公开使用，并重点结合证据3-1第36页、48页的图片与本专利进行了相同相近似比较。

至此，本案合议组认为本案事实清楚，依法作出本审查决定。

二、决定的理由

1. 法律依据

专利法第23条规定：授予专利权的外观设计，应当同申请日以前在国内外出版物上公开发表过或者国内公开使用过的外观设计不相同和不相近似，并不得与他人在先取得的合法权利相冲突。

2. 证据认定

请求人出示了证据1、2、5、6的原件以及盖有"河北省工商行政管理局商标专用章"红章的证据4复印件，经转文和口头审理，专利权人在指定期限内对请求人提交的所有证据的真实性未提出异议，故合议组对上述证据予以采信；请求人提交的证据3-1是一份其提交给石家庄市工商行政管理局的《投诉意见书》，经合议组依职权核查，其与在国家工商行政管理总局案卷中保存的原件一致，故合议组对该证据予以采信。

上述证据相互印证，能够形成完整证据链证明以下事实：在2002年10月请求人向河北省商标事务所反映和咨询"老石门"注册商标被侵权的基础上，2002年12月3日委托该所进行侵权投诉，该所受理后于2002年12月16日出具了《投诉意见书》，并经河北省工商行政管理局转给国家工商行政管理总局，2003年5月21日国家工商行政管理局商标局《关于"老石门"注册商标有关问题的批复》（证据4），认为"石家庄市金鑫制酒厂等六家企业在生产销售的酒商品上实际使用的'石门烧'"商标，与第1792538号注册商标近似，属于商标侵权行为，2003年6月16日石家庄市工商行政管理局《关于开展"老石门"注册商标专用权保护的通知》（证据5），其所附的侵权石门烧生产点中包括了石家庄市金鑫制酒厂和石家庄市三九嘉禾酒业有限公司。根据上述事实、常识以及证据3-1的《投诉书》正文末页上签署的日期（2002年12月16日），可以确定证据3-1中的图片上记载的标帖在本专利的申请日之前已经公开使用。

3. 关于专利法第23条

本专利"标帖（石门烧）"未要求保护色彩。从其主视图来看，该标帖主要由边框和中部的四个繁体汉字"石門燒酒"以及四个汉字的下部及左右的说明性文字组成；四个汉字的中"石門"两字在上方，"燒"在右下方且明显比"石門"两字大，"酒"字像一印章，位于"石"字下方并明显比"石門"两字小；"石"字左下方和"燒"字右边用粗框线相连，与"石門"两字的上部整体形

成一个较小的框;"石門烧酒"左右两边的说明性文字都是竖排的,左边较多,右边只有一竖排文字框。(参见本专利附图)

请求人在本案中提交的证据3-1所附证据六的第二图(下简称在先设计)是三九企业集团的标帖,该标帖主要由边框和中部的四个繁体汉字"石門烧酒"以及四个汉字的下部及左右的说明性文字组成;四个汉字的中"石門"两字在上方,"烧"在右下方且明显比"石門"两字大,"酒"字像一印章,位于"石"字下方并明显比"石門"两字小;"石"字左下方和"烧"字右边用粗框线相连,与"石門"两字的上部整体形成一个较小的框;"石門烧酒"左右两边的说明性文字都是竖排的,左边较多,右边只有一竖排文字。(参见在先设计附图)

本专利和在先设计都是标帖,二者属于相同种类的产品。将本专利与在先设计相比较,二者主要存在如下区别:本专利四个繁体汉字"石門烧酒"的右边有一竖排文字框,在先设计的图片中没有。合议组认为,在二者图案构成部分及各构成部分的整体布局基本相同、各构成部分也基本相同的情况下,上述差别对于该产品的外观设计的整体视觉效果不具有显著影响,本专利相对于请求人提交的在先设计不符合专利法第23条的规定。

鉴于根据请求人提交的证据3-1已经本专利不符合专利法第23条的规定,应予无效,对于请求人提交的其他证据在本无效宣告请求审查决定中不再评述。

基于上述理由,作出如下决定。

三、决定

宣告03300101.4号外观设计专利权无效。

当事人对本决定不服的,可以根据专利法第46条第2款的规定,自收到本决定之日起三个月内向北京市第一中级人民法院起诉。根据该款的规定,一方当事人起诉后,另一方当事人应当作为第三人参加诉讼。

主视图

使用状态参考图

专利附图

在先设计附图

腾飞形高压钠灯路灯（1号）

无效宣告请求审查决定（第 8872 号）

决 定 号	第 8872 号
决 定 日	2006 年 12 月 4 日
发明创造名称	腾飞形高压钠灯路灯（1号）
外观设计分类号	26-03
无效宣告请求人	扬州市现代照明电器有限公司
专 利 权 人	宁波燎原灯具股份有限公司
专 利 号	02303428.9
申 请 日	2002 年 3 月 26 日
授 权 公 告 日	2002 年 9 月 11 日
合议组组长	李 隽
主 审 员	杨军艳
参 审 员	张 曦
附 图	1 页
法 律 依 据	专利法实施细则第 2 条第 3 款

决 定 要 点

如果一般消费者通过整体观察该外观设计专利各个视图并经综合考虑，能够完整准确地确定该专利产品的外观形状，不会导致该产品在工业上无法实施，那么该外观设计专利符合专利法实施细则第 2 条第 3 款的规定。

一、案由

本无效宣告请求案涉及的是国家知识产权局于 2002 年 9 月 11 日授权公告的、名称为"腾飞形高压钠灯路灯（1号）"的外观设计专利（下称本专利），其申请号是 02303428.9，申请日是 2002 年 3 月 26 日，专利权人是宁波燎原灯具股份有限公司。

针对本专利权，扬州市现代照明电器有限公司（下称请求人）于 2006 年 7 月 6 日向专利复审委员会提出无效宣告请求，其理由是：（1）本专利俯视图和右视图中有过渡弧线，主视图中没有对应线条；（2）右视图中过渡弧线两端明显不同，而俯视图中该过渡弧线两端相同；（3）左视图中于中部椭圆形内有两组斜形线条，而在仰视图中为三组且斜向不对应；（4）右视图中过渡弧线两端明显不同，故后视图与主视图不对称，不应省略后视图，综上本专利不符合专利法实施细则第 2 条第 3 款的规定。请求人提交的附件如下：

附件1：本专利授权公告文本。

经形式审查合格，专利复审委员会依法受理了上述无效宣告请求，并于 2006 年 7 月 6 日向双方当事人发出无效宣告请求受理通知书，随同受理通知书将无效宣告请求书及其附件清单中所列附件的副本转送给专利权人。

专利复审委员会针对上述无效宣告请求成立合议组，本案合议组于 2006 年 7 月 12 日向双方当事人发出无效宣告请求口头审理通知书，指出本案定于 2006 年 9 月 7 日进行口头审理。

口头审理如期举行，双方当事人均出席了口头审理。

在口头审理中，请求人明确其无效的理由为：专利法实施细则第 2 条第 3 款。

请求人认为"过渡弧线"俯视图中弧线 A 最高点朝向灯尾部、右视图中弧线 B 最高点朝向灯前方，视图不对应，工业上无法制造；原视图和放大视图均可看出右视图中过渡弧线两端不对称，角度不同。

专利权人认为过渡弧线仅表示这是一个曲面，主视图已经可以表现出曲面，因此不必画出；观察者方向不同所看到的 A、B 弧线朝向可以不同；右视图中过渡弧线两端不同是一点误差，放大后可见，原视图中看不出。

至此，合议组认为本案事实已清楚，现依法作出审查决定。

二、决定的理由

专利法实施细则第 2 条第 3 款规定：专利法所称外观设计，是指对产品的形状、图案或者其结合以及色彩与形状、图案的结合所作出的富有美感并适于工业应用的新设计。

请求人认为：（1）本专利俯视图和右视图中具有弧形的产品背部上标示有过渡弧线，而主视图中产品背部没有对应的线条，俯视图、右视图与主视图之间投影关系不对应；（2）右视图中过渡弧线两端明显不同，而俯视图中该过渡弧线两端一致，右视图与俯视图之间投影关系不对应；（3）左视图中部椭圆形内有两组斜形线条，而仰视图中有三组斜形线条，且每组斜形线条的斜向不对应，左视图与仰视图之间投影关系不对应；（4）右视图中过渡弧线两端明显不同，因此后视图与主视图应为不对称关系，不应省略后视图；（5）俯视图中过渡弧线（A）最高点朝向灯尾部、右视图中该过渡弧线（B）最高点朝向灯前方，视图不对应。综上，请求人认为本专利产品不适于工业应用，本专利不符合专利法实施细则第 2 条第 3 款的规定。

经审查，本专利共有 5 幅平面视图，从视图可知该产品为路灯带灯罩的灯头部分；右视图和俯视图中具有细实线形成的、没有与轮廓线相连的过渡弧线，主视图中没有过渡弧线；俯视图中该过渡弧线最高点朝向灯尾部、右视图中该过渡弧线最高点朝向灯前方；右视图中该过渡弧线两端略有不同；左视图中椭圆形内有两组斜线，从上至下斜向为从右到左；仰视图中椭圆形内有三组斜线，从上至下斜向为从右到左。详见本决定附图。

合议组认为：（1）本专利右视图和俯视图中的过渡弧线，用来表示此处有曲面相交。通过本专利右视图和俯视图中的过渡弧线能够确定该路灯灯罩部分是由两个曲面相交而形成的，并且两曲面间平滑过渡。从本专利主视图中的轮廓形状来看，一般消费者能够确定其所表示出的灯罩不是由一个曲面形成的，其中必然包含有曲面相交。因此，在本专利主视图中虽然没有画出该过渡弧线，但是一般消费者通过整体观察各个视图，能够完整准确地确定出本专利路灯灯罩部分的形状。

（2）俯视图中该过渡弧线最高点朝向灯尾部，表明该过渡弧线的中心点比其两端部要远离灯前端；右视图中该过渡弧线最高点朝向灯前方，表明该过渡弧线的中心点比其两端部高。整体来看，该过渡弧线是从灯罩边缘起逐渐远离灯前端并向上延伸，到达中心点后，逐渐靠近灯前端并向下延伸直至灯罩另一边缘。可见，俯视图与右视图中该过渡弧线最高点的位置并不矛盾。

（3）本专利产品整体呈轴对称的形状，虽然右视图中过渡弧线两端略有不同（专利权人认可此处为一点误差，在放大图中才能看见），但是由于其差别非常细小，属于图形绘制时产生的误差，不会对该视图产生显著影响，因此本领域技术人员能够确定右视图中该过渡弧线是左右对称的，后视图与主视图也是对称关系。

（4）本专利左视图与仰视图中斜线组斜向相同，该斜线组仅用来表明左视图和仰视图中所见椭圆形为透明材料制成，其表示的含义是清楚、明确的，与斜线组的具体数量无关。

综上所述，一般消费者通过整体观察本专利各个视图并综合考虑，能够完整准确地确定本专利产品的外观形状，不会导致该产品在工业上无法实施。因此，本专利符合专利法实施细则第 2 条第 3 款的规定。

三、决定

维持 02303428.9 号外观设计专利权有效。

当事人对本决定不服的，可以根据专利法第 46 条第 2 款的规定，自收到本决定之日起三个月内向北京市第一中级人民法院起诉。根据该款的规定，一方当事人起诉后，另一方当事人应当作为第三人参加诉讼。

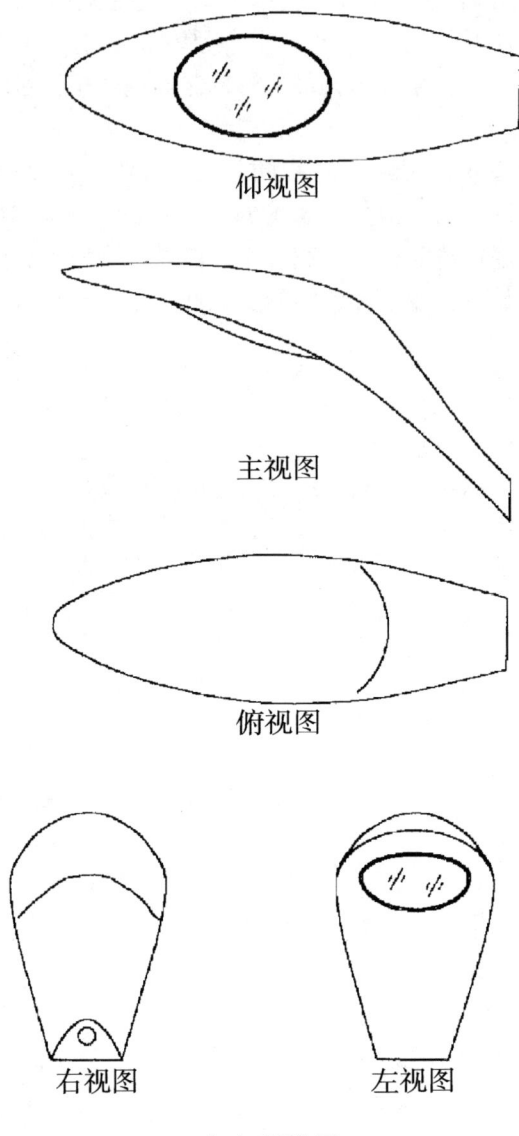

仰视图

主视图

俯视图

右视图　　左视图

本专利附图

电热壶（XB6158）

无效宣告请求审查决定（第8873号）

决 定 号	第8873号
决 定 日	2006年10月8日
发明创造名称	电热壶（XB6158）
国际分类号	07-01
无效宣告请求人	中山市积高电器制造有限公司
专 利 权 人	郭建刚
专 利 号	02360678.9
申 请 日	2002年8月27日
授权公告日	2003年3月26日
合议组组长	王桂莲
主 审 员	刘颖杰
参 审 员	侯海薏
附 图	2页

法 律 依 据 专利法第9条

决 定 要 点

本专利与对比设计在外形轮廓上相近似，虽然两者存在一些局部的差异，但是并不会给本专利的整体视觉效果带来显著的影响，因而本专利与对比设计属于同样的外观设计。

一、案由

本无效宣告请求涉及中华人民共和国国家知识产权局2003年3月26日授权公告的名称为"电热壶（XB6158）"的02360678.9号外观设计专利权，其申请日是2002年8月27日，专利权人是郭建刚。

针对上述专利权（下称本专利），中山市积高电器制造有限公司（下称请求人）于2004年12月2日向专利复审委员会提出无效宣告请求，理由是本专利不符合专利法第23条和第9条的规定，并提交了以下两份证据：

证据1：《顺德家电快讯广告》复印件3页；

证据2：02323428.8号外观设计专利公告文本，其申请日是2002年3月22日，公告日是2002年9月25日，专利权人是何国鉴。

请求人认为本专利与证据1相比只是在局部有所差异，但产品整体形状及关键部位非常相近，普通消费者很难区别，因此本专利不符合专利法第 23 条的规定；而证据 2 与证据 1 公开的产品完全相同，其用来证明本专利与他人在先取得的合法权利相冲突，不符合专利法第 9 条的规定。

经形式审查合格，专利复审委员会受理了上述无效宣告请求，于 2005 年 1 月 10 日向请求人和专利权人发出无效宣告请求受理通知书，并将《专利权无效宣告请求书》及其证据 1、2 的副本转给专利权人，要求其在一个月内进行答复。

专利权人于 2005 年 2 月 7 日提交了意见陈述书，认为请求人提供的证据 1 的封面注明"内部交流"，是内部刊物，出版时间不确定，且对比产品仅各有一幅很小的图，无法与本专利的七幅图进行对比；还认为证据 2 的公开日在本专利申请日之后，不能破坏本专利新颖性，且本专利与证据 2 相比有明显的差别，属于不相近似的外观设计，不会使消费者产生混淆。

专利复审委员会依法组成合议组，对本案进行审理，合议组于 2005 年 6 月 21 日向双方当事人发出无效宣告请求口头审理通知书，定于 2005 年 7 月 25 日对本案进行口头审理，并将专利权人于 2005 年 2 月 7 日提交的意见陈述转给请求人。

专利权人于 2005 年 7 月 6 日提交了意见陈述书，认为本专利不论是整体轮廓外型，还是处于壶体要部的醒目月牙图案和底座正面的半圆形装饰图案，与对比产品都有明显的差别，属于不相近似的外观设计。

口头审理如期举行，双方均到庭参加。合议组当庭将专利权人于 2005 年 7 月 6 日提交的意见陈述书转给请求人。请求人明确无效宣告请求的理由是本专利不符合专利法第 9 条和第 23 条的规定，并表示放弃证据 1 中"中外合作中山市钻皇电器有限公司顺德市容桂钻皇电器厂"广告页中的电水壶作为证据，认为证据 2 与证据 1 中"台湾科立泰电子有限公司"广告页上的电水壶外观设计相同，故仅用证据 2 与本专利进行相近似比较。请求人认为本专利与证据 2 都是壶嘴到壶柄为一体大弧形，顶部较高，壶嘴是尖形，壶身整体非常相似，两者的透明显示部分也非常接近，本专利的壶底是后高前低，证据 2 壶底是平的，两者有差异，但是壶底属于非要部，总体上两者还是相近似的。专利权人认为证据 2 的公开日在本专利申请日之后，不能证明本专利不符合专利法第 23 条的规定，且证据 2 与本专利不相似，具体分析与其提交的意见陈述相同。请求人认为专利权人所述的不同点都是局部设计，通过细致的观察才能看出，不影响两者整体上的相近似。专利权人指出本专利的月牙形透明部分和底座侧面的装饰图案是设计要部。请求人认为壶嘴和手柄部位是设计要部。

至此，合议组认为本案事实清楚，现依法作出审查决定。

二、决定的理由

专利法第 23 条规定，授予专利权的外观设计，应当同申请日以前在国内外的出版物公开发表过或者国内公开使用过的外观设计不相同和不相近似，并不得与他人在先取得的合法权利相冲突。

请求人在口头审理中明确仅用证据 2 与本专利进行对比，而证据 2 的公开日在本专利的申请日之后，不能用于评价本专利是否符合专利法第 23 条的规定，因而对专利法第 23 条在此不予评述。

专利法第 9 条规定，两个以上的申请人分别就同样的发明创造申请专利的，专利权授予最先申请的人。

证据 2 是在本专利申请日之前由他人向国务院专利行政部门提出的外观设计申请，且其与本专利属于同一类产品的外观设计，用途相同，二者具有可比性。

将本专利与证据 2 对比如下：

本专利的授权公告文本中共有 7 幅视图，即主视图、仰视图、俯视图、右视图、左视图、后视图和立体图。结合上述视图看，本专利电热壶分为壶体和底座两部分，壶体的壶嘴向左侧尖锐突出，壶嘴经壶盖向右侧延伸到手柄成弧线形，壶盖高于壶嘴并呈阶梯弧面，并具有一开口笑大嘴形凹坑，壶体左侧从壶嘴到底座为弧度很小的曲线，壶身中央有醒目的月牙形图案，壶底座环绕壶体底部，其前、后侧为两端低中间高的大圆弧，一侧大圆弧中段有半圆形装饰图案。

证据2共有6幅视图，即主视图、右视图、左视图、俯视图、后视图和立体图。结合上述视图看，证据2电热壶也分为壶体与底座两部分，壶体的壶嘴向左侧尖锐突出，壶嘴经壶盖向右侧延伸到手柄成一弧线，壶盖高于壶嘴，并具有一月牙状凹坑，壶体左侧从壶嘴到底座为弧度很小的曲线，壶身中央有醒目的蝌蚪形图案，壶底座环绕壶体底部，左侧低右侧高。

本专利与证据2相对比，两者的整体形状都分为壶体与底座两部分，且壶体的壶嘴向左侧尖锐突出，从壶嘴经壶盖到手柄成一弧线，壶盖高于壶嘴，壶体左侧从壶嘴到底座为弧度很小的曲线，并且壶身中央均具有醒目的狭长形图案。两者的区别在于：本专利的手柄弧线截止于壶体中下部，而证据2的手柄一直延伸到壶体底部；本专利壶盖呈阶梯弧面且具有一开口笑大嘴形凹坑，而证据2的壶盖为光滑弧面且具有一月牙状凹坑；本专利手柄底部有片装突出而证据2中没有；本专利的底座前、后侧为两端低中间高的大圆弧，一侧大圆弧中段有半圆形装饰图案，而证据2中的底座左侧低，右侧高。

对于上述区别，合议组认为：本专利的手柄弧线虽然没有延伸至壶体底部，但已经占到壶体的大部分，其截止处至壶体底部的部分与壶嘴到手柄的整个曲线相比所占比例很小，与证据2的手柄弧线延伸到壶体底部相比，二者均使壶体右侧呈向外凸出的弧状，因此这一点区别并不能给本专利的整体视觉效果带来显著的影响；本专利壶盖虽然呈阶梯状，但是其阶梯之间的高度差很小并且连接曲线较为平滑，相对于整个壶体来说，壶盖的阶梯状与证据2中的壶盖光滑面的区别并不能给本专利的整体视觉效果带来显著的影响；对于本专利与证据2壶盖凹坑上的区别，两者虽然在形状和大小上有些差别，但该差别仅是局部的细微变化，对本专利整体视觉效果不足以产生显著影响；本专利手柄底部的片状突出相对于整个壶体来说，所占比例很小，因此增加了这一变化并不足以对本专利整体视觉效果产生显著影响；本专利和证据2的底座虽然在形状上存在区别，但是底座与整个电热壶相比所在比例很小，且两者大体形状类似，其所具有的区别并不能给本专利的整体视觉效果带来显著的影响。本专利与证据2在外形轮廓上相近似，尤其位于最容易看到的正面中央处都具有的醒目的狭长形图案，使得两者呈现出十分相近似的整体效果，因此本专利与证据2相近似。

根据专利审查指南第一部分第三章的规定，同样的外观设计是指两项外观设计相同或者相近似。由于本专利与证据2相近似，因而两者属于同样的外观设计，根据专利法第9条的规定，证据2的申请日在本专利申请日之前，并已经得到授权，在这种情况下，本专利不应当得到授权。

由于请求人仅使用证据2与本专利进行对比，因而在此不将证据1与本专利进行对比。

三、决定

宣告02360678.9号外观设计专利权无效。

当事人对本决定不服的，可以根据专利法第46条第2款的规定，自收到本决定之日起三个月内向北京市第一中级人民法院起诉。根据该款的规定，一方当事人起诉后，另一方当事人应当作为第三人参加诉讼。

本专利附图

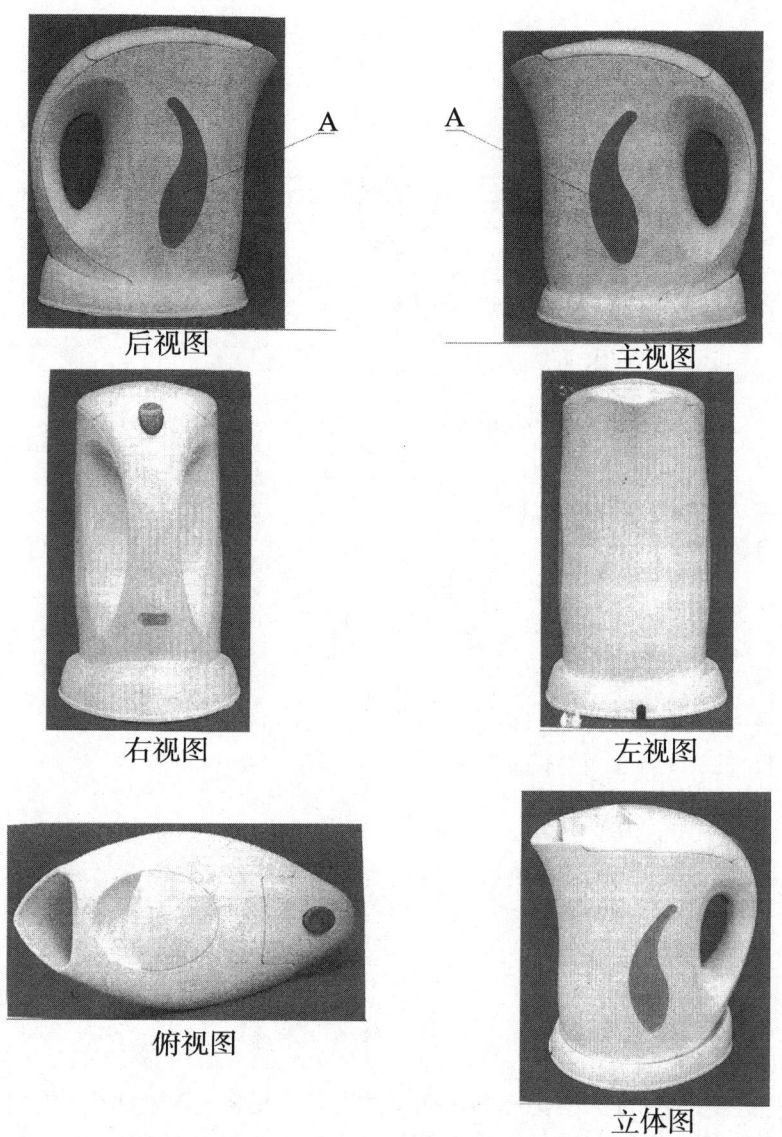

后视图　主视图

右视图　左视图

俯视图　立体图

对比文件附图

摩托车（YB125T—9）

无效宣告请求审查决定（第 8874 号）

决 定 号	第 8874 号
决 定 日	2006 年 11 月 28 日
发明创造名称	摩托车（YB125T—9）
国际分类号	12-11
无效宣告请求人	常州光阳摩托车有限公司
专 利 权 人	阮建华
专 利 号	200430068495.9
申 请 日	2004 年 7 月 21 日
授权公告日	2005 年 2 月 23 日
合议组组长	陈迎春
主 审 员	宋 瑞
参 审 员	张惠军
附 图	2 页
法 律 依 据	专利法第 23 条
决 定 要 点	

本外观设计专利与在先设计为同类产品，两者主要部分的外形轮廓相同，主体造型中所有的醒目明显部位的设计也均相同，虽然两者仍然存在局部细小区别，但从整体上很容易导致一般消费者的误认、混同，因此本专利外观设计与在先设计属于相近似的外观设计。

一、案由

本无效宣告请求涉及中华人民共和国国家知识产权局于 2005 年 2 月 23 日授权公告的、名称为"摩托车（YB125T—9）"的外观设计专利权（下称本专利），其申请号是 200430068495.9，申请日是 2004 年 7 月 21 日，专利权人是阮建华。

针对上述专利权，常州光阳摩托车有限公司（下称请求人）于 2005 年 9 月 20 日向专利复审委员会提出无效宣告请求，其提交的证据如下：

附件 1：授权公告号为 CN3185914D、名称为"摩托车（三十二）"的外观设计专利公报，授权公告日为 2001 年 5 月 9 日。

结合上述附件 1，请求人的无效宣告请求的理由为：本专利与附件 1 的外观设计相近似，因此本专利不符合专利法第 23 条的规定。

经形式审查合格，专利复审委员会依法受理了上述无效宣告请求，并于 2005 年 10 月 19 日向双方当事人发出无效宣告请求受理通知书，并将无效宣告请求书及其附件清单中所列附件的副本转送给专利权人。

针对上述无效宣告请求，专利权人在指定的期限内未答复。

专利复审委员会于 2006 年 2 月 27 日向双方当事人发出无效宣告请求口头审理通知书，指出本案合议组定于 2006 年 4 月 25 日举行口头审理。

口头审理如期举行，在口头审理中，（1）请求人出席口头审理，专利权人缺席口头审理；（2）请求人明确其无效理由为本专利不符合专利法第 23 的规定；（3）请求人认为本专利与附件 1 的外观设计相近似；（4）由于请求人在无效宣告请求时所提交的附件 1 不清楚，因此合议组当庭告知请求人应当在口审后 7 日内提交附件 1 的清楚文本。

请求人于 2006 年 5 月 8 日向专利复审委员会提交了附件 1 的清楚文本，专利复审委员会于 2006 年 5 月 9 日向专利权人发出转送文件通知书，并将请求人提交的上述附件 1 的清楚文本转给了专利权人。

针对上述转送文件通知书，专利权人在指定的期限内没有作出答复。

至此，合议组认为本案事实清楚，现依法作出审查决定。

二、决定的理由

1. 关于证据和现有技术

请求人提交的附件 1 是一份中国外观设计专利文献，授权公告日为 2001 年 5 月 9 日，专利权人在指定期限内未对其真实性提出异议，经合议组审查核实，认为附件 1 可以作为本案证据使用。同时由于附件 1 的公开日期在本专利的申请日前，因此可以用于评述本专利是否符合专利法第 23 条的规定。

2. 关于专利法第 23 条

专利法第 23 条规定，授予专利权的外观设计，应当同申请日以前在国内外出版物上公开发表过或者国内公开使用过的外观设计不相同和不相近似，并不得与他人在先取得的合法权利相冲突。

请求人认为本专利与附件 1 的外观设计相近似，不符合专利法第 23 条的规定。

合议组将本专利与附件 1 进行对比，结果如下：

本专利以四面视图（主视图、后视图、右视图、左视图）和立体图（立体图 1、立体图 2）的形式表示了一种摩托车的外观。从图片上可见：本专利的摩托车为踏板式车型。车头上部转向部分为圆头状，上设两个并排对称布置的大灯，该转向部分两侧各设有车把和后视镜，车头下方有流线形前凸罩体；从主视图和后视图可见该罩体大致以 60°的角度向前下方倾斜，其下端部呈尖嘴状，基本上从上方覆盖前轮，在罩体前上部凸起一个似锥形的装饰件，在罩体前下方开有一个弧形槽，罩体两侧有柳叶状灯罩，罩体上方中央有一类心形格栅件。俯视时座垫中部较宽，侧视时其前五分之三部分有坐凹，整体略前倾。车身后部向后上方扬起延伸至基本覆盖后轮；从车后面看，尾灯由开口形灯罩覆盖，包括位于中央大致呈方形的尾灯和分别位于方形尾灯两侧的两个眼睛状小尾灯；从主视图和后视图中看，后挡板从车尾部直线状向后下方延伸。车轮为辐板式。发动机靠近后轮设置。在车体护罩周围有一圈保险杠，车头部位的保险杠中央有一装饰小牌，车尾上方固定有后备箱（详见本专利附图）。

附件 1 以六面视图（主视图、右视图、左视图、俯视图、仰视图、后视图）与立体图的形式表示了一种摩托车的外观（其中主视图与后视图分别与本专利的主视图与后视图相对应，相应地，其右视图与左视图分别与本专利的右视图与左视图相对应，其俯视图和本专利的立体图 2 相对应）。从图片上可见：附件1的摩托车也为踏板式车型。车头上部转向部分为圆头状，上设两个并排对称布置的大灯，该转向部分两侧各设有车把和后视镜，车头下方有流线形前凸罩体；从主视图和后视图可见该罩体大致以60°的角度向前下方倾斜，其下端部呈尖嘴状，基本上从上方覆盖前轮，在罩体前上部凸起一个似锥形的装饰件，罩体两侧有柳叶状灯罩，罩体上方中央有一类心形格栅件。俯视时座垫中部较宽，其前五分之三部分有坐凹，整体略前倾。车身后部向后上方扬起延伸至基本覆盖后轮；从车后面看，尾灯由开口形灯罩覆盖；从侧面看后挡板从车尾部直线状向后下方延伸。车轮为辐板式。发动机靠近后轮设置（详见附件1附图）。

将本专利与附件1中的相应视图相比较，合议组认为本专利的摩托车与附件1中的摩托车为同类产品，二者由车头、罩体、坐垫、车尾所构成的外形轮廓相同；由车前部、踏板部、坐垫部围成的不规则折线也具有相同形状，外观设计的主体造型即所有的醒目明显的设计部位均相同。两者的区别在于：（1）本专利的摩托车还具有后备箱和保险杠；（2）本专利摩托车在车头罩体前下方具有一个两端上翘的弧形槽。合议组认为：区别（1）属于摩托车的可拆卸附件，也属于摩托车的常规配件，区别（2）属于局部的细微变化，对摩托车的整体视觉效果不足以产生显著影响，本专利外观设计和附件1的在先设计在总体视觉效果上容易导致一般消费者的误认、混同，因此本专利与附件1中所公开的摩托车属于相近似的外观设计，本专利不符合专利法第23条的规定。

三、决定

宣告200430068495.9号外观设计专利权全部无效。

当事人对本决定不服的，可以根据专利法第46条第2款的规定，自收到本决定之日起三个月内向北京市第一中级人民法院起诉。根据该款的规定，一方当事人起诉后，另一方当事人应当作为第三人参加诉讼。

主视图　　　　　后视图

右视图　　　　　左视图

立体图1　　　　立体图2

本专利附图

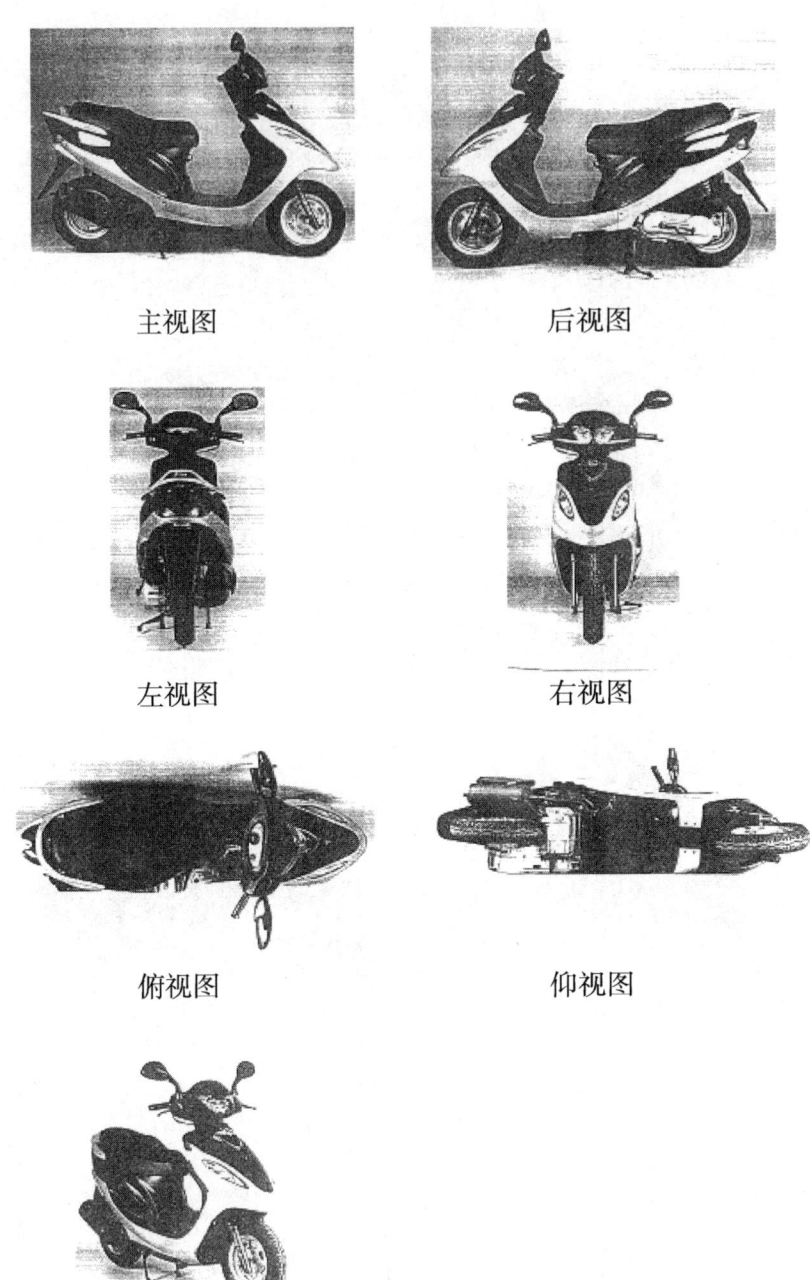

对比文件 1 附图

摩托车（125Y）

无效宣告请求审查决定（第 8875 号）

决 定 号	第 8875 号
决 定 日	2006 年 10 月 20 日
发明创造名称	摩托车（125Y）
外观设计分类号	12-11
无效宣告请求人	重庆市双庆机电有限公司
专 利 权 人	陈 锐
申 请 号	200430015640.7
申 请 日	2004 年 1 月 7 日
授权公告日	2005 年 1 月 5 日
合议组组长	于 萍
主 审 员	刘 犟
参 审 员	赵 明
附 图	共 2 页

法 律 依 据 专利法第 23 条

决 定 要 点

将被比外观设计的各个视图所示的摩托车的各个组成部分一一进行观察后，得出的整体印象，与对比文件所示的摩托车的各个组成部分一一进行观察得出的整体印象进行对比，整体上可以得出被比外观设计所示的摩托车相比对比文件的摩托车，其外观设计更加棱角分明、风格硬朗，而对比文件的摩托车外观设计则给人简洁流线的印象，因此一般消费者不会将二者混同、误认，被比外观设计与对比文件应属于不相同也不相近似的外观设计。

一、案由

本无效宣告请求涉及中华人民共和国国家知识产权局于 2005 年 1 月 5 日授权公告的、名称为"摩托车（125 Y）"的外观设计专利权（下称本专利），其申请号是 200430015640.7，申请日是 2004 年 1 月 7 日，专利权人是陈锐。

针对本专利，重庆市双庆机电有限公司（下称请求人）于 2005 年 8 月 23 日向专利复审委员会提出无效宣告请求，理由是本专利不符合专利法第 23 条的规定。同时提交了作为证据的对比文件 1（专利申请号为 01305187.3 的外观设计专利，授权公告日为 2001 年 11 月 21 日）。请求人认为：本专利的产品与对比文件的产品均为摩托车，属于同种产品，二者的基本形态、整体轮廓、主要配制和形状，除两摩托车车身的侧覆盖件是相近似以外，其他部分完全相同。可以看出本专利与对比文件 1 的差别在于：（1）对比文件 1 的摩托车手把上安装有手把套 1，而本专利中没有；（2）二者侧覆盖件 2 的差异只是覆盖件上有无凹陷和孔；（3）两者侧覆盖件 3 的差异只是覆盖件上有无凹陷和孔。本专利和对比文件 1 的结构相同，从整体上观察，两者产品的视觉效果基本一致，虽然两者的摩托车的侧覆盖件形状略有不同，并且覆盖件上有凹陷和孔或没有凹陷和孔的差异。但这种形状微小的变化不会影响产品的整体视觉效果，因此两外观设计相似。另外，本专利在手把处没有安装手把套，参见对比专利的立体图可知，对比专利在手把处安装了手把套，而摩托车的一般消费者都知道，摩托车的手把套是在销售时根据用户的需要安装或不安装，对一般消费者来说是基本常识。同样，这种变化不会影响产品的整体视觉效果。综上所述，两外观设计相似。

经形式审查合格后，专利复审委员会受理了该无效宣告请求受理通知书，并于 2005 年 9 月 21 日向请求人及专利权人发出无效宣告请求受理通知书，并将请求人提交的专利权无效宣告请求书及其附件清单中所列附件副本转给了专利权人，要求专利权人在规定的期限内陈述意见。

专利权人于 2005 年 11 月 1 日针对无效宣告请求受理通知书递交了意见陈述书，专利权人认为：本专利与对比文件 1 存在着如下差别：（1）本专利的摩托车的头部手把上无把罩，而对比文件 1 的手把上带有把罩；（2）本专利的摩托车的前车刹是蝶刹，而对比文件 1 的前刹是鼓刹；（3）从侧覆盖件上看，本专利的前侧覆盖件棱角分明，而对比文件 1 的前侧覆盖件更注重流线型；（4）本专利的前侧盖件上有凹陷进去的带有孔的起伏，而对比文件 1 的前侧覆盖件上没有这样的设计；本专利的前侧盖件的下部形成勾角的角度明显，且近似直角，对比文件 1 前覆盖件的下部勾角的角度带有曲线，且形成勾形钝角；（5）本专利的后侧覆盖件前部有一个三角形的孔，而对比文件 1 的后侧覆盖件根本就没有这样的设计；（6）本专利的后侧覆盖件上设计有明显的起伏，在固定螺丝的地方形似一个平行四边形的边一样，对比文件 1 后侧覆盖件上没有这样的设计；（7）本专利的前后侧覆盖件连接紧密，形似一个平行四边形形成前后侧覆盖件的连接，而对比文件 1 前后侧覆盖件是断开的，没有形成连接的设计；（8）本专利的坐垫其流线的最低点靠近前侧覆盖件，而对比文件 1 的坐垫其流线的最低点则接近前后侧覆盖件的中部；（9）本专利的发动机设计是三角形的，而对比文件 1 的发动机是圆形的设计。

同时专利权人认为，本专利与对比文件 1 记载的摩托车外观设计具有不同的美感，而且足以使对摩托车产品具有一般知识水平和认识能力的消费者将本专利与对比文件 1 所记载的在先的摩托车外观设计专利区别开，不会产生美感上的混淆，因此，"摩托车（125Y）"外观设计专利与作为证据的对比专利所记载的在先的摩托车外观设计专利相比，虽然两者属相同类产品，但两者的外观设计并不相同，也不相近似，两者不属于同样的发明创造。

专利复审委员会于 2006 年 4 月 17 日向双方当事人发出无效宣告请求口头审理通知书，定于 2006 年 5 月 30 日举行口头审理。随同口头审理通知书，将专利权人于 2005 年 11 月 1 日提交的意见陈述书及其意见陈述附件清单中所列附件副本转送给请求人。

口头审理如期举行，双方当事人均参加了口头审理。在口头审理中，请求人明确其无效宣告请求的理由、范围和证据为：本专利不符合专利法第 23 条的规定，所使用的证据为对比文件 1（专利申请号为 01305187.3 的外观设计专利，授权公告日为 2001 年 11 月 21 日）。请求人当庭提交了一张光盘用于说明手把套不是摩托车的必备部件，是可以根据用户的需要安装或拆卸，是起挡风的作用，随后请求人演示了光盘，光盘图象显示了手把套的安装拆卸过程，其中手把套和手刹把安装位置相同。专利权人对对比文件 1 的真实性无异议。同时，专利权人还提出光盘不应该考虑，因为已经超过举证期限，不同意请求人关于手把套作用的意见陈述，认为手把套是为了美观所用。

至此，合议组认为本案事实已经清楚，可以作出审查决定。

二、决定的理由

1. 法律依据

专利法第 23 条规定：授予专利权的外观设计，应当同申请日以前在国内外出版物上公开发表过或者国内公开使用过的外观设计不相同和不相近似，并不得与他人在先取得的合法权利相冲突。

2. 证据的认定

对比文件 1 为专利申请号为 01305187.3 的外观设计专利，其授权公告日为 2001 年 11 月 21 日，早于本专利的申请日，专利权人对对比文件 1 的真实性没有异议，因此对比文件 1 可以用于评述本专利是否符合专利法第 23 条的规定。

3. 外观设计相近似认定

本专利为摩托车（125 Y）的外观设计，其为跨式摩托车的外观设计，对比文件 1 也为跨式摩托车，二者属于同类产品。

本专利表示了一种跨式摩托车的外观，其由车头、前挡泥板、坐垫、后挡泥板、车轮、发动机、消声器、前后侧覆盖件等组成。本专利所示摩托车的车头为 T 型车头，从主视图上看，本专利车轮为前大后小型并且前轮采用了圆盘形蝶刹，前挡泥板呈弧度弯曲，后挡泥板沿坐垫底部伸出并且由大到小地逐渐收缩，采用了单缸立式三角形发动机，消声器略微向上倾斜，其尾部与后挡泥板基本平行，前侧盖件为带有凹陷起伏的类似四边形，其下部轮廓线上有弯曲的缺口形状形成了一个勾形钝角，后侧覆盖件为带有凹陷起伏的类似四边形，在固定螺丝处形成了类似平行四边形的边，前后侧覆盖件连接紧密，形似一个平行四边形，形成了前后侧覆盖件的连接，前后侧覆盖件的下部轮廓线形成了一条锯齿状的连接曲线，坐垫最低点位于前后侧覆盖件的中间，在后侧覆盖件的前端。

对比文件 1 也为跨式摩托车的外观设计，其也由车头、前挡泥板、坐垫、后挡泥板、车轮、发动机、消声器、前后侧覆盖件等组成。对比文件 1 所示摩托车的车头为 T 型车头，摩托车的头部手把上有手把套，从主视图上看，对比文件 1 车轮为前大后小型并且前轮采用了鼓刹，前挡泥板呈弧度弯曲，后挡泥板沿坐垫底部伸出并且由大到小的逐渐收缩，采用了单缸立式圆形发动机，消声器略微向上倾斜，其尾部与后挡泥板基本平行，前侧盖件为类似四边形，其下部轮廓线上有弯曲的缺口形状形成了一个锐角，后侧覆盖件为类似四边形，前后侧覆盖件为点接触状紧密连接，前后侧覆盖件的下部轮廓线形成了类似 W 形曲线，坐垫最低点位于前后侧覆盖件交界点处。

将本专利与对比文件 1 相比较，合议组认为，二者均是由车头、前挡泥板、坐垫、后挡泥板、车轮、发动机、消声器、前后侧覆盖件等组成，车轮均为前大后小型，前挡泥板呈弧度弯曲，后挡泥板沿坐垫底部伸出并且由大到小的逐渐收缩，消声器略微向上倾斜，其尾部与后挡泥板基本平行。二者的主要不同点在于二者的前后侧覆盖件的形状有所不同：本专利的前侧覆盖件棱角分明，而对比文件 1 的前侧覆盖件更注重流线型；本专利的前侧盖件上有凹陷进去的带有孔的起伏，而对比文件 1 的前侧盖件上没有这样的设计；本专利的前侧盖件的下部形成勾角的角度明显，且近似直角，对比文件 1 前覆盖件的下部勾角的角度带有曲线，且形成勾形钝角；本专利的后侧覆盖件前部有一个三角形的孔，而对比文件 1 的后侧覆盖件没有这样的设计；本专利的后侧覆盖件上设计有明显的起伏，在固定螺丝的地方形似一个平行四边形的边一样，对比文件 1 后侧覆盖件上没有这样的设计；本专利的前后侧覆盖件连接紧密，形似一个平行四边形形成前后侧覆盖件的整体连接，该整体连接的下部线条形似一个起伏分明的曲线，而对比文件 1 前后侧覆盖件是断开的，没有形成连接的设计。

合议组采用整体观察、综合判断的方法，将本专利的各个视图所记载的摩托车的各个组成部分一一进行观察，得出的整体印象，与对比文件 1 记载的摩托车的各个组成部分一一进行观察，得出的整体印象进行对比，合议组认为，对于跨式摩托车来说，其基本组成是相同的，均由车头、前挡泥板、坐垫、后挡泥板、车轮、发动机、消声器、前后侧覆盖件等组成，而前后侧覆盖件对跨式摩托车外观来说是比较瞩目的，容易引起消费者注意，是对整体视图效果有显著影响的部位。由于本专利摩托车的前后侧覆盖件与对比文件1存在上述不同，从而整体上可以得出本专利所示的摩托车相比对比文件1的摩托车外观设计更加棱角分明、风格硬朗，而对比文件1的摩托车外观设计则给人简洁流线的印象，因此本专利与对比文件1所示的在先公开的摩托车设计具有不同的美感，而且在进行整体观察时，二者呈现的上述主要区别对整体视觉效果具有显著的影响，足以使对摩托车产品具有一般知识水平和认知能力的消费者将本专利与对比文件1的摩托车外观设计专利区分开，不会产生混淆。

综上所述，二者的外观设计并不相同，也不相近似，对比文件1的外观设计不能证明本专利不符合专利法第23条的规定。

请求人在口头审理中提交的光盘用于说明摩托车的手把套是护手功能部件，不是摩托车必备的，手把套的有无对摩托车相近似判断不具有实质性的影响。由于如上所述本专利与对比文件1相比，前后侧覆盖板已明显不同，已足以使两者的整体视觉效果不同，得出不相近似的结论，故对请求人在口头审理中提交的光盘不再予以评述。

三、决定

依据专利法第23条的规定，维持200430015640.7号外观设计专利权有效。

当事人对本决定不服的，可以根据专利法第46条第2款的规定，自收到本决定之日起三个月内向北京市第一中级人民法院起诉。根据该款的规定，一方当事人起诉后，另一方当事人应当作为第三人参加诉讼。

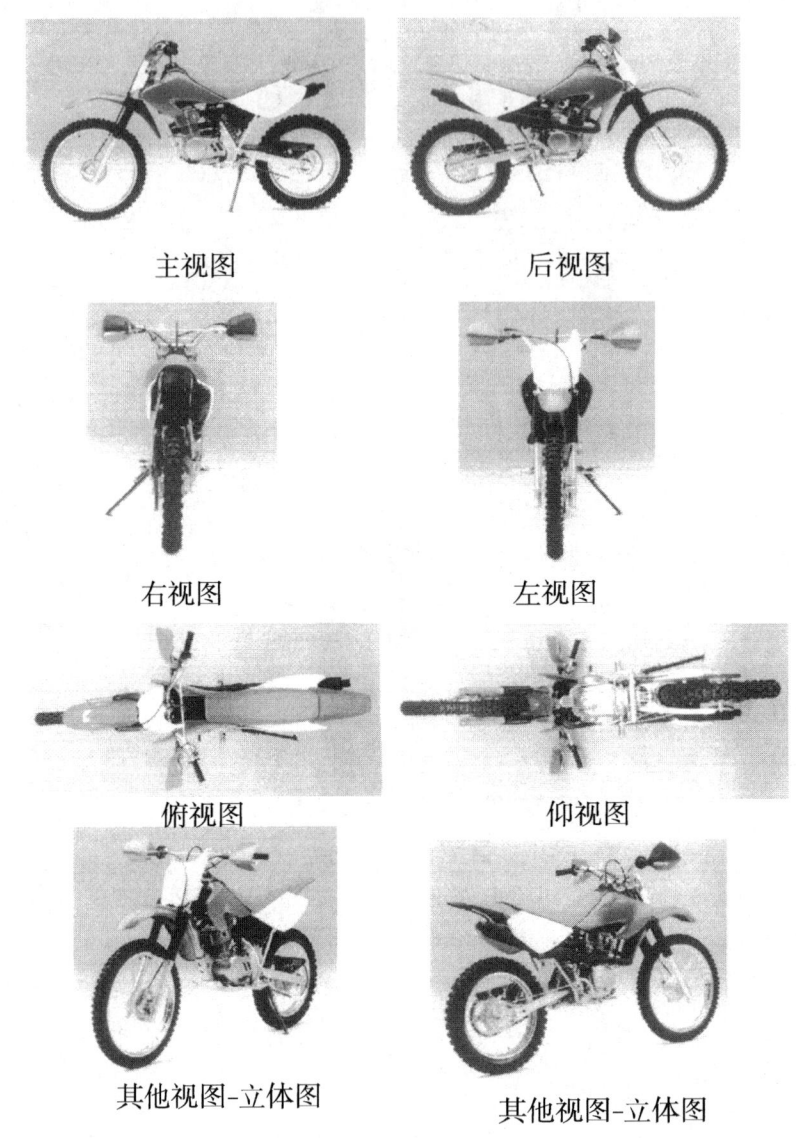

对比文件1附图

床（波恩）

无效宣告请求审查决定（第 8884 号）

决 定 号	第 8884 号
决 定 日	2006 年 11 月 17 日
发明创造名称	床（波恩）
外观设计分类号	06-01
无效宣告请求人	姜少梅
专 利 权 人	山东今日家居发展有限公司
专 利 号	200430030562.8
申 请 日	2004 年 3 月 10 日
授 权 公 告 日	2005 年 4 月 27 日
合 议 组 组 长	吴赤兵
主 审 员	李巍巍
参 审 员	王霞军
附 图	2 页

法 律 依 据 专利法第 23 条

决 定 要 点

本专利与在先设计相比，二者在床头、床垫的形状，床垫厚度与床体高度的比例均存在着明显不同，其不同点对整体视觉效果具有显著的影响。一般消费者不会将其误认、混同。因此，本专利与在先设计属于不相同也不相近似的外观设计。

一、案由

本无效宣告请求涉及的是国家知识产权局于 2005 年 4 月 27 日授权公告的 200430030562.8 号外观设计专利，其产品名称是"床（波恩）"，申请日是 2004 年 3 月 10 日，专利权人是山东今日家居发展有限公司。

针对上述外观设计专利权（下称本专利），姜少梅（下称请求人）于 2006 年 3 月 9 日向专利复审委员会提出无效宣告请求，其事实和理由是：本专利外观设计是一种形状设计，这种形状是本领域普遍采用的形状，其床头、床头与床体的结合是公知技术，故本专利不符合专利法第 23 条的规定。同时，请求人提交了如下附件作为证据：

附件 1 是《FURNITUPE》家具 2001/3 封面和相关页复印件 2 页；

附件 2 是《M？bel kultur》1/2004 Januar 封面和相关页复印件 2 页。

经专利复审委员会形式审查合格后，受理了该无效宣告请求，并于 2006 年 3 月 13 日将无效宣告请求书和证据的副本转送给专利权人，限其在指定的期限内答复。并告知专利权人如逾期不答复，不影响专利复审委员会的审理。

2006 年 4 月 5 日请求人提交了意见陈述陈及补充证据，认为本专利与在先外观设计相比，其床头和床体的形状完全相同，区别仅在于材质的不同。同时递交了如下附件作为补充证据（编号续前）：

附件 3 是 00349890.5 号外观设计专利公报复印件 1 页；

附件 4 是 01351029.0 号外观设计专利公报复印件 1 页。

专利权人于 2006 年 4 月 24 日针对无效宣告请求的理由进行意见陈述，认为：附件 1 和附件 2 的真实性和关联性无法认定，且其并未给出形状与本专利外观设计相同或相近似的"床"，故应当维持本专利有效。

专利复审委员会于 2006 年 9 月 6 日将请求人 2006 年 4 月 5 日提交的补充证据转送给专利权人，将专利权人 2006 年 4 月 24 日提交的意见陈述书转送给请求人。同日向双方当事人发出《合议组成员告知通知书》，指出如对本案合议组人员有回避请求的，请于收到本通知之日起 7 天内提交书面请求书，逾期未答复，视为无回避请求。同日还向双方当事人发出《无效宣告请求口头审理通知书》，定于 2006 年 10 月 24 日在专利复审委员会进行口头审理。

专利复审委员会于 2006 年 10 月 8 日收到专利权人的意见陈述书，专利权人针对无效宣告请求的理由进行意见陈述，认为：请求人提交的附件 3 在长、宽、高三者之间的比例等方面均不相同；附件 4 与本专利相比床头形状不同，床头与床体的高度比例不同，床体俯视的形状不同，综上所述，二者外观设计整体形状不相同也不相近似，应依法驳回其无效宣告请求。

经双方当事人同意，口头审理改在 2006 年 10 月 23 日下午举行，双方均派代表出席。在口头审理前合议组将 2006 年 10 月 8 日收到的专利权人提交的意见陈述书转送给请求人。在口头审理过程中，请求人当庭声明放弃附件 1、附件 2 和附件 4 作为宣告本专利无效的证据，保留附件 3 作为本案的证据。专利权人对附件 3 真实性无异议，但认为其与本专利既不相同也不相近似，双方当事人均各自坚持原有观点。

口头审理结束后，合议组给双方当事人 3 天的和解期限，在该期限内合议组未收到有关双方当事人达成和解的意见陈述。

在以上审理的基础上，本案合议组经合议，认为本案事实清楚，依法作出本审查决定。

二、决定的理由

根据请求人提出的无效宣告请求的理由和提交的证据，本案合议组依据专利法第 23 条的规定对本案进行审理。

专利法第 23 条规定："授予专利权的外观设计，应当同申请日以前在国内外出版物上公开发表过或者国内公开使用过的外观设计不相同和不相近似，并不得与他人在先取得的合法权利相冲突。"

请求人提交的附件 3 是 00349890.5 号外观设计专利公报复印件，对此，本合议组进行了核实，该复印件与原件相符，其真实性可以确定。该专利的申请日是 2000 年 12 月 15 日，授权公告日是 2001 年 9 月 5 日，授权公告号是 CN3198579D，名称为"床（气顶型）"。其授权公告日早于本专利申请日（2004 年 3 月 10 日），属于专利法第 23 条所述出版物，该在先设计与本专利属于同一类别的产品，可以作为本案的证据（下称在先设计）。

本专利包括 4 幅视图，即主视图、左视图、右视图、俯视图，简要说明中记载：后视图与主视图对称，省略后视图。仰视图不常见，省略仰视图。从主视图看，床的整体形状大致呈"L"形，床体为矩形，其上有床垫，床垫的厚度与床体高度的比例悬殊较大，床头正面略有弧度；从左视图看，床头呈矩形两上角近似直角；从右视图看，床头、床垫床体组成一矩形；从俯视图看，床头和床体大致呈方形，床垫由两矩形组成。（详见本专利附图。）

在先设计包括 5 幅视图，即主视图、左视图、右视图、俯视图、仰视图，简要说明中记载：后视图与主视图对称，省略后视图。从主视图看，床的整体形状大致呈"L"形，床体为矩形，其上有床垫，床垫的厚度与床体高度比例接近，床头中上部为斜边；从左视图看，床头呈矩形，两上角为圆弧过渡；从右视图看，床头正面有四个两两对称的梯形突起，两上角为圆弧过渡；从俯视图看，床头和床体大致为矩形；从仰视图看，床整体形状为矩形，其上有六个支垫。（详见在先设计附图。）

将本专利与在先设计相比较，二者的相同点是：整体形状均大致呈"L"形，床头均为矩形。二者之间存在的不同点是：床垫厚度与床体高度的比例不同，本专利两者的比例悬殊较大，在先设计两者的比例接近；床头形状不同，本专利床头两上角近似直角，床头正面平整，在先设计床头两上角为圆弧过渡，床头正面有四个两两对称的梯形突起；床垫不同，本专利由两矩形组成，在先设计为一体。合议组认为，二者床头、床垫的形状，及床垫厚度与床体高度的比例上均存在着明显不同，其不同点对整体视觉效果具有显著的影响。一般消费者不会将其误认、混同。因此，本专利与在先设计属于不相同也不相近似的外观设计。

综上所述，请求人提交的证据均不足以证明本专利不符合专利法第 23 条的规定，故其以此为由请求宣告本专利权无效的主张不能成立。

请求人有责任向专利复审委员会提交充分的证据，如果其提交的证据均不足以支持其无效宣告的请求理由，应承担其主张不能成立的法律后果。

三、决定

维持 200430030562.8 号外观设计专利权有效。

当事人对本决定不服的，可以根据专利法第 46 条第 2 款的规定，自收到本决定之日起三个月内向北京市第一中级人民法院起诉。根据该款的规定，一方当事人起诉后，另一方当事人应当作为第三人参加诉讼。

| 主视图 | 左视图 |

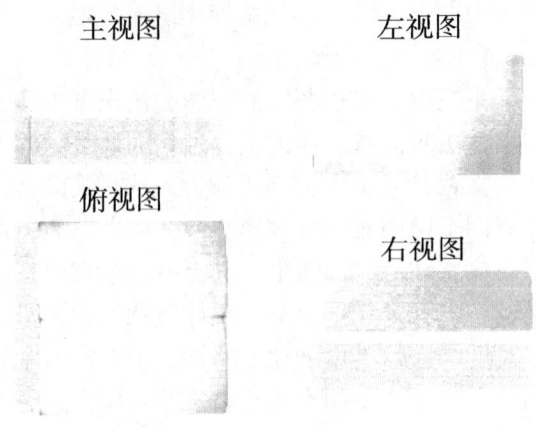

| 俯视图 | 右视图 |

本专利附图

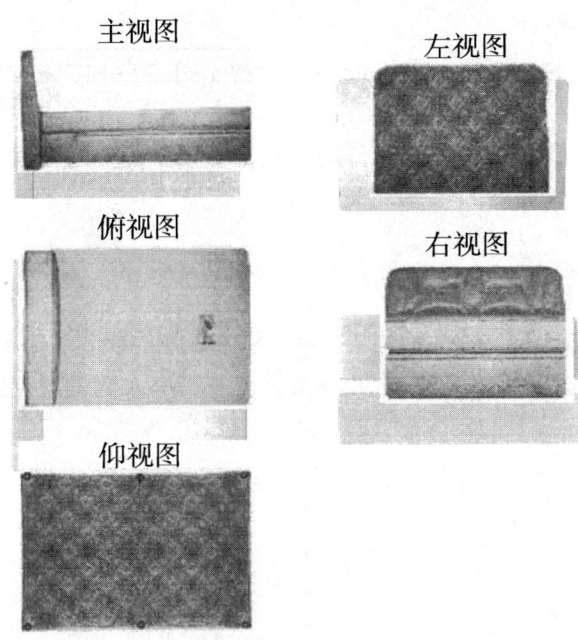

在先设计附图

035

包装盒（阳谷一号酒）

无效宣告请求审查决定（第 8885 号）

决 定 号	第 8885 号
决 定 日	2006 年 12 月 4 日
发明创造名称	包装盒（阳谷一号酒）
外观设计分类号	09-03
无效宣告请求人	山东景阳冈酒厂
专 利 权 人	王春云
专 利 号	03358324.2
申 请 日	2003 年 9 月 3 日
授 权 公 告 日	2004 年 3 月 24 日
合议组组长	张雪飞
主 审 员	李巍巍
参 审 员	王霞军
附 图	1 页
法 律 依 据	专利法第 9 条

决 定 要 点

本专利和在先设计都是酒类产品的包装盒，在构图方法、图案设计、表现方式及其文字图案的排列上均基本相同的情况下，二者的不同点属于局部细微的差别，对于产品外观设计的整体视觉效果不具有显著的影响，易使一般消费者产生误认、混同，因此，二者属于相近似的外观设计。

一、案由

本无效宣告请求涉及的是国家知识产权局于 2004 年 3 月 24 日授权公告的第 03358324.2 号外观设计专利，其产品名称是"包装盒（阳谷一号酒）"，申请日是 2003 年 9 月 3 日，专利权人是王春云。

针对上述外观设计专利权（下称本专利），山东景阳冈酒厂（下称请求人）于 2005 年 10 月 27 日向专利复审委员会提出无效宣告请求，其事实和理由是：在本专利申请日以前已有相近似的外观设计于 2003 年 8 月 7 日申请了外观设计专利，在 2004 年 9 月 15 日授予了专利权。自 2000 年起曾多次在国内公开展出并在出版物公开发表过该产品，已为公众所知，故本专利不符合专利法第 9 条、第 23 条和专利法实施细则第 13 条第 1 款的规定。同时，请求人提交了如下附件作为证据：

附件 1 是第 03356058.7 号外观设计证书复印件 1 页；

附件2是本专利外观设计证书复印件1页；

附件3是第03356058.7号外观设计申请文件和图片复印件4页；

附件4是本专利外观设计申请文件和图片复印件5页；

附件5是2001年8月27日《聊城日报》第四版复印件2页；

附件6是2002年第8期《山东商界》杂志封面和相关页复印件4页。

专利复审委员会根据无效宣告请求审查程序的规定受理了该无效宣告请求，并于2006年4月18日将无效宣告请求书和证据的副本转送给专利权人，限其在指定的期限内答复。并告知专利权人如逾期不答复，不影响专利复审委员会的审理。

针对请求人提出的无效宣告请求理由和提交的证据，专利权人至今未作出任何答复。

专利复审委员会于2006年9月6日向双方当事人发出《合议组成员告知通知书》，指出如对本案合议组人员有回避请求的，请于收到本通知之日起7天内提交书面请求书，逾期未答复，视为无回避请求。在规定的期限内双方当事人均未对合议组成员提出回避的请求。同日专利复审委员会还向双方当事人发出《无效宣告请求口头审理通知书》（附有附件3中的第03356058.7号外观设计专利公报复印件），定于2006年10月26日在专利复审委员会进行口头审理。

口头审理如期举行，仅请求人一方出席了口头审理。在口头审理过程中，请求人仍坚持原有主张，并当庭提交了附件5和附件6的原件，并出示了请求人生产的"景阳冈酒"包装盒实物和阳谷酒丰酒业有限公司生产的"阳谷一号酒"包装盒实物，合议组对请求人提交的证据进行了核实。

因合议组成员变更，专利复审委员会于2006年10月26日向专利权人发出《合议组成员告知通知书》，指出如对本案合议组人员有回避请求的，请于收到本通知之日起7天内提交书面请求书，逾期未答复，视为无回避请求。

至今专利权人未就本案合议组成员提出回避请求。

在以上审理的基础上，本案合议组经合议，认为本案事实清楚，依法作出本审查决定。

二、决定的理由

请求人提出无效宣告请求的理由是本专利不符合专利法第9条、第23条和专利法实施细则第13条第1款的规定，根据请求人提出的无效宣告请求的理由和提交的证据，本案合议组首先依据专利法第9条的规定对本案进行审理。

专利法第9条规定："两个以上的申请人分别就同样的发明创造申请专利的，专利权授予最先申请的人。"

请求人提交的附件3是第03356058.7号外观设计申请文件和图片复印件，对此，专利复审委员会在向双方当事人发出无效请求口头审理通知书时，已将该附件所涉及的外观设计专利公报复印件转送给双方当事人，双方当事人均未提出异议，其真实性可以确定，该专利的申请日是2003年8月7日，授权公告日是2004年9月15日，授权公告号是CN3391461D，名称是"包装盒（阳谷一号）"，申请人是本案请求人，为本专利申请日（2003年9月3日）以前由他人向专利局提出的外观设计专利申请，并后被授予专利权，属于专利法第9条规定的在先申请，适用于本案。在先申请授予的是一款酒类包装盒的外观设计（下称在先设计）

本专利与在先设计均是酒类产品包装盒，属相同种类的产品，可进行如下相同和相近似性的比较。

本专利包括6幅视图，即主视图、后视图、右视图、左视图、俯视图、仰视图，请求保护色彩。本专利整体形状为长方体，底衬为赭色（略偏黄），由浅渐深过渡，并有不规则纹理，从主视图看，从上至下依次排列有装饰性图案、商标图案、宽边长方形框（其内为"陽谷一号"）和装饰性花纹带,在宽边长方形框的右下方有一方形"酒"字篆体图案。左右视图中各有二排被覆盖的文字,俯仰视图中各有一行被覆盖的图案和文字,后视图中有一装饰性花纹框图案,其内为文字排列。(详见本专利附图。)

在先设计包括5幅视图,即主视图、右视图、左视图、俯视图、立体图,简要说明记载:后视图与主视图相同,省略后视图;仰视图无特点,省略仰视图。请求保护色彩。本专利整体形状为长方体,包装盒的上方有一深赭色(略偏红)宽条,其上方嵌有一浅色窄条,其他部分的底衬为深赭色(略偏红),由浅渐深过渡,包装盒下方浅色花纹带之间嵌有一浅色窄条,从主视图看,从上至下依次排列有装饰性图案、商标图案、宽边长方形框(其内为"阳谷一号")和装饰性花纹带,在宽边长方形框的右下方有一方形"酒"字篆体图案。左右视图中各有二排被覆盖的文字,俯视图中有一行被覆盖的图案。(详见在先设计附图。)

将本专利与在先设计相比较,二者各视图的构图方法、图案设计和表现方式基本相同。二者不同之处在于:其色彩不同,本专利为赭色(略偏黄),在先设计为深赭色(略偏红);包装盒上方的装饰性图案不同;宽边长方形框中的个别文字字体不同,本专利"陽"为繁体,在先设计为"阳"为简体。本案合议组认为:包装盒上出现的包括产品名称在内的文字不考虑其作为文字的字意,仅为一种图案;二者都是用于"酒"的包装盒,在构图方法、图案设计、表现方式及其文字图案的排列均基本相同的情况下,二者的不同点属于局部细微的差别,对于产品外观设计的整体视觉效果不具有显著的影响,易使一般消费者产生误认、混同,因此,二者属于相近似的外观设计。即二者属于同样的发明创造。

综上所述,在本专利申请日以前已有他人就同样的发明创造向专利局提出了外观设计专利申请并后被授权公告,本专利属于在后申请,不符合中国专利法第九条的规定。

鉴于上述评价已经得出本专利不符合专利授权条件的结论,本审查决定对请求人提出的其他理由和提交的其他证据不再作出评述。

三、决定

宣告03358324.2号外观设计专利权全部无效。

当事人对本决定不服的,可以根据专利法第46条第2款的规定,自收到本决定之日起三个月内向北京市第一中级人民法院起诉。根据该款的规定,一方当事人起诉后,另一方当事人应当作为第三人参加诉讼。

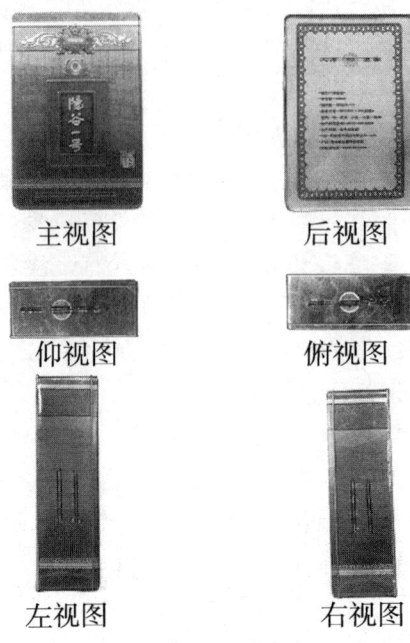

本专利附图

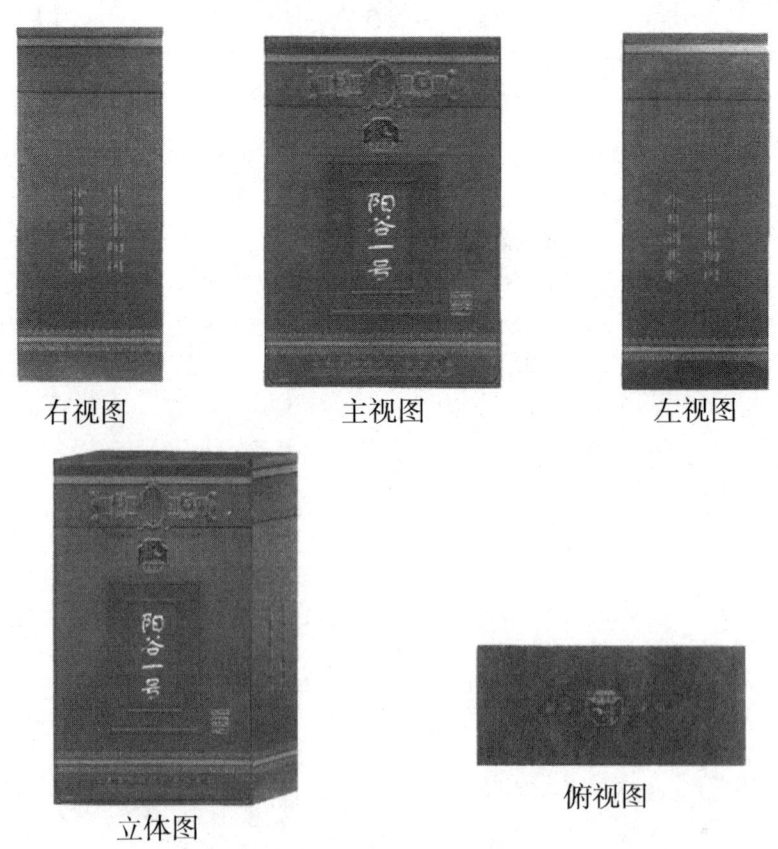

在先设计附图

染色机（B）

无效宣告请求审查决定（第8889号）

决 定 号	第8889号
决 定 日	2006年12月1日
发明创造名称	染色机（B）
外观设计分类号	15-06
无效宣告请求人	双喜（佛冈）机械有限公司
专 利 权 人	科万商标投资有限公司
专 利 号	02332563.1
申 请 日	2002年7月19日
授权公告日	2003年2月5日
合议组组长	崔国振
主 审 员	何 炜
参 审 员	许 磊
附 图	1页
法 律 依 据	专利法第23条

决定要点

在无效宣告请求案件中，请求人对其主张的事实负有举证责任，若其提交的证据不足以支持其主张，应当承担不利的后果。

如果被比设计与在先设计存在明显差别，这些差别对产品外观的整体视觉效果产生显著的影响，则两者属于不相同和不相近似的外观设计。

一、案由

本无效宣告请求案涉及国家知识产权局于2003年2月5日公告授予的、名称为"染色机（B）"的第02332563.1号外观设计专利权（下称本专利），其申请日为2002年7月19日，专利权人为科万商标投资有限公司。

针对上述专利权，双喜（佛冈）机械有限公司（下称请求人）于2005年9月27日向专利复审委员会提出无效宣告请求，认为本专利不符合专利法第23条和专利法实施细则第13条第1款的规定，具体理由是根据附件1-2，本专利外观设计实际属于"立信染整机械（深圳）有限公司"的产品，而该产品2001年就已经公开上市销售，故本专利不符合专利法第23条的规定；本专利外观设计与附件3-5所公开的外观设计属于同样的发明创造，故本专利不符合专利法实施细则第13条第1款的规定。为支持上述主张，请求人提交了以下附件：

附件1：立信产品宣传单，复印件共2页；

附件2：桐乡市梧桐万顺毛衫制衣厂出具的证明材料及产品图，复印件共2页；

附件3：专利号为02333503.3的中国外观设计专利的立体图，共1页；

附件4：专利号为02333504.1的中国外观设计专利的立体图，共1页；

附件5：专利号为02380964.7的中国外观设计专利的立体图，共1页。

经形式审查合格后，专利复审委员会受理了上述请求，于2005年9月28日向双方当事人发出《无效宣告请求受理通知书》，并将《专利权无效宣告请求书》及其附件清单中所列附件转送给专利权人，要求其在指定的期限内答复，同时成立合议组对本无效请求案进行审理。

2005年10月25日，请求人补充提交了附件6-12如下：

附件6：编号为010077124的中华人民共和国海关进口货物报关单，复印件1页；

附件7：立信广告，复印件2页；

附件8：《2000进口设备汇编》，国家纺织工业局，复印件3页；

附件9：《台湾染整业界99'》，染化杂志社主编，复印件共3页；

附件10：《印染》，2001年第10期，目录页、东武精机有限公司广告页，复印件共2页；

附件11-1：中华人民共和国广东省佛冈县公证处出具的（2005）佛证民字第187号《公证书》，复印件共3页；

附件11-2：佛冈永富纺织印染厂于2005年10月8日出具的《证明》一份，复印件共1页；

附件12：法院证据交换材料，复印件共2页。

2005年10月27日，请求人补充提交了附件13~15如下：

附件13：三张照片，复印件共2页；

附件14：《针织工业》（双月刊），2002年第2期，目录页及立信染整机械有限公司广告页，复印件共2页；

附件15：双喜机械厂广告页，复印件共2页。

2006年9月18日，本案合议组向双方当事人发出《口头审理通知书》，拟定于2006年10月30日对该专利权的无效请求进行口头审理。同时将请求人于2005年10月25日提交的附件6-12和2005年10月27日提交的附件13~15转交给专利权人。

2005年10月30日，口头审理如期举行。双方当事人均参加了口头审理。在口审过程中专利权人当庭提交了反证1：

反证1：国家知识产权局专利复审委员会第7982号无效无效宣告请求审查决定，复印件共13页。

合议组当庭将反证1的副本转交给请求人。庭审中，合议组对请求人提出的无效理由和双方提交的证据进行了充分调查，并听取了各方当事人的陈述。口头审理过程中认定的事实如下：（1）请求人明确放弃下列证据：附件2~7、附件9、附件12-13、附件15；（2）请求人明确放弃本专利的授权不符合专利法实施细则第13条第1款的无效理由；（3）请求人依据附件11-1、附件11-2认为与本专利外观设计相近似的产品在本专利申请日前已经公开使用，依据附件1、附件8、附件10、附件14认为与本专利外观设计相近似的产品在本专利申请日前已被出版物公开，因此本专利的授权不符合专利法第23条的规定，要求宣告本专利无效；（4）请求人出示了附件1的原件：《纺织导报》，纺织产品开发中心主办，2002年第4期，2002年7月。请求人明确用附件1中的"ECO-8"型产品作为对比文件。专利权人对其真实性没有异议，但认为不能证明其在本专利申请日前公开，并指出反证1中已作出ECO-8型产品与本专利产品不相近似的结论；（5）请求人出示了附件8的原件，并明确用其中的"AK-SL"和"MK8C"型产品、以及封面左边三个小图中最上面的图片所示的染色机作为对比文件。专利权人对其真实性无异议，但认为其公开时间不能确定在本专利申请日前；（6）请求人出示了附件10盖有"首都图书馆"印章的复印件，声明使用其中的"NRW-2L-500"型产品作为对比文件，专利权人对其真实性有异议；（7）请求人出示了附件11-1、11-2的原件，指出附件11-1中照片所示产品的生产日期为1984年。专利权人对附件11-1的真实性无异议，但认为其照片中产品的铭牌不能证明其公开时间，且产品与本专利不相近似，对附件11-2由于没有出具人签名不认可其真实性；（8）请求人出示了附件14的原件，明确使用其中的"ECO-8"型产品作为对比文件，合议组当庭宣布由于专利复审委员会第7982号无效宣告审查决定已就依据附件14以不符合专利法第23条为由要求宣告本专利无效的请求作出决定，根据审查指南第四部分第三章规定的"一事不再理原则"，合议组对附件14不予接受。

经过上述程序，合议组认为本案事实已经调查清楚，可以依法作出审查决定。

二、决定的理由

1. 无效理由

请求人提出无效宣告请求时以不符合专利法实施细则第13条第1款和专利法第23条为由要求宣告本专利无效，在口头审理中请求人放弃了不符合专利法实施细则第13条第1款的无效理由，因此本决定仅针对本专利是否符合专利法第23条的规定进行审查。

2. 证据认定

请求人在口头审理中明确放弃了下列证据：附件2-7、附件9、附件12-13、附件15。本决定仅对附件1、附件8、附件10、附件11-1、附件11-2、附件14予以评述。

（1）关于使用公开的证据。

请求人认为与本专利相近似的产品在本专利申请日前已经公开使用，所依据的证据为附件11-1、附件11-2。附件11-1为广东省佛冈县公证处出具的（2005）佛证民字第187号《公证书》，内容为证明公证书中所示照片与公证员2005年10月8日在广东省清远市佛冈永富纺织印染厂看到的染整机相符。请求人在口头审理中出示了附件11-1的原件，专利权人对其真实性、合法性均无异议。合议组对附件11-1的形式真实性予以认可。

附件11-2是一份佛冈永富纺织印染厂出具的证明，内容为证明请求人于2005年10月8日在佛冈永富纺织印染厂办理证据保全的设备的标牌为原始标牌，未作过改动。请求人在口头审理中出示了附件11-2的原件，但专利权人不认可附件11-2的真实性。合议组认为，附件11-2所示《证明》材料仅有"佛冈永富纺织印染厂"、"2005年10月8日"的落款和单位公章，没有该单位负责人的签字或盖章，缺少单位出具证明文书类证据的形式要件，故合议组对该证据不予采信。

附件11-1所示产品的公开时间是对本案具有重要影响的主要事实，而其所示产品标牌虽然标有"DATE 1984"的字样，但是由于化工设备类产品的标牌拆装改造容易，随意性比较大，因此在没有证据证明该标牌未被拆改过的情况下无法认定该标牌就是所示产品的标牌，而且即使其未经过拆改，仅凭"DATE 1984"字样也无法确定其是在1984年被公开销售的，因此附件11-1并不能证明其照片所示产品的使用公开时间。因此，在附件11-2不被采信且没有其他客观证据予以佐证的情况下，合议组难以确认附件11-1所示产品的公开时间为1984年。

综上所述，附件11-1和11-2无法证明本专利产品在申请日前已经公开使用。合议组对请求人依据附件11-1、附件11-2认为本专利不符合专利法第23条的无效理由不予支持。

（2）关于出版物公开的证据。

附件1为立信产品宣传广告两页，请求人在口头审理中出示了其原件，其复印于《纺织导报》，该杂志封面页和出版信息页显示其由纺织产品开发中心主办，为2002年第4期，并印刷有"2002年7月"，除此之外，没有证据能证明其公开时间，根据审查指南第二部分第三章第2.1.3.1节的规定，印刷日只写明年月的，以所写月份的最后一天为其公开日，所以推定2002年7月31日为其公开日。

附件8是《2000进口设备汇编》，没有记载出版时间和印刷时间，虽然"前言"部分的落款时间为2001年4月22日，请求人主张以此为公开日，但是合议组认为请求人的该主张没有法律依据和事实依据，因为该日期仅表明编辑完成"前言"部分的时间，其并不排除例如本书编辑作好"前言"后搁置较长时间才印刷出版的可能性。所以，在没有其他证据予以佐证的情况下，并不能确定附件8本身的印刷时间和出版时间，也不能推定出其公开时间。

由于本专利申请日为2002年7月19日，根据上述事实，在没有其他证据进一步证明的情况下，不能认定附件1和附件8在本专利申请日前已经公开。因此附件1和附件8不能用来评价本专利是否符合专利法第23条的规定。

附件10属于公开发行的期刊杂志，请求人在口头审理时出示了盖有"首都图书馆"红章的复印件，虽然专利权人对其真实性有异议，但是并没有提出合理的理由和证据支持其主张，在此情况下，合议组对附件10的真实性予以确认，由于附件10的出版日期（2001年）在本专利申请日以前，因此附件10属于在本专利申请日之前公开发行的出版物，可用来评价本专利是否符合专利法第23条的规定。

经查，专利复审委员会于2005年12月22日曾就本专利作出过第7982号无效宣告请求审查决定。在该决定中，专利复审委员会已经对依据本案的附件14（第7982号决定中附件7）认为本专利不符合专利法第23条的无效宣告理由作出过审查结论，即附件14公开的"ECO-8型染色机"与本专利属于既不相同又不相近似的外观设计。根据审查指南第四部分第三章规定的"一事不再理原则"，合议组对本专利与附件14相比不符合专利法第23条规定的无效理由不再进一步审查。

综上所述，在请求人提供的证据中，可用来评价本专利是否符合专利法第23条规定的证据仅有附件10。

3. 关于专利法第23条

（1）法律适用。

专利法第23条规定：授予专利权的外观设计，应当同申请日以前在国内外出版物上公开发表过或国内公开使用过的外观设计不相同和不相近似，并不得与他人在先取得的合法权利相冲突。

（2）本专利与附件10的比较。

本专利产品为染色机，其外观设计包括一个"J"形圆筒，圆筒上部的窗口直径占圆筒直径的1/2左右；"J"形圆筒的上部与下部相比较短，两部分夹角呈钝角，两部分接合处有Π形伸出体；"J"形圆筒侧方和底部没有管道连接，上方有两个平行排列的小管从"J"形圆筒一端连接至另一端；其下方有两个长方形支座，支架为中空的Π形，两支座中间直线均匀排列三个圆形接口。（参见本专利附图。）

附件10公开了一种"NRW-2L-500"型染色机，与本专利产品类别相同，该染色机由平行排列的两个"J"形细长圆筒组成，每个"J"形圆筒下方可见长方形实心支座，圆筒侧方和底部有多条管道和部件与筒体底部和两端连接。（参见附件10 NRW-2L-500的附图）

将附件10公开的染色机与本专利的染色机相比，至少存在以下区别：①本专利产品由1个"J"形圆筒组成，而"NRW-2L-500"型染色机由两个"J"形圆筒平行排列；②本专利产品的"J"形圆筒侧方和底部没有管道连接，只有顶部有两个平行排列的小管从"J"形圆筒一端连接至另一端，而"NRW-2L-500"型染色机 圆筒侧方、底部、顶部均有多条管道和部件与筒体底部和两端连接；

③本专利圆筒支架为中空的Ⅱ形，而"NRW-2L-500"型染色机产品的支架为实心矩形；④本专利产品圆筒较粗短，而"NRW-2L-500"型染色机产品圆筒较细长。合议组认为："NRW-2L-500"型染色机产品的两个"J"形圆筒以平行方式排列，其总体布局与本专利的1个"J"形圆筒明显不同，另外，各自的"J"形筒本身形状也存有明显差异，对于一般消费者来说，上述区别对产品的整体外观产生了显著的影响，因此附件10公开的"NRW-2L-500"型染色机与本专利染色机属于既不相同又不相近似的外观设计。

综上所述，请求人提供的证据不能证明在本专利的申请日前已有与本专利相同或相近似的外观设计在国内外出版物上公开发表过或国内公开使用过，合议组对其本专利不符合专利法第23条规定的主张不予支持。

基于以上事实和理由，作出如下审查决定。

三、决定

维持第02332563.1号外观设计专利权有效。

当事人对本决定不服的，可以根据专利法第46条第2款的规定，自收到本决定之日起三个月内向北京市第一中级人民法院起诉。根据该款的规定，一方当事人起诉后，另一方当事人应当作为第三人参加诉讼。

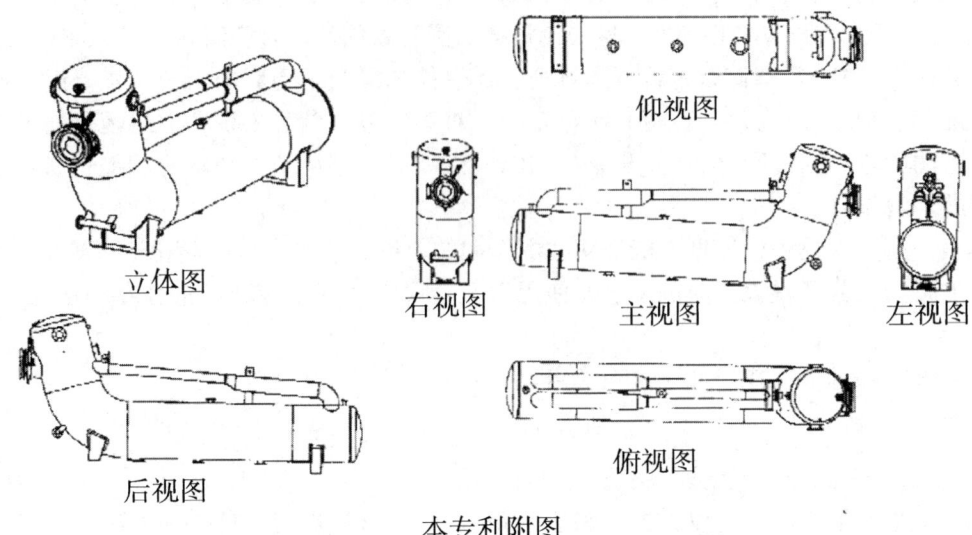

立体图　仰视图　右视图　主视图　左视图　后视图　俯视图

本专利附图

Product Code：NRW-2L-500高温高速染色机

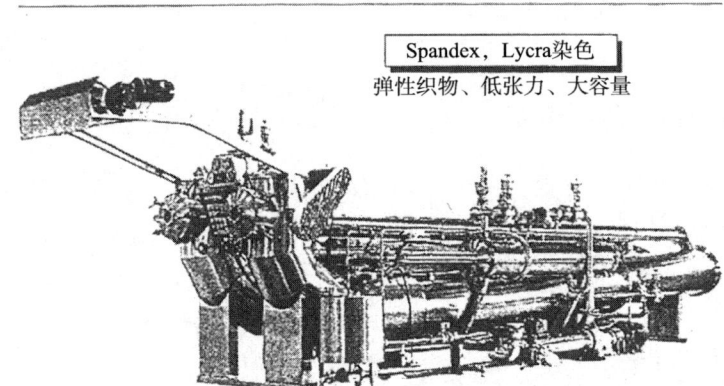

Spandex，Lycra染色
弹性织物、低张力、大容量

附件 10 附图

北京市第一中级人民法院
行政判决书

(2007) 一中行初字第387号

原告双喜（佛冈）机械有限公司，住所地广东省佛冈县迳头镇罗岗坪工业区。

法定代表人陈振耀，总经理。

委托代理人罗巨厥，北京市丰禾律师事务所律师。

被告中华人民共和国国家知识产权局专利复审委员会，住所地北京市海淀区北四环西路9号银谷大厦10~12层。

法定代表人廖涛，副主任。

委托代理人何炜，中华人民共和国国家知识产权局专利复审委员会医药生物申诉处审查员。

委托代理人程强，中华人民共和国国家知识产权局专利复审委员会行政诉讼处审查员。

第三人科万商标投资有限公司（FALMER INVESTMENTS LTD.），住所地英属维尔京群岛托士拉岛路镇威克汉岛Ⅰ欧玛荷吉大楼3层。

法定代表人李绮莲，总经理。

委托代理人王雄杰，深圳市雄杰专利商标代理有限公司专利代理人。

委托代理人徐静，广东东方金源律师事务所律师。

原告双喜（佛冈）机械有限公司（简称双喜公司）不服被告中华人民共和国国家知识产权局专利复审委员（简称专利复审委员会）2006年12月25日作出的第8889号无效宣告请求审查决定（简称第8889号决定），于法定期限内向本院提起诉讼。本院于2007年3月8日受理本案后，依法组成合议庭，并按照法律有关规定通知科万商标投资有限公司（简称科万公司）作为第三人参加诉讼，于2007年4月25日公开开庭进行了审理。原告双喜公司委托代理人罗巨厥，被告专利复审委员会的委托代理人何炜、程强，第三人科万公司的委托代理人王雄杰、徐静到庭参加了诉讼。本案现已审理终结。

第8889号决定系被告专利复审委员会就原告双喜公司针对第三人科万公司享有的02332563.1号外观设计专利权（简称本专利）所提出的无效宣告请求作出的。该决定认定：

1. 证据的认定

附件11-2是一份佛冈永富纺织印染厂出具的证明，内容为证明双喜公司于2005年10月8日在佛冈永富纺织印染厂办理证据保全的设备的标牌为原始标牌，鉴于该《证明》材料仅有"佛冈永富纺织印染厂"、"2005年10月8日"的落款和单位公章，没有该单位负责人的签字或盖章，缺少单位出具证明文书类证据的形式要件，故对该证据不予采信。

附件11-1所示产品的公开时间是对本案具有重要影响的主要事实，而其所示产品标牌虽然标有"DATE 1984"的字样，但是由于化工设备类产品的标牌拆装改造容易，随意性比较大，因此在没有证据证明该标牌未被拆改过的情况下无法认定该标牌就是所示产品的标牌，而且即使其未经过拆改，仅凭"DATE 1984"字样也无法确定其是在1984年被公开销售的，故附件11-1并不能证明其照片所示产品的使用公开时间。因此，在附件11-2不被采信且没有其他客观证据予以佐证的情况下，难以确认附件11-1所示产品的公开时间为1984年。

综上所述，附件11-1和11-2无法证明本专利产品在申请日前已经公开使用。

附件8是《2000进口设备汇编》，没有记载出版时间和印刷时间，虽然"前言"部分的落款时间为 2001 年 4 月 22 日，但是因为该日期仅表明编辑完成"前言"部分的时间，其并不排除例如本书编辑作好"前言"后搁置较长时间才印刷出版的可能性。所以，在没有其他证据予以佐证的情况下，并不能确定附件 8 本身的印刷时间和出版时间，也不能推定出其公开时间。因此附件 8 不能用来评价本专利是否符合《中华人民共和国专利法》（简称《专利法》）第二十三条的规定。

另外，专利复审委员会认为附件 1、附件 10 均不能用以评价本专利是否符合《专利法》第二十三条的规定。同时，依据"一事不再理原则"，对于附件 14 不予审查。

2. 关于《专利法》第二十三条

将附件 10 公开的染色机与本专利的染色机相比，至少存在以下区别：（1）本专利产品由 1 个"J"形圆筒组成，而"NRW-2L-500"型染色机由两个"J"形圆筒平行排列；（2）本专利产品的"J"形圆筒侧方和底部没有管道连接，只有顶部有两个平行排列的小管从"J"形圆筒一端连接至另一端，而"NRW-2L500"型染色机圆筒侧方、底部、顶部均有多条管道和部件与筒体底部和两端连接；（3）本专利圆筒支架为中空的∏形，而"NRW-2L-500"型染色机产品的支架为实心矩形；（4）本专利产品圆筒较粗短，而"NRW-2L-500"型染色机产品圆筒较细长。鉴于"NRW-2L-500"型染色机产品的两个"J"形圆筒以平行方式排列，其总体布局与本专利的 1 个"J"形同筒明显不同，另外，各自的"J"形筒本身形状也存有明显差异，对于一般消费者来说，上述区别对产品的整体外观产生了显著的影响，因此附件 10 公开的"NRW-2L-500"型染色机与本专利染色机属于既不相同又不相近似的外观设计。

综上，本专利符合《专利法》第二十三条的规定。专利复审委员会据此作出第 8889 号决定，宣告本专利权有效。

原告双喜公司不服，在法定期限内向本院提起行政诉讼。其诉称：一、被告未对附件 11-1 作实体审理，程序上不合法。因附件 11-1 中所涉机器的所有人为法人单位，且与原告和第三人并无利害关系，故该法人单位出具的证明足以证明其真实性。在第三人对其真实性没有提出任何有事实理由的异议和没有相反证据否定其真实性的情况下，依法应当予以认定并审理。被告以"没有相关负责人的签字"为由对于附件 11-2 不予认定，并进而对于附件 11-1 所示产品的公开时间为 1984 年不予认定是错误的。二、被告未对附件 8 作实体审理，程序上不合法。因附件 8 前言处的落款时间是该出版物的唯一落款时间，故可认定其为附件 8 的正式出版日期，鉴于该时间先于本专利申请时间，故其应当被审理。三、第 8889 号决定所指出的本专利和附件 10 的四点区别，并不产生显著的整体视觉差异。（1）附件 10 产品的 2 个"J"形圆筒并排排列，与本专利的 1 个"J"形圆筒相比，对于本领域的一般消费者，2 个 J 形管相比于 1 个管，只是简单重复，并不产生显著的视觉影响。（2）对于本专利与附件 10 在侧方底部存在的连接管道方面的差异，因染色机使用时是以特定方向朝向使用者，存于侧方和底部的细微差异并不为使用考所关注，且附件 10 多出的管道和部件，是任何染色机在安装后必须另行架设的必不可少的配套设施，作为染色机产品的特定使用者，绝不可能因架设了管线而作出差异性判断。故上述差异亦不会产生显著的视觉影响。（3）对于本专利与附件 10 在支架上的差异，因支架位于染色机下部，仅仅起到支撑作用，不为使用者关注，故其差异于视觉影响很小。（4）本专利与附件 10 的 J 形圆筒在长短和粗细方面不存在明显的长短和粗细差异，对整体视觉影响很小。即使存有长短、大小的变化，也只是为了功能上容积变化的目的，但功能性目的形成的外观形状在外观设计对比中是可以忽略的。综上，第 8889 号决定认定错误，请求法院予以撤销。

被告专利复审委员会辩称：附件 8、附件 11-1 及附件 11-2 不能证明本专利产品在申请日之前已公开，本专利与附件 10 相比并非相近似的外观设计。具体理由仍坚持第 8889 号决定中的意见。综上，第 8889 号决定认定事实清楚，适用法律正确，程序合法，请求人民法院依法驳回原告的诉讼请求，维持第 8889 号决定。

第三人科万公司述称：同意被告作出的第 8889 号决定中的理由，请求法院依法驳回原告的诉讼请求，维持第 8889 号决定。

本院经审理查明：

本专利是名称为"染色机（B）"、专利号为 02332563.1 的外观设计专利权，其申请日为 2002 年 7 月 19 日，授权公告日为 2003 年 2 月 5 日，专利权人为第三人科万公司。本专利公报包括 7 幅视图，即主视图、仰视图、俯视图、后视图、立体图、左视图、右视图（详见附图）。

2005 年 9 月 27 日，双喜公司针对上述专利权向专利复审委员会提出无效宣告请求，认为本专利不符合《专利法》第二十三条和《中华人民共和国专利法实施细则》（简称《专利法实施细则》）第十三条第一款的规定。

2005 年 9 月 28 日，专利复审委员会受理了该无效宣告请求。

双喜公司在此次无效宣告请求中共提交了 15 份附件，其中：

附件 8：《2000 进口设备汇编》，国家纺织工业局。该证据中未记载出版时间和印刷时间，在"前言"部分的落款时间为 2001 年 4 月 22 日；

附件 10：2001 年第 10 期《印染》的目录页及东武精机有限公司广告页（详见附图）；

附件 11-1：中华人民共和国广东省佛冈县公证处出具的（2005）佛证民字第 187 号《公证书》，内容为证明公证书中所示照片与公证员 2005 年 10 月 8 日在广东省清远市佛冈永富纺织印染厂看到的染整机相符。照片中所示产品上附加有标牌，该标牌上记载有产品的相关信息，标牌上有"DATE1984"的字样。

附件 11-2：佛冈永富纺织印染厂于 2005 年 10 月 8 日出具的《证明》一份。其内容为证明双喜公司于 2005 年 10 月 8 日在佛冈永富纺织印染厂办理证据保全的设备的标牌为原始标牌，未作过改动。该材料上有"佛冈永富纺织印染厂"的单位公章，落款时间为"2005 年 10 月 8 日"，但无该单位负责人的签字或盖章。

2005 年 10 月 30 日，专利复审委员会进行了口头审理。双方当事人均参加了口头审理。在口审过程中科万公司当庭提交了反证 1，即第 7982 号无效宣告请求审查决定。

口头审理过程中，双喜公司明确表示放弃本专利的授权不符合《专利法实施细则》第十三条第一款这一无效理由。其同时认为，附件 11-1、附件 11-2 可证明与本专利外观设计相近似的产品在本专利申请日前已经公开使用，附件 1、附件 8、附件 10、附件 14 可证明与本专利外观设计相近似的产品在本专利申请日前已被出版物公开，因此本专利的授权不符合《专利法》第二十三条的规定。

2006 年 12 月 1 日，专利复审委员会作出第 8889 号决定，维持本专利权有效。

上述事实有本专利授权公报、第 8889 号决定、附件 8、附件 10、附件 11-1、附件 11-2 及庭审笔录证据在案佐证。

本院认为：

鉴于附件 11-2 中所证明的事实是对已发生事实的追忆，而任何单位客观上并不具有追忆的能力，对事实的追忆显然只能是由具体经办人进行的，故在该证据中虽盖有单位公章，但缺少具体经办人签字的情况下，本院认为附件 11-2 缺少形式上的真实性。被告对该证据的认定正确，本院予以维持。

对于附件 11-1，因其为公证书，在无相反证据的情况下，本院对其真实性予以确认。但鉴于该公证书所记载的内容是公证员在佛冈永富纺织印染厂对其所使用的染整机械进行了拍照，故其能证明的仅是公证员在该印染厂内看到了照片中所显示的机械，且该机械上标牌所显示的制造时间是 1984 年，至于该标牌是否为原始标牌，其是否从未被拆装过，该公证书并未涉及，故对该事实公证书不具有证明力。在此情况下，因附件11-1中的标牌是附加在机械上的，故较易被改造拆装，在附件11-2不能采信，亦无其他证据佐证附件11-1中所涉标牌确未被拆装过的情况下，附件11-1无法证明其所涉机械标牌为原始标牌，亦无法证明该标牌所显示时间为其制造时间。同时，鉴于机械的制造时间与其公开销售的时间并不必然一致，故即便该标牌所显示时间确为制造时间，但在原告未提交相应销售证据或购买证据的情况下，不能合理地推知在本专利申请日之前，佛冈永富纺织印染厂已购买并使用该产品。鉴于此，本院认为，附件11无法证明在本专利申请之日前已有相同相近似的外观设计产品被公开使用。被告对该证据的认定正确，本院予以维持。

对于附件8，本院认为，鉴于出版物的前言完成时间与出版时间并不必然一致，故在附件8中并未标注出版时间的情况下，仅依据前言部份所标注的时间，无法确认附件8的公开时间，据此，附件8不能用来评价本专利是否符合《专利法》第二十三条的规定。被告对附件8的认定正确，本院予以维持。

本专利与附件10均是染色机产品，将二者相比可以看出，本专利包括一个"J"形筒，附件10包括两个"J"形筒并列排列。鉴于"J"形筒为二者的主体部分，而一个"J"形筒与两个"J"，形筒的区别显然应属于主体部分的显著区别。在此基础上，结合考虑本专利产品的"J"形圆筒侧方和底部没有管道连接，附件10的圆筒侧方、底部、顶部均有多条管道和部件与筒体底部和两端连接，同时本专利支架为安心矩形，而附件10支架为中空的∏形。本院认为，上述区别会给一般消费者带来显著的视觉差异，故本专利与附件10为不相同不相近似的外观设计。

对于原告认为附件10在侧方及底部的连接管道属于染色机安装后必不可少的配套设施，其不会使一般消费者产生视觉差异的主张，鉴于其未提交相应证据证明上述连接管道确属于安装染色机所需的配套设施，故对原告的上述主张本院不予支持。

综上，原告的起诉理由均不能成立，第8889号决定认定事实清楚，适用法律正确，程序合法，本院予以维持。依照《中华人民共和国行政诉讼法》第五十四条第（一）项之规定，本院判决如下：

维持被告中华人民共和国国家知识产权局专利复审委员会作出的第8889号无效宣告请求审查决定。

案件受理费1000元，由原告双喜（佛冈）机械有限公司负担（已交纳）。

如不服本判决，原告双喜（佛冈）机械有限公司、被告中华人民共和国国家知识产权局专利复审委员会可在本判决书送达之日起15日内，第三人科万商标投资有限公司（FALMER INVESTMENTS LTD.）可在本判决书送达之日起30日内向本院提交上诉状并交纳上诉案件受理费100元，上诉于中华人民共和国北京市高级人民法院。

审　判　长　姜　颖
代理审判员　芮松艳
人民陪审员　刘元霞
二〇〇七年十二月二十日
书　记　员　牛　捷

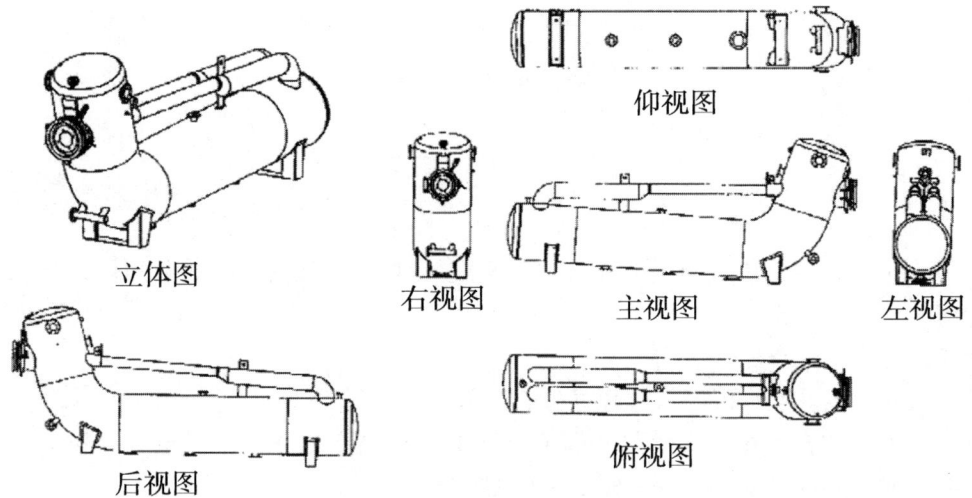

		仰视图	
立体图	右视图	主视图	左视图
后视图		俯视图	

本专利附图

Product Code：NRW-2L-500高温高速染色机

Spandex，Lycra染色
弹性织物、低张力、大容量

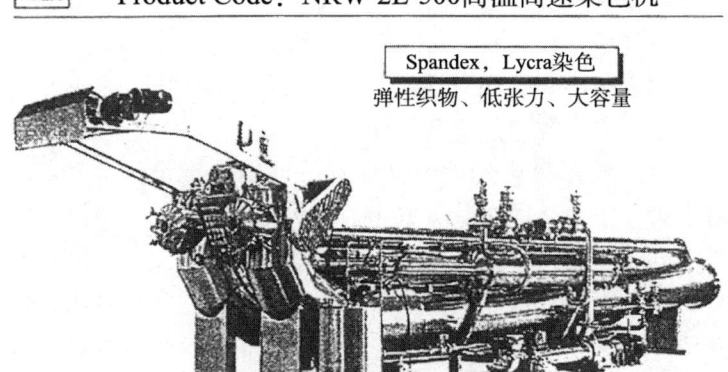

附件 10 附图

北京市高级人民法院
行政判决书

(2008)高行终字第 95 号

上诉人(原审原告)双喜(佛冈)机械有限公司,住所地中华人民共和国广东省佛冈县迳头镇罗岗坪工业区。

法定代表人陈振耀,总经理。

委托代理人罗巨厥,北京市丰禾律师事务所律师。

被上诉人(原审被告)中华人民共和国国家知识产权局专利复审委员会,住所地中华人民共和国北京市海淀区北四环西路 9 号银谷大厦 10~12 层。

法定代表人廖涛,副主任。

委托代理人何炜,中华人民共和国国家知识产权局专利复审委员会审查员。

委托代理人程强,中华人民共和国国家知识产权局专利复审委员会审查员。

原审第三人科万商标投资有限公司(FALMERINVESTMENTS LTD.),住所地英属维尔京群岛托士拉岛路镇威克汉岛 1 欧玛荷吉大楼 3 层。

法定代表人李绮莲,总经理。

委托代理人王雄杰,深圳市雄杰专利商标代理有限公司专利代理人。

委托代理人徐静,广东东方金源律师事务所律师。

上诉人双喜(佛冈)机械有限公司(简称双喜公司)因外观设计专利权无效行政纠纷一案,不服中华人民共和国北京市第一中级人民法院(2007)一中行初字第 387 号行政判决,于法定期限内向本院提出上诉。本院于 2008 年 2 月 28 日受理后,依法组成合议庭,于 2008 年 5 月 27 日公开开庭审理了本案。上诉人双喜公司的委托代理人罗巨厥,被上诉人中华人民共和国国家知识产权局专利复审委员会(简称专利复审委员会)的委托代理人程强,原审第三人科万商标投资有限公司(简称科万公司)的委托代理人王雄杰、徐静到庭参加了诉讼。本案现已审理终结。

北京市第一中级人民法院认定,科万公司系名称为"染色机(B)"、申请日为 2002 年 7 月 19 日的外观设计专利(简称本专利)的权利人。2005 年 9 月 27 日,双喜公司以本专利不符合《中华人民共和国专利法》(简称《专利法》)第二十三条和《中华人民共和国专利法实施细则》(简称《专利法实施细则》)第十三条第一款的规定为由,请求专利复审委员会宣告本专利无效。专利复审委员会于 2005 年 10 月 30 日进行了口头审理,双喜公司在口头审理过程中明确表示放弃本专利的授权不符合《专利法实施细则》第十三条第一款的无效理由。2006 年 12 月 1 日,专利复审委员会作出第 8889 号无效宣告请求审查决定(简称第 8889 号决定),其主要内容为:附件 11-1 和 11-2 无法证明本专利产品在申请日前已经公开使用;附件 8、附件 1、附件 10 均不能用以评价本专利是否符合《专利法》第二十三条的规定;依据"一事不再理原则",对附件 14 不予审查;附件 10 公开的"NRW-2L-500"型染色机与本专利染色机属于既不相同又不相近似的外观设计。综上,专利复审委员会决定维持本专利有效。

北京市第一中级人民法院认为,附件 11-2 缺少具体经办人签字,附件 11-1 无法证明在本专利申请之日前已有相同相近似的外观设计产品被公开使用,附件 8 不能用来评价本专利是否符合《专利法》第二十三条的规定,专利复审委员会对上述证据的认定正确。本专利与附件 10 均是染色机产品,本专利包括一个"J"形筒，附件10包括两个"J"形筒并列排列。鉴于"J"形筒为二者的主体部分，而一个"J"形筒与两个"J"形筒的区别显然应属于主体部分的显著区别。此外，本专利产品的"J"形圆筒侧方和底部没有管道连接，附件10的圆筒侧方、底部、顶部均有多条管道和部件与筒体底部和两端连接，同时本专利支架为实心矩形，而附件10支架为中空的Π形。双喜公司未提交相应证据证明附件10在侧方及底部的连接管道属于安装染色机所需的配套设施。因此，上述区别会给一般消费者带来显著的视觉差异，本专利与附件10为不相同不相近似的外观设计。第8889号决定认定事实清楚，适用法律正确，程序合法，北京市第一中级人民法院依照《中华人民共和国行政诉讼法》第五十四条第（一）项之规定，判决：维持专利复审委员会作出的第8889号决定。

双喜公司不服一审判决并向本院提出上诉，认为一审判决错误地维持专利复审委员会对附件11-1、附件112、附件8的认定，其有关本专利与附件10不相近似的认定也是错误的，本专利与附件10的四点区别并不产生显著的整体视觉差异，本专利与附件10已构成相近似外观设计。双喜公司请求撤销一审判决并宣告本专利无效。

专利复审委员会及科万公司服从一审判决。

本院经审理查明：

名称为"染色机（B）"的外观设计专利（即本专利）的申请日为2002年7月19日，授权公告日为2003年2月5日，专利号为02332563.1，专利权人为科万公司。本专利公报包括7幅视图，即主视图、仰视图、俯视图、后视图、立体图、左视图、右视图（详见附图）。

2005年9月27日，双喜公司针对本专利权向专利复审委员会提出无效宣告请求，认为本专利不符合《专利法》第二十三条和《专利法实施细则》第十三条第一款的规定。专利复审委员会于2005年9月28日受理了该无效宣告请求：双喜公司在此次无效宣告请求中共提交了15份附件，其中：

附件1：立信产品宣传单两页，其复印于2002年第4期《纺织导报》，该杂志的封面页和出版信息页显示其由纺织产品开发中心主办，并印有"2002年7月"；

附件8：《2000进口设备汇编》，国家纺织工业局。该证据中未记载出版时间和印刷时间，在"前言"部分的落款时间为2001年4月22日；

附件10：2001年第10期《印染》的目录页及东武精机有限公司广告页（详见附图）；

附件11-1：中华人民共和国广东省佛冈县公证处出具的（2005）佛证民字第187号《公证书》，内容为证明公证书中所示照片与公证员2005年10月8日在广东省清远市佛冈永富纺织印染厂看到的染整机相符。照片中所示产品上附加有标牌，该标牌上记载有产品的相关信息，包括"DATE 1984"的字样。

附件11-2：佛冈永富纺织印染厂于2005年10月8日出具的《证明》一份。其内容为证明双喜公司于2005年10月8日在佛冈永富纺织印染厂办理证据保全的设备的标牌为原始标牌，未作过改动。该材料上有"佛冈永富纺织印染厂"的单位公章，落款时间为"2005年10月8日"，但无该单位负责人的签字或盖章。

2005年10月30日，专利复审委员会进行了口头审理。双方当事人均参加了口头审理，科万公司当庭提交了反证1，即第7982号无效宣告请求审查决定（简称第7982号决定）。口头审理过程中，双喜公司明确表示放弃本专利的授权不符合《专利法实施细则》第十三条第一款的无效理由，其同时认为附件11-1、附件11-2可以证明与本专利外观设计相近似的产品在本专利申请日前已经公开使用，附件1、附件8、附件10、附件14可以证明与本专利外观设计相近似的产品在本专利申请日前已被出版物公开，因此本专利的授权不符合《专利法》第二十三条的规定。科万公司对附件11-1的真实性无异议，但认为其照片中产品的标牌不能证明其公开时间，且产品与本专利不相近似，附件11-

2 由于没有出具人签名不认可其真实性。由于第 7982 号决定已经就据附件 14 以不符合《专利法》第二十三条规定为由要求宣告本专利无效的请求作出决定，专利复审委员会当庭宣布对附件 14 不予接受。

2006 年 12 月 1 日，专利复审委员会作出第 8889 号决定，该决定认定：

1. 证据的认定

首先，关于使用公开的证据。附件 11-2 是一份佛冈永富纺织印染厂出具的证明，鉴于该《证明》材料仅有"佛冈永富纺织印染厂"、"2005 年 10 月 8 日"的落款和单位公章，没有该单位负责人的签字或盖章，缺少单位出具证明文书类证据的形式要件，故对该证据不予采信。附件 11-1 所示产品的公开时间是对本案具有重要影响的主要事实，而其所示产品标牌虽然标有"DATE 1984"的字样，但是由于化工设备类产品的标牌容易拆装改造，随意性比较大，在没有证据证明该标牌未被拆改过的情况下，无法认定该标牌就是所示产品的标牌。而且即使其未经过拆改，仅凭"DATE 1984"字样也无法确定其是在 1984 年被公开销售的，故附件 11-1 并不能证明其照片所示产品的使用公开时间。因此，在附件 11-2 不被采信且没有其他客观证据予以佐证的情况下，难以确认附件 11-1 所示产品的公开时间为 1984 年。综上所述，附件 11-1 和 11-2 无法证明本专利产品在申请日前已经公开使用。

其次，关于出版物公开的证据。附件 8 是《2000 进口设备汇编》，没有记载出版时间和印刷时间，虽然"前言"部分的落款时间为 2001 年 4 月 22 日，但是因为该日期仅表明编辑完成"前言"部分的时间，其并不排除例如本书编辑作好"前言"后搁置较长时间才印刷出版的可能性。所以，在没有其他证据予以佐证的情况下，并不能确定附件 8 本身的印刷时间和出版时间，也不能推定出其公开时间。因此附件 8 不能用来评价本专利是否符合《专利法》第二十三条的规定。附件 1 除印有"2002 年 7 月"之外，没有证据能证明其公开时间，故推定其公开时间为 2002 年 7 月 31 日，晚于本专利的申请日。因此，附件 1、附件 8 均不能用以评价本专利是否符合《专利法》第二十三条的规定。

附件 10 属于本专利申请日之前公开发行的出版物，可以用来评价本专利是否符合《专利法》第二十三条的规定。

2. 关于《专利法》第二十三条

将附件 10 开的染色机与本专利的染色机相比，至少存在以下区别：（1）本专利产品由 1 个"J"形圆筒组成，而"NRW-2L-500"型染色机由两个"J"形圆筒平行排列；（2）本专利产品的"J"形圆筒侧方和底部没有管道连接，只有顶部有两个平行排列的小管从"J"形圆筒一端连接至另一端，而"NRW-2L-500"型染色机圆筒侧方、底部、顶部均有多条管道和部件与筒体底部和两端连接；（3）本专利圆筒支架为中空的Π形，而"NRW-2L-500"型染色机产品的支架为实心矩形；（4）本专利产品圆筒较粗短，而"NRW-2L-500"型染色机产品圆筒较细长。

鉴于"NRW-2L-500"型染色机产品的两个"J"形圆筒以平行方式排列，其总体布局与本专利的 1 个"J"形圆筒明显不同，其各自的"J"形筒本身形状也存有明显差异。对于一般消费者来说，上述区别对产品的整体外观产生了显著的影响，故附件 10 公开的"NRW-2L-500"型染色机与本专利染色机属于既不相同又不相近似的外观设计。

综上，本专利符合《专利法》第二十三条的规定，专利复审委员会据此作出第 8889 号决定，维持本专利有效。

上述事实有本专利授权公报、第 8889 号决定、附件 1、附件 8、附件 10、附件 11-1、附件 11-2、第 7982 号决定及双方当事人陈述等在案佐证。

本院认为，附件11-1仅能证明公证书中所示照片与公证员2005年10月8日在广东省清远市佛冈永富纺织印染厂看到的染整机相符，即该染整机上有一标牌，该标牌上有"DATE 1984"的字样，并不能证明该标牌是否为原始标牌。虽然附件11-2试图证明上述标牌为原始标牌，但作为佛冈永富纺织印染厂于2005年10月8日出具的《证明》，附件11-2缺乏该单位负责人的签字或盖章，原审法院及专利复审委员会未采信该证据并无不当。在缺乏有效证据证明上述标牌为原始标牌的情况下，原审法院及专利复审委员会认定附件11-1无法证明在本专利申请之日前已有相同相近似的外观设计产品被公开使用并无不当。附件8本身并无其出版时间的记载，其前言部分标注的时间并不必然与其出版时间等同，原审法院及专利愎审委员会对附件8的认定正确。上诉人双喜公司有关一审判决错误地维持专利复审委员会对附件11-1、附件11-2、附件8的认定的上诉理由缺乏事实及法律依据，本院不予支持。原审法院及专利复审委员会对本专利与附件10所记载的外观设计的区别点的认定正确。将本专利与附件10所记载的外观设计进行比较，二者存在的区别足以给一般消费者带来显著的视觉差异。尤其是"NRW-2L-500"型染色机产品的两个"J"形圆筒以平行方式排列，其总体布局与本专利的1个"J"形圆筒明显不同，其各自的"J"形筒本身形状也存有明显差异。上诉人虽然主张附件10在侧方及底部的连接管道属于染色机安装后必不可少的配套设施，不会使一般消费者产生视觉差异，但其并未提交有效证据证明该主张。因此，对于一般消费者来说，本专利与附件10的区别对产品的整体外观产生了显著的影响，二者属于既不相同也不相近似的外观设计。上诉人有关本专利与附件10已构成相近似外观设计的上诉理由不能成立，本院不予支持。

综上，上诉人双喜公司的上诉理由缺乏事实及法律依据不能成立，本院不予支持。一审判决认定事实清楚，适用法律正确，应予维持。依据《中华人民共和国行政诉讼法》第六十一条第（一）项之规定，判决如下：

驳回上诉，维持原判。

一审案件受理费1000元，由双喜（佛冈）机械有限公司负担（已交纳）；二审案件受理费100元，由双喜（佛冈）机械有限公司负担（已交纳）。

本判决为终审判决。

审　判　长　刘继祥
审　判　员　莎日娜
代理审判员　刘晓军
二〇〇八年六月十二日
书　记　员　刘　悠

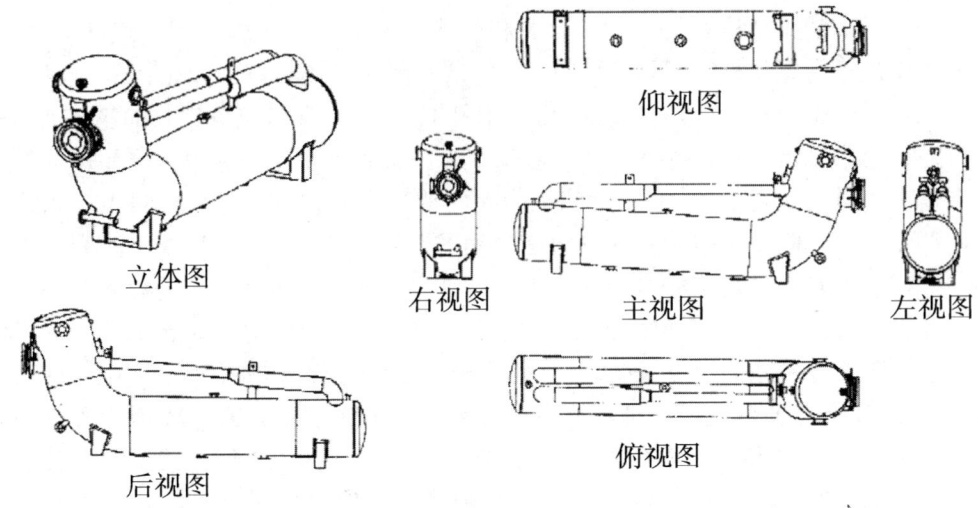

本专利附图

Product Code：NRW-2L-500高温高速染色机

Spandex，Lycra染色
弹性织物、低张力、大容量

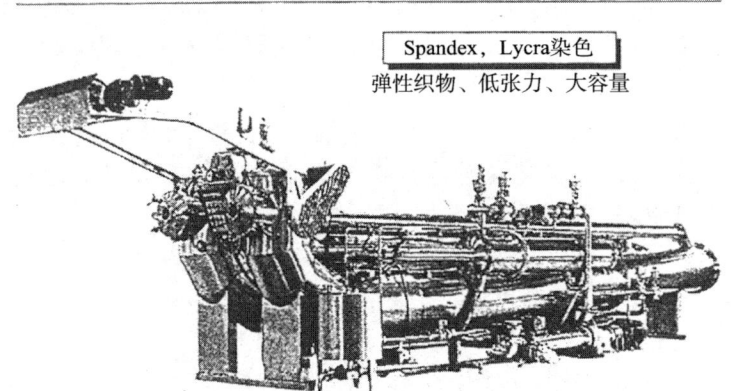

附件 10 附图

037

沙发床（普士）

无效宣告请求审查决定（第 8896 号）

决 定 号	第 8896 号
决 定 日	2006 年 12 月 5 日
发明创造名称	沙发床（普士）
国 际 分 类 号	06-01
无效宣告请求人	北京半日工贸有限公司
专 利 权 人	北京依诺维绅家具有限公司
专 利 号	02370766.6
申 请 日	2002 年 11 月 29 日
授 权 公 告 日	2003 年 7 月 30 日
合 议 组 组 长	崔国振
主 审 员	叶 娟
参 审 员	郭 婷
附 图	2 页

法 律 依 据 专利法第 23 条

决 定 要 点

对于具有变化状态的产品而言，如果申请人欲请求保护该产品的各种变化状态，应当提交表示该产品的各种变化状态的主视图、后视图、左视图、右视图、俯视图和/或仰视图，并以阿拉伯数字对各视图名称进行编号，相应地，对于具有变化状态的产品的外观设计专利权的保护范围的确定，应当以该专利授权文本中所有标注有主视图、后视图、左视图、右视图、俯视图和/或仰视图的视图为依据。

在无效宣告审查程序中，使用状态参考图通常仅用于理解被比设计的使用方法或者用途以确定产品类别，不应当作为判断是否与在先设计相同或相近似的依据。

一、案由

本无效宣告请求案涉及国家知识产权局于 2003 年 7 月 30 日授权公告的、名称为"沙发床（普士）"的第 02370766.6 号外观设计专利（下称本专利），其申请日为 2002 年 11 月 29 日，专利权人是北京依诺维绅家具有限公司。

针对上述专利权，北京半日工贸有限公司（下称请求人）于 2006 年 6 月 5 日以本专利不符合专利法第 23 条、专利法实施细则第 2 条第 3 款为由向专利复审委员会提出无效宣告请求，请求宣告该专利权无效，为支持其主张，请求人提交了本专利授权公告文本、本专利专利登记簿副本（复印件共6页）和以下证据：

证据1：日本意匠登录第1070161号（D1070161），公开日2000年5月15日，日文，共7页，其上加盖有"经确认此副本与原件相同 国家知识产权局专利检索咨询中心 副本认证专用章 2006年5月11日"原章；及其中文译文7页；

证据2：日本实用新型昭62-177350号，公开日1987年11月11日，日文，共3页；及其中文译文3页，其上加盖有"经确认此副本与原件相同 国家知识产权局专利检索咨询中心 副本认证专用章 2006年5月11日"原章；

证据3：DR 2002 00805，注册日2002年12月3日，共5页，其上加盖有"经确认此副本与原件相同 国家知识产权局专利检索咨询中心 副本认证专用章 2006年5月30日"原章；及其中文译文5页。

依据上述证据，请求人认为本专利的外观设计与在其申请日之前就已经公开发表的证据1、2产品整体相似，与证据3产品相同，不属于专利法实施细则第2条第3款规定的新设计，不符合专利法第23条的规定，具体理由是：（1）证据1公开了一种沙发床，其产品分类类别、用途及功能与本专利完全相同，将本专利视图与证据1的视图相比，二者的俯视图完全相同，其他视图所体现的外观设计要部也基本相同，只是沙发床的支撑腿有差异，但其为该类产品不易见到的部位，也不容易引起一般消费者注意的部位，可以不予考虑，从该类沙发床的靠背与座垫所构成的产品要部来判断，本专利与证据1相近似；（2）证据2公开了一种沙发床，其产品分类、用途及功能与本专利完全相同，本专利的使用状态参考图2、3与证据2第6、8图相比，可平放或扶起的靠背呈"凹"字型，座垫呈"凸"字型与靠背相配合，本专利的要部与证据2的可视外观设计十分相近似，而且靠背与座垫之间形成的矩形镂空状态与本专利完全相同；（3）证据3首页中"设计"方框下方以及第3页所公开的设计图和沙发床视图与本专利的对应视图完全相同。

经形式审查合格后，专利复审委员会受理了该无效宣告请求案，并于2006年6月5日日向双方当事人发出《无效宣告请求受理通知书》，同时将《宣告专利权无效请求书》及其所附证据的副本转送给专利权人，要求其在指定期限内答复，同时成立合议组对本无效请求案进行审理。

专利权人于2006年7月10日作出答复，认为本专利的外观设计与证据1、2的外观设计不相同也不相近似，符合专利法实施细则第2条第3款、专利法第23条的规定，具体理由如下：

（1）本专利与证据1相比存在显著区别，一般消费者不会将本专利与证据1的产品误认和混同，二者属于不相同也不相近似的外观设计，本专利符合专利法第23条和专利法实施细则第2条第3款的规定，具体如下：①从整体观察，本专利沙发床为横向布局，横向长度明显大于纵向宽度，给消费者的视觉感受是一个沙发，证据1与本专利相反，呈纵向的狭长状，给消费者的视觉感受是一张床，②本专利的座垫直接支撑在支架上，呈两层结构，构造简洁，证据1除了具有床垫和支脚外，还设有一个床架，床垫和靠枕置床架上，支脚安装在床架下面，整体呈三层结构，沿袭传统的床的设计，③从座垫的设计看，本专利为横向座垫，其中向后凸出的部分的宽度与座垫主体部分的宽度相当，证据1为纵向的床垫，相对床垫的主体部分，只有一个较小凸出部分，④本专利的靠背为长的横向靠背，翻转处位于座垫的中部，靠背折起后，靠背掀起后前端自由向下翻转，在靠背和座垫之间形成长方形的空间，证据1的靠背长度和宽度相当，翻转处位于床垫的后部，靠背掀起后前端下部被挤靠在床板上，靠背折起后在靠背和座垫之间形成一弧形的洞，二者靠背折起后的视觉效果更有显著区别，⑤本专利座垫凸出部分和靠背镂空处的折角处均为直角，座垫和靠背的各个边角也为直角，线条简洁、棱角分明，证据1的床垫凸出部分和靠背镂空处均为圆弧形过渡，床垫和靠背的各个边角为圆弧形，呈现浑圆厚重的视觉效果，⑥本专利的支脚为设置在左右两侧的长方形框架，支架后侧与靠背后侧平齐，证据1的支脚为四个圆柱形支柱，分别设在床体的四角，二者的支脚形状也完全不同，⑦沙发床属于最常见的家居用品之一，一般消费者对这类产品都有常识性的了解，请求人提出的二者的相同之处均属于外观设计专利所不予考虑的因素。

（2）证据2所涉及的是一种气垫，与本专利的产品属于完全不同的产品类别，不具有与本专利对比的前提条件，且证据2的气垫与本专利沙发床的外观设计完全不同，一般消费者不可能将本专利与证据2误认和混同，二者外观设计不相同也不相近似。

（3）证据3的公开日是2002年12月3日，在本专利的申请日之后，不能作为评价本专利的在先设计。

2006年8月31日，专利复审委员会本案合议组分别向双方当事人发出《无效宣告请求口头审理通知书》，告知双方当事人专利复审委员会拟定于2006年10月19日对本无效宣告请求案进行口头审理。同时，专利复审委员会本案合议组将专利权人于2006年7月10日提交的意见陈述书的副本转送给请求人。

2006年10月19日，口头审理如期举行。双方当事人均委托代理人参加了口头审理。口头审理过程中认定的事实如下：

（1）请求人明确放弃证据3；

（2）请求人明确其无效宣告请求的理由为：本专利不符合专利法实施细则第2条第3款、专利法第23条的规定，支持这两个无效理由的事实相同，所依据的证据是证据1、2，具体主张：本专利外观设计与证据1所示产品的外观设计相近似，本专利外观设计与证据2所示第1、5、6图所示的外观设计相近似；

（3）专利权人认可证据1~2真实性及其译文准确性；

（4）专利权人出示了（2006）二中民初字第7928号判决用于证明该判决已经认定本专利与证据1、2存在区别；

（5）合议组当庭告知专利权人可以在口头审理后的三个工作日内向合议组提交上述判决的原件。

口头审理后，专利权人于2006年10月23日提交了（2006）二中民初字第7928号判决的原件。至此，合议组认为本案的事实清楚，可以作出审查决定。

二、决定的理由

1. 无效理由的确定

根据请求人在口头审理时的陈述，其请求宣告本专利权无效的理由为：本专利不符合专利法实施细则第2条第3款、专利法第23条的规定，支持这两个无效理由的事实相同，所依据的证据是证据1、2，具体主张：本专利外观设计与证据1所示产品的外观设计相近似，本专利外观设计与证据2所示第1、5、6图所示的外观设计相近似。

鉴于口头审理时合议组已经明确告知请求人，专利法实施细则第2条第3款是对可获得专利保护的外观设计的一般性定义，而不是判断外观设计是否相同或者相近似的具体审查标准，且口头审理时请求人也明确其主张本专利不符合专利法实施细则第2条第3款、专利法第23条的规定这两个无效理由所依据的事实相同，因此，合议组对请求人主张本专利不符合专利法实施细则第2条第3款的规定这一无效理由不再进一步评述。

2. 证据认定

证据1、2均为日本专利文献，其上加盖有"经确认此副本与原件相同 国家知识产权局专利检索咨询中心 副本认证专用章 2006年5月11日"原章，专利权人认可其真实性和译文准确性，因此，合议组对证据1、2的真实性和译文准确性予以确认。

证据1的公开日为2000年5月15日，早于本专利申请日（2002年11月29日），其所示外观设计的产品为一种沙发床，与本专利属于同类产品，因此，证据1可作为本专利的在先设计与本专利进行相近似性比较。

证据2的公开日为1987年11月11日，早于本专利申请日（2002年11月29日），其所示实用新型产品为一种床垫，与本专利属于相近类别的产品，因此，证据2也可作为本专利的在先设计与本专利进行相近似性比较。

请求人在口头审理时明确放弃证据3，因此，合议组不再对该证据进行审查和评价。

3. 关于专利法第23条

专利法第23条规定：授予专利权的外观设计，应当同申请日以前在国内外出版物上公开发表过或者国内公开使用过的外观设计不相同和不相近似，并不得与他人在先取得的合法权利相冲突。

如果一般消费者经过对被比设计与在先设计的整体观察可以看出，两者的差别对于产品外观设计的整体视觉效果不具有显著的影响，则两者相近似。

（1）确定被比设计。

专利法第56条规定：外观设计专利权的保护范围以表示在图片或者照片中的该外观设计专利产品为准。专利法实施细则第27条第3款规定，申请人应当就每件外观设计产品所需要保护的内容提交有关视图或者照片，清楚地显示请求保护的对象。

审查指南第一部分第三章第4.2节规定：专利法实施细则第27条第3款中的"有关视图（图片或者照片）"，就立体外观设计产品而言，产品要点涉及六个面的，应当提交六面正投影视图，产品设计要点仅涉及一个或几个面的，应当至少提交所涉及面的正投影视图和立体图。审查指南第一部分第三章第4.2.1节规定：六面正投影视图的视图名称，是指主视图、后视图、左视图、右视图、俯视图和仰视图。各视图的视图名称应当标注在相应视图的正下方。审查指南第一部分第三章第4.2.1节还规定：对于有多种变化状态的产品的外观设计，其专利申请中显示变化状态的视图名称后，应当以阿拉伯数字顺序编号。

因此，对于一件外观设计申请而言，申请人应当就其外观设计产品所请求保护的内容提交有关的主视图、后视图、左视图、右视图、俯视图和/或仰视图，并标注相应的视图名称；相应地，对于一项外观设计专利权而言，确定其保护范围的依据应当是该专利授权文本中标注有主视图、后视图、左视图、右视图、俯视图和/或仰视图的视图；对于具有变化状态的产品，如果申请人欲保护该产品的各种变化状态，应当提交表示该产品的各种变化状态的主视图、后视图、左视图、右视图、俯视图和/或仰视图，并以阿拉伯数字对各视图名称进行编号，因此，对于具有变化状态的产品的外观设计权的保护范围的确定，应当以该专利中所有标注有主视图、后视图、左视图、右视图、俯视图和/或仰视图的视图为依据。

在无效宣告审查程序中，使用状态参考图通常仅用于理解被比设计的使用方法或者用途以确定产品类别，不应当作为判断是否与在先设计相同或相近似的依据。

就本专利权而言，其主视图、俯视图、左视图、仰视图中所表示的产品为一张床，因此，本专利的保护范围即为这些视图中所表示的床的外观设计。虽然从本专利的名称"沙发床"以及本专利中所示的使用状态参考图可知，本外观设计专利的产品可以具有沙发和床两种使用状态，但其沙发状态的部分视图仅出现在"使用状态参考图"中，而未根据专利法、专利法实施细则及审查指南的规定以"主视图、后视图、左视图、右视图、俯视图和仰视图"的形式出现，因此，应当理解为申请人在提出本专利申请之时即并不要求保护该外观设计产品作为沙发的外观设计，相应地，在本专利申请被授予专利权后，本外观设计产品作为沙发时的外观设计也不应当作为判断与在先设计相同或相近似的依据。

基于上述分析，本专利中用于与在先设计进行相同和相近似比较的仅为本外观设计专利中的主视图、俯视图、左视图、仰视图所表示的床的外观设计（下称被比设计）。

（2）被比设计描述。

由被比设计的主视图、仰视图、俯视图、左视图可见，其床体呈扁长方体（为便于描述，以床的长边方向为横向，横向的垂直向为纵向），八个角均为圆角，床面可折叠处形成一横向"⌐ ⌐"形折线，折线拐角处均为直角，床体纵向两端底面下各支撑有一长条状床腿（参见本专利附图）。

（3）在先设计描述。

证据1（参见证据1右侧面图、主视图、俯视图、仰视图）公开了一种床的外观设计（即为在先设计），其床体呈扁长方体（为便于描述，以床的长边方向为横向，横向的垂直向为纵向），八个角均为为圆角，床面可折叠处形成一纵向""形折线，折线拐角处均为圆角，床体下有一板层状支架，支架下底面有四根圆柱形床腿（参见证据1附图）。

（4）相近似性比较。

将被比设计与在先设计相比，二者公开的床均呈扁长方体，八个角均为圆角，床面可折叠处形成一"⌐ ⌐"形折线，床体下有床腿。二者的主要区别在于：①被比设计的床体和床腿之间没有层状支架这一结构，床腿形状不同；②"⌐ ⌐"折线的拐角形状及折线在床面上的方向不同。合议组认为：首先，对于床来说，使用时容易看到的部位是床面，床下的部分是使用时不容易看到的，而且在先设计中的层状支架其面积小于床面，被比设计的床腿其正面视图也为柱状，与在先设计中的床腿相似，因此，区别①对于整体视觉效果不会产生显著影响；其次，对于区别②，由于折线"⌐ ⌐"的整体形状是一致的，其拐角形状、以及在床面上的方向不同只是细微差别，并不会对床体的整体视觉效果产生显著影响。因此，被比设计与在先设计相近似，本专利相对于证据1不符合专利法第23条的规定。

此外，专利权人提交的（2006）二中民初字第7928号判决仅能表明已生效的判决中认定了"日本专利产品（合议组注：即本案中的证据1、2）的外观与原告专利产品的外观存在差异"，但如上述并不能由此得出二者不相近似的结论，故该判决也不能支持专利权人认为本专利相对于证据1符合专利法第23条的主张。

鉴于证据1已经证明与本专利相近似的沙发床在本专利申请日前已在出版物上公开发表过，本专利不符合专利法第23条的规定，应予无效；因此，对于请求人提交的证据2在本无效宣告请求审查决定中不再评述。

基于上述事实和理由，本案合议组作出如下决定。

三、决定

宣告第02370766.6号外观设计专利权无效。

当事人对本决定不服的，可以根据专利法第46条第2款的规定，自收到本决定之日起三个月内向北京市第一中级人民法院起诉。根据该款规定，一方当事人起诉后，另一方当事人应当作为第三人参加诉讼。

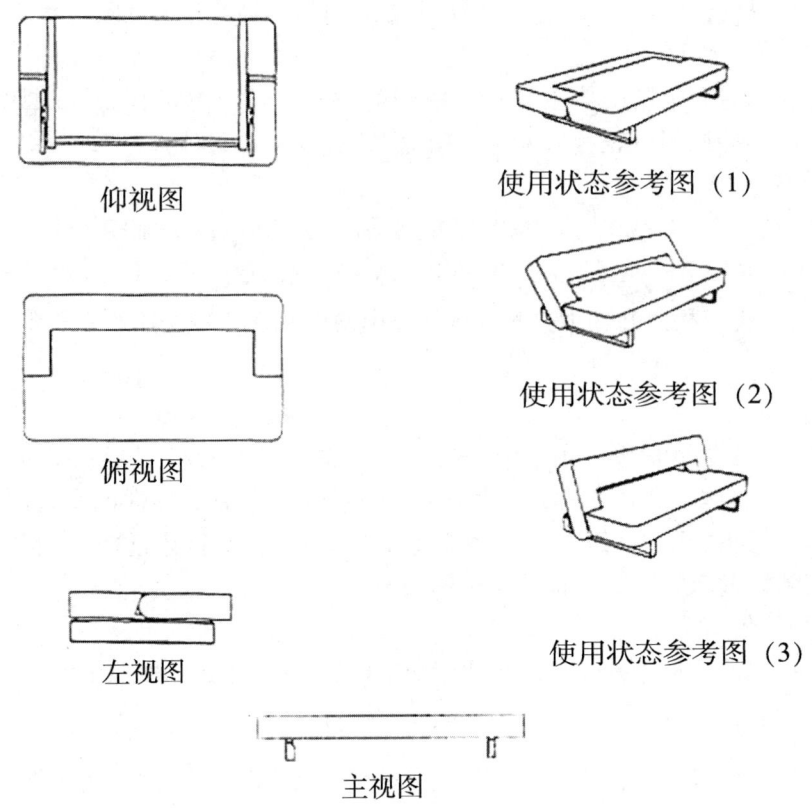

仰视图

使用状态参考图（1）

俯视图

使用状态参考图（2）

左视图

使用状态参考图（3）

主视图

本专利视图

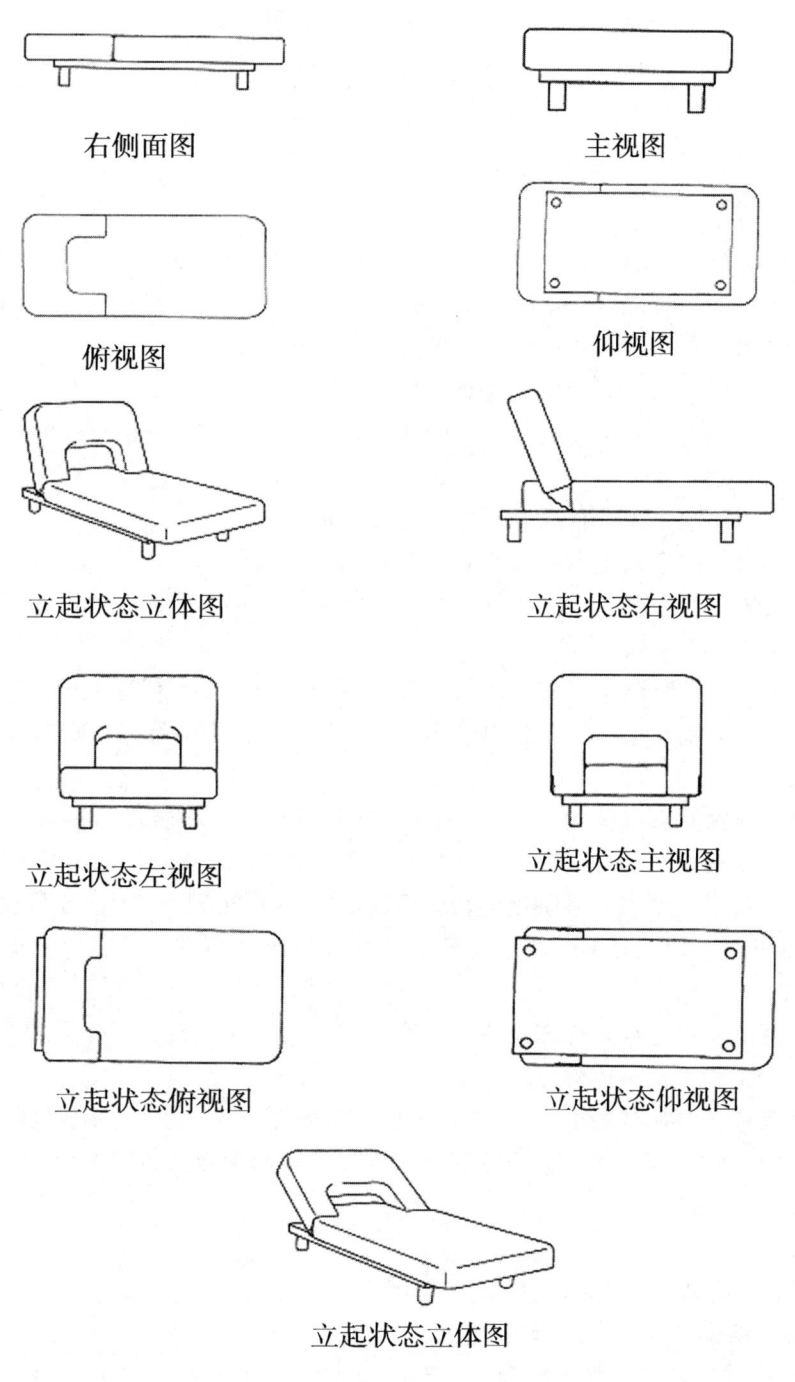

右侧面图　　　　主视图

俯视图　　　　仰视图

立起状态立体图　　　　立起状态右视图

立起状态左视图　　　　立起状态主视图

立起状态俯视图　　　　立起状态仰视图

立起状态立体图

证据 1 附图

北京市第一中级人民法院
行政判决书

(2007) 一中行初字第97号

原告北京依诺维绅家具有限公司，住所地北京市怀柔区凤翔开发区凤翔三园15号。

法定代表人弗来明·霍飞德（Flemming Hjfeldt），董事长。

委托代理人贾庆忠，永新专利商标代理有限公司专利代理人。

委托代理人张文达，永新专利商标代理有限公司专利代理人。

被告国家知识产权局专利复审委员会，住所地北京市海淀区北四环西路9号银谷大厦10~12层。

法定代表人廖涛，副主任。

委托代理人叶娟，国家知识产权局专利复审委员会审查员。

委托代理人徐洁玲，国家知识产权局专利复审委员会审查员。

第三人北京半日工贸有限公司，住所地北京市海淀区龙翔路7号楼6单元地下室。

法定代表人邵锦芳，董事长。

委托代理人韩宝田，北京诺孚尔知识产权代理有限责任公司专利代理人。

委托代理人翟承妹，女，汉族，1952年6月23日出生，北京半日工贸有限公司经理，住北京市东城区和平里五区。

原告北京依诺维绅家具有限公司（简称依诺维绅家具公司）不服被告国家知识产权局专利复审委员会（简称专利复审委员会）于2006年12月5日作出的第8896号无效宣告请求审查决定（简称第8896号决定），于法定期限内向本院提起行政诉讼。本院于2007年1月15日受理后，依法组成合议庭，并通知第8896号决定的相对方北京半日工贸有限公司（简称半日工贸公司）作为本案第三人参加诉讼，于2007年3月20日公开开庭审理了本案。原告依诺维绅家具公司的委托代理人贾庆忠、张文达，被告专利复审委员会委托代理人叶娟、徐洁玲，第三人半日工贸公司委托代理人韩宝田、翟承妹到庭参加了诉讼。本案现已审理终结。

针对依诺维绅家具公司拥有的第02370766.6号"沙发床（普士）"外观设计专利权（简称本专利），半日工贸公司于2006年6月5日向专利复审委员会提出无效宣告请求，专利复审委员会经过审查作出第8896号决定，认定：

（一）无效理由的确定

根据半日工贸公司在口头审理时的陈述，其请求宣告本专利权无效的理由为本专利不符合《专利法实施细则》第二条第三款、《专利法》第二十三条的规定，支持这两个无效理由的事实相同，所依据的证据是证据1、2，具体主张为本专利外观设计与证据1所示产品的外观设计相近似，本专利外观设计与证据2所示第1、5、6图所示的外观设计相近似。鉴于口头审理时已经明确告知半日工贸公司，《专利法实施细则》第二条第三款是对可获得专利保护的外观设计的一般性定义，而不是判断外观设计是否相同或者相近似的具体审查标准，且口头审理时半日工贸公司也明确其主张本专利不符合《专利法实施细则》第二条第三款、《专利法》第二十三条的规定这两个无效理由所依据的事实相同，因此，专利复审委员会对半日工贸公司主张本专利不符合《专利法实施细则》第二条第三款的规定这一无效理由不再进一步评述。

（二）证据认定

证据1、2均为日本专利文献，其上加盖有"经确认此副本与原件相同国家知识产权局专利检索咨询中心副本认证专用章 2006 年 5 月 11 日"原章，依诺维绅家具公司认可其真实性和译文准确性，因此，专利复审委员会对证据 1、2 的真实性和译文准确性予以确认。证据 1 的公开日为 2000 年 5 月 15 日，早于本专利申请日（2002 年 11 月 29 日），其所示外观设计的产品为一种沙发床，与本专利属于同类产品，因此，证据 1 可作为本专利的在先设计与本专利进行相近似性比较。证据 2 的公开日为 1987 年 11 月 11 日，早于本专利申请日（2002 年 11 月 29 日），其所示实用新型产品为一种床垫，与本专利属于相近类别的产品，因此，证据 2 也可作为本专利的在先设计与本专利进行相近似性比较。半日工贸公司在口头审理时明确放弃证据 3，因此专利复审委员会不再对该证据进行审查和评价。

（三）关于《专利法》第二十三条

1. 确定被比设计

对于一件外观设计申请而言，申请人应当就其外观设计产品所请求保护的内容提交有关的主视图、后视图、左视图、右视图、俯视图和/或仰视图，并标注相应的视图名称；相应地，对于一项外观设计专利权而言，确定其保护范围的依据应当是该专利授权文本中标注有主视图、后视图、左视图、右视图、俯视图和/或仰视图的视图；对于具有变化状态的产品，如果申请人欲保护该产品的各种变化状态，应当提交表示该产品的各种变化状态的主视图、后视图、左视图、右视图、俯视图和/或仰视图，并以阿拉伯数字对各视图名称进行编号，因此，对于具有变化状态的产品的外观设计权的保护范围的确定，应当以该专利中所有标注有主视图、后视图、左视图、右视图、俯视图和/或仰视图的视图为依据。在无效宣告审查程序中，使用状态参考图通常仅用于理解被比设计的使用方法或者用途以确定产品类别，不应当作为判断是否与在先设计相同或相近似的依据。

就本专利权而言，其主视图、俯视图、左视图、仰视图中所表示的产品为一张床，因此，本专利的保护范围即为这些视图中所表示的床的外观设计。虽然从本专利的名称"沙发床"以及本专利中所示的使用状态参考图可知，本外观设计专利的产品可以具有沙发和床两种使用状态，但其沙发状态的部分视图仅出现在"使用状态参考图"中，而未根据《专利法》、《专利法实施细则》及《审查指南》的规定以"主视图、后视图、左视图、右视图、俯视图和仰视图"的形式出现，因此，应当理解为申请人在提出本专利申请之时即并不要求保护该外观设计产品作为沙发的外观设计，相应地，在本专利申请被授予专利权后，本外观设计产品作为沙发时的外观设计也不应当作为判断与在先设计相同或相近似的依据。基于上述分析，本专利中用于与在先设计进行相同和相近似比较的仅为本外观设计专利中的主视图、俯视图、左视图、仰视图所表示的床的外观设计（下称被比设计）。

2. 被比设计描述

由被比设计的主视图、仰视图、俯视图、左视图可见，其床体呈扁长方体（为便于描述，以床的长边方向为横向，横向的垂直向为纵向），八个角均为圆角，床面可折叠处形成一横向"⌐⌐"形折线，折线拐角处均为直角，床体纵向两端底面下各支撑有一长条状床腿（见本专利附图）。

3. 在先设计描述

证据 1 公开了一种床的外观设计（即为在先设计），其床体呈扁长方体（为便于描述，以床的长边方向为横向，横向的垂直向为纵向），八个角均为圆角，床面可折叠处形成一纵向"⌐⌐"形折线，折线拐角处均为圆角，床体下有一板层状支架，支架下底面有四根圆柱形床腿（参见证据 1 附图）。

4. 相近似性比较

将被比设计与在先设计相比，二者公开的床均呈扁长方体，八个角均为圆角，床面可折叠处形成一"⊐⌐"形折线，床体下有床腿。二者的主要区别在于：①被比设计的床体和床腿之间没有层状支架这一结构，床腿形状不同；②"⊐⌐"折线的拐角形状及折线在床面上的方向不同。首先，对于床来说，使用时容易看到的部位是床面，床下的部分是使用时不容易看到的，而且在先设计中的层状支架其面积小于床面，被比设计的床腿其正面视图也为柱状，与在先设计中的床腿相似，因此，区别①对于整体视觉效果不会产生显著影响；其次，对于区别②，由于折线"⊐⌐"的整体形状是一致的，其拐角形状以及在床面上的方向不同只是细微差别，并不会对床体的整体视觉效果产生显著影响。因此，被比设计与在先设计相近似，本专利相对于证据1不符合《专利法》第二十三条的规定。

此外，依诺维绅家具公司提交的（2006）二中民初字第7928号判决仅能表明已生效的判决中认定了"日本专利产品（即本案中的证据1、2）的外观与原告专利产品的外观存在差异"，但如上述并不能由此得出二者不相近似的结论，故该判决也不能支持依诺维绅家具公司认为本专利相对于证据1符合《专利法》第二十三条的主张。

鉴于证据1已经证明与本专利相近似的沙发床在本专利申请日前已在出版物上公开发表过，本专利不符合《专利法》第二十三条的规定，应予无效；因此，对于半日工贸公司提交的证据2在本无效宣告请求审查决定中不再评述。

基于上述理由，专利复审委员会作出第8896号决定，宣告本专利权无效。

原告依诺维绅家具公司不服第8896号决定，在法定期限内向本院提起诉讼，其诉称：第8896号决定认定事实不清，适用法律错误。1. 第8896号决定违背了《审查指南》第5.5条规定"整体观察、综合判断"的标准，也未依照《审查指南》第5.1条规定的"按一般消费者水平判断"的要求，忽视了本专利与被比专利在组件数量、组合状态、产品的色彩、折叠方向、支脚等多处的明显差异，从而作出了本专利与被比专利具有相似性的错误结论。2. 第8896号决定认定的"参考图不作为保护范围的依据"，直接违背了《专利法》第五十六条第二款的规定。3. 第8896号决定超越半日工贸公司的请求范围进行审查并做出决定，属行政越权行为。在口头审理中，半日工贸公司就其申请所提供的证据和理由已经被全部驳倒，这一事实有口头审理笔录为证，但在口头审理之后的合议过程中，专利复审委员会在半日工贸公司所列事实与理由之外另外"发现"并"分析"出了专利无效的理由。4. 第8896号决定忽视了北京市第二中级人民法院作出的（2006）二中民初字第7928号判决书中认定的"本院经审查日本专利产品（被比专利）的外观与原告专利产品的外观存在差异"的事实。综上，请求法院依法判决撤销第8896号决定。

被告专利复审委员会辩称：1. 外观设计专利权保护的内容是"新设计"，虽然其载体是某种产品，但是其保护的实质仍然是一种富有美感的设计，而不是产品本身，具体的产品只是该外观设计的表现途径，用于反映外观设计及其所属类别。对于一件外观设计申请而言，申请人应当就其外观设计产品所请求保护的内容提交有关的主视图、后视图、左视图、右视图、俯视图和/或仰视图，并标注相应的视图名称；相应地，对于一项外观设计专利权而言，确定其保护范围的依据应当是该专利授权文本中标注有主视图、后视图、左视图、右视图、俯视图和/或仰视图的视图；对于具有变化状态的产品，如果申请人欲保护该产品的各种变化状态，应当提交表示该产品的各种变化状态的主视图、后视图、左视图、右视图、俯视图和/或仰视图，并以阿拉伯数字对各视图名称进行编号，因此，对于具有变化状态的产品的外观设计权的保护范围的确定，应当以该专利中所有标注有主视图、后视图、左视图、右视图、俯视图和/或仰视图的视图为依据。就本专利而言，其主视图、俯视图、左视图、仰视图中所表示的产品为一张床，因此，本专利的保护范围即为这些视图中所表示的床的外观设计。2. 第8896号决定在进行本专利与在先设计相近似性比较时完全根据《审查指南》的相关规定进行，充分考虑了本专利与在先设计相同与不同之处，从而得出本专利与在先设计相近似的结论。需要补充说明的是，本专利并未要求保护色彩，在先设计也并无色彩要求，因此在第8896号决定中并未对色彩这一因素进行比较。3. 半日工贸公司宣告本专利无效的理由是本专利与在先设计相近似，从而不符合《专利法》第二十三条的规定。我委根据其请求，在对在先设计进行充分调查后，认定本专利不符合《专利法》第二十三条的规定，并根据专利法第四十六条第一款的规定作出第8896号决定，该行政行为并未越权。4. 我委在作出第8896号决定时已经充分考虑了（2006）二中民初字第7928号判决中认定的事实。上述判决中认定"本院经审查日本专利产品的外观与原告专利产品的外观存在差异"，第8896号决定中同样认定本专利与在先设计存在区别，由此可见，第8896号决定与上述判决对事实的认定是一致的。综上，第8896号认定事实清楚、适用法律正确、审理程序合法，请法院依法驳回依诺维绅家具公司的诉讼请求，维持第8896号决定。

第三人半日工贸公司述称：本专利所显示的沙发床在现有技术中是公知的，很多产品均有类似的设计。本专利与我公司在无效审查行政程序中提交的证据1和2十分相似，一般消费者在购买时会产生混同，本专利不具备《专利法》第二十三条规定的条件，应予无效。综上，请求法院维持第8896号决定。

本院经审理查明：

本无效宣告请求案涉及国家知识产权局于2003年7月30日授权公告的、名称为"沙发床（普士）"的第02370766.6号外观设计专利，其申请日为2002年11月29日，专利权人是依诺维绅家具公司。

针对本专利，半日工贸公司于2006年6月5日以本专利不符合《专利法》第二十三条、《专利法实施细则》第二条第三款为由向专利复审委员会提出无效宣告请求，为支持其主张，半日工贸公司提交了本专利授权公告文本和以下证据：

证据1：日本意匠登录第1070161号（D1070161），公开日2000年5月15日，日文，共7页，其上加盖有"经确认此副本与原件相同 国家知识产权局专利检索咨询中心副本认证专用章2006年5月11日"原章，及其中文译文7页（在先设计）；

证据2：日本实用新型昭62-177350号，公开日1987年11月11日，日文，共3页，及其中文译文3页，其上加盖有"经确认此副本与原件 相同 国家知识产权局专利检索咨询中心 副本认证专用章2006年5月11日"原章；

证据3：DR 2002 00805，注册日2002年12月3日，共5页，其上加盖有"经确认此副本与原件相同国家知识产权局专利检索咨询中心 副本认证专用章2006年5月30日"原章；及其中文译文5页。

依据上述证据，半日工贸公司认为本专利的外观设计与在其申请日之前就已经公开发表的证据1、2产品整体相似，与证据3产品相同，不属于《专利法实施细则》第二条第三款规定的新设计，不符合《专利法》第二十三条的规定，具体理由是：（1）证据1公开了一种沙发床，其产品分类类别、用途及功能与本专利完全相同，将本专利视图与证据1的视图相比，二者的俯视图完全相同，其他视图所体现的外观设计要部也基本相同，只是沙发床的支撑腿有差异，但其为该类产品不易见到的部位，也不容易引起一般消费者注意的部位，可以不予考虑，从该类沙发床的靠背与座垫所构成的产品要部来判断，本专利与证据1相近似；（2）证据2公开了一种沙发床，其产品分类、用途及功能与本专利完全相同，本专利的使用状态参考图2、3与证据2第6、8图相比，可平放或扶起的靠背呈"凹"字型，座垫呈"凸"字型与靠背相配合，本专利的要部与证据2的可视外观设计十分相近似，而且靠背与座垫之间形成的矩形镂空状态与本专利完全相同；（3）证据3首页中"设计"方框下方以及第3页所公开的设计图和沙发床视图与本专利的对应视图完全相同。

专利复审委员会受理了该无效宣告请求案。

依诺维绅家具公司于2006年7月10日作出答复，认为本专利的外观设计与证据1、2的外观设计不相同也不相近似，符合《专利法》第二十三条、《专利法实施细则》第二条第三款的规定，具体理由如下：（1）本专利与证据1相比存在显著区别，一般消费者不会将本专利与证据1的产品误认和混同，二者属于不相同也不相近似的外观设计，本专利符合《专利法》第二十三条和《专利法实施细则》第二条第三款的规定：①从整体观察，本专利沙发床为横向布局，横向长度明显大于纵向宽度，给消费者的视觉感受是一个沙发，证据1与本专利相反，呈纵向的狭长状，给消费者的视觉感受是一张床，②本专利的座垫直接支撑在支架上，呈两层结构，构造简洁，证据1除了具有床垫和支脚外，还设有一个床架，床垫和靠枕置床架上，支脚安装在床架下面，整体呈三层结构，沿袭传统的床的设计，③从座垫的设计看，本专利为横向座垫，其中向后凸出的部分的宽度与座垫主体部分的宽度相当，证据1为纵向的床垫，相对床垫的主体部分，只有一个较小凸出部分，④本专利的靠背为长的横向靠背，翻转处位于座垫的中部，靠背折起后，靠背掀起后前端自由向下翻转，在靠背和座垫之间形成长方形的空间，证据1的靠背长度和宽度相当，翻转处位于床垫的后部，靠背掀起后前端下部被挤靠在床板上，靠背折起后在靠背和座垫之间形成一弧形的洞，二者靠背折起后的视觉效果更有显著区别，⑤本专利座垫凸出部分和靠背镂空处的折角处均为直角，座垫和靠背的各个边角也为直角，线条简洁、棱角分明，证据1的床垫凸出部分和靠背镂空处均为圆弧形过渡，床垫和靠背的各个边角为圆弧形，呈现浑圆厚重的视觉效果，⑥本专利的支脚为设置在左右两侧的长方形框架，支架后侧与靠背后侧平齐，证据1的支脚为四个圆柱形支柱，分别设在床体的四角，二者的支脚形状也完全不同，⑦沙发床属于最常见的家居用品之一，一般消费者对这类产品都有常识性的了解，半日工贸公司提出的二者的相同之处均属于外观设计专利所不予考虑的因素；（2）证据2所涉及的是一种气垫，与本专利的产品属于完全不同的产品类别，不具有与本专利对比的前提条件，且证据2的气垫与本专利沙发床的外观设计完全不同，一般消费者不可能将本专利与证据2误认和混同，二者外观设计不相同也不相近似；（3）证据3的公开日是2002年12月3日，在本专利的申请日之后，不能作为评价本专利的在先设计。

2006年8月31日，专利复审委员会分别向双方当事人发出《无效宣告请求口头审理通知书》，告知双方当事人专利复审委员会拟定于2006年10月19日对本无效宣告请求案进行口头审理。同时，专利复审委员会将依诺维绅家具公司于2006年7月10日提交的意见陈述书的副本转送给半日工贸公司。

2006年10月19日，口头审理如期举行。双方当事人均委托代理人参加了口头审理。口头审理过程中认定的事实如下：

1. 半日工贸公司明确放弃证据3；

2. 半日工贸公司明确其无效宣告请求的理由为：本专利不符合《专利法实施细则》第二条第三款、《专利法》第二十三条的规定，支持这两个无效理由的事实相同，所依据的证据是证据1、2，具体主张：本专利外观设计与证据1所示产品的外观设计相近似，本专利外观设计与证据2所示第1、5、6图所示的外观设计相近似；

3. 依诺维绅家具公司认可证据1~2真实性及其译文准确性;

4. 依诺维绅家具公司出示了(2006)二中民初字第7928号判决用于证明该判决已经认定本专利与证据1、2存在区别;

5. 专利复审委员会当庭告知依诺维绅家具公司可以在口头审理后的三个工作日内向专利复审委员会提交上述判决的原件。

口头审理后,依诺维绅家具公司于2006年10月23日提交了(2006)二中民初字第7928号判决的原件。

至此,专利复审委员会认为本案的事实清楚,于2006年12月5日作出第8896号决定。

以上事实有第8896号决定、本专利及对比文件的相关文献及当事人陈述等证据在案佐证。

此外,依诺维绅家具公司在本案诉讼中向本院新提交了中国家具协会于2007年2月2日出具的意见,用以证明本专利与在先设计既不相同也不相近似。

本院认为,本案的焦点在于:

一、本专利的使用状态参考图能否作为与在先设计相同或相近似判断的依据,以及专利复审委员会是否有权对此进行主动审查。

《专利法》第五十六条第二款规定,外观设计专利权的保护范围以表示在图片或者照片中的该外观设计专利产品为准。《专利法实施细则》第二十七条第三款规定,申请人应当就每件外观设计产品所需要保护的内容提交有关视图或者照片,清楚地显示请求保护的对象。

对于有多种变化状态的产品的外观设计,《审查指南》第四部分第五章"变化状态的产品"一节规定,应当以其使用状态图所示的外观设计作为与在先设计进行比较的对象。《审查指南》第四部分第五章"确定被比设计"一节规定,在确定被比设计时,应当以外观设计专利授权文本中的图片或者照片表示的外观设计为准。简要说明是对产品图片、照片的说明或者限定。参考图(如使用状态参考图)通常用于理解被比设计的所属领域、使用方法、使用场所或者用途,以便于确定产品类别。完整理解《审查指南》的上述规定可知,当变化状态产品外观设计作为被比设计时,对其变化状态的比较应以使用状态图为准,而使用状态参考图并非确定被比设计时的对象,产品的相同或者相近似并不取决于使用状态参考图的比对结果。如果在确定被比设计时,将使用状态参考图作为进行比较的对象,则使用状态图与使用状态参考图在外观设计专利申请初步审查中所起的不同作用将被混淆。因为,《审查指南》第一部分第三章"分类补正通知书"一节规定了使用状态参考图的作用是为了确定产品所属类别及其领域、用途、使用方法或场所;而将变化状态产品的不同状态均纳入保护范围的任务,完全可以由使用状态图来完成。因此,在外观设计专利申请的初步审查中,基于使用状态参考图的上述特殊作用,其中出现外观设计专利保护范围之外的形状、图案或色彩是被允许的;而使用状态图是被用来确定外观设计专利保护范围的,因此其中禁止出现外观设计专利保护范围之外的形状、图案或色彩。如果,在确定外观设计专利保护范围及确定被比设计时,将使用状态参考图作为进行比较的对象,将使外观设计专利权的保护范围不确定,甚至导致专利权人或社会公众的合法权益受到不当影响。

另一方面,基于专利权人完全可以利用使用状态图将变化状态产品的不同状态分别纳入外观设计专利的被比范围,使该变化状态所示的外观设计成为与在先设计进行比较的对象,从而使该专利在与在先设计的比较中处于更有利的状态。但专利权人在此前提下仍将该产品的某种变化状态体现在使用状态参考图中,对此只能理解为是专利权人基于对该外观设计专利权保护范围的考虑而主动进行的一种取舍,专利复审委员会对此亦无权干涉。

《审查指南》的上述规定,在已经给予外观设计专利产品变化状态充分保护的前提下,为便于确定专利产品所属类别及其领域、用途、使用方法或场所而规定一种不在专利被比或保护范围之内的使用状态参考图，与专利法及其实施细则的相关规定并不抵触。

至于专利复审委员会对于使用状态参考图是否纳入被比设计的确定进行主动审查是否超越权限。本院认为，在进行本专利与在先设计的比较之前，必须确定被比设计的保护范围。当半日工贸公司以本专利不符合《专利法》第二十三条为由向专利复审委员会提出无效宣告请求并提供在先设计进行比较时，专利复审委员会可以主动对被比设计的保护范围进行确定。

综上，专利复审委员在第8896号决定中认定本专利使用状态参考图不应当作为判断是否与在先设计相同或相近似的依据，仅以本专利授权文本中的主视图、俯视图、左视图、仰视图所表示的床的外观设计与在先设计进行对比，并无不当。依诺维绅家具公司的相关主张不能成立，本院不予支持。

二、本专利与在先设计是否相近似

《专利法》第二十三条规定，授予专利权的外观设计，应当同申请日以前在国内外出版物上公开发表过的外观设计不相近似。

根据本案查明的事实，本院认为专利复审委员在第8896号决定中对于本专利和在先设计的描述是准确的。

本专利与在先设计相比，其相近似之处在于二者均为扁长方体带床腿的床，床体显示的八个角均为圆角，床面可折叠处形成一"⌐⌐"形折线。二者的主要区别在于：本专利床体和床腿之间没有在先设计的层状支架结构；本专利床腿为两条形架状，在先设计床腿为四圆柱状；本专利"⌐⌐"折线的拐角为直角，折线长边与床的长边平行，在先设计"⌐⌐"折线的拐角为圆角，折线长边与床的短边平行。

首先，对于床这种产品而言，其使用状态下容易被一般消费者关注的部位是床面以上部分，位于床面以下部分的床腿及小于床面的层状支架在使用时不容易被注意。因此，本专利与在先设计有关床腿与层状支架的区别对于整体视觉效果不会产生显著影响。其次，由于本专利与在先设计"⌐⌐"折线的整体形状一致，其拐角形状、以及在床面上的方向不同对于床这种产品的使用状态而言，只是细微差别，并不会对床体的整体视觉效果产生显著影响。因此，本专利与在先设计相近似，不符合《专利法》第二十三条的规定。

对于依诺维绅家具公司提交的（2006）二中民初字第7928号民事判决书，首先，该判决涉及本专利与在先设计近似性判断的认定处于该判决的判理部分，并非查明事实部分，而且法院本身无权在民事诉讼中对于专利权是否无效进行判定，因此，上述民事判决中对于本专利与在先设计的比较结论对于专利复审委员会没有约束力；其次，相近似的前提之一就是二者之间存在差异，专利复审委员会作出本专利与在先设计相近似的认定与该判决认为二者的外观存在差异之间并无冲突。

对于依诺维绅家具公司向本院提交的中国家具协会的意见，虽然该证据的形成时间晚于第8896号决定的作出时间，但依诺维绅家具公司完全有能力在第8896号决定作出前向中国家具协会取得该证据。而且该证据仅能代表中国家具协会的一家之言，对于本专利与在先设计是否相近似的判断不能起到决定性作用，本院对于该证据不予接受。

综上所述，专利复审委员会作出的第8896号决定认定事实清楚，适用法律正确，程序合法，应予维持。原告依诺维绅家具公司的起诉理由均不能成立，其诉讼请求本院不予支持。依照《中华人民共和国行政诉讼法》第五十四条第（一）项之规定，本院判决如下：

维持被告国家知识产权局专利复审委员会作出的第 8896 号无效宣告请求审查决定。

案件受理费 1000 元，由原告北京依诺维绅家具有限公司负担（已交纳）。

如不服本判决，各方当事人可在本判决书送达之日起 15 日内，向本院递交上诉状及其副本，并交纳上诉案件受理费 100 元，上诉于北京市高级人民法院。

审　判　长　彭文毅
代理审判员　姜庶伟
代理审判员　张晰昕
二〇〇七年十月十五日
书　记　员　李冰青

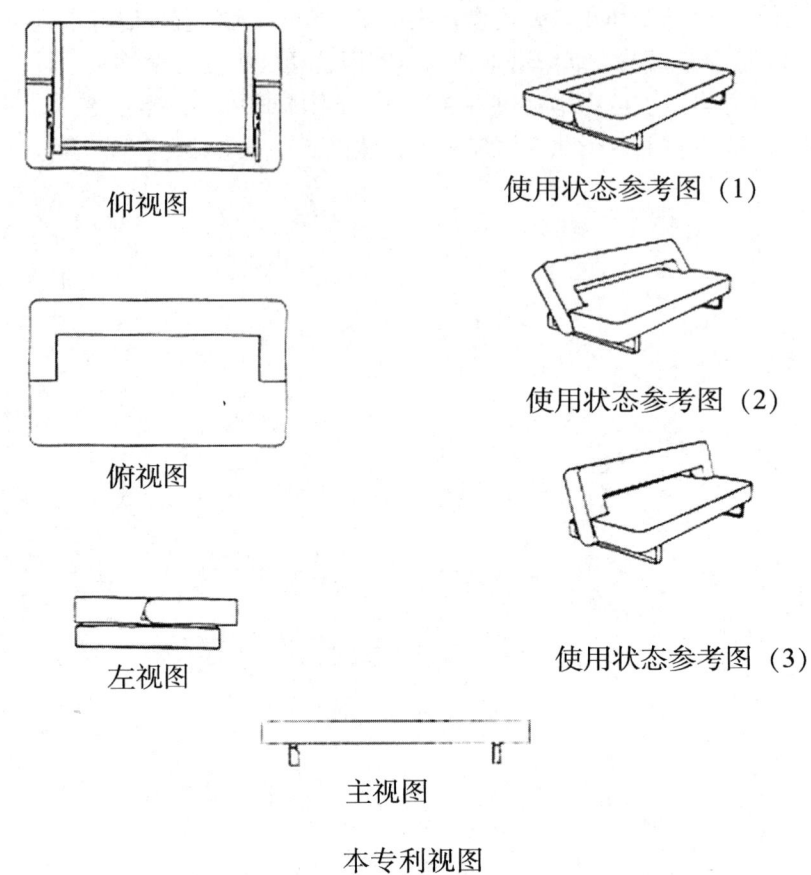

仰视图

使用状态参考图（1）

俯视图

使用状态参考图（2）

左视图

使用状态参考图（3）

主视图

本专利视图

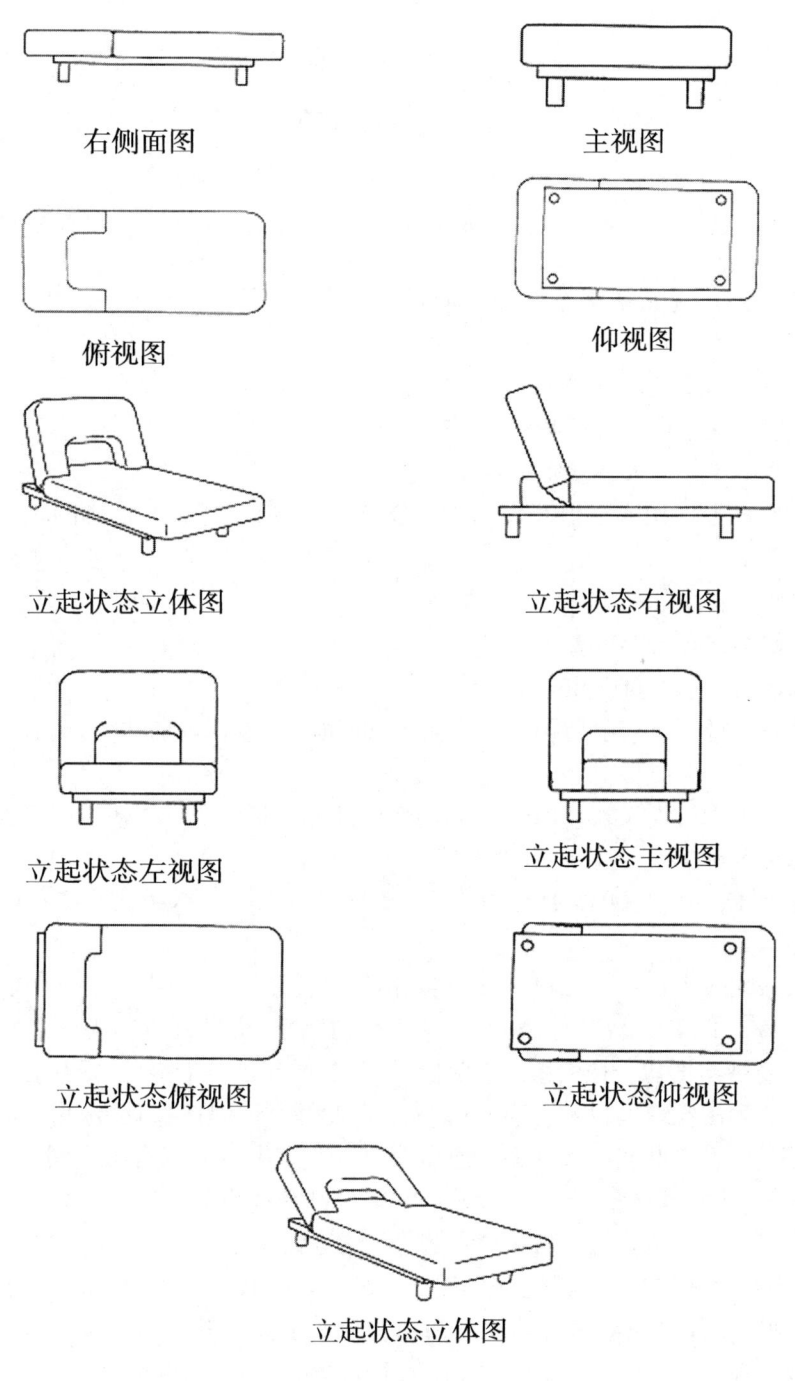

证据1附图

北京市高级人民法院
行政判决书

(2008) 高行终字第 10 号

上诉人（原审原告）北京依诺维绅家具有限公司，住所地北京市怀柔区凤翔开发区凤翔三园 15 号。

法定代表人弗来明·霍飞德（Flemming Hjfeldt），董事长。

委托代理人付敏，北京市天咨律师事务所律师。

委托代理人蔡真，北京市天咨律师事务所律师。

被上诉人（原审被告）国家知识产权局专利复审委员会，住所地北京市海淀区北四环西路 9 号银谷大厦 10~12 层。

法定代表人廖涛，副主任。

委托代理人叶娟，该委员会审查员。

委托代理人郭鹏鹏，该委员会审查员。

原审第三人北京半日工贸有限公司，住所地北京市海淀区龙翔路 7 号楼 6 单元地下室。

法定代表人邵锦芳，董事长。

委托代理人韩宝田，男，汉族，1936 年 4 月 5 日出生，北京诺孚尔知识产权代理有限公司专利代理人，住北京市海淀区玲珑路二巷 86 号内 1 号。

委托代理人翟承妹，女，汉族，1952 年 6 月 23 日出生，该公司经理，住北京市东城区和平里五区 3 楼 3 门 202 号。

上诉人北京依诺维绅家具有限公司（简称依诺维绅家具公司）因外观设计专利权无效行政纠纷一案，不服北京市第一中级人民法院（2007）一中行初字第 97 号行政判决，向本院提起上诉，本院 2007 年 12 月 26 日受理本案后，依法组成合议庭，于 2008 年 1 月 15 日公开开庭进行了审理。上诉人依诺维绅家具公司的委托代理人付敏、蔡真，被上诉人国家知识产权局专利复审委员会（简称专利复审委员会）的委托代理人叶娟、郭鹏鹏，原审第三人北京半日工贸有限公司（简称半日工贸公司）的委托代理人韩宝田、翟承妹到庭参加了诉讼。本案现已审理终结。

北京市第一中级人民法院认定，依诺维绅家具公司是名称为"沙发床（普士）"外观设计专利（简称本专利）的专利权人。半日工贸公司于 2006 年 6 月 5 日以本专利不符合《专利法》第二十三条、《专利法实施细则》第二条第三款的规定为由向专利复审委员会提出宣告本专利权无效的请求。专利复审委员会经审查，于 2006 年 12 月 5 日作出第 8896 号无效宣告请求审查决定（简称第 8896 号无效决定），宣告本专利权全部无效。

北京市第一中级人民法院认为，《审查指南》中关于"使用状态参考图"的规定与专利法、专利法实施细则的规定并不矛盾。将本专利与在先设计比较之前，必须确定被比设计的保护范围。专利复审委员会可以主动对被比设计的保护范围进行确定。专利复审委员认定本专利使用状态参考图不应当作为判断是否与在先设计相同或相近似的依据，仅以本专利的主视图、俯视图、左视图、仰视图所表示的床的外观设计与在先设计进行对比，并无不当。

本专利与在先设计相比，两者的不同之处不会对床体的整体视觉效果产生显著影响。专利复审委员在第 8896 号无效决定中对于本专利和在先设计的描述是准确的。本专利与在先设计相近似，不符合《专利法》第二十三条的规定。

依诺维绅家具公司有能力在专利复审委员会作出第8896号无效决定之前取得中国家具协会的意见，但其在本集诉讼期间提交，且该意见仅为中国家具协会的一家之言，对于本专利与在先设计是否相近似的判断不能起到决定性作用，对于该证据不予接受。

北京市第一中级人民法院依据《中华人民共和国行政诉讼法》第五十四条第（一）项的规定，判决：维持专利复审委员会作出的第8896号无效决定。

依诺维绅家具公司不服一审判决，向本院提起上诉。理由是："使用状态参考图"应当作为判断本专利是否与在先设计相同或相近似的依据；本专利与在先设计并不近似；一审法院对依诺维绅家具公司提交的中国家具协会的证据"不予接受"违反行政诉讼法的相关规定。请求撤销一审判决；撤销第8896号无效决定，专利复审委员会、半日工贸公司服从一审判决。

经审理查明：依诺维绅家具公司是本专利，即名称为"沙发床（普士）"外观设计专利的专利权人，本专利的专利号是02370766.6、申请日是2002年11月29日。本专利于2003年7月30日由国家知识产权局公告授权。本专利视图包括主视图、仰视图、俯视图、左视图以及使用状态参考图1-3（见本判决书附图1）。

2006年6月5日，半日工贸公司以本专利不符合《专利法》第二十三条、《专利法实施细则》第二条第三款为由向专利复审委员会提出宣告本专利权无效的请求。半日工贸公司向专利复审委员会提交了以下证据：

证据1：日本意匠登录第1070161号（D1070161）（见本判决书附图2），公开日2000年5月15日，日文，共7页，其上加盖有"经确认此副本与原件相同　国家知识产权局专利检索咨询中心　副本认证专用章　2006年5月11日"原章，及其中文译文7页；

证据2：日本实用新型昭62-177350号，公开日1987年11月11日，日文，共3页，及其中文译文3页，其上加盖有"经确认此副本与原件相同　国家知识产权局专利检索咨询中心　副本认证专用章2006年5月11日"原章；

证据3：DR 2002 00805，注册日2002年12月3日，共5页，其上加盖有"经确认此副本与原件相同　国家知识产权局专利检索咨询中心　副本认证专用章　2006年5月30日"原章；及其中文译文5页。

半日工贸公司向专利复审委员会主张：本专利的外观设计与在其申请日之前就已经公开发表的证据1、2产品整体相似，与证据3产品相同，不属于《专利法实施细则》第二条第三款规定的新设计，不符合《专利法》第二十三条的规定。理由是：（1）证据1公开了一种沙发床，其产品分类类别、用途及功能与本专利完全相同，将本专利视图与证据1的视图相比，二者的俯视图完全相同，其他视图所体现的外观设计要部也基本相同，只是沙发床的支撑腿有差异，但其为该类产品不易见到的部位，也不容易引起一般消费者注意的部位，可以不予考虑，从该类沙发床的靠背与座垫所构成的产品要部来判断，本专利与证据1相近似；（2）证据2公开了一种沙发床，其产品分类、用途及功能与本专利完全相同，本专利的使用状态参考图2、3与证据2第6、8图相比，可平放或扶起的靠背呈"凹"字型，座垫呈"凸"字型与靠背相配合，本专利的要部与证据2的可视外观设计十分相近似；而且靠背与座垫之间形成的矩形镂空状态与本专利完全相同；（3）证据3首页中"设计"方框下方以及第3页所公开的设计图和沙发床视图与本专利的对应视图完全相同。

依诺维绅家具公司于2006年7月10日作出意见陈述，主张本专利的外观设计与证据1、2的外观设计不相同也不相近似，符合《专利法》第二十三条、《专利法实施细则》第二条第三款的规定。理由是：（1）本专利与证据1相比存在显著区别，一般消费者不会将本专利与证据1的产品误认和混同，二者属于不相同也不相近似的外观设计，本专利符合《专利法》第二十三条和《专利法实施细则》第二条第三款的规定：①从整体观察，本专利沙发床为横向布局，横向长度明显大于纵向宽度，给消费者的视觉感受是一个沙发，证据1与本专利相反，呈纵向的狭长状，给消费者的视觉感受是一张床，②本专利的座垫直接支撑在支架上，呈两层结构，构造简洁，证据1除了具有床垫和支脚外，还设有一个床架，床垫和靠枕置床架上，支脚安装在床架下面，整体呈三层结构，沿袭传统的床的设计，③从座垫的设计看，本专利为横向座垫，其由向后凸出的部分的宽度与座垫主体部分的宽度相当，证据1为纵向的床垫，相对床垫的主体部分，只有一个较小凸出部分，④本专利的靠背为长的横向靠背，翻转处位于座垫的中部，靠背折起后，靠背掀起后前端自由向下翻转，在靠背和座垫之间形成长方形的空间，证据1的靠背长度和宽度相当，翻转处位于床垫的后部，靠背掀起后前端下部被挤靠在床板上，靠背折起后在靠背和座垫之间形成一弧形的洞，二者靠背折起后的视觉效果更有显著区别，⑤本专利座垫凸出部分和靠背镂空处的折角处均为直角，座垫和靠背的各个边角也为直角，线条简洁、棱角分明，证据1的床垫凸出部分和靠背镂空处均为圆弧形过渡，床垫和靠背的各个边角为圆弧形，呈现浑圆厚重的视觉效果，⑥本专利的支脚为设置在左右两侧的长方形框架，支架后侧与靠背后侧平齐，证据1的支脚为四个圆柱形支柱，分别设在床体的四角，二者的支脚形状也完全不同，⑦沙发床属于最常见的家居用品之一，一般消费者对这类产品都有常识性了解，半日工贸公司提出的二者的相同之处均属于外观设计专利所不予考虑的因素。(2) 证据2所涉及的是一种气垫，与本专利的产品属于完全不同的产品类别，不具有与本专利对比的前提条件，且证据2的气垫与本专利沙发床的外观设计完全不同，一般消费者不可能将本专利与证据2误认和混同，二者外观设计不相同也不相近似。(3) 证据3的公开日是2002年12月3日，在本专利的申请日之后，不能作为评价本专利的在先设计。

2006年8月31日，专利复审委员会向依诺维绅家具公司、半日工贸公司发出《无效宣告请求口头审理通知书》，告知双方当事人定于2006年10月19日对本无效宣告请求案进行口头审理。同时，专利复审委员会将依诺维绅家具公司于2006年7月10日提交的意见陈述书的副本转送给半日工贸公司。

2006年10月19日，专利复审委员会就半日工贸公司针对本专利提出的无效宣告请求进行口头审理。依诺维绅家具公司、半日工贸公司均参加了此次口头审理。专利复审委员会在口头审理过程中认定如下事实：1. 半日工贸公司明确放弃证据3；2. 半日工贸公司明确其无效宣告请求的理由为：本专利不符合《专利法实施细则》第二条第三款、《专利法》第二十三条的规定，支持这两个无效理由的事实相同，所依据的证据是证据1、2，具体主张：本专利外观设计与证据1所示产品的外观设计相近似，本专利外观设计与证据2所示第1、5、6图所示的外观设计相近似；3. 依诺维绅家具公司认可证据1~2真实性及其译文准确性；4. 依诺维绅家具公司出示了北京市第二中级人民法院（2006）二中民初字第7928号判决用于证明该判决已经认定本专利与证据1、2存在区别；5. 专利复审委员会当庭告知依诺维绅家具公司可以在口头审理后的三个工作日内向专利复审委员会提交上述判决的原件。

依诺维绅家具公司于2006年10月23日向专利复审委员会提交了北京市第二中级人民法院（2006）二中民初字第7928号判决的原件。

专利复审委员会于2006年12月5日作出第8896号无效决定，宣告本专利权无效。专利复审委员会认为：根据半日工贸公司在口头审理时的陈述，其请求宣告本专利权无效的理由为本专利不符合《专利法实施细则》第二条第三款、《专利法》第二十三条的规定，支持这两个无效理由的事实相同，所依据的证据是证据1、2，具体主张为本专利外观设计与证据1所示产品的外观设计相近似，本专利外观设计与证据2所示第1、5、6图所示的外观设计相近似。鉴于口头审理时已经明确告知半日工贸公司，《专利法实施细则》第二条第三款是对可获得专利保护的外观设计的一般性定义，而不是判断外观设计是否相同或者相近似的具体审查标准，且口头审理时半日工贸公司也明确其主张本专利不符合《专利法实施细则》第二条第三款、《专利法》第二十三条的规定这两个无效理由所依据的事实相同,因此,专利复审委员会对半日工贸公司主张本专利不符合《专利法实施细则》第二条第三款的规定这一无效理由不再进一步评述。

证据1、2均为日本专利文献,其上加盖有"经确认此副本与原件相同 国家知识产权局专利检索咨询中心副本认证专用章 2006年5月11日"原章,依诺维绅家具公司认可其真实性和译文准确性,因此,专利复审委员会对证据1、2的真实性和译文准确性予以确认。证据1的公开日为2000年5月15日,早于本专利申请日(2002年11月29日);其所示外观设计的产品为一种沙发床,与本专利属于同类产品,因此,证据1可作为本专利的在先设计与本专利进行相近似性比较。证据2的公开日为1987年11月11日,早于本专利申请日(2002年11月29日),其所示实用新型产品为一种床垫,与本专利属于相近类别的产品,因此,证据2也可作为本专利的在先设计与本专利进行相近似性比较。半日工贸公司在口头审理时明确放弃证据3,因此专利复审委员会不再对该证据进行审查和评价。

对于一件外观设计申请而言,申请人应当就其外观设计产品所请求保护的内容提交有关的主视图、后视图、左视图、右视图、俯视图和/或仰视图,并标注相应的视图名称;相应地,对于一项外观设计专利权而言,确定其保护范围的依据应当是该专利授权文本中标注有主视图、后视图、左视图、右视图、俯视图和/或仰视图的视图;对于具有变化状态的产品,如果申请人欲保护该产品的各种变化状态,应当提交表示该产品的各种变化状态的主视图、后视图、左视图、右视图、俯视图和/或仰视图,并以阿拉伯数字对各视图名称进行编号,因此,对于具有变化状态的产品的外观设计权的保护范围的确定,应当以该专利中所有标注有主视图、后视图、左视图、右视图、俯视图和/或仰视图的视图为依据。在无效宣告审查程序中,使用状态参考图通常仅用于理解被比设计的使用方法或者用途以确定产品类别,不应当作为判断是否与在先设计相同或相近似的依据。

就本专利权而言,其主视图、俯视图、左视图、仰视图中所表示的产品为一张床,因此,本专利的保护范围即为这些视图中所表示的床的外观设计。虽然从本专利的名称"沙发床"以及本专利中所示的使用状态参考图可知,本外观设计专利的产品可以具有沙发和床两种使用状态,但其沙发状态的部分视图仅出现在"使用状态参考图"中,而未根据《专利法》、《专利法实施细则》及《审查指南》的规定以"主视图、后视图、左视图、右视图、俯视图和仰视图"的形式出现,因此,应当理解为申请人在提出本专利申请之时即并不要求保护该外观设计产品作为沙发的外观设计,相应地,在本专利申请被授予专利权后,本外观设计产品作为沙发时的外观设计也不应当作为判断与在先设计相同或相近似的依据。基于上述分析,本专利中用于与在先设计进行相同和相近似比较的仅为本外观设计专利中的主视图、俯视图、左视图、仰视图所表示的床的外观设计(下称被比设计)。

由被比设计的主视图、仰视图、俯视图、左视图可见,其床体呈扁长方体(为便于描述,以床的长边方向为横向,横向的垂直向为纵向),八个角均为圆角,床面可折叠处形成一横向"⌐⌐"形折线,折线拐角处均为直角,床体纵向两端底面下各支撑有一长条状床腿(见本专利附图)。

证据1公开了一种床的外观设计(即为在先设计),其床体呈扁长方体(为便于描述,以床的长边方向为横向,横向的垂直向为纵向),八个角均为圆角,床面可折叠处形成一纵向"⌐⌐"形折线,折线拐角处均为圆角,床体下有一板层状支架,支架下底面有四根圆柱形床腿(参见证据1附图)。

将被比设计与在先设计相比,二者公开的床均呈扁长方体,八个角均为圆角,床面可折叠处形成一"⌐_⌐"形折线，床体下有床腿。二者的主要区别在于：①被比设计的床体和床腿之间没有层状支架这一结构，床腿形状不同；②"⌐_⌐"折线的拐角形状及折线在床面上的方向不同。首先，对于床来说，使用时容易看到的部位是床面，床下的部分是使用时不容易看到的，而且在先设计中的层状支架其面积小于床面，被比设计的床腿其正面视图也为柱状，与在先设计中的床腿相似，因此，区别①对于整体视觉效果不会产生显著影响；其次，对于区别②，由于折线"⌐_⌐"的整体形状是一致的，其拐角形状、以及在床面上的方向不同只是细微差别，并不会对床体的整体视觉效果产生显著影响。因此，被比设计与在先设计相近似，本专利相对于证据1不符合《专利法》第二十三条的规定。

此外，依诺维绅家具公司提交的北京市第二中级人民法院（2006）二中民初字第7928号民事判决书仅能表明已生效的判决中认定了"日本专利产品（即本案中的证据1、2）的外观与原告专利产品的外观存在差异"，但如上所述并不能由此得出二者不相近似的结论，故该判决也不能支持依诺维绅家具公司认为本专利相对于证据1符合《专利法》第二十三条的主张。

鉴于证据1已经证明与本专利相近似的沙发床在本专利申请日前已在出版物上公开发表过，本专利不符合《专利法》第二十三条的规定，应予无效；因此，对于半日工贸公司提交的证据2在本无效宣告请求审查决定中不再评述。

基于以上意见，专利复审委员会作出了第8896号无效决定。

依诺维绅家具公司不服专利复审委员会作出的第8896号无效决定，在法定期限内向一审法院提起诉讼。在一审法院审理过程中，依诺维绅家具公司向一审法院提交了中国家具协会于2007年2月2日出具的书面意见。该意见中称：从一般消费者角度，经对比后发现，本专利与在先设计既不相同也不相近似。

另查，《审查指南》第四部分第五章第5.4.2"变化状态的产品"一节规定："对于被比设计而言，应当以其使用状态图所示的外观设计作为与在先设计进行比较的对象，产品的相同或者相近似取决于产品各种使用状态的外观设计的相同或者相近似。"《审查指南》第四部分第五章5.5.2"确定被比设计"一节规定："在确定被比设计时，应当以外观设计专利授权文本中的图片或者照片表示的外观设计为准。简要说明是对产品图片、照片的说明或者限定。参考图（如使用状态参考图）通常用于理解被比设计的所属领域、使用方法、使用场所或者用途，以便于确定产品类别。"

以上事实有第8896号无效决定、本专利专利文件、半日工贸公司提交的证据1、2、3及当事人陈述等证据在案佐证。

本院认为，专利复审委员会应依据《专利法》、《专利法实施细则》及《审查指南》等法律、法规、部门规章规范其具体行政行为。《审查指南》是国家知识产权局根据《专利法》、《专利法实施细则》制定的专利复审委员会等在进行具体行政行为时必须遵循的行为规则，是对《专利法》、《专利法实施细则》相关规定的具体细化。专利复审委员会在无效宣告请求审查程序中必须按照《审查指南》的相关规定实施具体行政行为。人民法院在审理行政案件时，参照部门规章。授予专利权的外观设计，应当同申请日以前在国内外出版物上公开发表过的外观设计不相同且不相近似。

《专利法》第五十六条第二款规定，外观设计专利权的保护范围以表示在图片或者照片中的该外观设计专利产品为准。《专利法实施细则》第二十七条第三款规定，申请人应当就每件外观设计产品所需要保护的内容提交有关视图或者照片，清楚地显示请求保护的对象。因此，外观设计专利以专利权人提交的图片或者照片中显示的外观设计产品显示保护对象和确定保护范围。《审查指南》是根据专利法、专利法实施细则的规定对外观设计图片或照片的具体作用进行细化的规定，即作为变化状态的被比设计，应当以其使用状态图所示的外观设计作为与在先设计进行比较的对象，产品的相同或者相近似取决于产品各种使用状态的外观设计的相同或者相近似。"使用状态参考图"通常用于理解被比设计的所属领域、使用方法、使用场所或者用途，以便于确定产品类别。

专利法、专利法实施细则并未明确规定不能将"使用状态参考图"通常用于理解被比设计的所属领域、使用方法、使用场所或者用途，以便于确定产品类别的图片或照片使用，而《审查指南》中对"使用状态参考图"的作用所作上述规定：也包含了确定该外观设计产品保护范围和显示保护对象的作用。因此，《审查指南》中对"使用状态参考图"的上述规定，尚不能认定为违反了专利法、专利法实施细则的相关规定。

本案中，专利复审委员会将本专利"使用状态参考图"作为确定本专利所属类别的图片使用，并未违反《审查指南》的相关规定，其行为并无不妥。

将本专利与在先设计进行比较，两者相近似部分是两者均为扁长方体带床腿的床，床体显示的八个角均为圆角，床面可折叠处形成一"⌐⌐"形折线。二者的区别部分是：本专利床体和床腿之间没有在先设计的层状支架结构；本专利床腿为两条形架状，在先设计床腿为四圆柱状；本专利"⌐⌐"折线的拐角为直角，折线长边与床的长边平行，在先设计"⌐⌐"折线的拐角为圆角，折线长边与床的短边平行，

一般消费者对于本专利在设计在使用状态下所关注的部位是床面以上部分，而位于床面以下部分的床腿及小于床面的层状支架不容易被一般消费者所关注，故本专利与在先设计在床腿与层状支架部分的区别对于整体视觉效果不会产生显著影响。由于本专利与在先设计"⌐⌐"折线的整体形状一致，其拐角形状以及在床面上的方向不同对于本专利和在先设计的使用状态，对一般消费者的视觉效果所产生的影响是细微的，不会对床体的整体视觉效果产生显著影响。因此，本专利与在先设计相近似。

依诺维绅家具公司在一审法院审理期间提交的中国家具协会于2007年2月2日出具的书面意见，是该协会对本专利与在先设计是否相同知相近似提出的结论性意见，且来说明其得出该结论意见的具体理由以及将本专利与在先设计进行对比的方法、过程以及人员等，故对该书面意见不应予以采信。一审法院对依诺维绅家具公司作为证据提交的中国家具协会的书面意见不予接受不妥，本院予以纠正。

综上，依诺维绅家具公司的上诉理由不能成立，其上诉请求本院不予支持。一审判决认定事实清楚，适用法律正确。依据《中华人民共和国行政诉讼法》第六十一条第一款第（一）项的规定，判决如下：

驳回上诉，维持原判。

一审案件受理费1000元，由北京依诺维绅家具有限公司负担（已交纳）；二审案件受理费100元，由北京依诺维绅家具有限公司负担（已交纳）。

本判决为终审判决。

审　判　长　刘　辉
代理审判员　岑宏宇
代理审判员　张冬梅
二〇〇八年二月十五日
书　记　员　陈　明

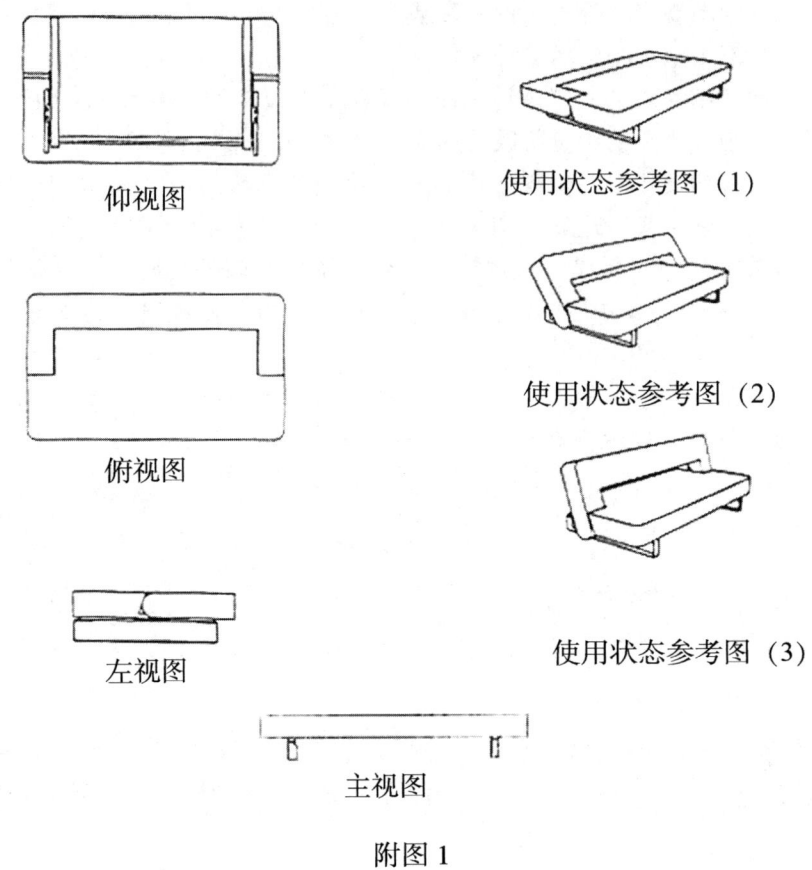

仰视图

俯视图

左视图

主视图

使用状态参考图（1）

使用状态参考图（2）

使用状态参考图（3）

附图1

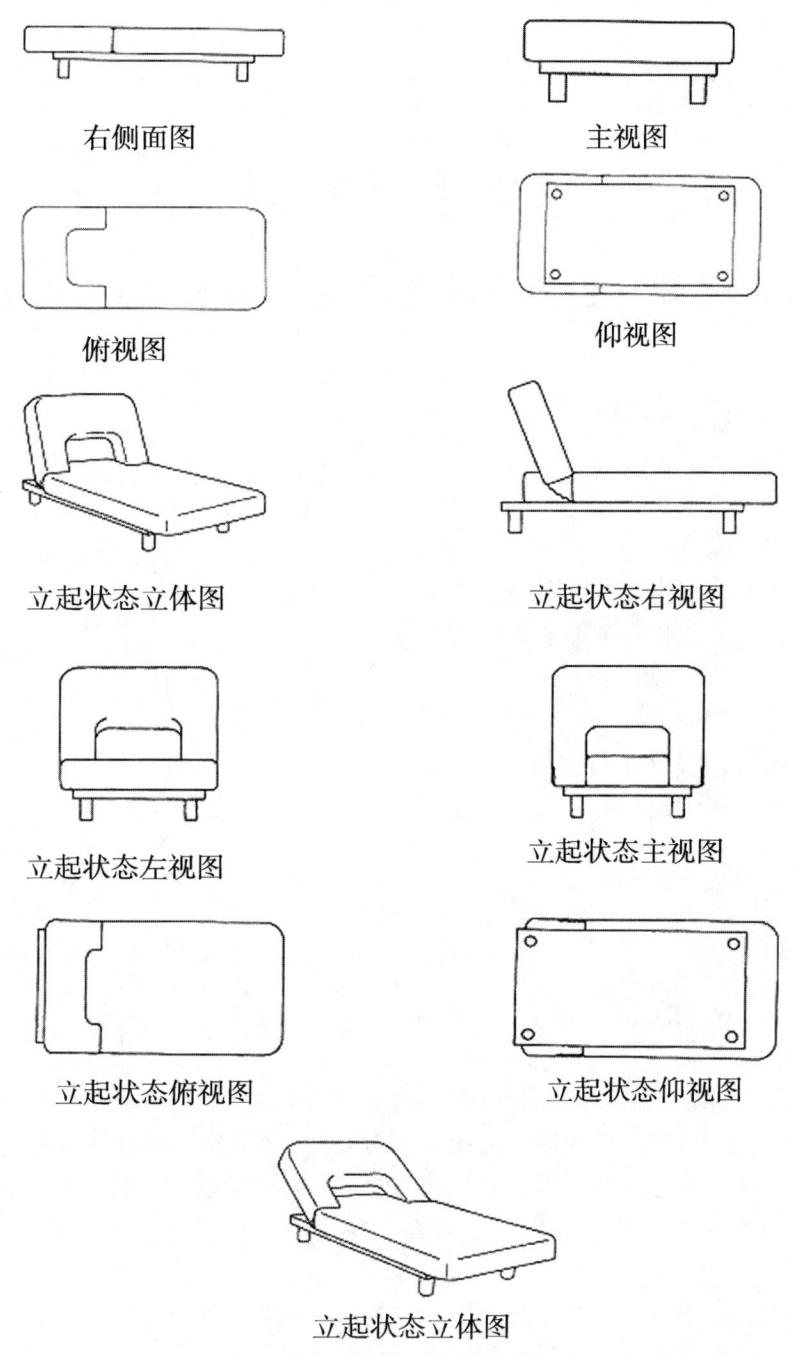

附图 2

沙发床（普士）

无效宣告请求审查决定（第 8897 号）

决 定 号	第 8897 号
决 定 日	2006 年 12 月 5 日
发明创造名称	沙发床（普士）
国际分类号	06-01
无效宣告请求人	北京半日商贸有限公司
专 利 权 人	北京依诺维绅家具有限公司
专 利 号	02370766.6
申 请 日	2002 年 11 月 29 日
授权公告日	2003 年 7 月 30 日
合议组组长	崔国振
主 审 员	叶 娟
参 审 员	郭 婷
附 图	2 页

法 律 依 据 专利法第 23 条

决 定 要 点

对于具有变化状态的产品而言，如果申请人欲请求保护该产品的各种变化状态，应当提交表示该产品的各种变化状态的主视图、后视图、左视图、右视图、俯视图和/或仰视图，并以阿拉伯数字对各视图名称进行编号，相应地，对于具有变化状态的产品的外观设计专利权的保护范围的确定，应当以该专利授权文本中所有标注有主视图、后视图、左视图、右视图、俯视图和/或仰视图的视图为依据。

在无效宣告审查程序中，使用状态参考图通常仅用于理解被比设计的使用方法或者用途以确定产品类别，不应当作为判断是否与在先设计相同或相近似的依据。

一、案由

本无效宣告请求案涉及国家知识产权局于 2003 年 7 月 30 日授权公告的、名称为"沙发床（普士）"的第 02370766.6 号外观设计专利（下称本专利），其申请日为 2002 年 11 月 29 日，专利权人是北京依诺维绅家具有限公司。

针对上述专利权，北京半日商贸有限公司（下称请求人）于 2006 年 5 月 12 日以本专利不符合专利法第 23 条、专利法实施细则第 2 条第 3 款为由向专利复审委员会提出无效宣告请求，请求宣告该

专利权无效,为支持其主张,请求人提交了本专利授权公告文本和以下证据:

证据1:日本意匠登录第1070161号(D1070161),公开日2000年5月15日,日文,复印件共7页;

证据2:日本实用新型昭62-177350号,公开日1987年11月11日,日文,复印件共3页。

依据上述证据,请求人认为本专利的外观设计与在其申请日之前就已经公开发表、使用的证据1、2产品整体相似,不属于专利法实施细则第2条第3款规定的新设计,不符合专利法第23条的规定,具体理由是:(1)证据1公开了一种沙发床,其产品分类、用途及功能与本专利完全相同,将本专利的俯视图与证据1第3页上图相比、以及将本专利使用状态参考图1~3与证据1第4页上图相比可知:除了大小比例不完全相同外,构图基本相同,作为本专利要部——可翻起部分与证据1除圆角、直角区别外,其他特征全部相同,而众所周知,床有单人床、双人床区别,加宽或加长对于普通消费者是熟悉的;(2)证据2也公开了一种具有类似结构的沙发床,其产品分类类别、用途及功能与本专利完全相同;(3)从证据1、2的使用状态图可知,当产品靠背部分扶起时,其坐垫部分与靠背部分是"凸"字型外观,坐垫部分与靠背中间是矩形镂空状态,这与本专利完全一致;(4)就沙发床一类产品而言,其易引起一般消费者注意的部分是特定结构,特别是床头的结构,显然,本专利产品外形与证据1、2相近似,一般购买者无法区分二者的细微差别,因此,本专利不是新设计,不符合专利法第23条的规定。

经形式审查合格后,专利复审委员会受理了该无效宣告请求案,并于2006年5月12日向双方当事人发出《无效宣告请求受理通知书》,同时将《宣告专利权无效请求书》及其所附证据的副本转送给专利权人,要求其在指定期限内答复,同时成立合议组对本无效请求案进行审理。

2006年6月8日,请求人补充提交了一份意见陈述书(共3页),进一步陈述了本专利与证据1、2所示外观设计相比整体相似从而导致本专利不符合专利法实施细则第2条第3款、专利法第23条的规定的理由。

专利权人于2006年6月27日作出答复,认为本专利的外观设计与证据1、2的外观设计不相同也不相近似,符合专利法实施细则第2条第3款、专利法第23条的规定,具体理由如下:

(1)请求人提交的证据1、2均为日文证据,未提交其相应的中文译文,应被视为未提交;

(2)本专利与证据1相比存在显著区别,一般消费者不会将本专利与证据1的产品误认和混同,二者属于不相同也不相近似的外观设计,本专利符合专利法第23条和专利法实施细则第2条第3款的规定,具体如下:①从整体观察,本专利沙发床为横向布局,横向长度明显大于纵向宽度,给消费者的视觉感受是一个沙发,证据1与本专利相反,呈纵向的狭长状,给消费者的视觉感受是一张床,②本专利的座垫直接支撑在支架上,呈两层结构,构造简洁,证据1除了具有床垫和支脚外,还设有一个床架,床垫和靠枕置床架上,支脚安装在床架下面,整体呈三层结构,沿袭传统的床的设计,③从座垫的设计看,本专利为横向座垫,其中向后凸出的部分的宽度与座垫主体部分的宽度相当,证据1为纵向的床垫,相对床垫的主体部分,只有一个较小凸出部分,④本专利的靠背为长的横向靠背,翻转处位于座垫的中部,靠背折起后,靠背掀起后前端自由向下翻转,在靠背和座垫之间形成长方形的空间,证据1的靠背长度和宽度相当,翻转处位于床垫的后部,靠背掀起后前端下部被挤靠在床板上,靠背折起后在靠背和座垫之间形成一弧形的洞,二者靠背折起后的视觉效果更有显著区别,⑤本专利座垫凸出部分和靠背镂空处的折角处均为直角,座垫和靠背的各个边角也为直角,线条简洁、棱角分明,证据1的床垫凸出部分和靠背镂空处均为圆弧形过渡,床垫和靠背的各个边角为圆弧形,呈现浑圆厚重的视觉效果,⑥本专利的支脚为设置在左右两侧的长方形框架,支架后侧与靠背后侧平齐,证据1的支脚为四个圆柱形支柱,分别设在床体的四角,二者的支脚形状也完全不同,⑦沙发床属于最常见的家居用品之一，一般消费者对这类产品都有常识性的了解，请求人提出的二者的相同之处均属于外观设计专利所不予考虑的因素；

（3）证据2所涉及的是一种气垫，与本专利的产品属于完全不同的产品类别，不具有与本专利对比的前提条件，且证据2的气垫与本专利沙发床的外观设计完全不同，一般消费者不可能将本专利与证据2误认和混同，二者外观设计不相同也不相近似。

2006年8月31日，专利复审委员会本案合议组向双方当事人发出《无效宣告请求口头审理通知书》，告知双方当事人定于2006年10月19日对本无效宣告请求案进行口头审理。同时，专利复审委员会本案合议组将请求人2006年6月8日提交的补充意见陈述书副本转送给专利权人，将专利权人于2006年6月27日提交的意见陈述书的副本转送给请求人。

2006年10月19日，口头审理如期举行。双方当事人均委托代理人参加了口头审理。口头审理过程中认定的事实如下：

（1）请求人明确其无效宣告请求的理由为：本专利不符合专利法实施细则第2条第3款、专利法第23条的规定，支持这两个无效理由的事实相同，所依据的证据是证据1、2，具体主张：本专利外观设计与证据1所示产品的外观设计相近似，本专利外观设计与证据2所示第1、6图所示的外观设计相近似；

（2）合议组当庭告知请求人，专利法实施细则第2条第3款是对可获得专利保护的外观设计的一般性定义，而不是判断外观设计是否相同或者相近似的具体审查标准；

（3）请求人出示了证据1、2的原件，专利权人对其核实后认可其真实性；

（4）请求人当庭提交了证据1、2的中文译文，合议组将其副本转交给专利权人，专利权人经核对后，表示对该译文的准确性无异议；

（5）专利权人出示了（2006）二中民初字第7928号判决用于证明该判决已经认定本专利与证据1、2存在区别；请求人表示收到该判决且该判决已经生效，并指出专利权人在该判决所涉的诉讼过程中所提交的起诉状中对本专利的描述与在本无效请求案中不一致；

（6）合议组当庭告知请求人和专利权人可以在口头审理后的三个工作日内分别向合议组提交上述判决的原件以及形式合格的上述起诉状。

口头审理后，专利权人于2006年10月23日提交了（2006）二中民初字第7928号判决的原件。至此，合议组认为本案的事实清楚，可以作出审查决定。

二、决定的理由

1. 无效理由的确定

根据请求人在口头审理时的陈述，其请求宣告本专利权无效的理由为：本专利不符合专利法实施细则第2条第3款、专利法第23条的规定，支持这两个无效理由的事实相同，所依据的证据是证据1、2，具体主张：本专利外观设计与证据1所示产品的外观设计相近似，本专利外观设计与证据2所示第1、6图所示的外观设计相近似。

鉴于口头审理时合议组已经明确告知请求人，专利法实施细则第2条第3款是对可获得专利保护的外观设计的一般性定义，而不是判断外观设计是否相同或者相近似的具体审查标准，且口头审理时请求人也明确其主张本专利不符合专利法实施细则第2条第3款、专利法第23条的规定这两个无效理由所依据的事实相同，因此，合议组对请求人主张本专利不符合专利法实施细则第2条第3款的规定这一无效理由不再进一步评述。

2. 证据认定

证据1、2均为日本专利文献复印件，其上加盖有"经确认此副本与原件相同 国家知识产权局专

利检索咨询中心 副本认证专用章2006年5月11日",专利权人在口头审理时将其与原件核对后,认可其真实性,并认可其译文准确性,因此,合议组对证据1、2的真实性和译文准确性予以确认。

证据1的公开日为2000年5月15日,早于本专利申请日(2002年11月29日),其所示外观设计的产品为一种沙发床,与本专利属于同类产品,因此,证据1可作为本专利的在先设计与本专利进行相近似性比较。

证据2的公开日为1987年11月11日,早于本专利申请日(2002年11月29日),其所示实用新型产品为一种床垫,与本专利属于相近类别的产品,因此,证据2也可作为本专利的在先设计与本专利进行相近似性比较。

3. 关于专利法第23条

专利法第23条规定:授予专利权的外观设计,应当同申请日以前在国内外出版物上公开发表过或者国内公开使用过的外观设计不相同和不相近似,并不得与他人在先取得的合法权利相冲突。

如果一般消费者经过对被比设计与在先设计的整体观察可以看出,两者的差别对于产品外观设计的整体视觉效果不具有显著的影响,则两者相近似。

(1) 确定被比设计。

专利法第56条规定:外观设计专利权的保护范围以表示在图片或者照片中的该外观设计专利产品为准。专利法实施细则第27条第3款规定,申请人应当就每件外观设计产品所需要保护的内容提交有关视图或者照片,清楚地显示请求保护的对象。

审查指南第一部分第三章第4.2节规定:专利法实施细则第27条第3款中的"有关视图(图片或者照片)",就立体外观设计产品而言,产品要点涉及六个面的,应当提交六面正投影视图,产品设计要点仅涉及一个或几个面的,应当至少提交所涉及面的正投影视图和立体图。审查指南第一部分第三章第4.2.1节规定:六面正投影视图的视图名称,是指主视图、后视图、左视图、右视图、俯视图和仰视图。各视图的视图名称应当标注在相应视图的正下方。审查指南第一部分第三章第4.2.1节还规定:对于有多种变化状态的产品的外观设计,其专利申请中显示变化状态的视图名称后,应当以阿拉伯数字顺序编号。

因此,对于一件外观设计申请而言,申请人应当就其外观设计产品所请求保护的内容提交有关的主视图、后视图、左视图、右视图、俯视图和/或仰视图,并标注相应的视图名称;相应地,对于一项外观设计专利权而言,确定其保护范围的依据应当是该专利授权文本中标注有主视图、后视图、左视图、右视图、俯视图和/或仰视图的视图;对于具有变化状态的产品,如果申请人欲保护该产品的各种变化状态,应当提交表示该产品的各种变化状态的主视图、后视图、左视图、右视图、俯视图和/或仰视图,并以阿拉伯数字对各视图名称进行编号,因此,对于具有变化状态的产品的外观设计权的保护范围的确定,应当以该专利中所有标注有主视图、后视图、左视图、右视图、俯视图和/或仰视图的视图为依据。

在无效宣告审查程序中,使用状态参考图通常仅用于理解被比设计的使用方法或者用途以确定产品类别,不应当作为判断是否与在先设计相同或相近似的依据。

就本专利权而言,其主视图、俯视图、左视图、仰视图中所表示的产品为一张床,因此,本专利的保护范围即为这些视图中所表示的床的外观设计。虽然从本专利的名称"沙发床"以及本专利中所示的使用状态参考图可知,本外观设计专利的产品可以具有沙发和床两种使用状态,但其沙发状态的部分视图仅出现在"使用状态参考图"中,而未根据专利法、专利法实施细则及审查指南的规定以"主视图、后视图、左视图、右视图、俯视图和仰视图"的形式出现,因此,应当理解为申请人在提出本专利申请之时即并不要求保护该外观设计产品作为沙发的外观设计,相应地,在本专利申请被授予专利权后,本外观设计产品作为沙发时的外观设计也不应当作为判断与在先设计相同或相近似的依据。

基于上述分析,本专利中用于与在先设计进行相同和相近似比较的仅为本外观设计专利中的主视图、俯视图、左视图、仰视图所表示的床的外观设计(下称被比设计)。

(2) 被比设计描述。

由被比设计的主视图、仰视图、俯视图、左视图可见,其床体呈扁长方体(为便于描述,以床的长边方向为横向,横向的垂直向为纵向),八个角均为圆角,床面可折叠处形成一横向"⌐⌐"形折线,折线拐角处均为直角,床体纵向两端底面下各支撑有一长条状床腿(参见本专利附图)。

(3) 在先设计描述。

证据1(参见证据1右侧面图、主视图、俯视图、仰视图)公开了一种床的外观设计(即为在先设计),其床体呈扁长方体(为便于描述,以床的长边方向为横向,横向的垂直向为纵向),八个角均为圆角,床面可折叠处形成一纵向"⌐⌐"形折线,折线拐角处均为圆角,床体下有一板层状支架,支架下底面有四根圆柱形床腿(参见证据1附图)。

(4) 相近似性比较。

将被比设计与在先设计相比,二者公开的床均呈扁长方体,八个角均为圆角,床面可折叠处形成一"⌐⌐"形折线,床体下有床腿。二者的主要区别在于:①被比设计的床体和床腿之间没有层状支架这一结构,床腿形状不同;②"⌐⌐"折线的拐角形状及折线在床面上的方向不同。合议组认为:首先,对于床来说,使用时容易看到的部位是床面,床下的部分是使用时不容易看到的,而且在先设计中的层状支架其面积小于床面,被比设计的床腿其正面视图也为柱状,与在先设计中的床腿相似,因此,区别①对于整体视觉效果不会产生显著影响;其次,对于区别②,由于折线"⌐⌐"的整体形状是一致的,其拐角形状、以及在床面上的方向不同只是细微差别,并不会对床体的整体视觉效果产生显著影响。因此,被比设计与在先设计相近似,本专利相对于证据1不符合专利法第23条的规定。

此外,专利权人提交的(2006)二中民初字第7928号判决仅能表明已生效的判决中认定了"日本专利产品(合议组注:即本案中的证据1、2)的外观与原告专利产品的外观存在差异",但如上述并不能由此得出二者不相近似的结论,故该判决也不能支持专利权人认为本专利相对于证据1符合专利法第23条的主张。

鉴于证据1已经证明与本专利相近似的沙发床在本专利申请日前已在出版物上公开发表过,本专利不符合专利法第23条的规定,应予无效;因此,对于请求人提交的证据2在本无效宣告请求审查决定中不再评述。

基于上述事实和理由,本案合议组作出如下决定。

三、决定

宣告第02370766.6号外观设计专利权无效。

当事人对本决定不服的,可以根据专利法第46条第2款的规定,自收到本决定之日起三个月内向北京市第一中级人民法院起诉。根据该款规定,一方当事人起诉后,另一方当事人应当作为第三人参加诉讼。

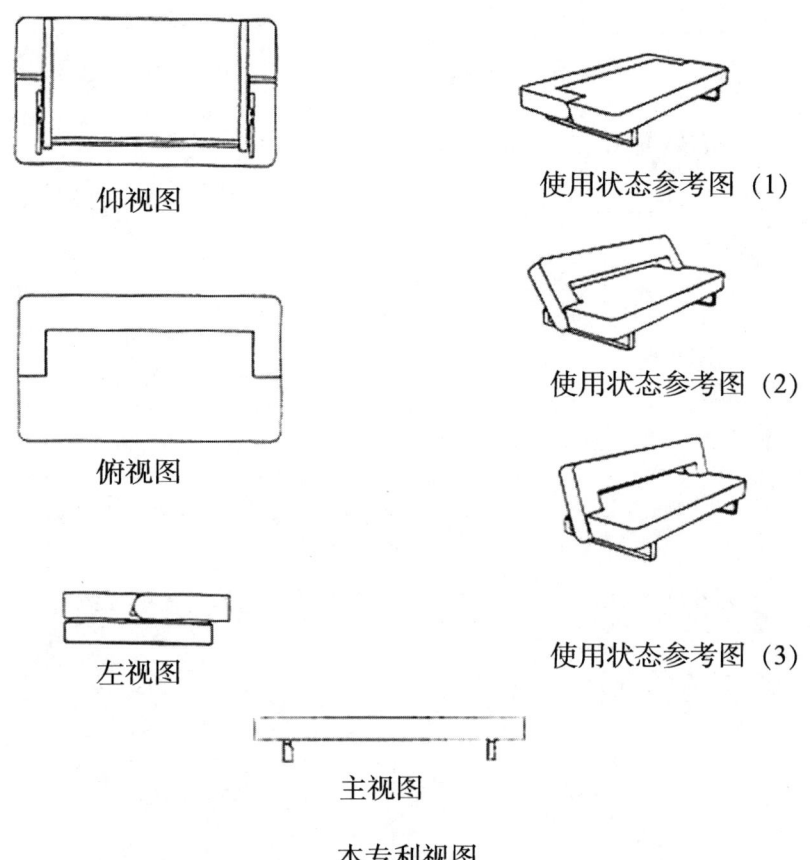

仰视图

使用状态参考图（1）

俯视图

使用状态参考图（2）

左视图

使用状态参考图（3）

主视图

本专利视图

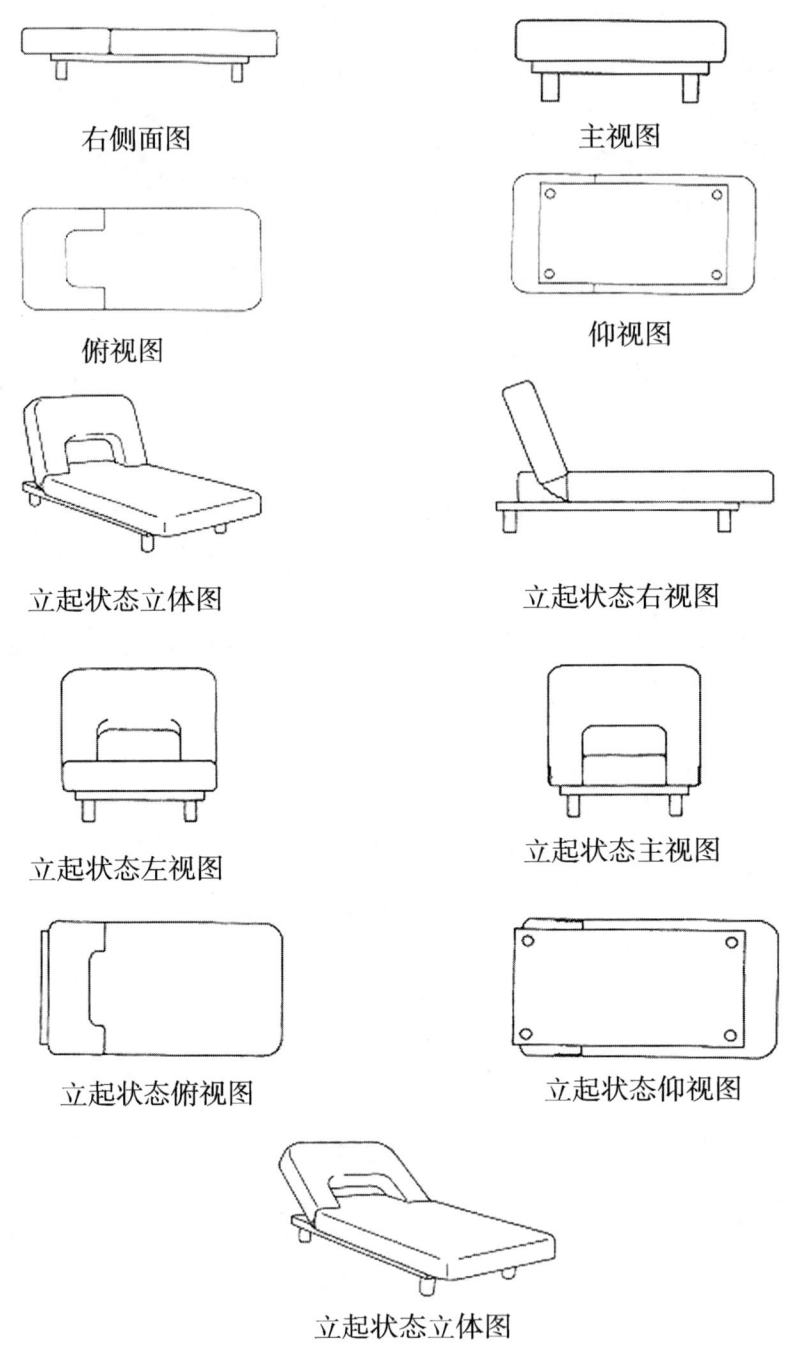

右侧面图　　　　　　　　主视图

俯视图　　　　　　　　　仰视图

立起状态立体图　　　　　立起状态右视图

立起状态左视图　　　　　立起状态主视图

立起状态俯视图　　　　　立起状态仰视图

立起状态立体图

证据 1 附图

北京市第一中级人民法院
行政判决书

(2007) 一中行初字第 96 号

原告北京依诺维绅家具有限公司,住所地北京市怀柔区凤翔开发区凤翔三园 15 号。

法定代表人弗来明·霍飞德(Flemming Hjfeldt),董事长。

委托代理人贾庆忠,永新专利商标代理有限公司专利代理人。

委托代理人张文达,永新专利商标代理有限公司专利代理人。

被告国家知识产权局专利复审委员会,住所地北京市海淀区北四环西路 9 号银谷大厦 10~12 层。

法定代表人廖涛,副主任。

委托代理人叶娟,国家知识产权局专利复审委员会审查员。

委托代理人徐洁玲,国家知识产权局专利复审委员会审查员。

第三人北京半日商贸有限公司,住所地北京市朝阳区平房路甲 1 号。

法定代表人邵锦芳,董事长。

委托代理人刘培,男,汉族,1953 年 1 月 18 日出生,北京半日商贸有限公司工程师,住北京市东城区和平里五区。

委托代理人李波,北京市中普律师事务所律师。

原告北京依诺维绅家具有限公司(简称依诺维绅家具公司)不服被告国家知识产权局专利复审委员会(简称专利复审委员会)于 2006 年 12 月 5 日作出的第 8897 号无效宣告请求审查决定(简称第 8897 号决定),于法定期限内向本院提起行政诉讼。本院于 2007 年 1 月 15 日受理后,依法组成合议庭,并通知第 8897 号决定的相对方北京半日商贸有限公司(简称半日商贸公司)作为本案第三人参加诉讼,于 2007 年 3 月 20 日公开开庭审理了本案。原告依诺维绅家具公司的委托代理人贾庆忠、张文达,被告专利复审委员会委托代理人叶娟、徐洁玲,第三人半日商贸公司委托代理人刘培、李波到庭参加了诉讼。本案现已审理终结。

针对依诺维绅家具公司拥有的第 02370766.6 号"沙发床(普士)"外观设计专利权(简称本专利),半日商贸公司于 2006 年 5 月 12 日向专利复审委员会提出无效宣告请求,专利复审委员会经过审查作出第 8897 号决定,认定:

(一)无效理由的确定

根据半日商贸公司在口头审理时的陈述,其请求宣告本专利权无效的理由为本专利不符合《专利法实施细则》第二条第三款、《专利法》第二十三条的规定,支持这两个无效理由的事实相同,所依据的证据是证据 1、2,具体主张为本专利外观设计与证据 1 所示产品的外观设计相近似,本专利外观设计与证据 2 所示第 1、6 图所示的外观设计相近似。鉴于口头审理时已经明确告知半日商贸公司,《专利法实施细则》第二条第三款是对可获得专利保护的外观设计的一般性定义,而不是判断外观设计是否相同或者相近似的具体审查标准,且口头审理时半日商贸公司也明确其主张本专利不符合《专利法实施细则》第二条第三款、《专利法》第二十三条的规定这两个无效理由所依据的事实相同,因此,专利复审委员会对半日商贸公司主张本专利不符合《专利法实施细则》第二条第三款的规定这一无效理由不再进一步评述。

(二)证据认定

证据 1、2 均为日本专利文献复印件,其上加盖有"经确认此副本与原件相同 国家知识产权局

专利检索咨询中心　副本认证专用章 2006 年 5 月 11 日"，依诺维绅家具公司在口头审理时将其与原件核对后，认可其真实性，并认可其译文准确性，因此，专利复审委员会对证据 1、2 的真实性和译文准确性予以确认。证据 1 的公开日为 2000 年 5 月 15 日，早于本专利申请日（2002 年 11 月 29 日），其所示外观设计的产品为一种沙发床，与本专利属于同类产品，因此，证据 1 可作为本专利的在先设计与本专利进行相近似性比较。证据 2 的公开日为 1987 年 11 月 11 日，早于本专利申请日（2002 年 11 月 29 日），其所示实用新型产品为一种床垫，与本专利属于相近类别的产品，因此，证据 2 也可作为本专利的在先设计与本专利进行相近似性比较。

（三）关于《专利法》第二十三条

1. 确定被比设计。

对于一件外观设计申请而言，申请人应当就其外观设计产品所请求保护的内容提交有关的主视图、后视图、左视图、右视图、俯视图和/或仰视图，并标注相应的视图名称；相应地，对于一项外观设计专利权而言，确定其保护范围的依据应当是该专利授权文本中标注有主视图、后视图、左视图、右视图、俯视图和/或仰视图的视图；对于具有变化状态的产品，如果申请人欲保护该产品的各种变化状态，应当提交表示该产品的各种变化状态的主视图、后视图、左视图、右视图、俯视图和/或仰视图，并以阿拉伯数字对各视图名称进行编号，因此，对于具有变化状态的产品的外观设计权的保护范围的确定，应当以该专利中所有标注有主视图、后视图、左视图、右视图、俯视图和/或仰视图的视图为依据。在无效宣告审查程序中，使用状态参考图通常仅用于理解被比设计的使用方法或者用途以确定产品类别，不应当作为判断是否与在先设计相同或相近似的依据。

就本专利权而言，其主视图、俯视图、左视图、仰视图中所表示的产品为一张床，因此，本专利的保护范围即为这些视图中所表示的床的外观设计。虽然从本专利的名称"沙发床"以及本专利中所示的使用状态参考图可知，本外观设计专利的产品可以具有沙发和床两种使用状态，但其沙发状态的部分视图仅出现在"使用状态参考图"中，而未根据专利法、专利法实施细则及《审查指南》的规定以"主视图、后视图、左视图、右视图、俯视图和仰视图"的形式出现，因此，应当理解为申请人在提出本专利申请之时即并不要求保护该外观设计产品作为沙发的外观设计，相应地，在本专利申请被授予专利权后，本外观设计产品作为沙发时的外观设计也不应当作为判断与在先设计相同或相近似的依据。基于上述分析，本专利中用于与在先设计进行相同和相近似比较的仅为本外观设计专利中的主视图、俯视图、左视图、仰视图所表示的床的外观设计（下称被比设计）。

2. 被比设计描述。

由被比设计的主视图、仰视图、俯视图、左视图可见，其床体呈扁长方体（为便于描述，以床的长边方向为横向，横向的垂直向为纵向），八个角均为圆角，床面可折叠处形成一横向"⌐⌐"形折线，折线拐角处均为直角，床体纵向两端底面下各支撑有一长条状床腿（见本专利附图）。

3. 在先设计描述。

证据 1 公开了一种床的外观设计（即为在先设计），其床体呈扁长方体（为便于描述，以床的长边方向为横向，横向的垂直向为纵向），八个角均为圆角，床面可折叠处形成一纵向"⌐⌐"形折线，折线拐角处均为圆角，床体下有一板层状支架，支架下底面有四根圆柱形床腿（参见证据 1 附图）。

4. 相近似性比较。

将被比设计与在先设计相比，二者公开的床均呈扁长方体，八个角均为圆角，床面可折叠处形成一"⌐⌐"形折线,床体下有床腿。二者的主要区别在于:①被比设计的床体和床腿之间没有层状支架这一结构,床腿形状不同;②"⌐⌐"折线的拐角形状及折线在床面上的方向不同。首先,对于床来说,使用时容易看到的部位是床面,床下的部分是使用时不容易看到的,而且在先设计中的层状支架其面积小于床面,被比设计的床腿其正面视图也为柱状,与在先设计中的床腿相似,因此,区别①对于整体视觉效果不会产生显著影响;其次,对于区别②,由于折线"⌐⌐"的整体形状是一致的,其拐角形状以及在床面上的方向不同只是细微差别,并不会对床体的整体视觉效果产生显著影响。因此,被比设计与在先设计相近似,本专利相对于证据1不符合《专利法》第二十三条的规定。

此外,依诺维绅家具公司提交的(2006)二中民初字第7928号判决仅能表明已生效的判决中认定了"日本专利产品(即本案中的证据1、2)的外观与原告专利产品的外观存在差异",但如上述并不能由此得出二者不相近似的结论,故该判决也不能支持依诺维绅家具公司认为本专利相对于证据1符合《专利法》第二十三条的主张。

鉴于证据1已经证明与本专利相近似的沙发床在本专利申请日前已在出版物上公开发表过,本专利不符合《专利法》第二十三条的规定,应予无效;因此,对于半日商贸公司提交的证据2在本无效宣告请求审查决定中不再评述。

基于上述理由,专利复审委员会作出第8897号决定,宣告本专利权无效。

原告依诺维绅家具公司不服第8897号决定,在法定期限内向本院提起诉讼,其诉称:第8897号决定认定事实不清,适用法律错误。1.第8897号决定违背了《审查指南》第5.5条规定"整体观察、综合判断"的标准,也未依照《审查指南》第5.1条规定的"按一般消费者水平判断"的要求,忽视了本专利与被比专利在组件数量、组合状态、产品的色彩、折叠方向、支脚等多处的明显差异,从而作出了本专利与被比专利具有相似性的错误结论。2.第8897号决定认定的"参考图不作为保护范围的依据",直接违背了《专利法》第五十六条第二款的规定。3.第8897号决定超越半日商贸公司的请求范围进行审查并做出决定,属行政越权行为。在口头审理中,半日商贸公司就其申请所提供的证据和理由已经被全部驳倒,这一事实有口头审理笔录为证,但在口头审理之后的合议过程中,专利复审委员会在半日商贸公司所列事实与理由之外另外"发现"并"分析"出了专利无效的理由。4.第8897号决定忽视了北京市第二中级人民法院作出的(2006)二中民初字第7928号判决书中认定的"本院经审查日本专利产品(被比专利)的外观与原告专利产品的外观存在差异"的事实。综上,请求法院依法判决撤销第8897号决定。

被告专利复审委员会辩称:1.外观设计专利权保护的内容是"新设计",虽然其载体是某种产品,但是其保护的实质仍然是一种富有美感的设计,而不是产品本身,具体的产品只是该外观设计的表现途径,用于反映外观设计及其所属类别。对于一件外观设计申请而言,申请人应当就其外观设计产品所请求保护的内容提交有关的主视图、后视图、左视图、右视图、俯视图和/或仰视图,并标注相应的视图名称;相应地,对于一项外观设计专利权而言,确定其保护范围的依据应当是该专利授权文本中标注有主视图、后视图、左视图、右视图、俯视图和/或仰视图的视图;对于具有变化状态的产品,如果申请人欲保护该产品的各种变化状态,应当提交表示该产品的各种变化状态的主视图、后视图、左视图、右视图、俯视图和/或仰视图,并以阿拉伯数字对各视图名称进行编号,因此,对于具有变化状态的产品的外观设计权的保护范围的确定,应当以该专利中所有标注有主视图、后视图、左视图、右视图、俯视图和/或仰视图的视图为依据。就本专利而言,其主视图、俯视图、左视图、仰视图中所表示的产品为一张床，因此，本专利的保护范围即为这些视图中所表示的床的外观设计。2. 第8897号决定在进行本专利与在先设计相近似性比较时完全根据《审查指南》的相关规定进行，充分考虑了本专利与在先设计相同与不同之处，从而得出本专利与在先设计相近似的结论。需要补充说明的是，本专利并未要求保护色彩，在先设计也并无色彩要求，因此在第8897号决定中并未对色彩这一因素进行比较。3. 半日商贸公司宣告本专利无效的理由是本专利与在先设计相近似，从而不符合《专利法》第二十三条的规定。我委根据其请求，在对在先设计进行充分调查后，认定本专利不符合专利法第二十三条的规定，并根据《专利法》第四十六条第一款的规定作出第8897号决定，该行政行为并未越权。4. 我委在作出第8897号决定时已经充分考虑了（2006）二中民初字第7928号判决中认定的事实。上述判决中认定"本院经审查日本专利产品的外观与原告专利产品的外观存在差异"，第8897号决定中同样认定本专利与在先设计存在区别，由此可见，第8897号决定与上述判决对事实的认定是一致的。综上，第8897号认定事实清楚、适用法律正确、审理程序合法，请法院依法驳回依诺维绅家具公司的诉讼请求，维持第8897号决定。

第三人半日商贸公司述称：本专利所显示的沙发床在现有技术中是公知的，很多产品均有类似的设计。本专利与我公司在无效审查行政程序中提交的证据1和2十分相似，一般消费者在购买时会产生混同，本专利不具备《专利法》第二十三条规定的条件，应予无效。综上，请求法院维持第8897号决定。

本院经审理查明：

本无效宣告请求案涉及国家知识产权局于2003年7月30日授权公告的、名称为"沙发床（普士）"的第02370766.6号外观设计专利，其申请日为2002年11月29日，专利权人是依诺维绅家具公司。

针对本专利，半日商贸公司于2006年5月12日以本专利不符合《专利法》第二十三条、《专利法实施细则》第二条第三款为由向专利复审委员会提出无效宣告请求，为支持其主张，半日商贸公司提交了本专利授权公告文本和以下证据：

证据1：日本意匠登录第1070161号（D1070161），公开日2000年5月15日，日文，复印件共7页（在先设计）；

证据2：日本实用新型昭62-177350号，公开日1987年11月11日，日文，复印件共3页。

依据上述证据，半日商贸公司认为本专利的外观设计与在其申请日之前就已经公开发表、使用的证据1、2产品整体相似，不属于《专利法实施细则》第二条第三款规定的新设计，不符合《专利法》第二十三条的规定，具体理由是：（1）证据1公开了一种沙发床，其产品分类、用途及功能与本专利完全相同，将本专利的俯视图与证据1第3页上图相比以及将本专利使用状态参考图1~3与证据1第4页上图相比可知：除了大小比例不完全相同外，构图基本相同，作为本专利要部——可翻起部分与证据1除圆角、直角区别外，其他特征全部相同，而众所周知，床有单人床、双人床区别，加宽或加长对于普通消费者是熟悉的；（2）证据2也公开了一种具有类似结构的沙发床，其产品分类类别、用途及功能与本专利完全相同；（3）从证据1、2的使用状态图可知，当产品靠背部分扶起时，其坐垫部分与靠背部分是"凸"字型外观，坐垫部分与靠背中间是矩形镂空状态，这与本专利完全一致；（4）就沙发床一类产品而言，其易引起一般消费者注意的部分是特定结构，特别是床头的结构，显然，本专利产品外形与证据1、2相近似，一般购买者无法区分二者的细微差别，因此，本专利不是新设计，不符合《专利法》第二十三条的规定。

专利复审委员会受理了该无效宣告请求案。

2006年6月8日，半日商贸公司补充提交了一份意见陈述书（共3页），进一步陈述了本专利与证据1、2所示外观设计相比整体相似从而导致本专利不符合《专利法》第二十三条、《专利法实施细则》第二条第三款规定的理由。

依诺维绅家具公司于2006年6月27日作出答复，认为本专利的外观设计与证据1、2的外观设计不相同也不相近似，符合《专利法》第二十三条、《专利法实施细则》第二条第三款的规定，具体理由如下：（1）半日商贸公司提交的证据1、2均为日文证据，未提交其相应的中文译文，应被视为未提交；（2）本专利与证据1相比存在显著区别，一般消费者不会将本专利与证据1的产品误认和混同，二者属于不相同也不相近似的外观设计：①从整体观察，本专利沙发床为横向布局，横向长度明显大于纵向宽度，给消费者的视觉感受是一个沙发，证据1与本专利相反，呈纵向的狭长状，给消费者的视觉感受是一张床，②本专利的座垫直接支撑在支架上，呈两层结构，构造简洁，证据1除了具有床垫和支脚外，还设有一个床架，床垫和靠枕置床架上，支脚安装在床架下面，整体呈三层结构，沿袭传统的床的设计，③从座垫的设计看，本专利为横向座垫，其中向后凸出的部分的宽度与座垫主体部分的宽度相当，证据1为纵向的床垫，相对床垫的主体部分，只有一个较小凸出部分，④本专利的靠背为长的横向靠背，翻转处位于座垫的中部，靠背折起后，靠背掀起后前端自由向下翻转，在靠背和座垫之间形成长方形的空间，证据1的靠背长度和宽度相当，翻转处位于床垫的后部，靠背掀起后前端下部被挤靠在床板上，靠背折起后在靠背和座垫之间形成一弧形的洞，二者靠背折起后的视觉效果更有显著区别，⑤本专利座垫凸出部分和靠背镂空处的折角处均为直角，座垫和靠背的各个边角也为直角，线条简洁、棱角分明，证据1的床垫凸出部分和靠背镂空处均为圆弧形过渡，床垫和靠背的各个边角为圆弧形，呈现浑圆厚重的视觉效果，⑥本专利的支脚为设置在左右两侧的长方形框架，支架后侧与靠背后侧平齐，证据1的支脚为四个圆柱形支柱，分别设在床体的四角，二者的支脚形状也完全不同，⑦沙发床属于最常见的家居用品之一，一般消费者对这类产品都有常识性的了解，半日商贸公司提出的二者的相同之处均属于外观设计专利所不予考虑的因素；（3）证据2所涉及的是一种气垫，与本专利的产品属于完全不同的产品类别，不具有与本专利对比的前提条件，且证据2的气垫与本专利沙发床的外观设计完全不同，一般消费者不可能将本专利与证据2误认和混同，二者外观设计不相同也不相近似。

2006年8月31日，专利复审委员会向双方当事人发出《无效宣告请求口头审理通知书》，告知双方当事人定于2006年10月19日对本无效宣告请求案进行口头审理。同时，专利复审委员会将半日商贸公司2006年6月8日提交的补充意见陈述书副本转送给依诺维绅家具公司，将依诺维绅家具公司于2006年6月27日提交的意见陈述书的副本转送给半日商贸公司。

2006年10月19日，口头审理如期举行。双方当事人均委托代理人参加了口头审理。口头审理过程中认定的事实如下：

1. 半日商贸公司明确其无效宣告请求的理由为：本专利不符合《专利法实施细则》第二条第三款、《专利法》第二十三条的规定，支持这两个无效理由的事实相同，所依据的证据是证据1、2，具体主张：本专利外观设计与证据1所示产品的外观设计相近似，本专利外观设计与证据2所示第1、6图所示的外观设计相近似；

2. 专利复审委员会当庭告知半日商贸公司，《专利法实施细则》第二条第三款是对可获得专利保护的外观设计的一般性定义，而不是判断外观设计是否相同或者相近似的具体审查标准；

3. 半日商贸公司出示了证据1、2的原件，依诺维绅家具公司对其核实后认可其真实性；

4. 半日商贸公司当庭提交了证据1、2的中文译文，专利复审委员会将其副本转交给依诺维绅家具公司，依诺维绅家具公司经核对后，表示对该译文的准确性无异议；

5. 依诺维绅家具公司出示了（2006）二中民初字第7928号判决用于证明该判决已经认定本专利

与证据1、2存在区别；半日商贸公司表示收到该判决且该判决已经生效，并指出依诺维绅家具公司在该判决所涉的诉讼过程中所提交的起诉状中对本专利的描述与在本无效请求案中不一致；

6. 专利复审委员会当庭告知半日商贸公司和依诺维绅家具公司可以在口头审理后的三个工作日内分别向专利复审委员会提交上述判决的原件以及形式合格的上述起诉状。

口头审理后，依诺维绅家具公司于2006年10月23日提交了（2006）二中民初字第7928号判决的原件。

至此，专利复审委员会认为本案的事实清楚，于2006年12月5日作出第8897号决定。

以上事实有第8897号决定、本专利及对比文件的相关文献及当事人陈述等证据在案佐证。

此外，依诺维绅家具公司在本案诉讼中向本院新提交了中国家具协会于2007年2月2日出具的意见，用以证明本专利与在先设计既不相同也不相近似。

本院认为，本案的焦点在于：

1. 本专利的使用状态参考图能否作为与在先设计相同或相近似判断的依据，以及专利复审委员会是否有权对此进行主动审查。

《专利法》第五十六条第二款规定，外观设计专利权的保护范围以表示在图片或者照片中的该外观设计专利产品为准。《专利法实施细则》第二十七条第三款规定，申请人应当就每件外观设计产品所需要保护的内容提交有关视图或者照片，清楚地显示请求保护的对象。

对于有多种变化状态的产品的外观设计，《审查指南》第四部分第五章"变化状态的产品"一节规定，应当以其使用状态图所示的外观设计作为与在先设计进行比较的对象。《审查指南》第四部分第五章"确定被比设计"一节规定，在确定被比设计时，应当以外观设计专利授权文本中的图片或者照片表示的外观设计为准。简要说明是对产品图片、照片的说明或者限定。参考图（如使用状态参考图）通常用于理解被比设计的所属领域、使用方法、使用场所或者用途，以便于确定产品类别。完整理解《审查指南》的上述规定可知，当变化状态产品外观设计作为被比设计时，对其变化状态的比较应以使用状态图为准，而使用状态参考图并非确定被比设计时的对象，产品的相同或者相近似并不取决于使用状态参考图的比对结果。如果在确定被比设计时，将使用状态参考图作为进行比较的对象，则使用状态图与使用状态参考图在外观设计专利申请初步审查中所起的不同作用将被混淆。因为，《审查指南》第一部分第三章"分类补正通知书"一节规定了使用状态参考图的作用是为了确定产品所属类别及其领域、用途、使用方法或场所；而将变化状态产品的不同状态均纳入保护范围的任务，完全可以由使用状态图来完成。因此，在外观设计专利申请的初步审查中，基于使用状态参考图的上述特殊作用，其中出现外观设计专利保护范围之外的形状、图案或色彩是被允许的；而使用状态图是被用来确定外观设计专利保护范围的，因此其中禁止出现外观设计专利保护范围之外的形状、图案或色彩。如果，在确定外观设计专利保护范围及确定被比设计时，将使用状态参考图作为进行比较的对象，将使外观设计专利权的保护范围不确定，甚至导致专利权人或社会公众的合法权益受到不当影响。

另一方面，基于专利权人完全可以利用使用状态图将变化状态产品的不同状态分别纳入外观设计专利的被比范围，使该变化状态所示的外观设计成为与在先设计进行比较的对象，从而使该专利在与在先设计的比较中处于更有利的状态。但专利权人在此前提下仍将该产品的某种变化状态体现在使用状态参考图中，对此只能理解为是专利权人基于对该外观设计专利权保护范围的考虑而主动进行的一种取舍，专利复审委员会对此亦无权干涉。

《审查指南》的上述规定，在已经给予外观设计专利产品变化状态充分保护的前提下，为便于确定专利产品所属类别及其领域、用途、使用方法或场所而规定一种不在专利被比或保护范围之内的使用状态参考图，与专利法及其实施细则的相关规定并不抵触。

至于专利复审委员会对于使用状态参考图是否纳入被比设计的确定进行主动审查是否超越权限。本院认为，在进行本专利与在先设计的比较之前，必须确定被比设计的保护范围。当半日商贸公司以本专利不符合《专利法》第二十三条为由向专利复审委员会提出无效宣告请求并提供在先设计进行比较时，专利复审委员会可以主动对被比设计的保护范围进行确定。

综上，专利复审委员在第8897号决定中认定本专利使用状态参考图不应当作为判断是否与在先设计相同或相近似的依据，仅以本专利授权文本中的主视图、俯视图、左视图、仰视图所表示的床的外观设计与在先设计进行对比，并无不当。依诺维绅家具公司的相关主张不能成立，本院不予支持。

2. 本专利与在先设计是否相近似。

《专利法》第二十三条规定，授予专利权的外观设计，应当同申请日以前在国内外出版物上公开发表过的外观设计不相近似。

根据本案查明的事实，本院认为专利复审委员在第8897号决定中对于本专利和在先设计的描述是准确的。

本专利与在先设计相比，其相近似之处在于二者均为扁长方体带床腿的床，床体显示的八个角均为圆角，床面可折叠处形成一"⌐⌐"形折线。二者的主要区别在于：本专利床体和床腿之间没有在先设计的层状支架结构；本专利床腿为两条形架状，在先设计床腿为四圆柱状；本专利"⌐⌐"折线的拐角为直角，折线长边与床的长边平行，在先设计"⌐⌐"折线的拐角为圆角，折线长边与床的短边平行。

首先，对于床这种产品而言，其使用状态下容易被一般消费者关注的部位是床面以上部分，位于床面以下部分的床腿及小于床面的层状支架在使用时不容易被注意。因此，本专利与在先设计有关床腿与层状支架的区别对于整体视觉效果不会产生显著影响。其次，由于本专利与在先设计"⌐⌐"折线的整体形状一致，其拐角形状以及在床面上的方向不同对于床这种产品的使用状态而言，只是细微差别，并不会对床体的整体视觉效果产生显著影响。因此，本专利与在先设计相近似，不符合《专利法》第二十三条的规定。

对于依诺维绅家具公司提交的（2006）二中民初字第7928号民事判决书，首先，该判决涉及本专利与在先设计近似性判断的认定处于该判决的判理部分，并非查明事实部分，而且法院本身无权在民事诉讼中对于专利权是否无效进行判断，因此，上述民事判决中对于本专利与在先设计的比较结论对于专利复审委员会没有约束力；其次，相近似的前提之一就是二者之间存在差异，专利复审委员会作出本专利与在先设计相近似的认定与该判决认为二者的外观存在差异之间并无冲突。

对于依诺维绅家具公司向本院提交的中国家具协会的意见，虽然该证据的形成时间晚于第8897号决定的作出时间，但依诺维绅家具公司完全有能力在第8897号决定作出前向中国家具协会取得该证据。而且该证据仅能代表中国家具协会的一家之言，对于本专利与在先设计是否相近似的判断不能起到决定性作用，本院对于该证据不予接受。

综上所述，专利复审委员会作出的第8897号决定认定事实清楚，适用法律正确，程序合法，应予维持。原告依诺维绅家具公司的起诉理由均不能成立，其诉讼请求本院不予支持。依照《中华人民共和国行政诉讼法》第五十四条第（一）项之规定，本院判决如下：

维持被告国家知识产权局专利复审委员会作出的第8897号无效宣告请求审查决定。

案件受理费 1000 元，由原告北京依诺维绅家具有限公司负担（已交纳）。

如不服本判决，各方当事人可在本判决书送达之日起 15 日内，向本院递交上诉状及其副本，并交纳上诉案件受理费 100 元，上诉于北京市高级人民法院。

审　判　长　彭文毅
代理审判员　姜庶伟
代理审判员　张晰昕
二〇〇七年十月十五日
书　记　员　李冰青

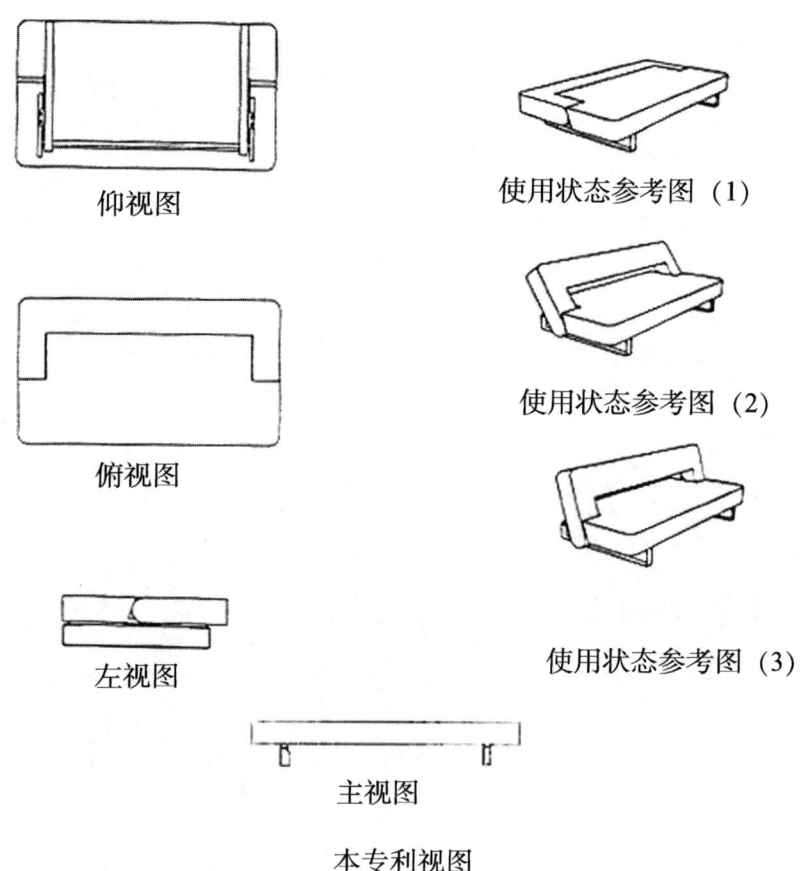

仰视图

使用状态参考图（1）

俯视图

使用状态参考图（2）

左视图

使用状态参考图（3）

主视图

本专利视图

275

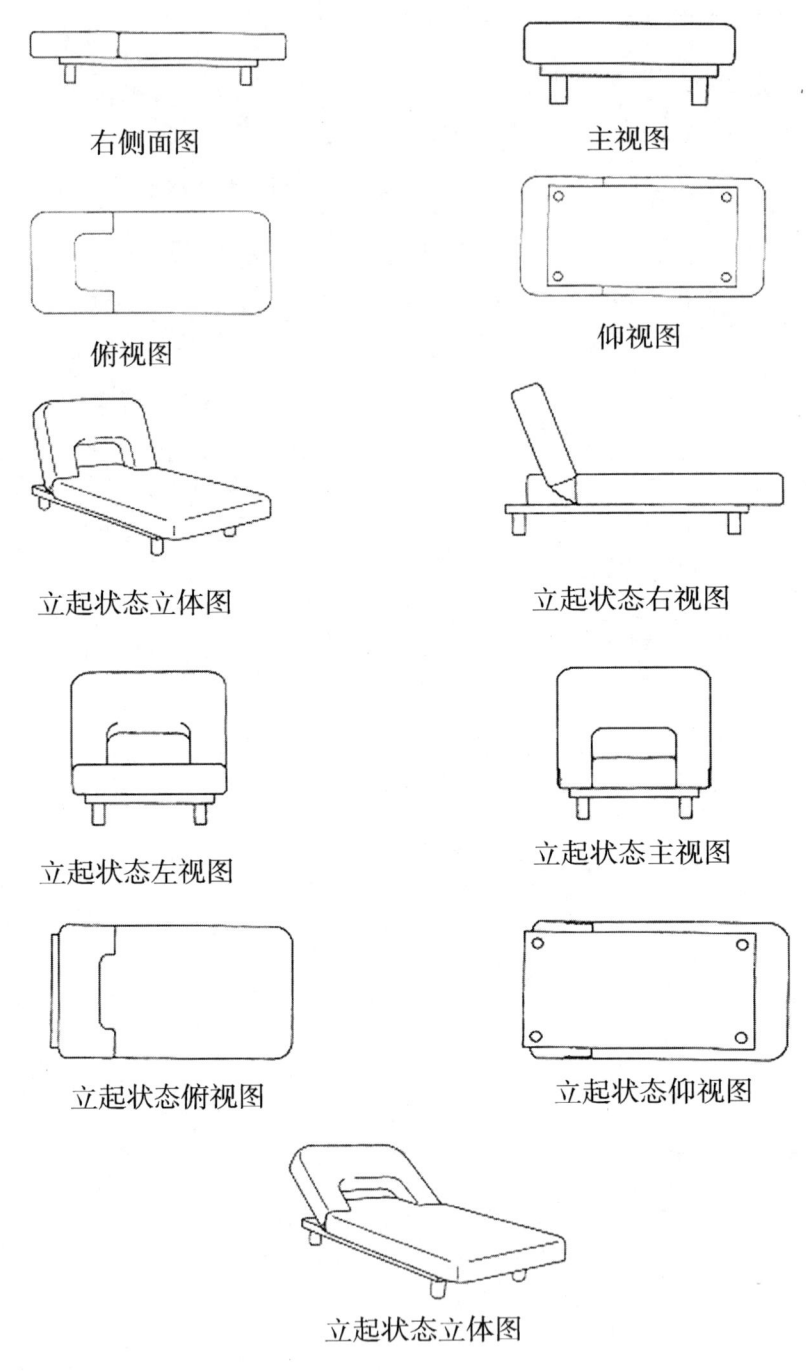

右侧面图　　　　　　　　主视图

俯视图　　　　　　　　　仰视图

立起状态立体图　　　　　立起状态右视图

立起状态左视图　　　　　立起状态主视图

立起状态俯视图　　　　　立起状态仰视图

立起状态立体图

证据1附图

北京市高级人民法院
行政判决书

(2008) 高行终字第 9 号

上诉人（原审原告）北京依诺维绅家具有限公司，住所地北京市怀柔区风翔开发区凤翔三园15号。

法定代表人弗来明·霍飞德（Flemming Hjfeldt），董事长。

委托代理人付敏，北京市天咨律师事务所律师。

委托代理人蔡真，北京市天咨律师事务所律师。

被上诉人（原审被告）国家知识产权局专利复审委员会，住所地北京市海淀区北四环西路9号银谷大厦10~12层。

法定代表人廖涛，副主任。

委托代理人叶娟，该委员会审查员。

委托代理人郭鹏鹏，该委员会审查员。

原审第三人北京半日商贸有限公司，住所地北京市朝阳区金盏乡长店村车桥厂南院。

法定代表人邵锦芳，董事长。

委托代理人刘培，男，汉族，1953年1月18日出生，该公司工程师，住北京市东城区和平里五区3楼3门202号。

委托代理人李波，北京市中普律师事务所律师。

上诉人北京依诺维绅家具有限公司（简称依诺维绅家具公司）因外观设计专利权无效行政纠纷一案，不服北京市第一中级人民法院（2007）一中行初字第96号行政判决，向本院提起上诉。本院2007年12月26日受理本案后，依法组成合议庭，于2008年1月15日公开开庭进行了审理。上诉人依诺维绅家具公司的委托代理人付敏、蔡真，被上诉人国家知识产权局专利复审委员会（简称专利复审委员会）的委托代理人叶娟、郭鹏鹏，原审第三人北京半日商贸有限公司（简称半日商贸公司）的委托代理人刘培、李波，到庭参加了诉讼。本案现已审理终结。

北京市第一中级人民法院认定，依诺维绅家具公司是名称为"沙发床（普士）"外观设计专利（简称本专利）的专利权人。半日商贸公司于2006年5月12日以本专利不符合《专利法》第二十三条、《专利法实施细则》第二条第三款的规定为由向专利复审委员会提出宣告本专利权无效的请求。专利复审委员会经审查，于2006年12月5日作出第8897号无效宣告请求审查决定（简称第8897号无效决定），宣告本专利权全部无效。

北京市第一中级人民法院认为，《审查指南》中关于"使用状态参考图"的规定与《专利法》、《专利法实施细则》的规定并不矛盾。将本专利与在先设计比较之前，必须确定被比设计的保护范围。专利复审委员会可以主动对被比设计的保护范围进行确定。专利复审委员认定本专利使用状态参考图不应当作为判断是否与在先设计相同或相近似的依据，仅以本专利的主视图、俯视图、左视图、仰视图所表示的床的外观设计与在先设计进行对比，并无不当。

本专利与在先设计相比，两者的不同之处不会对床体的整体视觉效果产生显著影响，专利复审委员在第8897号无效决定中对于本专利和在先设计的描述是准确的。本专利与在先设计相近似，不符合《专利法》第二十三条的规定。

依诺维绅家具公司有能力在专利复审委员会作出第8897号无效决定之前取得中国家具协会的意见，但其在本案诉讼期间提交，且该意见仅为中国家具协会的一家之言，对于本专利与在先设计是否相近似的判断不能起到决定性作用，对于该证据不予接受。

北京市第一中级人民法院依据《中华人民共和国行政诉讼法》第五十四条第（一）项的规定，判决：维持专利复审委员会作出的第8897号无效决定。

依诺维绅家具公司不服一审判决，向本院提起上诉。理由是："使用状态参考图"应当作为判断本专利是否与在先设计相同或相近似的依据；本专利与在先设计并不近似；一审法院对依诺维绅家具公司提交的中国家具协会的证据"不予接受"违反行政诉讼法的相关规定。请求撤销一审判决；撤销第8897号无效决定。专利复审委员会、半日商贸公司服从一审判决。

经审理查明，依诺维绅家具公司是本专利，即名称为"沙发床（普士）"外观设计专利的专利权人，本专利的专利号是02370766.6，申请日是2002年11月29日。本专利于2003年7月30日由国家知识产权局公告授权。本专利视图包括主视图、仰视图、俯视图、左视图以及使用状态参考图1-3（见本判决书附图1）。

2006年5月12日，半日商贸公司以本专利不符合《专利法》第二十三条、《专利法实施细则》第二条第三款为由向专利复审委员会提出宣告本专利权无效的请求。半日商贸公司向专利复审委员会提交了以下证据：

证据1：日本意匠登录第1070161号（D1070161）（见本判决书附图2），公开日2000年5月15日，日文，复印件共7页；

证据2：日本实用新型昭62-177350号，公开日1987年11月11日，日文，复印件共3页。

半日商贸公司向专利复审委员会主张：本专利的外观设计与在其申请日之前就已经公开发表、使用的证据1、2产品整体相似，不属于《专利法实施细则》第二条第三款规定的新设计，不符合《专利法》第二十三条的规定，具体理由是：（1）证据1公开了一种沙发床，其产品分类、用途及功能与本专利完全相同，将本专利的俯视图与证据1第3页上图相比以及将本专利使用状态参考图1~3与证据1第4页上图相比可知：除了大小比例不完全相同外，构图基本相同，作为本专利要部——可翻起部分与证据1除圆角、直角区别外，其他特征全部相同，而众所周知，床有单人床、双人床区别，加宽或加长对于普通消费者是熟悉的；（2）证据2也公开了一种具有类似结构的沙发床，其产品分类类别、用途及功能与本专利完全相同；（3）从证据1、2的使用状态图可知，当产品靠背部分扶起时，其坐垫部分与靠背部分是"凸"字型外观，坐垫部分与靠背中间是矩形镂空状态，这与本专利完全一致；（4）就沙发床一类产品而言，其易引起一般消费者注意的部分是特定结构，特别是床头的结构，显然，本专利产品外形与证据1、2相近似，一般购买者无法区分二者的细微差别，因此，本专利不是新设计，不符合《专利法》第二十三条的规定。

2006年6月8日，半日商贸公司向专利复审委员会补充提交了一份意见陈述书，进一步陈述了本专利与证据1、2所示外观设计相比整体相似从而导致本专利不符合《专利法》第二十三条、《专利法实施细则》第二条第三款规定的理由。

依诺维绅家具公司于2006年6月27日作出意见陈述，认为本专利的外观设计与证据1、2的外观设计不相同也不相近似，符合《专利法》第二十三条、《专利法实施细则》第二条第三款的规定，具体理由如下：（1）半日商贸公司提交的证据1、2均为日文证据，未提交其相应的中文译文，应被视为未提交；（2）本专利与证据1相比存在显著区别，一般消费者不会将本专利与证据1的产品误认和混同，二者属于不相同也不相近似的外观设计：①从整体观察，本专利沙发床为横向布局，横向长度明显大于纵向宽度，给消费者的视觉感受是一个沙发，证据1与本专利相反，呈纵向的狭长状，给消费者的视觉感受是一张床，②本专利的座垫直接支撑在支架上，呈两层结构，构造简洁，证据 1 除了具有床垫和支脚外，还设有一个床架，床垫和靠枕置床架上，支脚安装在床架下面，整体呈三层结构，沿袭传统的床的设计，③从座垫的设计看，本专利为横向座垫，其中向后凸出的部分的宽度与座垫主体部分的宽度相当，证据 1 为纵向的床垫，相对床垫的主体部分，只有一个较小凸出部分，④本专利的靠背为长的横向靠背，翻转处位于座垫的中部，靠背折起后，靠背掀起后前端自由向下翻转，在靠背和座垫之间形成长方形的空间，证据 1 的靠背长度和宽度相当，翻转处位于床垫的后部，靠背掀起后前端下部被挤靠在床板上，靠背折起后在靠背和座垫之间形成一弧形的洞，二者靠背折起后的视觉效果更有显著区别，⑤本专利座垫凸出部分和靠背镂空处的折角处均为直角，座垫和靠背的各个边角也为直角，线条简洁、棱角分明，证据 1 的床垫凸出部分和靠背镂空处均为圆弧形过渡，床垫和靠背的各个边角为圆弧形，呈现浑圆厚重的视觉效果，⑥本专利的支脚为设置在左右两侧的长方形框架，支架后侧与靠背后侧平齐，证据 1 的支脚为四个圆柱形支柱，分别设在床体的四角，二者的支脚形状也完全不同，⑦沙发床属于最常见的家居用品之一，一般消费者对这类产品都有常识性的了解，半日商贸公司提出的二者的相同之处均属于外观设计专利所不予考虑的因素；（3）证据 2 所涉及的是一种气垫，与本专利的产品属于完全不同的产品类别，不具有与本专利对比的前提条件，且证据 2 的气垫与本专利沙发床的外观设计完全不同，一般消费者不可能将本专利与证据 2 误认和混同，二者外观设计不相同也不相近似。

2006 年 8 月 31 日，专利复审委员会向依诺维绅家具公司、半日商贸公司发出《无效宣告请求口头审理通知书》，告知双方当事人定于 2006 年 10 月 19 日对本无效宣告请求案进行口头审理。同时，专利复审委员会将半日商贸公司 2006 年 6 月 8 日提交的补充意见陈述书副本转送给依诺维绅家具公司，将依诺维绅家具公司于 2006 年 6 月 27 日提交的意见陈述书的副本转送给半日商贸公司。

2006 年 10 月 19 日，专利复审委员会就半日商贸公司针对本专利提出的无效宣告请求进行口头审理。依诺维绅家具公司、半日商贸公司均参加了此次口头审理。专利复审委员会在口头审理过程中认定如下事实：1. 半日商贸公司明确其无效宣告请求的理由为：本专利不符合《专利法实施细则》第二条第三款、《专利法》第二十三条的规定，支持这两个无效理由的事实相同，所依据的证据是证据 1、2，具体主张：本专利外观设计与证据 1 所示产品的外观设计相近似，本专利外观设计与证据 2 所示第 1、6 图所示的外观设计相近似；2. 专利复审委员会当庭告知半日商贸公司，专利法实施细则第二条第三款是对可获得专利保护的外观设计的一般性定义，而不是判断外观设计是否相同或者相近似的具体审查标准；3. 半日商贸公司出示了证据 1、2 的原件，依诺维绅家具公司对其核实后认可其真实性；4. 半日商贸公司当庭提交了证据 1、2 的中文译文，专利复审委员会将其副本转交给依诺维绅家具公司，依诺维绅家具公司经核对后，表示对该译文的准确性无异议；5. 依诺维绅家具公司出示了北京市第二中级人民法院（2006）二中民初字第 7928 号民事判决书用于证明该判决已经认定本专利与证据 1、2 存在区别；半日商贸公司表示收到该判决且该判决已经生效，并指出依诺维绅家具公司在该判决所涉的诉讼过程中所提交的起诉状中对本专利的描述与在本无效请求案中不一致；6. 专利复审委员会当庭告知半日商贸公司和依诺维绅家具公司可以在口头审理后的三个工作日内分别向专利复审委员会提交上述判决的原件以及形式合格的上述起诉状。

依诺维绅家具公司于 2006 年 10 月 23 日向专利复审委员会提交了北京市第二中级人民法院（2006）二中民初字第 7928 号民事判决书的原件。

专利复审委员会于 2006 年 12 月 5 日作出第 8897 号无效决定，宣告本专利权无效。专利复审委员会认为：根据半日商贸公司在口头审理时的陈述，其请求宣告本专利权无效的理由为本专利不符合《专利法实施细则》第二条第三款、《专利法》第二十三条的规定，支持这两个无效理由的事实相同，所依据的证据是证据1、2，具体主张为本专利外观设计与证据1所示产品的外观设计相近似，本专利外观设计与证据2所示第1、6图所示的外观设计相近似。鉴于口头审理时已经明确告知半日商贸公司，《专利法实施细则》第二条第三款是对可获得专利保护的外观设计的一般性定义，而不是判断外观设计是否相同或者相近似的具体审查标准，且口头审理时半日商贸公司也明确其主张本专利不符合《专利法实施细则》第二条第三款、《专利法》第二十三条的规定这两个无效理由所依据的事实相同，因此，专利复审委员会对半日商贸公司主张本专利不符合《专利法实施细则》第二条第三款的规定这一无效理由不再进一步评述。

证据1、2均为日本专利文献复印件，其上加盖有"经确认此副本与原件相同　国家知识产权局专利检索咨询中心副本认证专用章　2006年5月11日"，依诺维绅家具公司在口头审理时将其与原件核对后，认可其真实性，并认可其译文准确性，因此，专利复审委员会对证据1、2的真实性和译文准确性予以确认。证据1的公开日为2000年5月15日，早于本专利申请日，其所示外观设计的产品为一种沙发床，与本专利属于同类产品，因此，证据1可作为本专利的在先设计与本专利进行相近似性比较。证据2的公开日为1987年11月11日，早于本专利申请日，其所示实用新型产品为一种床垫，与本专利属于相近类别的产品，因此，证据2也可作为本专利的在先设计与本专利进行相近似性比较。

对于一件外观设计申请而言，申请人应当就其外观设计产品所请求保护的内容提交有关的主视图、后视图、左视图、右视图、俯视图和/或仰视图，并标注相应的视图名称；相应地，对于一项外观设计专利权而言，确定其保护范围的依据应当是该专利授权文本中标注有主视图、后视图、左视图、右视图、俯视图和/或仰视图的视图；对于具有变化状态的产品，如果申请人欲保护该产品的各种变化状态，应当提交表示该产品的各种变化状态的主视图、后视图、左视图、右视图、俯视图和/或仰视图，并以阿拉伯数字对各视图名称进行编号，因此，对于具有变化状态的产品的外观设计权的保护范围的确定，应当以该专利中所有标注有主视图、后视图、左视图、右视图、俯视图和/或仰视图的视图为依据。在无效宣告审查程序中，使用状态参考图通常仅用于理解被比设计的使用方法或者用途以确定产品类别，不应当作为判断是否与在先设计相同或相近似的依据。

就本专利权而言，其主视图、俯视图、左视图、仰视图中所表示的产品为一张床，因此，本专利的保护范围即为这些视图中所表示的床的外观设计，虽然从本专利的名称"沙发床"以及本专利中所示的使用状态参考图可知，本外观设计专利的产品可以具有沙发和床两种使用状态，但其沙发状态的部分视图仅出现在"使用状态参考图"中，而未根据专利法、专利法实施细则及《审查指南》的规定以"主视图、后视图、左视图、右视图、俯视图和仰视图"的形式出现，因此，应当理解为申请人在提出本专利申请之时即并不要求保护该外观设计产品作为沙发的外观设计，相应地，在本专利申请被授予专利权后，本外观设计产品作为沙发时的外观设计也不应当作为判断与在先设计相同或相近似的依据。基于上述分析，本专利中用于与在先设计进行相同和相近似比较的仅为本外观设计专利中的主视图、俯视图、左视图、仰视图所表示的床的外观设计（下称被比设计）。

由被比设计的主视图、仰视图、俯视图、左视图可见，其床体呈扁长方体（为便于描述，以床的长边方向为横向，横向的垂直向为纵向），八个角均为圆角，床面可折叠处形成一横向"⌐⌐"形折线，折线拐角处均为直角，床体纵向两端底面下各支撑有一长条状床腿。

证据1公开了一种床的外观设计（即在先设计），其床体呈扁长方体（为便于描述，以床的长边方向为横向，横向的垂直向为纵向），八个角均为圆角，床面可折叠处形成一纵向"⌐⌐"形折线，折线拐角处均为圆角，床体下有一板层状支架，支架下底面有四根圆柱形床腿。

将被比设计与在先设计相比，二者公开的床均呈扁长方体，八个角均为圆角，床面可折叠处形成一"▁▁┘▔└▁▁"形折线，床体下有床腿，二者的主要区别在于：①被比设计的床体和床腿之间没有层状支架这一结构，床腿形状不同；②"▁▁┘▔└▁▁"折线的拐角形状及折线在床面上的方向不同。首先，对于床来说，使用时容易看到的部位是床面，床下的部分是使用时不容易看到的，而且在先设计中的层状支架其面积小于床面，被比设计的床腿其正面视图也为柱状，与在先设计中的床腿相似，因此，区别①对于整体视觉效果不会产生显著影响；其次，对于区别②，由于折线"▁▁┘▔└▁▁"的整体形状是一致的，其拐角形状、以及在床面上的方向不同只是细微差别，并不会对床体的整体视觉效果产生显著影响。因此，被比设计与在先设计相近似，本专利相对于证据1不符合《专利法》第二十三条的规定。

此外，依诺维绅家具公司提交的北京市第二中级人民法院（2006）二中民初字第7928号民事判决书仅能表明已生效的判决中认定了"日本专利产品（即本案中的证据1、2）的外观与半日商贸公司专利产品的外观存在差异"，但如上所述并不能由此得出二者不相近似的结论，故该判决也不能支持依诺维绅家具公司认为本专利相对于证据1符合《专利法》第二十三条的主张。

鉴于证据1已经证明与本专利相近似的沙发床在本专利申请日前已在出版物上公开发表过，本专利不符合《专利法》第二十三条的规定，应予无效；因此，对于半日商贸公司提交的证据2在本无效宣告请求审查决定中不再评述。

基于以上意见，专利复审委员会作出了第8897号无效决定。

依诺维绅家具公司不服专利复审委员会作出的第8897号无效决定，在法定期限内向一审法院提起诉讼，在一审法院审理过程中，依诺维绅家具公司向一审法院提交了中国家具协会于2007年2月2日出具的书面意见。该意见中称：从一般消费者角度，经对比后发现，本专利与在先设计既不相同也不相近似。

另查，《审查指南》第四部分第五章第5.4.2"变化状态的产品"一节规定："对于被比设计而言，应当以其使用状态图所示的外观设计作为与在先设计进行比较的对象，产品的相同或者相近似取决于产品各种使用状态的外观设计的相同或者相近似。"《审查指南》第四部分第五章5.5.2"确定被比设计"一节规定："在确定被比设计时，应当以外观设计专利授权文本中的图片或者照片表示的外观设计为准。简要说明是对产品图片、照片的说明或者限定。参考图（如使用状态参考图）通常用于理解被比设计的所属领域、使用方法、使用场所或者用途，以便于确定产品类别。"

以上事实有第8897号无效决定、本专利专利文件、半日商贸公司提交的证据1和2及当事人陈述等证据在案佐证。

本院认为，专利复审委员会应依据专利法、专利法实施细则及《审查指南》等法律、法规、部门规章规范其具体行政行为。《审查指南》是国家知识产权局根据专利法、专利法实施细则制定的专利复审委员会等在进行具体行政行为时必须遵循的行为规则，是对专利法、专利法实施细则相关规定的具体细化。专利复审委员会在无效宣告请求审查程序中必须按照《审查指南》的相关规定实施具体行政行为。人民法院在审理行政案件时，参照部门规章。授予专利权的外观设计，应当同申请日以前在国内外出版物上公开发表过的外观设计不相同且不相近似。

《专利法》第五十六条第二款规定，外观设计专利权的保护范围以表示在图片或者照片中的该外观设计专利产品为准。《专利法实施细则》第二十七条第三款规定，申请人应当就每件外观设计产品所需要保护的内容提交有关视图或者照片，清楚地显示请求保护的对象。因此，外观设计专利以专利权人提交的图片或者照片中显示的外观设计产品显示保护对象和确定保护范围。《审查指南》是根据专利法、专利法实施细则的规定对外观设计图片或照片的具体作用进行细化的规定，即作为变化状态的被比设计，应当以其使用状态图所示的外观设计作为与在先设计进行比较的对象，产品的相同或者相近似取决于产品各种使用状态的外观设计的相同或者相近似。"使用状态参考图"通常用于理解被比设计的所属领域、使用方法、使用场所或者用途，以便于确定产品类别。

专利法、专利法实施细则并未明确规定不能将"使用状态参考图"通常用于理解被比设计的所属领域、使用方法、使用场所或者用途，以便于确定产品类别的图片或照片使用，而《审查指南》中对"使用状态参考图"的作用所作上述规定，也包含了确定该外观设计产品保护范围和显示保护对象的作用。因此，《审查指南》中对"使用状态参考图"的上述规定，尚不能认定为违反了专利法、专利法实施细则的相关规定。

本案中，专利复审委员会将本专利"使用状态参考图"作为确定本专利所属类别的图片使用，并未违反《审查指南》的相关规定，其行为并无不妥。

将本专利与在先设计进行比较，两者相近似部分是两者均为扁长方体带床腿的床，床体显示的八个角均为圆角，床面可折叠处形成一"⌐⌐"形折线。二者的区别部分是：本专利床体和床腿之间没有在先设计的层状支架结构；本专利床腿为两条形架状，在先设计床腿为四圆柱状；本专利"⌐⌐"折线的拐角为直角，折线长边与床的长边平行，在先设计"⌐⌐"折线的拐角为回角，折线长边与床的短边平行。

一般消费者对于本专利在先设计在使用状态下所关注的部位是床面以上部分、而位于床面以下部分的床腿及小于床面的层状支架不容易被一般消费者所关注，故本专利与在先设计在床腿与层状支架部分的区别对于整体视觉效果不会产生显著影响。由于本专利与在先设计"⌐⌐"折线的整体形状一致，其拐角形状以及在床面上的方向不同对于本专利和在先设计的使用状态，对一般消费者的视觉效果所产生的影响是细微的，不会对床体的整体视觉效果产生显著影响。因此，本专利与在先设计相近似。

依诺维绅家具公司在一审法院审理期间提交的中国家具协会于2007年2月2日出具的书面意见，是该协会对本专利与在先设计是否相同或相近似提出的结论性意见，且未说明其得出该结论意见的具体理由以及将本专利与在先设计进行对比的方法、过程以及人员等，故对该书面意见不应予以采信。一审法院对依诺维绅家具公司作为证据提交的中国家具协会的书面意见不予接受不妥，本院予以纠正。

综上，依诺维绅家具公司的上诉理由不能成立，其上诉请求本院不予支持。一审判决认定事实清楚，适用法律正确。依据《中华人民共和国行政诉讼法》第六十一条第一款第（一）项的规定，判决如下：

驳回上诉，维持原判。

一审案件受理费1000元，由北京依诺维绅家具有限公司负担（已交纳）；二审案件受理费100元，由北京依诺维绅家具有限公司负担（已交纳）。

本判决为终审判决。

审　判　长　刘　辉
代理审判员　岑宏宇
代理审判员　张冬梅
二〇〇八年三月十五日
书　记　员　陈　明

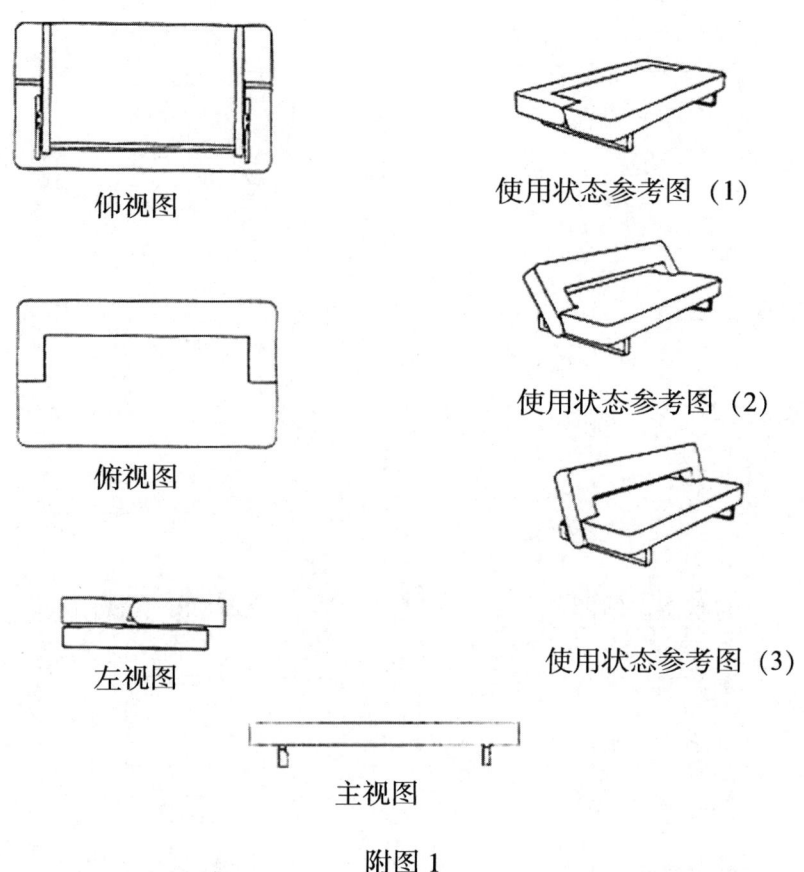

仰视图

使用状态参考图（1）

俯视图

使用状态参考图（2）

左视图

使用状态参考图（3）

主视图

附图 1

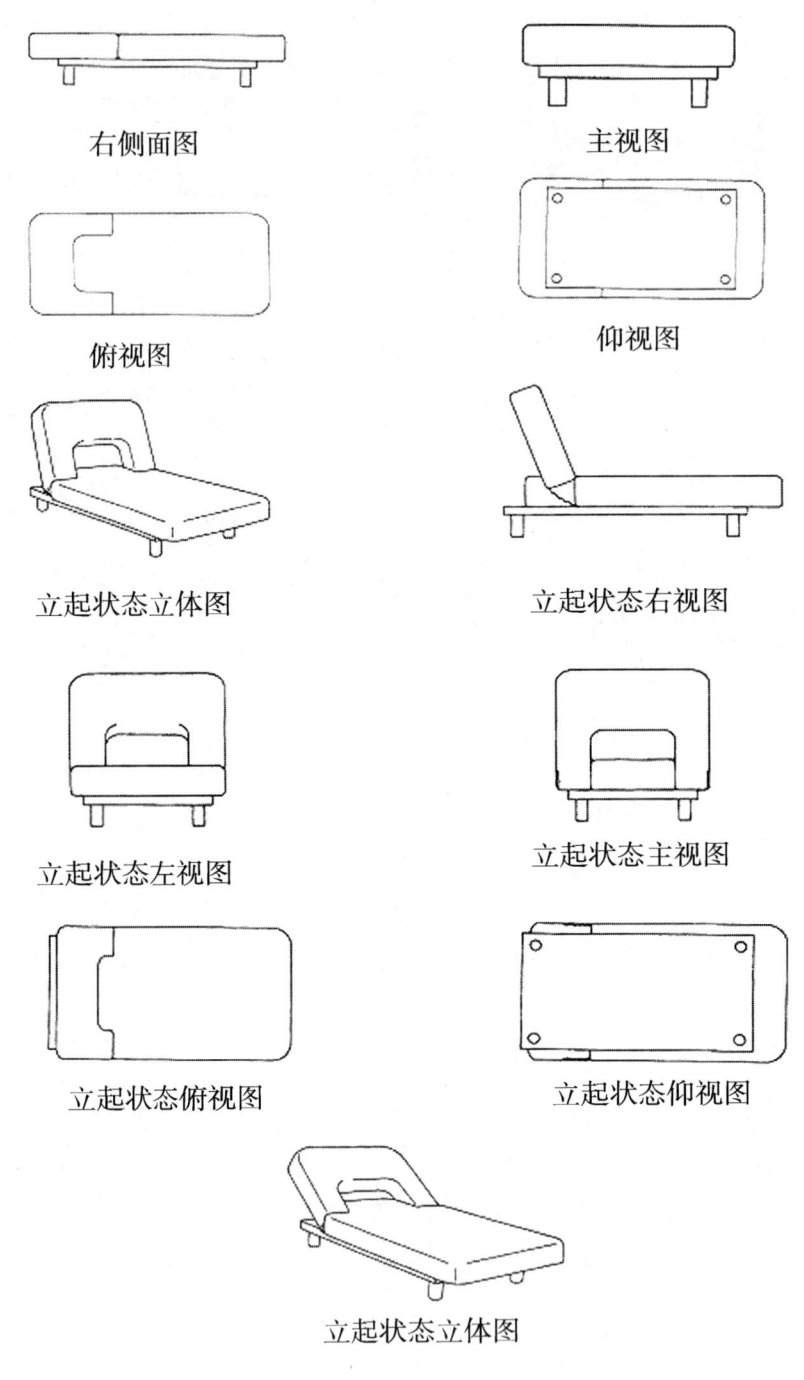

附图 2

瓶贴（金龙皇食用调和油）

无效宣告请求审查决定（第 8898 号）

决 定 号	第 8898 号
决 定 日	2006 年 12 月 6 日
发明创造名称	瓶贴（金龙皇食用调和油）
外观设计分类号	19-08
无效宣告请求人	郭兄弟粮油私人有限公司
专 利 权 人	杜丽英
申 请 号	03352140.9
申 请 日	2003 年 6 月 25 日
授 权 公 告 日	2004 年 1 月 14 日
合 议 组 组 长	宋鸣镝
主 审 员	陈海平
参 审 员	祁轶军
附 图	1 页

法 律 依 据 专利法第 23 条
决 定 要 点
本专利与在先设计相比较具有雷同的总体风格，从整体上产生了相似的视觉效果，使得一般消费者会将二者的外观设计相混淆，因此本专利与在先设计属于相近似的外观设计。

一、案由

本无效宣告请求涉及的是国家知识产权局于 2004 年 1 月 14 日授权公告的申请号为 03352140.9 的外观设计专利权，其产品名称是"瓶贴（金龙皇食用调和油）"，申请日是 2003 年 6 月 25 日，专利权人是杜丽英。

针对上述外观设计专利权（下称本专利），郭兄弟粮油私人有限公司（下称请求人）于 2005 年 2 月 6 日向专利复审委员会提出无效宣告请求，请求人提出的宣告本专利权无效的理由是：本专利不符合专利法第 23 条的规定。同时，请求人提交了 2002 年 12 月 19 日厦门日报第 6 版（复印件）作为证据。

专利复审委员会经形式审查合格后于 2005 年 3 月 1 日受理了该无效宣告请求，并将请求书及有关证据的副本转送专利权人，限其在指定期限内进行意见陈述。专利权人在指定的期限内未陈述意见。

2006年6月30日，专利复审委员会向双方当事人发出口头审理通知书，定于2006年8月15日进行口头审理。

口头审理如期举行，请求人的代理人出席了口头审理，专利权人未出席口头审理。口头审理中请求人的代理人当庭出示了证据的原件并针对本专利与证据中所示的外观设计的相近似性发表了意见。

至此，在当事人意见陈述和口头审理的基础上，本案合议组经合议，认为本案事实清楚，依法作出本审查决定。

二、决定的理由

（1）根据请求人提出的无效宣告请求的范围、理由和提交的证据，本案合议组依据专利法第23条对本案进行审理。

专利法第23条规定：授予专利权的外观设计，应当同申请日以前在国内外出版物上公开发表过或者国内公开使用过的外观设计不相同和不相近似，并不得与他人在先取得的合法权利相冲突。

（2）请求人提交的证据为2002年12月19日厦门日报第6版，该证据公开日早于本专利申请日（2003年6月25日），属于专利法第23条所规定的出版物；在该证据中公开了一种"金龙鱼食用调和油"瓶贴外观设计（下称在先设计），可以与本专利进行如下相近似性的比较。

在先设计的瓶贴形状为横长方形；约上三分之一处为浅色背景上的深色横长方形粗体字"金龙鱼"、下三分之二处为深色背景上的浅色"金龙鱼"图案，深浅部分分界线为略下凹的弧线；图案上方为方形汉字商品名称（"食用调和油"），图案左右两侧均有小型图标及浅色竖长方形图框。（详见附图。）

本专利的瓶贴形状为横长方形；约上三分之一处为浅色背景上的深色横长方形粗体字"金龙皇"、下三分之二处为深色背景上的浅色"金龙"图案，深浅部分分界线为略下凹的弧线；图案上方为方形汉字商品名称（"食用调和油"），图案左右两侧均有小型图标及浅色竖长方形图框。（详见附图。）

将本专利与在先设计相比较，二者均为"食用调和油"的瓶贴，其形状和底色划分的比例关系基本相同，图案、文字的布局基本相同，所组成外观整体风格相近似。由上述比较，合议组认为，本专利与在先设计的图案、文字布局具有雷同的总体风格，从整体上产生了相似的视觉效果，而二者间的一些细部的不同之处（如本专利图案中的"鱼"与在先设计图案中的"龙"之间的差异）则均属于局部细节的差异，而一般消费者会从整体上将二者的外观设计相混淆。根据整体观察、综合判断的判断原则，本专利与对比文件所示瓶贴为相近似的外观设计。

（3）由于在本专利申请日前，已经有与其相近似的瓶贴外观设计被公开，因此本专利不符合专利法第23条的规定。

三、决定

宣告03352140.9号外观设计专利权无效。

当事人对本决定不服的，可以根据专利法第四十六条第二款的规定，自收到本决定之日起三个月内向北京市第一中级人民法院起诉。根据该款的规定，一方当事人起诉后，另一方当事人应当作为第三人参加诉讼。

本专利

在先设计

组合收录机（TX-2031）

无效宣告请求审查决定（第 8904 号）

决 定 号	第 8904 号
决 定 日	2006 年 11 月 14 日
发明创造名称	组合收录机（TX-2031）
国 际 分 类 号	14-01
无效宣告请求人	东莞市万江宏声电子厂
专 利 权 人	东莞市盈星电子有限公司
申 请 号	02360375.5
申 请 日	2002 年 8 月 23 日
授 权 公 告 日	2003 年 3 月 26 日
合 议 组 组 长	马志远
主 审 员	石 清
参 审 员	李 卉
法 律 依 据	专利法第 23 条

决 定 要 点

请求人未能证明其提交的证据为在境内公开发行的出版物，因此其有关本专利不符合专利法第 23 条的无效理由不能成立。

一、案由

本无效宣告请求案涉及国家知识产权局于 2003 年 3 月 26 日授权公告、专利号为 02360375.5、名称为"组合收音机（TX-2031）"的外观设计专利（下称本专利），专利权人为东莞市盈星电子有限公司，申请日是 2002 年 8 月 23 日。

针对本外观设计专利权，东莞市万江宏声电子厂（下称请求人）于 2004 年 11 月 8 日以本专利不符合专利法第 23 条的规定为由向专利复审委员会提出无效宣告请求。请求人提交了以下附件作为证据：

附件 1：刊物《Audio & Video》2002 年 2 月期的复印件共 3 页（下称证据 1）；
附件 2：刊物《Audio & Video》2002 年 2 月期的复印件共 3 页（下称证据 2）；
附件 3：刊物《Audio & Video》2002 年 6 月期的复印件共 3 页（下称证据 3）；
附件 4：刊物《Electronics Marketplace》2001 年 10 月期的复印件共 3 页（下称证据 4）；
附件 5：刊物《Electronics Marketplace》2001 年 10 月期的复印件共 3 页（下称证据 5）；

附件6：刊物《Electronics Marketplace》2001年10月期的复印件共3页（下称证据6）。

请求人认为：本专利为一组合收录机，左右两边各有一个音箱，内置两个喇叭，中间为主机部分，上部为收音部分，其中间最上端有梯形调谐显示窗，下方左、右各有一圆形调谐旋钮，正下方为两个横向按钮，横向按钮下方有三个较小的按钮；下部为录放音部分，正中央是卡盒，其上有接近长方形的透明视窗，卡盒左边有两插孔和一按键，右边有两插孔，下方是五个按键。本专利与证据1、证据2、证据3在其主视面的整体外观设计的布局是非常相近的，已构成了相近似的外观设计。在先公开的证据4、5、6均为收录机音箱，作为本专利的组合体的一部分，与本专利音箱外观设计相同，可见本专利中的组合部分-音箱的外观设计无任何新颖性。

经形式审查合格，专利复审委员会于2004年11月10日受理了上述无效宣告请求，并将无效宣告请求书及其所附附件的副本转寄给专利权人。

专利权人于2004年12月11日对上述无效宣告请求作出答复，陈述了本专利符合专利法第23条的理由。专利权人认为：（1）证据1~6的公开日期不能以其自行标识的日期为准，应以公开发行日期为准，请求人不能证明其公开日期早于本专利申请日期，因此不能评价本专利。（2）对于组合收录机这类产品，设计要点与因其功能需要而必然具有的部件有关时，就不应当以是否具有这些部件作为是否具有专利性的考量；将本专利的外观设计与请求人提交的所有对比文件的外观设计单独对比，都不相同也明显不近似。因此请求人认为本专利不符合专利法第23条的规定没有事实依据。（3）请求人称证据4、5、6的收录机音箱与本专利产品音箱的外观设计相同从而认为本专利的音箱外观设计不具有新颖性是错误的。专利权人同时提交下列附件说明其与请求人之间存在专利行政查处纠纷：

附件1：专利行政调处请求书等相关材料复印件12页；

附件2：东知法【2004】18号案"立案通知书"和"审理通知书"复印件2页；

附件3：中止审理请求书复印件1页。

专利复审委员会本案合议组于2005年8月9日向双方当事人发出口头审理通知书，定于2005年9月21日对本案进行口头审理，并向请求人随转专利权人的上述意见陈述书及其附件。

口头审理如期举行，双方当事人均出席了口头审理。在口头审理中，请求人当厅指出证据1~6的出版物为境内可获得出版物，专利权人对证据1~6出版物的真实性无异议，但对上述出版物是否为境内出版物或境内可获得表示异议。请求人对专利权人在答复无效受理通知书时提交的上述附件的真实性没有异议。请求人明确表示：以证据1：SJ—301EL，证据2：KB—778，证据3：KB-778DL的3款收录机评述本专利不符合专利法第23条的规定；以证据4：ABS900，证据5：E52123，证据6：AM911，AM955和AV737的音箱来证明本专利中音箱部件的外观为已有的音箱外观。在此基础上，双方当事人针对本专利是否符合专利法第23条的规定充分发表了意见。合议组告知请求人：可以在口头审理结束后15日内提供有关证据1~6在境内公开发行的补强证据材料。

口审结束后，请求人于2005年10月9日又提交了意见陈述书，并提交了以下附件（编号续前）：

附件7：刊物《Audio & Video》2002年2月期的复印件共2页（下称证据7）；

附件8：刊物《Electronics Marketplace》2001年10月期的复印件共2页（下称证据8）；

附件9：刊物《Audio & Video》宣传资料1页（下称证据9）；

附件10：环球市场宣传资料共8页（下称证据10）；

附件11：环球市场网页资料打印件共4页（下称证据11）。

请求人指出：从证据7可以看出，证据1~3出处的《Audio & Video》杂志是环球市场出版发行的刊物之一，其由广东龙媒展览有限公司负责销售，在中国境内是完全可以合法取得的，是公开发行的刊物；从证据8看出证据4~6出处的《Electronics Marketplace》杂志在大陆有许多销售网点，在中国境内完全可以合法取得，也是公开发行的刊物；证据9~11则说明环球市场在1995年就进入了中国，1997后每年在广交会参展，且公开派送其杂志，在中国的许多大酒店内摆放杂志供客人赠阅，同时在中国涉及近20个分部为制造商提供个性化的国际市场拓展服务。因此，证据1~6是完全合法有效的证据。

专利复审委员会于2005年12月26日将请求人提交的意见陈述书及其附件的副本转送给专利权人。

专利权人于2006年1月13日作出答复，坚持首次意见陈述书及口审过程中所陈述的意见；并进一步补充如下意见：请求人所举证的所有期刊都没有相应的ISBN编号，因此不是正规出版图书，而只能视为某个单位的内部资料，不属于专利法意义上的公开出版物。另外请求人提交的所有期刊属于域外形成的证据，这些期刊的形成（出版）地、发行地均不在中国境内，而请求人未就这些证据材料依法进行公证、认证，因此这些期刊不具有证据的合法资格。专利权人同时提交了反证1（中国出口商品交易会打印资料共3页），用于证明第97届广交会的主办时间是在2005年4月，而非申请日之前的97年。

专利复审委员会于2006年2月7日将专利权人于2006年1月13日提交的意见陈述及其附件的副本转送请求人。

请求人于2006年3月15日对专利权人的意见陈述作出答复，坚持在陈述书、及口审过程中所作陈述，并认为：（1）从证据1、2不难看出请求人所提供的证据不是域外证据，不需要公证认证；（2）各证据是在本专利申请日之前公开的出版物；（3）证据中的对比产品的外观与本专利外观构成相近似；（4）对于请求人所提期刊杂志的有效性，在有关案件中已经对该种杂志可以在境内取得予以肯定，并就相关案件已有认定。因此请求人提供证据的出版物是在中国境内公开发行的，是完全合法有效的证据。

在上述工作的基础上，合议组认为双方当事人已经充分发表意见，可以作出本无效宣告请求审查决定。

二、决定的理由

1. 关于请求人口头审理后提交的证据7~11是否可接受

在2005年9月21日举行的口头审理中，合议组告知请求人可以在口头审理结束后15日内提供有关证据1~6在境内公开发行的补强证据材料。请求人在口审之后于2005年10月9日提交了证据7~11，虽然请求人提交证据7~11的日期已超出口审之后15日，但鉴于专利权人对请求人提交证据7~11的期限未提出异议，且接受上述证据有利于查清案件事实，因此对于证据7~11合议组予以接受。

2. 关于证据的认定

请求人主张证据1~6为在中国境内公开发行的出版物，并提交证据7~11对其主张进行证明。证据7为与证据1~3同名、且与证据1~2同期的刊物的相关复印页，其上记载有"请尽快将会员费（订阅费）汇至：…户名：环球市场集团（亚洲）有限公司…（中国内地会员）：回暖感广东传媒展览有限公司"的内容，证据8为与证据4~6同名且同期的刊物的相关复印页，其上载明"Advertising Inquiries…. Hong Kong…. Shanghai Office…"，"Electronics Marketplace is published monthly in Hong kong"，"Produced and Published by…"，证据9为与证据1~3同名的刊物宣传页，上面载有截止到2003年4月的环球市场视听买家会员包括中国在内的地区分布信息，证据10为环球市场宣传资料，记载"唯一被邀进驻广交会主会场的国际市场拓展机构环球市场于1995年创立的内容，证据11为环球市场网页打印件，内容涉及环球市场在第97界广交会上的情况。证据7、8仅仅说明证据1~6本身记载有中国客户在境内可能获得证据1~6的相关渠道的内容，而无法直接证明其可在中国境内合法取得，而证据9~11上记载的上述内容也只能表明1995年创立的环球市场机构进驻第97界广交会，但不能证明环球市场于创立之初的1995年就进入中国市场，且由于"97"不能被唯一地理解为1997年，因此也不能证明1997年后每年都在广交会上参展并公开派送其发行的杂志。至于请求人所提出的在其他案件中请求人所提供杂志可以在境内取得的事实已被肯定，由于不同案件证据、事实均不相同，因此同种杂志在不同案件中的认定并不适用于本案，况且请求人也未就此提交任何证据。

综上，请求人所提交的全部证据和提出的所有理由均不足以支持其所主张的证据1~6为在境内出版发行的出版物的事实。在请求人没有对证据1~6进行公证认证的情况下不能确认证据1~6的真实性。

3. 关于本专利是否符合专利法第23条的规定

请求人主张以证据1：SJ—301EL、证据2：KB—778、证据3：KB-778DL的3款收录机评述本专利不符合专利法第23条的规定；以证据4：ABS900、证据5：E52123、证据6：AM911、AM955和AV737的音箱来证明本专利中音箱部件的外观为已有的音箱外观。

鉴于证据1~6的真实性均无法确认，因此请求人有关本专利不符合专利法第23条的规定的无效理由不能成立。

三、决定

维持02360375.5号外观设计专利权有效；当事人对本决定不服的，可以根据专利法第46条第2款的规定，自收到本决定之日起三个月内向北京市第一中级人民法院起诉。根据该款的规定，一方当事人起诉后，另一方当事人应当作为第三人参加诉讼。

床（四）

无效宣告请求审查决定（第 8907 号）

决 定 号	第 8907 号
决 定 日	2006 年 12 月 7 日
发明创造名称	床（四）
外观设计分类号	06-01
无 效 请 求 人	姜少梅
专 利 权 人	山东今日家居发展有限公司
专 利 号	02351616.X
申 请 日	2002 年 6 月 10 日
授 权 公 告 日	2002 年 12 月 25 日
合 议 组 组 长	钱亦俊
主 审 员	李巍巍
参 审 员	徐清平
附 图	2 页
法 律 依 据	中国专利法第二十三条

决 定 要 点

本专利与在先设计相比，二者存在着明显不同，其不同点对整体视觉效果具有显著的影响。因此，本专利与在先设计属于不相同也不相近似的外观设计。

一、案由

本无效宣告请求涉及的是国家知识产权局于 2002 年 12 月 25 日授权公告的 02351616.X 号外观设计专利，其产品名称是"床（四）"，申请日是 2002 年 6 月 10 日，专利权人是山东今日家居发展有限公司。

针对上述外观设计专利权（下称本专利），姜少梅（下称请求人）于 2006 年 3 月 9 日向专利复审委员会提出无效宣告请求，其事实和理由是：本专利外观设计为一种形状设计，这种形状是本领域普遍采用的形状，其床头、床头与床体的结合是公知技术，故本专利不符合中国专利法第 23 条的规定。同时，请求人提交了如下附件作为证据：

附件 1 是《COLLECTLON》2001/02 复印件 2 页；
附件 2 是《Möbel kultur》3/2002 复印件 2 页；
附件 3 是《Möbel kultur》1/2001 复印件 2 页；

附件4是《LE STYLE DE VIE》2002复印件2页。

经专利复审委员会形式审查合格后，受理了该无效宣告请求，并于2006年3月13日将无效宣告请求书和证据的副本转送给专利权人，限其在指定的期限内答复。并告知专利权人如逾期不答复，不影响专利复审委员会的审理。

2006年4月5日请求人提交了意见陈述书，认为本专利与在先设计相比其床头和床体的形状相同。同时递交了如下附件作为补充证据（编号续前）：

附件5是00343600.4号外观设计专利公报复印件1页；

附件6是01343695.3号外观设计专利公报复印件1页。

专利复审委员会于2006年9月6日向双方当事人发出《合议组成员告知通知书》，指出如对本案合议组人员有回避请求的，请于收到本通知之日起7天内提交书面请求书，逾期未答复，视为无回避请求。同日将请求人2006年4月5日提交的意见陈述和补充证据转送给专利权人。同日还向双方当事人发出《无效宣告请求口头审理通知书》，定于2006年10月23日在专利复审委员会进行口头审理。

专利复审委员会于2006年10月8日收到专利权人的意见陈述书，专利权人针对请求人提交的补充意见及有关的证据进行意见陈述，认为：请求人提交的附件5与本专利相比，其床头与床体的宽度不同，床头的顶部的弧度、床头两侧的斜度、床体上表面的形状与图案均不同；附件6与本专利相比，其床头和床体的形状不同，从整体观察均与本专利既不相同也不相近似。应当维持本专利有效。

口头审理如期举行，双方均参加了口头审理。在口头审理前合议组将2006年10月8日收到的专利权人提交的意见陈述书转送给请求人。在口头审理过程中，请求人当庭声明放弃附件1至附件4、附件6作为宣告本专利无效的证据，保留附件5作为本案的证据。双方均坚持其原有主张，并就本专利与附件5所示外观设计是否构成相近似性进行了辩论。

口头审理结束后，合议组给双方当事人7天的和解期限，在该期限内合议组未收到有关双方当事人达成和解的意见陈述书。

在以上审理的基础上，本案合议组经合议，认为本案事实清楚，依法作出本审查决定。

二、决定的理由

1. 法律依据

根据请求人提出的无效宣告请求的理由和提交的证据，本案合议组依据专利法第二十三条的规定对本案进行审理。

中国专利法第二十三条规定："授予专利权的外观设计，应当同申请日以前在国内外出版物上公开发表过或者国内公开使用过的外观设计不相同和不相近似，并不得与他人在先取得的合法权利相冲突。"

2. 证据的认定

请求人提交的附件5是00343600.4号外观设计专利公报复印件，对此，本合议组进行了核实，该复印件与原件相符，其真实性可以确定。该专利的申请日是2000年11月23日，授权公告日是2001年9月19日，授权公告号是CN3200360D，名称为"床（CH002）"。其授权公告日早于本专利申请日（2000年11月23日），该在先设计与本专利属于相同种类产品，可以作为本案的证据（下称在先设计）。

3. 本专利包括5幅视图，即主视图、后视图、右视图、俯视图、使用状态参考图，简要说明中记载：左视图与右视图对称，故省略左视图。仰视图为不常见视图，故省略仰视图。从各视图观察，床的整体形状大致呈"L"形，床体为矩形，床垫由两矩形组成，床头落地，上部略宽于下部，床头

的上部略向后倾斜，顶部略呈弧形，从俯视图观察，床头为矩形，床体底部可视6个支脚。详见本专利附图

在先设计包括6幅视图，即主视图、后视图、左视图、右视图、俯视图、使用状态参考图，简要说明中记载：仰视图为不可见部分，省略仰视图。从各视图看，床的整体形状大致呈"L"形，床体为矩形，床垫正面有一长方形设计，床头大致呈扇形，其正面的下半部向内凹陷，其内嵌有一近似三角形和一近似梯形靠枕，床头的底端与床体下部平齐，从俯视图观察，床头为扇形，床体底部可视4个支脚。详见在先设计附图

将本专利与在先设计相比较，二者的相同点是：整体形状均大致呈"L"形，床体均有支脚，床头均为上宽下窄。二者之间存在的不同点是：床头不同，本专利床头底部为落地状，床头外侧边缘为直线形，在先设计床头底部与床体下部平齐，床头外侧边缘为弧形，且其正面的下半部向内凹陷，并内嵌有靠枕，床垫不同，在先设计床垫为一体，内有一长方形设计，本专利床垫由两矩形组成，内无长方形设计。合议组认为，以一般消费者作为判断主体来观察二者的外观设计，二者床头的形状存在着明显不同，其不同点对整体视觉效果具有显著的影响。因此，本专利与在先设计属于不相同也不相近似的外观设计。

4. 综上所述，请求人提交的附件5不足以证明本专利不符合专利法第二十三条的规定，且请求人放弃了其他证据，故其请求宣告本专利权无效的主张不能成立。

5. 请求人有责任向专利复审委员会提交充分的证据，如果其提交的证据均不足以支持其无效宣告的请求理由，应承担其主张不能成立的法律后果。

三、决定

维持02351616.X号外观设计专利权有效。

当事人对本决定不服的，可以根据专利法第四十六条第二款的规定，自收到本决定之日起三个月内向北京市第一中级人民法院起诉。根据该款的规定，一方当事人起诉后，另一方当事人应当作为第三人参加诉讼。

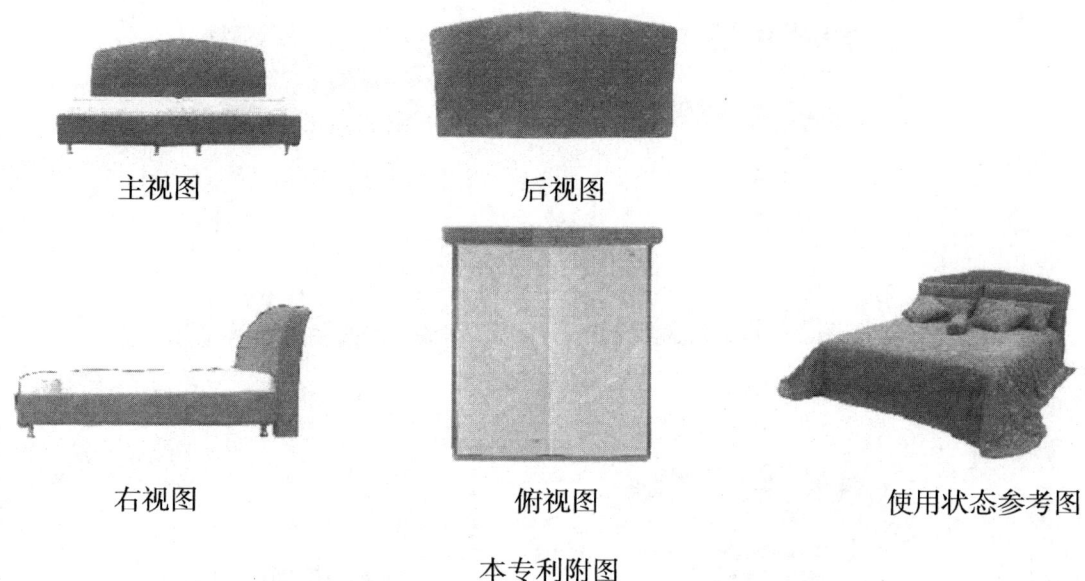

主视图　　　　　　后视图

右视图　　　　　　俯视图　　　　　　使用状态参考图

本专利附图

主视图　　　后视图

右视图　　　左视图

俯视图　　　使用状态参考图

在先设计附图

床

无效宣告请求审查决定（第 8908 号）

决　定　号	第 8908 号
决　定　日	2006 年 12 月 7 日
发明创造名称	床
外观设计分类号	06-01
无效宣告请求人	姜少梅
专　利　权　人	山东今日家居发展有限公司
专　利　号	01351412.1
申　请　日	2001 年 10 月 31 日
授权公告日	2003 年 1 月 29 日
合议组组长	钱亦俊
主　审　员	李巍巍
参　审　员	徐清平
附　　　图	2 页
法　律　依　据	专利法第 23 条

决　定　要　点

本专利与在先设计相比，二者存在着明显不同，其不同点对整体视觉效果具有显著的影响。因此，本专利与在先设计属于不相同也不相近似的外观设计。

一、案由

本无效宣告请求涉及的是国家知识产权局于 2003 年 1 月 29 日授权公告的第 01351412.1 号外观设计专利，其产品名称是"床"，申请日是 2001 年 10 月 31 日，专利权人是山东今日家居发展有限公司。

针对上述外观设计专利权（下称本专利），姜少梅（下称请求人）于 2006 年 3 月 9 日向专利复审委员会提出无效宣告请求，其事实和理由是：本专利外观设计为一种形状设计，这种形状是本领域普遍采用的形状，其床头、床头与床体的结合是公知技术，故本专利不符合专利法第 23 条的规定。同时，请求人提交了如下附件作为证据：

附件 1 是《COLLECTION》2001/02 封面和相关页复印件 2 页；
附件 2 是《HOMES&GARDENS》MARCH2000 封面和相关页复印件 2 页。

专利复审委员会经形式审查合格后，受理了该无效宣告请求，并于 2006 年 3 月 13 日将无效宣告请求书和证据的副本转送给专利权人，限其在指定的期限内答复。并告知专利权人如逾期不答复，不影响专利复审委员会的审理。

2006年4月5日请求人提交了意见陈述陈，认为在先设计与本专利相比均有相同形状的床头及床体，不同之处仅在于材质上的区别。同时递交了如下附件作为补充证据（编号续前）：

附件3是00303582.4号外观设计专利公报复印件1页；

附件4是01300327.5号外观设计专利公报复印件1页；

附件5是00327615.5号外观设计专利公报复印件1页；

附件6是00344604.2号外观设计专利公报复印件1页；

附件7是99341510.5号外观设计专利公报复印件1页。

专利复审委员会于2006年9月6日向双方当事人发出《合议组成员告知通知书》，指出如对本案合议组人员有回避请求的，请于收到本通知之日起7天内提交书面请求书，逾期未答复，视为无回避请求。同日将请求人2006年4月5日提交的补充证据转送给专利权人。同日还向双方当事人发出《无效宣告请求口头审理通知书》，定于2006年10月23日在专利复审委员会进行口头审理。

专利复审委员会于2006年10月8日收到专利权人的意见陈述书，专利权人针对请求人提交的补充意见及有关的证据进行意见陈述，认为：请求人提交的附件3与本专利相比，其床体上表面形状不同，床头内侧面的形状不同；附件4为床框的设计；附件5整体风格与本专利不同；附件6和附件7存在着上述同样的问题。综上所述附件3至附件7从整体观察均与本专利既不相同也不相近似。应当维持本专利有效。

口头审理如期举行，双方均参加了口头审理。在口头审理前合议组将2006年10月8日收到的专利权人提交的意见陈述书转送给请求人。在口头审理过程中，请求人当庭声明放弃附件1、附件2、附件4至附件7作为宣告本专利无效的证据，保留附件3作为本案的证据。双方均坚持其原有主张，并就附件3和本专利外观设计是否构成相近似性进行了辩论。

口头审理结束后，合议组给双方当事人7天的和解期限，在该期限内合议组未收到有关双方当事人达成和解的意见陈述书。

在以上审理的基础上，本案合议组经合议，认为本案事实清楚，依法作出本审查决定。

二、决定的理由

1. 法律依据

根据请求人提出的无效宣告请求的理由和提交的证据，本案合议组依据专利法第23条的规定对本案进行审理。

专利法第23条规定："授予专利权的外观设计，应当同申请日以前在国内外出版物上公开发表过或者国内公开使用过的外观设计不相同和不相近似，并不得与他人在先取得的合法权利相冲突。"

2. 证据的认定

请求人提交的附件3是00303582.4号外观设计专利公报复印件，对此，本合议组进行了核实，该复印件与原件相符，其真实性可以确定。该专利的申请日是2000年4月7日，授权公告日是2000年12月6日，授权公告号是CN3168286D，名称为"软床（B）"。其授权公告日早于本专利申请日（2001年10月31日），属于专利法第23条所述出版物，该在先设计与本专利属于相同种类产品，可以作为本案的证据（下称在先设计）。

本专利包括5幅视图，即主视图、后视图、左视图、俯视图、使用状态参考图，简要说明中记载：本外观设计的左视图与右视图对称相同，故省略右视图。本外观设计的仰视图为不常见部位视图，故省略。从各视图看，床的整体形状大致呈"L"形，床体为矩形，其上床垫由两矩形组成，床头呈矩形，床头略呈弧度向后倾斜，床头与床体等宽，从主视图可见床体有纵向条，床头上宽下窄。详见本专利附图。

在先设计包括 5 幅视图，即主视图、左视图、右视图、俯视图、立体图，简要说明中记载：后视图与主视图对称，省略后视图。产品底部不常见，省略仰视图。从各视图看，床的整体形状大致呈"L"形，床体为矩形，床头略呈弧度向后倾斜，其上有两个并排的挂枕，床头宽于床体，床体上覆有床罩，床垫不可见，床体下部向内收。详见在先设计附图。

将本专利与在先设计相比较，二者的相同点是：整体形状均大致呈"L"形，床头均略呈弧度向后倾斜。二者之间存在的不同点是：床头有不同，本专利床头与床体等宽，在先设计床头宽于床体，且有两个并排的挂枕，从可见部位看床体有差别，本专利从主视图观察床体有纵向条，而在先设计无该设计。合议组认为，二者床头的形状存在着明显不同，其不同点对整体视觉效果具有显著的影响，且从可见部位看到的床体也有差别。因此，本专利与在先设计属于不相同也不相近似的外观设计。

综上所述，请求人提交的附件 3 不足以证明本专利不符合专利法第 23 条的规定，且请求人放弃了其他证据，故其请求宣告本专利权无效的主张不能成立。

请求人有责任向专利复审委员会提交充分的证据，如果其提交的证据均不足以支持其无效宣告请求的理由，应承担其主张不能成立的法律后果。

三、决定

维持 01351412.1 号外观设计专利权有效。

当事人对本决定不服的，可以根据专利法第 46 条第 2 款的规定，自收到本决定之日起三个月内向北京市第一中级人民法院起诉。根据该款的规定，一方当事人起诉后，另一方当事人应当作为第三人参加诉讼。

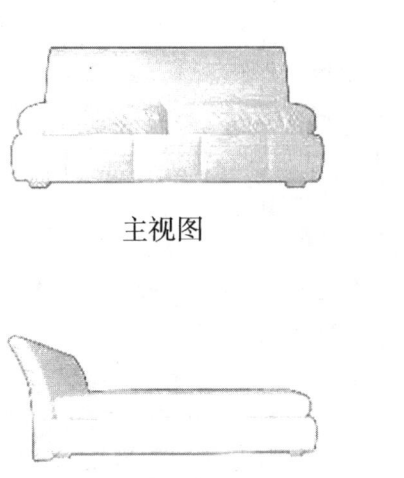

主视图　　　　　　　　后视图

左视图　　　　　　　　俯视图

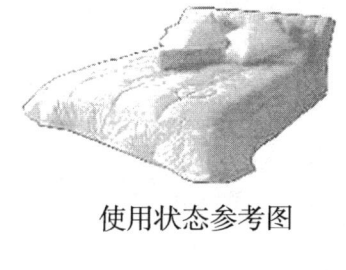

使用状态参考图

本专利附图

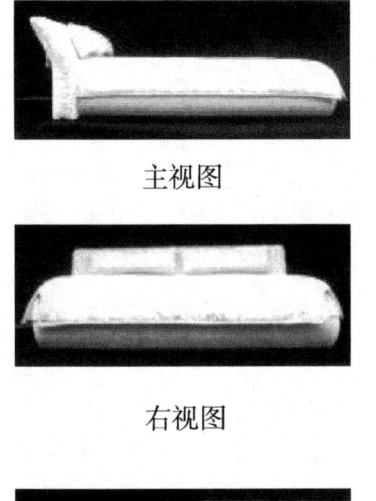

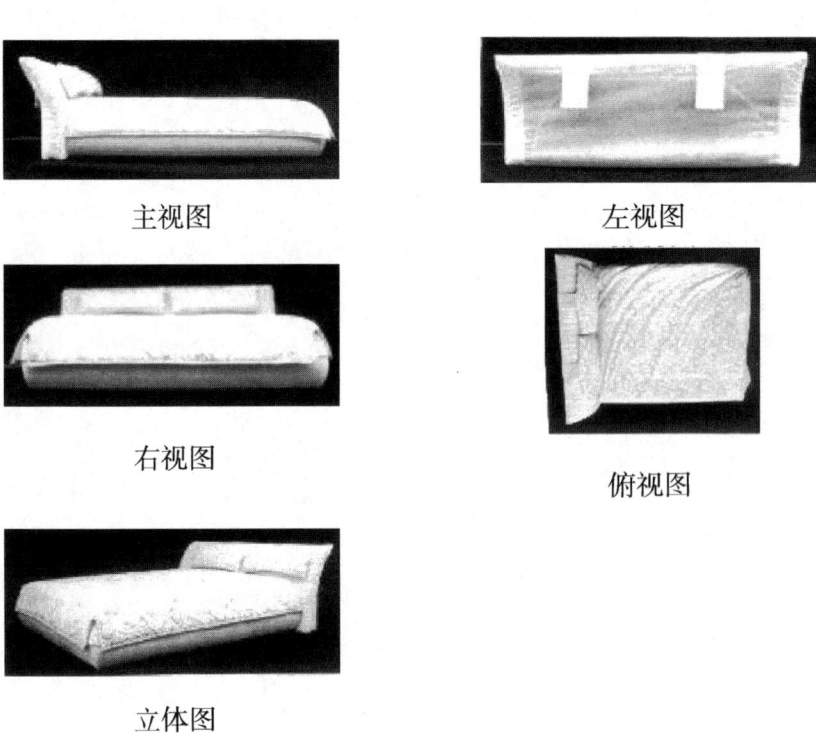

主视图　　　　　　　　左视图

右视图　　　　　　　　俯视图

立体图

在先设计附图

北京市第一中级人民法院
行政判决书

(2007) 一中行初字第 423 号

原告姜少梅，女，1968年10月28日出生，汉族，无业，住山东省济南市市中区玉函路60号3号楼5单元502号。

委托代理人宋永丽，女，山东济南齐鲁科技专利事务所专利代理人。

委托代理人黄兴辉，山东乾慧律师事务所律师。

被告国家知识产权局专利复审委员会，住所地北京市海淀区北四环西路9号银谷大厦10~12层。

法定代表人廖涛，副主任。

委托代理人李巍巍，女，国家知识产权局专利复审委员会审查员。

委托代理人耿博，男，国家知识产权局专利复审委员会审查员。

第三人山东今日家居发展有限公司，住所地山东省济南市经七路28-1号。

法定代表人李欣，总经理。

委托代理人张建成，男，济南舜源专利事务所有限公司专利代理人。

原告姜少梅不服被告国家知识产权局专利复审委员会于2006年12月7日作出的第8908号无效宣告请求审查决定（以下简称被诉决定），向本院提起行政诉讼。本院受理后，依法组成合议庭，并依法通知与本案被诉决定存在法律上利害关系的山东今日家居发展有限公司作为本案第三人参加诉讼。2007年4月19日，本院依法公开开庭审理了本案。原告及其委托代理人宋永丽、黄兴辉，被告的委托代理人李巍巍、耿博以及第三人的委托代理人张建成，到庭参加了诉讼。本案现已审理终结。

2006年12月7日，被告依据原告的无效请求，针对产品名称是"床"、申请日是2001年10月31日、专利权人是本案第三人、国家知识产权局于2003年1月29日授权公告的第01351412.1号外观设计专利（以下简称本专利），认定：原告提交的对比文件不足以证明本专利不符合《中华人民共和国专利法》（以下简称《专利法》）第二十三条的规定，故宣告维持本专利权有效。为证明被诉决定的合法性，被告在法定期限内向本院提交了下列证据：1. 本专利外观设计专利公报复印件，2. 第00303582.4号外观设计专利公报复印件（以下简称对比文件3），证据1、证据2用以证明本专利与对比文件3相比，二者是不相同或相近似的外观设计；3. 口头审理记录表，证明口头审理时发生的客观情况。原告诉称，本专利与对比文件3相比，二者的床体、本专利的主视图与对比文件3的右视图、本专利的左视图与对比文件3的主视图、本专利的后视图与对比文件的左视图均相同，被诉决定认定的本专利与对比文件3的不同点相对于床的形状来说是极细微的变化，对床的整体视觉效果不足以产生显著影响。因此，被诉决定认定的结果与事实不符，请求本院撤销被诉决定。原告在法定期限内，未向本院提交证据。被告辩称，我委坚持被诉决定中的理由，被诉决定认定事实清楚、适用法律正确、审查程序合法，请求法院维持被诉决定，驳回原告的诉讼请求。第三人未向本院提交书面意见，诉讼中表示同意被诉决定的结论，请求法院维持被诉决定，驳回原告的诉讼请求。第三人在法定期限内，未向本院提交证据。

经庭审质证，原告与第三人对于被告证据的真实性无异议。本院经审查认为，被告提交的证据与本案有关联，且真实、合法，本院均予确认。根据上述有效证据及各方当事人无争议的陈述，本院认定事实如下：针对本专利，原告于2006年3月9日向被告提出无效宣告请求，其事实和理由是：本专利为一种形状设计，这种形状是本领域普遍采用的形状，其床头、床头与床体的结合是公知技术，故本专利不符合《专利法》第二十三条的规定。原告同时提交了2份对比文件。

经形式审查合格，被告受理了该无效宣告请求，并于2006年3月13日将无效宣告请求书和证据的副本转送给第三人，限其在指定的期限内答复。并告知第三人如逾期不答复，不影响被告的审理。

2006年4月5日原告提交了意见陈述书，认为在先设计与本专利相比均有相同形状的床头及床体，不同之处仅在于材质上的区别。原告同时补充提交了包括对比文件3在内的5份对比文件作为证据。

被告于2006年9月6日向双方当事人发出《合议组成员告知通知书》，指出如对本案合议组人员有回避请求的，请于收到本通知之日起7天内提交书面请求书，逾期未答复，视为无回避请求。同日将原告2006年4月5日提交的补充证据转送给第三人。同日还向双方当事人发出《无效宣告请求口头审理通知书》，定于2006年10月23日进行口头审理。

被告于2006年10月8日收到第三人的意见陈述书，第三人针对姜少梅提交的补充意见及有关的证据进行了意见陈述，认为原告提交的对比文件与本专利既不相同也不相近似，应当维持本专利有效。

口头审理如期举行，原告与第三人均参加了口头审理。在口头审理前被告将2006年10月8日收到的第三人提交的意见陈述书转送给原告。口头审理过程中，原告当庭声明仅保留对比文件3作为本案的证据，放弃其他所有的对比文件。双方均坚持其原有主张，并就对比文件3和本专利是否构成相近似进行了辩论。

口头审理结束后，被告给双方当事人7天的和解期限，在该期限内被告未收到有关双方当事人达成和解的意见陈述书。

被告经审查认为：

对比文件3是00303582.4号外观设计专利公报复印件，对此，被告合议组进行了核实，该复印件与原件相符，其真实性可以确定。该专利的申请日是2000年4月7日，授权公告日是2000年12月6日，授权公告号是CN3168286D，名称为"软床（B）"。其授权公告日早于本专利申请日，属于《专利法》第二十三条所述出版物，该在先设计与本专利属于相同种类产品，可以作为本案的证据。

本专利包括5幅视图，即主视图、后视图、左视图、俯视图、使用状态参考图，简要说明中记载：本外观设计的左视图与右视图对称相同，故省略右视图。本外观设计的仰视图为不常见部位视图，故省略。从各视图看，床的整体形状大致呈"L"形，床体为矩形，其上床垫由两矩形组成，床头呈矩形，床头略呈弧度向后倾斜，床头与床体等宽，从主视图可见床体有纵向条，床头上宽下窄。（详见本专利附图）

在先设计包括5幅视图，即主视图、左视图、右视图、俯视图、立体图，简要说明中记载：后视图与主视图对称，省略后视图。产品底部不常见，省略仰视图。从各视图看，床的整体形状大致呈"L"形，床体为矩形，床头略呈弧度向后倾斜，其上有两个并排的挂枕，床头宽于床体，床体上覆有床罩，床垫不可见，床体下部向内收。（详见对比文件3附图）

将本专利与对比文件3比较，二者相同点是：整体形状均大致呈"L"形，床头均略呈弧度向后倾斜。二者之间存在的不同点是：床头有不同，本专利床头与床体等宽，在先设计床头宽于床体，且有两个并排的挂枕，从可见部位看床体有差别，本专利从主视图观察床体有纵向条，而对比文件3无该设计。被告认为，二者床头的形状存在着明显不同，其不同点对整体视觉效果具有显著的影响，且从可见部位看到的床体也有差别。因此，本专利与对比文件3属于不相同也不相近似的外观设计。

被告基于上述理由作出被诉决定。原告不服，在法定期限内向本院提起行政诉讼，请求法院撤销被诉决定。

庭审中,原告与第三人明确表示对于被诉决定的下列内容不持异议:被诉决定作出的行政程序、被诉决定"案由"部分记载的内容、被诉决定认定对比文件3可以作为本专利的对比文件。原告认为被诉决定关于本专利与对比文件3相同特征的描述中,没有描述二者的床头均呈现上宽下窄形状。第三人认为被诉决定关于本专利与对比文件3的区别特征的描述中,没有描述下列特征:床头与床体的比例关系、本专利的床垫呈左右分置形状、二者在床腿方面的差别。

本院认为:原告与第三人对被诉决定中不持异议的部分,本院经书面审查,对其合法性予以确认。

通过本专利与对比文件3的图片可以看出,二者相同点是:整体形状均大致呈"L"形,床头均略呈弧度向后倾斜。二者之间存在的不同点是:床头有不同,本专利床头与床体等宽,在先设计床头宽于床体,且有两个并排的挂枕,从可见部位看床体有差别,本专利从主视图观察床体有纵向条,而对比文件3无该设计。根据整体观察、综合判断的原则可得知,二者床头的形状存在着明显不同,其不同点对整体视觉效果具有显著的影响,且从可见部位看到的床体也有差别。因此,被诉决定认定本专利与对比文件3属于不相同也不相近似的外观设计的结论正确。原告的诉讼请求缺乏事实依据,本院不予支持。

经本院审查,被诉决定在描述本专利与对比文件3的相同特征、区别特征时,确实存在着原告与第三人所说的未将二者的相同特征与区别特征全部描述的情形,本院在此予以指出。但此瑕疵并未影响到被诉决定对比结论的正确性,亦不能支持原告关于撤销被诉决定的诉讼请求。

综上,依照最高人民法院《关于执行〈中华人民共和国行政诉讼法〉若干问题的解释》第五十六条第(四)项之规定,判决如下:

驳回原告姜少梅的诉讼请求。

案件诉讼费1000元,由原告姜少梅负担(已交纳)。

如不服本判决,各方当事人可于判决书送达之日起15日内,向本院递交上诉状,并按对方当事人人数提出副本,上诉于北京市高级人民法院。上诉人在接到人民法院预交上诉费用的通知后7日内未预交,又不提出缓交申请的,按自动撤回上诉处理。

审 判 长 梁 菲
代理审判员 司品华
代理审判员 郭修申
二〇〇七年七月五日
书 记 员 王 丽

北京市高级人民法院
行政判决书

(2007) 高行终字第 447 号

上诉人（一审原告）姜少梅，女，1968 年 10 月 28 日出生，汉族，无业，住山东省济南市市中区玉函路 60 号 3 号楼 5 单元 502 号

被上诉人（一审被告）国家知识产权局专利复审委员会，住所地北京市海淀区北四环西路 9 号银谷大厦 10-12 层

被上诉人（一审第三人）山东今日家居发展有限公司，住所地山东省济南市经七路 28-1 号

法定代表人廖涛，副主任

法定代表人李欣，总经理

委托代理人李巍巍，女，国家知识产权局专利复审委员会审查员

委托代理人耿博，男，国家知识产权局专利复审委员会审查员

委托代理人张建成，男，济南舜源专利事务所有限公司专利代理人

上诉人姜少梅因专利无效一案，不服北京市第一中级人民法院（2007）一中行初字第 423 号行政判决，向本院提起上诉。本院受理后，依法组成合议庭，对本案进行了审理。本案现已审理终结。2006 年 12 月 7 日，国家知识产权局专利复审委员会（以下简称专利复审委）作出第 8908 号无效宣告请求审查决定（以下简称第 8908 号决定），认定姜少梅提交的对比文件不足以证明山东今日家居发展有限公司（以下简称今日家居公司）持有的第 01351412.1 号名称为"床"的外观设计专利（以下简称本专利）不符合《中华人民共和国专利法》（以下简称《专利法》）第二十三条的规定，故宣告维持本专利权有效。姜少梅不服该决定，向北京市第一中级人民法院提起行政诉讼。北京市第一中级人民法院就姜少梅与今日家居公司对第 8908 号决定中不持异议的部分进行了书面审查，经审查，对该部分内容的合法性给予确认。同时该院认为，通过本专利与对比文件 3 的图片可以看出二者相同点是：整体形状均大致呈"L"形，床头均略呈弧度向后倾斜。二者的不同点是：床头有不同，本专利床头与床体等宽，对比文件 3 的床头宽于床体，且有两个并排的挂枕；从可见部位看床体也有差别，本专利从主视图观察床体有纵向条，而对比文件 3 无该设计。根据整体观察、综合判断的原则可得知，二者床头的形状有明显不同，该不同点对整体视觉效果具有显著影响，且从可见部位看到的床体也有差别。因此，第 8908 号决定认定本专利与对比文件 3 属于不相同也不相近似的外观设计的结论正确。姜少梅的诉讼请求因缺乏事实依据故不予支持。关于姜少梅与今日家居公司所述第 8908 号决定未将本专利和对比文件 3 的相同特征与区别特征给予全部描述的问题，一审法院认为，第 8908 号决定在描述本专利与对比文件 3 的相同特征、区别特征时，确有瑕疵，但此瑕疵并未影响到第 8908 号决定就二者对比结论的正确，故对姜少梅关于撤销该决定的诉讼请求不予支持。综上，依照最高人民法院《关于执行〈中华人民共和国行政诉讼法〉若干问题的解释》第五十六条第（四）项之规定，判决驳回了姜少梅的诉讼请求。姜少梅不服一审判决，提起上诉。姜少梅认为，第 8908 号决定对对比文件 3 床头宽于床体的认定与事实不符，对比文件 3 有主视图、左视图、右视图、俯视图及立体图，根据《审查指南》的规定，通常用于理解被比设计所属的领域、使用方法、使用场所或者用途。即，立体图不作为形状比对，只能用平面图确定床的形状。对比文件 3 的主视图、左视图、右视图及俯视图所显示的形状未显示出床头宽于床体的形状，故第 8908 号决

定认定对比文件3"床头宽于床体"与事实不符。对比文件3的两个并排挂枕是惯常设计,由其左视图上面的两条粘扣可知,挂枕是可以随时拿掉的,在床头上是否挂上挂枕,消费者在购床时通常不会关注。本专利与对比文件3的床头均为向后有一弧度的倾斜,均为上宽下窄,两侧弧线过度,床头顶平直、两侧平直,并与床体两侧直线连接,床头两侧均与床体两侧齐平连接。故本专利的床头形状与对比文件3的床头形状完全相同,唯一区别是对比文件3挂上了两个挂枕,但该挂枕为惯常设计,不影响消费者对两床形状完全相同的判断。第8908号决定关于认定本专利与对比文件3的差别时确认"本专利主视图观察床体有纵向条,对比文件3无该设计"。由于本专利床体上的纵向条是床体采用布料包覆时包布上缝制的线缝,消费者购床时,不会关注铺上床单后即可盖住的包布上的线缝,故这种线缝不会影响消费者对两床体形状相同的判断。综上,第8908号决定认定的三点不同之处有一处与事实不符,另两处为公知常识。本专利与对比文件3属于相同产品、相同功能及用途,有相同形状的床头及相同形状的床体,第8908号决定及一审判决认定事实错误,请求二审法院判决撤销。专利复审委答辩坚持其第8908号决定认定的事实及理由,认为一审法院判决维持符合法律规定,姜少梅的上诉理由不能成立,故请求维持一审判决,驳回姜少梅的上诉请求。今日家居公司答辩认为,姜少梅关于"两外观设计相比对,由于床头床体的基本形状完全相同,所以第8908号决定中记载的区别点不足于产生显著影响"的论点错误,不符合现有法规的规定;由于本专利的床头与床体等宽,对比文件3的床头宽于床体,对比文件3的各视图均展示了其床头正面并排设置两个凸起物(即挂枕),使该设计必然产生明显的视觉效果,形成了两专利产品的不相同和不近似;同时本专利的床头与床体、床体与床垫、床头与床体、床垫之和的高度尺寸比及分体式床垫的设计、床体上竖直排列的线段和床腿的设置等均与对比文件3构成了不相同和不相近似。综上认为,根据整体观察原则,对比文件3显得厚重,本专利则给人以简洁、舒适的视觉效果,两外观设计无论是设计风格还是视觉效果均明显不同。请求二审法院依法驳回姜少梅的上诉请求,维持第8908号决定。一审法院审理期间,专利复审委提交了以下证据:1. 本专利外观设计专利公报复印件;2. 对比文件3(第00303582.4号外观设计专利公报复印件)。姜少梅与今日家居公司对上述证据的真实性无异议。一审法院对上述证据均予确认。经本院审查,上述证据的来源及提交符合法律规定,内容真实,能够反映第8908号决定所涉相关事实,本院同意一审法院的认证意见。

经审理查明,本案本专利的持有人为今日家居公司。针对本专利,姜少梅以本专利为一种形状设计,这种形状是本领域普遍采用的形状,其床头、床头与床体的结合是公知技术,本专利不符合《专利法》第二十三条的规定为由,于2006年3月9日向专利复审委提出宣告本专利无效的请求,同时提交了2份对比文件。2006年4月5日姜少梅提交了意见陈述书,认为在先设计与本专利相比均有相同形状的床头及床体,不同之处仅在于材质上的区别,同时补充提交了包括对比文件3在内的5份对比文件。

专利复审委受理了该无效宣告请求后,先后将姜少梅的无效宣告请求书、意见陈述书及相关证据的副本转送给今日家居公司。针对姜少梅的无效理由,今日家居公司提交了意见陈述书,认为姜少梅提交的对比文件与本专利既不相同也不相近似,要求维持本专利有效。

专利复审委于2006年10月23日就本案进行了口头审理。口审中,姜少梅当庭声明仅保留对比文件3作为本案的证据,放弃其他所有的对比文件。

专利复审委审查期间就对比文件3的真实性进行了核实。经核实,对比文件3为"软床(B)"的外观设计专利文件,申请日为2000年4月7日,于2000年12月6日被授权公告,授权公告号是CN3168286D。其授权公告日早于本专利申请日,属于《专利法》第二十三条所述出版物,该在先设计与本专利属于相同种类产品。故，该委认为对比文件3可以作为本案的证据。

经对二者审查，该委认为，本专利包括5幅视图，即主视图、后视图、左视图、俯视图、使用状态参考图，其简要说明中记载：本外观设计的左视图与右视图对称相同，故省略右视图；本外观设计的仰视图为不常见部位视图，故省略仰视图。从各视图看，本专利床的整体形状大致呈"L"形，床体为矩形，其上床垫由两矩形组成，床头呈矩形，床头略呈弧度向后倾斜，床头与床体等宽，从主视图可见床体有纵向条，床头上宽下窄。

对比文件3包括5幅视图，即主视图、左视图、右视图、俯视图、立体图，简要说明中记载：后视图与主视图对称，省略后视图。产品底部不常见，省略仰视图。从各视图看，床的整体形状大致呈"L"形，床体为矩形，床头略呈弧度向后倾斜，其上有两个并排的挂枕，床头宽于床体，床体上覆有床罩，床垫不可见，床体下部向内收。

将本专利与对比文件3比较，二者相同点是：整体形状均大致呈"L"形，床头均略呈弧度向后倾斜。二者之间存在的不同点是：床头有不同，本专利床头与床体等宽，在先设计床头宽于床体，且有两个并排的挂枕，从可见部位看床体有差别，本专利从主视图观察床体有纵向条，而对比文件3无该设计。专利复审委认为，二者床头的形状存在着明显不同，其不同点对整体视觉效果具有显著的影响，且从可见部位看到的床体也有差别。因此，本专利与对比文件3属于不相同也不相近似的外观设计。基于上述理由，该委作出前述第8908号决定。

一审法院审理期间，姜少梅与今日家居公司明确表示对第8908号决定的"案由"部分、确认对比文件3可以作为本专利的对比文件的内容不持异议。姜少梅认为第8908号决定关于本专利与对比文件3相同特征的描述中，没有描述二者的床头均呈现上宽下窄形状。今日家居公司认为第8908号决定关于本专利与对比文件3的区别特征的描述中，没有描述床头与床体的比例关系、本专利的床垫呈左右分置形状、二者在床腿方面的差别。

本院认为，一审法院就姜少梅和今日家居公司对第8908号决定中不持异议的部分事实以书面审查方式确认合法，本院不持异议。

根据《审查指南》第五章第2.2节的规定，在确定判断客体的类型时，应当根据外观设计的图片、照片进行确定。该规定并未排斥以反映产品形状的立体图作为判断的依据。故姜少梅关于"立体图不作为形状比对，只能用平面图确定床的形状"的主张不能成立。

第8908号决定关于本专利和对比文件3的比对以两专利文件的各视图及立体图为基础，其中就二者的相同特征和不同特征的描述和总结，基本符合"床"类产品的外观特征及二者的各自特点，事实认定基本清楚；虽第8908号决定就本专利和对比文件3的床头均呈"上宽下窄"的特征未能给予文字表述，确已构成事实认定上的瑕疵，但考虑该决定就其他特征的确认事实清楚，且该特征为相同特征，并不影响决定关于二者属于不相同也不近似的判断以及维持本专利有效的结论，故为节约本案专利权人和无效请求人的诉讼成本，本院同意一审法院在指出该瑕疵的基础上维持第8908号决定。姜少梅的上诉主张本院不予支持。

由于本专利及对比文件3中的各视图及简要说明未就床头与床体的比例关系、本专利的床垫呈左右分置形状等作出说明，二者视图的可视部分未显示床腿的设置，故今日家居公司认为第8908号决定关于本专利与对比文件3的区别特征的描述中，没有描述床头与床体的比例关系等主张本院不予支持。

综上，第8908号决定认定事实基本清楚，证据充分，审查程序合法，一审法院判决维持符合法律规定。据此，依据《中华人民共和国行政诉讼法》第六十一条第（一）项的规定，判决如下：

驳回上诉，维持一审判决。

二审案件受理费人民币100元由上诉人姜少梅负担（已交纳）。
本判决为终审判决。

审 判 长　郭　宜
代理审判员　张学磊
代理审判员　赵宇晖
二〇〇七年十月二十五日
书 记 员　程钰玮

饮料罐（6）

无效宣告请求审查决定（第 8913 号）

决 定 号	第 8913 号
决 定 日	2006 年 12 月 7 日
发明创造名称	饮料罐（6）
外观设计分类号	09-03
无效宣告请求人	喜力贸易（上海）有限公司
专 利 权 人	林中选
专 利 号	03344413.7
申 请 日	2003 年 5 月 12 日
授 权 公 告 日	2004 年 1 月 14 日
合议组组长	黄玉平
主 审 员	刘颖杰
参 审 员	周航
法 律 依 据	专利法第 23 条

决 定 要 点

一件商品的标签审核合格的事实并不等同于该商品已经进口的事实，标签审核合格仅可以证明该商品获得了国家出入境检验检疫局颁发的允许进口该商品的相关证件，具备了进入中国市场的条件，不能由此证明在该时间该商品已经进入中国市场并公开销售，因而标签审核合格之日，不能等同于该商品的使用公开之日。

一、案由

本无效宣告请求涉及国家知识产权局于 2004 年 1 月 14 日授权公告的 03344413.7 号、名称为"饮料罐（6）"的外观设计专利（下称本专利），专利权人是林中选，申请日是 2003 年 5 月 12 日。

针对本专利，喜力贸易（上海）有限公司（下称请求人）于 2005 年 7 月 25 日向专利复审委员会提出了无效宣告请求，认为本专利不符合专利法第 23 条的规定。随同专利权无效宣告请求书，请求人还提交了 5 份附件：

附件 1："METRO"麦德龙商场广告页复印件共 3 页；

附件 2 包括两份材料共 7 页，其中附件 2.1 是注册号为 G632513 的商标注册证明复印件，附件 2.2 包括三份文件，其一是比荷卢共同体商标局的国际注册副本及相关部分的中文译文，其注册号码是 632512，其二是"有关荷兰海尼根啤酒责任有限公司第 632512 号国际注册商标于中华人民共和国境内之有效性"的声明及中文译文，声明人是凯森，在该声明后附有荷兰外交部部长的签字，证明声明中的印章及凯森的签字属实，其三是中华人民共和国驻荷兰大使馆的认证书，证实荷兰外交部长印章和签字属实，上述三份文件均不是原件；

附件3：中华人民共和国上海市公证处于2005年6月8日出具的公证书原件，用以证明其中所附的喜力啤酒标签的进出口食品标签审核证书复印本（证书号是J47000311113）与原件相符；

附件4：本专利的外观设计；

附件5：本专利展开图与喜力啤酒易拉罐展开图的对比图。

请求人请求宣告本专利无效的具体理由是：（1）请求人的产品即喜力易拉罐啤酒与本专利的外观设计几乎完全相同，附件1是麦德龙商场的宣传单，其有效时间分别是2001年4月26日至2001年5月9日和2001年6月7日至2001年6月20日，均早于本专利申请日，并且从附件1中可以清楚的看出喜力易拉罐啤酒的外观，尤其是主视图，因此本专利的外观设计已经在申请日前通过公开出版物的形式被公众所知。

（2）附件2是注册号为G632513的商标注册证明复印件，该商标为喜力易拉罐的商标，其公告日期为1995年，早于本专利的申请日，且该公告小册子为定期出版的官方刊物，因此可以证明本专利的外观设计在申请日前已经以公开出版物的形式公开；同时，该商标作为喜力啤酒易拉罐的主要标示一直在持续使用，同样通过使用途径，本专利外观设计也已经被公众所知。

（3）附件3为2003年3月13日颁发的进出口食品标签审核证书的公证件，随公证文件中的中文标签样版就是喜力啤酒易拉罐的展开图，几乎与本专利外观设计完全相同，因此可以证明在本专利申请日之前，喜力啤酒已经通过进口的方式进入中国市场，其产品外包装已经被公众熟知。

经形式审查合格，专利复审委员会受理了上述无效宣告请求，于2005年10月21日向请求人和专利权人发出无效宣告请求受理通知书，并将专利权无效宣告请求书及其附件1~5的副本转给专利权人，要求其在一个月内对该无效宣告请求陈述意见。

专利权人于2005年12月1日提交了意见陈述书，认为：（1）请求人提交的附件中所展示的喜力啤酒易拉罐的外观与本专利的外观设计整体不相同也不相近似，两者具有明显的色彩差异，并且从图形的配置及设计方面，文字的语种、字形、字义及内容方面，图形与文字之间的排列组合等等各方面均存在显著的不同和不相近似。

（2）同时，专利权人对请求人提供的证据的证明力提出质疑：附件1的第一、三页广告上分别标有"此麦德龙信息广告所有商品价格有效期为某年某月某日"的字样，但是并无其他证据显示该广告在何时、何地、以何种方式实际公开发行；第二页广告中并无任何有关日期的记载，而且分别与第一、三广告页之间相互独立存在，看不出与上述两页之间存在有何种关联关系，因而在没有其他证据可以佐证的情况下，附件1不能证明其已经实际公开发表，不能将附件1认定为公开出版物。

（3）附件2中仅仅展示出一种椭圆的图形中排列着若干的英文字体，该图形仅表现为一种文字加图形的注册商标，并非整体的商品包装，因此与本专利的整体外观设计之间无可比性。

（4）附件3所示文件为官方文件，仅针对提出该证书申请的特定人出具，不可能公开发行，并非专利法意义上的正式出版物；而且，该附件仅可以证明喜力啤酒获得了国家出入境检验检疫局颁发的允许进口该商品的相关证件，具备了进入中国市场的条件，不能由此证明此时此刻喜力啤酒已经进入中国市场并公开销售。

专利复审委员会依法组成合议组，对本案进行审理。合议组于2006年8月23日向请求人和专利权人发出无效宣告请求口头审理通知书，告知双方本案合议组定于2006年10月25日对本专利的上述无效宣告请求进行口头审理，并将专利权人于2005年12月1日提交的上述意见陈述书转给请求人。

口头审理如期举行，双方当事人均参加了口头审理。在口头审理中，请求人明确其无效理由是本专利不符合专利法第23条的规定，所依据的证据是提出无效宣告请求时提交的附件1至附件3。

在质证过程中，请求人无法提交附件1、附件2的原件，但出示了声称与附件2相关的从国家商标局借阅出来的"马德里国际商标注册"一书，用该书证实附件2的真实性，理由是该书记载了商标号为G632512和G632513的国际注册商标，与附件2中相同。专利权人认为由于没有原件，对附件1的真实性提出异议，并认为请求人当庭提交的"马德里国际商标注册"一书与附件2不是同一个证据，且没有中文译文，并且超过一个月，属于逾期提交的新证据，合议组不应当接受。专利权人对附件3的真实性没有异议，但认为附件3只是表明该产品经过检疫检验，该产品是何时公开并处于公众所知的状态是无法确定的。请求人表示目前没有证据证明附件3中的产品在本专利申请日之前已经公开使用。

在将本专利与证据的具体对比中，双方意见如下：

请求人认为附件1第1页的左上角和第3页的右上角的两个图表示的是同一型号的产品，该产品通过整体观察综合判断都是与本专利相近似的。专利权人表示两个图的产品型号是一样的。但认为附件1中的图案看不清，且其黑白图案与本专利的区别是很明显的，并认为附件1不是公开出版物。

请求人认为附件2中的国际注册副本，上面清楚的记录了注册号为632512的商标公开的时间、图案和标型，并且认为其上记载的类别和商品名称能证明该商标是用在啤酒上的。附件2中的商标注册证明是从国内的商标局取得的，可以不出示公证认证文件，且在网站上也可以查到。并认为当庭新提交的"马德里国际商标注册"一书只是要提供附件2中商标图案公开的证明，因而可以不提供译文。专利权人则认为，即使网站上可以查到，但并不能证明本专利申请日之前网站上可以查到。附件2只是一个商标的标识，不足以证明对比文件在本专利申请日之前公开了。

请求人认为根据本专利的主视图和展开图，一般消费者是无法辨认出与附件3中所示产品罐的不同之处，本专利与附件3所示产品整体上都形成了两个椭圆形的分割，只是本专利的椭圆形的上下两端有断开。两者图案中间的绶带形状也是相近似的，且都是深绿色的底色，因而两者在视觉上是相同的。专利权人则认为附件3所示产品主标识中图案中间的椭圆形状是白色的、且绶带上端是五角星形状，本专利椭圆形中间不是白色的，绶带上端是金杯形状，因此本专利与附件1-3所示产品不相同的，足以让消费者把两种商品相区别。

至此，合议组认为案件事实已经清楚，现依法作出如下审查决定。

二、决定的理由

1. 关于证据

对于附件1，请求人没有提交原件，且没有其他证据对其真实性加以证实，其真实性无法得到确认，因而不能作为本案定案的依据，合议组对其不予考虑。

对于附件2，请求人没有提交原件，而在口头审理中，请求人出示了声称为与该附件2相关的从国家商标局借阅出来的"马德里国际商标注册"一书，用该书证实附件2的真实性，理由是该书记载了商标号为G632512和G632513的国际注册商标，与附件2中相同。由于该书是一本外文书籍，请求人未提交关于该书的任何中文信息，也未能提交关于该书来源的任何证明，因此仅从其形式上看，该书为一份域外证据，根据审查指南第四部分第八章第2.2.2节的规定，域外证据的真实性需要公证认证加以证实，但请求人并未提供相关的公证认证手续，虽然请求人声称该书是从国家商标局借阅出来的，但其没有提供任何证据来证实该主张，因而该书的来源及其真实性都无法得到确认。鉴于上述原因，对于请求人用该书证实附件2真实性的主张，合议组不予认可。由于请求人未提供附件2的原件，且没有其他证据对其真实性加以证实，附件2的真实性无法得到确认，因而不能作为本案定案的依据，合议组对其不予考虑。

附件3是进出口食品标签审核证书的公证件，专利权人对其真实性表示认可。该公证书可以证实喜力贸易（上海）有限公司的喜力啤酒的标签经国家质量检验检疫总局审核合格，其审核证书载明发证日期是2003年3月13日，该审核证书后还附有其中文标签样版。请求人欲通过上述事实证实在本专利申请日之前，已有相同的外观设计通过进口行为被使用公开，对此，合议组认为：标签审核合格这一事实并不等同于进口这一事实，标签审核合格仅可以证明喜力啤酒获得了国家出入境检验检疫局颁发的允许进口该商品的相关证件，具备了进入中国市场的条件，不能由此证明在该时间喜力啤酒已经进入中国市场并公开销售，因此喜力啤酒标签审核合格之日（即发证日期2003年3月13日），不能等同于其使用公开之日。本专利的申请日是2003年5月12日，与标签审核合格之日仅相差两个月，在这两个月内该标签的商品是否已经实际进口，还不能得到确定，由于请求人目前不能提供证据证实附件3中的商品在本专利的申请日之前已经公开使用，因而请求人欲以附件3证实在申请日之前本专利的外观设计已经被进口行为所公开的主张不能得到支持。

2. 关于专利法第23条

在请求人提交的证据中，附件1、2的真实性不能得到确认，附件3不能支持请求人的主

张的事实，因而请求人提出的本专利不符合专利法第23条规定的主张，由于得不到证据的支持而不能成立。

三、决定

维持03344413.7号外观设计专利权有效。

一方当事人对本决定不服的，可以根据专利法第46条第2款的规定，在收到本决定之日起三个月内向北京市第一中级人民法院起诉。根据该款规定，一方当事人起诉后，另一方当事人应当作为第三人参加诉讼。

044

带有滑轮的整理箱

无效宣告请求审查决定（第 8914 号）

决 定 号	第 8914 号
决 定 日	2006 年 11 月 27 日
发明创造名称	带有滑轮的整理箱
外观设计分类号	03-01
无效宣告请求人	福州远洋塑料用品有限公司
专 利 权 人	叶志正
专 利 号	01357959.2
申 请 日	2001 年 11 月 29 日
授权公告日	2002 年 6 月 12 日
合议组组长	黄玉平
主 审 员	马 燕
参 审 员	周 航
附 图	2 页

法 律 依 据 专利法第 23 条

决 定 要 点

本专利与请求人提交的证据 1 或 2 之间存在诸多区别之处，上述区别对于产品外观设计的整体视觉效果具有显著的影响，因此对于一般消费者而言，在整体视觉效果上不会将本专利与证据 1 或 2 混同或误认，因而本专利与证据 1 或 2 属于不相近似的外观设计，符合专利法第 23 条的规定。

一、案由

本无效宣告请求涉及国家知识产权局于 2002 年 6 月 12 日授权公告的、专利号为 01357959.2、名称为"带有滑轮的整理箱"的外观设计专利（下称本专利），其申请日为 2001 年 11 月 29 日，专利权人为叶志正。

针对上述专利权，福州远洋塑料用品有限公司（下称请求人）于 2006 年 1 月 6 日向专利复审委员会提出无效宣告请求，其理由是在本专利申请日之前已有与其相近似的外观设计在出版物上公开发表，因此本专利不符合专利法第 23 条的规定。同时提交如下证据：

证据 1：公告编号为 318747 的中国台湾专利公报，网络打印件（5 页），其公告日为 1997 年 10 月 21 日；

证据 2：专利号为 CN99305748.9 的中国外观设计专利公报，网络打印件（1 页），其公告日为

1999年11月17日。

请求人认为：证据1和证据2的公告日均早于本专利的申请日，证据1具有与本专利相同的结构特征，外在的装饰纹理也大致相似，一般消费者容易将二者混淆或误认；证据2中所展示的箱产品造型和比例关系与本专利非常接近，一般消费者很难区分出二者之间的局部细小变化，故本专利相对于证据1或证据2均为相近似的外观设计，不符合专利法第23条的规定。

经形式审查合格，专利复审委员会受理了上述请求，于2006年4月18日向双方当事人发出无效宣告请求受理通知书，并将无效宣告请求书及其附件副本转送给专利权人，要求专利权人于收到通知一个月内就请求人提出的无效宣告请求陈述意见。

2006年5月17日，专利权人提交意见陈述书，认为本专利与证据1或2不相同也不相近似，具体理由如下：（1）本专利与证据1相比具有以下明显不同：箱盖呈明显的双层结构；可扣设在箱盖上的提手是扁平凹形；箱体上设有U型提把；箱体为光面；在主视图和左视图中，箱体底部可以看到滑轮；箱盖左右两侧均有一组平行的压凹竖槽纹；箱盖中央部位有压凹矩形框，该矩形框把中间的两条压凹竖槽纹截断；箱盖的左右两端均设有定位突线，上面各有一条加强筋；箱体底部的每个滑轮上均设有一个矩形框；箱体底部的四边各有四条突出的平行加强筋；（2）本专利与证据2相比的区别特征和本专利与证据1相比的上述区别特征基本相同。

2006年9月8日，合议组向双方当事人发出无效宣告请求口头审理通知书，定于2006年10月19日进行口头审理，同时将专利权人于2006年5月17日提交的意见陈述书及其附件副本转送给请求人。

口头审理如期举行，双方均出席了口头审理。合议组当庭告知了合议组成员的变更情况，双方当事人对合议组成员的变更均无异议，并对变更后的合议组成员无回避请求。请求人明确其无效理由、事实和证据为：本专利外观设计相对于证据1或证据2不符合专利法第23条的规定，具体理由同请求书中所记载。专利权人对证据1、证据2的真实性无异议，并当庭演示了其专利产品，提交了答辩书，该答辩书与专利权人当庭陈述的内容相同，因此合议组不针对此答辩书进行转文。专利权人认为，本专利与证据1、证据2均具有明显区别，除2006年5月17日提交的意见陈述书中所列理由之外，专利权人还明确指出，本专利整理箱的U型提把从主视图看为大U字形，从左、右视图看为小U字形；滑轮密布有小凸条。合议组当庭告知专利权人本专利的图片中未显示出滑轮上密布有小凸条。专利权人当庭对其于2006年5月17日提交的意见陈述书中所述的本专利的定位突线予以澄清：定位突线设置于箱盖上对应于提手侧的位置。合议组当庭告知专利权人本专利的图片中未显示出定位突线。双方当事人均认可在证据1的底部四周形成有略微凹凸的花纹。

至此，合议组认为本案事实已经清楚，可以作出审查决定。

二、决定的理由

1. 法律依据

基于请求人提出无效宣告请求所依据的事实和理由，合议组对本专利是否符合专利法第23条的规定进行审查。专利法第23条规定：授予专利权的外观设计，应当同申请日以前在国内外出版物上公开发表过或者国内公开使用过的外观设计不相同和不相近似，并不得与他人在先取得的合法权利相冲突。

2. 证据的认定

证据1的授权公告日为1997年10月21日，证据2的授权公告日为1999年11月17日，均早于本专利的申请日，并且专利权人对其真实性无异议，因此，证据1、2可作为用于评价本专利是否符合专利法第23条的规定的对比文件。

3. 本专利与证据1、证据2是否属于相同种类的产品的外观设计

本专利是带有滑轮的整理箱，证据1是整理箱、证据2是箱（滑轮式），由此可知，本专利与证据1、证据2的产品均具有相同的用途，因此，本专利与证据1、证据2属于相同种类产品的外观设计。

4. 本专利是否符合专利法第23条的规定

本专利是带有滑轮的整理箱，具有长方体结构，包括箱体和箱盖。（1）在俯视图中，箱盖在靠近四周外缘处有一圈凸条，且箱盖对应箱底滑轮位置呈下陷形成四个滑轮承凹；箱盖中央部位有矩形凸起平台；平台上压凹有位于两边的两条连续的平行槽纹和位于中间的两条断续的平行槽纹，平台中间有矩形框，该矩形框把中间的两条压凹槽纹截断；平台的左右两侧均有一组平行的压凹槽纹；（2）在主视图中，箱盖呈明显的双层结构；可扣设在箱盖上的提手呈倒U形，其上边为扁平弧形；箱体上部设有一呈长方形的提把，该提把与箱体为一体化设置，用于架设提手；U形提手设置于提把上；箱体底部可以看到滑轮的底部；（3）在左视图中，箱盖呈明显的双层结构；箱体的左右两边设有提手、提把；箱体底部可以看到滑轮；（4）在仰视图中，箱底设有四个滑轮，每个滑轮周围均设有一矩形框；箱底四边各设有两条突出的平行加强筋。

证据1是整理箱，具有长方体结构，包括箱体和箱盖。（1）在第6图（即俯视图）中，箱盖对应箱底滑轮位置呈下陷形成四个滑轮承凹；箱盖中央部位有矩形凸起平台；平台上压凹有四条连续的平行槽纹；平台的左右两侧为光面；可扣设在箱盖上的提手呈圆棍状；（2）在第4图（对应本专利的主视图）中，箱盖为单层结构；可扣设在箱盖上的提手呈U形，上面有多条互相平行的竖条纹；箱体上部设了两条突出的加强筋，用于架设提手；箱体下部四周形成有略微凹凸的花纹；（3）在第2图（对应本专利的左视图）中，箱盖为单层结构；箱体的下部四周形成有略微凹凸的花纹；箱体左右两侧有用于架设提手的加强筋；（4）在第7图（即仰视图）中，箱底四边各设有一条突出的加强筋，四角处由加强筋条交叉组成的空间里分别安装有滑轮。

证据2是箱（滑轮式），具有长方体结构，包括箱体和箱盖。（1）在俯视图中，箱盖对应箱底滑轮位置呈下陷形成四个滑轮承凹；箱盖中央部位有一矩形凹入平台；平台上压凹有五条明显的平行槽纹；平台的左右两侧为光面；可扣设在箱盖上的提手呈圆棍状；（2）在右视图（对应本专利的主视图）中，箱盖为单层结构；可扣设在箱盖上的提手呈U形；箱体上部设了两条突出的加强筋，用于架设提手；箱体为光面；（3）在主视图（对应本专利的左视图）中，箱盖为单层结构；箱体为光面；箱体左右两侧有加强筋；（4）在仰视图中，箱底在彼此垂直的两个方向上各有数条突出的纵横加强筋条，在四角处由纵横加强筋条交叉组成的空间里分别安装有滑轮。

本专利外观设计未请求保护色彩，因此判断其与对比文件是否构成相近似时，应将其形状、图案与证据1、证据2的相应要素分别进行比较。由于仰视图绘制的是箱体的底部，而箱体底部在使用过程中不被一般消费者关注，即，箱体底部的设计的变化不会对产品整体视觉效果产生显著影响，本专利在使用状态时给人视觉印象最为深刻的是俯视图、主视图和左视图，因此合议组在将本专利与证据1、证据2分别进行相近似性比较时只比较两者的俯视图、主视图和左视图。

将本专利与证据1相比较，两者均具有长方体结构，包括箱体和箱盖；在俯视图中，箱盖对应箱底滑轮位置呈下陷形成四个滑轮承凹；箱盖中央部位有矩形凸起平台；平台上压凹有数条明显的平行槽纹；箱体具有可扣设在箱盖上的提手。其区别在于：（1）在本专利中，箱盖在靠近四周外缘处有一圈凸条，使箱体呈明显的双层结构，而证据1中箱盖为单层结构；（2）在本专利中，矩形凸起平台的中间有矩形框，该矩形框把所述凸起平台上平行设置的四条压凹槽纹中的中间两条截断，矩形凸起平台的左右两侧均有一组平行的压凹槽纹；而在证据1中，矩形凸起平台上只有压凹的四条相互平

行且每条连续的槽纹，其中间没有压凹矩形框；（3）在本专利中，可扣设在箱盖上的U形提手的上边为弧形，箱体上的与箱体一体化设置的提把呈长方形块状，而且箱体底部可以看到滑轮；而在证据1中，可扣设在箱盖上的提手呈U形、是圆棍状，且在提手上有多条互相平行的竖条纹，箱体上部设了两条突出的加强筋，用于架设提手，箱体下部四周形成有略微凹凸的花纹，而且箱体底部看不到滑轮的正面形状；（4）在本专利中，箱体为光面；而在证据1中，箱体的底部四周形成有略微凹凸的花纹，本专利箱体底部没有此设置。

将本专利与证据2进行比较，两者均具有长方体结构，包括箱体和箱盖，箱体为光面；在俯视图中，箱盖对应箱底滑轮位置呈下陷形成四个滑轮承凹；箱盖中央部位有矩形平台；平台上压凹有数条明显的平行竖槽纹；箱体具有可扣设在箱盖上的提手。其区别在于：（1）在本专利中，箱盖在靠近四周外缘处有一圈凸条，从其主视图来看，箱体呈明显的双层结构，而证据2中，从其相应视图来看，箱体为单层结构；（2）在本专利中，箱盖中央部位的矩形平台是矩形的凸起平台，中间有压凹矩形框，该矩形框把四条压凹槽纹中的中间两条截断，矩形凸起平台的左右两侧均有一组平行的压凹槽纹；而在证据2中，该矩形平台是矩形的凹入平台，在该矩形平台上只有压凹的平行槽纹，没有压凹矩形框，并且矩形平台的左右两侧为光面；（3）在本专利中，可扣设在箱盖上的U形提手的上边是弧形，箱体上的与箱体一体化设置的提把呈长方形块状，而且箱体底部可以看到滑轮；而在证据2中，可扣设在箱盖上的提手呈圆棍状，箱体上部设了两条突出的加强筋，用于架设提手，此外，箱体底部看不到滑轮。

经过上述比较，合议组认为：整理箱这类产品通常都具有箱体和箱盖、位于箱底的滑轮、箱盖对应箱底滑轮位置呈下陷形成的滑轮承凹，箱体具有可扣设在箱盖上的提手，因此，上述设计均属于该类产品公认的惯常设计，对于一般消费者来说，除了惯常设计之外的其余设计的变化通常对整体视觉效果更具有显著的影响。由于本专利与上述证据1或2之间存在上述诸多区别之处，上述区别对于产品外观设计的整体视觉效果具有显著的影响，因此对于一般消费者而言，在整体视觉效果上不会将本专利与证据1或2混同或误认，因而本专利与证据1或2属于不相近似的外观设计，符合专利法第23条的规定。

基于以上事实和理由，本案合议组依法作出如下审查决定。

三、决定

依据专利法第23条的规定，维持01357959.2号外观设计专利权有效。

当事人对本决定不服的，可以根据专利法第46条第2款的规定，自收到本决定之日起三个月内向北京市第一中级人民法院起诉，根据该款规定，一方当事人起诉后，另一方当事人应当作为第三人参加诉讼。

主视图

后视图

左视图

右视图

俯视图

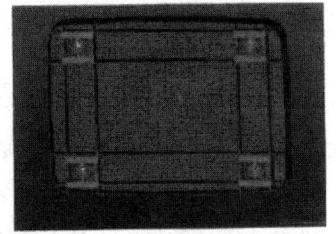
仰视图

立体图

瓶贴（酒）

无效宣告请求审查决定（第8916号）

决 定 号	第8916号
决 定 日	2006年11月24日
发明创造名称	瓶贴（酒）
外观设计分类号	19-08
无效宣告请求人	中国粮油食品（集团）有限公司，中粮酒业有限公司
专 利 权 人	张德森
申 请 号	03302838.9
申 请 日	2003年2月26日
授 权 公 告 日	2003年9月24日
合议组组长	杨克菲
主 审 员	陈海平
参 审 员	宋鸣镝
附 图	2页
法 律 依 据	专利法第9条

决 定 要 点

将本专利与在先设计相比较，两者的主体图案的主要部分基本相同，一般消费者会将二者的外观设计相混淆，因此本专利与在先设计为相近似的外观设计。

一、案由

本无效宣告请求涉及的是国家知识产权局于2003年9月24日授权公告的申请号为03302838.9的外观设计专利权（下称本专利），其产品名称是"瓶贴（酒）"，申请日是2003年2月26日，专利权人是张德森。

针对本专利，中国粮油食品（集团）有限公司（下称请求人1）于2005年2月18日向专利复审委员会提出无效宣告请求，请求人1提出的宣告本专利权无效的理由是：本专利不符合专利法第23条的规定；同时请求人1提交了如下证据：

证据1. 专利号为00337962.0的外观设计专利公报复印件；
证据2. 专利号为00337961.2的外观设计专利公报复印件；
证据3. 初步审定商标公告第1474477号复印件。

2005年2月21日，专利复审委员会经形式审查合格后受理了该无效宣告请求，并将请求书及有关证据的副本转送专利权人，限其在指定期限内进行意见陈述。专利权人在指定的期限内未陈述意见。

针对本专利，中粮酒业有限公司（下称请求人2）于2005年8月23日向专利复审委员会提出无效宣告请求，请求人2提出的宣告本专利权无效的理由是：本专利不符合专利法第23条的规定；请求人2同时提交了如下证据：

证据4. 专利号为02370182.X的外观设计专利公报复印件。

2005年9月22日，专利复审委员会经形式审查合格后受理了该无效宣告请求，并将请求书及有关证据的副本转送专利权人，限其在指定期限内进行意见陈述。专利权人在指定的期限内未陈述意见。

2006年5月30日，专利复审委员会向各方当事人发出合议组成员告知通知书，各方当事人对合议组成员均未提出回避请求。

请求人2于2006年5月12日向专利复审委员会书面提交变更其无效宣告请求的理由的"说明"，将其无效宣告请求的理由由专利法第23条变更为专利法第9条；专利复审委员会本案合议组于2006年9月21日将请求人2的上述"说明"转送专利权人。专利权人在指定的期限内未陈述意见。

专利复审委员会决定对上述二无效宣告请求进行合案审理，合议组经合议后认为本案事实已经清楚，可以依法作出审查决定。

二、决定的理由

根据本案请求人提出的无效宣告请求的范围、理由和提交的证据，本案合议组决定依据请求人2所提出的无效宣告请求理由即专利法第9条，以及其所提交的证据即专利号为02370182.X的外观设计专利公报，作出审理结论。

专利法第9条规定：两个以上的申请人分别就同样的发明创造申请专利的，专利权授予最先申请的人。

请求人2提交的证据是专利号为02370182.X的外观设计专利公报复印件，经本案合议组核实，该复印件与原件一致，其真实性可以确认；02370182.X号外观设计名称为"瓶贴（长城干红葡萄酒）"，其申请日为2002年11月22日，早于本专利申请日2003年2月26日（下称在先设计），其申请人为常春雨。

在先设计公开了一种"瓶贴（长城干红葡萄酒）"，下面首先将本专利与在先设计进行对比：

本专利的"瓶贴（酒）"的形状为横长方形，内容为长城图案（详见本专利附图）。

在先设计即"瓶贴（长城干红葡萄酒）"的形状近似方形，上部为横长方形长城图案，下部为文字"长城干红葡萄酒"字样（详见在先设计附图）。

将本专利与在先设计相比较，两者的长城图案中的主烽火台形状、主烽火台两侧的山体形势及城墙走势基本相同，而该长城图案对于该二瓶贴均系其外观设计的主体部分，在上述瓶贴中的长城图案中的基本构图相同的情况下，一般消费者会将二者的外观设计相混淆，因此，本专利与在先设计的瓶贴属于相近似的外观设计。

综上所述，在本专利申请日前，已经有与其相近似的外观设计专利申请为他人所申请；而在审查指南第一部分第三章6.5.1中规定了："同样的外观设计是指两项外观设计相同或者相近似"，因此本专利不符合专利法第9条的规定。

鉴于根据上述事实和理由已得出本专利不符合专利法第9条规定的结论，本决定对请求人1和2提出的其他理由和证据不再进行评述。

三、决定

宣告 03302838.9 号外观设计专利权无效。

当事人对本决定不服的，可以根据专利法第 46 条第 2 款的规定，自收到本决定之日起三个月内向北京市第一中级人民法院起诉。根据该款的规定，一方当事人起诉后，另一方当事人应当作为第三人参加诉讼。

主视图

本专利图

主视图

在先设计图

046

包装袋（菜脯丝）

无效宣告请求审查决定（第8928号）

决 定 号	第8928号
决 定 日	2006年11月28日
发明创造名称	包装袋（菜脯丝）
外观设计分类号	09-05
无效宣告请求人	饶平县高堂吴老头食品厂
专 利 权 人	吴育生
申 请 号	200430063941.7
申 请 日	2004年8月10日
授权公告日	2005年3月9日
合议组组长	徐媛媛
主 审 员	柴爱军
参 审 员	王 颖
附 图	1页

法 律 依 据 专利法第23条

决 定 要 点

对于一方当事人提交的经过法定程序公证的证据，对方当事人仅提出口头上的异议，而未提交任何的反证予以推翻，则不能否定该证据的证据力和证明力，因此，该证据可以作为定案依据。

一、案由

本无效宣告请求涉及的是国家知识产权局于2005年3月9日授权公告的、申请号为200430063941.7的外观设计专利，其产品名称是"包装袋（菜脯丝）"，申请日是2004年8月10日，专利权人是吴育生。

针对上述外观设计专利权（下称本专利），饶平县高堂吴老头食品厂（下称请求人）于2005年6月1日向专利复审委员会提出无效宣告请求，其无效理由是：本专利权的授予不符合专利法第23条的规定。与此同时，请求人提交了以下附件：

附件1：请求人包装袋的实物照片两张；
附件2.1：专利侵权纠纷处理请求书及所附证据，复印件8页；
附件2.2：潮专纠字〔2005〕第04号案答辩通知书，复印件1页；
附件2.3：潮专纠字〔2005〕第02、03、04号案专利执法勘验检查通知书，复印件1页；

附件2.4：潮专纠［2005］第02、03、04号案专利执法案件现场勘验检查登记表，复印件1页；
附件3：汕头市澄海区隆都粤美印刷厂2005年5月9日出具的证实材料，复印件4页；
附件4：（2005）汕市证经字第123号公证书，原件一份。

经形式审查合格，专利复审委员会依法受理了上述无效宣告请求，于2005年8月3日向双方当事人发出了《无效宣告请求受理通知书》，并将无效宣告请求书及其所附附件的副本转送给专利权人，要求专利权人在收到通知书之日起一个月内对该无效宣告请求陈述意见。

2005年8月31日，专利权人提交了意见陈述书，专利权人认为：请求人提供的粤美印刷厂的证实材料和送货单，不足以证明请求人的包装袋在本专利申请日前已使用，而且送货单不是厂家的正式发票和收据，不能排除请求人与粤美印刷厂存在串通的行为；对于请求人提供购买专利权人的包装产品是在本专利申请日前的包装产品，这一点专利权人认为其购买的包装产品在公证前已被更改了生产日期，然后再带公证员进行拍照公证，据专利权人了解金山贸易部店主是请求人的朋友，并且是生意上的合作伙伴。

2005年11月7日，专利复审委员会向双方当事人发出《无效宣告请求口头审理通知书》，拟定于2005年12月15日进行口头审理，并随同口头审理通知书将专利权人于2005年8月31日提交的意见陈述书转送给请求人。

口头审理如期举行，请求人的代理人、专利权人本人参加了口头审理，双方当事人均对变更后的合议组成员无回避请求。在口头审理中确定的事实如下：（1）请求人当庭放弃附件2作为证据使用；（2）请求人当庭出示了附件1、3、4的原件，专利权人对附件1、3、4的真实性不予认可；（3）专利权人认为附件3的证实材料中的日期是可以随便写的，没有足够的证据证明日期的真实性，而公证书的照片中所反映的生产日期则是被更改过之后请求人才请公证人员进行公证的；（4）请求人当庭出示了公证书中所述的封存物品，并陈述了此次公证的证据保全过程，请求人认为专利权人怀疑更改了日期是没有根据的，应当有相应的证据予以证明；（5）请求人指明公证书中的照片4、5、6所示的是一个包装袋的外观，其与本专利构成相近似的外观设计；照片7、8、9所示的是另一个包装袋的外观，其就是本专利所请求保护的外观设计，专利权人也认可照片7、8、9所示包装袋的外观就是本专利所请求保护的外观设计。

在上述工作的基础之上，合议组认为本案事实已经清楚，可以依法作出审查决定。

二、决定的理由

专利法第23条规定，授予专利权的外观设计，应当同申请日以前在国内外出版物上公开发表过或者国内公开使用过的外观设计不相同和不相近似，并不得与他人在先取得的合法权利相冲突。

请求人提交的附件4为（2005）汕市证经字第123号公证书原件，在口头审理中，双方当事人对该证据进行了质证：专利权人怀疑公证书的照片中所反映的生产日期在公证之前被更改过，并提出金山贸易部的店主是请求人的朋友，并且是生意上的合作伙伴，从而认为二者之间存在串通行为，因此对公证书的真实性不予认可。请求人认为，专利权人应当有相应的证据予以证明所述的怀疑。请求人当庭出示了公证书中所述的封存实物，合议组查看了封存实物，该封存实物上的封条完整、没有拆封痕迹，与公证书中的照片18、19所反映的状态一致。

根据双方当事人的质证意见，合议组仔细查看了公证书的照片以及封存实物中所反映的包装袋封口处的生产日期，未发现有更改或涂改过的痕迹，并且专利权人对此仅仅是推测和怀疑，未提交相应的证据予以证明其所主张的更改事实。对于专利权人提出的请求人与金山贸易部店主之间具有利害关系，存在串通行为的主张，合议组认为，请求人与金山贸易部店主之间是否具有专利权人所述的利害关系以及相互串通的行为，专利权人并未举证证明，仅仅是一种没有事实根据的推测。因此，合议组认为专利权人对该公证书的异议不能够成立，该公证书本身符合法律规定，可以作为本案的定案依据。

该公证书证明公证人员与公证申请人郗可如于2005年5月12日上午，来到位于广东省汕头市金平区金山外街10号的汕头市调味食品公司金山贸易部，由郗可如以普通消费者身份向该贸易部购买高堂菜脯共四包，并从该贸易部当场取得《商品销售日报表》一张，证明与本公证书相粘连的《商品销售日报表》的复印件与公证处留存的原件相符，照片19张为公证人员现场拍摄。公证书中的照片7、8、9反映的是其中一款"高堂菜脯"包装袋使用状态下的外观，照片中显示该"高堂菜脯"包装袋封口处的喷码日期为2004年5月，根据该包装袋背面的文字信息可知，该喷码日期即为"高堂菜脯"产品的生产日期。也就是说，公证书中的照片7、8、9所示的该款"高堂菜脯"包装袋在本专利申请日之前已经公开使用在了"高堂菜脯"产品上，作为"高堂菜脯"产品的包装袋处于一种待销售状态。另外需指明的是，虽然公证书中照片7-9所附产品的购买日期距封口处的喷码日期以及相应的保质期10个月的规定已经超过了该产品的允许销售日期，但是这只涉及个人的销售行为的合法与否，其本身不能否认证据的合法性及销售事实的存在。因此，公证书中的照片7、8、9所示的外观设计（下称对比文件）在本专利申请日之前已经公开使用，可以作为评价本专利是否符合专利法第23条规定的证据使用。

本专利所示的包装袋呈矩形状，并由正反两面的包装袋面四周相互贴合构成该包装袋的外围。主视图显示其正面设计，一条由左至右的斜上曲线将正面图案分割为上下两个部分，上部有"高堂菜脯"四个较大的字，在字的左上方有一类似椭圆形的图案，椭圆形内部有三个点状设计，不规则的圆形图案作为上述图案的背景；在下部主要是由内装菜脯丝的圆盘和圆盘右上角的若干根萝卜构图；在上下两部分的交界处有一左右两边呈弧线的细长框，细长框内有"潮汕名特产"几个字；在包装袋外围右侧有一小口。后视图显示其背面设计，背面设计与正面设计大部分相同，仅是在内装菜脯丝圆盘的该部分图案上有一矩形框设计，内有若干行文字以及条形码；在包装袋外围左侧有一小口。（详见本专利附图）

对比文件所示的包装袋呈矩形状，并由正反两面的包装袋面四周相互贴合构成该包装袋的外围。照片9显示其正面设计，一条由左至右的斜上曲线将正面图案分割为上下两个部分，上部有"高堂菜脯"四个较大的字，在字的左上方有一类似椭圆形的图案，椭圆形内部有三个点状设计，不规则的圆形图案作为上述图案的背景；在下部主要是由内装菜脯丝的圆盘和圆盘右上角的若干根萝卜构图；在上下两部分的交界处有一左右两边呈弧线的细长框，细长框内有"潮汕名特产"几个字；在包装袋外围右侧有一小口。照片7显示其背面设计，背面设计与正面设计大部分相同，仅是在内装菜脯丝圆盘的该部分图案上有一矩形框设计，内有若干行文字以及条形码；在包装袋外围左侧有一小口。（详见对比文件附图。）

将本专利与对比文件所示的包装袋进行比较，可以看出二者的形状和图案完全相同，并且在口头审理中专利权人也认可对比文件中包装袋即为本专利的外观设计，因此，合议组认为，与本专利相同的外观设计在申请日之前已经在国内使用公开，本专利不符合专利法第23条的规定。

鉴于本案已得出本专利不符合专利法第23条规定的结论，故对请求人提交的其他证据不再予以评述。

三、决定

宣告200430063941.7号外观设计专利权无效。

当事人对本决定不服的，可以根据专利法第46条第2款的规定，自收到本决定之日起三个月内向北京市第一中级人民法院起诉。根据该款的规定，一方当事人起诉后，另一方当事人应当作为第三人参加诉讼。

后视图　　　　　　　主视图

本专利附图

对比文件附图

047

淋浴屏（7018）

无效宣告请求审查决定（第 8935 号）

决 定 号	第 8935 号
决 定 日	2006 年 11 月 16 日
发明创造名称	淋浴屏（7018）
外观设计分类号	23-02
无效宣告请求人	汉斯格罗股份公司
专 利 权 人	应三头
专 利 号	ZL200430055913.0
申 请 日	2004 年 12 月 27 日
授 权 公 告 日	2005 年 8 月 24 日
合议组组长	张雪飞
主 审 员	张 琳
参 审 员	郑 直
附 图	2 页
法 律 依 据	专利法第 23 条
决 定 要 点	

本专利与申请日前公开专利文件涉及的产品外观相近似，因此，本专利不符合专利法第 23 条的规定。

一、案由

本无效宣告请求涉及国家知识产权局于 2005 年 8 月 24 日授权公告、授权公告号为 CN3470644D、名称为"淋浴屏（7018）"的外观设计专利（下称本专利），其申请日是 2004 年 12 月 27 日，专利权人是应三头。

针对上述专利权，汉斯格罗股份公司（以下称请求人）于 2006 年 2 月 14 日向国家知识产权局专利复审委员会提出了无效宣告请求，其无效宣告请求理由为本专利不符合专利法第 23 条的规定。请求人提交了如下附件作为证据：

附件 1：委托书原件 1 页；

附件 2：01322568.5 号外观设计专利授权公告页及外观设计图片共 7 页复印件；

附件 3：40100135.0 号德国专利注册副本及图片共 12 页；

附件 4：本专利授权公告页 1 页。

在请求书中，请求人认为：本专利与附件2构成相同性或极其相近似性；由于附件2与附件3为同族专利，前者要求了后者的优先权，两者公开的内容基本相同，故本专利与对比文件3也构成相同或极其相近似，故本专利不符合专利法第23条的规定。

专利复审委员会经形式审查合格之后，于2006年5月26日发出无效宣告请求受理通知书，将请求人提交的无效宣告请求及其附件的副本转送给专利权人。专利权人在指定的期限内未作答复。

专利复审委员会于2006年8月24日向双方当事人发出口头审理通知书，定于2006年10月19日对本案进行口头审理。并于2006年8月28日向双方当事人发出合议组成员告知通知书，双方当事人在指定答复期限内均未提出对合议组成员的回避请求。

口头审理于2006年10月19日如期举行。专利权人没有出席口头审理，请求人的代表出席了口头审理。在口头审理中，请求人的委托代理人明确无效理由为：本专利相对于附件2或者附件3不符合专利法第23条的规定，具体意见与请求书意见一致。

在上述审理的基础上，合议组认为本案事实已经清楚，可以依法作出审查决定。

二、决定的理由

1. 法律依据

基于请求人提出无效宣告请求所依据的事实和理由，合议组对本专利是否符合专利法第23条的规定进行审查。专利法第23条规定：授予专利权的外观设计，应当同申请日以前在国内外出版物上公开发表过或者国内公开使用过的外观设计不相同和不相近似，并不得与他人在先取得的合法权利相冲突。

2. 关于证据

附件2是中国外观设计专利授权公告复印件，经核实属实，其公开日为2002年4月17日，早于本专利的申请日，可以作为评价本专利是否符合专利法第23条规定的对比文件使用。

3. 外观设计相近似性认定

对比文件涉及的"淋浴装置"和本专利涉及的"淋浴屏"的用途相同，属于相同类别的产品，具有可比性。对比文件涉及产品的外观从整体来看，主体形状竖直、外表扁平光滑，主体正面最上部有向上呈弧状弯曲并且向前延伸的装置，该装置上设有淋浴喷头，主体正面设有三对冲淋喷头，在主体中间部位中心轴线上设有两个枢钮，主体中部偏上有一椭圆形搁板，下部分安有一个喷头（详见对比文件附图）。

本专利涉及的"淋浴屏"的外观设计，从整体上看，主体形状竖直、外表扁平光滑，主体正面最上部有向上呈弧状弯曲并且向前延伸的含有主淋浴头的装置，淋浴屏主体部分的左上方另外设置了一个支架，主体中部偏上有一搁板，主体正面设有三对冲淋喷头，沿着主体中线装配两个枢钮的地方设置了透明背板（详见本专利附图）。

将本专利涉及产品的外观与对比文件涉及产品的外观进行比较，可以看出，两者的相同之处在于：两者长而竖直的主体部分的正面最上部分位置均分别装配了向上呈弧形弯曲的、固定镶嵌着一个供头部淋浴的淋浴头的装置，此装置均比其主体部分窄，并且上部宽而下部窄。在两者主体中间偏上部分，均配置了搁板以便可以放置一些小型洗浴用品，在其下方沿着主体装配了三对身体冲淋浴头，在靠上两对身体冲淋浴头中间、沿着主体中线装配了一上一下两个枢钮。

两者的不同之处在于，（1）本专利涉及的产品在主体部分的左上方另外设置了一个支架，对比文件的另一个淋浴头插在主体部分最下部分的支座中；（2）本专利涉及的产品与对比文件产品相比，两者的三对冲淋浴头的间距布置及搁板形状存在细微差别；（3）本专利涉及的产品在沿着主体中线装配两个枢钮的地方设置了透明背板。

由上述比较可知，通过对两项外观设计的整体观察，淋浴头位置不同的设置属于淋浴装置功能配件设置的惯常设置；虽然搁板等处形状存在细微差别，但整体外观效果相近似；透明背板的设置也不能对淋浴装置整体形状产生显著影响，上述区别仅在于局部的细微变化，这些细微的差别对于淋浴屏的整体视觉效果不足以产生显著的影响，二者无论是在整体形状还是在主要部件的形状和连接方面均采用了相同或者相近似的设计，导致二者产生了相近似的整体视觉效果，因此二者属于相近似的外观设计。

4. 结论

综上所述，本专利与申请日前公开专利文件 01322568.5 涉及的产品外观相近似，本专利不符合专利法第 23 条的规定，鉴于上述本专利与对比文件的比较判断已经得出了本专利不符合专利法第 23 条所规定的授权条件的结论，本决定对请求人提出的其他证据不再作出评述。

三、决定

宣告 200430055913.0 号外观设计专利权全部无效。

当事人对本决定不服的，可以根据专利法第 46 条第 2 款的规定，自收到本决定之日起三个月内向北京市第一中级人民法院起诉。根据该款的规定，一方当事人起诉后，另一方当事人应当作为第三人参加诉讼。

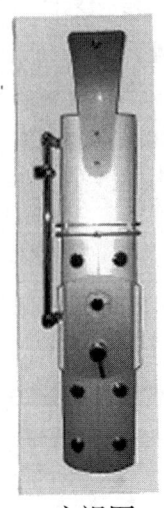

主视图

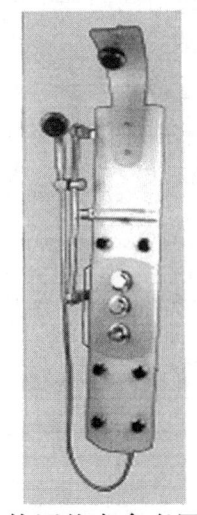

使用状态参考图

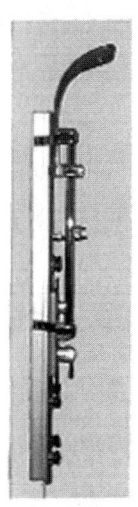

左视图

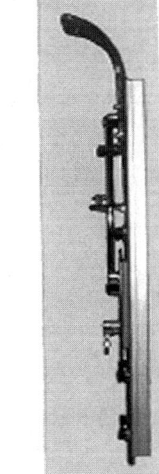

右视图

俯视图

仰视图

本专利附图

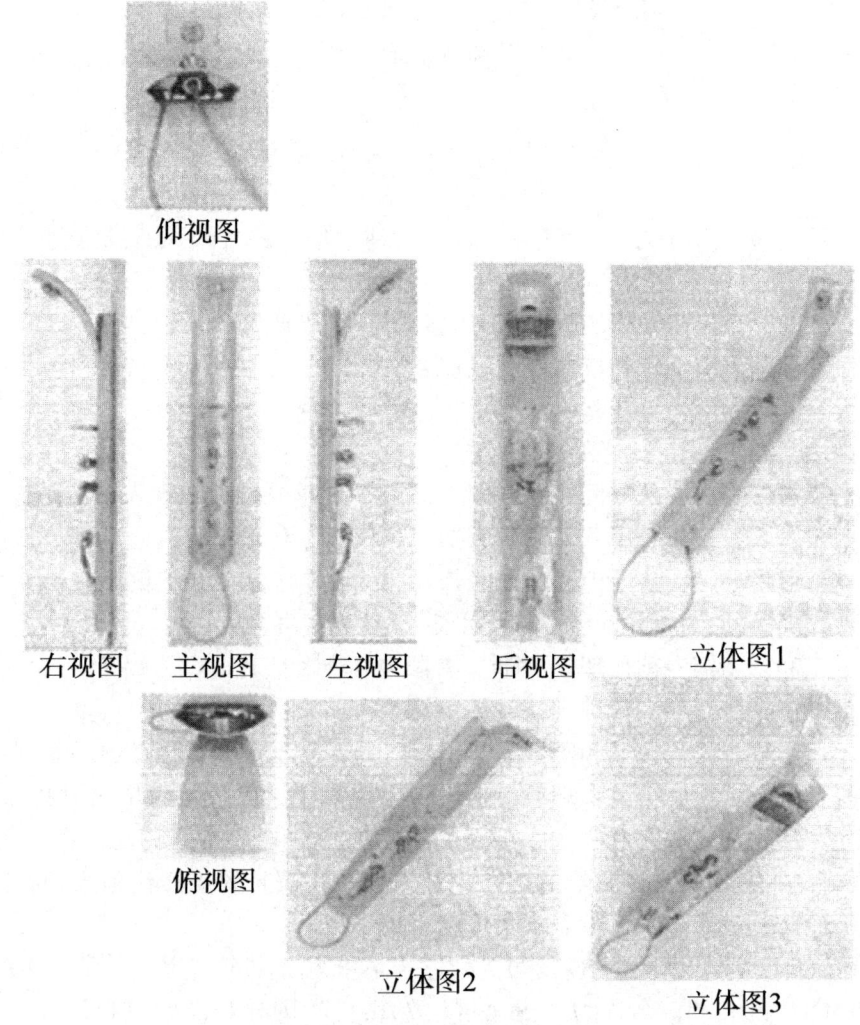

对比文件图

北京市第一中级人民法院
行政判决书

(2007) 一中行初字第470号

原告应三头，男，1954年1月18日出生，汉族，住中华人民共和国浙江省台州市路桥区路南街道应家路62-11号。

委托代理人程伟，北京纪凯知识产权代理有限公司专利代理人。

被告中华人民共和国国家知识产权局专利复审委员会，住所地中华人民共和国北京市海淀区北四环西路9号银谷大厦。

法定代表人廖涛，副主任。

委托代理人杨存吉，男，中华人民共和国国家知识产权局专利复审委员会审查员。

委托代理人张琳，女，中华人民共和国国家知识产权局专利复审委员会审查员。

第三人汉斯格罗股份公司，住所地德意志联邦共和国希尔塔赫77761奥伊路5-9号。

法定代表人西格弗里德-甘斯伦、卡尔-海因茨-汉曼，董事会成员。

委托代理人吴玉和，中国专利代理（香港）有限公司专利代理人。

委托代理人原绍辉，中国专利代理（香港）有限公司专利代理人。

原告应三头不服被告中华人民共和国国家知识产权局专利复审委员会作出的专利无效宣告请求审查决定，向本院提起行政诉讼。本院受理后，依法组成合议庭，依照《中华人民共和国行政诉讼法》第二十七条的规定，通知与本案有利害关系的汉斯格罗股份公司为本案第三人参加诉讼，并于2007年8月20日公开开庭审理了本案。原告的委托代理人程伟，被告的委托代理人杨存吉、张琳，第三人的委托代理人原绍辉到庭参加了诉讼。本案现已审理终结。

2006年11月16日，被告作出第8935号无效宣告请求审查决定（以下简称第8935号决定），宣告原告所有的200430055913.0，名称为"淋浴屏（7018）"的外观设计专利权（以下简称本专利）全部无效。

为证明第8935号决定合法，被告在法定举证期限内向本院提交了以下证据：1. 01322568.5号外观设计专利公报（对比文件）；2. 本专利公报。

原告诉称，本专利在整体视觉效果上与对比文件外观设计有着显著的不同：其外轮廓上具有在尺寸上占整个构图中很大比例的滑杆和透明背板，而对比文件的外观设计没有；作为正面构图的显著特征之一的三对按摩淋浴头的相对位置比例关系明显不同；三对按摩淋浴头突出于本体表面而具有明显的立体层次感，对比文件中按摩淋浴头陷入产品表面；处于正面显著位置处的搁板呈明显的双层视觉构图，对比文件中为单层视觉结构；本体的横截面形状完全不同。由此可见，与对比文件外观设计相比，本专利无论在三维方向的整体外轮廓上（甚至本体的外轮廓），还是正面的整体构图上都具有显著的差别。根据《审查指南》规定，一般消费者对于被比外观设计产品的同类或者相似类产品的外观设计状况具有常识性的了解；对于外观设计产品在形状、图案以及色彩上的差别具有一定的分辨力，但不会注意到产品形状、图案以及色彩的微小变化。由于以上显著区别，一般消费者很难将本专利与对比外观设计相混同或误认。且上述区别均处于一般消费者所关注的显著部位，其差别之大对于外观设计的整体形状构图产生了显著的影响（绝非细微差别），而这些差别特征也不是这类产品的惯常设计。根据整体观察，综合判断的原则，与对比文件中所公开的外观设计相比，本专利既不相同，也不相近似，符合《中华人民共和国专利法》（以下简称《专利法》）第二十三条规定的授权条件。

因此，被告关于本专利属于与对比文件外观设计相近似的外观设计的结论属于明显的认定事实不清。据此，原告请求法院撤销第8935号决定，并责令被告重新作出无效宣告请求决定。

原告为证明其诉讼主张，向本院提交了与被告相同的证据。

被告辩称，第8935号决定认定事实清楚，适用法律正确，审理程序合法，审查结论正确，原告的诉讼理由不能成立，请求法院驳回原告的诉讼请求，维持第8935号决定。

第三人述称，本专利与对比文件密切对比时，二者的细微差别在于：本专利在主体部分的左上方另外设置了一个支架，供摆放另一个淋浴头，它可以在支架上移动。而对比文件中的另一个淋浴头则插在主体部分最下部位置的支座孔中。但是这些细微差别仅仅涉及另一淋浴头的摆放方式，而两者的其他部分几乎完全相同，构成整体的极其相似性。被告认定本专利不符合《专利法》第二十三条的规定正确。原告在诉状中所称本专利与对比文件相比存在的显著差别，是原告对二者之间的细微差别的不当"放大"，刻意回避本专利与对比文件之间的相同之处，尤其是"两者长而垂直的主体部分的正面最上部分位置均分别装配了向上呈弧形弯曲的、固定镶嵌着一个供头部淋浴的装置，此装置均比其主体部分窄，并且上部宽而下部窄。在两者主体中间偏上部分，均配置了搁板以便可以放置一些小型洗浴用品，在其下方沿着主体配置了三对身体淋浴头，在靠上两对身体冲淋浴头中间，沿着主体中线装配了一上一下两个枢纽"。这些核心的相同点使得两者无论在整体形状还是在主要部件的形状和连接方面均采用了相同或者相近似的设计，导致二者产生了相近似的整体视觉效果，因此，被告作出的第8935号决定认定事实清楚，适用法律正确，行政程序合法，请求法院予以维持。第三人未向本院提交证据。

经庭审质证，原告、被告对各自分别提交的相同证据无争议，第三人亦认可。本院经审查，原告、被告证据与本案具有关联，且合法、真实，本院予以确认。

根据以上确认的有效证据及当事人无争议的陈述，本院认定事实如下：

2005年8月24日，国家知识产权局授权公告了本专利，本专利申请日是2004年12月27日。

针对本专利，第三人于2006年2月14日向被告提出了无效宣告请求，其无效宣告请求理由为：本专利不符合《专利法》第二十三条的规定，同时提交了包括被告证据在内的4份附件作为支持其主张的证据。

经形式审查合格，被告于2006年5月26日发出无效宣告请求受理通知书，将第三人提交的无效宣告请求及其附件的副本转送给原告。原告在指定的期限内未作答复。

2006年8月24日，被告向双方当事人发出口头审理通知书，并于同年8月28日向双方当事人发出合议组成员告知通知书，双方当事人在指定答复期限内均未提出对合议组成员的回避请求。

2006年10月19日，口头审理如期举行。原告没有出席口头审理，第三人的代表出席了口头审理。在口头审理中，第三人明确无效理由为：本专利相对于附件2或者附件3不符合《专利法》第二十三条的规定。

经审查，被告对第三人提出的无效请求作出如下认定：

1. 关于证据

附件2是中国外观设计专利授权公告复印件，经核实属实，其公开日为2002年4月17日，早于本专利的申请日，可以作为评价本专利是否符合《专利法》第二十三条规定的对比文件使用。

2. 关于外观设计相近似性认定

对比文件涉及的"淋浴装置"和本专利涉及的"淋浴屏"的用途相同，属于相同类别的产品，具有可比性。对比文件涉及产品的外观从整体来看，主体形状竖直、外表扁平光滑，主体正面最上部有向上呈弧状弯曲并且向前延伸的装置，该装置上设有淋浴喷头，主体正面设有三对冲淋喷头，在主体中间部位中心轴线上设有两个枢钮，主体中部偏上有一椭圆形搁板，下部分安有一个喷头。

本专利涉及的"淋浴屏"的外观设计，从整体上看，主体形状竖直、外表扁平光滑，主体正面最上部有向上呈弧状弯曲并且向前延伸的含有主淋浴头的装置，淋浴屏主体部分的左上方另外设置了一个支架，主体中部偏上有一搁板，主体正面设有三对冲淋喷头，沿着主体中线装配两个枢钮的地方设置了透明背板。

本专利产品的外观与对比文件产品的外观的相同之处在于：两者长而竖直的主体部分的正面最上部分位置均分别装配了向上呈弧形弯曲的、固定镶嵌着一个供头部淋浴的淋浴头的装置，此装置均比其主体部分窄，并且上部宽而下部窄。在两者主体中间偏上部分，均配置了搁板以便可以放置一些小型洗浴用品，在其下方沿着主体装配了三对身体冲淋浴头，在靠上两对身体冲淋浴头中间、沿着主体中线装配了一上一下两个枢钮。

两者的不同之处在于：（1）本专利产品在主体部分的左上方另外设置了一个支架，对比文件的另一个淋浴头插在主体部分最下部分的支座中；（2）两者的三对冲淋浴头的间距布置及搁板形状存在细微差别；（3）本专利产品在沿着主体中线装配两个枢钮的地方设置了透明背板。

被告认为，通过对两项外观设计的整体观察，淋浴头位置不同的设置属于淋浴装置功能配件设置的惯常设置；虽然搁板等处形状存在细微差别，但整体外观效果相近似；透明背板的设置也不能对淋浴装置整体形状产生显著影响，上述细微的差别对于淋浴屏的整体视觉效果不足以产生显著的影响，导致二者产生了相近似的整体视觉效果，因此二者属于相近似的外观设计。

鉴于上述本专利与对比文件的比较判断已经得出了本专利不符合《专利法》第二十三条规定的结论，被告对第三人提出的其他证据未作评述。综上，被告作出第8935号决定，宣告本专利全部无效。原告不服，诉至本院。

在本案开庭审理中，原告明确表示对被告作出第8935号决定的行政程序及使用的证据无争议。

本院认为，针对原告明确表示被诉决定中无争议的内容，本院经审查，对其合法性予以确认。

《专利法》第二十三条规定：授予专利权的外观设计，应当同申请日以前在国内外出版物上公开发表过或者国内公开使用过的外观设计不相同和不相近似，并不得与他人在先取得的合法权利相冲突。本案中，本专利产品与对比文件产品属于相同种类的产品。通过对二者的整体观察，针对二者外观设计的整体进行比对，二者在整体形状、主要部件的形状以及连接方面均采用了相同或者相近似的设计。在二者的整体设计，布局基本相同的情况下，视觉效果差异不大。虽然二者淋浴头安放位置不同，搁板形状存在细微差别，以及本专利设有透明背板，但尚不足以构成两产品外观形状的明显改变，不易引起一般消费者的注意，易将二者混淆。因此本专利与对比专利属于相近似的外观设计，不符合《专利法》第二十三条的规定。被告认定本专利与对比专利相近似的事实依据充分，本院应予维持。原告提出二者存在明显差异的诉讼理由缺乏事实及法律依据，其诉讼请求本院不予支持。

综上，被告作出的第8935号决定认定事实清楚，适用法律正确，行政程序合法，本院应予维持。依照《中华人民共和国行政诉讼法》第五十四条第（一）项的规定，判决如下：

维持被告中华人民共和国国家知识产权局专利复审委员会于二〇〇六年十一月十六日作出的第8935号无效宣告请求审查决定。

案件受理费1000元，由原告应三头负担（已交纳）。

如不服本判决，原告应三头、被告中华人民共和国国家知识产权局专利复审委员会可在判决书送达之日起15日内，第三人汉斯格罗股份公司可在判决书送达之日起30日内向本院递交上诉状，并按对方当事人的人数提出副本，预交上诉案件受理费100元，上诉于中华人民共和国北京市高级人民法院。上诉人在接到人民法院预交诉讼费用的通知后7日内未预交上诉费，又不提出缓交申请的，按自动撤回上诉处理。

审　判　长　梁　菲
代理审判员　司品华
人民陪审员　欧方雄
二〇〇七年十月八日
书　记　员　李轶萌

北京市高级人民法院
行政判决书

（2008）高行终字第249号

上诉人（一审原告）应三头，男，1954年1月18日出生，汉族，住中华人民共和国浙江省台州市路桥区路南街道应家路62-11号。

委托代理人赵占元，北京戈程知识产权代理有限公司专利代理人。

委托代理人应广斌，男，1975年2月22日出生，汉族，住中华人民共和国浙江省台州市路桥区路南街道应家路62-11号，台州利发水暖设备有限公司总经理。

被上诉人（一审被告）中华人民共和国国家知识产权局专利复审委员会，住所地中华人民共和国北京市海淀区北四环西路9号银谷大厦。

法定代表人廖涛，副主任。

委托代理人张琳，女，中华人民共和国国家知识产权局专利复审委员会审查员。

委托代理人杨存吉，男，中华人民共和国国家知识产权局专利复审委员会审查员。

被上诉人（一审第三人）汉斯格罗股份公司，住所地德意志联邦共和国希尔塔赫77761奥伊路5-9号。

法定代表人西格弗里德-甘斯伦、卡尔-海因茨-汉曼，董事会成员。

委托代理人吴玉和，中国专利代理（香港）有限公司专利代理人。

委托代理人原绍辉，中国专利代理（香港）有限公司专利代理人。

上诉人应三头因专利无效宣告请求审查决定，不服中华人民共和国北京市第一中级人民法院（2007）一中行初字第470号行政判决，向本院提起上诉。本院受理后，依法组成合议庭，于2008年5月15日，公开开庭进行了审理。上诉人应三头的委托代理人赵占元、应广斌，被上诉人中华人民共和国国家知识产权局专利复审委员会（以下简称专利复审委）的委托代理人张琳、杨存吉，被上诉人汉斯格罗股份公司（以下简称汉斯格罗公司）的委托代理人吴玉和、原绍辉到庭参加了诉讼。本案现已审理终结。

2006年11月16日，专利复审委依据《中华人民共和国专利法》（以下简称《专利法》）第二十三条的规定，作出第8935号无效宣告请求审查决定（以下简称第8935号决定），宣告名称为"淋浴屏（7018）"的外观设计专利权全部无效。应三头不服，诉至中华人民共和国北京市第一中级人民法院（以下简称一审法院）。

一审法院判决认为，本案中，本专利产品与对比文件产品属于相同种类的产品。通过对二者的整体观察，针对二者外观设计的整体进行比对，二者在整体形状、主要部件的形状以及连接方面均采用了相同或者相近似的设计。在二者的整体设计、布局基本相同的情况下，视觉效果差异不大。虽然二者淋浴头安放位置不同，搁板形状存在细微差别，以及本专利设有透明背板，但尚不足以构成两产品外观形状的明显改变，不易引起一般消费者的注意，易将二者混淆。因此本专利与对比专利属于相近似的外观设计，不符合《专利法》第二十三条的规定。被告认定本专利与对比专利相近似的事实依据充分，本院应予维持。原告提出二者存在明显差异的诉讼理由缺乏事实及法律依据，其诉讼请求本院不予支持。综上，被告作出的第 8935 号决定认定事实清楚，适用法律正确，行政程序合法，本院应予维持。依照《中华人民共和国行政诉讼法》第五十四条第（一）项的规定，判决维持被告专利复审委作出的第 8935 号决定。应三头对上述判决不服，向本院提起上诉。

应三头上诉称，本专利在整体视觉效果上与对比文件外观设计有着显著的不同：其外轮廓上具有在尺寸上占整个构图中很大比例的滑杆和透明背板，而对比文件的外观设计没有；作为正面构图的显著特征之一的三对按摩淋浴头的相对位置比例关系明显不同；三对按摩淋浴头突出于本体表面而具有明显的立体层次感，对比文件中按摩淋浴头陷入产品表面；处于正面显著位置处的搁板呈明显的双层视觉构图，对比文件中为单层视觉结构；本体的横截面形状完全不同。由此可见，与对比文件外观设计相比，本专利无论在三维方向的整体外轮廓上（甚至本体的外轮廓），还是正面的整体构图上都具有显著的差别。根据《审查指南》的规定，一般消费者对于被比外观设计产品的同类或者相似类产品的外观设计状况具有常识性的了解；对于外观设计产品在形状、图案以及色彩上的差别具有一定的分辨力，但不会注意到产品形状、图案以及色彩的微小变化。由于以上显著区别，一般消费者很难将本专利与对比外观设计相混同或误认。且上述区别均处于一般消费者所关注的显著部位，其差别之大对于外观设计的整体形状构图产生了显著的影响（绝非细微差别），而这些差别特征也不是这类产品的惯常设计。根据整体观察、综合判断的原则，与对比文件中所公开的外观设计相比，本专利既不相同，也不相近似，符合《专利法》第二十三条规定的授权条件。因此，专利复审委关于本专利属于与对比文件外观设计相近似的外观设计的结论属于明显的认定事实不清。一审判决认定事实有误，未对当事人关键性争议的事实进行符合法律法规的分析、推理和判定，其认定与事实不符。请求二审法院在查明事实的基础上，撤销一审判决，撤销专利复审委作出的第 8935 号决定。

专利复审委答辩称，我委在第 8935 号决定中充分论述了本专利与在先设计的相同和不同之处之后，通过整体观察、综合判断的判断原则，分析得出二者的不同之处对于淋浴屏的整体视觉效果不足以产生显著的影响，二者无论是在整体形状还是在主要部件的形状和连接方面均采用了相同或相近似的设计，导致二者产生了相近似的整体视觉效果，因此，二者属于相近似的外观设计。应三头在上诉状中夸张了二者的差别对于产品的外观设计的整体视觉效果的影响。在一审庭审中，双方已经充分论述了二者的差别及其对于外观设计整体视觉效果的影响，我委坚持第 8935 号决定中的认定意见。一审判决认定事实清楚，适用法律正确，审判程序合法，应三头的上诉理由不能成立，请求二审法院驳回上诉，维持一审判决。

被上诉人汉斯格罗公司认为，本专利包括 6 幅视图，对比文件公开了 9 幅附图，除使用状态参考图外，对比文件包括了本专利的全部对应视图。将二者的视图进行比较后，二者外观给人的印象是，长而竖立的主体，主体外表面扁平而又弯曲中间略微凸起，正面最上部位置有向前呈轻微弧形弯曲的装置，该装置向上偏离主体弯成弓形，在接近上端部镶嵌着一个大的供头部淋浴的淋浴头，主体下方有三对身体冲淋浴头，主体中间中线部位有枢钮。其中的主要设计特点在于主体的外形、供头部淋浴的淋浴头的弧形弯曲载体装置以及主体和该装置之间的带创意的过渡外观。当密切对比时，本公司注意到了本专利与对比文件的细微差别在于：本专利外观设计产品在主体部分的左上方另外设置了一个支架，供摆放另一个淋浴头，它可以在支架上移动，而对比文件产品中的另一个淋浴头则插在主体部分最下部的支座孔中，但是，这些细微差别仅仅涉及另一个淋浴头的摆放方式，而二者其他部分几乎完全相同，构成整体的极其相似性。应三头所声称的"显著"差别是其自身对本专利与对比文件之间的不当"放大"，专利复审委也注意到了这些细微差别，正是由于二者之间存在细微差别，专利复审委才没有确认二者的相同性，而是确认二者的相似性。因此，本专利不符合《专利法》第二十三条的规定，请求二审法院维持一审判决，驳回应三头的上诉。

经审理查明，2004年7月27日，应三头向中华人民共和国国家知识产权局（以下简称国家知识产权局）提出名称为"淋浴屏（7018）"外观设计专利权申请，国家知识产权局经审查于2005年8月24日，授权公告了本专利。

针对本专利，汉斯格罗公司于2006年2月14日向专利复审委提出了无效宣告请求，理由为：本专利不符合《专利法》第二十三条的规定，同时提交了3份证据，证据1为01322568.5号外观设计专利授权公告页及外观设计图片共7页复印件；证据2为40100135.0号德国专利注册副本及图片共12页；证据3为本专利授权公告页。

汉斯格罗公司认为，本专利与证据1构成相同性或极其相近似性，由于证据1与证据3为同族专利，前者要求了后者的优先权，两者公开的内容基本相同，故本专利与证据3也构成相同或极其相近似，因此，本专利不符合《专利法》第二十三条的规定。

经形式审查合格，专利复审委于2006年5月26日发出无效宣告请求受理通知书，将汉斯格罗公司提交的无效宣告请求及其附件的副本转送给应三头。应三头在指定的期限内未作答复。

2006年8月24日，专利复审委向双方当事人发出口头审理通知书，并于同年8月28日向双方当事人发出合议组成员告知通知书，双方当事人在指定答复期限内均未提出对合议组成员的回避请求。

2006年10月19日，口头审理如期举行。应三头没有出席口头审理，汉斯格罗公司的代表出席了口头审理。在口头审理中，汉斯格罗公司明确无效理由为：本专利相对于证据2或者证据3不符合《专利法》第二十三条的规定。

在口审的基础上，专利复审委作出第8935号决定。主要内容是：

1. 关于证据

证据1是中国外观设计专利授权公告复印件，经核实属实，其公开日为2002年4月17日，早于本专利的申请日，可以作为评价本专利是否符合《专利法》第二十三条规定的对比文件使用。

2. 关于外观设计相近似性认定

对比文件涉及的"淋浴装置"和本专利涉及的"淋浴屏"的用途相同，属于相同类别的产品，具有可比性。对比文件涉及产品的外观从整体来看，主体形状竖直、外表扁平光滑，主体正面最上部有向上呈弧状弯曲并且向前延伸的装置，该装置上设有淋浴喷头，主体正面设有三对冲淋喷头，在主体中间部位中心轴线上设有两个枢钮，主体中部偏上有一椭圆形搁板，下部分安有一个喷头。

本专利涉及的"淋浴屏"的外观设计，从整体上看，主体形状竖直、外表扁平光滑，主体正面最上部有向上呈弧状弯曲并且向前延伸的含有主淋浴头的装置，淋浴屏主体部分的左上方另外设置了一个支架，主体中部偏上有一搁板，主体正面设有三对冲淋喷头，沿着主体中线装配两个枢钮的地方设置了透明背板。

本专利产品的外观与对比文件产品的外观的相同之处在于：二者长而竖直的主体部分的正面最上部分位置均分别装配了向上呈弧形弯曲的、固定镶嵌着一个供头部淋浴的淋浴头的装置，此装置均比其主体部分窄，并且上部宽而下部窄。在二者主体中间偏上部分，均配置了搁板以便可以放置一些小型洗浴用品，在其下方沿着主体装配了三对身体冲淋浴头，在靠上两对身体冲淋浴头中间、沿着主体中线装配了一上一下两个枢钮。

二者的不同之处在于：（1）本专利产品在主体部分的左上方另外设置了一个支架，对比文件的另一个淋浴头插在主体部分最下部分的支座中；（2）两者的三对冲淋浴头的间距布置及搁板形状存在细微差别；（3）本专利产品在沿着主体中线装配两个枢钮的地方设置了透明背板。

专利复审委认为，通过对两项外观设计的整体观察，淋浴头位置不同的设置属于淋浴装置功能配件设置的惯常设置；虽然搁板等处形状存在细微差别，但整体外观效果相近似；透明背板的设置也不能对淋浴装置整体形状产生显著影响，上述细微的差别对于淋浴屏的整体视觉效果不足以产生显著的影响，导致二者产生了相近似的整体视觉效果，因此二者属于相近似的外观设计。

鉴于上述本专利与对比文件的比较判断已经得出了本专利不符合《专利法》第二十三条规定的结论，专利复审委对汉斯格罗公司提出的其他证据未作评述。综上，专利复审委作出第8935号决定，宣告本专利全部无效。应三头不服，向法院提起行政诉讼。

在一审法院开庭审理中，应三头明确表示对专利复审委作出第8935号决定的行政程序及使用的证据无争议。

一审期间，专利复审委和应三头分别向法院提交了以下证据：1.01322568.5号外观设计专利公报作为对比文件；2.本专利公报。

上述证据均随案移送本院。经庭审质证及合议庭审查，本院认为，上述证据内容真实，来源合法，与本案具有关联性，能够证明本院查明的事实，本院予以确认。

本院认为，根据《专利法》第二十三条的规定，授予专利权的外观设计，应当同申请日以前在国内外出版物上公开发表过或者国内公开使用过的外观设计不相同和不相近似，并不得与他人在先取得的合法权利相冲突。本案中，证据1是中国外观设计专利授权公告复印件，其公开日早于本专利的申请日，专利复审委将其用于评价本专利符合法律规定。本专利名称为"淋浴屏（7018）"，证据1产品名称为"淋浴装置"，二者国际分类号均为23-02，属于相同种类的产品。专利复审委通过对二者的整体观察，针对二者外观设计的整体进行比对后，认定二者的相同之处及不同之处符合客观实际。其得出的淋浴头位置不同的设置属于淋浴装置功能配件设置的惯常设置，虽然搁板等处形状存在细微差别，但整体外观效果相近似，透明背板的设置也不能对淋浴装置整体形状产生显著影响，二者的区别仅在于局部的细微变化，这些细微的差别对于淋浴屏的整体视觉效果不足以产生显著的影响，二者无论是在整体形状还是在主要部件的形状和连接方面均采用了相同和相近似的设计，导致二者产生了相近似的整体视觉效果，二者属于相近似的外观设计的结论是正确的，其作出的第8935号决定，本院应予支持。应三头关于二者存在明显差异，本专利与证据1所公开的外观设计既不相同也不近似的诉讼请求缺乏事实和法律依据，本院不予支持。一审判决认定事实清楚，证据确实充分，适用法律正确，审判程序合法，所作判决应予维持，依照《中华人民共和国行政诉讼法》第六十一条第（一）项之规定，判决如下：

驳回上诉，维持一审判决。

二审案件受理费人民币100元，由上诉人应三头负担（已交纳）。

本判决为终审判决。

审　判　长　张学磊
审　判　员　郭　宜
代理审判员　赵宇晖
二〇〇八年五月三十日
书　记　员　程钰玮

车　顶

无效宣告请求审查决定（第 8959 号）

决　定　号	第 8959 号
决　定　日	2006 年 12 月 7 日
发明创造名称	车顶
外观设计分类号	12-08
无效宣告请求人	上海南星行汽车有限公司
专　利　权　人	上海星客特汽车销售有限公司
专　利　号	02343856.8
申　请　日	2002 年 10 月 30 日
授 权 公 告 日	2004 年 3 月 3 日
合 议 组 组 长	钱亦俊
主　审　员	杨军艳
参　审　员	彭 燕
法　律　依　据	专利法第 23 条

决　定　要　点

如果一般消费者通过对被比设计与在先设计的整体观察可以看出，二者的差别对于产品外观设计的整体视觉效果不具有显著的影响，则被比设计与在先设计相近似。

一、案由

本无效宣告请求案涉及的是国家知识产权局于 2004 年 3 月 3 日授权公告的，名称为"车顶"的 02343856.8 号外观设计专利（下称本专利），其申请日是 2002 年 10 月 30 日，专利权人是上海星客特汽车销售有限公司。

针对本专利权，上海南星行汽车有限公司（下称请求人）于 2005 年 12 月 20 日向专利复审委员会提出无效宣告请求，其理由是：本专利与附件照片中所体现的在先设计相同，不符合专利法第 23 条的规定。请求人提交的附件如下：

附件 1：《上海航空》第 72 期（2002 年第二期 VOL.2）封面页、目录页和带有图片的"全新客户之星商务休旅车"广告页复印件，共 3 页；

附件 2：《上海航空》第 71 期（2002 年第一期 VOL.1）至《上海航空》第 82 期（2002 年第十二期 VOL.12）封面页复印件，共 12 页；

附件 3：2005 年 12 月 15 日上海航空传播有限公司出具的出刊证明复印件 1 页、1996 年 4 月 19

日［上航（96）党干字第010号］通知复印件1页。

2006年1月16日，请求人提交了意见陈述书，认为包含本专利车顶的车辆不但已在本专利申请日之前已被出版物公开，而且已由多个汽车销售公司向社会公开销售，也有多个社会单位取得了这些车辆的所有权，因此本专利不符合专利法第23条的规定。请求人同时提交了如下补充附件：

补充附件1：盖有"上海市公安局交通警察总队车辆管理所业务专用章"的编号为ⅩⅨ0422711的货物进口证明书复印件1页、编号为310200102049124的进口机动车辆检验证明复印件1页、登记证书编号为310000181679的机动车注册/转入登记表复印件1页、0119747号机动车销售统一发票注册登记联复印件1页、上海宝矿进出口有限公司于2002年9月30日提交的机动车注册登记申请表复印件1页、流水号为N02093052244的机动车登记业务流程记录单复印件2页；

补充附件2：带有"沪D D9721"车牌的车辆照片复印件，共9幅；

补充附件3：2005年12月15日上海航空传播有限公司出具的、带有张美安签名的出刊证明复印件1页，1996年4月19日［上航（96）党干字第010号］通知复印件1页，2005年12月20日上海航空传播有限公司出具的证明复印件1页；

补充附件4：盖有"上海市公安局交通警察总队车辆管理所业务专用章"的编号为ⅩⅨ0019187的货物进口证明书复印件1页（其上盖有"中华人民共和国上海海关汽车进口单证专用章"）、海关专用缴款书复印件2张1页、编号为0000013710的全国进口机动车计算机核查系统核对无误通知书复印件1页、编号为310200101024112的进口机动车辆检验证明复印件1页、登记证书编号为310000011774的机动车注册/转入登记表复印件1页、上海永全鞋业有限公司于2001年10月13日提交的机动车注册登记申请表复印件1页、盖有"上海外高桥汽车交易市场交易确认章"的英文单据复印件1页、流水号为N01101404069的机动车登记业务流程记录单复印件2页；

补充附件5：盖有"上海市公安局交通警察总队车辆管理所业务专用章"的编号为ⅩⅨ0019186的货物进口证明书复印件1页（其上盖有"中华人民共和国上海海关汽车进口单证专用章"）、海关专用缴款书复印件2张1页、编号为310200101024112的进口机动车辆检验证明复印件1页、编号为0000013711的全国进口机动车计算机核查系统核对无误通知书复印件1页、登记证书编号为310000011775的机动车注册/转入登记表复印件1页、盖有"上海外高桥汽车交易市场交易确认章"的英文单据复印件1页、流水号为N01101404064的机动车登记业务流程记录单复印件2页；

补充附件6：2001.8上（总第166期）《黑马信息广告》封面页、扉页、广告索引页和带有图片的"多功能商务休旅车"广告页复印件，共4页。

经形式审查合格，专利复审委员会依法受理了上述无效宣告请求，并于2006年3月6日向双方当事人发出无效宣告请求受理通知书，随同受理通知书将无效宣告请求书及请求人所提交的附件转送给专利权人，要求其在收到通知之日起一个月内对该无效宣告请求陈述意见。

2006年4月11日，专利复审委员会收到了专利权人提交的意见陈述书，在其中，专利权人对请求人所提交附件的真实性提出异议，并认为请求人所提交的附件1和补充附件6不属于公开出版物，请求人所提交附件中的具体内容与本专利不同。

针对上述无效宣告请求，专利复审委员会依法成立合议组。本案合议组于2006年8月11日向双方当事人发出无效宣告请求口头审理通知书，定于2006年9月18日进行口头审理。随同口头审理通知书将专利复审委员会于2006年4月11日收到的专利权人的意见陈述书转给请求人。

在征得双方当事人同意之后，本案合议组于2006年9月6日再次发出无效宣告请求口头审理通知书，告知双方当事人口头审理的时间改为2006年9月20日，原定于2006年9月18日的口头审理取消。

2006年9月20日口头审理如期举行，双方当事人均出席了口头审理。

在口头审理中，请求人明确其无效宣告请求的理由为：本专利不符合专利法第 23 条的规定，使用证据为附件 1 至附件 3 及补充附件 1 至补充附件 6。请求人明确使用附件 1、附件 2 及补充附件 3、补充附件 6 来证明本专利的外观设计在申请日之前已处于出版物公开的状态；使用补充附件 1、2、4 和 5 来证明在本专利申请日之前，与本专利外观设计相同的产品已在国内公开销售。请求人当庭补充提交了附件 1 中杂志的封底作为证据使用，合议组当庭将其复印件转给了专利权人。

请求人当庭提交了附件 1、补充附件 3 中的出刊证明和证明文件以及补充附件 6 的原件，还提交了盖有"上海市公安局交通警察总队"红章的补充附件 1、4、5 的复印件，表示原件保存在车辆管理所，不能外借，并表示补充附件 1、4、5 中三辆车的外形是一样的。请求人未提交补充附件 3 中《关于成立上海航空传播有限公司和领导班子成员任职的通知》的原件，并当庭表示放弃附件 3，用补充附件 3 来代替。

专利权人对附件 1、补充附件 3 和补充附件 6 的真实性表示认可，但认为附件 1 和补充附件 6 不属于专利法第 23 条中所述的公开出版物；认为补充附件 1、4、5 中的盖章日期在本专利申请日之后，且是加盖红章的复印件，因而不认可复印件中的日期。此外，专利权人认为附件 1、2 及补充附件 3、6 公开的只是车辆的立体照片，没有完全公开本专利外观设计的全部内容；补充附件 2 中的照片不能证明就是车牌号为"沪 DD9721"车辆的车顶，因为车顶是可以更换的，且照片中没有拍摄日期。

请求人演示了补充附件 1、2 中的实物，双方认可实物中的车架号、车牌号与补充附件 1 中相同，专利权人认可补充附件 2 中的照片与实物的车顶是一致的。

关于出版物公开：请求人认为《上海航空》杂志具有期刊号，《黑马信息广告》有明确的印发时间和广告许可证，两者均为公开出版物；本专利外观设计的主要特征为车顶中央部分有凸起，凸起的两侧各有一侧窗，尾部有一凹陷，这些特征均已被附件 1 和补充附件 6 所公开，附件 1 和补充附件 6 所没有公开的本专利后视图、右视图以及主视图上车尾部的一个凹三角形以及四个凹的小方块均是不会被消费者注意的。专利权人认为《上海航空》和《黑马信息广告》均不是任何人都能获得的出版物，不属于公开出版物；附件 1 和补充附件 6 没有公开本专利外观设计的全部特征，且请求人所称的上述区别会引起消费者的注意；补充附件 6 中车顶下部的白条是金属线，本专利车顶下部为凸凹压模结构；认可附件 1 广告中的车顶是左右对称的。

关于使用公开：请求人认为补充附件 1 中明确记载了车架号以及车牌号，该车销售在本专利申请日之前，补充附件 4 和 5 也证明带有本专利车顶的车辆在本专利申请日之前广泛销售；补充附件 1 中的最后一页上有车辆进口时的照片，可以证明当时的车顶就是现在的形状；实物中车顶下方侧面的花纹图案与本专利中的图案一样。专利权人认为补充附件 1、4、5 中的照片与本专利不相同也不相近似；此外，车顶与车辆的车架号、车牌号没有必然联系，因为车顶是可以更换的；实物中车顶下方侧面的花纹是印上的，而本专利是压出有凹凸的边框。

关于本专利外观设计的色彩：请求人认为附件 1、补充附件 2 中实物的颜色与本专利外观设计颜色相近似。专利权人明确本专利外观设计的色彩以墨绿色为主；认为附件 1 中的立体照片和现场实物与本专利色彩不同，补充附件 6 中的立体照片的色彩与本专利相似。

基于上述当事人的意见陈述及口头审理，合议组认为本案事实已清楚，现依法作出审查决定。

二、决定的理由

1. 关于证据

补充附件 6 是《黑马信息广告》杂志，请求人当庭提交了该杂志的原件，专利权人对其真实性没有提出异议，合议组经审查对补充附件 6 的真实性予以认可。

补充附件 6《黑马信息广告》杂志是记载有技术或设计内容的独立存在的传播载体；其封面页上

记载了出版单位的地址、电话、该杂志印发时间、广告许可证号及"总第166期",能够表明其公开发表的时间为2001年8月4日,因此补充附件6符合审查指南对出版物的定义,是专利法意义上的出版物。由于补充附件6的公开发表时间早于本专利的申请日,因此其上记载的内容构成了本专利的在先设计。

2. 关于专利法第23条的无效理由

专利法第23条规定:授予专利权的外观设计,应当同申请日以前在国内外出版物上公开发表过或者国内公开使用过的外观设计不相同和不相近似,并不得与他人在先取得的合法权利相冲突。

请求人认为补充附件6公开了本专利外观设计的主要特征,即车顶中央部分有凸起、凸起的两侧各有一侧窗、尾部有一凹陷,虽然补充附件6没有公开本专利的后视图和右视图以及主视图上车尾部的一个凹三角形以及四个凹的小方块,但是这些特征不会被消费者注意,因此本专利不符合专利法第23条的规定。

本专利为一种车顶,共有6幅视图,请求保护色彩。从主视图可见,该车顶中间部位有一条状横向凸起,该凸起从车顶前端向后延伸,尾部中间有一三角形浅凹陷,该凸起尾端纵向延伸到车顶两侧;该凸起的两侧面向外倾斜,在两倾斜侧面偏后的位置处分别设置有一长条状侧窗,侧窗两端线为斜线;从凸起尾端至车顶后端有一圆角长方形凹陷,该长方形凹陷内有四个纵向平行排列的小圆角矩形浅凹陷。从俯视图和仰视图可见,该车顶呈轴对称形;其中间部位的凸起由车顶前端开始高度逐渐上升,至最高点后向其尾部高度缓慢下降,其尾端高度略低于最高点的高度;该较大圆角长方形凹陷的前端为凸起的尾端,中部凹陷,后端高度与凸起尾端的高度大致相同;从该较大圆角长方形凹陷的后端开始车顶高度逐渐下降,直至车顶后端;车顶下部侧面有较密的白色细横条花纹,长度比车顶长度略短。从左视图可见,该车顶前端中部与上述凸起平滑连接,车顶两侧为圆弧形。从右视图可见,该车顶后端下部有一外突长条。该车顶主要为墨绿色。详见本决定附图"本专利"。

补充附件6的图片页中显示有一辆汽车的立体视图,从视图中可见,车顶中间部位有一条状横向凸起,该凸起从车顶前端向后延伸,其尾端纵向延伸到车顶两侧;该凸起的一侧面向外倾斜,在该倾斜侧面偏后的位置处设置有一长条状侧窗,侧窗两端线为半圆弧线;凸起尾端和车顶后端之间有一凹陷。从视图中还可见,该车顶中间部位的凸起由车顶前端开始高度逐渐上升,至最高点后向其尾部高度缓慢下降,其尾端高度略低于最高点的高度;该凹陷前端为凸起的尾端,中部凹下,后端高度与凸起尾端的高度大致相同;从该凹陷后端开始车顶高度逐渐下降,直至车顶后端;车顶下部侧面有白色横条花纹,长度比车顶长度略短;该车顶前端中部与上述凸起平滑连接,车顶两侧为圆弧形;该车顶主要为墨绿色。详见本决定附图"补充附件6"。

将本专利与补充附件6中的图片进行比较,二者相同之处:两者车顶两侧均为圆弧形;车顶中部均有一条状横向凸起,车顶前端中部与凸起均平滑连接,该凸起的长度、高度、外轮廓、设置的位置基本相同;该凸起一侧面均向外倾斜,其上相同位置处均设置有一长条状侧窗;车顶凸起尾端与车顶后端之间均有一凹陷,从凹陷后端开始车顶高度逐渐下降,直至车顶后端;车顶下部均有白色横条花纹,长度比车顶长度略短;车顶主要均为墨绿色。

二者不同之处在于:本专利侧窗两端线为斜线,补充附件6图片车顶中侧窗两端为半圆弧线;本专利车顶下部的白色横条较细,补充附件6图片车顶下部的白色横条较粗,且两花纹端部略有不同。

此外,补充附件6图片中的车顶未公开其另一侧面后部的形状,未公开该凸起尾部中间是否有一三角形浅凹陷、其车顶尾部的后部凹陷中是否有四个纵向平行排列的小圆角矩形浅凹陷,也未公开该车顶的后端及底面,

补充附件6图片中的车顶另一侧面后部形状不可见,针对该点,审查指南第四部分第五章第

5.5.1节的规定：

"在先设计的图片或者照片未反映产品各面视图的，应当依据一般消费者的认知能力来确定在先设计公开的信息。

依据一般消费者的认知能力，根据在先设计图片或者照片已经公开的内容即可推定出产品其他部分或者其他变化状态的外观设计的，则该其他部分或者其他变化状态的外观设计也被视为已经公开。例如在轴对称、面对称或者中心对称的情况下，如果图片或者照片仅公开了产品外观设计的一个对称面，则其余对称面也被视为已经公开了。"

补充附件6的图片公开了带有车顶的汽车，根据一般消费者对该类车辆车顶的认知能力，理解该车顶应为轴对称产品，因此可以推定出该车顶中部凸起另一侧的外观设计与所公开的一侧相同，即该凸起的另一侧面也向外倾斜，在该倾斜侧面偏后的位置处设置有一长条状侧窗，侧窗两端线为半圆弧线。

经过上述比较，合议组认为，首先，对于车顶产品一般消费者所关注的部位应当是前端和侧面，不会过多关注车顶的后端；车顶产品的底面一般消费者不易看到，也不会注意；使用时消费者更多关注的是车顶中部凸起的形状及后部凹陷的形状，而凸起尾部是否存在三角形浅凹陷及后部凹陷中是否有四个圆角矩形浅凹陷相对会被弱化。因此，补充附件6的图片中虽然未公开该车顶的后端、底面以及顶面三角形浅凹陷及后部凹陷中的四个圆角矩形浅凹陷等具体设计，但是这些设计属于对整体外观设计不具有显著影响的设计内容，即使存在差别也不会影响对两者产品整体视觉效果是否相近似的判断。

其次，本专利车顶与补充附件6图片中的车顶虽然在侧窗两端线和下部白色横条花纹上有所区别，但是这些区别点与整个产品相比所占的比例很小，对整体视觉效果不足以产生显著的影响。在整个产品中所占比例较大的部位，也是最能够引起消费者注意的是车顶整体外形，即中部条状横向凸起的设计，而本专利车顶与补充附件6图片中的车顶相应部位，即该凸起的视觉比例、外轮廓和设置的位置基本上相同，因此这两种车顶产品对于消费者所产生的整体视觉效果是相近似的。

基于上述分析，合议组认为本专利车顶与补充附件6图片中的车顶两者产品的整体视觉效果没有显著的差别，一般消费者会将二者误认、混同，因此二者属于相近似的外观设计，本专利权的授予不符合专利法第23条的规定。

鉴于补充附件6已经足以证明本专利不符合专利法第23条的规定，因此对于请求人提交的其他作为证据使用的附件不再评述。

三、决定

依据专利法第23条的规定，宣告02343856.8号外观设计专利权无效。

当事人对本决定不服的，可以根据专利法第46条第2款的规定，自收到本决定之日起三个月内向北京市第一中级人民法院起诉。根据该款的规定，一方当事人起诉后，另一方当事人应当作为第三人参加诉讼。

北京市第一中级人民法院
行政判决书

(2007) 一中行初字第 442 号

原告上海星客特汽车销售有限公司，住所地上海市闵行区青沪路 999 号。

法定代表人曹洪发，经理。

委托代理人张春和，北京高默克知识产权代理有限公司代理人。

委托代理人兰轶容，北京高默克知识产权代理有限公司代理人。

被告国家知识产权局专利复审委员会，住所地北京市海淀区北四环西路 9 号银谷大厦。

法定代表人廖涛，副主任。

委托代理人杨军艳，国家知识产权局专利复审委员会审查员。

委托代理人田华，国家知识产权局专利复审委员会审查员。

第三人上海南星行汽车有限公司，住所地上海曹安路 5555 号 270 室。

法定代表人钱明江，总经理。

委托代理人李平，上海市华诚律师事务所律师。

原告上海星客特汽车销售有限公司不服被告国家知识产权局专利复审委员会作出的第 8959 号无效宣告请求审查决定（以下简称第 8959 号决定），于 2007 年 3 月 8 日向本院提起行政诉讼。本院受理后，依法组成合议庭，向被告送达了起诉状副本及应诉通知书，并依照《中华人民共和国行政诉讼法》第二十七条之规定，通知上海南星行汽车有限公司作为本案第三人参加诉讼。本院于 2007 年 5 月 10 日公开开庭审理了本案。原告的委托代理人张春和、兰轶容，被告的委托代理人杨军艳、田华，第三人的委托代理人李平到庭参加了诉讼。本案现已审理终结。

2006 年 12 月 7 日，被告作出第 8959 号决定，依照《中华人民共和国专利法》（以下简称《专利法》）第二十三条的规定，宣告原告名称为车顶，专利号为 02343856.8 的外观设计专利权（以下简称本专利）无效。

在法定举证期限内，被告向本院提交的证据包括：1. 本专利公开文本；2. 本案口头审理记录；3. 2001.8 上（总第 166 期）《黑马信息广告》封面页、扉页、广告索引页和带有图片的"多功能商务休旅车"的广告页（即第 8959 号决定中的补充附件 6，以下简称对比文件）。

原告诉称，第三人在无效审查程序中提交的《黑马信息广告》中公开的照片是一辆汽车一个侧面的照片，从该照片上不能完全观察到汽车车顶的全部形状，也没有显示出车顶的后部形状及左侧形状。该幅照片未能清楚、完整地反映汽车车顶的整体外观设计，该照片与本专利申请保护的外观专利图片没有一张是相同的。被告仅凭此照片即对本专利与对比文件公开的汽车车顶是否相同或相近似作出判断是缺乏证据支持的。在此情况下作出的第 8959 号决定是错误的，不符合《专利法》第二十三条和第五十六条第二款的规定。对比文件公开的时间虽早于本专利的申请日，且被被告认定为《专利法》意义上的出版物，但该对比文件只是一种极少人能够看到的商业广告，并非正式出版社出版的刊物，其与小广告类同。

对比文件与本专利不同之处在于：本专利在车顶中部是向外侧倾斜的凸起，在凸起的两侧偏后部分装有端头为斜线形的侧窗。在对比文件中只能看到车顶凸起的一侧偏后装有端头为半圆弧线形的侧窗，而车顶中部的凸起部分是否是向外倾斜，在对比文件中是分辨不清的，对比文件中也没有公开车顶中部凸起的另一侧。本专利在主视图与后视图中可明显显示出在车顶中部凸起的尾部中间有一三角形浅凹陷，在车顶中部凸起的尾端至车顶后端之间有一大圆角长方形凹陷，在所述长方形凹陷内有四个纵向平行排列的小圆角矩形浅凹陷。对比文件没有公开车顶中部凸起尾部中间是否有一三角形浅凹陷，也不能看到凸起尾端至车顶后端之间有一大圆角长方形凹陷，在所述长方形凹陷内有四个纵向平行排列的小圆角矩形浅凹陷也不能看到，对比文件只能看到在凸起尾端和车顶后端之间有一段凹陷。对比文件也没有看到本专利的右视图的形状，该部分对一般消费者并非是无关紧要的。通过上述比较从一般消费者的认知能力可以明显的看出本专利与对比文件之间存在着多处本质性的差异，从一般消费者的认知能力是不可能从对比文件的1幅汽车的立体照片而推定出本专利车顶6幅视图的全部形状和各部分之间相互位置的关系的，更不可能推断出对比文件中没有公开出来的内容。

《审查指南》第四部分第五章第5.5.1节的规定不适用于本案。因为即使汽车的左右是对称的，而汽车的前后也不可能是，汽车的顶部也不会与其他部位有对称的关系，对比文件是一幅汽车的侧面立体图，不能引用上述概念对汽车的车顶作出判定。所以被告引用上述《审查指南》规定是错误的。

被告认为对于车顶产品一般消费者所关注的是前端和侧面，不会过多关注车顶后端；车顶产品的底面一般消费者不易看到，也不会注意。原告认为被告上述判定是错误的：首先汽车是大件贵重消费品，一般消费者会对汽车的每一个细节部分进行仔细观察和比较，汽车外观的任何不同与变化都会被一般消费者发现；其次本专利申请保护的是车顶，车顶是汽车的重要组成部分，不可能不引起一般消费者的注意，尤其是本专利的主视图更是一般消费者需要关注的重要部位，而该视图的形状在对比文件中没有被公开出来，本专利的右视图也没有被对比文件所公开；再次，即使是看似相似的车顶侧窗两端线和下部白色横条花纹也存在着实质性的差别，两者所采用的加工工艺不同，对比文件采用的是粘贴印刷彩纸，本专利采用的是模压成型线条，从美观和耐用角度来看都存在着很大的区别，这种区别也足以引起一般消费者的极大关注。

综上，本专利与对比文件是不相同也不相似的产品，本专利符合《专利法》第二十三条及相关条款的规定，被诉决定是错误的，故请求予以撤销并由被告承担本案诉讼费用。

原告为支持其诉讼主张，向本院提交的证据包括：本专利外观设计专利证书；本专利外观设计照片。

被告辩称，对比文件《黑马信息广告》杂志是记载有技术或设计内容的独立存在的传播媒体；其封面页上记载了出版单位的地址、电话、该杂志印发时间、广告许可证号及"总第166期"，符合《审查指南》对出版物的定义，属于《专利法》意义上的出版物。根据《审查指南》第四部分第五章第5.5.1节的规定，轴对称产品中一个对称面的外观设计如果被公开，则其余对称面也被视为已经公开了。故而，根据一般消费者对车辆车顶的认知能力，通常理解车顶为轴对称产品；对比文件图片中公开了车顶中部凸起一侧的外观设计，因此可以推定出其另一侧的外观设计与所公开的一侧相同。另外，在车顶这一产品中最能够引起消费者注意的是车顶整体外形，即中部条状横向凸起的设计，其他部位相对会被弱化；本专利车顶的凸起与对比文件图片中车顶的相应部位视觉比例、外轮廓和设置的位置基本相同，因此其他部位即使有差别也不会对整体视觉效果产生影响，一般消费者会将二者误认、混同，因此二者属于相近似的外观设计，本专利不符合《专利法》第二十三条的规定。

综上，第8959号决定认定事实清楚，适用法律正确，审理程序合法，原告的诉讼请求无法律和事实依据。因此，请求维持第8959号决定，驳回原告的诉讼请求。

第三人述称，本专利外观设计主视图不会引起消费者注意，消费者看到的是本专利的俯视图、仰视图和左视图。原告陈述的主视图的区别在对比文件中可以看出，关于尾部的凹槽，三角与尾部中间的凸起在对比文件中也可以看到。原告提出的轴对称问题对于本案而言没有评价必要，因为对比文件中的广告制作者与本专利权人相同。本专利的俯视图和仰视图的造型与对比文件中45度角的造型是完全一样的。后视图不会引起消费者注意。本专利车窗变化不足以引起消费者视觉的很大变化。汽车尾部在对比文件中看不出来，尾部带有尾灯是一般汽车设计都带有的。原告确认了对比文件的实物与本专利的顶部是相同的，被告也对该实物拍摄了照片。本案的车顶与对比文件相比，整体是相同和相近似的。第8959号决定认定事实清楚，适用法律正确，审查过程符合法律规定。因此，请求维持该决定，驳回原告的诉讼请求。

第三人为支持其诉讼主张，向本院提交的证据包括：1.《上海航空》第72期封面、车辆图片页和目录页；2.《上海航空》2002年全年刊物封面；3. 出刊证明和单位组建证明；4."沪DD9721"车辆进口及注册登记文件；5. 带有"沪DD9721"车牌的车辆照片；6. 出刊证明，单位组建证明和张美安主编的证明；7."沪BB4113"车辆进口并注册登记文件；8."沪BB3979"车辆进口并注册登记文件；9.《黑马信息广告》2001年8月上期封面、扉页、广告索引页和有车辆图片页。

经庭审质证，本院审查认为，原告证据、被告证据及第三人证据9与第8959号决定的合法性审查有关联且合法、各方当事人对其真实性亦无异议，可以作为本案有效证据使用。由于第8959号决定并未评述及使用第三人证据1至8，所以，该证据1至8与第8959号决定的合法性审查不具有关联性，本院不予采纳。

根据上述有效证据及各方当事人在庭审中无争议的陈述，本院对本案事实作出如下认定：

国家知识产权局于2004年3月3日授权公告了本专利，该专利的申请日是2002年10月30日，专利权人是本案原告。

针对本专利，第三人于2005年12月20日向被告提出无效宣告请求，其理由是：本专利与附件照片中所体现的在先设计相同，不符合《专利法》第二十三条的规定。第三人同时提交了3份附件作为其无效请求的证据：

2006年1月16日，第三人再次提交了意见陈述书，认为包含本专利车顶的车辆不但已在本专利申请日之前已被出版物公开，而且已由多个汽车销售公司向社会公开销售，也有多个社会单位取得了这些车辆的所有权，因此本专利不符合《专利法》第二十三条的规定。第三人同时提交了6份补充附件，其中包括对比文件作为补充证据。

被告受理后，向双方当事人发出无效宣告请求受理通知书，并将第三人的无效宣告请求书及附件转送给原告，要求其对该无效宣告请求陈述意见。随后原告提交了意见陈述书。被告将原告的意见陈述书转给第三人。

被告决定对该案进行口头审理，双方当事人均出席了口头审理。在口头审理中，第三人及原告分别陈述了各自的意见，第三人演示了其补充证据中的相关实物。

被告经审查认为：对比文件中的《黑马信息广告》杂志是记载有技术或设计内容的独立存在的传播载体；其封面页上记载了出版单位的地址、电话、该杂志印发时间、广告许可证号及"总第166期"，能够表明其公开发表的时间为2001年8月4日，因此对比文件符合《审查指南》对出版物的定义，是《专利法》意义上的出版物。由于对比文件的公开发表时间早于本专利的申请日，因此其上记载的内容构成了本专利的在先设计。

将本专利与对比文件中的图片进行比较，二者相同之处为：两者车顶两侧均为圆弧形；车顶中部均有一条状横向凸起，车顶前端中部与凸起均平滑连接，该凸起的长度、高度、外轮廓、设置的位置基本相同；该凸起一侧面均向外倾斜，其上相同位置处均设置有一长条状侧窗；车顶凸起尾端与车顶后端之间均有一凹陷，从凹陷后端开始车顶高度逐渐下降，直至车顶后端；车顶下部均有白色横条花纹，长度比车顶长度略短；车顶主要均为墨绿色。二者不同之处在于：本专利侧窗两端线为斜线，对比文件图片车顶中侧窗两端为半圆弧线；本专利车顶下部的白色横条较细，对比文件图片车顶下部的白色横条较粗，且两花纹端部略有不同。

虽然对比文件图片中的车顶未公开其另一侧面后部的形状，未公开该凸起尾部中间是否有一三角形浅凹陷、其车顶尾部的后部凹陷中是否有四个纵向平行排列的小圆角矩形浅凹陷，也未公开该车顶的后端及底面。但是，《审查指南》第四部分第五章第5.5.1节规定："在先设计的图片或者照片未反映产品各面视图的，应当依据一般消费者的认知能力来确定在先设计公开的信息。依据一般消费者的认知能力，根据在先设计图片或者照片已经公开的内容即可推定出产品其他部分或者其他变化状态的外观设计的，则该其他部分或者其他变化状态的外观设计也被视为已经公开。例如在轴对称、面对称或者中心对称的情况下，如果图片或者照片仅公开了产品外观设计的一个对称面，则其余对称面也被视为已经公开了。"

对比文件的图片公开了带有车顶的汽车，根据一般消费者对该类车辆车顶的认知能力，理解该车顶应为轴对称产品，因此，可以推定出该车顶中部凸起另一侧的外观设计与所公开的一侧相同，即该凸起的另一侧面也向外倾斜，在该倾斜侧面偏后的位置处设置有一长条状侧窗，侧窗两端线为半圆弧线。

首先，对于车顶产品一般消费者所关注的部位应当是前端和侧面，不会过多关注车顶的后端；车顶产品的底面一般消费者不易看到，也不会注意；使用时消费者更多关注的是车顶中部凸起的形状及后部凹陷的形状，而凸起尾部是否存在三角形浅凹陷及后部凹陷中是否有四个圆角矩形浅凹陷相对会被弱化。因此，对比文件的图片中虽然未公开该车顶的后端、底面以及顶面三角形浅凹陷及后部凹陷中的四个圆角矩形浅凹陷等具体设计，但是这些设计属于对整体外观设计不具有显著影响的设计内容，即使存在差别也不会影响对两者产品整体视觉效果是否相近似的判断。

其次，本专利车顶与对比文件图片中的车顶虽然在侧窗两端线和下部白色横条花纹上有所区别，但是这些区别点与整个产品相比所占的比例很小，对整体视觉效果不足以产生显著的影响。在整个产品中所占比例较大的部位，也是最能够引起消费者注意的是车顶整体外形，即中部条状横向凸起的设计，而本专利车顶与对比文件图片中的车顶相应部位，即该凸起的视觉比例、外轮廓和设置的位置基本上相同，因此这两种车顶产品对于消费者所产生的整体视觉效果是相近似的。本专利车顶与对比文件图片中的车顶两者产品的整体视觉效果没有显著的差别，一般消费者会将二者误认、混同，二者属于相近似的外观设计。本专利权的授予不符合《专利法》第二十三条的规定。因此，被告作出了宣告本专利全部无效的第8959号决定。并且，鉴于对比文件已经足以证明本专利不符合《专利法》第二十三条的规定，被告未再对第三人提交的其他作为证据使用的附件作出评述。

本院认为，《专利法》第二十三条规定："授予专利权的外观设计，应当同申请日以前在国内外出版物上公开发表过或者国内公开使用过的外观设计不相同和不相近似，并不得与他人在先取得的合法权利相冲突。"本案中，本院认同第8959号决定中关于对比文件是《专利法》意义上的出版物，其上记载的内容构成了本专利的在先设计，以及本专利车顶与对比文件图片中相应车顶外观的描述和对两者区别的认定；亦认同该决定中关于对比文件图片中未公开的车顶底面以及顶面三角形浅凹陷及后部凹陷中的四个圆角矩形浅凹陷等具体设计，属于对整体外观设计不具有显著影响的设计内容，即使存在差别也不会影响对两者产品整体视觉效果是否相近似的判断；虽然本专利车顶与对比文件图片中的车顶在侧窗两端线和下部白色横条花纹上有所区别，但是这些区别点与整个产品相比所占的比例很小，对整体视觉效果不足以产生显著的影响等判断。但是，第8959号决定中关于对比文件图片中未公开相应车顶后端的具体设计，一般消费者不会过多关注车顶的后端，这些设计属于对整体外观设计不具有显著影响的设计内容，即使存在差别也不会影响对两者产品整体视觉效果是否近似的判断的认定缺乏根据。因此第 8959 号决定部分事实不清，根据不足，本院应予撤销。据此，依照《中华人民共和国行政诉讼法》第五十四条第（二）项第 1 目，判决如下：

撤销国家知识产权局专利复审委员会第 8959 号无效宣告请求审查决定。

案件受理费 1000 元，由被告国家知识产权局专利复审委员会负担（于本判决生效后 7 日内交纳）。

如不服本判决，可在判决书送达之日起 15 日内向本院提交上诉状，并按对方当事人的人数提交副本，上诉于北京市高级人民法院。

审　判　长　吴　月
审　判　员　李纪红
代理审判员　何君慧
二〇〇七年九月十八日
书　记　员　郎莉萍

北京市高级人民法院
行政判决书

（2008）高行终字第 5 号

上诉人（一审第三人）上海南星行汽车有限公司，住所地上海市曹安路 5555 号 270 室。
法定代表人钱明江，总经理。
委托代理人李平，上海市华诚律师事务所律师。
被上诉人（一审原告）上海星客特汽车销售有限公司，住所地上海市闵行区青沪路 999 号。
法定代表人曹洪发，经理。
委托代理人姜莹，女，北京高默克知识产权代理有限公司职员，住北京市西城区月坛北街 2 号月坛大厦 A308 室。
委托代理人兰轶容，女，北京高默克知识产权代理有限公司职员，住北京市西城区月坛北街 2 号月坛大厦 A308 室。
一审被告国家知识产权局专利复审委员会，住所地北京市海淀区北四环西路 9 号银谷大厦。
法定代表人廖涛，副主任。
委托代理人杨军艳，女，国家知识产权局专利复审委员会审查员。
委托代理人田华，女，国家知识产权局专利复审委员会审查员。

上诉人上海南星行汽车有限公司（以下简称南星行公司）因专利权无效宣告请求审查决定一案，不服北京市第一中级人民法院（2007）一中行初字第 442 号行政判决，向本院提起上诉。本院受理后，依法组成合议庭、公开开庭审理了本案。上诉人南星行公司的委托代理人李平，被上诉人上海星客特汽车销售有限公司（以下简称星客特公司）的委托代理人姜莹、兰轶客，一审被告国家知识产权局专利复审委员会（以下简称专利复审委）的委托代理人杨军艳、田华到庭参加诉讼。本案现已审理终结。

2006 年 12 月 7 日，专利复审委就南星行公司针对名称为"车顶"、专利权人为星客特公司的第 02343856.8 号外观设计专利权（以下简称本专利）提出的无效宣告请求，作出第 8959 号无效宣告请求审查决定（以下简称第8959号决定），依照《中华人民共和国专利法》（以下简称《专利法》）第二十三条的规定，宣告本专利无效。星客特公司不服第8959号决定，向北京市第一中级人民法院提起诉讼。

北京市第一中级人民法院经审理认为，《专利法》第二十三条规定："授予专利权的外观设计，应当同申请日以前在国内外出版物上公开发表过或者国内公开使用过的外观设计不相同和不相近似，并不得与他人在先取得的合法权利相冲突。"本案中，法院认同第8959号决定中关于对比文件是《专利法》意义上的出版物，其上记载的内容构成了本专利的在先设计，以及本专利车顶与对比文件图片中相应车顶外观的描述和对两者区别的认定；亦认同该决定中关于对比文件图片中未公开的车顶底面以及顶面三角形浅凹陷及后部凹陷中的四个圆角矩形浅凹陷等具体设计，属于对整体外观设计不具有显著影响的设计内容，即使存在差别也不会影响对两者产品整体视觉效果是否相近似的判断；虽然本专利车顶与对比文件图片中的车顶在侧窗两端线和下部白色横条花纹上有所区别，但是这些区别点与整个产品相比所占的比例很小，对整体视觉效果不足以产生显著的影响等判断。但是，第8959号决定中关于对比文件图片中未公开相应车顶后端的具体设计，一般消费者不会过多关注车顶的后端，这些设计属于对整体外观设计不具有显著影响的设计内容，即使存在差别也不会影响对两者产品整体视觉效果是否近似的判断的认定缺乏根据，因此第8959号决定部分事实不清，根据不足，应予撤销。据此，依照《中华人民共和国行政诉讼法》第五十四条第（二）项第1目，判决撤销专利复审委作出的第8959号决定。

上诉人南星行公司不服上述判决，向本院提起上诉，上诉称：一审法院认定事实错误。首先，一审法院忽视了第8959号决定中关于车顶造型的整体视觉效果的判断，简单片面地将一个右视图所反映的车顶后端与整体造型割裂来看，而且还是一个不被消费者所关注的部位。其次，本专利右视图所反映的车顶后端没有什么创新性的设计，只是一个普通的两端带有弧形、中间设有尾灯的矩形，这是中型客车再普通不过的车顶后端，上诉人所提供的证据1~9充分显示本专利实际上是抄袭了《道奇V8旅行车（2001 DODGE VAN 150）》，这种车在国内早已公开使用，进口商就是星客特公司。一审判决以事实不清、证据不足为由撤销被诉第8959号决定，却未对撤销第8959号决定的后续处理作出判决，属于漏判。综上，请求二审法院撤销一审判决，改判维持第8959号决定。

被上诉人星客特公司答辩称：第一，关于车顶后端的认定问题。上诉人对车顶后端设计与车顶整体造型之间关系的理解不准确。《审查指南》第四部分第五章第4节对外观设计判断原则做了详尽规定。具体到本案，汽车是大件消费品：一般消费者对汽车的每一个细节部分都会仔细观察、比对，因此，车顶后端并不是一个不被消费者关注的部位；而且，本专利车顶在使用状态下安装在汽车的顶部，一般消费者对车顶的前后左右各个部分都会给予同样的关注，并不仅仅是只关注车顶的前端和侧面。其次，车顶后端的具体设计对于车顶整体外观设计是具有显著影响的设计内容。第8959号决定对车顶后端所作判断明显缺乏事实根据，一审法院对车顶后端的认定是正确的。第二，上诉人在行政程序中提交了9份附件，专利复审委在第8959号决定中未对对比文件之外的8份附件作出评述，上述附件不能作为评价第8959号决定合法性的证据。第三，根据《中华人民共和国行政诉讼法》第五十四条第二款的规定，对主要证据不足的具体行政行为，人民法院判决撤销或部分撤销，并可以判决被告重新作出具体行政行为，也就是说"判决重作"是一选择性条款，所以，一审法院不存在漏判。综上，一审判决认定事实清楚，适用法律正确，上诉人的上诉请求无事实与法律依据，请求二审法院驳回上诉，维持一审判决。

一审被告专利复审委述称：对比文件中的图片未公开的车顶后端的具体设计对车顶产品的整体外观设计不具有显著影响。将本专利产品与对比文件图片中的车顶整体外观设计进行比较，最能引起消费者注意的两者车顶中部所占比例较大的条状横向凸起的设计，两者在视觉比例、外轮廓和设置的位置上基本相同。由于该车顶中部条状横向凸起的设计较为突出，此处的设计更多吸引了消费者的注意力，其他部位的设计相对来说会被消费者弱化。虽然对比文件中的图片没有公开车顶后端的设计，但即使该部分的设计有所变化，也不会引起消费者过多的注意；况且，本专利车顶后端的设计也没有突出的变化。因此，本委认为本专利与对比文件图片中的车顶产品的整体视觉效果没有显著差别；二者属于近似的外观设计。第8959号决定认定事实清楚，适用法律正确，请求二审法院予以维持。

经审理查明，本专利的申请日是2002年10月30日，授权公告日为2004年3月3日。本专利共有六幅视图，即主视图、俯视图、仰视图、左视图、右视图、后视图。

针对本专利，南星行公司于2005年12月20日向专利复审委提出专利权无效宣告请求，理由是：本专利与附件照片中所体现的在先设计相同，不符合《专利法》第二十三条的规定。南星行公司同时提交了3份附件作为其无效请求的证据。

2006年1月16日，南星行公司向专利复审委提交了意见陈述书，主要意见为：包含本专利车顶的车辆不但已在本专利申请日之前已被出版物公开，而且已由多个汽车销售公司向社会公开销售，也有多个社会单位取得了这些车辆的所有权，因此本专利不符合《专利法》第二十三条的规定。南星行公司还提交了6份补充附件，其中附件6为2001年8月上（总第166期）《黑马信息广告》（即对比文件）封面页、扉页、广告索引页和带有图片的"多功能商务休旅车"广告页复印件。

专利复审委受理南星行公司提出的无效宣告请求后，向星客特公司进行了转文。星客特公司提交了意见陈述书。专利复审委亦向南星行公司进行了转文。

专利复审委对本无效宣告请求案进行了口头审理，双方当事人均出席并陈述了各自的意见，南星行公司演示了补充证据中的相关实物。

经审查，专利复审委于2006年12月7日作出第8959号决定，宣告本专利无效。第8959号决定的主要内容为：

对比文件《黑马信息广告》杂志是记载有技术或设计内容的独立存在的传播载体；其封面页上记载了出版单位的地址、电话、该杂志印发时间、广告许可证号及"总第166期"，能够表明其公开发表的时间为2001年8月4日，符合《审查指南》对出版物的定义，属于《专利法》意义上的出版物。由于对比文件的公开发表时间早于本专利的申请日，因此其上记载的内容构成了本专利的在先设计。

将本专利与对比文件中的图片进行比较，二者相同之处为：两者车顶两侧均为圆弧形；车顶中部均有一条状横向凸起，车顶前端中部与凸起均平滑连接，该凸起的长度、高度、外轮廓、设置的位置基本相同；该凸起一侧面均向外倾斜，其上相同位置处均设置有一长条状侧窗；车顶凸起尾端与车顶后端之间均有一凹陷，从凹陷后端开始车顶高度逐渐下降，直至车顶后端；车顶下部均有白色横条花纹，长度比车顶长度略短；车顶均为墨绿色。二者不同之处在于：本专利侧窗两端线为斜线，对比文件图片车顶中侧窗两端为半圆弧线；本专利车顶下部的白色横条较细，对比文件图片车顶下部的白色横条较粗，且两花纹端部略有不同。

对比文件图片中的车顶未公开其另一侧面后部的形状，未公开该凸起尾部中间是否有一三角形浅凹陷、其车顶尾部的后部凹陷中是否有四个纵向平行排列的小圆角矩形浅凹陷，也未公开该车顶的后端及底面。对比文件的图片公开了带有车顶的汽车，根据一般消费者对该类车辆车顶的认知能力，理解该车顶应为轴对称产品，因此，根据《审查指南》第四部分第五章第5.5.1节的规定，可以推定出该车顶中部凸起另一侧的外观设计与所公开的一侧相同。即该凸起的另一侧面也向外倾斜，在该倾斜侧面偏后的位置处设置有一长条状侧窗，侧窗两端线为半圆弧线。

对于车顶产品，首先，一般消费者所关注的部位是前端和侧面，不会过多关注车顶的后端；车顶产品的底面一般消费者也不易看到、不会注意；使用时消费者更多关注的是车顶中部凸起的形状及后部凹陷的形状，而凸起尾部是否存在三角形浅凹陷及后部凹陷中是否有四个圆角矩形浅凹陷相对会被弱化。因此，对比文件的图片虽然未公开该车顶的后端、底面以及顶面三角形浅凹陷及后部凹陷中的四个圆角矩形浅凹陷等具体设计，但是这些设计属于对整体外观设计不具有显著影响的内容，即使存在差别也不会影响对两者产品整体视觉效果是否相近似的判断。其次，本专利车顶与对比文件图片中的车顶虽然在侧窗两端线和下部白色横条花纹上有所区别，但是这些区别点与整个产品相比所占比例很小，对整体视觉效果不足以产生显著的影响。在整个产品中所占比较较大的部位，也是最能够引起消费者注意的是车顶整体外形，即中部条状横向凸起的设计，而本专利车顶与对比文件图片中的车顶相应部位，在视觉比例、外轮廓和设置的位置上基本相同，因此这两种车顶产品对于消费者所产生的整体视觉效果是相近似的，一般消费者会将二者误认、混同，二者属于相近似的外观设计，本专利的授予不符合《专利注》第二十三条的规定，应宣告无效。

鉴于对比文件已经足以证明本专利不符合《专利法》第二十三条的规定，专利复审委对南星行公司提交的其他附件未予评述。

星客特公司不服第8959号决定，于2007年3月8日向一审法院提起行政诉讼。

一审期间，专利复审委在法定期限内向一审法院提交了下列证据材料：1. 本专利公开文本；2. 口头审理记录表；3. 对比文件补充附件6。

星客特公司向一审法院提交了下列证据材料：1. 本专利外观设计专利证书；2. 本专利外观设计照片。

南星行公司向一审法院提交了下列证据材料：1.《上海航空》第72期封面、车辆图片页和目录页；2.《上海航空》2002年全年刊物封面；3. 出刊证明和单位组建证明；4."沪DD9721"车辆进口及注册登记文件；5. 带有"沪DD9721"车牌的车辆照片；6. 出刊证明，单位组建证明和张美安主编的证明；7."沪BB4113"车辆进口并注册登记文件；8."沪BB3979"车辆进口并注册登记文件；9.《黑马信息广告》2001年8月上期封面、扉页、广告索引页和有车辆图片页。

一审法院经审查认为，专利复审委提交的证据材料、星客特公司提交的证据材料及南星行公司提交的证据9与本案有关联且合法。各方当事人对其真实性亦无异议，可以作为本案有效证据使用。由于第8959号决定并未评述及使用南星行公司提交的证据1至8，上述证据材料与本案不具有关联性，不予采纳。

上述证据材料均已随案移送本院。二审期间，各方当事人均未提交新证据。

经审查，本院认为，一审法院对各方当事人提交的证据的认证意见正确，本院予以确认。本院根据经认证的证据及无争议的当事人陈述认定本案事实。

本院认为，二审中，各方当事人争议的焦点在于，在对比文件没有公开相应车顶后端的具体设计的情况下，专利复审委在第8959号决定中认定一般消费者不会过多关注车顶的后端，这些设计属于对整体外观设计不具有显著影响的设计内容，即使存在差别也不会影响对两者产品整体视觉效果是否近似的判断，这一论断是否具有相应的依据。本案中，对比文件图片未能反映所涉车顶产品的各面视图，在这种情形下，依照整体观察、综合判断的原则，将对比文件作为在先设计与本专利进行相近似性审查判断时，应当首先按照《审查指南》第四部分第五章第5.5.1节的规定，依据一般消费者的认知能力来确定在先设计未公开的信息；如不能依据一般消费者的认知能力确定在先设计未公开的信息，根据《审查指南》第四部分第五章第5.5.3节的规定，如果在先设计图片或者照片未公开的部分属于该类产品使用状态下不会被一般消费者关注的部位，并且被此设计在相应部位的设计的变化也不会对产品的整体视觉效果产生显著影响，不影响对二者进行整体观察、综合判断；或者，如果被此设计中对应于在先设计图片或者照片未公开的内容仅仅是该类产品的惯常设计并且不受一般消费者关注，也不影响对二者进行整体观察、综合观察。本案中，专利复审委认定本专利的后视图即车顶底面属于不受一般消费者关注的部位是成立的，但与车顶底面相比，本专利的右视图即车顶后端在使用状态下能够被一般消费者观察到，也就会引起关注，专利复审委认定一般消费者不会过多关注车顶后端则理由不足，且专利复审委在第8959号决定中也未对本专利的车顶后端设计仅仅属于该类产品的惯常设计作出认定，因此，在这种情形下，专利委复审委将本专利与对比文件进行比对并不符合整体观察、综合判断的原则，据此作出的前述判断依据不足。一审法院据此撤销被诉决定是正确的。由于专利复审委作出第8959号决定未以上海南星行公司提交的其他8份证据材料为依据，一审法院认定上述8份证据与第8959号决定的合法性无关联、不予采纳，符合法律规定，对上诉人上海南星行公司的相应上诉理由，本院不予采纳。一审法院以事实不清、证据不足为由撤销被诉决定，在一审判决生效后，专利复审委自当再次启动无效宣告审查程序，就请求人提出的专利权无效宣告请求重新作出审查决定。一审判决主文未写有关责令重作的内容，不属于漏判。据此，依照《中华人民共和国行政诉讼法》第六十三条第（一）项之规定，判决如下：

驳回上诉，维持一审判决。

二审案件受理费100元，由上诉人上海南星行汽车有限公司负担（已交纳）。

本判决为终审判决。

审　判　长　王　燕
审　判　员　朱世宽
审　判　员　张学磊
二〇〇八年二月二十五日
书　记　员　马　军

049

光信号转换器（6940-1型）

无效宣告请求审查决定（第 8974 号）

决 定 号	第 8974 号
决 定 日	2006 年 10 月 23 日
发明创造名称	光信号转换器（6940-1型）
国际分类号	14-03-C0613
无效宣告请求人	温岭市电视设备厂
专 利 权 人	陈其宝
申 请 号	99333987.5
申 请 日	1999 年 10 月 30 日
授权公告日	2000 年 6 月 7 日
合议组组长	张 度
主 审 员	蒋 彤
参 审 员	马志远
附 图	1 页

法 律 依 据 专利法第 23 条

决 定 要 点

本专利与对比文件相比，在整体形状及凸起楞基本相同的情况下，其两侧的条形楞的有无及四个侧面的同心圆柱带来的差别应属于局部的细微差别。根据"整体观察、综合判断"的原则，上述区别点不足以使二者的整体形状产生显著的差别，一般消费者在购买及使用中，易将二者混同，即二者的差别对于产品的整体视觉效果不具有显著的影响，所以本专利和对比文件属于相近似的外观设计。请求人所提证据能够证明本专利不符合专利法第 23 条的规定。

一、案由

本无效宣告请求案涉及国家知识产权局于 2000 年 6 月 7 日授权公告、申请号为 99333987.5、名称为"光信号转换器（6940-1型）"的外观设计专利（以下称本专利），专利权人为陈其宝，申请日是 1999 年 10 月 30 日。

针对本外观设计专利权，温岭市电视设备厂（下称请求人）于 2001 年 4 月 26 日以本专利不符合专利法实施细则第 2 条第 3 款和专利法第 23 条的规定为由向专利复审委员会提出无效宣告请求，请求人的无效理由如下：

第一， 本专利的主视图与仰视图不对应、俯视图与仰视图及主视图不对应。由于本专利的上述视图不能反映产品的右侧外观,因此本专利不是专利法实施细则第2条第3款所述的"适于工业上应用"的"一种设计方案",即本专利不属于新设计。

第二, 在本专利申请日前已有相近似的外观设计公开发表,有证据2、证据3、证据6和证据7为证,其中证据6和证据7表明证据3内容的真实性以及公开时间,证据1表明证据2与本专利属于完全同类的产品,与本专利外观设计的要部完全相同,二者属于相近似的外观设计。证据14-1到证据14-4用于说明关于本专利要部的判断是以散热片的形状来区分的;另外,在本专利申请日以前已有相同的外观设计公开展出,有证据7~10、证据6和证据3为证,1999年4月13~15日在北京国际展览中心举办的展览会上公开展出的美国Augat公司生产、SA公司销售的"6940型光电子接收机平台"产品外观与本专利完全相同;再有,与本专利相同外观的产品已于申请日前在国内公开销售,即已公开使用。有证据4、证据5、证据11、证据12和证据13为证。因此,本专利不符合专利法第23条的规定。

与此同时,请求人提交了如下的证据:

证据1-1:本专利授权公报及六面视图图片;

证据1-2:99334407.0号外观设计专利授权公报,其公开日为2000年8月30日;

证据1-3:00313101.7号外观设计专利授权公报,其公开日为2000年8月30日;

证据1-4:00313100.9号外观设计专利授权公报,其公开日为2000年10月11日;

证据1-5:99334405.4号外观设计专利授权公报,其公开日为2000年8月9日;

证据1-6:99334406.2号外观设计专利授权公报,其公开日为2000年8月9日;

证据2:美国外观设计专利Des.379,088号授权公报复印件,公开日为1997年5月6日;

证据3:科学亚特兰大有限公司(SA公司)6940型电子接收机站平台样本复印件共2页;

证据4:上海科学亚特兰大有限公司(SA公司)的期货合同【(98-265)字第(W-52)号】、增值税发票(NO.00224878、NO.00224877)及销售清单(NO.0380355、NO.0380356)复印件共4页;

证据5:上海科学亚特兰大有限公司(SA公司)的期货合同【(98-183)字第(W-44)号】及上海市外商投资企业统一发票(NO.2920170)复印件,共2页;

证据6:'99第七届中国国际有线电视设备展览会会刊部分复印件,共4页;

证据7:无锡雷华——环球电子设备有限公司王宏出具的证明复印件一份;

证据8:深圳兴星电讯有限公司及其员工袁勋出具的证明复印件各一份;

证据9:深圳迈威有线电视器材有限公司员工曹子俊出具的证明复印件一份;

证据10:四川九州电子科技股份有限公司员工王强出具的证明复印件一份;

证据11:深圳九洲电子公司出具的证明及电汇凭证(NO.3178503)复印件,共2页;

证据12:深圳迈威有线电视器材有限公司出具的证明、杭州华泰光纤技术有限公司发给深圳迈威有线电视器材有限公司的传真及电汇凭证(NO.70245926)复印件,共3页;

证据13:《慧聪商情广告》杂志1999年第2-10月部分页面的复印件,共9页;

证据14-1至14-4:美国Magnavox公司、美国ANTEC公司、加拿大(叁皇冠)公司、南韩东洋公司(DONGYANG TELECOM CO.,LTD)等各公司的相关产品外形的资料复印件,共3页。

专利复审委员会经形式审查合格,受理了上述无效宣告请求,并于2001年4月26日将请求书及其所附证据的副本转寄给专利权人。

针对上述无效宣告请求,专利权人(下称被请求人)于2001年6月7日作出答复,被请求人认为:第一,请求人认为本专利不符合专利法实施细则第2条第3款规定的主张不能成立;第二,请求人举证的美国外观设计专利 Des.379,088 与本专利不相同也不相近似,本专利的各视图与证据2的相关视图都有明显区别之处,如本专利主视图与证据2的图6相比,两者的侧面轮廓线明显不同、两图的左下角和右下角的设计布置更是完全不同,其中本专利主视图的左下角和左角的设计是本专利的设计要点之一,在证据2中并不具备,该区别足以使普通消费者清楚分辨两者不同的产品,另外本专利的后视图与证据2的图5有明显区别;再有,本专利的左视图与证据2的图4,本专利的右视图与证据2的图3在设计上的区别也一目了然;第三,请求人没有具体指明举证的证据3美国SA公司的6940型关电子接收机产品外观与本专利的相近似之处,事实上,本专利是专利权人根据市场需要自行设计的。因此,请求专利复审委员会维持本专利权有效。

专利复审委员会本案合议组于2003年7月2日将上述意见陈述转送请求人,同时向双方当事人发出口头审理通知书,定于2003年8月11日对本案进行口头审理。

口头审理如期举行,双方均有代表出席口头审理。在口头审理中,请求人出示了上述证据3、证据7至证据10、证据11中的证明、证据12中的证明的原件;声明放弃证据4至证据6、证据13、证据14以及证据11、证据12中未出示原件的证据。被请求人对请求人所示证据原件的真实性没有异议。对证据2的真实性也未提出异议。双方当事人最终陈述意见坚持各自原有观点。

2004年5月19日,专利复审委员会向专利权人发出合议组成员告知通知书,告知双方当事人合议组成员变更,并通知双方当事人自收到本通知之日起7日内可以对变更的合议组成员提出书面回避请求以及可以以书面意见陈述的形式提出重新进行口头审理的请求,同时告知双方若在上述期限内不提交书面意见陈述书则视为双方当事人对上述变更无异议且不要求重新进行口头审理,新合议组对本案不再进行口头审理。

双方当事人在规定期限内均未提出回避请求及重新进行口头审理的请求。

在上述工作的基础上,合议组认为双方当事人已经充分发表意见,可以作出本无效宣告请求审查决定。

二、决定的理由

基于请求人的无效理由及证据,合议组进行了审查,现对本专利是否符合专利法第23条的规定进行评述。

专利法第23条规定,授予专利权的外观设计,应当同申请日以前在国内外出版物上公开发表过或者国内公开使用过的外观设计不相同和不相近似,并不得与他人在先取得的合法权利相冲突。

请求人提交的证据2是美国外观设计专利 Des.379,088号(下称对比文件)授权公报复印件,公开日为1997年5月6日,经核实属实,是于本专利申请日前公开的美国外观设计专利公报,属于专利法第23条规定的出版物,可以作为适用专利法第23条的证据使用。

对比文件是有线电视设备外壳,本专利产品是6940-1型光信号转换器,对于CATV有线电视设备一类产品的购买者、使用者,即该类产品的一般消费者而言,结合产品的外观及产品名称,能够判断出本专利和对比文件属于同一产品类别,故可以对二者进行如下相近似性比较:

本专利整体近似扁长方体,表面带有突起的楞,在侧面中部形成突出的一圈水平凸沿,其上分布有八个固定的螺钉。从主视图及后视图看,前后侧表面有突起的楞,呈竖直状。从俯视图和仰视图看,上面和底面有突起的楞和小圆柱,其中楞呈等间距的曲线状。从左视图及右视图看,该两侧表面没有如其他表面样的凸楞,但以上述水平凸沿为一端,向下等距离分布有三个条形的凸起面,在左视图上,从水平凸沿向上还有两个条形凸起面。各凸起面的另一个端点都是圆形孔状。(详见本专利附图。)

对比文件整体近似扁长方体,表面带有突起的楞,在侧面中部形成突出的一圈水平凸沿,其上分布有八个固定的螺钉。从 FIG.5 及 FIG.6 视图看，前后侧表面有突起的楞，呈竖直状，在前、后侧面的四个下角部各有一个同心圆柱。从 FIG.2 和 FIG.1 看，上面和底面有突起的楞，其中楞呈等间距的曲线状，底面还有小圆柱。从 FIG.3 及 FIG.4 看，该两侧表面没有如其他表面样的凸楞，但产品下面等距离分布有三个同心圆柱，在其中一侧面右侧，还有两个同心圆柱。各凸起面的另一个端点都是圆形孔状。（详见对比文件附图。）

将本专利与对比文件的外观设计相比较可以看出，二者在整体形状上基本相同，且表面都分布有突起的楞，且侧面楞都是竖直，上面和底面都是等间距的曲线状。其主要不同点为：二者两个侧面有差别，本专利左右两侧面各有突起的条形面，而对比文件只有同心圆柱；另外，对比文件前、后侧面在四个下角部各有一个同心圆柱，而本专利没有，另外，二者还有更细微差别。

合议组认为：本专利与对比文件相比，在整体形状及凸起楞基本相同的情况下，其两侧的条形楞的有无及四个侧面的同心圆柱带来的差别应属于局部的细微差别。根据"整体观察、综合判断"的原则，上述区别点不足以使二者的整体形状产生显著的差别，一般消费者在购买及使用中，易将二者混同，即二者的差别对于产品的整体视觉效果不具有显著的影响，所以本专利和对比文件属于相近似的外观设计。请求人所提证据能够证明本专利不符合专利法第 23 条的有关规定。

鉴于本专利与对比文件的上述比较已得出本专利不符合专利法第 23 条规定的结论，本决定对请求人提出的其他理由和证据不再作出评述。

三、决定

宣告 99333987.5 号外观设计专利权无效；

当事人对本决定不服的，可以根据专利法第 46 条第 2 款的规定，自收到本决定之日起三个月内向北京市第一中级人民法院起诉。根据该款的规定，一方当事人起诉后，另一方当事人应当作为第三人参加诉讼。

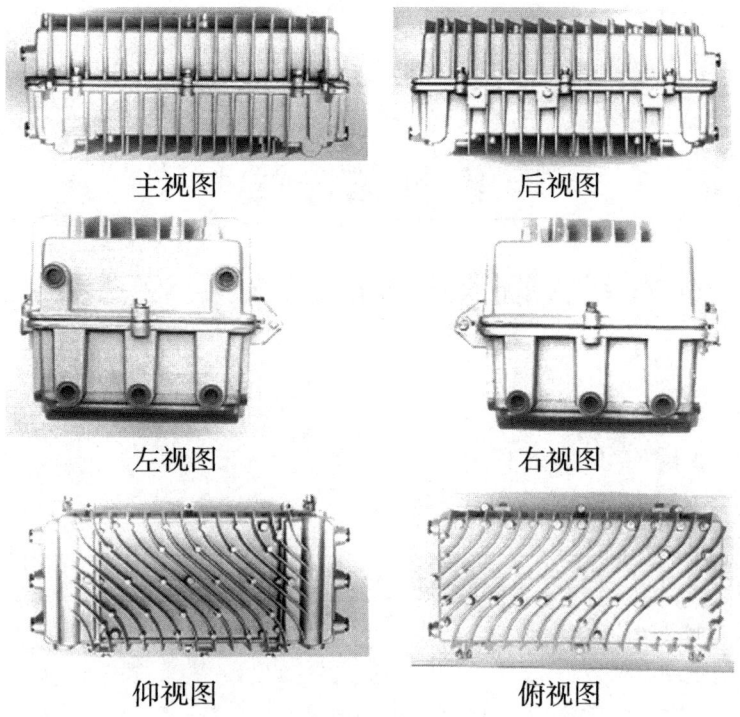

本专利附图

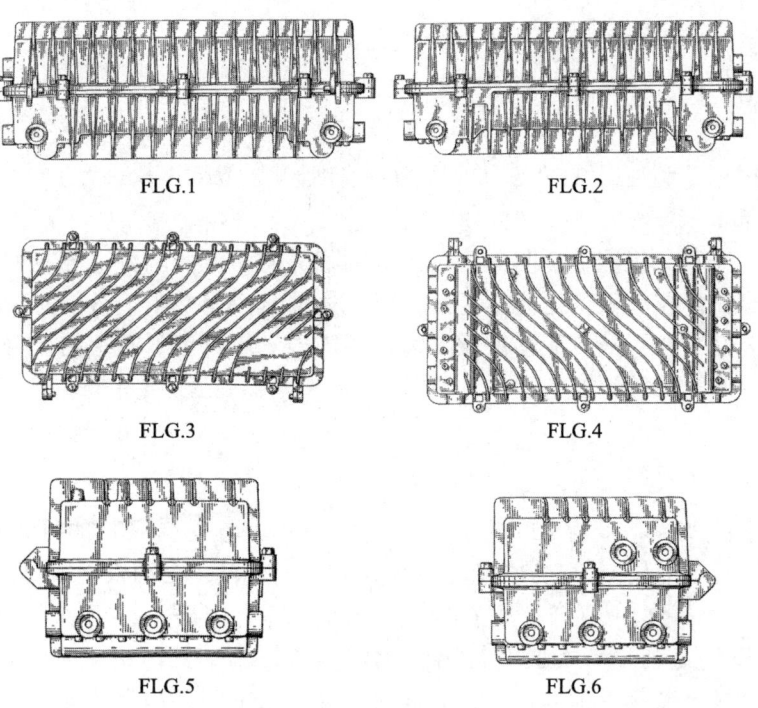

对比文件

家具花饰线

无效宣告请求审查决定（第 8977 号）

决 定 号	第 8977 号
决 定 日	2006 年 12 月 6 日
发明创造名称	家具花饰线
外观设计分类号	06-06
无效宣告请求人	汕头市龙湖嘉元家饰有限公司
专 利 权 人	林志凌
专 利 号	02363514.2
申 请 日	2002 年 10 月 20 日
授权公告日	2003 年 5 月 21 日
合议组组长	陈海平
主 审 员	祁轶军
参 审 员	陈勇
附 图	1 页

法律依据 专利法第 23 条，专利法实施细则第 2 条第 3 款

决定要点

请求人提交的公证书仅仅能够证明公证日当天的相关网站上的网页记载有如该公证书所附网页复印件所示的信息内容，但仅凭该证据尚不足以证明上述信息内容在申请日前已经在国内外出版物上公开发表或者在国内公开使用，故仅凭该证据不能证明本专利不符合专利法第 23 条的规定。

一、案由

本无效宣告请求涉及专利号为 02363514.2、名称为"家具花饰线"的外观设计专利，该专利的申请日为 2002 年 10 月 20 日，授权公告日为 2003 年 5 月 21 日，专利权人为林志凌。

针对上述专利权（下称本专利），汕头市龙湖嘉元家饰有限公司（下称请求人）于 2005 年 5 月 12 日向国家知识产权局专利复审委员会提出了无效宣告请求，其理由是本专利不符合专利法第 23 条、专利法实施细则第 2 条第 3 款的规定，并同时提交了如下附件作为证据：

附件 1：《装饰艺术手册》的封面、第 1~3 页、第 138~143 页以及版权页的复印件。

经形式审查合格后，专利复审委员会受理了该无效宣告请求案，于 2005 年 6 月 7 日向双方当事人发出了无效宣告请求受理通知书，并将专利权无效宣告请求书及其附件副本转送给专利权人，同时依法成立合议组对本无效宣告请求案进行审理。

请求人于 2005 年 6 月 10 日向专利复审委员会提交意见陈述书，同时提交以下附件作为证据：

证据 1：《装饰艺术手册》的封面、版权页、第 1~3 页及第 138~143 页的复印件，共 7 页（同附件 1）；

证据 2：由深圳市家具行业协会出具的"证明材料"影印件，共 13 页；

证据 3：深圳市欧意轩家具有限公司的产品画册影印件，共 3 页；

证据 4：（2005）汕濠证民字第 108 号公证书的复印件，共 12 页；

证据 5：CAPPELLETTI 公司的产品画册封面、第 6、7 页影印件，共 3 页。

专利权人于 2005 年 7 月 6 日向专利复审委员会提交了意见陈述书，其认为请求人提交的证据不足以证明本专利不符合专利法的相关规定。

专利权人于 2005 年 8 月 23 日向专利复审委员会提交了意见陈述书，对其 2005 年 7 月 6 日提交的意见陈述书中所存在的文字错误进行更正。

专利复审委员会本案合议组于 2006 年 1 月 9 日向请求人及专利权人发出了口头审理通知书，定于 2006 年 2 月 28 日在专利复审委员会举行口头审理，同时将请求人于 2005 年 6 月 10 日提交的意见陈述书及其附件清单中所列的附件的副本转送给专利权人，将专利权人分别于 2005 年 7 月 6 日和 2005 年 8 月 23 日提交的意见陈述书副本转送给请求人。

专利权人于 2006 年 1 月 30 日向专利复审委员会提交了意见陈述书，同时提交附件 A 和附件 B 作为反证：

附件 A：汕头市中级人民法院《调查笔录》的复印件共 4 页（下称反证 1）；

附件 B：深圳市家具行业协会《证明》的复印件共 2 页（下称反证 2）。

口审如期举行，双方当事人均参加了口头审理。在口审过程中，双方当事人对对方出席本次口头审理人员的身份和资格无异议。双方当事人对合议组成员无回避请求。合议组将专利权人于 2006 年 1 月 30 日提交的意见陈述书及其附件的副本当庭转送给请求人。请求人明确其无效理由为：证据 2 或证据 4 证明本专利不符合专利法 23 条及专利法实施细则 2 条 3 款的规定。请求人当庭提交了证据 1 和证据 4 的原件，专利权人对证据 1 和 4 的复印件与原件相符无异议，对证据 1 和 4 的真实性无异议，对证据 2、3 和 5 的真实性有异议。请求人当庭明确表示放弃将证据 1 作为证据使用。专利权人当庭出示了反证的原件，请求人对专利权人所提交的反证原件与复印件相符无异议。合议组当庭告知双方：如需提交意见陈述，须在 15 日内提交，逾期不提交，不影响合议组作出决定。

请求人于 2006 年 3 月 15 日向专利复审委员提交了意见陈述书，其认为专利权人提交的反证能够证明请求人所提交的证据 2 是真实的，由此证明本专利在申请日之前已经公开，故不符合专利法第 23 条和专利法实施细则第 2 条第 3 款的规定。

在上述工作的基础上，本案合议组经过合议，认为本案的事实已经清楚，可以作出审查决定。

二、决定的理由

1. 证据认定

请求人在口头审理时当庭声明放弃将证据 1 作为证据使用，故合议组对该证据不予考虑。

证据 2 为由深圳市家具行业协会出具的"证明材料"的影印件，证据 3 为深圳市欧意轩家具有限公司的产品画册影印件，证据 5 为 CAPPELLETTI 公司的产品画册封面、第 6 页和第 7 页的影印件，鉴于专利权人对证据 2、3 和 5 的真实性有异议，而且请求人又未提交证据 2、3 和 5 的原件，故合议组对其真实性不予认可。

证据 4 为（2005）汕濠证民字第 108 号公证书的复印件，鉴于请求人当庭提交了证据 4 的原件，专利权人对证据 4 的复印件与原件相符无异议，对证据 4 的真实性无异议，故合议组对其真实性予以认可。

2. 关于专利法实施细则第 2 条第 3 款

专利法实施细则第 2 条第 3 款规定：专利法所称外观设计，是指对产品的形状、图案或者其结合以及色彩与形状、图案的结合所作出的富有美感并适合于工业应用的新设计。

本外观设计专利涉及到一种家具花饰线，其整体呈长方形，在该长方形饰线的边缘处设置有窄条状装饰边框，在边框内设置有以两个桃形尾部对接为基本图案单元的图案系列，在该桃形部分内具有树叶状图形的图案部分；在该饰线的中央部分设置有一个盾牌形装饰图案，在该盾牌形装饰图案的中心部分设置有一类似于头像的图案（见附图）。

由此可以看出，本专利是针对家具花饰线这种产品的形状、图案及其结合所作出的富有美感并适合于工业应用的新设计，其属于外观设计的保护客体，符合专利法实施细则第 2 条第 3 款的规定，故本案合议组对请求人所提出的本专利不符合专利法实施细则第 2 条第 3 款之规定的主张不予支持。

3. 关于专利法第 23 条

专利法第 23 条规定：授予专利权的外观设计，应当同申请日以前在国内外出版物上公开发表过或者国内公开使用过的外观设计不相同和不相近似，并不得与他人在先取得的合法权利相冲突。

请求人认为：证据 2 或证据 4 证明本专利不符合专利法 23 条的规定。

鉴于证据 2 的真实性不能确认，故合议组对请求人所提出的证据 2 可证明本专利不符合专利法第 23 条之规定的主张不予支持。

证据 4 为（2005）汕濠证民字第 108 号公证书的复印件，该证据表明：汕头市龙湖嘉园家饰有限公司的法定代表人与公证人员于 2005 年 5 月 16 日对意大利某公司的网站（网址为 www.cappellettisas.it）进行了浏览并下载了该网站上的某些页面。该证据仅能证明 2005 年 5 月 16 日的相关网站的网页上记载有如该公证书所附网页复印件所示的信息内容，在没有其他佐证存在的情况下，仅凭该证据尚不足以证明如该公证书所附网页复印件所示的信息内容在本专利的申请日之前已经处于公开状态下，因此不能将其所记载的信息内容作为在先设计来与本专利进行对比，故证据 4 不足以证明本专利不符合专利法第 23 条的规定，本案合议组对请求人所提出的上述主张不予支持。

三、决定

维持 02363514.2 号外观设计专利权有效。

当事人对本决定不服的，可以根据专利法第 46 条第 2 款的规定，自收到本决定之日起叁个月内向北京市第一中级人民法院起诉。根据该款的规定，一方当事人起诉后，另一方当事人应当作为第三人参加诉讼。

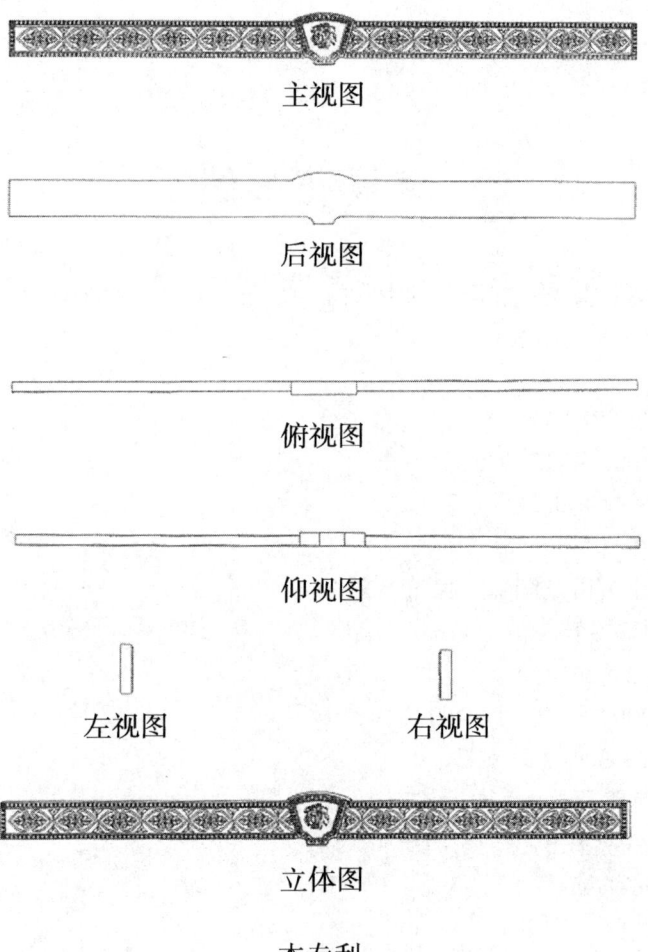

主视图

后视图

俯视图

仰视图

左视图　　　右视图

立体图

本专利

家具花饰线

无效宣告请求审查决定（第 8980 号）

决 定 号	第 8980 号
决 定 日	2006 年 12 月 6 日
发明创造名称	家具花饰线
外观设计分类号	06-06
无效宣告请求人	汕头市龙湖嘉元家饰有限公司
专 利 权 人	林志凌
专 利 号	02363514.2
申 请 日	2002 年 10 月 20 日
授 权 公 告 日	2003 年 7 月 9 日
合议组组长	陈海平
主 审 员	祁轶军
参 审 员	宋鸣镝
附 图	1 页

法 律 依 据 专利法第 23 条

决 定 要 点

请求人提交的公证书复印件仅为公证书的封面、盖有该公证处公章并注明"此页无正文"的一页及从某网站下载的一些网页页面的复印件，而请求人承认在提出无效宣告请求时确实没有提交记载有公证号、申请人、公证事项等内容的正文第 1~2 页。根据专利法实施细则第 66 条及审查指南的相关规定，请求人当庭提交的该公证书正文第 1~2 页属于新证据，合议组对其不予考虑。

一、案由

本无效宣告请求涉及专利号为 02363514.2、名称为"家具花饰线"的外观设计专利，该专利的申请日为 2002 年 10 月 20 日，授权公告日为 2003 年 7 月 9 日，专利权人为林志凌。

针对上述专利权（下称本专利），汕头市龙湖嘉元家饰有限公司（下称请求人）于 2005 年 12 月 31 日向国家知识产权局专利复审委员会提出了无效宣告请求，其理由是本专利不符合专利法第 23 条第 1 款的规定，并同时提交了如下附件作为证据：

附件 1：由广东省汕头市濠江区公证处出具的公证书的封面及盖有该公证处公章并注明"此页无正文"的一页及从某网站下载的页面的复印件，共 23 页；

附件 2：家莎欧洲名俱中心的产品画册复印件，共 4 页；

附件3：2001年9月2日的《新民晚报》第16版的复印件，共2页；

附件4：2001年9月7日的《新民晚报》第25版的复印件，共2页。

经形式审查合格后，专利复审委员会依法受理了该无效宣告请求案，于2006年3月6日向双方当事人发出了无效宣告请求受理通知书，并将专利权无效宣告请求书及其附件副本转送给专利权人，同时依法成立合议组对本无效宣告请求案进行审理。

专利权人于2006年4月13日向专利复审委员会提交了意见陈述书，其认为：请求人所提交的证据1没有公证内容页，未附中文译文，也未提交域外证据的公证证明，而且没有产品的展出时间；证据2没有公开发表时间，不是本案相关证据；证据3和证据4上的家具花纹模糊不清，经放大仍然不清楚，故不是本案相关证据；由此，请求人提交的所有证据均不能支持其主张。

专利复审委员会本案合议组于2006年5月25日向请求人及专利权人发出了口头审理通知书，定于2006年7月17日在专利复审委员会举行口头审理，同时将专利权人于2006年4月13日提交的意见陈述书及其附件的副本转送给请求人。

口头审理如期举行，双方当事人均参加了口头审理。双方当事人对对方出席本次口头审理人员的身份和资格无异议，对变更后的合议组成员无回避请求。请求人当庭明确表示附件1~4均单独作为证据使用，证明本专利不符合专利法第23条的规定。请求人当庭提交了附件1~4的原件，专利权人对附件3和附件4的真实性无异议。专利权人认为：附件1和2的复印件与原件相比，存在缺页，所缺的页属于新证据。请求人明确表示：附件1确实存在缺页的问题，但附件2不缺页。

在上述工作的基础上，本案合议组经过合议，认为本案的事实已经清楚，可以作出审查决定。

二、决定的理由

专利法第23条规定：授予专利权的外观设计，应当同申请日以前在国内外出版物上公开发表过或者国内公开使用过的外观设计不相同和不相近似，并不得与他人在先取得的合法权利相冲突。

请求人认为：附件1~4单独作为证据使用可证明本专利不符合专利法第23条的规定。

附件1为由广东省汕头市濠江区公证处出具的公证书的封面、盖有该公证处公章并注明"此页无正文"的一页及从某网站下载的页面的复印件（共23页），经与请求人所声称的原件进行对比，该复印件仅有公证书的封面、盖有该公证处公章并注明"此页无正文"的一页及从某网站下载的一些网页页面的复印件，而没有记载有公证号、申请人、公证事项等内容的正文第1~2页，而且请求人当庭明确表示其在提出无效宣告请求时确实没有提交该公证书正文第1~2页的复印件。根据专利法实施细则第66条及审查指南的相关规定，请求人当庭提交的该公证书正文第1~2页属于新证据，合议组对其不予考虑。在不考虑该公证书正文第1~2页的情况下，网站页面的复印件与公证书缺乏关联性，无法证明其所要公证或所要证明的事实。即使考虑请求人的上述证据，该公证书也仅能证明2005年6月13日的相关网站的网页上记载有如该公证书所附网页复印件所示的信息内容，该信息内容的下载日期为2005年6月13日，晚于本专利的申请日，在没有其他佐证存在的情况下，仅凭该证据尚不足以证明如该公证书所附网页复印件所示的信息内容在本专利的申请日之前已经在国内外出版物上公开发表或者在国内公开使用，因此不能将其所记载的信息内容作为在先设计来与本专利进行对比。因此，附件1不能证明本专利不符合专利法第23条的规定。

附件2为家莎欧洲名具中心的产品画册复印件（共4页），该证据没有记载出版号、出版者、出版日或印刷日等信息，不能直接认定为专利法所规定的公开出版物，即在没有其他证据支持的情况下，仅凭该证据尚不足以证明该证据所记载的信息内容在本专利的申请日之前已经在国内外出版物上公开发表或者在国内公开使用，因此不能将其所记载的信息内容作为在先设计来与本专利进行对比，故附件2不能作为有效证据来证明本专利不符合专利法第23条的规定。

附件3为2001年9月2日的《新民晚报》第16版的复印件（共2页），附件4为2001年9月7日的《新民晚报》第25版的复印件（共2页），请求人当庭提交了证据3和4的原件，专利权人对附件3和4的真实性无异议，故合议组对其真实性予以认可。在附件3和附件4的图片中，可以概略地看到：在床尾横梁上设置有一花饰线，该花饰线的中部设置有一个盾牌形装饰物；床头横梁的中部设置有一个盾牌形装饰物，而床头横梁和床尾横梁的其他部分则模糊不清，无法与本专利的具体内容进行对比，由此导致无法确定图片中所示的在先设计与本专利的家具花饰线在整体视觉效果上是否相同或相近似。因此，在没有其他佐证支持的情况下，附件3和4中图片所示的在先设计不能证明本专利不符合专利法第23条的规定。

综上所述，本案合议组对请求人所提出的附件1~4可证明本专利不符合专利法第23条之规定的主张不予支持。

三、决定

维持02363514.2号外观设计专利权有效。

当事人对本决定不服的，可以根据专利法第46条第2款的规定，自收到本决定之日起叁个月内向北京市第一中级人民法院起诉。根据该款的规定，一方当事人起诉后，另一方当事人应当作为第三人参加诉讼。

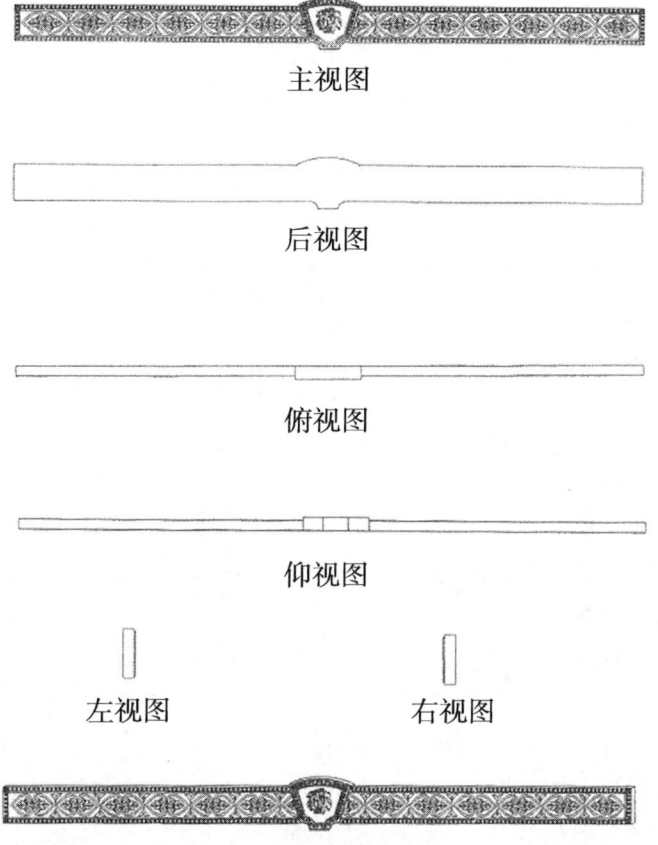

主视图

后视图

俯视图

仰视图

左视图　　　　　右视图

立体图

本专利

附件 3

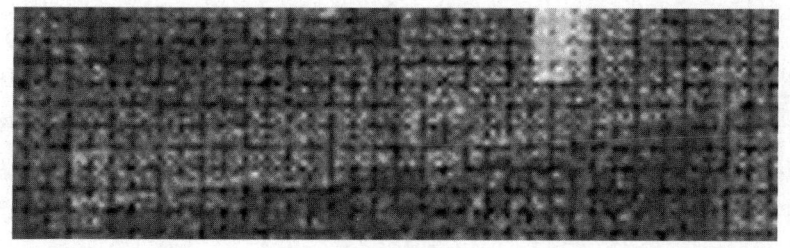

附件 4

地毯（8）

无效宣告请求审查决定（第 8982 号）

决 定 号	第 8982 号
决 定 日	2006 年 12 月 11 日
发明创造名称	地毯（8）
外观设计分类号	06-11
无效宣告请求人	安吉县竹产业协会
专 利 权 人	许赞有
专 利 号	02334793.7
申 请 日	2002 年 10 月 23 日
授 权 公 告 日	2003 年 6 月 11 日
合 议 组 组 长	刘颖杰
主 审 员	杨军艳
参 审 员	徐晓亚
附 图	1 页

法 律 依 据 专利法第 23 条，专利法实施细则第 2 条第 3 款

决 定 要 点

如果一般消费者通过对被比设计与在先设计的整体观察可以看出，二者的差别对于产品外观设计的整体视觉效果不具有显著的影响，则被比设计与在先设计相近似。

一、案由

本无效宣告请求案涉及国家知识产权局于 2003 年 6 月 11 日授权公告的，名称为"地毯（8）"的外观设计专利（下称本专利），其申请号是 02334793.7，申请日是 2002 年 10 月 23 日，专利权人是许赞有。

针对本专利权，安吉县竹产业协会（下称请求人）于 2005 年 9 月 23 日向专利复审委员会提出无效宣告请求，其理由是：（1）本专利以其产品所属领域司空见惯的几何图形和图案构成外观设计，不符合专利法实施细则第 2 条第 3 款的规定；（2）与本专利外观设计相同或相近似的外观设计已被大量申请日前的专利文献和国内外公开出版物所公开，不符合专利法第 23 条的规定。请求人提交的附件如下：

附件 1：1996 年 3 月 22 日发布、1996 年 5 月 22 日实施的浙江省地方标准 DB33/T 195-1996 机制竹凉席试验方法 复印件，共 9 页；

附件2：浙技监质发（1997）82号文件 关于发布《浙江省竹凉席质量监督检验细则》的通知 复印件，共6页；

附件3：落款有方崇荣、陆军、柴文淼、吴樟森签名，日期是2004年5月28日的浙江省林产品质量检测站提供的关于DB33/T 195-1996《机制竹凉席试验方法》等有关情况的说明 复印件，共3页；

附件4：专利号为ZL 93306205.2的外观设计专利公报，其授权公告日为1994年9月21日；

附件5：专利复审委员会第7432号无效宣告请求审查决定书复印件，共7页；

附件6：专利号为99325036.X的外观设计专利公报，其授权公告日为2000年2月16日；

附件7：专利号为01333737.8的外观设计专利公报，其授权公告日为2002年3月6日；

附件8：德国"heimtex"杂志第1/2001期首页、第29页的复印件2页和中文译文，及其公证认证复印件5页和中文译文；

附件9：盖有"上海图书馆上海科学技术情报研究所"印章和"浙江图书馆"印章的"BTH"杂志首页、第72页复印件各2页及其中文译文；

附件10：盖有"浙江图书馆"印章的"MAISON FRANCAISE"（法国家居）杂志复印件共5页及其中文译文；

附件11：盖有"浙江图书馆"印章的"ART&DECORATION"杂志复印件共4页；

附件12：盖有"浙江图书馆"印章的"Maison Magazine"杂志复印件共5页。

经形式审查合格，专利复审委员会依法受理了上述无效宣告请求，并于2005年12月14日向双方当事人发出无效宣告请求受理通知书，随同受理通知书将无效宣告请求书及其附件清单中所列附件的副本转送给专利权人，要求其在收到通知之日起一个月内对该无效宣告请求陈述意见。

专利权人逾期未答复。

针对上述无效宣告请求，专利复审委员会依法成立合议组。本案合议组于2006年6月14日向双方当事人发出无效宣告请求口头审理通知书，定于2006年8月17日进行口头审理。

口头审理如期举行，双方当事人均出席了口头审理。

请求人当庭提交了附件13：专利复审委员会第8053号无效宣告请求审查决定书复印件共9页和附件14：北京市高级人民法院（2006）高行终字第256号行政判决书复印件共10页，合议组当庭将上述附件转给了专利权人。请求人用附件13证明附件9的真实性；用附件14证明附件4中的竹凉席与本专利中的竹地毯是相近种类的产品，两者可以进行对比。

在口头审理中，请求人明确其无效宣告请求的理由为：本专利不符合专利法实施细则第2条第3款和专利法第23条的规定。

请求人当庭提交了附件10~12的原件，专利权人认可附件10~12的复印件与原件一致。专利权人对附件1~8的真实性没有异议，对附件9~12的真实性有异议。专利权人当庭提交了反证1：连云港市海州区公证处出具的（2005）海证民内字第178号公证书的复印件共3页，证明附件9~12的证据来源虚假；提交了反证2：（2005）沪一中民五（知）初字第268号一案的法院庭审笔录第1页、第9~15页、第20~24页的复印件共13页，证明附件8来源不明。请求人当庭提交了浙江省安吉县公证处出具的（2005）浙安证内字第1314号公证书原件，证明附件9~12的来源合法。请求人对专利权人当庭提交的反证1复印件真实性有异议，认可由合议组代为核实该证据的复印件与原件是否相符。

专利权人认为其所提交的反证1可以证明浙江图书馆中没有附件9~11的馆藏。请求人认为其所提交的公证书否决了专利权人提交的反证1，证明附件9和附件10是由浙江图书馆中借出的。

专利权人对附件 8 和 9 的中文译文准确性提出异议,但没有提交相关的中文译文。

针对专利法实施细则第 2 条第 3 款的无效理由:请求人认为附件 1~3 证明本专利不是新设计,其基本形状是简单的长方形,从附件 1 文字部分第 5 页 "表 A2"、附件 2 第 2 页表 2 和附件 3 第 2 页第 3 段可以看出本专利是一种司空见惯的图案组合。专利权人认为外观设计要进行外观比对,而附件 1~3 只是操作过程,没有相应的图案。

针对专利法第 23 条的无效理由:请求人认为附件 4 和附件 7 与本专利相同;附件 6、附件 8~10 与本专利相近似,区别仅在于编织线的有无;此外,请求人认为竹条宽窄是受材料的限制,普通消费者看不出宽窄。专利权人认为附件 4 强调对节,本专利没有对节;附件 6 和附件 9 有明显的编织线,本专利没有;本专利竹条宽度与附件 7 竹条宽度相差两倍左右,且明显宽于所有其他附件中公开的竹条宽度。

2006 年 8 月 24 日,请求人寄交了意见陈述书,在其中重复了口头审理时的观点。

基于上述当事人的意见陈述及口头审理,合议组认为本案事实已清楚,现依法作出审查决定。

二、决定的理由

1. 关于证据

(1) 附件 1 是浙江省地方标准、附件 2 是浙江省技术监督局文件、附件 3 是浙江省林产品质量检测站的情况说明,专利权人对它们的真实性没有异议,合议组经审查认为附件 1~3 可以作为本案证据使用,但是附件 1~3 中仅有文字描述,没有任何图片或照片,无法具体、准确地反映外观设计的整体视觉效果,因此不能够作为本专利的在先设计与本专利进行相近似性比较。

(2) 附件 4、附件 6 和附件 7 都是外观设计专利文献,专利权人对它们的真实性没有异议,合议组经审查认为附件 4、附件 6 和附件 7 可以作为本案证据使用。

附件 4、附件 6 和附件 7 的公开日均在本专利申请日之前,因此其上记载的内容构成了本专利的在先设计。

(3) 附件 8 是德国《heimtex》杂志第 1/2001 期首页、第 29 页及相关公证认证文件的复印件,专利权人认可复印件与原件一致,但是认为该公证认证属于证人证言,对其内容的真实性有异议。经审查,合议组认为,该公证认证文件的内容属于证人证言,通过保证书中保证的内容可知,证人在进行公证时并未出示该杂志的原件,在没有其他证据佐证的情况下,仅凭证人在保证书中的证言尚不足以证明附件 8 中杂志及其内容的真实性,附件 8 不能够作为本案证据使用。

(4) 附件 9 是 "BTH" 杂志首页和第 72 页的复印件,附件 10 是 "MAISON FRANCAISE" 杂志复印件共 5 页,请求人当庭提交了附件 10 的原件。专利权人认可附件 9 和附件 10 的复印件与原件一致,但是对其原件的来源有异议。专利权人提交了反证 1:(2005) 海证民内字第 178 号公证书复印件,证明请求人所称附件 9 和附件 10 原件是由浙江图书馆借出的观点不成立,对附件 9 和附件 10 的真实性有异议。对此,请求人提交了 (2005) 浙安证内字第 1314 号证据保全公证书,证明附件 9 和附件 10 的原件是由浙江图书馆借出的。

请求人对反证 1 的真实性有异议,但未提出具体意见,合议组核实了专利权人提交的反证 1 的原件,确认复印件与原件一致,认为反证 1 真实、合法,能够作为本案证据使用。请求人提交了第 1314 号证据保全公证书的原件,专利权人对其真实性有异议,但未提出具体意见,合议组经审查认为请求人所提交的第 1314 号证据保全公证书真实、合法,能够作为本案证据使用。

经审查,请求人所提交的第 1314 号证据保全公证书中证人顾韵和徐晓军的证言与中国图书进出口 (集团) 总公司 2000 年以及 2001 年进口报刊结算清单资料相互印证,能够证明浙江图书馆 2000 年进口并馆藏了附件 9 和附件 10 的原件。

专利权人所提交的反证1第178号公证书所附现场记录表格中没有被调查人"邱姓工作人员"的签名，其余人员的签字时间2005年9月10日也晚于调查时间2005年9月8日；就其证明内容来看，为专利权人于2005年9月8日和某邱姓工作人员有关"外借"情况的对话记录，在对话中该"邱姓工作人员"首先说明此处的书不能外借，接着又说明如果外借就须办理登记手续、留有借条。合议组认为该"邱姓工作人员"所说的话前后存在矛盾之处，其也未在该现场记录表格中签名，且没有其他证据对对话内容所陈述的事实加以佐证，因此反证1仅能够证明专利权人于2005年9月8日在浙江省图书馆未查阅到附件9和附件10杂志的原件，但是尚不足以推翻浙江省图书馆对附件9和附件10杂志的原件有馆藏的事实。

因此，合议组认为附件9和附件10杂志的原件来源清楚，内容真实；专利权人认可其复印件与原件一致，经审查附件9和附件10可以作为本案证据使用。

附件9中首页面显示有"2000"，内页上显示有"2-3/2000"，可推知附件9的公开日在2000年，早于本专利的申请日；附件10的原件中目录页显示有"2000"字样，可推知附件10的公开日在2000年，早于本专利的申请日，因此其上记载的图片均构成了本专利的在先设计。

专利权人认为附件9中"Teppiche aus Bambus"一词与附件8中"Bambus-Teppich"一词构成不同，但请求人均译为"竹地毯"，因此对附件9译文的准确性有异议。合议组经审查认为，一个词能够有多种表述方式，专利权人也未提供证据证明上述两个词表示的含义不同，且其未提交附件9的中文译文，因此附件9的中文译文以请求人提供的译文为准。

专利权人对请求人所提附件10的中文译文准确性未提出异议，因此附件10的译文以请求人所提供的译文为准。

（5）附件11和附件12为外文杂志，属于外文证据。由于本案无效宣告请求日在2006年7月1日之前，因此根据《施行修订后审查指南的过渡办法》规定，其外文证据的提交适用2001版审查指南。

根据2001版审查指南第四部分第一章第14节的规定：当事人提交外文证据的，应当在提交该外文证据的同时提交所使用部分的中文译文。当事人未在提交外文证据的同时提交中文译文的，应当主动补交。在专利复审委员会书面通知指定期限内仍未补交的，该外文证据视为未提交。

由于请求人在提交附件11和附件12的同时未提交中文译文，合议组在向其发出的口头审理通知书中也告知其应当提交中文译文，但请求人在口头审理时仍未补交中文译文，因此根据上述规定附件11和附件12视为未提交。

（6）附件5为第7432号无效宣告请求审查决定书，附件13为第8053号无效宣告请求审查决定书，附件14为（2006）高行终字第256号行政判决书，其中附件13和附件14为请求人当庭提交，提交时间已在其提出无效宣告请求日起一个月后。由于本案无效宣告请求日在2006年7月1日之前，因此根据《施行修订后审查指南的过渡办法》规定，其新理由、新证据的提交适用2001版审查指南。

请求人提交附件13用于证明附件9的真实性，提交附件14用于证明附件4中的竹凉席与本专利中的竹地毯是相近种类的产品，因此合议组认为附件13和附件14不属于审查指南规定的新证据，可以接受；但是，附件5、附件13和附件14不是针对本专利权做出的决定或判决，因此其中的内容不能直接应用到本案中。

2. 关于专利法实施细则第2条第3款的无效理由

专利法实施细则第2条第3款规定：专利法所称外观设计，是指对产品的形状、图案或者其结合以及色彩与形状、图案的结合所作出的富有美感并适于工业应用的新设计。

请求人以附件1~3证明通过所公开的生产制作过程的描述完全可以确定该类产品的基本外观与本专利相近似，这种形式是该类产品流传多年、公开公知的竹席式样，属于"仅以在其产品所属领域司空见惯的几何图形和图案构成的外观设计"，不符合专利法实施细则第2条第3款的规定。

经审查，附件1、2公开了竹凉席的构成部件，附件3公开了竹凉席的基本生产制作过程。但是，由于竹条编织的方法多种多样，编织线的粗细、位置及包边的宽窄等设计方式也不唯一，因此采用同样的部件和同样的基本生产制作过程最终得到的产品外观并不一定相同。可见，仅通过竹凉席的构成部件和其基本生产制作过程的描述并不能确定最终得到的产品图案，不能确定最终产品的外观设计。因此，合议组认为附件1、2、3没有公开最终所得产品的外观，尚不足以证明本专利是以在其产品所属领域内司空见惯的几何形状和图案构成的外观设计，本专利符合专利法实施细则第2条第3款的规定。

3. 关于专利法第23条的无效理由

专利法第23条规定：授予专利权的外观设计，应当同申请日以前在国内外出版物上公开发表过或者国内公开使用过的外观设计不相同和不相近似，并不得与他人在先取得的合法权利相冲突。

请求人认为附件7与本专利的包边相同，后面都是毛布面，且附件7公开日在本专利申请日之前，因此本专利不符合专利法第23条的规定。

专利权人认为本专利的竹条宽度与附件7中竹条宽度相差两倍，差别明显。

本专利为一种竹地毯，共有4幅平面视图和1幅立体图，从平面视图可知其形状为长方形，长方形的周边由布条包裹形成长方形框；主视图的中央由若干细长竹条纵向平行排列而成；后视图中央为毛布面。详见本决定附图"本专利"。

附件7为一种竹地毯，共有4幅平面视图和1幅立体图，从视图可知其形状为长方形，长方形的周边由布条包裹形成长方形框；主视图的中央由若干细长竹条纵向平行排列而成；后视图中央为毛布面。详见本决定附图"附件7"。

将本专利与附件7比较，两者整体形状均为长方形，主视图的中央均由若干细长竹条纵向平行排列而成，后视图的中央均为毛布面，长方形的周围均包有布条框。两者的区别在于：本专利中的竹条宽度较窄，附件7中的竹条宽度略宽。对于这一区别，合议组认为，在竹地毯这种产品中主要构成部分应当是地毯上表面的竹条部位，布条框相对于整个产品所占的比例较小，因此引起消费者关注的是地毯上表面竹条排列最终所形成的图案；在本专利与附件7中，地毯上表面竹条均以细长条的形状纵向平行排列，整体形成长方形，这许多细长的竹条纵向平行排列最终形成的图案对于消费者来说视觉效果是相同的。因此即使本专利与附件7两者产品在竹条宽度上存在差别，这种差别也不足以对地毯上表面竹条排列最终形成的图案整体视觉效果产生显著的影响。

基于上述分析，本合议组认为本专利与附件7两者产品的整体视觉效果没有显著的差别，一般消费者会将二者误认、混同，因此二者属于相近似的外观设计，本专利权的授予不符合专利法第23条的规定。

鉴于附件7已经足以使本专利无效，因此对于请求人提交的其他作为证据使用的附件不再评述。

三、决定

依据专利法第23条的规定，宣告02334793.7号外观设计专利权无效。

当事人对本决定不服的，可以根据专利法第46条第2款的规定，自收到本决定之日起三个月内向北京市第一中级人民法院起诉。根据该款的规定，一方当事人起诉后，另一方当事人应当作为第三人参加诉讼。

主视图

后视图

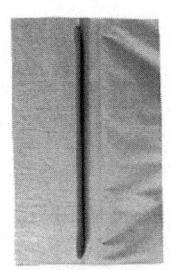
右视图

仰视图

立体图

本专利

主视图

后视图

俯视图

侧视图

立体图

附件 7

053

复合开关（SF6）

无效宣告请求审查决定（第 8983 号）

决 定 号	第 8983 号
决 定 日	2006 年 12 月 8 日
发明创造名称	复合开关（SF6）
国际分类号	13-03-S0859
无效宣告请求人	上海越功电力设备有限公司
专 利 权 人	深圳市耐吉电器有限公司
申 请 号	99318509.6
申 请 日	1999 年 10 月 12 日
授 权 公 告 日	2000 年 7 月 19 日
合 议 组 组 长	石 清
主 审 员	张美菊
参 审 员	张宗任
附 图	1 页
法 律 依 据	专利法第 23 条

决 定 要 点

如果一项外观设计专利与一篇对比文件公开的产品外观的区别属于局部的细微变化或者位于使用时不容易引起关注的部位，则该区别不会对产品外观设计的整体视觉效果产生显著的影响，该外观设计专利不符合专利法第 23 条的规定。

一、案由

本无效宣告请求涉及国家知识产权局于 2000 年 7 月 19 日授权公告、专利号为 99318509.6、名称为"复合开关（SF6）"的外观设计专利（以下称本专利），专利权人为深圳市耐吉电器有限公司，申请日是 1999 年 10 月 12 日。

针对本专利，上海越功电力设备有限公司（下称请求人）于 2001 年 2 月 14 日以本专利不符合专利法第 23 条的规定为由向专利复审委员会提出无效宣告请求。请求人认为：证据 1 的第 66~67 页公开的 SF6 开关配件 PJ.091a 和 PJ.091b 箱体和箱盖结合的外形与本专利的相同，证据 2 和 3 的销售发票表明该产品已于申请日前公开销售；证据 4 表明 1996 年 4 月中国西安国家电器质量监督检验测试中心为珠海先达电器设备有限公司的 SM6-QM SF6 负荷开关-熔断器组合电器柜作型式试验并通过检验，其中组合式 SF6 开关产品的外形已经在证据 4 中公开，且该产品外形与本专利相同，同时证据 5

的销售发票表明该产品在1998年11月26日销售给苏州电力实业总公司。请求人所使用的证据如下：

证据1：河南省平顶山绝缘制品股份有限公司的1998版产品目录的封页、目录页和第66~67页的复印件；

证据2：河南省增值税专用发票第00086813号复印件，开票日期为1998年6月29日；

证据3：河南省增值税专用发票第00067118号复印件，开票日期为1998年4月21日；

证据4：施耐德电气公司产品目录的封面、目录页、第4、14、17页、封底复印件；

证据5：北京增值税专用发票第00185726号复印件，开票日期为1998年11月26日。

经形式审查合格，专利复审委员会于2001年2月14日向双方当事人发出无效宣告请求受理通知书，并将请求书及其所附证据1~5的副本转寄给专利权人。

专利复审委员会于2001年3月19日收到请求人补充提交的证据6、证据7和意见陈述书，请求人指出：证据6中的组合式SF6开关产品的外形与本专利的外形相同，前述证据4~5已表明组合式SF6开关在1996年4月通过鉴定、1998年11月26日公开销售；证据7即专利权人的产品样本，其中涉及的开关外形与证据6的组合式SF6开关的外形相同。请求人补充的证据如下：

证据6：施耐德电气公司的产品目录的封面、目录页、第1页、第18~19页和第38~39页复印件；

证据7：深圳市同科实业有限公司和深圳市耐吉电器有限公司的产品样本复印件共4页。

专利权人于2001年3月16日对上述无效宣告请求作出答复，陈述了本专利符合专利法第23条的理由。专利权人认为：证据4的检验报告不能证明其公开发表过；证据5的销售发票上的货物名称是开关柜，其规格型号是IE500和QM，并非证据4所涉及的组合式SF6开关，因而无从证明图片中的组合式SF6开关在本专利申请日前公开销售过；与证据1~3有关的产品目录图仅反映所涉及产品的局部外观设计，没有公开整体外观设计，而且其局部外形与本专利不相同且不相近似。

专利复审委员会本案原合议组于2001年11月2日向双方当事人发出口头审理通知书，定于2001年12月6日对本案进行口头审理，并向双方当事人随转对方的意见陈述书及附件。口头审理因故推迟一天举行。在口头审理中，请求人提交了证据1的原件，双方当事人依据证据1~7就本专利是否符合专利法第23条之规定的无效理由和事实进行了辩论。

在口头审理后，专利复审委员会于2001年12月29日收到专利权人补交的参加口头审理人员的授权委托书以及一份复函。

在上述工作的基础上，专利复审委员会于2003年7月16日作出第5187号无效宣告请求审查决定，维持了99318509.6号外观设计专利权有效，决定认为：合议组对于证据1~7的真实性予以确认，但请求人所提供的证据1、证据4、证据6和证据7所涉及的产品样本中均未注明公开出版的日期，因此合议组认定证据1、证据4、证据6和证据7本身不能单独作为适用于专利法第23条的证据使用；证据1在证据2或3表明的申请日前已发生的销售行为事实的佐证下，可以作为与本外观设计专利对比的证据使用，证据5无法表明证据4或证据6公开的SF6负荷开关及证据4中的检验报告中涉及的组合式SF6开关已于申请日前公开销售，因而对于请求人有关证据4和5、证据6和5构成完整证据体系的主张不予支持；证据7的开关型号是SFL-12/24开关，证据5同样不能证明其已在申请日为公众所知；合议组仅以证据1与本专利作一比较；证据1仅仅给出了开关配件箱盖部分的俯视图及部分剖视图，箱体部分的部分视图，由于箱盖部分除了俯视图外的剖视图仅能反映与剖面有关的截面形状，而不能反映该箱盖部分的完整外观形状，而且从有关箱体的部分视图中也不能得到该箱体部分的完整外观形状，例如从中无法看出其是否具有本专利右视图中的矩形板的外观形状，另外，证据1中箱体和箱盖部分的外形尺寸图是分别给出的，从图中无法直接得到两者结合后所能得到的开关的整体外观形状，因此无法认定证据1中披露的包括箱体和箱盖部分的产品外观设计与本专利相同或相近似。

请求人不服专利复审委员会作出的第5187号无效宣告请求审查决定，依法向北京市第一中级人民法院起诉，认为专利复审委员会对证据1、4~7的认定有误，适用法律错误，请求法院撤消专利复审委员会第5187号无效宣告请求审查决定。北京市第一中级人民法院经过审理，于2004年4月20日作出北京市第一中级人民法院（2003）一中行初字第733号行政判决，维持专利复审委员会作出的第5187号无效宣告请求审查决定。

请求人不服北京市第一中级人民法院（2003）一中行初字第733号行政判决，向北京市高级人民法院提出上诉，请求撤销北京市第一中级人民法院（2003）一中行初字第733号行政判决和专利复审委员会作出的第5187号无效宣告请求审查决定，其理由是，原审判决对证据的认定有误，特别是对证据7的认定，专利权人在原审庭审阶段已确认是其印制并早于本案专利申请日传发，该证据中产品的外观设计与本案专利是相近似的，故本案专利应被宣告无效。

北京市高级人民法院认为：上海越功电力设备公司对专利复审委员会认为无法认定证据1中披露的包括箱体和箱盖部分的产品外观设计与本案专利相同或相近似的意见未提出异议，故争议的焦点是上海越功电力设备公司提交的证据7应否采信；证据7的真实性和公开时间已经由专利权人在无效宣告请求审查程序中以书面的形式发表了意见，当属对请求人提交的证据的自认，专利复审委员会应当将专利权人提交的《复函》与证据7一并考虑，作为其作出行政决定的依据；专利权人确认证据7在本案专利申请日之前印制并散发，可以证明上面所刊载的产品照片在本专利之前已被公开，应当作为本专利的对比文件；专利复审委员会、原审法院对证据7的认定没有考虑耐吉电器公司的自认，属于认定事实不清，应予撤销。专利复审委员会应当以证据7作为对比文件，针对本案专利重新作出无效宣告请求审查决定，并在2004年12月13日作出北京市高级人民法院（2004）高行终字第284号行政判决书，判决如下：

"一、撤销北京市第一中级人民法院（2003）一中知初字第733号行政判决；

二、撤销国家知识产权局专利复审委员会作出的第5187号无效宣告请求审查决定；

三、国家知识产权局专利复审委员会针对99318509.6号'复合开关（SF6）'外观设计专利权重新作出无效宣告请求决定。"

按照北京市高级人民法院（2004）高行终字第284号行政判决，专利复审委员会重新组成合议组对本无效宣告请求进行审理。

合议组于2005年2月4日向双方当事人发出口头审理通知书，定于2005年3月17日进行口头审理，并同时将专利权人于2001年12月29日提交的《复函》的副本转给请求人。

口头审理如期举行，双方当事人均出席了口头审理。在口头审理中，请求人当厅出示了证据7的原件，专利权人核实该原件与请求人提交的证据7的复印件一致。请求人还在口头审理中出示了其声称为本专利产品和证据7的产品的实物，明确实物仅供合议组参考而不作为证据使用。在口头审理中，双方当事人均针对本专利相对于证据7是否符合专利法第23条的规定发表了自己的意见，请求人认为证据7的立体图与本专利的立体图相近似，所以证据7上所示产品外观与本外观设计相近似。

在上述工作的基础上，合议组认为本无效宣告请求案事实清楚，可以作出无效宣告请求审查决定。

二、决定的理由

专利法第23条规定：授予专利权的外观设计，应当同申请日以前在国内外出版物上公开发表过或者国内公开使用过的外观设计不相同和不相近似，并不得与他人在先取得的合法权利相冲突。

如果一项外观设计专利与一篇对比文件公开的产品外观的区别属于局部的细微变化或者位于使用时不容易引起关注的部位，则该区别不会对产品外观设计的整体视觉效果产生显著的影响，该外观设计专利不符合专利法第23条的规定。

在北京市高级人民法院（2004）高行终字第284号行政判决书中认定了如下事实：证据7的公开时间已经由专利权人在无效宣告请求审查程序中以书面的形式发表了意见，当属对请求人提交的证据的自认，专利复审委员会应当将专利权人于2006年12月29日提交的《复函》与证据7一并考虑，作为其作出行政决定的依据；专利权人确认证据7在本案专利申请日之前印制并散发，可以证明上面所刊载的产品照片在本专利之前已被公开，应当作为本专利的对比文件。

本专利涉及复合开关（SF6）的外观设计，该复合开关的整体形状大致呈横置的柱体，包括箱体和箱盖两部分；其主视图显示箱体下部具有三个均匀分布粗圆柱形下接线端，在三个下接线端上部分别具有三个凹陷，各凹陷的上方分别具有一个圆形接口，箱体左端具有均匀排列的片状物，箱体右端具有通过均匀排列的片状物与箱体连接的连接端，箱盖上部具有三个均匀分布的圆柱形上接线端，在每两个上接线端之间各具有一组隔板，每组隔板由三个隔板组成，两边隔板的高度大致是中间隔板高度的三分之一，中间隔板大致与上接线端子高度相同，在箱盖上位于上接线端下方的位置上具有两层凸棱，箱体、箱盖通过螺钉、螺栓连接；后视图显示其外观后部不具有主视图中的三个凹陷，而在中间和右侧的两个下接线段之间具有一个竖长方形凹陷；仰视图大致呈长方形，并显示出箱盖箱体通过螺栓、螺钉连接，在仰视图中央均匀分布了三个圆形下接线端，下接线端为同心的两个圆环套一个圆形组成；俯视图大致呈长方形，并显示出箱盖箱体通过螺栓、螺钉连接，在俯视图中央均匀分布了三个圆形上接线端以及其间的隔板组，每组隔板中间隔板长于两边隔板；右视图显示符合开关右侧具有一个长方形面板，其上不均匀分布了多个接口；左视图显示了箱体箱盖主体组合后大致呈圆形，箱盖上部具有上接线端和弧形隔板，并显示出箱盖的两个凸棱突出于箱盖，并且下凸棱长于上凸棱，箱体左端片状物从箱盖箱体结合地方延伸出箱体。

证据7公开的是SFL-12/24六氟化硫开关设备。证据7给出了SFL-12/24六氟化硫开关设备的立体图和具有部分剖视面的后视图，其立体图显示开关设备的整体形状大致呈横置的柱体，包括箱盖和箱体两部分，箱体下部具有三个均匀分布粗圆柱形下接线端，下接线端下端还具有三个圆柱形突起，在三个下接线端上部分别具有三个凹陷，凹陷的上方分别具有三个圆形接口，箱体左端具有延伸的均匀排列的片状物，箱体右端具有通过均匀排列的片状物与箱体连接的连接端，连接端平面至少具有两条直边、两个直角，箱盖上部具有三个均匀分布的圆柱形上接线端，在每两个上接线端之间各具有一组隔板，每组隔板由三个隔板组成，两边隔板的高度大致是中间隔板高度的二分之一，中间隔板的高度大致是被隔开的上接线端子高度的二分之一，在箱盖上位于上接线端下方的位置上具有两层凸棱，箱体、箱盖通过螺钉、螺栓连接；后视图右侧为剖视面，左侧显示其后部左侧除了不具有凹陷和其上方的圆形接口外，基本与正面相应部分外观相同。根据证据7的立体图和后视图可以得知，从开关设备中间主体的侧面轮廓大致呈圆形，圆形主体上部具有上接线端和弧形隔板的部分轮廓，并显示出箱盖上部的两个凸棱突出于箱盖；俯视开关设备时，可以得知三个均匀分布的上接线端，以及上接线端间的两组隔板，每组隔板中间隔板长于两侧隔板。

将证据7公开的开关设备的立体图和本专利复合开关的外观设计相比较可知：本专利与证据7的复合开关的整体形状都大致呈横置的柱体，都包括箱盖和箱体两部分，箱体下部都具有三个均匀分布粗圆柱形下接线端，在三个下接线端上部都分别具有三个凹陷，凹陷的上方都分别具有一个圆形接口，箱体左端都具有均匀排列的片状物，箱体右端都具有通过均匀排列的片状物与箱体连接的连接端，箱盖上部具都有三个均匀分布的圆柱形上接线端，在每两个上接线端之间都各具有一组隔板。而本专利与证据7具有以下不同之处：本专利复合开关的箱体下部三个圆形接线端下面是平的，而证据7的下端具有突起；箱盖每组隔板中隔板高度、比例不同；本专利箱盖上部的凸棱宽度不一样，而证据7的凸棱宽度相同；从证据7的开关设备的立体图不可以得知其下接线端是否是两个圆环套一个接线端组成；证据7没有公开其开关设备的右侧长方形面板的外观；证据7后视图由于部分显示了其内部结构其外观也是不完整的。

合议组认为：箱盖每组隔板中隔板的高度、比例的不同、凸棱的宽度在整个开关设备的整体外观中仅仅占很小的一部分，并且都位于开关设备的最上部，其属于局部的细微变化，其对开关设备的整体视觉效果不具有显著的影响；复合开关的箱体下部和开关后部和右侧处于使用者在使用过程中不容易看到的部位，并且下接线端以及右侧接口都要进行连接，因此相对于容易看到的主视图来说，本专利底面下接线端的设计、开关设备的后部和右侧外观对开关设备的整体视觉效果来说不具有显著的影响；因此，本专利与证据7的上述差别均不足以对产品的整体视觉效果产生显著的影响，依据整体观察、综合判断的原则，本专利与证据7外观属于相近似的外观设计，本专利不符合专利法第23条的规定。

鉴于本专利相对于证据7不符合专利法第23条的规定，对于请求人所提出的其他无效宣告理由和证据，合议组不再进行评述。

三、决定

宣告99318509.6号外观设计专利权无效。

当事人对本决定不服的，可以根据专利法第46条第2款的规定，自收到本决定之日起三个月内向北京市第一中级人民法院起诉。根据该款的规定，一方当事人起诉后，另一方当事人应当作为第三人参加诉讼。

仰视图　主视图

俯视图　后视图

右视图　左视图

立体图

本专利附图

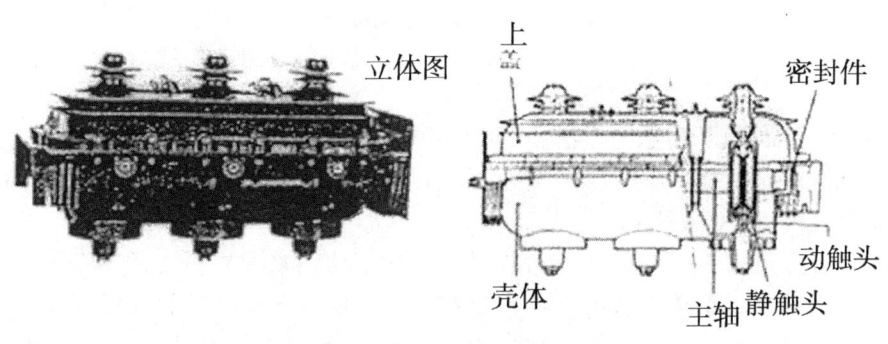

立体图

部分为剖视图的后视图

证据 7

制冰机（QM45）

无效宣告请求审查决定（第 8985 号）

决 定 号	第 8985 号
决 定 日	2006 年 9 月 26 日
发明创造名称	制冰机（QM45）
国 际 分 类 号	15-07
无效宣告请求人	上海通佳电器有限公司
专 利 权 人	马尼托瓦（中国）制冷有限公司
申 请 号	200430020944.2
申 请 日	2004 年 3 月 15 日
授 权 公 告 日	2004 年 10 月 20 日
合 议 组 组 长	黄毅斐
主 审 员	张美菊
参 审 员	孙治国
附 图	2 页

法 律 依 据 专利法第 23 条

决 定 要 点

在本专利申请日前，在出版物上公开发表过与本专利相近似的外观设计，故本专利不符合专利法第 23 条的规定。

一、案由

本无效宣告请求涉及国家知识产权局于 2004 年 10 月 20 日授权公告、申请号为 200430020944.2、名称为"制冰机（QM45）"的外观设计专利（以下称本专利），专利权人为马尼托瓦（中国）制冷有限公司，申请日是 2004 年 3 月 15 日。

针对本外观设计专利权，上海通佳电器有限公司（下称请求人）于 2005 年 6 月 22 日向专利复审委员会提出无效宣告请求。请求人认为：在本专利的申请日前已有同样的外观设计产品在出版物上公开发表过，并且在国内公开销售过，本专利不符合专利法第 23 条的规定。请求人作为证据使用的附件如下：

附件 1：声称为专利权人的产品的宣传广告页复印件，共 14 页；

附件 2：上海通佳电器有限公司出具的 NO.14877020 号和 NO.14877034 号发票记账联复印件，以及声称为请求人产品的宣传广告页复印件，共 3 页；

附件3：《慧聪商情广告》杂志2002年第5期（总第23期）封面和第31页复印件，共2页。

请求人于2005年7月19日再次提交了意见陈述书和补充证据：

附件4：《酒店用品》杂志2003年第1期（总第27期）封面复印件，共1页；

附件5：《酒店用品》杂志2003年第2期（总第28期）封面复印件，共1页。

请求人认为2003年两期的《酒店用品》杂志封面上刊登了与本专利外观设计相同的制冰机，因此本专利已被公开出版物公开。

经形式审查合格，专利复审委员会于2005年9月13日向双方当事人发出无效宣告请求受理通知书，并将无效宣告请求书、补充意见陈述书及其两次意见所附证据的副本转寄给专利权人，要求其在指定的期限内陈述意见。

专利权人于2005年9月30日寄交了答辩意见，认为：（1）请求人提交的附件1只是马尼托瓦克（杭州）制冷有限公司内部的文件资料，是对其公司代理商、经销商使用的文件资料，并非对外宣传使用，因此本专利在申请日之前未在国内外公开出版物上公开发表过；（2）请求人提交的附件2并未提供相关夏の雪TF-150和TF-80制冰机的相关图片和资料，并且这两款制冰机与本专利的外形、尺寸、观感明显不一致，附件2不能作为无效宣告请求的证据，本专利的外观设计在其申请日之前并未公开使用、销售过；（3）《慧聪商情广告》和《酒店用品》杂志上的制冰机是马尼托瓦克美国总部生产的（QM30）制冰机，本专利（QM45）制冰机与（QM30）制冰机在外观形状上有很大的区别，其长、宽、高尺寸明显不同，并且内部设置也有很大区别，因此（QM45）制冰机和（QM30）制冰机的外观设计不相同也不相近似。

专利复审委员会依法成立合议组，对本无效宣告请求进行审查。

合议组于2006年1月9日向双方当事人发出口头审理通知书，定于2006年2月21日对本无效宣告请求进行口头审理，同时随口头审理通知书将专利权人于2005年9月30日提交的答辩意见转给了请求人。

口头审理如期举行，双方当事人均参加了口头审理。在口头审理中，（1）双方当事人对合议组成员没有回避请求。（2）双方当事人对对方出庭人员的身份没有异议。（3）请求人当庭明确表示放弃使用附件1（专利权人产品的宣传广告页）中最后四页证据；放弃使用附件5（2003年第2期《酒店用品》杂志）；并当庭出示其余证据的原件；出示上海通佳电器有限公司注册的夏の雪商标注册证用以说明附件2中的发票与其产品宣传广告页的关联性，并表示商标注册证不作为证据使用。（4）专利权人当庭明确表示对附件1本身的真实性没有异议，但对附件1的出版时间以及是否公开有异议；对附件2中增值税发票的真实性没有异议，对附件2中附的请求人产品的宣传广告页的真实性及与发票的关联性有异议；对附件3（2002年第5期《慧聪商情广告》杂志）、附件4（2003年第1期《酒店用品》杂志）的真实性没有异议，对附件3、4的出版时间没有异议；对商标注册证本身的真实性没有异议，但认为其注册时间晚于本专利申请日，不能与附件2相佐证。（5）请求人明确其无效理由为：本专利相对于附件1的QM30、QM20的产品外观，附件2的TF-80的产品外观，附件3上海联圣酒店设备有限公司图片中最右边所示产品的产品外观，附件4封面最左边所示产品的产品外观不符合专利法第23条的规定。

在上述工作的基础上，合议组认为本无效宣告请求案事实清楚，可以作出无效宣告请求审查决定。

二、决定的理由

1. 关于证据

专利权人对请求人提交的附件3（2002年第5期《慧聪商情广告》杂志）的真实性没有异议，对附件3的出版时间没有异议。由于双方当事人均对附件3的真实性和出版日期没有异议，合议组核实附件3的复印件与原件一致，并且未发现附件3中存在影响其真实性的明显瑕疵，因此合议组对附件3的真实性予以确认。附件3为在中国国内公开出版的杂志，其公开出版日分别为2002年5月，而本专利的申请日为2004年3月15日，因此请求人提交的附件3是在本专利申请日之前公开的出版物，可以作为评价本专利是否符合专利法第23条规定的对比文件。

2. 关于专利法第23条

专利法第23条规定：授予专利权的外观设计，应当同申请日以前在国内外出版物上公开发表过或者国内公开使用过的外观设计不相同和不相近似，并不得与他人在先取得的合法权利相冲突。

在附件3的上海联圣酒店设备有限公司广告图片中最右边显示了一款制冰机的外观，本专利所涉及的也是制冰机的外观设计，它们属于相同种类物品，故可将附件3与本专利进行相同和相近似的比较。

本专利包括主视图、左视图、俯视图和使用状态参考图，并且在简要说明中表示本专利左、右视图对称，后视图和仰视图在使用时不可见，所以省略。本专利形状为立式长方体，其主视图显示大致在制冰机高度的中间位置设置一个长方形装饰条，装饰条右侧中间设有一个由雪花图案和下方的英文字母组成的方形图标，左上侧由一个字母和数字组成的产品型号图标，装饰条上部为柜门，柜门为横长方形，其为没有图案和设计的面板，装饰条下部为栅条，由八根栅条等距排列而成，最边一个栅条中间设置一个凹进的接口，主视图最下方有两个支脚；从使用状态参考图可看出，主视图的装饰条颜色与柜门、栅条的颜色深浅明显不同，但与制冰机侧面的颜色相同；左视图和俯视图为无图案和设计的平面。详见本专利附图。

附件3是Manitowoc牌制冰机的广告，所示制冰机外观为一立体图，从制冰机正面可看出大致在制冰机高度的中间位置设置一个长方形装饰条，长方形装饰条与上部柜门和下部栅条的颜色深浅不同，但与制冰机侧面的颜色相同，装饰条左侧中间设有一个由大致为雪花图案组成的方形图标，装饰条上方为柜门，柜门呈横长方形且为没有图案和设计的面板，装饰条下部为栅条，由八根栅条等距排列而成，最下边一个栅条中间设置一个凹进的接口，制冰机下方有支脚；制冰机右侧面为无图案和设计的平面。详见证据3附图。

将本专利与附件3所示外观设计的正面相比较可见，二者形状都为长方体，柜门和栅条的相对位置以及设计均相同，装饰条位置形状，以及图标形状相同。二者的不同之处在于：图标数量和位置不同，长宽高比例略有不同，长方形装饰条与柜门和栅条的颜色深浅对比不同，并且附件3无俯视图和左视图。合议组认为雪花图标和产品型号图标仅仅占据整个制冰机正面面积的很小一部分，图标的位置和数量属于细微的差异，而长宽高比例略有不同也属于细微的差异，并且由于长方形装饰条在制冰机正面所处的位置以及本身形状在本专利和附件3中都相同，颜色深浅对比略有不同也属于细微的差异，因此这些细微差异对制冰机正面的整体视觉效果影响甚微，一般不会引起普通消费者的注意；对于一般的制冰机和冰箱而言，其左、右视图和俯视图为无图案和设计的平面是惯常设计，并且本专利中也采用了这样的惯常设计，虽然附件3仅仅显示了一个无图案和设计平面的右视图，但普通消费者在附件3的基础上可以想到其俯视图和左视图也是相同的平面，此外在制冰机的使用中其左右视图和俯视图也处于不容易引起消费者注意的位置，不会产生引人瞩目的视觉效果。由此可见，本专利主视图与附件3的差异均明显属于细微差异，二者所示制冰机外观设计的整体视觉效果是极相近似的。因此，本专利不符合专利法第23条的规定。

综上所述，本专利与附件3所公开的制冰机外观相近似，不符合专利法第23条的规定。由于本专利与附件3所公开的制冰机外观相近似，已经可以依法宣告本专利无效，因此合议组对请求人提交的附件1、2、4以及使用这些附件的无效宣告请求的理由不再进行审理。

三、决定

宣告200430020944.2号外观设计专利权全部无效。

当事人对本决定不服的，可以根据专利法第46条第2款的规定，自收到本决定之日起三个月内向北京市第一中级人民法院起诉。根据该款的规定，一方当事人起诉后，另一方当事人应当作为第三人参加诉讼。

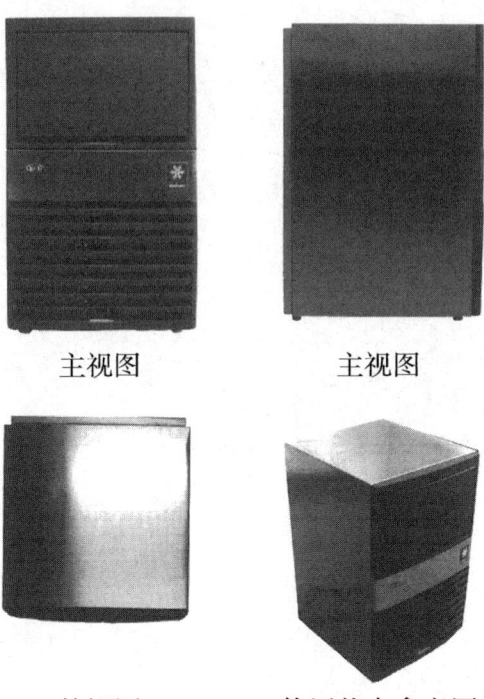

主视图　　　主视图

俯视图　　　使用状态参考图

本专利

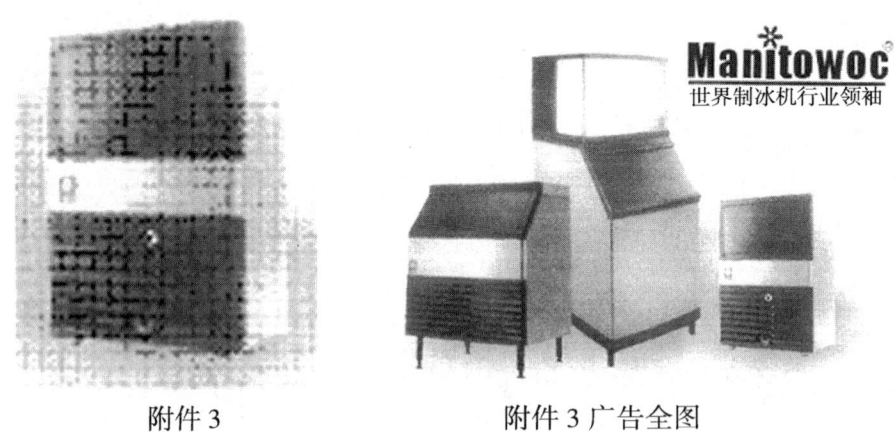

附件 3　　　附件 3 广告全图

吸尘器（YLC24）

无效宣告请求审查决定（第8986号）

决 定 号	第8986号
决 定 日	2006年9月12日
发明创造名称	吸尘器（YLC24）
国际分类号	15-05
无效宣告请求人	株式会社东芝
专 利 权 人	台州市亿力电器有限公司
申 请 号	03316019.8
申 请 日	2003年4月16日
授 权 公 告 日	2004年3月3日
合议组组长	马　昊
主 审 员	张美菊
参 审 员	李韵美
附　　　图	1页
法 律 依 据	专利法第23条

决 定 要 点

如果一项外观设计专利与申请日之前在出版物上公开发表的在先设计相近似，则该外观设计专利不符合专利法第23条的规定。

一、案由

本无效宣告请求审查决定涉及国家知识产权局于2004年3月3日授权公告、申请号为03316019.8、名称为"吸尘器（YLC24）"的外观设计专利（以下称本专利），专利权人为台州市亿力电器有限公司，申请日是2003年4月16日。

针对本外观设计专利权，株式会社东芝（下称请求人）于2005年8月10日以本专利不符合专利法第23条的规定为由向专利复审委员会提出无效宣告请求。请求人认为：附件2是附件1的优先权申请，两者的视图完全相同，本专利与附件1和附件2所示的外观设计产品相同，整体比例、各主要部件与整体的比例关系、在整体中所占比例较大和容易引起视觉上注意的主要构成部件的形状及相互间的位置关系相同；它们仅有局部部件有细微差异，而这些差异对产品的整体视觉效果不具有显著的影响，是相近似的外观设计。请求人所使用的证据如下：

附件1：中国第01359936.4号外观设计公报复印件1页，其授权公告日为2002年8月7日；

附件2：日本第1145609号意匠公报复印件4页，其公告日为2002年7月2日。

经形式审查合格，专利复审委员会于2005年10月19日向双方当事人发出无效宣告请求受理通知书，并将无效宣告请求书及其所附证据的副本转寄给专利权人，要求其在规定的期限内陈述意见。

2005年11月4日请求人提交了附件2的中文翻译件4页。

2005年11月30日专利权人提交了意见陈述书，专利权人认为吸尘器的上部和后部在消费者使用和购买吸尘器时是容易引起视觉注意的部位，附件1和附件2完全相同，本专利与附件1和附件2的上部和后部都具有较大差异，能对整体视觉效果造成显著的影响，它们不相同也不相近似。专利权人同时提交了如下证据：

证据1：浙江黄岩新世纪广场有限公司出具的吸尘器的陈列摆放位置声明复印件；

证据2：台州市路桥区金利燃具经营部出具的吸尘器的陈列摆放位置声明复印件；

证据3：路桥老板厨具商行出具的吸尘器的陈列摆放位置声明复印件。

专利复审委员会依法成立合议组，对本无效宣告请求进行审查。

合议组于2006年1月19日向双方当事人发出口头审理通知书，定于2006年2月28日对本无效宣告请求进行口头审理，同时将请求人于2005年11月4日提交的译文以及专利权人于2005年11月30日提交的意见陈述书及其所附证据1~3转给了对方当事人。

口头审理如期举行，在口头审理中，双方当事人均出席了口头审理，双方当事人均认为附件1与附件2所公开的外观设计完全相同，请求人明确其无效宣告请求的理由为：本专利相对于附件1或2不符合专利法第23条的规定，专利权人当庭出示了三份证人证言的原件，该三份原件经请求人核实与复印件一致，并保留在本专利的案卷中。

请求人于2006年3月16日提交了口头审理的书面意见。

在上述工作的基础上，合议组认为本无效宣告请求案事实清楚，可以作出无效宣告请求审查决定。

二、决定的理由

1. 关于证据

附件1是中国第01359936.4号外观设计公报复印件1页，其授权公告日为2002年8月7日，附件2：日本第1145609号意匠公报复印件4页，其公告日为2002年7月2日，专利权人没有对附件1真实性以及附件2的真实性和译文的准确性提出异议，因此合议组对附件1、2的真实性以及附件2译文的准确性予以认可，附件1和2的公开日早于本专利的申请日2003年4月16日，因此附件1、2均可以作为本专利的在先设计。

专利权人提交的证据1~3为属于证人证言类的证据，在口头审理中相关证人并未出席口头审理接受质证，在没有其他证据相佐证的情况下，未经质证的证据1~3合议组不予采信。

2. 关于专利法第23条

专利法第23条规定：授予专利权的外观设计，应当同申请日以前在国内外出版物上公开发表过或者国内公开使用过的外观设计不相同和不相近似，并不得与他人在先取得的合法权利相冲突。

附件2公开了一种电动吸尘器主机的外观设计，其国际外观分类号为15-05，与本专利的国际外观分类号相同，它们属于相同种类物品，故可将二者进行比较。

本专利包括主视图、后视图、仰视图、俯视图、右视图、左视图和立体图，未要求保护色彩。所示吸尘器整体轮廓大致呈尖"凸"形，其主视图显示吸尘器最前端为突出的U形吸入口部，吸入口部的弧形底部嵌入长椭圆形的前盖前端，在前盖的后端嵌入大致为"凹"形的后盖的前部，前盖的后方具有一条竖线将前盖分为前后两部分，在前盖后部设有调速钮和指示灯，在后盖上沿着前盖后端设置有弧形提手，后盖的后端突出有各种插槽或突出体，在后盖两侧设置有两个大轮，并且大轮的后部稍微突出于后盖的后端；后视图也大致呈尖"凸"形，在后视图相应于主视图前盖未嵌入后盖的部位上，设置有一个圆形，其中具有一个小轮，在后视图中还具有两个矩形框，其中较长的两侧边为圆弧形；俯视图显示主体侧面大致呈矩形，手柄位于吸入口部侧面的吸尘器厚度方向，俯视图靠近手柄一侧的本体由三个横条组成，右侧后部有一个大轮子，在主体上沿着大轮子设有弧形装饰条，大轮子突出于吸尘器底部，从俯视图中可以看到小轮；仰视图与俯视图除上下相反外与俯视图完全一致；左视图形状大致为长方形，其分为左右两部分，左部下方设有矩形插口，右部上方设有矩形框，其中排布了18个小长矩形，矩形框的旁边设置有大致呈三角形的框，从左视图可以看到主体两侧的大轮，中间的小轮以及主视图中的突起前盖；右视图大致呈矩形，在其中间具有吸入口部和手柄，右视图显示前盖稍微向外扩展，后盖上手柄的两侧具有栅格，手柄与吸入口相对一侧具有大致呈矩形的手柄托；从左视图上可以看到大轮突出于底部，并且可以看到底部的小轮。详见本专利附图。

附件2包括平面图（相当于本专利主视图）、底面图（相当于本专利后视图）、正面视图和背面视图对称（相当于本专利俯视图和仰视图）、右视图（相当于本专利左视图）、左视图（相当于本专利右视图）、斜视图（相当于本专利立体图），也未要求保护色彩，在下文中就将其平面图称为主视图'、底面图称为后视图'、正面视图称为俯视图'、右视图称为左视图'、左视图称为右视图'。所示吸尘器整体轮廓大致呈尖"凸"形，其主视图'显示吸尘器最前端为突出的U形吸入口部，吸入口部的弧形底部嵌入长椭圆形的前盖前端，在前盖的后端嵌入大致为"凹"形后盖的前部，前盖的后端具有一条竖线将前盖分为前后两部分，在前盖后部设椭圆形指示灯，在后盖上沿着前盖后端设置有弧形提手，提手外有一小的弧形，在后盖两侧设置有两个大轮；后视图'也大致呈尖"凸"形，在后视图'相应于主视图'前盖未嵌入后盖的部位上，设置有圆形，其中具有小轮；俯视图'显示主体侧面大致呈矩形，手柄位于吸入口部侧面的吸尘器厚度方向，俯视图'靠近手柄一侧的本体由三个横条组成，右侧后部有一个大轮子，在主体上沿着大轮子设有弧形装饰条，从俯视图'中可以看到后视图'中所示的小轮；左视图'形状大致为长方形，其被一条线分为两部分，靠近后盖有一个其中套了一个椭圆的椭圆，从左视图'可以看到主体两侧的大轮，后视图'中的小轮以及主视图中的突起前盖；右视图'大致呈矩形，在其中间具有吸入口部和手柄，后盖上手柄的两侧具有栅格，手柄与吸入口相对一侧具有呈矩形的手柄托；从左视图'上可以看到大轮突出于底部，并且可以看到底部的小轮。详见附件2附图。

将本专利主视图与附件2所示外观设计相比较可知，二者形状相同，都为尖"凸"形状，俯仰视图和左右视图都大致为矩形，都具有U形吸入口部、突起的长椭圆形的前盖、大致"凹"形后盖的前部，前盖后部设椭圆形指示灯，在后盖设置有弧形提手，吸尘器底部具有小轮，吸入口旁沿吸尘器厚度方向设有手柄和手柄托，手柄两侧有栅格，侧面各有一个大轮，大轮外侧有弧形装饰条，侧面大轮子旁边为三个横条。二者的不同之处在于：主视图上指示灯的形状不同，本专利具有调速钮，附件2提手外具有弧线，本专利的大轮突出于后盖后端，本专利前盖稍微向外扩展，手柄托非标准的矩形，本专利底部具有两个矩形条，本专利左视图中具有各种插孔或突出体。合议组认为：本专利的调速钮、左视图中具有各种插孔或突出体都是由于吸尘器的不同功能所确定的功能部件，其对吸尘器外观的整体视觉效果不具有显著的影响；本专利后视图所示吸尘器底部位于吸尘器使用时不易看到的部位，其上的差别不能对消费者产生引人注意的视觉效果；而对于主视图上指示灯的形状不同，本专利大轮突出于后盖后端，本专利前盖稍微向外扩展，本专利手柄托非标准的矩形，附件2提手外具有弧线，这些差异都仅占主体的很小面积，属于细微差异，消费者如果不仔细分辨，根本不易察觉或被发现。本专利与附件1的前述相同点已形成二者极相似的整体外观视觉效果，本专利不符合专利法第

23 条的规定。

专利权人认为吸尘器的后部和上部是消费者在购买和使用时容易引起视觉注意的部位，并提交了三份证人证言，用于证明吸尘器的上部和后部是消费者购买吸尘器时容易引起注意的部位，但是出具这三份证据的证人均未出席口头审理接受质证，因此专利权人的上述观点没有令人信服的证据支持，合议组不予支持。

三、决定

宣告 03316019.8 号外观设计专利权无效。

当事人对本决定不服的，可以根据专利法第 46 条第 2 款的规定，自收到本决定之日起三个月内向北京市第一中级人民法院起诉。根据该款的规定，一方当事人起诉后，另一方当事人应当作为第三人参加诉讼。

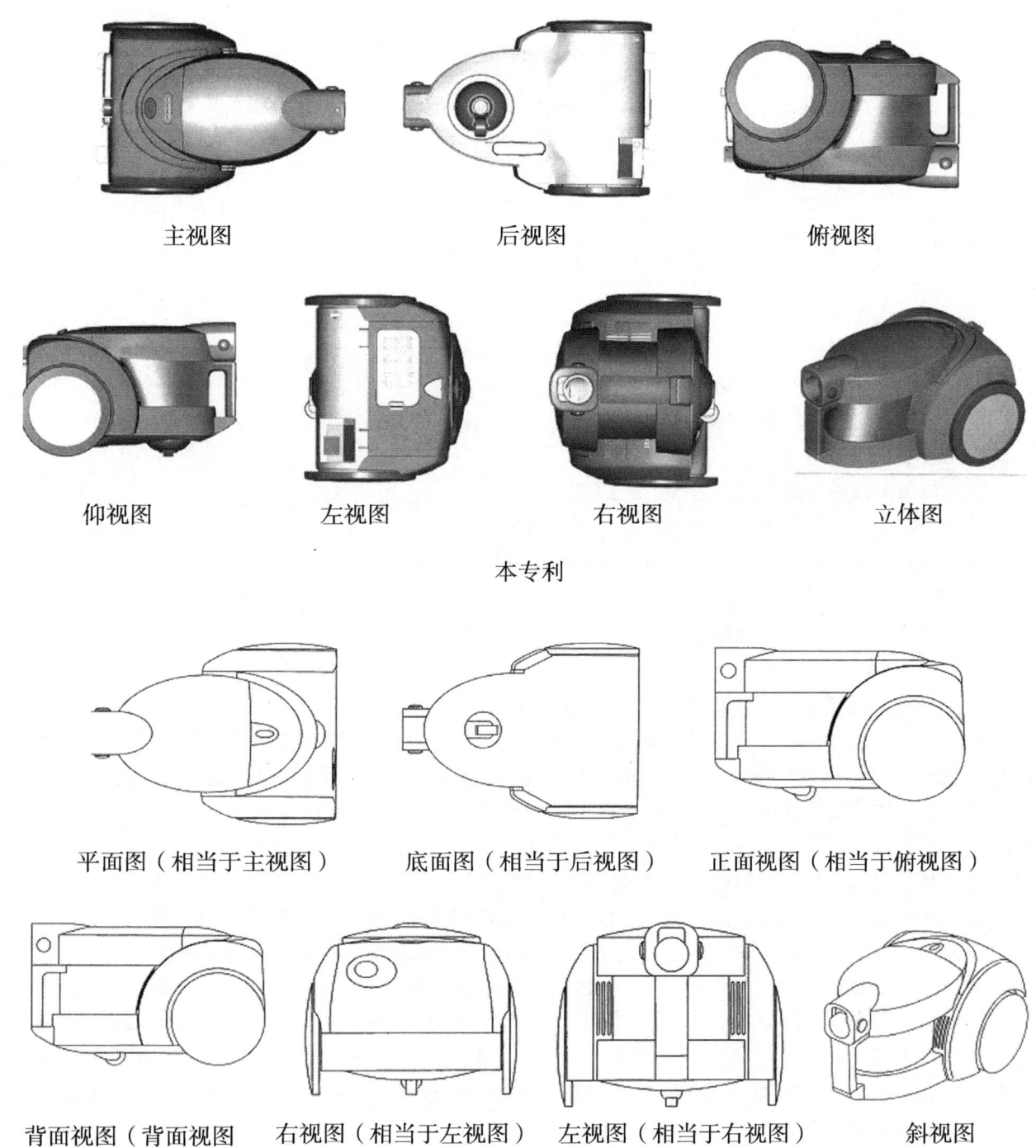

北京市第一中级人民法院
行政判决书

(2007) 一中行初字第771号

原告台州市亿力电器有限公司，住所地中华人民共和国浙江省台州市黄岩区东城开发区绿汀路219号。

法定代表人黄建平，董事长。

委托代理人董科，上海市磐德律师事务所律师。

委托代理人张妍，女，上海市磐德律师事务所职员。

被告中华人民共和国国家知识产权局专利复审委员会，住所地中华人民共和国北京市海淀区北四环西路9号银谷大厦10~12层。

法定代表人廖涛，副主任。

委托代理人张美菊，女，中华人民共和国国家知识产权局专利复审委员会审查员。

委托代理人王伟艳，女，中华人民共和国国家知识产权局专利复审委员会审查员。

第三人株式会社东芝，住所地日本国东京都港区芝浦1-1-1。

法定代表人西田厚聪，总裁兼首席执行官。

委托代理人徐申民，上海市华诚律师事务所律师。

委托代理人张黎明，上海市华诚律师事务所律师。

原告台州市亿力电器有限公司不服被告中华人民共和国国家知识产权局专利复审委员会作出的第8986号无效宣告请求审查决定（以下简称被诉决定），向本院提起诉讼。本院受理后，依法组成合议庭，并依法通知本案的利害关系人株式会社东芝作为第三人参加本案诉讼，于2007年7月18日公开开庭审理了本案。原告的委托代理人张妍，被告的委托代理人张美菊、王伟艳，第三人的委托代理人徐申民、张黎明到庭参加了诉讼。本案现已审理终结。

被告针对第三人的无效宣告请求，对原告的专利号03316019.8、名称为"吸尘器（YLC24）"的外观设计专利（以下简称本专利）进行审查，依据《中华人民共和国专利法》（以下简称《专利法》）第二十三条的规定，于2006年9月15日作出被诉决定：宣告本专利无效。主要理由如下：

将本专利主视图与附件2（日本第1145609号意匠公报复印件4页，其公告日为2002年7月2日）所示外观设计相比较可知，二者形状相同，都为尖"凸"形状，俯仰视图和左右视图都大致为矩形，都具有U形吸入口部、突起的长椭圆形的前盖、大致"凹"形后盖的前部，前盖后部设椭圆形指示灯，在后盖设置有弧形提手，吸尘器底部具有小轮，吸入口旁沿吸尘器厚度方向设有手柄和手柄托，手柄两侧有栅格，侧面各有一个大轮，大轮外侧有弧形装饰条，侧面大轮子旁边为三个横条。二者的不同之处在于：主视图上指示灯的形状不同，本专利具有调速钮，附件2提手外具有弧线，本专利的大轮突出于后盖后端，本专利前盖稍微向外扩展，手柄托非标准的矩形，本专利底部具有两个矩形条，本专利左视图中具有各种插孔或突出体。合议组认为：本专利的调速钮、左视图中具有各种插孔或突出体都是由于吸尘器的不同功能所确定的功能部件，其对吸尘器外观的整体视觉效果不具有显著的影响；本专利后视图所示吸尘器底部位于吸尘器使用时不易看到的部位，其上的差别不能对消费者产生引人注意的视觉效果；而对于主视图上指示灯的形状不同，本专利大轮突出于后盖后端，本专利前盖稍微向外扩展，本专利手柄托非标准的矩形，附件2提手外具有弧线，这些差异都仅占主体的很小面积，属于细微差异，消费者如果不仔细分辨，根本不易察觉或被发现。本专利与附件1的前述相同点已形成二者极相似的整体外观视觉效果，本专利不符合《专利法》第二十三条的规定。

为证明被诉决定合法，被告在法定期限内向本院提供了以下证据：1. 本专利的公报，用以证明本专利的保护范围；2. 附件2，用以证明在先设计公开的内容；3. 原告在无效程序中提交的意见陈述书；4. 口头审理记录表，证明原告在无效程序中陈述的内容及案件口头审理的重要事项。

原告诉称：本专利与附件2存在明显的不同。在主视图上的指示灯形状不同，本专利具有调速钮，而附件2的提手具有弧线。本专利的大轮突出于后盖后端，前后盖稍微向外扩展，手柄托非标准的矩形。这些差异非常明显，能够引起消费者的注意，以区分两外观设计。根据《审查指南》第四部分第五章的规定，两者不相近似。因此，原告请求法院撤销被诉决定并判令被告赔偿其支付的律师费及差旅费。原告未向本院提供证据。

被告辩称：原告对两者是否相近似所强调的差别均分别属于局部的细微差别，功能部件或者不容易看见部位的设计，这些区别均不对产品的整体外观视觉效果产生显著的影响。根据整体观察、综合判断的判断方式，两者的相同点已经使二者构成相近似的外观设计。我委认为被诉决定认定事实清楚，适用法律正确，审理程序合法，请求法院在查明事实的基础上，依法驳回原告的诉讼请求，维持被诉决定。

第三人未提供书面陈述意见，其在开庭审理中口头表示同意被诉决定和被告的答辩意见。

在法定期限内，第三人向本院提供了其在行政程序中提交的无效宣告请求书和意见陈述书，用以证明其在行政程序中的主张。

上述证据经过庭审质证，当事人对上述证据均无异议。经审查，本院认为上述证据是行政程序中的有效证据，能够作为本案的证据，本院予以确认。

根据上述有效证据和当事人无争议的陈述，本院确认事实如下：

本专利的申请日为2003年4月16日，授权公告日为于2004年3月3日。

针对本专利，第三人于2005年8月10日以本专利不符合《专利法》第二十三条的规定为由向被告提出无效宣告请求，理由是：附件2是附件1（中国第01359936.4号外观设计公报复印件1页，其授权公告日为2002年8月7日）的优先权申请，两者的视图完全相同，本专利与附件1和附件2所示的外观设计产品相同，整体比例、各主要部件与整体的比例关系、在整体中所占比例较大和容易引起视觉上注意的主要构成部件的形状及相互间的位置关系相同；它们仅有局部部件有细微差异，而这些差异对产品的整体视觉效果不具有显著的影响，是相近似的外观设计。

经形式审查合格，被告于2005年10月19日受理，并将无效宣告请求书及附件转寄给原告。

2005年11月4日，第三人提交了附件2的中文翻译件4页。同年11月30日，原告提交了意见陈述书，认为：吸尘器的上部和后部在消费者使用和购买吸尘器时是容易引起视觉注意的部位，附件1和附件2完全相同，本专利与附件1和附件2的上部和后部都具有较大差异，能对整体视觉效果造成显著的影响，它们不相同也不相近似。同时，其提交了证据1~3。被告收到后，将上述材料向第三人转送。

其后，被告成立合议组，对本无效宣告请求进行审查，于2006年2月28日对本案进行口头审理，原告和第三人均出席口头审理。明确了以下内容：双方当事人均认为附件1与附件2所公开的外观设计完全相同，第三人明确其无效宣告请求的理由为：本专利相对于附件1或2不符合《专利法》第二十三条的规定，原告出示了证人证言的原件，该原件经第三人核实与复印件一致，并保留在本专利的案卷中。同年3月16日，第三人提交了口头审理的书面意见。

在上述基础上，被告认定了以下内容：

1. 附件1、2的真实性以及附件2译文的准确性予以认可，其公开日早于本专利的申请日，均可以作为本专利的在先设计。原告的证人未出席口头审理接受质证，在没有其他证据相佐证的情况下，对原告的证据1~3不予采信。

2. 附件2公开了一种电动吸尘器主机的外观设计，与本专利属于相同种类物品，故可将二者进行比较。

3. 本专利包括：主视图、后视图、仰视图、俯视图、右视图、左视图和立体图，未要求保护色彩。所示吸尘器整体轮廓大致呈尖"凸"形，其主视图显示吸尘器最前端为突出的U形吸入口部，吸入口部的弧形底部嵌入长椭圆形的前盖前端，在前盖的后端嵌入大致为"凹"形的后盖的前部，前盖的后方具有一条竖线将前盖分为前后两部分，在前盖后部设有调速钮和指示灯，在后盖上沿着前盖后端设置有弧形提手，后盖的后端突出有各种插槽或突出体，在后盖两侧设置有两个大轮，并且大轮的后部稍微突出于后盖的后端；后视图也大致呈尖"凸"形，在后视图相应于主视图前盖未嵌入后盖的部位上，设置有一个圆形，其中具有一个小轮，在后视图中还具有两个矩形框，其中较长的两侧边为圆弧形；俯视图显示主体侧面大致呈矩形，手柄位于吸入口部侧面的吸尘器厚度方向，俯视图靠近手柄一侧的本体由三个横条组成，右侧后部有一个大轮子，在主体上沿着大轮子设有弧形装饰条，大轮子突出于吸尘器底部，从俯视图中可以看到小轮；仰视图与俯视图除上下相反外与俯视图完全一致；左视图形状大致为长方形，其分为左右两部分，左部下方设有矩形插口，右部上方设有矩形框，其中排布了18个小长矩形，矩形框的旁边设置有大致呈三角形的框，从左视图可以看到主体两侧的大轮，中间的小轮以及主视图中的突起前盖；右视图大致呈矩形，在其中间具有吸入口部和手柄，右视图显示前盖稍微向外扩展，后盖上手柄的两侧具有栅格，手柄与吸入口相对一侧具有大致呈矩形的手柄托；从左视图上可以看到大轮突出于底部，并且可以看到底部的小轮。

4. 附件2包括平面图（相当于本专利的主视图）、底面图（相当于本专利的后视图）、正面视图和背面视图对称（相当于本专利的俯视图和仰视图）、右视图（相当于本专利的左视图）、左视图（相当于本专利的右视图）、斜视图（相当于本专利的立体图），也未要求保护色彩，该吸尘器的整体轮廓大致呈尖"凸"形，其主视图显示吸尘器最前端为突出的U形吸入口部，吸入口部的弧形底部嵌入长椭圆形的前盖前端，在前盖的后端嵌入大致为"凹"形后盖的前部，前盖的后端具有一条竖线将前盖分为前后两部分，在前盖后部设椭圆形指示灯，在后盖上沿着前盖后端设置有弧形提手，提手外有一小的弧形，在后盖两侧设置有两个大轮；后视图也大致呈尖"凸"形，在后视图相应于主视图前盖未嵌入后盖的部位上，设置有圆形，其中具有小轮；俯视图显示主体侧面大致呈矩形，手柄位于吸入口部侧面的吸尘器厚度方向，俯视图靠近手柄一侧的本体由三个横条组成，右侧后部有一个大轮子，在主体上沿着大轮子设有弧形装饰条，从俯视图中可以看到后视图中所示的小轮；左视图形状大致为长方形，其被一条线分为两部分，靠近后盖有一个其中套了一个椭圆的椭圆，从左视图可以看到主体两侧的大轮，后视图中的小轮以及主视图中的突起前盖；右视图'大致呈矩形，在其中间具有吸入口部和手柄，后盖上手柄的两侧具有栅格，手柄与吸入口相对一侧具有呈矩形的手柄托；从左视图上可以看到大轮突出于底部，并且可以看到底部的小轮。详见附件2附图。

5. 将本专利主视图与附件2所示外观设计相比较可知，二者形状相同，都为尖"凸"形状，俯仰视图和左右视图都大致为矩形，都具有U形吸入口部、突起的长椭圆形的前盖、大致"凹"形后盖的前部，前盖后部设椭圆形指示灯，在后盖设置有弧形提手，吸尘器底部具有小轮，吸入口旁沿吸尘器厚度方向设有手柄和手柄托，手柄两侧有栅格，侧面各有一个大轮，大轮外侧有弧形装饰条，侧面大轮子旁边为三个横条。二者的不同之处在于：主视图上指示灯的形状不同，本专利具有调速钮，附件2提手外具有弧线，本专利的大轮突出于后盖后端，本专利前盖稍微向外扩展，手柄托非标准的矩形，本专利底部具有两个矩形条，本专利左视图中具有各种插孔或突出体。

6. 针对上述不同点，被告认为本专利的调速钮、左视图中具有各种插孔或突出体都是由于吸尘器的不同功能所确定的功能部件，其对吸尘器外观的整体视觉效果不具有显著的影响；本专利后视图所示吸尘器底部位于吸尘器使用时不易看到的部位，其上的差别不能对消费者产生引人注意的视觉效果；而对于主视图上指示灯的形状不同，本专利大轮突出于后盖后端，本专利前盖稍微向外扩展，本专利手柄托非标准的矩形，附件2提手外具有弧线，这些差异都仅占主体的很小面积，属于细微差异，消费者如果不仔细分辨，根本不易察觉或被发现。本专利与附件1的前述相同点已形成二者极相似的整体外观视觉效果，本专利不符合《专利法》第二十三条的规定。

据此，被告作出被诉决定，于同年12月15日向原告和第三人邮寄送达。原告不服，于2007年3月10日向本院起诉。

在开庭审理中，原告和第三人对以下内容没有争议：1. 被告的审查职责和审查程序；2. 被诉决定中"案由"部分记载的内容；3. 被告在被诉决定中对本专利内容的描述；4. 被告认定的附件2可以作为在先设计与本专利外观设计进行对比以及对附件2公开内容的描述；5. 被诉决定确定的本专利与附件2相同的内容。

本院认为：根据当事人无争议的陈述，本院经书面审查，对上述无争议的内容予以确认。在此基础上，本院将围绕原告争议的内容对被诉决定进行合法性审查。

首先，参照《审查指南》第四部分第五章第4节之（1）的规定，"使用时容易看到的部位的设计变化相对于不容易看到或者看不到部位的设计变化，通常对整体视觉效果更具有显著的影响"。对于吸尘器这类产品，其底部对于消费者而言是不容易看到的部位，所以被告认定本专利的底部与附件2的差别不能对消费者产生引人注意的视觉效果的结论正确。

其次，《审查指南》第四部分第五章第4节之（6）的规定，"产品的功能、内部结构、技术性能对整体视觉效果不具有显著的影响"。本专利的调速钮、左视图中的各种插孔以及吸尘器两侧的突出体是吸尘器的功能部件，这些部件对于本专利视图中没有显著的视觉效果，所以被告认定调速钮和插孔对于吸尘器外观的整体视觉效果不具有显著影响的结论正确。

第三，从整体效果看，本专利主视图上的指示灯形状、大轮突出于后盖后端、前盖稍微向外扩展以及手柄托的形状相对于附件2是局部的细微变化，被告认定本专利的指示灯形状、大轮突出于后盖后端、前盖稍微向外扩展以及手柄托的形状在整体视觉效果上不足以产生显著影响的结论符合《审查指南》第四部分第五章第4节之（3）的规定。

综上，被告认定本专利与附件2属于相近似的外观设计，符合《审查指南》第四部分第五章第4节关于外观设计相同和相近似的判断原则。原告的诉讼主张缺乏依据，本院不予支持。故，依照《中华人民共和国专利法》第二十三条，《中华人民共和国行政诉讼法》第五十四条第（一）项，判决如下：

维持中华人民共和国国家知识产权局专利复审委员会于二〇〇六年十二月十五日作出的第8986号无效宣告请求审查决定。

案件受理费1000元，由原告台州市亿力电器有限公司负担（已交纳）。

如不服本判决，原告台州市亿力电器有限公司、被告中华人民共和国国家知识产权局专利复审委员会可在判决书送达之日起15日内，第三人株式会社东芝可在判决书送达之日起30日内向本院递交上诉状，并按对方当事人的人数提出副本及预交上诉费，上诉于中华人民共和国北京市高级人民法院。

审 判 长 饶亚东
代理审判员 乔 军
人民陪审员 郭修申
二〇〇八年四月一日
书 记 员 张 涵

056

吸尘器

无效宣告请求审查决定（第 8987 号）

决 定 号	第 8987 号
决 定 日	2006 年 9 月 12 日
发明创造名称	吸尘器
国 际 分 类 号	15-05
无效宣告请求人	株式会社东芝
专 利 权 人	郭为民
申 请 号	200430005388.1
申 请 日	2004 年 4 月 5 日
授 权 公 告 日	2005 年 2 月 2 日
合 议 组 组 长	马　昊
主 审 员	张美菊
参 审 员	李韵美
附 图	2 页
法 律 依 据	专利法第 23 条
决 定 要 点	

如果一项外观设计专利与申请日之前在出版物上公开发表的在先设计相近似，则该外观设计专利不符合专利法第 23 条的规定。

一、案由

本无效宣告请求审查决定涉及国家知识产权局于 2005 年 2 月 2 日授权公告、申请号为 200430005388.1、名称为"吸尘器"的外观设计专利（以下称本专利），专利权人为郭为民，申请日是 2004 年 4 月 5 日。

针对本外观设计专利权，株式会社东芝（下称请求人）于 2005 年 7 月 12 日以本专利不符合专利法第 23 条的规定为由向专利复审委员会提出无效宣告请求。请求人认为：本专利与证据 1 的整体构型相同、主要部件的构型和排布位置相同，而其差别属于局部的细微差别，并且位于不容易被看到的部位，不对产品的整体视觉效果起到显著的影响，因此二者属于相近似的外观设计，本专利不符合专利法第 23 条的规定。请求人所使用的证据如下：

证据 1：日本意匠登录第 1185518 号的复印件及其中文译文，共 8 页，其公开日为 2003 年 9 月 22 日。

经形式审查合格，专利复审委员会于 2005 年 9 月 14 日向双方当事人发出无效宣告请求受理通知书,并将无效宣告请求书及其所附证据的副本转寄给专利权人,要求其在规定的期限内陈述意见。

在无效宣告请求受理通知书所规定的期限内,专利权人没有进行意见陈述。

专利复审委员会依法成立合议组,对本无效宣告请求进行审查。

合议组于2006年1月19日向双方当事人发出口头审理通知书,定于2006年2月28日进行口头审理,同时合议组向请求人发出了外文证据处理通知书,要求请求人提交证据1的完整中文译文。

请求人于2006年1月28日提交了意见陈述书,并且提交了证据1的完整译文。

合议组于2006年2月27日向专利权人发出转送文件通知书,将请求人于2006年1月28日提交的意见陈述书以及证据1的完整译文转给专利权人,并要求其在收到本通知书之日起一个月内对该译文发表意见,并将逾期不答复的法律后果告知专利权人。

口头审理如期举行,在口头审理中,专利权人没有出席口头审理,请求人对合议组成员没有回避请求,并明确其无效宣告请求理由为本专利相对于证据1不符合专利法第23条的规定,二者属于相近似的外观设计。

在转送文件通知书所指定的期限内,专利权人没有提交意见陈述书。

在上述工作的基础上,合议组认为本无效宣告请求案事实清楚,可以作出无效宣告请求审查决定。

二、决定的理由

1. 关于证据

证据1是日本意匠登录第1185518号的复印件及其中文译文,在整个无效宣告审理的期间,专利权人均没有对证据1的真实性及其译文的准确性发表意见,合议组经审核,未发现证据1中存在影响其真实性的瑕疵,并且也未在其译文中发现影响其译文准确性的瑕疵,因此合议组对证据1的真实性以及证据1译文的准确性予以认可,证据1的公开日期为2003年9月22日,早于本专利的申请日2004年4月5日,因此证据1可以作为本专利的在先设计。

2. 关于专利法第23条

专利法第23条规定:授予专利权的外观设计,应当同申请日以前在国内外出版物上公开发表过或者国内公开使用过的外观设计不相同和不相近似,并不得与他人在先取得的合法权利相冲突。

证据1公开了一种电动吸尘器本体的外观设计,其国际外观分类号为15-05,与本专利的国际外观分类号相同,它们属于相同种类物品,故可将二者进行比较。

本专利包括主视图、后视图、仰视图、俯视图、右视图和左视图,未要求保护色彩。所示吸尘器由主体和把手构成,把手和主体都是流线形设计,其本体为侧边呈弧线的长梯形,把手突出于梯形上部的短边上;其主视图大致呈长方形,其中部横置一长条将主视图分为三部分,上部具有把手和均匀分布的三个按钮(电源钮、功率调节钮、收电线钮)的轮廓,中部具有连接管子的圆形开口,下部两侧分别具有一个大轮子,中间具有一个小轮子;其后视图也大致呈长方形,上部具有三个按钮的轮廓,中间具有圆形电源插头和一个可打开的面板,下部显示具有两个大轮子,中间一个小轮子;仰视图显示主体大致呈长梯形,把手位于主体的上侧短边上,主体上部具有一个圆形,其中具有一个小轮子,主体下部两侧分别各具有一个大轮子,在仰视图上还具有凹陷和突起以及底边上的螺丝用圆形;俯视图也大致呈梯形,把手位于主体的梯形短边上,一条靠近主体梯形长边的由两条弧线组成的弧形将主体分为两部分,把手一侧的部分具有一个从把手外缘延伸而出的呈抛物线的弧线以及一个从把手内缘延伸而出的位于上述抛物线内部的弧线,在这两条弧线之间有一个圆形,内弧线内部还有弧形凹陷,主体另一部分具有均匀分布三个钮(电源钮、功率调节钮、收电线钮),在主体梯形长边外两侧突出有两个大轮的一小部分;右视图形状大致为长方形,在本体左上方凸设有把手,右上方显示了一个上述按钮，本体中部为一个装饰长条，下部短于中部，其左右两侧分别为小轮和大轮；其左视图和右视图除左右相反外，其他均相同。详见本专利附图。

证据1包括左视图（相当于本专利主视图）、右视图（相当于本专利后视图）、俯视图、仰视图、主视图（相当于本专利右视图）、后视图（相当于本专利左视图），也未要求保护色彩，在下文中就将其左视图称为主视图′、右视图称为后视图′、将主视图称为右视图′、将后视图成为左视图′。所示吸尘器由主体和把手构成，把手和主体都是流线线形设计，其本体为底边和侧边呈弧线的长梯形，把手突出于梯形上部的短边上；其主视图′大致呈长方形，其中部横置一长条将主视图′分为三部分，上部具有把手和均匀分布的两个按钮的轮廓，中部具有连接管子的圆形开口，下部两侧分别具有一个大轮子，中间具有一个小轮子；其后视图′也大致呈长方形，上部具有一个按钮的轮廓，中间具其中具有长椭圆的圆形，下部显示具有两个大轮子，中间一个小轮子；仰视图显示主体大致呈长梯形，把手位于主体的上侧短边上，主体上部具有一个圆形，其中具有一个小轮子，主体下部两侧分别各具有一个大轮子；俯视图也大致呈梯形，把手位于主体的梯形短边上，一条靠近主体梯形长边的由两条弧线组成的弧形将主体分为两部分，把手一侧的部分具有一个从把手外缘延伸而出的呈抛物线的弧线以及一个从把手内缘延伸而出的位于上述抛物线内部的弧线，内部弧线的内部还具有一个呈月牙形状的弧形，主体另一部分具有均匀分布的两个按钮，在主体梯形长边外两侧突出有两个大轮的一小部分；右视图′形状大致为长方形，在本体左上方凸设有把手，右上方为一个按钮，本体中部为一个装饰长条，下部短于中部左右两侧分别为小轮和大轮；其左视图′和右视图′除左右相反外，其他均相同。详见证据1附图。

将本专利主视图与证据1所示外观设计相比较可知，二者形状相同，都包括流线形设计的把手和主体，主体都呈长梯形，把手突出于梯形上部的短边上。主体相对把手一侧都有两个大轮子，与大轮子相对应中部都具有一个小轮子，主体俯视图上都具有弧形分割线，在分割线的一侧都分别具有弧线形的装饰线，弧形分割线的另一侧相同位置都具有两个按钮，左右视图显示侧面的下部均短于中部和上部。二者的不同之处在于：主视图上按钮的数量不同，后视图上证据1不具有可打开的矩形面板，证据1的把手下方内弧线的内部还具有一个月牙形状的弧形，而本专利内弧线内部具有弧形凹陷。合议组认为：主视图上按钮和后视图的可打开的矩形面板都是由于吸尘器的不同功能所确定的功能部件，其对吸尘器的整体视觉效果不具有显著的影响；本专利仰视图中的凹陷、突起和底边上的螺丝孔采用圆形并位于吸尘器使用时不易看到的底部，其对于普通消费者来说不会产生引人注意的视觉效果；本专利两条弧线之间具有圆形，证据1内弧线内部的月牙形状的弧形，本专利内弧线内部具有弧形凹陷，对于上述区别，月牙形状的弧形和弧形的凹陷，都是弧形的，并且它们都占主体的面积很小，因此这些差异属于细微差异，不会对产品的整体外观的视觉效果产生较大的影响。因此本专利与证据1的前述相同点已形成二者极相似的整体外观视觉效果，本专利不符合专利法第23条的规定。

三、决定

宣告200430005388.1号外观设计专利权无效。

当事人对本决定不服的，可以根据专利法第46条第2款的规定，自收到本决定之日起三个月内向北京市第一中级人民法院起诉。根据该款的规定，一方当事人起诉后，另一方当事人应当作为第三人参加诉讼。

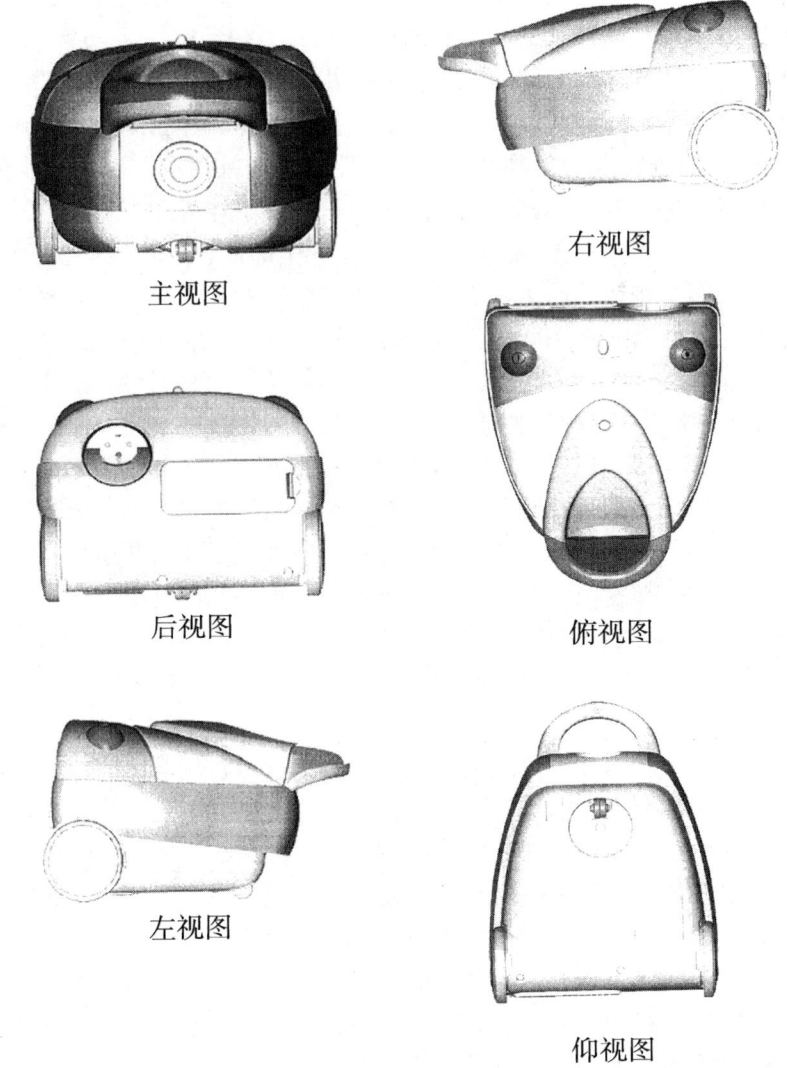

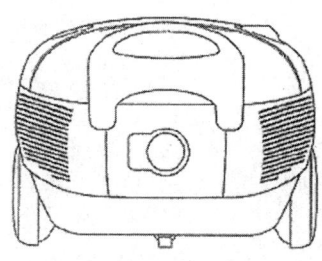
左视图（相当于主视图'）

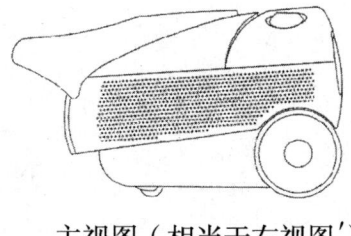
主视图（相当于右视图'）

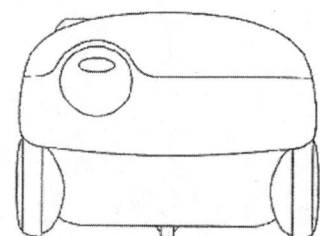
右视图（相当于后视图'）

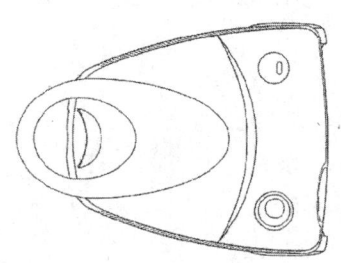
俯视图

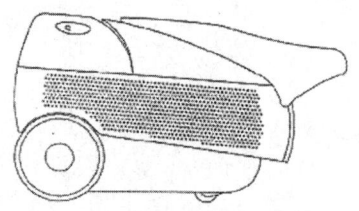
后视图（相当于左视图'）

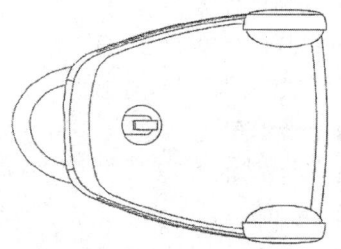
仰视图

证据 1

瓶　子

无效宣告请求审查决定（第 8989 号）

决　定　号	第 8989 号
决　定　日	2006 年 12 月 27 日
发明创造名称	瓶子
国际分类号	09-01
无效宣告请求人	东莞新顺景食品有限公司
专　利　权　人	黄仲和，黄永和
专　利　号	200430080064.4
申　请　日	2004 年 8 月 24 日
授权公告日	2005 年 2 月 23 日
合议组组长	熊　婷
主　审　员	李韵美
参　审　员	詹靖康
附　图	1 页

法律依据 专利法第 23 条

决定要点

如果一般消费者经过对被比设计与在先设计的整体观察可以看出，二者的差别对于产品外观设计的整体视觉效果不具有显著的影响，则被比设计与在先设计相近似。

一、案由

本无效宣告请求涉及中华人民共和国国家知识产权局于 2005 年 2 月 23 日授权公告的 200430080064.4 号外观设计专利，其名称为"瓶子"，申请日为 2004 年 8 月 24 日，专利权人是黄仲和，共同专利权人为黄永和。

针对上述专利权（下称本专利），东莞新顺景食品有限公司（下称请求人）于 2006 年 5 月 17 日向专利复审委员会提出无效宣告请求，其论据的事实和理由是：本外观设计不符合专利法第 23 条的规定，具体理由是：本专利与申请号为 00300768.5 的在先设计（下称证据 1）是相同的产品，二者属于相近似的外观设计，不符合专利法第 23 条的规定。

经形式审查合格，专利复审委员会依法受理了上述无效宣告请求，并于 2006 年 7 月 7 日将无效宣告请求书及相关文件的副本转给专利权人，要求其在指定的期限内答复。专利权人在指定期限内没有进行答复。

合议组于 2006 年 11 月 21 日向双方当事人发出合议组成员告知通知书，要求双方当事人如果对合议组成员有回避请求的，请于收到通知书之日起 7 日内提交书面请求书，并且说明理由，必要时附具有关证据；逾期未答复，视为无回避请求。

双方当事人逾期未答复。

合议组经合议，认为本案事实清楚，依法作出本审查决定。

二、决定的理由

1. 关于证据

请求人提交的证据 1 是中国专利文献，其授权公告日为 2000 年 9 月 6 日，早于本专利的申请日，其所示外观设计可以作为在先设计来评价本专利是否符合专利法第 23 条的规定。

2. 关于专利法第 23 条

专利法第 23 条规定：授予专利权的外观设计，应当同申请日以前在国内外出版物上公开发表过或者国内公开使用过的外观设计不相同和不相近似，并不得与他人在先取得的合法权利相冲突。

本专利与证据 1 所示外观设计的产品分类号相同，名称均为"瓶子"，属相同类别的产品的外观设计。现对二者进行如下相近似性对比：

本专利包括主视图、仰视图、俯视图、立体图，未要求保护色彩。主视图所示瓶子的形状大致为圆柱形，纵向自上而下共分成四部分。第一部分位于最上端，为带有罗纹的圆形瓶口；第二部分为横向半径大于瓶口的环形突出部，呈"飞碟"形状；第三部分为半径小于第二部分的圆台体；第四部分为半径大于第二部分的圆台体。第一部分的瓶口与第二部分之间有一过渡段，该过渡段为缩径设计；第二部分与第三部分之间的过渡、第三部分和第四部分之间的过渡均为平滑圆弧过渡。从本专利立体图、仰视图、俯视图中可以看出本专利的瓶子的横向剖面均为圆形。本专利仰视图中示出的瓶底的最外圈具有不平整凸起的圆环。详见本专利附图。

证据 1 所示产品名称也是瓶子，分类号与本专利相同。证据 1 包括主视图、仰视图、俯视图、左视图、使用状态图，未要求保护色彩。主视图所示瓶子的形状大致为圆柱形，纵向自上而下共分成四部分。第一部分是位于最上端的圆形瓶盖；第二部分为横向半径大于瓶盖的环形突出部，呈"飞碟"形状；第三部分为半径小于第二部分的圆台体；第四部分为横向半径大于第二部分的圆台体。第一部分的瓶口与第二部分之间有一过渡段，该过渡段为缩径设计；第二部分与第三部分之间的过渡、第三部分和第四部分之间的过渡均为平滑圆弧过渡。从证据 1 使用状态图、仰视图、俯视图、左视图中可以看出证据的瓶子的横向剖面均为圆形。证据 1 中仰视图中示出的瓶底的最外圈具有不平整凸起的圆环。证据 1 使用状态图中示出第三部分和第四部分上贴有图案。详见证据 1 附图。

将本专利与证据所示外观设计相比较，由于本专利未要求保护色彩，故不进行色彩对比。由上述描述可知，二者形状相同，外形轮廓相同，四个部分之间的纵向和横向的比例关系相同；其区别在于：

（1）证据 1 最上端为圆形瓶盖，而本专利的瓶子最上端为带有罗纹的瓶口；

（2）证据 1 的使用状态图中示出的瓶子第三部分和第四部分上贴有图案，而本专利视图中的瓶子的瓶体上没有任何图案。

从一般消费者的角度来讲，关于第（1）点区别，瓶口为瓶子顶部的一小部分，在整体设计中所占比例很小，且瓶口具有罗纹属于惯常设计，该区别对于瓶子外观设计的整体视觉效果不具有显著的影响；关于第（2）点区别，尽管证据 1 使用状态图示出的瓶子贴有图案，但是证据 1 主视图、仰视图、俯视图、左视图中的瓶子均没有任何图案，对于本专利的瓶子这种单纯形状的外观设计，只要本专利的形状与在先设计的形状相近似，则本专利与证据 1 相近似。综上所述，上述区别对于瓶子外观设计的整体视觉效果不具有显著的影响，本专利与证据1属于相近似的外观设计，本专利不符合专利法第23条的规定。

三、决定

宣告200430080064.4号外观设计专利权无效。

当事人对本决定不服的，可以根据专利法第46条第2款的规定，自收到本决定之日起三个月内向北京市第一中级人民法院起诉。根据该款的规定，一方当事人起诉后，另一方当事人应当作为第三人参加诉讼。

俯视图　　立体图　　仰视图　　主视图

本专利

证据1

荧光灯灯头

无效宣告请求审查决定（第 8991 号）

决　定　号	第 8991 号
决　定　日	2006 年 12 月 1 日
发明创造名称	荧光灯灯头
外观设计分类号	26-04-B0566
无效宣告请求人	厦门通士达照明有限公司
专利权人	虞荣康
专　利　号	97307202.4
申　请　日	1997 年 1 月 30 日
授权公告日	1998 年 2 月 4 日
合议组组长	耿　博
主　审　员	张　华
参　审　员	郭健国
附　　　图	2 页

法　律　依　据　专利法实施细则第 2 条第 3 款、专利法第 23 条
决　定　要　点
在确定外观设计的保护对象时，应当着眼于外观设计整体，细节的瑕疵通常不影响外观设计保护对象的确定。

本专利所示荧光灯灯头和对比文件所示相应产品整体形状上存在显著差异。且两者在局部细节方面明显不同，足以构成视觉上的显著差异，其不容易引起一般消费者的混淆，本专利和对比文件不属于相近似的外观设计。

一、案由

本无效宣告请求涉及国家知识产权局于 1998 年 2 月 4 日授权公告的 97307202.4 号外观设计专利权，其名称是"荧光灯灯头"，申请日是 1997 年 1 月 30 日，专利权人是虞荣康。

针对上述外观设计专利权（下称本专利），厦门通士达照明有限公司（下称请求人）于 2004 年 11 月 1 日向专利复审委员会提出无效宣告请求，其理由是：本专利不符合专利法第 23 条以及专利法实施细则第 2 条第 3 款的规定，应予无效。并提交下述证据作为对比文件：

附件 1（下称证据 1）：美国专利文献，专利号为 Des. 302，861，其公告日 1989 年 8 月 15 日；
附件 2（下称证据 2）：专利号为 97307202.4 的外观设计专利公报（即为本专利）；
具体无效理由如下：（1）本专利相对于证据 1 不具备新颖性。证据 1 为一种荧光灯，包括灯头和灯管，其灯头部分与本专利属于相同的产品。灯头由两部分组成，即：1. 灯头连接部，2. 灯头壳体。

证据 1 灯头连接部分的形状与本专利完全相同，均为螺旋式；证据 1 灯头壳体部分的形状与本专利基本相同，其灯头壳体整体呈圆筒形，其上部与灯头连接部为圆弧过渡连接，在灯头壳体的中下部设有一环形散热槽，在灯头壳体底面上开有灯管接插孔。因此，两者为相同产品，且整体形状近似。（2）本专利无法适于工业应用，不符合专利法实施细则第 2 条第 3 款的规定。由本专利提供的仰视图可知，该专利的灯头壳体底面上设有 8 个灯管接插孔，根据该专利的主视图、左视图可知灯头壳体底面略呈球状，但在主视图中孔 1、2、3 均在，却没有孔 8、4；同样，在右视图上却没有孔 2、6；另外，该专利的主视图的灯头壳体 C 区域散热槽左上方靠近壳体壁有一牙状结构，灯头壳体 D 区域散热槽右上方靠近壳体壁有一牙状结构，然而在该专利右视图中上述牙状结构不见了，而在灯头壳体 A 区域散热槽左上方靠近壳体壁又有一牙状结构，灯头壳体 B 区域散热槽右上方靠近壳体壁也有一牙状结构。前述奇怪结构根本无法生产，因此，该专利无法适于工业应用。

经形式审查合格，专利复审委员会于 2004 年 11 月 2 日受理了此无效宣告请求，并同日向双方当事人发出了无效宣告请求受理通知书，同时将请求人提交的无效宣告请求书及其附件清单中所列附件副本转送给专利权人，并要求专利权人在收到前述转送文件的一个月内对该无效宣告请求陈述意见。

专利权人在指定期限内未答复。

2004 年 12 月 6 日，专利复审委员会收到了请求人于 2004 年 12 月 2 日寄交的证据 3 及证据 1 的中文译文：

证据 3：英国第 20054620 号专利文献及其中文译文，公开日：1996 年 7 月 1 日；

请求人认为证据 3 的灯头部分的外观形状与本专利非常相似，因此，本专利不符合专利法第 23 条的规定。

专利复审委员会于 2006 年 8 月 16 日向双方当事人发出了口头审理通知书，定于 2006 年 10 月 24 日对本案进行口头审理。

口头审理如期举行。请求人出席了口头审理，专利权人未出席口头审理；在口头审理中请求人主动放弃其提交的证据 3 及其中文译文的使用。并当庭指出：首先，本专利绘图上存在瑕疵，不适于工业应用，本专利是一个荧光灯灯头，而荧光灯灯头和灯管是无法分割的，因此本专利并非一个完整的产品，其不符合专利法实施细则第 2 条第 3 款的规定；证据 1 完全公开了本专利的灯头部分，其不符合专利法第 23 条规定。

至此，合议组认为本案事实清楚，可以依法作出本审查决定。

二、决定理由

1. 关于专利法实施细则第 2 条第 3 款

专利法实施细则第 2 条第 3 款规定：专利法所称的外观设计，是指对产品的形状、图案或者其结合以及色彩与形状、图案的结合所作出的富有美感并适于工业应用的新设计。

本专利涉及荧光灯灯头，根据本专利仰视图和主视图可以看出，本专利灯头壳体底面上设有 8 个灯管接插孔，由于其底面呈突出圆弧面，孔 8、4（或孔 2、6）位于圆弧面最上端，因此从水平方向看只能看到大约三个孔 1、2、3（或孔 3、4、5）；此外，由于灯头壳体上存在长城状横隔接圈，其上有上下交错开有长方形孔（即请求人所述"牙状结构"），因此，从不同的角度投影，主视图和右视图上长方形孔（"牙状结构"）的投影会略有不同；并且，由于本专利所述荧光灯灯头是一种工业产品，其在工业上可以独立生产、单独销售，也可以配上 4U 灯管组合销售或使用，因此本专利的荧光灯灯头属于外观设计保护的客体，符合专利法实施细则第 2 条第 3 款的规定。

2. 关于专利法第 23 条

专利法第 23 条规定：授予专利权的外观设计，应当同申请日以前在国内外出版物上公开发表过或者国内公开使用过的外观设计不相同和不相近似，并不得与他人在先取得的合法权利相冲突。

请求人提交的证据1是专利号为Des.302,861的美国专利文献，其公告日是1989年8月15日，即其公开发表日期在本专利申请日之前，证据1（下称对比文件）可以作为用来评价本专利是否符合专利法第23条的在先设计。

本专利荧光灯灯头与对比文件灯属于相近类别的产品，将两者比较如下：本专利荧光灯灯头由灯头和壳体两部分构成，从其主视图看，灯头呈螺旋状，壳体下方壳体上存在长城状横隔接圈，壳体下端呈圆弧状向下突出；从仰视图看，其上存在八个灯管接插圆孔，中间为六条长扁形围成一圆形，在靠近下端的三个灯管接插圆孔内存在4个小圆点（详见本专利附图）。

对比文件所述荧光灯灯头也由灯头和壳体两部分构成，所示灯头呈螺旋状，壳体下方壳体上存在多重横线状隔断，壳体下端由多层半径不同的平面组成；所示灯头仰视图外部呈圆形，外部圆形中间存在一矩形，矩形内存在两个长椭圆形灯管接插孔（详见对比文件附图）。

对比文件专利为荧光灯，由灯头和灯管组成，其灯头部分与本专利所示灯头属于相同产品，因此两者可以进行对比。通过本专利与对比文件的比较，合议组认为：就灯头产品而言，一般消费者首先关注的是灯头的整体形状，尽管对比文件灯头部分与本专利都由螺旋状的螺口和壳体组成，但是，从主视图所示灯头本壳体下端圆弧状向下突出，而对比文件壳体下端对应部分由多层半径不同的平面组成，因此，两者在整体形状上存在显著差异；此外，对灯头产品而言，壳体上下之间的连接段亦存在显著差异，本专利连接段是交错横隔接圈（即请求人所述的"牙状结构"），而对比文件的隔断是多重横直线状，两者显然不同。此外，从仰视图看，本专利呈八个灯管接插孔，且其由长扁形围成一圆形，在靠近下端的三个灯管接插圆孔内存在4个小圆点；而对比文件中间存在一矩形，矩形内存在两个长椭圆形灯管接插孔，两者显然不同。综上，本专利所示荧光灯灯头和对比文件所示相应产品整体视觉效果上存在显著差别。且两者在局部细节方面明显不同，这足以造成两者在整体视觉效果上的显著性影响，故本专利和对比文件不属于相近似的外观设计。

三、决定

维持97307202.4号外观设计专利权有效。

当事人对本决定不服的，可以根据专利法第46条第2款的规定，自收到本决定之日起三个月内向北京市第一中级人民法院起诉，根据该款规定，一方当事人起诉后，另一方当事人应当作为第三人参加诉讼。

059

水中原动装置

无效宣告请求审查决定（第 8996 号）

决　定　号	第 8996 号
决　定　日	2006 年 12 月 11 日
发明创造名称	水中原动装置
国际分类号	15-99
无效宣告请求人	永康市速可达金属有限公司
专　利　权　人	特嘉发展有限公司
专　利　号	03348373.6
申　请　日	2003 年 5 月 23 日
授权公告日	2004 年 4 月 7 日
合议组组长	张　度
主　审　员	骆素芳
参　审　员	哈雅坤
附　图	1 页

法律依据 专利法第 23 条

决定要点

依据一般消费者的认知能力，根据在先设计图片或者照片已经公开的内容即可推定出产品其他部分或者其他变化状态的外观设计的，则该其他部分或者其他变化状态的外观设计也被视为已经公开。

在综合考虑各种因素的情况下，若区别点仅在于局部的细微变化，则其对整体视觉效果不足以产生显著影响。

一、案由

本无效宣告请求涉及国家知识产权局于 2004 年 4 月 7 日授权公告的 03348373.6 号外观设计专利，其名称为"水中原动装置"，申请日为 2003 年 5 月 23 日，专利权人是特嘉发展有限公司。

针对上述专利权（下称本专利），永康市速可达金属有限公司（下称请求人）于 2005 年 6 月 16 日向专利复审委员会提出无效宣告请求，认为本外观设计不符合专利法第 23 条的规定。其依据的事实和理由是：

（1）附件 3 中公开了与本专利完全相同的水下动力装置，该水下动力装置正在用于游泳及潜水，并可以看出，印刷在该水下动力装置上的德文文字也完全与本专利图片上的文字相同。本专利相对于附件 3 不符合专利法第 23 条的规定。

(2) 附件4中也公开了与本专利相同的水底推进器,因此,本外观设计不符合专利法第23条的规定。

所提交的证据如下:

附件2:CN3361819号中国外观设计专利扉页,复印件,1页(本专利);

附件3:(2005)杭证民字第3819号公证书,共8页;

附件4:《香港经济日报》工贸片,2002年4月22日出版发行,复印件,1页。

经形式审查合格,专利复审委员会依法受理了上述无效宣告请求,并于2005年9月14日将无效宣告请求书及相关文件的副本转给专利权人,要求其在指定的期限内答复。

2006年8月29日,专利复审委员会向双方当事人发出了口头审理通知书,拟定于2006年10月9日对本案进行口头审理。

口头审理如期举行,双方当事人对对方出庭人员的身份没有异议;双方当事人对合议组成员没有回避请求。

专利权人当庭提交意见陈述书,认为:(1)附件3公开的图片的产品与本外观设计不相同也不相近似。附件3中的图片仅仅示出了产品的局部的前侧立体视图以及在水下的使用状态图,公开的内容仅仅包括了产品的头部、一部分的体部,而本产品的方向盘把手的位置与形状、后推进器的外形均未公开。后推进器的外形设计(手榴弹形,部分具有网栅,部分密封)并不与已公开的特征相对称,一般消费者不能够推知该部分外观设计的内容;并且,未被公开的部分(方向盘把手和底部推进部)构成了产品外观设计的重要部分,对产品整体视觉效果产生显著影响;并且上述部分的设计也不属于该类产品的惯常设计,因此,本专利相对于附件3符合专利法第23条的规定。(2)附件4是在香港地区形成属于域外证据,对其真实性有异议。

合议组向请求人当庭转交专利权人于口审当庭提交的书面意见,并当庭告知,请求人可以在口审之日起7日内提交书面意见,逾期视为未答复。

请求人明确其无效的理由是专利法第23条,认为本专利与附件3公开的图片相近似。

专利权人对于附件3的真实性没有异议,对附件4的真实性有异议。

在口头审理过程中,双方当事人均坚持原有主张,并充分陈述了意见。

2006年10月15日,请求人寄交了针对专利权人口头审理中当庭提交的书面意见的意见陈述书。请求人认为:附件3的图片是产品使用状态图,公开了:(1)在弹头形主体的上部有用于扶手的把手;(2)在弹头形主体的后端外是前面有网状的壳体;(3)壳体内有排水螺旋桨;(4)在弹头形主体的侧面有一个椭圆突起。附件3已公开了本专利的全部主体部位。一般消费者能直接推断出,附件3没有公开的部分与前部是相对称的结构,才能保证人体把握把手后在水中的平衡。附件3的图片未公开部分的把手和壳体在使用状态下是不会被一般消费者关注到的部位,不会对产品的整体视觉效果产生显著影响。因此,本专利相对于附件3不符合专利法第23条的规定。请求人在该意见陈述书中陈述的意见与其在口头审理中陈述的意见基本相同。

至此,合议组认为双方当事人已充分陈述了意见,本案事实已经调查清楚,可以依法作出审查决定。

二、决定的理由

1. 关于证据

附件3是(2005)杭证民字第3819号公证书,证明公证书中所附的照片3张和复印资料3页与浙江图书馆馆藏的卷号为:Bild am Sonntag 2002.7-B 的内容相符。专利权人对其真实性无异议。并且,"Bild am Sonntag 2002.7-B"的公开时间为2002年,早于本专利的申请日,因此,附件3可以作为在先设计与本专利进行相同和相近似性的比较。

附件4是《香港经济日报》工贸片的复印件，专利权人对其真实性有异议，请求人未能出示附件4的原件，合议组无法核实其真实性，因此，附件4不能作为本案定案的依据。

2. 关于专利法第23条

专利法第23条规定：授予专利权的外观设计，应当同申请日以前在国内外出版物上公开发表过或者国内公开使用过的外观设计不相同和不相近似，并不得与他人在先取得的合法权利相冲突。

审查指南第四部分第五章第5.5.1节规定：依据一般消费者的认知能力，根据在先设计图片或者照片已经公开的内容即可推定出产品其他部分或者其他变化状态的外观设计的，则该其他部分或者其他变化状态的外观设计也被视为已经公开。例如在轴对称、面对称或者中心对称的情况下，如果图片或者照片仅公开了产品外观设计的一个对称面，则其余对称面也被视为已经公开。

本专利为"水中原动装置"的外观设计专利，有6幅图（参见附图）：主视图、后视图、左视图、右视图、仰视图和俯视图。从图看出，本专利的水中原动装置主要分为3个部分：弹头形主体、方向盘把手和底部推进器。弹头形主体整体上呈弹头形，其上部分设计有一环绕主体的分隔线，在分隔线上、在主体的两侧分别设计有一个椭圆形的突起，主体表面上有文字图案；主体的下部分具有三岔形支撑件；方向盘把手整体上呈弧线形，中间宽、两边窄，中间有文字图案；底部推进器的上半部分为网格状壳体，底部有3叶排水螺旋桨。

附件3的第3张照片以及复印件的第3页显示了一使用状态的水中原动装置的前侧立体图，从图中可以看出，该水中原动装置主要分为3个部分：弹头形主体、方向盘把手和底部推进器。弹头形主体整体上呈弹头形，其上部分有一分隔线，在分隔线上、在主体的一侧有一个椭圆形的突起，主体表面上有文字图案；主体的下部分具有一岔开的支撑件；把手整体上呈弧线形；底部推进器的上半部分为网格状壳体，底部有排水螺旋桨。

通过观察附件3，合议组认为：水中原动装置是潜水员或普通游泳者在水中运用的助力装置，并可调节方向和保持平衡。根据水中原动装置的运用原理，一般消费者能够认知，附件3所显示的水中原动装置的主体装置，包括弹头形主体和底部推进器是中心对称的，从附件3显示的内容，一般消费者即可推定：（1）弹头形主体的对称部位还具有一个椭圆形突起；（2）弹头形主体的下部分为三岔或更多岔支撑件设计；（3）底部推进器具有三叶或更多叶排水螺旋桨。根据审查指南第四部分第五章第5.5.1节的规定，上述一般消费者根据附件3已经公开的内容能够推定的设计内容，视为已经公开。

将附件3公开的内容与本专利进行比较可知，两者的区别在于：附件3中没有公开本专利的方向盘把手的中间部分的设计。

合议组认为，在综合考虑水中原动装置的各种设计要素的情况下，上述方向盘把手的中间部分设计的区别仅是局部的细微变化，对整体视觉效果不足以产生显著影响，在对附件3与本专利进行整体观察、综合判断时，一般消费者会将本专利的水中原动装置与附件3公开的水中原动装置误认、混同。因此，本专利与附件3属于相近似的外观设计，不符合专利法第23条的规定。

综上所述，本专利不符合专利法第23条的规定，请求人的无效宣告请求理由成立。

三、决定

宣告03348373.6号外观设计专利权无效。

当事人对本决定不服的，可以根据专利法第46条第2款的规定，自收到本决定之日起三

个月内向北京市第一中级人民法院起诉。根据该款的规定，一方当事人起诉后，另一方当事人应当作为第三人参加诉讼。

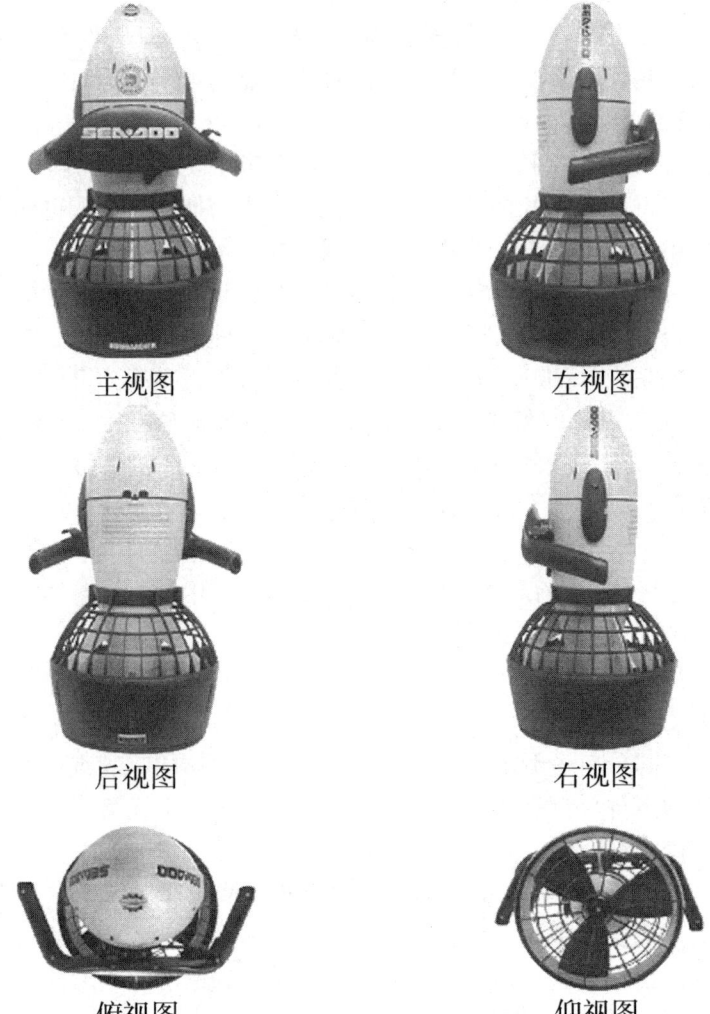

主视图	左视图
后视图	右视图
俯视图	仰视图

本专利

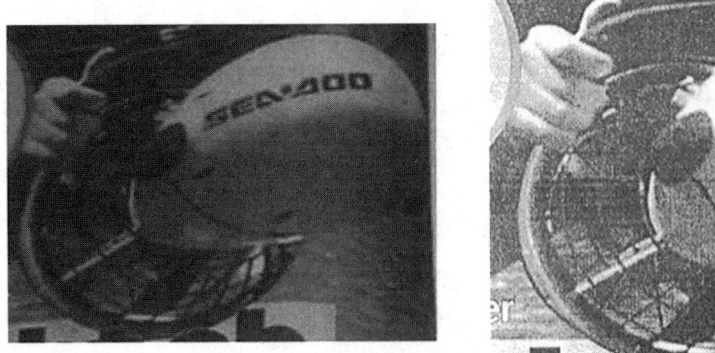

附件 3

花楼木质机

无效宣告请求审查决定（第9005号）

决 定 号	第9005号
决 定 日	2006年12月6日
发明创造名称	花楼木质机
外观设计分类号	15-06
无效宣告请求人	吴英艺
专 利 权 人	成都蜀锦川丝国际贸易有限公司
专 利 号	200430027155.1
申 请 日	2004年1月16日
授权公告日	2004年9月15日
合议组组长	李 隽
主 审 员	刘颖杰
参 审 员	张梅珍
法 律 依 据	专利法第5条、第23条，专利法实施细则第2条第3款
决 定 要 点	专利法第5条的含义是发明创造的公开、使用、制造，也即发明创造的内容如果违反了国家法律、社会公德或者妨害公共利益，则不能授予专利权，至于发明创造的取得是否合法并非该条款规定的内容。

一、案由

本无效宣告请求涉及国家知识产权局于2004年9月15日授权公告的200430027155.1号、名称为"花楼木质机"的外观设计专利（下称本专利），专利权人是成都蜀锦川丝国际贸易有限公司。

针对本专利，吴英艺（下称请求人）于2005年5月7日向专利复审委员会提出无效宣告请求，理由是本专利不符合专利法第5条、第23条和专利法实施细则第2条第3款的规定。请求人提交了如下附件：

附件1：请求人对外观设计专利"花楼木质机"无效宣告请求书的资料补充说明；

附件2为两份，其中附件2.1是蜀锦文化发展有限公司委托四川高新志远律师事务所发给请求人的律师函，附件2.2是成都市蜀锦厂与请求人签订的房屋租赁合同；

附件3：照片的复印件3张，另有文字注明该三张照片是王君平等人2001年8月和2001年11月20日在蜀锦厂展销部与艺人刘玉洲在蜀锦织机旁的合影；

附件4：成都蜀锦文化发展有限公司与请求人关于清算和终止请求人成都蜀锦厂产品展销部的协议；

附件5：2003年12月29日李和平代表成都蜀锦文化发展公司查收请求人机房手工织机收据；

附件6：照片复印件五张、盖有中国国家博物馆财务专用章的收据复印件、成都蜀锦绣艺坊的邮政业务专用收据复印件、盖有中国图片社（门市）发票专用章的发票号为2012040209070694005的发票复印件；

附件7为两份，其中附件7.1是题为"机杼声声话蜀锦"的文章的复印件，附件7.2是《蜀锦史话》一书的编后记复印件；

附件8：照片复印件六张，另有文字注明为成都蜀锦厂经营部蜀锦机两张、刘玉洲在机前操作的照片一张、贺斌1985年在波士顿献艺表演的照片一张，1984年作投梭演示的照片一张；

附件9：《蜀锦史话》第45页复印件；

附件10：《四川丝绸》2000年1、3期中题为"蜀锦传统技艺研究"的文章复印件；

附件11："相关资料链接（供参考）"三页；

附件12：请求人"关于对外观设计专利"花楼木质机"的专利权无效申请复审的报告"，其后有蒋英等人的签字；

附件13：《花楼木质机》专利文献，即本专利；

请求人主张宣告本专利无效的具体理由是：木制的手工花楼蜀锦织机是我国具有2000多年悠久历史的传统工艺蜀锦的核心技术，是祖先留下的科学技术遗产，其结构和外形早已定型，用本专利的外观图形与传统的手工花楼蜀锦织机对照，可以看出本专利是照蜀锦织机外观画的。2003年刘荣璋曾经在蜀江锦院参与和主持了蜀锦花楼织机的复制和产品设计，其就是按照蜀锦厂和厂门市展销部的花楼蜀锦织机作为样机复制的。成都蜀锦文化发展公司也曾经复制过花楼蜀锦织机，并于2003年12月29日查收了蜀锦厂和厂门市经营部请求人承租的机房和手工织锦机，以上事实通过附件1、2、6、7、10加以证明。成都蜀锦文化发展公司还借指导成都蜀锦厂改制之机，以新成立的民营的成都蜀锦文化发展公司兼并了蜀锦厂，并为了独霸蜀锦产业，还想夺得"蜀锦"的知识产权，这种手段是违反国家法律、社会公德和妨害公共利益的。

并且，在本专利申请日之前，1961年中国历史博物馆陈列展出了一台清代的花楼蜀锦织机，1978年起四川省博物馆展出了又一台花楼蜀锦织机，以上事实通过附件7、8、9、10证明。这两台织锦机与成都蜀锦厂、该厂门市展销经营部的花楼蜀锦织机相同，因而在申请日前花楼蜀锦织机早已在全国公开使用和展出。同时，在本专利申请日前蜀锦和花楼蜀锦织机的资料也多次在书刊上公开发表过，如附件9、10所公开的外观图片。

此外，本专利不是自主创新的新设计，更不适用于工业应用。它主要绘制了花楼蜀锦织机机架部分的外观，用这种外观设计不能制造生产出花楼蜀锦织机，而且这种木制的手工花楼蜀锦织机全靠手拉脚踩来操作，在五十多年前，在蜀锦厂已被现代工业生产所淘汰，现在保留下来的个别手工花楼蜀锦织机只是用来陈列、展出或向游客演示，不是现代织锦工业应当采用和发展的生产方式。

经形式审查合格，专利复审委员会受理了上述无效宣告请求，并于2005年5月30日向请求人与专利权人发出无效宣告请求受理通知书，同时将请求人提交的无效宣告请求书及其所附附件的副本转给专利权人，要求其在指定期限内答复。

专利权人于2005年7月8日提交了意见陈述书，对请求人的意见加以反驳。专利权人认为：附件9的文字写道"北京中国历史博物馆和四川省博物馆分别陈列第一台清代四川的木质蜀锦机，都是嘉庆、道光年间成都机房制作的。它的基本结构和《天工开物》上明代花机的形制大体相似，但部件不尽相同。"可见上述织机并非外观都相同,因而请求人所述的木质、手工操作花楼蜀锦织机早已定型的观点不能成立。另外,请求人只是提供了几幅所谓在先设计的照片,这些照片与本专利附图的视角都不相同,即使这些照片被证实是从在先设计拍摄而来的,也无法与本专利相比较,如果勉强要比较,则显然是大不相同。

对于请求人的证据,专利权人认为:附件1、2、3、4、5与本案无关,附件6有5张照片,但是这5张照片复印件和另外三张收据、发票复印件并不能形成证据链来证明这五张照片是中国国家博物馆收藏品的照片,并且是1961年展出的清代花楼蜀锦织机的照片,同时这5张照片中没有与本专利相同视角的主视图、后视图、左视图、右视图、俯视图和仰视图,无法与本专利相应视图相比较,因而谈不上相同或相似。至于附件7~12,附件7是复印件不能作为证据;附件8中的照片复印件不能确定日期,也不能确定照片中的机械为何物,即使附件8中的机械能证实是附件7提到的省博物馆复原的一台清代蜀锦机,也无法与本专利相比较;附件9图10中的蜀锦织机也无法与本专利相比较,两者没有可供比较的相应视图。附件10与本案无关,附件11,12中的相关资料不是与本案无关,就是没有证据效力。

专利复审委员会依法组成合议组,对本案进行审理。合议组于2006年8月22日向请求人和专利权人发出无效宣告请求口头审理通知书,告知双方当事人本案合议组定于2006年10月18日对本案进行口头审理,同时将专利权人于2005年7月8日提交的意见陈述转给请求人。

口头审理如期举行,请求人委托王君平作为公民代理出席了口头审理,并有证人施喻出庭作证;专利权人委托专利代理人冯忠亮出席口头审理。请求人明确无效宣告请求的理由是专利法第5条、第23条,专利法实施细则第2条第3款,具体理由同提出无效宣告请求时的意见陈述及附件1、12、13所述内容相同。

请求人当庭提交了附件2的律师函原件、附件3王君平等与刘玉洲合影照片的原件3张、附件6中国历史博物馆花楼蜀锦织机的照片原件5张、附件7及附件9的《蜀锦史话》的原件、附件8刘玉洲、贺斌织锦的照片原件5张,附件10《蜀锦传统技艺研究》的《四川丝绸》2000年1-3期的原件,附件12的原件。经质证,专利权人对请求人提供的原件与复印件一致表示认可,并对原件的真实性表示认可,但对照片内容的真实性有异议,并认为照片的拍摄时间无法确定。专利权人对请求人未提交原件的其他证据的真实性均不予认可。

请求人一方的证人施喻到庭欲证明的事实是蜀锦厂50年代用木质机后被机械化织机代替,1978年蜀锦厂帮助四川博物馆馆藏织机恢复一台清代织机,80年代仿制的3台织机与北京、四川博物馆馆藏的织机相同。专利权人对证人提供的证言不予认可。

请求人认为本专利的仰视图与俯视图完全相同,显然不符合事实;且本专利右视图与左视图相矛盾。双方还对本专利是否符合专利法第5条、第23条,专利法实施细则第2条第3款的规定发表了意见。

至此,合议组经过合议,认为案件事实已经清楚,可以作出审查决定。

二、决定的理由

1. 关于证据

请求人在提出无效宣告请求时共提交了附件1~13,其中附件1、附件12的内容是请求人

无效宣告请求的具体意见,在其中提到了一些证明人,请求人主张这些证明人可以证明本专利是仿照蜀锦厂使用多年的花楼蜀锦织机绘制的;上述证明人中仅有施喻出席口头审理并作证,因而附件1中仅有涉及到该证人的证言可以在本案中作为证据。

请求人提交了附件2.1的原件,专利权人对其真实性表示认可,因而附件2.1可以作为本案

证据。

请求人未能提交附件2.2的原件，专利权人对其真实性不予认可，在无其他证据佐证的情况下，该证据真实性得不到确认，不能作为本案的证据。

请求人提交了附件3的照片原件和附件8中5张照片的原件，专利权人对上述照片的真实性表示认可，但对照片内容真实性有异议。合议组认为，该照片的真实性可以得到确认，但是其反映的内容，也即附件3、附件8中文字叙述的内容，由于无法得到证实，其真实性不能得到确认，且照片的拍摄时间也无法确定，因而附件3、附件8在本案中不能作为证据使用。对于附件8中未提供原件的照片复印件，由于真实性无法得到确认，亦不能作为本案的证据。

请求人未能提交附件4、5的原件，专利权人对其真实性不予认可，在无其他证据佐证的情况下，该证据真实性得不到确认，不能作为本案的证据。

请求人当庭提交了附件6的照片原件，其中一张照片背面写有"中国历史博物馆馆藏并于1961年起公开对外展示的四川成都机房制作的清代花楼蜀锦织机照片"；同时还提交了盖有中国国家博物馆财务专用章的收据原件，其内容是收到成都蜀锦绣艺坊的文物照片资料费100元。请求人在口头审理时还提交了两个印有"中国历史博物馆"的信封，其收信人分别是"成都蜀锦绣艺坊王君平"和"王君平"，和一张中国邮政汇款收据，其汇款人是王君平，收款人是国家博物馆图片资料室的杨振玉，另有中国历史博物馆冲印照片登记表一张。该信封、收据和登记表请求人在提出无效宣告请求时并未提交，但上述证据欲证明的事实是上述照片是从中国历史博物馆获得的，其内容是中国历史博物馆馆藏清代花楼蜀锦织机，该事实在请求人提出无效宣告请求时已经提及，根据2006年7月1日施行的审查指南的过渡办法及2001年10月18日公布的审查指南的规定，上述增加的证据不属于新证据。对于上述证据欲证明的事实，合议组认为，上述证据可以证实国家博物馆曾向王君平提供过文物照片，但根据现有的证据尚不能证实国家博物馆提供的照片就是附件6所涉及的照片，另外也无法证实附件6的照片就是国家博物馆馆藏的清代花楼蜀锦织机并且该织机于1961年就已经对外展示这一事实，因此附件6及请求人当庭提交的证据并不能证实请求人所主张的事实。

附件7.1是题为"机杼声声话蜀锦"的文章的复印件，请求人主张该文章发表于1979年1月19日的《四川日报》，但并没有提供原件，专利权人其真实性不予认可，由于真实性无法得到确认，因而附件7.1不能作为本案的证据。

附件7.2是《蜀锦史话》一书的编后记复印件，附件9是《蜀锦史话》第45页复印件，请求人提交了《蜀锦史话》一书的原本，专利权人对附件7.2和附件9的真实性表示认可，该两份证据可以作为本案的证据。

请求人提交了附件10的原件，专利权人对其真实性表示认可，其可以作为本案的证据。

附件11是请求人提供的供参考的相关资料，其内容的真实性并没有证据加以证实，因而不作为本案的证据。

2. 关于专利法第5条

专利法第5条规定，对违反国家法律、社会公德或者妨害公共利益的发明创造，不授予专利权。

请求人认为本专利是成都蜀锦文化发展公司按照蜀锦厂和厂门市展销部的花楼蜀锦织机作为样机复制的，是为了独霸蜀锦产业，想夺得"蜀锦"的知识产权，这种手段是违反国家法律、社会公德和妨害公共利益的。

然而，专利法第5条的含义是发明创造的公开、使用、制造，也即发明创造的内容违反了国家法律、社会公德或者妨害了公共利益，则不授予专利权，至于该发明创造的取得是否合法，并不是该条款规定的内容。同时，请求人支持该无效请求的证据中，都仅仅涉及成都蜀锦文化发展有限公司，而没有涉及到专利权人，也没有证据表明专利权人与成都蜀锦文化发展有限公司之间的关系，因而请求人的认为本专利不符合专利法第5条规定的上述主张不能成立。

3. 专利法实施细则第2条第3款

专利法实施细则第2条第3款规定，专利法所称外观设计，是指对产品的形状、图案或者其结合以及色彩与形状、图案的结合所作出的富有美感并适于工业应用的新设计。

请求人认为本专利不是自主创新的新设计，更不适用于工业应用。这种木制的手工花楼蜀锦织机已被现代工业生产所淘汰，现在保留下来的个别手工花楼蜀锦织机只是用来陈列、展出或向游客演示，不是现代织锦工业应当采用和发展的生产方式。

专利法实施细则第2条第3款规定的适用于工业应用，是指外观设计能应用于产业并形成批量生产，而本专利是满足这一条件的。对于请求人认为本专利不适用于工业应用的主张，其并没有提供足够的证据加以证明其观点，除了其意见陈述之外，只有证人在口头审理时作出的证言，证明蜀锦厂50年代用木质机后被机械化织机代替。随着工业技术的进步，新的产品必然会代替旧的产品，但仅凭这一点并不能说明旧的产品不能应用于产业，即使在现代社会木质机已经不能适应现代工业的需要，但并不能否定其外观设计可以作为专利法保护的对象，请求人的上述主张不能成立。

同时，该条款是对可获得专利保护的外观设计的一般性定义，对于要求保护的外观设计是否满足"新设计"的一般性要求，通常仅需根据申请文件的内容及一般消费者的常识进行判断，参照上述标准，本专利符合专利法实施细则第2条第3款的规定。

请求人在口头审理时提出本专利的仰视图与俯视图完全相同，显然不符合事实，且本专利右视图与左视图相矛盾。合议组经审查认为，本专利俯视图与仰视图并不相同，存在多处不同之处；而请求人并未具体说明右视图与左视图相矛盾的具体之处，因此合议组对请求人的上述主张不予支持。

4. 专利法第23条

专利法第23条规定，授予专利权的外观设计，应当同申请日以前在国内外出版物上公开发表过或者国内公开使用过的外观设计不相同和不相近似，并不得与他人在先取得合法权利相冲突。

请求人认为本专利不符合专利法23条的规定的理由有二，其一是在本专利申请日之前，1961年中国历史博物馆陈列展出了一台清代的花楼蜀锦织机，1978年起四川省博物馆展出了又一台花楼蜀锦织机，以上事实通过附件6、7、8、9、10证明。这两台织锦机与成都蜀锦厂、厂门市展销经营部的花楼蜀锦织机相同，因而在申请日前花楼蜀锦织机早已在全国公开使用和展出。其二是在本专利申请日前蜀锦和花楼蜀锦织机的资料也多次在书刊上公开发表过，如附件9、10所公开的外观图片。

对于上述理由一，如上所述，附件6不能支持请求人的主张；附件7.1、附件8的真实性无法确认不能作为本案证据；有效证据仅有附件7.2、附件9、附件10。

附件7.2、附件9为《蜀锦史话》中的内容，《蜀锦史话》编写于1978年，公开时间在本专利的申请日之前。其中附件7.2是该书的编后记，其中记载了如下内容："省博物馆在《史话》编写组的协助下，组织蜀锦老艺人复原了一台清代蜀锦机"，附件9刊登了一副图，文字说明为"图十（清）蜀锦织机"，并且有文字记载："现在，北京中国历史博物馆和四川省博物馆分别陈列着一台清代四川的木质蜀锦机，都是嘉庆、通光年间成都机房制作的（见图十）"。附件10是《四川丝绸》2000年第1期和第3期上连载刊登的文章"蜀锦传统技艺研究"，其中第3期刊登的文章"蜀锦传统技艺研究（3）"的第13页有两幅图，一幅图的文字说明为"图十三 中国历史博物馆陈列展出的大花楼蜀锦织机"，另一幅图的文字说明为"图十四 四川省博物馆陈列展出的花楼蜀锦织机"，该文章第14页还有一幅图，其文字说明为"织工在花楼蜀锦上操作的情形"。经合议组查证，请求人提交的《四川丝绸》第3期中的"蜀锦传统技艺研究"的第13页中的两幅图与附件10中第13页的两幅图相同,但是其文字说明分别是"图十三 带花楼蜀锦机工艺图"和"图十四 中国历史博物馆陈列展出的大花楼蜀锦织机",其与附件10中相应的照片的文字说明内容不符。

附件9可以证实在本专利申请日之前,中国历史博物馆与四川省博物馆都陈列过清代四川的木质蜀锦机,且有该蜀锦织机的图片;附件10第13页的图片与原件一致,但文字说明内容与原件不符,应当以原件为准,因而其可以表明在本专利申请日之前中国历史博物馆陈列展出过花楼蜀锦织机,且其外观如图十四所示。但附件9、附件10中的所有图片均只是从一个角度展示了蜀锦机的外观,并且图片内容比较模糊,仅反映了蜀锦机的大致外观,无法清晰的反映蜀锦机的具体结构,而本专利的外观设计结构比较复杂,将附件9、附件10公开的图片与本专利相比较,由于无法进行整体观察、综合比较,因而不能得出两者相同或相近似的结论,在请求人于本案中提出的证据尚不充分的情况下,仅凭上述证据尚不足以证明附件9中的木质蜀锦机和附件10中的花楼蜀锦织机与本专利是相同或相近似的,

请求人认为本专利不满足专利法第23条规定的理由之二是本专利在申请日之前已在书刊资料上公开发表,证据是附件9、附件10。如上所述,附件9、附件10也不足以支持请求人这一主张。

综上所述,本专利满足专利法第23条的规定。

三、决定

维持200430027155.1号外观设计专利权有效。

一方当事人对本决定不服的,可以根据专利法第46条第2款的规定,在收到本决定之日起三个月内向北京市第一中级人民法院起诉。根据该款规定,一方当事人起诉后,另一方当事人应当作为第三人参加诉讼。

润滑油桶（双面加强筋）

无效宣告请求审查决定（第 9010 号）

决 定 号	第 9010 号
决 定 日	2006 年 12 月 11 日
发明创造名称	润滑油桶（双面加强筋）
外观设计分类	09-02
无效宣告请求人	北京帝王高级润滑油有限公司
专 利 权 人	王海祥
专 利 号	200530096319.0
申 请 日	2005 年 1 月 5 日
授权公告日	2005 年 8 月 24 日
合议组组长	刘颖杰
主 审 员	张 曦
参 审 员	彭 燕
附 图	2 页
法 律 依 据	专利法第 23 条
决 定 要 点	

如果通过整体观察，两项外观设计存在差别，二者的差别对于产品外观设计的整体视觉效果具有显著影响，则这两项外观设计不相近似。

一、案由

本无效宣告请求涉及国家知识产权局于 2005 年 8 月 24 日授权公告的名称为"润滑油桶（双面加强筋）"的 200530096319.0 号外观设计专利权（下称本专利），其申请日是 2005 年 1 月 5 日，专利权人是王海祥。

针对上述专利权，北京帝王高级润滑油有限公司（下称请求人）于 2005 年 8 月 31 日向专利复审委员会提出无效宣告请求，其理由是本外观设计专利不符合专利法第 23 条的规定，并提交了如下证据：

证据 1：授权公告号为 CN3152939D 的中国外观设计专利公报，其授权公告日为 2000 年 7 月 5 日。

结合证据 1，请求人认为，本外观设计专利的润滑油桶与证据 1 公开的塑桶相比，产品相同，均为盛放液体用的塑料包装桶，并且整体构思及造型近似；而且认为，不同产品的包装设计应当有较大差异并足以体现产品品牌的不同，在两个同类产品中，产品的包装设计之间的明显差异对于避免引起消费者误认误购尤为重要。因此认为本专利的外观设计与证据1的对比外观设计构成相近似的外观设计，不符合专利法第23条的规定。

经形式审查合格后，专利复审委员会于2005年11月2日受理了上述无效宣告请求，向双方当事人发出了《无效宣告请求受理通知书》，并将无效宣告请求书及附件清单中所列附件副本转送给专利权人，要求其在指定期限内答复。

专利权人未在指定期限内答复。

2006年8月9日，合议组向双方当事人发出口头审理通知书，指出本案定于2006年9月27日举行口头审理，请求人提交了口审回执，表示参加口头审理，专利权人未提交口审回执。

口头审理如期举行，双方均未出席口头审理。

在上述事实的基础上，合议组经合议依法作出审查决定。

二、决定的理由

1. 关于证据

证据1是公开日早于本专利申请日的中国外观设计专利，专利权人未对其真实性提出异议。经审查，合议组认为该证据可以作为本案证据使用，并且其图片内容可以作为在先客体用来判断与本专利外观设计是否相近似。

2. 关于专利法第23条

专利法第23条规定，授予专利权的外观设计，应当同申请日以前在国内外出版物上公开发表过或者国内公开使用过的外观设计不相同和不相近似，并不得与他人在先取得的合法权利相冲突。

如果通过整体观察，两项外观设计存在差别，二者的差别对于产品外观设计的整体视觉效果具有显著影响，则这两项外观设计不相近似。

请求人在其无效宣告请求书中主张本专利的外观设计相对于证据1不符合专利法第23条的规定。

将本专利的"润滑油桶（双面加强筋）"与证据1的"塑桶（2）"进行比较，如下：

本专利的"润滑油桶（双面加强筋）"，从其各个视图看，该油桶包括桶体和桶盖两部分，桶体包括桶身和提手。从主视图看，桶体左侧边缘为弧度较小的弧形，桶体右侧是提手，提手与桶身之间有一条弧度大于桶体左侧边缘弧形的弧形过渡线，桶身上具有斧形凹槽轮廓线，提手右边缘为下端延伸到桶体底部、上端延伸到与桶盖平齐的外凸弧形，提手的长圆孔开设在提手的中上部，桶体与提手之间平滑过渡，桶盖位于桶身顶部，桶盖与提手上端之间分开，并呈近似V形轮廓；从右视图看，桶体部分的轮廓近似下宽上窄的梯形，并且在上部有明显收缩，顶部为一柱形；从其俯视图看，整体外形轮廓近似长方形与三角形组合的形状，左侧为圆形桶盖，右侧为近似长方形的提手，二者之间存在间隔，不相互连接（详见附图"本专利"）。

证据1所表示的"塑桶（2）"，从其各个视图看，该塑桶包括桶体和桶盖两部分，桶体包括桶身和提手。从主视图看，桶体左侧边缘为弧度较小的弧形，桶体右侧是提手，提手与桶身之间有一条弧度大于桶体左侧边缘弧形的弧形过渡线，提手右边缘为下端延伸到桶体底部的外凸弧形，提手的长圆孔开设在提手的中上部，桶盖位于桶身顶部，桶身上部向右上方延伸并且将提手上端与桶盖分隔开，桶身上部向右上方延伸的部分与桶盖和提手上端之间分别具有明显的分界线，桶盖的左侧边缘是桶体左侧边缘弧形的延伸，二者之间平滑过渡，桶盖右端与桶身向右上方延伸的部分直接相接；从其右视图看，桶体部分的轮廓近似下宽上窄的梯形，从底部到顶部呈弧形平滑过渡，提手上端与桶身之间具有倒V形分界线；从其俯视图看，整体外形轮廓近似长方形与三角形组合的形状，左侧的桶盖具有开口向右的U形轮廓，并且开口端渐缩，桶盖与桶身相接并在二者之间具有近似弧形的细槽，桶盖的开口渐缩U形轮廓与桶身上部的轮廓之间平滑过渡,并共同构成平放水滴形轮廓,桶身与右侧近似长方形的提手之间具有分界线(详见附图"证据1")。

根据以上描述和附图可见,本专利的"润滑油桶(双面加强筋)"与证据1的"塑桶(2)"外观设计的相同点包括:整体均包括桶体和桶盖两部分,桶体包括桶身和提手,从主视图看,桶体左侧边缘为弧度较小的弧形,桶体右侧是提手,提手与桶身之间有一条弧度大于桶体左侧边缘弧形的弧形过渡线,提手右边缘为下端延伸到桶体底部的外凸弧形,提手的长圆孔开设在提手的中上部,桶盖位于桶身顶部;从右视图看,桶体部分的轮廓近似下宽上窄的梯形;从俯视图看,整体外形轮廓近似长方形与三角形组合的形状。

两者的不同点在于:从主视图看,证据1的桶身上部向右上方延伸,并且将提手上端与桶盖分隔开,桶身上部向右上方延伸的部分与桶盖和提手上端之间分别具有明显的分界线,桶盖的左侧边缘是桶体左侧边缘弧形的延伸,二者之间平滑过渡,桶体上不存在斧形凹槽轮廓线,而本专利的桶盖与提手上端分开,二者之间存在明显的间隔,桶盖相对独立,提手直接延伸到桶的顶部,桶身上部不存在向右上方延伸的部分,本专利与证据1的提手开孔虽均近似为长圆形,但证据1的开孔长边两侧均呈外凸形状且开孔面积占桶整体面积的比例较大,而本专利的开孔长边靠外一侧外凸,朝桶身一侧内凹,且开孔面积占桶整体面积的比例较小;从右视图看,证据1的外观设计从桶体底部到桶盖呈弧形平滑过渡,不存在本专利右视图所示的桶体上部的明显收缩以及顶部呈柱形的形状;从俯视图看,证据1的桶盖具有开口向右的U形轮廓,并且开口端渐缩,桶盖与桶身相接并在二者之间具有弧形细槽,桶盖的开口渐缩U形轮廓与桶身上部的轮廓之间平滑过渡,并共同构成平放水滴形轮廓,桶身与提手之间具有分界线,与本专利俯视图所示的相互分离的圆形桶盖和长方形提手的外形轮廓不同。

因此,从整体上观察,证据1的塑桶外边缘构成了近似平滑的封闭外形轮廓,桶盖与桶体相接,并平滑过渡,桶身上部向右上方延伸的部分介于提手与桶盖之间,并与二者之间均具有分界线,使得证据1的塑桶整体视觉效果是整体感更强。而本专利的润滑油桶由于其桶盖的设计,使其外边缘不能构成近似平滑的封闭外形轮廓,而且在桶体上存在占桶体较大比例的斧形凹槽,桶身不存在向右上方延伸的部分,提手向上直接延伸到与桶盖平齐的位置,使得本专利的润滑油桶整体视觉效果是轮廓线更为复杂。通过整体观察,本专利外观设计与证据1外观设计的差别对于产品外观设计的整体视觉效果产生了显著的影响,因此,本专利中的"润滑油桶(双面加强筋)"和证据1所示"塑桶(1)"外观设计不相近似,二者属于不相近似的外观设计,也不会造成一般消费者的误认、混同。

综上所述,本专利符合专利法第23条的规定。

三、决定

维持200530096319.0号外观设计专利权有效。

当事人对本决定不服的,可以根据专利法第46条第2款的规定,自收到本决定之日起三个月内向北京市第一中级人民法院起诉。根据该款的规定,一方当事人起诉后,另一方当事人应当作为第三人参加诉讼。

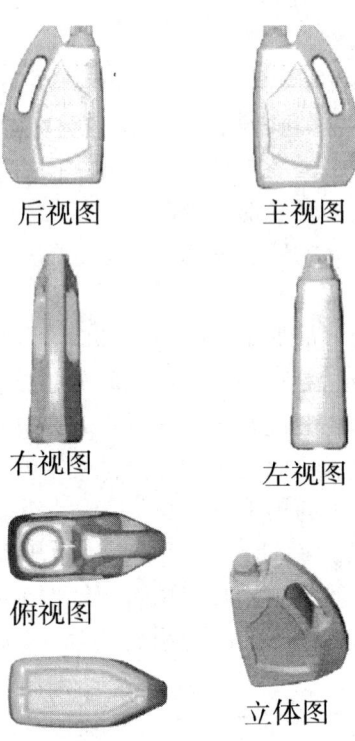

后视图　主视图

右视图　左视图

俯视图

仰视图　立体图

本专利

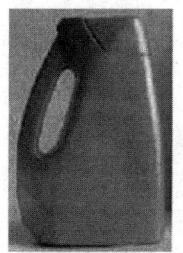
后视图

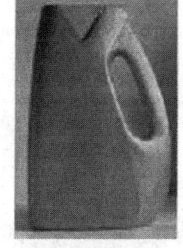
主视图

右视图

左视图

仰视图

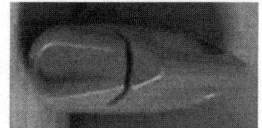
俯视图

证据1

浴室取暖器（A716A）

无效宣告请求审查决定（第 9014 号）

决 定 号	第 9014 号
决 定 日	2006 年 12 月 13 日
外观设计名称	浴室取暖器（A716A）
外观设计分类	23-03
无效宣告请求人	北京拓能科技发展有限公司
专 利 权 人	杭州奥普电器有限公司
申 请 号	02315304.0
申 请 日	2002 年 6 月 11 日
授 权 公 告 日	2003 年 1 月 8 日
合议组组长	耿 博
主 审 员	郭健国
参 审 员	隋 璐
附 图	4 页

法 律 依 据 专利法第 23 条，专利法实施细则第 13 条第 1 款
决 定 要 点
在正常使用状态下，容易看到的部位较看不到的部位通常对整体视觉效果更具有显著的影响。

一、案由

本无效宣告请求涉及国家知识产权局于 2003 年 1 月 8 日授权公告的第 02315304.0 号外观设计专利，其产品名称为"浴室取暖器（A716A）"，申请日为 2002 年 6 月 11 日，专利权人为杭州奥普电器有限公司。

针对上述外观设计专利（下称本专利），北京拓能科技发展有限公司（下称请求人）于 2004 年 8 月 19 日向专利复审委员会提出无效宣告请求，请求人提交了下列证据：

证据 1：请求人声称其与余姚市城区中导卫厨电器厂签订的《拓能浴霸定牌生产合同》复印件 5 页；

证据 2：余姚市城区中导卫厨电器厂发货清单复印件 3 页；

证据 3：第 00853031 号宁波增值税专用发票及其附件复印件共 2 页；

证据 4：编号分别为 1057036、1057033、1057035、1057184、1057038 的北京市商业银行电汇凭证复印件 5 页；

证据5：表明收款人为请求人、编号是0103885和0103889的收据复印件2页；

证据6：第00321836.8号中国外观设计专利公报，其申请日为2000年4月28日，授权公告日为2001年1月24日；

证据7：第00322014.1号中国外观设计专利公报，其申请日为2000年5月9日，授权公告日为2001年1月24日；

证据8：第98312892.8号中国外观设计专利公报，其申请日为1998年8月4日，授权公告日为1999年3月31日；

证据9：第01356957.0号中国外观设计专利公报，其申请日为2001年11月21日，授权公告日为2002年6月12日；

证据10：第01356958.9号中国外观设计专利公报，其申请日为2001年11月21日，授权公告日为2002年6月12日；

证据11：第02315303.2号中国外观设计专利公报，其申请日为2002年6月11日，授权公告日为2002年12月18日；

请求人根据证据1~5认为，"拓能浴霸"（型号TNSF-6601A雅致型）产品是请求人于2002年1月2日向余姚市城区中导卫厨电器厂订购，并已经对外公开销售，本专利不符合专利法第23条的规定。另外请求人主张本专利与证据6~8的外观设计构成相近似，不符合专利法第23条的规定；以证据9~11证明本专利授权不符合专利法实施细则第13条的规定。

经形式审查合格，专利复审委员会于2004年8月20日受理了上述无效请求，并同日将宣告专利权无效请求书及其他有关文件副本转送给专利权人，要求其在指定的期限内答复。

2004年9月8日，原专利权人方胜康寄交了意见陈述书，认为证据1~5中除电汇凭证外，均可以事后制作或伪造。此外这些书证并未反映其中涉及产品的具体外观形状，不能证明本专利不符合专利法第23条的规定；证据6~11与本专利不相同也不相近似。

2004年10月26日，原专利权人方胜康提交了将专利权人变更为杭州奥普电器有限公司的变更协议，该协议为经公证的复印件。

请求人于2004年9月20日提交了如下补充证据：

证据12：请求人声称为用户辛殿红出具的《证明》及相关照片复印件共4页；

证据13：请求人声称为用户魏秀春出具的《证明》及相关照片复印件共4页。

2006年10月17日，专利复审委员会向双方当事人发出了口头审理通知书，定于2006年11月21日进行口头审理，并将原专利权人2004年9月8日寄交的意见陈述书及请求人于2004年9月20日补充提交的证据副本随口头审理通知书一起转送给对方。

请求人寄交了口头审理回执，表示参加口头审理。

口头审理如期举行。双方当事人均出席口头审理，并表示对对方出席口头审理人员的身份和资格没有异议，亦对变更后的合议组成员没有回避请求；请求人出示了证据3、4、12、13的原件及证据5的存根联原件，但未出示证据1、2的原件；专利权人认可证据4、6~11的真实性；因请求人未在口审回执中声明有证人出席作证，合议组当庭告知请求人不再允许证人出庭作证。

在上述工作的基础上，合议组认为本案事实已经清楚，可作出如下审查决定。

二、决定的理由

1. 关于证据

请求人未出示证据1、2的原件，专利权人对其真实性不予认可，合议组无法确认这二份证据的真实性，故其不能作为有效证据使用。

请求人出示了证据5的存根联原件，但请求人提出无效请求时提交的是第三联记帐联的复印件，专利权人对其真实性不予认可。合议组认为，证据的真实性要通过其形成、来源及复制件与原件是否相符等方面来考察，本案中的证据5因原件与复制件不一致，请求人亦未对为何不一致作出合理的解释，因此证据5的真实性不能予以确认。

因请求人未在口审回执中声明有证人出席作证，合议组根据审查指南第四部分第四章的规定，当庭告知请求人不再允许证人出庭作证，故而证据12、13的真实性无法核实，合议组对证据12、13不予考虑。

综上，请求人所提交的用于证明使用公开的证据仅有证据3、4的真实性能够确认，该证据能够证明请求人向余姚市城区中导卫厨电器厂缴纳税款及汇出货款，但未反映何种货物及货物的外观等信息，即不能证明请求人所主张的型号TNSF-6601A雅致型产品已经生产并销售，因此请求人认为与本专利同样的外观设计已经使用公开的主张不能成立。

证据6~11为专利文献，专利权人对其真实性没有异议，经核实，合议组对其真实性予以确认。证据6~8的公开日早于本专利的申请日，可以作为在先设计与本专利进行相同或相近似比较；证据9、10的申请日早于本专利的申请日，但公开日晚于本专利的申请日，证据11的申请日与本专利相同，证据9~11可与本专利进行比较以确定本专利是否符合专利法实施细则第13条第1款的规定。

2. 相近似比较

专利法第23条规定：授予专利权的外观设计，应当同申请日以前在国内外出版物上公开发表过或者国内公开使用过的外观设计不相同和不相近似，并不得与他人在先取得的合法权利相冲突。

专利法实施细则第13条规定：同样的发明创造只能被授予一项专利。

根据审查指南第四部分第五章第4节判断原则部分中规定：使用时容易看到的部位相对于不容易看到或者看不到部位的设计变化，通常对整体视觉效果更具有显著的影响。而本专利在正常使用状态下，浴室取暖器正面即本专利的主视图都是容易看到的部位，侧面、底面和背面等这些部位都陷入到天花板中，而不能看到，除正面以外的其他视图是不会为一般消费者关注的部位，在先设计（证据6~11）中不被关注部位的变化也不会对产品的整体视觉效果产生显著的影响。

本专利为浴室取暖器，从主视图看出正面呈长方形，中心为照明灯，在照明灯的周围沿纵横均匀布有4个取暖灯，在靠近相对边框部分有一对类似"()"的弧线。从后、仰、俯、右、左视图中可以看出有电机罩和出风口等部件（具体详见本专利附图）。

证据6~11亦为浴室取暖器或称为多功能浴室取暖扇，用于浴室取暖，与本专利用途相同，属于相同类别的产品，能够与本专利进行相同或相近似比较。

证据6的正面呈正方形，中心为照明灯，在照明灯的周围沿纵横均匀布有4个取暖灯，四角为圆弧过渡，通过其他视图可以看出镂空的电机罩等部件（具体详见证据6附图）。

证据7的正面呈正方形，中心为照明灯，在照明灯的周围沿纵横均匀布有4个取暖灯，四角为圆弧过渡，通过其他视图可以看出电机罩和出风口等部件（具体详见证据7附图）。

证据8的正面呈正方形，中心为照明灯，在照明灯的周围沿纵横均匀布有4个取暖灯，四角为圆弧过渡，在取暖灯和边框之间有一正方形装饰线，通过其他视图可以看出电机罩和出风口等部件（具体详见证据8附图）。

证据9的正面为长方形，中心为照明灯，在照明灯的周围沿纵横均匀布有4个取暖灯，靠近短边有一曲线，沿纵向穿越照明灯有一棱型装饰条，通过其他视图可以看出电机罩和出风口等部件（具体详见证据9附图）。

证据10的正面为正方形，中心为照明灯，在照明灯的周围沿纵横均匀布有4个取暖灯，在取暖灯和边框之间有一正方形装饰线，通过其他视图可以看出电机罩和出风口等部件（具体详见证据10附图）。

证据11的正面为长方形，中心为照明灯，在照明灯的周围沿纵横均匀布有4个取暖灯，靠近短边有一曲线，该曲线中心距短边较远，两侧则靠近短边并呈轴对称布置，两曲线之间有均匀分布的装饰直线条，通过其他视图可以看出电机罩和出风口等部件（具体详见证据11附图）。

经比较可知，从本专利主视图靠近相对边框部分有一对类似"（）"的弧线等能够引起显著视觉影响的设计均未在证据6~11中揭示，这种设计足以让一般消费者产生显著的视觉影响，因此，在本专利分别与证据6~11相比均为不相近似的外观设计，也不属于同样的发明创造，本专利符合专利法第23条及专利法实施细则第13条的规定。

三、决定

根据专利法第23条及专利法实施细则第13条，维持第02315304.0号外观设计专利权有效。

当事人对本决定不服的，可以根据专利法第46条第2款的规定，自收到本决定之日起三个月内向北京市第一中级人民法院起诉。根据该款的规定，一方当事人起诉后，另一方当事人应当作为第三人参加诉讼。

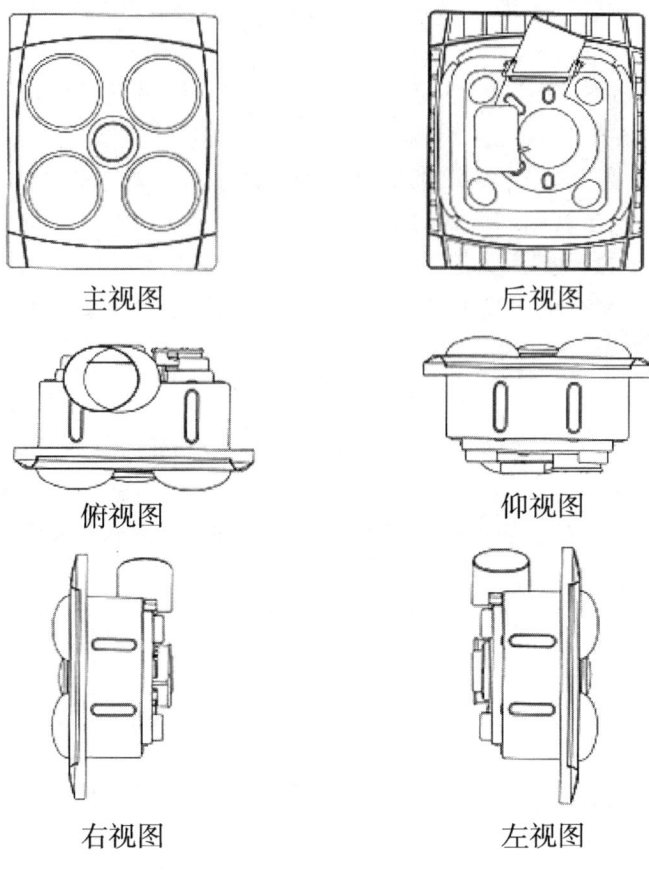

本专利附图

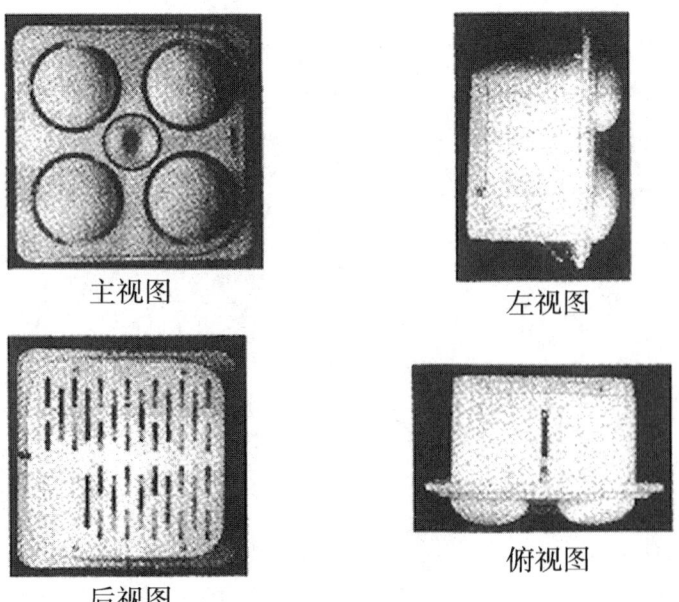

证据6

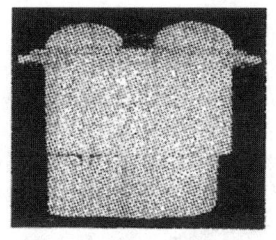 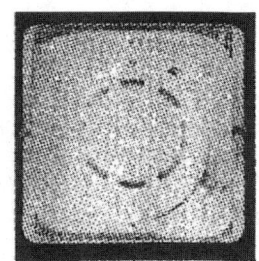 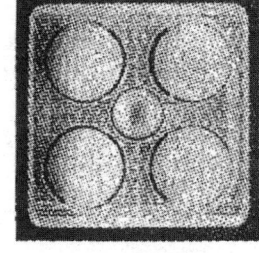

仰视图　　　　　　　　后视图　　　　　　　　主视图

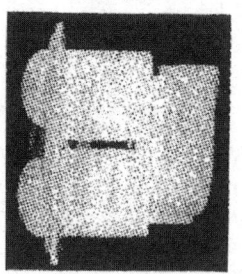  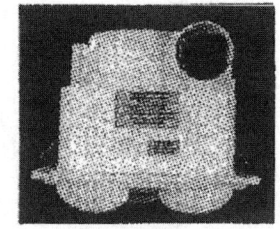

右视图　　　　　　　　左视图　　　　　　　　俯视图

证据 7

 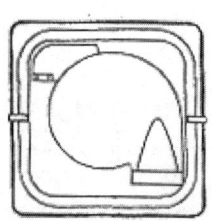

仰视图　　　　　　　　俯视图

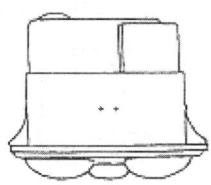 

后视图　　　　　　　　右视图

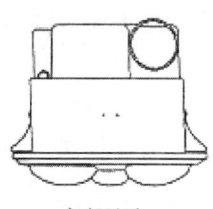 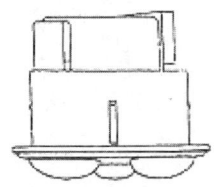 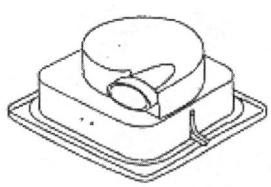

主视图　　　　　　　　左视图　　　　　　　　立体图

证据 8

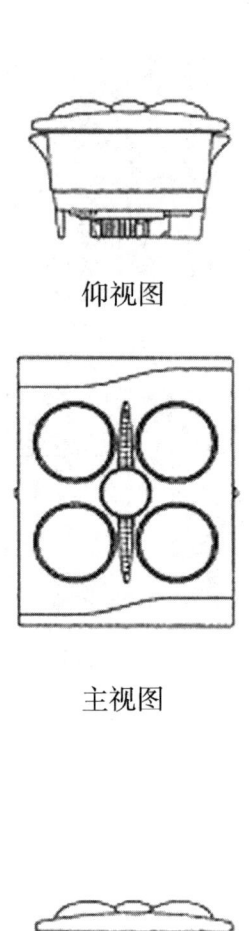
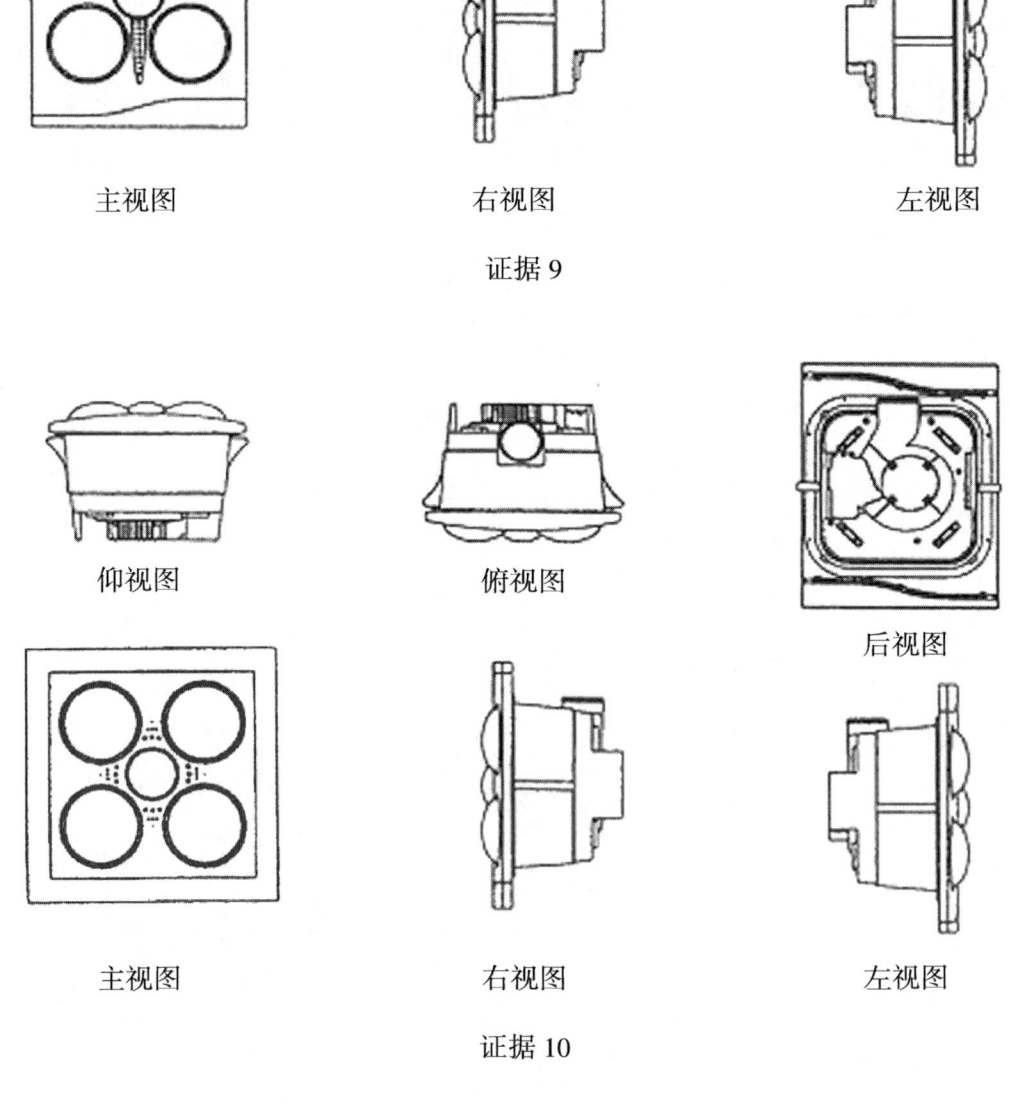

证据 9

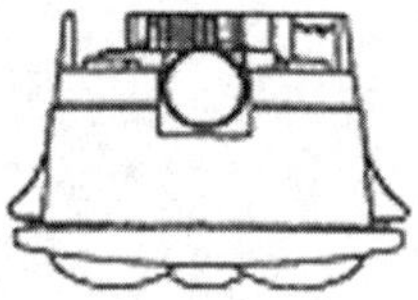

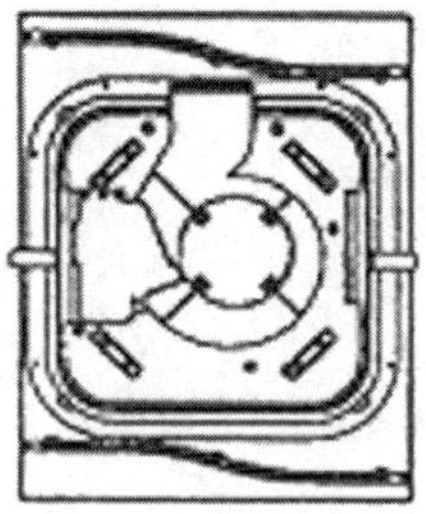

证据 10

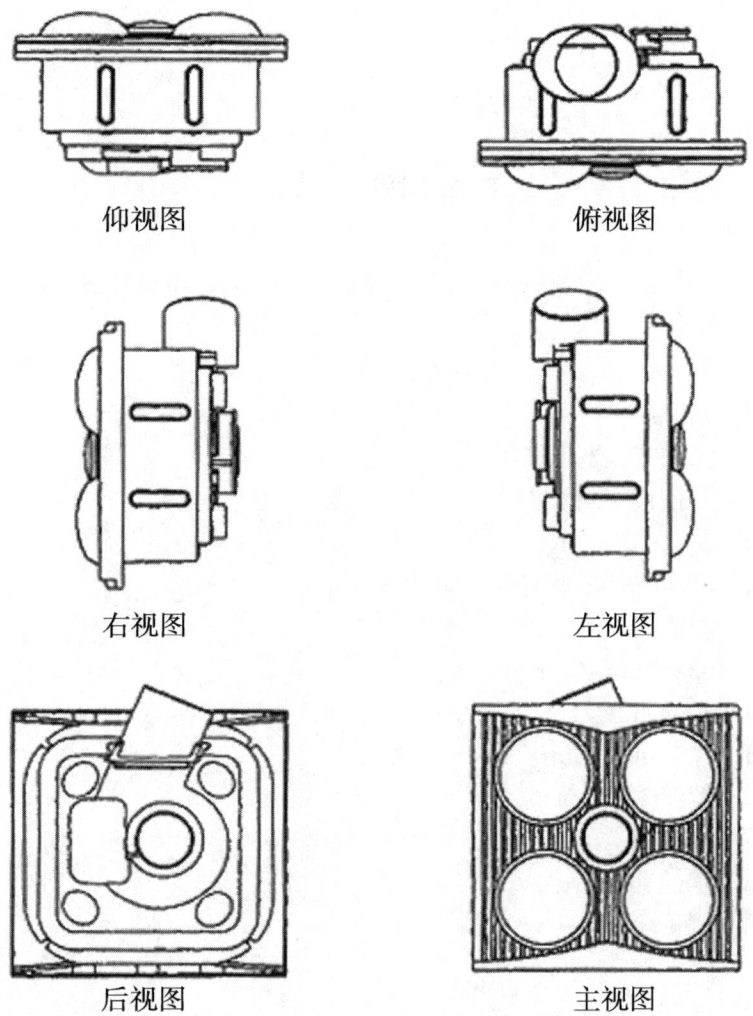

证据 11

牙刷柄（11）

无效宣告请求审查决定（第9018号）

决　定　号	第9018号
决　定　日	2006年12月13日
发明创造名称	牙刷柄（11）
外观设计分类号	04-02
无效宣告请求人	广东五环实业有限公司
专　利　权　人	李志明
专　利　号	03319126.3
申　请　日	2003年1月27日
授权公告日	2003年9月10日
合议组组长	黄毅斐
主　审　员	熊　婷
参　审　员	李韵美
附　图	1页

法　律　依　据　专利法第9条

决　定　要　点

牙刷是一种使用功能受限的成熟产品，通常包括刷头和刷柄，整体形状为类长条形，刷柄接近刷头处逐渐变细进而扩展成刷头，在此基础上，在其刷柄的形状和图案上的设计变化通常对整体视觉效果具有更显著的影响。

一、案由

本无效宣告请求涉及中华人民共和国国家知识产权局于2003年9月10日授权公告的03319126.3号外观设计专利权，名称为"牙刷柄（11）"，申请日为2003年1月27日，专利权人是李志明。

针对上述专利权，广东五环实业有限公司（下称请求人）于2005年9月6日向国家知识产权局专利复审委员会提出了宣告本专利权无效的请求，同时，请求人提交了如下附件的网页下载作为对比文件：

附件1（下称对比文件1）：专利号为02371065.9的中国外观设计专利公报，申请日为2002年11月22日，授权公告日为2003年7月9日，专利权人是徐秋萍；

附件2（下称对比文件2）：专利号为02333986.1的中国外观设计专利公报，申请日为2002年8月30日，授权公告日为2003年3月12日；

附件3（下称对比文件3）：专利号为02333958.6的中国外观设计专利公报，申请日为2002年8月28日，授权公告日为2003年3月26日。

其无效理由是：

（1）将对比文件1的主视图、俯视图和后视图分别与本专利三个视图相比，二者的视觉效果非常近似，几近可认为是相同的设计；

（2）将对比文件2和对比文件3与本专利的对应的上述三个视图进行对比，整体设计相同，局部设计基本相同，个别局部相近似，因此对比文件2和3的产品外观设计与本专利的产品外观设计为相近似的外观设计；

（3）本专利的外观设计不符合专利法第9条和专利法实施细则第13条第1款的规定。

对于上述无效宣告请求，专利复审委员会经形式审查合格，于2005年9月6日予以受理，同时将无效宣告请求书及其附件清单中所列附件的副本转寄给专利权人，要求其在指定的期限内答复。

专利权人于2005年10月9日提交了意见陈述书和产品实物一件（型号NO.983），其主要意见是：本案专利与对比文件1相比较，无论是整体观察、综合判断，还是要部分析，其形状、图案都不相同，也不相近似；同样对比文件2、3的形状、图案与本案专利比较不相同，也不相近似。

合议组于2006年1月11日向双方当事人发出口头审理通知书，定于2006年3月9日对本案举行口头审理。

合议组分别于2006年1月25日和2006年3月3日收到专利权人和请求人提交的口审回执，双方当事人明确表示参加口审。

口头审理如期举行，双方当事人对合议组成员没有回避请求，对合议组成员的变更没有异议，双方当事人对对方出庭人员的身份没有异议；请求人当庭明确表示放弃专利法实施细则第13条第1款的无效理由，放弃使用对比文件2、对比文件3；专利权人当庭明确表示对对比文件1的真实性没有异议；请求人明确其无效理由为：本专利相对于对比文件1不符合专利法第9条的规定。

至此，合议组认为本案事实已经清楚，现依法作出审查决定。

二、决定的理由

1. 法律依据

专利法第9条规定：两个以上的申请人分别就同样的发明创造申请专利的，专利权授予最先申请的人。审查指南第四部分第七章进一步规定：专利法第9条……所述的"同样的发明创造"，对于外观设计而言，是指外观设计相同或相近似……

2. 关于对比文件

对比文件1是申请日早于本专利申请日而授权公告日晚于本专利申请日的中国外观设计专利，对比文件1的专利权人与本专利的专利权人不同，并且专利权人对对比文件1的真实性无异议，因此对比文件1可以作为评价本专利是否符合专利法第9条的规定的证据。

3. 本专利是否符合专利法第9条的规定

本专利为牙刷柄，未要求保护色彩，包括主视图、后视图、右视图、俯视图和仰视图，其左视图与右视图对称，省略左视图。本专利包括刷头和刷柄，整体形状为类长条形；刷头为扁平状；刷柄被两条曲线划分成后上部的图案（下称图案A）、从前上部沿延伸到后部接近末端的图案（下称图案B）以及前部延伸到整个末端的图案（下称图案C），图案A与图案B在后部的相交曲线成倒"Ω"型；在图案A上具有三条平行的横条状凸筋，其中上下凸筋等长，中间凸筋略长，在图案B上具有五条平行的倒月牙状凸筋；刷柄在图案B的前上部上端凸出，在两凸筋处凹入，图案B的后部呈大波浪状，图案C的前部呈流线型并最终收缩成末端，末端后翘；刷柄接近刷头处逐渐变细进而扩展成刷头。详见本专利附图。

对比文件1为牙刷，未要求保护色彩，包括俯视图、主视图和后视图，省略其他视图。对比文件1包括刷头和刷柄，整体形状为类长条形；刷头为扁平状；刷头被三条曲线划分成前上部的图案（下称图案A1）、从上部沿侧部延伸到前部直至末端的图案（下称图案B1）、后部延伸到末端的图案（下称图案C1）以及被图案C1包围的中后部的图案（D1）；在图案A1上具有八条平行并略微渐长的横条状凸筋，在图案D1上具有七条平行的中间长两边短的横条状凸筋；刷柄在图案A1上端凸出，在图案A1的凸筋处凹入，图案B1的前部呈流线型、图案C1的后部呈小波浪状并最终共同收缩成末端，末端后翘；刷柄接近刷头处逐渐变细进而扩展成刷头。详见对比文件1附图。

本专利与对比文件1属于相同类别产品，可以进行比较。本专利未要求保护色彩，因此判别其与对比文件1是否构成相同或相近似时只需将其形状、图案与对比文件1的相应要素进行比较。由以上描述可知，本专利与对比文件1的区别在于：

（1）本专利的图案A、图案B和图案C与对比文件1的图案A1、图案B1、图案C1和图案D1不同；

（2）本专利与对比文件1的凸筋在形状、数量、位置、长短上均不同；

（3）本专利与对比文件1后部的波浪状有所区别。

牙刷是一种使用功能受限的成熟产品，通常包括刷头和刷柄，整体形状为类长条形，刷柄接近刷头处逐渐变细进而扩展成刷头，在此基础上，在其刷柄的形状和图案上的设计变化通常对整体视觉效果具有更显著的影响。对于第（1）点区别，图案遍布整个刷柄，上述区别会给一般消费者带来完全不同的视觉效果；对于第（2）点区别，一般消费者在使用牙刷时，由于其手指需要接触到凸筋处，因此会关注其凸筋设置的不同；对于第（3）点区别，后部波浪状的不同使得牙刷整体形状有所不同。也就是说，一般消费者经过对本专利与对比文件1的整体观察可以看出，二者的差别对于产品外观设计的整体视觉效果具有显著影响，因此本专利与对比文件1不相同也不相近似，本专利符合专利法第9条的规定。

三、决定

维持03319126.3号外观设计专利权有效。

当事人对本决定不服的，可以根据专利法第46条第2款的规定，自收到本决定之日起三个月内向北京市第一中级人民法院起诉。根据该款的规定，一方当事人起诉后，另一方当事人应当作为第三人参加诉讼。

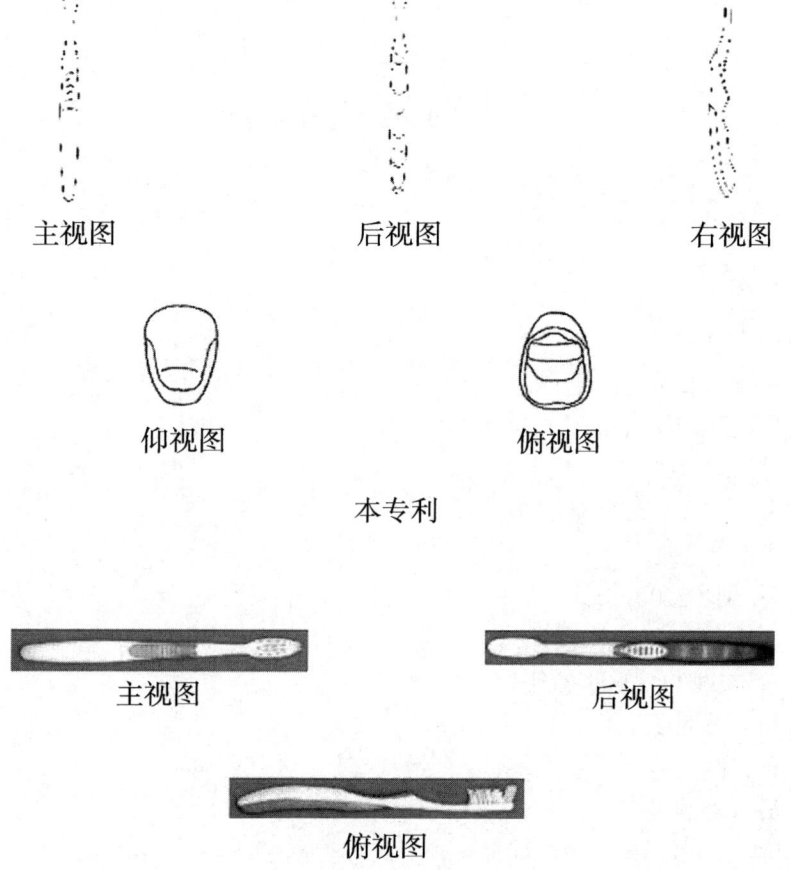

064

牙刷柄（4）

无效宣告请求审查决定（第 9019 号）

决　定　号	第 9019 号
决　定　日	2006 年 12 月 13 日
发明创造名称	牙刷柄（4）
外观设计分类号	04-02
无效宣告请求人	广东五环实业有限公司
专　利　权　人	李志明
专　利　号	02322049.X
申　请　日	2002 年 1 月 30 日
授权公告日	2003 年 1 月 29 日
合议组组长	黄毅斐
主　审　员	熊　婷
参　审　员	李韵美
附　　图	1 页

法　律　依　据　专利法第 9 条、第 23 条

决　定　要　点

牙刷是一种使用功能受限的成熟产品，通常包括刷头和刷柄，整体形状为类长条形，刷柄接近刷头处逐渐变细进而扩展成刷头，在此基础上，在其刷柄的形状和图案上的设计变化通常对整体视觉效果具有更显著的影响。

一、案由

本无效宣告请求涉及中华人民共和国国家知识产权局于 2003 年 1 月 29 日授权公告的 02322049.X 号外观设计专利权，名称为"牙刷柄（4）"，申请日为 2002 年 1 月 30 日，专利权人是李志明。

针对上述专利权，广东五环实业有限公司（下称请求人）于 2005 年 9 月 6 日向国家知识产权局专利复审委员会提出了宣告本专利权无效的请求，同时，请求人提交了如下附件作为对比文件：

附件 1（下称对比文件 1）：专利号为 98330089.5 的中国外观设计专利公报，授权公告日为 1999 年 12 月 8 日。

其无效理由是：按外观设计的整体观察、综合判断的原则，对比文件 1 与本专利的产品外观整体接近相同，局部略有差别，综合判断二者的外观设计是相近似的外观设计，足以导致一般消费者的混淆。

对于上述无效宣告请求，专利复审委员会经形式审查合格，于 2005 年 9 月 6 日予以受理，同时

将无效宣告请求书及其附件清单中所列附件的副本转寄给专利权人，要求其在指定的期限内答复。

专利复审委员会于 2005 年 10 月 8 日收到请求人的意见陈述书，请求人补充了如下附件的网页下载作为对比文件：

附件 1（下称对比文件 2）：专利号为 01333871.4 的中国外观设计专利公报，申请日为 2001 年 6 月 26 日，授权公告日为 2002 年 1 月 30 日，专利权人为盛大明；

附件 2（下称对比文件 3）：专利号为 01346156.7 的中国外观设计专利公报，申请日为 2001 年 8 月 24 日，授权公告日为 2002 年 5 月 15 日，专利权人为侯龙忠；

附件 3（下称对比文件 4）：专利号为 00309683.1 的中国外观设计专利公报，授权公告日为 2001 年 5 月 9 日；

附件 4（下称对比文件 5）：专利号为 98323945.2 的中国外观设计专利公报，授权公告日为 1999 年 11 月 24 日。

其补充意见为：

（1）对比文件 2 的主视图和俯视图公开的外观设计与本专利的右视图和主视图的外观设计非常近似；对比文件 2 的仰视图对应本专利的后视图，二者整体上近似，局部有差异；综合判断，对比文件 2 公开的产品的外观设计与本专利的外观设计相近似，本专利不符合专利法第 9 条和专利法实施细则第 13 条第 1 款的规定；

（2）对比文件 3 各对应视图的外观设计均与本专利相近似，局部存在细微差别，但这种细微差别不是普通消费者能够特别注意的；故经综合判断，对比文件 3 公开的产品的外观设计与本专利的外观设计相近似，本专利不符合专利法第 9 条和专利法实施细则第 13 条第 1 款的规定；

（3）对比文件 4 和 5 公开的外观设计的各个视图与本专利的相应视图比较，整体外观设计均相近似，局部存在细微差别，按综合判断原则，对比文件 4 和 5 公开的产品的外观设计与本专利的外观设计相近似，本专利不符合专利法第 23 条的规定。

专利权人于 2005 年 10 月 9 日提交了意见陈述书和牙刷产品实物一件（型号 NO.996），其主要意见是：本专利与对比文件 1 相比较，无论是整体观察、综合判断，还是要部分析，其形状、图案都不相同，也不相近似。

合议组于 2006 年 1 月 11 日向双方当事人发出口头审理通知书，定于 2006 年 3 月 9 日对本案举行口头审理。

合议组分别于 2006 年 1 月 25 日和 2006 年 3 月 3 日收到专利权人和请求人提交的口审回执，双方当事人明确表示参加口审。

口头审理如期举行，双方当事人出席口头审理并充分陈述了意见。在口头审理过程中，双方当事人对合议组成员没有回避请求，对合议组成员的变更没有异议，双方当事人对对方出庭人员的身份没有异议；请求人当庭明确表示放弃专利法实施细则第 13 条第 1 款的无效理由，放弃使用对比文件 1、对比文件 3、对比文件 4；专利权人当庭明确表示对对比文件 2、对比文件 5 的真实性没有异议；请求人明确其无效理由为：本专利相对于对比文件 2 不符合专利法第 9 条的规定，本专利相对于对比文件 5 不符合专利法第 23 条的规定。

至此，合议组认为本案事实已经清楚，现依法作出审查决定。

二、决定的理由

1. 法律依据

专利法第 9 条规定：两个以上的申请人分别就同样的发明创造申请专利的，专利权授予最先申请的人。审查指南第四部分第七章进一步规定：专利法第 9 条……所述的"同样的发明创造"，对于外观设计而言，是指外观设计相同或相近似……

专利法第 23 条规定：授予专利权的外观设计，应当同申请日以前在国内外出版物上公开发表过或者国内公开使用过的外观设计不相同和不相近似，并不得与他人在先取得的合法权利相冲突。

2. 关于对比文件

对比文件 2 是申请日早于本专利申请日而授权公告日与本专利申请日相同的中国外观设计专利，对比文件 2 的专利权人与本专利的专利权人不同，并且专利权人对对比文件 2 的真实性无异议，因此对比文件 2 可以作为评价本专利是否符合专利法第 9 条的规定的证据。

对比文件 5 是授权公告日早于本专利申请日的中国外观设计专利，并且专利权人对其真实性无异议，因此对比文件 5 可以作为评价本专利是否符合专利法第 23 条的规定的证据。

3. 本专利是否符合专利法第 9 条的规定

本专利为牙刷柄，未要求保护色彩，包括主视图、后视图、右视图、俯视图和仰视图，其左视图与右视图对称，省略左视图。本专利包括刷头和刷柄，整体形状为类长条形；刷头为扁平状；刷柄被两条曲线划分成前上部的图案（下称图案 A）、从后上部沿前部延伸到整个下部的图案（下称图案 B）以及中后部的图案（下称图案 C），图案 B 与图案 C 在后部的相交曲线成"Ω"型；在图案 B 的前部上端具有五条平行渐短的横条状凸筋；刷柄为流线型，图案 B 的前部上端凸出，从凸筋处逐渐变细再变粗进而收缩成末端，末端中立；刷柄接近刷头处逐渐变细进而扩展成刷头。详见本专利附图。

对比文件 2 为牙刷，未要求保护色彩，包括俯视图、仰视图和主视图，其后视图与主视图对称，省略后视图，省略其他视图。对比文件 2 包括刷头和刷柄，整体形状为类长条形；刷头为扁平状；刷柄被两条曲线划分成前上部的图案（下称图案 A1）、从上部沿侧部延伸到前部直至末端的图案（下称图案 B1）以及后部延伸到末端的图案（下称图案 C1）；在图案 A1 的上端具有一圆点，在圆点下是六条平行等长的横条状凸筋，在图案 C1 上端具有十一条平行渐长再渐短的横条状凸筋；刷柄在图案 A1 上端凸出，在两凸筋处凹入，在其下平滑收缩成后端，末端后翘；刷柄接近刷头处逐渐变细进而扩展成刷头。详见对比文件 2 附图。

本专利与对比文件 2 属于相同类别产品，可以进行比较。本专利未要求保护色彩，因此判别其与对比文件 2 是否构成相同或相近似时只需将其形状、图案与对比文件 2 的相应要素进行比较。由以上描述可知，本专利与对比文件 2 的区别在于：

（1）本专利的图案 A、图案 B 和图案 C 与对比文件 2 的图案 A1、图案 B1 和图案 C1 不同；

（2）本专利与对比文件 2 的凸筋在数量、位置、长短上均不同；

（3）本专利与对比文件 2 的刷柄末端分别是中立和后翘。

牙刷是一种使用功能受限的成熟产品，通常包括刷头和刷柄，整体形状为类长条形，刷柄接近刷头处逐渐变细进而扩展成刷头，在此基础上，在其刷柄的形状和图案上的设计变化通常对整体视觉效果具有更显著的影响。对于第（1）点区别，图案遍布整个刷柄，上述区别会给一般消费者带来完全不同的视觉效果；对于第（2）点区别，一般消费者在使用牙刷时，由于其手指需要接触到凸筋处，因此会关注其凸筋设置的不同；对于第（3）点区别，刷柄末端的不同使得牙刷整体形状有所不同。也就是说，一般消费者经过对本专利与对比文件 2 的整体观察可以看出，二者的差别对于产品外观设计的整体视觉效果具有显著影响，因此本专利与对比文件 2 不相同也不相近似，本专利符合专利法第 9 条的规定。

3. 本专利是否符合专利法第 23 条的规定

对比文件 5 为牙刷，未要求保护色彩，包括主视图、左视图、右视图、立体图、俯视图、仰视图和其他视图，其后视图与主视图对称，省略后视图。对比文件 5 包括刷头和刷柄，整体形状为类长条形；刷头为扁平状；刷柄被三条曲线划分成前上部的图案（下称图案 A2）、从上部沿侧部延伸到前部直至末端的图案（下称图案 B2）、被图案 B2 包围的前下部的图案（C2）、后部延伸到末端的图案（下称图案 D2）以及被图案 D2 包围的后下部的图案（E2）；在图案 A2 的上端具有一圆点，在圆点下是六条平行等长的横条状凸筋，在图案 D2 上端具有十一条平行且几乎等长的横条状凸筋；刷柄在图案 A2 上端凸出，在两凸筋处凹入，在其下平滑收缩成后端，末端中立；刷柄接近刷头处逐渐变细进而扩展成刷头。详见对比文件 5 附图。

本专利与对比文件 5 属于相同类别产品，可以进行比较。本专利未要求保护色彩，因此判别其与对比文件 5 是否构成相同或相近似时只需将其形状、图案与对比文件 5 的相应要素进行比较。由以上描述可知，本专利与对比文件 5 的区别在于：

（1）本专利的图案 A、图案 B 和图案 C 与对比文件 5 的图案 A2、图案 B2、图案 C2、图案 D2 和图案 E2 不同；

（2）本专利与对比文件 5 的凸筋在数量、位置、长短上均不同。

对于第（1）点区别，图案遍布整个刷柄，上述区别会给一般消费者带来完全不同的视觉效果；对于第（2）点区别，一般消费者在使用牙刷时，由于其手指需要接触到凸筋处，因此会关注其凸筋设置的不同。也就是说，一般消费者经过对本专利与对比文件 5 的整体观察可以看出，二者的差别对于产品外观设计的整体视觉效果具有显著影响，因此本专利与对比文件 5 不相同也不相近似，本专利符合专利法第 23 条的规定。

三、决定

维持 02322049.X 号外观设计专利权有效。

当事人对本决定不服的，可以根据专利法第 46 条第 2 款的规定，自收到本决定之日起三个月内向北京市第一中级人民法院起诉。根据该款的规定，一方当事人起诉后，另一方当事人应当作为第三人参加诉讼。

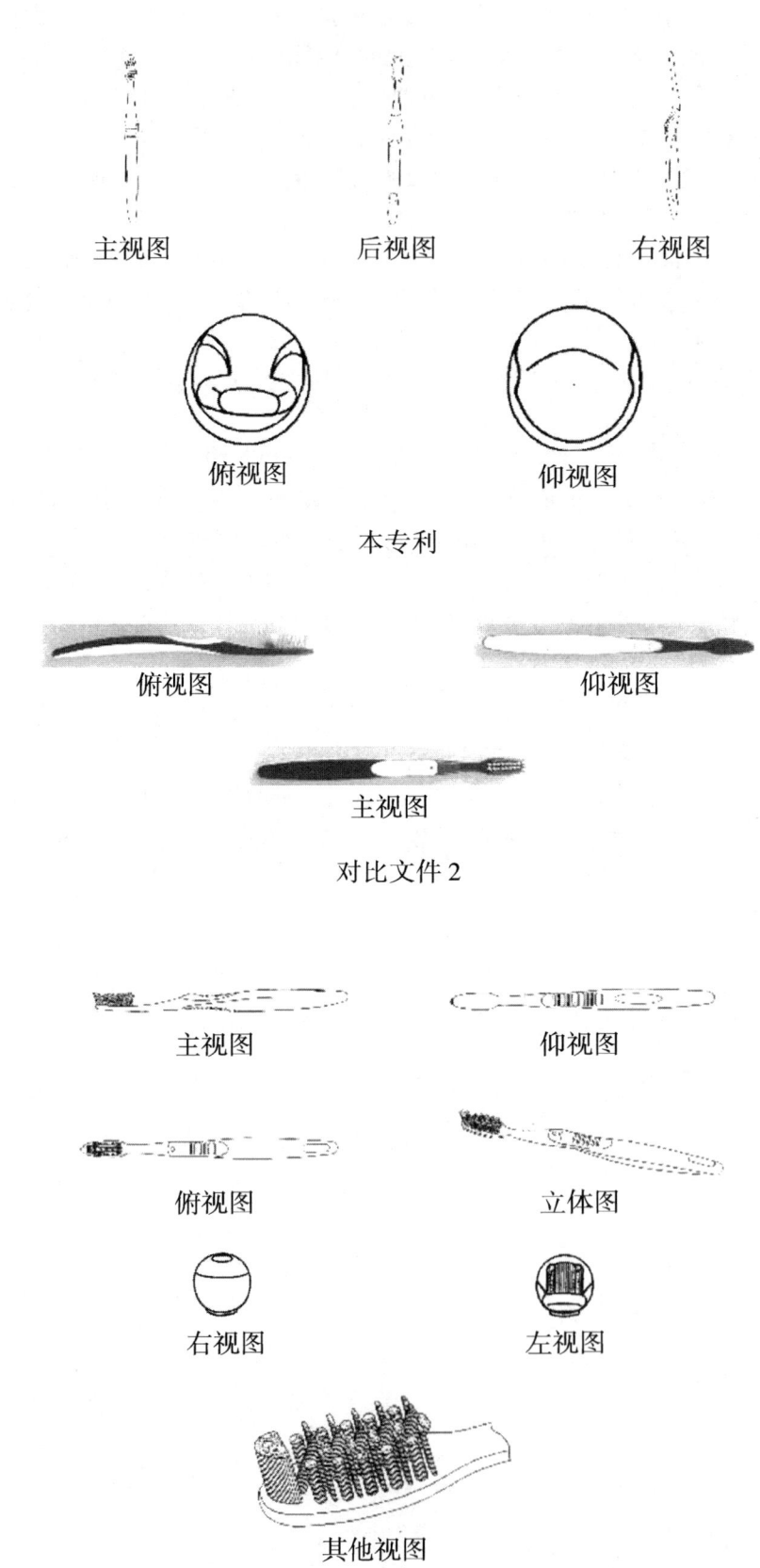

打孔器（文具2）

无效宣告请求审查决定（第9022号）

决 定 号	第9022号
决 定 日	2006年12月5日
外观设计名称	打孔器（文具2）
外观设计分类	19-02
无效宣告请求人	李正和
专 利 权 人	欧阳至望
申 请 号	02330125.2
申 请 日	2002年6月24日
授 权 公 告 日	2003年1月15日
合议组组长	石 竞
主 审 员	郭健国
参 审 员	高 雪
附 图	1页

法 律 依 据 专利法第23条

决 定 要 点

若由证据的图示（装配图或剖视图）不能确定其产品的形状，则该证据无法与本专利进行比较，其与本专利为不相近似的外观设计。

一、案由

本无效宣告请求涉及国家知识产权局于2003年1月15日授权公告的第02330125.2号外观设计专利权（下称本专利），名称为"打孔器（文具2）"，申请日为2002年6月24日，专利权人为欧阳至望。

针对本专利权，李正和（下称请求人）于2004年3月18日向专利复审委员会提出无效宣告请求，其理由是本外观设计专利不符合专利法第23条的规定。请求人同时提交了下列证据：

证据1：第97215647.x号中国实用新型专利说明书，其授权公告日为1998年11月25日；

证据2：专利号为US 5749278的美国专利公告文本，其授权公告日为1998年5月12日；

证据3：第02330125.2号中国外观设计专利公告文本，即为本专利。

经形式审查合格，专利复审委员会于2004年4月13日受理了上述请求，并于同日将宣告专利权无效请求书及其他有关文件副本转送给了专利权人欧阳至望，要求其在指定的期限内答复。

2004年6月11日，专利复审委员会收到专利权人针对上述无效请求书的意见陈述书。专利权人认为，请求人用了大量篇幅解释其压模装置的内部结构，意图证明本专利与对比文件构成近似。但是，审查指南中已经指出，产品的功能、技术性能、内部结构因素是应当在对比中不予考虑的因素。并且不能作为由视觉直接分辨的部分或要素，不能作为外观设计相同或近似判断的依据。在仅以产品的外观作为判断的对象的原则下，在对比文件中只有图2表现了一个压模装置的外观设计，但其与本专利既不相同也不相近似。

2005年8月25日，专利复审委员会向双方当事人发出了口头审理通知书，定于2005年10月13日进行口头审理。

请求人提交了口头审理回执，表示参加口头审理。

口头审理如期举行。专利权人未出席口头审理；请求人对合议组成员没有回避请求。

本案合议组在此基础上做出本决定。

二、决定的理由

1. 关于证据

请求人请求宣告本外观设计专利无效的理由是本专利不符合专利法第23条的规定，其中证据1为专利文献，涉及一种压模装置，用于打穿纸张或薄板，其用途同于打孔器，与本专利属于相近种类的产品；且证据1的公开日早于本专利的申请日，故而该证据能够作为在先设计评价本专利的相同或相近似性。

证据2为外文资料，虽然请求人声称证据2与证据1属于相同的技术内容在美国提出申请并获得的发明专利，其内容完全相同。但由于请求人没有提交译文，无法核实请求人所称是否属实，即无法核实该证据所涉及的为何种产品以及是何用途等，因此证据2不能作为在先设计评价本专利的相近似性。

2. 证据1中说明书附图1、3、4、5与本专利的比较

本专利所要保护的是打孔器的外观设计，其整体由压柄和底座构成；由后视图可以看出底座的右半部分呈圆形，左半部分呈椭圆形，左右部分连接处有一台阶；由仰视图看出底座的左部为一用于放置纸张的开口，在开口的上部有一呈方柱形的压柄支点，与支点相连的左半部分较为细长，其下方有两个弹簧作为压柄的回位机构，而压柄的右半部分略呈"S"形。（具体详见本专利附图）

请求人主张以证据1中附图1、3、4、5作为对比文件与本专利进行比较，其中证据1附图1显示的是一种压模装置的装配图，由该装配图无法看出其组装后的产品外观，不能认定其与本专利相近似；证据1中附图3、4、5为压模装置的剖视图，亦不能唯一确定获知其外观形状，亦不能认定其与本专利相近似。（具体详见证据1中第1、3、4、5附图。）

综上所述，请求人所主张的证据1中附图1、3、4、5不能确定其产品外观的形状，无法与本专利进行比较，因此本专利的授权符合专利法第23条的规定。

三、决定

维持第02330125.2号外观设计专利权有效。

当事人对本决定不服的，可以根据专利法第46条第2款的规定，自收到本决定之日起三个月内向北京市第一中级人民法院起诉。根据该款的规定，一方当事人起诉后，另一方当事人应当作为第三人参加诉讼。

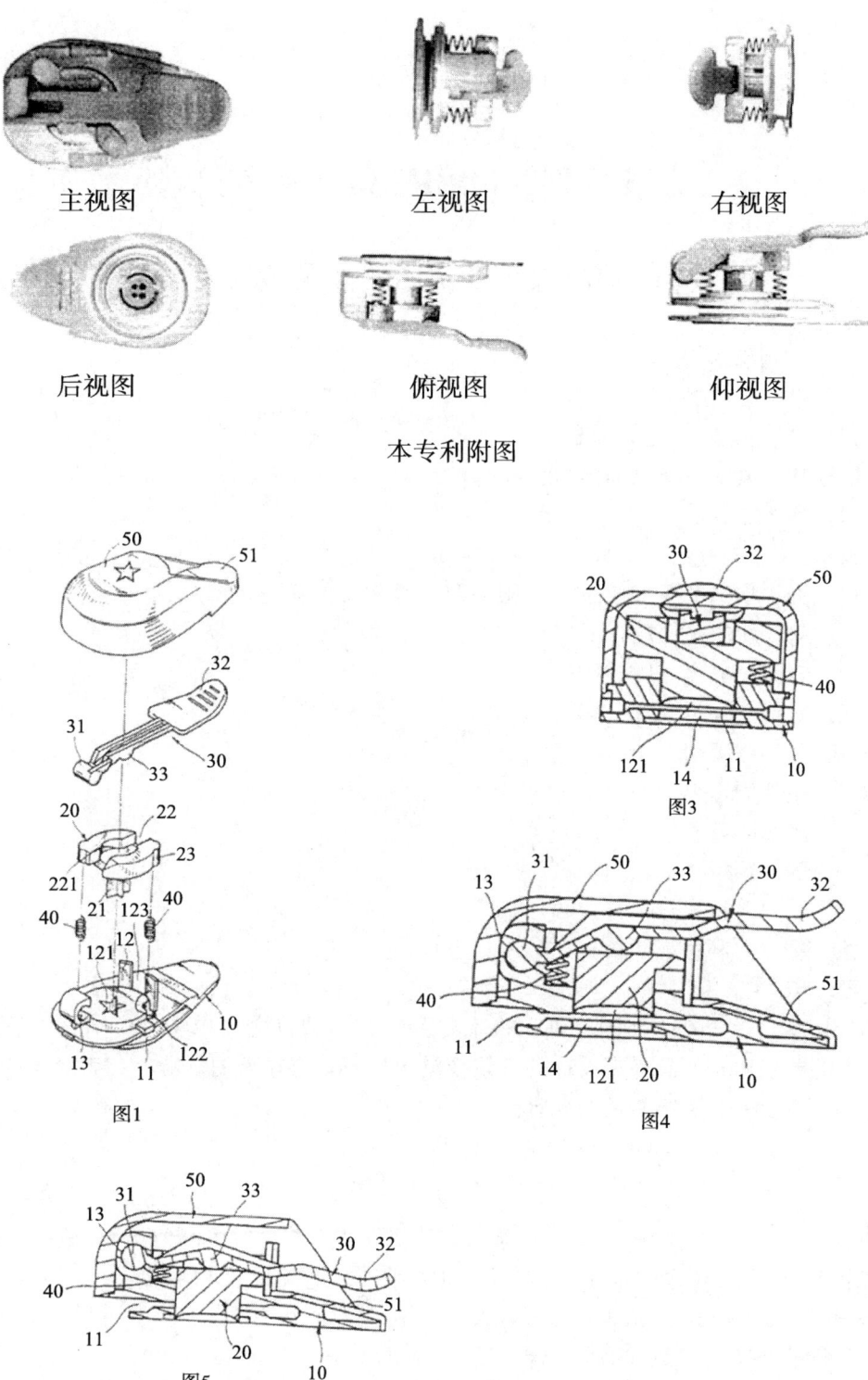

风扇扇叶（08RF002系列）

无效宣告请求审查决定（第9027号）

决 定 号	第9027号
决 定 日	2006年12月4日
发明创造名称	风扇扇叶（08RF002系列）
国际分类号	23-04
无效宣告请求人	陈剑慧
专 利 权 人	华纳圣龙（宁波）有限公司
专 利 号	200330107783.6
申 请 日	2003年11月3日
授权公告日	2004年12月8日
合议组组长	张美菊
主 审 员	周雷鸣
参 审 员	骆素芳
附 图	1页
法律依据	专利法第9条
决定要点	

根据"整体观察、综合判断"的原则，将本专利与其申请日之前申请、申请日之后公开的外观专利相比，二者的差别对于产品外观设计的整体视觉效果不具有显著的影响，二者属于同样的发明创造，因此本专利不符合专利法第9条的规定。

一、案由

本无效宣告请求涉及国家知识产权局于2004年12月8日授权公告的名称为"风扇扇叶（08RF002系列）"的200330107783.6号外观设计专利（下称本专利），其申请日为2003年11月3日，专利权人为华纳圣龙（宁波）有限公司。

针对上述专利权，陈剑慧（下称请求人）于2006年4月14日向专利复审委员会提出无效宣告请求，其理由是本专利不符合专利法第9条和专利法实施细则第13条第1款的规定，并同时提交如下附件作为证据：

附件1：03344302.5号外观设计专利（下称对比文件1）公告文本复印件，其申请日为2003年8月8日，授权公告日为2004年4月7日，专利权人为宁波雪龙汽车风扇制造有限公司；

附件2：03344301.7号外观设计专利（下称对比文件2）公告文本复印件，其申请日为2003年8

月8日，授权公告日为2004年1月28日，专利权人为陈梁平；

附件3：03330903.5号外观设计专利（下称对比文件3）公告文本复印件，其申请日为2003年5月31日，授权公告日为2003年12月3日，专利权人为贺财霖。

请求人的主要理由是：（1）对比文件1与本专利相比，两者扇叶片的数量均为9片，扇叶片的宽度均大于扇叶圈的宽度，各扇叶片的一边与扇叶圈平齐，另一边露于扇叶圈之外，中心轮毂也均有一圆孔，两者唯一不同的地方在于本专利中心轮毂的圆孔周围分布有直径较小的圆孔，而对比文件1没有，这属于局部细节的差别，且该局部部位在实际使用时，中心轮毂的圆孔是用来安装电机转轴的，在使用时是不容易看到的部位，不是风扇产品的主要特征部件，两者的整体轮廓相同，各主要部件的设置及形状均相同相近似，两者属于相同相近似的外观设计；（2）对比文件2与本专利相比，扇叶片的宽度均大于扇叶圈的宽度，各扇叶片的一边与扇叶圈平齐，另一边露于扇叶圈之外，中心轮毂也均有一圆孔，在圆孔的周围都均匀分布有直径较小的圆孔，两者只在扇叶片的数量上存在差异，对比文件2中扇叶片为8片，本专利中扇叶片为9片，这种单纯数量上的一个或两个的差别并不对两件外观产品的整体视觉效果产生显著影响，风扇产品的扇叶片普遍很多，一般消费者在购买使用时很难观察到扇叶片相差一个的细小差别，两者属于相同相近似的外观专利；（3）对比文件3与本专利相比，两者的扇叶圈、中心轮毂、扇叶片的宽度和扇叶圈的宽度都相同，一边与扇叶圈平齐，另一边露在叶圈外，中心轮毂都有一圆孔，圆孔周围都均匀分布有直径较小的圆孔，两者差别仅在于扇叶片数量相差一个，一般消费者容易对外观产品产生误认、误购，两者构成相同相近似的外观专利；因此本专利不符合专利法第9条和专利法实施细则第13条第1款的规定。

专利复审委员会于2006年6月14日向请求人发出无效宣告请求补正通知书（一），指出无效宣告请求书及其附件都应当一式两份，限期补正。

请求人于2006年6月21日提交了补正书、无效宣告请求书、附件1、2、3各两份。

经形式审查合格后，专利复审委员会依法受理了上述无效宣告请求，并于2006年7月12日将无效宣告请求书及相关文件的副本转给专利权人，要求其在指定的期限内答复。

专利复审委员会于2006年8月15日收到专利权人提交的意见陈述书，其中陈述的主要理由是：（1）"各扇叶片的一边与扇叶圈平齐，另一边露于扇叶之外"是请求人对本专利的描述，本专利是扇叶片一边落于扇叶圈之外，另一边扇叶与扇叶圈不齐，是基于流体力学的创新设计，可增加风扇的效率；（2）对比文件1与本专利之间的存在差异，两者的叶片投影看，本专利扇叶顶部和扇叶根部宽度差别不大，顶部和根部的连接为圆弧状，对比文件1中扇叶顶部宽、扇叶根部窄，顶部和根部的连接为直线交汇状，扇叶的扭角和形状不同；本专利的扇叶间隙属于均匀分布，而对比文件1中扇叶之间的间隙不均匀；本专利的连接处有倒角，对比文件1的连接处没有；本专利的反面分布了一圈加强筋，对比文件1的风扇正反面都分布了两圈加强筋；本专利中心轮毂的圆孔周围分布有直径较小的圆孔，对比文件的中心轮毂周围没有；（3）对比文件2与本专利扇叶数量不同，扇叶数量是风扇扇叶设计的一个主要参数，影响风扇的性能，对风扇的视觉效果也有较大的影响，从投影比例中看出扇叶的宽度和扇叶间的间隙以及扭角等都不同；（4）对比文件3的意见陈述与其他对比文件的意见陈述相同。

专利复审委员会于2006年9月13日向双方当事人发出口头审理通知书，定于2006年11月7日对本案进行口头审理。

口头审理如期举行，双方当事人参加了口头审理。口头审理中，双方当事人对对方出庭人员的身份没有异议；请求人明确其宣告无效的理由是专利法第9条和专利法实施细则第13条第1款，请求人所使用的证据是：对比文件1、对比文件2、对比文件3；请求人没有出示有关对比文件1、2、3的真实性的相关证据，专利权人请求合议组代为核实对比文件1、2、3的真实性。

至此，合议组认为本案事实清楚，依法作出本审查决定。

二、决定的理由

1. 法律依据

基于请求人提出无效宣告请求所依据的事实和理由，合议组对本专利是否符合专利法实施细则第13条第1款和专利法第9条的规定进行审查。

专利法第9条规定，两个以上的申请人分别就同样的发明创造申请专利的，专利权授予最先申请的人。

专利法实施细则第13条第1款规定，同样的发明创造只能被授予一项专利。

2. 证据和事实认定

请求人提供的对比文件1、2和3是专利文献，合议组经核实，未发现上述对比文件与其专利公报中公开的专利内容有不相同之处，因此合议组对上述对比文件的真实性予以认可，其可以作为证据使用。对比文件1、2、3的申请日都早于本专利的申请日（2003年11月3日），对比文件1、2、3的公开日都晚于本专利的申请日，专利权人均与本专利的的专利权人不同，因此对比文件1、2、3可以作为评述判断本专利是否符合专利法第9条以及专利法实施细则第13条第1款的规定的证据使用。

3. 外观设计相近似性和同样的发明创造的判断

对比文件2的外观设计与本专利外观设计均为风扇，两者属于相同种类的产品，故对二者进行如下相近似性对比：

本专利公开了一种风扇，风扇整体为圆形轮廓，风扇中心有带有轮毂，轮毂与圆形扇叶圈之间为均匀分布的菜刀刀片状扇叶，其中轮毂中心为圆孔，邻近圆孔外围均匀分布有小安装孔，安装孔的外周分布有两条环行筋，两条筋之间是连接筋及由连接筋形成的孔，扇叶为9片，扇叶一边露于扇叶圈之外，另一边不露在扇叶圈之外等。（详细情况参见附图。）

对比文件2公开了一种风扇，风扇整体为圆形轮廓，风扇中心有带有轮毂，轮毂与圆形扇叶圈之间为均匀分布的菜刀刀片状扇叶，其中轮毂中心为圆孔，邻近圆孔外围均匀分布有小安装孔，安装孔的外周分布有两条环行筋，两条筋之间是连接筋及由连接筋形成的孔，扇叶为8片，扇叶一边露于扇叶圈之外，另一边不露在扇叶圈之外等。（详细情况参见附图。）

将本专利和对比文件2公开的风扇进行对比，可以看出，本专利的风扇扇叶为9片，对比文件2的风扇扇叶为8片外，并且左、右视图显示扇叶突出扇叶圈外的形状不同，本专利与对比文件2公开的风扇的其他部件设计相同。由于上述两个风扇的扇叶都均匀分布在扇叶圈内，扇叶的数量较多（本专利为9片，对比文件2为8片），且数量相差仅为一片，在该数量时，数量仅差一片属于细微变化，并且由扇叶数量不同而带来的扇叶间隙的变化也属于细微的变化，并且扇叶侧面轮廓的变化也属于局部的细微变化。在上述两个风扇的其他部件相同的情况下，一般消费者经过本专利和对比文件2的外观设计的整体观察可以看出，二者差别对于产品外观设计的整体视觉效果不具有显著的影响。本专利与对比文件2属于同样的发明创造，本专利相对于对比文件2不符合专利法第9条的规定。

基于请求人提供的证据能够支持其主张的"本专利相对于对比文件2不符合专利法第9条规定"的理由，合议组不再继续对请求人提出的其他无效理由进行评述。

三、决定

宣告200330107783.6号外观设计专利权无效。

当事人对本决定不服的，可以根据专利法第46条第2款的规定，自收到本决定之日起三个月内向北京市第一中级人民法院起诉。根据该款规定，一方当事人起诉后，另一方当事人应当作为第三人参加诉讼。

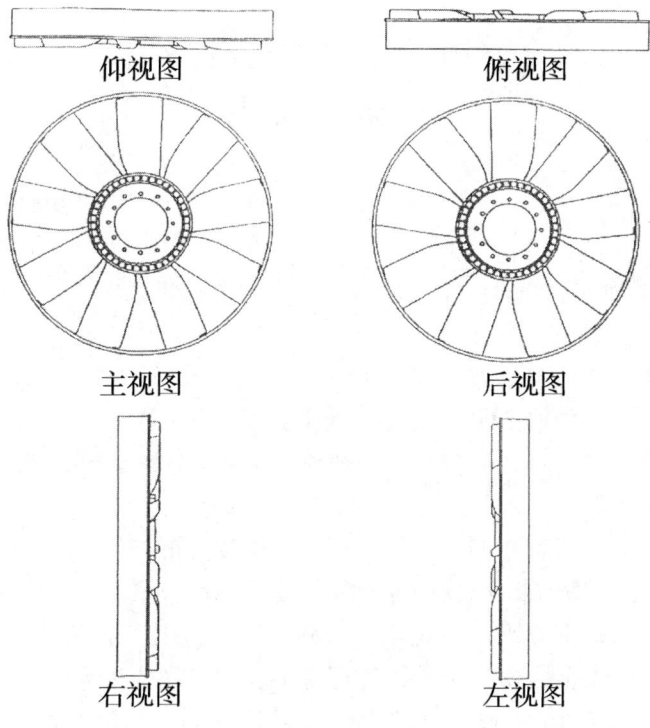

本专利附图

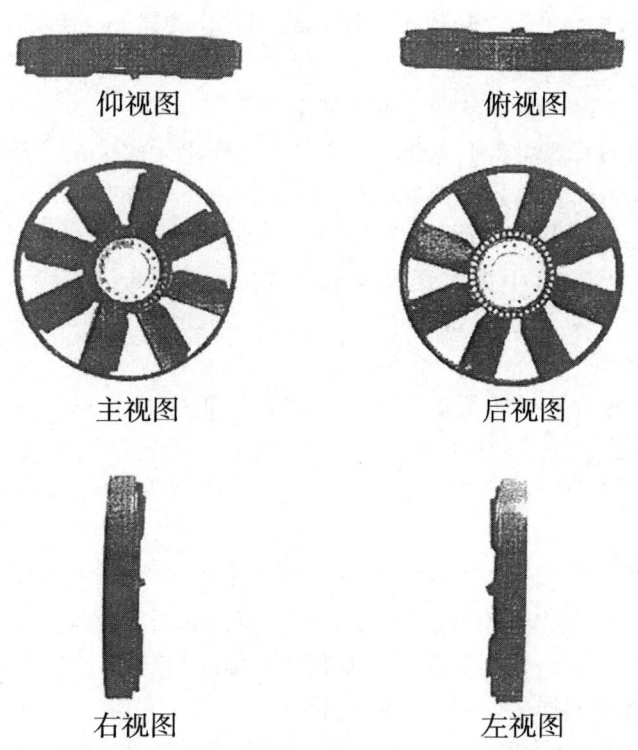

对比文件图

北京市第一中级人民法院
行政判决书

(2007) 一中行初字第 777 号

原告华纳圣龙（宁波）有限公司，住所地浙江省宁波市鄞州区中心区。

法定代表人罗玉龙，董事长。

委托代理人周正付，浙江之星律师事务所律师。

委托代理人顾春峰，男，华纳圣龙（宁波）有限公司职员。

被告国家知识产权局专利复审委员会，住所地北京市海淀区北四环西路 9 号银谷大厦 10~12 层。

法定代表人廖涛，副主任。

委托代理人周雷鸣，男，国家知识产权局专利复审委员会审查员。

委托代理人张华，男，国家知识产权局专利复审委员会审查员。

第三人陈剑慧，女，1977 年 7 月 3 日出生，汉族，无业，住广东省广州市沙河顶 66 号后座之一。

委托代理人梁朝玉，北京金之桥知识产权代理有限公司专利代理人。

原告华纳圣龙（宁波）有限公司不服被告国家知识产权局专利复审委员会于 2006 年 12 月 4 日作出的第 9027 号无效宣告请求审查决定（以下简称无效决定），向本院提起行政诉讼。本院受理后依法组成合议庭，根据《中华人民共和国行政诉讼法》第二十七条、《中华人民共和国专利法》（以下简称《专利法》）第四十六条第二款的规定，通知陈剑慧作为第三人参加诉讼。2007 年 7 月 19 日，本院公开开庭审理了本案。原告的委托代理人周正付和顾春峰、被告的委托代理人张华、第三人的委托代理人梁朝玉到庭参加了诉讼。本案现已审理终结。

被告针对第三人提出的无效请求于 2006 年 12 月 4 日作出无效决定，其主要内容如下：

本无效宣告请求涉及名称为"风扇扇叶（08RF002 系列）"的第 ZL200330107783.6 号外观设计专利（以下简称本专利），专利权人为原告。

针对本专利，第三人于 2006 年 4 月 16 日向被告提出无效宣告请求。

被告经审查后认为：

1. 法律依据

基于第三人提出无效宣告请求所依据的事实和理由，被告对本专利是否符合《中华人民共和国专利法实施细则》（以下简称《专利法实施细则》）第十三条第一款和《专利法》第九条的规定进行审查。

2. 证据和事实认定

第三人提供的对比文件 1（第 03344302.5 号外观设计专利公告）、对比文件 2（第 03344301.7 号外观设计专利公告）、对比文件 3（第 03330903.5 号外观设计专利公告）是专利文献，可以作为评述判断本专利是否符合《专利法》第九条以及《专利法实施细则》第十三条第一款规定的证据使用。

3. 外观设计相近似性和同样的发明创造的判断

本专利与对比文件 2 属于同样的发明创造，本专利相对于对比文件 2 不符合《专利法》第九条的规定。被告对第三人提出的其他无效理由不再进行评述。

综上，被告依据《专利法》第九条的规定，决定宣告本专利无效。

被告为证明无效决定的合法性，向本院提交了下列证据，用于证明无效决定认定的事实清楚、适用法律正确：1. 第 ZL200330107783.6 号外观设计专利（即本专利）授权公告文本，证明本专利的情况；2. 第 03344301.7 号外观设计授权公告文本（即无效决定中的附件2）。

原告诉称：本专利产品是风扇扇叶，使用在汽车发动机上，其消费者和消费群体是特定的，应当以相关技术领域的普通设计人员的水平作为一般消费者判断相似性；对本案的审查应当考虑汽车冷却风扇常规设计的影响；在判断原则上，在坚持整体观察、综合判断的同时，应当兼顾要部观察；本专利与附件2相比，在专利要部的扇叶和轮毂的设计上均有不同。原告请求撤销无效决定。

原告向本院提交了下列证据：1. 中国第一汽车集团公司配套企业产品名录，证明原告在2003年7月15日以前已经生产与本专利类似的产品；2. 原告产品的宣传册，证明原告在2002年以前已经生产环形塑料冷却风扇；3. 第03330903.5号外观设计专利公告文本（即无效决定中的附件3），证据1~3可以证明风扇的外圈和中心轮毂为该类产品的惯常设计；4. 中国电话号簿，证明宁波电话号码在2002年时已经是8位数。原告在本院庭审中明确，其在无效程序中没有向被告提交过证据1、2、4。

被告辩称，无效决定认定的事实清楚、适用法律正确、程序合法，被告坚持无效决定的理由，请求法院判决维持无效决定。

第三人述称，无效决定认定的事实清楚，适用法律正确，审查程序合法，其请求法院判决维持无效决定。第三人未向本院提交证据。

经庭审质证，原告对于被告提交证据的关联性、合法性、真实性没有异议，对其证明作用持有异议，第三人对被告提交的证据没有异议。对于原告提交的证据，被告认为原告在行政程序中没有提交过证据1、2、4，该证据与本案无关，对证据3的关联性、合法性、真实性没有异议，对其证明作用持有异议，第三人同意被告的质证意见。本院根据最高人民法院《关于行政诉讼证据若干问题的规定》，对当事人提交的证据认证如下：因各方当事人对于被告提交证据及原告提交的证据3的关联性、合法性、真实性没有异议，本院对上述证据予以确认，上述证据可以证明本专利及对比文件的基本情况；因原告在行政程序中没有向被告提交过证据1、2、4，该证据不能作为认定被诉具体行政行为是否合法的证据，该证据与本案无关，本院不予以确认。

依据上述有效证据以及均无异议的当事人陈述，本院认定事实如下：

2003年11月3日，原告向国家知识产权局申请名称为"风扇扇叶（08RF002系列）"的ZL200330107783.6号外观设计专利（即本专利），2004年12月8日授权公告，专利权人为原告。

2006年4月14日，第三人向被告提出无效宣告请求，认为本专利不符合《专利法实施细则》第十三条第一款和《专利法》第九条的规定。第三人向被告提交以下证据：

附件1：第03344302.5号外观设计专利公告文本复印件（即对比文件1），其申请日为2003年8月8日，授权公告日为2004年4月7日，专利权人为宁波雪龙汽车风扇制造有限公司；

附件2：第03344301.7号外观设计专利公告文本复印件（即对比文件2），其申请日为2003年8月8日，授权公告日为2004年1月28日，专利权人为陈梁平；

附件3：第03330903.5号外观设计专利公告文本复印件（即对比文件3），其申请日为2003年5月31日，授权公告日为2003年12月3日，专利权人为贺财霖；

被告经形式审查合格后受理了第三人提出的无效请求，并成立合议组对本无效请求案进行审理。被告向原告送达了专利权无效宣告请求书及相关副本，原告向被告提交了意见陈述书，被告向原告和第三人送达了口头审理通知书。

2006年11月7日进行了口头审理，原告和第三人参加了口头审理。口头审理中，第三人明确其宣告无效的理由是本专利不符合《专利法》第九条和《专利法实施细则》第十三条第一款，第三人所使用的证据是对比文件1、2、3；第三人没有出示有关对比文件1、2、3的真实性的相关证据，原告请求被告代为核实对比文件1、2、3的真实性。被告经核实，上述对比文件与其专利公报中公开的专利内容相同。

被告经审查后作出无效决定，宣告本专利无效。原告不服无效决定，向本院提起行政诉讼。

另，原告在本院庭审中明确：对于无效决定案由部分载明的事实、审查程序以及理由部分关于法律依据、证据和事实认定没有异议。

本院认为：根据《专利法》第四十六条第一款的规定，被告具有受理无效请求和作出无效决定的法定职权。经各方当事人确认，本案的争议焦点是本专利与对比文件2是否属于相近似的外观设计。

根据《专利法》第九条的规定，两个以上的申请人分别就同样的发明创造申请专利的，专利权授予最先申请的人。

对比文件2的申请日早于本专利申请日，且公开日晚于本专利申请日，故对比文件2可以作为判断本专利是否符合《专利法》第九条的在先设计。

本专利公开了一种风扇，风扇整体为圆形轮廓，风扇中心有带有轮毂，轮毂与圆形扇叶圈之间为均匀分布的菜刀刀片状扇叶，其中轮毂中心为圆孔，邻近圆孔外围均匀分布有小安装孔，安装孔的外周分布有两条环行筋，两条筋之间是连接筋及由连接筋形成的孔，扇叶为9片，扇叶一边露于扇叶圈之外，另一边不露在扇叶圈之外等。(详细情况参见附图。)

对比文件2公开了一种风扇，风扇整体为圆形轮廓，风扇中心有带有轮毂，轮毂与圆形扇叶圈之间为均匀分布的菜刀刀片状扇叶，其中轮毂中心为圆孔，邻近圆孔外围均匀分布有小安装孔，安装孔的外周分布有两条环行筋，两条筋之间是连接筋及由连接筋形成的孔，扇叶为8片，扇叶一边露于扇叶圈之外，另一边不露在扇叶圈之外等。(详细情况参见附图。)

将本专利和对比文件2公开的风扇进行对比，可以看出，本专利的风扇扇叶为9片，对比文件2的风扇扇叶为8片，并且左、右视图显示扇叶突出扇叶圈外的形状不同，本专利与对比文件2公开的风扇的其他部件设计相同。由于上述两个风扇的扇叶都均匀分布在扇叶圈内，扇叶的数量较多，且数量相差仅为一片，上述差别属于细微变化，由扇叶数量不同而带来的扇叶间隙的变化也属于细微的变化，并且扇叶侧面轮廓的变化也属于局部的细微变化。在上述两个风扇的其他部件相同的情况下，一般消费者经过对本专利和对比文件2的外观设计的整体观察可以看出，二者差别对于产品外观设计的整体视觉效果不具有显著的影响。本专利相对于对比文件2不符合《专利法》第九条的规定。

被告作出的无效决定认定的事实清楚，适用法律正确，程序合法。原告的诉讼请求缺乏事实和法律依据，本院不予支持。据此，本院依照《中华人民共和国行政诉讼法》第五十四条第（一）项的规定，判决如下：

维持被告国家知识产权局专利复审委员会于二〇〇六年十二月四日作出的第9027号无效宣告请求审查决定。

案件受理费100元，由原告华纳圣龙（宁波）有限公司负担（已交纳）。

如不服本判决，可在本判决书送达之日起15日内向本院递交上诉状，并按对方当事人人数提交副本，上诉于北京市高级人民法院。

审　判　长　齐　莹
代理审判员　乔　军
人民陪审员　张燕宾
二〇〇七年九月二十七日
书　记　员　张　涵

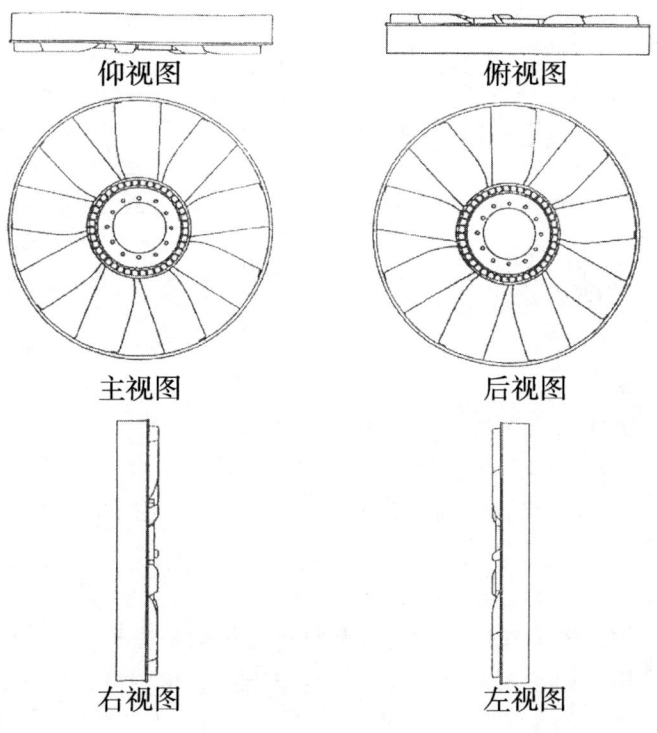

本专利附图

北京市高级人民法院
行政判决书

(2008) 高行终字第 321 号

上诉人（一审原告）华纳圣龙（宁波）有限公司，住所地宁波市鄞州投资创业中心金谷中路（西）289号。

法定代表人罗玉龙，董事长。

委托代理人周正付，浙江之星律师事务所律师。

委托代理人顾春峰，男，华纳圣龙（宁波）有限公司职员。

被上诉人（一审被告）国家知识产权局专利复审委员会，住所地北京市海淀区北四环西路9号银谷大厦10~12层。

法定代表人廖涛，副主任。

委托代理人周雷鸣，男，国家知识产权局专利复审委员会审查员。

委托代理人瞿晓峰，男，国家知识产权局专利复审委员会审查员。

被上诉人（一审第三人）陈剑慧，女，1977年7月3日出生，汉族，无业，住广东省广州市沙河顶66号后座之一。

委托代理人梁朝玉，北京金之桥知识产权代理有限公司专利代理人。

上诉人华纳圣龙（宁波）有限公司因专利无效宣告请求审查决定，不服北京市第一中级人民法院（2007）一中行初字第777号行政判决，向本院提起上诉。本院依法组成合议庭公开开庭审理了本案。上诉人华纳圣龙（宁波）有限公司（以下简称华纳圣龙公司）的委托代理人周正付、顾春峰，被上诉人国家知识产权局专利复审委员会（以下简称专利复审委员会）的委托代理人周雷鸣、瞿晓峰，被上诉人陈剑慧的委托代理人梁朝玉出庭参加了诉讼。本案现已审理终结。

2006年12月4日，专利复审委员会依据《中华人民共和国专利法》（以下简称《专利法》）第九条的规定，作出第9027号无效宣告请求审查决定（以下简称第9027号决定），宣告200330107783.6号外观设计专利权（以下简称本专利）无效。华纳圣龙公司对第9027号决定不服，向北京市第一中级人民法院提起行政诉讼。

北京市第一中级人民法院（2007）一中行初字第777号行政判决认定，根据《专利法》第四十六条第一款的规定，被告具有受理无效请求和作出无效决定的法定职权。经各方当事人确认，本案的争议焦点是本专利与对比文件2（第03344301.7号外观设计专利公告文本复印件，其申请日为2003年8月8日，授权公告日为2004年1月28日，专利权人为陈梁平，以下简称对比文件2）是否属于相近似的外观设计。根据《专利法》第九条的规定，两个以上的申请人分别就同样的发明创造申请专利的，专利权授予最先申请的人。对比文件2的申请日早于本专利申请日，且公开日晚于本专利申请日，故对比文件2可以作为判断本专利是否符合《专利法》第九条的在先设计。本专利公开了一种风扇，风扇整体为圆形轮廓，风扇中心有带有轮毂，轮毂与圆形扇叶圈之间为均匀分布的菜刀刀片状扇叶，其中轮毂中心为圆孔，邻近圆孔外围均匀分布有小安装孔，安装孔的外周分布有两条环行筋，两条筋之间是连接筋及由连接筋形成的孔，扇叶为9片，扇叶一边露于扇叶圈之外，另一边不露在扇叶圈之外等。对比文件2公开了一种风扇，风扇整体为圆形轮廓，风扇中心有带有轮毂，轮毂与圆形扇叶圈之间为均匀分布的菜刀刀片状扇叶，其中轮毂中心为圆孔，邻近圆孔外围均匀分布有小安装孔，安装孔的外周分布有两条环行筋，两条筋之间是连接筋及由连接筋形成的孔，扇叶为8片，扇叶一边露于扇叶圈之外，另一边不露在扇叶圈之外等。将本专利和对比文件2公开的风扇进行对比，可以看出，本专利的风扇扇叶为9片，对比文件2的风扇扇叶为8片，并且左、右视图显示扇叶突出扇叶圈外的形状不同，本专利与对比文件2公开的风扇的其他部件设计相同。由于上述两个风扇的扇叶都均匀分布在扇叶圈内，扇叶的数量较多，且数量相差仅为一片，上述差别属于细微变化，由扇叶数量不同而带来的扇叶间隙的变化也属于细微的变化，并且扇叶侧面轮廓的变化也属于局部的细微变化。在上述两个风扇的其他部件相同的情况下，一般消费者经过对本专利和对比文件2的外观设计的整体观察可以看出，二者差别对于产品外观设计的整体视觉效果不具有显著的影响。本专利相对于对比文件2不符合《专利法》第九条的规定。被告作出的无效决定认定的事实清楚，适用法律正确，程序合法。原告的诉讼请求缺乏事实和法律依据，不予支持。据此，依照《中华人民共和国行政诉讼法》第五十四条第（一）项的规定，判决维持专利复审委员会作出的第9027号决定。

华纳圣龙公司不服一审判决，提出上诉。诉称，作为环形汽车风扇产品而言，其外观设计可变部位主要在于扇叶，离开了这一前提则很容易得出所有环形汽车风扇都很相似的错误结论。因为外环只是一个圆圈，不可能有任何变化；中心轮毂起固定作用，轮毂必然有圆孔、安装孔和连接筋，外观上不可能有多大变化；其可变部位主要在于扇叶。且，就扇叶本身而言，尽管有扇叶形状、数量及分布上的变化，但汽车风扇产品主要还是一种功能性产品，其在汽车发动机箱内的装配空间有限，决定了汽车风扇产品外观设计上可设计的部位相对较少。本案被上诉人陈剑慧以三个对比文件均与上诉人外观设计专利相近似为由要求宣告无效，也正说明了现存的汽车风扇外观设计专利间都只有细小的差别，相互间不会有大的差别。因此，针对汽车风扇这种产品，在判断两个环形汽车风扇外观专利是否相近似时，必须着眼于其可变部位，而且也必须以汽车行业相关的特定消费群体的消费者的眼光判断，而非普通的大众消费者。本专利与对比文件2相比，扇叶形状不同、扇叶数量不同，且一个是对称设计、一个是非对称设计。上述差别足以使本专利与对比文件2不相混同、不会被误认，而且对于产品外观设计的整体视觉效果具有显著影响。此外，2006版审查指南中判断外观设计专利不相近似的标准高于2001版的标准。对于华纳圣龙公司2003年11月申请，2004年12月公告的专利适用2006版标准进行审查对上诉人明显不公平。综上，华纳圣龙公司认为本专利与对比文件2存在的差别对于产品外观设计的整体视觉效果具有显著影响，二者不相近似。故请求二审法院依法撤销一审判决，依法撤销第9027号决定。

专利复审委答辩称，一、判断两项外观设计是否属于同样的发明创造，就是要判断这两项外观设计相同或者相近似。在判断是否相同或相近似应当基于被比设计的一般消费者的认知水平和认知能力进行评价。本案中涉案专利与对比文件2是否相近似的判断主体应当是汽车冷却风扇的一般消费者，而不是特定消费群体的消费者。二、根据审查指南的规定，外观设计是否相同或相近似的判断方式为从一般消费者的角度直接观察涉案专利和对比文件2，并根据整体观察和综合判断的方式进行相同或相近似的判断，而不应当从外观设计的部分或者局部出发得出与对比文件2是否相同或相近似的结论。"要部观察"或"要部判断"的判断方式已经被审查指南规定放弃的判断方式，不应当再利用"要部"进行判断。三、华纳圣龙公司对与涉案专利与对比文件2是否相近似所强调的扇叶形状、扇叶数量等不同，均属于局部的细微差别以及风扇俯、仰、左、右视图处于使用时不容易看到的部位设计的细微变化，二者相近似，属于同样的发明创造。综上，第9027号决定认定事实清楚，适用法律正确，审理程序合法，华纳圣龙公司的诉讼请求没有事实和法律依据，请求二审法院依法驳回华纳圣龙公司的上诉请求，维持第9027号决定。

被上诉人陈剑慧同意专利复审委员会的意见。

经审理查明，华纳圣龙公司于 2003 年 11 月 3 日向国家知识产权局申请名称为"风扇扇叶（08RF002 系列）"的 ZL200330107783.6 号外观设计专利（即本专利），2004 年 12 月 8 日授权公告，专利权人为华纳圣龙公司。2006 年 4 月 14 日，陈剑慧以本专利不符合《专利法》第九条和《中华人民共和国专利法实施细则》（以下简称《专利法实施细则》）第十三条第一款的规定为由，向专利复审委员会提出无效宣告请求，并同时提交以下证据：

附件 1：第 033443025 号外观设计专利公告文本复印件（即对比文件 1），其申请日为 2003 年 8 月 8 日，授权公告日为 2004 年 4 月 7 日，专利权人为宁波雪龙汽车风扇制造有限公司；

附件 2：第 03344301.7 号外观设计专利公告文本复印件（即对比文件 2），其申请日为 2003 年 8 月 8 日，授权公告日为 2004 年 1 月 28 日，专利权人为陈梁平；

附件 3：第 03330903.5 号外观设计专利公告文本复印件（即对比文件 3），其申请日为 2003 年 5 月 31 日，授权公告日为 2003 年 12 月 3 日，专利权人为贺财霖。

经形式审查合格后，专利复审委员会受理了陈剑慧提出的无效请求，并于 2006 年 7 月 2 日向华纳圣龙公司送达了专利权无效宣告请求书及相关文件的副本。专利复审委员会于 2006 年 8 月 15 日收到华纳圣龙公司提交的意见陈述书。专利复审委员会于 2006 年 9 月 13 日向华纳圣龙公司和陈剑慧送达了口头审理通知书。2006 年 11 月 7 日进行了口头审理，华纳圣龙公司和陈剑慧参加了口头审理。口头审理中，陈剑慧明确其宣告无效的理由是本专利不符合《专利法》第九条和《专利法实施细则》第十三条第一款，陈剑慧所使用的证据是对比文件 1、2、3；陈剑慧没有出示有关对比文件 1、2、3 的真实性的相关证据，华纳圣龙公司请求专利复审委代为核实对比文件 1、2、3 的真实性。专利复审委员会经核实，对上述对比文件的真实性予以认可。2006 年 12 月 4 日，专利复审委员会作出第 9027 号决定，宣告本专利无效。华纳圣龙公司不服第 9027 号决定，向北京市第一中级人民法院提起行政诉讼。

一审法院审理期间，专利复审委员会向法院提交了以下证据：1. 本专利授权公告文本；2. 第 03344301.7 号外观设计专利公告文本（即无效决定中的附件 2）。华纳圣龙公司向法院提交了以下证据：1. 中国第一汽车集团公司配套企业产品名录；2. 华纳圣龙公司产品的宣传册；3. 第 03330903.5 号外观设计专利公告文本（即无效决定中的附件 3）；4. 中国电话号簿。华纳圣龙公司在一审法院庭审中明确，其在无效程序中没有向专利复审委员会提交过证据 1、2、4。

一审法院对上述证据中专利复审委员会提交证据及华纳圣龙公司提交的证据 3，认为符合证据关联性、合法性、真实性的要求，可以证明本专利及对比文件的基本情况，予以确认；因华纳圣龙公司在行政程序中没有向专利复审委员会提交过证据 1、2、4，该证据不能作为认定被诉具体行政行为是否合法的证据，该证据与本案无关，不予以确认。

上述证据均随案移送本院，经开庭审查，本院认可一审法院的认证意见，可以作为认定本案事实的根据。

本院认为，《专利法》第九条规定，两个以上的申请人分别就同样的发明创造申请专利的，专利权授予最先申请的人。对比文件 2 的申请日早于本专利申请日，公开日晚于本专利申请日，故对比文件 2 可以作为判断本专利是否符合《专利法》第九条的在先设计。对比文件 2 的外观设计与本专利外观设计均为风扇，两者属于相同种类的产品。将本专利与对比文件 2 公开的风扇进行对比，可以看出，本专利的风扇扇叶为 9 片，对比文件 2 的风扇扇叶为 8 片，并且左、右视图显示扇叶突出扇叶圈外的形状不同，本专利与对比文件 2 公开的风扇的其他部件设计相同。由于上述两个风扇的扇叶均匀分布在扇叶圈内，扇叶的数量较多，且数量相差仅为一片，上述差别属于细微变化，由扇叶数量不同而带来的扇叶间隙的变化也属于细微变化，并且扇叶侧面轮廓的变化也属于细微变化。在上述两个风扇的其他部件相同的情况下，一般消费者经过对本专利和对比文件2的外观设计的整体观察可以看出，二者差别对于产品外观设计的整体视觉效果不具有显著的影响。本专利相对于对比文件2不符合《专利法》第九条的规定。综上，专利复审委员会作出的9027号决定，认定事实清楚，适用法律正确，审查程序合法。一审判决维持专利复审委员会作出的第9027号决定正确，本院应予维持。上诉人华纳圣龙公司的诉讼请求缺乏事实及法律依据，本院不予支持。依据《中华人民共和国行政诉讼法》第六十一条第（一）项的规定，判决如下：

驳回上诉，维持一审判决。

二审案件受理费100元，由上诉人华纳圣龙（宁波）有限公司负担（已交纳）。

本判决为终审判决。

审　判　长　程　琥
审　判　员　朱世宽
代理审判员　赵宇晖
二〇〇八年七月二十二日
书　记　员　王　芳

用于电开关、插座及类似物的盖板

无效宣告请求审查决定（第 9028 号）

决 定 号	第 9028 号
决 定 日	2006 年 11 月 16 日
发明创造名称	用于电开关、插座及类似物的盖板
国 际 分 类 号	13-03-S0478
无 效 请 求 人	广州格莱玛电工器材有限公司
专 利 权 人	维马股份公司
专 利 号	99303659.7
申 请 日	1999 年 3 月 24 日
授 权 公 告 日	1999 年 10 月 23 日
合 议 组 组 长	崔哲勇
主 审 员	周雷鸣
参 审 员	樊晓东
附 图	3 页

法 律 依 据 专利法第 23 条

决 定 要 点

根据"整体观察、综合判断"的原则，本专利外观设计与对比文件所涉及的开关面板的整体安排布局不相同，二者的不同点在开关面板的整体形状中有较大差异，并对开关面板的整体视觉效果产生显著的影响，所以本专利外观设计和对比文件所涉及的产品外观设计是不同、不相近似的，因此本专利符合中国专利法第 23 条的规定。

一、案由

本无效宣告请求涉及国家知识产权局于 1999 年 10 月 23 日授权公告的名称为"用于电开关、插座及类似物的盖板"的 99303659.7 号外观设计专利权（下称本专利外观设计），其申请日为 1999 年 3 月 24 日，专利权人为维马股份公司。

针对上述专利权，广州格莱玛电工器材有限公司（下称请求人）于 2006 年 3 月 22 日向专利复审委员会提出无效宣告请求，其理由是本专利外观设计不符合专利法第 9、23 条的规定，并同时提交如下附件作为证据：

附件 1：ZL97326233.8 号外观设计专利公报复印件（共 1 页），授权公告日为 1998 年 12 月 9 日；
附件 2：ZL97325224.3 号外观设计专利公报复印件（共 1 页），授权公告日为 1998 年 12 月 2 日。

请求人认为：(1) 本专利外观设计的主视图中开关面板的形状近似为长方形，中间设有一个长方形框，在两个矩形框的四个角之间有四条放射状的直线，而附件1中公开的外观设计中开关面板的主视图为近似长方形、中间也设有一个长方形框，在两个矩形框的四个角之间有四条放射状的直线，两者相比，附件1中公开的外观设计在开关面板的中部多了一个正方形框，但并不影响两者的近似性，两者的左、右、仰、俯、后视图相近似；(2) 附件2中公开的外观设计的主视图中开关面板的形状为近似长方形、中间设有一个长方形框，与本专利外观设计相比，附件2中公开的外观设计缺少了四条斜线，但是不影响两者的相近似性；因此本专利外观设计不符合专利法第9、23条的规定。

经形式审查合格后，专利复审委员会依法受理了上述无效宣告请求，并于2006年6月9日将无效宣告请求书及相关文件的副本转给专利权人，要求其在指定的期限内答复。

专利权人于2006年7月24日提交了意见陈述书，其中陈述的理由是：(1) 本专利外观设计的盖板中央具有一个矩形窗口，窗口的周围有一个具有一定倾斜度的周边框架，框架的垂直侧宽度比水平的宽度宽；附件1中公开的外观设计的盖板具有一个长方形中央窗口，窗口形成于一个平矩形板内，矩形板被包围在一个具有一定倾斜度的周边框架内，框架的水平侧和垂直侧具有相同的宽度；本专利外观设计的周边框架的内边缘具有一个围绕着整个矩形窗口的细窄的外部突起，附件1中公开的外观设计中没有，且附件1中公开的外观设计中央方形窗口周围是平的，直接与矩形板邻接；附件1中公开的外观设计的周边框架的外部拐角具有较大的圆角，周边框架的水平外周具有明显的弧度，本专利外观设计的周边框架的外部拐角只有很小的圆角，周边框架的水平外周边和垂直外周边均是直线型的，两者之间的整体视觉效果不同；附件1中公开的外观设计中矩形板的右侧底部拐角中设有一个三角形突起，本专利外观设计中没有这样的突起；附件1中公开的外观设计与本专利外观设计整体上具有基本为矩形的外轮廓是惯常采用的形状，中央窗口是开关面板必然具有的由功能所决定的结构等；(2) 附件2中公开的外观设计采用了矩形周边框架，但是周边框架完全是平的，与本专利外观设计存在非常明显的区别，矩形框架是该类产品的惯常设计等。

专利复审委员会于2006年8月29日向双方当事人发出口头审理通知书，定于2006年10月26日对本案进行口头审理。

口头审理如期举行，双方当事人参加了口头审理。口头审理中，专利权人对附件1中公开的外观设计的真实性无异议；请求人当庭明确其无效理由为本专利外观设计相对于附件1中公开的外观设计或附件2中公开的外观设计不符合专利法第23条的规定，放弃本专利外观设计不符合专利法第9条的理由。

至此，合议组认为本案事实清楚，依法作出本审查决定。

二、决定的理由

1. 法律依据

基于请求人提出无效宣告请求所依据的事实和理由，合议组对本专利外观设计是否符合专利法第23条进行审查。

专利法第23条规定，授予专利权的外观设计，应当同申请日以前在国内外出版物上公开发表过或者国内公开使用过的外观设计不相同和不相近似，并不得与他人在先取得的合法权利相冲突。

2. 证据和事实认定

专利权人对附件1和2中公开的外观设计的真实性无异议，附件1的公开日（1997年12月9日）和附件2的公开日（1998年12月12日）均早于本专利外观设计的申请日，附件1和2中公开的外观设计都可以与本专利外观设计进行相近似性对比。

3. 外观设计相近似性的认定

附件1中所示的外观设计与本专利的外观设计均为开关面板，二者属于相同种类的产品，故对二者进行如下相近似性对比：

本专利外观设计公开一种开关面板的外观形状，从主视图、左视图、右视图、仰视图、俯视图和后视图中看出，开关面板为带倒角的弧面板状长方形，面板中间有一长方形凸缘，和与凸缘紧邻的开孔，其中弧面是以长方形孔和长方形的面板的外周对角线为弧面分界线，由孔的四个边向面板外沿倾斜，面板的底部具有一矩形卡口。（参见附图，本专利）

附件1公开一种开关面板的外观设计，从其主视图、左视图、右视图、仰视图、俯视图和立体图中看出，开关面板为带倒角的弧面板状长方形，面板中间有一长方形凸缘，凸缘内为平面状面板，面板一角具有斜纹，面板中间有一正方形孔，孔内具有卡槽，其中弧面是以长方形凸缘和长方形的面板的外周对角线为弧面分界线，由孔的四个边向面板外沿倾斜，面板的底部具有三角形的突起等。（参见附图，附件1）

根据"整体观察、综合判断"的原则，合议组认为：本专利外观设计与附件1中公开的外观设计相比，二者所涉及的面板整体布局不相同，存在以下区别：（1）本专利外观设计中凸缘所包括的面积比例明显小于附件1中凸缘所包括的面积的比例；（2）本专利外观设计开关面板中央凸缘内为长方形孔，附件1中公开的外观设计的开关面板凸缘内为平面状板，平面状板内带有较小的正方形孔；（3）两者的开孔的形状和大小不同。上述区别使本专利与附件1的外观设计从整体上看具有显著不同，本专利和附件1中公开的外观设计所涉及的产品形状设计是不相近似的，因此附件1中公开的外观设计和本专利外观设计不属于相近似的外观设计。

附件2公开了一种嵌入式开关面板的外观设计，从其主视图、左视图、右视图、后视图、俯视图和剖视图中看出，开关面板为板状的长方形，其中间有一长方形孔，面板的后部带有凸出部和凹槽等。

根据"整体观察、综合判断"的原则，合议组认为：本专利外观设计与附件1中公开的外观设计相比，二者所涉及的面板整体布局不相同，存在以下区别：本专利外观设计开关面板为弧面，面板中央的长方形孔四周有一凸缘，面板弧面是以长方形孔和长方形的面板的外周对角线为弧面分界线，由孔的四个边向面板外沿倾斜，而附件2中公开的外观设计的开关面板为平面状，没有以孔和面板外周对角线为界线、各自由里向外倾斜的弧面，面板中间没有凸缘。上述区别使本专利与附件1的外观设计从整体上看具有显著不同，本专利和附件1中公开的外观设计所涉及的产品形状设计是不相近似的，因此附件1中公开的外观设计和本专利外观设计不属于相近似的外观设计。

基于上述对比，合议组认为请求人关于本专利外观设计与附件1、2中公开的外观设计属于相同或相近似外观设计的理由不成立。

综上所述，请求人有关本专利外观设计不符合中国专利法第23条规定的无效理由不成立。

三、决定

维持第99303659.7号外观设计专利权有效。

当事人对本决定不服的，可以根据专利法第46条第2款的规定，自收到本决定之日起三个月内向北京市第一中级人民法院起诉。根据该款的规定，一方当事人起诉后，另一方当事人应当作为第三人参加诉讼。

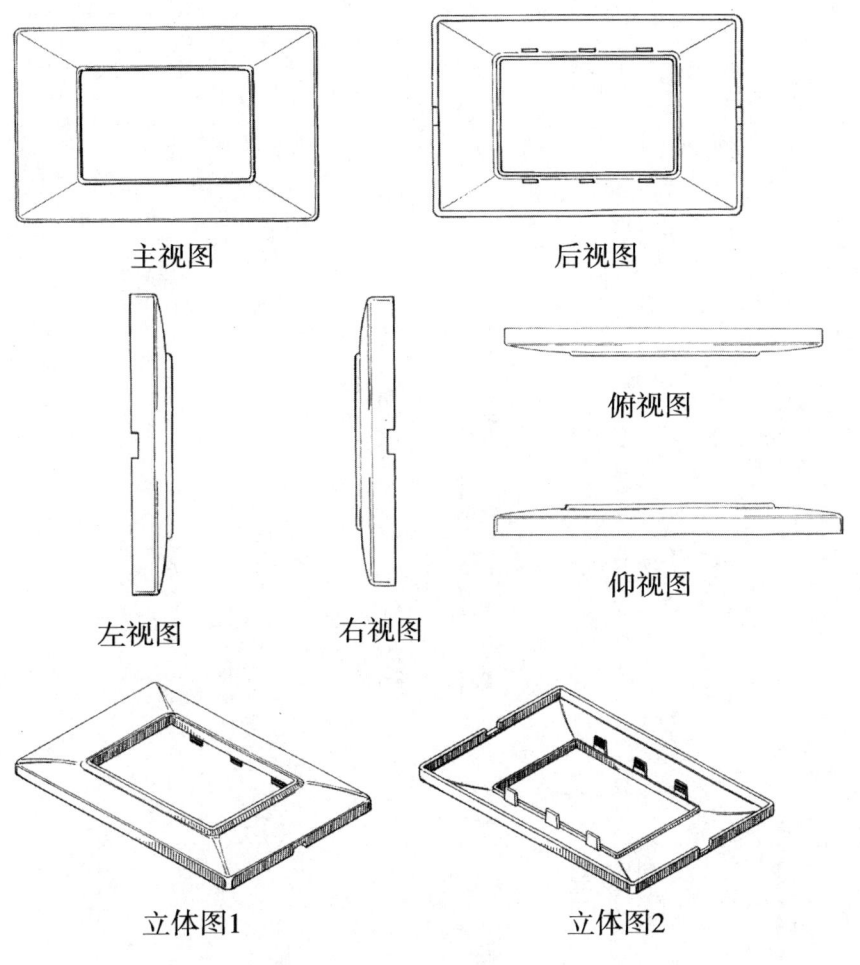

本专利附图

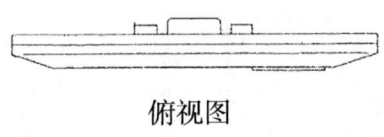
俯视图

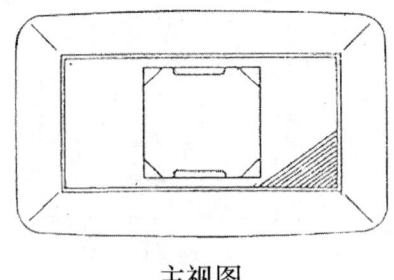
主视图

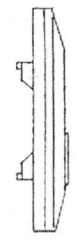
左视图

附件1附图

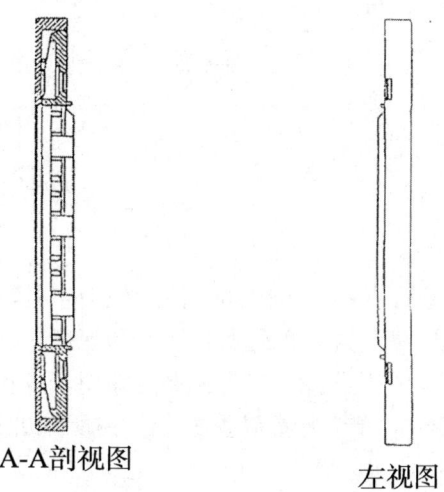
A-A剖视图　　　　左视图

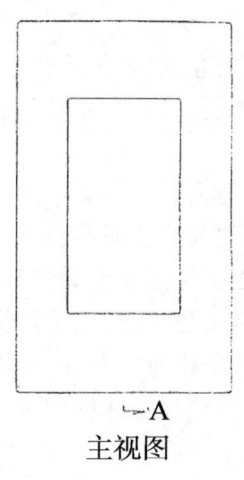
主视图

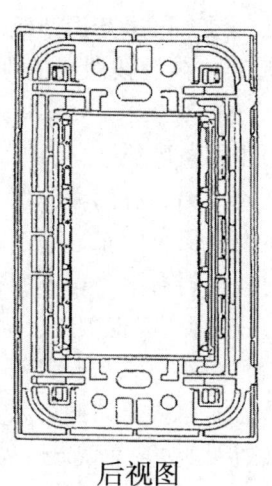
后视图

俯视图

附件 2 附图

北京市第一中级人民法院
行政判决书

(2007) 一中行初字第 355 号

原告淄博工陶耐火材料有限公司，住所地山东省淄博市博山区五岭路 60 号

委托代理人巩同海，男，青岛发恩特专利商标代理有限公司专利代理人

委托代理人张荣彦，男，北京信慧永光知识产权代理有限按责任公司专利代理人

被告国家知识产权局专利复审委员会，住所地北京市海淀区北四环西路 9 号银谷大厦 10 层至 12 层

法定代表人廖涛，副主任

委托代理人叶娟，女，国家知识产权局专利复审委员会干部

委托代理人程强，男，国家知识产权局专利复审委员会干部

第三人山东硅苑新材料科技股份有限公司，住所地山东省淄博市高新技术产业开发区柳泉路 264 号

法定代表人殷书建，董事长

委托代理人张建成，男，济南舜源专利事务所公司专利代理人

委托代理人孙兆杰，男，山东硅苑新材料科技股份有限公司人力资源部经理

原告淄博工陶耐火材料有限公司不服被告国家知识产权局专利复审委员会 2006 年 12 月 19 日作出的第 9207 号无效宣告请求审查决定，向本院提起诉讼。本院依法组成合议庭受理后。在本院审理过程中，原告以其"拟与第三人进行和解"，"本案没有继续诉讼必要"为由，向本院申请撤回起诉。

经审查，本院认为，原告申请撤诉系其真实意思表示，且不违反法律规定，本院予以准许。依照《中华人民共和国行政诉讼法》第五十一条的规定，裁定如下：

准许淄博工陶耐火材料有限公司撤回起诉。

案件受理费 1000 元，减半收取 500 元，由原告淄博工陶耐火材料有限公司负担（已交纳）。

审　判　长　饶亚东
代理审判员　刘景文
代理审判员　付勇军
二〇〇七年九月七日
书　记　员　盛　阳

包装机（JR3410B）

无效宣告请求审查决定（第 9029 号）

决 定 号	第 9029 号
决 定 日	2006 年 12 月 11 日
发明创造名称	包装机（JR3410B）
国 际 分 类 号	15-99
无效宣告请求人	达和机械（昆山）有限公司
专 利 权 人	精锐机械（广州）有限公司
专 利 号	200430085288.4
申 请 日	2004 年 9 月 30 日
授 权 公 告 日	2005 年 8 月 3 日
合 议 组 组 长	黄毅斐
主 审 员	周雷鸣
参 审 员	杜 宇
附 图	1 页

法 律 依 据 专利法第 23 条

决 定 要 点

专利法第 23 条所称的在先取得的合法权利包括：商标权、著作权、企业名称权、肖像权、知名商标特有包装或者装潢使用权等，商业秘密和技术秘密不属于上述合法权利。

本专利与在其申请日之前公告的外观专利相比，二者的差别对于产品外观设计的整体视觉效果具有显著的影响，因此本专利符合专利法第 23 条的规定。

一、案由

本无效宣告请求涉及国家知识产权局于 2004 年 8 月 3 日授权公告的名称为"包装机（JR3410B）"的 200430085288.4 号外观设计专利（下称本专利），其申请日为 2004 年 9 月 30 日，专利权人为精锐机械（广州）有限公司，设计人为陈强。

针对上述专利权，达和机械（昆山）有限公司（下称请求人）于 2006 年 6 月 22 日向专利复审委员会提出无效宣告请求，其理由是本专利不符合专利法第 23 条的规定，并同时提交如下附件作为证据：

附件 1：ZL01343483.7 号外观设计专利证书复印件，授权公告日为 2002 年 3 月 13 日；

附件 2：ZL01343483.7 号外观设计图片复印件；

附件3：广东省广州市中级人民法院民事判决书［(2005) 穗中法民三知初第202号］复印件；

附件4：陈强入职请求人的资料和离职凭证，其中包括：达和机械（昆山）有限公司与陈强签订的"劳动协议书"复印件，甲方达和机械（昆山）有限公司与乙方陈强签订的"劳动合同书"复印件，甲方达和机械（昆山）有限公司与乙方陈强签订的"保密协议"复印件；达和机械（昆山）有限公司关于陈强的离职证明书和人事资料卡复印件；

附件5：精锐机械（广州）有限公司董事会成员名单复印件，陈强的暂住人口登记表复印件，带有精锐机械（广州）有限公司陈强副总经理字样的名片复印件；

附件6：精锐机械（广州）有限公司企业法人营业执照（副本）复印件；

附件7：达和机械（昆山）有限公司出具的陈祥甫的法定代表人身份证明书；

附件8：中华人民共和国出入境管理局签发的陈祥甫的证件复印件。

请求人认为：（1）陈强曾在达和机械（昆山）有限公司就职，与请求人签署过《保密协议》，陈强未与请求人办理离职手续时就入职精锐公司，违反保密协议，精锐公司申请外观专利的行为系侵犯请求人商业秘密和技术秘密的行为，违反了专利法第23条的规定；（2）附件2的外观设计于2002年3月13日取得专利，本专利于2004年9月30提出申请，附件2的公开日早于本专利的申请日，本专利与附件2的外观设计属于同类产品，两者的形状外观极为相似，可判断为"相同"，本专利不符合专利法第23条的规定。

经形式审查合格后，专利复审委员会依法受理了上述无效宣告请求，并于2006年8月10日将无效宣告请求书及相关文件的副本转给专利权人，要求其在指定的期限内答复。

专利复审委员会于2006年10月10日收到专利权人提交的意见陈述书，其中陈述的主要理由是：（1）有关人事资料证据不属于专利法第23条所规范的内容，与本案无关；（2）本专利是为包装药品而设计的，可叫药品包装机，而附件2的包装机为食品包装机，两者类别不同；（3）本专利与附件2外观上存在差异，从主视图看，本专利的箱体右侧还连有一个比较大的箱子图案，而附件2没有；本专利的箱体左上方小箱子有一个规则向左突出的嘴，而附件2的该嘴端有向下突出块，构成钩的形状，顶端还多出一块向上突起的图案；本专利的箱体底部有脚，而附件2没有；从俯视图看，本专利的箱体右方有一箱子，而附件2没有；从左视图看，本专利的顶部基本持平，而附件2的顶部上连有一个箱子；从右视图看，本专利的箱体为一规则完整图案，无辊轴图案，而附件2中部为一横梁与右侧附箱相连，在右上方有多条辊轴图案；从后视图看，本专利箱体左侧有一个箱子图案，在机右上部为一似倒立的长统水胶鞋图案，而附件2的箱体左侧没有箱子图案，箱体右上部有一向右突出的钩状图案，在该部顶部有一个向上突起的竖向长方形图案。

专利复审委员会于2006年10月13日向双方当事人发出口头审理通知书，定于2006年11月23日对本案进行口头审理，同时将专利权人提交的意见陈述书转送给请求人。

专利复审委员会于2006年10月31日收到专利权人提交的意见陈述书和空白合同书。

口头审理如期举行，双方当事人参加了口头审理。合议组当庭将专利复审委员会于2006年10月31日收到的、专利权人提交的意见陈述书和空白合书同转交给请求人。口头审理中，双方当事人对合议组成员变更没有异议，对合议组成员没有回避请求；双方当事人对对方出庭人员的身份没有异议；请求人当庭明确其无效理由为本专利不符合专利法第23条的规定，当庭出示附件1~3的原件；专利权人当庭明确表示对附件1~8的真实性没有异议，但是认为附件3~8与本案无关，不应做为无效的理由；专利权人当庭提交其与广州市白云百龙玩具厂签订的购买JINPAK JR—3400R—RD114型横枕式包装机的合同书（下称反证1）的原件及复印件各一份，用以证明本专利的包装机仅用于包装玩具；针对专利权人当庭提交的合同书，请求人提交了两份证据：达和机械（昆山）有限公司型号为FW—340mⅡ的高速横枕式制袋—充填—密封包装机宣传彩页（下称证据1）；精锐机械（广州）有限公司JR—3400R型包装机的宣传彩页（下称证据2）。请求人用证据2证明专利权人的产品可用于包装食品；双方当事人均对对方当事人当庭提交的证据的真实性没有异议，但对证据1、2的提交时间有异议；合议组当庭告知双方当事人双方当庭提交的证据可以接受；双方当事人当庭已经充分陈述各自的意见，口审之后，合议组不再接受双方当事人的任何意见和证据。

至此，合议组认为本案事实清楚，依法作出本审查决定。

二、决定的理由

1. 法律依据

基于请求人提出无效宣告请求所依据的事实和理由，合议组对本专利是否符合专利法第23条的规定进行审查。

专利法第23条规定，授予专利权的外观设计，应当同申请日以前在国内外出版物上公开发表过或者国内公开使用过的外观设计不相同和不相近似，并不得与他人在先取得的合法权利相冲突。

2. 证据和事实认定

专利权人对请求人提供的附件1~8和证据1、2的真实性无异议，因此附件1~8、证据1、2可以作为本案的证据使用；请求人对专利权人提供的反证1的真实性无异议，因此反证1可以作为本案的证据使用。

证据2公开了包装机、饼干食品等图案；附件6中公开了专利权人的经营范围：生产加工食品机械、包装机械、机械零件、经营本公司产品；虽然反证1公开的是专利权人与玩具厂签订的购买包装机的合同，但是从专利权人和请求人提供的证据来看，该包装机是用于包装袋装产品的机器，包装方式均为密封包装，包装机包装的产品类型可以由用户来决定，并且专利权人和请求人的经营范围有重叠，证据2中的食品图案与包装机处于同一宣传页，该宣传页中的文字均用于描述包装机，可以认定包装机与食品包装之间具有关联性，因此专利权人提出的本专利的包装机仅用于包装玩具或者用于药品包装的理由不成立，本专利与附件2属于同类产品；由于附件2的授权公告日（2002年3月13日）早于本专利的申请日（2004年9月30日），因此附件2可以作为在先设计用于与本专利进行相近似的比较。

3. 关于专利法第23条

（1）与他人在先取得的合法权利相冲突。

2002年6月22日发布的《最高人民法院关于审理专利纠纷案件适用法律问题的若干规定》第16条规定，专利法第23条所称的在先取得的合法权利包括：商标权、著作权、企业名称权、肖像权、知名商标特有包装或者装潢使用权等。

附件3涉及广东省广州市中级人民法院民事判决本专利的设计人违反保密协议等内容；附件4涉及本专利的设计人陈强入职达和机械（昆山）有限公司的资料和离职凭证；附件5涉及精锐机械（广州）有限公司董事会成员名单复印件，陈强暂住人口登记表复印件，带有精锐机械（广州）有限公司陈强副总经理字样的名片复印件；附件6涉及精锐机械（广州）有限公司企业法人营业执照（副本）；附件7涉及达和机械（昆山）有限公司出具的陈祥甫的法定代表人身份证明书；附件8涉及中华人民共和国出入境管理局签发的陈祥甫的证件复印件；由于附件3~8均未涉及请求人的商标权、著作权、企业名称权、肖像权、知名商标特有包装或者装潢使用权等权利，专利法第23条所称的在先取得的合法权利未包括商业秘密和技术秘密，附件3~8与请求人在先取得的合法权利之间无关联性，因此请求人依据附件3~8提出的本专利违反专利法第23条有关不得与他人在先取得的合法权利相冲突的规定的理由不成立。

（2）相同、相近似。

本专利公开了一种包装机，从主视图、俯视图、左右视图和后视图来看，包装机沿水平方向可分为近似矩形的箱体部分、带有支撑脚的主机部分和沿主机中间部分向箱体部分反方向延伸的输送部分；其中该箱体部分上部为带有边框的两个并列排布的矩形箱，该矩形箱之间被隔开，该箱体部分下部为一矩形箱子，下部大于上部，整个箱体部分几乎与主体部分等高；该主机部分处于箱体部分和输送部分之间，主机部分靠近输送部分的上方带有多个辊轮，主机部分带有一突出于输送部分上方的角部，从主视图和后视图看，该角部下边为一倾斜边，辊轮位于角部内，主机部分的顶部为两台阶状；输送部分上部是一中间带有包装传送装置的水平操作台，远离主体部分的输送部分远端上方带有一折边的矩形平台；从主视图和后视图看，沿箱体部分和主机部分的顶部呈两个高度几乎相同的台阶，即形状。（详见附图。）

附件2公开了一种包装机，从主视图、俯视图、左右视图和后视图来看，包装机沿水平方向可分为箱体部分、带有支撑脚的主机部分和沿主机中间部分向箱体反方向延伸的输送部分；其中该箱体部分被主机中部延伸部分分开，上部大下部小，上部为矩形，下部为梯形，整个箱体部分位于主体部分的中部；该主机部分处于箱体部分和输送部分之间，靠近输送部分的主机部分上部带有多个辊轮，带有一突出于输送部分上方的角部，从主视图和后视图看，该角部向外、向下突出，一辊轮构成该角部的突出部分，主机部分的顶部由箱体部分呈三个逐渐上升的台阶和一个下降的台阶；输送部分上部是一中间带有包装传送装置的水平操作台，远离主体部分的输送部分远端上方带有一折边的矩形平台，从主视图和后视图看，沿箱体部分和主机部分的顶部呈三个高度、大小不相同的上升台阶和一个下降台阶，即形状。（详见附图。）

将本专利和附件2公开的包装机进行对比，包装机的主体部分和输送部分构成形状基本相同；本专利与附件2的主要区别是：本专利包装机的箱体部分下部带有一矩形箱子，下部大于上部，且箱体部分整体与主体部分几乎等高，而附件2中箱体部分下部为一梯形小箱子，箱体部分下部明显小于上部；本专利的包装机沿箱体部分和主机部分的顶部呈两个高度几乎相同的台阶，附件2沿箱体部分和主机部分的顶部呈四个高度、大小不相同的上升台阶和一个下降台阶；本专利中辊轮均不突出于角部，附件2中包装机的一辊轮突出角部，等等。合议组认为，本专利和附件2的包装机主体部分、箱体部分的外观整体轮廓不同，本专利和附件2的外观设计的上述主要区别对于产品外观设计的整体视觉效果具有显著的影响。本专利与附件2既不相同，也不近似，本专利相对于附件2符合专利法第23条的规定。

综上所述，本专利的外观设计符合专利法第23条的规定。

三、决定

维持200430085288.4号外观设计专利权有效。

当事人对本决定不服的，可以根据专利法第46条第2款的规定，自收到本决定之日起三个月内向北京市第一中级人民法院起诉。根据该款规定，一方当事人起诉后，另一方当事人应当作为第三人参加诉讼。

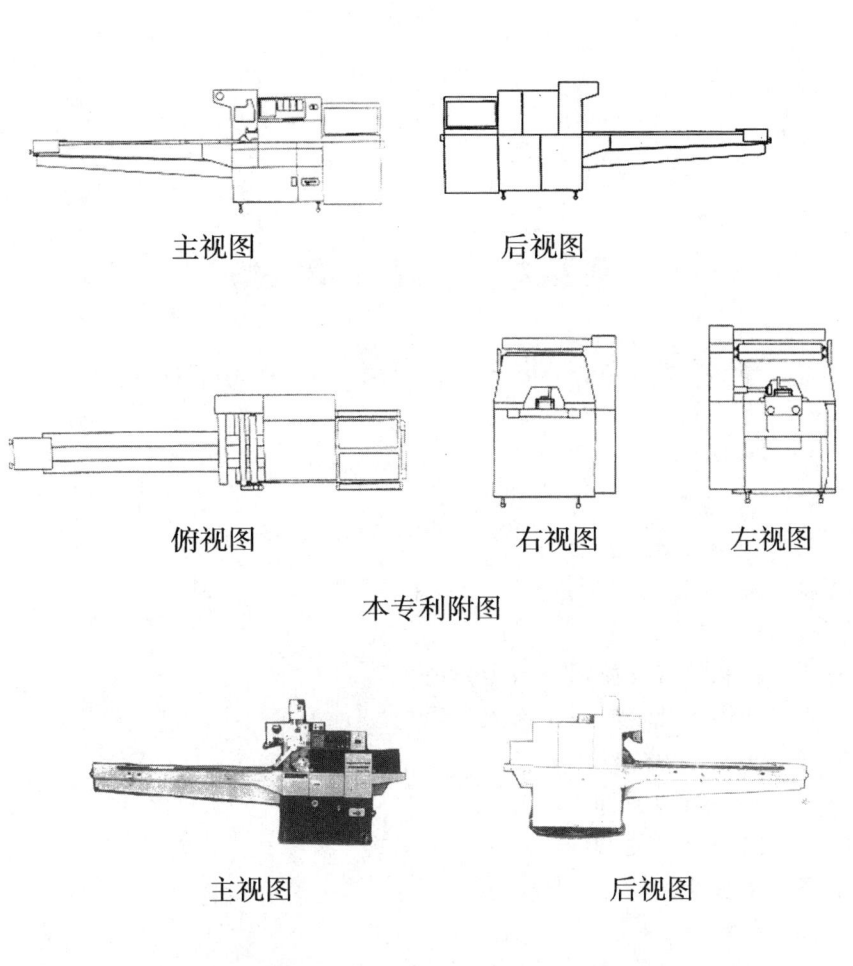

主视图　　　　　　后视图

俯视图　　　　右视图　　　左视图

本专利附图

主视图　　　　　　后视图

左视图　　　　　　右视图

俯视图　　　　　立体参考图

附件2附图

069

包装机（JR3400R）

无效宣告请求审查决定（第9030号）

决　定　号	第9030号
决　定　日	2006年12月10日
发明创造名称	包装机（JR3400R）
国际分类号	15-99
无效宣告请求人	达和机械（昆山）有限公司
专 利 权 人	精锐机械（广州）有限公司
专　利　号	200430085287.X
申　请　日	2004年9月30日
授权公告日	2005年4月20日
合议组组长	黄毅斐
主　审　员	周雷鸣
参　审　员	杜　宇
附　　　图	1页

法　律　依　据 专利法第23条

决　定　要　点

专利法第23条所称的在先取得的合法权利包括：商标权、著作权、企业名称权、肖像权、知名商标特有包装或者装潢使用权等，商业秘密和技术秘密不属于上述合法权利。

根据"整体观察、综合判断"的原则，本专利与对比文件相比，二者的差别对于产品外观设计的整体视觉效果具有显著的影响，因此本专利符合专利法第23条的规定。

一、案由

本无效宣告请求涉及国家知识产权局于2005年4月20日授权公告的名称为"包装机（JR3400R）"的200430085287.X号外观设计专利（下称本专利），其申请日为2004年9月30日，专利权人为精锐机械（广州）有限公司，设计人为陈强。

针对上述专利权，达和机械（昆山）有限公司（下称请求人）于2006年6月22日向专利复审委员会提出无效宣告请求，其理由是本专利不符合专利法第23条的规定，并同时提交如下附件作为证据：

附件1：ZL01343483.7号外观设计专利证书复印件，授权公告日为2002年3月23日；
附件2：ZL01343483.7号外观设计图片复印件；

附件3：广东省广州市中级人民法院民事判决书［（2005）穗中法民三知初第202号］复印件；

附件4：陈强入职请求人的资料和离职凭证，其中包括：达和机械（昆山）有限公司与陈强签订的"劳动协议书"复印件，甲方达和机械（昆山）有限公司与乙方陈强签订的"劳动合同书"复印件，甲方达和机械（昆山）有限公司与乙方陈强签订的"保密协议"复印件；达和机械（昆山）有限公司关于陈强的离职证明书和人事资料卡复印件；

附件5：精锐机械（广州）有限公司董事会成员名单复印件，陈强的暂住人口登记表复印件，带有精锐机械（广州）有限公司陈强副总经理字样的名片复印件；

附件6：精锐机械（广州）有限公司企业法人营业执照（副本）的复印件；

附件7：达和机械（昆山）有限公司出具的陈祥甫的法定代表人身份证明书；

附件8：中华人民共和国出入境管理局签发的陈祥甫的证件复印件。

请求人认为：(1) 陈强曾在达和机械（昆山）有限公司就职，与请求人签署过《保密协议》，陈强未与请求人办理离职手续时就入职精锐公司，违反保密协议，精锐公司申请外观专利的行为系侵犯请求人商业秘密和技术秘密的行为，违反了专利法第23条的规定；(2) 附件2的外观设计于2002年3月13日取得专利，本专利于2004年9月30提出申请，附件2的公开日早于本专利的申请日，本专利与附件2的外观设计属于同类产品，两者的形状外观极为相似，可判断为"相同"，本专利不符合专利法第23条的规定。

经形式审查合格后，专利复审委员会依法受理了上述无效宣告请求，并于2006年8月10日将无效宣告请求书及相关文件的副本转给专利权人，要求其在指定的期限内答复。

专利复审委员会于2006年10月10日收到专利权人提交的意见陈述书，其中陈述的主要理由是：(1) 有关人事资料证据不属于专利法第23条的内容，与本案无关；(2) 本专利是为包装药品而设计的，可叫药品包装机，而附件2的包装机为食品包装机，两者类别不同；(3) 本专利与附件2外观上存在差异，从主视图看，附件2的箱体上部有明显的塑料薄膜传送系统的轴、转轴图案，本专利是小箱子，无诸多的轴、转轴的设置；本专利的左上方小箱体顶为平顶，小箱子图案前方带一规则向左突出的嘴，本专利箱体底部有机脚，附件2上有一凸向上方的小块图案，不仅带有向左突出的嘴，而且嘴向下突出，成为钩状，附件2中的小箱子的右肩处有向右突出的一方块，与箱体顶连在一起，本专利没有，附件2没有机脚；从俯视图看，本专利箱体顶面有多个辊筒的图案，附件2没有；从左视图、右视图看，本专利的两个辊筒位置近顶部，顶上无其他东西图案，附件2的辊筒位置低，顶上还有一横向小箱子图案；从后视图看，本专利箱体右上部图案似一个倒立的长统胶水鞋，而附件2的该部位复杂，向右突出部的嘴端又再向下突，顶端向上又冒出一块竖向长方形图案。

专利复审委员会于2006年10月13日向双方当事人发出口头审理通知书，定于2006年11月23日对本案进行口头审理。

专利复审委员会于2006年10月31日收到专利权人提交的意见陈述书和空白合同书。

口头审理如期举行，双方当事人参加了口头审理。合议组将专利复审委员会于2006年10月31日收到的、专利权人提交的意见陈述书和空白合同书转交给请求人。口头审理中，双方当事人对合议组成员变更没有异议，对合议组成员没有回避请求；双方当事人对对方出庭人员的身份没有异议；请求人当庭明确其无效理由为本专利不符合专利法第23条的规定，当庭出示附件1~3的原件；专利权人当庭明确表示对附件1~8的真实性没有异议，但是认为附件3~8与本案无关，不应做为无效的理由；专利权人当庭提交其与广州市白云百龙玩具厂签订的购买JINPAK JR—3400R—RD114型横枕式包装机的合同书（下称反证1）的原件及复印件各一份，用以证明本专利的包装机仅用于包装玩具；针对专利权人当庭提交的合同书，请求人提交了两份证据：达和机械（昆山）有限公司型号为FW—

340m Ⅱ的高速横枕式制袋—充填—密封包装机宣传彩页（下称证据1）；精锐机械（广州）有限公司JR—3400R型包装机的宣传彩页（下称证据2）。请求人用证据2证明专利权人的产品可用于包装食品；双方当事人均对对方当事人当庭提交的证据的真实性没有异议，但对证据的提交时间有异议；合议组当庭告知双方当事人双方当庭提交的证据可以接受；双方当事人当庭已经充分陈述各自的意见，口审之后，合议组不再接受双方当事人的任何意见和证据。

至此，合议组认为本案事实清楚，依法作出本审查决定。

二、决定的理由

1. 法律依据

基于请求人提出无效宣告请求所依据的事实和理由，合议组对本专利是否符合专利法第23条的规定进行审查。

专利法第23条规定，授予专利权的外观设计，应当同申请日以前在国内外出版物上公开发表过或者国内公开使用过的外观设计不相同和不相近似，并不得与他人在先取得的合法权利相冲突。

2. 证据和事实认定

专利权人对请求人提供的附件1~8和证据1、2的真实性无异议，因此附件1~8、证据1、2可以作为本案的证据使用；请求人对专利权人提供的反证1的真实性无异议，因此反证1可以作为本案的证据使用。

证据2公开了包装机、饼干食品等图案；附件6中公开了专利权人的经营范围：生产加工食品机械、包装机械、机械零件、经营本公司产品；虽然反证1公开的是专利权人与玩具厂签订的购买包装机的合同，但是从专利权人和请求人提供的证据来看，该包装机是用于包装袋装产品的机器，包装方式为密封包装，包装机包装的产品类型可以由用户来决定，并且专利权人和请求人的经营范围有重叠，证据2中的食品图案与包装机处于同一宣传页，该宣传页中的文字均用于描述包装机，可以认定该包装机与食品包装之间具有关联性，因此专利权人提出的本专利的包装机仅用于包装玩具或者用于药品包装的理由不成立。本专利与附件2属于同类产品，并且由于附件2的授权公告日（2002年3月13日）早于本专利的申请日（2004年9月30日），因此附件2可以作为在先设计与本专利进行相近似比较。

3. 关于专利法第23条

（1）与他人在先取得的合法权利相冲突。

2002年6月22日发布的《最高人民法院关于审理专利纠纷案件适用法律问题的若干规定》第16条规定，专利法第23条所称的在先取得的合法权利包括：商标权、著作权、企业名称权、肖像权、知名商标特有包装或者装潢使用权等。

附件3涉及广东省广州市中级人民法院民事判决本专利的设计人违反保密协议等内容；附件4涉及本专利的设计人陈强入职达和机械（昆山）有限公司的资料和离职凭证；附件5涉及精锐机械（广州）有限公司董事会成员名单复印件，陈强暂住人口登记表复印件，带有精锐机械（广州）有限公司陈强副总经理字样的名片复印件；附件6涉及精锐机械（广州）有限公司企业法人营业执照（副本）；附件7涉及达和机械（昆山）有限公司出具的陈祥甫的法定代表人身份证明书；附件8涉及中华人民共和国出入境管理局签发的陈祥甫的证件复印件；由于专利法第23条所称的在先取得的合法权未包括商业秘密和技术秘密，附件3~8均未涉及请求人的商标权、著作权、企业名称权、肖像权、知名商标特有包装或者装潢使用权等权利，附件3~8与请求人在先取得的合法权利之间无关联性，因此请求人依据附件3~8提出的本专利违反专利法第23条有关不得与他人在先取得的合法权利相冲突的规定的理由不成立。

（2）相同、相近似。

本专利公开了一种包装机，从主视图、俯视图、左右视图和后视图来看，包装机沿水平方向依次为为箱体部分、带有支撑脚的主机部分和沿主机中间部分向箱体反方向延伸的输送部分；其中该箱体部分被主机中部延伸部分分开，上部大下部小，上部为矩形，下部为梯形，整个箱体部分位于主体部分的中部；该主机部分处于箱体部分和输送部分之间，主机部分靠近输送部分的上方带有多个辊轮，主机部分带有一突出于输送部分上方的角部，从主视图和后视图看，该角部下边为一倾斜边，辊轮位于角部内，主机部分的顶部为两台阶状；输送部分上部是一中间带有包装传送装置的水平操作台，远离主体部分的输送部分远端上方带有一折边的矩形平台；从主视图和后视图看，沿箱体部分顶部和主机部分顶部轮廓为"＿┌─┐"状，即两个台阶状。（详见附图。）

附件2公开了一种包装机，从主视图、俯视图、左右视图和后视图来看，包装机沿水平方向可分为箱体部分、带有支撑脚的主机部分和沿主机中间部分向箱体反方向延伸的输送部分；其中该箱体部分被主机中部延伸部分分开，上部大下部小，上部为矩形，下部为梯形，整个箱体部分位于主体部分的中部；该主机部分处于箱体部分和输送部分之间，靠近输送部分的主机部分上部带有多个辊轮，带有一突出于输送部分上方的角部，从主视图和后视图看，该角部向外、向下突出，一辊轮构成该角部的突出部分，主机部分的顶部由箱体部分呈三个逐渐上升的台阶和一个下降的台阶；输送部分上部是一中间带有包装传送装置的水平操作台，远离主体部分的输送部分远端上方带有一折边的矩形平台，从主视图和后视图看，沿箱体部分和主机部分的顶部呈四个高度、大小不相同的上升台阶和一个下降台阶，即┌┘┌┘┌─┐＿形状。（详见附图。）

将本专利和附件2公开的包装机进行对比，包装机的主体部分和传送部分形状基本相同；本专利与附件2的主要区别是：本专利的包装机沿箱体部分和主机部分的顶部呈两个高度几乎相同的台阶，附件2沿箱体部分和主机部分的顶部呈四个高度、大小不相同的上升台阶和一个下降台阶；本专利中辊轮均不突出于角部，附件2中包装机的一辊轮突出角部，等等。本专利和附件2的包装机主体部分的外观整体轮廓不同，二者的上述主要区别对于产品外观设计的整体视觉效果具有显著的影响。本专利与附件2既不相同，也不近似，本专利相对于附件2符合专利法第23条的规定。

综上所述，本专利的外观设计符合专利法第23条的规定。

三、决定

维持200430085287.X号外观设计专利权有效。

当事人对本决定不服的，可以根据专利法第46条第2款的规定，自收到本决定之日起三个月内向北京市第一中级人民法院起诉。根据该款规定，一方当事人起诉后，另一方当事人应当作为第三人参加诉讼。

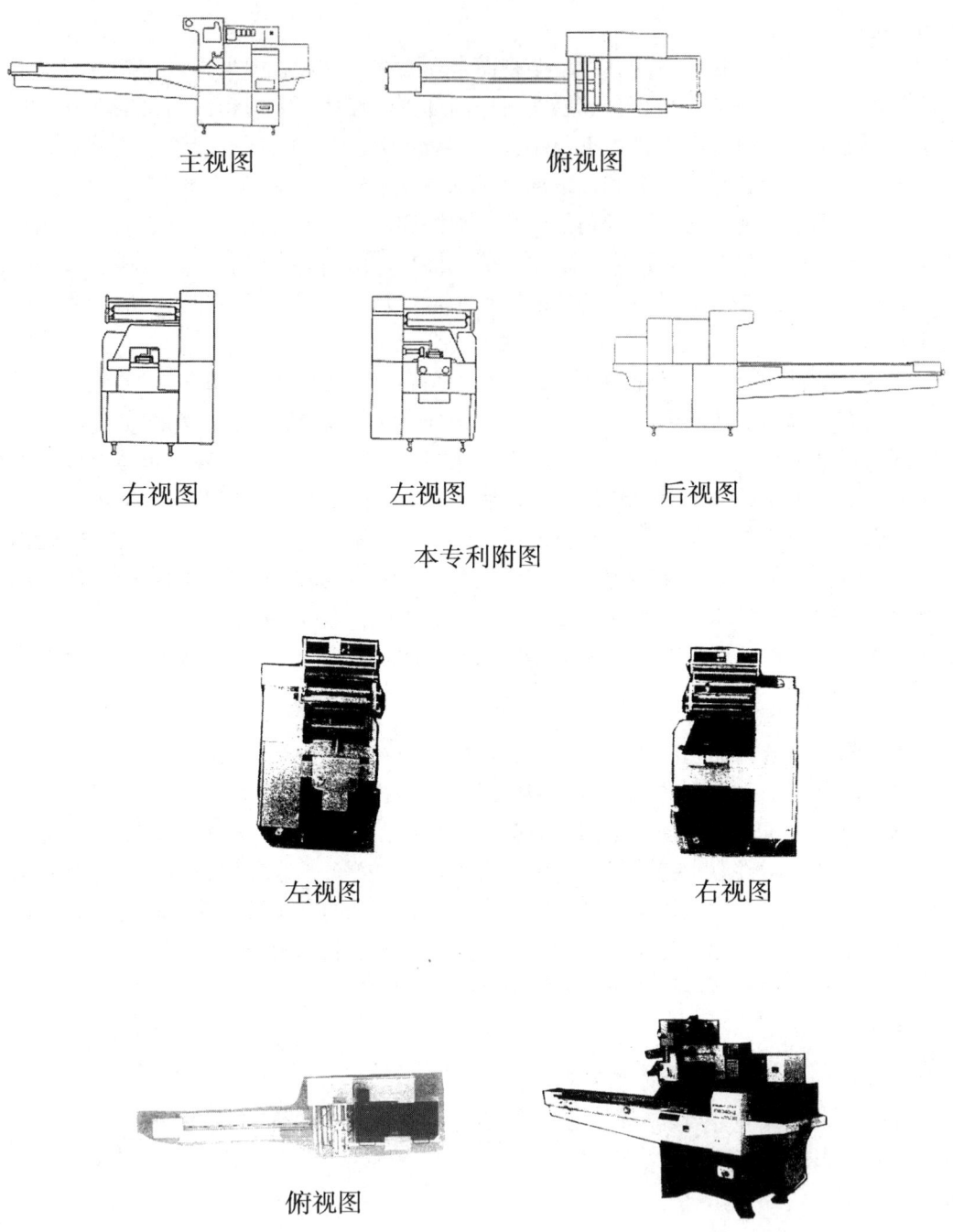

电气装置盒盖板

无效宣告请求审查决定（第9031号）

决 定 号	第9031号
决 定 日	2006年12月8日
发明创造名称	电气装置盒盖板
国 际 分 类 号	13-03-S0478
无效宣告请求人	广州格莱玛电工器材有限公司
专 利 权 人	维马有限公司
专 利 号	97314324.X
申 请 日	1997年12月5日
授 权 公 告 日	1998年12月25日
合 议 组 组 长	崔哲勇
主 审 员	周雷鸣
参 审 员	樊晓东
附 图	5页

法 律 依 据 专利法第9条、第23条
决 定 要 点
根据"整体观察、综合判断"的原则，本专利与对比文件的外观设计所涉及的开关面板的整体安排布局不相同，二者的不同点对开关面板的整体视觉效果产生显著的影响，所以本专利和对比文件公开的外观设计不相同或不相近似，因此本专利符合专利法第23条和第9条的规定。

一、案由

本无效宣告请求涉及国家知识产权局于1998年12月25日授权公告的名称为"电气装置盒盖板"的97314324.X号外观设计专利权（下称本专利），其申请日为1997年12月5日，专利权人为维马有限公司。

针对上述专利权，广州格莱玛电工器材有限公司（下称请求人）于2006年3月22日向专利复审委员会提出无效宣告请求，其理由是本专利不符合专利法第9、23条的规定，并同时提交如下附件作为证据：

附件1：ZL96322714.9号外观设计专利公报复印件（共2页），授权公告日为1997年11月12日；

附件2：ZL97325224.3号外观设计专利公报复印件（共1页），授权公告日为1998年12月2日。

请求人认为：(1) 本专利的主视图1、主视图2中开关面板的形状都为近似正方形，中间设有一个矩形框，而附件1中公开的外观设计板框的主视图、立体图为近似正方形、中间也设有一个矩形框，两者的主视图是相近似的；(2) 本专利的左视图1、左视图2、右视图1、右视图2、仰视图1、仰视图2、俯视图1、俯视图2的形状为近似长条形，面板部分为一弧线，附件1中公开的外观设计的左视图、右视图、俯视图、仰视图的形状也是近似长条形，面板部分为一弧线，两者的左、右、俯、仰视图是相近似的；(3) 本专利的主视图3~9中开关面板的形状都为近似长方形，中间设有一个矩形框，而附件2中公开的外观设计的主视图中开关面积的形状为近似长方形、中间设有一个长方形框，两者的主视图明显是相近似的；(4) 本专利的左视图3~9、右视图3~9、仰视图1、仰视图3~9、俯视图3~9的形状为近似长条形，面板部分为一弧线，附件2中公开的外观设计的左视图、右视图、俯视图、仰视图的形状也是近似长条形，面板部分为一弧线，两者的左、右、俯、仰视图是相近似的；因此本专利不符合专利法第9、23条的规定。

经形式审查合格后，专利复审委员会依法受理了上述无效宣告请求，并于2006年6月9日将无效宣告请求书及相关文件的副本转给专利权人，要求其在指定的期限内答复。

专利复审委员会于2006年7月24日收到专利权人提交的意见陈述书，其中陈述的理由是：(1) 本专利外观设计的实施例1、3、5、7、9所示的盖板的垂直外轮廓和水平外轮廓都是直线形的，实施例2、4、6、8所示的盖板的垂直外轮廓线具有一定的弧度而水平外轮廓是直线形的，本专利外观设计的所有实施例的盖板具有"位于中央窗口周围的框架的水平侧边向内凹，朝着中央窗口向内倾斜而垂直侧边具有略微凸起的外轮廓"的特征；附件1中公开的外观设计开关面板具有基本方形的框架，框架的拐角为圆角型，垂直侧边略微宽于水平侧边，沿垂直方向限定了一个基本为矩形的窗口，水平侧边都朝着中央窗口略微向外凸出地倾斜；附件2中公开的外观设计产品的矩形框架完全是平的，没有一点倾斜度；(2) 本专利与附件1、2的外观设计在整体上都具有基本为矩形或方形的外轮廓和中央窗口，这种外轮廓为此类产品惯常采用的形状，而中央窗口是开关面板必然具有的由其功能所决定的结构，开关面板这种结构简单的物品，其外观设计往往只局限于局部的改进，本专利外观设计与附件1、2中公开的外观设计有显著的区别等。

专利复审委员会于2006年8月29日向双方当事人发出口头审理通知书，定于2006年10月26日对本案进行口头审理。

口头审理如期举行，双方当事人参加了口头审理。口头审理中，专利权人对附件1、2的真实性无异议；请求人明确其无效理由为：本专利中的第一套和第二套外观设计相对于附件1不符合专利法第23条的规定，本专利第三至第九套外观设计相对于附件2不符合专利法第9条的规定。

至此，合议组认为本案事实清楚，依法作出本审查决定。

二、决定的理由

1. 法律依据

基于请求人提出无效宣告请求所依据的事实和理由，合议组对本专利是否符合专利法第23条和专利法第9条的规定进行审查。

专利法第23条规定，授予专利权的外观设计，应当同申请日以前在国内外出版物上公开发表过或者国内公开使用过的外观设计不相同和不相近似，并不得与他人在先取得的合法权利相冲突。

专利法第9条规定，两个以上的申请人分别就同样的发明创造申请专利的，专利权授予最先申请的人。

外观设计相同是指被比设计与在先设计是同一类别的产品的外观设计，并且被比设计的全部外观设计与在先设计的相应要素相同，其中外观设计要素是指形状、图案以及色彩。

2. 证据和事实认定

专利权人对附件1和2的真实性无异议。附件1为开关面板，其公开日为1997年11月12日，附件1的公开日早于本专利的申请日（1997年12月5日），附件1可以与本专利进行相近似性对比。附件2为嵌入式开关面板，其申请日（1997年9月30日）早于本专利的申请日，授权公告日（1998年12月2日）晚于本专利的申请日，附件2可以用于相同发明创造的判断。

3. 外观设计相近似性和相同发明创造认定

附件1所示的外观设计与本专利的外观设计均为开关面板，二者属于相同种类的产品，故对二者进行如下相近似性对比：

本专利第一套视图公开了一种开关面板的外观形状，从主视图1、左视图1、右视图1、仰视图1、俯视图1和后视图1中看出，开关面板为板状的直角正方形，面板中间有一直角方孔，开关面板四周是以方孔的一对对边延长线为边界、中心对称、内高外低、向外倾的两个弧面和该对边延长线为边界、中心对称的、两个低于倾斜面最低边的两个平面组成的近似凹形，开关面板底部与斜面对应的竖边带有一方形卡槽。

本专利第二套视图公开了一种开关面板的外观形状，从主视图2、左视图2、右视图2、仰视图2、俯视图2和后视图2中看出，开关面板为带有两个弧边的板状圆角近似正方形，面板中间有一直角方孔，开关面板四周是以方孔的对边延长线为边界、中心对称、内高外低、向外倾的两个弧面和该对边延长线为边界、中心对称的、低于倾斜面最低边的两个平面组成的近似凹形，开关面板底部与斜面对应的竖边带有一圆弧卡槽。

附件1公开了一种开关面板的外观设计，从其主视图、左视图、右视图、仰视图、俯视图和立体图中看出，开关面板的板框为板状的圆角正方形，其中间有一直角方孔，近邻方孔外周是一下凹于板框的平面框，板框为外周是以板框对角线为边界、各自向外倾的弧面。（具体内容参见附图）

根据"整体观察、综合判断"的原则，合议组认为，本专利第一套外观设计与附件1的外观设计相比，两者之间的相同点：开关面板为正方形、中间带有一直角方孔等，但是这些共同设计属于开关面板类产品的惯常设计并且不受一般消费者关注；两者存在以下区别：（1）本专利外观设计开关面板为直角正方形，附件1中公开的外观设计的开关面板为圆角正方形；（2）本专利外观设计开关面板的四周是以方孔的一对边的延长线为边界、内高外低、向外倾的两个弧面和该对边延长线为边界、中心对称的、低于倾斜面最低边的两个平面组成的近似凹形，附件1中公开的外观设计开关面板外周是以板框对角线为边界、各自向外倾的弧面；（3）附件1中公开的外观设计板框的外周与方孔之间有一凹于板框的平面框，本专利则没有等。这些不同点使本专利与附件1的外观设计从整体上看具有显著不同，所以本专利第一套外观设计和附件1所涉及的产品形状设计是不相近似的，因此附件1和本专利第一套外观设计不属于相近似的外观设计。

根据"整体观察、综合判断"的原则，合议组认为，本专利第二套外观设计与附件1的外观设计相比，两者存在以下区别：（1）本专利开关面板为带有两个弧边的近似正方形，附件1的开关面板为正方形；（2）本专利开关面板的四周是以方孔的一对边的延长线为边界、内高外低、向外倾的两个弧面和该对边延长线为边界、中心对称的、低于倾斜面最低边的两个平面组成的近似凹形，附件1开关面板外周是以板框对角线为边界、各自向外倾的弧面；（3）附件1中板框的外周与方孔之间有一凹于板框的平面框，本专利则没有，等等。上述不同点在开关面板的整体形状中差别显著，这些不同点使本专利与附件1的外观设计从整体上看具有显著不同，所以本专利第二套外观设计和附件1所涉及的产品形状设计是不相近似的，因此附件1和本专利第二套外观设计不属于相近似的外观设计。

基于上述对比，合议组认为请求人仅仅强调了开关面板类产品的惯常设计并且不受一般消费者关注的近似正方形面板中间设有一个矩形框等相同点，忽略了对开关面板整体视觉效果产生显著影响的不同点，因此请求人关于两者相近似的理由不成立。

本专利第三套、第五套、第七套、第九套外观设计视图中看出，开关面板为板状的直角长方形，面板中间有一长方形孔，开关面板四周是以长方形孔的一对短边延长线为边界、中心对称、内高外低、向外倾的两个弧面和该对短边延长线为边界、中心对称的、两个低于倾斜面最低边的两个平面组成的近似凹形，开关面板底部与斜面对应的竖边带有方形卡槽等。

本专利第四套、第六套、第八套外观设计视图中看出，开关面板为带有两个弧边的板状圆角近似长方形，面板中间有一直角长方形孔，开关面板四周是以长方形孔的一对短边延长线为边界、中心对称、内高外低、向外倾的两个弧面和该对短边延长线为边界、中心对称的、低于倾斜面最低边的两个平面组成的近似凹形，开关面板底部与斜面对应的竖边带有一圆弧卡槽等。

附件2中公开的外观设计公开了一种嵌入式开关面板的外观设计，从其主视图、左视图、右视图、后视图、俯视图和剖视图中看出，开关面板为带板状带有倒角的长方形，其中间有一长方孔，面板的后部带有凸缘等。（具体内容参见附图）

合议组认为，面板形状为近似长条形，面板部分为一弧线属于开关面板类产品的惯常设计并且不受一般消费者关注，而将本专利第三套、第五套、第七套、第九套外观设计与附件2中公开的外观设计相比，两者存在以下区别：本专利第三套、第五套、第七套、第九套外观设计的开关面板四周是以长方形孔的一对短边延长线为边界、中心对称、内高外低、向外倾的两个弧面和该对短边延长线为边界、中心对称的、两个低于倾斜面最低边的两个平面组成的近似凹形，而附件2中公开的外观设计的开关面板整体为平面。这些不同点使本专利与附件2的外观设计从整体上看具有显著不同，因此本专利第三套、第五套、第七套、第九套外观设计与附件2中公开的外观设计不属于相同的外观设计。

合议组认为，面板形状为近似长条形，面板部分为一弧线属于开关面板类产品的惯常设计并且不受一般消费者关注，将本专利第四套、第六套、第八套外观设计与附件2的外观设计相比，两者存在以下区别：本专利第四套、第六套、第八套外观设计开关面板为带有两个弧边的板状圆角近似长方形，开关面板四周是以长方形孔的一对短边延长线为边界、中心对称、内高外低、向外倾的两个弧面和该对短边延长线为边界、中心对称的、两个低于倾斜面最低边的两个平面组成的近似凹形，而附件2中公开的外观设计为长方形，开关面板整体为平面。这些不同点使本专利与附件2中公开的外观设计的外观设计从整体上看具有显著不同，因此本专利第四套、第六套、第八套外观设计与附件2中公开的外观设计不属于相同的外观设计。

基于上述对比，合议组认为请求人关于本专利第三套至第九套外观设计与附件2中公开的外观设计属于相同外观设计的理由也不成立。

综上所述，请求人有关本专利不符合专利法第23条、第9条规定的无效理由不成立。

三、决定

维持第97314324.X号外观设计专利权有效。

当事人对本决定不服的，可以根据专利法第46条第2款的规定，自收到本决定之日起三个月内向北京市第一中级人民法院起诉。根据该款的规定，一方当事人起诉后，另一方当事人应当作为第三人参加诉讼。

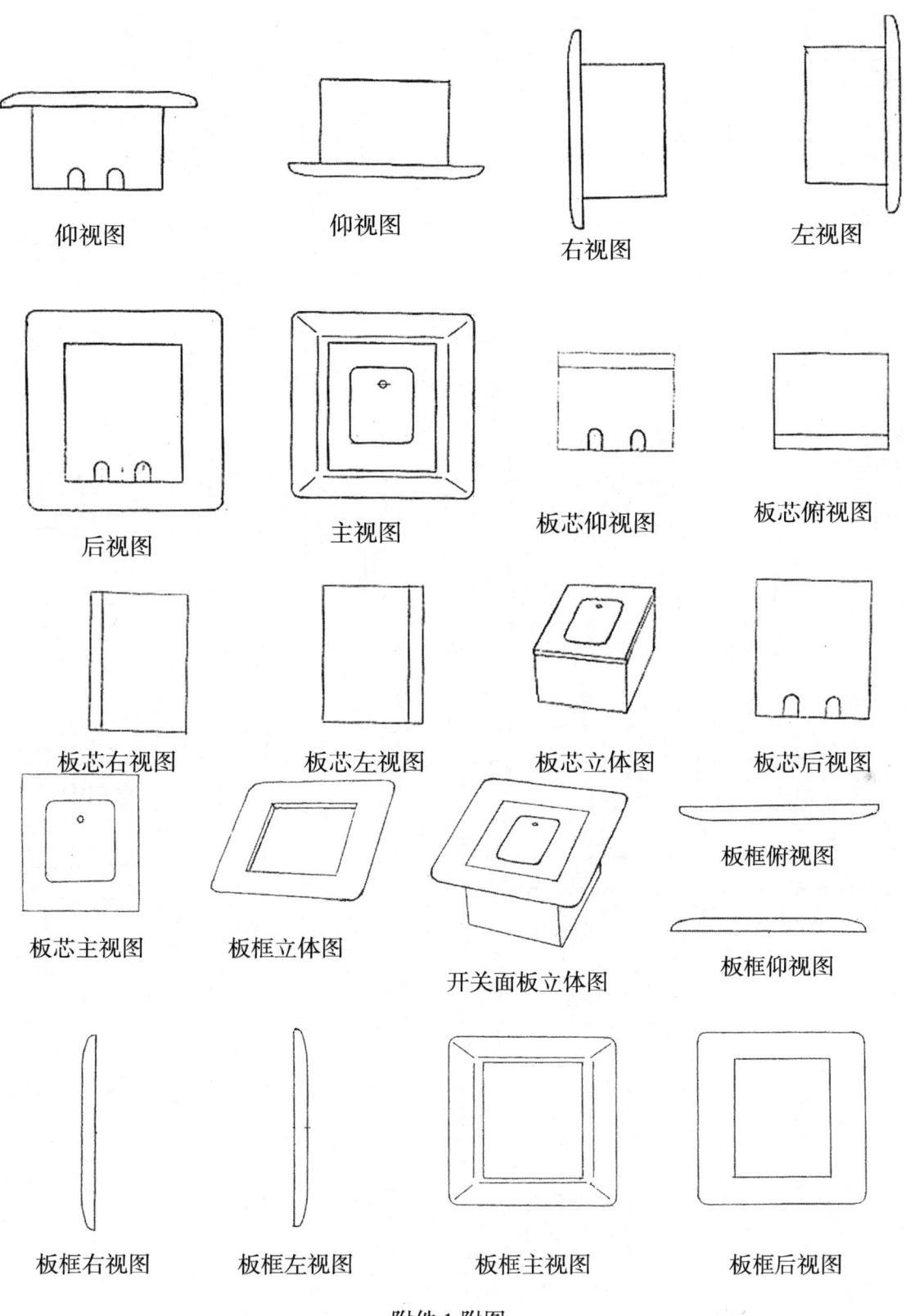

附件1 附图

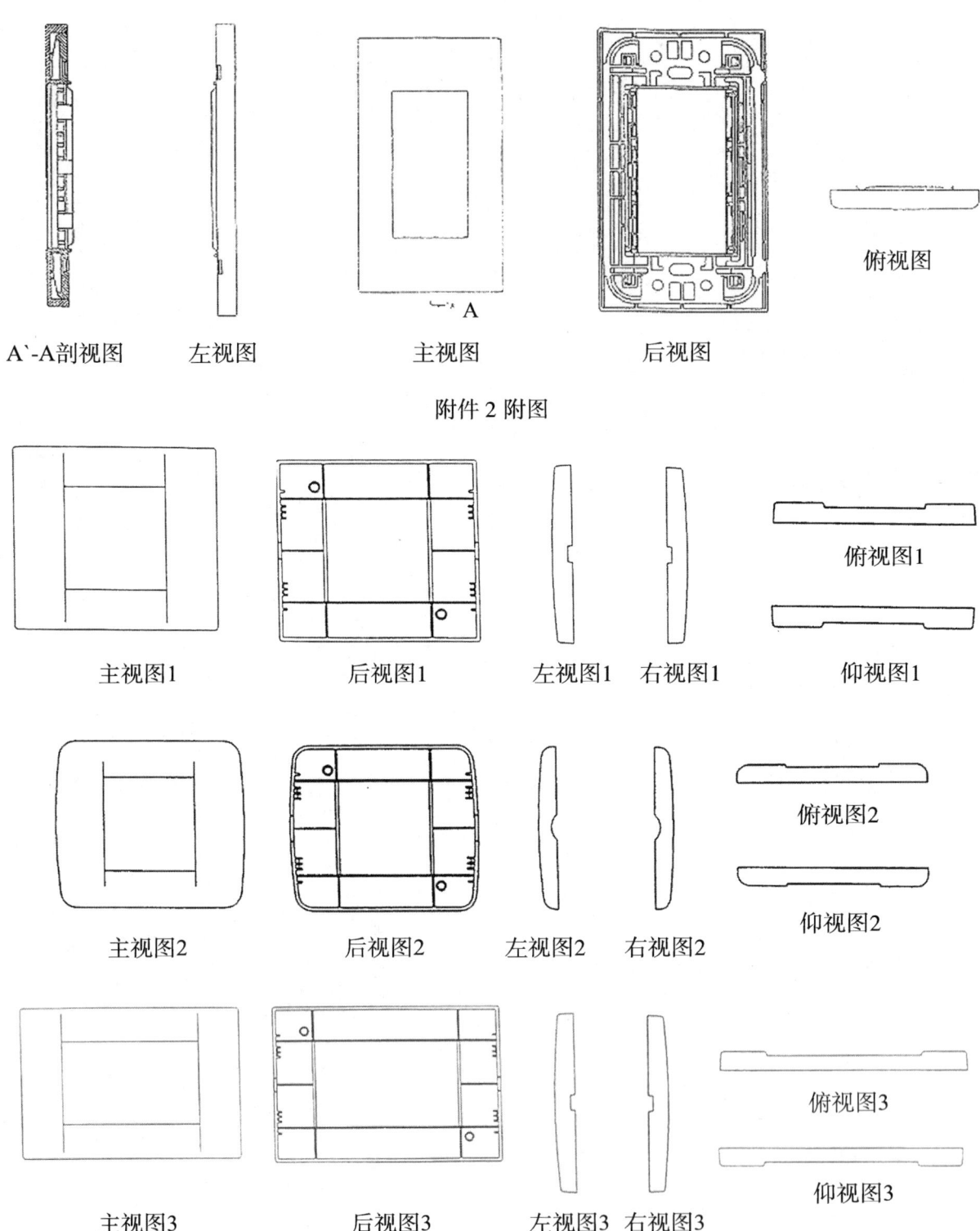

A`-A剖视图　左视图　主视图　后视图　俯视图

附件2 附图

主视图1　后视图1　左视图1　右视图1　俯视图1／仰视图1

主视图2　后视图2　左视图2　右视图2　俯视图2／仰视图2

主视图3　后视图3　左视图3　右视图3　俯视图3／仰视图3

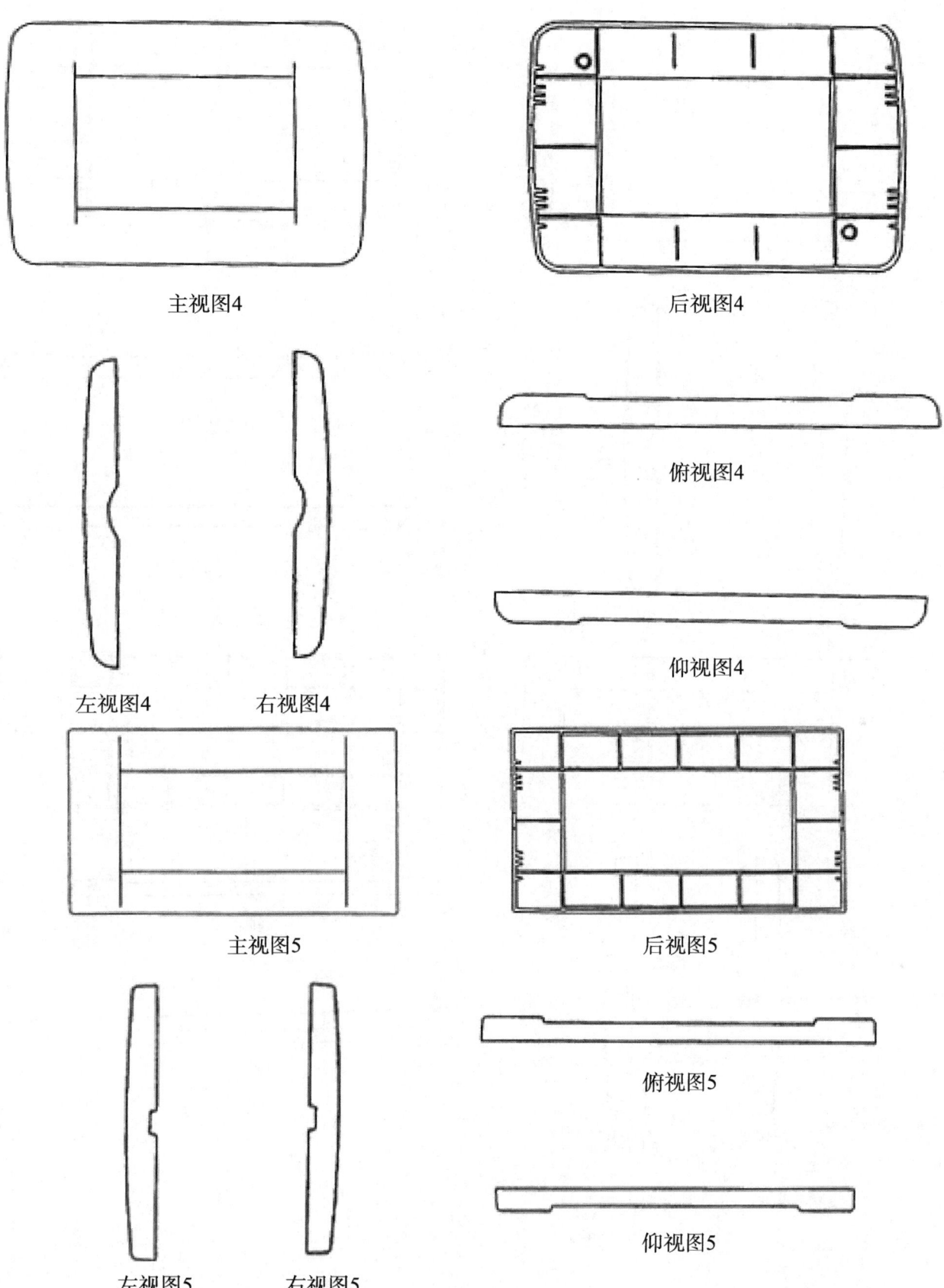

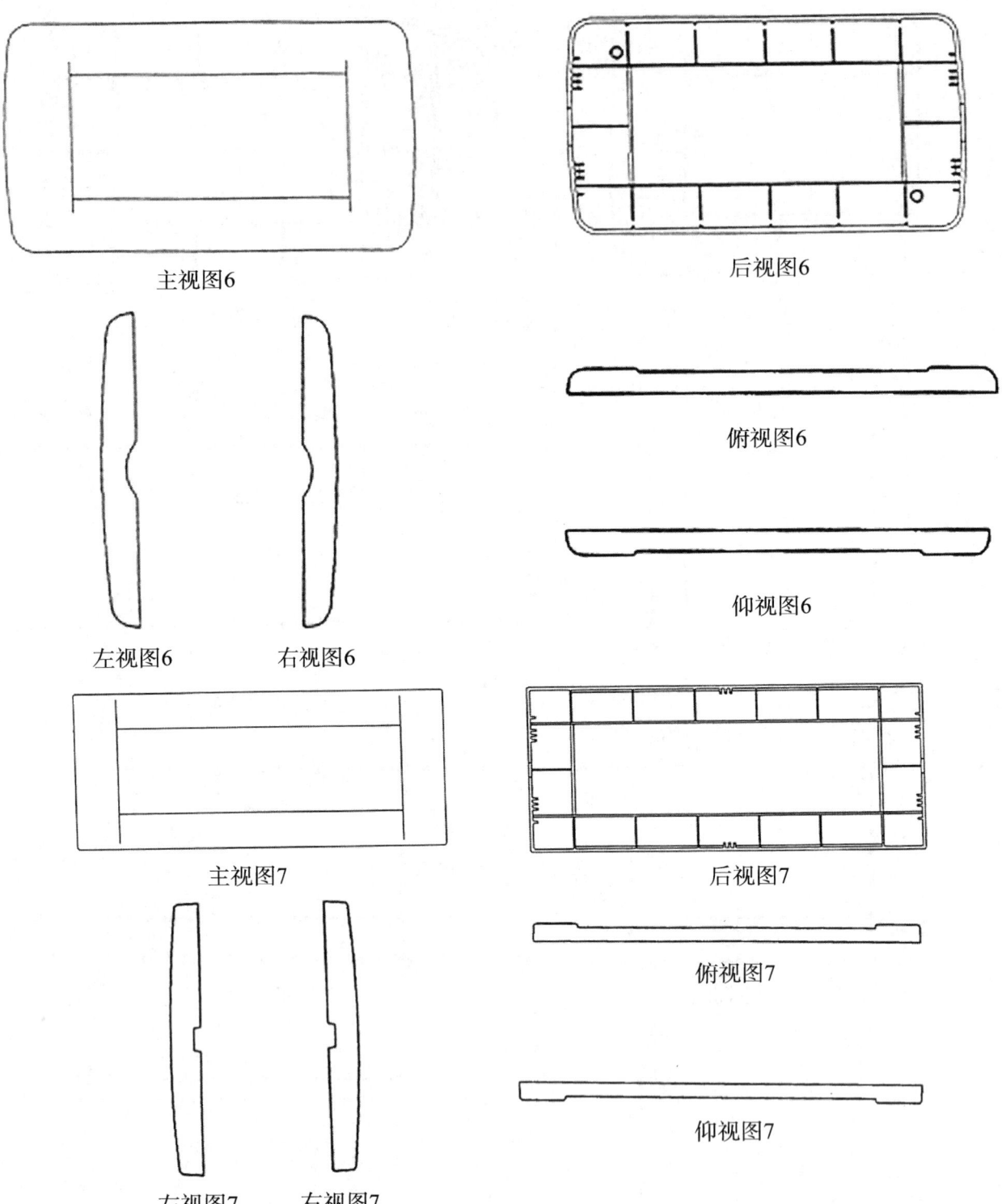

主视图6　　　　　　　　后视图6

左视图6　右视图6　　　俯视图6

仰视图6

主视图7　　　　　　　　后视图7

俯视图7

左视图7　右视图7　　　仰视图7

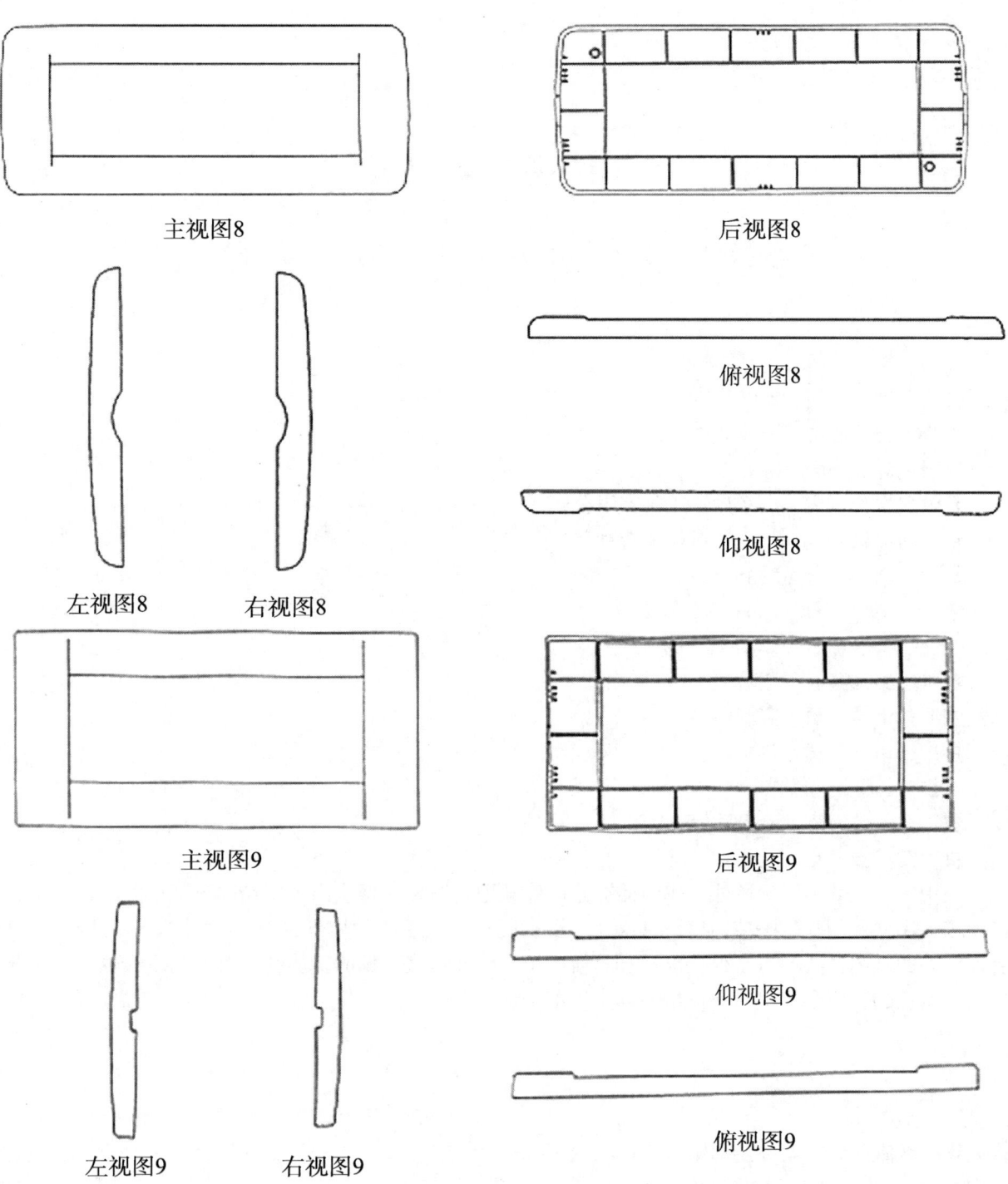

本专利附图

便携式电钻

无效宣告请求审查决定（第 9034 号）

决 定 号	第 9034 号
决 定 日	2006 年 9 月 25 日
发明创造名称	便携式电钻
外观设计分类号	08-01
无效宣告请求人	广东妙达工具有限公司
专 利 权 人	日立工机株式会社
专 利 号	03354565.0
申 请 日	2003 年 7 月 23 日
授 权 公 告 日	2004 年 1 月 28 日
合 议 组 组 长	聂春艳
主 审 员	高海燕
参 审 员	瑜 佳
法 律 依 据	专利法第 23 条
决 定 要 点	

在中华人民共和国领域外形成的证据是域外证据，域外证据应当经所在国公证机关予以证明，并经中华人民共和国驻该国使领馆予以认证。没有履行相应手续的域外证据，如果其不能从除港、澳、台地区外的国内公共渠道获得、也没有其他证据足以证明该证据的真实性、对方当事人也不认可该证据的真实性的，则合议组对该证据的真实性不予认可。

一、案由

本无效宣告请求案涉及国家知识产权局于 2003 年 7 月 23 日受理、专利号为 03354565.0、名称为"便携式电钻"的外观设计专利（下称本专利），其专利权人为日立工机株式会社，优先权日为 2003 年 1 月 28 日，授权公告日为 2004 年 1 月 28 日。

针对上述专利权，广东妙达工具有限公司（下称请求人）于 2005 年 12 月 3 日向国家知识产权局专利复审委员会提出无效宣告请求，理由是本专利不符合专利法第 23 条的规定，同时请求人提交了以下附件作为证据：

附件 1：牧田牌专业电动工具中国以及港澳地区综合目录 97/98 封面及第 4 页"充电式工具"复印件（下称证据 1）共 2 份，每份 2 页，其中，打"√"的电钻外观设计作为本专利的对比文件；

附件 2：牧田牌专业电动工具中、港、澳地区综合目录 97/98 原件（下称证据 2）共 1 份，每份

22 页；

附件 3：对比文件与本专利对比视图（下称证据 3）共 2 份，每份 1 页。

请求人认为，本专利与对比文件的相同之处在于：整体造型相同，均包括卡盘、离合夹钳、胴体、手柄、电池部这五个主要构成部分；各部分的形状、相应的凹陷面、触发开关设计和比例关系基本相同。本专利与对比文件的不同之处在于：本专利在手柄与本体局部有防滑的摩擦垫，而对比文件无相应设计；以及二者在胴体部位两侧的凹凸面不同。但是，摩擦垫设计对本专利的视觉效果影响甚微，而凹凸面在整个外观设计的整体中仅占较小部分，因此，二者的整体视觉效果相近似，本专利不符合专利法第 23 条的规定。

专利复审委员会于 2006 年 2 月 23 日发出无效宣告请求补正通知书（一），指出该无效宣告请求存在缺少一份证据 2 的缺陷，并指出请求人应当在收到该通知书之日起七天内予以补正。

请求人于 2006 年 3 月 13 日提交意见陈述书，认为证据 2 与证据 1 的内容是一样的，区别在于证据 2 为原件，而证据 1 为证据 2 中相关内容的复印件。

专利复审委员会于 2006 年 3 月 29 日向双方当事人发出无效宣告请求受理通知书，并将请求人的无效宣告请求书及其附件清单中所列附件副本以及请求人于 2006 年 3 月 13 日提交的意见陈述书转给专利权人。

专利权人于 2006 年 5 月 11 日提交了意见陈述书以及以下附件：

附件 1：授权公告号为 CN3095545D 的外观设计专利公报复印件 2 份，授权公告日为 1998 年 12 月 23 日；

附件 2：授权公告号为 CN3110354D 的外观设计专利公报复印件 2 份，授权公告日为 1999 年 5 月 19 日；

附件 3：授权公告号为 CN3129264D 的外观设计专利公报复印件 2 份，授权公告日为 1999 年 12 月 1 日；

附件 4：授权公告号为 CN3141819D 的外观设计专利公报复印件 2 份，授权公告日为 2000 年 3 月 15 日；

附件 5：授权公告号为 CN3076476D 的外观设计专利公报复印件 2 份，授权公告日为 1998 年 4 月 8 日；

附件 6：授权公告号为 CN3148822D 的外观设计专利公报复印件 2 份，授权公告日为 2000 年 5 月 24 日；

附件 7：日本 JP1014907 号外观设计专利公报复印件 2 份，公开日为 1998 年 7 月 9 日；

附件 8：日本 JP1039399 号外观设计专利公报复印件 2 份，公开日为 1999 年 5 月 25 日；

附件 9：专利权无效宣告程序授权委托书 1 份。

专利权人认为：由于专利权人只收到了作为证据 2 部分复印页的证据 1，在这些复印页中只有此综合目录的封面和照片，因此无法认定证据 2 的真实产生时间、产生地点、出版者和对社会公众的公开途经，即无法认定证据 2 是在本专利申请日前产生并公开出版的，其缺乏真实性和有效性；即使证据 2 是公开出版物，其只公开若干充电式电钻的一侧视图，而没有反映出其他部分的外观设计，即没有反映出一个产品的整体外观设计，因而无法进行相近似性对比；基于上述两点，专利权人对证据 2 的真实性和有效性提出明确的反对意见。即使将证据 2 中相关的外观设计与本专利进行对比，二者也既不相同也不相近似。

专利复审委员会依法成立本案合议组，并于 2006 年 7 月 14 日向双方当事人发出无效宣告请求口头审理通知书，同时将专利权人于 2006 年 5 月 11 日提交的意见陈述书及其附件副本转给请求人。

口头审理于 2006 年 8 月 24 日如期举行，双方当事人均参加了口头审理。在口头审理中，双方当事人对合议组成员无回避请求，对对方出庭人员的身份无异议。合议组当庭向专利权人出示证据 2，并将证据 2 的第 1 页、第 4 页以及末页的复印件转交专利权人。专利权人核实证据 2 后明确表示：对证据 1 和证据 2 的一致性没有异议；对证据 2 是否是专利法规定的公开出版物有异议；证据 2 末页上体现了出版地在日本，因而属于域外证据，应当履行公证认证手续；证据 2 仅公开了电钻的一面视图，且电钻类产品的外观设计是不对称的，因此证据 2 不能与本专利进行充分对比；即使将本专利与证据 2 进行对比，二者也不相同和不相近似。请求人坚持其书面意见，并认为证据 2 第 1 页上写明了是中、港、澳地区综合目录，因此不是境外出版物，证据 2 末页上表明了印刷时间是 1997 年 5 月，产生地在香港和广州。请求人还明确以证据 2 第 4 页中间的 3 幅图作为在先设计。

至此，双方当事人均已经充分表明了各自的主张，合议组认为本案事实已经清楚，可以依法作出审查决定。

二、决定的理由

1. 关于域外证据

审查指南第四部分第八章第 2.2.2 节的规定：域外证据是指在中华人民共和国领域外形成的证据，该证据应当经所在国公证机关予以证明，并经中华人民共和国驻该国使领馆予以认证，或者履行中华人民共和国与该所在国订立的有关条约中规定的证明手续。当事人可以在无效宣告程序中不办理相关证明手续的情形包括以下三种情况：

（1）该证据是能够从除香港、澳门、台湾地区外的国内公共渠道获得的，如从专利局获得的国外专利文件，或者从公共图书馆获得的国外文献资料。

（2）有其他证据足以证明该证据真实性的。

（3）对方当事人认可该证据的真实性。

2. 关于本案证据

请求人提交的证据 2 为"牧田牌专业电动工具中国以及港澳地区综合目录 97/98"，其第 1 页印有"牧田牌专业电动工具中、港、澳地区综合目录 97/98"字样，第 2 页为"索引"，第 3~22 页为产品图片及介绍，末页印有"牧田（香港）有限公司"和"牧田牌专业电动工具广州办事处"字样以及"printed in Japan Z11127P8CN 1997-5-40000N"字样。

专利权人对证据 2 的真实性和有效性有异议，认为证据 2 末页上体现了出版地在日本，因而属于域外证据，应当履行公证认证手续。

请求人认为证据 2 第 1 页上写明了是中、港、澳地区综合目录，因此不是境外出版物，证据 2 末页上写明了印刷时间是 1997 年 5 月，产生地在香港和广州。

合议组认为，证据 2 末页上印有的"printed in Japan"字样明确说明证据 2 的形成地在日本，且证据 2 不能够从除香港、澳门、台湾地区外的国内公共渠道获得，也没有其他证据足以证明证据 2 的真实性，专利权人也不认可证据 2 的真实性，因此，根据审查指南的规定，证据 2 属于域外证据，应当经日本国公证机关予以证明，并经中华人民共和国驻日本国使领馆予以认证，即应当履行公证认证手续，而请求人并未提交证据 2 的相关公证认证手续证明材料，因此，合议组无法确认证据 2 的真实性。证据 1 为证据 2 的复印件，证据 3 为证据 1 中对比文件与本专利的对比视图，在证据 2 的真实性无法确认的情况下，证据 1 的真实性也无法确认，证据 3 的对比也失去了意义。

综上所述，证据 1~3 尚不能证明请求人的主张，请求人的无效理由不能成立。

三、决定

维持 03354565.0 号外观设计专利权有效。

当事人对本决定不服的，可以根据专利法第 46 条第 2 款的规定，自收到本决定之日起三个月内向北京市第一中级人民法院起诉。根据该款的规定，一方当事人起诉后，另一方当事人应当作为第三人参加诉讼。

北京市第一中级人民法院
行政判决书

(2007) 一中行初字第 530 号

原告广东妙达工具有限公司，住所地中华人民共和国广东省广州市白鹤洞路东朗合利围街自编 21 号综合楼地下

委托代理人蔡蔚毅，广州市南锋专利事务所有限公司专利代理人

被告国家知识产权局专利复审委员会，住所地北京市海淀区北四环西路 9 号银谷大厦 10~12 层

法定代表人廖涛，副主任

委托代理人高海燕，女，中华人民共和国国家知识产权局专利复审委员会审查员

委托代理人田华，女，中华人民共和国国家知识产权局专利复审委员会审查员

第三人日立工机株式会社，住所地日本国东京都中央区八重洲 1 丁目 5 番 3 号

法定代表人小西康之，董事长

委托代理人张敬强，北京银龙知识产权代理有限公司专利代理人

原告广东妙达工具有限公司不服被告中华人民共和国国家知识产权局专利复审委员会作出的专利无效宣告请求审查决定，向本院提起行政诉讼。本院受理后，依法组成合议庭，依照《中华人民共和国行政诉讼法》第二十七条的规定，通知与本案有利害关系的日立工机株式会社为本案第三人参加诉讼，并于 2007 年 7 月 23 日公开开庭审理了本案。原告的委托代理人蔡蔚毅，被告的委托代理人田华，第三人的委托代理人张敬强到庭参加了诉讼。本案现已审理终结。2006 年 9 月 25 日，被告作出第 9034 号无效宣告请求审查决定（以下简称被诉决定），维持第三人所有的专利号为 03354565.0，名称为"便携式电钻"的外观设计专利权（以下简称本专利）有效。为证明被诉决定合法，被告在法定举证期限内向本院提交了以下证据：1. 口头审理记录表附页；2（被诉决定中证据 2）、牧田牌专业电动工具中、港、澳地区综合目录 97/98 第 1 页和最后 1 页复印件。原告诉称，其在本专利无效审理过程中，充分证明了附件 1、附件 2 的真实性和有效性，附件 2 是牧田公司专门介绍产品的刊物，牧田公司当时是世界最大的专门生产专业电动工具的制造商，该期刊是由其在广州的牧田牌专业电动工具广州办事处（以下简称牧田广州办事处）出版并且向国内企业公开派发的，至于是否是在日本印刷的并不重要，重要的是该期刊的出版者是牧田广州办事处，派发者也是牧田广州办事处，并非被告认为的"证据 2 不能从除香港、澳门、台湾地区外的公共渠道获得"。该刊物确实是在广州，由牧田广州办事处向企业及公众公开派发，该刊物其中的文字均为中文，是一份地地道道面向中国市场公开的刊物，牧田广州办事处每年都会向公众和相关的企业派发该刊物，这是企业销售的惯用手段，其实第三人也是每年派发他们的同类刊物。因此附件 2 是一份国内证据，而非境外证据。根据《最高人民法院关于民事诉讼证据的若干规定》第二条的规定，原告提交附件 2 的行为已经证明本专利在其申请日前已经在国内出版物上公开发表了。第三人在专利无效审理程序中提出的附件 2，其中提到申请日 98.4.21，优先权日 97.11.18，授权公告日 99.5.19，同时公开了七副图片，由此可以看出两者公开展示的是同样一个产品，可以佐证说明在 97/98 年原告提交附件 2 公开的电钻确实设计出来了，而

不是虚构的。被告认为无法确定真实性，反驳原告诉讼请求所依据的事实，原告认为被告以及第三人有责任提供证据加以证明，而不能空口说无法确认证据2的真实性而作出草率决断。综上，请求撤销被诉决定，诉讼费由被告负担。原告为证明其诉讼主张，向本院提交了以下证据：1（被诉决定中证据2）、牧田牌专业电动工具97/98中、港、澳地区综合目录的封面和底面复印件；2. 牧田牌专业电动工具1999/2000中、港、澳地区综合目录的封面和底面复印件；3. 牧田牌专业电动工具2001/2002中、港、澳地区综合目录的封面和底面复印件；4. 牧田牌专业电动工具2003/2004中、港、澳地区综合目录的封面和底面复印件；5. HITACHI POWER TOOLS 2003-2004封面和底面的复印件。被告辩称，其坚持被诉决定中的认定理由，原告的证据2属于域外证据，应当进行公证认证，且证据2并未体现出其出版者和派发者是牧田广州办事处。被诉决定认定事实清楚，适用法律正确，行政程序合法，原告诉讼理由不能成立，请求维持被诉决定。第三人陈述，证据2的最后一页上印有"printed in Japan"，可以看出该证据是在日本印刷的，属于域外证据，但原告未提供相应的公证、认证材料，该证据的真实性无法确认。且原告未提供该证据的获得途径、公开途径，不能举证说明可获得该证据的公共渠道，因此，不能认定该证据属于专利法意义上的公开出版物。请求维持被诉决定。第三人未向本院提交证据。

经庭审质证，原告、第三人对被告证据无争议，被告、第三人对原告证据1无争议，认为原告证据2、证据3、证据4、证据5在行政程序中未提交，与本案无关联。

经审查，本院认为，被告证据及原告证据1与本案具有关联，且合法、真实，本院予以确认。原告证据2、证据3、证据4、证据5系行政程序中未提交的证据，与本院审查被诉行为的合法性无关，本院不予采纳。

根据以上确认的有效证据及各方当事人无争议的陈述，本院认定事实如下：

2003年7月23日中华人民共和国国家知识产权局受理了本专利申请，优先权日为2003年1月28日，授权公告日为2004年1月28日。

针对本专利，原告于2005年12月3日向被告提出无效宣告请求，理由是本专利不符合《中华人民共和国专利法》（下称《专利法》）第二十三条的规定，同时提交了包括证据2在内的3份附件作为支持其主张的证据。

2006年2月23日，被告向原告发出无效宣告请求补正通知书（一），指出该无效宣告请求存在缺少一份证据2的缺陷，并要求其应当在收到该通知书之日起七天内予以补正。同年3月13日，原告提交意见陈述书，认为证据2与证据1的内容是一样的，区别在于证据2为原件，而证据1为证据2中相关内容的复印件。

经于形式审查合格，被告于2006年3月29日向双方当事人发出无效宣告请求受理通知书，并将原告的无效宣告请求书及其附件清单中所列附件副本以及于2006年3月13日提交的意见陈述书转给第三人，第三人于同年5月11日提交了意见陈述书以及9份附件。

2006年7月14日，被告向双方当事人发出无效宣告请求口头审理通知书，同时将第三人提交的上述意见陈述书及其附件副本转给原告。

2006年8月24日，口头审理如期举行。双方当事人均参加了口头审理。在口头审理中，被告向第三人出示证据2，并将证据2的第1页、第4页以及末页的复印件转交第三人。第三人核实证据2后明确表示：对证据1和证据2的一致性没有异议；对证据2是否是专利法规定的公开出版物有异议；证据2末页上体现了出版地在日本，因而属于域外证据，应当履行公证认证手续；证据2仅公开了电钻的一面视图，且电钻类产品的外观设计是不对称的，因此证据2不能与本专利进行充分对比；即使将本专利与证据2进行对比，二者也不相同和不相近似。原告坚持其书面意见，并认为证据2第

1页上写明了是中、港、澳地区综合目录，因此不是境外出版物，证据2末页上表明了印刷时间是1997年5月，产生地在香港和广州。原告还明确以证据2第4页中间的3幅图作为在先设计。

被告经审理，对原告的无效请求作出如下认定：

关于证据：

请求人提交的证据2为"牧田牌专业电动工具中、港、澳地区综合目录97/98"，其第1页印有"牧田牌专业电动工具中、港、澳地区综合目录97/98"字样，第2页为"索引"，第3~22页为产品图片及介绍，末页印有"牧田（香港）有限公司"和"牧田牌专业电动工具广州办事处"字样以及"printed in Japan Z11127P8CN 1997-5-40000N"字样。证据2末页上印有的"printed in Japan"字样明确说明证据2的形成地在日本，且证据2不能够从除香港、澳门、台湾地区外的国内公共渠道获得，也没有其他证据足以证明证据2的真实性，第三人也不认可证据2的真实性，因此，根据《审查指南》的规定，证据2属于域外证据，应当经日本国公证机关予以证明，并经中华人民共和国驻日本国使领馆予以认证，即应当履行公证认证手续，而原告并未提交证据2的相关公证认证手续证明材料。因此，证据2的真实性无法确认。证据1为证据2的复印件，证据3为证据1中对比文件与本专利的对比视图，在证据2的真实性无法确认的情况下，证据1的真实性也无法确认，证据3的对比也失去了意义。

综上，被告认为，证据1、证据2、证据3尚不能证明原告的主张，原告的无效理由不能成立。故被告作出被诉决定，维持本专利有效。原告不服，诉至本院。

在本案开庭审理中，原告明确表示对被诉决定作出的行政程序无争议。同时认可"printed in Japan"，即"日本印刷"。

本院认为，针对原告明确表示被诉决定中无争议的内容，本院经审查予以确认。本案焦点问题在于原告在行政程序中提交的证据2是否为有效证据。

《审查指南》第四部分第八章第2.2.2节的规定：域外证据是指在中华人民共和国领域外形成的证据，该证据应当经所在国公证机关予以证明，并经中华人民共和国驻该国使领馆予以认证，或者履行中华人民共和国与该所在国订立的有关条约中规定的证明手续。当事人可以在无效宣告程序中不办理相关证明手续的情形包括以下三种情况：（1）该证据是能够从除香港、澳门、台湾地区外的国内公共渠道获得的，如从专利局获得的国外专利文件，或者从公共图书馆获得的国外文献资料。（2）有其他证据足以证明该证据真实性的。（3）对方当事人认可该证据的真实性。本案中，根据证据2记载的"printed in Japan"，即"日本印刷"的内容，能够证明该证据系域外形成，参照上述规定，该证据的真实性应当通过办理公证、认证手续予以证明。证据2既未办理公证、认证手续，又无证据证明其存在上述不办理相关证明手续的情形之一，故证据2的真实性无法确认。被告据此认定原告针对本专利提出的无效请求无证据支持，其无效理由不成立正确，本院应予维持。由于证据2本身已经记载了其在日本形成的有关内容，原告广东妙达工具有限公司主张该证据在国内形成，由牧田公司广州办事处出版即需要充分的证据证明。因原告在行政程序中未提交相关证据，故其上述主张不成立，其在诉讼中提出该诉讼意见，本院亦不能支持。

综上，被诉决定认定事实清楚，适用法律正确，行政程序合法，本院应予维持。依照《中华人民共和国行政诉讼法》第五十四条第（一）项之规定，判决如下：

维持被告中华人民共和国国家知识产权局专利复审委员会于二〇〇六年九月二十五日作出的第9034号无效宣告请求审查决定。

案件受理费1000元，由广东妙达工具有限公司负担（已交纳）。

如不服本判决，原告广东妙达工具有限公司、被告中华人民共和国国家知识产权局专利复审委员会可在判决书送达之日起 15 日内，第三人日立工机株式会社可在判决书送达之日起 30 日内，向本院递交上诉状，并按对方当事人的人数提出副本，预交上诉案件受理费 100 元，上诉于中华人民共和国北京市高级人民法院。上诉人在上诉期满后 7 日内未预交上诉费，又不提出缓交申请的，按自动撤回上诉处理。

审　判　长　梁　菲
代理审判员　何君慧
代理审判员　孟玉珍
二〇〇七年十月十日
书　记　员　李轶萌

蓝白红相间软管

无效宣告请求审查决定（第 9038 号）

决　定　号	第 9038 号
决　定　日	2006 年 12 月 22 日
外观设计名称	蓝白红相间软管
外观设计分类	23-01
无效宣告请求人	东洋克斯株式会社
专　利　权　人	林超良
申　请　号	02361809.4
申　请　日	2002 年 9 月 19 日
授权公告日	2003 年 4 月 30 日
合议组组长	张雪飞
主　审　员	郭健国
参　审　员	张　华
附　　　图	1 页
法律依据	专利法第 23 条

决定要点

若有充分的证据能够证明与本专利相近似的外观设计已经在申请日前在国内使用公开，则本专利不符合专利法第 23 条的规定。

一、案由

本无效宣告请求涉及国家知识产权局于 2003 年 4 月 30 日授权公告的第 02361809.4 号外观设计专利，其产品名称为"蓝白红相间软管"，申请日为 2002 年 9 月 19 日，专利权人为林超良。

针对上述外观设计专利（下称本专利），东洋克斯株式会社（下称请求人）于 2005 年 10 月 20 日向专利复审委员会提出无效宣告请求，请求人提交了下列证据：

证据组 1：在申请日之前，涉案外观设计已被国内外出版物公开的资料，具体有下列证据：

证据 1-1：在 2001 年 3 月 30 日前已经产生，并于 2001 年 3 月 30 日已经经过公证、认证的请求人产品目录再次进行公证、认证的文件复印件 129 页；

证据 1-2：经公证、认证的印刷日期为 2002 年 9 月 16 日的 TOYOX 软管产品目录复印件 26 页；

证据 1-3：经公证、认证的盛强国际贸易有限公司于 1997 年使用的 TOYOX 软管目录复印件 16 页；

证据1-4：经公证、认证的Eltech Industries（Int'l）Co. Ltd. 于2002年使用的TOYOX软管目录复印件16页；

证据1-5：经公证、认证的请求人社长于2003年8月8日所作的法律声明复印件30页；

证据组2：在申请日前，请求人已经在中国市场上公开使用涉案外观设计，销售涉案外观设计产品，其产品型号为T型，具体有下列证据：

证据2-1：开票日期为2002年7月9日，发票号为03260050，其内容是由上海爱泰商贸有限公司销售"T"型TOYOX软管给上海橡塑五金有限公司的上海增值税发票复印件1页；

证据2-2：开票日期为2002年8月1日，发票号为03260065，其内容是由上海爱泰商贸有限公司销售"T"型TOYOX软管给上海添鑫橡塑五金有限公司的上海增值税发票复印件1页；

证据2-3：开票日期为2002年8月1日，发票号为03260066，其内容是由上海爱泰商贸有限公司销售"T"型TOYOX软管给杭州新泰气动元件有限公司的上海增值税发票复印件1页；

证据1-3：经公证、认证的盛强国际贸易有限公司于1997年使用的TOYOX软管目录复印件16页；

证据组3：在申请日前，涉案外观设计产品已经在中国市场公开销售的资料，具体包括下列证据：

证据3-1：对协盛塑胶厂进行查处的资料；

证据3-1-1：2002年9月19日，永新专利商标代理有限公司作出的查处行动报告复印件23页；

证据3-1-2：深圳市工商行政管理局宝安分局于2002年9月13日查封过程的照片复印件6页；

证据3-1-3：请求人于2002年9月12日呈送给深圳市工商行政管理局宝安分局的请求书复印件46页；

证据3-1-4：深圳市工商行政管理局宝安分局第0023286号财物清单复印件1页；

证据3-1-5：深圳市工商行政管理局宝安分局作出的深工商宝处〔2002〕123号行政处罚决定书复印件2页；

证据3-2：对广州市东海源五金行进行查处的资料；

证据3-2-1：广州市东海源五金行的宣传样本复印件12页；

证据3-2-2：2002年9月19日，永新专利商标代理有限公司作出的查处行动报告复印件10页；

证据3-2-3：广州市工商行政管理局荔湾分局于2002年9月13日查封过程的照片复印件4页；

证据3-2-4：广州市工商行政管理局荔湾分局第113号财物清单复印件1页；

证据3-2-5：请求人于2002年9月12日呈送给广州市工商行政管理局荔湾分局的请求书复印件46页。

经形式审查合格，专利复审委员会于2005年11月17日受理了上述请求，并同日将宣告专利权无效请求书及其他有关文件副本转送给专利权人，要求其在指定的期限内答复。

专利权人在指定期限未进行答复。

2005年11月18日，请求人寄交了意见陈述书和请求日提交证据中使用部分的译文及如下补充证据：

证据1-6：经公证、认证的Royal China（Hong Kong）Ltd.（Oliwen Limited）于2001年使用的TOYOX软管目录及部分内容的中文译文复印件共29页。

2006年3月27日，请求人寄交了意见陈述书和证据3-1-5所附的照片复印件3页，并仍沿用原来的证据编号3-1-5。

2006年10月17日，专利复审委员会向双方当事人发出了口头审理通知书，定于2006年11月23

日进行口头审理，并将请求人分别于2005年11月18日和2006年3月27日寄交的意见陈述书及相关证据副本随口头审理通知书一起转送给了专利权人。

专利权人未对转送的意见陈述书及相关证据进行答复。

请求人于2006年11月3日寄交了口头审理回执，表示参加口头审理。

口头审理如期举行，仅有请求人一方出席口头审理。请求人对变更后的合议组成员没有回避请求；请求人出示了除证据3-2-4外的原件，经合议组核实复印件与原件相符；请求人坚持其原有意见，并主张以证据1-1、1-3、1-4、1-6构成证据链证明产品样本（或称商品介绍）已经公开发布，以证据1-2、1-3、1-4、1-5、1-6和证据组2构成证据链证明产品样本公开发布及使用公开。

因专利权人未出席口头审理，专利复审委员会于2006年11月23日向专利权人发出了合议组成员告知通知书。专利权人在指定期限内未对合议组成员提出回避请求。

在上述审理的基础上，合议组认为本案事实已经清楚，可作出如下审查决定。

二、决定的理由

1. 法律规定

专利法第23条规定：授予专利权的外观设计，应当同申请日以前在国内外出版物上公开发表过或者国内公开使用过的外观设计不相同和不相近似，并不得与他人在先取得的合法权利相冲突。

2. 关于证据

请求人在口审中出示了除证据3-2-4外的原件，经核实，复印件与原件相符。

请求人提交的所有证据都已经转送给专利权人，专利权人未予答复，根据审查指南中的相关规定，应当视为已经得知转送文件所涉及的事实、理由和证据，并且未提出反对意见。

证据1-2为经公证、认证的印刷日期为2002年9月16日的TOYOX软管产品目录26页，其内容涉及请求人的代表人中西清一对该公司制作的商品介绍广泛散发于日本国内的批发商、零售店和一般消费者的证明。

由证据1-3、1-4、1-6可知，盛强国际贸易有限公司、Eltech Industries（Int'l）Co. Ltd. 和Royal China（Hong Kong）Ltd.（Oliwen Limited）均为请求人的代理店。其中盛强国际贸易有限公司的总经理证明所附的商品介绍已经分发给顾客，并且用于在中国国内销售东洋克斯的产品；Eltech Industries（Int'l）Co. Ltd的董事证明该公司于2002年7月9日在中国国内销售了所附商品介绍中的系列软管产品；Royal China（Hong Kong）Ltd.（Oliwen Limited）的总经理证明所附的商品介绍已经分发给顾客，并且自2001年2月5日起用于在中国国内销售东洋克斯的产品。

从证据1-5中售货单号为SN/AT0201R的单据中可以看出请求人于2002年5月13日曾经销售货物给上海爱泰商贸有限公司，其中包括T系列的多种产品中的T19*26*50M这一型号，请求人与上海爱泰商贸有限公司之间存在货物买卖关系。

由证据组2可以看出上海爱泰商贸有限公司先后于2001年7、8月销售T19*26*50M型产品给上海橡塑五金有限公司和上海添鑫橡塑五金有限公司，其销售时间早于本专利的申请日，该销售行为已经属于"使用公开"，专利权人对请求人提交的证据均未提出异议，合议组经审查认为证据1-2、1-3、1-4、1-5、1-6和证据组2能够证明请求人作为软管生产厂商，在申请日前已经通过其代理商向中国国内销售产品。TOYOX软管中型号为T19*26*50M型的产品外观可以通过证据1-3、1-4、1-6中的商品介绍得到印证，T19*26*50M型产品已经构成专利法意义上的在先设计，可以与本专利进行相同或相近似比较。

3. 相同或相近似比较

本专利为一无色软管，管壁布有网状加强筋，沿管壁外侧轴向有红、蓝二种线条，其线条之间有一较红、蓝线条宽的白色线条（详见本专利附图）。

在先设计亦呈管状，管壁布有网状加强筋，沿管壁外侧轴向有二种线条，其线条之间有一较宽的线条，较宽线条上有一行英文文字（详见在先设计附图）。

在先设计未要求保护色彩，因此在相近似比较时色彩不应当考虑。经比较可知，本专利与在先设计在整体形状、线条布置及加强筋的排列方式等都是相同的，虽然在先设计的较宽线条上有英文文字，但这种差异不会对一般消费者的视觉造成显著的影响。因此，二者属于相近似的外观设计，本专利不符合专利法第 23 条的规定。

鉴于上述认定已经得出本专利不符合专利法第 23 条的结论，本案合议组对请求人提出的其他理由及证据不再予以评述。

三、决定

宣告第 02361809.4 号外观设计专利权无效。

当事人对本决定不服的，可以根据专利法第 46 条第 2 款的规定，自收到本决定之日起三个月内向北京市第一中级人民法院起诉。根据该款的规定，一方当事人起诉后，另一方当事人应当作为第三人参加诉讼。

主视图

后视图

截面图

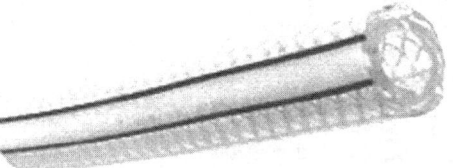
立体图

本专利附图

YESTER CORD REINFORCED HOSE

在先设计附图

073

电动执行器（一）

无效宣告请求审查决定（第9046号）

决 定 号	第9046号
决 定 日	2006年11月29日
发明创造名称	电动执行器（一）
外观设计分类号	23-01
无效宣告请求人	深圳光荣机械有限公司
专 利 权 人	温州凯斯通仪表阀门制造有限公司
专 利 号	01360832.0
申 请 日	2001年12月28日
授权公告日	2002年7月3日
合议组组长	李人久
主 审 员	马文霞
参 审 员	叶 娟
法 律 依 据	专利法第23条

决 定 要 点

证人在公证员面前作出的宣誓书应认定为证人证言，公证认证程序仅能够证明该类证据形式真实，但对证人所述内容的真实性应当通过对证人与案件的利害关系以及证人的智力状况、品德、知识、经验、法律意识和专业技能等综合分析作出判断。

一、案由

本无效宣告请求案涉及国家知识产权局于2002年7月3日公告授予的、名称为"电动执行器（一）"的第01360832.0号外观设计专利权（下称本专利），其申请日为2001年12月28日，专利权人为温州凯斯通仪表阀门制造有限公司。

针对上述专利权，深圳光荣机械有限公司（下称请求人）于2005年3月25日向专利复审委员会提出无效宣告请求，认为本专利不符合专利法第23条的规定，同时提交了以下附件：

附件1：第01360832.0号中国外观设计专利公报（即本专利），复印件1页；

附件2：光荣工业株式会社职员细川一孝的证明书，及其公证认证材料，复印件共13页，译文5页，其中附有以下两份附件：

附件2-1：《配管技术》，1991年9月号别册增刊号，日本工业出版社，1991年9月10日发行，封面和广告页复印件共2页，译文2页；

附件2-2:《配管技术》,1998年5月号,日本工业出版社,1998年5月1日发行,封面和广告页,复印件共2页,译文2页。

请求人认为,附件2-1和2-2的公开时间均早于本专利申请日,其中所刊登的型号为Unic-20的产品为本专利的在先设计。本专利与在先设计整体形状和各侧面部件形状和布局一致,本专利后视图在在先设计中可以看到是用以装配的面,属于不常见面,对整体的外观设计没有影响,因此,本专利不符合专利法第23条的规定。

2005年4月22日,请求人提交了附件2的公证书译文,共3页。

经形式审查合格后,专利复审委员会受理了上述请求,于2005年6月2日向双方当事人发出《无效宣告请求受理通知书》,并将《专利权无效宣告请求书》及其所附有关文件的副本和请求人于2005年4月22日提交的意见陈述书及其附件的副本转送给专利权人,要求其在指定的期限内答复,同时成立合议组对本无效请求案进行审理。

专利权人未对所转送的文件作出答复。

2005年9月26日,本案合议组向双方当事人发出口头审理通知书,拟定于2005年11月3日对该专利权的无效请求进行口头审理。

2005年11月3日,口头审理如期进行。专利权人没有出席,合议组在请求人一方出庭的情况下就本无效宣告请求案进行了庭审调查。庭审过程中,请求人提交了下述附件(编号顺延):

附件3:光荣工业株式会社职员细川一孝与日本工业出版株式会社社长就《配管技术》杂志的询问书和回答书及其公证认证材料,复印件共5页,译文共3页;

附件4:《配管技术》,2005年10月号,日本工业出版社,封面和封底复印件2页。

请求人提出上述附件2-4的原件已提交到针对02300159.3号外观设计专利权的无效宣告请求案中,合议组调取了上述附件的原件,并对上述附件复印件与原件的一致性进行了核对。请求人充分陈述了其无效宣告请求的理由和事实。

2005年11月3日,合议组将请求人于口头审理时提交的附件3和4的副本转送给专利权人,告知其应于指定期限内对该附件的真实性、合法性、关联性发表意见。

专利权人在上述期限届满后没有对转送的文件发表意见。

至此,合议组认为本案的事实清楚,可以作出审查决定。

二、决定的理由

专利法第23条规定:授予专利权的外观设计,应当同申请日以前在国内外出版物上公开发表过或者国内公开使用过的外观设计不相同和不相近似,并不得与他人在先取得的合法权利相冲突。

证人在公证员面前作出的宣誓书应认定为证人证言,公证认证程序仅能够证明该类证据形式真实,但对证人所述内容的真实性应当通过对证人与案件的利害关系以及证人的智力状况、品德、知识、经验、法律意识和专业技能等综合分析作出判断。

请求人提供的附件2是光荣工业株式会社职员细川一孝所作的证书,其中记载"我起誓,如记载下边,附上本证书的下列文件就是将广告刊登杂志(配管技术,1991年9月号别册增刊号,1991年9月10日发行)和(配管技术1998年5月号,1998年5月1日发行)用复印机正确地复印的以及其复印翻译成中文的",证明该证书真实性的公证书中记载"光荣工业株式会社代表取缔役细川一孝按照法定程序,在本公证人面前宣誓了本证书内容的真实性并在其上签名",该公证书经过了相关认证程序。

附件3是光荣工业株式会社职员细川一孝与日本工业出版株式会社社长小林大作就《配管技术》杂志的询问书和回答书及其公证认证材料,在询问书中记载"现在在中国,我公司询问者,对中国国家知识产权局起诉设计专利的无效……所以请您对下述事项以回答书的形式证明"，在日本工业出版株式会社社长小林大作的回答书中记载了《配管技术》的发行地、发行者、发行起始时间、总发行卷数、许可登记号码等内容，记载了《配管技术1991年9月号别册增刊号》光荣工业株式会社的广告刊登页资料请求No 001，《配管技术1998年5月号》光荣工业株式会社的广告刊登页资料请求No 004。该询问书和回答书同样经过了公证和认证程序，在公证书中记载"细川一孝在本公证人面前宣誓了本证书内容的真实性并在其上签名"。

附件4是请求人提交的《配管技术》2005年10月号，请求人提交了该证据的原件，用以证明《配管技术》杂志的真实性。

合议组经核对上述证据的原件，认为其复印件与原件一致。但是，附件2是证人光荣工业株式会社职员细川一孝在公证员面前作出的宣誓书，其性质实际上是一份证人证言，这份证人证言虽经过公证认证程序，但仅能够证明该证据形式的真实，即确有此人说过此话，对证人所述内容的真实性，即"所附附件2-1和2-2是用复印机正确地复印的"则应当通过对证人与案件的利害关系以及证人的智力状况、品德、知识、经验、法律意识和专业技能等综合分析作出判断。

合议组认为：首先，从附件3的记载"现在在中国，我公司询问者，对中国国家知识产权局起诉设计专利的无效"可以看出，光荣工业株式会社与请求人深圳光荣机械有限公司应属关联企业，因此，作为光荣工业株式会社职员的细川一孝应为本无效宣告请求案的利害关系人，其所出具的证言的证明力下降；其次，出具证言的证人细川一孝没有出席口头审理，没有接受对方当事人和合议组的质询，合议组无法对其智力状况、品德、知识、经验、法律意识和专业技能进行考察，因此，无从判断其所述"所附附件2-1和2-2是用复印机正确地复印的"是否属实；最后，请求人虽然提供了附件3和4用以证明《配管技术》杂志的真实性，同时附件3中提及《配管技术》1991年9月号别册增刊号和1998年5月号中登载了光荣工业株式会社的广告，但是该证据并没有证实上述期刊中登载的广告图片确如请求人提交的附件2-1和2-2中的那样。综上所述，在没有其他证据佐证附件2-1和2-2的真实性的情况下，合议组认为请求人提供的附件2-1和2-2的真实性不能得到确认。

鉴于附件2-1和2-2的真实性不能被确认，请求人认为其中登载的"Unic-20"产品构成本专利的在先设计，与本专利相同或相近似而导致本专利不符合专利法第23条的无效理由不能成立。

基于以上事实和理由，本案合议组作出如下审查决定。

三、决定

维持第01360832.0号外观设计专利权有效。

当事人对本决定不服的，可以根据专利法第46条第2款的规定，自收到本决定之日起三个月内向北京市第一中级人民法院起诉。根据该款的规定，一方当事人起诉后，另一方当事人应当作为第三人参加诉讼。

汽油机组（TIGER950）

无效宣告请求审查决定（第 9051 号）

决 定 号	第 9051 号
决 定 日	2006 年 12 月 11 日
发明创造名称	汽油机组（TIGER950）
国际分类号	15-02
无效宣告请求人	福建福安东大电机有限公司
专 利 权 人	黄纯
专 利 号	02327458.1
申 请 日	2002 年 5 月 18 日
授 权 公 告 日	2003 年 1 月 15 日
合议组组长	张 度
主 审 员	骆素芳
参 审 员	李 熙
法 律 依 据	专利法第 23 条

决 定 要 点

（1）仅凭事后回忆的证言，在没有双方当事人质证的情况下，该证言不予采用。

（2）只有产品型号和名称而没有反映产品外观的发票不能证明在本专利申请日前已有与之相同或相近似的外观设计在国内公开使用过。

（3）对于同一企业生产的相同型号的产品，可以认定它们具有相同的外观设计；但是，对于不同企业生产的规格型号相同的产品，不能直接认定它们具有相同的外观设计。

一、案由

本无效宣告请求案涉及国家知识产权局于 2003 年 1 月 15 日授权公告、名称为汽油机组（TIGER950）的 02327458.1 号外观设计专利（下称本专利），申请日为 2002 年 5 月 18 日，专利权人为黄纯。

针对上述专利权，福建福安东大电机有限公司（下称请求人）于 2004 年 11 月 10 日向国家知识产权局专利复审委员会提出无效宣告请求，其理由是：附件 2 公开的 QFD650/950 型汽油机产品的图片与本专利构成相同或相近似，附件 3-26 是 QFD650/950 型汽油机的销售发票，附件 2 和附件 3-26 结合证明了与本专利相同或相近似的产品在申请日前销售的事实，因此本专利不符合专利法第 23 条的规定。

请求人提交了下述证据：

附件1：02327458.1号外观设计专利公告复印件，公告日为2003年1月15日（本专利）；附件2：福建东源电机有限公司的产品样本；附件3：DA71/00号商业发票复印件；附件4：DA76/00号商业发票复印件；附件5：DA95/00号商业发票复印件；附件6：DA80/00号商业发票复印件；附件7：0011423号福建省出口商品销售发票记帐联复印件；附件8：0011286号福建省出口商品销售发票记帐联复印件；附件9：0011293号福建省出口商品销售发票记帐联复印件；附件10：0011291号福建省出口商品销售发票记帐联复印件；附件11：08599367号江苏增值税专用发票复印件；附件12：08599368号江苏增值税专用发票复印件；附件13：08599369号江苏增值税专用发票复印件；

附件14：08599946号江苏增值税专用发票复印件；

附件15：08599945号江苏增值税专用发票复印件；附件16：08599365号江苏增值税专用发票复印件；附件17：08599366号江苏增值税专用发票复印件；附件18：08599371号江苏增值税专用发票复印件；附件19：08599372号江苏增值税专用发票复印件；附件20：08599373号江苏增值税专用发票复印件；附件21：08599374号江苏增值税专用发票复印件；附件22：08599375号江苏增值税专用发票复印件；附件23：08599376号江苏增值税专用发票复印件；附件24：08599377号江苏增值税专用发票复印件；附件25：08599949号江苏增值税专用发票复印件；附件26：08599948号江苏增值税专用发票复印件；

经形式审查合格后，专利复审委员会依法受理了上述无效宣告请求，2004年11月10日向请求人和专利权人发出《无效宣告请求受理通知书》，并将请求人提交的无效宣告请求书及其附件清单中所列附件的副本转送给专利权人，要求其在指定的期限内答复，同时成立合议组对本无效宣告请求案进行审理。

针对上述无效宣告请求，专利权人于2004年11月25日提交了意见陈述书，专利权人认为：请求人提供的产品样本复印件（附件2）既不是原件，也不是正规出版物，其实际的印制时间及是否公开无法核实，故不得予以采信。对请求人提供的商业发票（附件3~6）有异议，既不知其印制时间，也不知发票中的产品为何形状，其真实性值得怀疑，故不得予以采信。请求人提供的发票（附件8~26）不是原件，既无法反映其中产品的外观形状，也无法体现该发票与专利产品有何关联，故不能证明与本专利相同或相近似的产品已在申请日之前公开销售。因此请求专利复审委员会维持该专利权有效。

2004年12月7日，请求人补交了以下附件：

附件27：（2004）宁证字第3589号公证书及其附件复印件。

请求人陈述意见如下：附件27中的增值税发票No.00747506的开票日为2000年12月15日，产品型号为QFD950，证明了在申请日前就有同样的外观设计在国内公开，因此本专利不符合专利法第23条的规定。

2004年12月11日专利权人补充意见陈述，认为请求人提供的附件2的出处不明，该附件2与附件3~26的证据之间毫无关联性，所以这些证据不能说明与本专利相同或相近似的产品已在本专利申请日之前售出。

2004年12月14日专利权人再次补充意见陈述，认为：附件2上未登载有该印刷品的出版者以及印刷日期或出版时间，也没有任何证据表明附件2的产品样本已在本专利的申请日之前公开，以及其公开或发表方式。附件3~26是销售发票，其上体现的销售公司与附件2的产品的公司不一致，而且也没有任何其他证据表明附件2与附件3~26中的证据具有关联性，因此附件2是无法与附件3~26中的任何一个证据相结合来证明与本专利相同或相近似的产品在申请日之前已销售的事实。

2006年8月30日，合议组向双方当事人发出《无效宣告请求口头审理通知书》，并将请求人于2004年12月7日提交的意见陈述书及其附件副本共15页转送专利权人，将专利权人分别于2004年11月25日、2004年12月11日、2004年12月14日提交的意见陈述转送请求人。

口头审理于2006年10月10日举行，双方当事人均参加了口头审理，双方当事人对对方当事人的出庭资格均无异议。双方当事人对合议组成员均无回避请求。专利权人于当庭提交了针对请求人2004年12月7日补交意见陈述及附件27的意见陈述，认为请求人送往公证处的QFD950型号的汽油发电机的实际来源及出产时间不明；证人证言中存在许多疑点。合议组将专利权人提交的上述意见陈述书当庭转给了请求人。

合议组对本无效宣告请求案进行了庭审调查，并记录了如下事实：（1）请求人明确无效理由是专利法第23条；当庭提交附件27的原件，没有提交附件3～10的原件，明确表示放弃附件11～26；（2）专利权人对附件2～10的真实性有异议；对附件27的真实性没有异议，对公证书中所附的发票的真实性没有异议，但是对发票与照片的关联性有异议，对公证书中笔录被询问人的身份有异议。

经过上述审理程序，合议组认为本案事实已经清楚，可以作出审查决定。

二、决定的理由

专利法第23条规定：授予专利权的外观设计，应当同申请日以前在国内外出版物上公开发表过或者国内公开使用过的外观设计不相同和不相近似，并不得与他人在先取得的合法权利相冲突。

附件3～10是商业发票复印件或福建省出口商品销售发票记帐联复印件，专利权人对其真实性有异议，请求人未能出示其原件，合议组无法对其真实性进行核实，因此，附件3～10不能作为本案的定案依据。

附件2是"福建东源电机有限公司"的产品样本，其出处和公开时间不明，专利权人对其真实性有异议，请求人未能证明附件2的出处以及公开时间，因此，合议组对附件2不予采信。

附件27是（2004）宁证字第3589号公证书，公证书中证明公证书所附的No.00747504、No.00747506、No.08536270、No.08536271江苏省增值税专用发票复印件与原件一致；《询问笔录》复印件与原件一致，原件上的签名和按手印属实；所附的7张照片是2004年12月2日拍摄的QFD950型汽油发电机的俯视角度、仰视角度、后视角度、主视角度、右视角度、左视角度、立体角度的照片，与实物相符。

专利权人对附件27所附的《询问笔录》的被询问人的身份有异议。上述《询问笔录》是被询问人于2004年12月2日对发生在2000年至2001年间的事件的事后回忆，仅凭这种事后证言，在未经双方当事人质证的情况下，合议组对该证据不予采用。

专利权人对附件27中所附的4张发票无异议，No.00747504、No.00747506、No.08536270、No.08536271江苏省增值税专用发票复印件可以作为本案的定案依据。上述4张发票显示QFD650汽油发电机、QFD950汽油发电机、QFD汽油发电机在2000年12月15日或2001年5月22日（本专利的申请日前）公开销售过。但是上述4张发票没有反映出其所公开销售的汽油发电机的外观形状，也没有关联证据证明发票上所记载的发电机的规格型号与本专利的TIGER950的外观设计有关，因此，仅以上述4张发票，不能证明在本专利申请日前已有与之相同或相近似的外观设计在国内公开使用过。

附件27所附的7张照片的拍摄时间是2004年12月2日，它们显示了一台"MINGRI QFD950"汽油发电机的外观，但是没有显示该汽油发电机的制造时间或公开时间，因此，仅凭这些照片不能证明在本专利申请日前已有与之相同或相近似的外观设计在国内公开使用过。

上述No.00747506号江苏省增值税专用发票复印件显示苏州泰格动力机器有限公司于2000年12

月15日销售的汽油发电机的规格型号为"QFD950",上述照片显示有"MINGRI QFD950"的字样。专利权人对上述发票与照片的关联性有异议。

合议组认为,对于同一企业生产的相同型号的产品,可以认定它们具有相同的外观设计;但是,对于不同企业生产的规格型号相同的产品,不能直接认定它们具有相同的外观设计。就本案而言,上述发票所销售的汽油发电机与照片所显示的汽油发动机具有相同的规格型号,但是请求人未能证明规格型号"QFD950"是具有相同外观的产品的标号,并且,请求人也不能证明照片显示的汽油发动机与上述发票所销售的汽油发电机为相同的企业(苏州泰格动力机器有限公司)所生产,因此,不能证明上述发票所销售的汽油发电机与照片所显示的汽油发电机具有相同的外观设计,即,请求人提供的上述发票和照片不能证明在本专利申请日前已有与之相同或相近似的外观设计在国内公开使用过。

综上所述,请求人以上述证据证明本专利不符合专利法第23条规定的主张不能得到支持。

三、决定

维持02327458.1号外观设计专利权有效。

当事人对本决定不服的,可以根据专利法第46条第2款的规定,自收到本决定之日起三个月内向北京市第一中级人民法院起诉。根据该款的规定,一方当事人起诉后,另一方当事人应当作为第三人参加诉讼。

负离子烫发夹

无效宣告请求审查决定（第 9056 号）

决 定 号	第 9056 号
决 定 日	2006 年 12 月 22 日
发明创造名称	负离子烫发夹
外观设计分类号	28-03
无效宣告请求人	松下电工株式会社
专 利 权 人	黄惠臣
专 利 号	200530051036.4
申 请 日	2005 年 1 月 27 日
授 权 公 告 日	2005 年 8 月 24 日
合 议 组 组 长	徐清平
主 审 员	高海燕
参 审 员	武 磊
附 图	2 页
法 律 依 据	专利法第 9 条、第 23 条，专利法实施细则第 13 条第 1 款

决 定 要 点

如果两项外观设计专利的申请人不同，且其中一项外观设计专利的申请日在另一项外观设计专利的申请日之前，并且该两项外观设计专利属于同样的发明创造，则申请日在后的那项外观设计专利不符合专利法第 9 条的规定。

一、案由

本无效宣告请求案涉及国家知识产权局于 2005 年 8 月 24 日授权公告的、专利号为 200530051036.4、名称为"负离子烫发夹"的外观设计专利（下称本专利），其申请日为 2005 年 1 月 27 日，专利权人为黄惠臣。

针对本专利权，松下电工株式会社（下称请求人）于 2006 年 2 月 24 日向国家知识产权局专利复审委员会提出无效宣告请求，其理由是本专利不符合专利法第 9 条、第 23 条和专利法实施细则第 13 条第 1 款的规定，同时请求人提交了以下附件作为证据材料：

证据 1：中国 200430053532.9 号外观设计专利公报复印件（下称对比文件 1），其申请日为 2004 年 5 月 18 日，授权公告日为 2005 年 2 月 16 日，专利权人为松下电工株式会社；

证据 2：日本 1218863 号外观设计专利公报复印件（下称对比文件 2），公开日为 2004 年 10 月

4日。

请求人认为：对比文件1和本专利相比是在先提出的申请并已授权，可以用于评价本专利是否符合专利法第9条和专利法实施细则第13条第1款的规定，本专利与对比文件1相比差别在于工作部和底板之间的转轴，本专利底板处的转角为圆弧过渡，而对比文件1此处的转角为直角，上述差别对产品的整体视觉效果不具有显著的影响，因此，本专利与对比文件1相近似，本专利不符合专利法第9条和专利法实施细则第13条第1款的规定。对比文件2的公开日早于本专利的申请日，可以用于评价本专利是否符合专利法第23条的规定，对比文件2是对比文件1的优先权文本，与本专利也相近似，本专利不符合专利法第23条的规定。

经形式审查合格，专利复审委员会依法受理了上述无效宣告请求，于2006年6月26日向双方当事人发出无效宣告请求受理通知书，并将请求人的无效宣告请求书和证据材料转送给专利权人。

专利复审委员会依法成立本案合议组，并于2006年9月18日向双方当事人发出无效宣告请求口头审理通知书，定于2006年11月16日举行口头审理。

口头审理于2006年11月16日如期举行，请求人参加了口头审理，专利权人未参加口头审理。在口头审理中，请求人对合议组成员变更无异议，对合议组成员无回避请求；请求人当庭提交盖有国家知识产权局专利检索咨询中心副本认证专用章的对比文件2的专利公报复印件，章上印有"经确认此副本与原件相同"的字样，日期为2006年11月15日，用于证明对比文件2是真实的；请求人明确其无效理由与请求书中的理由相同，即本专利不符合专利法第9条、第23条和专利法实施细则第13条第1款的规定；并坚持无效宣告请求书中原有的观点。

合议组于2006年11月16日向专利权人发出合议组成员告知通知书，告知其如对合议组成员有回避请求的，可在收到本通知书之日起七日内提交书面请求书并说明理由，期满未答复的，视为无回避请求。

专利权人在上述规定期限内未进行答复。

至此，合议组认为本案事实已经清楚，可以依法作出审查决定。

二、决定的理由

1. 法律依据

基于请求人提出的无效宣告理由，合议组依据专利法9条、第23条和专利法实施细则第13条的规定对本案进行审理。

专利法第9条规定：两个以上的申请人分别就同样的发明创造申请专利的，专利权授予最先申请的人。专利法实施细则第13条第1款规定：同样的发明创造只能被授予一项专利权。

审查指南第四部分第七章第1节引言中规定：同样的发明创造，对于外观设计而言，是指外观设计相同或者相近似。审查指南第四部分第五章第5节"判断方式"规定：在判断外观设计相同或者相近似时，应当从一般消费者的角度对在先设计与被比设计进行整体观察、综合判断。

2. 证据认定

对比文件1的申请日为2004年5月18日，早于本专利的申请日2005年1月27日，对比文件1的授权公告日为2005年2月16日，晚于本专利的申请日，且专利权人与本专利的专利权人不同，因此，可以用于评价本专利是否符合专利法第9条的规定。

3. 关于专利法第9条和专利法实施细则第13条第1款

本专利是关于"烫发夹"的外观设计，从其主视图和后视图观察，该烫发夹手柄部较窄，夹发部较宽，呈现上窄下宽的形状，在夹发部左右两侧各有一凸起；从其左右视图观察，该烫发夹呈现扁平的夹子状，在手柄末端有转轴，转轴处的烫发夹端部外轮廓右端较圆滑，左端不圆滑，在夹发部内侧面一面有多个刺状凸起；从其使用状态参考图1观察，在夹发部内侧面另一面有一平板部。（详见本专利附图。）

对比文件1是关于"烫发器"的外观设计，从其俯视图和仰视图观察，该烫发器手柄部较窄，夹发部较宽，呈现右窄左宽的形状，在夹发部上下两侧各有一凸起，在手柄部有椭圆和短弧形等线条设计，转轴处的烫发器端部外轮廓上下端均不圆滑；从其张开状态参考图观察，该烫发器呈现扁平的夹子状，在手柄末端有转轴，在夹发部内侧面一面有多个刺状凸起，另一面有一对应平板部。（详见对比文件1附图）

合议组认为：本专利和对比文件1所示均为烫发夹的外观设计，属于种类相同的产品，可以将二者进行相同和相近似的比较。

将本专利与对比文件1相比较，其主要相同点为：（1）二者均呈现扁平的夹子状，其手柄部均较窄，夹发部均较宽，且在夹发部左右两侧均各有一凸起；（2）二者夹发部内侧面一面均有多个刺状凸起；另一面均对应有一平板部。由此可见，本专利与对比文件1相比，整体形状近似。

将本专利与对比文件1相比较，其主要不同点为：（1）对比文件1手柄部有弧形或椭圆形线条；（2）对比文件1转轴处的烫发器端部外轮廓上下端均不圆滑，而本专利转轴处的烫发夹端部外轮廓右端较圆滑，左端不圆滑。

上述区别均是局部的细微差别，对烫发夹的整体视觉效果尚不足以造成显著影响。因而本专利与对比文件1公开的外观设计专利相近似，从而本专利与对比文件1属于同样的发明创造，本专利不符合专利法第9条的规定，同时也不符合专利法实施细则第13条第1款的规定。

鉴于已得出上述结论，因此，对于本专利相对于对比文件2是否符合专利法第23条的规定的理由合议组不再予以评述。

三、决定

宣告200530051036.4号外观设计专利权无效。

当事人对本决定不服的，可以根据专利法第46条第2款的规定，自收到本决定之日起三个月内向北京市第一中级人民法院起诉。根据该款的规定，一方当事人起诉后，另一方当事人应当作为第三人参加诉讼。

仰视图

俯视图

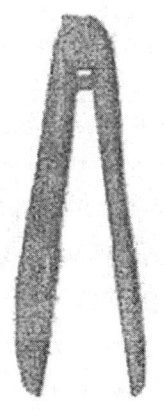

右视图

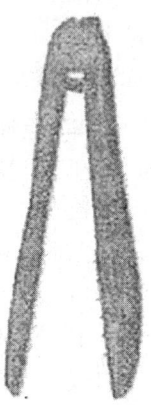

左视图

后视图

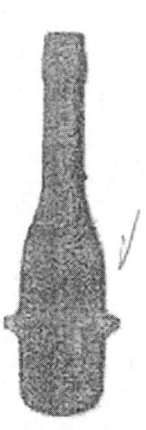

主视图

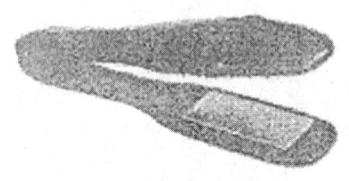

使用状态参考图1

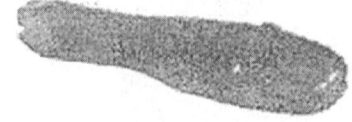

使用状态参考图2

本专利附图

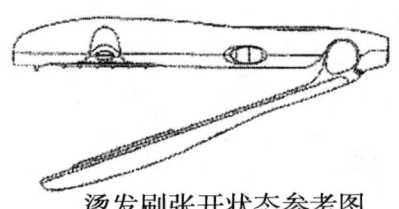

烫发刷张开状态参考图

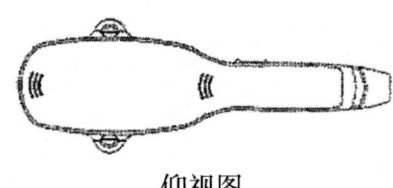

仰视图

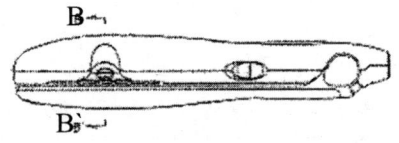

主视图

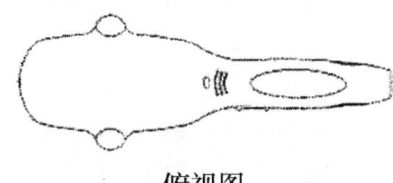

俯视图

立体图

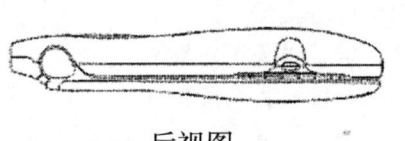

后视图

省略内部机构的A-A'向剖视图

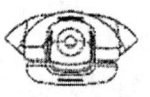

右视图

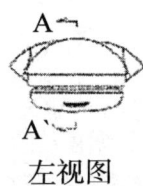

左视图

省略内部机构的B-B'向剖视图

对比文件1图

随动端面密封构件

无效宣告请求审查决定（第 9060 号）

决 定 号	第 9060 号
决 定 日	2006 年 12 月 14 日
发明创造名称	随动端面密封构件
外观设计分类号	13-01
无效宣告请求人	王胜五
专 利 权 人	吴雳鸣
申 请 号	200430076240.7
申 请 日	2004 年 7 月 23 日
授 权 公 告 日	2005 年 1 月 19 日
合 议 组 组 长	石 清
主 审 员	张 鹏
参 审 员	李玲玲
附 图	1 页

法 律 依 据 专利法第 23 条，专利法实施细则第 2 条第 3 款

决 定 要 点

就生产和销售过程而言，本专利是相对独立、完整的产品零部件，可以由专门的生产厂家生产、加工并销售，就流通而言，该构件能够应用于产业上以形成批量生产，故本专利符合专利法实施细则第 2 条第 3 款对外观设计的定义。

从请求人提供的证据无法得出其产品外观的具体形状，请求人提供的证据不足以证明本外观设计专利不符合专利法第 23 条的规定。

一、案由

本无效宣告请求涉及国家知识产权局于 2005 年 1 月 19 日授权公告的 200430076240.7 号外观设计专利，其名称为"随动端面密封构件"，申请日是 2004 年 7 月 23 日，专利权人是吴雳鸣。

针对上述专利权（下称本专利），王胜五（下称请求人）于 2006 年 2 月 17 日向专利复审委员会提出无效宣告请求，其理由是：第一，本专利是附件 2 中所公开的"接触密封圈"产品的零件，其不是"接触密封圈"产品的完整的外观设计；并且由于单纯的零件无法应用，从而本专利也不是适于工业应用的新设计，因此本专利不符合专利法实施细则第 2 条第 3 款的规定。第二，从本专利的主视图中可以看出，其红色部分是制造本产品工艺应用的假轴，其仅起到工艺上的作用，并非产品的组

成部分；去掉该假轴之后其形状和附件2的附图1的局部剖面完全相同，因此本专利与在先的实用新型专利权相冲突，不符合专利法第23条的规定。请求人认为应当宣告本专利无效。请求人提交了以下附件：

附件1：ZL200430076240.7号外观设计专利（即本专利）；

附件2：02204254.7号实用新型专利说明书复印件，授权公告日为2002年10月23日（下称证据1）。

经形式审查合格，专利复审委员会受理了上述无效宣告请求，并于2006年3月22日向双方当事人发出了无效宣告请求受理通知书，同时将专利权无效宣告请求书及附件转送给专利权人。

专利权人于2006年4月20日向专利复审委员会提交了针对该无效宣告请求的意见陈述书，其认为：第一，本专利是配装使用在各类旋转机械上完成密封任务的工业产品部件，其是人们视觉可见的产品外观，因此本专利符合专利法实施细则第2条第3款的规定；第二，证据1作为实用新型，与外观设计保护的内容及范围存在区别；证据1中没有与本专利相同或者相近似的外观设计，请求人提供的证据无法证明本专利不符合专利法第23条的规定。

国家知识产权局专利复审委员会依法组成合议组审理本案。专利复审委员会合议组于2006年6月19日将专利权人的上述意见陈述书转给了请求人，同时向双方当事人发出口头审理通知书，定于2006年8月15日在专利复审委员会举行口头审理。

请求人于2006年6月30日向专利复审委员会提交了意见陈述书，其认为：本专利的主视图和后视图与证据1的附图1的局部剖视图相同，并且证据1的权利要求书中公开了：在多等分的挡油板背部加以弹簧，用螺钉固定，挡油板的侧面开出定位孔，多等分的挡油板的接头采用……错口接……并在接头处夹以密封管，上述内容与本专利的主视图和后视图一致；另外主视图内径方向上最大的红色部分和后视图内径方向上最大的灰色部分是生产该产品的辅助胎具——假轴，不构成随动端面密封构件中所称的构件；因此证据1中公开的接触密封圈的技术内容与本专利基本相同。本专利虽然在后视图挡油板接头处的中间摆放了压缩弹簧，但是如果为该弹簧在挡油板上开出一个槽将其嵌入则功能不允许，如果浮在表面上则无法装配。因此，本专利不符合专利法第23条和专利法实施细则第2条第3款的规定，同时请求人提供了如下附件（编号续前）：

附件3：黑龙江省哈尔滨市中级人民法院（2004）哈民五初字第75号民事判决书。

合议组于2006年7月10日将请求人的上述意见陈述书及其所附的附件转送给专利权人。专利权人于2006年7月21日向专利复审委员会提交了意见陈述书，认为：本专利主视图内径方向上的红色部分和后视图内径方向上的灰色部分是固定在轴上的摩擦辊，是本专利的两个重要组成部分；本专利设置一凹槽，将弹簧放入其中，从而既解决实际问题又富有美感。因此，本专利符合专利法第23条和专利法实施细则第2条第3款的规定。

合议组于2006年7月28日将专利权人的上述意见陈述书转送给请求人。

口头审理于2006年8月15日如期举行，双方当事人均参加了口头审理。双方当事人对合议组组成人员没有回避请求。请求人明确无效理由为本专利不符合专利法实施细则第2条第3款的规定和专利法第23条的规定。其主要理由在于：第一，本专利是放在器械内部使用，因此其图案和色彩没有意义；另外，本专利的主视图内径方向上最大的红色部分和后视图内径方向上最大的灰色部分是生产该产品的辅助胎具——假轴，不构成随动端面密封构件中所称的构件。第二，本专利的主视图和后视图与证据1的附图1的局部剖视图相同，并且证据1的权利要求书中公开了：在多等分的挡油板背部加以弹簧，用螺钉固定，挡油板的侧面开出定位孔，多等分的挡油板的接头采用……错口接……并在接头处夹以密封管，上述内容与本专利的主视图和后视图相同。专利权人对证据1的真实性没有异议。在此基础上，双方当事人就本专利是否符合专利法实施细则第2条第3款的规定和专利法第23条的规定充分发表了意见。口头审理中，请求人还演示了一幅工程图纸和其声称为证据1的实物。

在以上工作的基础上，合议组认为本案事实清楚，可以依法作出决定。

二、决定的理由

1. 审查范围

根据请求人无效宣告请求书中的请求，本案合议组就请求人提出的理由和事实，基于证据1对本专利是否符合专利法实施细则第2条第3款的规定和专利法第23条的规定进行审查。

2. 证据认定

请求人共提交了一份证据（即证据1），该证据系02204254.7号实用新型专利说明书复印件，授权公告日为2002年10月23日，名称为接触密封圈。专利权人对于证据1的真实性没有异议，合议组经查证属实。该专利的授权公告日在本专利申请日（2004年7月23日）之前，对于实用新型专利文献而言，其授权公告日即是公开日，因此请求人提交的证据1属于专利法第23条中所规定的申请日以前公开的出版物，本案合议组对请求人所出具的证据1予以采信。

3. 有关专利法实施细则第2条第3款

专利法实施细则第2条第3款规定：专利法所称外观设计，是指对产品的形状、图案或者其结合以及色彩与形状、图案的结合所作出的富有美感并适于工业应用的新设计。

虽然对于本外观设计专利所涉及的产品——随动端面密封构件而言，其在实际使用中由完全相同的若干块该构件拼对构成一个完成的产品，但是就生产而言，该构件是相对独立、完整的产品零部件，可以由专门的生产厂家独立生产、加工；就销售而言，该构件可以单独加以销售，由购买者进行组合安装；就流通而言，该构件能够应用于产业上以形成批量生产，本外观设计专利是对该产品的形状、色彩作出的设计，其符合专利法实施细则第2条第3款的规定。

4. 有关专利法第23条

专利法第23条规定，授予专利权的外观设计，应当同申请日以前在国内外出版物上公开发表过或者国内公开使用过的外观设计不相同和不相近似，并不得与他人在先取得的合法权利相冲突。

审查指南第四部分第八章第2.1节规定，当事人对自己提出的无效宣告请求所依据的事实或者反驳对方无效宣告请求所依据的事实有责任提供证据加以证明。没有证据或者证据不足以证明当事人的事实主张的，由负有举证责任的当事人承担不利后果。

本专利为一个近似长方形的密封构件，其下部为红色的摩擦辐，该摩擦辐占据较大部分；上部为细长的灰色的两个外圈，两个外圈的搭接部分为竖条形黄色密封件，在黄色密封件的上部横向设置与灰色外圈平齐的白色切向部分，蓝色铁片近似长方形设置在白色切向部分上面并向右错开一定距离，从灰色部分超蓝色铁片的两边各向上斜向伸出两个枝杈。下部红色摩擦辐较上部外圈部分厚，并且摩擦辐部分的中间有左右两侧形状对称的凸起。位于上部的两个外圈之间横向设置弹簧。

证据1为名称为"接触密封圈"的02204254.7号实用新型专利说明书。从证据1说明书附图1中间的原理结构示意图并结合说明书中描述的各部件名称可知，接触密封圈内具有安装螺栓1、联接螺栓2、小座板3、大座板4、弹簧5、螺钉6、定位螺钉7、密封管8、定位孔9、回油孔10、挡油板11、转轴12、油水汽13。从证据1说明书附图1中上部的A-A旋转视图可以看出，挡油板11与转轴12相接。从证据1说明书附图1下部的B向视图可以看出，密封管8呈长方形。由此可见，从证据1的说明书附图1无法得出接触密封圈的具体外观设计形状及各个组成部分的形状，无法与本专利的外观设计进行相同或者相近似性的对比。

请求人认为，证据1的权利要求书中公开了：在多等分的挡油板背部加以弹簧，用螺钉固定，挡油板的侧面开出定位孔，多等分的挡油板的接头采用……错口接……并在接头处夹以密封管，上述内容与本专利的主视图和后视图相同。

合议组认为，从上述证据1的说明书中的描述并结合其附图只能得出有关接触密封圈各构件之间的结构位置关系，但是无法得出接触密封圈的具体形状以及各个组成部分的形状，因此无法将其与本专利进行相同或者相近似性的对比。请求人提供的证据不足以证明本专利不符合专利法第23条的规定。

综上所述，本专利符合专利法实施细则第2条第3款对外观设计的定义。请求人未能提供充足的证据证明本专利不符合专利法第23条的规定，因此请求人提出的关于宣告本专利权无效的请求不能成立。

三、决定

维持200430076240.7号外观设计专利的专利权有效。

当事人对本决定不服的，可以根据专利法第46条第2款的规定，自收到本决定之日起三个月内向北京市第一中级人民法院起诉。根据该款规定，一方当事人起诉后，另一方当事人应当作为第三人参加诉讼。

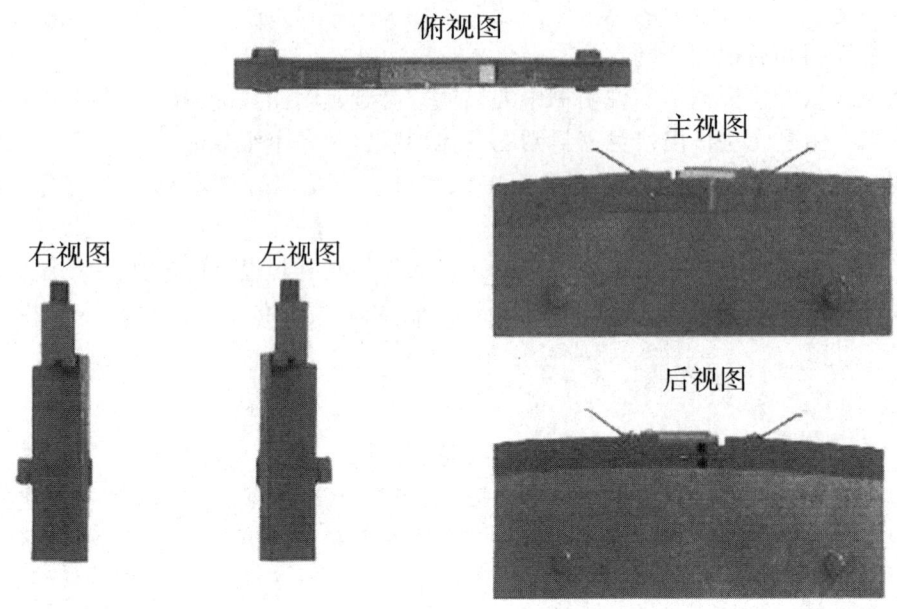

本专利附图

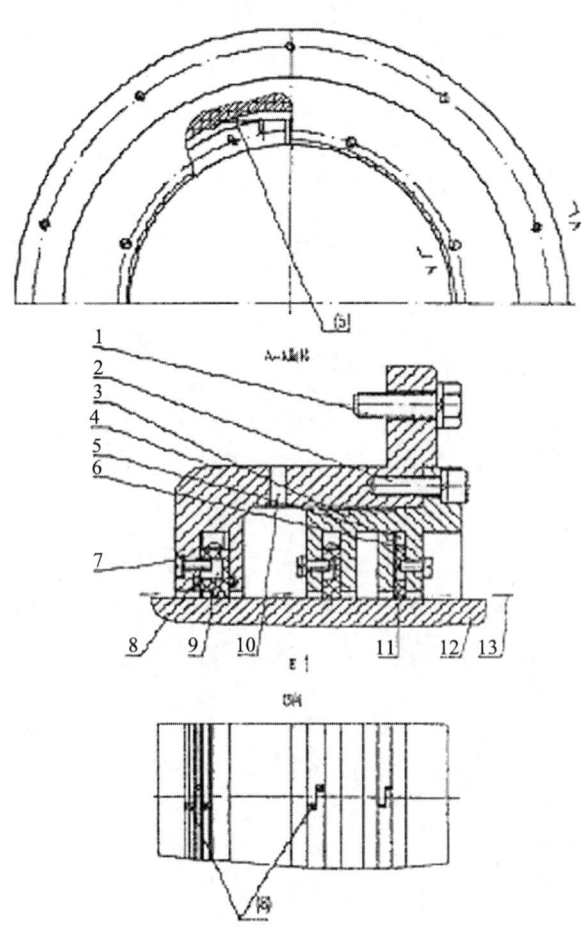

证据 1 附图

机动车座椅

无效宣告请求审查决定（第 9065 号）

决 定 号	第 9065 号
决 定 日	2006 年 12 月 5 日
发明创造名称	机动车座椅
外观设计分类号	06-01-S0159
无效宣告请求人	杭州鸿源机械制造有限公司
被 请 求 人	车德洪
专 利 号	01305821.5
申 请 日	2001 年 4 月 2 日
授权公告日	2001 年 12 月 5 日
合议组组长	石 竞
主 审 员	耿 博
参 审 员	崔国振
附 图	2 页
法 律 依 据	专利法第 23 条

决 定 要 点

（1）虽然在先设计符合法定条件能够用来评价本专利的相同相近似，但是当其图片模糊不清时，则不能得出和本专利是否相同相近似的审查结论。

（2）无正当理由未出庭接受质证的证人证言不得单独作为定案的依据。

一、案由

本无效宣告请求涉及的是中华人民共和国国家知识产权局专利局 2001 年 12 月 5 日授权公告的、名称为"机动车座椅"的外观设计专利（下称本专利），其专利号是 013058215，申请日是 2001 年 4 月 2 日，专利权人是车德洪。

针对本专利权，杭州鸿源机械制造有限公司（下称请求人）于 2003 年 7 月 22 日向专利复审委员会提出无效宣告请求，其理由是本专利不符合专利法第 23 条的规定。与此同时，请求人提交了如下附件作为证据：

附件 1：第 01305821.5 号外观设计专利公告（本专利）；

附件 2：1999 年 4 月 6 日的《中国花卉报》，第 8 版，复印件 1 页；

附件 3：（2003）杭证经字第 24102 号公证书原件；

附件4：附件3中MURRY产品宣传册相关页复印件。

请求人认为，通过以上证据可以证明在本专利的申请日之前本专利产品已经处于公开状态，因此本专利不符合专利法第23条的规定。

经形式审查合格，专利复审委员会于2003年9月11日受理了此案，并将《专利权无效宣告请求书》及相关附件副本转送给专利权人。要求其在指定的时间内答复。与此同时，还向请求人发出外文证据处理通知书，指出请求人未在提交外文证据的同时提交所使用部分的中文译文，请求人应当在收到本通知之日起一个月内补交所使用部分的中文译文，期满未补交的，该外文证据视为未提交。

请求人于2003年9月26日提交了附件3中相关内容的中文翻译。专利复审委员会于2006年3月14日将该中文翻译转文给专利权人。

2003年10月10日，专利权人向专利复审委员会提交了《意见陈述书》，其认为附件2中所示的产品与在先决定中采用的证据中的内容相同，所以得出的结论应和在先决定中认定的一样，两者不构成相近似。附件3不适用本案，不属于有效证据而且不能否定本专利的有效性。因为杭州公证处的公证书只证明请求人提供的复印件与原件相符，不证明书证内容的真实性；驻美大使馆的《认证书》和美国国务院、美国田纳西州州务院、美国戴维森县录事等证明书，只证明有关政府机构的印章和官员或公证人、当事人的签名属实，但它们对请求人陈述的内容、观点和理由是否属实、是否成立没有证明力。并且附件3中没有印刷时间，也无法表明其公开散发的时间，所以仅有自然人的口述是不能成立的。专利权人认为请求人提交的这些证据均不能支持其主张，故请求维持专利权有效。

合议组于2006年3月14日向双方当事人发出口头审理通知书，定于2006年4月18日在浙江市余杭临平大厦举行口头审理。

口头审理如期举行，双方当事人均参加了口头审理。双方当事人对合议组组成人员没有回避请求，对对方出席口头审理人员的身份和资格没有异议。请求人当庭提交了附件2、3、4的原件，专利权人对以上证据的真实性没有异议，但指出出具证言的证人无正当理由不出席接受质证，故对其证言不应采信，且发票中的产品名称与证言中不一致，印刷品公开散发的时间无法确定，无法确认该证据所示产品在本专利的申请日之前已经公开。请求人主张以附件2中拖拉机式草坪车的图片，MURRAY公司的产品宣传册中第14页左上角的图片与本专利作相同相近似的比较。

在以上工作的基础上，合议组认为本案事实清楚，可以依法作出审查决定。

二、决定的理由

1. 证据的认定

请求人在口头审理时提交了附件2、3、4的原件，专利权人对以上证据的真实性予以认可，故可以确定以上证据的真实性。

2. 本专利是否符合专利法第23条的规定

附件2是1999年4月6日的《中国花卉报》，第8版，请求人主张以该证据中的拖拉机式草坪车的图片作为对比文件，本专利与该图片显示的在先设计相比，属于相近似的外观设计。

合议组认为，由于附件2属于公开出版物，且其公开的时间在本专利的申请日之前，所以可以成为和本专利进行是否相同相近似比较的在先设计，下称对比文件。

本专利是一座椅，由椅背和椅座组成。从主视图看，椅背形状呈梯形，中部向下至底部有一梯形内凹，左右两顶端为圆弧过渡；椅座为条状；椅背与椅座相交处自左至右有两条凹线。从俯视图看，椅座为长方形，上端边缘为弧形，延左右边缘各有一条凹线；椅背为长条状。从左视图看，整体形状为近似"L"形，椅背与椅座相交处有两条凹线，椅座右端有一条凹线。从立体图看，侧面整体形状呈"⌐"形，椅背部分有一梯形（圆弧过渡）内凹，椅背与椅座相交处自左至右有两条凹线。椅座由前端至后端延边缘有一条"U"字形凹线。(详见本专利附图。)

对比文件是一座椅,由椅背和椅座组成。其侧面整体形状呈"L"形,椅背为梯形,其上有一内凹。不能明确的辨认出该座椅图片显示的其他内容。(详见对比文件附图。)

将本专利与对比文件相比较,合议组认为:虽然二者均为座椅,属于同类产品,但是,由于对比文件不够清楚,其所表达的外观设计只表明其外轮廓形状,没有清楚地表明椅背内凹表面和椅座表面部位的设计,所以仅凭外轮廓形状不能判断其与本专利属于相同和相近似的外观设计。所以无法得出本专利和该设计相同相近似的结论,因而对请求人的以上主张不予支持。

附件3是一份公证认证书,其中包括默里公司营销副总裁帕特里克·A.马可迪先生出具的证人证言及其产品宣传册等被公证认证的材料,该证言意图证明宣传册的印刷及公开散发的时间。合议组认为:该份证据的关键需要查证的是如附件4所示的MURRY公司的产品宣传册公开的时间。尽管在附件3中出具了MURRY公司和MGA印刷公司的印刷合同等,但是该印制合同所指定的产品是否为附件4所示的宣传册除了证人帕特里克·A.马可迪的陈述外,没有其他证据予以证明,从该宣传册本身也无法看出该宣传册是由MGA印刷公司印制,并且也没有印刷时间,所以印刷合同所显示的时间不能认为是该宣传册的公开时间。在本案中,该宣传册的公开散发时间在本案中只有证人帕特里克·A.马可迪的陈述,其他公证认证仅是证明了出证人确实出具了以上证言,并没有对证言内容是否与客观情况相符作出认定,所以在该证人未出席口头审理且没有其他证据佐证的情况下,其证言不得单独作为定案的依据。

综上,在该宣传册的公开时间没有充分证据证明的情况下,该宣传册中所示外观设计不能用来评价本专利是否符合专利法第23条的规定。

基于上述理由,作出如下决定。

三、决定

维持01305821.5号外观设计专利权有效。

当事人对本决定不服的,可以根据专利法第46条第2款的规定,自收到本决定之日起三个月内向北京市第一中级人民法院起诉。根据该款的规定,一方当事人起诉后,另一方当事人应当作为第三人参加诉讼。

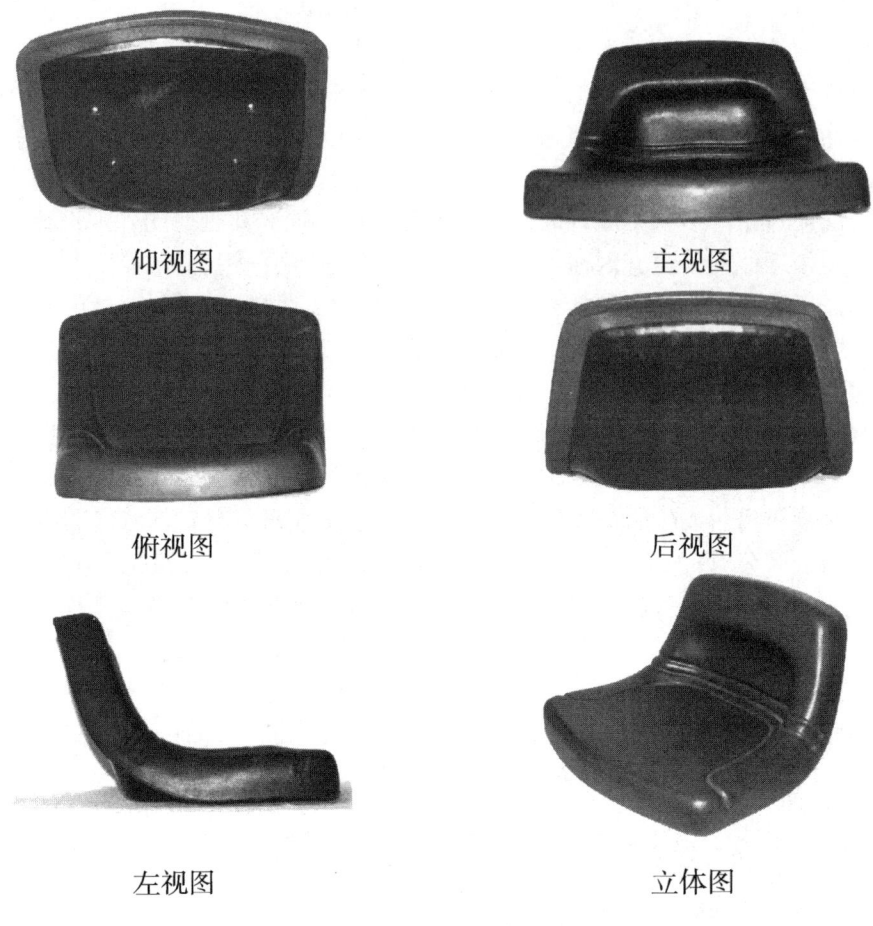

本专利附图

对比文件图

洁

包装盒（节能灯二）

无效宣告请求审查决定（第9066号）

决 定 号	第9066号
决 定 日	2006年12月11日
发明创造名称	包装盒（节能灯二）
外观设计分类号	09-03
无效宣告请求人	宁波海田国际贸易有限公司
专 利 权 人	王宜雷
专 利 号	200430021007.9
申 请 日	2004年3月19日
授 权 公 告 日	2004年10月6日
合议组组长	石 竞
主 审 员	耿 博
参 审 员	崔国振
附 图	2页
法 律 依 据	专利法第23条

决 定 要 点

1. 一方当事人提出的证据，另一方当事人认可的，可以确认其证明力。

2. 当两个包装盒的形状、长宽高的比例，各部分文字及图形的排列方式、大小、布局方式等基本相同时，仅有被包装物图形的变化不会给一般消费者带来整体视觉效果上的显著性影响。

一、案由

本无效宣告请求涉及的是中华人民共和国国家知识产权局专利局2004年10月6日授权公告的、名称为"包装盒（节能灯二）"的外观设计专利（下称本专利），其专利号是200430021007.9，申请日是2004年3月19日，专利权人是王宜雷。

针对本专利权，宁波海田国际贸易有限公司（下称请求人）于2005年10月8日向专利复审委员会提出无效宣告请求，其理由是本专利不符合专利法第二十三条的规定。与此同时，请求人提交了如下附件作为证据：

附件1：第200430021007.9号外观设计专利公告（本专利）；

附件2：杭州市工商行政管理局临安分局经济检查大队的调查情况汇报，复印件2页；

附件3：杭州市工商行政管理局临安分局行政处罚决定书，杭工商临检字【2004】125号，复印件3页；

附件4：杭州市工商行政管理局临安分局现场检查笔录，复印件4页；

附件5：杭州市工商行政管理局临安分局经检大队作出的询问笔录，复印件12页；

附件6：杭州市工商行政管理局临安分局经检大队作出的证件复制单，复印件7页；

附件7：杭州市工商行政管理局临安分局经检大队作出的证件复制单，复印件5页；

附件8：杭州双龙照明电器有限公司采购单，复印件共6页；

附件9：浙江增值税专用发票，NO.00486325，NO.00990570，复印件2页。

请求人认为，通过以上证据可以证明在本专利的申请日之前本专利产品已经被公开使用，因此本专利不符合专利法第二十三条的规定。

经形式审查合格，专利复审委员会于2005年10月9日受理了此案，并将《专利权无效宣告请求书》及相关材料转送给被请求人，要求其在指定的时间内答复。

请求人于2005年10月22日向复审委员会提交了《意见陈述书》。请求人认为：2005年9月14日浙江省杭州市工商行政管理局接到举报，并当日下午对杭州双龙照明电器有限公司现场检查，确认的事实之一为：自2003年5月份起杭州双龙照明电器有限公司提供的包装盒图样是委托杭州宏发包装印刷有限公司通过电脑制作成胶片进行生产该类包装装潢的节能灯包装盒，双龙照明电器有限公司通过该包装盒的包装节能灯出口。因此，涉案专利已经在申请日前被公开使用，应当被宣告无效。同时提交的证据为：

补证1：杭州市工商行政管理局查获杭州宏发包装印刷有限公司通过电脑制作的胶片，复印件9页；

专利复审委员会于2006年3月14日将上述材料副本转文给被请求人。

2005年11月23日，被请求人向专利复审委员会提交了《意见陈述书》，认为请求人提供的10个证据因种种原因都存在关联性、真实性、合法性问题而不能作为认定事实的证据使用，所以请求人提交的这些证据均不能支持其主张，故请求维持专利权有效。

合议组于2006年3月14日向双方当事人发出口头审理通知书，定于2006年4月19日在浙江省临安市五洲大酒店举行口头审理。

口头审理如期举行，双方当事人均参加了此次口头审理。双方当事人对变更后的合议组组成人员没有回避请求，对对方出席口头审理的人员身份和资格没有异议。请求人当庭提交了附件3、附件4证据的原件，被请求人对这两份证据的真实性予以确认；请求人当庭补充提交了一份证据——请求书、笔录、照片复印件等共19页，被请求人对这份证据的真实性予以认可，但认为超出了一个月的补充提交证据的期限，请求合议组不予采纳。请求人明确其无效宣告请求的理由是：通过附件3、4及其补充提交的证据可以证明在2004年3月中旬以前，欧司朗的产品已经销售，并为广大消费者所知。双龙照明电器公司的产品也已经在2004年3月中旬生产组装，故其产品使用的包装盒已经通过通过销售使用而公开，所以本专利不符合专利法第二十三条的规定，应当被宣告无效。

在以上工作的基础上，合议组认为本案事实清楚，可以依法作出审查决定。

二、决定的理由

1. 证据认定

请求人当庭提交了证据附件3、附件4的原件，被请求人对这两份证据的真实性予以认可；请求人当庭补充提交了一份证据——请求书、笔录、照片复印件等共19页，被请求人对这份证据的真实性予以认可，但认为超出了一个月的补充提交证据的期限，请求合议组不予采纳。

合议组认为：由于被请求人对附件3、附件4及请求人当庭补充的证据的真实性予以认可，所以合议组对上述证据予以采信。对于请求人当庭补交的证据，其提交时间虽然超过了自提出无效宣告请求之日起一个月的期限，但属于附件3所涉及的同一次行政处罚行为中形成的证据，是对同一事实的一种补强，故对该证据予以接受。其他证据由于请求人未能提交原件以供核实其真实性，也没有其他证据能够对这些证据的真实性予以佐证，故对这些证据的真实性不能认定。

2. 事实认定

通过附件3中确认的事实，杭州双龙照明电器有限公司于2004年3月中旬生产组装的螺旋型节能灯，其外观设计近似于知名商品欧司朗的包装，认定其违反了《中华人民共和国反不正当竞争法》第五条第（二）项之规定。所以通过该事实可以推定欧司朗的节能灯产品至少应该在2004年3月中旬以前足够长的时间内在中国市场上销售，否则不能成为知名商品。即欧司朗的节能灯的包装早在本专利的申请日之前通过销售而公开，故可以成为和本专利进行相同相近似比较的在先外观设计，下面将请求人当庭提交证据中——证据复制单倒数第三页的欧司朗外包装作为在先设计与本专利作相同相近似比较。

3. 相同相近似比较

本专利要求保护的是一种包装盒，形状为长方体，长方体的主视图和后视图的图形及布局完全相同，在显著位置均是一个螺旋节能灯泡，在左上角是一行竖排的文字，右上角有一颜色较深的长方形块，其间有两行文字，在竖排文字和深色方块之间是几行横排的文字，在灯泡的下部有两行横排文字，其中上面的一行文字稍微向上倾斜。左右视图的布局基本上相同，均是在上方的中央位置有一个地球图案，其下依次是几行横排的文字和灯泡图案。该包装盒从上至下颜色逐渐变浅；通过俯视图可以看到，左边是一竖排的文字，中间为几行横排文字，右上角有一颜色较深的长方形块，其间有两行文字，右下角是一个螺旋灯泡图案，其下有两行横排文字；仰视图的左边是一竖排文字，靠右部分的中间是一横排文字。（详见本专利附图）

在先设计也是一种包装盒，形状为长方体，该长方体的一个长方形面（对应于本专利的主、后视图）的显著位置是一个U形节能灯泡，在左上角是一行竖排的文字，右上角有一颜色较深的长方形块，其间有两行文字，在竖排文字和深色方块之间是几行横排的文字，在灯泡的下部有两行横排文字，其中上面的一行文字稍微向上倾斜。另一个长方形面（对应于本专利的左右视图）是在上方的中央位置有一个灯泡图案，其下依次是几行横排的文字和灯泡图案。该包装盒从上至下颜色逐渐变浅；通过俯视图可以看到，左边是一竖排的文字，中间为几行横排文字，右下角有一颜色较深的长方形块，其间有一行文字，该长方形块上是一个U形灯泡图案；仰视图的左边是一竖排文字，靠右部分是几行横排文字。（详见对比文件附图）

通过本专利与在先设计相比较，其主要差别在于印在盒显要位置的节能灯的形状不同外，其他设计要素诸如盒体的形状、长宽高的比例，各部分的文字排列方式、大小、布局方式等均相同。而对于节能灯类产品的外包装来说，其上的节能灯的形状只是标示了其内容物的具体形状，在其他设计要素均基本相同的情况下，上述差别不能对一般消费者产生视觉上的显著性影响，故应当认定二者为相近似的外观设计。

签于以上评述，本专利不符合专利法第二十三条的规定。

三、决定

宣告200430021007.9号外观设计专利权无效。

当事人对本决定不服的，可以根据专利法第四十六条第二款的规定，自收到本决定之日起三个月内向北京市第一中级人民法院起诉。根据该款的规定，一方当事人起诉后，另一方当事人应当作为第三人参加诉讼。

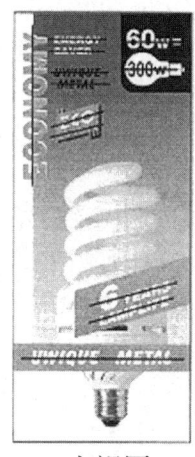
主视图

后视图

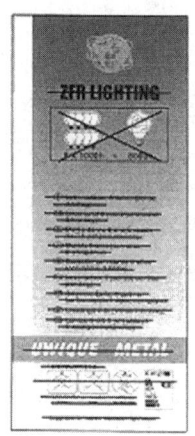
左视图

右视图

俯视图

仰视图

本专利附图

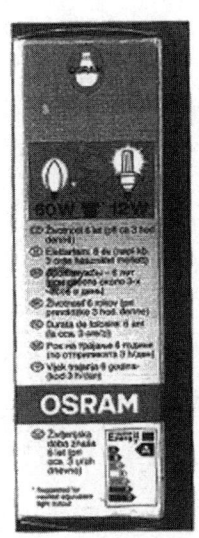

对比文件图
6w05626

北京市第一中级人民法院
行政判决书

(2007) 一中行初字第 467 号

原告王宜雷，男，1953年11月12日出生，汉族，杭州赛雷特照明电器有限公司董事长，住浙江省杭州市石桥路308号天堂工业园C幢4楼

委托代理人王亚轩，北京金言诚信知识产权代理有限公司专利代理人

委托代理人王多林，上海郑传本律师事务所律师

被告国家知识产权局专利复审委员会，住所地北京市海淀区北四环西路9号银谷大厦10-12层

法定代表人廖涛，副主任

委托代理人耿博，男，国家知识产权局专利复审委员会审查员

委托代理人田华，女，国家知识产权局专利复审委员会审查员

第三人宁波海田国际贸易有限公司，住所地浙江省宁波市海曙区中山东路137号

法定代表人李猛进，董事长

委托代理人徐敏，浙江万马律师事务所律师

委托代理人吴春黎，浙江万马律师事务所律师

原告王宜雷不服被告国家知识产权局专利复审委员会作出的专利行政裁决，于2007年3月19日向本院提起行政诉讼。本院受理后，依法组成合议庭，并依据《中华人民共和国行政诉讼法》第二十七条的规定通知宁波海田国际贸易有限公司作为本案第三人参加诉讼，于2007年5月15日公开开庭审理了本案。原告的委托代理人王亚轩、王多林，被告的委托代理人田华，第三人的委托代理人吴春黎到庭参加了诉讼。本案现已审理终结。2006年12月19日，被告作出第9066号无效宣告请求审查决定（下称无效决定），依据《中华人民共和国专利法》（下称《专利法》）第二十三条的规定，宣告200430021007.9号外观设计专利权（下称本专利）无效。在法定期限内，被告向本院提交了以下证据的复印件：1. 杭州市工商行政管理局临安分局行政处罚决定书（杭工商临检字〔2004〕125号，下称临安工商局处罚决定）；2. 杭州市工商行政管理局临安分局现场检查笔录；3. 第三人在口审程序中当庭补充提交的请求书、笔录、照片复印件。证据1、证据2、证据3用以证明无效决定认定事实清楚、适用法律正确、程序合法。4. 口审记录表，用以证明口审时的情况；5、本专利文本，用以证明本专利要求保护的范围。原告诉称：1.《中华人民共和国专利法实施细则》（下称《实施细则》）第六十六条规定："在专利复审委员会受理无效宣告请求后，第三人可以在提出无效宣告请求之日起1个月内增加理由或者补充证据。逾期增加理由或者补充证据的，专利复审委员会可以不予考虑"。本案被告于2005年10月9日受理第三人的无效请求，对第三人于2006年4月19日在口审中当庭提交的证据予以采用，完全违反了上述规定；2. 第三人所提供的证据存在关联性、真实性、合法性的问题。虽然被告将第三人当庭提交的证据采用，也属于认定事实不清，证据不足。本专利包装盒的灯管明显是螺旋形状图案，同时在申请外观设计专利时，将文字全部删掉，并不要求保护文字图案，被告违反规定采用的对比文件为U字形状灯管图案。一般消费者一眼就能看出二者为不相同的节能灯包装形状图案。对比文件图与本专利的视图对比，二者存在显著差异，应该认定属于既不相同也不相近似的设计。被告适用法律错误、认定事实错误，作出的无效决定错误。据此，请求法院撤销被告作出的无效决定。原告在法定期限内向本院提交了以下证据：1. 本专利外观设计公告，用以证

明本专利的保护范围;2.无效决定书,用以证明被诉决定适用法律错误。被告辩称:1.根据《施行修订后审查指南的过渡办法》的规定,对本案涉及的自提出无效宣告请求之日起1个月后提出新证据的审查,适用《审查指南》(2001版)第四部分第三章3.1节的规定。本案中,第三人在口审中当庭补交的证据,其提交时间虽然超过了1个月的期限,但属于第三人在行政程序中提交的附件3所涉及的同一次行政处罚行为中形成的证据,是对同一事实的补强,故对该证据予以接受;2.本专利与对比文件相比较,主要差别在于印在盒首要位置的节能灯的形状不同,其他设计要素(诸如:盒体的形状、长、宽、高的比例,各部分的文字排列方式、大小,布局方式等)均相同。而对于节能灯类产品的外包装来说,其上节能灯的形状只是标示了其内容物的具体形状,在其他设计要素均基本相同的情况下,上述差别不能对一般消费者产生视觉上的显著影响,故应当认定二者为相近似的外观设计。原告的诉讼请求没有事实和法律依据,请求法院驳回原告的诉讼请求,维持无效决定。第三人同意被告的意见,请求维持被诉决定。第三人未向本院提交证据材料。在本院开庭审理过程中,原告坚持要求补充提供2份新证据:1.被告作出的第8264号无效宣告请求审查决定书;2.被告作出的第8494号无效宣告请求审查决定书,这2份新证据用以证明无效决定适用法律错误。

对被告所举证据,原告对其真实性、合法性没有异议,但对证据1、证据2、证据3、证据4的关联性有异议,也不同意其证明作用;第三人对其真实性、合法性、关联性和证明作用都没有异议。

对原告在本院开庭审理前提交的证据,被告和第三人对其真实性、合法性、关联性没有异议,但对证明作用有异议。对原告在本院开庭审理中提交的两份新证据,被告和第三人认为和本案没有关联性。

经庭审质证及合议庭评议,本院认为被告、原告于本院开庭审理前提交的证据均与本案具有关联性,且符合形式上的合法性、真实性的要求,本院予以确认。上述证据以及各方当事人无争议的相关陈述可以作为认定本案事实的依据。原告在本院开庭审理中提交的两份新证据,属于无正当理由超期提交的证据,不符合《最高人民法院关于行政诉讼证据若干问题的规定》第七条第一款的规定,本院不予采纳。

经审理查明,本案涉及国家知识产权局专利局2004年10月6日授权公告的、名称为"包装盒(节能灯二)"的外观设计专利(即本专利),其专利号是200430021007.9,申请日是2004年3月19日,专利权人是原告王宜雷。

针对本专利权,第三人于2005年10月8日向被告提出无效宣告请求,其理由是本专利不符合《专利法》第二十三条的规定。与此同时,第三人提交了如下附件作为证据:

附件1:第200430021007.9号外观设计专利公告(即本专利);
附件2:杭州市工商行政管理局临安分局经济检查大队的调查情况汇报复印件2页;
附件3:临安工商局处罚决定书复印件3页;
附件4:杭州市工商行政管理局临安分局现场检查笔录复印件4页;
附件5:杭州市工商行政管理局临安分局经检大队作出的询问笔录复印件12页;
附件6:杭州市工商行政管理局临安分局经检大队作出的证件复制单复印件7页;
附件7:杭州市工商行政管理局临安分局经检大队作出的证件复制单复印件5页;
附件8:杭州双龙照明电器有限公司采购单复印件共6页;
附件9:浙江增值税专用发票(NO.00486325、NO.00990570)复印件2页。第三人认为,通过以上证据可以证明在本专利的申请日之前本专利产品已经被公开使用,因此本专利不符合《专利法》第二十三条的规定。

经形式审查合格,被告于2005年10月9日受理了此案,并将无效宣告请求书及相关材料转送给原告，要求其在指定的时间内答复。

第三人于 2005 年 10 月 22 日向被告提交了意见陈述书。第三人认为，2005 年 9 月 14 日浙江省杭州市工商行政管理局接到举报，并当日下午对杭州双龙照明电器有限公司现场检查，确认的事实之一为：自 2003 年 5 月份起杭州双龙照明电器有限公司提供的包装盒图样是委托杭州宏发包装印刷有限公司通过电脑制作成胶片进行生产该类包装装潢的节能灯包装盒，双龙照明电器有限公司通过该包装盒的包装节能灯出口。因此，本专利已经在申请日前被公开使用，应当被宣告无效。同时提交的证据为：

补证 1：杭州市工商行政管理局查获杭州宏发包装印刷有限公司通过电脑制作的胶片，复印件 9 页；

被告于 2006 年 3 月 14 日将上述材料副本转文给原告。

2005 年 11 月 23 日，原告向被告提交了意见陈述书，认为第三人提供的 10 个证据因种种原因都存在关联性、真实性、合法性问题而不能作为认定事实的证据使用，所以第三人提交的这些证据均不能支持其主张，故请求维持本专利权有效。

被告于 2006 年 3 月 14 日向双方当事人发出口头审理通知书，定于 2006 年 4 月 19 日在浙江省临安市五洲大酒店举行口头审理。

口头审理如期举行，双方当事人均参加了此次口头审理。双方当事人对变更后的合议组组成人员没有回避请求，对对方出席口头审理的人员身份和资格没有异议。第三人当庭提交了附件 3、附件 4 证据的原件，原告对这两份证据的真实性予以确认；第三人当庭补充提交了一份证据——请求书、笔录、照片复印件等共 19 页，原告对这份证据的真实性予以认可，但认为超出了一个月的补充提交证据的期限，请求被告不予采纳。第三人明确其无效宣告请求的理由是：通过附件 3、附件 4 及其补充提交的证据可以证明在 2004 年 3 月中旬以前，欧司朗的产品已经销售，并为广大消费者所知。双龙照明电器公司的产品也已经在 2004 年 3 月中旬生产组装，故其产品使用的包装盒已经通过销售使用而公开，所以本专利不符合《专利法》第二十三条的规定，应当被宣告无效。

在以上工作的基础上，被告认为本案事实清楚，作出以下决定：

1. 证据认定

第三人当庭提交了证据附件 3、附件 4 的原件，原告对这两份证据的真实性予以认可；第三人当庭补充提交了一份证据——请求书、笔录、照片复印件等共 19 页，原告对这份证据的真实性予以认可，但认为超出了一个月的补充提交证据的期限，请求被告不予采纳。

被告认为，由于原告对附件 3、附件 4 及第三人当庭补充的证据的真实性予以认可，所以被告对上述证据予以采信。对于第三人当庭补交的证据，其提交时间虽然超过了自提出无效宣告请求之日起一个月的期限，但属于附件 3 所涉及的同一次行政处罚行为中形成的证据，是对同一事实的一种补强，故对该证据予以接受。其他证据由于第三人未能提交原件以供核实其真实性，也没有其他证据能够对这些证据的真实性予以佐证，故对这些证据的真实性不能认定。

2. 事实认定

通过附件 3 中确认的事实，杭州双龙照明电器有限公司于 2004 年 3 月中旬生产组装的螺旋型节能灯，其外观设计近似于知名商品欧司朗的包装，认定其违反了《中华人民共和国反不正当竞争法》第五条第（二）项之规定。所以通过该事实可以推定欧司朗的节能灯产品至少应该在 2004 年 3 月中旬以前足够长的时间内在中国市场上销售，否则不能成为知名商品。即欧司朗的节能灯的包装早在本专利的申请日之前通过销售而公开，故可以成为和本专利进行相同相近似比较的在先外观设计，下面将第三人在口审中当庭提交证据中——证据复制单倒数第三页的欧司朗外包装作为对比文件与本专利作相同相近似比较。

3. 相同相近似比较

本专利要求保护的是一种包装盒，形状为长方体，长方体的主视图和后视图的图形及布局完全相同，在显著位置均是一个螺旋节能灯泡，在左上角是一行竖排的文字，右上角有一颜色较深的长方形块，其间有两行文字，在竖排文字和深色方块之间是几行横排的文字，在灯泡的下部有两行横排文字，其中上面的一行文字稍微向上倾斜。左右视图的布局基本上相同，均是在上方的中央位置有一个地球图案，其下依次是几行横排的文字和灯泡图案。该包装盒从上至下颜色逐渐变浅；通过俯视图可以看到，左边是一竖排的文字，中间为几行横排文字，右上角有一颜色较深的长方形块，其间有两行文字，右下角是一个螺旋灯泡图案，其下有两行横排文字；仰视图的左边是一竖排文字，靠右部分的中间是一横排文字。

对比文件也是一种包装盒，形状为长方体，该长方体的一个长方形面（对应于本专利的主、后视图）的显著位置是一个U形节能灯泡，在左上角是一行竖排的文字，右上角有一颜色较深的长方形块，其间有两行文字，在竖排文字和深色方块之间是几行横排的文字，在灯泡的下部有两行横排文字，其中上面的一行文字稍微向上倾斜。另一个长方形面（对应于本专利的左右视图）是在上方的中央位置有一个灯泡图案，其下依次是几行横排的文字和灯泡图案。该包装盒从上至下颜色逐渐变浅；通过俯视图可以看到，左边是一竖排的文字，中间为几行横排文字，右下角有一颜色较深的长方形块，其间有一行文字，该长方形块上是一个U形灯泡图案；仰视图的左边是一竖排文字，靠右部分是几行横排文字。

通过本专利与对比文件相比较，其主要差别在于印在盒显要位置的节能灯的形状不同外，其他设计要素诸如盒体的形状、长宽高的比例，各部分的文字排列方式、大小，布局方式等均相同。而对于节能灯类产品的外包装来说，其上的节能灯的形状只是标示了其内容物的具体形状，在其他设计要素均基本相同的情况下，上述差别不能对一般消费者产生视觉上的显著性影响，故应当认定二者为相近似的外观设计。

鉴于以上评述，本专利不符合《专利法》第二十三条的规定。

据此，被告作出无效决定。原告不服，诉至本院。

本院认为，鉴于《施行修订后审查指南的过渡办法》规定，对"自无效宣告请求之日起一个月后提出的新理由、新证据的审查适用2001年10月18日公布的审查指南第四部分第三章第3.1节的规定"。《审查指南》（2001版）第四部分第三章第3.1节规定，"对请求人在提出无效宣告请求之日起一个月后提出的需要新的证据支持的新的无效宣告理由和提交的用于证明在提出无效宣告请求之日起一个月内未举证主张的具体事实的新证据，合议组不予考虑"。

本案中，第三人在被告主持的口审程序中补充证据的提交时间虽然超过了1个月的期限，但该证据属于第三人此前提交证据中已涉及的同一行政处罚行为中形成的证据，属于对同一事实的补强证据，不属于《审查指南》（2001版）上述规定中要求"合议组不予考虑"的证据。故被告对该证据予以接受并无不妥，本院应予支持。

临安工商局处罚决定书是工商行政管理机关作出的具有法律效力的正式文书，在没有相反证据证明该处罚决定已不再具有法律效力之前，被告可以将该处罚决定作为认定相关事实的依据。因此，被告依据临安工商局处罚决定书等相关证据材料认定欧司朗节能灯产品的包装在本专利的申请日之前已通过销售而公开，并据此将其作为本专利的对比文件正确，本院应予支持。

《专利法》第二十三条规定，"授予专利权的外观设计，应当同申请日以前在国内外出版物上公开发表过或者国内公开使用过的外观设计不相同和不相近似，并不得与他人在先取得的合法权利相冲突"。

将本专利与对比文件相比较，二者在盒体形状，盒体长、宽、高的比例，包装盒各部分的文字排列方式、大小、布局方式等方面均相同，主要差别仅在于印在盒体显要位置的节能灯的形状不同。但鉴于本专利与对比文件均属于节能灯类产品的外包装，正常情况下，消费者会将包装盒上标示的不同形状的节能灯认知为对盒内不同节能灯产品的明示。故本专利与对比文件的该项差别不能对消费者产生视觉上的显著性影响，被告认定二者为相近似的外观设计正确，本院应予支持。

综上，无效决定认定事实清楚、适用法律正确、程序合法，本院应予维持。原告认为本专利与对比文件属于不相近似的外观设计的诉讼主张不能成立，其要求撤销无效决定的诉讼请求缺乏事实和法律依据，本院不予支持。据此，依照《中华人民共和国行政诉讼法》第五十四条第（一）项，判决如下：

维持被告国家知识产权局专利复审委员会于二○○六年十二月十九日作出的第9066号无效宣告请求审查决定。案件受理费1000元，由原告王宜雷负担（已交纳）。如不服本判决，各方当事人可在本判决书送达之日起15日内，向本院递交上诉状，并按对方当事人的人数提出副本，上诉于北京市高级人民法院。上诉人在上诉期限内未预交上诉案件受理费又不提出缓交申请的，按自动撤回上诉处理。

审　判　长　强刚华代
代理审判员　贾志刚
代理审判员　杨　旭
二○○七年七月十二日
书　记　员　张　莹

北京市高级人民法院
行政判决书

(2007)高行终字第528号

上诉人（一审原告）王宜雷，男，1953年11月12日出生，汉族，杭州赛雷特照明电器有限公司董事长，住浙江省杭州市石桥路308号天堂经济开发区C/4F

委托代理人王亚轩，北京金言诚信知识产权代理有限公司专利代理人

被上诉人（一审被告）国家知识产权局专利复审委员会，住所地北京市海淀区北四环西路9号

被上诉人（一审第三人）宁波海田国际贸易有限公司，住所地浙江省宁波市海曙区中山东路137号

法定代表人廖涛，副主任

法定代表人李猛进，董事长

委托代理人耿博，男，国家知识产权局专利复审委员会审查员

委托代理人田华，女，国家知识产权局专利复审委员会审查员

委托代理人徐敏，浙江万马律师事务所律师

委托代理人吴春黎，浙江万马律师事务所律师

上诉人王宜雷因专利无效审查决定一案，不服北京市第一中级人民法院（2007）一中行初字第467号行政判决，向本院提起上诉。本院依法组成合议庭进行了审理，现已审理终结。2006年12月11日，国家知识产权局专利复审委员会（以下简称专利复审委）作出第9066号无效宣告请求审查决定（以下简称第9066号决定），依据《中华人民共和国专利法》（以下简称《专利法》）第二十三条的规定，宣告200430021007.9号外观设计专利权（以下简称本专利）无效。王宜雷不服上述决定，向北京市第一中级人民法院提起诉讼。一审法院判决认定，宁波海田国际贸易有限公司（以下简称海田公司）在专利复审委主持的口审程序中补充证据的提交时间虽然超过了1个月的期限，但该证据属于海田公司此前提交证据中已涉及的同一行政处罚行为中形成的证据，属于对同一事实的补强证据，不属于《审查指南》（2001版）规定中要求"合议组不予考虑"的证据。故专利复审委对该证据予以接受并无不妥。杭州市工商行政管理局临安分局（以下简称临安工商分局）行政处罚决定书是工商行政管理机关作出的具有法律效力的正式证书，在没有相反证据证明该处罚决定已不再具有法律效力之前，专利复审委可以将该处罚决定作为认定相关事实的依据。因此，专利复审委依据临安工商分局处罚决定书等相关证据材料认定欧司朗节能灯产品的包装在本专利的申请日之前已通过销售而公开，并据此将其作为本专利的对比文件正确。将本专利与对比文件相比较，二者在盒体形状，盒体长、宽、高的比例，包装盒各部分的文字排列方式、大小、布局方式等方面均相同，主要差别仅在于印在盒体显要位置的节能灯的形状不同。但鉴于本专利与对比文件均属于节能灯类产品的外包装，正常情况下，消费者会将包装盒上标示的不同形状的节能灯认知为对盒内不同节能灯产品的明示。故本专利与对比文件的该项差别不能对消费者产生视觉上的显著性影响，专利复审委认定二者为相近似的外观设计正确。综上，第9066号决定认定事实清楚、适用法律正确、程序合法。依照《中华人民共和国行政诉讼法》第五十四条第（一）项的规定，判决予以维持。王宜雷不服一审判决，于2007年8月1日提出上诉。诉称，1.《中华人民共和国专利法实施细则》（以下简称《专利法实施细则》）第六十六条规定："在专利复审委员会受理无效宣告请求后，海田公司可以在提出无效宣告请求之日

起1个月内增加理由或者补充证据。逾期增加理由或者补充证据的,专利复审委员会可以不予考虑"。本案专利复审委于2005年10月9日受理海田公司的无效请求,对海田公司于2006年4月19日在口审中当庭提交的证据予以采用,完全违反了上述规定。2. 海田公司所提供的证据存在关联性、真实性、合法性的问题。虽然专利复审委将海田公司当庭提交的证据采用,也属于认定事实不清,证据不足。本专利包装盒的灯管明显是螺旋形状图案,同时在申请外观设计专利时,将文字全部删掉,并不要求保护文字图案,专利复审委违反规定采用的对比文件为U字形状灯管图案。一般消费者一眼就能看出二者为不相同的节能灯包装形状图案。对比文件图与本专利的视图对比,二者存在显著差异,应该认定属于既不相同也不相近似的设计。综上,专利复审委作出的第9066号决定错误,一审法院判决认定事实不清,适用法律错误,请求二审法院撤销一审判决,同时撤销专利复审委作出的第9066号决定。被上诉人专利复审委仍持第9066号决定意见,并认为一审法院判决认定事实清楚,适用法律正确,请求二审法院驳回上诉,维持一审判决。被上诉人海田公司同意专利复审委的意见。

经审理查明,2004年3月19日,王宜雷向国家知识产权局提出了名称为"包装盒(节能灯二)"的外观设计专利申请(即本专利),2004年10月6日,本专利被授权公告,专利号为200430021007.9,专利权人为王宜雷。

2005年10月8日,海田公司针对本专利向专利复审委提出无效宣告请求,其理由是本专利不符合《专利法》第二十三条的规定。与此同时,海田公司提交了如下附件作为证据:1. 第200430021007.9号外观设计专利公告(即本专利);2. 临安工商分局经济检查大队的调查情况汇报复印件2页;3. 临安工商分局处罚决定书复印件3页;4. 临安工商分局现场检查笔录复印件4页;5. 临安工商分局经检大队作出的询问笔录复印件12页;6. 临安工商分局经检大队作出的证件复制单复印件7页;7. 临安工商分局经检大队作出的证件复制单复印件5页;8. 杭州双龙照明电器有限公司采购单复印件共6页;9. 浙江增值税专用发票(NO.00486325、NO.00990570)复印件2页。

海田公司认为,通过以上证据可以证明在本专利的申请日之前本专利产品已经被公开使用,因此本专利不符合《专利法》第二十三条的规定。

2005年10月9日,经形式审查合格后,专利复审委受理了此案,并将无效宣告请求书及相关材料转送给王宜雷,要求其在指定的时间内答复。

2005年10月22日,海田公司向专利复审委提交了意见陈述书。海田公司认为,2005年9月14日浙江省杭州市工商行政管理局接到举报,并当日下午对杭州双龙照明电器有限公司现场检查,确认的事实之一为,自2003年5月份起杭州双龙照明电器有限公司提供的包装盒图样是委托杭州宏发包装印刷有限公司通过电脑制作成胶片进行生产该类包装装潢的节能灯包装盒,双龙照明电器有限公司通过该包装盒的包装节能灯出口。因此,本专利已经在申请日前被公开使用,应当被宣告无效。同时提交的证据为,补证1、杭州市工商行政管理局查获杭州宏发包装印刷有限公司通过电脑制作的胶片复印件9页。2006年3月14日,专利复审委将上述材料副本转文给王宜雷。

2005年11月23日,王宜雷向专利复审委提交了意见陈述书,认为海田公司提供的10个证据因种种原因都存在关联性、真实性、合法性问题而不能作为认定事实的证据使用,所以海田公司提交的这些证据均不能支持其主张,故请求维持本专利权有效。

2006年3月14日,专利复审委向双方当事人发出口头审理通知书。

2006年4月19日,口头审理如期举行,双方当事人均参加了口头审理。双方当事人对变更后的合议组组成人员没有提出回避请求,对对方出席口头审理的人员身份和资格没有异议。海田公司当庭提交了附件3、附件4证据的原件,王宜雷对这两份证据的真实性予以确认。海田公司当庭补充提交了一份证据——请求书、笔录、照片复印件等共19页,王宜雷对该份证据的真实性予以认可,但认为超出了一个月的补充提交证据的期限，请求专利复审委不予采纳。海田公司明确其无效宣告请求的理由是，通过附件3、附件4及其补充提交的证据可以证明在2004年3月中旬以前，欧司朗的产品已经销售，并为广大消费者所知。双龙照明电器公司的产品也已经在2004年3月中旬生产组装，故其产品使用的包装盒已经通过销售使用而公开，所以本专利不符合《专利法》第二十三条的规定，应当被宣告无效。

2006年12月11日，专利复审委作出第9066号决定，宣告本专利权无效。主要理由是：

1. 证据认定。海田公司当庭提交了证据附件3、附件4的原件，王宜雷对这两份证据的真实性予以认可。海田公司当庭补充提交了一份证据——请求书、笔录、照片复印件等共19页，王宜雷对这份证据的真实性予以认可，但认为超出了一个月的补充提交证据的期限，请求专利复审委不予采纳。

专利复审委认为，由于王宜雷对附件3、附件4及海田公司当庭补充的证据的真实性予以认可，所以专利复审委对上述证据予以采信。对于海田公司当庭补交的证据，其提交时间虽然超过了自提出无效宣告请求之日起一个月的期限，但属于附件3所涉及的同一次行政处罚行为中形成的证据，是对同一事实的一种补强，故对该证据予以接受。其他证据由于海田公司未能提交原件以供核实其真实性，也没有其他证据能够对这些证据的真实性予以佐证，故对这些证据的真实性不能认定。

2. 事实认定。通过附件3中确认的事实，杭州双龙照明电器有限公司于2004年3月中旬生产组装的螺旋型节能灯，其外观设计近似于知名商品欧司朗的包装，认定其违反了《中华人民共和国反不正当竞争法》第五条第（二）项之规定。所以通过该事实可以推定欧司朗的节能灯产品至少应该在2004年3月中旬以前足够长的时间内在中国市场上销售，否则不能成为知名商品。即欧司朗的节能灯的包装早在本专利的申请日之前通过销售而公开，故可以成为和本专利进行相同相近似比较的在先外观设计，下面将海田公司在口审中当庭提交证据中——证据复制单倒数第三页的欧司朗外包装作为对比文件与本专利作相同相近似比较。

3. 相同相近似比较。本专利要求保护的是一种包装盒，形状为长方体，长方体的主视图和后视图的图形及布局完全相同，在显著位置均是一个螺旋节能灯泡，在左上角是一行竖排的文字，右上角有一颜色较深的长方形块，其间有两行文字，在竖排文字和深色方块之间是几行横排的文字，在灯泡的下部有两行横排文字，其中上面的一行文字稍微向上倾斜。左右视图的布局基本上相同，均是在上方的中央位置有一个地球图案，其下依次是几行横排的文字和灯泡图案。该包装盒从上至下颜色逐渐变浅；通过俯视图可以看到，左边是一竖排的文字，中间为几行横排文字，右上角有一颜色较深的长方形块，其间有两行文字，右下角是一个螺旋灯泡图案，其下有两行横排文字；仰视图的左边是一竖排文字，靠右部分的中间是一横排文字。

对比文件也是一种包装盒，形状为长方体，该长方体的一个长方形面（对应于本专利的主、后视图）的显著位置是一个U形节能灯泡，在左上角是一行竖排的文字，右上角有一颜色较深的长方形块，其间有两行文字，在竖排文字和深色方块之间是几行横排的文字，在灯泡的下部有两行横排文字，其中上面的一行文字稍微向上倾斜。另一个长方形面（对应于本专利的左右视图）是在上方的中央位置有一个灯泡图案，其下依次是几行横排的文字和灯泡图案。该包装盒从上至下颜色逐渐变浅；通过俯视图可以看到，左边是一竖排的文字，中间为几行横排文字，右下角有一颜色较深的长方形块，其间有一行文字，该长方形块上是一个U形灯泡图案；仰视图的左边是一竖排文字，靠右部分是几行横排文字。

通过本专利与对比文件相比较，其主要差别在于印在盒显要位置的节能灯的形状不同外，其他设计要素诸如盒体的形状、长宽高的比例，各部分的文字排列方式、大小、布局方式等均相同。而对于节能灯类产品的外包装来说，其上的节能灯的形状只是标示了其内容物的具体形状，在其他设计要素均基本相同的情况下，上述差别不能对一般消费者产生视觉上的显著性影响，因此，应当认定二者为相近似的外观设计。王宜雷不服上述审查决定，向北京市第一中级人法院提起诉讼。本案一、二审法院审理期间，被上诉人专利复审委提交了以下主要证据：1. 临安工商分局行政处罚决定书（杭工商临检字〔2004〕125 号；2. 临安工商分局现场检查笔录；3. 海田公司在口审程序中当庭补充提交的请求书、笔录、照片复印件；4. 口审记录表；5. 本专利文本。上诉人王宜雷提交了本专利外观设计公告。以上证据经本院审查核实，确认一审法院认证结论正确，可以作为认定本案事实的根据。本院认为，关于专利复审委接受海田公司补充证据的问题。海田公司在专利复审委主持的口审程序中补充证据的提交时间虽然超过了 1 个月的期限，但该证据属于海田公司此前提交证据中已涉及的同一行政处罚行为中形成的证据，属于对同一事实的补强证据。鉴于《施行修订后审查指南的过渡办法》规定，对"自无效宣告请求之日起一个月后提出的新理由、新证据的审查适用 2001 年 10 月 18 日公布的《审查指南》第四部分第三章第 3.1 节的规定"。《审查指南》（2001 版）第四部分第三章第 3.1 节规定，"对请求人在提出无效宣告请求之日起一个月后提出的需要新的证据支持的新的无效宣告理由和提交的用于证明在提出无效宣告请求之日起一个月内未举证主张的具体事实的新证据，合议组不予考虑"。海田公司提交的补充证据不属于《审查指南》（2001 版）上述规定中要求"合议组不予考虑"的证据。因此，专利复审委对该证据予以接受并无不当。

关于专利复审委依据临安工商分局处罚决定书等相关证据材料，认定欧司朗节能灯产品的包装在本专利的申请日之前已通过销售而公开，并据此将其作为本专利的对比文件的问题。临安工商分局处罚决定书是工商行政管理机关作出的具有法律效力的行政文书，在没有相反证据证明该处罚决定已不再具有法律效力的情况下，专利复审委可以将该处罚决定作为认定相关事实的依据。因此，专利复审委依据临安工商分局处罚决定书等相关证据材料认定欧司朗节能灯产品的包装在本专利的申请日之前已通过销售而公开，并据此将其作为本专利的对比文件正确。

关于本专利与对比文件是否属于相近似的外观设计专利的问题。将本专利与对比文件相比较，二者在盒体形状，盒体长、宽、高的比例，包装盒各部分的文字排列方式、大小、布局方式等方面均相同，主要差别仅在于印在盒体显要位置的节能灯的形状不同。但基于本专利与对比文件均属于节能灯类产品的外包装，正常情况下，消费者会将包装盒上标示的不同形状的节能灯认知为对盒内不同节能灯产品的明示。因此，本专利与对比文件的该项差别不能对消费者产生视觉上的显著影响，专利复审委由此认定二者为相近似的外观设计正确。

综上，专利复审委作出的第 9066 号决定宣告 200430021007.9 号外观设计专利权无效合法，一审法院判决维持正确。依照《中华人民共和国行政诉讼法》第六十一条第（一）项的规定，判决如下：驳回上诉，维持一审判决。二审案件受理费人民币 100 元，由上诉人王宜雷负担（已交纳）。本判决为终审判决。

审　判　长　朱世宽
代理审判员　王　燕
代理审判员　赵宇晖
二〇〇七年十二月十日
书　记　员　张　怡

双相血培养瓶（1）

无效宣告请求审查决定（第9076号）

决 定 号	第9076号
决 定 日	2006年12月12日
发明创造名称	双相血培养瓶（1）
外观设计分类号	24-02-L0008
无 效 请 求 人	浙江夸克生物科技有限公司
专 利 权 人	上海奥普生物医药有限公司
专 利 号	01329016.9
申 请 日	2001年5月22日
授 权 公 告 日	2002年2月20日
合议组组长	朱文广
主 审 员	刘犟
参 审 员	刘敏飞
附 图	1页

法 律 依 据 专利法第23条

决 定 要 点

在无其他证据佐证的情况下，仅凭证据中所述的产品名称通常情况下是无法得出一项产品的外观形状的，从而不足以证明该产品的外观形状与有关证据图片中的产品外观设计为同一外观设计。

一、案由

本无效宣告请求涉及的是国家知识产权局于2002年2月20日授权公告的，专利号为01329016.9的外观设计专利，其产品名称是"双相血培养瓶（1）"，申请日是2001年5月22日，专利权人是上海奥普生物医药有限公司。

针对上述外观设计专利权（下称本专利），浙江夸克生物科技有限公司（下称请求人）于2005年8月15日向专利复审委员会提出无效宣告请求，其理由是：附件1证明在本专利申请日前已有相同、相近似的外观设计公开发表，附件2至附件5已形成完整的证据链，证明在本专利申请日前已有相同、相近似的外观设计在国内公开使用，因此，应宣告本专利无效。同时，请求人提交了如下附件作为证据：

附件1是1997年10月16第七届生物-梅里埃公司用户会资料汇编封面、前言的第1、2页和封底倒数第 2 页的复印件，共 4 页；

附件 2 是东阳市人民医院检验科出具的证明复印件，共 1 页；

附件 3 是《中华检验医学杂志》2001 年 1 月第 24 卷第 1 期封面和第 58、59 页的复印件，共 3 页；

附件 4 是《中华医学检验杂志》1998 年 9 月第 21 卷第 5 期封面和第 284 页的复印件，共 2 页；

附件 5 是法国生物-梅里埃公司的广告页的复印件，共 3 页。

经专利复审委员会形式审查合格后，受理了该无效宣告请求，并于 2005 年 8 月 15 日将无效宣告请求书及其附件清单中所列的附件的副本转送给专利权人，限其在指定的期限内答复。并告知专利权人如逾期不答复，不影响专利复审委员会的审理。

专利复审委员会 2005 年 9 月 15 日收到请求人递交的意见陈述书及补充证据（编号续前）：

附件 6 是《中华医学检验杂志》1999 年 3 月第 22 卷第 2 期封面和广告页的复印件，共 2 页；

附件 7 是浙江省新昌县公证处（2005）新证民内字第 485 号公证书的复印件，共 7 页。

其中，请求人认为附件 6 中所示的在先设计与本专利相近似；附件 7 与附件 3、4 结合，可以得知，在本专利申请日之前，已经有相近似的外观设计产品公开销售，因此，本专利不符合专利法第 23 条的规定。

专利权人于 2005 年 9 月 13 日针对无效宣告请求书提交了意见陈述，认为请求人提交的附件 1 和 5 不是公开出版物，附件 2 仅仅提及东阳市人民医院在使用双相血培养瓶，但没有提及双相血培养瓶的外观设计，不能证明有相同或相近似的外观设计在国内公开使用。附件 3 和 4 是两份案例报告，文中仅仅提及使用了梅里埃公司的双向血培养瓶，其中并没有描述培养瓶的外观设计部分，与本案不具有关联性，不能证明有相同或相近似的外观设计在国内公开使用。

专利复审委员会于 2006 年 6 月 27 日发出转送文件通知书，将请求人于 2005 年 9 月 15 日提交的意见陈述及附件清单中所列附件的副本转送给专利权人，限其在指定的期限内答复。

专利权人于 2006 年 7 月 26 日针对专利复审委员会于 2006 年 6 月 27 日发出的转送文件通知书提交了意见陈述书，主要内容为：认为本专利与附件 6 相比，1、本专利瓶口呈螺纹状，附件 6 有一瓶盖；2、对比文件瓶颈有一宽于瓶盖呈凸台状瓶颈套，而本专利没有；3、瓶体两侧不同，本专利瓶体侧面相向各有一纵向凹槽，从附件 6 的插页广告中的图片无法看出其另一侧面相向对称也有一纵向凹槽；因而认为本专利与附件 6 既不相同也不相似。并且认为附件 7 中所保全的证据就是附件 3 和 4 论文中所述的产品，因此，在缺乏其他足够证据佐证的情况下，无法证明本专利申请日前该产品已经在国内公开使用。并且提供了专利复审委员会无效宣告请求审查决定书第 8494 号决定，认为上述附件在已经审结的无效请求案中被否定了证明效力。

专利复审委员会于 2006 年 8 月 25 日向双方当事人发出口头审理通知书，定于 2006 年 10 月 24 日在专利复审委员会进行口头审理，并随口头审理通知书将专利权人于 2005 年 9 月 13 日和 2006 年 7 月 26 日提交的意见陈述书以及附件清单中所列文件的副本转给了请求人。

口头审理如期举行，双方当事人均有代表出席。在口头审理过程中，请求人明确其无效宣告的理由、证据及其范围为：本专利不符合专利法第 23 条的规定。证据 6 单独使用证明相同的外观设计在国内公开发表过。证据 1-5、7 证明已经有相同或者相近似的产品在国内公开销售。专利权人对附件 1、2、5 的真实性有异议，对附件 3、4、6、7 的真实性无异议。

在以上审理的基础上，本案合议组经合议认为本案事实已经清楚，可以依法作出审查决定。

二、决定的理由

专利法第 23 条规定："授予专利权的外观设计，应当同申请日以前在国内外出版物上公开发表过或者国内公开使用过的外观设计不相同和不相近似，并不得与他人在先取得的合法权利相冲突。"

（1）关于附件1-5、7是否能够证明已经有与本专利相同或者相近似的产品在国内公开销售或公开发表。

请求人提交的附件1是第七届生物-梅里埃公司用户会资料汇编，请求人在口头审理中提交了该附件的原件，该封面下方标有"生物-梅里埃、北京、1997.10.16"，前言结尾处注有"生物-梅里埃（中国）有限公司、1997.10.16"，合议组认为：该资料汇编作为非正式出版物，请求人未提供有关该资料汇编出版印刷商、印刷日期、印刷份数以及公开散发的方式和范围等其他证据，也未提供相关的证据证实其真实性，且专利权人对该证据的真实性提出了质疑，在缺乏其他证据佐证的情况下，不能推定该资料汇编在本专利申请日前已为公众所知，该证据的客观真实性也不能予以确认，该证据不适用本案。

请求人提交的附件2是东阳市人民医院检验科出具的证明复印件，请求人提交了该附件的原件，证明的内容是："我科自1996年开始使用法国梅里埃公司生产的双相血培养瓶（手工法与仪器法同时使用）。"出证日期为2005年8月3日，其上盖有东阳市人民医院检验科印章。

请求人提交的附件3是中华检验医学杂志2001年1月第24卷第1期封面和第58、59页的复印件，专利权人对其真实性无异议，合议组经审查后认为该证据可以作为本案证据使用。

请求人提交的附件4是中华医学检验杂志1998年9月第21卷第5期封面和第284页的复印件，专利权人对其真实性无异议，合议组经审查后认为该证据可以作为本案证据使用。

请求人提交的附件5是法国生物-梅里埃公司的广告页复印件，请求人后在口头审理中提交了该附件的原件，本案合议组进行了核实，该复印件与原件相符，在其广告页中明确记载有"香港铜锣湾信德街9-11号百威商业大厦8楼、Tel（852）890-6067、Fax（852）895-5174"。

请求人提交的附件7是浙江省新昌县公证处"（2005）新证民内字第485号公证书"复印件，其证明的内容是该公证书所附的照片以及封存于我处的血培养试剂一盒与事实相符。并附现场拍摄14照片张，购货发票复印件及发货清单复印件各一份，公证日期为2005年8月5日。专利权人对其真实性无异议，合议组经审查后认为该证据可以作为本案证据使用。

合议组认为：附件5为产品广告页，该广告页中未记载形成地区，未记载印刷日期等信息，请求人也未出示有关出版印刷商、印刷日期、印刷份数以及公开散发的方式和范围等其他证据，也未提供相关的证据证实其真实性，且专利权人对该证据的真实性提出了质疑，故在没有其他足够证据佐证的情况下，该证据的客观真实性不能予以确认，该证据不适用本案。

附件2东阳市人民医院检验科的证明只说明了1996年开始使用法国梅里埃公司生产的双相血培养瓶，及使用的方法，其中并未涉及其产品的外观，且该证明上没有单位负责人签名以示对此事负责，出证单位也未委托有关人员出庭质证，而且专利权人对附件2的真实性有异议。附件3、4虽然属于专利法第23条所规定的在本专利申请日前公开的出版物，但其为纯文字学术论文，未显示其所使用产品的外观。附件7公证书虽然证明了浙江省新昌县赛诺医疗器械有限公司于2005年8月2日向浙江省新昌县公证处申请证据保全公证，并于2005年8月3日对宁波中大诊断技术有限公司销售的装有血培养试剂的瓶子进行证据保全的公证，但请求人未提供其他相关的证据证明附件7中所保全的证据就是附件3、4论文中所述的产品或附件2中所涉及的产品。在附件1、5不适用本案且附件7又无法证明该附件中所保全的证据就是附件3、4论文中所述的产品或附件2中所涉及产品的情况下，仅凭附件2-4中所述的文字是无法得出该产品的外观形状的，因此上述证据怎样组合都无法形成能够证明有关外观设计在本专利申请日前已经公开销售或发表的证据链，因此请求人的上述主张不能成立。

（2）请求人认为本专利相对于附件6不符合专利法第23条的规定。

请求人提交的附件6是中华医学检验杂志1999年3月第22卷第2期封面和广告页的复印件，专利权人对其真实性无异议，合议组经审查后认为该证据可以作为本案证据使用，且其公开日早于本专利的申请日，因此其属于专利法第23条所规定的在本专利申请日前公开的出版物，可以用于评价本专利。

附件6所示相关广告页中显示有"手工高营养多功能血培养瓶"的外观设计（下称对比文件）。从图片中观察，对比文件中"手工高营养多功能血培养瓶"的瓶体大致呈长方体，其侧面有纵向凹槽，瓶肩呈弧形过渡，瓶肩上方为呈凸台状瓶颈套，其上为纵向条纹的瓶盖，瓶盖的上方为瓶顶盖。（详见对比文件附图）

本专利双相血培养瓶的外观设计，省略后视图，从其整体观察，瓶体大致呈长方体，其侧面相向对称各有一纵向凹槽，瓶肩呈弧形过渡，瓶颈上有一与瓶口同宽的凸棱，瓶口为螺纹型设计。（详见本专利附图）

合议组认为：本专利和对比文件均为"血培养瓶"的外观设计，用途相同，属于相同种类的物品，具有可比性。

将本专利与对比文件相比较，其相同点为：瓶体均呈长方体，均为纵向条纹的瓶盖；其不同点为：瓶颈不同：本专利上为一与瓶口同宽的凸棱，对比文件为宽于瓶盖呈凸台状瓶颈套；瓶盖不同：本专利没有瓶盖，对比文件瓶盖上方为瓶顶盖，从对比文件中看不出其瓶口的设计；瓶体两侧不同：本专利瓶体侧面相向对称各有一纵向凹槽，从对比文件图片中无法推定其另一侧面相向对称也有一纵向凹槽。根据整体观察，综合判断的原则，合议组认为：本专利与对比文件的差别对二者整体视觉效果具有显著的影响，本专利与对比文件属于不相同且不相近似的外观设计。因此，请求人以附件6证明本专利不符合专利法第23条规定的主张不能成立。

综上所述，请求人提交的证据不能证明本专利不符合专利法第23条的规定。请求人对其提出的无效宣告请求的主张有责任提供充分的证据，如果其提供的证据不够充分，应承担其主张不能成立的法律后果。本案请求人提供的证据均不能支持其主张，其无效宣告请求的理由不成立。

三、决定

维持01329016.9号外观设计专利权有效。

当事人对本决定不服的，可以根据专利法第四十六条第二款的规定，自收到本决定之日起三个月内向北京市第一中级人民法院起诉。根据该款的规定，一方当事人起诉后，另一方当事人应当作为第三人参加诉讼。

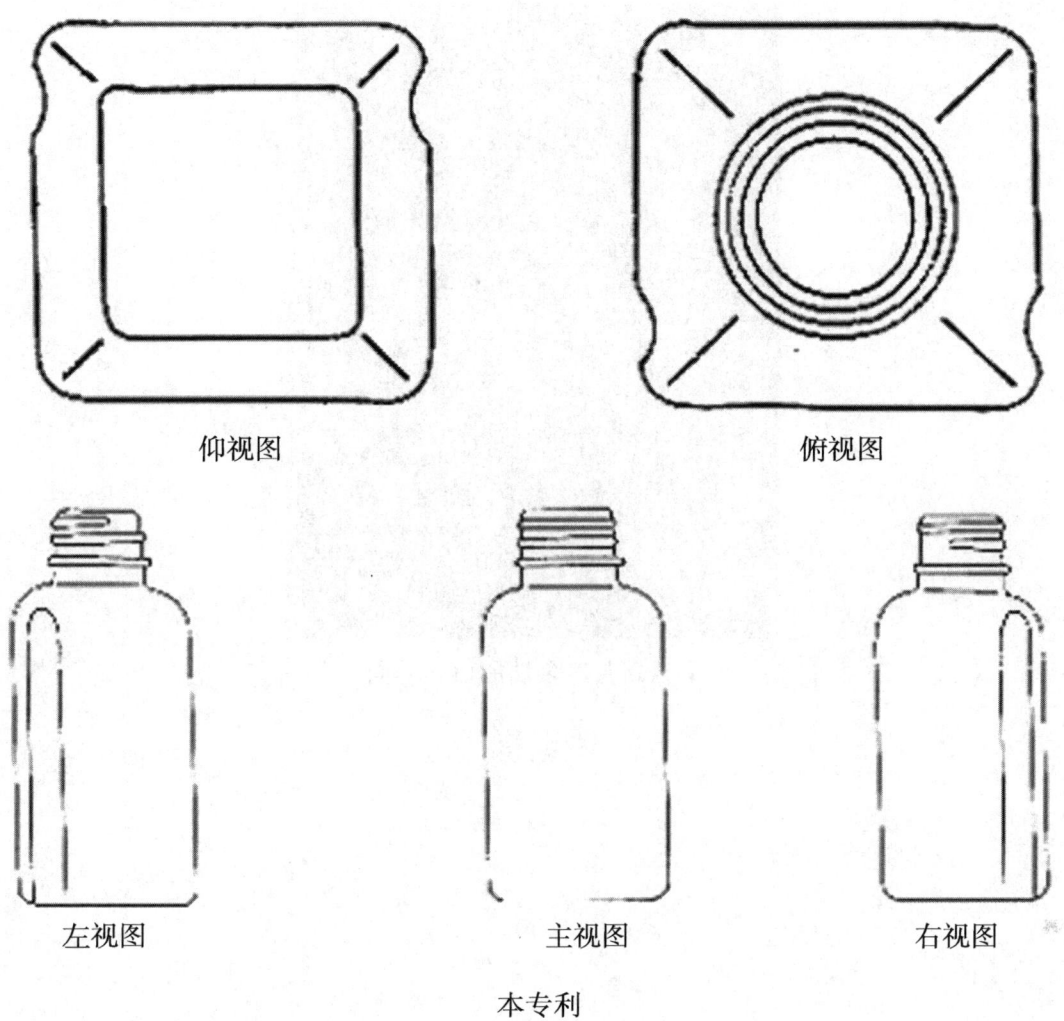

仰视图　　　　　　　俯视图

左视图　　　　主视图　　　右视图

本专利

手工高营养多功能血培养瓶

对比文件

电动执行器（三）

无效宣告请求审查决定（第9078号）

决 定 号	第9078号
决 定 日	2006年12月14日
发明创造名称	电动执行器（三）
外观设计分类号	15-99
无 效 请 求 人	深圳光荣机械有限公司
专 利 权 人	温州凯斯通仪表阀门制造有限公司
专 利 号	02300159.3
申 请 日	2002年1月14日
授 权 公 告 日	2002年8月7日
合议组组长	卞永军
主 审 员	钱亦俊
参 审 员	王霞军
法 律 依 据	中国专利法第二十三条

决 定 要 点

证人在公证员面前作出的宣誓书应认定为证人证言，对于证人证言而言，如果公证的内容仅是证人在其面前宣誓并签字，则公证认证程序仅能够证明该类证据形式真实，而对证人所述内容的真实性应当通过对证人与案件的利害关系，以及证人的智力状况、品德、知识、经验、法律意识、专业技能等综合分析作出判断，并且还应有其他客观佐证来支持其主张。

一、案由

本无效宣告请求涉及2002年8月7日国家知识产权局授权公告的02300159.3号外观设计专利，其产品名称是"电动执行器（三）"，申请日是2002年1月14日，专利权人是温州凯斯通仪表阀门制造有限公司。

针对上述外观设计专利权（下称本专利），深圳光荣机械有限公司（下称请求人）于2005年3月25日向专利复审委员会提出无效宣告请求，其理由是本专利不符合中国专利法第二十三条的规定。请求人认为在本专利申请日前已在国外出版物上公开发表过或者使用过与本专利相近似的外观设计，并与他人在先取得的合法权利相冲突，本专利应予以无效。同时，请求人提交了如下附件作为证据：

附件1是光荣工业株式会社职员细川一孝出具的证明书及其公证材料、相关译文及中国驻日本大使馆出具的认证书（复印件）共18页；其中内附有：

附件1-1 日本广告刊登杂志《配管技术》1991年9月号别册增刊号及译文；

附件1-2 日本广告刊登杂志《配管技术》1998年5月号的相关页及译文。

附件2 是本专利外观设计专利公报（复印件，共1页）。

专利复审委员会根据无效宣告请求审查程序的规定受理了该无效宣告请求，并于2005年5月8日将无效宣告请求书和证据的副本转送给专利权人，限其在指定的期限内答复。并告知专利权人如逾期不答复，不影响专利复审委员会的审理。

2005年4月22日，请求人向专利复审委员会递交了如下补充证据（编号续前）：

附件3 是上述公证书中文译文3页；

附件4 是附件1光荣工业株式会社职员细川一孝出具的证明书及其公证材料、相关译文及中国驻日本大使馆出具的认证书的原文，共18页，其中附有上述附件1-1和附件1-2彩色复印件及译文。

2005年8月12日，专利复审委员会将请求人提交的补充证据转送给专利权人，同时，向双方当事人发出《无效宣告请求审理口头审理通知书》，定于2005年9月28日在专利复审委员会进行口头审理。

口头审理如期举行，仅请求人一方有代理人出席了口头审理。在口头审理过程中，请求人代理人当庭陈述日本广告刊登杂志《配管技术》1991年9月号别册增刊号和日本广告刊登杂志《配管技术》1998年5月号是彩色复印件，并进行了公证认证，两份证据的出版社均是日本工业出版社，发行日期分别是1991年9月10日和1998年5月1日，请求人认为该杂志刊登了与本专利外观设计相近似的产品。合议组鉴于宣誓书只是证明了复印件的真实性，没有针对原件进行证明，故给请求人一个月的时间，要求其对原件进行公证认证。

请求人于2005年10月27日向专利复审委员会递交了意见陈述书及如下证据（编号续前）：

附件5 是光荣工业株式会社职员细川一孝与日本工业出版株式会社社长就《配管技术》杂志的询问书和回答书及其公证认证书原文及译文共9页。并附有日本工业出版杂志目录宣传页；配管技术2004.1宣传页；配管技术2005.10杂志。

专利复审委员会于2006年5月25日将上述意见陈述书及附件连同请求人2005年4月22日提交的公证认证件的中文译文一并转送给专利权人，并告知其应在收到本通知之日起壹个月内进行陈述，期满未答复的，视为已得知转送文件中所涉及的理由、事实和证据，并且未提出反对意见。

专利权人至今未作出任何答复。

在以上审理的基础上，本案合议组经合议，认为本案事实清楚，依法作出本审查决定。

二、决定的理由

1. 根据请求人提出的无效宣告请求的理由和提交的证据，本案合议组依据专利法第二十三条的规定对本案进行审理。

中国专利法第23条规定："授予专利权的外观设计，应当同申请日以前在国内外出版物上公开发表过或者国内公开使用过的外观设计不相同和不相近似，并不得与他人在先取得的合法权利相冲突。"

2. 请求人提交的附件1是光荣工业株式会社职员细川一孝所作的证书，其中记载"我起誓，附上本证书的下列文件就是将广告刊登杂志（配管技术，1991年9月号别册增刊号，1991年9月10日发行）和（配管技术1998年5月号，1998年5月1日发行）用复印机正确地复印的以及复印翻译成中文的"，证明该证书真实性的公证书中记载"光荣工业株式会社代表取缔役细川一孝按照法定程序，在本公证人面前宣誓了本证书内容的真实性并在其上签名"，该公证书经过了相关认证程序。

针对附件1，请求人提交了附件3、附件4，其中，附件3是对附件1中光荣工业株式会社职员细川一孝出具的证明书及其公证材料的中文译文；附件4是附件1光荣工业株式会社职员细川一孝出具的证明书及其公证认证材料的原文及译文，其内附有附件1-1日本广告刊登杂志《配管技术》1991年9月号别册增刊号彩色复印件及译文和附件1-2日本广告刊登杂志《配管技术》1998年5月号的相关页彩色复印件及译文。由于附件3、附件4只是针对附件1复印件与原件相符作出的公证认证，而非针对附件1-1及附件1-2原件作出的公证认证，即附件3及附件4不能证实附件1涉及的两本杂志的真实性，因此，口头审理之后请求人补充了附件5。

附件5是光荣工业株式会社职员细川一孝与日本工业出版株式会社社长就《配管技术》杂志的询问书和回答书及其公证认证书原文及译文共9页，并附有日本工业出版杂志目录宣传页、配管技术2004.1宣传页、配管技术2005.10杂志。

在附件5中，光荣工业株式会社职员细川一孝与日本工业出版株式会社社长就《配管技术》杂志的询问书和回答书及其公证认证书，虽然该证据是在无效宣告请求之日起壹个月后递交的，但其是对附件1的补强证明，属于附件1的关联证据，适用本案。但是，附件5所附的日本工业出版杂志目录宣传页、配管技术2004.1宣传页、配管技术2005.10杂志，请求人意在证明《配管技术》杂志出版发行的真实性，由于其为域外证据，未进行公证认证，且在先提交的证据无必然关联性，属于专利法实施细则第六十六条所规定的无效宣告请求日一个月以后提交的新证据，因此，本案不予考虑。

在附件5的询问书中记载"现在在中国，我公司询问者，对中国国家知识产权局起诉设计专利的无效。……所以请您对下述事项以回答书的形式证明"，在日本工业出版株式会社社长小林大作的回答书中记载了《配管技术》的发行地、发行者、发行起始时间、总发行卷数、许可登记号码等内容，记载了《配管技术1991年9月号别册增刊号》光荣工业株式会社的广告刊登页资料请求No 001，《配管技术1998年5月号》光荣工业株式会社的广告刊登页资料请求No 004。该询问书和回答书同样经过了公证和认证程序，在公证书中记载"细川一孝在本公证人面前宣誓了本证书内容的真实性并在其上签名"。

合议组认为，首先，本案附件1中证人光荣工业株式会社职员细川一孝在公证员面前作出的宣誓书；附件5中证人光荣工业株式会社职员细川一孝的询问书、证人日本工业出版板式会社社长小林大作的回答书，其性质实际上是一份证人证言，该证人证言虽经过公证认证程序，但仅能够证明该证据形式的真实，即确有此人说过此话，对证人所述内容的真实性，则应当通过对证人与案件的利害关系以及证人的智力状况、品德、知识、经验、法律意识和专业技能等综合分析作出判断，并且还应有其他佐证支持其主张。其次，从附件5的记载"现在在中国，我公司询问者，对中国国家知识产权局起诉设计专利的无效"可以看出，光荣工业株式会社与请求人深圳光荣机械有限公司应属关联企业，因此，作为光荣工业株式会社职员的细川一孝应为本无效宣告请求案的利害关系人，其所出具的证言的证明力较弱，应有其他证据加以作证。由于出具证言的所有证人均没有出席口头审理接受质询，合议组无法对其智力状况、品德、知识、经验、法律意识和专业技能进行考察，并且请求人也没有提供其他客观佐证证实相关情况，因此，在没有出示附件1-1及附件1-2相关杂志原件，并对该原件作出有效公证认证，又没有相关证人出庭接受质证的情况下，合议组认为请求人提交的附件1-1和附件1-2的真实性无法得到确认。

3. 基于上述分析，请求人提交的证据均不足以证明在本专利申请日前已有相同的外观设计在国外出版物上公开发表过，因此，请求人以此为由请求宣告本专利权无效的主张不能成立。

4. 请求人就其提出的无效宣告请求的主张有责任向专利复审委员会提交充分的证据，如果其提交的证据均不足以支持其无效宣告的请求理由，应承担其主张不能成立的法律后果。

三、决定

维持 02300159.3 号外观设计专利权有效。

当事人对本决定不服的，可以根据专利法第 46 条第 2 款的规定，自收到本决定之日起三个月内向北京市第一中级人民法院起诉。根据该款的规定，一方当事人起诉后，另一方当事人应当作为第三人参加诉讼。

异型铝框条（7602）

无效宣告请求审查决定（第9088号）

决 定 号	第9088号
决 定 日	2006年12月15日
发明创造名称	异型铝框条（7602）
外观设计分类号	25-01
无效宣告请求人	山西飞宇建材有限公司
专 利 权 人	苏州罗普斯金铝业有限公司
专 利 号	02334706.6
申 请 日	2002年10月23日
授权公告日	2003年5月14日
合议组组长	王桂莲
主 审 员	张惠军
参 审 员	李礼
法 律 依 据	专利法第23条
决 定 要 点	

请求人提交的证据尚不足以证明在本专利申请日之前已有相同或相近似的产品在国内公开使用，其认为本专利因在先公开使用而不符合专利法第23条的无效理由不成立。

一、案由

本无效宣告请求涉及国家知识产权局于2003年5月14日授权公告的名称为"异型铝框条（7602）"的02334706.6号外观设计专利权（下称本专利），其申请日是2002年10月23日，专利权人是苏州罗普斯金铝业有限公司。

针对本专利权，山西飞宇建材有限公司（下称请求人）于2005年12月16日向专利复审委员会提出无效宣告请求，其理由是：在申请日之前本专利已经在国内公开使用，因此不符合专利法第23条的规定。与此同时，请求人提交了如下证据：

证据1：罗普斯金铝业有限公司产品介绍书封面及第46页复印件，共2页；

证据2：广东宏佳铝业有限公司产品介绍书封面、证书页2页及第85页复印件，共4页；

证据3：佛山市南海华豪铝型材有限公司铝型材系列图册封面、证书页1页以及第72、171页复印件，共4页；

证据4：佛山市顺德区汇雄模具制造有限公司于2005年12月12日出具的"证明"1页复印件；

证据5：声称为山西飞宇建材有限公司铝窗型材设计图纸复印件，共3页。

经形式审查合格后，专利复审委员会受理了上述无效宣告请求，于2005年12月16日向双方当事人发出了无效宣告请求受理通知书，并将无效宣告请求书及附件清单中所列附件副本转送给专利权人，要求其在指定期限内答复。

针对上述无效宣告请求，专利权人于2006年1月27日向专利复审委员会提交了意见陈述书，认为证据1是专利权人在本专利申请日之后印制的；证据2、证据3上印有2003年颁发的证书，因此证据2、证据3是在2003年即本专利申请日之后印制的，不能作为对比文件；证据4是利害关系人出具的证明，同样不能作为对比文件；证据5是请求人的图纸，并非公开出版物，无从考核其真实性，也不能作为对比文件使用。

2006年10月12日，合议组向双方当事人发出无效宣告请求口头审理通知书，定于2006年11月23日进行口头审理；随同口头审理通知书，将专利权人于2006年1月27日提交的意见陈述书副本转送给请求人。

口头审理如期举行，双方当事人均委托代表参加，对对方出席口头审理人员的身份及资格均无异议。请求人当庭表示证据1仅供参考，用于说明本外观专利形状；明确表示放弃证据4、证据5作为证据使用。请求人以证据2、证据3证明本专利在先使用，在先销售，不符合专利法第23条的规定。请求人当庭未提交证据1至证据3的原件，并表示所有原件均在以前卷宗（专利号为02334722.8、02334723.6）中。专利权人认可证据1至3的真实性，认为证据1不能作为证据使用；证据2、证据3不是公开出版物，并且其上均印有2003年颁发的证书，由此认定证据2、证据3是在本专利申请日之后印制的，不能作为证据使用；请求人认可证据2、证据3的印制时间均在本专利申请日之后，但认为证据2、证据3上印有颁发时间为2002的证书，所以与本专利相似的产品在本专利申请日之前已经生产。请求人与专利权人就本专利与证据2、证据3公开的产品是否相同和相近似进行了辩论。

至此，合议组认为本案的事实已经清楚，现依法作出审查决定。

二、决定的理由

1. 法律依据

基于请求人提出无效宣告请求所依据的事实和理由，合议组对本专利是否符合专利法第23条的规定进行审查。

专利法第23条规定："授予专利权的外观设计，应当同申请日以前在国内外出版物上公开发表过或者国内公开使用过的外观设计不相同和不相近似，并不得与他人在先取得的合法权利相冲突。"

2. 证据认定

请求人共提交5份证据，在口头审理时明确表示放弃证据4和证据5作为证据使用，因此在本决定中对证据4、证据5不予考虑。在其余的证据1至证据3中：

证据1是罗普斯金铝业有限公司产品介绍书，专利权人表示对证据1的真实性没有异议。请求人明确表示仅使用证据1作为参考，用于说明本专利外观形状。因此，在本决定中证据1仅作为参考，不作为证明本专利在先使用公开的证据使用。

证据2是广东宏佳铝业有限公司产品介绍书，专利权人对证据2的真实性没有异议，但指出证据2第2页上印有于2003年9月5日颁布的《全国工业产品生产许可证》，可见，证据2的印刷时间在本专利申请日（2002年10月23日）之后。请求人认可证据2的印制日期在本专利申请日之后，但指出证据2第3页上印有于2002年8月8日颁布的《建设产品定点生产企业证书》，证明在本专利申请日之前已有相似的产品生产。

证据3是佛山市南海华豪铝型材有限公司铝型材系列图册，专利权人对证据3的真实性没有异议，但指出证据3第2页上印有于2003年8月26日颁布的《证书》，可见，证据3的印刷时间在本专利申请日（2002年10月23日）之后。请求人认可证据3的印刷日期在本专利申请日之后，但指出证据3第2页上印有于2002年6月20日颁布的《全国工业产品生产许可证》，证明在本专利申请日之前已有相似的产品生产。

经审查，证据2中所述的《建设产品定点生产企业证书》，其内容是"南海市宏佳铝业有限公司：经我会专家组考察审核，我会同意你单位为中国建筑业协会技术开发专业委员会铝合金建筑型材定点科技开发生产基地，特颁此证"。合议组认为，中国建筑业协会技术开发专业委员会颁发上述《建设产品定点生产企业证书》，只是说明中国建筑业协会技术开发专业委员会已批准南海市宏佳铝业有限公司为该技术开发专业委员会"铝合金建筑型材"定点科技开发生产基地，但是否生产了与本专利形状相同或相近似的产品无法反映出来。因此，请求人提交的证据2不足以证明在本专利申请日之前已有与本专利形状相同或相近似的产品在国内公开使用。

证据3所述的《全国工业产品生产许可证》，其内容是"南海市华豪型材有限公司：经审查，你厂生产的下列产品符合取得生产许可证条件，特发此证"，并列出可生产产品的名称。合议组认为，国家颁发给南海市华豪铝型材有限公司《全国工业产品生产许可证》，只是说明国家已批准该企业可以生产某种类材料的型材产品，但是否生产了与本专利形状相同或相近似的产品无法反映出来。因此，请求人提交的证据3不足以证明在本专利申请日之前已有与本专利形状相同或相近似的产品在国内公开使用。

综上所述，请求人的主张没有得到证据的支持，故请求宣告本专利权无效的理由不能成立。

三、决定

维持02334706.6号外观设计专利权有效。

当事人对本决定不服的，可以根据专利法第46条第2款的规定，自收到本决定之日起三个月内向北京市第一中级人民法院起诉。根据该款的规定，一方当事人起诉后，另一方当事人应当作为第三人参加诉讼。

北京市第一中级人民法院
行政判决书

（2007）一中行初字第207号

原告山西飞宇建材有限公司，住所地山西省运城市运风高速公路路口往西1000米
委托代理人花金昌，河南明天律师事务所律师
被告国家知识产权局专利复审委员会，住所地北京市海淀区北四环西路9号银谷大厦
法定代表人廖涛，副主任
委托代理人张惠军，国家知识产权局专利复审委员会审查员
委托代理人徐洁玲，国家知识产权局专利复审委员会审查员
第三人苏州罗普斯金铝业有限公司，住所地江苏省苏州市相城区元和镇阳澄湖东路31号
法定代表人吴明福，董事长
委托代理人吴秋星，江苏苏州兴吴律师事务所律师
委托代理人周建飞，江苏苏州兴吴律师事务所律师

原告山西飞宇建材有限公司不服被告国家知识产权局专利复审委员会作出的第9088号无效宣告请求审查决定，于2007年1月23日向本院提起行政诉讼。本院受理后，依法组成合议庭，向被告送达了起诉状副本及应诉通知书，并依照《中华人民共和国行政诉讼法》第二十七条之规定，通知苏州罗普斯金铝业有限公司作为本案第三人参加诉讼。本院于2007年2月6日公开开庭审理了本案。原告的委托代理人花金昌，被告的委托代理人张惠军、徐洁玲，第三人的委托代理人吴秋星到庭参加了诉讼。本案现已审理终结。2006年12月15日，被告作出第9088号无效宣告请求审查决定（以下简称第9088号决定），依照《中华人民共和国专利法》（以下简称《专利法》）第二十三条的规定，维持第三人名称为异型铝框条（7602），专利号为02334706.6的外观设计专利权（以下简称本专利）有效。在法定举证期限内，被告向本院提交了如下证据：1.02334706.6号外观设计专利图片；2.口头审理记录表；3.罗普斯金铝业有限公司产品介绍书封面及第46页复印件（即第9088号决定中涉及的证据1）；4.广东宏佳铝业有限公司产品介绍书封面、证书页2页及第85页复印件（即第9088号决定中涉及的证据2）；5.佛山市南海华铝型材有限公铝型材系列图册封面、证书页1页以及第72、171页复印件（即第9088号决定中涉及的证据3）。原告诉称，本专利申请日之前，已有相同或相近似产品外观设计在国内公开使用，此专利不符合《专利法》第二十三条的规定。第9088号决定不符合事实。故请求撤销该决定。原告向本院提交并经当庭质证的证据与被告证3、证据4、证据5相同。被告辩称，原告在无效宣告请求审查时提交的证据材料不足以证明在本专利申请日前已有与本专利形状相同或相近似的产品在国内公开使用，原告提交的证据不足以支持其主张。第9088号决定认定事实清楚，适用法律法规正确，故请求予以维持。第三人同意被告上述意见，请求维持第9088号决定。

经庭审质证，本院审查认为，被告及原告提交的证据与本案被诉第9088号决定的合法性审查有关且合法、各方当事人对其真实性亦无异议，均为有效证据。

根据以上证据及各方当事人在庭审中无争议的陈述，本院对本案事实作出如下认定：

中华人民共和国国家知识产权局于2003年5月14日授权公告了本专利。该专利的申请日为2002年10月23日，专利权人是本案第三人。原告以本专利申请日之前已在国内公开使用，因此，不符合《专利法》第二十三条的规定为由，向被告提出无效宣告请求，并提交了以下证据：

证据1.罗普斯金铝业有限公司产品介绍书封面及第46页复印件，共2页；

证据2.广东宏佳铝业有限公司产品介绍书封面、证书页2页及第85页复印件，其第3页上印有于2002年8月8日颁布的《建设产品定点生产企业证书》，其内容是"南海市宏佳铝业有限公司：经我会专家组考察审核，我会同意你单位为中国建筑业协会技术开发专业委员会铝合金建筑型材定点科技开发生产基地，特颁此证"；

证据3.佛山市南海华豪铝型材有限公司铝型材系列图册封面、证书页1页以及第72、171页复印件，其第2页上印有于2002年6月20日颁布的《全国工业产品生产许可证》，其内容是"南海市华豪型材有限公司：经审查，你厂生产的下列产品符合取得生产许可证条件，特发此证"，并列出可生产产品的名称；

证据4.佛山市顺德区汇雄模具制造有限公司于2005年12月12日出具的"证明"复印件；

证据5.声称为山西飞宇建材有限公司铝窗型材设计图纸复印件，共3页。

被告受理后，将原告的无效宣告请求书及相关材料转给了第三人，要求其在指定期限内答复。第三人按期向被告提交了意见陈述书。被告向双方当事人发出口头审理通知书，并将第三人上述意见陈述书副本转送给原告。原告和第三人均委托代表参加了口头审理。

在口头审理中，原告表示其证据1仅供参考，用于说明本专利形状；其放弃证据4、证据5作为证据使用；原告以其证据 2、证据 3 证明本专利在先使用，在先销售，不符合《专利法》第二十三条的规定；原告未提交证据 1、证据 2、证据 3 的原件，并表示所有原件均在以前卷宗（专利号为 02334722.8、02334723.6）中；第三人认可证据 1、证据 2、证据 3 的真实性；原告认可证据 2、证据 3 的印制时间均在本专利申请日之后，但认为证据 2、证据 3 上印有颁发时间为 2002 年的证书，所以与本专利相似的产品在本专利申请日之前已经生产；原告与第三人就本专利与证据 2、证据 3 公开的产品是否相同和相近似进行了辩论。

被告认为，根据原告意见对其证据 4 和证据 5 不予考虑。原告明确表示其证据 1 仅作为参考，因此，其证据 1 仅作为参考，不作为证明本专利在先使用公开的证据使用。原告证据 2 中所述《建设产品定点生产企业证书》的内容，只说明中国建筑业协会技术开发专业委员会已批准南海市宏佳铝业有限公司为该技术开发专业委员会"铝合金建筑型材"定点科技开发生产基地，但该企业是否生产了与本专利形状相同或相近似的产品无法反映出来。因此，该证据不足以证明在本专利申请日之前已有与本专利形状相同或相近似的产品在国内公开使用。原告证据 3 中所述《全国工业产品生产许可证》的内容只说明国家已批准该企业可以生产某种类材料的型材产品，但该企业是否生产了与本专利形状相同或相近似的产品无法反映出来。因此，该证据不足以证明在本专利申请日之前已有与本专利形状相同或相近似的产品在国内公开使用。由于原告的主张没有得到证据支持，其请求宣告本专利权无效的理由不能成立，故被告作出了维持本专利权有效的第 9088 号决定。

本院认为，《专利法》第二十三条规定："授予专利权的外观设计，应当同申请日以前在国内外出版物上公开发表过或者国内公开使用过的外观设计不相同和不相近似，并不得与他人在先取得的合法权利相冲突。"《中华人民共和国专利法实施细则》第六十四条第一款规定："请求宣告专利权无效或者部分无效的，应当向专利复审委员会提交专利权无效宣告请求书和必要的证据一式两份。无效宣告请求书应当结合提交的所有证据，具体说明无效宣告请求的理由，并指明每项理由所依据的证据。"原告以本专利不符合《专利法》的上述规定为由，请求被告宣告本专利权无效，应提出充分的理由，并根据《中华人民共和国专利法实施细则》的上述规定提供必要的证据。本院认同被告在被诉决定中对原告证据的分析认定。原告在无效请求审查程序中向被告提交的证据不足以证明在本专利申请日前已有相同或相近似的外观设计在国内公开使用过。第 9088 号决定认定事实清楚，对原告证据的分析判断正确，适用法律无误，审查程序合法，本院应予维持。由于原告的诉讼理由不能成立，其请求本院不予支持。据此，依照《中华人民共和国行政诉讼法》第五十四条第（一）项，判决如下：维持被告国家知识产权局专利复审委员会二〇〇六年十二月十五日作出的第 9088 号无效宣告请求审查决定。本案案件受理费 1000 元，由原告山西飞宇建材有限公司负担（已交纳）。如不服本判决，可在本判决书送达之日起 15 日内，向本院递交上诉状，并按对方当事人的人数提出副本，预交上诉案件受理费 1000 元，上诉于北京市高级人民法院。

审 判 长 吴 月
代理审判员 乔 军
代理审判员 付勇军
二〇〇六年十二月二十七日
书 记 员 郎莉萍

型材（8607）

无效宣告请求审查决定（第9092号）

决 定 号	第9092号
决 定 日	2006年12月13日
发明创造名称	型材（8607）
外观设计分类号	25-01
无效宣告请求人	江阴市海达实业公司，成都阳光铝制品有限公司
专 利 权 人	苏州罗普斯金铝业有限公司
专 利 号	98325663.2
申 请 日	1998年9月28日
授权公告日	1999年6月2日
合议组组长	吴赤兵
主 审 员	钱亦俊
参 审 员	张雪飞
附 图	2页

法 律 依 据 专利法第23条，专利法实施细则第65条第2款

决 定 要 点

第一请求人提交的证据1.10至证据1.17在专利复审委员会作出的第5536号无效宣告请求审查决定中已经进行过评述，并经【(2004)高行终字第341号】终审判决，判决认定该证据链不能证明本专利不符合专利法第23条的规定。根据一事不再理的审查原则，本决定对上述证据链不再作出评述。

两个请求人提交的证据中所示外观设计与本专利不相同且不相近似。

一、案由

本无效宣告请求涉及的是国家知识产权局于1999年6月2日授权公告的98325663.2号外观设计专利，其产品名称是"型材（8607）"，申请日是1998年9月28日，专利权人是苏州罗普斯金铝业有限公司。

（一）第一次无效宣告请求

针对本专利，2005年7月21日江阴市海达实业公司（下称第一请求人）向专利复审委员会提出无效宣告请求，其主要理由是本专利不符合中国专利法第23条的规定。第一请求人认为在本专利申请日以前与其相近似的外观设计"已见诸市场"，并提交了如下证据：

附件 1.1 是秦皇岛市北戴河区公证处作出的"（2005）秦北证民字第 187 号"公证书复印件，内附秦皇岛伟师建筑装饰工程设计有限公司与秦皇岛罗普斯金铝业有限公司签订的《协议》复印件和第 0001446 号、第 0001448 号工业产品销售剪贴发票复印件共 3 页，公证内容为内附材料的复印件内容与原件相符，复印件上秦皇岛伟师建筑装饰工程设计有限公司的印鉴属实；

附件 1.2 是秦皇岛市北戴河区公证处作出的"（2005）秦北证民字第 188 号"公证书复印件，内附《工作记录》复印件 1 页和 12 张照片复印件，公证内容为《工作记录》复印件与原件内容相符，照片为现场拍摄；

附件 1.3 是由中国工商银行秦皇岛分行签章并附关志涛签名的《证明》复印件 1 页；

附件 1.4 是由秦皇岛伟师建筑装饰工程设计有限公司签章并附赵丽娟签名的《情况说明》复印件 1 页；

附件 1.5 是"外经贸冀秦市字（1995）028 号"外商投资企业批准证书复印件和"企合冀秦总副字第 000565 号"企业法人营业执照（副本）复印件共 2 页；

附件 1.6 是秦皇岛市北戴河区公证处作出的"（2005）秦北证民字第 239 号"公证书复印件，内附《工作记录》复印件 2 页和 24 张照片复印件，公证内容为《工作记录》复印件内容与原件相符，照片为现场拍摄，另有照片底片、录像带及断面材料等物；

附件 1.7 是秦皇岛市北戴河区公证处作出的"（2005）秦北证民字第 260 号"公证书复印件，内附《工作记录》复印件和《证明材料》复印件共 2 页及 4 张照片复印件，公证内容为《工作记录》和《证明材料》的复印件内容与原件相符，《证明材料》上的签名、按印属实，照片为现场拍摄；

附件 1.8 是由赵丽娟和程德山签名、按印的《证明材料》复印件 1 页；

附件 1.9 是浙江省高级人民法院"（2002）浙经二终字第 19 号"民事判决书复印件 11 页。

专利复审委员会受理了该无效宣告请求，并于 2005 年 9 月 28 日将第一请求人的无效宣告请求文件转送专利权人。专利权人在规定期限内未作出答复。

为支持其无效宣告请求，2005 年 8 月 20 日，请求人补充如下证据（编号续前）：

附件 1.10 是"（2001）昆证民字第 2133 号"公证书复印件，附件为《罗普斯金集团（中国）有限公司防盗门窗、气密窗型材及成品门窗销售奖励办法》（共 3 页）复印件，公证内容为附件与原件相符。

附件 1.11 是"（2001）昆证民字第 2104 号"公证书复印件，附件为《苏州罗普斯金铝合金花格网有限公司成品出库单》（共 17 页）复印件，公证内容为附件与原件相符。

附件 1.12 是"（2001）昆证民字第 2105 号"公证书复印件，附件为《罗普斯金 LPSK 高强度气密门窗》广告宣传册中部分页面（共 15 页）复印件，公证内容为附件与原件相符。

附件 1.13 是"（2001）昆证民字第 2106 号"公证书复印件，附件为《声明书》（1 页）复印件，公证内容为声明人刘洪之在公证员面前在声明书上签字。

附件 1.14 是"（2001）昆证民字第 2131 号"公证书复印件，附件为《员工卡》正反面复印件（1 页），公证内容为附件与刘洪之持有的《员工卡》原件相符。

附件 1.15（未提交）；。

附件 1.16 是"（2001）昆证民字第 2102 号"公证书复印件，附件为《中国工商银行汇票申请书（存根）》（共 1 页）复印件，公证内容为附件与原件相符。

附件 1.17 是"（2001）昆证民字第 2103 号"公证书复印件，附件为《江苏省吴县市企业通用发票发票联》（共 1 页）复印件，公证内容为附件与原件相符。

2006 年 10 月 23 日，合议组将上述补充证据转送专利权人，同时向双方当事人发出口头审理通知书,定于 2006 年 12 月 1 日在专利复审委员会进行口头审理。

(二) 第二次无效宣告请求

针对本专利权,2005 年 9 月 5 日,成都阳光铝制品有限公司(下称第二请求人)向专利复审委员会提出无效宣告请求,其主要理由是:本专利与申请日以前在出版物上公开发表过的外观设计相近似,因此不符合中国专利法第 23 条的规定,应宣告本专利权无效。与此同时,第二请求人提交了如下证据:

附件 2.1 是我国台湾第 86302325 号联合新式样专利公告本(复印件);

附件 2.2 是 93306636.8 号中国外观设计专利公报(复印件)。

专利复审委员会受理了该无效宣告请求,并于 2005 年 9 月 6 日将第二请求人的无效宣告请求文件转送专利权人。专利权人在规定期限内未作出答复。

2006 年 10 月 23 日,合议组向双方当事人发出口头审理通知书,定于 2006 年 12 月 1 日在专利复审委员会进行口头审理。

(三) 口头审理

专利复审委员会将两次无效宣告请求进行合并口头审理,

口头审理如期举行,第二请求人和专利权人均委托代理人出庭。第一请求人未出庭。在口头审理中,首先,针对第二请求人提交的证据,双方进行了质证及辩论,第二请求人代理人(一般代理)称附件 2.1 公开日无法确定,故放弃该证据。附件 2.2 与本专利相近似。专利权人对附件 2.2 的真实性不持异议,但认为与本专利不相近似。其次,针对第一请求人提交的证据,专利权人意见陈述认为,第一请求人提交的证据中附件 1.1 至附件 1.8 证人没有到庭,无法证实证言内容的真实性,我们有证据表明上述证据是伪证,见如下反证;另外,针对另一个请求人以相同的证据(附件 1.1 至附件 1.9)提出的无效宣告请求,专利复审委员会作出的第 8631 号无效宣告请求审查决定已经对该事实予以评述过,并认定本专利与 868 型材公开的外观设计不相同且不相近似。另外,附件 1.9 判决中认定的事实已为北京市高级人民法院【(2004) 高行终字第 341 号】所代替。附件 1.10 至附件 1.17 已在北京市高级人民法院【(2004) 高行终字第 341 号】中评述过,根据一事不再理的原则,不应进行审理。

专利权人提交了如下反证:

反证 1 是江苏省南京市中级人民法院作出的【(2005) 宁民三初字第 228 号】民事判决书 14 页以及该案承办人员在秦皇岛市对相关证人赵丽娟、徐晓兵、关志涛进行的谈话笔录(复印件)共三份;

反证 2 是江苏省高级人民法院作出的【(2006) 苏民三终字第 0028 号】民事调解书 2 页以及该案承办人员在秦皇岛市对相关证人赵丽娟、徐晓兵、郑玉娟关志涛进行的谈话笔录共四份(盖有江苏省高级人民法院红章的复印件);

反证 3 是江苏省南京市中级人民法院民事审判第三庭的《开庭笔录》(复印件) 4 页。

在上述审理的基础上,合议组经合议,认为本案事实清楚,依法作出本审查决定。

二、决定的理由

1. 关于专利法第 23 条

基于两个请求人提出的无效宣告请求的理由和证据,合议组依据专利法第 23 条的规定对本案进行审理。

专利法第 23 条规定:授予专利权的外观设计,应当同申请日以前在国内外出版物上公开发表过或者国内公开使用过的外观设计不相同和不相近似,并不得与他人在先取得的合法权利相冲突。

2. 关于一事不再理涉及的证据

第一请求人提交的附件1.10至附件1.17主张的公开销售的事实已在第5536号无效宣告请求审查决定中以及北京市高级人民法院【(2004)高行终字第341号】中作出过评述，根据实施细则第65条第2款的规定，"在专利复审委员会就无效宣告请求作出决定之后，又以同样的理由和证据请求无效宣告的，专利复审委员会不予受理。"因此，本案对该组证据不再予以评述。

3. 关于公开销售的事实的认定

第一组证据：第一请求人提交的附件1.1是秦皇岛市北戴河区公证处作出的"(2005)秦北证民字第187号"公证书，内附秦皇岛伟师建筑装饰工程设计有限公司与秦皇岛罗普斯金铝业有限公司签订的《协议》复印件和第0001446号、第0001448号工业产品销售剪贴发票复印件，公证内容为内附材料的复印件内容与原件相符，复印件上秦皇岛伟师建筑装饰工程设计有限公司的印鉴属实；附件1.2是秦皇岛市北戴河区公证处作出的"(2005)秦北证民字第188号"公证书，内附《工作记录》复印件和12张照片，公证内容为《工作记录》复印件与原件内容相符，照片为现场拍摄；附件1.3是由中国工商银行秦皇岛分行签章并附关志涛签名的《证明》；附件1.4是由秦皇岛伟师建筑装饰工程设计有限公司签章并附赵丽娟签名的《情况说明》；附件1.5是"外经贸冀秦市字（1995）028号"外商投资企业批准证书复印件和"企合冀秦总副字第000565号"企业法人营业执照（副本）复印件；附件1.6是秦皇岛市北戴河区公证处作出的"(2005)秦北证民字第239号"公证书，内附《工作记录》复印件和24张照片，公证内容为《工作记录》复印件内容与原件相符，照片为现场拍摄，该公证书是对中国工商银行秦皇岛分行七楼结算中心717房间内过道上的两个铝合金窗户拆卸、取证过程进行的证据保全公证，其中后附的照片中有6张显示型材截面分别标有"8601""8655""8651""8607""8661""8662"的数字编号；附件1.8是由证明人赵丽娟和代书人程德山签名、按印的《证明材料》。第一请求人主张上述证据已形成完整证据链，证明在本专利申请日以前的1998年5月由秦皇岛市伟师建筑装饰工程设计有限公司在中国工商银行秦皇岛市分行办公大楼七层微机房安装使用专利权人生产的868型铝材气密窗，其中"8607"型材外观设计与本专利相近似。

第二组证据：第一请求人还提交了另一个证据，即附件1.7秦皇岛市北戴河区公证处作出的"(2005)秦北证民字第260号"公证书复印件，内附《工作记录》复印件和《证明材料》复印件共2页及4张照片复印件，公证内容为《工作记录》和《证明材料》的复印件内容与原件相符，《证明材料》上的签名、按印属实，照片为现场拍摄。证明秦皇岛市彭振维家于本专利申请日以前的1998年6、7月份安装有868系列型材。

基于上述两组证据，第一请求人认为，在本专利申请日以前已有与其外观设计相同的产品在国内公开销售使用过。

针对上述第一组证据，专利权人提出三个反证，即反证1至反证3，主张上述证据属于伪证，不能证明申请日之前公开的事实。专利权人称该组证据认定的事实依据的证人证言前后矛盾，不能作为认定事实的依据。

针对上述证据和反证，合议组认为：第一请求人已向专利复审委员会提交过上述部分证据的原件或者公证件，通过公证书的形式能够认定附件1.1、附件1.2和附件1.6中所示的《协议》、发票和《工作记录》的复印件的证明效力等同于原件，因此第一请求人提交的上述证据均有原件或者视为有原件。其中附件1.1中的《协议》显示1998年5月秦皇岛罗普斯金铝业有限公司要为秦皇岛伟师建筑装饰工程设计有限公司制作868气窗；附件1.4和附件1.8由秦皇岛伟师建筑装饰工程设计有限公司及其会计赵丽娟证明1998年5月购买秦皇岛罗普斯金铝业有限公司的868气窗并安装于中国工商银行秦皇岛分行相关房间，其时间、单位和费用均与附件1.1中的第0001446号、第0001448号发票记载相吻合；附件1.3由中国工商银行秦皇岛分行及关志涛证明1998年5月至今在其相关房间一直使用秦皇岛罗普斯金铝业有限公司的868气窗；附件5证明了秦皇岛罗普斯金铝业有限公司的真实存在；附件1.6中的《工作记录》和照片证明现场拆卸中国工商银行秦皇岛分行相关房间的窗户并取得868号型材；以上证据相互印证，形成了从订购、支付到安装、使用的完整的证明体系，证明了在1998年5月其中"8607"型材（下称在先设计1）随868气窗的销售使用行为的存在。

对于专利权人提交的三个反证，反证1本身从内容上与附件1没有关联性，以秦皇岛市北戴河区公证处作出的一份公证书有瑕疵而否定该公证处作出的其他公证书的理由明显不成立，合议组不予支持；其余反证一方面说明在与本案证据相关的侵权诉讼中，本案涉及证据证明的事实在先被一审法院认定，但由于在后的相关诉讼以调解方式结案，对相关事实终审法院并未作出认定。合议组认为，由此只能说明一审法院认定的事实不会影响本案对事实的认定，并不能得出本案涉及证据虚假这一结论。反证中并未显示本案涉及证据虚假的叙述，专利权人又未提出其他证据说明本案涉及证据的虚假，其应承担举证不能的法律后果，另一方面，反证确认附件1.4、附件1.8中的出证人赵丽娟系秦皇岛伟师建筑装饰工程设计有限公司的财务人员，附件1.3中的出证人关志涛系中国工商银行秦皇岛分行总稽核，并说明法院派员调查上述出证人，上述出证人均坚持其证言，反而加强了附件1.3、附件1.4和附件1.8的证明效力；反证中关志涛的《谈话笔录》说明的是第一请求人取证完毕后换的新窗户，并非取证前换过窗户，并坚持了附件1.3的证言，因此并不构成反证；涉及徐晓兵证言的反证证实其作为中国工商银行秦皇岛分行的计财处处长，仅证明当年的装潢是在1999年4月以前，这与1998年5月的时间并不矛盾，也不构成反证。基于上述，合议组认定专利权人提出的反证均不足以否定第一请求人提出的附件1.1、附件1.3至附件1.6和附件1.8所证明在先设计1在本专利申请日以前（1998年5月）公开使用的事实。

现将二者作如下相近似比较：

结合其他视图从主视图观察在先设计1，在先设计形状为：中部为长方形腔体，腔体下方为一个较大卡口，上侧边内侧有两个半圆形凹槽，长方形腔体上侧有一竖板。（详见在先设计1附图。）

结合其他视图从主视图观察本专利，其形状为：中部为长方形腔体，腔体下方为一个较大卡口，上侧边右半部分有下凹，内侧有一个半圆形凹槽，上侧边左半部分内侧也有一个半圆形凹槽，长方形腔体上侧有一带有密集条纹的竖板，该条纹在截面上看呈锯齿状。（详见本专利附图。）

合议组认为：本专利和在先设计1均为型材的外观设计，用途相同，属于相同类别的产品，具有可比性。

将本专利与在先设计1相比较，其相同点为：其截面都呈下带较大开口的长方形腔体，腔体内壁都有两个半圆形凹槽。腔体外上部都有竖板。二者主要不同点为：本专利腔体外右侧有向下凹陷。并且，腔体外上部的竖板右侧有截面呈锯齿状密集的条纹。合议组认为：上述两处不同点对于一般消费者而言，足以构成二者的显著差别，从而对本专利和在先设计1的整体形状产生显著的视觉影响，因此二者应属于不相同且不相近似的外观设计。

综上所述，第一请求人提交的证据不能证明在本专利申请日以前已有与其外观设计相同或者相近似的产品在国内公开销售使用过，即不能证明本专利不符合中国专利法第23条的规定。

4. 关于第一请求人提交的附件1.9

第一请求人提交的附件1.9是浙江省高级人民法院【（2002）浙经二终字第19号】民事判决书，第一请求人称由此证据可以证明"本专利显属已有技术"。合议组认为，由该判决判断，该判决诉争专利是98325675.6，认定的事实是8651型材的公开销售，但没有相关图片，因此无法与本专利进行比较判断。由于第一请求人未参加口头审理，该证据的证明意图没有更详细的具体说明。因此，合议组认为，该证据不足以认定在本专利申请日以前公开销售（使用）的事实。

5. 关于本专利与在先出版物上公开的外观设计相近似性的认定

本案第二请求人提交的附件2.1是我国台湾第86302325号联合新式样专利公告本（复印件），由于请求人未能证明其公开的时间，在没有确凿证据确认其属于本专利申请日之前公开出版物的情况下，合议组认为，该证据不能适用专利法第23条的规定用于评价本专利的专利性。

第二请求人提交的附件2.2是93306636.8号中国外观设计专利公报（复印件），专利权人对其真实性无异议，经合议组核实，该证据属实，本案对其真实性予以确认。其授权公告日在1994年1月19日，属于专利法第23条所述的公开出版物，其产品名称为型材（下称在先设计2），与本专利属于相同种类产品，可以适用专利法第23条评价本专利的专利性。

现将本专利与在先设计2进行相近似分析比较如下：

结合其他视图从主视图观察本专利，其形状为：中部为长方形腔体，腔体下方为一个较大卡口，上侧边右半部分有下凹，内侧有一个半圆形凹槽，上侧边左半部分内侧也有一个半圆形凹槽，长方形腔体上侧有一带有密集条纹的竖板，该条纹在截面上看呈锯齿状。（详见本专利附图。）

结合其他视图从主视图观察在先设计2，其形状为：中部为长方形腔体，腔体下方为一个较大卡口，上侧边右半部分有两凸起形成卡槽，卡槽左侧有竖板，腔体内侧上壁有两方形凹槽。（详见在先设计2附图。）

将本专利与在先设计2相比较，其相同点为：二者都是中部为长方形腔体，腔体下方为一个较大卡口，腔体外侧上部有一竖板。主要不同点为：本专利腔体外上部的竖板右侧有截面呈锯齿状密集的条纹，且该竖板右侧有下凹。而在先设计2竖板光滑，且竖板右侧有两个形成卡槽的凸起。在先设计2腔体内侧上壁有两凹槽呈方形，而本专利是半圆形。另外，二者还有其他细微差别。合议组认为：上述不同点已构成二者完全不同的视觉效果，在整体外形上形成显著差别，足以对本专利和在先设计2的整体形状产生显著的视觉影响，给一般消费者带来完全不同的视觉印象，因此二者应属于不相同且不相近似的外观设计。

综上所述，两个请求人提交的证据均不能证明在本专利申请日以前已有与其外观设计相同或相近似的产品在国内公开销售使用过或者在出版物上公开发表过，即不能证明本专利不符合中国专利法第23条的规定。

三、决定

维持98325663.2号外观设计专利权有效。

当事人对本决定不服的，可以根据专利法第46条第2款的规定，自收到本决定之日起三个月内向北京市第一中级人民法院起诉。根据该款的规定，一方当事人起诉后，另一方当事人应当作为第三人参加诉讼。

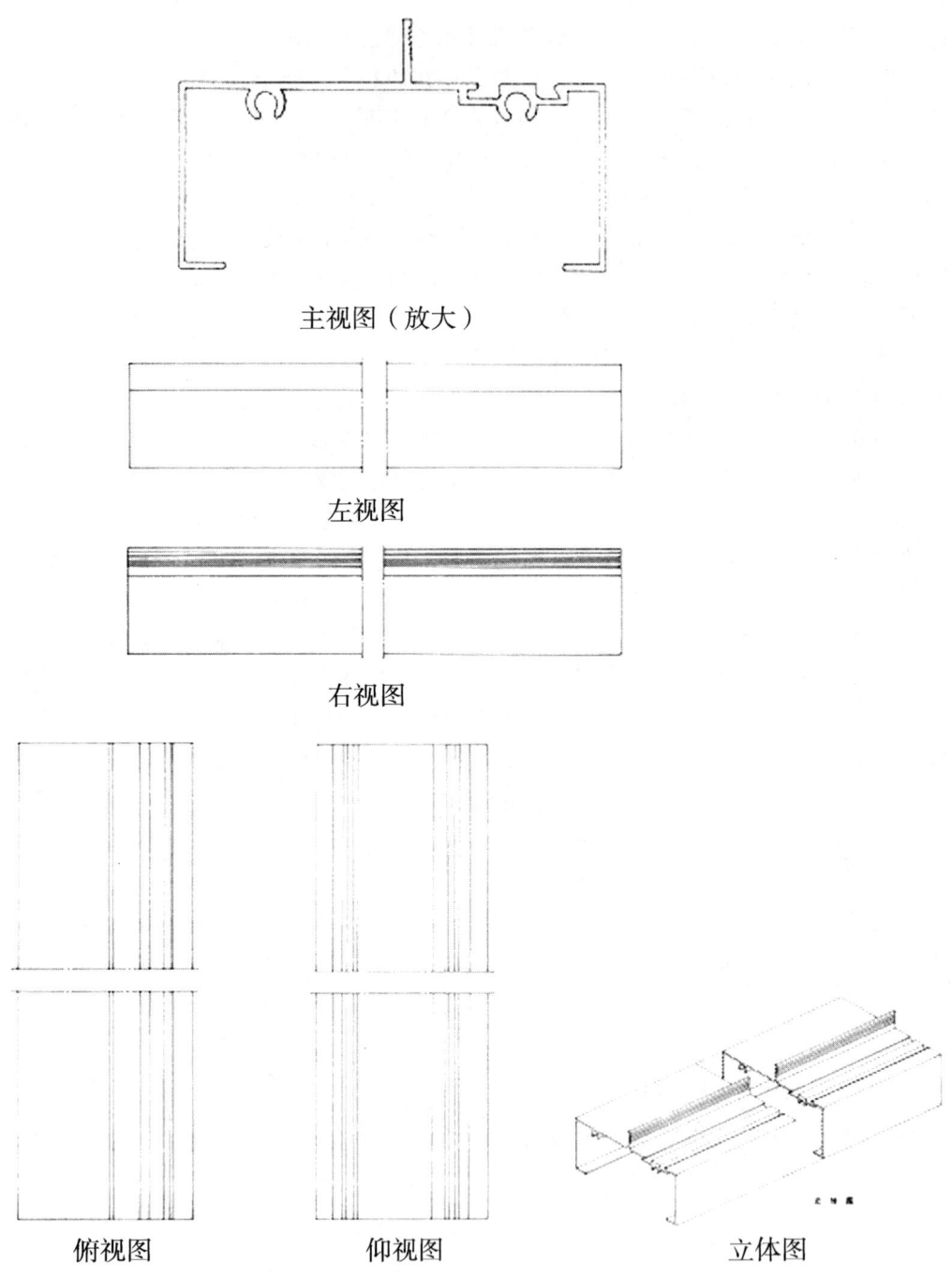

主视图（放大）

左视图

右视图

俯视图　　仰视图　　立体图

本专利附图

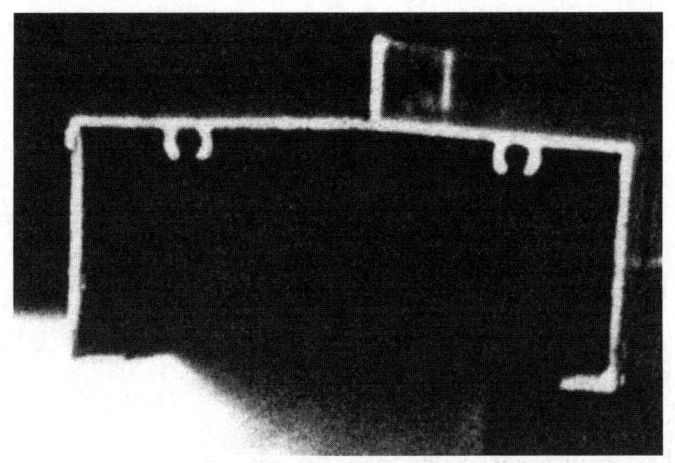

在先设计1附图

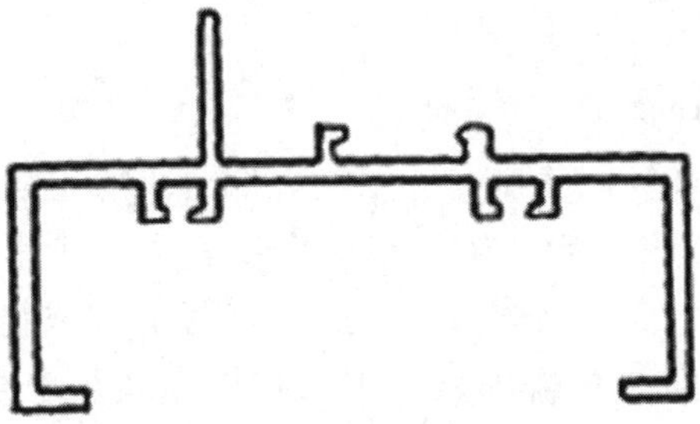

主视图 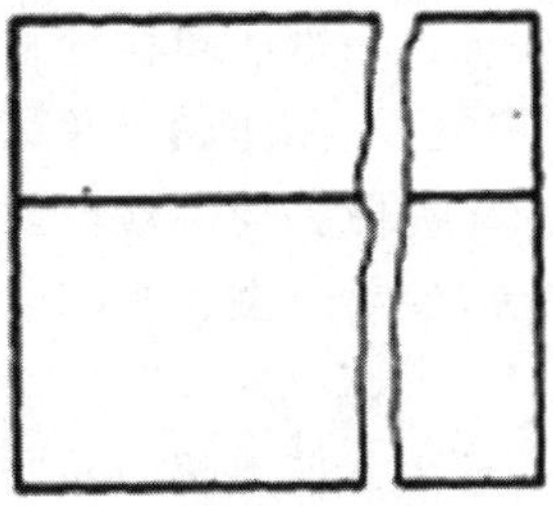　　　　　　　　　　　左视图

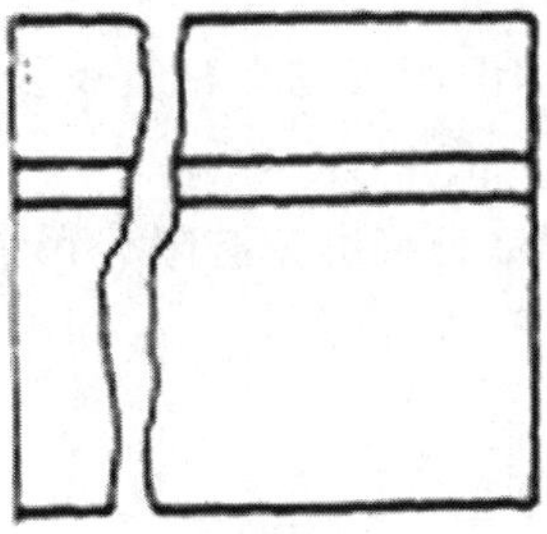

右视图 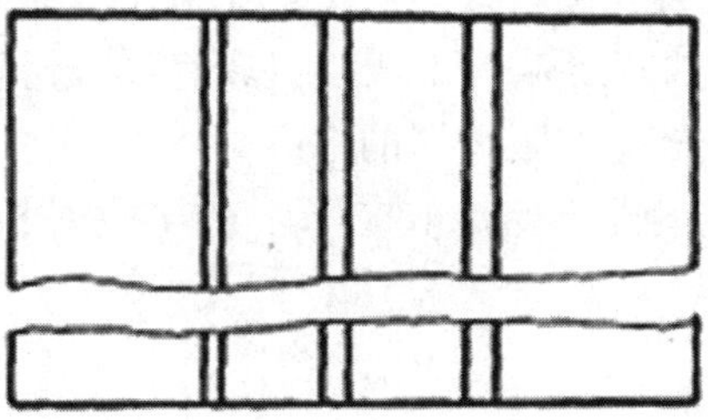　　　　　　　　　　　俯视图

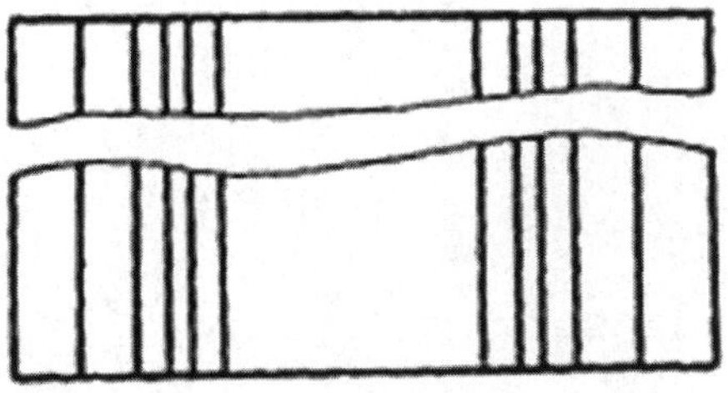

仰视图

在先设计2附图

北京市第一中级人民法院
行政判决书

(2007) 一中行初字第 394 号

原告河北天兴机床有限公司，住所地河北省任县邢家湾 委托代理人王苑祥，男，河北省专利技术服务中心诉讼部主任，住河北省石家庄市桥西区红旗生活小区 5 栋 3 单元 302 号 被告国家知识产权局专利复审委员会，住所地北京市海淀区北四环西路 9 号

法定代表人廖涛，副主任

委托代理人崔峥，国家知识产权局专利复审委员会审查员

委托代理人王伟艳，国家知识产权局专利复审委员会审查员

第三人邢台市邢工机械制造有限公司，住所地河北省邢台市任县邢湾镇工业区 23 号

法定代表人朱计敏，董事长

委托代理人李羡民，石家庄冀科专利商标事务所专利代理人

委托代理人曹淑敏，石家庄冀科专利商标事务所专利代理人

原告河北天兴机床有限公司诉被告国家知识产权局专利复审委员会、第三人邢台市邢工机械制造有限公司专利无效行政纠纷一案，本院于 2007 年 3 月 9 日受理后，依法组成合议庭进行了审理。在审理过程中，原告河北天兴机床有限公司于 2007 年 4 月 17 日以已与第三人邢台市邢工机械制造有限公司达成和解协议为理由，向本院书面提出申请，请求撤回对被告国家知识产权局专利复审委员会、第三人邢台市邢工机械制造有限公司的起诉。

本院认为，原告的撤诉申请是其真实意思表示，未违反有关法律规定，应予准许。依照《中华人民共和国行政诉讼法》第五十一条之规定，本院裁定如下：

准予原告河北天兴机床有限公司撤回对被告国家知识产权局专利复审委员会、第三人邢台市邢工机械制造有限公司的起诉。

案件受理费 1000 元，减半收取 500 元，由原告河北天兴机床有限公司负担（已交纳）。

审 判 长 任 进
代理审判员 邢 军
代理审判员 于立彪
二〇〇七年四月二十五日
书 记 员 袁 伟

北京市第一中级人民法院
行政判决书

(2007) 一中行初字第516号

原告成都阳光铝制品有限公司，住所地四川省成都市龙泉驿区同安镇工业小区
委托代理人徐国文，北京安博达知识产权代理有限公司专利代理人
被告国家知识产权局专利复审委员会，住所地北京市海淀区北四环西路9号银谷大厦10~12层
法定代表人廖涛，副主任
委托代理人张雪飞，国家知识产权局专利复审委员会审查员
委托代理人张华，国家知识产权局专利复审委员会审查员
第三人苏州罗普斯金铝业有限公司，住所地江苏省苏州市相城区元和镇
法定代表人吴明福，董事长
委托代理人吴秋星，江苏苏州兴吴律师事务所律师
委托代理人华韧竹，江苏苏州兴吴律师事务所律师

原告成都阳光铝制品有限公司（简称阳光公司）不服被告国家知识产权局专利复审委员会（简称专利复审委员会）于2006年12月13日作出的第9092号无效宣告请求审查决定（简称第9092号决定），于法定期限内向本院提起诉讼。本院于2007年3月26日受理此案后，依法组成合议庭，并按照法律规定通知苏州罗普斯金铝业有限公司（简称罗普斯金公司）作为第三人参加诉讼，于2007年6月18日公开开庭审理了本案。原告阳光公司的委托代理人徐国文，被告专利复审委员会的委托代理人张雪飞、张华，第三人罗普斯金公司的委托代理人华韧竹到庭参加诉讼。本案现已审理终结。

专利复审委员会第9092号决定系就阳光公司针对罗普斯金公司享有的专利号为98325663.2、名称为"型材8607"的外观设计专利（下称本专利）所提出的无效宣告请求作出的。专利复审委员会在该决定中认定：阳光公司提交93306636.8号外观设计专利公报复印件，专利权人对该证据真实性无异议，其授权公告日在1994年1月19日，属于《专利法》第二十三条所述的公开出版物，其产品名称为型材（下称在先设计），与本专利属于相同种类产品，可以适用《专利法》第二十三条评价本专利的专利性。结合其他视图从主视图观察本专利，其形状为：中部为长方形腔体，腔体下方为一个较大卡口，上侧边右半部分有下凹，内侧有一个半圆形凹槽，上侧边左半部分内侧也有一个半圆形凹槽，长方形腔体上侧有一带有密集条纹的竖板，该条纹在截面上看呈锯齿状。结合其他视图从主视图观察在先设计，其形状为：中部为长方形腔体，腔体下方为一较大卡口，上侧边右半部分有两凸起形成卡槽，卡槽左侧有竖板，腔体内侧上壁有两方形凹槽。将本专利与在先设计相比较，其相同点为：二者都是中部为长方形腔体，腔体下方为一较大卡口，腔体外侧上部有一竖板。主要不同点为：本专利腔体外上部的竖板右侧有截面呈锯齿状密集的条纹，且该竖板右侧有下凹。而在先设计竖板光滑，且竖板右侧有两个形成卡槽的凸起。在先设计腔体内侧上壁有两凹槽呈方形，而本专利是半圆形。上述不同点已构成二者完全不同的视觉效果，在整体外形上形成显著差别，足以对本专利和在先设计的整体形状产生显著的视觉影响，给一般消费者带来完全不同的视觉印象，因此二者属于不相同且不相近似的外观设计。综上，专利复审委员会作出第9092号决定，维持第98325663.2号外观设计专利权有效。

原告阳光公司不服该决定，向本院起诉称，第9092号决定认定事实不清，所作决定错误，应予撤销。本专利与在先设计93306636.8号外观设计属于相近似的外观设计。相同之处在于：二者的腔体下方为一较大卡口；腔体外侧上部有一竖板；腔体内侧上壁均设有距离相近且位于同一水平面的两个开口向下的

凹槽。由于二者的整体造型和各个明显部位的位置、形状均近似，会使一般消费者造成混淆，二者为相近似的外观设计，理应被认定为无效。请求法院判令撤销第9092号决定。被告专利复审委员会辩称，本专利与93306636.8号外观设计既不相同也不相近似，第9092号决定认定事实清楚，适用法律正确，原告的诉讼请求不能成立，请求法院依法驳回原告的诉讼请求，维持第9092号决定。第三人罗普斯金公司未向本院提交书面的陈述意见，其于庭审中表示同意专利复审委员会的意见。

经审理查明，本案争议的专利为苏州罗普斯金铝合金花格网有限公司于1998年9月28日申请的第98325663.2号外观设计专利（即本专利，见附图），使用外观设计的产品名称为"型材8607"，授权公告日为1999年6月2日。2001年11月29日，苏州罗普斯金铝合金花格网有限公司经苏州市工商行政管理局核准变更名称为苏州罗普斯金铝业有限公司（即本案原告），本专利专利权人著录事项于2002年9月18日公告变更为苏州罗普斯金铝业有限公司（即本案原告）。

针对本专利，阳光公司于2005年9月5日向专利复审委员会提出无效宣告请求，理由是本专利不符合《专利法》第二十三条的规定，并提交了93306636.8号外观设计专利公报复印件作为证据。在2006年12月1日进行的口头审理中，罗普斯金公司对该证据的真实性不表示异议，但认为与本专利不相同也不相近似。

93306636.8号外观设计专利申请日为1993年5月15日（下称在先设计），授权公告日1994年1月19日，使用外观设计的产品名称为"型材"（见在先设计附图）。

阳光公司于庭审中陈述，其对于专利复审委员会认定的在先设计和本专利的差别点没有异议，但认为不能得出二者相近似的结论。

上述事实有本专利授权公报、93306636.8号专利授权公报、本专利著录项目变更通知单、第9092号决定以及当事人庭审陈述等证据在案佐证。

本院认为，本案争议的焦点在于本专利是否符合《专利法》第二十三条的规定，即本专利与在先公开的第93306636.8号专利是否属于相同或相近似的外观设计。

从主视图结合其他视图来看本专利和在先设计，其相同点在于均为长方形腔体，上部有一竖板，下部有一较大卡口。不同点为在先设计竖板右侧有一个向上的卡槽，而本专利竖板右侧为下凹的设计，且在先设计腔体内侧的凹槽为方形，本专利则为半圆形。本院认为，相较于二者的共同点，其具有的上述不同点已足以对其整体外观产生显著影响，使一般消费者对二者产生不同的视觉印象，故二者属于不相同也不相近似的外观设计。原告关于二者相近似的主张缺乏事实依据，本院不予支持。

综上，专利复审委员会作出的第9092号决定认定事实清楚，适用法律正确，应予维持。原告阳光公司请求撤销该决定的理由不成立，本院不予支持。依照《中华人民共和国行政诉讼法》第五十四条第（一）项之规定，判决如下：

维持被告国家知识产权局专利复审委员会作出的第9092号无效宣告请求审查决定。

案件受理费1000元，由原告成都阳光铝制品有限公司负担（已交纳）。

如不服本判决，各方当事人可分别于本判决送达之日起15日内，向本院提交上诉状及其副本，并分别交纳上诉案件受理费100元，上诉于北京市高级人民法院。上诉期满后七日内未交纳上诉案件受理费的，按自动撤回上诉处理。

审　判　长　任　进
代理审判员　董晓敏
代理审判员　于立彪
二〇〇六年十二月二十日
书　记　员　朱　平

商业媒体广告扑克

无效宣告请求审查决定（第9093号）

决 定 号	第9093号
决 定 日	2006年12月15日
发明创造名称	商业媒体广告扑克
外观设计分类	21-01
无 效 请 求 人	殷晗
专 利 权 人	符戬
申 请 号	00344635.2
申 请 日	2000年11月6日
授 权 公 告 日	2002年4月3日
合议组组长	吴赤兵
主 审 员	钱亦俊
参 审 员	李巍巍
附 图	1页

法 律 依 据 专利法第56条第2款，专利法实施细则第2条第3款

决 定 要 点

本专利包括主视图和后视图，因此，判断其是否是新设计不应仅凭主视图，还应看后视图，该视图包含有区别于其他扑克牌设计的视觉瞩目的设计内容，从整体观察分析本专利，不能称其为不是新设计，即不能仅凭对主视图的评价来否定整个设计作为新设计的专利性。

判断本专利的保护范围不是根据产品名称来判断，而是依据主视图和后视图综合判断。视图中未显示的内容不属于本专利的保护内容。

一、案由

本无效宣告请求涉及的是国家知识产权局于2002年4月3日授权公告的，名称为"商业媒体广告扑克"的外观设计专利，其申请号是00344635.2，申请日是2000年11月6日，专利权人是符戬（下称专利权人）。

针对上述专利权（下称本专利），殷晗（下称请求人）于2005年4月13日向专利复审委员会提出无效宣告请求，其理由是：从本专利的名称可以看出，产品的设计内容对应的是扑克牌的正面设计，即正面的图案是一种适宜作商业媒体广告的设计，而其中的红桃Q图案字体及位置明显不是新设计，有在先设计的99336900.6号外观设计为证。并且图片中左上方红桃Q的下方和右下方红桃Q

的上方设计有两条水平分布的线段，该线段不构成富有美感的图案，只体现出两线段之间作为预留空白部（广告内容登载处）的制作手段。因此，本专利产品正面的外观设计不符合中国专利法实施细则第 2 条第 3 款的规定，应予以无效。与此同时，请求人提交了如下附件作为证据：

附件 1 是 99336900.6 外观设计专利黑桃 Q 的公报；（复印件）

附件 2 是本专利外观设计专利公报。（复印件）

专利复审委员会受理了上述无效宣告请求，并于 2005 年 5 月 23 日将无效宣告请求书及相关证据材料副本转送给专利权人。

针对上述无效宣告请求，专利权人于 2005 年 6 月 22 日向专利复审委员会提交了意见陈述，请求专利复审委员会维持本专利有效。并附如下反证一份（证实其拥有著作权的附件 5、附件 6 遗漏）：

反证 1 是图片复印件，专利权人称是宁波三 A 集团有限公司的侵权产品；（复印件）

反证 2 是法律意见书一份，专利权人称是 05 年 2 月 6 日邮寄的；（复印件）

反证 3 是第二次法律意见书一份，专利权人称是 05 年 3 月 5 日邮寄的；（复印件）

反证 4 是手机通话记录单一份，专利权人用以证实与本案请求人通话时间；（复印件）

反证 7 是北京市高级人民法院行政判决书"（2004）高行终字第 11 号"及专利权人的评述。

2005 年 8 月 12 日专利权人再次提交意见陈述称 2005 年 6 月 27 日提交的反证不需转送请求人，仅转送反证 5 和反证 6，并补交反证 5、反证 6：

反证 5 是 96220409.9 号外观设计申请受理通知书，专利权人称尽管未授权但可以证实其享有著作权；

反证 6 是 97210961.7 号外观设计申请受理通知书，专利权人称尽管未授权但可以证实其享有著作权。

专利复审委员会于 2005 年 8 月 19 日将专利权人 2005 年 8 月 12 日提交的意见陈述及所附反证 5 和反证 6 转送请求人，要求其在指定期限内答复。

2005 年 8 月 31 日，请求人提交意见陈述认为，请求人提交的证据中附件 1 是用以证明本专利图案是否为新设计问题，与专利权人所称的是否侵犯其著作权的问题无关。专利权人的反证进一步证实了本专利主视图图案不是富有美感的新设计。专利权人意见陈述的其他内容与本案无关，在此不予陈述意见。

至此，合议组认为本案事实清楚，可以依法作出审查决定。

二、决定的理由

1. 本案合议组基于请求人提出的无效宣告请求的理由及其提供的证据，对本案进行了审查。

请求人提出的无效宣告请求的理由是：从本专利的名称可以看出，产品的设计内容对应的是扑克牌的正面设计，即正面的图案是一种适宜作商业媒体广告的设计，而其中的红桃 Q 图案字体及位置明显不是新设计，有在先设计的 99336900.6 号外观设计为证。并且图片中左上方红桃 Q 的下方和右下方红桃 Q 的上方设计有两套水平分布的线段，该线段不构成富有美感的图案，只体现出两线段之间作为预留空白部（广告内容登载处）的制作手段。因此，本专利产品正面的外观设计不符合中国专利法实施细则第 2 条第 3 款的规定，应予以无效。

专利法实施细则第 2 条第 3 款规定：专利法所称外观设计，是指对产品的形状、图案或者其结合以及色彩与形状、图案的结合所作出的富有美感并适于工业应用的新设计。

2. 请求人提供的证据中，附件 1 是 99336900.6 外观设计专利公报中黑桃 Q（下称在先设计）复印件，附件 2 是本专利外观设计专利公报复印件，经核实，与原件相符，本案对其真实性予以认可。由于本专利与在先设计都是扑克，可以依据在先设计评价本专利。

本专利共有两副视图：主视图、后视图，简要说明是省略其他视图。产品形状是普通的圆角长方形扑克形状，其设计要点在于正反面的图案。其中正面图案是：在左上方黑桃 Q 的下方和右下方黑桃 Q 的上方设计各有一条水平分布的线段。后视图中部带有火焰图案的圆，其周围沿对角线各有一条龙的图案（详见后附本专利附图）。

根据专利法第 56 条第 2 款的规定：外观设计专利权的保护范围以表示在图片或者照片中的该外观设计专利产品为准。

据此，合议组认为，首先，本专利保护的范围不仅仅在于主视图，而且还包含有后视图，即主视图和后视图都是本专利与其他外观设计进行相近似比较时需要考虑的内容，而不是根据产品名称来判断产品的保护范围。其次，既然外观设计专利权的保护范围以表示在图片或者照片中的该外观设计专利产品为准，而本专利图片显示的主视图是中部空白的区域，并没有任何设计图案或文字，则该区域带有文字和图案的外观设计与本专利属于不同的外观设计，与该设计相同的外观设计的保护范围与本专利的保护范围不完全相同。至于该设计与本专利是否构成相近似则要视该区域的具体文字和图案对整体外观设计产生的视觉影响而定。

请求人举证的在先设计仅有主视图，产品形状是普通的圆角长方形扑克形状，其设计要点在于图案。其图案是：左上方和右下方均是黑桃 Q，整张牌的中部由上到下密布有中英文文字（详见后附在先设计附图）。请求人以此证明本专利主视图左上角和右下角的"红桃 Q"图案是已有设计，对此，合议组予以认可。但是，此点仅是一个设计部位，即便如请求人主张的正面图案不具有美感，正面也仅是本专利设计的一部分，而不是外观设计整体，不能由此判定整个外观设计不是新设计。这是因为本专利的设计内容还包含有后视图，该视图既不是一般消费者所公认的惯常设计，请求人也未举出相应证据证实其不是新设计，本案中可以认为该视图包含有区别于其他扑克牌设计的视觉瞩目的设计内容，因此，从整体观察分析，不能称本专利为不是新设计，即不能仅凭对主视图的评价来否定整个设计作为新设计的专利性。合议组认为，任何一个设计都不排除局部带有现有设计的内容，判断一个设计是否属于新设计应遵循整体观察，综合判断的原则，在判断一个设计是否是新设计时，不应以局部代替整体，基于现有证据结合一般消费者的认知能力，如果从整体来看，设计中有区别于其他产品设计的视觉瞩目的设计内容，则应视为一项新的外观设计。

3. 结论

基于上述分析，合议组认为，请求人主张：根据产品名称判定本专利的设计内容是扑克牌的正面设计，而正面设计的某些图案不是新设计、某些图案不具有美感，因此本专利正面不是新设计，由此应宣告本专利权无效。该主张没有得到证据支持，也于法无据。故请求人提供的证据不充分，不能证明本专利不符合专利法实施细则第 2 条第 3 款的规定。

请求人对其提出的请求宣告专利权无效的主张有责任提供充分的证据，如果其提供的证据不充分，请求人应承担其主张不能成立的法律后果。

鉴于已经得出上述结论，本决定对专利权人提交的反证不再作出评述。

三、决定

维持 00344635.2 号外观设计专利权有效。

当事人对本决定不服的，可以根据专利法第 46 条第 2 款的规定，自收到本决定之日起三个月内向北京市第一中级人民法院起诉。根据该款的规定，一方当事人起诉后，另一方当事人应当作为第三人参加诉讼。

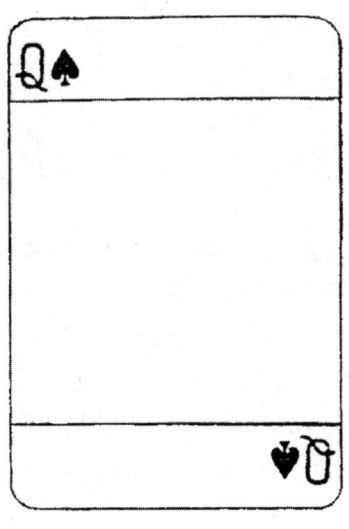 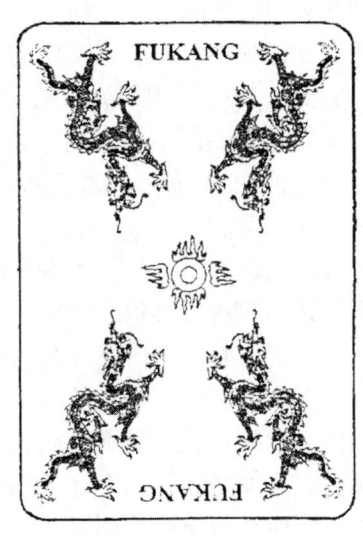

主视图　　　　　　　　　　　　　后视图

本专利附图

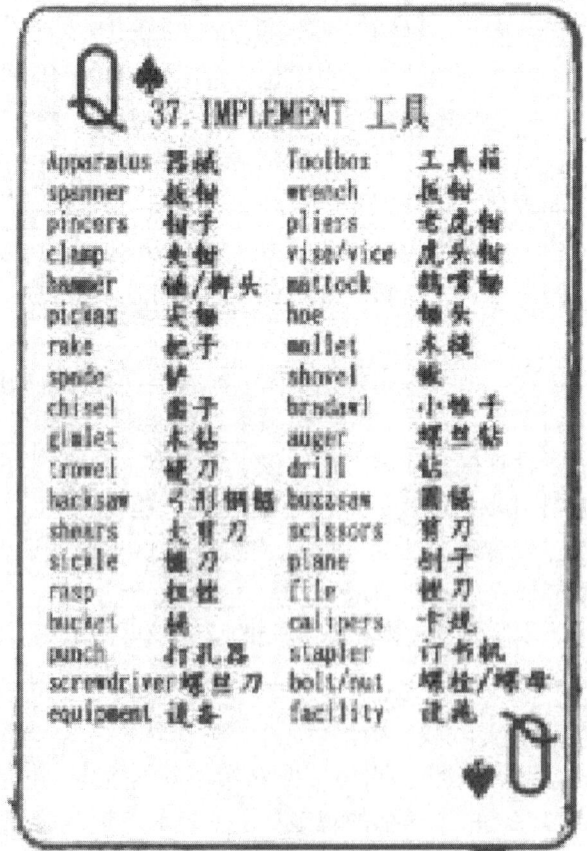

主视图

在先设计附图

喷头（2）

无效宣告请求审查决定（第 9104 号）

决 定 号	第 9104 号
决 定 日	2006 年 11 月 21 日
发明创造名称	喷头（2）
外观设计分类	23-01
无效宣告请求人	佛山市顺德区英特雅精密金属制品有限公司
专 利 权 人	吕青衍
专 利 号	97323015.0
申 请 日	1997 年 7 月 23 日
授权公告日	1998 年 10 月 14 日
合议组组长	张雪飞
主 审 员	郑 直
参 审 员	瑜 佳
附 图	2 页
法 律 依 据	中国专利法第 23 条
决 定 要 点	

在本专利申请日前已有与其相近似的外观设计在公开出版物上发表过，因此本专利不符合专利法第 23 条的规定。

一、案由

本无效宣告请求涉及国家知识产权局于 1998 年 10 月 14 日授权公告的 97323015.0 号外观设计专利，其名称为"喷头（2）"，申请日是 1997 年 7 月 23 日，专利权人是吕青衍。

针对上述专利权（下称本专利），佛山市顺德区英特雅精密金属制品有限公司（下称请求人）于 2005 年 11 月 24 日向专利复审委员会提出无效宣告请求，并提交了以下附件作为证据：

附件 1：1992 年 3 月份出版的《台湾百货外销产品杂志》封面及相关页的复印件，共 5 页。

请求人的事实和理由是：在上述杂志上公开发表了与本专利相同和相近似的产品的许多图片，例如：1. 公司名称：ING WEN PRECISION ENTERPRISE CO., LTD 的香水瓶的喷头，型号为 M-21 和 M-29；2. 公司名称：CHERN WOEI CO., LTD 的香水瓶的喷头，型号为 PB-325 和 PB-326；3. 公司名称：MASTER CONSULT CO., LTD. 的香水瓶的喷头，型号为 G-8、G-10、G-11 和 G-13；4. 公司名称：CHERRY HOPE ENTERPRISE CO., LTD. 的香水瓶的喷头，型号为 2186-1D2/704，因此本专利不符合专利法第23条的规定。

经形式审查合格以后，专利复审委员会受理了上述无效宣告请求，于2006年1月12日向双方当事人发出了无效宣告请求受理通知书，并将请求人提交的意见陈述和相关证据的副本转送给专利权人，要求其在指定期限内陈述意见。

专利权人期满未答复。

专利复审委员会于2006年7月18日向双方当事人发出无效宣告请求口头审理通知书，定于2006年9月12日进行口头审理。

口头审理如期举行，专利权人未出席口头审理。请求人声明对合议组成员无回避请求，并在口头审理中提交下列文件的原件：1992年3月份出版的《台湾百货外销产品杂志》；台湾百货外销产品杂志社出具的证明函，用于证明英文精密企业股份有限公司于1992年3月及1992年8月在其公司出版的杂志上刊登广告；加盖有台湾台北地方法院公证处认证章的台北市商业管理处函；"（2006）佛顺内民证字第7716号"公证书，其中含有1992年3月份出版的《台湾百货外销产品杂志》封面及相关页的复印件共5页，以及其中文译本，该公证书用于证明复印件（共五页）与中文译本内容相符；以及加盖有台湾百货外销产品杂志社蓝章的广告复印件2页。

专利复审委员会于2006年9月12日将请求人在口头审理中提交的上述内容的复印件转送给专利权人，并要求其在指定期限内陈述意见。

专利权人期满未答复。

在此基础上，合议组认为本案事实已经清楚，可以依法作出审查决定。

二、决定的理由

1. 法律依据

基于请求人提出无效宣告请求所依据的事实和理由，合议组依据中国专利法第23条的规定对本案进行审理。

专利法第23条规定：授予专利权的外观设计，应当同申请日以前在国内外出版物上公开发表过或者国内公开使用过的外观设计不相同和不相近似，并不得与他人在先取得的合法权利相冲突。

2. 关于证据

请求人提交的证据为1992年3月份出版的《台湾百货外销产品杂志》封面及相关页，其证据形成于台湾，根据《审查指南》第四部分第八章第2.2.2节的规定，该证据应当经过公证认证。请求人于口头审理中提交了公证认证手续，对英文精密企业股份有限公司于1992年3月及1992年8月在《台湾百货外销产品杂志》上刊登的广告进行了公证认证，因此合议组对英文精密企业股份有限公司于1992年3月在《台湾百货外销产品杂志》上刊登的广告的真实性予以认可，并且其公开日为1992年3月，早于本专利的申请日，因此其属于专利法第23条规定的公开出版物，适用于本案。合议组选取英文精密企业股份有限公司于1992年3月在《台湾百货外销产品杂志》上刊登的广告上的型号为M-21的香水瓶上使用的喷头的外观设计作为在先设计与本专利相比较。

3. 关于专利法第23条

本专利与在先设计均为喷头的外观设计，用途相同，属于相同种类的产品，可以进行如下相近似性对比：

本专利由喷头和胶头组成，从图中可以看出，圆柱形的瓶套上连接有一个子弹形的喷嘴，椭圆形纱网胶头一端套接一条纱网胶管，纱网胶管两端套铜管，纱网胶管另一端连接到喷头，椭圆形纱网胶头另一端边接一装饰絮。（详见本专利附图）

在先设计也是在圆柱形的瓶套上连接一个子弹头形的喷嘴，椭圆形纱网胶头一端套接一条纱网胶

管，纱网胶管两端套铜管，纱网胶管另一端连接到喷头，椭圆形纱网胶头另一端边接一装饰絮。（详见在先设计附图）

本专利与在先设计相比，其区别在于：第一，本专利的圆柱形瓶套上具有凹槽形的横向条纹，在先设计的瓶套上没有；第二，尽管在先设计的图示不是很清晰，但是可看出本专利子弹形喷嘴上的条纹与在先设计不同；第三，在先设计图示的穗不是很完整。但是经过整体观察，合议组认为上述区别属于局部的细微变化，这些细微的差别对于香水瓶喷嘴的整体视觉效果不足以产生显著的影响，二者无论是在整体形状还是在主要部件的形状和连接等方面均采用了相近似的设计，导致二者产生了相近似的整体视觉效果，因此二者应属于相近似的外观设计。

4. 综上所述，在本专利申请日以前已有与其相近似的外观设计在出版物上公开发表过，本专利不符合专利法第 23 条的规定，鉴于上述本专利与在先设计的比较判断已得出了本专利不符合中国专利法第 23 条所规定的授权条件的结论，本决定对请求人提交的其他证据不再作出评述。

三、决定

宣告 97323015.0 号外观设计专利权全部无效。

当事人对本决定不服的，可以根据专利法第 46 条第 2 款的规定，自收到本决定之日起三个月内向北京市第一中级人民法院起诉。根据该款的规定，一方当事人起诉后，另一方当事人应当作为第三人参加诉讼。

主视图　　　　后视图1　　　　仰视图1　　　　俯视图1

  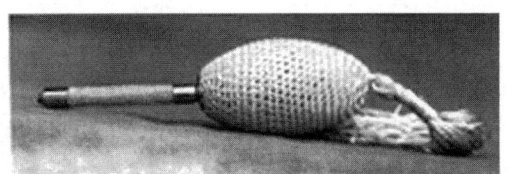

右视图1　　　　右视图2　　　　　　　主视图2

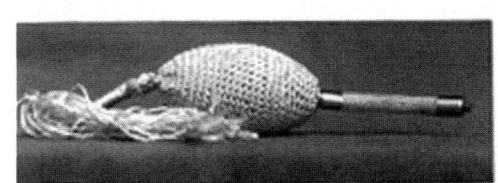  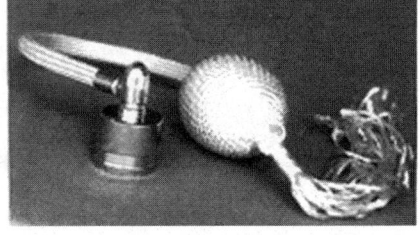

后视图2　　　　左视图2　　　　使用状态参考图

本专利附图

在先设计附图

瓶贴（复方穿心莲片）

无效宣告请求审查决定（第9109号）

决 定 号	第9109号
决 定 日	2006年12月14日
发明创造名称	瓶贴（复方穿心莲片）
外观设计分类号	19-08
无效宣告请求人	黄丽明
专 利 权 人	许守良
专 利 号	200530009690.9
申 请 日	2005年4月15日
授权公告日	2006年1月18日
合议组组长	崔哲勇
主 审 员	穆丽娟
参 审 员	哈雅坤
附 图	1页

法 律 依 据　专利法第23条

决 定 要 点

本专利外观设计与证据中的药品标签相比的区别均属于细节上的差异，是不易注意到的。二者给一般消费者留下相同的视觉印象。通过对两者的整体观察和综合判断，对一般消费者来说，将两者图案在视觉上混淆是很容易的。

一、案由

本无效宣告请求涉及国家知识产权局于2006年1月18日授权公告的、名称为"瓶贴（复方穿心莲片）"的200530009690.9号的外观设计专利（下称本专利），其申请日为2005年4月15日，专利权人为许守良。

针对上述专利权，黄丽明（下称请求人）于2006年7月21日向专利复审委员会提出了无效宣告请求，其无效理由是：本专利不符合专利法第23条的有关规定，证据1表明在本专利申请日之前，已经有与本专利外观设计相近似的外观设计在广东省药品监督管理局备案而被公开；证据4表明在本专利申请日之前已有同样的外观设计被公开生产、使用和销售过；证据2与证据1或与证据4形成的证据链也表明，在本专利申请日之前已有同样的外观设计被公开销售；证据3表明在本专利申请日之前已有同样的外观设计被公开过。请求人所提交的证据如下：

证据 1：（2006）穗证内经字第 47373 号公证书复印件；

证据 2：（2006）穗证内经字第 51901 号公证书复印件；

证据 3：（2006）穗证内经字第 47374 号公证书复印件；

证据 4：广州白云山制药股份有限公司、广州白云山中药厂的复方穿心莲片产品图片复印件；

经形式审查合格，专利复审委员会受理了上述请求，并于 2006 年 8 月 10 日向双方当事人发出无效宣告请求受理通知书，并将无效宣告请求书及其附件的副本转送给专利权人。

本案合议组于 2006 年 10 月 16 日向双方当事人发出口头审理通知书，拟定于 2006 年 12 月 11 日上午举行口头审理。

口头审理如期举行，请求人出席口头审理，专利权人未出席口头审理。请求人对合议组成员无回避请求。

请求人当庭明确其无效理由为：本专利不符合专利法 23 条的规定，证据的使用方式为：证据 1、3、4 单独使用，证据 1、2 结合或证据 2、4 结合。并当庭提交了证据 1-3 的原件和证据 4 的样品。

在上述工作的基础上，合议组认为本案事实已经清楚，可以依法作出审查决定。

二、决定的理由

1. 关于证据

请求人出示了证据 1 的原件，经与所提交原始复印件核实无误，合议组对证据 1 予以采信。

2. 关于在先公开

证据 1 的公证书中涉及盖有"广东省药品监督管理局审批药品专用章"以及"本药品包装、标签、说明书样稿已在我局备案，备案号：307-65 2003 年 9 月 13 日"公章的复方穿心莲片的产品标签，药品标签一经在相关部门备案即处于公众可查询的状态，因此该标签已经在 2003 年 9 月 13 日被公开，并且其公开日在本专利的申请日之前，可以作为评价本专利的在先设计。

3. 关于专利法第 23 条

专利法第 23 条规定：授予专利权的外观设计，应当同申请日以前在国内外出版物上公开发表过或者国内公开使用过的外观设计不相同和不相近似，并不得与他人在先取得的合法权利相冲突。

本专利"瓶贴（复方穿心莲片）"仅包括主视图。主视图是长方形，标贴左上方是一个菱形商标，内有"华乐"字样，菱形商标下半部分有两侧均伸出菱形外的斜体英文字母"HUALE"；标贴的左中部一直到左下方为七行被涂覆的文字；标贴右上方是一个被涂覆的椭圆形标签，内为大写英文"OTC"字样；标贴的右中部有一个被涂覆的椭圆形圆圈，内有"每瓶装 100 片"字样；标贴的右下方有四行被涂覆的文字；标贴正中偏上部位有一行很醒目的大字"复方穿心莲片"，大字下面有一行较小的英文"Fufang Chanxinlian Pian"；标贴的下方从中间到右侧边有两个连续的丘陵形状图案，前一个较低，后一个较高，在前一个丘陵形状图案上有一大一小两个植物形状图案。

证据 1 的备案药品标签（见证据 1 第 3 页）为长方形，标签左上方是一个商标，为"白云山"字样；标签的左中部到左下方为六行较小文字；标签的右上方为"3YS"字样的小商标图案；标签的右中部为五行较小文字；标签正中偏上部位有一行很醒目的大字"复方穿心莲片"，大字下面有一行较小的英文"Fufang Chanxinlian Pian"；标签的下方从中间到右侧边有两个连续的丘陵形状图案，前一个较低，后一个较高，在前一个丘陵形状图案上有一大一小两个植物形状图案。

将本专利与证据 1 的标签相比较，合议组认为：本专利与证据 1 中的标签为同一种类产品。两者的构图大致相同，其区别在于：左上方的商标不同。但是，上述区别对于外观设计来说均属于细节上的差异，是不易注意到的。特别是在二者具备前述相同点的情况下，二者给一般消费者留下相同的视觉印象。通过对两者的整体观察和综合判断，对一般消费者来说，将两者图案在视觉上混淆是很容易的。因此，两者是相近似的外观设计。

综上所述，合议组认为，在本专利申请日之前，已有与其相近似的在先设计被公开，因此，本专利不符合专利法第 23 条的规定。由于请求人的无效理由成立，对请求人提交的其他证据不再进行评述。

三、决定

宣告 200530009690.9 号外观设计专利权无效。

当事人对本决定不服的，可以根据专利法第 46 条第 2 款的规定，自收到本决定之日起三个月内向北京市第一中级人民法院起诉。根据该款的规定，一方当事人起诉后，另一方当事人应当作为第三人参加诉讼。

主视图

证据1中的药品标签

本专利

超薄密封快餐盒（汤杯）

无效宣告请求审查决定（第9117号）

决 定 号	第9117号
决 定 日	2006年12月18日
发明创造名称	超薄密封快餐盒（汤杯）
国际分类号	07-01
无效请求人	泉州明星塑胶有限公司
专利权人	泉州梅洋塑胶五金制品有限公司
专 利 号	02310670.0
申 请 日	2002年2月21日
授权公告日	2002年8月21日
合议组组长	于 萍
主 审 员	赵 明
参 审 员	崔 震
附 图	4页
法律依据	专利法第23条
决定要点	

如果一项外观设计专利与对比文件所示外观设计的区别使得两者在整体视觉效果上产生了明显的差异，该差异导致一般消费者不致于将两者相混淆，则该外观设计专利与对比文件所示外观设计既不相同也不相近似。

一、案由

本无效宣告请求涉及国家知识产权局于2002年8月21日授权公告的，名称为"超薄密封快餐盒（汤杯）"的外观设计专利（下称本专利），其专利号是02310670.0，申请日是2002年2月21日，专利权人是泉州梅洋塑胶五金制品有限公司。

针对上述专利权，泉州明星塑胶有限公司（下称请求人）于2005年8月16日向专利复审委员会提出无效宣告请求，并提交了如下附件作为证据：

附件1：专利号为02310670.0、授权公告号为CN3251362D的外观设计公报；（即本专利）

附件2：授权公告日为1998年12月30日、授权公告号为CN3096494D的中国外观设计专利公报；

附件3：授权公告日为2000年5月17日、授权公告号为CN3148242D的中国外观设计专利公报；

附件4：授权公告日为2001年10月10日、授权公告号为CN3203753D的中国外观设计专利公报。

请求人的理由是：本专利与附件2-4属于同一种类的产品，且产品形状相同，使一般消费者在整体视觉上产生混淆，因此本专利与附件2-4属于相同的外观设计，不符合专利法第23条的规定。

经形式审查合格，专利复审委员依法受理了上述无效宣告请求，并于2005年8月17向请求人和专利权人发出无效宣告请求受理通知书，同时将专利权无效宣告请求书及其附件清单中所列附件的副本转送给专利权人，并要求其在指定的期限内陈述意见。

专利权人逾期没有答复。

专利复审委员会依法组成合议组，对上述无效宣告请求进行审查。

本案合议组于2006年1月11日向双方当事人发出口头审理通知书，定于2006年2月20日举行口头审理。应双方当事人的请求，合议组同意将本案的口头审理安排在2006年3月7日举行，并于2006年2月8日再次向双方当事人发出口头审理通知书。

口头审理于2006年3月7日如期举行，双方当事人均出席了口头审理，口头审理过程中，请求人明确其无效的理由为本专利相对于附件2-4的任意一篇不符合专利法第23条的规定；专利权人对附件2-4的真实性没有异议。

2006年3月8日，专利权人提交了答辩意见，认为本专利与附件2-4相比，既不相同也不相近似。

2006年3月13日，本案合议组向请求人发出转送文件通知书，将专利权人提交的答辩意见转给请求人。

2006年3月25日，请求人针对转送文件通知书提交了意见陈述书，坚持认为本专利与附件2-4是相同或相近似的外观设计。

至此，合议组认为本案事实清楚，可以依法作出审查决定。

二、决定的理由

专利法第23条规定：授予专利权的外观设计，应当同申请日以前在国内外出版物上公开发表过或者国内公开使用过的外观设计不相同和不相近似，并不得与他人在先取得的合法权利相冲突。

请求人提交的附件2-4均为中国外观设计专利公报，上述附件的公告日均早于本专利的申请日，专利权人对上述附件的真实性没有异议。合议组核实后认为，附件2-4属于本专利申请日前的公开出版物，可以作为评价本专利是否符合专利法第23条有关规定的证据。

附件2-4所涉及的产品均为盛装食品的容器，与本专利的产品相同，二者属于同类物品，具有可比性，现将其与本专利进行相近似性比较如下：

本专利由主视图、仰视图和俯视图构成，所示容器由透明材料制成，包括上盖和本体；本体由上至下呈倒锥形，本体的上沿由向外的翻边形成，由主视图可见在本体底部具有向本体内部突起的凸台；上盖的侧边向外倾斜，在上盖的中央有凸台，并未突出上盖边缘。（详见本专利附图）

附件2由主视图、仰视图和俯视图构成，所示容器包括上盖和本体，上盖和本体由不同颜色的材料制成；本体由上至下呈倒锥形，本体的上部向外凸出，形成阶梯状突起，由仰视图可见本体底部具有向本体内部的凹陷；上盖的侧边向外倾斜，在上盖的中央看不出有凸台或凹陷。（详见附件2附图）

由上面的描述可知，本专利与附件2相比较，两者的相同点在于二者均由上盖和本体组成，两者的本体均呈倒锥形。两者的主要区别在于：本专利为透明材质制成，可清晰看见在本体的底部有一凸台，本体的上沿由外翻边形成，上盖的中央部位具有凸台；而附件2的上盖和本体有两种不同颜色的材料制成，看不到容器内部的形状，本体上部制成阶梯状，在上盖的中央看不出有凸台或凹陷。

合议组认为，杯体倒锥形的设计是快餐业的常规设计，对整体视觉效果不具有显著的影响。根据整体观察、综合判断的原则，合议组将本专利与附件2对比分析后认为，本专利由于使用透明材料，使得消费者可清晰的看到容器底部的凸台，而从附件2中并不能看到这样的凸台；另外，本专利的上盖中央有凸台，而附件2的上盖中央不是凸台，造成两者之间在整体视觉效果上呈现显著差别。因此，合议组认定本专利与附件2不是相同或相近似的外观设计。

附件3由主视图、后视图、左视图、右视图、仰视图和俯视图构成，所示容器包括上盖和本体，上盖和本体由不同颜色的材料制成；本体由上至下呈倒锥形，在上盖的中央有一突出于上盖上表面的凸台。（详见附件3附图）

附件3与本专利的主要区别在于：本专利为透明材质制成，可清晰看见在本体的底部有向内凸台，另外，从主视图上看，上盖中央的凸台并不突出于上盖的边缘；而附件3的上盖和本体分别由两种不同颜色的材料制成，看不到容器内部的形状，上盖中央的凸台突出于上盖的上表面。

合议组认为，杯体倒锥形的设计是快餐业的常规设计，对整体视觉效果不具有显著的影响。根据整体观察、综合判断的原则，合议组将本专利与附件3对比分析后认为，本专利由于使用透明材料，使得消费者可清晰的看到容器底部的凸台，而附件3并不能看到这样的凸台，另外两者在上盖中央凸台的高低也明显不同，造成两者之间在整体视觉效果上呈现显著差别。因此，合议组认定本专利与附件3不是相同或相近似的外观设计。

附件4由主视图、仰视图和俯视图构成，所示容器包括上盖和本体；本体由上至下呈倒锥形，本体的上部向外凸出，形成一阶梯状突起，由仰视图可见本体底部有一向本体内部的凹陷；上盖的侧边为垂直边，在上盖的中央具有圆。（详见附件4附图）

本专利与附件4相比较，两者的主要区别在于：本专利为透明材质制成，可清晰看见在本体的底部有一凸台，本体的上沿由外翻边形成，上盖的侧边向外倾斜；而附件4本体的上部向外凸出，形成一阶梯状突起，上盖的侧边为垂直边。

合议组认为，杯体倒锥形的设计是快餐业的常规设计，对整体视觉效果不具有显著的影响。根据整体观察、综合判断的原则，合议组将本专利与附件4对比分析后认为，本专利由于使用透明材料，使得消费者可清晰的看到容器底部的凸台，而从附件4并不能看到这样的凸台，附件4的外形呈细高状，本体上部阶梯状突起较宽，上述的差别造成两者之间在整体视觉效果上呈现显著差别。因此，合议组认定本专利与附件4不是相同或相近似的外观设计。

综上所述，请求人请求宣告本专利专利权无效的理由不成立，本专利符合中国专利法第23条的规定。

三、决定

维持02310670.0号外观设计专利权有效。

当事人对本决定不服的，可以根据专利法第46条第2款的规定，自收到本决定之日起三个月内向北京市第一中级人民法院起诉。根据该款规定，一方当事人起诉后，另一方当事人应当作为第三人参加诉讼。

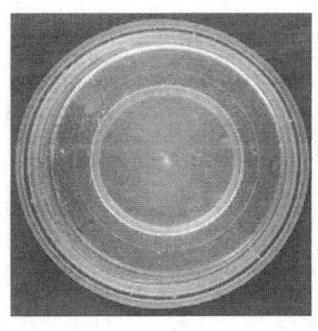  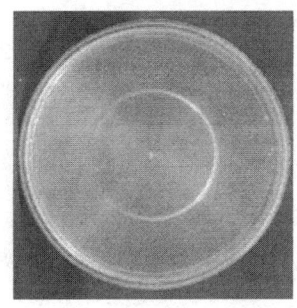

仰视图　　　　　　　主视图　　　　　　　俯视图

本专利附图

主视图　　　　　　仰视图　　　　　　俯视图

附件2：CN30969494D　（专利号97322024.4）

主视图

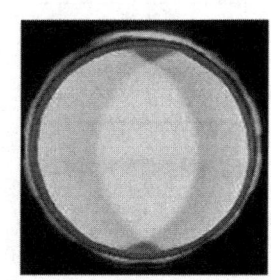
仰视图

俯视图

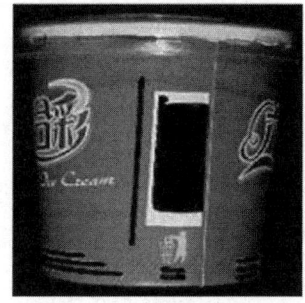
左视图

右视图

后视图

附件3：CN3148242D（专利号99329324.7）

仰视图 主视图 俯视图

附件4：CN3203753D（专利号01312733.0）

087

食用油瓶标贴（金龙鱼）

无效宣告请求审查决定（第9118号）

决 定 号	第9118号
决 定 日	2006年12月18日
发明创造名称	食用油瓶标贴（金龙鱼）
国 际 分 类 号	19-08
无 效 请 求 人	郭兄弟粮油私人有限公司
专 利 权 人	王荣坑
专 利 号	200430013587.7
申 请 日	2004年1月16日
授 权 公 告 日	2004年9月29日
合 议 组 组 长	朱文广
主 审 员	赵 明
参 审 员	崔 震
附 图	1页
法 律 依 据	专利法第9条

决 定 要 点

在先公开的外观设计与本专利相比较，二者采用了相近似的形状设计、相近似的整体图案的布局设计以及相近似的色彩搭配，使人们对二者的整体外观设计产生了同样的视觉效果，一般消费者很容易将二者的外观设计相混淆，因此二者属于相近似的外观设计。

一、案由

本无效宣告请求涉及国家知识产权局于2004年9月29日授权公告的，名称为"食用油瓶标贴（金龙鱼）"的外观设计专利（下称本专利），其专利号是200430013587.7，申请日是2004年1月16日，专利权人是王荣坑。

针对上述专利权，郭兄弟粮油私人有限公司（下称请求人）于2005年8月10日向专利复审委员会提出无效宣告请求，并提交了如下附件作为证据：

附件1：200330103604.1号外观设计专利的图片；

附件2：2004年1月6日出版的《华商报》彩色复印件的公证件-深圳市公证处于2005年7月4日出具的（2005）深证内贰字第4693号公证书；

附件3：2004年1月6日出版的《华商报》彩色放大复印件的公证件-深圳市公证处2005年7月

4日出具的（2005）深证内贰字第4726号公证书。

请求人的理由是：本专利与附件1相比，二者差别仅在于文字上细微的不同以及标贴中间的鱼的鱼鳍和鱼尾的细小差别，通过两者图案的对比可以得出两者完全一致的结论，因此本专利不符合专利法第9条、实施细则第13条第1款的规定；附件2、3的《华商报》刊登了金龙鱼食用调和油的广告图片，可以清楚地看到附件1标贴的图案，即该图案已经通过公开出版物的形式在2004年1月6日后被公众所知，因此本专利不符合专利法第23条的规定。

经形式审查合格，专利复审委员依法受理了上述无效宣告请求，并于2005年9月8日向请求人和专利权人发出无效宣告请求受理通知书，同时将专利权无效宣告请求书及其附件清单中所列附件的副本转送给专利权人，并要求其在指定的期限内陈述意见。

专利权人逾期没有答复。

专利复审委员会依法组成合议组，对上述无效宣告请求进行审查。

本案合议组于2006年1月11日向双方当事人发出口头审理通知书，定于2006年2月22日举行口头审理。

口头审理如期举行，双方当事人均出席了口头审理，口头审理过程中，请求人明确其无效的理由为本专利不符合专利法第9条和实施细则第13条第1款的规定，所使用的证据为附件1；本专利不符合专利法第23条的规定，所依据的证据是附件2和3。专利权人认为附件1仅提交了一页图片，不清楚其申请日、授权公告日以及专利权人，合议组要求请求人在口审结束后7日内就附件1的来源及内容进一步举证，并告知专利权人可以在口审结束后7日内对附件1的真实性发表书面意见。专利权人认为附件2、3中的《华商报》的出版地不清楚，应提供报纸原件，请求人表示可以在口审结束后7日内补充该证据。

2006年3月3日，双方当事人在合议组主持下，就请求人按照合议组要求所提交的证据进行质证，在质证过程中，请求人出示了附件2中2004年1月6日发行的《华商报》原件，并提交了如下证据（编号续前）：

附件4：华商报社出具的证明，1页；

附件5：盖有国家知识产权局专利检索咨询中心副本认证专用章的200330103604.1号外观设计专利公报（即附件1），1页。

请求人用附件4证明《华商报》是在陕西省出版发行的报纸。合议组将上述证据当面转交给专利权人，专利权人对上述证据的真实性无异议，并认可《华商报》是国内公开发行的报纸。

至此，合议组认为本案事实清楚，可以依法作出审查决定。

二、决定的理由

1. 证据及无效请求理由的认定：

请求人提交的附件1是200330103604.1号外观设计专利公报中的外观设计（下称对比文件），专利权人对其真实性未提出异议，其真实性可以得到确认。

本专利的申请日是2004年1月16日，对比文件的申请日是2003年11月13日，授权公告日是2004年5月26日，即对比文件的申请日早于本专利的申请日，公开日晚于本专利的申请日。据此，本合议组认为，该对比文件可以评价本专利是否符合专利法第9条的证据。

2. 本专利是否符合专利法第9条的规定

专利法第9条规定：两个以上的申请人分别就同样的发明创造申请专利的，专利权授予最先申请的人。

请求人提交的对比文件的分类号为19-08，与本专利的分类号相同，二者属于同类物品，具有可比性，现将其与本专利进行相近似性比较如下：

对比文件"标贴"的形状为长方形（横向）。该"标贴"图案分为上、下两部分，比例约为1：3；上部图案以金色为背景，排列有红色"金龙鱼"中文字；下部图案以红色为背景，中部有一条金黄色的鱼，鱼的上方有金黄色的"食用调和油"中文字和较小的英文字，该文字的左上方有金黄色的椭圆形图案及"第二代"中文字；在鱼的下方有金黄色的英文字及涂覆的较小文字；在鱼的左侧是文字被覆盖的金黄色的长方形块，在长方形块的上面有一个近似椭圆形的图案，其中有粉色的中文字，在长方形块的下面及鱼的右侧是被涂覆的说明性文字；在右侧被涂覆文字的上方有两个并排设置的小长方形标牌，在该被涂覆文字的下方有一白色的长方形块，在红色背景中还分布有大小不一的浅黄色圆形图案。（详见对比文件附图）

本专利"标贴"的形状为长方形（横向）。该"标贴"图案分为上、下两部分，比例约为1：3；上部图案以金色为背景，排列有红色"金龙油"中文字；下部图案以红色为背景，中部有一条金黄色的鱼，鱼的上方有金黄色的"食用调和油"中文字和较小的英文字，该文字的左上方有金黄色的椭圆形图案，其中有三个涂覆文字的黑色小方块；在鱼的下方有金黄色的英文字；在鱼的左侧是金黄色的长方形块，其中分布涂覆文字的黑色条块，在长方形块的上面有两个涂覆文字的黑色并排排列的方块，在长方形块的下面是被黑色条涂覆的一个金黄色的窄长方形条；在鱼的右侧是条形码，条形码的下方分布涂覆文字的断续排列的黑色长方形块；条形码的上方有两个并排设置的小长方形标牌；在红色背景中还分布有大小不一的深色圆形图案。（详见本专利附图）

通过对本专利与对比文件的整体观察，并进行比较，合议组认为，本专利与对比文件属于相同产品的外观设计，形状均为长方形，二者整体图案的构图设计相同，主要图案的布局位置基本相同，色块的布局及所占的比例基本相同，二者上部和下部使用的背景色彩是相同的，整体的背景与图案上的色彩搭配相同。将本专利与对比文件相比较，二者的区别在于：本专利的长方形略窄；鱼型图案中鱼的形状略有不同；在标贴上部的黄色色块上的色彩深浅、文字略有不同；在鱼型图案左右两侧、下部的文字和图标设计的位置有所不同；在红色背景中所分布的圆形图案的颜色有所不同。

将本专利与对比文件相比较，综合判断，合议组认为：本专利和对比文件在整体形状的设计、主要图案、文字的整体布局以及颜色深浅对比均相同，从整体上给一般消费者留有相同的视觉印象；二者在文字及图形设计上存在的不同仅属于细微差别，不足以使一般消费者对二者产生明显不同的视觉效果。特别是在使用状态下，一般消费者很容易将二者的外观设计相混淆。因此就整体而言，二者属于相近似的外观设计，一般消费者容易将本专利与对比文件相混同，因此，本专利与对比文件是相近似的外观设计，属于相同的发明创造，不符合专利法第9条的规定。

综上所述，本案合议组认为：由于在本专利的申请日之前，已经有与本专利相近似的外观设计申请了专利，并被授予专利权，因此本专利不符合专利法第9条的规定，请求人请求宣告本专利专利权无效的理由成立。

鉴于由上述对比文件与本专利相比较已得出本专利不符合中国专利法第9条规定的结论，合议组对请求人提出的其他理由和证据不再作出评述。

三、决定

宣告200430013587.7号专利权无效。

当事人对本决定不服的，可以根据专利法第46条第2款的规定，自收到本决定之日起三个月内向北京市第一中级人民法院起诉。根据该款规定，一方当事人起诉后，另一方当事人应当作为第三人参加诉讼。

主视图

本专利

主视图

对比文件

按摩包

无效宣告请求审查决定（第 9120 号）

决 定 号	第 9120 号
决 定 日	2006 年 12 月 18 日
发明创造名称	按摩包
外观设计分类号	28-03
无 效 请 求 人	松下电工株式会社
专 利 权 人	李国荣　周国海
专 利 号	200330125210.6
申 请 日	2003 年 12 月 20 日
授 权 公 告 日	2004 年 8 月 11 日
合 议 组 组 长	钟　华
主 审 员	李巍巍
参 审 员	张雪飞
附 图	3 页

法 律 依 据	专利法第 23 条
决 定 要 点	

　　本专利与对比文件相比，二者都由座垫和按摩靠背组成，在按摩靠背的圆形按摩部、座垫和按摩靠背的厚薄的形状基本相同的情况下，其按摩靠背与座垫连接点的长度不同等差别，属于局部细微的差别，对整体视觉效果不具有显著的影响，一般消费者易对二者产生误认、混同，故本专利与对比文件为相近似的外观设计。

一、案由

　　本无效宣告请求涉及 2004 年 8 月 11 日国家知识产权局授权公告的 200330125210.6 号外观设计专利，其产品名称是"按摩包"，申请日是 2003 年 12 月 20 日，专利权人是李国荣、周国海。

　　针对上述外观设计专利权（下称本专利），松下电工株式会社（下称请求人）于 2005 年 6 月 24 日向专利复审委员会提出无效宣告请求，其依据的事实和理由是：本专利与申请日前的国外公开出版物（日本外观设计公报）公开发表的外观设计相同，因此本专利不符合中国专利法第 23 条的规定，请求专利复审委员会宣告本专利权无效，并提交了作为证据的附件：日本意匠登录第 1174387 号，公开日为 2003 年 6 月 3 日的著录项目及图片复印件 5 页。

专利复审委员会根据无效宣告请求审查程序的规定受理了该无效宣告请求,并于2005年8月22日将无效宣告请求书和证据的副本转送给专利权人,限其在指定的期限内答复。并告知专利权人如逾期不答复,不影响专利复审委员会的审理。

针对请求人提出的无效宣告请求理由和提交的证据,专利权人至今未作出任何答复。

专利复审委员会于2006年11月14日向双方当事人发出《合议组成员告知通知书》,指出如对本案合议组人员有回避请求的,请于收到本通知之日起7天内提交书面请求书,逾期未答复,视为无回避请求。在规定的期限内双方当事人均未对合议组成员提出回避的请求。

在以上审理的基础上,本案合议组经合议,认为本案事实清楚,依法作出本审查决定。

二、决定的理由

1. 法律依据

根据请求人提出的无效宣告请求的理由和提交的证据,本案合议组依据专利法第23条的规定对本案进行审理。

中国专利法第23条规定:"授予专利权的外观设计,应当同申请日以前在国内外出版物上公开发表过或者国内公开使用过的外观设计不相同和不相近似,并不得与他人在先取得的合法权利相冲突。"

2. 证据的认定

请求人提交的附件是日本意匠登录第1174387号,公开日为2003年6月3日的著录项目及图片复印件5页,对此,本合议组进行了核实,其真实性可以确定。该意匠的公开日是2003年6月3日。其公开日早于本专利申请日(2003年12月20日),属于专利法第23条所述公开发表过的出版物,适用于本案。其上公开有一按摩机的外观设计(下称对比文件),由于其与本专利属于相同种类产品,故可以与本专利进行相近似比较。

3. 本专利"按摩包"有9幅视图(主视图、后视图、左视图、俯视图、仰视图、立体图、使用状态参考图1、使用状态参考图2、使用状态参考图3),简要说明:右视图与左视图对称,省略右视图。从各视图观察,本专利由座垫和按摩靠背组成,座垫较薄,按摩靠背上部厚于下部,其上正面左右各有一近似圆形的按摩部。(详见本专利附图)

4. 对比文件"按摩机"有13幅视图(主视图、后视图、右视图、俯视图、仰视图、立体图、打开状态的立体图、打开状态的主视图、打开状态的俯视图、打开状态的右视图、打开状态的仰视图、打开状态的后视图、分离状态的立体图)。从各视图观察,对比文件由座垫和按摩靠背组成,座垫较薄,按摩靠背上部厚于下部,其上正面左右各有一近似圆形的按摩部。(详见对比文件附图)

5. 将本专利和对比文件的整体外观进行对比,可见二者都由座垫和按摩靠背组成,二者的相同点为:按摩靠背的圆形按摩部、座垫和按摩靠背的厚薄的形状基本相同,二者不同点为:按摩靠背与座垫的连接点的长度等处不同,但上述不同点属于局部细微的差别,对整体视觉效果不具有显著的影响,一般消费者对二者易产生误认、混同,因此,合议组认为本专利和对比文件为相近似的外观设计。

综上所述,在本专利申请日之前,已有与之相近似的外观设计在出版物上公开发表过。因此不符合专利法第23条的规定。

三、决定

宣告200330125210.6号外观设计专利权全部无效。

当事人对本决定不服的,可以根据专利法第46条第2款的规定,自收到本决定之日起三个月内向北京市第一中级人民法院起诉。根据该款的规定,一方当事人起诉后,另一方当事人应当作为第三人参加诉讼。

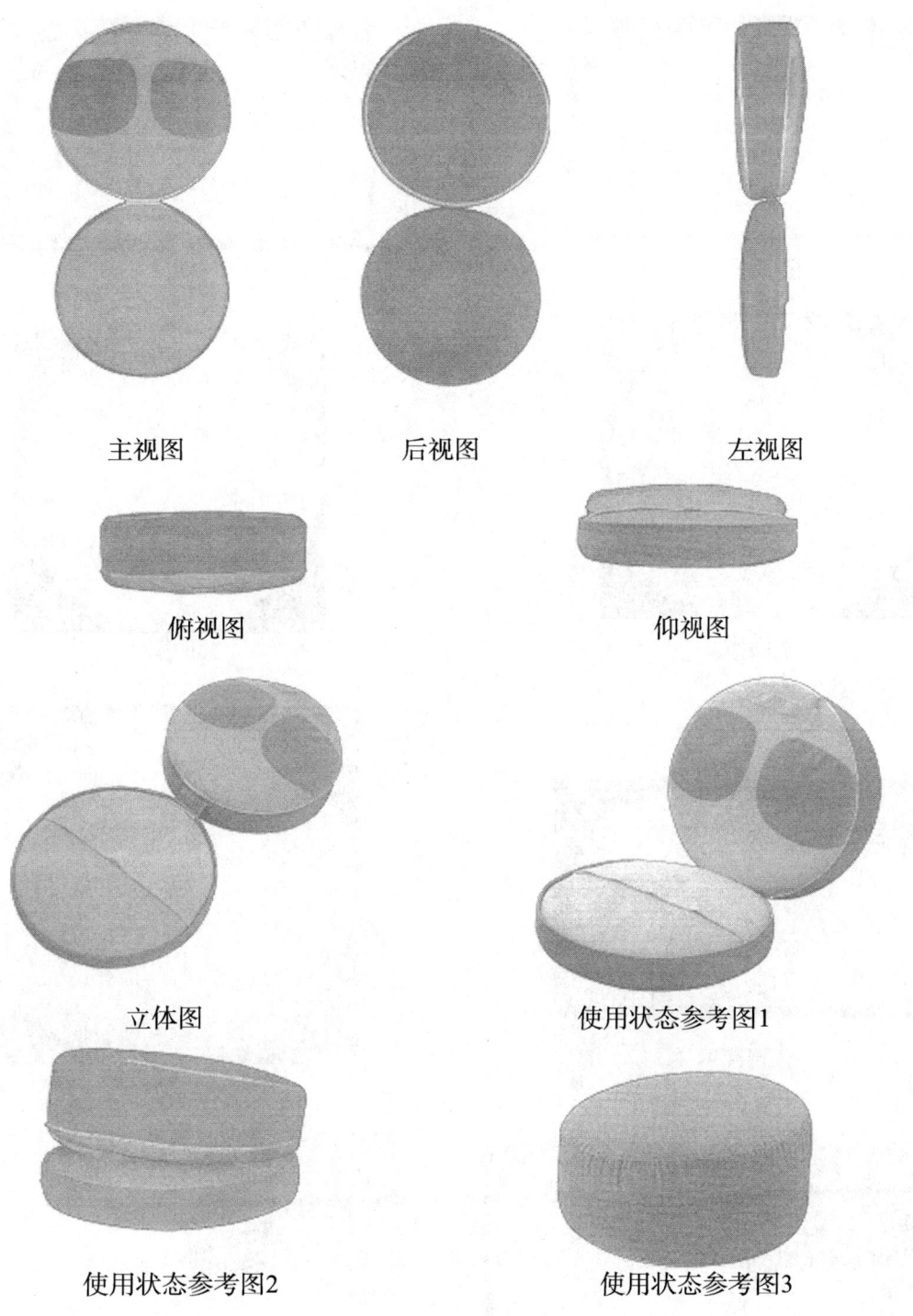

本专利附图

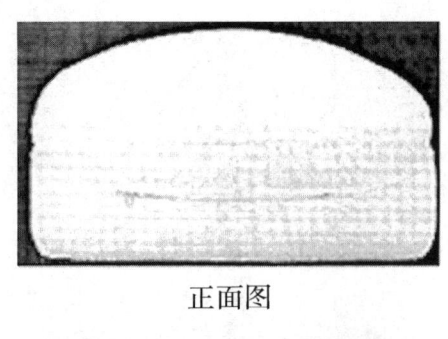
正面图

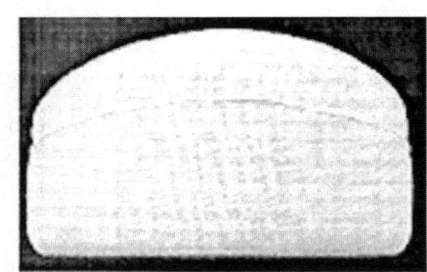
背面图

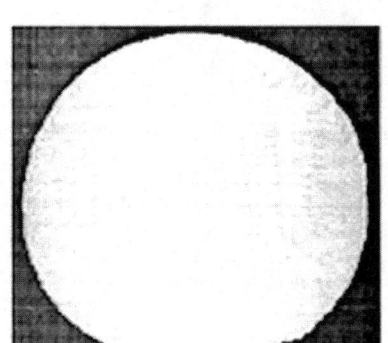
平面图

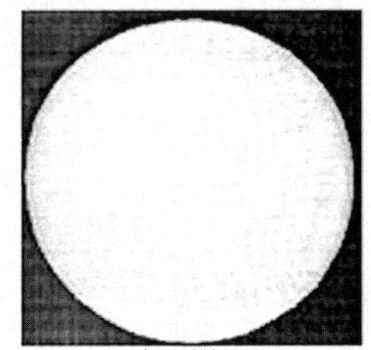
底面图

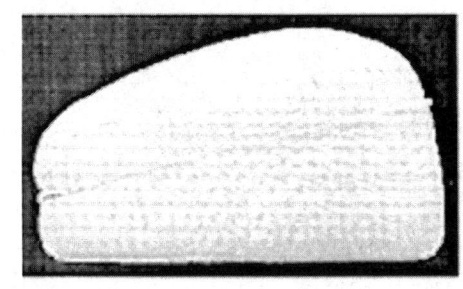
右侧面图

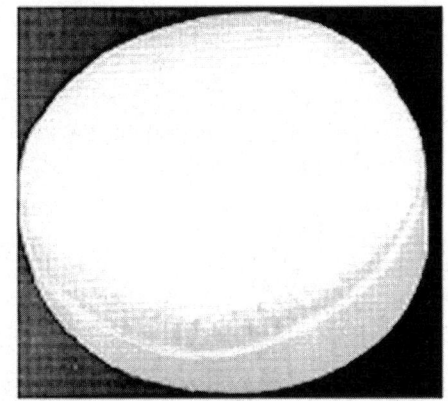
斜视图

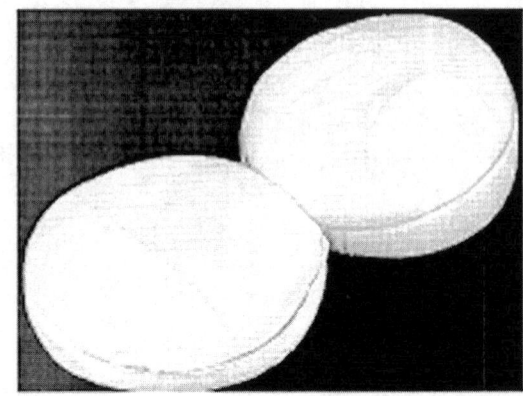
打开状态斜视图

分离状态斜视图

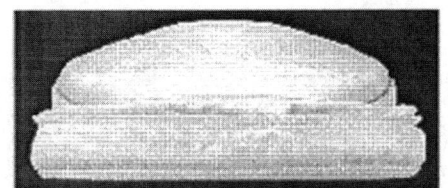
打开状态正面图

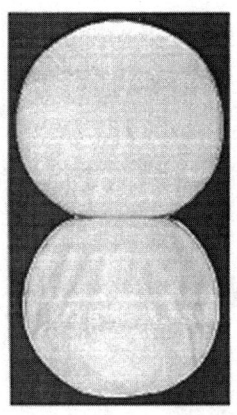
打开状态平面图

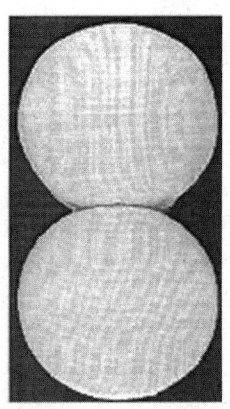
打开状态底面图

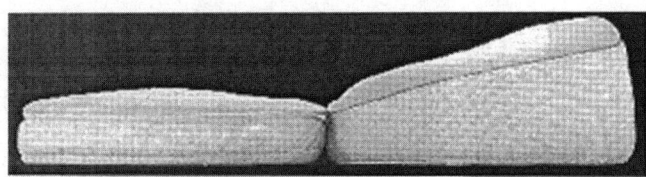
打开状态右侧面图

打开状态背面图

对比文件附图

标贴（洋葱干红）

无效宣告请求审查决定（第9121号）

决 定 号	第9121号
决 定 日	2006年12月18日
发明创造名称	标贴（洋葱干红）
外观设计分类号	19-08
无 效 请 求 人	中粮酒业有限公司
专 利 权 人	支守申
申 请 号	200330134625.X
申 请 日	2003年12月30日
授 权 公 告 日	2004年8月4日
合议组组长	钟 华
主 审 员	李巍巍
参 审 员	钱亦俊
附 图	1页
法 律 依 据	专利法实施细则第13条第1款
决 定 要 点	

本专利与对比文件的主体图案是否有矩形框及框内的四角是否有花纹设计和中英文文字、商标排列位置的不同应属于局部细微的差别，在整体视觉中不具有显著性的影响，所以，二者属于相近似的外观设计。

一、案由

本无效宣告请求涉及2004年8月4日国家知识产权局授权公告的200330134625.X的外观设计专利，其产品名称是"标贴（洋葱干红）"，申请日是2003年12月30日，专利权人是支守申。

针对上述外观设计专利权（下称本专利），2005年8月23日中粮酒业有限公司（下称请求人）向专利复审委员会提出无效宣告请求，其理由是本专利与200330134624.5号外观设计在形状和图案等方面相同或十分相近，且两项专利都用在同类产品上，很容易造成混淆，因此本专利不符合专利法实施细则第13条第1款的规定，应予宣告专利无效。同时，请求人提交了200330134624.5号外观设计公开信息页复印件1页（包括著录项目及图片）。

经专利复审委员会形式审查合格后受理了该无效宣告请求，并于2005年9月15日将请求书及有关证据的副本转送专利权人，限其在指定期限内进行意见陈述。

专利权人于2005年10月28日进行了意见陈述。专利权人认为：请求人提交的证据从整体图面布局看，其上下两部分有商标隔断，而本专利的图案布局整个画面浑然一体，没有分隔；且本专利与请求人提交的证据的酒名称不一样，因此二者既不相同也不相近似。

2006年3月15日专利复审委员会将专利权人2005年10月28日提交的意见陈述书转送给请求人，并告知如对本案合议组成员有回避请求，请在指定期限内提出，并附相关证据。

2006年4月24日专利复审委员会收到请求人提交的意见陈述书，请求人认为同样的发明创造只能授予一项专利，专利权人的两项外观设计无论从构图、图案、颜色来看其设计都是相同的，都是用于相同产品，因此应予宣告该外观设计无效。

2006年6月8日专利复审委员会向专利权人发出《无效宣告请求审查通知书》，告知专利人"合议组认为：作为无效宣告请求证据的200330134624.5号外观设计与本专利相比，具有相同的申请日和专利权人，并且外观设计相近似。二者应属于同一权利人同一日申请的同样的发明创造，故不符合专利法实施细则第13条第1款的规定。根据《审查指南》第四部分第六章第3.1.1节的相关规定，专利权人可以通过放弃200330134624.5号外观设计专利的方式来维持本专利有效。具体程序是：被请求人应当在本通知指定的期限内同时向本案合议组及专利书外观设计审查部正式提出书面声明，声明自授权之日起放弃200330134624.5号外观设计专利权。经公告确认。否则专利复审委员会将宣告本专利权无效。"同时告知专利权人如对本案合议组成员有回避请求，请在指定期限内提出，并附相关证据。

双方当事人均没有对合议组成员提出回避请求。

针对《无效宣告请求审查通知书》专利权人未作出任何意见陈述。

2006年11月14日专利复审委员会向双方当事人发出《合议组成员告知通知书》，指出如对合议组成员有回避请求的，请于收到本通知之日起7天内提交书面请求书，并且说明理由，必要时附具有关证据。逾期未答复，视为无回避请求。在规定的期限内双方当事人未对合议组成员提出回避请求。

至此，本案合议组经合议，认为本案事实清楚，依法作出本审查决定。

二、决定的理由

1. 根据请求人提出的无效宣告请求的范围、理由和提交的证据，本案合议组依据中国专利法实施细则第13条第1款、2006年《审查指南》过渡办法、2001年10月18日颁布的《审查指南》对本案进行审理。

中国专利法实施细则第13条第1款规定：同样的发明创造只能被授予一项专利。

2006年《审查指南》中的《施行修订后审查指南的过渡办法》第二项规定：同一申请人在2006年7月1日之前就同样的发明创造提出两件专利申请，为克服不符合专利法实施细则第十三条第一款的规定的缺陷而放弃其已经获得的专利权的，按照2001年10月18日公布的审查指南的规定处理，即允许申请人自在后获得的专利权的权利生效起放弃其在先获得的专利权；同一申请人在2006年7月1日之后就同样的发明创造提出两件专利申请，或一件专利申请在2006年7月1日之前提出的，而另一件专利申请在2006年7月1日之后提出的相应情形，按照2006年7月1日起施行的审查指南的相应规定处理。

2001年10月18日颁布的《审查指南》第四部分第六章第3.1.1节规定：任何人认为属于同一专利权人的具有相同申请日的两项专利权不符合中国专利法实施细则第十三条第一款的规定的，可以请求专利复审委员会宣告其中一项专利权无效。在这种情况下，专利权人欲通过放弃另一项专利权的方式不维持该项专利权有效的，应当自授权之日起放弃其另一项专利权的书面声明，由专利局予以登记和公告；欲维持的专利权的授权日较晚的，可以声明自欲维持的专利权授权之日起放弃。在不存在针对该项专利权的其他无效宣告请求的理由或者其他理由不成立的情况下，专利复审委员会作出维持该项专利权有效的审查决定。

2. 请求人提交的附件是200330134624.5号外观设计公开信息页复印件1页，包括著录项目及图片。其公开号为3383719，申请日为2003年12月30日，公开日是2004年8月4日，专利权人是支守申。经本案合议组核实，该证据所示内容真实，属于与本专利同一申请人同日申请的一项外观设计专利（下称对比文件），可以适用中国专利法实施细则第13条第1款的规定评价本专利的专利性。合议组将本专利与对比文件进行了比较。

3. 对比文件是一款标贴设计。申请图片仅有一张主视图，背面视图省略。从图片上观察，产品形状为长方形的平面产品；其主体图案仅次于一矩形框内，框的四角有花纹设计，其主体图案由远至近依次为长城、山脉和葡萄园，在主体图案的上方为英文字母，下方为文字和英文文字设计；矩形框的下方为商标图案设计；商标图案下方的矩形框内为英文文字，未要求保护色彩。（详见对比文件附图）

本专利也是一款标贴设计。申请图片仅有一张主视图，背面视图省略。从图片上观察，产品形状为长方形的平面产品；其主体图案由远至近依次为长城、山脉和葡萄园，在主体图案的上方为被覆盖了的数字和文字，下方为商标图案、文字和被覆盖了英文字母，未要求保护色彩（详见本专利附图）。

由上面的描述可知，本专利与对比文件的形状相同，整体图案的布局相同，主体图案设计基本相同，所不同的是：本专利无矩形框和花纹设计，对比文件主体图案在矩形框内，框内四角有花纹设计，两矩形框由商标图案分隔；主体图案上方的文字不同：对比文件为略大的英文文字，本专利为被覆盖了的数字和中文文字；主体图案下方的英文文字和商标图案的排列位置不同。从整体观察，合议组认为：根据《审查指南》的有关规定，"文字和数字的字音、字义不属于外观设计保护的内容。"因此，标贴上的文字、商标图案设计只作为一种图案，以一般消费者作为判断主体来观察二者的外观设计，其瞩目的主体图案及图案上下均有中英文文字是留给一般消费者的主要视觉印象，而本专利与对比文件是否有矩形框及框内的四角是否有花纹设计和中英文文字、商标的排列是否相同应属于局部细微的差别，对整体视觉效果不具有显著性的影响，所以，二者属于相近似的外观设计。

4. 同样的发明创造对于外观设计而言是指外观设计相同或相近似。综上所述，本案合议组认为：本专利"标贴（洋葱干红）"与对比文件"标贴（干红）"是相近似的外观设计，二者属于同样的发明创造，本专利不符合中国专利法实施细则第13条第1款的规定。

三、决定

宣告200330134625.X号外观设计专利权无效。

当事人对本决定不服的，可以根据专利法第四十六条第二款的规定，自收到本决定之日起三个月内向北京市第一中级人民法院起诉。根据该款的规定，一方当事人起诉后，另一方当事人应当作为第三人参加诉讼。

本专利

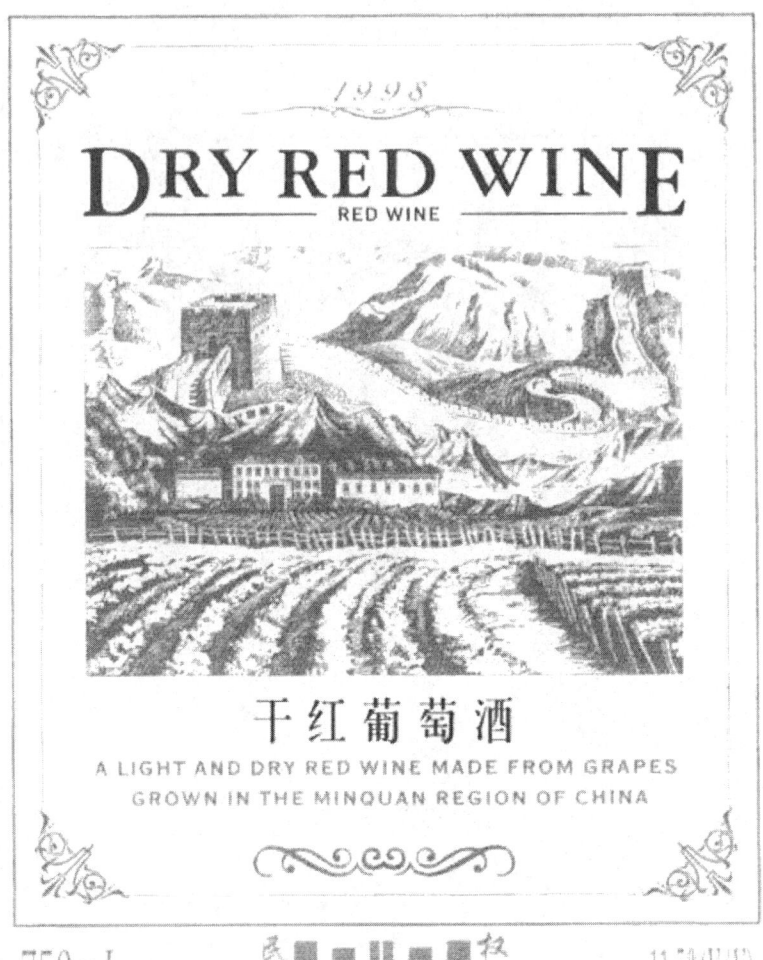

对比文件

标贴（干红）

无效宣告请求审查决定（第9122号）

决 定 号	第9122号
决 定 日	2006年12月18日
发明创造名称	标贴（干红）
外观设计分类号	19-08
无 效 请 求 人	中粮酒业有限公司
专 利 权 人	支守申
申 请 号	200330134624.5
申 请 日	2003年12月30日
授 权 公 告 日	2004年8月4日
合 议 组 组 长	吴赤兵
主 审 员	李巍巍
参 审 员	钱亦俊
附 图	1页
法 律 依 据	专利法实施细则第13条第1款

决 定 要 点

本专利与对比文件是否有矩形框内及框的四角是否有花纹设计和英文文字、文字、商标排列位置的不同应属于局部细微的差别，在整体视觉中不具有显著性的影响，所以，二者属于相近似的外观设计。

一、案由

本无效宣告请求涉及2004年8月4日国家知识产权局授权公告的200330134624.5的外观设计专利，其产品名称是"标贴（干红）"，申请日是2003年12月30日，专利权人是支守申。

针对上述外观设计专利权（下称本专利），2005年8月23日中粮酒业有限公司（下称请求人）向专利复审委员会提出无效宣告请求，其理由是本专利与200330134623.0号外观设计在形状和图案等方面相同或十分相近，且两项专利都用在同类产品上，很容易造成混淆，因此本专利不符合专利法实施细则第13条第1款的规定，应予宣告专利无效。同时，请求人提交了作为证据的如下附件：200330134623.0号外观设计公开信息页复印件1页，包括著录项目及图片。

经专利复审委员会形式审查合格后受理了该无效宣告请求，并于2005年9月20日将请求书及有关证据的副本转送专利权人，限其在指定期限内进行意见陈述。

专利权人于 2005 年 10 月 28 日进行了意见陈述。专利权人认为：本专利从整体图面布局看，其上下两部分有商标隔断；本专利与请求人提交的证据的酒名称不一样，且本专利图案的下部是一个明显的矩形框，框内有装饰性文字，因此二者既不相同也不相近似。

2006 年 3 月 15 日专利复审委员会向专利权人发出《无效宣告请求审查通知书》，告知专利人"合议组认为：作为无效宣告请求证据的 200330134623.0 号外观设计与本专利相比，具有相同的申请日和专利权人，并且外观设计相近似。二者应属于同一权利人同一日申请的同样的发明创造，故不符合专利法实施细则第 13 条第 1 款的规定。根据《审查指南》第四部分第六章第 3.1.1 节的相关规定，专利权人可以通过放弃 200330134623.0 号外观设计专利的方式来维持本专利有效。具体程序是：被请求人应当在本通知指定的期限内同时向本案合议组及专利书外观设计审查部正式提出书面声明，声明自授权之日起放弃 200330134623.0 号外观设计专利权。经公告确认。否则专利复审委员会将宣告本专利权无效。"同时告知专利权人如对本案合议组成员有回避请求，请在指定期限内提出，并附相关证据。同日将专利权人 2005 年 10 月 28 日提交的意见陈述书转送给请求人，并告知如对本案合议组成员有回避请求，请在指定期限内提出，并附相关证据。双方当事人没有对合议组成员提出回避请求。

2006 年 4 月 24 日专利复审委员会收到请求人提交的意见陈述书，请求人认为同样的发明创造只能授予一项专利，专利权人的两项外观设计无论从构图、图案、颜色来看其设计都是相同的，都是用于相同产品，因此应予宣告该外观设计无效。

针对《无效宣告请求审查通知书》专利权人未作出任何意见陈述。

2006 年 11 月 14 日专利复审委员会向双方当事人发出《合议组成员告知通知书》，指出如对合议组成员有回避请求的，请于收到本通知之日起 7 天内提交书面请求书，并且说明理由，必要时附具有关证据。逾期未答复，视为无回避请求。在规定的期限内双方当事人未对合议组成员提出回避请求。

至此，本案合议组经合议，认为本案事实清楚，依法作出本审查决定。

二、决定的理由

1. 根据请求人提出的无效宣告请求的范围、理由和提交的证据，本案合议组依据中国专利法实施细则第 13 条第 1 款及 2006 年《审查指南》过渡办法、2001 年 10 月 18 日颁布的《审查指南》对本案进行审理。

中国专利法实施细则第 13 条第 1 款规定：同样的发明创造只能被授予一项专利。

2006 年《审查指南》中的《施行修订后审查指南的过渡办法》第二项规定：同一申请人在 2006 年 7 月 1 日之前就同样的发明创造提出两件专利申请，为克服不符合专利法实施细则第十三条第一款的规定的缺陷而放弃其已经获得的专利权的，按照 2001 年 10 月 18 日公布的审查指南的规定处理，即允许申请人自在后获得的专利权的权利生效起放弃其在先获得的专利权；同一申请人在 2006 年 7 月 1 日之后就同样的发明创造提出两件专利申请，或一件专利申请在 2006 年 7 月 1 日之前提出的，而另一件专利申请在 2006 年 7 月 1 日之后提出的相应情形，按照 2006 年 7 月 1 日起施行的审查指南的相应规定处理。

2001 年 10 月 18 日颁布的《审查指南》第四部分第六章第 3.1.1 节规定：任何人认为属于同一专利权人的具有相同申请日的两项专利权不符合中国专利法实施细则第十三条第一款的规定的，可以请求专利复审委员会宣告其中一项专利权无效。在这种情况下，专利权人欲通过放弃另一项专利权的方式不维持该项专利权有效的，应当自授权之日起放弃其另一项专利权的书面声明，由专利局予以登记和公告；欲维持的专利权的授权日较晚的，可以声明自欲维持的专利权授权之日起放弃。在不存在针对该项专利权的其他无效宣告请求的理由或者其他理由不成立的情况下，专利复审委员会作出维持该项专利权有效的审查决定。

2. 请求人提交的附件是200330134623.0号外观设计公开信息页复印件1页，包括著录项目及图片。其公开号为3383718，申请日为2003年12月30日，公开日是2004年8月4日，专利权人是支守申。经本案合议组核实，该证据所示内容真实，属于与本专利同一申请人同日申请的一项外观设计专利（下称对比文件），可以适用中国专利法实施细则第13条第1款的规定评价本专利的专利性。合议组将本专利与对比文件进行了比较。

3. 对比文件是一款标贴设计。申请图片仅有一张主视图，背面视图省略。从图片上观察，产品形状为长方形的平面产品；其主体图案由远至近依次为长城、山脉和葡萄园，在主体图案的上方为文字，下方为英文字母、文字和商标图案设计，未要求保护色彩。（详见对比文件附图）

本专利也是一款标贴设计。申请图片仅有一张主视图，背面视图省略。从图片上观察，产品形状为长方形的平面产品；其主体图案仅次于一矩形框内，框的四角有花纹设计，其主体图案由远至近依次为长城、山脉和葡萄园，在主体图案的上方为英文字母，下方为文字和英文文字设计；矩形框的下方为商标图案设计；商标图案下方的矩形框内为英文文字，未要求保护色彩。（详见本专利附图）

由上面的描述可知，本专利与对比文件的形状相同，整体图案的布局相同，主体图案设计基本相同，所不同的是：本专利主体图案在矩形框内，框内四角有花纹设计，两矩形框由商标图案分隔；对比文件无矩形框和花纹设计；主体图案上方的文字不同：对比文件为中文文字，本专利为略大的英文文字；主体图案中的英文文字和商标图案的排列位置不同。从整体观察，合议组认为：根据《审查指南》的有关规定，"文字和数字的字音、字义不属于外观设计保护的内容。"因此，标贴上的文字、商标图案设计只作为一种图案，以一般消费者作为判断主体来观察二者的外观设计，其瞩目的主体图案及图案上下均有中英文文字是留给一般消费者的主要视觉印象，而本专利与对比文件是否有矩形框及框内的四角是否有花纹设计和英文文字、文字、商标排列的不同应属于局部细微的差别，对整体视觉效果不具有显著性的影响，所以，二者属于相近似的外观设计。

4. 同样的发明创造对于外观设计而言是指外观设计相同或相近似。综上所述，本案合议组认为：本专利"标贴（干红）"与对比文件"标贴（芹菜干红）"是相近似的外观设计，二者属于同样的发明创造，本专利不符合中国专利法实施细则第13条第1款的规定。

三、决定

宣告200330134624.5号外观设计专利权无效。

当事人对本决定不服的，可以根据专利法第四十六条第二款的规定，自收到本决定之日起三个月内向北京市第一中级人民法院起诉。根据该款的规定，一方当事人起诉后，另一方当事人应当作为第三人参加诉讼。

DRY RED WINE
RED WINE

1998

干红葡萄酒

A LIGHT AND DRY RED WINE MADE FROM GRAPES GROWN IN THE MINQUAN REGION OF CHINA

750mL

Produce of China
MINQUAN GREATWALL GRAPE WINE CO., LTD.

本专利

芹菜提取液加解百纳葡萄科学酿造而成

DRY RED WINE
芹菜干红葡萄酒

A LIGHT AND DRY RED WINE MADE FROM
GRAPES GROWN IN THE MINQUAN REGION OF CHINA

750mL   1998   11.5%(V/V)

MINQUAN GREATWALL GRAPE WINE CO., LTD.

包装盒（鼓浪屿馅饼）

无效宣告请求审查决定（第 9123 号）

决 定 号	第 9123 号
决 定 日	2006 年 12 月 15 日
发明创造名称	包装盒（鼓浪屿馅饼）
外观设计分类号	09-03
无 效 请 求 人	厦门老作坊食品工业有限公司
专 利 权 人	江洪新
专 利 号	200330127092.2
申 请 日	2003 年 12 月 12 日
授 权 公 告 日	2004 年 9 月 8 日
合 议 组 组 长	李广峰
主 审 员	刘 静
参 审 员	侯秋霞
附 图	共 2 页

法 律 依 据 专利法第 23 条

决 定 要 点

对于本案包装盒的外观设计相近似性判断而言，在包装盒整体形状相同的情况下，其使用状态下的正面主要图案设计是一般消费者瞩目的部分，由于被比设计和在先设计 1、2 在整体形状和正面主要图案的设计上均相近似，容易造成一般消费者在视觉上的混淆和误认，因此被比设计与在先设计 1、2 属于相近似的外观设计。

一、案由

本无效宣告请求案涉及国家知识产权局于 2004 年 9 月 8 日公告授予的、名称为"包装盒（鼓浪屿馅饼）"的第 200330127092.2 号外观设计专利权（下称本专利），其申请日为 2003 年 12 月 12 日，专利权人为江洪新。

针对上述专利权，厦门老作坊食品工业有限公司（下称请求人）于 2005 年 9 月 26 日向专利复审委员会提出无效宣告请求，请求人认为：本专利的包装盒在其申请日前已在国内公开使用，且为公众所知，所以其外观设计专利不符合专利法第 23 条的规定。请求人同时提交了如下附件：

附件 1：本专利外观设计公报，1 页；

附件 2：厦门老作坊食品工业有限公司与厦门新气象广告有限公司于 2003 年 8 月 15 日和 2003 年

11月8日签订的"厦门电视《天气预报》和《厦门气象》节目广告协议书",复印件2页;

附件3:厦门老作坊食品工业有限公司与厦门市江星彩印有限公司于2003年8月30日签订的印刷合同及相关的印刷发票,厦门老作坊食品工业有限公司与厦门市新信彩印有限公司于2003年8月20日签订的印刷合同及相关的印刷发票,复印件共4页;

附件4:中华人民共和国福建省厦门市中级人民法院民事判决书,(2005)厦民终字第1066号,复印件11页;

附件5:陈亚强与曾永忠在2003年6月30日签订的"厦门鼓浪屿食品厂工业有限公司股权转让协议"及相关的设计样稿,该样稿背面有公证人的证明,复印件3页;

附件6:厦门市财政局文件,厦财(2002)99号,2002年8月20日印发,复印件3页;

附件7:《厦门生活&消费指南》,2000年版,封面、编印说明、第128页,复印件3页。

经形式审查合格后,专利复审委员会受理了上述无效宣告请求,于2005年9月27日向双方当事人发出《无效宣告请求受理通知书》,并将《专利权无效宣告请求书》及其附件清单中所列附件的副本转送给专利权人,要求其在指定的期限内答复。

2005年10月26日,请求人再次提交了意见陈述书,同时补充提交了如下证据:

附件8:请求人使用的包装盒且具有厦门市江星彩印有限公司签字的印刷样稿,原件;

附件9:厦门电视《天气预报》和《厦门气象》中的广告内容光盘。

请求人认为:附件2、7、9表明有关的外观设计在本专利申请日前已在国内出版物上公开发表,附件3-6、8表明有关的外观设计在本专利申请日前已在国内公开使用,因此本专利不符合专利法第23条的规定。

针对请求人于2005年9月26日提交的《专利权无效宣告请求书》及附件1-7,专利权人于2005年11月2日向专利复审委员会提交了答复意见,认为:1)附件2、3无法证明其公开使用或者在先使用该专利的行为,甚至无法证明与本专利的关联性;2)附件4-6与本专利无关;3)附件7图案模糊不清,且该附件为内部赠阅,并非公开发表的刊物,且是否真正进行内部赠阅还是一个疑问,而且请求人没有提供任何材料证明该附件公开发行的事实。因此本专利既没有在国内公开使用,也不为公众所知,符合专利法第23条的规定。

2006年8月17日,专利复审委员会向双方当事人发出《无效宣告请求口头审理通知书》,拟定于2006年9月27日对该专利权的无效请求进行口头审理,并随口头审理通知书向请求人转送了专利权人于2005年11月2日提交的意见陈述书,同时随口头审理通知书向专利权人转送了请求人于2005年10月26日提交的意见陈述书及附件清单的全部附件(包装盒复印件1页及光盘一张),要求双方在口头审理时一并答复。

专利权人于2006年9月12日提交了口头审理通知书回执,表示不能参加口头审理,同时提交了意见陈述及证据1:厦门企业信用网下载的请求人资料1页。专利权人认为:1)附件5的转让协议不涉及本专利,更不可能存在设计样稿;2)证据1表明,厦门老作坊食品工业有限公司于2003年8月13日登记成立,附件8有"中国质量万里行"的标志,成立17天的企业不可能获得该标志,据查,中国质量万里行授权请求人的时间为2004年10月,可见附件8实际印刷时间为2004年10月以后;3)请求人认为附件4证明本人与请求人的法人代表有利害关系,实际上本人参与购买曾永忠股份的时间为2004年11月,在本专利生效之后。

2006年9月27日,口头审理如期进行,专利权人没有出席,合议组在请求人一方出庭的情况下就本无效宣告请求案进行了庭审调查。合议组当庭将专利权人于2006年9月12日随口审通知书回执提交的意见陈述书及证据1的复印件转交给请求人。请求人当庭提交了附件2-5、7、9的原件,其中附件9的原件是厦门新气象广告有限公司根据2003年9月10日播出的厦门电视台气象环境新闻节目录制并封存的光盘，同时请求人还提交了附件9中的四副定格画面。庭审过程中，请求人放弃附件3、5、8，并明确其证据的使用情况如下：1）附件7第128页左上方"日光岩"牌右侧多个包装盒图片中最右边的图片与本专利的外观设计相近似，附件7表明在本专利申请日前已有相似的外观设计在出版物上公开过；2）附件2结合附件9中03'25''处三个包装盒中间的"日光岩馅饼"图片，表明在本专利申请日前已有相似的外观设计在电视上公开过；3）附件4和附件6仅做参考，以证明江洪新与第三者的利害关系。在此基础上，请求人充分陈述了自己的意见。

至此，合议组认为本案的事实已经调查清楚，可以作出审查决定。

二、决定的理由

1. 法律依据

专利法第23条规定，授予专利权的外观设计，应当同申请日以前在国内外出版物上公开发表过或者国内公开使用过的外观设计不相同和不相近似，并不得与他人在先取得的合法权利相冲突。

2. 公开出版物的认定

附件7是2000年版的《厦门生活＆消费指南》，是一本电话黄页，其第1页的编印说明及封底表明，该黄页由厦门电信局监制、厦门邮电纵横集团电话号薄公司编印出版，编印说明中还提到"本期生活号薄发行量为25万册，全部免费赠送给我市私人住宅电话用户"。

专利权人在意见陈述中认为：附件7图案模糊不清，且该附件为内部赠阅，并非公开发表的刊物，且是否真正进行内部赠阅还是一个疑问，而且请求人没有提供任何材料证明该附件公开发行的事实，另外没有任何材料证明该附件具有公开发行的合法手续如ISBN号或者商业广告发布号。

对此，合议组认为：专利法意义上的公开出版物并不仅限于有正式刊号的出版物，其中的"公开"强调的是不特定公众获得该出版物的可能性。尽管附件7没有ISBN号等等，但是附件7中记载了出版时间、出版者、广告总代理等内容，由编印说明可以看出电话用户都可以不受限制地得到该黄页。在专利权人没有提供证据来证明附件7没有公开发行的情况下，合议组认为附件7在申请日以前处于能够为公众所获得的状态，属于专利法意义上的公开出版物。

3. 使用公开的认定

附件2为请求人与"厦门电视《天气预报》和《厦门气象》节目"签订的两份广告协议书。其中在2003年8月15日签订的协议中双方约定：厦门老作坊食品工业有限公司委托厦门新气象广告有限公司在"厦门天气环境新闻"节目中播出日光岩食品的广告，广告日期自2003年8月18日至2003年10月27日，广告位置为厦门天气预报版面。在2003年11月8日签订的协议中双方约定：厦门老作坊食品工业有限公司委托厦门新气象广告有限公司在"厦门天气环境新闻"节目中播出公司饼系列产品的广告，广告日期自2003年11月8日至2004年2月20日，广告位置为指数-森林版。专利权人在意见陈述中从未对附件2的真实性提出异议，合议组当庭核对原件后，对附件2的真实性予以认定。

关于附件9，请求人当庭提交了附件9的原件——厦门新气象广告有限公司根据2003年9月10日播出的厦门电视台气象环境新闻节目录制并封存的光盘，封存处盖有厦门新气象广告有限公司的公章，同时请求人还提交了附件9中的四副定格画面。合议组开封核对该光盘后，确认四副定格画面与附件9光盘内容一致，上述封存的光盘与请求人2005年10月26日提交的光盘内容相符。由于附件9的内容与附件2的协议内容相吻合，而且专利权人在意见陈述中未对附件9的真实性提出异议，因此合议组认为：根据请求人提交的附件2和9，可以认定附件9的真实性，即附件9的内容就是厦门电视台气象环境新闻节目于2003年9月10日播出的节目内容。因此，附件9中03'25''处的"日光岩馅饼"广告图片清楚地显示出产品的包装及销售电话，并且广告法要求做广告必须有现成的产品，因此附件9也表明登广告之时已经存在现成的日光岩馅饼，任何有购买意向的公众都可以通过广告显示的电话或广告公司联系厂家、购买该产品，从法律意义上刊登广告后意味着该产品已处于公开销售的状态，因此附件9中03'25''处的"日光岩馅饼"包装盒也已在申请日以前公开使用。

4. 相近似性认定

本专利的外观设计为一包装盒（被比设计），附件7第128页左上方"日光岩"牌右侧多个包装盒图片中最右边的图片公开了一包装盒的外观设计（下称在先设计1），附件9中03'25''处的"日光岩馅饼"广告图片（下称在先设计2）也显示出包装盒，在先设计1、2与被比设计属于相同种类产品，故可分别将在先设计1、2与被比设计进行相近似性比较。

1) 被比设计与在先设计1相近似

本专利的包装盒为厚度较薄的长方体（或称扁长方体），主视图的上部分为斜条纹图案，条纹图案中间为宋体"鼓浪屿馅饼"文字设计，主视图的下部分为馅饼摆盘图案，上下两部分交接处有"日光岩"的商标图案，主视图中存在若干被涂覆的文字；俯视图为斜条纹图案和"鼓浪屿馅饼"文字设计；仰视图为"鼓浪屿馅饼"文字设计；左右视图有斜条纹设计以及被涂覆的文字或字母设计（参见本专利附图）。

在先设计1的立体图可以看出其为扁长方体的包装盒，从在先设计1的立体图中只能清楚地看出其正面的图案设计。该包装盒的正面上部分为斜条纹图案，图案中间为宋体"鼓浪屿馅饼"文字设计，下部分为英文字母设计以及馅饼摆盘图案，上下两部分交接处有"日光岩"的商标图案（参见附件7附图）。

由上面的描述可知：被比设计与在先设计1作为包装盒的整体形状相同，包装盒正面视图的上部分图案及文字设计相同，下部分的馅饼摆盘图案相同，"日光岩"的商标图案相同，两者的区别主要在于：在先设计1没有公开其他面的视图。合议组认为：对于本案中的包装盒的外观设计相近似性判断而言，在包装盒整体形状相同的情况下，其使用状态下的正面主要图案设计是一般消费者瞩目的部分，由于被比设计与在先设计在整体形状和正面图案的设计上均是极其相近似的，已足以导致一般消费者对二者的整体外观设计产生混淆、误认，因此二者应属于相近似的外观设计。

2) 被比设计与在先设计2相近似

在先设计2的包装盒为扁长方体，主视图的上部分为斜条纹图案，图案中间为宋体"日光岩馅饼"文字设计，主视图的下部分标有隶书的"【中华老字号】"文字设计以及馅饼摆盘图案，上下两部分交接处有"日光岩"的商标图案（参见附件9附图）。

由此可见，被比设计与在先设计2整体形状相同，主视图的上部分图案相同，下部分文字设计及馅饼摆盘图案相同，"日光岩"的商标图案相同，两者的区别在于：1) 被比设计主视图的上部分为宋体"鼓浪屿馅饼"文字设计，在先设计2主视图的上部分为宋体"日光岩馅饼"文字设计；2) 在先设计1没有公开其他面的视图。由于被比设计与在先设计2所用的字体完全相同，文字设计产生的图案效果相近似，对于本案中的包装盒的外观设计相近似性判断而言，在其使用状态下的正面主要图案设计是一般消费者瞩目的部分，被比设计与在先设计在整体形状和正面图案的设计上均是极其相近似的，已足以导致一般消费者对二者的整体外观设计产生混淆、误认，因此二者应属于相近似的外观设计。

综上所述，在本专利申请日以前已有与其相近似的外观设计在出版物上公开发表过、在国内公开使用过，因此，本专利不符合中国专利法第23条的规定。

基于以上事实和理由，本案合议组作出如下审查决定。

三、决定

宣告第 200330127092.2 号外观设计专利权无效。

当事人对本决定不服的,可以根据专利法第 46 条第 2 款的规定,自收到本决定之日起三个月内向北京市第一中级人民法院起诉。根据该款的规定,一方当事人起诉后,另一方当事人应当作为第三人参加诉讼。

俯视图

仰视图

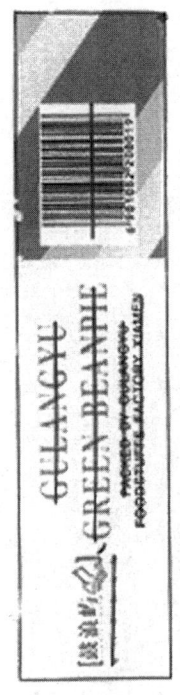

左视图

主视图

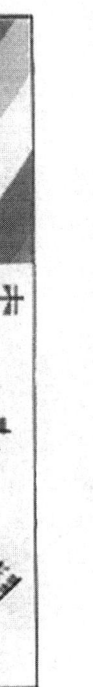

右视图

本专利附图

附件 7 附图

节目进行至03′25″，出现与被无效方专利申请相同的包装产品的画面

附件 9 附图

杯（竹报平安）

无效宣告请求审查决定（第9125号）

决 定 号	第9125号
决 定 日	2006年12月15日
发明创造名称	杯（竹报平安）
外观设计分类号	07-01
无 效 请 求 人	河南金中皇珠宝股份有限公司
专 利 权 人	山东梦金园珠宝首饰有限公司
申 请 号	03312035.8
申 请 日	2003年1月16日
授 权 公 告 日	2003年9月3日
合议组组长	石 清
主 审 员	高 栋
参 审 员	高海燕
法 律 依 据	专利法第23条
决 定 要 点	

请求人提交的相关证据不能形成完整的证明体系支持其无效宣告请求的理由，因此本专利应予维持。

一、案由

本无效宣告请求涉及2003年9月3日国家知识产权局授权公告的03312035.8号外观设计专利，其名称是"杯（竹报平安）"，申请日是2003年1月16日，专利权人是王忠善，后变更为山东梦金园珠宝首饰有限公司。

针对上述外观设计专利权（下称本专利），2005年1月11日河南金中皇珠宝股份有限公司（下称请求人）向专利复审委员会提出无效宣告请求，其理由是本专利不符合中国专利法第23条的规定。请求人认为在本专利申请日以前已有与其外观设计相同的产品在国内公开使用过，与本专利产品相同的产品广告在电视媒体上公开播放过，并提交了以下附件：

附件1：洛阳市银辉工艺美术有限公司与郑州市上街区长城金阳金店的合同复印件共1页；
附件2：洛阳市银辉工艺美术有限公司与开封市鼓楼金店的合同复印件共1页；
附件3：洛阳市银辉工艺美术有限公司的证明及保健杯图文集复印件共16页；
附件4：本专利公报的复印件1页。

经形式合格后，专利复审委员会受理了上述无效宣告请求，于 2005 年 1 月 19 日发出无效宣告请求受理通知书，并将该无效宣告请求书及其附件的副本转送给专利权人。

请求人于 2005 年 2 月 6 日补充提交了意见陈述书，认为在本专利申请日以前请求人在电视台、报纸上的广告宣传和投放商场的水杯的外观设计与本专利的外观设计相同，并补充了以下附件作为证据使用：

附件 5：灵宝市公证处出具的"（2005）灵证民字第 16 号"公证书复印件，内附现场工作记录复印件 1 页、照片 14 张、灵宝电视台广告部王辉证明两份及广告播出时间表复印件共 4 页和三门峡市广告业专用发票复印件 1 页，另外还有 1 张由灵宝市公证处签封的光盘并声称光盘仅一份并且存于专利号为 200330109742.0 的案卷中；

附件 6：加盟合作协议书复印件 4 页；

附件 7-1：北京佳人丽缘商贸有限公司签章的证明复印件 1 页；

附件 7-2：盖有国家首饰质量监督检验中心检验专用章的证明复印件 1 页和 5 张照片复印件。

针对请求人在无效宣告请求之日提出的理由和证据，专利权人于 2005 年 3 月 12 日提交了意见陈述书，认为请求人提交的附件 1—3 均为复印件，不能作为证据使用，且合同本身无法证明相关产品的具体形状、图案，不影响本专利的专利性，附件 4 与本案无关。

专利复审委员会于 2006 年 8 月 25 日向双方当事人发出口头审理通知书，定于 2006 年 10 月 8 日对本案进行口头审理，随口审通知书将上述请求人补充的意见陈述及附件的副本和专利权人的意见陈述分别转送给对方当事人。

口头审理如期举行，双方当事人均委托代理人出庭。在口头审理中，双方当事人对合议组成员无回避请求，对对方出庭人员身份无异议；请求人明确无效理由是本专利不符合专利法第 23 条的规定；请求人当庭声明放弃使用附件 1—3、6、7 作为证据；经合议组调取专利号为 200330109742.0 的案卷，请求人还当庭演示了附件 5 中所提及的光盘；专利权人当庭核实了附件 5 的原件，声明对附件 5 作为公证书的形式真实性没有异议，但认为其没有对公证书所附照片、证明、广告发票的真实性进行公证，并提交了以下反证：

反证 1：由山东昌乐县公证处出具的"（2005）昌乐证民字第 121 号"公证书，内附谈话笔录复印件 2 页；

反证 2：盖有国家首饰质量监督检验中心检验专用章的检验任务委托书复印件 1 页、钻石首饰检验原始记录复印件 2 页。

专利权人还提交了专利复审委员会第 7397 号无效宣告请求审查决定复印件供合议组参考，并鉴于请求人放弃附件 7，专利权人放弃反证 2。请求人当庭核实上述反证后，声明对反证 1 公证书本身的真实性无异议，并当庭补充提交以下附件：

附件 8：灵宝市公证处签章的证明复印件 1 页；及

附件 9：附件 5 中光盘配音的文字内容复印件 1 页。

专利权人鉴于请求人未当庭出示附件 8 的原件，因此对附件 8 的真实性有异议，并且认为附件 9 中光盘配音文字的内容与本案无关；请求人还当庭表示口审之日起一周内提交附件 8 的原件，否则视为未提交。合议组将双方当事人当庭提交的上述反证和附件分别转给对方。双方当事人当庭表示口审后不需要再提交书面意见陈述。

口审一周内请求人提交了附件 8 的原件（该原件存于专利号为 200330109745.4 的案卷中），并经合议组核实附件 8 的复印件与原件相符。

在上述工作的基础上，合议组认为双方当事人已经充分发表意见，本案事实清楚，可以依法作出本无效宣告请求审查决定。

二、决定的理由

1. 法律依据

中国专利法第23条规定：授予专利权的外观设计，应当同申请日以前在国内外出版物上公开发表过或者国内公开使用过的外观设计不相同和不相近似，并不得与他人在先取得的合法权利相冲突。

2. 证据认定

2-1. 鉴于请求人在口头审理中声明放弃附件1—3和附件6、7作为本案的证据，因此合议组对上述已放弃的证据不予审理；由于附件4是本专利的公报，因此也不作为证据使用。

2-2. 请求人提交的附件5是由灵宝市公证处作出的"（2005）灵证民字第16号"公证书，内附现场工作记录复印件、照片、证明及广告播出时间表复印件和三门峡市广告业专用发票复印件，公证内容为证明现场工作记录的复印件与原件内容相符，且其上所记载的情况与现场实际情况相符，另外还有1张由灵宝市公证处签封的光盘；附件8是由灵宝市公证处签章的证明；附件9是附件5中光盘的配音文字；请求人又于口头审理中当庭演示了光盘的内容；请求人以上述附件证明在本专利申请日以前照片和光盘中所示的产品在电视媒体上公开播放过。针对上述附件，合议组认为：根据附件5公证书的公证内容，能够认定现场工作记录及其上所记载的公证现场所发生事件的真实性和照片的真实性，即能够确认在公证当时灵宝市有线电视台的工作人员王辉调出了载有照片所示产品的录像带的事实；但公证书中未对其内所附的王辉出具的相关证明、时间表和发票的复印件与原件是否相符进行公证，且王辉作为证明相关产品广告公开播放的证人，未能出庭作证并接受质证；请求人还当庭补充提交了附件9灵宝市公证处出具的证明，但是由于该证据本身不是公证书，仅属于证人证言，该证明只能说明公证书中所附材料的复印件与原件相符。而专利权人对上述材料所述事实的真实性也持有异议并出具了反证1，该反证1是专利权人委托山东省昌乐县公证处于2005年5月16日对证人王辉的证言进行保全证据公证的公证书，公证书的主要内容是王辉对"（2005）灵证民字第16号"公证书中所附自己证言的解释和说明，主要内容是对播出时间及广告录像带是否保存在灵宝电视台两个问题进行回答，王辉承认2002年广告由广告承包人个人承包，播出时间他自己并不清楚，广告时间表及广告资料带均由广告承包人提供，他自己是根据广告承包人提供的2002年广告播出时间表、广告资料带及金中皇公司提供的广告发票和广告资料带的内容回忆当年播出过，且王辉明确表示其不清楚2002年10月4日至2002年11月4日广告播出时间表和广告资料带是否存放于灵宝市有线电视台。针对专利权人提交的反证1中王辉所称的广告录像带和播出时间表均由广告承包人提供，由于在口头审理中证人王辉未到庭，无法进行质证，不能确认附件5中王辉的证言内容是否属实，而附件5中的播出时间表和三门峡市广告业专用发票与待证事实之间缺乏必然的联系。对于光盘本身，虽然由灵宝市公证处签封，但在演示光盘的过程中，除照片所示的产品画面和附件10所示的配音文字外，并未显示出任何广告播放当时的时间信息，因此也不能作为认定事实的依据；即其依然不能支持请求人关于本专利申请日以前公开播放过相关产品广告的主张。因此，附件5涉及的广告录像带的真实性以及形成和播出时间没有得到证实，从而不能认定照片所示的载有相关产品的广告录像带是否在本专利申请日以前公开播放过的事实。

综上所述，请求人提交的相关证据不能形成完整的证明体系支持其无效宣告请求的理由。因此本专利的授予符合专利法第23条的规定。

三、决定

维持03312035.8号外观设计专利权有效。

当事人对本决定不服的，可以根据中国专利法第46条第2款的规定，自收到本决定之日起三个月内向北京市第一中级人民法院起诉。根据该款的规定，一方当事人起诉后，另一方当事人应当作为第三人参加诉讼。

杯（花开富贵）

无效宣告请求审查决定（第9126号）

决　定　号	第9126号
决　定　日	2006年12月15日
发明创造名称	杯（花开富贵）
外观设计分类号	07-01
无 效 请 求 人	河南金中皇珠宝股份有限公司
专 利 权 人	山东梦金园珠宝首饰有限公司
申　请　号	200330109745.4
申　请　日	2003年10月14日
授 权 公 告 日	2004年6月23日
合 议 组 组 长	石清
主　审　员	高栋
参　审　员	高海燕
附　　　图	2页

法 律 依 据 专利法第23条

决 定 要 点

请求人提交的相关证据不能形成完整的证明体系支持其无效宣告请求的理由，且其提交的有效的对比文件与本专利相比较，也属于不相同且不相近似的外观设计，因此本专利应予维持。

一、案由

本无效宣告请求涉及2004年6月23日国家知识产权局授权公告的200330109745.4号外观设计专利，其名称是"杯（花开富贵）"，申请日是2003年10月14日，专利权人是王忠善，后变更为山东梦金园珠宝首饰有限公司。

针对上述外观设计专利权（下称本专利），2005年1月11日河南金中皇珠宝股份有限公司（下称请求人）向专利复审委员会提出无效宣告请求，其理由是本专利不符合专利法第23条的规定。请求人认为在本专利申请日以前已有与其外观设计相同的产品在国内公开使用过和与本专利产品相同的产品广告在电视媒体上公开播放过，并提交了以下附件：

附件1：洛阳市银辉工艺美术有限公司与郑州市上街区长城金阳金店的合同复印件共1页；

附件2：洛阳市银辉工艺美术有限公司与开封市鼓楼金店的合同复印件共1页；

附件3：洛阳市银辉工艺美术有限公司的证明及保健杯图文集复印件共16页；

附件4：本专利公报的复印件1页。

经形式合格后，专利复审委员会受理了上述无效宣告请求，于2005年1月19日发出无效宣告请求受理通知书，并将该无效宣告请求书及其附件的副本转送给专利权人。

请求人于2005年2月6日补充提交了意见陈述书，认为在本专利申请日以前请求人在电视台、报纸上的广告宣传和投放商场的水杯的外观设计与本专利的外观设计相同，并补充提交了以下附件作为证据使用：

附件5：灵宝市公证处出具的"（2005）灵证民字第16号"公证书复印件，内附现场工作记录复印件1页、照片14张、灵宝电视台广告部王辉证明两份及广告播出时间表复印件共4页和三门峡市广告业专用发票复印件1页，另外还有1张由灵宝市公证处签封的光盘并声称光盘仅一份并且存于专利号为200330109742.0的案卷中；

附件6：加盟合作协议书复印件4页；

附件7-1：北京佳人丽缘商贸有限公司签章的证明复印件1页；

附件7-2：盖有国家首饰质量监督检验中心检验专用章的证明复印件1页和5张照片复印件；

附件8：2003年6月23日的《灵宝晚报》第4版复印件2页。

针对请求人在无效宣告请求之日提出的理由和证据，专利权人于2005年3月12日提交了意见陈述书，认为请求人提交的附件1—3均为复印件，不能作为证据使用，且合同本身无法证明相关产品的具体形状、图案，不影响本专利的专利性，附件4与本案无关。

专利复审委员会于2006年8月25日向双方当事人发出口头审理通知书，定于2006年10月8日对本案进行口头审理，随口审通知书将上述请求人补充的意见陈述及附件的副本和专利权人的意见陈述分别转送给对方当事人。

口头审理如期举行，双方当事人均委托代理人出庭。在口头审理中，双方当事人对合议组成员无回避请求，对对方出庭人员身份无异议；请求人明确无效理由是本专利不符合专利法第23条的规定；请求人当庭声明放弃使用附件1—3、6、7作为证据；经合议组调取专利号为200330109742.0的案卷，请求人还当庭演示了附件5中所提及的光盘；专利权人当庭核实了附件5的原件，声明对附件5作为公证书的形式真实性没有异议，但认为其没有对公证书所附照片、证明、广告发票的真实性进行公证，并提交了以下反证：

反证1：由山东省昌乐县公证处出具的"（2005）昌乐证民字第121号"公证书，内附谈话笔录复印件2页；

反证2：盖有国家首饰质量监督检验中心检验专用章的检验任务委托书复印件1页、钻石首饰检验原始记录复印件2页。

专利权人还提交了专利复审委员会第7397号无效宣告请求审查决定复印件供合议组参考，并鉴于请求人放弃附件7，专利权人放弃反证2，对附件8的真实性没有异议。请求人当庭核实上述反证后，声明对反证1公证书本身的真实性无异议，并当庭补充提交以下附件：

附件9：灵宝市公证处签章的证明复印件1页；及

附件10：附件5中光盘配音的文字内容复印件1页。

专利权人鉴于请求人未当庭出示附件9的原件，因此对附件9的真实性有异议，并且认为附件10中光盘配音文字的内容与本案无关；请求人还当庭表示口审之日起一周内提交附件9的原件，否则视为未提交。合议组将双方当事人当庭提交的上述反证和附件分别转给对方。双方当事人当庭表示口审后不需要再提交书面意见陈述。

口审一周内请求人提交了附件9的原件，并经合议组核实附件9的复印件与原件相符。

在上述工作的基础上，合议组认为双方当事人已经充分发表意见，本案事实清楚，可以依法作出本无效宣告请求审查决定。

二、决定的理由

1. 法律依据

中国专利法第23条规定：授予专利权的外观设计，应当同申请日以前在国内外出版物上公开发表过或者国内公开使用过的外观设计不相同和不相近似，并不得与他人在先取得的合法权利相冲突。

2. 证据认定

2-1. 鉴于请求人在口头审理中声明放弃附件1—3和附件6、7作为本案的证据，因此合议组对上述已放弃的证据不予审理；由于附件4是本专利的公报，因此也不作为证据使用。

2-2. 请求人提交的附件5是由灵宝市公证处作出的"（2005）灵证民字第16号"公证书，内附现场工作记录复印件、照片、证明及广告播出时间表复印件和三门峡市广告业专用发票复印件，公证内容为证明现场工作记录的复印件与原件内容相符，且其上所记载的情况与现场实际情况相符，另外还有1张由灵宝市公证处签封的光盘；附件9是由灵宝市公证处签章的证明；附件10是附件5中光盘的配音文字；请求人又于口头审理中当庭演示了光盘的内容；请求人以上述附件证明在本专利申请日以前照片和光盘中所示的产品在电视媒体上公开播放过。针对上述附件，合议组认为：根据附件5公证书的公证内容，能够认定现场工作记录及其上所记载的公证现场所发生事件的真实性和照片的真实性，即能够确认在公证当时灵宝市有线电视台的工作人员王辉调出了载有照片所示产品的录像带的事实；但公证书中未对其内所附的王辉出具的相关证明、时间表和发票的复印件与原件是否相符进行公证，且王辉作为证明相关产品广告公开播放的证人，未能出庭作证并接受质证；请求人还当庭补充提交了附件9灵宝市公证处出具的证明，但是由于该证据本身不是公证书，仅属于证人证言，该证明只能说明公证书中所附材料的复印件与原件相符。而专利权人对上述材料所述事实的真实性也持有异议并出具了反证1，该反证1是专利权人委托山东省昌乐县公证处于2005年5月16日对证人王辉的证言进行保全证据公证的公证书，公证书的主要内容是王辉对"（2005）灵证民字第16号"公证书中所附自己证言的解释和说明。主要内容是对播出时间及广告录像带是否保存在灵宝电视台两个问题进行回答，王辉承认2002年广告由广告承包人个人承包，播出时间他自己并不清楚，广告时间表及广告资料带均由广告承包人提供，他自己是根据广告承包人提供的2002年广告播出时间表、广告资料带及金中皇公司提供的广告发票和广告资料带的内容回忆当年播出过，且王辉明确表示其不清楚2002年10月4日至2002年11月4日广告播出时间表和广告资料带是否存放于灵宝市有线电视台。针对专利权人提交的反证1中王辉所称的广告录像带和播出时间表均由广告承包人提供，由于在口头审理中证人王辉未到庭，无法进行质证，不能确认附件5中王辉的证言内容是否属实，而附件5中的播出时间表和三门峡市广告业专用发票与待证事实之间缺乏必然的联系。对于光盘本身，虽然由灵宝市公证处签封，但在演示光盘的过程中，除照片所示的产品画面和附件10所示的配音文字外，并未显示出任何广告播放当时的时间信息，因此也不能作为认定事实的依据；即其依然不能支持请求人关于本专利申请日以前公开播放过相关产品广告的主张。因此，附件5涉及的广告录像带的真实性以及形成和播出时间没有得到证实，从而不能认定照片所示的载有相关产品的广告录像带是否在本专利申请日以前公开播放过的事实。

2-3. 请求人提交的附件8是2003年6月23日出版的《灵宝晚报》第4版复印件，专利权人对其真实性也无异议，因此合议组对其真实性予以认定；由于该期《灵宝晚报》的公开日在本专利申请日（2003年10月14日）以前，因此属于中国专利法第23条所规定的公开出版物，适用于本案。

3. 关于本专利是否符合专利法第 23 条

附件 8 的《灵宝晚报》公开了 1 款杯子（下称对比文件）的立体图。从图片上观察，对比文件的整体形状为近似圆柱体，柱面环绕"国色天香"图案，并且合议组注意到在生效的第 7397 号无效宣告请求审查决定中请求人也曾明确过附件 8 中所示外观设计的图案为"国色天香。（详见对比文件附图）

本专利同样是杯子的外观设计，整体形状为近似圆柱体，柱面环绕"花开富贵"图案和文字。（详见本专利附图）

合议组认为：本专利和对比文件均为杯子的外观设计，用途相同，属于相同种类的物品，具有可比性。

将本专利和对比文件相比较，其相同点为：二者的形状基本相同。合议组认为：从整体视觉观察，虽然二者形状基本相同，但由于本专利杯体环绕"花开富贵"图案和对比文件杯体环绕"国色天香"图案；二者在主要图案的设计上明显不同，这种图案的明显不同对二者的整体外观设计产生了显著的视觉影响，因此二者应属于不相同且不相近似的外观设计。

综上所述，请求人提交的相关证据不能形成完整的证明体系支持其无效宣告请求的理由，且其提交的有效的对比文件与本专利相比较，也属于不相同且不相近似的外观设计。本专利的授予符合专利法第 23 条的规定。

三、决定

维持 200330109745.4 号外观设计专利权有效。

当事人对本决定不服的，可以根据中国专利法第 46 条第 2 款的规定，自收到本决定之日起三个月内向北京市第一中级人民法院起诉。根据该款的规定，一方当事人起诉后，另一方当事人应当作为第三人参加诉讼。

本专利

对比文件

包装盒（肾宝）

无效宣告请求审查决定（第 9131 号）

决 定 号	第 9131 号
决 定 日	2006 年 12 月 15 日
发明创造名称	包装盒（肾宝）
外观设计分类号	09—03
无效宣告请求人	江西禹欣药业有限公司
专 利 权 人	江西汇仁药业有限公司
专 利 号	01319211.6
申 请 日	2001 年 5 月 14 日
授 权 公 告 日	2002 年 1 月 23 日
合 议 组 组 长	钱亦俊
主 审 员	张雪飞
参 审 员	张 凌
法 律 依 据	专利法第 23 条，专利法实施细则第 66 条
决 定 要 点	在没有任何销售过程中产生的原始证据以及销售行为当事人的相应证明的情况下，仅凭网页上记载的销售日期等单纯电子数据信息尚不足以证明相关产品确于该日期公开销售的事实。

一、案由

本无效宣告请求涉及的是国家知识产权局于 2002 年 1 月 23 日授权公告的 01319211.6 号外观设计专利，其产品名称是"包装盒（肾宝）"，申请日是 2001 年 5 月 14 日，专利权人是江西汇仁药业有限公司。

针对上述外观设计专利权（下称本专利），2006 年 4 月 11 日江西禹欣药业有限公司（下称请求人）向专利复审委员会提出无效宣告请求，其理由是本专利不符合中国专利法第 23 条的规定。请求人认为本专利产品在其申请日以前就已上市公开销售，并提交了如下证据附件：

附件 1 是下载于中国健康在线医药招商网（赢家同盟）网站的网页 3 页；
附件 2 是下载于汇仁集团网站的网页 2 页。

专利复审委员会根据无效宣告请求审查程序的规定受理了该无效宣告请求，并于 2006 年 4 月 12 日将请求人的无效宣告请求文件转送专利权人。

专利复审委员会于 2006 年 5 月 9 日收到专利权人的意见陈述书，专利权人说明本企业在 1994 年成立时的名称为"中外合资汇仁制药有限公司",后更名为"汇仁制药有限公司",并于2002年4月再次更名为现名称,本企业曾于1998年申请过涉及"肾宝"产品另外一款外包装的98334175.3号外观设计专利,且该专利产品于2001年获奖,本专利是在2001年变更新包装后申请的外观设计专利,2002年才上市,并未在申请日以前公开使用;请求人提交的附件1所示2006年4月发布的网页信息不准确,其上记载的相关产品的上市日期为1990年1月1日,在本企业成立之前,同时相关产品上标示的厂家为本企业的现名称,因此在时间上产生矛盾;附件2同为2006年4月发布的网页信息,而该网站建立于2004年,相关信息均为2004年以后的产品;因此请求人提交的证据均不能成立,其无效宣告请求应予驳回。专利权人同时提交了如下证据附件:

反证1是98334175.3号外观设计专利的证书、变更手续合格通知书、检索信息和法律状态等材料复印件共4页;

反证2是《荣誉证书》复印件1页;

反证3是专利权人的《企业法人营业执照》复印件1页;

反证4是本专利证书复印件1页。

专利复审委员会于2006年7月26日将专利权人的意见陈述及附件转送请求人,同时向双方当事人发出口头审理通知书,定于2006年9月26日进行口头审理。

口头审理如期举行,仅有请求人一方委托代理人出庭,合议组进行缺席审理,请求人对合议组成员无回避请求。在口头审理中,请求人坚持其原有观点,并当庭提交了针对附件1的公证件:铜鼓县公证处于2006年4月12日作出的"(2006)铜证字第15号"网页保全公证书,内含下载于MSN中国网站、汇仁集团网站和中国健康在线医药招商网(赢家同盟)网站的网页共17页。请求人认为附件1所示网页确实存在,其上记载相关产品的上市日期为1990年1月1日,能够证明在本专利申请日以前相关产品公开销售的事实;附件2中载有"汇仁肾宝……在1998年就获准列入卫生部药品标准十五册……"等字样,也可以证明其上所示的相关产品在本专利申请日以前公开销售的事实。对于专利权人的意见陈述和反证,请求人认为反证1所示的98334175.3号外观设计专利与本专利不是同一个申请人,且本方从未见过专利权人所说的"肾宝"产品先期使用的另外一款外包装。

专利复审委员会于2006年9月27日向专利权人发出合议组成员告知通知书;同时将请求人在口头审理中提交的公证书的副本转送专利权人,并告知专利权人公证书原件存于专利复审委员会,如其对公证书真实性有异议,可在指定期限内至专利复审委员会查阅。

专利权人于2006年10月18日提交了意见陈述书,仍坚持其原有观点,并提交了《企业法人营业执照(副本)》复印件1页、《药品注册证》复印件1页和《中国企业网》商务合同及《协议说明书》复印件共9页等三份附件以支持其原有观点。

专利权人在指定期限内未对合议组成员提出回避请求。

在上述审理的基础上,合议组经合议,认为本案事实清楚,依法作出本审查决定。

二、决定的理由

1. 基于请求人提出的无效宣告请求的理由,合议组依据中国专利法第23条的规定对本案进行审理。

中国专利法第23条规定:授予专利权的外观设计,应当同申请日以前在国内外出版物上公开发表过或者国内公开使用过的外观设计不相同和不相近似,并不得与他人在先取得的合法权利相冲突。

2. 请求人提交的附件1是下载于中国健康在线医药招商网(赢家同盟)网站的网页,请求人在口头审理中针对其提交了铜鼓县公证处于2006年4月12日作出的"(2006)铜证字第15号"网页保全公证书。针对附件1,合议组认为:专利权人未对公证书的真实性提出异议,能够认定其真实性;

公证书依法具有证据效力，通过公证处对中国健康在线医药招商网（赢家同盟）网站的网页保全能够认定2006年4月12日在该网站的网页上确实记载了相关的内容，其中包括企业名称为"江西汇仁药业有限公司"的"肾宝合剂（肾宝）"包装盒图片和"上市日期：1990年1月1日"等字样以及商品价格等信息；但是该网页的保全日期为2006年4月12日，在没有相关佐证支持的情况下，不能由此推定在本专利申请日（2001年5月14日）以前该网页就已存在且在该网页上已记载上述相关内容；同时该网站属于第三方建立的医药交易平台性质的网站，请求人既没有提交证据证明该网站上记载的相关信息确实来源于专利权人，也缺少该网站的管理者对于其上记载的电子数据准确性的验证，尤其是对于请求人试图证明其上所示的相关产品自1990年1月1日起即已通过公开销售的方式为公众所知的事实一项，在没有任何当时销售过程中产生的原始证据以及销售行为当事人的相应证明的情况下，仅凭2006年4月的网页上记载的"上市日期：1990年1月1日"的单纯电子数据信息尚不足以证明其上所示的相关外观设计确于该日期公开销售的事实。

3. 请求人提交的附件2是下载于汇仁集团网站的网页。针对附件2，合议组认为：由于专利权人未对其真实性提出异议，且说明"……该网站是在2004年上半年建立的……等事项，因此能够认定附件2的真实性；但是该网页的下载日期是2006年4月，在没有相关佐证支持的情况下，不能由此推定在本专利申请日（2001年5月14日）以前该网页就已存在；同时对于请求人试图证明其上所示的相关产品在本专利申请日以前即已通过公开销售的方式为公众所知的事实一项，虽然该网页上载有"汇仁肾宝……在1998年就获准列入卫生部药品标准十五册……"等字样，但是其上还载有"汇仁肾宝……目前已在市场上热销四年……"等字样，由其2006年4月的下载日期推算，该网页所示相关产品的销售日期应在本专利申请日以后，因此在缺少相关佐证支持的情况下，仅凭网页上的记载内容尚不能认定其上所示的相关外观设计在本专利申请日以前公开销售的事实。

4. 针对请求人在口头审理时提交的公证书中所含的其他下载网页，因其均属于请求人自无效宣告请求之日（2006年4月11日）起一个月以后提交的新证据，根据专利法实施细则第66条的规定：在专利复审委员会受理无效宣告请求后，请求人可以在提出无效宣告请求之日起1个月内增加理由或者补充证据。逾期增加理由或者补充证据的，专利复审委员会可以不予考虑。因此合议组对该超期提交的新证据不予考虑。

5. 综上所述，请求人提交的证据均不足以支持其无效宣告请求的理由。基于上述已得出请求人证据不足的结论，因此合议组对于专利权人提交的反证等附件不再予以评述。

三、决定

维持01319211.6号外观设计专利权有效。

当事人对本决定不服的，可以根据专利法第46条第2款的规定，自收到本决定之日起三个月内向北京市第一中级人民法院起诉。根据该款的规定，一方当事人起诉后，另一方当事人应当作为第三人参加诉讼。

组合前照灯（6880）

无效宣告请求审查决定（第9132号）

决　定　号	第9132号
决　定　日	2006年12月8日
发明创造名称	组合前照灯（6880）
外观设计分类号	26-06
无效宣告请求人	丹阳东港灯具有限公司
专　利　权　人	王品朝
专　利　号	03314215.7
申　请　日	2003年1月13日
授权公告日	2003年8月27日
合议组组长	钟　华
主　审　员	张雪飞
参　审　员	李巍巍
附　图	2页
法　律　依　据	专利法第23条，专利法实施细则第66条

决　定　要　点

请求人提出的部分证据无原件，真实性不能被认定，部分证据缺乏有效证据的支持，不具有关联性，部分证据证实的在先使用公开的外观设计又与本专利区别明显，属于不相同且不相近似的外观设计，因此请求人提出的证据均不能支持其无效宣告请求的理由。

一、案由

本无效宣告请求涉及的是国家知识产权局于2003年8月27日授权公告的03314215.7号外观设计专利，其产品名称是"组合前照灯（6880）"，申请日是2003年1月13日，专利权人是王品朝。

（一）第一次无效宣告请求程序

针对上述外观设计专利权（下称本专利），2005年10月13日丹阳东港灯具有限公司（下称请求人）向专利复审委员会提出无效宣告请求，其理由是本专利不符合中国专利法第23条的规定。请求人认为本专利与在其申请日以前由武进市小河陆洲灯具五金厂根据安徽安凯汽车股份有限公司技术中心提供的草图完成设计并先期使用的产品外观设计相同，本专利是在武进市小河陆洲灯具五金厂所生产样品的基础上完成其内部结构后申请的专利，应予宣告无效。请求人同时提交了如下证据附件：

附件（一）1是安徽安凯汽车股份有限公司技术中心与武进市小河陆洲灯具五金厂签订的《技术

协议》复印件和草图复印件共2页；

附件（一）2是安徽安凯汽车股份有限公司技术部的陈顺东与常州市王朝车业有限公司的王品朝（即本案专利权人）签订的《技术协议》复印件1页；

附件（一）3是陈顺东签名的图片复印件和《采购件检测记录》复印件共3页；

附件（一）4是安徽安凯汽车股份有限公司的2份《不合格品处置单》及2张《器材验收/检验单》复印件共4页；

附件（一）5是安徽安凯汽车股份有限公司的3张《器材验收/检验单》复印件1页；

附件（一）6是常州市王朝车业有限公司开具的第00323253号《江苏增值税专用发票》复印件1页。

专利复审委员会根据无效宣告请求审查程序的规定受理了该无效宣告请求，并于2005年10月17日将请求人的无效宣告请求文件转送专利权人。

专利权人于2006年1月11日提交了意见陈述书，认为请求人提出的证据材料不符合中国专利法第23条所述的公知外观设计，其理由不能成立；同时专利权人说明其投资设立的常州市王朝车业有限公司是专业设计、制造、销售各种型号汽车灯具的企业，并提交了如下证据附件：

反证（一）1是第02235577号、第03118660号、第02235566号和第00323253号《江苏增值税专用发票》复印件共4页；

反证（一）2是常州市王朝车业有限公司的《企业法人营业执照》复印件1页。

专利复审委员会于2006年5月22日将专利权人的意见陈述及附件转送请求人，同时向双方当事人发出口头审理通知书，定于2006年6月27日进行口头审理。

请求人于2006年6月19日提交了延期审理申请书，说明因农忙放假和生产让电，在2006年6月18日公司恢复上班后才收到口头审理通知书，延误了答复时间；另外在口头审理期间，公司的法定代表人和专利代理人将在国外进行商务活动，其委托的代理律师又突遇车祸在医院治疗，均无法出庭，故申请延期审理。

2006年6月27日口头审理仅有专利权人一方委托代理人出庭，其进一步说明了对请求人所提出证据的质疑，认为本专利应予维持。

专利复审委员会于2006年7月24日向请求人发出审查通知书，要求其在指定期限内提交相关证据以支持其申请延期审理的理由。

请求人于2006年8月14日提交了《商务邀请函》、《商务会议变更通知》、护照、《出口购货合同（印度尼西亚）》、《配载通知》、《关于工业生产限电的通知》、《简易程序处理事故认定书》、《交通事故损害赔偿凭证》和《诊断证明书》等证据。同时针对本无效宣告请求的理由补充了如下证据附件：（编号续前）

附件（一）7是国家汽车质量监督检验中心（长春）出具的《检验报告（汽车前转向信号灯配光性能）》复印件6页；

附件（一）8是国家客车质量监督检验中心出具的《汽车整车产品定型试验报告》复印件12页；

附件（一）9是丹阳市公安局交通巡逻警察大队出具的《大型汽车号牌 京G12622车辆信息》复印件和机动车行驶证复印件共2页；

附件（一）10是江苏省盐城市公安局交通巡逻警察支队车辆管理所出具的机动车登记信息及发票、车辆照片的复印件共4页；

附件（一）11是盖有安徽安凯汽车股份有限公司技术鉴定章的购车资料复印件2页；

附件（一）12是安徽省合肥市徽元公证处作出的"（2006）皖元内证字第1835号"公证书复印

件3页，内含陈顺东签名的《证明》复印件1页。

（二）第二次无效宣告请求程序

针对本专利，2006年7月31日请求人再次向专利复审委员会提出无效宣告请求，其理由是本专利不符合中国专利法第23条的规定。请求人认为本专利非专利权人独立完成，且在本专利申请日以前已有与其外观设计相同或者相近似的产品在国内生产、销售过，本专利应予宣告无效。请求人同时提交了如下证据附件：

附件（二）1是在附件（一）1的基础上增加了陈顺东的签名确认复印件；

附件（二）2是在附件（一）2的基础上增加了陈顺东的签名确认复印件；

附件（二）3是在附件（一）3的基础上减去了《采购件检测记录》复印件，增加了陈顺东与孔德彬共同签名的《证明》复印件1页和陈顺东的签名确认复印件；

附件（二）4同附件（一）4；

附件（二）5是在附件（一）5的基础上增加了安徽安凯汽车股份有限公司的3张《器材验收/检验单》复印件1页；

附件（二）6同附件（一）6；

附件（二）7同附件（一）7；

附件（二）8同附件（一）8；

附件（二）9同附件（一）9；

附件（二）10同附件（一）10；

附件（二）11同附件（一）11；

附件（二）12同附件（一）12。

专利复审委员会根据无效宣告请求审查程序的规定受理了该无效宣告请求，并于2006年8月2日将请求人的第二次无效宣告请求文件转送专利权人。

专利权人于2006年9月6日提交了意见陈述书，认为请求人提出的附件（二）1的真实性不能确定，且不能确定所涉及产品的外观设计及其公开时间；附件（二）2不能确定所涉及产品的外观设计及其公开时间；附件（二）3—附件（二）5的真实性不能确定，证人证言不足信，且不能确定所涉及产品的外观设计及其公开时间；附件（二）6形成于本专利申请日以后，且所涉及产品的型号与本专利不符；附件（二）7不能确定所涉及产品的外观设计及其公开时间；附件（二）8—附件（二）11不能确定所涉及产品的外观设计；附件（二）12仅证明陈顺东签名的行为，其身份难以证明，且证人证言不足信；因此请求人提出的无效宣告请求不能成立，本专利应予维持。同时专利权人说明其投资设立的常州市王朝车业有限公司是专业设计、制造、销售各种型号汽车灯具的企业，并提交了如下证据附件：

反证（二）1是国家汽车质量监督检验中心（长春）出具的《检验报告（汽车前照灯配光性能）》复印件3页；

反证（二）2是国家汽车质量监督检验中心（长春）出具的《检验报告（汽车前位灯配光性能）》复印件3页；

反证（二）3是国家汽车质量监督检验中心（长春）出具的《检验报告（汽车前转向信号灯配光性能）》复印件3页；

反证（二）4同反证（一）1。

专利复审委员会于2006年10月12日将专利权人的意见陈述及附件转送请求人，同时向双方当事人发出口头审理通知书，定于2006年11月22日进行口头审理。

口头审理如期举行，双方当事人均委托代理人出庭。在口头审理中，双方当事人均对合议组成员无回避请求，对对方出庭人员的资格也均无异议。请求人具体说明本方证据是真实的、前后关联的，能够证明相关产品开发、供货、检验、销售和登记的事实，并确认以附件（二）1、附件（二）3和附件（二）5—附件（二）12相结合，证明附件（二）8和附件（二）10中所指认的与本专利相同或者相近似的外观设计产品在本专利申请日以前已被公开使用；以附件（二）2—附件（二）6和附件（二）12相结合，证明安徽安凯汽车股份有限公司在与专利权人企业合作之前就已有在国内公开使用的在先设计；请求人当庭提交了附件（二）1中《技术协议》原件和陈顺东签字的草图确认件、附件（二）2中陈顺东签字的《技术协议》确认件、附件（二）3中《证明》原件和陈顺东签字的图片确认件、附件（二）7原件、附件（二）8原件、附件（二）9中《大型汽车号牌 京G12622车辆信息》原件、附件（二）10原件、附件（二）11原件和附件（二）12原件，并针对附件（二）9补充了照片复印件1页。合议组当庭告知双方当事人，请求人针对附件（二）9提交的补充证据超出了自无效宣告请求之日（2006年7月31日）起一个月内的举证期限，本案不予考虑。

专利权人核实上述证据原件和确认件后，认可附件（二）1中《技术协议》、附件（二）2、附件（二）5、附件（二）6、附件（二）7、附件（二）8、附件（二）9中《大型汽车号牌 京G12622车辆信息》和附件（二）12的真实性，并针对附件（二）6出示了原件。专利权人认为请求方多个证人证言的出证人并未出庭作证，其身份不能确认，且证人证言属于事后的回忆，受多种因素的影响，证明力不足，不能被采信；其他证据或有矛盾之处，或形成于本专利申请日之后，或不能证明公开销售的事实，或无原件其真实性不能被确认，因此均不能支持请求人的无效宣告请求的理由。专利权人当庭出示了反证（二）1—反证（二）4的原件，说明汽车车灯需经检验合格后才能生产销售，本专利产品并未在申请日以前在先销售过。请求人声明对专利权人出示的附件（二）6和反证（二）1—反证（二）4的原件真实性予以认可。

双方当事人均认定请求人指认的附件（二）8和附件（二）10中图片所示产品的外观一致。针对其与本专利的相近似性判断，请求人坚持认为二者是相同或者相近似的外观设计，且具有互换性；专利权人认为二者区别明显，属于不相同且不相近似的外观设计。

在针对上述两次无效宣告请求进行审理的基础上，合议组经合议，认为本案事实清楚，依法作出本审查决定。

二、决定的理由

1. 基于请求人提出的两次无效宣告请求的理由，合议组依据中国专利法第23条的规定对本案进行审理。

中国专利法第23条规定：授予专利权的外观设计，应当同申请日以前在国内外出版物上公开发表过或者国内公开使用过的外观设计不相同和不相近似，并不得与他人在先取得的合法权利相冲突。

2. 请求人在第二次无效宣告请求程序中于口头审理时（2006年11月22日）补充的证据已超出了自无效宣告请求之日（2006年7月31日）起一个月的举证期限，根据专利法实施细则第66条的规定：在专利复审委员会受理无效宣告请求后，请求人可以在提出无效宣告请求之日起1个月内增加理由或者补充证据。逾期增加理由或者补充证据的，专利复审委员会可以不予考虑。因此合议组对该超期提交的证据不予考虑。

3. 请求人在第二次无效宣告请求程序中提交的附件（二）1是安徽安凯汽车股份有限公司技术中心与武进市小河陆洲灯具五金厂签订的《技术协议》原件和陈顺东签名确认的草图复印件；附件（二）3是陈顺东与孔德彬共同签名的《证明》原件和陈顺东签名确认的图片复印件；附件（二）5是安徽安凯汽车股份有限公司的《器材验收/检验单》复印件；附件（二）6是常州市王朝车业有限

公司开具的第00323253号《江苏增值税专用发票》；附件（二）7是国家汽车质量监督检验中心（长春）出具的《检验报告（汽车前转向信号灯配光性能）》；附件（二）8是国家客车质量监督检验中心出具的《汽车整车产品定型试验报告》；附件（二）9是丹阳市公安局交通巡逻警察大队出具的《大型汽车号牌 京G12622车辆信息》原件和机动车行驶证复印件；附件（二）10是江苏省盐城市公安局交通巡逻警察支队车辆管理所出具的机动车登记信息及发票、车辆照片；附件（二）11是盖有安徽安凯汽车股份有限公司技术鉴定章的购车资料；附件（二）12是安徽省合肥市徽元公证处作出的"（2006）皖元内证字第1835号"公证书，内含陈顺东签名的《证明》。请求人以上述证据相结合证明附件（二）8和附件（二）10中所指认的与本专利相同或者相近似的外观设计产品在本专利申请日以前已被公开使用过的事实。

针对上述附件，合议组认为：附件（二）1中《技术协议》签订于2001年11月，涉及"HFF6120K32"车型前大灯的共同开发事项，双方当事人均对其真实性无异议，其真实性可以认定；但由于该共同开发的技术协议不同于销售合同，并不导致其内设计处于公众可以得知的状态，因此不构成使用公开；且其上未体现该款灯具的外观设计，虽后附草图，但草图本身无原件，确认其存在的出证人陈顺东又无故未出庭接受质证，在专利权人对其提出合理质疑的情况下，不能认定草图的真实性及其与《技术协议》的关联性。附件（二）3中《证明》的出证人陈顺东和孔德彬以个人身份证明2001年11月"HFF6120K32"车型所使用灯具的开发情况，后附的图片涉及2002年5月或2004年"HFF6120WK33"、"HFF6120（1）K46"等多种车型的开发情况，但是产品开发时间并不等同于公开销售时间，不能认定其内所示设计属于在先的使用公开的范畴；且其内涉及的车型不统一，所使用的灯具也不统一，在《证明》的出证人陈顺东、孔德彬和图片的确认人陈顺东无故未出庭接受质证的情况下，仅单纯依据个人的书面证言尚不足以认定开发相关车型的具体事实；同时2004年所开发车型的灯具注明使用于2003年6月，晚于本专利申请日（2003年1月13日），并不构成在先使用的要件。附件（二）5所示《器材验收/检验单》复印件和附件（二）6所示《江苏增值税专用发票》经过双方当事人的确认，真实性能够被认定；但是其均形成于2003年4月—6月，均晚于本专利申请日，因此不属于在先使用的证据，不适用于本案。附件（二）7所示《检验报告（汽车前转向信号灯配光性能）》涉及2002年4月"凯斯鲍尔K33"车型所使用灯具的检验情况，双方当事人均对其真实性无异议，其真实性可以认定；但其仅涉及灯具的生产日期和送样日期，不能表明其内设计处于使用公开的状态；且该使用车型与其他证据所示车型型号均不同，其本身又未体现所涉及灯具的外观设计，因此其与本案的关联性不能被认定。附件（二）8所示《汽车整车产品定型试验报告》涉及2002年11月"HFF6121WK47"车型的试验情况，双方当事人均对其真实性无异议，其真实性可以认定；但其属于新产品定型的试验报告，不能证明其内所示车型处于公众可以得知的状态，不构成使用公开。附件（二）9中《大型汽车号牌 京G12622车辆信息》涉及"HFF6120WK47"车型，其真实性经过双方当事人的确认，可以被认定；虽然其上记载出厂日期为2002年12月1日，早于本专利申请日，但初次登记日期为2003年1月20日，晚于本专利申请日，而记载实际销售的销售单位不清，来历凭证是"销售发票"，对此请求人未能提交销售发票等相关证据证明其实际销售日期确在本专利申请日以前，因此不足以认定在先使用公开；其后附的行驶证无原件，在专利权人对其真实性提出合理质疑的情况下，其真实性不能被认定。附件（二）12所示公证书证明出证人陈顺东在《证明》上签名的行为，双方当事人均对公证书的真实性无异议，其真实性可以认定；该《证明》是对附件（二）3中《证明》的补充，除原有内容外，增加了"'HFF6120K32'车型所使用灯具实际上也在'HFF6120WK33'和'HFF6120WK47'等车型上使用"的相关证词，由于出证人陈顺东无故不出庭接受质证，又无其他有效证据的支持，因此不足以认定其相对于附件（二）3中《证明》新增加证词的真实性；且该《证明》仍未能弥补前述附件（二）3中《证明》存在的缺陷，在此不再赘述。

对于附件（二）10和附件（二）11，其均涉及车架号为"LA97K2M1X2AHFF009"的汽车的登记信息及销售情况，虽然专利权人认为附件（二）10中发票上记载的销售时间是2003年1月6日，与附件（二）11中销售商记载的购车日期（2003年1月9日）不符，但因附件（二）10所示证据均来源于江苏省盐城市公安局交通巡逻警察支队车辆管理所的原始档案材料，经过了行政管理机关的直接确认，并有正规的"第0051558号"《机动车销售统一发票》相印证，而附件（二）11所示购车资料来源于销售商统计的电子数据，其上所记载内容的准确性难以认定，因此仅凭销售商存档的电子数据尚不足以否定保存于车辆管理机关的发票和原始档案的真实性，请求人提交的附件（二）10所示的机动车登记信息、发票、车辆照片相结合，能够证明其内涉及的车架号为"LA97K2M1X2AHFF009"、发动机号为"21506655C30020"、牌照为"苏J02360"的"HFF6120WK47"型汽车在本专利申请日（2003年1月13日）以前已在国内公开销售使用过的事实。

在该"苏J02360"号汽车上使用了一款组合前照灯（下称在先设计）。从图片上观察，在先设计正面为近似凤眼形，灯罩内分隔为条形的上部、近似梯形的左下部和近似三角形的右下部；其他面视图不可见。（详见在先设计附图）

本专利也是汽车前照灯的外观设计，正面为近似凤眼形，灯罩内分隔为近似梯形的左上部（内含圆灯）、近似楔形的右上部（内含圆灯）、近似双眼形的下部和近似三角形的右下部（内含圆灯）；另有其他面视图。（详见本专利视图）

合议组认为：本专利和在先设计均为汽车前照灯的外观设计，用途相同，属于相同类别的产品，具有可比性。

将本专利和在先设计相比较，其相同点为：二者正面的外轮廓基本一致。合议组认为：从整体视觉观察，由于前照灯在使用时镶嵌在车身表面，除正面外的其他部分均隐藏在车身内部，因此前照灯的正面是较之容易见到的部位，而本专利和在先设计对于前照灯正面的灯组布局设计明显不同，足以导致二者的整体外观设计产生显著的差别，因此二者应属于不相同且不相近似的外观设计。即请求人提交的附件（二）10和附件（二）11仍不能证明在本专利申请日以前在国内公开使用过与本专利相同或者相近似的外观设计产品。

由于请求人提交的上述证据均存在缺陷，相互之间也缺少必要的关联性，因此上述证据相结合不足以支持请求人的主张。

4. 请求人在第二次无效宣告请求程序中提交的附件（二）2是安徽安凯汽车股份有限公司技术部的陈顺东与常州市王朝车业有限公司的王品朝（即本案专利权人）签订的《技术协议》复印件；附件（二）4是安徽安凯汽车股份有限公司的《不合格品处置单》及《器材验收/检验单》复印件。请求人以附件（二）2—附件（二）6和附件（二）12相结合，证明安徽安凯汽车股份有限公司在与专利权人企业合作之前就已有在国内公开使用的在先设计。针对上述附件，合议组认为：附件（二）2所示《技术协议》仍为共同开发的技术协议，其内设计不处于公众可以得知的状态，不构成使用公开；附件（二）4所示《不合格品处置单》和《器材验收/检验单》均无原件，在专利权人对其真实性提出合理质疑的情况下，其真实性不能被认定；再结合合议组对前述附件（二）3、附件（二）5、附件（二）6和附件（二）12的论述，请求人提交的上述证据也不能证明在本专利申请日以前已存在在先公开使用的相关外观设计产品。

5. 针对请求人在第一次无效宣告请求程序中提出的理由和证据，由于除附件（一）3中《采购件检测记录》的复印件外，其他均包含于第二次无效宣告请求程序中，因此对于相同的证据与前述针对第二次无效宣告请求程序中证据认定的结论和理由相一致，在此不再赘述；而附件（一）3中《采购件检测记录》仅为单页复印件，不能认定其真实性，因此其与其他证据相结合仍不足以证明请求人所主张的相关产品在先使用公开的事实。

6. 综上所述，请求人在两次无效宣告请求程序中提交的证据均不足以支持其无效宣告请求的理由。

三、决定

维持03314215.7号外观设计专利权有效。

当事人对本决定不服的，可以根据专利法第46条第2款的规定，自收到本决定之日起三个月内向北京市第一中级人民法院起诉。根据该款的规定，一方当事人起诉后，另一方当事人应当作为第三人参加诉讼。

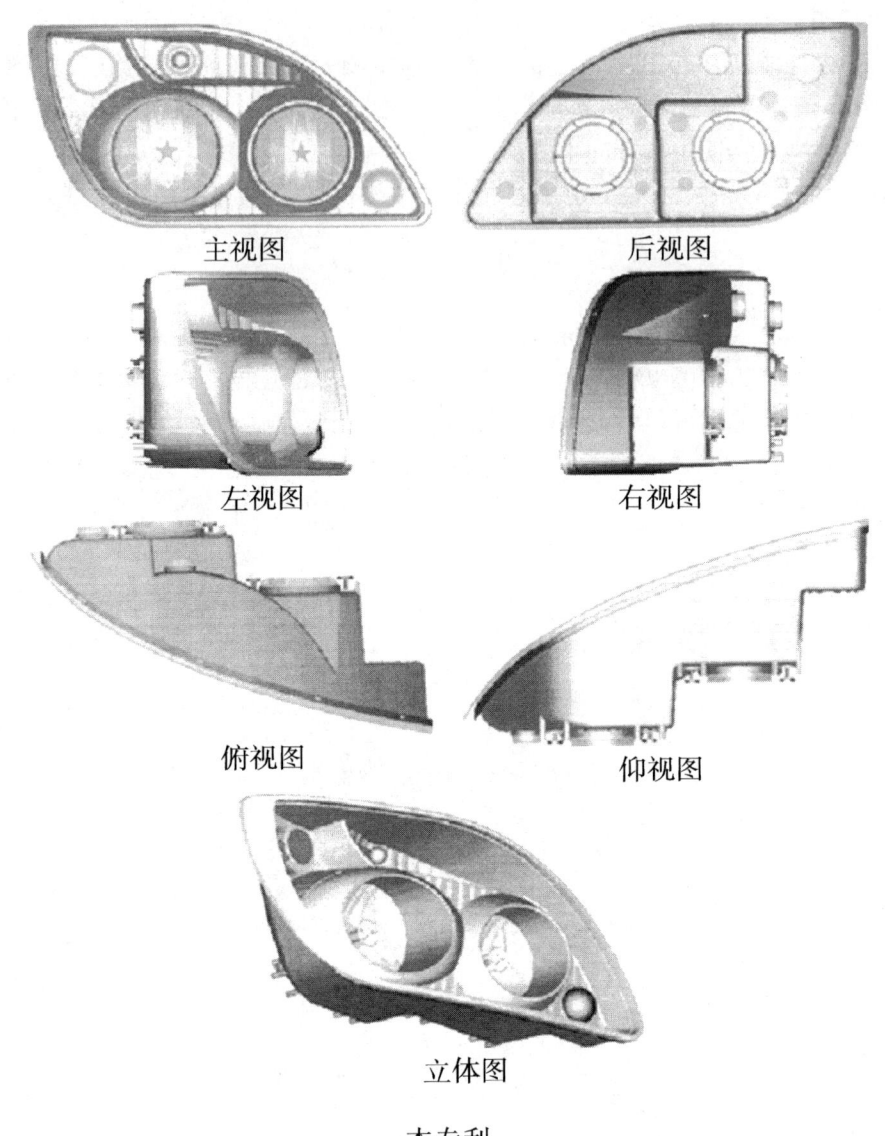

主视图　　后视图
左视图　　右视图
俯视图　　仰视图
立体图

本专利

在先设计

096

柜式空气调节扇

无效宣告请求审查决定（第 9135 号）

决 定 号	第 9135 号
决 定 日	2006 年 12 月 11 日
发明创造名称	柜式空气调节扇
国 际 分 类 号	23-04-A0069
无效宣告请求人	宝儿马电器集团有限公司
专 利 权 人	深圳市联创实业有限公司
专 利 号	00330171.0
申 请 日	2000 年 10 月 18 日
授 权 公 开 日	2001 年 6 月 20 日
合 议 组 组 长	崔国振
主 审 员	李金光
参 审 员	何 炜
附 图	5 页

法 律 依 据 专利法第 23 条，专利法实施细则第 13 条第 1 款
决 定 要 点
在判断两项外观设计专利是否属于同样的发明创造时应当以表示在图片或照片中的外观设计产品为准。如果相同类别产品的两项外观设计的形状、图案或其结合不相同也不相近似，则该两项外观设计专利不属于同样的发明创造。

一、案由

本无效宣告请求案涉及国家知识产权局于 2001 年 6 月 20 日授权公告的、名称为"柜式空气调节扇"的第 00330171.0 号外观设计专利权（下称本专利），其申请日为 2000 年 10 月 18 日，专利权人为深圳市联创实业有限公司。

针对上述专利权，宝儿马电器集团有限公司（下称请求人）于 2006 年 6 月 1 日向专利复审委员会提出无效宣告请求。请求人认为本专利不符合专利法第 23 条、专利法实施细则第 13 条第 1 款的规定，并提交了下述证据：

证据 1：外观设计专利第 ZL00321068.5 号，申请日为 2000 年 4 月 1 日，公开日为 2000 年 11 月 15 日，打印件 1 页；

证据 2：外观设计专利第 ZL99320309.4 号，申请日为 1999 年 6 月 3 日，公开日为 2000 年 6 月 21

日，打印件1页；

证据3：外观设计专利第ZL99333128.9号，申请日为1999年8月23日，公开日为2000年4月5日，打印件1页；

证据4：外观设计专利第ZL00311007.9号，申请日为2000年1月4日，公开日为2000年10月4日，打印件1页；

证据5：外观设计专利第ZL99318584.3号，申请日为1999年10月12日，公开日为2000年6月28日，打印件1页；

证据6：外观设计专利第ZL99335372.X号，申请日为1999年9月14日，公开日为2000年7月12日，打印件1页；

证据7：外观设计专利第ZL00311006.0号，申请日为2000年1月4日，公开日为2000年10月4日，打印件1页；

证据8：外观设计专利第ZL99308457.5号，申请日为1999年6月3日，公开日为2000年2月23日，打印件1页；

证据9：外观设计专利第ZL99335714.8号，申请日为1999年10月13日，公开日为2000年4月19日，打印件1页；

证据10：外观设计专利第ZL00322280.2号，申请日为2000年5月17日，公开日为2001年2月7日，打印件1页。

请求人认为：(1) 本专利与证据1、10造型基本相同，属于重复授权，不符合专利法实施细则第13条第1款的规定；(2) 本专利与证据2~9造型近似，不符合专利法第23条的规定。

经形式审查合格后，专利复审委员会受理了上述请求，于2006年6月1日向双方当事人发出《无效宣告请求受理通知书》，并将《专利权无效宣告请求书》及其他有关文件的副本转送给专利权人，要求其在指定的期限内答复，同时成立合议组对本无效宣告请求案进行审理。

专利权人于2006年6月30日提交了意见陈述书。专利权人认为证据1、10与本专利在造型方面存在明显的差异，从整体比例上看，本专利外观设计属"高窄薄"造型，证据1的外观设计属于"低宽厚"的造型，本专利与证据1、10相比明显不属于同样的发明创造；证据2~9提供的对比文件在造型方面都可以找出2个以上与本专利外观设计明显不相似的地方。

2006年8月16日，本案合议组向双方当事人发出《无效宣告请求口头审理通知书》，定于2006年10月24日对该专利权的无效宣告请求进行口头审理，同时将专利权人的上述意见陈述书副本转送给请求人，告知其可以在口头审理时进行答复。

2006年10月24日，口头审理如期进行，双方当事人均参加了口头审理。庭审过程中，合议组就本案的无效理由及证据逐一进行了调查，双方当事人充分陈述了各自的意见。专利权人对请求人提交的证据1~10的真实性、合法性、关联性没有异议。请求人确认无效宣告请求理由为本专利不符合专利法第23条和专利法实施细则第13条第1款的规定，其中用证据1、10分别证明本专利不符合专利法实施细则第13条第1款的规定，用证据2、6分别证明本专利不符合专利法第23条的规定，放弃证据3~5、7~9。请求人认为：(1) 本专利与证据1所示产品类型相同、形状相同，都是长形体，前立面外凸圆弧状，尺寸比例基本相同，依照整体观察综合判断原则，不足以造成视觉效果的显著差异；(2) 本专利与证据10所示产品都是长形体，前立面外凸圆弧状且上部是矩形出风口，整体造型基本相同，尺寸比例基本相近，两者属于相近似外观设计；(3) 本专利与证据2所示产品造型相同，二者只在比例上有区别，总体是相同的；(4) 本专利与证据6所示产品都是长方体造型，前立面是微凸圆弧状且有矩形出风口，比例完全一样，其他方面也基本相同。专利权人认为：(1) 本专利与证据1所示产品整体形状不同,控制板的位置不同;(2)本专利与证据10所示产品出风口的造型不同,顶板、控制板均不同;(3)本专利与证据2所示产品的出风口造型、顶板不同;(4)本专利与证据6所示产品的出风口造型、控制板位置不同。

至此,合议组认为本案的事实清楚,可以作出审查决定。

二、决定的理由

1. 无效理由和证据

本案中,请求人确认的无效宣告请求理由为本专利不符合专利法第23条和专利法实施细则第13条第1款的规定,相应证据为上述证据1、2、6、10,放弃了上述证据3~5、7~9。专利权人对上述证据1、2、6、10的真实性、合法性、关联性没有异议。本专利与证据1、2、6、10的外观设计产品都是空调扇类产品,类别相同。证据1、10的申请日在本专利的申请日之前,公开日在本专利的申请日之后,可以作为评价本专利是否符合专利法实施细则第13条第1款规定的证据使用;证据2、6的申请日、公开日均在本专利的申请日之前,可以作为评价本专利是否符合专利法第23条规定的证据使用。

2. 关于专利法实施细则第13条第1款

专利法实施细则第13条第1款规定,同样的发明创造只能被授予一项专利。

在判断两项外观设计专利是否属于同样的发明创造时应当以表示在的图片或照片中的外观设计产品为准。如果相同类别产品的两项外观设计的形状、图案或其结合既不相同也不相近似,则该两项外观设计专利不属于同样的发明创造。

本专利的外观设计包括主视图、后视图、左视图、右视图、仰视图、俯视图、立体图Ⅰ、立体图Ⅱ共八副图片。主视图、俯视图、立体图Ⅰ显示出该柜式空气调节扇的前立面是向外凸出的圆弧状。从主视图可以看出,前立面可分成四个部分:第一部分是设有控制板的部分,该部分中长条椭圆状控制板位于前立面与顶部结合部位的中央处,且控制板正面位于前立面中央顶部;第二部分是出风口,位于控制板下部,其中格栅距左右边缘有一定距离;第三部分是前立面的中间面板,位于出风口下部,其分成上下二部分,上部左上角有一个椭圆状标记,上部右上角设有调节出风方向的旋钮,上部右下方设有纵列多排的多个小圆圈,其中右下角的一圆圈最大,下部为一菱形图案;第四部分是下面板,近正方形,左上角设有一弧状凹入口,右下角有一竖条凹入口。左视图和右视图显示出空气调节扇上方各设一长方形下凹把手。后视图和立体图Ⅱ显示出进风口位于背面,为网格状。仰视图显示出底部具有四个轮子。(参见本专利的附图)

证据1的外观设计包括主视图、仰视图、俯视图、左视图、后视图、立体图共六副图片。主视图、俯视图、立体图显示出该空调扇的前立面是向外稍凸出的圆弧状。从主视图可以看出,前立面可分成四个部分:第一部分是前立面的顶部,细长形,无任何装饰图案;第二部分是出风口,位于顶部之下,其中格栅距左右边缘有一定距离;第三部分是前立面的中部,位于出风口下部,其上有装饰图画;第四部分是前立面的下部,呈长方形,右边有一竖条凹入口。从主视图、左视图、立体图可以看出,空调扇底部整体凹入。俯视图显示出顶部中间是把手,顶部近前立面处的中央部是控制板,控制板正面位于顶部。左视图显示出上方设一长形下凹把手。后视图显示出进风口位于背面,且具有格栅。仰视图显示出底部具有四个轮子。(参见证据1的附图)

本专利与证据1相比至少存在以下区别:(1)整体形状不同:本专利外观设计产品整体呈"高窄薄型",证据1的外观设计产品呈"低宽厚型";(2)本专利控制板正面在前立面中,证据1的控制板正面在顶部中;(3)本专利的前立面中部有椭圆状标记、调节出风方向的旋钮、纵列多排的多个小圆圈等,证据1的前立面中部是一图画;(4)本专利的前立面下面板近正方形,证据1的前立面最下部是长方形；(5) 本专利前立面下面板有一弧状凹入口，证据1的前立面下部没有弧状凹入口；(5) 本专利的进风口网格状，证据1的进风口栅格状。合议组认为，由于本专利的空气调节扇与证据1的空调扇在前立面各部分的布置、形状、图案以及控制板的位置方面存在上述区别，对于一般消费者而言，这些区别能够对这类产品的整体视觉效果产生显著的影响，因此二者属于不相同和不相近似的外观设计，不是同样的发明创造，本专利相对于请求人提交的证据1而言符合专利法实施细则第13条第1款的规定。

证据10的外观设计包括主视图、仰视图、俯视图、左视图、右视图、后视图、立体图（原证据上记载为其他视图）共七副图片。主视图、俯视图、立体图显示出空调扇的前立面是向外稍凸出的圆弧状。从主视图、立体图和俯视图可以看出，控制板正面位于顶面。从主视图、立体图可以看出，前立面可分为四个部分，第一部分位于前立面顶部，细长形，无任何装饰图案；第二部分是出风口，整体向内凹入，其格栅横向贯穿前立面，且延伸到左右边缘；第三部分是进风口，位于出风口下部，呈帘状设计，约占前立面总面积的1/2；第四部分位于进风口下部，长方状，左边有一弧状凹入口，右边有一竖条凹入口。左视图、右视图显示出空调扇上方位于出风口侧面各设一长形下凹把手。仰视图显示出底部具有四个轮子。(参见证据10的附图)

本专利与证据10相比至少存在以下区别：(1) 整体造型不同，本专利的进风口在空调扇背面且呈网格状，证据10的出风口在前立面中部且呈帘状；(2) 本专利的控制板正面在前立面中，证据10的控制板正面在顶面中；(3) 本专利的前立面中部有椭圆状标记、调节出风方向的旋钮、纵列多排的多个小圆圈等，证据10的前立面中部只是进风口；(4) 本专利的前立面下面板近正方形，证据10的前立面下面板为长方形。合议组认为，由于本专利的空气调节扇与证据10的空调扇在前立面各部分的布局、图案以及控制板和进风口的位置方面存在上述区别，对于一般消费者而言，这些区别能够对这类产品的整体视觉效果产生显著的影响，因此二者属于不相同和不相近似的外观设计，不是同样的发明创造，本专利相对于请求人提交的证据10而言符合专利法实施细则第13条第1款的规定。

3. 关于专利法第23条

专利法第23条规定：授予专利权的外观设计，应当同申请日以前在国内外出版物上公开发表过或者国内公开使用过的外观设计不相同或不相近似，并不得与他人在先取得的合法权利相冲突。

证据2的外观设计包括主视图、仰视图、俯视图、左视图、右视图、后视图共六副图片。主视图、俯视图显示出该空调扇的前立面是向外稍凸出的圆弧状，前立面的顶部为长方形，无任何装饰图案。从主视图可以看出，前立面可分为三部分：第一部分位于上部，为长方形，带有类似格栅的横条，横条横向贯穿前立面，且延伸到左右边缘；第二部分是出风口，位于第一部分之下，其格栅横向贯穿前立面，且延伸到左右边缘；第三部分是出风口下部的面板，约占总前立面面积1/2，近正方形，且右下角有一竖条凹入口。俯视图显示顶部前右角处有一小盖板。左视图、右视图显示出上方各设一长形下凹把手。仰视图显示出底部具有四个轮子。(参见证据2的附图)。

本专利与证据2相比至少存在以下区别：(1) 前立面布局不同，本专利前立面由四个部分组成，证据2前立面由三个部分组成；(2) 本专利的控制板在前立面上部正面，证据2的前立面中无控制板；(3) 本专利前立面中出风口下部有椭圆状标记、调节出风方向的旋钮、纵列多排的多个小圆圈等，证据2的前立面中出风口下部无任何图案；(4) 本专利前立面的下面板左上部有一弧形凹入，证据2的前立面下部面板中无弧形凹入；(5) 本专利的顶面无小盖板，证据2的顶面中有一小盖板。合议组认为，由于本专利的空气调节扇与证据2的空调扇在前立面布局、形状、图案以及控制板布置方面存在上述区别，对于一般消费者而言，这些区别能够对这类产品的整体视觉效果产生显著的影响，因此二者属于不相同和不相近似的外观设计，本专利相对于请求人提交的证据2而言符合专利法

第 23 条的规定。

证据 6 的外观设计包括主视图、仰视图、俯视图、左视图、右视图、后视图、立体图共七副图片。主视图、俯视图、立体图显示出该空调扇的前立面向外稍凸出。从主视图、左视图、右视图、立体图可以看出，前立面可分成四个部分：第一部分为最上部，细长形，无任何装饰图案；第二部分是出风口，整体向内凹入，其格栅横向贯穿前立面，且延伸到左右边缘；第三部分是无图案平板部，位于出风口下部；第四部分长方形，带有多条横向条横，且横向贯穿前立面，且延伸到左右边缘。俯视图、立体图显示出控制板位于顶部。左视图、右视图显示出空调扇上方位于出风口侧面各有一长形下凹把手，且右侧面把手下有一小盖板。后视图显示进风口位于背面。仰视图显示出底部具有四个轮子。（参见证据 6 的附图）

本专利与证据 6 相比至少存在以下区别：（1）本专利控制板正面在前立面中，证据 6 的控制板正面在顶面中；（2）本专利的前立面中部有椭圆状标记、调节出风方向的旋扭、纵列多排的多个小圆圈等，证据 6 的前立面中下部是无任何图案的平板部；（3）本专利产品前立面下面板有一竖条标记，证据 6 所示产品前立面下面板带有多条横向条横，且横向贯穿前立面，延伸到左右边缘；（4）本专利产品前立面下面板左上部有一弧形凹入，证据 6 所示产品前立面中没有弧形凹入；（5）本专利的空调扇右侧面无小盖板，证据 6 的空调扇右侧面有小盖板。合议组认为，由于本专利的空气调节扇与证据 6 的空调扇在前立面的布局、形状、图案以及侧面布置和控制板的位置方面存在上述区别，对于一般消费者而言，这些区别能够对这类产品的整体视觉效果产生显著的影响，因此二者属于不相同和不相近似的外观设计，本专利相对于请求人提交的证据 6 而言符合专利法第 23 条的规定。

基于以上事实和理由，作出如下审查决定。

三、决定

维持第 00330171.0 号外观设计专利权有效。

当事人对本决定不服的，可以根据专利法第 46 条第 2 款的规定，自收到本决定之日起三个月内向北京市第一中级人民法院起诉。根据该款的规定，一方当事人起诉后，另一方当事人应当作为第三人参加诉讼。

主视图

左视图

右视图

后视图

立体图I

立体图II

仰视图

俯视图

本专利的附图

主视图

仰视图

俯视图

左视图

后视图

立体图

证据 1 的附图

主视图

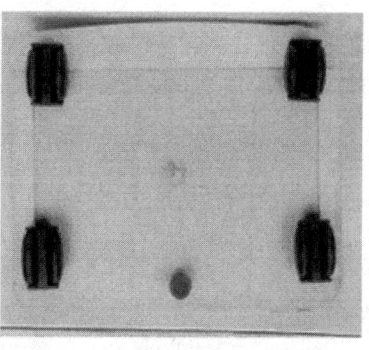
仰视图

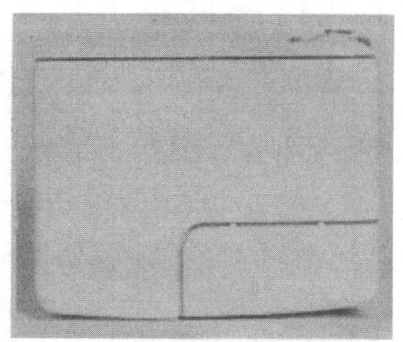
俯视图

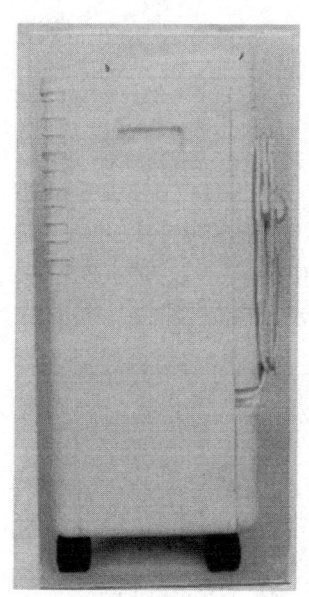
左视图

右视图

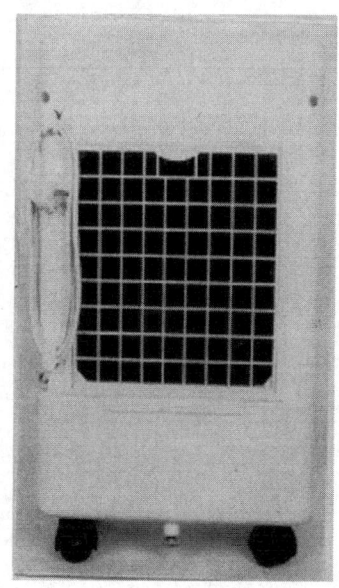
后视图

证据 2 的附图

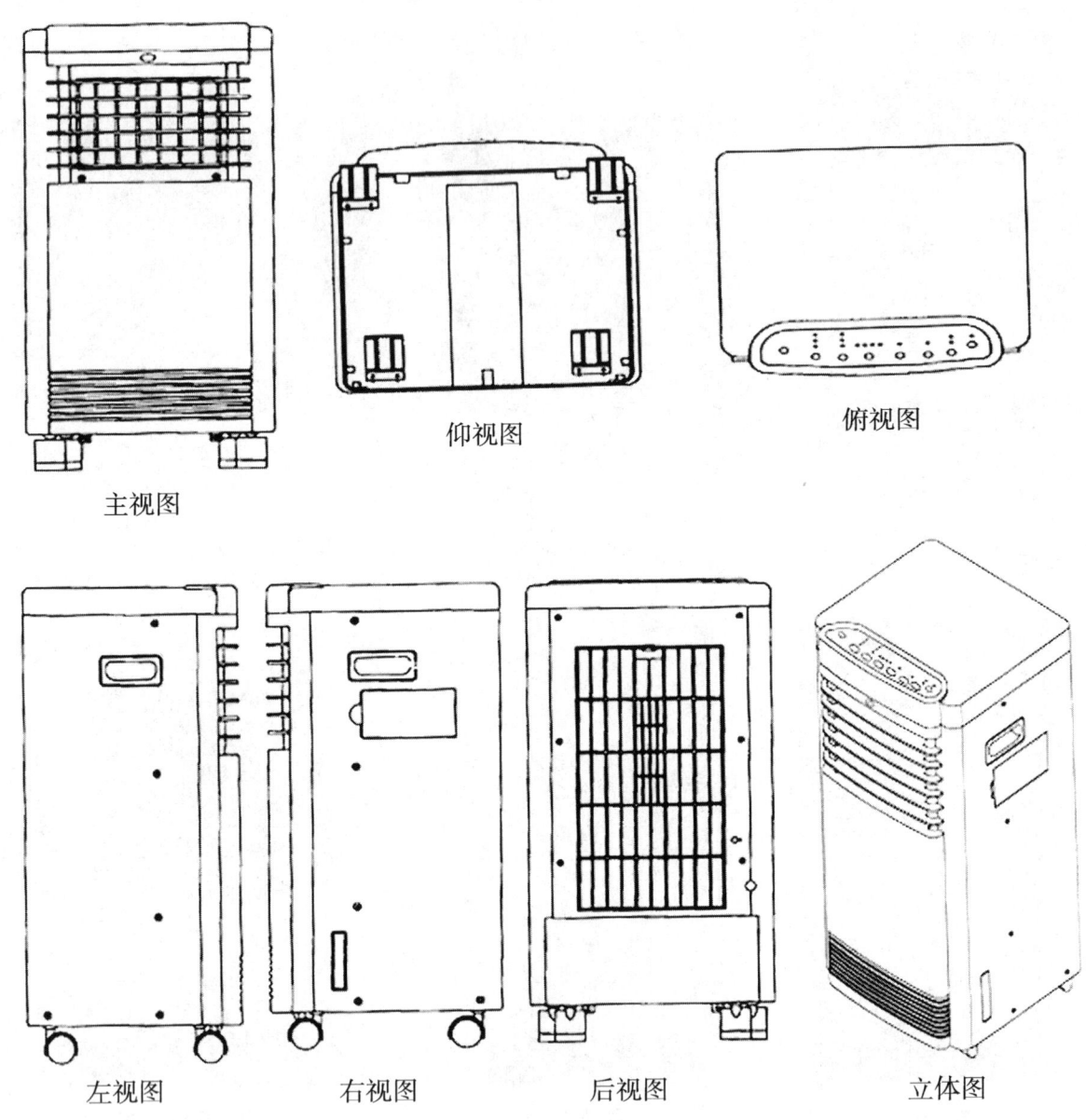

证据6的附图

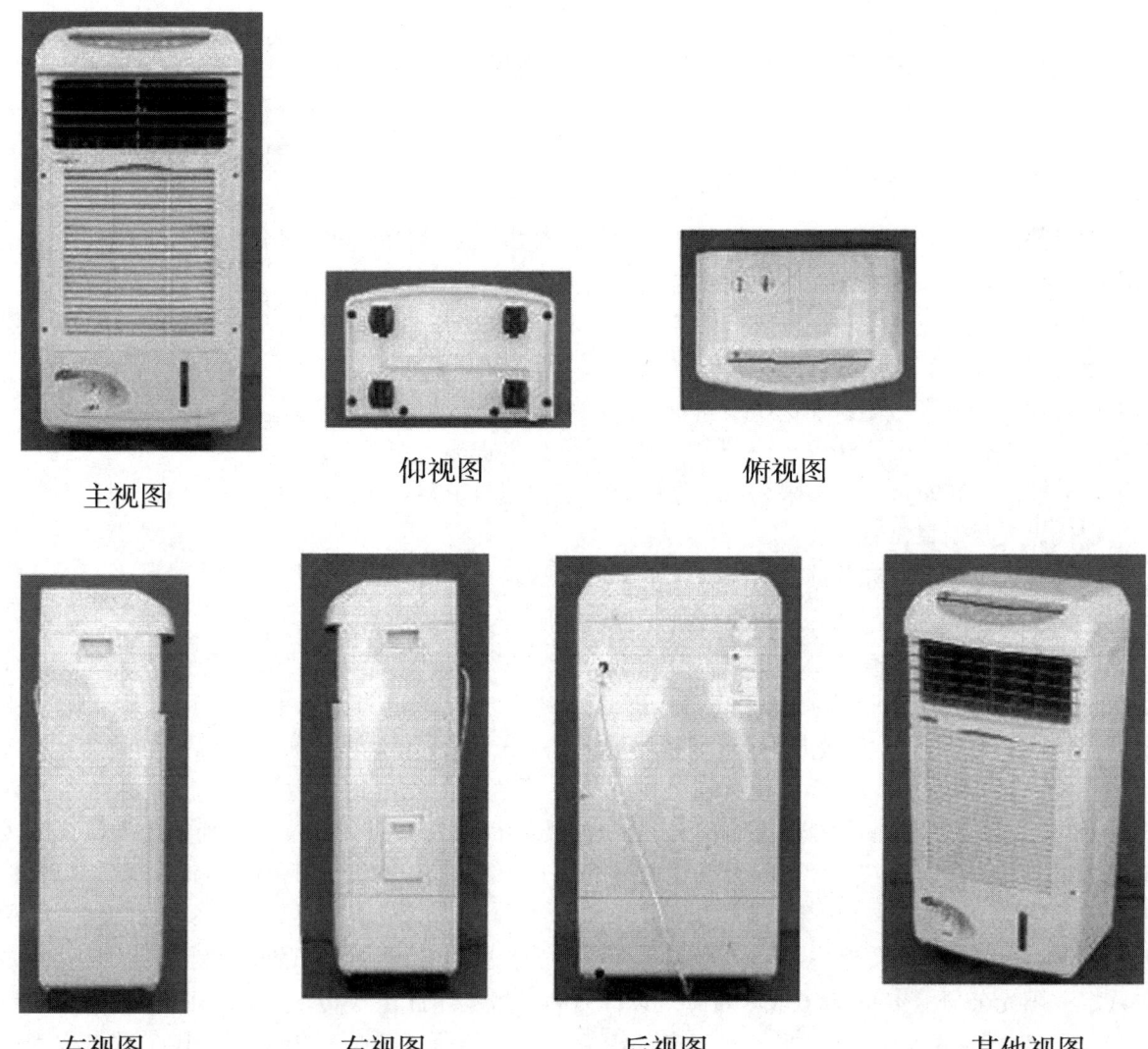

证据 10 的附图

北京市第一中级人民法院行政判决书

(2007) 一中行初字第 516 号

原告成都阳光铝制品有限公司，住所地四川省成都市龙泉驿区同安镇工业小区
委托代理人徐国文，北京安博达知识产权代理有限公司专利代理人
被告国家知识产权局专利复审委员会，住所地北京市海淀区北四环西路 9 号银谷大厦 10-12 层
法定代表人廖涛，副主任
委托代理人张雪飞，国家知识产权局专利复审委员会审查员
委托代理人张华，国家知识产权局专利复审委员会审查员
第三人苏州罗普斯金铝业有限公司，住所地江苏省苏州市相城区元和镇
法定代表人吴明福，董事长
委托代理人吴秋星，江苏苏州兴吴律师事务所律师
委托代理人华韧竹，江苏苏州兴吴律师事务所律师

原告成都阳光铝制品有限公司（简称阳光公司）不服被告国家知识产权局专利复审委员会（简称专利复审委员会）于 2006 年 12 月 13 日作出的第 9092 号无效宣告请求审查决定（简称第 9092 号决定），于法定期限内向本院提起诉讼。本院于 2007 年 3 月 26 日受理此案后，依法组成合议庭，并按照法律规定通知苏州罗普斯金铝业有限公司（简称罗普斯金公司）作为第三人参加诉讼，于 2007 年 6 月 18 日公开开庭审理了本案。原告阳光公司的委托代理人徐国文，被告专利复审委员会的委托代理人张雪飞、张华，第三人罗普斯金公司的委托代理人华韧竹到庭参加诉讼。本案现已审理终结。

专利复审委员会第 9092 号决定系就阳光公司针对罗普斯金公司享有的专利号为 98325663.2、名称为"型材 8607"的外观设计专利（下称本专利）所提出的无效宣告请求作出的。专利复审委员会在该决定中认定：阳光公司提交 93306636.8 号外观设计专利公报复印件，专利权人对该证据真实性无异议，其授权公告日在 1994 年 1 月 19 日，属于专利法第二十三条所述的公开出版物，其产品名称为型材（下称在先设计），与本专利属于相同种类产品，可以适用专利法第二十三条评价本专利的专利性。结合其他视图从主视图观察本专利，其形状为：中部为长方形腔体，腔体下方为一个较大卡口，上侧边右半部分有下凹，内侧有一个半圆形凹槽，上侧边左半部分内侧也有一个半圆形凹槽，长方形腔体上侧有一带有密集条纹的竖板，该条纹在截面上看呈锯齿状。结合其他视图从主视图观察在先设计，其形状为：中部为长方形腔体，腔体下方为一较大卡口，上侧边右半部分有两凸起形成卡槽，卡槽左侧有竖板，腔体内侧上壁有两方形凹槽。将本专利与在先设计相比较，其相同点为：二者都是中部为长方形腔体，腔体下方为一较大卡口，腔体外侧上部有一竖板。主要不同点为：本专利腔体外上部的竖板右侧有截面呈锯齿状密集的条纹，且该竖板右侧有下凹。而在先设计竖板光滑，且竖板右侧有两个形成卡槽的凸起。在先设计腔体内侧上壁有两凹槽呈方形，而本专利是半圆形。上述不同点已构成二者完全不同的视觉效果，在整体外形上形成显著差别，足以对本专利和在先设计的整体形状产生显著的视觉影响，给一般消费者带来完全不同的视觉印象，因此二者属于不相同且不相近似的外观设计。综上，专利复审委员会作出第 9092 号决定，维持第 98325663.2 号外观设计专利权有效。原告阳光公司不服该决定，向本院起诉称，第 9092 号决定认定事实不清，所作决定错误，应予撤销。本专利与在先设计 93306636.8 号外观设计属于相近似的外观设计。相同之处在于：二者的腔体下方为一较大卡口；腔体外侧上部有一竖板；腔体内侧上壁均设有距离相近且位于同一水平面的两个开口向下

的凹槽。由于二者的整体造型和各个明显部位的位置、形状均近似，会使一般消费者造成混淆，二者为相近似的外观设计，理应被认定为无效。请求法院判令撤销第9092号决定。被告专利复审委员会辩称，本专利与93306636.8号外观设计既不相同也不相近似，第9092号决定认定事实清楚，适用法律正确，原告的诉讼请求不能成立，请求法院依法驳回原告的诉讼请求，维持第9092号决定。第三人罗普斯金公司未向本院提交书面的陈述意见，其于庭审中表示同意专利复审委员会的意见。

经审理查明，本案争议的专利为苏州罗普斯金铝合金花格网有限公司于1998年9月28日申请的第98325663.2号外观设计专利（即本专利，见附图），使用外观设计的产品名称为"型材8607"，授权公告日为1999年6月2日。2001年11月29日，苏州罗普斯金铝合金花格网有限公司经苏州市工商行政管理局核准变更名称为苏州罗普斯金铝业有限公司（即本案原告），本专利专利权人著录事项于2002年9月18日公告变更为苏州罗普斯金铝业有限公司（即本案原告）。

针对本专利，阳光公司于2005年9月5日向专利复审委员会提出无效宣告请求，理由是本专利不符合专利法第二十三条的规定，并提交了93306636.8号外观设计专利公报复印件作为证据。在2006年12月1日进行的口头审理中，罗普斯金公司对该证据的真实性不表示异议，但认为与本专利不相同也不相近似。

93306636.8号外观设计专利申请日为1993年5月15日（下称在先设计），授权公告日1994年1月19日，使用外观设计的产品名称为"型材"（见在先设计附图）。

阳光公司于庭审中陈述，其对于专利复审委员会认定的在先设计和本专利的差别点没有异议，但认为不能得出二者相近似的结论。

上述事实有本专利授权公报、93306636.8号专利授权公报、本专利著录项目变更通知单、第9092号决定以及当事人庭审陈述等证据在案佐证。

本院认为，本案争议的焦点在于本专利是否符合专利法第二十三条的规定，即本专利与在先公开的第93306636.8号专利是否属于相同或相近似的外观设计。

从主视图结合其他视图来看本专利和在先设计，其相同点在于均为长方形腔体，上部有一竖板，下部有一较大卡口。不同点为在先设计竖板右侧有一个向上的卡槽，而本专利竖板右侧为下凹的设计，且在先设计腔体内侧的凹槽为方形，本专利则为半圆形。本院认为，相较于二者的共同点，其具有的上述不同点已足以对其整体外观产生显著影响，使一般消费者对二者产生不同的视觉印象，故二者属于不相同也不相近似的外观设计。原告关于二者相近似的主张缺乏事实依据，本院不予支持。

综上，专利复审委员会作出的第9092号决定认定事实清楚，适用法律正确，应予维持。原告阳光公司请求撤销该决定的理由不成立，本院不予支持。依照《中华人民共和国行政诉讼法》第五十四条第（一）项之规定，判决如下：

维持被告国家知识产权局专利复审委员会作出的第9092号无效宣告请求审查决定。

案件受理费一千元，由原告成都阳光铝制品有限公司负担（已交纳）。

如不服本判决，各方当事人可分别于本判决送达之日起十五日内，向本院提交上诉状及其副本，并分别交纳上诉案件受理费一百元，上诉于北京市高级人民法院。上诉期满后七日内未交纳上诉案件受理费的，按自动撤回上诉处理。

审　判　长　任　进
代理审判员　董晓敏
代理审判员　于立彪
二〇〇六年十二月二十日
书　记　员　朱　平

北京市高级人民法院行政判决书

(2007) 高行终字第 392 号

上诉人（原审原告）宝尔马电器集团有限公司，住所地浙江省宁波市附海镇工业开发区

委托代理人王兵，杭州天正专利事务所有限公司专利代理人

被上诉人（原审被告）国家知识产权局专利复审委员会，住所地北京市海淀区北四环西路 9 号银谷大厦 10~12 层

法定代表人廖涛，副主任

委托代理人李金光，国家知识产权局专利复审委员会审查员

委托代理人杨存吉，国家知识产权局专利复审委员会审查员

原审第三人深圳市联创实业有限公司，住所地广东省深圳市福田区红荔路上步工业区 304 栋 1 楼

法定代表人赖伴来，董事长

委托代理人付省明，男，1976 年 4 月 3 日出生，汉族，深圳市联创实业有限公司销售副总经理，住福建省将乐县古镛镇东大街 1 号

上诉人宝尔马电器集团有限公司（简称宝尔马公司）不服北京市第一中级人民法院（2007）一中行初字第 527 号行政判决，向本院提起上诉。本院于 2007 年 8 月 6 日受理后，依法组成合议庭，于 2007 年 9 月 3 日公开开庭审理了本案。上诉人宝尔马公司的委托代理人王兵，被上诉人国家知识产权局专利复审委员会（简称专利复审委员会）的委托代理人李金光、杨存吉，原审第三人深圳市联创实业有限公司（简称联创公司）的委托代理人付省明到庭参加诉讼。本案现已审理终结。宝尔马公司针对第三人联创公司拥有的名称为"柜式空气调节扇"的外观设计专利（简称本专利），向专利复审委员会提出无效宣告请求。专利复审委员会于 2006 年 12 月 11 日作出第 9135 号无效宣告请求审查决定（简称第 9135 号决定），维持本专利权有效。宝尔马公司不服第 9135 号决定，向北京市第一中级人民法院提起诉讼，请求判决撤销第 9135 号决定。北京市第一中级人民法院认为：将本专利与证据 1 进行比较，其区别点主要有：1. 从整体形状上看，本专利比较高瘦，证据 1 比较矮胖；2. 本专利的前立面中部有椭圆状标记、调节出风方向的旋钮、纵列多排的多个小圆圈以及以浮雕方式显示的菱形等，证据 1 的前立面中部仅是一图画，没有其他设计；3. 本专利的前立面下面板近正方形，上有一弧状凹入口，呈现出门和把手的设计，证据 1 的前立面最下部仅是长方形面板，没有其他设计。由于空调扇类产品受功能的限制，整体形状基本相同，其设计空间有限，本专利与证据 1 相比存在的上述区别，尤其是前立面设计的不同，对产品的整体视觉效果产生显著的影响，因此本专利与证据 1 既不相同也不相近似，二者不是同样的发明创造。将本专利与证据 10 相比，二者存在如下区别点：1. 整体造型不同，本专利的进风口在空调扇背面且呈网格状，证据 10 的出风口在前立面中部且呈帘状；2. 本专利的前立面中部有椭圆状标记、调节出风方向的旋扭、纵列多排的多个小圆圈以及以浮雕方式显示的菱形等，证据 10 的前立面中部只是进风口；3. 本专利的前立面下面板近正方形，证据 10 的前立面下面板为长方形。由于本专利与证据 10 在前立面各部分的布局、图案以及控制板和进风口的位置方面存在上述区别，对于一般消费者而言，这些区别能够对这类产品的整体视觉效果产生显著的影响，因此二者属于不相同和不相近似的外观设计，不是同样的发明创造。北京市第一中级人民法院依照《中华人民共和国行政诉讼法》第五十四条第（一）项之规定，判决：维持专利复审委员会作出的第 9135 号决定。宝尔马公司不服原审判决，向本院提起上诉，请求撤销原审判决及专利复审委员会第 9135 号决定。其主要理由是：一、作为前立面设计重点的控制面板行政决定存

在误认。行政决定认定本专利的控制面板在前立面中，证据1的控制面板在顶面，事实上两者的控制面板都位于顶面与前立面的过渡斜面上，该错误认定直接导致无效决定的误判。二、在已经查明行政决定对上述基本事实存在误认的情况下，原审法院应当撤销行政决定，而不应自行认定事实，原审法院代替复审委员会作出行政决定，其程序违法。三、原审判决认定事实错误。本专利的设计特色有：顶面与前立面之间有过渡斜面，控制面板设置在其上；前立面呈圆弧外凸。而上述设计特色与证据1相比，不能对整体视觉产生显著影响，二者属相同的外观设计。专利复审委员会、联创公司服从原审判决。

经审理查明：第9135号决定涉及的是名称为"柜式空气调节扇"、专利号为00330171.0的外观设计专利（即本专利），该专利的申请日为2000年10月18日，授权公告日为2001年6月20日，专利权人是联创公司。本专利授权公报有8幅视图（本专利外观设计详见本判决书附图）。

针对本专利，宝尔马公司于2006年6月1日以本专利不符合专利法第二十三条和专利法实施细则第十三条第一款的规定为由，向专利复审委员会提出无效宣告请求，并提交了10份证据，其中：

证据1是名称为"空调扇"的外观设计专利，其申请日为2000年4月1日，公开日为2000年11月15日，专利权人为谈启明。证据1公开了6幅视图（其外观设计详见本判决书附图）。

证据10系名称为"空调扇（驱蚊）"的外观设计专利，其申请日为2000年5月17日，公开日为2001年2月7日，专利权人为顺德市均安镇永东电器有限公司。证据10公开了7幅视图（其外观设计详见本判决书附图）。

专利复审委员会于2006年10月24日对上述无效宣告请求进行了口头审理。2006年12月11日，专利复审委员会作出第9135号决定。该决定认为：1. 本专利与证据1相比至少存在以下区别：（1）整体形状不同：本专利外观设计产品整体呈"高窄薄型"，证据1的外观设计产品呈"低宽厚型"；（2）本专利控制板正面在前立面中，证据1的控制板正面在顶面中；（3）本专利的前立面中部有椭圆状标记、调节出风方向的旋钮、纵列多排的多个小圆圈等，证据1的前立面中部是一图画；（4）本专利的前立面下面板近正方形，证据1的前立面最下部是长方形；（5）本专利前立面下面板有一弧状凹入口，证据1的前立面下部没有弧状凹入口；（6）本专利的进风口网格状，证据1的进风口栅格状。由于本专利的空气调节扇与证据1的空调扇在前立面各部分的布置、形状、图案以及控制板的位置方面存在上述区别，对于一般消费者而言，这些区别能够对这类产品的整体视觉效果产生显著的影响，因此二者属于不相同和不相近似的外观设计，不是同样的发明创造，本专利相对于证据1符合专利法实施细则第十三条第一款的规定。2. 本专利与证据10相比至少存在以下区别：（1）整体造型不同，本专利的进风口在空调扇背面且呈网格状，证据10的出风口在前立面中部且呈帘状；（2）本专利的控制板正面在前立面中，证据10的控制板正面在顶面中；（3）本专利的前立面中部有椭圆状标记、调节出风方向的旋钮、纵列多排的多个小圆圈等，证据10的前立面中部只是进风口；（4）本专利的前立面下面板近正方形，证据10的前立面下面板为长方形。由于本专利的空气调节扇与证据10的空调扇在前立面各部分的布局、图案以及控制板和进风口的位置方面存在上述区别，对于一般消费者而言，这些区别能够对这类产品的整体视觉效果产生显著的影响，因此二者属于不相同和不相近似的外观设计，不是同样的发明创造，本专利相对于证据10符合专利法实施细则第十三条第一款的规定。3. 本专利符合专利法第二十三条的规定。据此，专利复审委员会决定，维持本专利权有效。

在原审庭审中，宝尔马公司承认第9135号决定所认定的本专利与证据1存在的六点区别中的第3、4、5点是客观存在的；对本专利与证据2、证据6不相同也不相近似的认定没有异议；对于本专利与证据10的对比提出异议，认为本专利与证据10也构成相近似。

以上事实有本专利授权公告、第9135号决定、证据1、证据10及当事人陈述等证据在案佐证。

本院认为：专利法实施细则第十三条第一款规定，同样的发明创造只能被授予一项专利。对于外观设计而言，同样的发明创造是指两项外观设计相同或者相近似。将本专利与证据1进行比较，其区别点主要有：1. 从整体形状上看，本专利比较高瘦；证据1比较矮胖。2. 本专利的前立面中部有椭圆状标记、调节出风方向的旋钮、纵列多排的多个小圆圈以及以浮雕方式显示的菱形等；证据1的前立面中部仅是一图画，没有其他设计。3. 本专利的前立面下面板近正方形，上有一弧状凹入口，呈现出门和把手的设计；证据1的前立面最下部仅是长方形面板，没有其他设计。因此，本专利与证据1存在的上述区别，对产品的整体视觉效果产生显著的影响。此外，虽然本专利与证据1的控制面板都位于顶面与前立面的过渡斜面上，二者的区别在于前者的过渡斜面相对于顶面的角度大于后者，该角度的不同使得专利复审委员会的第9135号决定作出本专利的控制面板在前立面，证据1的控制面板在顶面的认定并无不当。宝尔马公司的专利复审委员会认定事实错误并直接导致无效决定误判的主张不能成立，本院不予支持。原审判决及专利复审委员会关于本专利与证据1既不相同也不相近似，二者不是同样的发明创造的认定正确。

此外，宝尔马公司还主张本专利和证据1相比其前立面均呈圆弧外凸，因此，本专利不能对整体视觉产生显著影响，二者属相同的外观设计。但是，由于外观设计应当采用整体观察、综合判断的方式进行相同或相近似判断，即是由被设计的整体来确定是否与在先设计相同或相近似，而不是从外观设计的部分或者局部出发得出与在先设计是否相同或者相近似的结论。因此，虽然本专利与证据1前立面均呈外凸的圆弧状，但并不能当然得出二者外观设计相同或相近似的结论。宝尔马公司以此为由主张原审判决认定事实错误缺乏依据，本院不予支持。

由于专利复审委员会的第9135号决定认定事实并无不当，故宝尔马公司关于该决定存在认定事实错误，原审法院应当撤销行政决定，而不应自行认定事实，原审法院代替复审委员会作出行政决定属程序违法的主张不能成立，对此，本院不予支持。

综上，宝尔马公司的上诉理由不能成立，其上诉请求本院不予支持。原审判决及专利复审委员会作出的第9135号决定认定事实清楚，适用法律正确，程序合法，应予维持。依照《中华人民共和国行政诉讼法》第六十一条第（一）项之规定，判决如下：

驳回上诉，维持原判。

一审案件受理费1000元，由宝尔马电器集团有限公司负担（已交纳）；二审案件受理费100元，由宝尔马电器集团有限公司负担（已交纳）。

本判决为终审判决。

审 判 长 张 冰
代理审判员 程 霞
代理审判员 钟 鸣
二〇〇六年十二月二十五日
书 记 员 迟雅娜
书 记 员 张见秋

家用搅拌机（BL999）

无效宣告请求审查决定（第9136号）

决 定 号	第9136号
决 定 日	2006年12月1日
发明创造名称	家用搅拌机（BL999）
外观设计分类	07-04
无效宣告请求人	杨伟鸿
专 利 权 人	贺颖
申 请 号	02329247.4
申 请 日	2002年5月30日
授权公告日	2003年3月12日
合议组组长	崔国振
主 审 员	李金光
参 审 员	郭婷
附 图	1页
法 律 依 据	专利法第23条

决 定 要 点

如一般消费者经过对被比设计与在先设计的整体观察可以看出，二者的差别对于产品外观设计的整体视觉效果不具有显著的影响，则被比设计与在先设计相近似。

一、案由

本无效宣告请求涉及国家知识产权局于2003年3月12日授权公告的、名称为"家用搅拌机（BL999）"的外观设计专利权（下称本专利），其申请号是02329247.4，申请日是2002年5月30日，专利权人是贺颖。 针对上述专利权，杨伟鸿（下称请求人）于2006年3月2日向专利复审委员会提出无效宣告请求，认为本专利不符合专利法第23条的规定。同时，请求人提交了如下附件作为证据使用：

附件1：本专利各视图的放大图，复印件共4页；

附件2：公告号为209672的台湾外观设计专利公告文本，公告日为1993年7月11日，复印件共7页（下称在先设计）。

结合上述证据，请求人提出以下理由：在先设计的公开日期早于本专利申请日，而且所公开的产品外形与本专利相同，因此本专利不符合专利法第23条的规定。

经形式审查合格后，专利复审委员会于 2006 年 7 月 13 日受理了上述无效宣告请求。同日，将《专利权无效宣告请求书》及相关文件的副本转送给专利权人，并告知专利权人在指定期限内答复，期满未答复的不影响专利复审委员会审理。

专利权人于 2006 年 8 月 15 日提交了意见陈述书。专利权人认为本专利的外观设计与在先设计在形状上以及整体设计上有着明显差别，具体是：本外观设计产品的透明容器的上盖周边无孔，透明容器上的凹位上下均匀且深度浅，透明容器与杯座有一 4 公分高的圆柱相连，手柄距杯身上、下缘有一定距离且上、下端与水平方向有角度，手柄上下端与中间握手部采用圆弧过渡并呈斜角，底座有五个按键，产品带有两个器皿，底部有四个圆胶垫；在先设计产品的透明容器的上盖周边有孔，透明容器上的凹位呈三角形状上小下大且深度大，透明容器与杯座间相连部位上小下大，手柄上端基本与上盖平齐且上、下端与水平方向平齐无角度，手柄上下端与中间握手部呈直角而无明显圆弧过渡，底座有四个按键，产品仅带一个器皿，底部有八个小圆胶垫。

专利复审委员会于 2006 年 9 月 19 日向双方当事人发出《无效宣告请求口头审理通知书》，定于 2006 年 11 月 3 日在专利复审委员会对本案进行口头审理，同时将专利权人提交的上述意见陈述书转给请求人。

2006 年 10 月 26 日，专利权人提交了无效宣告请求口头审理通知书回执，表示不参加口头审理，同时，专利权人还提交了意见陈述书，其内容与其 2006 年 8 月 15 日提交的意见陈述书内容相同。

口头审理如期举行，请求人委托代理人出庭，专利权人未出庭。当事人对于合议组成员无回避请求，合议组当庭将专利权人于 2006 年 10 月 26 日提交的意见陈述书转给请求人，请求人表示当庭针对专利权人的意见陈述进行答复，并提交了公告号为 209672 的台湾专利文件复印件，其上盖有国家知识产权局专利检索咨询中心的副本认证专用红章，红章明确"经确认此副本与原件相同"。针对专利权人的意见陈述，请求人认为：本专利与在先设计相比，虽然上盖、透明容器凹位、手柄、按键数、底部胶垫数略有差异，但本专利与在先设计搅拌机的整体轮廓、各部分布局近似，会引起一般消费者的混淆，所以本专利不符合专利法第 23 条的规定。

经过上述审查程序，合议组认为本案事实已经调查清楚，可以依法作出本审查决定。

二、决定的理由

1. 无效理由及证据

本案的无效理由是本专利与附件 2 相比不符合专利法第 23 条的规定。

附件 2 是公告号为 209672 的台湾外观设计专利公告文本复印件，经转文，专利权人在指定期限内未对附件 2 的合法性、真实性、公开性提出异议。口头审理中，请求人当庭提交了其上盖有国家知识产权局专利检索咨询中心的副本认证专用红章的附件 2，红章明确"经确认此副本与原件相同"，所以合议组予以采信。附件 2 的公告日为 1993 年 7 月 11 日，在本专利的申请日之前，可以作为评价本专利是否符合专利法第 23 条规定的对比文件使用。

2. 法律依据

专利法第 23 条规定：授予专利权的外观设计，应当同申请日以前在国内外出版物上公开发表过或者国内公开使用过的外观设计不相同和不相近似，并不得与他人在先取得的合法权利相冲突。

如一般消费者经过对被比设计与在先设计的整体观察可以看出，二者的差别对于产品外观设计的整体视觉效果不具有显著的影响，则被比设计与在先设计相近似。

3. 相近似判断

本专利产品为家用搅拌机，包括主视图、后视图、左视图三面视图以及使用状态参考图。从上述三面视图可以看出，本专利的家用搅拌机的主要组成包括上盖、透明容器、容器座、底座；透明容器为杯形，上大下小，带有一手柄，容器体上有若干纵向下凹；容器座有六个与棱面相间的下凹面，底座上有五个按键，产品底部有胶垫。（见本专利的附图）

在先设计产品为果菜榨汁机，包括立体图、后视图、前视图、左侧视图、右侧视图、仰视图和俯视图七个视图。从这些视图可以看出，该果菜榨汁机的主要组成包括上盖、透明容器、容器座、底座；上盖周边有多个长形孔；透明容器为杯状，上大下小，带有一手柄，容器体上有若干纵向下凹；容器座有六个与棱面相间的下凹面，底座上有四个按键，产品底部有胶垫。（见在先设计的附图）

本专利与在先设计均属于家用搅拌和/或榨汁机类，是相近类产品。二者相同点至少包括：（1）二者主要组成部件与整体布局相同，均包括上盖、透明容器、容器座、底座，且各部件的位置、形状、连接顺序以及与相应整体的比例均相近；（2）透明容器均为杯状上大下小且其上有下凹部分；（3）容器座高度、形状类似，均有六个与棱面相间的下凹面；（4）按键均位于底座上，且底座形状类似。二者主要区别在于：（1）本专利上盖无孔，在先设计的上盖周边有孔；（2）本专利的透明容器上的纵向下凹宽度上下一致，在先设计的透明容器上的纵向下凹宽度上小下大；（3）本专利的手柄上端距容器顶部有一段距离，上、下两端与水平方向有角度，上、下两端与中间握手部位采用圆弧过渡并呈斜面，而在先设计的手柄上端与容器顶部基本平齐，上、下两端与水平方向平齐无角度，上、下两端与中间握手部位呈直角，并无明显的圆弧过渡；（4）本专利有五个按键，在先设计有四个按键；（5）本专利产品底部有四个胶垫，在先设计产品的底部有八个胶垫。合议组认为，在二者主要组成部件及其布局相同、各组成部件形状相近似、各部分相应布局以及占据整体的比例相近的情况下，对于一般消费者而言，上述区别只是局部细节上的差别，对整个产品的整体视觉效果不具有显著的影响，因此二者属于相近似的外观设计，本专利相对于请求人提交的在先设计而言不符合专利法第23条的规定。

对于专利权人主张的"本专利产品带有两个器皿，除大的搅拌容器外，还带有小的干磨容器。而附件中的台湾专利号00209672则显示：仅带有一个搅拌容器。此点相差特别明显。"合议组认为，本专利只在使用状态参考图中显示出小容器，而使用状态参考图中显示的该小容器仅仅是用来确定本专利产品的使用方法的，不属于被比设计专利的保护范围，因此，在与在先设计进行相近似比较时不予考虑。

基于上述理由，合议组作出如下决定。

三、决定

宣告第02329247.4号外观设计专利权无效。

当事人对本决定不服的，可以根据专利法第46条第2款的规定，在收到本决定之日起三个月内向北京市第一中级人民法院起诉，根据该款的规定，一方当事人起诉后，另一方当事人应当作为第三人参加诉讼。

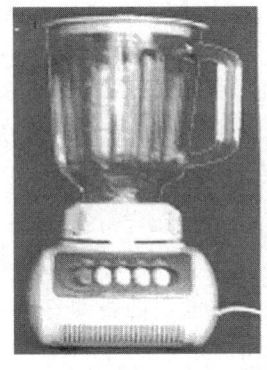   

| 主视图 | 后视图 | 左视图 | 使用状态参考图 |

本专利的附图

| 立体图 | 后视图 | 前视图 | 左侧视图 |

 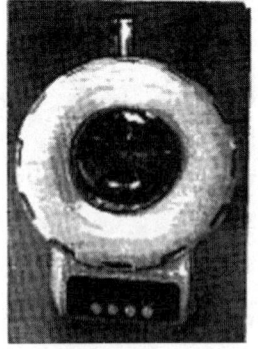 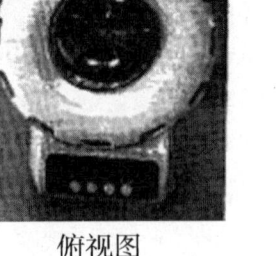 

| 右侧视图 | 俯视图 | 仰视图 |

在先设计的附图

光子嫩肤仪

无效宣告请求审查决定（第9137号）

决 定 号	第9137号
决 定 日	2006年11月27日
发明创造名称	光子嫩肤仪
国 际 分 类 号	24-02-M0125
无效宣告请求人	武汉亚格光电技术有限公司
专 利 权 人	武汉楚天激光（集团）股份有限公司
专 利 号	01335906.1
申 请 日	2001年7月26日
授 权 公 告 日	2002年4月3日
合议组组长	柴爱军
主 审 员	李金光
参 审 员	叶 娟
附 图	2页
法 律 依 据	专利法第23条
决 定 要 点	如果在先设计与本专利的外观设计相同或相近似，则本专利不符合专利法第23条的规定。

一、案由

本无效宣告请求涉及国家知识产权局于2002年4月3日授权公告的、名称为"光子嫩肤仪"的外观设计专利（下称本专利），其专利号为01335906.1，申请日为2001年7月26日，专利权人为武汉楚天激光（集团）股份有限公司（下称专利权人）。

针对本专利，武汉亚格光电技术有限公司（下称请求人）于2005年9月6日向专利复审委员会提出无效宣告请求，并提交了如下证据：

证据1：《美容时尚报》，2001年4月26日第20版、2001年5月3日第9版、2001年5月24日第12版广告，复印件共3页；

证据2：《第六届东南亚地区医学美容学术大会论文汇编》，中国保健科技学会医学美容学会编，封面、开幕词页、第190、191页，复印件共4页；

证据3：《第二届中国国际光电子、激光器材、设备博览会 21世纪（深圳）光学光电子发展战略研讨会》，封面、组委会致辞页、武汉楚天激光（集团）股份有限公司主要产品广告图片页，复印件共 3 页；

证据 4：中国光学会于 2005 年 8 月 31 日出具的证明，复印件共 3 页。

请求人认为：（1）证据 1 和 3 所示光子嫩肤仪的外形都近似于旅行箱，呈流线型，机体底部装有四个滚轮，顶部正面中央有一显示屏，显示屏下方机体正面有一流线型凹槽；在色彩设计上，机体侧面有一弯弧状冷色块形成较大反差，显示屏带浅色边框；本专利的形状与证据 1 和证据 3 所示光子嫩肤仪形状相同，图案用色及设计风格一致，其功能和用途相同，属同一类物品，因此本专利不符合专利法第 23 条和专利法实施细则第 2 条第 3 款的规定，请求宣告本专利权无效；（2）证据 4 用于说明证据 3 的真实性。

经形式审查合格后，专利复审委员会受理了上述无效宣告请求，并于 2006 年 5 月 10 日向双方当事人发出了《无效宣告请求受理通知书》，并向专利权人转送了《专利权无效宣告请求书》及其证据的副本。

2006 年 9 月 1 日，专利复审委员会向双方当事人发出了《无效宣告请求口头审理通知书》，拟定于 2006 年 11 月 7 日对本案进行口头审理。

2006 年 11 月 7 日，专利权人未出庭，口头审理在请求人一方到庭的情况下如期举行。在口头审理过程中，请求人声明放弃本专利不符合专利法实施细则第 2 条第 3 款规定的无效理由，坚持本专利不符合专利法第 23 条规定的无效理由和上述证据 1~4。本案合议组对上述证据的关联性、合法性、真实性进行了调查，请求人出示了上述证据 1~4 的原件，并结合证据陈述了本专利不符合专利法第 23 条规定的理由。

经审查，合议组认为本案事实已经清楚，可以依法作出审查决定。

二、决定的理由

（一）无效理由和证据

请求人在提出无效宣告请求时提出本专利不符合专利法第 23 条和专利法实施细则第 2 条第 3 款的规定以及证据 1~4，在口头审理中放弃本专利不符合专利法实施细则第 2 条第 3 款规定的无效理由，所以，本案确认的无效理由是本专利不符合专利法第 23 条的规定。

口头审理中，请求人出示了证据 1~4 的原件，经合议组核实，原件与复印件的内容相同，所以合议组认可证据 1~4 的真实性。

证据 1 涉及 2001 年 4 月 26 日、2001 年 5 月 3 日、2001 年 5 月 24 日的三篇相同产品的广告，该广告内容是大连董萍医疗美容整形门诊美容项目，并附有所用仪器的图片，三篇广告的公开日均在本专利的申请日之前，可以作为评价本专利是否符合专利法第 23 条规定的证据使用。在此，合议组选用 2001 年 4 月 26 日的广告图片作为在先设计（下称对比文件）与本专利进行相同、相近似的比较。

（二）相同或相近似比较

专利法第 23 条规定：授予专利权的外观设计，应当同申请日以前在国内外出版物上公开发表过或者国内公开使用过的外观设计不相同和不相近似，并不得与他人在先取得的合法权利相冲突。

本专利外观设计产品是光子嫩肤仪，包括主视图、后视图、左视图、俯视图和立体图共五幅图片。从主视图和立体图来看，该产品整体外形近似旅行箱，可分为四部分，第一部分是显示屏，第二部分是正面设置有按键、且基部呈圆弧状（弧面向下）的部分，第三部分是上小下大、上部呈圆弧状且弧面向下的部分，第四部分是位于机体底部的滚轮；从主视图来看，该产品第二部分正中间有一倒三角状弧形凹面，按键板接近倒三角状弧形凹面的最顶部边，在第二部分和第三部分正面正中间，从第二部分开始延伸到第三部分底部具有二条流线型凹槽，使该正中间呈竖立的矩形；从左视图来看，该产品左侧有一半椭圆形装饰块；从俯视图来看，该产品顶部有一月牙凹口；从后视图来看，该产品背面具有一平板状背盖（参见本专利附图）。

对比文件所示产品为一光子嫩肤仪，仅有一立体图片，该产品整体外形也近似旅行箱，可分为四部分，第一部分是显示屏，第二部分是正面设置有按键且基部呈圆弧状且弧面向下的部分，第三部分是上小下大、上部呈圆弧状且弧面呈向下的部分，第四部分是位于机体底部的滚轮；第二部分正中间有一倒三角状弧形凹面，按键板接近倒三角状弧形凹面的最顶部边，在第二部分和第三部分正面正中间，从第二部分开始延伸到第三部分底部具有二条流线型凹槽，使该正中间呈竖立的矩形；侧面有一半椭圆形装饰块（参见对比文件附图）。

本专利所示产品与对比文件所示产品均属于光子嫩肤仪器类，属于同类产品。比较本专利产品与对比文件的产品可以看出，二者至少存在以下共同处：整体外形近似于旅行箱，可分为四部分，第一部分是显示屏，第二部分是正面设置有按键且基部呈圆弧状且弧面向下的部分，第三部分是上小下大、上部呈圆弧状且弧面向下的部分，第四部分是位于机体底部的滚轮；第二部分正中间有一倒三角状弧形凹面，按键板接近倒三角状弧形凹面的最顶部边，在第二部分和第三部分正面正中间，从第二部分开始延伸到第三部分底部具有二条流线型凹槽，使该正中间呈竖立的矩形；侧面有一半椭圆形装饰块。虽然对比文件只有一张立体图片，没有其他视图，看不到其左侧、顶部和背面的形状，但从该立体图可以看出该产品应当是左右对称的，从所看到的右侧可以推导出其左侧是与右侧对称的外观，而这类产品的顶部和背面不会对产品整体视觉效果产生显著影响。综上，合议组认为，由于本专利的光子嫩肤仪与对比文件的光子嫩肤仪在整体布局、形状、图案以及侧面布置等方面存在共同之处，而这些共同处足以使一般消费者将二者产品相混淆，因此二者属于相近似的外观设计，本专利的授权不符合专利法第23条的规定。

基于以上事实和理由，合议组作出如下决定。

三、决定

宣告第01335906.1号外观设计专利权无效。

当事人对本决定不服的，可以根据专利法第46条第2款的规定，自收到本决定之日起三个月内向北京市第一中级人民法院起诉。根据该款的规定，一方当事人起诉后，另一方当事人应当作为第三人参加诉讼。

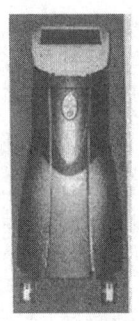  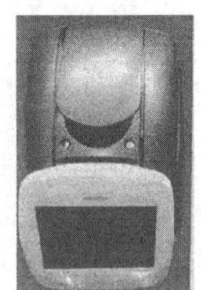

主视图　　　后视图　　　俯视图

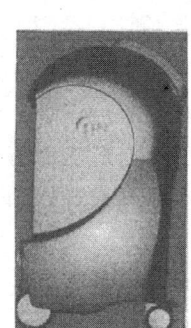 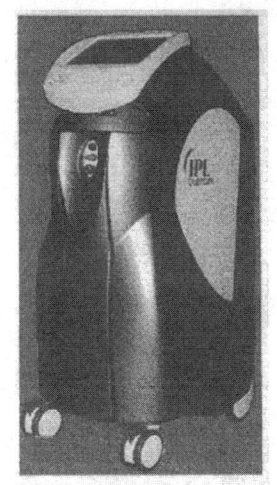

左视图　　　立体图

本专利的附图

证据1的附图

打火机（JY-5）

无效宣告请求审查决定（第9138号）

决 定 号	第9138号
决 定 日	2006年12月1日
发明创造名称	打火机（JY-5）
国 际 分 类 号	27-05
无效宣告请求人	余姚市帅奇塑业有限公司
专 利 权 人	干忠焕
专 利 号	02313886.6
申 请 日	2002年4月17日
授 权 公 告 日	2002年10月16日
合议组组长	崔国振
主 审 员	李金光
参 审 员	郭 婷
附 图	2页

法 律 依 据 专利法第9条，专利法实施细则第13条第1款

决 定 要 点

对于外观设计而言，若被比设计与在先设计之间的差别对于产品外观设计的整体视觉效果具有显著影响，则二者属于不相同和不相近似的外观设计，不属于同样的发明创造。

一、案由

本无效宣告请求涉及国家知识产权局于2002年10月16日授权公告的、名称为"打火机（JY-5）"的外观设计专利权（下称本专利），其申请号是02313886.6，申请日是2002年4月17日，专利权人是干忠焕。针对上述专利权，余姚市帅奇塑业有限公司（下称请求人）于2006年6月13日向专利复审委员会提出无效宣告请求，认为本专利不符合专利法第9条及专利法实施细则第13条第1款的规定，也不符合专利法第23条的规定。同时，请求人提交了如下附件作为证据使用：

附件1：专利号为CN01322365.8号中国外观设计专利公告文本，申请日为2001年8月9日，公告日为2002年4月24日，打印件共1页；

附件2：专利号为CN00323184.4号中国外观设计专利公告文本，申请日为2000年6月26日，公告日为2001年2月21日，打印件共1页。

结合上述证据，请求人提出以下理由：本专利与附件1属于外观设计产品相同、设计相近似，是

同样的发明创造，因附件1申请在先，应依照专利法第9条和专利法实施细则第13条第1款无效本专利。此外，本专利相对于附件2也不符合专利法第23条的规定。

经形式审查合格后，专利复审委员会于2006年7月6日受理了上述无效宣告请求。同日，将《专利权无效宣告请求书》及相关文件的副本转送给专利权人，并告知专利权人在指定期限内答复，期满未答复的不影响专利复审委员会审理。

专利权人于2006年8月29日提交了意见陈述书，认为本专利与附件1是不同的设计方案，与附件2也存在显著差异，应驳回该无效宣告请求。

专利复审委员会于2006年9月19日向双方当事人发出《无效宣告请求口头审理通知书》，定于2006年11月3日在专利复审委员会对本案进行口头审理，同时，将专利权人提交的上述意见陈述书转给请求人，告知其可以在口头审理时进行答复。

口头审理如期举行，双方当事人均委托代理人参加了口头审理。双方当事人对于合议组成员无回避请求，对对方到庭人员的身份资格无异议。口头审理的证据质证过程中，合议组给予了双方当事人充分陈述意见的机会。请求人当庭放弃了本专利涉及专利法第23条的无效理由以及上述附件2。请求人认为本专利与附件1的外观设计整体轮廓近似，仅有细微差别，二者属于相同的发明创造。专利权人认可附件1的真实性、合法性和公开性，但认为本专利与附件1的外观设计不属于同样的发明创造。

经过上述审查程序，合议组认为本案事实已经调查清楚，可以依法作出本审查决定。

二、决定的理由

1. 无效理由和证据

本案中，请求人提出无效宣告请求时提出本专利不符合专利法第9条、专利法实施细则第13条第1款以及专利法第23条规定的无效理由，并提交了上述附件1、2作为证据。口头审理中，请求人放弃了本专利不符合专利法第23条的无效理由以及上述附件2。所以，本案无效宣告请求的无效理由是本专利不符合专利法第9条、专利法实施细则第13条第1款的规定，所用证据是附件1。附件1是第CN01322365.8号中国外观设计专利公告文本，其申请日为2001年8月9日，在本专利的申请日之前；发明名称是"打火机"，与本专利的发明主题相同，且分类号均为27-05，属于产品相同种类的外观设计，因此，可以作为评价本专利是否符合专利法第9条、专利法实施细则第13条第1款规定的在先设计使用。

2. 法律依据

专利法第9条规定：两个以上的申请人分别就同样的发明创造申请专利的，专利权授予最先申请的人。

专利法实施细则第13条第1款规定：同样的发明创造只能被授予一项专利。

对于外观设计而言，若被比较的设计与在先设计之间的差别对于产品外观设计的整体视觉效果具有显著影响，则二者属于不相同和不相近似的外观设计，不属于同样的发明创造。

3. 相近似判断

本专利的"打火机（JY-5）"包括主视图、后视图、左视图、右视图、仰视图和俯视图六面视图，未要求保护色彩。从上述六面视图可以看出，本专利的打火机整体呈椭圆柱体状，主要由防风罩、机身、揿手、气室、调气钮、进出风栅格和定位卡口组成。从主视图、左视图和后视图来看，防风罩自上而下成一体，位于机身左侧，将机身分为左右两部分，约占打火机整体的1/2；从主视图来看，定位卡口位于防风罩上部右侧，调气钮位于进出风栅格下部；从左视图来看，防风罩上部左侧的进出风栅格横向；从左视图和俯视图来看，防风罩顶部有一圆弧状下凹；从主视图和后视图来看，揿

手位于打火机上部防风罩对面。(见本专利的附图)

在先设计的打火机包括主视图、左视图、右视图、仰视图和俯视图五面视图,在简要说明中记载后视图与主视图对称,省略后视图。从在先设计的五个视图可以看出,在先设计的打火机整体呈椭圆柱体状,主要由防风罩、机身、撅手、气室、调气钮、进出风栅格和定位卡口组成。从主视图、左视图来看,防风罩位于打火机左上部,大小约占打火机整体的1/8,与撅手对置;从主视图来看,定位卡口位于防风罩右侧;从左视图来看,进出风格栅竖向,调气钮位于进出风栅格下部;从左视图和俯视图来看,防风罩顶部是平的。(见在先设计的附图)

将本专利与在先设计相比较,二者至少存在以下区别:(1)防风罩不同:本专利外观设计的打火机中的防风罩自上而下成一体,位于机身左侧,将机身分为左右两部分,约占打火机整体的1/2,且顶部有一圆弧状下凹;在先设计的打火机中防风罩位于打火机的左上部,约占打火机整体的1/8,且顶部是平的;(2)进出风栅格不同:本专利的进出风栅格横向,在先设计的进出风栅格竖向。合议组认为,由于本专利的打火机与对比外观设计的打火机存在上述区别,对于一般消费者而言,这些区别能够对该产品的整体视觉效果产生显著的影响,因此二者属于不相同和不相近似的外观设计,所以,本专利相对于请求人提交的证据而言符合专利法第9条和专利法实施细则第13条第1款的规定。

基于上述理由,合议组作出如下决定。

三、决定

维持第02313886.6号外观设计专利权有效。

当事人对本决定不服的,可以根据专利法第46条第2款的规定,在收到本决定之日起三个月内向北京市第一中级人民法院起诉,根据该款的规定,一方当事人起诉后,另一方当事人应当作为第三人参加诉讼。

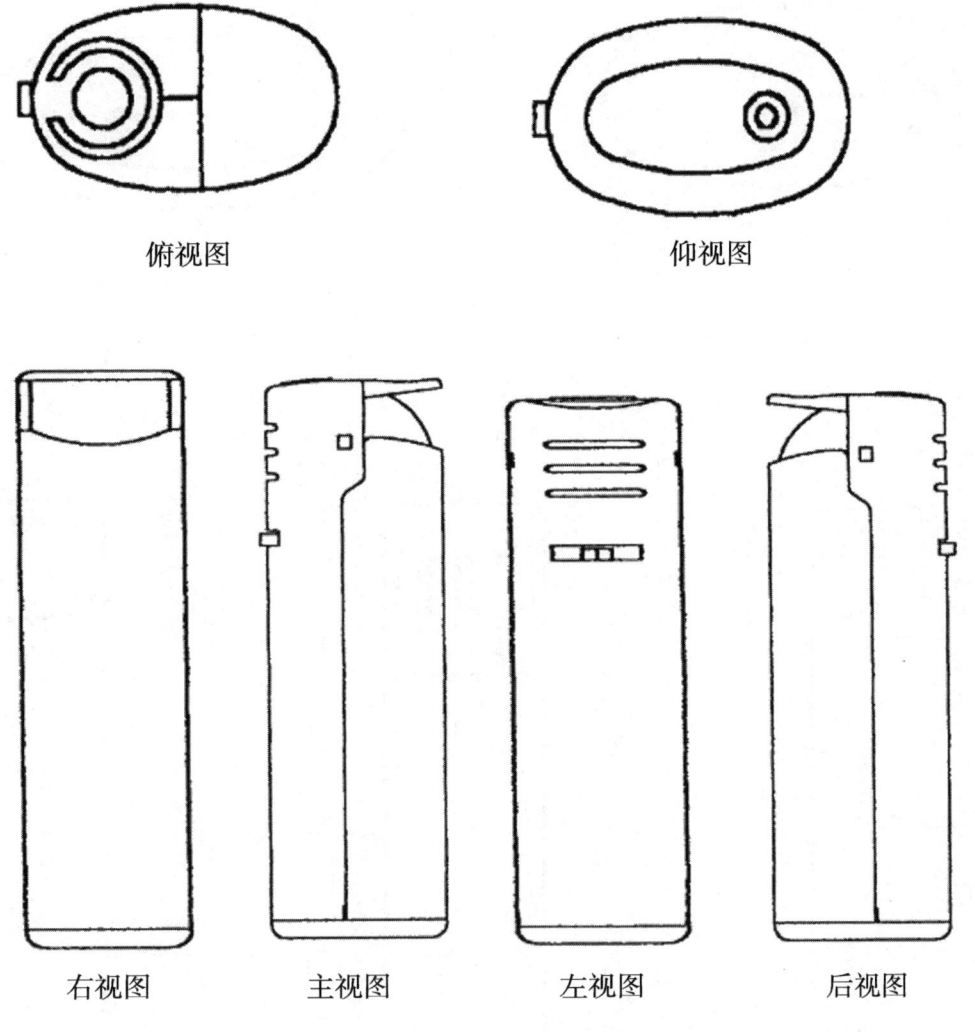

本专利的附图

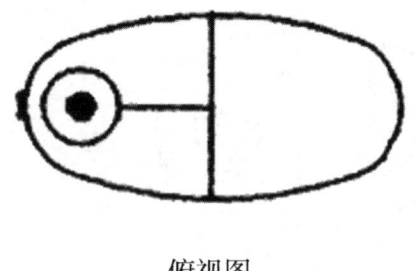
俯视图

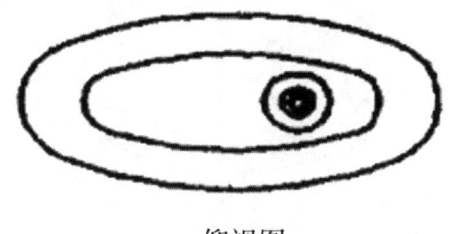
仰视图

主视图

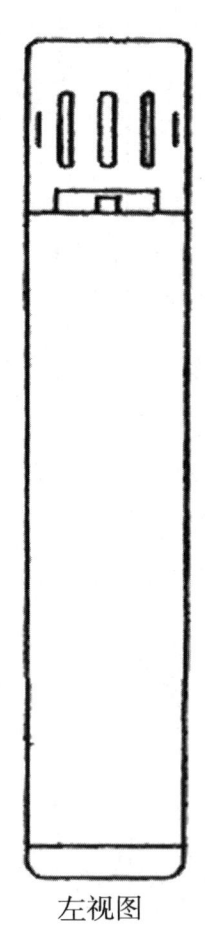
左视图

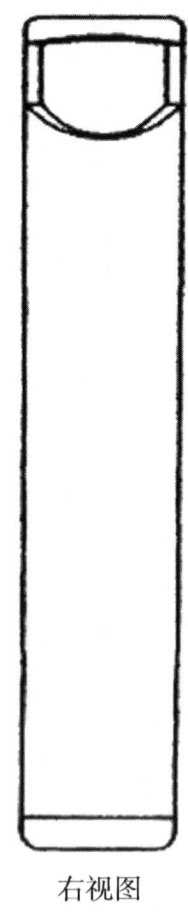
右视图

在先设计的附图

北京市第一中级人民法院行政判决书

(2007) 一中行初字第 444 号

原告余姚市帅奇塑业有限公司，住所地浙江省余姚市低塘镇西墟村杨漕

委托代理人张建立，浙江富林律师事务所律师

委托代理人袁忠卫，宁波诚源专利事务所有限公司专利代理人

被告国家知识产权局专利复审委员会，住所地北京市海淀区北四环西路9号银谷大厦10-12层

法定代表人廖涛，副主任

委托代理人李金光，国家知识产权局专利复审委员会第四申诉处复审员

委托代理人程强，国家知识产权局专利复审委员会行政诉讼处复审员

第三人干忠焕，男，汉族，1978年5月8日出生，住浙江省余姚市朗霞街道干家路村东干6队

委托代理人戴晓翔，浙江翔隆专利事务所专利代理人

原告余姚市帅奇塑业有限公司（简称帅奇塑业公司）不服被告国家知识产权局专利复审委员会（简称专利复审委员会）于2006年12月1日作出的第9138号无效宣告请求审查决定，于法定期限内向本院提起行政诉讼。本院于2007年3月15日受理后，依法组成合议庭，并通知干忠焕作为第三人参加本院诉讼。在本案审理过程中，原告帅奇塑业公司以其与第三人干忠焕已达成调解协议为由，于2007年5月23日向本院申请撤回对被告专利复审委员会的起诉。

本院认为，原告帅奇塑业公司的撤诉申请未违反有关法律规定，应予准许。依照《中华人民共和国行政诉讼法》第五十一条之规定，裁定如下：准予原告余姚市帅奇塑业有限公司撤回对被告国家知识产权局专利复审委员会的起诉。

案件受理费一千元，减半收取五百元，由原告余姚市帅奇塑业有限公司负担（已交纳）。

审 判 长 姜 颖
代理审判员 苏 杭
代理审判员 芮松艳
二〇〇七年六月十一日
书 记 员 牛 捷

播放机（MP316型）

无效宣告请求审查决定（第9149号）

决 定 号	第9149号
决 定 日	2006年11月27日
发明创造名称	播放机（MP316型）
外观设计分类	14-01
无效宣告请求人	常州市武进金星数码电子有限公司
专 利 权 人	信利电子有限公司
专 利 号	01346980.0
申 请 日	2001年9月18日
授权公告日	2002年3月27日
合议组组长	黄毅斐
主 审 员	哈雅坤
参 审 员	汤锷
附 图	4页
法 律 依 据	专利法第23条
决 定 要 点	

本专利与附件2所示的产品外观相比，二者外观设计不相近似，本专利符合专利法第23条的规定。

一、案由

本无效宣告请求案件涉及申请号为01346980.0的外观设计专利（下称"本专利"），本专利的申请日为2001年9月18日，专利权人为信利电子有限公司，本专利于2002年3月27日授权公告。

针对上述专利权，常州市武进金星数码电子有限公司（下称"请求人"）于2003年4月25日向专利复审委员会提交了无效宣告请求，以不符合专利法第23条的规定为理由，请求宣告本外观设计专利权无效。请求人所提交的证据材料如下：

附件1：本专利公告复印件；

附件2：2001年5月8日公开出版发行的《个人电脑》第7卷第5期上JNC公司的产品广告的复印件。

请求人在无效宣告请求书中提出：本外观设计专利与申请日前公开的附件2所示的JNC公司型号为SSF-892、SSF-882的系列的超薄型MP3播放机的外观完全相近似。

专利复审委员会于 2003 年 5 月 21 日向双方当事人发出受理通知书，同时将请求人所提交的请求书及全部证据材料转给专利权人。此后，请求人又于 2003 年 12 月 9 日提交了附件 2 的原件。

本案合议组于 2006 年 7 月 4 日向双方当事人发出了口头审理通知书，定于 2006 年 8 月 16 日对本无效宣告请求案件进行口头审理。口头审理如期举行，请求人出席了口头审理，并且明确了其无效理由是：本专利与在先设计（2001 年 5 月公开出版发行的《个人电脑》第 5 期上 JNC 公司的 SSF-892、SSF-882 的系列的超薄型 MP3 播放机）的外观设计相近似，因此本专利不符合专利法第 23 条的规定。专利权人既未提交口审回执也未出席口头审理。

至此，合议组认为本案事实已经清楚，可以作出审查决定。

二、决定的理由

1. 关于证据

附件 2 所涉及的证据《个人电脑》第 7 卷第 5 期的公开出版发行日期为 2001 年 5 月 8 日，请求人于 2003 年 12 月 9 日向专利复审委员会提交了该证据的原件，合议组经核实确认附件 2 复印件内容与原件一致，因此对附件 2 予以采信。附件 2 的公开日在本专利申请日之前，故可以将该附件 2 所示的 JNC 公司的 SSF-892、SSF-882 的系列的超薄型 MP3 播放机作为在先设计来评价本专利是否符合专利法第 23 条的规定。

2. 关于专利法第 23 条

（1）专利法第 23 条规定：授予专利权的外观设计，应当同申请日以前在国内外出版物上公开发表过或者国内公开使用过的外观设计不相同或不相近似，并不得与他人在先取得的合法权利相冲突。

（2）本专利为一种播放机，从其主、后视图来看，该播放机为长方形，结合左、右、仰、俯视图来看，该播放机整体形状为一超薄型的长方体形；另外，从主视图来看，该播放机的正面上方中间位置有一长方形的显示窗，显示窗由一向上弯曲的圆弧围住，在该播放机的正面下方中间有一向下弯曲的圆弧；另外，从左、右视图来看，该播放机的左侧面从上至下依次设有三个控制按钮及一个拨动键，右侧面从上至下依次设有三个按钮；另外，俯视图来看，该播放机的顶面从左至右依次设有一个圆形插孔、一个圆形电源按钮及一个梯形接口。

（3）在先设计也为 MP3 播放机，其两款产品的整体形状也是一超薄型的长方体形；另外，从该广告视图中可以看出，该播放机的正面上方中间位置也有一长方形的显示窗，显示窗上、下分别各由一向下和向上弯曲的圆弧围住，在该播放机的正面下方有一向上弯曲的圆弧；另外，从该广告视图中还可以看出，该播放机的左侧面也从上至下依次设有三个控制按钮及一个拨动键；此外，从该广告视图中无法清楚得知该播放机顶面的构造以及右侧面的构造。

（4）将本专利与在先设计相比可知，二者的共同点在于：整体形状均为超薄型的长方体形，正面上方中间位置有一长方形的显示窗，显示窗下方均有一条向上弯曲的圆弧，左侧面均从上至下依次设有三个控制按钮及一个拨动键。二者的区别之处在于：在先设计的正面的显示窗上方还有一条向下弯曲的圆弧，而本专利没有；另外在先设计的正面下方有一条向上弯曲的圆弧，而本专利所示的播放机的正面下方中间有一条向下弯曲的圆弧，而且该圆弧的半径小于在先设计下方圆弧的半径；此外，从在先设计的广告视图中尚不能清楚得知在先设计顶面、右侧面、背面的具体构造。

（5）对于上述区别，合议组认为：MP3 播放机在使用时往往是正面朝向使用者，该部位设计上的变化容易受到消费者的瞩目，对产品的整体视觉效果具有显著影响，因此本专利与在先设计在产品正面上的上述这两点差别足以使一般消费者从整体视觉效果上形成明显的不相近似的印象，因此本专利与在先设计二者不属于相近似的外观设计。

综上所述，本专利与在先设计相比，其外观设计不相近似，本专利符合专利法第 23 条的规定。

三、决定

维持 01346980.0 号外观设计专利权有效。

当事人如对本决定不服，可依据专利法第 46 条第 2 款的规定，自收到本决定之日起三个月内向北京市第一中级人民法院起诉。根据该款的规定，一方当事人起诉后，另一方当事人应当作为第三人参加诉讼。

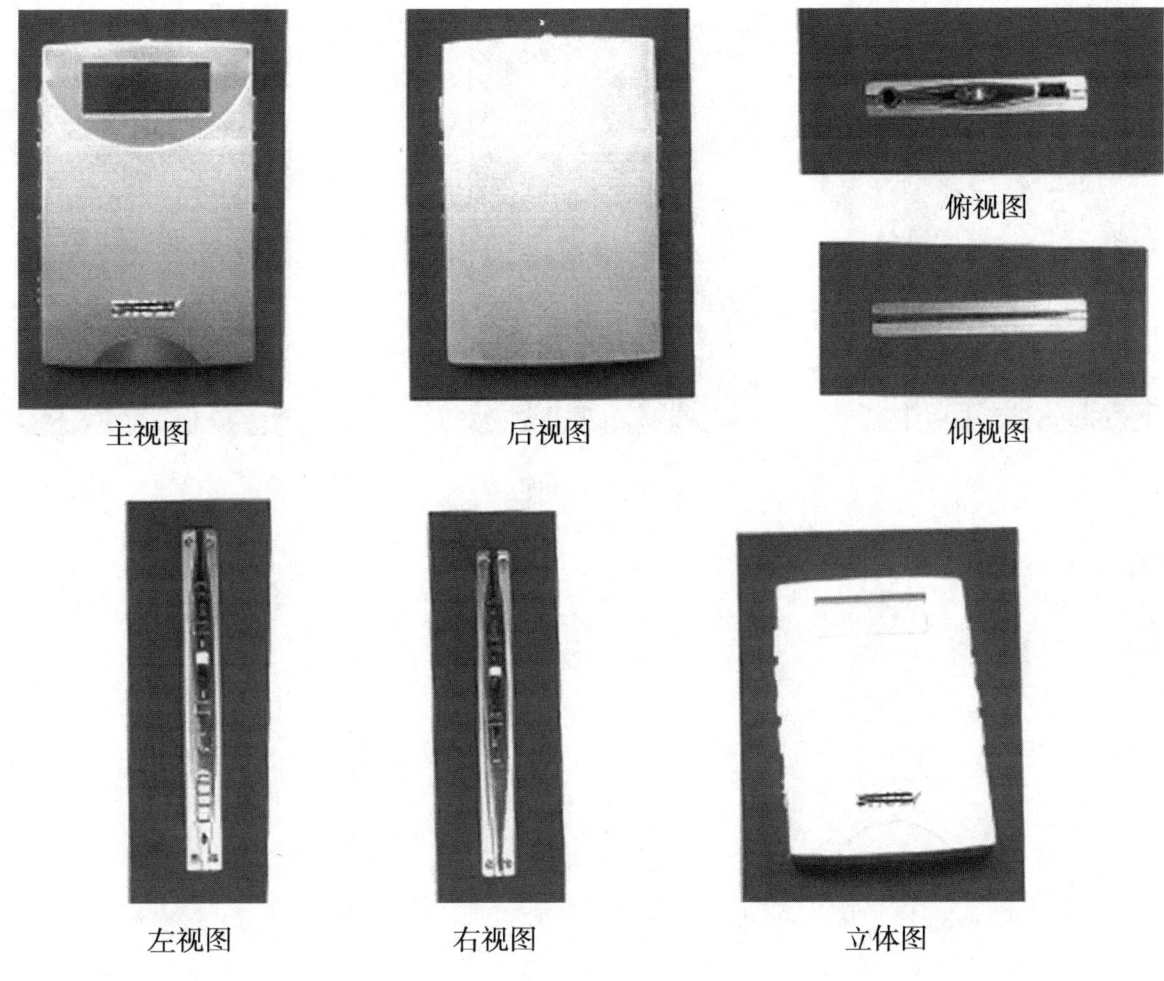

本专利附图

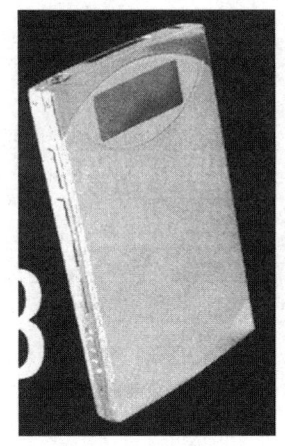 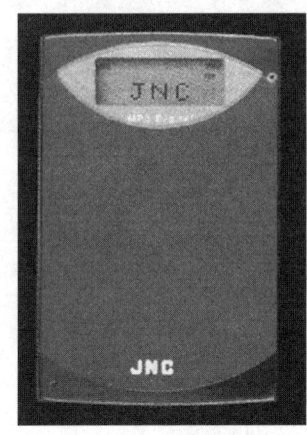 

对比文件图
W63505

异型铝框条 8601

无效宣告请求审查决定（第 9156 号）

决　定　号	第 9156 号
决　定　日	2006 年 12 月 20 日
发明创造名称	异型铝框条 8601
外观设计分类号	25-01
无效宣告请求人	秦皇岛市北戴河聚源铝业有限公司，江阴市海达实业公司，成都阳光铝制品有限公司
专　利　权　人	苏州罗普斯金铝业有限公司
专　利　号	98325689.6
申　请　日	1998 年 9 月 28 日
授权公告日	1999 年 6 月 2 日
合议组组长	张雪飞
主　审　员	钱亦俊
参　审　员	钟华
附　　　图	1 页
法律依据	专利法第 23 条
决定要点	

第三请求人提交的证据所示的外观设计与本专利属于相近似的外观设计，因此本专利不符合中国专利法第 23 条的规定。

一、案由

本无效宣告请求涉及的是国家知识产权局于 1999 年 6 月 2 日授权公告的 98325689.6 号外观设计专利，其产品名称是"异型铝框条 8601"，申请日是 1998 年 9 月 28 日，专利权人是苏州罗普斯金铝业有限公司。

（一）第一次无效宣告请求

针对上述外观设计专利权（下称本专利），2005 年 5 月 21 日秦皇岛市北戴河聚源铝业有限公司（下称第一请求人）向专利复审委员会提出无效宣告请求，其理由是本专利不符合中国专利法第 23 条的规定。第一请求人认为在 1998 年 5 月秦皇岛伟师建筑装饰工程设计有限公司已将购于秦皇岛罗普斯金铝业有限公司的含有本专利形状的型材安装使用在中国工商银行秦皇岛分行，从而证明在本专利申请日以前已有与其外观设计相同的产品在国内公开销售使用过。第一请求人同时提交了 4 份证据附件：

附件1.1是秦皇岛市北戴河区公证处作出的"（2005）秦北证民字第187号"公证书复印件，内附秦皇岛伟师建筑装饰工程设计有限公司与秦皇岛罗普斯金铝业有限公司签订的《协议》复印件和第0001446号、第0001448号工业产品销售剪贴发票复印件共3页，公证内容为内附材料的复印件内容与原件相符，复印件上秦皇岛伟师建筑装饰工程设计有限公司的印鉴属实；

附件1.2是秦皇岛市北戴河区公证处作出的"（2005）秦北证民字第188号"公证书复印件，内附《工作记录》复印件1页和12张照片复印件，公证内容为《工作记录》复印件与原件内容相符，照片为现场拍摄；

附件1.3是由中国工商银行秦皇岛分行签章并附关志涛签名的《证明》复印件1页；

附件1.4是由秦皇岛伟师建筑装饰工程设计有限公司签章并附赵丽娟签名的《情况说明》复印件1页。

专利复审委员会根据无效宣告请求审查程序的规定受理了该无效宣告请求，并于2005年6月8日将第一请求人的无效宣告请求文件转送专利权人。

2005年6月20日，第一请求人再次提交意见陈述书，陈述其观点，并补充了4份证据附件：（编号续前）

附件1.5是"外经贸冀秦市字（1995）028号"外商投资企业批准证书复印件和"企合冀秦总副字第000565号"企业法人营业执照（副本）复印件共2页；

附件1.6是秦皇岛市北戴河区公证处作出的"（2005）秦北证民字第239号"公证书复印件，内附《工作记录》复印件2页和24张照片复印件，公证内容为《工作记录》复印件内容与原件相符，照片为现场拍摄；

附件1.7是秦皇岛市北戴河区公证处作出的"（2005）秦北证民字第260号"公证书复印件，内附《工作记录》复印件和《证明材料》复印件共2页及4张照片复印件，公证内容为《工作记录》和《证明材料》的复印件内容与原件相符，《证明材料》上的签名、按印属实，照片为现场拍摄；

附件1.8是由赵丽娟和程德山签名、按印的《证明材料》复印件1页。

针对第一请求人于无效宣告请求之日提出的理由和证据，专利权人于2005年7月23日提交了意见陈述书，认为第一请求人提交的附件1.1中《协议》和发票的真实性不能确定，且没有披露相关产品的外观设计，不具有关联性；附件1.2也缺少关联性，且没有显示相应的外观设计，同时第一请求人曾为秦皇岛罗普斯金铝业有限公司的负责人之一，有造假证的可能，该证据不能采信；附件1.3和附件1.4均为证人证言，真实性可疑，不能作为证据使用；因此，本专利应予维持。

专利复审委员会于2005年10月10日将第一请求人补充的意见陈述及附件和专利权人的意见陈述分别转送对方当事人，同时向双方当事人发出口头审理通知书，定于2005年11月14日进行口头审理。后经合议组确认并经双方当事人同意，改在2005年10月18日与另案（6W05298号无效宣告请求）合并进行口头审理。

在口头审理中，第一请求人和专利权人均委托代理人出庭。请求人声明放弃附件7作为本案证据。并出示了附件1.1——附件1.4的原件（后于2006年4月1日提交了公证件：秦皇岛市北戴河区公证处作出的"（2006）秦北证民字第061号"公证书，公证内容为《情况说明》和《证明》的复印件内容与原件相符），并在同时审理的另一案（6W05298）中提交了附件1.6公证书原件（内含照片原件）和附件1.8原件。经与原件核实，专利权人对上述附件1.1—附件1.6、附件1.8的复印件与原件一致没有异议。专利权人认为，第一请求人提交的证据都是间接证据，关键点均为证人证言，而出证人均未出庭质证，证人证言也相互矛盾，真实性、关联性、合法性均不能被认定，因此第一请求人的主张没有事实依据。最终，双方仍坚持原有观点。

2005年10月22日，第一请求人代理人提交口审代理词，再次强调其观点，并附如下证据（编号续前）：

附件1.9是"（2005）秦北证民字第320号"公证书复印件，公证内容是所附的秦皇岛伟师建筑装饰工程设计有限公司提供的0018866号《河北省秦皇岛市建筑业专用发票》复印件与原件相符。

2006年1月1日，第一请求人再次提交意见陈述并附如下证据（编号续前）：

附件1.10是江苏省南京市中级人民法院作出的"（2005）宁民三初字第226号"民事判决书复印件14页。

（二）第二次无效宣告请求

针对本专利，2005年7月21日江阴市海达实业公司（下称第二请求人）向专利复审委员会提出无效宣告请求，其主要理由是本专利不符合中国专利法第23条的规定。第二请求人认为本专利在申请日以前"已见诸市场"。第二请求人提交的证据中前8个与第一请求人提交的附件1.1——附件1.8相同，另外还有如下附件：

附件2.9是浙江省高级人民法院"（2002）浙经二终字第19号"民事判决书。

专利复审委员会受理了该无效宣告请求，并于2005年9月28日将第二请求人的无效宣告请求文件转送专利权人。专利权人在规定期限内未作出答复。

为支持其无效宣告请求，2005年8月20日，第二请求人补充如下证据（编号续前）：

附件2.10是"（2001）昆证民字第2133号"公证书复印件，附件为《罗普斯金集团（中国）有限公司防盗门窗、气密窗型材及成品窗销售奖励办法》（共3页）复印件，公证内容为附件复印件与原件相符；

附件2.11是"（2001）昆证民字第2104号"公证书复印件，附件为《苏州罗普斯金铝合金花格网有限公司成品出库单》（共17页）复印件，公证内容为附件与原件相符；

附件2.12是"（2001）昆证民字第2105号"公证书复印件，附件为《罗普斯金LPSK高强度气密门窗》广告宣传册中部分页面（共15页）复印件，公证内容为附件与原件相符；

附件2.13是"（2001）昆证民字第2106号"公证书复印件，附件为《声明书》（1页）复印件，公证内容为声明人刘洪之在公证员面前在声明书上签字；

附件2.14是"（2001）昆证民字第2131号"公证书复印件，附件为《员工卡》正反面复印件（1页），公证内容为附件与刘洪之持有的《员工卡》原件相符；

附件2.15是"（2001）昆证民字第2132号"公证书复印件，附件为《职工养老保险手册》复印件（5页），公证内容为附件与江苏省吴县市社会保障管理局于一九九七年十二月三十日发给刘洪之的《职工养老保险手册》原件相符；

附件2.16是"（2001）昆证民字第2102号"公证书复印件，附件为《中国工商银行汇票申请书（存根）》（共1页）复印件，公证内容为附件与原件相符；

附件2.17是"（2001）昆证民字第2103号"公证书复印件，附件为《江苏省吴县市企业通用发票发票联》（共1页）复印件，公证内容为附件与原件相符。

2005年10月10日，专利复审委员会将上述补充证据转送专利权人。

2006年10月24日，合议组向双方当事人发出口头审理通知书，定于2006年11月30日在专利复审委员会进行口头审理。

（三）第三次无效宣告请求

针对本专利权，2005年9月5日，成都阳光铝制品有限公司（下称第三请求人）向专利复审委员会提出无效宣告请求，其主要理由是：本专利与其申请日以前在出版物上公开发表过的外观设计相近似，因此不符合中国专利法第 23 条的规定，应宣告本专利权无效。与此同时，第三请求人提交了《国家建筑标准设计铝合金门窗合订本 JH（九）》一书的封面及第 120 页等页的复印件（3 页）作为证据。

专利复审委员会受理了该无效宣告请求，并于 2005 年 9 月 6 日将第三请求人的无效宣告请求文件转送专利权人。专利权人在规定期限内未作出答复。

2006 年 10 月 24 日，合议组向双方当事人发出口头审理通知书，定于 2006 年 11 月 30 日在专利复审委员会进行口头审理。

（四）第二次口头审理

专利复审委员会将第二次第三次无效宣告请求进行合并口头审理。

口头审理如期举行，第二请求人未出席口头审理，第三请求人和专利权人均委托代理人出庭。在口头审理中，首先，第三请求人出示了其提交的《国家建筑标准设计铝合金门窗合订本 JH（九）》一书的原件，专利权人对证据的真实性和适用性均没有异议，双方就请求人指定的第 120 页相关产品外观设计与本专利的相近似性进行了陈述和辩论，请求人坚持原有观点，专利权人认为，第三请求人在其证据上指认的外观设计与本专利不相同且不相近似。其次，针对第二请求人提交的证据，专利权人意见陈述认为，第二请求人提交的证据中附件 2.1——附件 2.8 证人没有到庭，无法证实证言内容的真实性，我们有证据证明上述证据是伪证；附件 2.9 判决中认定的事实已为北京市高级人民法院【（2004）高行终字第 342 号】所代替。附件 2.10——附件 2.17 已在北京市高级人民法院【（2004）高行终字第 342 号】中评述过，根据一事不再理的原则，不应进行审理。专利权人同时提交如下反证：

反证 1 是江苏省南京市中级人民法院作出的【（2005）宁民三初字第 228 号】民事判决书 14 页以及该案承办人员在秦皇岛市对相关证人赵丽娟、徐晓兵、关志涛进行的谈话笔录（复印件）共三份；

反证 2 是江苏省高级人民法院作出的"（2006）苏民三终字第 0028 号"民事调解书复印件 2 页以及该案承办人员在秦皇岛市对相关证人赵丽娟、徐晓兵、郑玉娟关志涛进行的谈话笔录共四份（盖有江苏省高级人民法院红章的复印件）；

反证 3 是江苏省南京市中级人民法院民事审判第三庭的《开庭笔录》（复印件）4 页。

在上述审理的基础上，合议组经合议，认为本案事实清楚，依法作出本审查决定。

二、决定的理由

1. 基于三个请求人提出的无效宣告请求的理由和证据，合议组依据中国专利法第 23 条对本案进行审理。

中国专利法第 23 条规定：授予专利权的外观设计，应当同申请日以前在国内外出版物上公开发表过或者国内公开使用过的外观设计不相同和不相近似，并不得与他人在先取得的合法权利相冲突。

2. 第三请求人提交的附件是中国建筑标准设计研究所出版的 1994 年《国家建筑标准设计铝合金门窗合订本 JH（九）》，根据审查指南的有关规定，其公开日为 1994 年 12 月 31 日，早于本专利申请日（1998 年 9 月 28 日），属于专利法第 23 条所述的本专利申请日以前的公开出版物，专利权人对其真实性和适用性没有异议，可以适用专利法第 23 条的规定评价本专利的专利性。请求人指证该证据第 120 页的一款型材的外观设计（下称在先设计）与本专利属于相同种类产品，二者外观设计相近似。

3. 合议组现将本专利与在先设计作如下比较判断：

结合其他视图从主视图观察本专利，其形状为：一块横板与其下部五块竖板、其上部的两个开口圆孔和两块折板组成。其中下部五块板中第三、四块板底端向左侧有一小段弯折，靠上端内侧有两块凸棱，右侧竖板下端有相对的凸棱，形成左侧开口的矩形框。横板上部的右侧折板在横板右端，左侧折板位于与横板下部的第二块竖板同一条直线上。横板上部的两个开口圆孔位于对应下部第三、四竖板的外侧。（详见本专利附图）

结合其他视图从主视图观察在先设计，在先设计形状为：三块小横板与其下部五块竖板、其上部的两个开口圆孔和两块折板组成。横板上部的两个开口圆孔位于对应下部的第三、四竖板的外侧。其中下部五块板中第三、四块板之间的横板略高于两侧的横板，顶端与两个开口圆孔平齐。靠上端内侧有两块凸棱，右侧竖板下端向内折进。横板上部的右侧折板在横板右端，左侧折板位于横板的左端。（详见在先设计附图）

将本专利与在先设计相比较，二者从整体上观察，相同点为，都是以横板为界，下部有五块竖板，上部有两块顶端向内折进的竖板和两个开口圆孔，且相对位置及整体比例较为接近。二者主要不同点为：本专利上部的左侧折板缩进，与第二条下部竖板处于同一直线上；在先设计第三、四竖板间上部相对于本专利的部分整体上移一小段距离，使得横板上端与两个开口圆孔平齐；右侧竖板下端本专利多了一个向下凸棱，形成左侧开口的矩形框，而在先设计只是向内侧弯折。合议组认为：对于本案涉及的型材产品而言，属于在长度方向上各个部位的横断面形状均相同的不定长物品，因此由其横断面形状足以判定产品的整体形状。虽然本专利与在先设计存在上述三点不同之处，但是从外观设计的角度观察，由于二者整体存在诸多相同点使得其不同之处成为不易受关注且不易被记忆的设计，不足以构成二者显著的差别，即其差别不足以对本专利和在先设计的整体形状产生显著的视觉影响，因此二者应属于相近似的外观设计。

4. 综上所述，在本专利申请日以前已有与其相近似的外观设计在出版物上公开发表过，本专利不符合中国专利法第23条的规定。

5. 鉴于由上述认定已得出本专利不符合中国专利法所规定的授权条件的结论，本案对另两个请求人提出的其他理由和证据不再予以评述。

三、决定

宣告98325689.6号外观设计专利权全部无效。

当事人对本决定不服的，可以根据专利法第46条第2款的规定，自收到本决定之日起三个月内向北京市第一中级人民法院起诉。根据该款的规定，一方当事人起诉后，另一方当事人应当作为第三人参加诉讼。

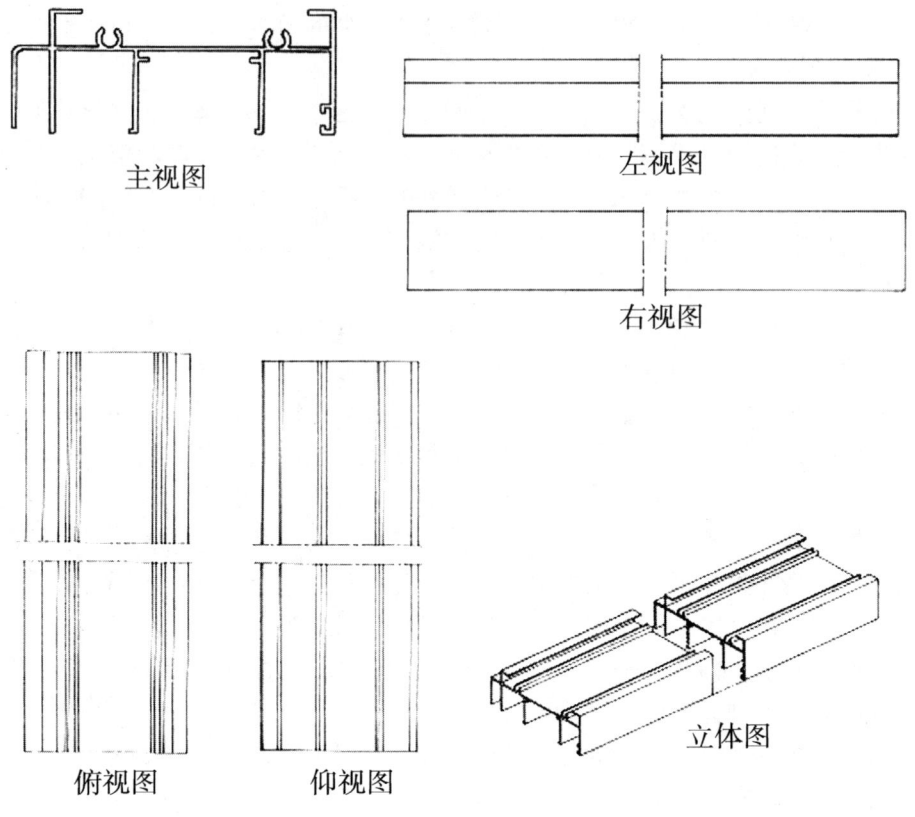

主视图　左视图　右视图　俯视图　仰视图　立体图

本专利附图

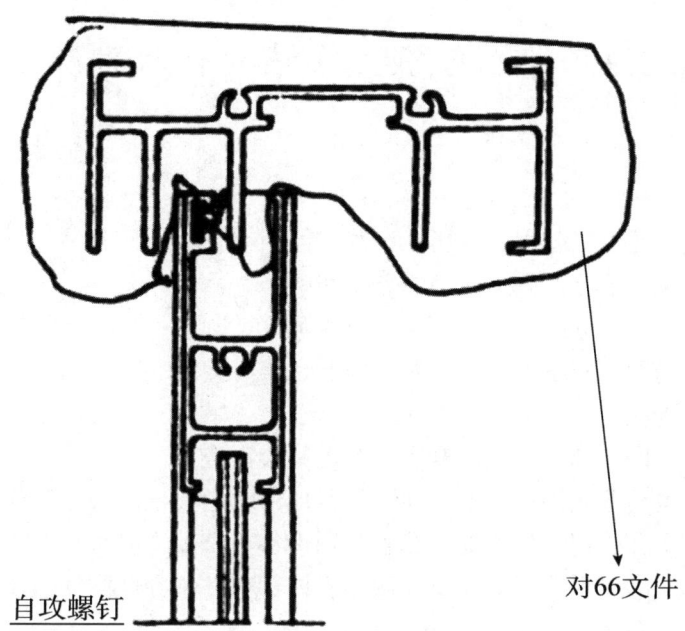

自攻螺钉　　　　　对66文件

在先设计附图

北京市第一中级人民法院行政判决书

(2007) 一中行初字第 339 号

原告苏州罗普斯金铝业有限公司，住所地江苏省苏州市相城区元和镇

委托代理人吴秋星，江苏苏州兴吴律师事务所律师

委托代理人周建飞，江苏苏州兴吴律师事务所律师

被告国家知识产权局专利复审委员会，住所地北京市海淀区北四环西路 9 号银谷大厦 10-12 层

法定代表人廖涛，副主任

委托代理人王伟艳，国家知识产权局专利复审委员会审查员

第三人秦皇岛市北戴河聚源铝业有限公司，住所地河北省秦皇岛市北戴河区杨各庄村

第三人江阴市海达实业公司，住所地江苏省江阴市华士镇勤丰村

第三人成都阳光铝制品有限公司，住所地四川省成都市龙泉驿区同安镇工业小区

法定代表人李复元，董事长

法定代表人徐友才，董事长

法定代表人廖健，总经理

委托代理人徐国文，北京安博达知识产权代理有限公司专利代理人

委托代理人程德山，男，1950 年 11 月 3 日出生，汉族，秦皇岛北戴河聚源铝业有限公司职员，住河北省秦皇岛市北戴河区青花路一段 25 楼 1 单元 3 号

委托代理人陈尚龙，江苏苏州梁丰律师事务所律师

委托代理人徐国文，北京安博达知识产权代理有限公司专利代理人

原告苏州罗普斯金铝业有限公司（简称罗普斯金公司）不服被告国家知识产权局专利复审委员会（简称专利复审委员会）作出的第 9156 号无效宣告请求审查决定（简称第 9156 号决定），于法定期限内向本院提起行政诉讼。本院于 2007 年 3 月 1 日受理后，依法组成合议庭，并根据相关法律规定通知秦皇岛市北戴河聚源铝业有限公司（简称聚源公司）、江阴市海达实业公司（简称海达公司）、成都阳光铝制品有限公司（简称阳光公司）作为本案的第三人参加诉讼，于 2007 年 5 月 10 日公开开庭审理了本案。原告罗普斯金公司的委托代理人吴秋星，被告专利复审委员会的委托代理人王伟艳，第三人聚源公司和阳光公司的委托代理人徐国文，第三人海达公司的委托代理人陈尚龙到庭参加了诉讼。本案现已审理终结。第三人聚源公司、海达公司和阳光公司针对罗普斯金公司拥有的第 98325689.6 号名称为"异型铝框条 8601"的外观设计专利（简称本专利），以本专利不符合《中华人民共和国专利法》（简称专利法）第二十三条为由，向专利复审委员会提出无效宣告请求。专利复审委员会于 2006 年 12 月 20 日作出第 9156 号决定，认为：阳光公司提交的中国建筑标准设计研究所出版的 1994 年《国家建筑标准设计铝合金门窗合订本 JH（九）》，其公开日为 1994 年 12 月 31 日，早于本专利申请日，属于专利法第二十三条所述的本专利申请日以前的公开出版物，可以评价本专利的专利性。将该书第 120 页的一款型材的外观设计（简称在先设计）与本专利相比较，二者从整体上观察，相同点为，都是以横板为界，下部有五块竖板，上部有两块顶端向内折进的竖板和两个开口圆孔，且相对位置及整体比例较为接近。二者主要不同点为：本专利上部的左侧折板缩进，与第二条下部竖板处于同一直线上；在先设计第三、四竖板间上部相对于本专利的部分整体上移一小段距离，使得横板上端与两个开口圆孔平齐；右侧竖板下端本专利多了一个向下凸棱，形成左侧开口的矩形

框，而在先设计只是向内侧弯折。对于本案涉及的型材产品而言，属于在长度方向上各个部位的横断面形状均相同的不定长物品，因此由其横断面形状足以判定产品的整体形状。虽然本专利与在先设计存在上述三点不同之处，但是从外观设计的角度观察，由于二者整体存在诸多相同点使得其不同之处成为不易受关注且不易被记忆的设计，不足以构成二者显著的差别，即其差别不足以对本专利和在先设计的整体形状产生显著的视觉影响，因此二者应属于相近似的外观设计。据此，专利复审委员会作出第9156号决定，宣告本专利权无效。原告罗普斯金公司不服第9156号决定，在法定期限内向本院提起行政诉讼，其诉称：1、第9156号决定认定事实有误。本专利与在先设计相比，除了第9156号决定所认定的三处不同外，还存在以下不同之处：（1）螺丝安装孔位置不同；（2）本专利在第三和第四竖板之间有一对称的卡口，而在先设计无此卡口；（3）在先设计第三和第四竖板之间并不是上移一段，而是长于第三和第四竖板，架在两个螺丝安装孔上，有一种桥梁的视觉效果；（4）本专利右侧下竖板对内是一个毛条夹持槽，并不是只多了一个向下凸棱；（5）本专利第一下部竖板短于其他竖板，第三和第四竖板都有向左的折弯。2、本专利与在先设计不近似。本专利产品的一般消费者应当是铝型材的购买群体或者使用群体，他们不仅会注意到不同铝型材的相同点，更会注意到不同点，特别会注意视觉效果明显之处。在先设计第三和第四竖板中间桥梁和右侧下部没有毛条夹持槽的不同之处，对其会产生强烈的显著的视觉影响，本专利与在先设计不属于相近似的外观设计。因此，原告请求人民法院判决撤销第9156号决定，维持本专利有效。被告专利复审委员会辩称：第9156号决定已经涉及原告在起诉状中所述的本专利与在先设计的不同点，在先设计与本专利属于相近似的外观设计，第9156号决定认定事实清楚，适用法律法规正确，审查程序合法，请求人民法院予以维持。第三人聚源公司、海达公司认为第9156号决定正确，请求维持该决定。第三人阳光公司述称：第9156号决定认定本专利与在先设计相近似是正确的，原告所述的观点不能成立。1、本专利与在先设计的螺丝安装孔形状相同；2、二者的第三、四竖板之间的对称卡口及第三、四竖板之间的横板的形状相同，只是在整体形状相似情况下作出的不易受关注的简单偏移，属于不易被记忆的设计，不足以构成二者的显著差别；3、二者最右侧竖板下端均设有一凸棱；4、二者上部左侧折板的形状相同，只是在整体形状相似情况下作出的不易受关注的简单偏移，属于不易被记忆的设计。由于本专利与在先设计的整体形状存在诸多相同点，本专利与在先设计属于相近似的外观设计。第9156号决定认定事实清楚，结论正确，请求人民法院予以维持。

本院经审理查明，第9156号决定涉及的是名称为"异型铝框条8601"，专利号为98325689.6的外观设计专利（即本专利），该专利的申请日为1998年9月28日，授权公告日为1999年6月2日，专利权人是罗普斯金公司。本专利授权公报有六幅视图（详见本判决书附图）。

针对本专利，聚源公司、海达公司、阳光公司分别于2005年5月21日、2005年7月21日和2005年9月5日以本专利不符合专利法第二十三条的规定为由，向专利复审委员会提出无效宣告请求，并提交了相应的证据。其中阳光公司提交了中国建筑标准设计研究所出版的1994年《国家建筑标准设计铝合金门窗合订本JH（九）》一书的封面及第120页。该书第120页公开了一款型材产品的外观设计（即在先设计，其外观设计详见本判决书附图）。

专利复审委员会分别于2005年10月18日和2006年11月30日对上述无效宣告请求案进行了口头审理。

2006年12月20日，专利复审委员会做出第9156号决定。

在本案庭审中，专利复审委员会对于罗普斯金公司在起诉状所述的本专利和在先设计存在的区别没有异议，但认为这些区别在第9156号决定中已经提及，且这些区别不足以对产品的整体视觉效果产生显著影响。各方当事人对于本专利产品属于中间产品没有异议。

以上事实有本专利授权公告、第9156号决定、在先设计及当事人陈述等证据在案佐证。

本院认为，专利法第二十三条规定，授予专利权的外观设计，应当同申请日以前在国内外出版物上公开发表过或者国内公开使用过的外观设计不相同和不相近似，并不得与他人在先取得的合法权利相冲突。本案中，中国建筑标准设计研究所出版的1994年《国家建筑标准设计铝合金门窗合订本JH（九）》没有标明具体的印刷日，参照《审查指南》的相关规定，可以认定其公开日期为1994年12月31日。由于其公开日期早于本专利的申请日，因此该书第120页所公开的型材的外观设计构成本专利的在先外观设计，可以用于评价本专利是否符合专利法第二十三条的规定。

在判断外观设计是否相同或者相近似时，应当基于被比设计产品的一般消费者的知识水平和认知能力进行评价。本案中，被比设计产品为"异型铝框条"，该产品属于型材类中间产品，因此其判断主体应当为购买、使用该型材的相关人员。对于上述人员来说，如果本专利与在先设计的差别对于产品的整体视觉效果不具有显著的影响，则二者相近似。将本专利与对比文件相比，二者主体结构和整体布局基本相同，均为以横板为界，下部有五块竖板，上部有两块顶端向内折进的竖板和两个开口圆孔，且相对位置及比例较为接近。二者的区别主要在于：（1）本专利上部的左侧折板缩进，与下部第二块竖板处于同一直线上，而在先设计上部左侧折板则是与下部第一块竖板处于同一直线上；（2）本专利的横板是从左贯右，而在先设计第三、四竖板间上部相对上移一小段距离，形成桥梁的效果；（3）本专利右侧竖板下端有一个毛条夹持槽，而在先设计只是向内侧弯折；（4）本专利与在先设计在螺丝安装孔、卡口等部位也存在一些细微差别。对此，本院认为，虽然二者存在上述差别，但在二者的主体结构和整体布局基本相同的情况下，这些差别不会对产品的整体视觉效果产生显著的影响，二者构成相近似的外观设计。虽然原告强调上述差别会导致二者在功能上存在较大差异，该产品的购买者在购买时不会产生混淆误认，但外观设计专利保护的是一种富有美感的新设计，即使消费者在购买时不会混淆误认，也不能必然地得出二者的差别对产品外观设计的整体视觉效果具有显著影响的结论，因此其关于本专利与在先设计不近似的主张没有事实和法律依据，本院不予支持。

综上所述，被告作出的第9156号决定认定事实清楚，适用法律正确，程序合法，应予维持。原告的诉讼请求没有事实和法律依据，本院不予支持。依照《中华人民共和国行政诉讼法》第五十四条第（一）项之规定，判决如下：

维持被告国家知识产权局专利复审委员会作出的第9156号无效宣告请求审查决定。案件受理费一千元，由原告苏州罗普斯金铝业有限公司负担（已交纳）。如不服本判决，各方当事人可在本判决书送达之日起十五日内，向本院提交上诉状及其副本，并交纳上诉案件受理费一百元，上诉于北京市高级人民法院。

审 判 长 刘海旗
代理审判员 周云川
代理审判员 佟 姝
二〇〇六年十二月六日
书 记 员 陈勇

异型铝框条 8604

无效宣告请求审查决定（第 9157 号）

决 定 号	第 9157 号
决 定 日	2006 年 12 月 20 日
发明创造名称	异型铝框条 8604
外观设计分类号	25—01
无效宣告请求人	秦皇岛市北戴河聚源铝业有限公司，江阴市海达实业公司，成都阳光铝制品有限公司
专 利 权 人	苏州罗普斯金铝业有限公司
专 利 号	98325657.8
申 请 日	1998 年 9 月 28 日
授 权 公 告 日	1999 年 6 月 2 日
合 议 组 组 长	张雪飞
主 审 员	钱亦俊
参 审 员	钟 华
附 图	1 页
法 律 依 据	专利法第 23 条，专利法第 9 条，专利法实施细则第 65 条第 2 款

决 定 要 点

第一请求人和第二请求人在其提交的证据中没有指证与本专利相同或相近似的对比文件，无论证据证明的公开销售 868 系列窗的事实是否存在，都不能证明与本专利相近似或相同的型材在申请日之前公开销售，即请求人提交的上述证据不能支持其相同或相近似的外观设计公开销售的主张。第三请求人提交的证据中所示在先设计与本专利不相同也不相近似，不能证明有同样的发明创造在本专利申请日之前提出过申请并在后被授予专利权。

一、案由

本无效宣告请求涉及的是国家知识产权局于 1999 年 6 月 2 日授权公告的 98325657.8 号外观设计专利，其产品名称是"异型铝框条 8604"，申请日是 1998 年 9 月 28 日，专利权人是苏州罗普斯金铝业有限公司。

（一）第一次无效宣告请求

针对上述外观设计专利权（下称本专利），2005 年 5 月 21 日秦皇岛市北戴河聚源铝业有限公司（下称第一请求人）向专利复审委员会提出无效宣告请求，其理由是本专利不符合中国专利法第 23

条的规定。第一请求人认为在1998年5月秦皇岛伟师建筑装饰工程设计有限公司已将购于秦皇岛罗普斯金铝业有限公司的含有本专利形状的型材安装使用在中国工商银行秦皇岛分行，从而证明在本专利申请日以前已有与其外观设计相同的产品在国内公开销售使用过。第一请求人同时提交了4份证据附件：

附件1.1是秦皇岛市北戴河区公证处作出的"（2005）秦北证民字第187号"公证书复印件，内附秦皇岛伟师建筑装饰工程设计有限公司与秦皇岛罗普斯金铝业有限公司签订的《协议》复印件和第0001446号、第0001448号工业产品销售剪贴发票复印件共3页，公证内容为内附材料的复印件内容与原件相符，复印件上秦皇岛伟师建筑装饰工程设计有限公司的印鉴属实；

附件1.2是秦皇岛市北戴河区公证处作出的"（2005）秦北证民字第188号"公证书复印件，内附《工作记录》复印件1页和12张照片复印件，公证内容为《工作记录》复印件与原件内容相符，照片为现场拍摄；

附件1.3是由中国工商银行秦皇岛分行签章并附关志涛签名的《证明》复印件1页；

附件1.4是由秦皇岛伟师建筑装饰工程设计有限公司签章并附赵丽娟签名的《情况说明》复印件1页。

专利复审委员会根据无效宣告请求审查程序的规定受理了该无效宣告请求，并于2005年6月30日将第一请求人的无效宣告请求文件转送专利权人。

2005年6月20日，第一请求人再次提交意见陈述书，陈述其观点，并补充了2份证据附件：（编号续前）

附件1.5是"外经贸冀秦市字（1995）028号"外商投资企业批准证书复印件和"企合冀秦总副字第000565号"企业法人营业执照（副本）复印件共2页；

附件1.6是秦皇岛市北戴河区公证处作出的"（2005）秦北证民字第260号"公证书复印件，内附《工作记录》复印件和《证明材料》复印件共2页及4张照片复印件，公证内容为《工作记录》和《证明材料》的复印件内容与原件相符，《证明材料》上的签名、按印属实，照片为现场拍摄。

针对第一请求人于无效宣告请求之日提出的理由和证据，专利权人于2005年7月23日提交了意见陈述书，认为第一请求人提交的附件1中《协议》和发票的真实性不能确定，且没有披露相关产品的外观设计，不具有关联性；附件2也缺少关联性，且没有显示相应的外观设计，同时第一请求人曾为秦皇岛罗普斯金铝业有限公司的负责人之一，有造假证的可能，该证据不能采信；附件3和附件4均为证人证言，真实性可疑，不能作为证据使用；因此，本专利应予维持。

专利复审委员会于2005年8月12日将第一请求人补充的意见陈述及附件和专利权人的意见陈述分别转送对方当事人，同时向双方当事人发出口头审理通知书，定于2005年10月18日进行口头审理。

在口头审理中，第一请求人和专利权人均委托代理人出庭。并出示了附件1.1——附件1.4的原件，经与原件核实，专利权人对上述附件1.1—附件1.6的复印件与原件一致没有异议。请求人称上述证据1.1-证据1.6中看不到型材截面，即没有对比的图片，要求合议组现场勘验，且声明证据1.1——证据1.5与证据1.6没有关联性。专利权人认为，第一请求人提交的证据都是间接证据，关键点均为证人证言，而出证人均未出庭质证，证人证言也相互矛盾，真实性、关联性、合法性均不能被认定，因此第一请求人的主张没有事实依据。最终，双方仍坚持原有观点。

（二）第二次无效宣告请求

针对本专利，2005年7月21日江阴市海达实业公司（下称第二请求人）向专利复审委员会提出无效宣告请求，其主要理由是本专利不符合中国专利法第23条的规定。第二请求人认为本专利在申请日以前"已见诸市场"。第二请求人提交的证据2.1——2.5与第一请求人提交的附件1.1——附件1.5相同，另外还有如下附件：

附件2.6是秦皇岛市北戴河区公证处作出的"（2005）秦北证民字第239号"公证书复印件，内附《工作记录》复印件2页和24张照片复印件，公证内容为《工作记录》复印件内容与原件相符，照片为现场拍摄；

附件2.7与附件1.6相同；

附件2.8是由赵丽娟和程德山签名、按印的《证明材料》复印件1页；

附件2.9是浙江省高级人民法院"（2002）浙经二终字第19号"民事判决书。

经形式审查合格，专利复审委员会受理了该无效宣告请求，并于2005年9月8日将第二请求人的无效宣告请求文件转送专利权人。专利权人在规定期限内未作出答复。

为支持其无效宣告请求，2005年8月20日，第二请求人补充如下证据（编号续前）：

附件2.10是"（2001）昆证民字第2133号"公证书复印件，附件为《罗普斯金集团（中国）有限公司防盗门窗、气密窗型材及成品窗销售奖励办法》（共3页）复印件，公证内容为附件复印件与原件相符。

附件2.11是"（2001）昆证民字第2104号"公证书复印件，附件为《苏州罗普斯金铝合金花格网有限公司成品出库单》（共17页）复印件，公证内容为附件复印件与原件相符。

附件2.12是"（2001）昆证民字第2105号"公证书复印件，附件为《罗普斯金LPSK高强度气密门窗》广告宣传册中部分页面（共15页）复印件，公证内容为附件复印件与原件相符。

附件2.13是"（2001）昆证民字第2106号"公证书复印件，附件为《声明书》（1页）复印件，公证内容为声明人刘洪之在公证员面前在声明书上签字。

附件2.14是"（2001）昆证民字第2131号"公证书复印件，附件为《员工卡》正反面复印件（1页），公证内容为附件复印件与刘洪之持有的《员工卡》原件相符。

附件2.15是"（2001）昆证民字第2132号"公证书复印件，附件为《职工养老保险手册》复印件（5页），公证内容为附件复印件与江苏省吴县市社会保障管理局于一九九七年十二月三十日发给刘洪之的《职工养老保险手册》原件相符。

附件2.16是"（2001）昆证民字第2102号"公证书复印件，附件为《中国工商银行汇票申请书（存根）》（共1页）复印件，公证内容为附件复印件与原件相符。

附件2.17是"（2001）昆证民字第2103号"公证书复印件，附件为《江苏省吴县市企业通用发票发票联》（共1页）复印件，公证内容为附件复印件与原件相符。

2005年8月24日，专利复审委员会将上述补充证据转送专利权人，要求其在指定期限内答复。专利权人逾期未答复。

2006年10月24日，合议组向双方当事人发出口头审理通知书，定于2006年12月1日在专利复审委员会进行口头审理。

（三）第三次无效宣告请求

针对本专利权，2005年9月5日，成都阳光铝制品有限公司（下称第三请求人）向专利复审委员会提出无效宣告请求，其主要理由是：本专利与申请日以前在出版物上公开发表过的外观设计相近似，因此不符合中国专利法第23条的规定，应宣告本专利权无效。与此同时，第三请求人提交了98307454.2号外观设计专利公报复印件作为证据。

专利复审委员会受理了该无效宣告请求，并于2005年9月6日将第三请求人的无效宣告请求文件转送专利权人。专利权人在规定期限内未作出答复。

2006年10月24日，合议组向双方当事人发出口头审理通知书，定于2006年12月1日在专利复审委员会进行口头审理。

（四）第二次口头审理

专利复审委员会将第二次、第三次无效宣告请求进行合并口头审理。

口头审理如期举行，第二请求人未出席口头审理，第三请求人和专利权人均委托代理人出庭。在口头审理中，首先，第三请求人与专利权人就其提交的98307454.2号外观设计专利公报的真实性及其与本专利的相近似性进行了陈述和辩论。请求人当庭变更无效理由为本专利不符合专利法第9条的规定，专利权人对证据的真实性没有异议，但认为与本专利不相同也不相近似。其次，针对第二请求人提交的证据，专利权人意见陈述认为，第二请求人提交的证据中附件2.1——附件2.8证人没有到庭，无法证实证言内容的真实性，我们有证据证明上述证据是伪证；且证据2.9判决中认定的事实已为北京市高级人民法院【（2004）高行终字第349号】所代替。附件2.10——附件2.17已在北京市高级人民法院【（2004）高行终字第349号】中评述过，根据一事不再理的原则，不应进行审理。请求人同时提交了如下反证：

反证1是江苏省南京市中级人民法院作出的【（2005）宁民三初字第228号】民事判决书14页以及该案承办人员在秦皇岛市对相关证人赵丽娟、徐晓兵、关志涛进行的谈话笔录（复印件）共三份；

反证2是江苏省高级人民法院作出的【（2006）苏民三终字第0028号】民事调解书复印件2页以及该案承办人员在秦皇岛市对相关证人赵丽娟、徐晓兵、郑玉娟关志涛进行的谈话笔录共四份（盖有江苏省高级人民法院红章的复印件）；

反证3是江苏省南京市中级人民法院民事审判第三庭的《开庭笔录》（复印件）4页。

在上述审理的基础上，合议组经合议，认为本案事实清楚，依法作出本审查决定。

二、决定的理由

1. 基于三个请求人提出的无效宣告请求的证据，合议组依据中国专利法第23条及第9条对本案进行审理。

中国专利法第23条规定：授予专利权的外观设计，应当同申请日以前在国内外出版物上公开发表过或者国内公开使用过的外观设计不相同和不相近似，并不得与他人在先取得的合法权利相冲突。

中国专利法第9条规定：两个以上的申请人分别就同样的发明创造申请专利的，专利权授予最先申请的人。

2. 关于一事不再理涉及的证据

第二请求人提交的附件2.10——附件2.17主张的公开销售的事实已在第5531号无效宣告请求审查决定中以及北京市高级人民法院【（2004）高行终字第349号】中作出过评述，认定为，上述证据不能证明在本专利申请日之前有相同或相近似的外观设计公开销售过。根据实施细则第65条第2款的规定，"在专利复审委员会就无效宣告请求作出决定之后，又以同样的理由和证据请求无效宣告的，专利复审委员会不予受理。"因此，本案对该组证据不再予以评述。

3. 关于公开销售的事实的认定

第一组证据：第一请求人提交的附件1.1是秦皇岛市北戴河区公证处作出的"（2005）秦北证民字第187号"公证书，内附秦皇岛伟师建筑装饰工程设计有限公司与秦皇岛罗普斯金铝业有限公司签订的《协议》复印件和第0001446号、第0001448号工业产品销售剪贴发票复印件，公证内容为内附材料的复印件内容与原件相符，复印件上秦皇岛伟师建筑装饰工程设计有限公司的印鉴属实；附件1.2是秦皇岛市北戴河区公证处作出的"（2005）秦北证民字第188号"公证书，内附《工作记录》

复印件和12张照片，公证内容为《工作记录》复印件与原件内容相符，照片为现场拍摄；附件1.3是由中国工商银行秦皇岛分行签章并附关志涛签名的《证明》；附件1.4是由秦皇岛伟师建筑装饰工程设计有限公司签章并附赵丽娟签名的《情况说明》；请求人在无效宣告请求日一个月内提交的如下附件（顺序编号）：附件1.5是"外经贸冀秦市字（1995）028号"外商投资企业批准证书复印件和"企合冀秦总副字第000565号"企业法人营业执照（副本）复印件；同样，第二请求人提交的证据中除了第一请求人提交的上述五个证据（2.1——2.5）外还提交了附件2.6由秦皇岛市北戴河区公证处作出的"（2005）秦北证民字第239号"公证书，内附《工作记录》复印件和24张照片，公证内容为《工作记录》复印件内容与原件相符，照片为现场拍摄，该公证书是对中国工商银行秦皇岛分行七楼结算中心717房间内过道上的两个铝合金窗户拆卸、取证过程进行的证据保全公证，其中后附的照片中有6张显示型材截面分别标有"8601""8655""8651""8607""8661""8662"的数字编号；附件2.8是由证明人赵丽娟和代书人程德山签名、按印的《证明材料》。两个请求人主张同一个公开销售的事实，即上述证据已形成完整证据链，证明在本专利申请日以前1998年5月由秦皇岛市伟师建筑装饰工程设计有限公司在中国工商银行秦皇岛市分行办公大楼七层微机房安装使用868型铝材气密窗，其中某个型材外观设计与本专利相同。

第二组证据：两个请求人还提交了另一个证据，即附件1.6（第二请求人提交的附件2.7）秦皇岛市北戴河区公证处作出的"（2005）秦北证民字第260号"公证书复印件，内附《工作记录》复印件和《证明材料》复印件共2页及4张照片复印件，公证内容为《工作记录》和《证明材料》的复印件内容与原件相符，《证明材料》上的签名、按印属实，照片为现场拍摄。证明秦皇岛市彭振维家于本专利申请日以前安装有868系列型材。

基于上述两组证据，两个请求人认为，在本专利申请日以前已有与其外观设计相同的产品国内公开销售使用过。

针对上述第一组证据，专利权人提出3个反证，即反证1—反证3，主张上述证据属于伪证，不能证明申请日之前公开的事实。专利权人称该组证据认定的事实依据的证人证言前后矛盾，不能作为认定事实的依据。

针对上述两个请求人提交的上述两组证据和专利权人提交的反证，合议组认为：在请求人提交的附件中两个请求人没能在显示有图片的附件中指证与本专利外观设计相对应的对比图片，第一请求人对此表示认可，并且由此要求合议组进行实地勘验。合议组认为，首先，由请求人提交的带图片的公证书，尤其是第二请求人提交的附件2.6（第239号公证书），已经对868型材进行了拆卸拍照，其中所列的型材中没有与本案相关的型材截面；其次，针对868公开销售的上述证据，南京两审法院曾经两次去相关地点取证，请求人没有提交法院取得的相关关键性证据，即868型材含有与本专利相同或相近似的外观设计。基于上述，合议组认为，合议组的实地勘验没有意义，因此，无论附件证实的公开销售868系列窗的事实是否存在，都不能证明与本专利相近似或相同的型材在申请日之前公开销售，即请求人提交的上述证据不能支持其公开销售的主张。

4. 关于第二请求人提交的附件2.9

第二请求人提交的附件2.9是浙江省高级人民法院【（2002）浙经二终字第19号】民事判决书，第二请求人称由此证据可以证明"本专利显属已有技术"。合议组认为，由该判决判断，该判决诉争专利是98325675.6，认定的事实是8651型材的公开销售，但没有相关图片，因此无法与本专利进行比较判断。由于第二请求人不参加口头审理，该证据的证明意图没有更详细的具体说明。因此，合议组认为，该证据不足以认定本专利申请日以前公开的事实。

5. 关于本专利与在先申请相近似性的认定

本案第三请求人提交的98307454.2号外观设计专利公报复印件，在口头审理中第三请求人主张该证据证明本专利与在先申请相近似，二者属于同样的发明创造，因此，本专利不符合专利法第9条的规定，应宣告本专利无效。

经合议组核实，该证据属实，专利权人对其真实性无异议，本案对其真实性予以确认。其申请日在1998年4月9日，授权公告日在1999年1月27日，其专利权人不是本专利权人，属于他人在先申请在后公开的外观设计专利，其产品名称为不锈钢门窗型材（2）（下称在先设计），与本专利属于相同种类产品，可以适用专利法第9条评价本专利的专利性。

现将本专利与在先设计进行相近似分析比较如下：

结合其他视图从主视图观察在先设计，在先设计形状为：两侧呈垂直板状，接近下部略向内折进，下端向内折进。中部横板左侧向下凹进呈长方形腔体，腔体两个下顶角有方形凹槽，中部横板右侧成水平状。（详见在先设计附图）

结合其他视图从主视图观察本专利，其形状为：横板左侧成水平状，中部上下各有一竖直板，上部竖板右侧面有截面呈齿状的棱，下部竖板下端截面呈箭头状。横板右侧有凹进的槽。型材两侧有向内折进的斜板。（详见本专利附图）

将本专利与在先设计相比较，其不同点为：两侧形状不同，本专利是由上到下经几次折进，垂直段非常短，而在先设计以垂直段为主，二者视觉效果完全不同；对于横板的形状，本专利与在先设计也完全不同，本专利右侧有浅凹槽，在先设计左侧有较深的且内部形状复杂的长方形凹腔。另外，本专利横板中部上下均有竖板，在先设计没有相关设计。合议组认为：上述二者的不同点已构成显著差别，足以对本专利和在先设计的整体形状产生显著的视觉影响，给一般消费者带来完全不同的视觉印象，因此二者应属于不相同且不相近似的外观设计。

6. 综上所述，三个请求人提交的证据不能证明在本专利申请日以前已有与其外观设计相同或相近似的产品在国内公开销售使用过，即不能证明本专利不符合中国专利法第23条的规定。同时，也不能证明有同样的发明创造在本专利申请日之前提出过申请并在后被授予专利权，即不能证明本专利不符合专利法第9条的规定。因此，三个请求人提交的证据均不能支持其无效宣告请求的主张。

三、决定

维持98325657.8号外观设计专利权有效。

当事人对本决定不服的，可以根据专利法第46条第2款的规定，自收到本决定之日起三个月内向北京市第一中级人民法院起诉。根据该款的规定，一方当事人起诉后，另一方当事人应当作为第三人参加诉讼。

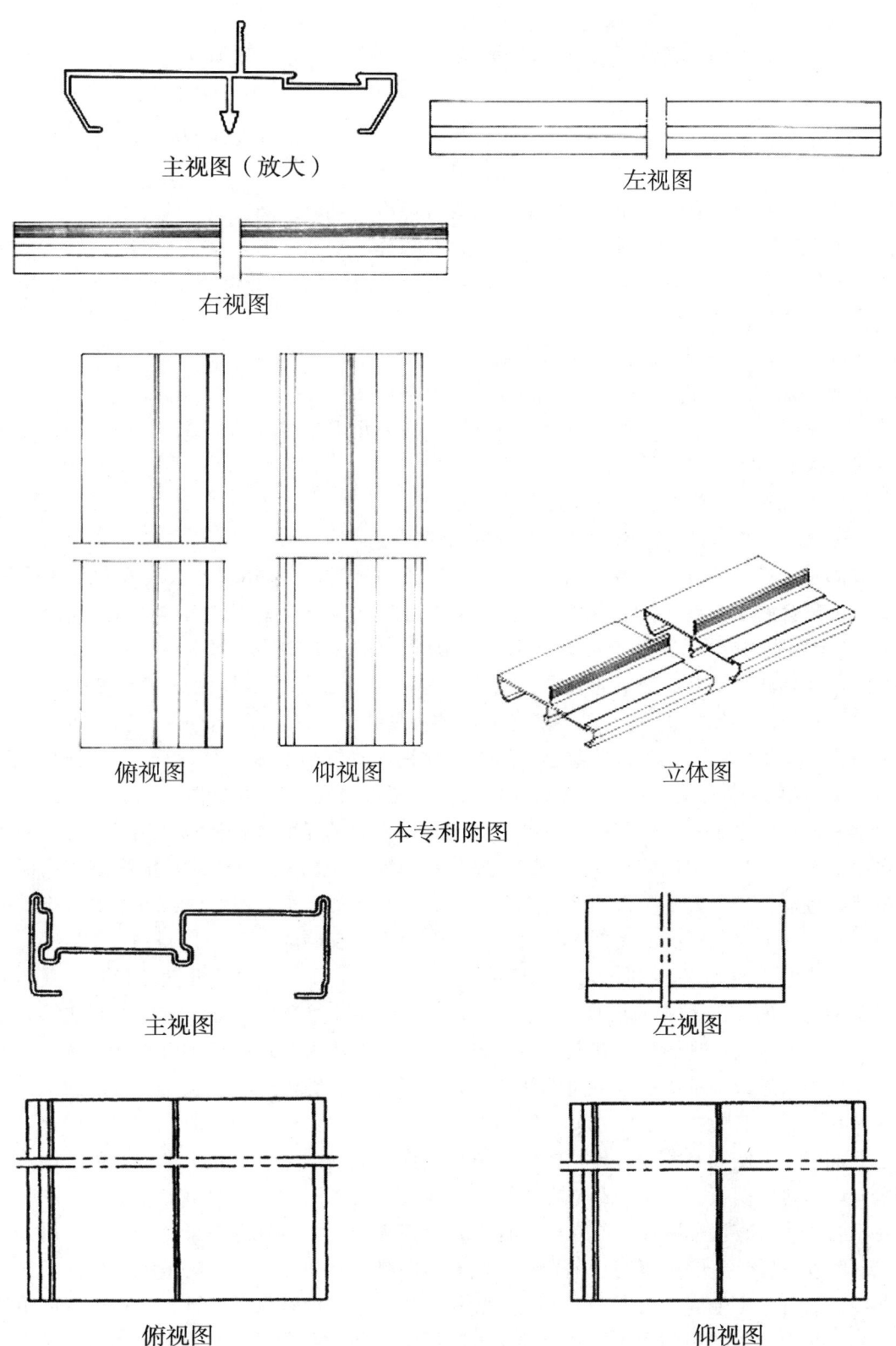

主视图（放大） 左视图

右视图

俯视图 仰视图 立体图

本专利附图

主视图 左视图

俯视图 仰视图

在先设计附图

北京市第一中级人民法院行政判决书

(2007) 一中行初字第514号

原告成都阳光铝制品有限公司，住所地四川省成都市龙泉驿区同安镇工业小区

委托代理人徐国文，北京安博达知识产权代理有限公司专利代理人

被告国家知识产权局专利复审委员会，住所地北京市海淀区北四环西路9号银谷大厦10-12层

法定代表人廖涛，副主任

委托代理人张雪飞，国家知识产权局专利复审委员会审查员

委托代理人张华，国家知识产权局专利复审委员会审查员

第三人苏州罗普斯金铝业有限公司，住所地江苏省苏州市相城区元和镇

法定代表人吴明福，董事长

委托代理人吴秋星，江苏苏州兴吴律师事务所律师

委托代理人华韧竹，江苏苏州兴吴律师事务所律师

原告成都阳光铝制品有限公司（简称阳光公司）不服被告国家知识产权局专利复审委员会（简称专利复审委员会）于2006年12月20日作出的第9157号无效宣告请求审查决定（简称第9157号决定），于法定期限内向本院提起诉讼。本院于2007年3月26日受理此案后，依法组成合议庭，并按照法律规定通知苏州罗普斯金铝业有限公司（简称罗普斯金公司）作为第三人参加诉讼，于2007年6月18日公开开庭审理了本案。原告阳光公司的委托代理人徐国文，被告专利复审委员会的委托代理人张雪飞、张华，第三人罗普斯金公司的委托代理人华韧竹到庭参加诉讼。本案现已审理终结。

专利复审委员会第9157号决定系就阳光公司针对罗普斯金公司享有的专利号为98325657.8、名称为"异型铝框条8604"的外观设计专利（下称本专利）所提出的无效宣告请求作出的。专利复审委员会在该决定中认定：阳光公司提交98307454.2号外观设计专利公报复印件，并主张该证据证明本专利与在先申请相近似，二者属于同样的发明创造，因此，本专利不符合专利法第九条的规定，应宣告本专利无效。专利权人对该证据真实性无异议，其申请日在1998年4月9日，授权公告日在1999年1月27日，其专利权人不是本专利权人，属于他人在先申请在后公开的外观设计专利，其产品名称为不锈钢门窗型材（2）（下称在先设计），与本专利属于相同种类产品，可以适用专利法第九条评价本专利的专利性。结合其他视图从主视图观察在先设计，其形状为：两侧呈垂直板状，接近下部略向内折进，下端向内折进。中部横板左侧向下凹进呈长方形腔体，腔体两个下顶角有方形凹槽，中部横板右侧成水平状。结合其他视图从主视图观察本专利，其形状为：横板左侧成水平状，中部上下各有一竖直板，上部竖板右侧面有截面呈齿状的棱，下部竖板下端截面呈箭头状。横板右侧有凹进的槽。型材两侧有向内折进的斜板。将本专利与在先设计相比较，其不同点为：两侧形状不同，本专利是由上到下经几次折进，垂直段非常短，而在先设计以垂直段为主，二者视觉效果完全不同；对于横板的形状，本专利与在先设计也完全不同，本专利右侧有浅凹槽，在先设计左侧有较深的且内部形状复杂的长方形凹腔。另外，本专利横板中部上下均有竖板，在先设计没有相关设计。上述二者的不同点已构成显著差别，足以对本专利和在先设计的整体形状产生显著的视觉影响，给一般消费者带来完全不同的视觉印象，因此二者属于不相同且不相近似的外观设计。综上，专利复审委员会作出第9157号决定，维持第98325657.8号外观设计专利权有效。原告阳光公司不服该决定，向本院起诉称，第9157号决定认定事实不清，适用法律不当，应予撤销。本专利与98307454.2号外观设计相近似。一般消

费者最关注的是主视图,本专利主视图横板左侧成水平状,中部上下各有一竖板,其中下部竖板截面呈箭头状;横板右侧有凹槽,型材两侧有向内折进的斜板。在先设计中主视图横板右侧为水平状,横板左侧有凹槽。凹槽右侧下脚截面呈箭头状;两侧呈垂直板状,接近下部向内折进。不同的是在先设计的凹槽在左侧,本专利的凹槽在右侧,凹槽深浅不同,在先设计凹槽右侧下脚截面呈箭头状,本专利中间下部竖板截面呈箭头状,在先设计要点在左,本专利设计要点在右。但消费者从整体上看,这些差别不显著,不足以引起消费者注意。至于本专利是向内折进的斜板,在先设计两侧呈垂直状,接近下部向内折进,只是长短不同,垂直板与斜板不同,在两者整体形状相近似的前提下,这些细小的差别更不足以引起消费者的注意。所以,本专利与在先设计属于同样的发明创造,请求法院判令撤销第9157号决定。被告专利复审委员会辩称,本专利与98307454.2号外观设计既不相同也不相近似,第9157号决定认定事实清楚,适用法律正确,原告的诉讼请求不能成立,请求法院依法驳回原告的诉讼请求,维持第9157号决定。第三人罗普斯金公司未向本院提交书面的陈述意见,其于庭审中表示同意专利复审委员会的意见。

经审理查明,本案争议的专利为苏州罗普斯金铝合金花格网有限公司于1998年9月28日申请的第98325657.8号外观设计专利(即本专利,见附图),使用外观设计的产品名称为"异型铝框条8604",授权公告日为1999年6月2日。2001年11月29日,苏州罗普斯金铝合金花格网有限公司经苏州市工商行政管理局核准变更名称为苏州罗普斯金铝业有限公司(即本案原告),本专利著录事项载明2002年9月18日经公告专利权人变更为苏州罗普斯金铝业有限公司(即本案原告)。

针对本专利,阳光公司于2005年9月5日向专利复审委员会提出无效宣告请求,理由是本专利不符合专利法第二十三条的规定,并提交了98307454.2号外观设计专利公报复印件作为证据。在2006年12月1日进行的口头审理中,阳光公司变更无效理由为专利法第九条的规定。罗普斯金公司对证据的真实性没有异议,但认为与本专利不相同也不相近似。

98307454.2号外观设计专利申请日为1998年4月9日(即在先设计),授权公告日1999年1月27日,使用外观设计的产品名称为"不锈钢门窗型材(2)"(见在先设计附图),专利权人不是本案原告。

阳光公司于庭审中陈述,其对于专利复审委员会认定的在先设计和本专利的差别点没有异议,但认为不能得出二者相近似的结论。

上述事实有本专利授权公告、98307454.2号专利授权公告、本专利著录项目变更通知单、第9157号决定以及当事人庭审陈述等证据在案佐证。

本院认为,本案争议的焦点在于本专利是否符合专利法第九条的规定,即本专利与他人在先申请的第98307454.2号专利是否属于同样的发明创造。

第9157号决定中列举了本专利与在先设计的区别,从附图来看,二者整体形状即不同,在各个设计细节上也不同,视觉效果有显著差异,故专利复审委员会认定二者既不相同也不相近似是正确的。阳光公司并不否认专利复审委员会认定的种种差异,但认为二者仍然相近似,本院认为其并未给出充分理由以说明为何在二者具有如此多差异的情况下,整体外观仍然构成相近似,故对其主张不予支持。

综上,专利复审委员会作出的第9157号决定认定事实清楚,适用法律正确,应予维持。原告阳光公司请求撤销该决定的理由不成立,本院不予支持。依照《中华人民共和国行政诉讼法》第五十四条第(一)项之规定,判决如下:

维持被告国家知识产权局专利复审委员会作出的第9157号无效宣告请求审查决定。

案件受理费一千元,由原告成都阳光铝制品有限公司负担(已交纳)。

如不服本判决，各方当事人可分别于本判决送达之日起十五日内，向本院提交上诉状及其副本，并分别交纳上诉案件受理费一百元，上诉于北京市高级人民法院。上诉期满后七日内未交纳上诉案件受理费的，按自动撤回上诉处理。

审 判 长 任 进
代理审判员 董晓敏
代理审判员 于立彪
二〇〇七年六月二十日
书 记 员 朱 平

润滑脂泵

无效宣告请求审查决定（第9179号）

决 定 号	第9179号
决 定 日	2006年12月21日
发明创造名称	润滑脂泵
外观设计分类号	15-02
无效宣告请求人	潍坊市经济技术开发区华宝油泵厂
专 利 权 人	潍坊市机械设计研究院
专 利 号	200430031643.X
申 请 日	2004年5月20日
授 权 公 告 日	2005年1月19日
合议组组长	聂春艳
主 审 员	苏青
参 审 员	李阳
附 图	2页

法 律 依 据 专利法第23条

决 定 要 点

在本专利申请日以前，已有与其相近似的外观设计产品在国内公开销售、使用，因此本专利不符合专利法第23条的规定。

一、案由

本无效宣告请求涉及国家知识产权局于2005年1月19日授权公告的200430031643.X号外观设计专利（下称本专利），该外观设计名称为"润滑脂泵"，申请日为2004年5月20日，专利权人为潍坊市机械设计研究院。

针对本专利权，潍坊市经济技术开发区华宝油泵厂（下称请求人）于2005年10月13日向专利复审委员会提出了无效宣告请求，其理由是本专利不符合专利法第23条的规定，请求人同时提交了下列附件作为证据：

证据1：中华人民共和国山东省潍坊市第二公证处出具的（2005）潍二证民字第968号公证书复印件。

证据2：依据公证现场拍摄的录像带制作的光盘。

证据3：润滑脂泵实物（口审时提交）。

请求人认为：本专利外观设计与申请日前公开销售、使用的相同产品的外观设计相同，应宣告无效。

经形式审查合格，专利复审委员会受理了上述无效宣告请求，并于2005年10月13日向双方当事人发出无效宣告请求受理通知书，将请求人提交的无效宣告请求书及其附件清单中所列附件副本转送给了专利权人，要求其在指定期限内答复。

针对上述无效宣告请求，专利权人于2005年11月19日寄交了意见陈述书。在该意见陈述书中，专利权人认为：公证书仅记载了2005年10月9日当时的情况，同时均为复印件，不影响本专利的专利性。

合议组于2006年8月25日向请求人发出转送文件通知书，将专利权人于2005年11月19日寄交的意见陈述书转送给请求人，同日向双方当事人分别发出了无效宣告请求口头审理通知书，定于2006年10月24日举行口头审理。

口头审理如期举行，双方当事人均出席口头审理。在口头审理中，①请求人当庭提交证据1的原件一份，专利权人当庭核实并认可其与复印件一致；合议组当庭将证据1中的发票编号为00227457的增值税专用发票复印件转交给专利权人，专利权人对其与公证书中的相应发票的一致性无异议。②专利权人认为从证据1的公证书内容可以看出公证人员在公证过程中离开过实物，公证过程违反规定，因此无法确保所封存的实物未被更换；请求人认为如果专利权人对公证内容有异议应通过相关的司法机关撤销，而且专利权人认为实物可能被更换只是推测。③请求人当庭提交了《非公司法人注销登记情况》的复印件并出示了原件，以证明潍坊市机械设计研究院与潍坊市机械设计研究院实验厂的关系。④请求人当庭提交了据其制作证据2的录像带，该录像带由潍坊市第二公证处封存，专利权人确认该录像带的内容与证据2光盘的内容一致。⑤请求人当庭出示了公证处封存的润滑脂泵实物，专利权人认为箱体上部的封条之间没有骑缝章，箱体底部封条有翘起，因此不能确认内部的产品即为公证处封存的实物。⑥专利权人当庭提交了江苏省连云港市公证处出具的（2006）连证民内字第20号公证书复印件并出示其原件，合议组当庭将该公证书的复印件转交给请求人，请求人对其与原件的一致性无异议。专利权人当庭提交了连云港市公证处封存的光盘，双方当庭观看了光盘的具体内容。请求人认为封存该光盘的封存袋有一边没封条，因此认为不能确定该光盘即为公证处封存的光盘。请求人认为专利权人光盘中发票与实物的型号不一致，两者无对应关系。专利权人还当庭提交了潍坊市经济体制改革办公室文件潍事改发［2004］20号文件复印件4页。⑦请求人明确无效理由为本专利不符合专利法第23条的规定。请求人以证据1、证据2、证据3证明与本专利相同的外观设计产品在本专利申请日之前在国内公开销售、使用。

至此，合议组认为本案事实已经清楚，现依法作出审查决定。

二、决定的理由

基于请求人提出的无效宣告请求的理由和证据，合议组依据专利法第23条对本案进行审理。

专利法第23条规定："授予专利权的外观设计，应当同申请日以前在国内外出版物上公开发表过或者国内公开使用过的外观设计不相同和不相近似，并不得与他人在先取得的合法权利相冲突。"

证据1是中华人民共和国山东省潍坊市第二公证处出具的（2005）潍二证民字第968号公证书复印件，专利权人当庭核实其原件并认可其与复印件的一致性。合议组认为，根据《中华人民共和国公证法》第三十六条的规定："经公证的民事法律行为、有法律意义的事实和文书，应当作为认定事实的根据，但有相反证据足以推翻该项公证的除外"，专利权人未提供足以推翻该公证书的相反证据，因此合议组认可证据1的公证书的公证效力，证据1可以作为有效证据使用。

证据2是依据公证现场拍摄的录像带制作的光盘，请求人当庭提交了由潍坊市第二公证处封存、用于制作上述光盘的录像带，专利权人确认该录像带的内容与证据2光盘的内容一致，因此证据2可以作为有效证据使用。

证据3是请求人当庭提交的公证处封存的润滑脂泵实物，虽然专利权人认为从证据1的公证书内容可以看出公证人员在公证过程中离开过实物，因此无法确保所封存的实物未被更换，并且封存实物的箱体上部的封条之间没有骑缝章，箱体底部封条有翘起，因此也不能确认内部的产品即为公证处封存的实物，但是合议组认为，专利权人的上述反对意见没有法律依据，同时由于封存的箱体上已经有封条和骑缝章，因此证据3可以作为有效证据使用。

证据1中的第00247152号山东增值税专用发票显示，2004年4月19日，山东海化股份有限公司从潍坊市机械设计研究院实验厂购买了10台型号为RZB8/12BX、2台型号为RZB8/8B的润滑脂泵，第00227457号山东增值税专用发票显示，2003年11月26日，山东海化股份有限公司从潍坊市机械设计研究院实验厂购买了2台型号为RZB8/12BX、4台型号为RZB8/8B、4台型号为RSB-2的润滑脂泵。虽然上述发票的开具单位为潍坊市机械设计研究院实验厂，接收单位为山东海化股份有限公司，与公证书中涉及的"潍坊市机械设计研究院"和"山东海化股份有限公司纯碱厂"名称有所不同，但是合议组认为，明显可以看出"山东海化股份有限公司纯碱厂"是"山东海化股份有限公司"的下属单位，同时请求人提交的盖有"潍坊市工商行政管理局潍城分局企业注册局"公章的《非公司法人注销登记情况》显示，"潍坊市机械设计研究院实验厂"的主管部门是"潍坊市机械设计研究院"，因此证据1中的发票能够与公证书正文相印证，证明在本专利申请日之前，潍坊市机械设计研究院实验厂确实向山东海化股份有限公司出售过型号为RZB8/12BX的润滑脂泵。证据1中还指出，对型号为RZB8/12B的润滑脂泵现场拆卸，对型号为RZB8/12BX的润滑脂泵装箱封存。

证据2是根据公证现场拍摄的录像带制作的光盘，从证据2中可以看出，型号为RZB8/12B的润滑脂泵的出厂编号为1096，出厂日期为2003年1月，型号为RZB8/12BX的润滑脂泵的出厂编号为1419，出厂日期为2004年1月，均在本专利申请日（2004年5月20日）之前。

从证据3中可以看出，润滑脂泵实物的型号为RZB8/12BX、出厂日期为2004年1月，与证据1中装箱封存的实物型号、证据2中拍摄的实物型号及出厂日期一致。

专利权人提交的反证是江苏省连云港市公证处出具的（2006）连证民内字第20号公证书复印件，请求人对其与原件的一致性无异议。该反证中，对潍坊市机械设计研究院有限责任公司生产的润滑脂泵在中国石化集团南京化学工业有限公司连云港碱厂的使用情况、供货发票以及中国石化集团南京化学工业有限公司连云港碱厂的营业执照（副本）的复印件进行了现场摄像，并称根据现场所得录像带制作光盘一张，由连云港市公证处封存。专利权人据此认为证据1、证据2、证据3中的产品铭牌可以随意更换。但专利权人提交的封存光盘的公证书袋只有一边有封条。

合议组认为，专利权人提交的公证书袋有一边没有封条，不能确定该光盘即为公证处封存的光盘，并且即便光盘中的产品型号为RZB8/12B、RZB8/8A的润滑脂泵的外观与证据1、证据2、证据3涉及的型号为RZB8/12BX的润滑脂泵的外观相同或相近似，也不能证明证据1、证据2、证据3涉及的型号为RZB8/12BX的润滑脂泵的产品铭牌被更换。

由此可见，证据1、证据2、证据3能够证明在本专利申请日（2004年5月20日）之前，已经公开销售、使用了型号为RZB8/12BX的润滑脂泵，专利权人的反驳理由不能成立。

上述证据1、证据2、证据3涉及的型号为RZB8/12BX的润滑脂泵（下称对比文件）与使用本专利外观设计的产品属相同种类的产品，故进行如下相近似性对比：

本专利的润滑脂泵包括位于底部的梯形的整体式底座，底座一侧为箱体，箱体上部是带有顶盖的圆柱状的油脂桶，箱体右下部是一中间呈圆弧状、两侧为矩形凸耳的轴承座，箱体左侧为圆柱状分配器，底座另一侧有台阶状凸起，在该凸起处固定有电机，在箱体和电机之间有一防护罩（详见本专利附图）。

对比文件的润滑脂泵包括位于底部的梯形的整体式底座，底座一侧为箱体，箱体上部是不带顶盖的圆柱状的油脂桶，箱体右下部是一中间呈圆弧状、两侧为矩形凸耳的轴承座，箱体左侧为分配器，该分配器上无封堵用的盖，底座另一侧有台阶状凸起，在该凸起处固定有电机，在箱体和电机之间有一防护罩（详见对比文件附图）。

将本专利与对比文件相比较，二者整体形状相近似，不同之处主要在于油脂桶是否有桶盖以及箱体左侧分配器上有无封堵盖，但是，这种差别在润滑脂泵的整体视觉效果中不具有显著性的影响，而且桶盖和封堵盖在实际产品中是显然存在的，其形状也是相对固定的，因此本案合议组认为，在本专利申请日以前已有与其相近似的外观设计产品在国内公开销售、使用，请求人提供的证据能够支持其主张，证明本专利不符合专利法第23条的规定。

综上所述，请求人的无效宣告请求理由成立。

三、决定

宣告200430031643.X号外观设计专利权全部无效。

当事人对本决定不服的，可以根据专利法第46条第2款的规定，自收到本决定之日起三个月内向北京市第一中级人民法院起诉。根据该款的规定，一方当事人起诉后，另一方当事人应当作为第三人参加诉讼。

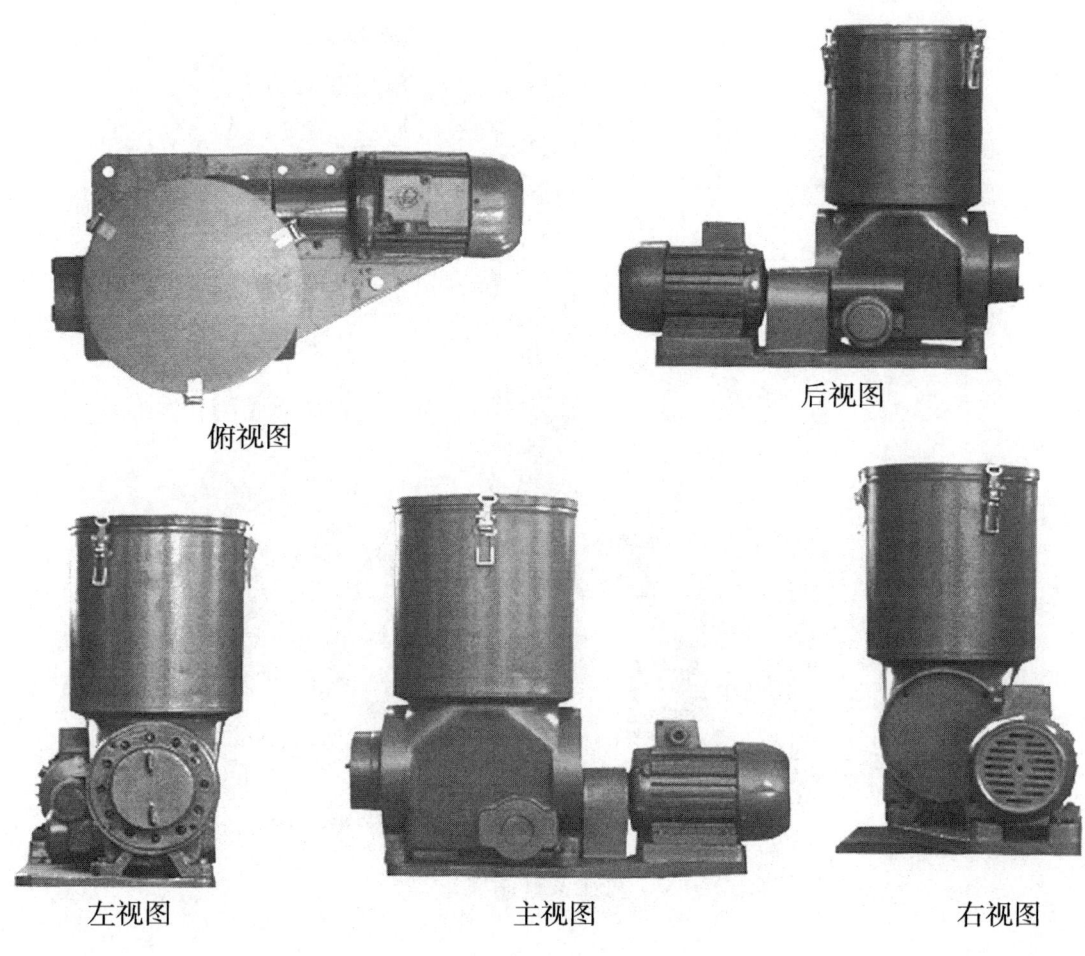

俯视图　后视图

左视图　主视图　右视图

本专利附图

对比文件附图

采暖炉

无效宣告请求审查决定（第 9189 号）

决 定 号	第 9189 号
决 定 日	2006 年 12 月 21 日
外观设计名称	采暖炉
外观设计分类	23-03
无 效 请 求 人	蓟县万通采暖设备厂
专 利 权 人	于凤义
申 请 号	200430067897.7
申 请 日	2004 年 7 月 14 日
授 权 公 告 日	2005 年 2 月 9 日
合议组组长	王丽颖
主 审 员	郭健国
参 审 员	隋璐
法 律 依 据	专利法第 23 条
决 定 要 点	

请求人应当在无效程序中提交充分、确实的证据以支持其主张，否则将承担不利的后果。

一、案由

本无效宣告请求涉及国家知识产权局于 2005 年 2 月 9 日授权公告的第 200430067897.7 号外观设计专利，其产品名称为"采暖炉"，申请日为 2004 年 7 月 14 日，专利权人为于凤义。

针对上述外观设计专利（下称本专利），蓟县万通采暖设备厂（下称请求人）于 2005 年 9 月 30 日向专利复审委员会提出无效宣告请求，请求人提交了下列证据：

证据 1：请求人声称为其于 2003 年 7 月 4 日购买"红升"牌锅炉产品收据复印件 1 页；

证据 2：请求人声称为其购买"红升"牌锅炉照片 4 张；

证据 3：张家口市桥东区四龙五金水暖商店经理武富生出具的 2003 年 7 月出售给请求人"红升"牌锅炉的证明复印件 1 页。

请求人根据证据 1、3 认为请求人于 2003 年 7 月 4 日购买"红升"牌锅炉产品，由证据 2 能够证明该锅炉产品已经于 2002 年 12 月 8 日制造。由照片可以看出该锅炉产品与本外观设计专利产品外观形状相同，故本专利不符合专利法第二十三条的规定，应当宣告其无效。

经形式审查合格，专利复审委员会于 2005 年 10 月 12 日受理了上述请求，并同日将宣告专利权无效请求书及其他有关文件副本转送给专利权人，要求其在指定的期限内答复。

2005年10月28日，请求人提交了意见陈述书和如下补充证据：

证据4：张家口市桥东四龙五金水暖商店出具的《补充说明》复印件1页；

证据5：张家口市桥东四龙五金水暖商店《营业执照》复印件1页；

证据6：张家口市桥东四龙五金水暖商店出具的武富升《身份证明》复印件1页；

证据7：天津市蓟县盘山电器厂出具的《证明》复印件1页；

证据8：天津市蓟县盘山电器厂图纸复印件9页；

证据9：证明人付士偶出具的《证明》复印件1页；

证据10：天津市蓟县公证处出具的（2005）津蓟证字第253号《公证书》原件共6页；

证据11：天津市蓟县盘山电器厂的企业法人营业执照及年检情况复印件2页；

证据12：天津市蓟县盘山电器厂出具的法定代表人身份证明复印件1页；

证据13：杨炳刚出具的《证明》复印件1页及照片复印件2页；

证据14：天津市蓟县公证处出具的（2005）津蓟证经字第1770号《公证书》原件；

证据15：宁河县宏运水暖建材商店的个体工商户营业执照复印件1页；

证据16：天津市蓟县公证处出具的（2005）津蓟证经字第1737号《公证书》原件。

请求人根据证据4、5、6认为，在本专利申请日前就已经有相同产品公开销售；由证据7-16充分证明了在本专利申请日前不仅有相同产品制造后公开销售，而且还有用户在使用。

专利复审委员会于2005年11月21日收到专利权人提交的意见陈述书及如下反证：

反证1：张家口市桥东区人民法院作出的（2004）东民初字第7号民事判决书复印件3页；

反证2：大同市城区红升常压锅炉厂组织机构代码证复印件1页；

反证3：大同市城区红升常压锅炉厂的个人独资企业营业执照复印件1页；

反证4：注册人为大同市城区红升热板式锅炉厂的"红升"商标注册证复印件1页；

反证5：大同市城区红升常压锅炉厂厂长吉汉恩出具的《证明》原件1页。

专利复审委员会于2006年8月2日再次收到专利权人提交的补充证据（其余同于先前提交的反证1-5）：

反证6：本专利的专利登记簿副本复印件1页；

反证7：郑磊、张国秀出具的证人证言1页。

并同时提交了意见陈述书，认为：一、武富生与专利权人有矛盾，其所作出的对专利权人不利的证言不能作为宣告专利权无效的证据。二、请求人提供的证据1、3均属于伪证，大同市城区红升常压锅炉厂没有在张家口市设立经销商，另外，"红升"牌锅炉系2004年8月才生产，2003年根本无此产品。三、对于证据2，专利权人认为其图确为大同市城区红升常压锅炉厂之产品，但其制造时间为2004年8月以后，标签的内容是伪造的，1. 标签上的的供热面积为80m^2，而与证据1相矛盾；2. 制造日期是伪造的；3. 锅炉上的"红升二次燃烧"注册商标标签于2004年8月19日21时14分零3秒才正式制版印刷，为多彩图案，而商标注册证表明"红升"商标于2003年4月21日才注册。总之，在本专利的申请日前没有与本专利相同或相近似的外观设计在先公开使用。

2006年9月19日，专利复审委员会向双方当事人发出了口头审理通知书，定于2006年11月14日进行口头审理，并将专利权人于2006年8月2日提交的意见陈述书及相应反证副本随口头审理通知书一起转送给了请求人。

双方当事人均寄交了口头审理回执，表示参加口头审理。

口头审理如期举行。双方当事人对对方出席口头审理人员的身份没有异议，亦对变更后的合议组成员没有回避请求；合议组将请求人于 2005 年 10 月 28 日提交的意见陈述书和补充证据当庭转交给专利权人；请求人出示了所有复印件的原件，专利权人认可其复印件与原件相符；专利权人未出示反证 7 的原件，请求人认可其他证据的复印件与原件相符；合议组当庭拆封证据 14、16 中的证物袋，向当事人出示其内照片和光盘，当事人表示由合议组对光盘中内容进行核实，无需再由当事人对其进行质证；请求人以证据 1-6、7-16 分别证明使用公开了"红升"和"冬炎"牌的采暖炉，其公开时间早于本专利的申请日，请求人认为专利权人提交的反证 5 和反证 8（专利权人在口审当庭提交的制版胶片）相矛盾；证人付士偶、王建军当庭接受合议组及当事人的询问；反证 8 显示的内容为"E：\ 用户 \ 新建文件夹（3）\ 二次燃烧 . ps 2001/08/20 09：26：28 Time：2004/08/19 21：14：03"。

专利权人于 2006 年 11 月 24 日向专利复审委员会提交了意见陈述书和如下补充的证据材料：

反证 9：对戴淑娟、顾洪来的调查笔录原件 3 页及被调查人的身份证明复印件 3 页；

反证 10：对李建超的调查笔录原件 2 页及被调查人的身份证明复印件 1 页；

反证 11：对周游的调查笔录原件 2 页及被调查人的身份证明复印件 2 页；

反证 12：对贾保存的调查笔录原件 3 页及被调查人的身份证明复印件 1 页；

反证 13：北京天创亿致商标代理有限公司出具的《商标档案》原件 1 页。

专利权人在意见陈述中再次重申了在口审和先前意见陈述中的意见，并认为反证 9 能够证明天津市宁河县芦台镇在 2004 年冬季前没有与本专利同样或近似的炉型摆放和出售；反证 10-12 能够证明请求人在 2004 年 10 月份以前没有设计过与本专利相同或近似的采暖炉；反证 13 能够证明"红升"商标申请日为 2001 年 11 月 30 日，申请时的厂名为大同市城区红升热板式锅炉厂，进而证明"红升"商标所有和使用人名称变更情况。

请求人于 2006 年 11 月 25 日向专利复审委员会寄交了《情况说明》（下称证据 17），张家口市桥东四龙五金水暖商店销售的锅炉所标明厂家为"大同市红升常压家用锅炉厂"，至于该厂是否与"大同市城区红升常压锅炉厂"为同一厂家未作考察。

在上述工作的基础上，合议组认为本案事实已经清楚，可作出如下审查决定。

二、决定的理由

1. 关于证据 1-6

请求人以证据 1-6 证明：请求人于 2003 年 7 月 4 日从张家口市桥东四龙五金水暖商店处购得"红升"牌采暖炉一台，由铭牌看出该采暖炉制造日期是 2002 年 12 月 8 日，"红升"牌采暖炉已经于申请日前使用公开。

综合请求人提供的证据及专利权人提交的反证，并结合口审中的质证情况，合议组认为，证据 2 中采暖炉的生产厂家为"大同市红升常压家用锅炉厂"，而由反证 4 可以看出注册"红升"商标的注册人为"大同市城区红升热板式锅炉厂"，注册的期限自 2003 年 4 月 21 日始，根据商标法的规定，注册商标的有效期限自核准注册之日起计算，未经注册不得使用注册商标标记，根据法律规定，在证据 2 所涉及的采暖炉制造日期所标示的时间是不能使用"红升"注册商标的，加之制造者亦非注册人，因此证据 2 不具有合法性和真实性，本案中将不予采信。

由反证 1 看出证据 1 的售货方与本案专利权人有债务纠纷，属于利害关系人；而购货方本案的无效请求人；在没有其他证据佐证的情况下，仅凭非正规销售发票的收据尚不足以证明请求人购买过证据 2 中所涉及采暖炉。

因此，请求人以证据 1-6 证明"红升"采暖炉已经公开使用的主张不能成立。

2. 关于证据 7-16

请求人声称其"冬炎"牌采暖炉是仿造"红升"牌采暖炉，但"红升"牌采暖炉的真实性不能够确认，证人付士偶所作证言的仿造对象也就无法确认，加之证据8为证人付士偶绘制的草图，没有其他证据佐证的情况下，合议组对该草图的真实性不能认定，请求人所称仿造的主张不能成立。

证据14是对宁河县宏运水暖建材商店（下称宏运商店）内摆放的"冬炎"牌采暖炉的现状进行证据保全的公证书，合议组对保全的过程及当时的状态予以确认，公证书所涉及的产品是请求人生产的"冬炎"牌采暖炉，因不能证明其仿造。虽然在录像中有2张请求人向宏运商店的送货单，且于口审时向合议组出示送货单的原件，送货单显示的时间分别为2004年4月7日和2004年6月1日，所涉及产品取暖面积为$60m^2$和$100m^2$ "冬炎"牌采暖炉，而公证书照片的采暖炉取暖是$80m^2$，送货单所涉及的采暖炉与公证的采暖炉不一致，故该送货单不能证明该产品的来源，且该送货单由请求人出具，具有较大的随意性，其不能作为定案的依据。合议组认为仅依据证据14的"冬炎"牌采暖炉上的铭牌尚不足以证明请求人于申请日前生产并销售"冬炎"牌采暖炉。

证据16是对安装在蓟县下仓镇西焦庄村第三小区55号东院王建军家中的采暖炉现状进行证据保全的公证书。合议组对保全的过程及当时的状态予以确认，公证书所涉及的产品是请求人生产的"冬炎"牌采暖炉，在公证过程的录像中虽然王建军出示了购买采暖炉的收据，该收据显示的日期是2004年5月4日，但公证书中对该收据的真实性未予确认，证人王建军在口审质证时虽出示该收据原件，但因该收据是由请求人出具，且不属于正规发票，其随意性较大，该收据不能作为定案依据，继而不能说明所公证采暖炉的来源，合议组认为仅依据证据16的"冬炎"牌采暖炉上的铭牌尚不足以证明请求人于申请日前生产并销售"冬炎"牌采暖炉。

请求人所提交的证据7-16不能证明"冬炎"牌采暖炉在本专利申请日前使用公开。

请求人所提交的证据均不能证明与本专利相同或相近似的外观设计已经使用公开，因此，本专利的授予符合专利法第二十三条的规定。

三、决定

维持第200430067897.7号外观设计专利权有效。

当事人对本决定不服的，可以根据专利法第四十六条第二款的规定，自收到本决定之日起三个月内向北京市第一中级人民法院起诉。根据该款的规定，一方当事人起诉后，另一方当事人应当作为第三人参加诉讼。

包装盒（大蒜油软胶囊）

无效宣告请求审查决定（第 9194 号）

决　定　号	第 9194 号
决　定　日	2006 年 12 月 20 日
发明创造名称	包装盒（大蒜油软胶囊）
外观设计分类号	09-03
无 效 请 求 人	上海春芝堂生物制品有限公司
专 利 权 人	河南太康药业有限公司
专　利　号	03336119.3
申　请　日	2003 年 6 月 3 日
授 权 公 告 日	2003 年 12 月 17 日
合议组组长	熊　婷
主　审　员	朱芳芳
参　审　员	傅　玉
附　　　图	1 页
法　律　依　据	专利法第 23 条

决 定 要 点

就包装盒一类的产品而言，其最易引起一般消费者瞩目的部位是具有特定图案和名称标记的主视图和/或后视图，其设计变化通常对整体视觉效果更具有显著的影响。

一、案由

本无效宣告请求涉及的是 2003 年 12 月 17 日国家知识产权局授权公告的 03336119.3 号外观设计专利权，其名称是"包装盒（大蒜油软胶囊）"，申请日是 2003 年 6 月 3 日，专利权人是河南太康药业有限公司。

（一）（案卷编号：6W04924）

针对上述外观设计专利权（下称本专利），2004 年 9 月 27 日上海春芝堂生物制品有限公司（下称请求人）向专利复审委员会提出无效宣告请求，其主要理由是本专利不符合中国专利法第 23 条的规定。请求人认为：在本专利申请日以前，已有与本专利相近似的在先外观设计在国内公开生产使用过。请求人同时提交了下述附件：

附件 1 是 ZL03336119.3 号外观设计专利（即本专利）公报复印件共 8 页；

附件 2 是请求人声称专利权人于 1999 年 1 月 31 日生产使用的包装盒（大蒜油软胶囊）实样照片

三张，共 2 页；

附件 3 是请求人声称其于 2003 年 4 月 13 日生产使用的包装盒（大蒜油油丸外盒）实样照片三张，共 2 页；

附件 4 是请求人声称其于 2003 年 4 月 13 日生产使用的包装盒（大蒜油油丸外盒）实样照片二张，共 1 页（但实样照片中显示日期为 2003 年 4 月 10 日）。

请求人于 2004 年 10 月 19 日向专利复审委员会提交下列补充证据：

深圳市雪樱花事业有限公司的 ZL97330502.9 号包装盒外观设计专利的公报复印件共 8 页；

深圳市雪樱花事业有限公司的 ZL97330503.7 号包装盒外观设计专利的公报复印件共 8 页。

专利复审委员会根据无效宣告请求审查程序的规定受理了该无效宣告请求，于 2004 年 12 月 30 日向双方当事人发出无效宣告请求受理通知书，并将请求人的无效宣告请求文件的副本转送专利权人。

针对上述无效请求，专利权人在规定期限内没有提交答复意见。

（二）（案卷编号：6W04800）

针对本专利，2004 年 10 月 28 日请求人向专利复审委员会再次提出无效宣告请求，其主要理由是本专利不符合中国专利法第 23 条的规定。请求人认为：在本专利申请日以前，已有与本专利相近似的在先外观设计在国内获得专利权，并在国内外出版物上公开发表过和在国内公开使用过。请求人同时提交了下述附件：

附件 1 是 ZL03336119.3 号外观设计专利（即本专利）公报复印件共 8 页；

附件 2（下称证据 1）是请求人声称专利权人于 1999 年 1 月 31 日生产使用的包装盒（大蒜油软胶囊）实样照片复印件共 2 页；

附件 3（下称证据 2）是请求人声称其于 2003 年 4 月 13 日生产使用的包装盒（大蒜油油丸外盒）实样照片复印件共 2 页；

附件 4（下称证据 3）是请求人声称其于 2003 年 4 月 13 日生产使用的包装盒（大蒜油油丸内盒）实样照片复印件共 1 页（但实样照片中显示日期为 2003 年 4 月 10 日）；

附件 5 是深圳市雪樱花事业有限公司于 1997 年 12 月 8 日申请、于 1998 年 9 月 19 日被授权的 ZL97330502.9 号包装盒外观设计专利的公报复印件共 7 页（下称证据 4）以及于 1997 年 12 月 8 日申请、于 1998 年 8 月 22 日被授权的 ZL97330503.7 号包装盒外观设计专利的公报复印件共 8 页（下称证据 5）。

此外，请求人还提交了下述文件：

郑州市中级人民法院应诉通知书（2004）郑颁部字第 210 号复印件 1 页；

盖有上海春芝堂生物制品有限公司红色印章的上海春芝堂生物制药有限公司的企业法人营业执照副本（注册号 3101152001302）的复印件 1 页。

专利复审委员会根据无效宣告请求审查程序的规定受理了该无效宣告请求，于 2004 年 11 月 1 日向双方当事人发出无效宣告请求受理通知书，并将请求人的无效宣告请求文件的副本转送专利权人，同时向河南省郑州市中级人民法院经济审判庭发出无效案件审查状态通知书（一）。

专利权人于 2004 年 11 月 25 日针对上述无效宣告请求受理通知书，提交了意见陈述书。专利权人陈述：（1）1997 年 3 月，郭海婴代表雪樱花实业（香港）有限公司同河南省太康县人民政府签订兼并协议，将周口地区第一制药厂兼并，兼并后名称为雪樱花太康药业有限公司，这样雪樱花（香港）有限公司、雪樱花太康药业有限公司、深圳雪樱花实业有限公司三公司形成以郭海婴为法定代表人的企业集团；（2）1997 年 12 月雪樱花太康药业有限公司董事长郭海婴以深圳雪樱花实业有限公司的名义将"中华大蒜油丸"的外包装的外观设计申请专利，于1998年12月获得批准；（3）2001年8月，雪樱花太康药业有限公司更名为河南太康药业有限公司（专利权人），并将雪樱花太康药业有限公司的包括上述"中华大蒜油丸"的外包装的外观设计专利权的所有权利全部交归河南省太康药业有限公司；（4）认为本专利是在原"中华大蒜油丸"的外包装的外观设计专利的基础上作了重大修改后重新申请的专利。专利权人同时提交了下述附件：

附件1是雪樱花实业（香港）有限公司与河南太康县人民政府在一九九七年三月一日订立的兼并协议的复印件共2页；

附件2是雪樱花实业（香港）有限公司与河南太康县人民政府在二零零一年八月二十八日订立的协议书的复印件共2页。

基于上述两个无效请求案是同一请求人针对本外观设计专利提出的无效请求，根据审查指南的相关规定，合议组决定对上述两个无效宣告请求合案审理。

专利复审委员会于2006年9月25日向双方当事人发出口头审理通知书，定于2006年11月6日在专利复审委员会对本合案进行口头审理。

口头审理如期举行，仅有请求人一方到庭。请求人对合议组成员变更没有异议，对合议组成员没有回避请求。请求人明确案卷编号为6W04800的无效请求案的无效理由和证据如下：

证据1：请求人声称专利权人于1999年1月31日生产使用的包装盒（大蒜油软胶囊）实样照片复印件三张，共2页；

证据2：请求人声称其于2003年4月13日生产使用的包装盒（大蒜油油丸外盒）实样照片复印件3张，共2页；

证据3：请求人声称其于2003年4月10日生产使用的包装盒（大蒜油油丸内盒）实样照片复印件2张，共1页；

证据4：深圳市雪樱花事业有限公司的ZL97330502.9号包装盒外观设计专利的公报复印件共8页；

证据5：深圳市雪樱花事业有限公司的ZL97330503.7号包装盒外观设计专利的公报复印件共8页。

请求人当庭明确案卷编号为6W04924的无效请求案与案件编号为6W04800的无效请求案的无效理由和证据完全相同。请求人当庭提交了证据3的原件。

请求人当庭明确无效理由是：本专利相对于证据1-5不符合专利法第23条的规定。

合议组于2006年11月13日向专利权人发出合议组成员告知通知书，专利权人在指定期限内未提出对合议组成员的回避请求。

在当事人的意见陈述和口头审理的基础上，合议组经合议，认为本案事实清楚，现依法作出本书面审查决定。

二、决定的理由

1. 基于请求人提出的无效宣告请求的理由，合议组依据中国专利法第23条的规定对本案进行审理。

中国专利法第23条规定：授予专利权的外观设计，应当同申请日以前在国内外出版物上公开发表过或者国内公开使用过的外观设计不相同和不相近似，并不得与他人在先取得的合法权利相冲突。

2. 请求人提交的证据5是ZL97330503.7号包装盒外观设计专利的公报复印件，其申请日为1997年12月8日，授权公告日为1998年11月18日，使用外观设计的产品名称为"包装盒（大蒜油丸）"，经合议组核实，上述复印件所示内容与原件一致，其属于本专利申请日前的公开出版物，能够作为在先设计来评价本专利是否符合专利法第23条的规定。

3. 本专利与证据5使用外观设计的产品名称均为"包装盒"，属相同种类的产品，故对二者进行如下相近似性对比：

本外观设计专利的包装盒（大蒜油软胶囊）包括主视图、后视图、左视图、右视图、仰视图和俯视图，且其要求保护色彩。(1) 从本专利的主视图来看，所示包装盒整体形状为竖长方形，其整体底色为黄褐色，该竖长方形由上方的横长方形和下方的竖长方形构成；所述下方的竖长方形约占主视图的六分之五，其上方和下方分别有一条褐色粗条纹，上方褐色粗条纹的下方和下方褐色粗条纹上方分别有一条红色细条纹，上述两条红色细条纹和上述竖长方形左右两侧的两条红色细条纹构成一矩形框，在该矩形框中：中间有一"大"字图案、大字图案下方部分有从左向右依次排列、其上方向左侧倾斜的"三粒蒜瓣"图案，"大"字图案中布置有"蒜"、"本"、"福"等字体、颜色、大小不一的文字，在"大"字与"三粒蒜瓣"共同构成的图案下方，有包含"大蒜油软胶囊"黑色字体的红色长方形区域，在红色长方形区域下方为一排被涂覆的汉语拼音；所述上方的横长方形约占主视图的六分之一，其左侧为由上述"大"字和"三粒蒜瓣"共同构成的图案，中间为一长条镂空图案，该镂空图案下部为包含"大蒜油软胶囊"黑色字体的红色长方形区域，右侧为"雪樱花"图标。(2) 从本专利的后视图来看，所示包装盒形状为竖长方形，该竖长方形由上方的横长方形和下方的竖长方形构成，所述上方的横长方形约占后视图的六分之一，其整体底色为褐色，在该褐色横长方形的中上部有一长条镂空图案，长条镂空图案下方为由与主视图中相同的"大"字和"三粒蒜瓣"共同构成的图案；下方的竖长方形约占后视图的六分之五，其整体底色为黄褐色，该竖长方形上方和下方分别有一条褐色粗条纹，上方褐色粗条纹的下方和下方褐色粗条纹上方分别有一条红色细条纹，上述两条红色细条纹和上述竖长方形左右两侧的两条红色细条纹构成一矩形框，在上述红色矩形框中：有竖版排列的被涂覆的文字，竖版文字左下部覆盖有一头大蒜图案，竖版文字中间覆盖有几片连在一起的树叶，右侧为一竖版大黑体字"大蒜油软胶囊"，黑体字上方为"雪樱花"图标。(3) 从本专利的左视图来看，所示包装盒为竖长方形，整体底色为黄褐色，上述长方形上下两侧均有褐色粗条纹和红色细条纹，竖长方形的左侧边向上有一延伸边，长方形上部为"雪樱花"图标，长方形中间有一列竖版文字"大蒜油软胶囊"，竖版文字右侧有一括号且括号内有另一列被涂覆的竖版文字，本专利的右视图与左视图基本相同，不同之处仅在于，在右视图中，竖长方形的右侧边向上有一延伸边。(4) 从本专利的仰视图来看，所示包装盒为横长方形，其整体底色为褐色，该横长方形左半部分有三排被涂覆的横版文字，右侧为条形码。(5) 从本专利的俯视图来看，所示包装盒为横长方形，其整体主要底色为褐色，该横长方形左侧有三排被涂覆的文字。详见本专利附图。

证据5所示的外观设计专利为包装盒，其包括主视图、后视图、左视图、右视图、仰视图、和俯视图，且其要求保护色彩。(1) 从证据5的主视图来看，所示包装盒形状为竖长方形，其整体底色为黄褐色，该竖长方形由上方的横长方形和下方的竖长方形构成；所述下方的竖长方形约占主视图的六分之五，其上方和下方分别有一条褐色粗条纹，上方褐色粗条纹的下方和下方褐色粗条纹上方分别有一条红色细条纹，上述两条红色细条纹和上述竖长方形左右两侧的两条红色细条纹构成一矩形框，在该矩形框中：中间有一"大"字图案、大字图案下方部分有从左向右依次排列、其上方向左侧倾斜的"三粒蒜瓣"图案，"大"字图案中布置有"蒜"、"本"、"福"等字体、颜色、大小不一的文字，在"大"字与"三粒蒜瓣"共同构成的图案下方，有包含"中华大蒜油"黑色字体的红色长方形区域和该红色长方形区域外右侧的黑色"丸"字，在红色长方形区域下方为一排被涂覆的汉语拼音，所述上方的横长方形约占主视图的六分之一，其左侧为由上述"大"字和"三粒蒜瓣"共同构成的图案，中间为一长条镂空图案，该镂空图案下部为包含"中华大蒜油"黑色字体的红色长方形区域和该红色长方形区域外右侧的黑色"丸"字，右侧为"雪樱花"图标。(2) 从证据5的后视图来看，所示包装盒形状为竖长方形，该竖长方形由上方的横长方形和下方的竖长方形构成；所述上方的横长方形约占后视图的六分之一，其整体底色为褐色，在该褐色横长方形的中上部有一长条镂空图案，长条镂空图案下方为由与主视图中相同的"大"字和"三粒蒜瓣"共同构成的图案；所述下方的竖长方形约占后视图的六分之五，其整体底色为黄褐色，该竖长方形上方和下方分别有一条褐色粗条纹，上方褐色粗条纹的下方和下方褐色粗条纹上方分别有一条红色细条纹，上述两条红色细条纹和上述竖长方形左右两侧的两条红色细条纹构成一矩形框，在上述红色矩形框中：有竖版排列的被涂覆的文字，竖版文字左下部覆盖有一头大蒜图案，竖版文字中间覆盖有几片连在一起的树叶，右侧为包含"中华大蒜油"黑色字体的红色长方形区域和该红色长方形区域下侧的黑色"丸"字。(3) 从证据5的左视图来看，所示包装盒为竖长方形，整体底色为黄褐色，上述长方形上下两侧均有褐色粗条纹和红色细条纹，竖长方形的左侧边向上有一延伸边，上述长方形中间有一列竖版文字"中华大蒜油丸"，其中"中华大蒜油"处于红色矩形区域中，证据5的右视图与左视图基本相同，不同之处仅在于，在右视图中，竖长方形的右侧边向上有一延伸边。(4) 从证据5的仰视图来看，所示包装盒为横长方形，其整体底色为褐色，该横长方形左半部分有几排被涂覆的横版文字，右侧为条形码。(5) 从证据5的俯视图来看，所示包装盒为横长方形，其整体主要底色为褐色，该横长方形左侧有两排被涂覆的文字。详见证据5附图。

将本专利与证据5所示外观设计相比较，由上述描述可知，(1) 首先，二者的整体色彩搭配基本相同；(1) 二者形状相同，均为整体结构呈长方形的包装盒；(2) 本专利所示外观设计的主视图与证据5所示外观设计的主视图的图案、文字整体布局结构大体相同，二者均在主视图中间部位采用了由相同的"大字"和"三粒蒜瓣"共同构成的图案；(3) 本专利所示外观设计的后视图与证据5所示外观设计的后视图的图案、文字整体布局结构大体相同，二者均采用竖版排列的文字，在竖版文字左下部均覆盖有相同的"大蒜"图案，且在竖版文字中间均覆盖相同的"树叶"图案；(4) 本专利所示外观设计的左视图、右视图、仰视图和俯视图也分别与证据5所示外观设计的左视图、右视图、仰视图和俯视图的图案和文字布局结构大体相同。二者的不同之处在于：(1) 具体文字有所不同，但是二者字体的大小、颜色以及布置位置都极相近似；(2) 本专利所示外观设计的左视图和右视图中的上部有图标图案，而证据5所示外观设计的左视图和右视图中没有图标图案。合议组认为：就包装盒一类的产品而言，其最易引起一般消费者瞩目的部位是具有特定图案和名称标记的主视图和/或后视图，其设计变化通常对整体视觉效果更具有显著的影响。本专利所示的外观设计和证据5所示的外观设计在整体形状与主视图和/或后视图的图案的设计上均是极其相近似的，已足以导致一般消费者对二者的整体外观设计产生同样的视觉效果，因此二者应属于相近似的外观设计。

4. 综上所述，本专利与其申请日前授权公告的外观设计专利相近似，即已有与其相近似的外观设计在国内出版物上在先公开发表过，因此，本专利不符合专利法第23条的规定。

鉴于上述已得出本专利不符合专利法第23条规定的结论，本决定对请求人提出的其他理由和证据不作评述。

三、决定

依据中国专利法第23条的规定，宣告03336119.3号外观设计专利权全部无效。

当事人对本决定不服的，可以根据中国专利法第46条第2款的规定，自收到本决定之日起三个月内向北京市第一中级人民法院起诉。根据该款的规定，一方当事人起诉后，另一方当事人应当作为第三人参加诉讼。

	本专利	证据5
主视图		
后视图		
左视图		
右视图		
仰视图		
俯视图		

106

工具盒（A）

无效宣告请求审查决定（第9202号）

决　定　号	第9202号
决　定　日	2006年12月21日
发明创造名称	工具盒（A）
外观设计分类	03-01
无效宣告请求人Ⅰ	宁波市北仑华发金属制品有限公司
无效宣告请求人Ⅱ	江建华
专　利　权　人	李　杰
申　请　号	200430083494.1
申　请　日	2004年10月26日
授权公告日	2005年6月8日
合议组组长	石　竞
主　审　员	崔国振
参　审　员	王　颖
附　　　图	2页

法　律　依　据　专利法第23条

决　定　要　点

在没有相反证据足以推翻的情况下，经过法定程序公证认证的证据的真实性应当确认，其能证明的事实可以作为定案的依据。

如果依据一般消费者的认知能力，根据在先设计图片或者照片已经公开的内容即可推定出产品其他部分或者其他变化状态的外观设计的，该其他部分或者其他变化状态的外观设计也被视为已经公开。

一、案由

本无效宣告请求涉及国家知识产权局于2005年6月8日授权公告的，名称为"工具盒（A）"的外观设计专利（下称本专利），其申请号是200430083494.1，申请日是2004年10月26日，专利权人是李杰。

请求Ⅰ（6W05630）

针对上述专利权，宁波市北仑华发金属制品有限公司于2005年9月8日向专利复审委员会提出无效宣告请求（请求人Ⅰ）。请求宣告专利权无效的理由是：本专利与申请日前公开发表的外观设计相同或者相近似，故本专利不符合专利法第二十三条的规定。与此同时，请求人 I 提交了下列附件：

附件 1：第 200430083494.1 号外观设计专利公报，复印件 1 页；

附件 2：第 200330112262.X 号外观设计专利公报，复印件 1 页；

附件 3：(2005) 多认字第 005784 号《认证书》及《公证书》选页，复印件共 11 页；

附件 4：(2005) 多认字第 005785 号《认证书》及《公证书》选页，复印件共 26 页；

附件 5：《公证书》扉页中文译文，复印件 1 页；

附件 6：专利权无效宣告程序授权委托书，原件 1 页；

附件 7：附件 3、4 对应销售工具盒实物（请求人明确表示该证据另寄交或口审时面交）。

经形式审查合格，专利复审委员会受理了此案，并于 2005 年 10 月 13 日将《无效宣告请求受理通知书》及相关附件材料转送给专利权人。

专利权人于 2005 年 11 月 25 日针对请求人 I 的无效宣告请求进行了答复，认为：

1. 对于附件 3，a. 证人身份未经公证认证，无法确认其身份；b. 证言的中文译文有误，上面没有证人的签名；c. 证言模糊，其本人的记忆也不可靠；d. 证言证明的是国外设计和销售的事实，与本案无关联性；e. 证言只是说明附件 A、B、C、D 在网络上可以看到，但没有说明在本专利申请日前已经可以看到，网页的内容是随时可以变换的，因此该证据不能作为有效的证据评价本专利是否符合专利法第二十三条的规定因此该证据不能作为有效的证据使用；并且其中公开的图片并没有显示产品的主要形状，与本专利的外观有根本的差别。

2. 对于附件 4，a. 对证人身份的异议同上 1，并且该公司同请求人 I 有贸易往来，属于利害关系人；b. www.patent.com.cn 需用用户名和密码才能进入该网站的专利检索，并且不能下载外观设计的图片或者照片，因此证言 5 为虚假陈述，该证人的其他证言也不可信，不能作为证据使用；c. 无法证明证言 4 所提供的照片在本专利的申请日之前已处于公众可以获得的状态；d. 请求人 I 提到的印制单"下沿有 2004 年 4 月 3 星期六至 2004 年 4 月 9 星期五"与"末页下沿有 2004 年 3 月 4 日购物优惠期"两日期矛盾；e. 附件 4 中的广告图片没有公开其产品的各个视图，无法得到包装盒的整体外观，与本专利根本不同，因此该证据不能作为有效的证据评价本专利是否符合专利法第二十三条的规定。专利权人同时提交了中国专利信息网打印件 2 页，以证明该网址是需要用户名和密码才能进入查询的。

3. 附件 2 的图片与本专利既不相同也不相近似；附件 7 为目前的产品，与本专利不具有关联性，不能作为本案的证据使用。

专利复审委员会于 2006 年 3 月 15 日向双方当事人发出口头审理通知书，定于 2006 年 4 月 20 日在杭州市工商行政管理局桐庐分局举行口头审理，并随口头审理通知书将专利权人 2005 年 11 月 25 日寄交的意见陈述书一份 7 页转送给请求人 I，要求请求人 I 在口头审理时答复。

口头审理如期举行，双方当事人均委托代理人出席。在口头审理过程中，双方明确表示对合议组成员无回避请求，对对方出庭人员的身份无异议。请求人 I 明确其无效理由是专利法第二十三条的出版物公开；当庭声明放弃附件 2 作为本案的证据使用；明确附件 4 所附的"A"为产品宣传广告，并认为其上标注的"DE314-04"为刊号和日期，其中"DE"是刊号，"1404"为日期"04 年第 14 周"；请求人 I 明确附件 4 为主要证据，附件 3 是附件 4 的佐证，其上有与附件 4 中相对应的产品货号，因此仅用来佐证附件 4 的公开行为，其本身不证明公开行为；请求人 I 当庭提交了附件 3 和附件 4 的原件，专利权人对这两份证据的形式真实性予以认可，但对附件 4 中没有"压痕式公章"的部分有异议；专利权人仅对请求人 I 提交的附件 3"读者件"部分"3"的译文有异议，对其他部分的准确性无异议；请求人 I 明确其当庭提交的附件 7 的实物是从加拿大购买并带回国内的产品实物，专利权人认为该证据与本案无关。

请求 II（6W06073）

针对上述专利权，请求人江建华于 2006 年 3 月 7 日向专利复审委员会提出无效宣告请求（下简称请求人 II）。请求宣告专利权无效的理由是：本专利与申请日前公开发表的外观设计相同或者相近似，故本专利不符合专利法第二十三条的规定。与此同时，请求人 II 提交了下列 9 份附件，其中附件 3-5 与请求人 I 提交的附件 3-5 相同，附件 6 同请求人 I 的附件 7，附件 7 同请求人 I 的附件 1，附件 8 为专利权无效宣告程序授权委托书（原件 1 页），为表述方便，将其提交的其他附件的编号续上：

附件 1：（2005）甬证民字第 3573 号《公证书》，复印件共 34 页；

附件 2：2004 年 2 月 12 日"铁盒"出口外销加拿大的出货单，复印件共 16 页；

附件 3：（2005）多认字第 005784 号《认证书》及《公证书》选页，复印件共 11 页；

附件 4：（2005）多认字第 005785 号《认证书》及《公证书》选页，复印件共 26 页；

附件 5：《公证书》扉页中文译文，复印件 1 页；

附件 6：附件 3、4 对应销售工具盒实物（该证据另寄交或口审时面交）；

附件 7：第 200430083494.1 号外观设计专利公报，复印件 1 页；

附件 8：专利权无效宣告程序授权委托书，原件 1 页；

附件 9：（2005）甬证外字第 3755 号《公证书》，复印件共 2 页。

经形式审查合格，专利复审委员会受理了此案，并于 2005 年 4 月 12 日将《无效宣告请求受理通知书》及相关附件材料转送给专利权人。

专利权人于 2006 年 5 月 26 日针对请求人 II 的无效宣告请求进行了答复，认为：1. 附件 1 实质上是由请求公证的人提供自己的电脑来公证已经过去了两年多的所谓还保存在电脑中的通信过程，无法确认其真实性，并且其中的内容与本案无关联性。2. 附件 2 只证明出口过铁盒，与本案无关联性。3. 对于附件 3，a. 证人身份未经公证认证，无法确认其身份；b. 证言的中文译文有误，上面没有证人的签名；c. 证言模糊，其本人的记忆也不可靠；d. 证言证明的是国外设计和销售的事实，与本案无关联性；e. 证言只是说明附件 A、B、C、D、E 在网络上可以看到，但没有说明在本专利申请日前已经可以看到，网页的内容是随时可以变换的，因此该证据不能作为有效的证据评价本专利是否符合专利法第二十三条的规定，并且其公开的图片并没有公开本专利的主要形状，与本专利存在根本的差别。4. 对于附件 4，a. 对证人身份的异议同上 3，并且该公司同请求人 II 有贸易往来，属于利害关系人；b. 专利信息网 www.patent.com.cn 需用用户名和密码才能进入该网站的专利检索，并且不能下载外观设计的图片或者照片，因此证言 5 为虚假陈述，该证人的其他证言也不可信，不能作为证据使用；c. 证言 4 所提供的照片无法证明为在本专利的申请日之前已处于公众可以获得的状态；d. 请求人 II 提到的印制单"下沿有 2004 年 4 月 3 星期六至 2004 年 4 月 9 星期五"与"末页下沿有 2004 年 3 月 4 日购物优惠期"两日期矛盾；e. 附件 4 中的广告图片没有公开其产品的各个视图，无法得到包装盒的整体外观，与本专利根本不同；f. 附件 3 的公证机关、公证人员和认证机构与附件 4 相同，因此其虽经公证认证，证人证言也不可靠，因此该证据不能作为有效的证据评价本专利是否符合专利法第二十三条的规定因此该证据不能作为有效的证据使用。5. 附件 6 为目前产品，与本专利无关联性，不能作为本案的证据；6. 附件 9 仅为个人声明，内容值得怀疑，并且与无效理由无关。综上所述，请求人 II 的证据均不能证明本专利同申请日前已经在国内外出版物上公开发表过或者国内公开使用过的外观设计相同或相近似，请求维持本专利有效。专利权人同时提交了中国专利信息网网页打印件 1 页。

2006 年 7 月 31 日，专利复审委员会向双方当事人发出口头审理通知书，告知双方当事人定于 2006 年 9 月 20 日在专利复审委员会对本无效宣告请求进行口头审理，口头审理涉及的主要问题是：1. 涉及

6W05630和6W05631案件中的相关内容；2. 证据调查，包括证据的三性、译文的准确性等；3. 相近似比较。并随该口头审理通知书将专利权人2006年5月26日提交的意见陈述书转送给请求人II。

2006年9月18日，请求人II提交了《意见陈述书和口头审理代理词》，认为：1. 附件1、3、4具有真实性、合法性和关联性；2. 专利信息网www.patent.com.cn能够实时检索，并提交了无须通过用户名和密码就可以看到工具盒A和工具盒B图片的操作步骤；3. 附件4附件"A"的末页下沿的英文表明的是"标示的标准价是对应产品在2004年3月4日在加拿大轮胎有限公司对外销售的价格"；4. 附件4中的广告图片1（54-3710-4）所示a款产品和2（54-3709-0）所示的b款产品、尤其是a款产品与本专利完全相同。综上所述，本专利不符合专利法第二十三条的规定。

口头审理如期举行，双方当事人均委托代理人出席了口头审理，口头审理中合议组将请求人II2006年9月18日提交的《意见陈述书和口头审理代理词》转给专利权人，专利权人对其中附件4末页下沿的译文准确性无异议，并确认通过http://www.patent.com.cn上的链接能够链接到工具盒（A）和工具盒（B）的图片；请求人II当庭提交了附件1和9的原件，未提交附件2的原件；请求人II明确附件1、2和9只是为了证明附件4的形成时间，进一步佐证附件4的真实性，专利权人对附件1、9的内容真实性不予认可，认为其是利害关系人出具的证言；请求人II确认使用宣传册第23页左上角的图片1和2作为在先设计与本专利的工具盒（A）、（B）进行相近似比较，并明确使用图片中的2与工具盒（A）相比较；双方当事人确认本案中的附件3-6与6W05630和6W05631案中提交的证据3-5和7相同。

上述两无效宣告请求案件口头审理后，2006年10月13日，请求人II提交了补充意见陈述书一份，其补充的意见主要为：附件4是经过公证认证的合法文件，其中所附广告宣传册第23页a、b两款图片已经完全公开了本专利，尤其a款产品的广告图片与本专利更相近似，并将广告图片中的1（54-3710-4）所示a款产品结合2（54-3709-0）所示的b款产品与本专利进行了相同、相近似比较。2006年10月26日，合议组将请求人II的该补充意见陈述书转送给专利权人，并要求其在指定期限内答复。

2006年12月1日，专利权人针对请求人II的上述补充意见陈述书递交了意见陈述书，其主要意见有：1. 对请求人提出的超过规定时间的所谓理由和证据一概不予认可，请求专利复审委员会依法不予考虑；2. 经过宁波市公证的公证书证明了Kevin Teng与经加拿大公证和认证的内容提供人是同一人，Kevin Teng主张对本专利享有专利权，因此其是本案的利害关系人，其提供给公证机构的证据完全可能作假，因此其内容不能作为证据采用；3. 公证、认证机构对Kevin Teng提供的广告宣传册的内容真实性没有证明，其上也没有印刷、出版单位的证明，也没有公开发放的证明，其印刷和出版的合法性也不能得到证明，其来源、上面的内容存在作假的可能；4. 中国专利信息网需用用户名和密码才能进入该网站进行专利检索，并且不能下载外观设计的图片或照片，代理人提供的链接虽能再从其他网址上得到图片，但仍不能消除怀疑；5. 口头审理时图片原件上无压痕式公章这一问题仍没有消除；6. 请求人提供的广告宣传册的图片模糊不清，无法清楚见到产品的设计内容，主视图基本没有公开，侧视图不清楚，因此仅凭该图片无法得到包装盒的整体外观内容，因此其与本专利显著不同。综上所述，请求人的证据和理由不能成立，请求维持本专利有效。

基于双方当事人的意见陈述及口头审理，合议组认为本案事实已经调查清楚，可以依法作出审查决定。

二、决定的理由

1. 法律适用

中国专利法第二十三条规定："授予专利权的外观设计，应当同申请日以前在国内外出版物上公开发表过或者国内公开使用过的外观设计不相同和不相近似,并不得与他人在先取得的合法权利相冲突。"

在没有相反证据足以推翻的情况下,经过法定程序公证认证的证据的真实性应当确认,其能证明的事实可以作为定案的依据。

如果依据一般消费者的认知能力,根据在先设计图片或者照片已经公开的内容即可推定出产品其他部分或者其他变化状态的外观设计的,该其他部分或者其他变化状态的外观设计也被视为已经公开。

2. 证据认定

请求人 I 或 II 提交的附件 4 是"(2005)多认字第 005785 号《认证书》及《公证书》选页",其中包括中华人民共和国驻多伦多总领事馆的认证书 1 页,安大略省内阁管理部对公证人林资彬的身份、资格及签章的认证 1 页,证人 Kevin Teng 宣誓书及关于附件"A"、"B"和"C"来源和内容说明的证言及中文译文共 2 页,带有 Kevin Teng 和林资彬签名的附件"A"(产品宣传广告册封面页、第 23 页和封底一份共 4 页),带有 Kevin Teng 和林资彬签名的附件"B"【第 200430083493.7 号外观设计】网络下载打印件 8 页,带有 Kevin Teng 和林资彬签名的附件"C"【第 200430083494.1 号外观设计专利,即本专利】网络下载打印件 8 页,以及对证言译文准确性公证即其中文译文 2 页;并在口头审理过程中提交了该附件的原件。合议组认为,请求人 I 和 II 提交的有关附件 4 的一系列公证认证的手续完整,资料齐备,符合法定要求,在没有相反证据足以推翻的情况下,对其真实性予以确认,且其内容与两请求人提交的其他证据可以相互印证,因此其能证明的事实可以作为本决定的依据。

由附件 4 中的证言可知,其所附的"A"是加拿大轮胎有限公司 2004 年 4 月的广告目录,因此根据审查指南的规定,该广告目录可以作为专利法意义上的出版物使用。由于附件 4 的出版日在在本专利的申请日之前,且其中所附"A"的第 23 页上的两款产品(1)54-3710-4 和(2)54-3709-0 都是工具盒,与本专利属于相同种类的产品,因此其可以作为在先设计来评价本专利是否符合专利法第二十三条的规定。

对于专利权人 2006 年 12 月 1 日提交的意见及其他对附件 4 的主要异议,合议组认为:1. 请求人 I 或请求人 II 提交的理由和证据均在法定时间内提出,不存在超期问题,专利权人的该主张无事实依据;2.(2005)甬证民字第 3573、3755 号《公证书》的内容可以表明在本专利的申请日前李杰与 Kevin Teng 就有关图片显示的铁盒子的加工问题进行磋商,根据上述内容 Kevin Teng 仅声明两项专利工具盒(A)、(B)是由 MIBRO 公司的雇员开发设计,并非李杰原创。并且迄今为止没有任何证据证明该公司和李杰之间有权属纠纷关系,以及 Kevin Teng 与请求人之间的利害关系,在此情况下,专利权人主张证人与双方当事人之间属于利害关系人缺乏法律和事实依据;3. 专利权人对于附件 4 中的宣传册的质疑只是主观的假设,缺乏必要的证据支持,因此也不成立;4. 请求人 II 于 2006 年 9 月 18 日提交的《意见陈述书和口头审理代理词》已经表明通过 http://www.patent.com.cn 上的链接能够链接到工具盒(A)和工具盒(B)的图片,对此专利权人也予以确认,是否能够直接点击得到或者单独公证都不能构成合理怀疑,因此该主张也不成立;5. 专利权人对附件 4 中没有"压痕式公章"的部分提出异议,但一方面由于该部分上面有公证人林资彬及证人 Kevin Teng 的签名,另一方面证人在证言中已经明确指出了其来源及出版时间,并且专利权人并没有提供任何相反的证据支持其主张,因此专利权人的该异议不能成立 6. 由于专利权人对于请求人 2006 年 9 月 18 日提交的附件 4 所附的"A"末页下端的中文译文("标示的标准价是对应产品在 2004 年 3 月 4 日在加拿大轮胎有限公司对外销售的价格")无异议,因此关于附件"A"上的时间有矛盾的主张不成立。综上所述,专利权人提出的质疑由于缺乏证据支持和法律依据不能成立,其不能影响附件 4 内容的真实性。

3. 本专利与附件 4 中的工具盒相比是否相近似

本专利的工具盒是立体产品，未要求保护色彩。从其授权公告文本中的六面视图（主视图、后视图、左视图、右视图、仰视图、俯视图）可以看出，本专利的工具盒由盒体、盒盖两大部分组成，盒体、盒盖通过销轴连接，二者相互配合整体呈不规则扁平立方体状；盒体上部左右两面上有对称的三条相互平行且由上至下逐渐变短的凸条，底部有两条凸筋；盒盖上端部有一内空的心形挂钩、中部有一透明窗，透明窗整体呈斜边在上且略有弧度的直角梯形；盒体上有呈长条状的工具支架；从后视图可以看出，背面大体为上部有两小的圆形凸起的长方形。（见本专利附图）。

附件 4 中所附 "A" 的第 23 页上的两款产品中的产品（1）（下称在先设计）的工具盒也是立体产品，从图片可以看出，该工具盒由盒体、盒盖两大部分组成，盒体、盒盖通过销轴连接；盒体上部右边有三条相互平行且由上至下逐渐变短的凸条；盒盖上端部有一内空的矩形挂钩、中部有一透明窗，透明窗整体呈斜边在上且略有弧度的直角梯形；盒体上有长条状的工具支架。（见在先设计附图）。

根据审查指南第四部分第五章 5.5.1 的规定，对于一般消费者而言，根据在先设计已经公开的盒体、盒盖的设计，可以推定出其盒体、盒盖在闭合状态下整体形状也为不规则扁平立方体状。在此情况下，将本专利与对比文件相比较可知，二者均由盒体和盒盖组成，整体均为不规则扁平立方体状，盒体上有长条状的工具支架，盒盖上有整体呈斜边在上且略有弧度的直角梯形透明窗和挂钩。二者的主要区别为：1. 本专利的盒体背面有两个凸起的长方形，左边有与右边对称的三条相互平行且由上至下逐渐变短的凸条，底部有两条凸筋，在先设计的背面、底面及左边不可见；2. 本专利的挂钩大体为内空心形，在先设计为矩形。合议组认为，在二者主要组成部分相同、整体形状及各组成部分形状基本相同的情况下，上述差别不会对产品的整体视觉效果产生显著的影响，因此二者属于相近似的外观设计。

综上所述，在本专利申请日之前，已有与之相同的外观设计在国外出版物上公开发表过，本专利不符合专利法第二十三条的规定。

鉴于根据请求人 I 或请求人 II 提交的附件 4 已得出本专利的外观设计产品在其申请日前已经在出版物上公开发表过，本专利不符合专利法第二十三条的规定的结论，本决定对请求人 I 和 II 提出的其他无效宣告请求理由及证据不再进一步评述。

基于上述理由，作出如下决定。

三、决定

宣告 200430083494.1 号外观设计专利权无效。

当事人对本决定不服的，可以根据专利法第 46 条第 2 款的规定，自收到本决定之日起三个月内向北京市第一中级人民法院起诉。根据该款的规定，一方当事人起诉后，另一方当事人应当作为第三人参加诉讼。

在先设计附图
6w05630

工具盒（B）

无效宣告请求审查决定（第 9203 号）

决 定 号	第 9203 号
决 定 日	2006 年 12 月 21 日
发明创造名称	工具盒（B）
外观设计分类	03-01
无效宣告请求人	宁波市北仑华发金属制品有限公司
专 利 权 人	李 杰
申 请 号	200430083493.7
申 请 日	2004 年 10 月 26 日
授权公告日	2005 年 5 月 18 日
合议组组长	石 竞
主 审 员	崔国振
参 审 员	王 颖
附 图	2 页

法 律 依 据 专利法第 23 条
决 定 要 点

在没有相反证据足以推翻的情况下，经过法定程序公证认证的证据的真实性应当确认，其能证明的事实可以作为定案的依据。

一、案由

本无效宣告请求涉及国家知识产权局于 2005 年 5 月 18 日授权公告的，名称为"工具盒（B）"的外观设计专利（下称本专利），其申请号是 200430083493.7，申请日是 2004 年 10 月 26 日，专利权人是李杰。

针对上述专利权，宁波市北仑华发金属制品有限公司于 2005 年 9 月 8 日向专利复审委员会提出无效宣告请求。请求宣告专利权无效的理由是：本专利与申请日前公开发表的外观设计相同或者相近似，故本专利不符合专利法第二十三条的规定。与此同时，请求人提交了下列附件：

附件 1：第 200430083493.7 号外观设计专利公报，复印件 1 页；
附件 2：第 200330112262.X 号外观设计专利公报，复印件 1 页；
附件 3：（2005）多认字第 005784 号《认证书》及《公证书》选页，复印件共 11 页；
附件 4：（2005）多认字第 005785 号《认证书》及《公证书》选页，复印件共 26 页；

附件5：《公证书》扉页中文译文，复印件1页；

附件6：专利权无效宣告程序授权委托书，原件1页；

附件7：附件3、4对应销售工具盒实物（请求人明确表示该证据另寄交或口审时面交）。

经形式审查合格，专利复审委员会受理了此案，并于2005年10月12日将《无效宣告请求受理通知书》及相关附件材料转送给专利权人。

专利权人于2005年1月12日针对请求人的无效宣告请求进行了答复，认为：

1. 对于附件3，a. 证人身份未经公证认证，无法确认其身份；b. 证言的中文译文有误，上面没有证人的签名；c. 证言模糊，其本人的记忆也不可靠；d. 证言证明的是国外设计和销售的事实，与本案无关联性；e. 证言只是说明附件A、B、C、D在网络上可以看到，但没有说明在本专利申请日前已经可以看到，网页的内容是随时可以变换的，因此该证据不能作为有效的证据评价本专利是否符合专利法第二十三条的规定因此该证据不能作为有效的证据使用；并且其中公开的图片bing没有显示产品的主要形状，与本专利的外观有根本的差别。

2. 对于附件4，a. 对证人身份的异议同上1，并且该公司同请求人有贸易往来，属于利害关系人；b. www.patent.com.cn需用用户名和密码才能进入该网站的专利检索，并且不能下载外观设计的图片或者照片，因此证言5为虚假陈述，该证人的其他证言也不可信，不能作为证据使用；c. 无法证明证言4所提供的照片在本专利的申请日之前已处于公众可以获得的状态，请求人提到的印制单"下沿有2004年4月3星期六至2004年4月9星期五"与"末页下沿有2004年3月4日购物优惠期"两日期矛盾；e. 附件4中的广告图片没有公开其产品的各个视图，无法得到包装盒的整体外观，与本专利根本不同，因此该证据不能作为有效的证据评价本专利是否符合专利法第二十三条的规定。并同时提交了中国专利信息网打印件2页，以证明该网址是需要用户名和密码才能进入查询的。

3. 附件2的图片与本专利既不相同也不相近似；附件7为目前的产品，与本专利不具有关联性，不能作为本案的证据使用。

专利复审委员会于2006年3月15日向双方当事人发出口头审理通知书，定于2006年4月20日在杭州市工商行政管理局桐庐分局举行口头审理，并随口头审理通知书将专利权人2006年1月12日寄交的意见陈述书一份7页转送给请求人，要求请求人在口头审理时答复。

口头审理如期举行，双方当事人均委托代理人出席。在口头审理过程中，双方明确表示对合议组成员无回避请求，对对方出庭人员的身份无异议。请求人明确其无效理由是专利法第二十三条的出版物公开；当庭声明放弃附件2作为本案的证据使用；明确附件4所附的"A"为产品宣传广告，并认为其上标注的"DE314-04"为刊号和日期，其中"DE"是刊号，"1404"为日期"04年第14周"；请求人明确附件4为主要证据，附件3是附件4的佐证，其上有与附件4中相对应的产品货号，因此仅用来佐证附件4的公开行为，其本身不证明公开行为；请求人当庭提交了附件3和4的原件，专利权人对这两份证据的形式真实性予以认可，但对附件4中没有"压痕式公章"的部分有异议；专利权人仅对请求人提交的附件3"读者件"部分"3"的译文有异议，对其他部分的准确性无异议；请求人明确其当庭提交的附件7的实物是从加拿大购买并带回国内的产品实物，专利权人认为该证据与本案无关。

此后，根据案情需要，合议组在对事实上与本案关联的6W06073号案件的审理时，针对与本案中相同的部分证据做了进一步的调查。经审查，专利权人对附件4末页下沿的译文（"标示的标准价是对应产品在2004年3月4日在加拿大轮胎有限公司对外销售的价格"）准确性无异议，并确认通过http://www.patent.com.cn上的链接能够链接到工具盒（A）和工具盒（B）的图片；请求人确认使用宣传册第23页左上角的图片1和2作为在先设计与本专利的工具盒（A）、（B）进行相近似比较，并明确使用图片中的 1 与工具盒（B）相比较。

2006 年 12 月 1 日，专利权人递交了意见陈述书，其主要意见有：1. 对请求人提出的超过规定时间的所谓理由和证据一概不予认可，请求专利复审委员会依法不予考虑；2. 经过宁波市公证的公证书证明了 Kevin Teng 与经加拿大公证和认证的内容提供人是同一人，Kevin Teng 主张对本专利享有专利权，因此其是本案的利害关系人，其提供给公证机构的证据完全可能作假，因此其内容不能作为证据采用；3. 公证、认证机构对 Kevin Teng 提供的广告宣传册的内容真实性没有证明，其上也没有印刷、出版单位的证明，也没有公开发放的证明，其印刷和出版的合法性也不能得到证明，其来源、上面的内容存在作假的可能；4. 中国专利信息网需用用户名和密码才能进入该网站进行专利检索，并且不能下载外观设计的图片或照片，代理人提供的链接虽能再从其他网址上得到图片，但仍不能消除怀疑；5. 口头审理时图片原件上无压痕式公章这一问题仍没有消除；6. 请求人提供的广告宣传册的图片模糊不清，无法清楚见到产品的设计内容，主视图基本没有公开，侧视图不清楚，因此仅凭该图片无法得到包装盒的整体外观内容，因此其与本专利显著不同。综上所述，请求人的证据和理由不能成立，请求维持本专利有效。

基于双方当事人的书面意见陈述及口头审理，合议组认为本案事实已经调查清楚，可以依法作出审查决定。

二、决定的理由

（一）无效理由的确定

请求人在提出请求时提交的证据有附件 1-5 和附件 7，证明本专利不符合专利法第二十三条的规定。因此，本决定仅针对本专利是否符合专利法第二十三条的规定予以评述。

（二）证据认定

在请求人提交的证据中，附件 1 是本专利的专利公报，附件 5 是附件 3、4《公证书》扉页中文译文。请求人当庭放弃了附件 2，并明确附件 3 仅用来佐证附件 4 的公开行为，其本身不证明公开行为，附件 7 的实物是从加拿大购买并带回国内的产品实物。合议组认为，由于没有任何证据表明附件 7 的实物是在本专利的申请日之前进口的，因此其无法作为证明本专利不符合专利法第二十三条规定的有效证据。

请求人提交的附件 4 是"（2005）多认字第 005785 号《认证书》及《公证书》选页"，其中包括中华人民共和国驻多伦多总领事馆的认证书 1 页，安大略省内阁管理部对公证人林资彬的身份、资格及签章的认证 1 页，证人 Kevin Teng 宣誓书及关于附件"A"、"B"和"C"来源和内容说明的的证言及中文译文共 2 页，带有 Kevin Teng 和林资彬签名的附件"A"（产品宣传广告册封面页、第 23 页和封底一份共 4 页），带有 Kevin Teng 和林资彬签名的附件"B"【第 200430083493.7 号外观设计，即本专利】网络下载打印件 8 页，带有 Kevin Teng 和林资彬签名的附件"C"【第 200430083494.1 号外观设计专利】网络下载打印件 8 页，以及对证言译文准确性公证即其中文译文 2 页；并在口头审理过程中提交了该附件的原件。合议组认为，请求人提交的有关附件 4 的一系列公证认证的手续完整，资料齐备，符合法定要求，在没有相反证据足以推翻的情况下，对其真实性予以确认，且其能证明的事实可以作为定案的依据。

由附件 4 中的证言可知，其所附的"A"是加拿大轮胎有限公司 2004 年 4 月的广告目录，因此根据审查指南的规定，该广告目录可以作为专利法意义上的出版物使用。由于附件 4 的出版日在在本专利的申请日之前，且其中所附"A"的第 23 页上的两款产品（1）54-3710-4 和（2）54-3709-0 都是工具盒，与本专利属于相同种类的产品，因此其可以作为在先设计来评价本专利是否符合专利法第二十三条的规定。

对于专利权人2006年12月1日提交的意见，合议组认为：1.请求人提交的理由和证据均在法定时间内提出，不存在超期问题，专利权人的该主张无事实依据；2.该案中请求人并未提交（2005）甬证民字第3573、3755号《公证书》；3.专利权人对于附件4中的宣传册的质疑只是主观的假设，缺乏必要的证据支持，因此也不成立；4.6W06073案的请求人2006年9月18日提交的《意见陈述书和口头审理代理词》已经表明通过http：//www.patent.com.cn上的链接能够链接到工具盒（A）和工具盒（B）的图片，对此专利权人也予以确认，是否能够直接点击得到或者单独公证都不能构成合理怀疑，因此该主张也不成立；5.专利权人对附件4中没有"压痕式公章"的部分提出异议，但一方面由于该部分上面有公证人林资彬及证人Kevin Teng的签名，另一方面证人在证言中已经明确指出了其来源及出版时间，并且专利权人并没有提供任何相反的证据支持其主张，因此专利权人的该异议不能成立；6.由于专利权人对于6W06073案请求人2006年9月18日提交的附件4所附的"A"末页下端的中文译文（"标示的标准价是对应产品在2004年3月4日在加拿大轮胎有限公司对外销售的价格"）无异议，因此关于附件"A"上的时间有矛盾的主张不成立。综上所述，专利权人提出的质疑由于缺乏证据支持和法律依据不能成立，其不能影响附件4内容的真实性。

（三）法律适用

中国专利法第二十三条规定："授予专利权的外观设计，应当同申请日以前在国内外出版物上公开发表过或者国内公开使用过的外观设计不相同和不相近似，并不得与他人在先取得的合法权利相冲突。"

（四）本专利与附件4中的工具盒相比是否相近似

本专利的工具盒是立体产品，未要求保护色彩。从其授权公告文本中的六面视图（主视图、后视图、左视图、右视图、仰视图、俯视图）可以看出，本专利的工具盒由盒体、盒盖两大部分组成，盒体、盒盖通过销轴连接，二者相互配合整体呈不规则扁平立方体状；盒体上部左右两面上有对称的三条相互平行且由上至下逐渐变短的凸条，底部有两条凸筋；盒盖上端部有一内空的心形挂钩、中部有两个透明窗，下面的透明窗整体呈斜边在上且略有弧度的直角梯形，上面的透明窗大致呈平行四边形，其中斜边与下面的透明窗的斜边大致平行，透明窗部分约占盒盖表面的三分之二；盒体上有呈长条状的工具支架；从后视图可以看出，背面大体为上部有两圆形凸起的长方形。（见本专利附图）。

附件4中所附"A"的第23页上的两款产品中的产品（1）（下称在先设计）的工具盒也是立体产品，从图片可以看出，该工具盒由盒体、盒盖两大部分组成，盒体、盒盖通过销轴连接；盒体上部右边有三条相互平行且由上至下逐渐变短的凸条；盒盖上端部有一内空的长条形挂钩、中部有一透明窗，透明窗整体呈斜边在上且略有弧度的直角梯形，约占盒盖表面的三分之一；盒体上有长条状的工具支架。（见在先设计附图）。

将本专利与对比文件相比较可知，二者至少存在以下区别：1.本专利的透明窗为两个，且透明窗部分约占盒盖表面的三分之二，在先设计的透明窗只有一个，约占盒盖表面的三分之一；2.本专利的盒体背面大体为上部有两圆形凸起的长方形，左边有与右边对称的三条相互平行且由上至下逐渐变短的凸条，底部有两条凸筋，在先设计的背面、底面及左边不可见；3.本专利的挂钩大体为内空心形，在先设计为长条形。合议组认为，对于工具盒产品而言，其主视图体现的产品设计相对于其他各部分对消费者的视觉更具有显著影响，由于本专利与在先设计在透明窗的数量、形状和所占比例上存在上述差别，对于一般消费者来说，上述区别足以将该两种产品区分开，本专利与在先设计之间存在的上述区别对该产品的整体视觉效果具有显著的影响，因此二者属于既不相同也不相近似的外观设计。

综上所述，本专利相对于请求人提交的证据符合专利法第二十三条的规定。

三、决定

维持 200430083493.7 号外观设计专利权有效。

当事人对本决定不服的，可以根据专利法第 46 条第 2 款的规定，自收到本决定之日起三个月内向北京市第一中级人民法院起诉。根据该款的规定，一方当事人起诉后，另一方当事人应当作为第三人参加诉讼。

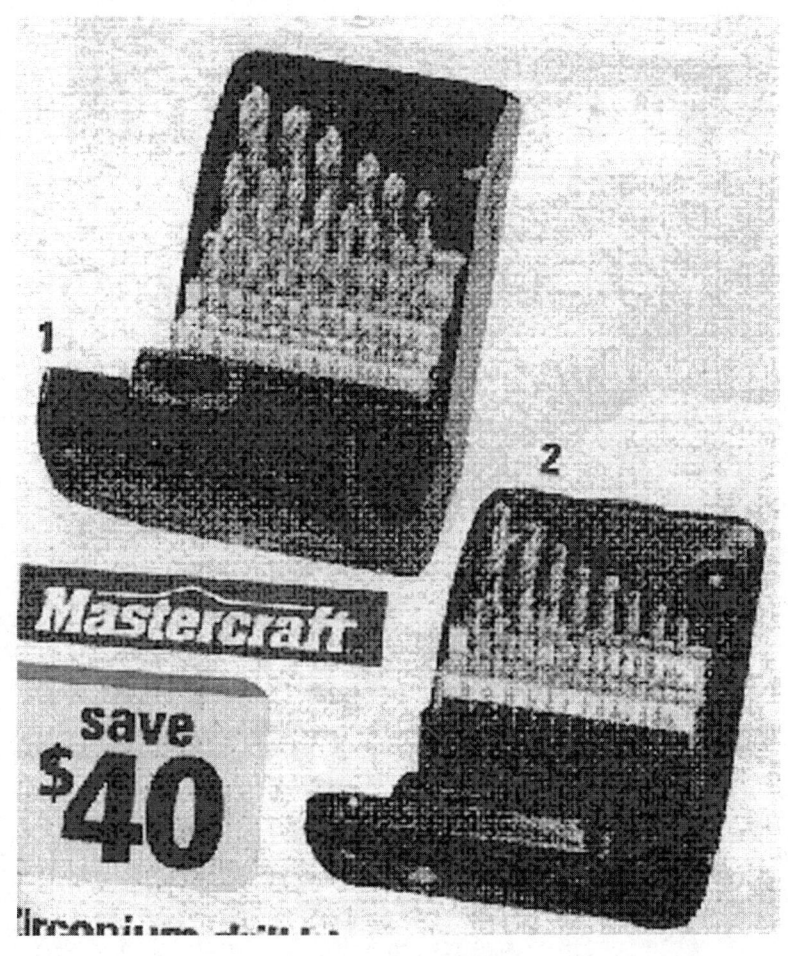

在先设计附图
6w05631

包装袋（豆干菜脯）

无效宣告请求审查决定（第 9206 号）

决 定 号	第 9206 号
决 定 日	2006 年 12 月 20 日
发明创造名称	包装袋（豆干菜脯）
外观设计分类号	09-05
无 效 请 求 人	饶平县高堂吴老头食品厂
专 利 权 人	吴育生
申 请 号	200430063940.2
申 请 日	2004 年 8 月 10 日
授 权 公 告 日	2005 年 3 月 9 日
合议组组长	石　竞
主 审 员	郭健国
参 审 员	柴爱军
附 图	2 页

法 律 依 据 中国专利法第 23 条

决 定 要 点

若对于一方当事人提交的经过法定程序公证的证据，对方当事人仅提出口头上的异议，而未提交任何的反证予以推翻，则不足以否定该证据的证据效力，其可以作为定案依据。

一、案由

本无效宣告请求涉及的是国家知识产权局于 2005 年 3 月 9 日授权公告的、申请号为 200430063940.2 的外观设计专利，其产品名称是"包装袋（豆干菜脯）"，申请日是 2004 年 8 月 10 日，专利权人是吴育生。

针对上述外观设计专利权（下称本专利），饶平县高堂吴老头食品厂（下称请求人）于 2005 年 6 月 1 日向专利复审委员会提出无效宣告请求，其无效理由是：本专利权的授予不符合专利法第 23 条的规定。与此同时，请求人提交了以下证据：

证据 1：请求人包装袋的实物照片两张；

证据 2.1：专利侵权纠纷处理请求书及所附证据，复印件 7 页；

证据 2.2：潮专纠字 [2005] 第 03 号案答辩通知书，复印件 1 页；

证据 2.3：潮专纠字 [2005] 第 02、03、04 号案专利执法勘验检查通知书，复印件 1 页；

证据 2.4：潮专纠［2005］第 02、03、04 号案专利执法案件现场勘验检查登记表，复印件 1 页；

证据 3：汕头市澄海区隆都粤美印刷厂 2005 年 5 月 9 日出具的证实材料，复印件 4 页；

证据 4：（2005）汕市证经字第 122 号公证书，复印件一份。

经形式审查合格，专利复审委员会于 2005 年 8 月 3 日依法受理了上述无效宣告请求，同日向双方当事人发出了《无效宣告请求受理通知书》，并将无效宣告请求书及其所附证据的副本转送给专利权人，要求专利权人在收到通知书之日起一个月内对该无效宣告请求陈述意见。

2005 年 8 月 31 日，专利权人寄交了意见陈述书，专利权人认为：请求人提供的粤美印刷厂的证实材料和送货单，不足以证明请求人的包装袋在本专利申请日前已使用，而且送货单不是厂家的正式发票和收据，不能排除请求人与粤美印刷厂存在串通的行为；对于请求人提供购买专利权人的包装产品是在本专利申请日前的包装产品，这一点专利权人认为其购买的包装产品在公证前已被更改了生产日期，然后再带公证员进行拍照公证，专利权人对此提出怀疑。

2006 年 9 月 1 日，专利复审委员会向双方当事人发出《无效宣告请求口头审理通知书》，拟定于 2006 年 10 月 17 日进行口头审理，并随同口头审理通知书将专利权人于 2005 年 8 月 31 日寄交的意见陈述书转送给请求人。

口头审理如期举行。专利权人未出席口头审理，请求人的代理人参加了口头审理；请求人对合议组成员无回避请求；请求人当庭出示了证据 3、4 的原件及证据 4 中图片所涉及的实物，合议组当庭将汕头市公证处封存的实物开封，经核实其与证据 4 中照片一致，该实物由专利复审委员会保存。

上述事项已经记录在案。

在上述工作的基础之上，合议组认为本案事实已经清楚，可以依法作出审查决定。

二、决定的理由

专利法第 23 条规定，授予专利权的外观设计，应当同申请日以前在国内外出版物上公开发表过或者国内公开使用过的外观设计不相同和不相近似，并不得与他人在先取得的合法权利相冲突。

请求人提交的证据 4 为（2005）汕市证经字第 122 号公证书原件，专利权人在意见陈述中表述，大展新商行（专利权人的代销处）的店主称公证前几天曾有人购买了那些货物，之后又进行退货，店主只是清点货物未核查生产日前是否进行更改过，因此专利权人怀疑公证书的照片所反映的生产日期在公证之前被更改过。请求人认为，专利权人应当有相应的证据予以证明所述的怀疑。请求人当庭出示了公证书中所述的封存实物，合议组查看了封存实物，该封存实物上的封条完整、没有拆封痕迹，与公证书中的照片所反映的状态一致。

专利权人提出的公证之前曾经更改过生产日期的主张没有相应的证据予以支持，也是一种没有事实根据的推测。根据双方当事人的质证意见，合议组仔细核实了公证书的照片以及封存实物中所反映的包装袋封口处的生产日期，未发现有更改或涂改过的痕迹；另外，通过本专利照片中生产日期的印制方式及字体均同于实物所反映的状态，合议组认为可以确认证据 4 中所涉实物的真实性。因此，合议组认为专利权人对该公证书的异议不能够成立，该公证书本身符合法律规定，可以作为本案的定案依据。

该公证书证明公证人员与公证申请人郄可如于 2005 年 5 月 10 日下午，来到位于广东省饶平县钱东大道与镇西路转角处的食杂店（大展新商行），由郄可如以普通消费者身份向该食杂店购买高堂菜脯（豆干菜脯）共 46 包（每包净含量 50 克），购买过程由公证员现场监督，并对所购货物清点、封存，所附照片 11 张为公证人员现场拍摄。公证书中的照片 7、8、9 及封存实物反映的是其中一款"高堂菜脯"包装袋使用状态下的外观，照片中显示该"高堂菜脯"包装袋封口处的喷码日期为 2004 年 5 月 28 日，根据该包装袋背面的文字信息可知，该喷码日期即为"高堂菜脯"产品的生产日期。

也就是说，公证书中的照片7、8、9所示的该款"高堂菜脯"包装袋在本专利申请日之前已经公开使用在了"高堂菜脯"产品上，作为"高堂菜脯"产品的包装袋处已经公开销售。另外需指明的是，"高堂菜脯"的保质期为10个月，公证书中照片7~9所涉及产品的购买日期已经超过了该产品的允许销售日期，食杂店的销售行为虽不符合相关法律规定，但不能以此否定购买事实的真实性和购买产品的真实存在。因此，公证书中的照片7、8、9及其所涉及产品的外观设计（下称对比文件）在本专利申请日之前已经公开使用，可以作为评价本专利是否符合专利法第23条规定的证据使用。

本专利所示的包装袋呈矩形状，并由正反两面的包装袋面四周相互贴合构成该包装袋的外围。主视图显示其正面设计，其主要由两部分构成，上部有纵向排列"高堂菜脯"四个较大的字，"高堂菜脯"的外围有红色长方形边框，在字的右方有一类似椭圆形的图案，椭圆形内部有三个点状设计；在下部主要是由内装豆干的圆盘，包装袋的右下角有若干根萝卜的图案；在上下两部分的交界处有"豆干菜脯"字样；在包装袋外围右侧有一小口。后视图显示其背面设计，背面设计与正面设计大部分相同，仅是在内装菜脯丝圆盘的该部分图案上有一矩形框设计，内有若干行文字以及条形码；在包装袋外围左侧有一小口；在右上角标有 2004 08|04 字样。（详见本专利附图。）

对比文件所示的包装袋呈矩形状，并由正反两面的包装袋面四周相互贴合构成该包装袋的外围。主视图显示其正面设计，其主要由两部分构成，上部有纵向排列"高堂菜脯"四个较大的字，"高堂菜脯"的外围有红色长方形边框，在字的右方有一类似椭圆形的图案，椭圆形内部有三个点状设计；在下部主要是由内装豆干的圆盘，包装袋的右下角有若干根萝卜的图案；在上下两部分的交界处有"豆干菜脯"字样；在包装袋外围右侧有一小口。后视图显示其背面设计，背面设计与正面设计大部分相同，仅是在内装菜脯丝圆盘的该部分图案上有一矩形框设计，内有若干行文字以及条形码；在包装袋外围左侧有一小口；在右上角标有 2004 05|28 字样。（详见对比文件附图。）

将本专利与对比文件所示的包装袋进行比较，可以看出二者的形状和图案完全相同，与本专利相同的外观设计在申请日之前已经在国内使用公开，本专利不符合专利法第23条的规定。

鉴于本案已得出本专利不符合专利法第23条规定的结论，故对请求人提交的其他证据及理由不再予以评述。

三、决定

宣告200430063940.2号外观设计专利权无效。

当事人对本决定不服的，可以根据专利法第46条第2款的规定，自收到本决定之日起三个月内向北京市第一中级人民法院起诉。根据该款的规定，一方当事人起诉后，另一方当事人应当作为第三人参加诉讼。

主视图　　　　　　　　　　　　后视图

本专利附图

对比文件图

保温餐具

无效宣告请求审查决定（第 9208 号）

决 定 号	第 9208 号
决 定 日	2006 年 12 月 19 日
发明创造名称	保温餐具
国际分类号	07-01
无效宣告请求人	淄博工陶耐火材料有限公司
专 利 权 人	山东硅苑新材料科技股份有限公司
专 利 号	00311233.0
申 请 日	2000 年 2 月 3 日
授权公告日	2000 年 12 月 13 日
合议组组长	董 琤
主 审 员	叶 娟
参 审 员	何 炜

法 律 依 据 专利法第 23 条

决 定 要 点

请求人对其主张的事实负有举证责任，如果没有举证或者所举证据不足以证明其主张的事实，请求人将承担其不利后果。

一、案由

本无效宣告请求案涉及国家知识产权局于 2000 年 12 月 13 日授权公告的、名称为"保温餐具"的第 00311233.0 号外观设计专利（下称本专利），其申请日为 2000 年 2 月 3 日，专利权人是山东硅苑新材料科技股份有限公司。

针对上述专利权，淄博工陶耐火材料有限公司（下称请求人）于 2005 年 9 月 28 日以本专利不符合专利法第 23 条的规定为由向专利复审委员会提出无效宣告请求，请求专利复审委员会宣告本专利无效。为支持其主张，请求人提交了以下附件作为证据：

附件 1：《山东陶瓷》，第 22 卷第 4 期，1999 年 12 月 15 日发行，目录页和第 12 页，复印件共 2 页；

附件 2：实物照片 6 幅，复印件共 1 页；

附件 3：路连涛于 2005 年 9 月 4 日出具的证言，和"北京市京淄商贸中心"于 2005 年 9 月 7 日出具的证明，复印件共 1 页。

结合上述证据，请求人认为：（1）在附件1的"山东硅院研制成功国宴用瓷"一文中对产品外观设计作了说明；（2）附件2所示为1999年9月20日送往北京钓鱼台国宾馆使用的部分实物照片，该产品底面所印文字"钓鱼台国宾馆建馆四十周年特制　山东硅院　一九九九年九月"与本专利产品底面所印制的文字相对应；（3）附件3是证人证言，对上述事实予以证实。附件1、2、3相互印证，证实本专利所示产品与在本专利申请日之前已经在国内出版物上公开发表过、在国内公开使用过的外观设计相同，故本专利不符合中国专利法第23条的规定。

经形式审查合格后，专利复审委员会受理了该无效宣告请求，并于2005年9月28日向双方当事人发出《无效宣告请求受理通知书》，同时将《专利权无效宣告请求书》及其附件的副本转送给专利权人，要求其在指定期限内答复，同时成立合议组对本无效请求案进行审理。

2005年10月27日，专利权人针对请求人的《专利权无效宣告请求书》及其附件作出答复，认为请求人提交的证据不能证实在本专利申请日之前有与本专利相同的外观设计在国内公开出版过和公开使用过，也即不足以宣告本专利无效，其具体理由如下：

（1）首先，附件1的真实性需与原件对照后才能确认；其次，就其内容而言，仅凭其中的文字并不能说明产品的形状和图案，因而并不能作为在先设计加以引用；

（2）关于附件2，单凭其中的照片并不能确定在本专利申请日之前公开销售行为确实存在，更不能以此确定本专利的设计与在先设计相同或相近似；

（3）附件3为一份证人证言，其受人的主观意志影响较大，证人并非专项研究人员，在事隔数年后仅凭"当时看到过"而作出的对某一产品的回忆，其真实性不应认定。

2006年1月12日，专利复审委员会本案合议组分别向双方当事人发出《无效宣告请求口头审理通知书》，告知双方当事人专利复审委员会拟定于2006年2月22日对本无效宣告请求案进行口头审理。同时，专利复审委员会本案合议组将专利权人于2005年10月27日提交的意见陈述书转送给请求人，要求其在口头审理时对所转送文件予以答复。

2006年2月22日，口头审理如期举行。双方当事人的代理人均参加了口头审理。在口头审理过程中，（1）合议组对无效理由及证据进行调查，双方当事人进行了充分的意见陈述；（2）请求人出示了附件1~3的原件、出示了物证一套温酒盅（包括酒盅和垫酒盅的盘子），根据其陈述，这套温酒盅借自钓鱼台国宾馆采购部的王子金；（3）附件3的出证人之一路连涛出庭作证，双方当事人及合议组均对证人进行了质询，述及以下内容：①附件3中的证言确由路连涛出具；②路连涛曾于1999年在钓鱼台国宾馆的采购部办公室看到过一个结构复杂、绘有龙图案的温酒盅，该温酒盅与请求人当庭出示的实物相同（但不包括温酒盅托盘），但本专利视图中并无与之相同或相似的产品；③上述证言中的专利号是由请求人提供给路连涛的。口头审理过程中认定的事实如下：（1）双方当事人确认收到复审委员会转送的所有文件；（2）专利权人对附件1的真实性、公开性无异议；在核实原件后，专利权人确认附件2、3与原件一致，但对附件2、3的合法性、内容的真实性有异议；（3）请求人明确附件1~3用于证明在本专利申请日前已有与本专利所示产品相同或相近似的产品被公开使用，并请求专利复审委员会对附件1~3所证明的公开事实进行依职权核实。

2006年3月13日，合议组就请求人向合议组提出的要求本案合议组赴钓鱼台国宾馆依职权调查本专利所示产品的销售使用公开之请求，向请求人发出《无效宣告请求审查通知书》，告知请求人：当事人对其主张负有举证责任，需要提供证据的，应当提供能充分支持其主张的证据，如果不能提供充分的证据，应承担其主张不能成立的法律后果；本案中，请求人主张本专利所示产品在申请日前已经被销售使用公开，其应当自行承担对该主张的举证责任；同时请求人也未提交充分的证据来证明其完成该举证责任确有困难；因此，本案合议组对请求人提出的上述申请不予考虑。

2006年4月8日，请求人向专利复审委员会就上述《无效宣告请求审查通知书》提交了意见陈述书，其中主张，1999年10月1日是钓鱼台国宾馆建馆40周年的纪念日，在该纪念日前夕，即1999年9月下旬与本专利外观设计照片中显示的产品中底面（即：仰视图）带有"钓鱼台国宾馆建馆四十周年特制 山东硅院 一九九九年九月"字样的相同产品已经由被请求人送入钓鱼台国宾馆并在该馆开始对外待客使用，且这些产品现仍在该馆养源斋正常使用之中。请求人同时提交了以下新证据（连续编号）：

附件4：请求人于2006年3月27日出具的《介绍信》，复印件1页；

附件5：专利权人诉请求人的起诉状，复印件2页；

附件6：（2006）淄民三初字第6号《淄博市中级人民法院应诉通知书》，2006年3月14日，复印件1页；

附件7：（2006）淄证民字第0263号《公证书》，复印件6页；

附件8：（2006）淄民三初字第1号《受理案件通知书》，复印件1页。

上述证据中，附件4用于证明请求人已经适当履行了举证义务，完成相关书面举证确有困难，附件5~8用于进一步证明本专利产品在钓鱼台国宾馆公开使用的事实。请求人认为，结合上述新证据，其已经适当履行了举证义务，如果结合请求人提交的新证据，合议组认为必须有钓鱼台国宾馆出具书面证据和/或物证才能证明本专利产品已经在先公开使用的事实，则请求人再次申请合议组依职权到钓鱼台国宾馆对请求人主张的事实进行调查。

至此，合议组认为本案的事实清楚，可以作出审查决定。

二、决定的理由

1. 法律依据

专利法第23条规定：授予专利权的外观设计，应当同申请日以前在国内外出版物上公开发表过或者国内公开使用过的外观设计不相同和不相近似，并不得与他人在先取得的合法权利相冲突。

2. 关于使用公开及其相关证据

附件1是一份公开出版物证据，于1999年12月15日发行，早于本专利申请日，其中记载："山东省硅酸盐研究设计院的科技人员……研制成功国宴用瓷，首批产品已于今年9月20日送往北京钓鱼台国宾馆……黄、蓝色相间的主画面是二龙戏珠，底盘装饰纹样采用了草龙，造型端庄典雅，两耳雕塑是两条腾龙，盖顶为一条盘龙，形象生动，气势逼人，象征着中华民族的繁荣与腾飞"。

附件2是一份照片复印件，其中显示了六幅照片，照片所示物品为一套温酒盅，该温酒盅的罐底和盘底都印有"钓鱼台国宾馆建馆四十周年特制 山东硅院 一九九九年九月"字样。

附件3是一份证人证言的复印件，其中同时包括由证人路连涛于2005年9月4日出具的证言（下称证言）和由"北京市京淄商贸中心"于2005年9月7日出具的证言（下称证言二）。证言中记载："兹证明在专利号为00311233.0和02311365.0的外观设计专利照片中显示的产品（形状、图案、色彩）我在北京钓鱼台国宾馆看到过。具体情况：1999年末到钓鱼台国宾馆采购部联系餐具业务时，在屋里的桌上见到过。当时我在北京市京淄商贸中心工作，担任业务代表"，证言的出证人处有按有手印。证言二中记载："路连涛曾于1998年7月至2005年1月在我单位（北京市京淄商贸中心）担任业务经理职务"，该证言上加盖有"北京市京淄商贸中心"印章。

根据附件1~3，请求人主张：附件1表明专利权人于1999年9月20日向北京钓鱼台国宾馆送了一批有龙纹饰的餐具，附件2是1999年9月20日送往北京钓鱼台国宾馆使用的部分实物照片，附件3也可以证明上述事实，因此，本专利的产品已经在本专利申请日之前公开使用。口头审理时，请求人还出示了一套温酒盅，根据其陈述，这套温酒盅借自钓鱼台国宾馆采购部的王子金。

合议组认为：（1）请求人提交了附件1的原件，专利权人对附件1的真实性无异议，因此，合议组对附件1的真实性予以确认，但附件1只能证明专利权人曾经向钓鱼台宾馆送过带龙图案的餐具，由其文字描述无法确认其外观设计，在没有其他佐证的情况下，附件1并不足以证明专利权人在1999年向钓鱼台国宾馆销售了和/或钓鱼台国宾馆在本专利申请日之前使用过附件1所述餐具；（2）请求人提交了附件2的原件，经核对，合议组确认附件2与原件一致，但是，虽然附件2显示的是带有龙图案的餐具，这并不足以说明它就是附件1中所述的产品，仅凭照片所示餐具底部的"钓鱼台国宾馆建馆四十周年特制 一九九九年九月"也不足以证明照片所示产品在1999年已公开销售和使用，请求人也未能提交其他证据来证明附件2所示产品的来源及其真实性；（3）请求人提交了附件3的原件，经核对，合议组确认附件3与原件一致，且由于附件3出证人路连涛出庭接受了质询，合议组对路连涛确实出具过附件3中的证言这一事实予以确认；对于证言的证明作用，合议组认为，虽然路连涛在其证言中陈述他曾经在钓鱼台国宾馆看到过本专利的产品，但根据口头审理时的调查可知，路连涛只是曾经于1999年在钓鱼台国宾馆采购部办公室看到过一个带有龙纹饰的温酒盅，并不足以证明他看到的带龙纹饰的产品已经被公开销售和使用了，且口头审理中路连涛并未认可他所看到的产品与本专利所示产品相同或相似，也不能证明其即为附件1中所称产品，因此附件3及其证人证言不能证明本专利产品在本专利申请日之前已经在钓鱼台国宾馆使用过。

综上所述，附件1、2、3以及请求人出示的温酒盅这些证据单独或者结合都不足以支持请求人所提出的关于本专利所示产品在本专利申请日之前已经公开销售和使用的主张。

关于附件5~8，由于这些证据都是在口头审理后提交的证据，其举证时间已经远远超出了提出无效宣告请求日起一个月内的举证期限，且根据其所欲证明的事实可知，这些证据不属于审查指南第四部分第三章第4.3.1节规定的可以考虑的例外情形，因此，合议组对附件5~8不予接受。

3. 关于依职权调查请求

当事人对自己提出的无效宣告请求所依据的事实或者反驳对方无效宣告请求所依据的事实有责任提供证据加以证明。没有证据或者证据不足以证明当事人的事实主张的，由负有举证责任的当事人承担不利后果。专利复审委员会一般不得主动调查收集案件需要的证据，对当事人及其代理人确因客观原因不能自行收集的证据，应当事人在举证期限内提出的申请，专利复审委员会认为确有必要时，方可调查收集。如果专利复审委员会认为并非确有必要，则没有法定义务进行证据的收集调查。

请求人主张，专利权人曾于1999年9月下旬将与本专利外观设计照片中显示的产品中底面（即仰视图）带有"钓鱼台国宾馆建馆四十周年特制 山东硅院 一九九九年九月"字样的相同产品已经送入钓鱼台国宾馆并在该馆对外待客使用至今。由于其举证确有困难，因此请求合议组赴钓鱼台国宾馆进行依职权调查。

合议组认为：首先，（1）根据附件1可知，山东省硅酸盐研究设计院（以下简称山东硅院）从1984年开始就一直为中南海设计国宴用瓷，并且还将向钓鱼台国宾馆提供58个品种、2万多件国宴用瓷，由此可见，山东硅院向钓鱼台国宾馆提供的国宴用瓷种类繁多、数量巨大，虽然附件1中记载，山东硅院曾于1999年9月20日向钓鱼台国宾馆送了一批带龙图案的国宴用瓷，但是附件1中未曾提示这批产品的种类、数量、用途，附件1也未曾提及过这批产品是为钓鱼台国宾馆建馆四十周年特制的，因此根据附件1并不能必然地认定山东硅院于1999年9月20日送往钓鱼台国宾馆的国宴用瓷中包括为钓鱼台国宾馆建馆四十周年特制的餐具、且具体为哪一套产品，此外，附件1中记载的简单的送货行为也并不必然导致所送产品的公开销售和使用；（2）虽然请求人声称附件2中所示产品即为钓鱼台国宾馆在先使用的与本专利相同的产品，但是在没有其他佐证的情况下，附件2所摄产品来源不明，合议组无法确定其与国宾馆之间确有关系以及所摄物品底部的文字确属真实；（3）附件3

证言并不能证明山东硅院曾向钓鱼台国宾馆送过为钓鱼台国宾馆建馆四十周年特制的餐具；综合上述三点可知，请求人只是提出了钓鱼台国宾馆中有山东硅院为钓鱼台国宾馆建馆四十周年特制的餐具这一主张，但并未给出清晰完整的调查线索，使合议组调查目标不明确，无法确定是否确有请求人所主张的送货行为、该送货行为是否构成所送货物的公开销售和使用、赴钓鱼台国宾馆将具体调查什么产品用于与本专利进行相同相近似性比较。其次，附件 4 是请求人出示的一份介绍信，请求人欲以此来证明其举证却有困难且已经完成了应尽的举证责任，附件 4 的内容为"兹介绍我公司李玉强同志等贰名，前往你处联系就贵单位最早使用山东硅院'保温餐具'出具书面证明事宜请接洽协助是荷"，以及"我处不出据有关书面证明"（其上盖有"钓鱼台经济开发公司"章），合议组认为，从附件 4 的内容并不能看出钓鱼台国宾馆不出具证明的原因，即究竟是限于要求出证的主体资格不符而拒绝出具证明、还是由于不存在这样的事实而"无法"出具证明等，在此情况下，复审委员会前往调查很有可能同样无法对请求人的主张进行确认。综上所述，请求人给出的合议组依职权调查的信息不全、目标不明确、取证条件不明，合议组认为赴钓鱼台国宾馆进行调查并非"确有必要"，因而对请求人的上述请求不予支持。

（四）结论

请求人对其主张的事实负有举证责任提供证据加以证明，如果没有举证或者所举证据不足以证明其主张的事实，请求人将承担其不利后果。由于请求人没有提供足够的证据证明本专利的外观设计在其申请日前已经公开，因此其所提出的本专利不符合专利法第 23 条规定的主张不能成立，合议组对于请求人提出的无效宣告请求不予支持。故作出下述审查决定。

根据上述事实和理由，本案合议组作出如下决定。

三、决定

维持第 00311233.0 号外观设计专利权有效。

当事人对本决定不服的，可以根据专利法第 46 条第 2 款的规定，自收到本决定之日起三个月内向北京市第一中级人民法院起诉。根据该款规定，一方当事人起诉后，另一方当事人应当作为第三人参加诉讼。

北京市第一中级人民法院
行政判决书

（2007）一中行初字第 355 号

原告淄博工陶耐火材料有限公司，住所地山东省淄博市博山区五岭路 60 号

委托代理人巩同海，男，青岛发恩特专利商标代理有限公司专利代理人

委托代理人张荣彦，男，北京信慧永光知识产权代理有限责任公司专利代理人

被告国家知识产权局专利复审委员会，住所地北京市海淀区北四环西路 9 号银谷大厦 10 层至 12 层

法定代表人廖涛，副主任

委托代理人叶娟，女，国家知识产权局专利复审委员会干部

委托代理人程强，男，国家知识产权局专利复审委员会干部

第三人山东硅苑新材料科技股份有限公司，住所地山东省淄博市高新技术产业开发区柳泉路

264 号

法定代表人殷书建，董事长

委托代理人张建成，男，济南舜源专利事务所公司专利代理人

委托代理人孙兆杰，男，山东硅苑新材料科技股份有限公司人力资源部经理

原告淄博工陶耐火材料有限公司不服被告国家知识产权局专利复审委员会 2006 年 12 月 19 日作出的第 9208 号无效宣告请求审查决定，向本院提起诉讼。本院依法组成合议庭受理后。在本院审理过程中，原告以其"拟与第三人进行和解"，"本案没有继续诉讼必要"为由，向本院申请撤回起诉。

经审查，本院认为，原告申请撤诉系其真实意思表示，且不违反法律规定，本院予以准许。依照《中华人民共和国行政诉讼法》第五十一条的规定，裁定如下：

准许淄博工陶耐火材料有限公司撤回起诉。

案件受理费 1000 元，减半收取 500 元，由原告淄博工陶耐火材料有限公司负担（已交纳）。

审　判　长　饶亚东
代理审判员　刘景文
代理审判员　付勇军
二〇〇七年九月七日
书　记　员　盛　阳

餐饮具（中华龙系列）

无效宣告请求审查决定（第 9209 号）

决　定　号	第 9209 号
决　定　日	2006 年 12 月 19 日
发明创造名称	餐饮具（中华龙系列）
国际分类号	07-01
无效宣告请求人	淄博工陶耐火材料有限公司
专　利　权　人	山东硅苑新材料科技股份有限公司
专　利　号	02311365.0
申　请　日	2002 年 5 月 21 日
授权公告日	2003 年 10 月 22 日
合议组组长	董　琤
主　审　员	叶　娟
参　审　员	何　炜
附　　图	5 页

法　律　依　据　专利法第 23 条

决　定　要　点

依据一般消费者的认知能力，根据在先设计图片或者照片已经公开的内容即可推定出产品其他部分或者其他变化状态的外观设计的，则该其他部分或者其他变化状态的外观设计也被视为已经公开。

如果被比设计中对应于在先设计图片或者照片未公开的内容仅仅是该类产品的惯常设计并且不受一般消费者关注，则不影响对二者进行整体观察、综合判断。

一、案由

本无效宣告请求案涉及国家知识产权局于 2003 年 10 月 22 日授权公告的、名称为"餐饮具（中华龙系列）"的第 02311365.0 号外观设计专利（下称本专利），其申请日为 2002 年 5 月 21 日，专利权人是山东硅苑新材料科技股份有限公司。

针对上述专利权，淄博工陶耐火材料有限公司（下称请求人）于 2005 年 9 月 28 日以本专利不符合专利法第 23 条的规定为由向专利复审委员会提出无效宣告请求，请求专利复审委员会宣告本专利无效。为支持其主张，请求人提交了以下附件作为证据：

附件 1：《山东陶瓷》，第 22 卷第 4 期，1999 年 12 月 15 日发行，目录页和第 12 页，复印件共 2 页；

附件2：实物照片6幅，复印件共1页；

附件3：《山东陶瓷》，第24卷第2期，2001年6月15日发行，封面页及广告页，复印件共2页；

附件4：《山东陶瓷》，第25卷第1期，2002年3月15日发行，封面页及广告页，复印件共2页；

附件5：《鲁瓷之光》，鲁淄新出准字（2000）B-046，王尔孝主编，山东电子工业印刷厂，2000年10月印刷，封面页、出版信息页、宣传页第7和10页，复印件共4页；

附件6：《淄博改革发展的"九五"1996-2000》，淄博市人民政府办公厅、淄博市统计局编辑，2001年8月第一次印刷，封面页、出版信息页、B-33页，复印件共3页；

附件7：路连涛于2005年9月4日出具的证言，和"北京市京淄商贸中心"于2005年9月7日出具的证明，复印件共1页。

依据上述附件，请求人认为：（1）附件1、3~6均为在本专利申请日之前公开的出版物，附件2是在国内公开使用过的外观设计，其公开使用的日期在本专利申请日之前，故上述附件1~6均可作为本专利的在先设计；（2）由于上述与本专利相同的外观设计在申请日之前在国内公开使用过，部分产品在国内出版物上公开发表过，本专利不符合专利法第23条的规定。

经形式审查合格后，专利复审委员会受理了该无效宣告请求案，并于2005年9月28日向双方当事人发出《无效宣告请求受理通知书》，同时将《专利权无效宣告请求书》及其附件的副本转送给专利权人（下称专利权人），要求其在指定期限内答复，同时成立合议组对本无效请求案进行审理。

2005年10月27日，专利权人针对请求人的《专利权无效宣告请求书》及其附件作出答复，认为请求人提交的证据不足以证明在本专利申请日之前有与本专利相同的外观设计在国内出版物上公开发表过、在国内公开使用过，上述证据不足以宣告本专利无效，其具体理由如下：

（1）关于附件1、3~6，首先，其真实性均需与原件对照后才能确认，其次，就其内容而言，仅凭其中的文字或图片不能确定相关产品的形状和图案；

（2）关于附件2，单凭其中的照片并不能确定在本专利申请日之前公开销售行为确实存在，更不能以此确定本专利的设计与在先设计相同或相近似；

（3）附件7为一份证人证言，其受人的主观意志影响较大，证人并非专项研究人员，在事隔数年后仅凭"当时看到过"而作出的对某一产品的回忆，其真实性不应认定。

2006年1月12日，专利复审委员会本案合议组分别向双方当事人发出《无效宣告请求口头审理通知书》，告知双方当事人专利复审委员会拟定于2006年2月22日对本无效宣告请求案进行口头审理。同时，专利复审委员会本案合议组将专利权人于2005年10月27日提交的意见陈述书转送给请求人，要求其在口头审理时对所转送文件予以答复。

2006年2月22日，口头审理如期举行。双方当事人的代理人均参加了口头审理。在口头审理过程中，（1）合议组对无效理由及证据进行调查，双方当事人进行了充分的意见陈述；（2）请求人出示了附件1~7的原件、出示了物证一套温酒盅（包括酒盅和垫酒盅的盘子），根据其陈述，这套温酒盅借自钓鱼台国宾馆采购部的王子金；（3）附件7的出证人之一路连涛出庭作证，双方当事人及合议组均对证人进行了质询，述及以下内容：① 附件7中的证言确由路连涛出具；② 路连涛曾于1999年在钓鱼台国宾馆的采购部办公室看到过一个结构复杂、绘有龙图案的温酒盅，该温酒盅与请求人当庭出示的实物相同（但不包括温酒盅托盘），但本专利视图中并无与之相同或相似的产品；③ 证言中的专利号是由请求人提供给路连涛的。口头审理过程中认定的事实如下：（1）双方当事人确认收到复审委员会转送的所有文件；（2）专利权人对附件1、3~6的真实性、合法性、公开性均无异议；在核实原件后，专利权人确认附件2、7与原件一致，但对附件2、7的合法性、内容的真实性有异议；（3）请求人明确附件1、2、7用于证明在本专利申请日前已有与本专利所示产品相同或相近似的产品被公开使用，并请求专利复审委员会对附件2、7所证明的公开事实进行依职权核实；附件1、3~6用于证明在本专利申请日前已有与本专利所示产品相同或相近似的产品被出版物公开，其中附件3公开了茶壶、茶碗、茶碟，附件4公开了毛巾盘、醋碟、盖碗、盖杯、鱼盘，附件5第7和10页公开了茶壶、茶碗、盖碗、小碗、醋碟、中盘，附件6公开了鱼盘、中盘、蛋盅、奶缸、盖杯、调料碗、茶壶、茶碗。

2006年3月13日，合议组就请求人向合议组提出的要求本案合议组赴钓鱼台国宾馆依职权调查本专利所示产品的销售使用公开之请求，向请求人发出《无效宣告请求审查通知书》，告知请求人：当事人对其主张负有举证责任，需要提供证据的，应当提供能充分支持其主张的证据，如果不能提供充分的证据，应承担其主张不能成立的法律后果；本案中，请求人主张本专利所示产品在申请日前已经被销售使用公开，其应当自行承担对该主张的举证责任；同时请求人也未提交充分的证据来证明其完成该举证责任确有困难；因此，本案合议组对请求人提出的上述申请不予考虑。

2006年4月8日，请求人就上述《无效宣告请求审查通知书》向专利复审委员会提交了意见陈述书，其中主张，1999年10月1日是钓鱼台国宾馆建馆40周年的纪念日，在该纪念日前夕，即1999年9月下旬，与本专利外观设计照片中显示的产品中底面（即：仰视图）同样带有"钓鱼台国宾馆建馆四十周年特制 山东硅院 一九九九年九月"字样的相同产品已经由被请求人送入钓鱼台国宾馆并在该馆开始对外待客使用，且这些产品现仍在该馆养源斋正常使用之中。请求人同时提交了以下新证据（连续编号）：

附件8：请求人于2006年3月27日出具的《介绍信》，复印件1页；

附件9：专利权人诉请求人的起诉状，复印件2页；

附件10：（2006）淄民三初字第6号《淄博市中级人民法院应诉通知书》，2006年3月14日，复印件1页；

附件11：（2006）淄证民字第0263号《公证书》，复印件6页；

附件12：（2006）淄民三初字第1号《受理案件通知书》，复印件1页。

上述证据中，附件8用于证明请求人已经适当履行了举证义务，完成相关书面举证确有困难，附件9~12用于进一步证明本专利产品在钓鱼台国宾馆公开使用的事实。请求人认为，结合上述新证据，其已经适当履行了举证义务，如果结合请求人提交的新证据，合议组认为必须有钓鱼台国宾馆出具书面证据和/或物证才能证明本专利产品已经在先公开使用的事实，则请求人再次申请合议组依职权到钓鱼台国宾馆对请求人主张的事实进行调查。

至此，合议组认为本案的事实清楚，可以作出审查决定。

二、决定的理由

1. 法律依据

专利法第23条规定：授予专利权的外观设计，应当同申请日以前在国内外出版物上公开发表过或者国内公开使用过的外观设计不相同和不相近似，并不得与他人在先取得的合法权利相冲突。

2. 关于使用公开及其相关证据

附件1是一份公开出版物证据，于1999年12月15日发行，早于本专利申请日，其中记载："山东省硅酸盐研究设计院的科技人员……研制成功国宴用瓷，首批产品已于今年9月20日送往北京钓鱼台国宾馆……黄、蓝色相间的主画面是二龙戏珠，底盘装饰纹样采用了草龙，造型端庄典雅，两耳雕塑是两条腾龙，盖顶为一条盘龙，形象生动，气势逼人，象征着中华民族的繁荣与腾飞"。

附件2是一份照片复印件，其中显示了六幅照片，照片所示物品为一套温酒盅，该温酒盅的罐底和盘底都印有"钓鱼台国宾馆建馆四十周年特制 山东硅院 一九九九年九月"字样。

附件7是一份证人证言的复印件，其中同时包括由证人路连涛于2005年9月4日出具的证言（下称证言）和由"北京市京淄商贸中心"于2005年9月7日出具的证言（下称证言二）。证言中记载："兹证明在专利号为00311233.0和02311365.0的外观设计专利照片中显示的产品（形状、图案、色彩）我在北京钓鱼台国宾馆看到过。具体情况：1999年末到钓鱼台国宾馆采购部联系餐具业务时，在屋里的桌上见到过。当时我在北京市京淄商贸中心工作，担任业务代表"，证言的出证人处有按有手印。证言二中记载："路连涛曾于1998年7月至2005年1月在我单位（北京市京淄商贸中心）担任业务经理职务"，该证言上加盖有"北京市京淄商贸中心"印章。

根据附件1、2、7，请求人主张：附件1表明专利权人于1999年9月20日向北京钓鱼台国宾馆送了一批有龙纹饰的餐具，附件2是1999年9月20日送往北京钓鱼台国宾馆使用的部分实物照片，附件7也可以证明上述事实，因此，本专利的产品已经在本专利申请日之前公开使用。口头审理时，请求人还出示了一套温酒盅，根据其陈述，这套温酒盅借自钓鱼台国宾馆采购部的王子金。

合议组认为：（1）请求人提交了附件1的原件，专利权人对附件1的真实性无异议，因此，合议组对附件1的真实性予以确认，但附件1只能证明专利权人曾经向钓鱼台宾馆送过带龙图案的餐具，由其文字描述无法确认其外观设计，在没有其他佐证的情况下，附件1并不足以证明专利权人在1999年向钓鱼台国宾馆销售了和/或钓鱼台国宾馆在本专利申请日之前使用过附件1所述餐具；（2）请求人提交了附件2的原件，经核对，合议组确认附件2与原件一致，但是，虽然附件2显示的是带有龙图案的餐具，这并不足以说明它就是附件1中所述的产品；并且，仅凭照片所示餐具底部的"钓鱼台国宾馆建馆四十周年特制 一九九九年九月"也不足以证明照片所示产品在1999年已公开销售和使用，请求人也未能提交其他证据来证明所示产品的来源及其真实性；（3）请求人提交了附件7的原件，经核对，合议组确认附件7与原件一致，且由于附件7出证人路连涛出庭接受了质询，合议组对路连涛确实出具过附件7中的证言这一事实予以确认；对于证言的证明作用，合议组认为，虽然路连涛在其证言中陈述他曾经在钓鱼台国宾馆看到过本专利的产品，但根据口头审理时的调查可知，路连涛只是曾经于1999年在钓鱼台国宾馆采购部办公室看到过一个带有龙纹饰的温酒盅，并不足以证明他看到的带龙纹饰的产品已经被公开销售和使用了，且口头审理中路连涛并未认可他所看到的产品与本专利所示产品相同或相似，也不能证明其即为附件1中所称的产品，因此附件7及其证人证言不能证明本专利产品在本专利申请日之前已经在钓鱼台国宾馆使用过。

综上所述，附件1、2、7以及请求人出示的温酒盅这些证据单独或者结合都不足以支持请求人所提出的关于本专利所示产品在本专利申请日之前已经公开销售和使用的主张。

关于附件9~12，由于这些证据都是在口头审理后提交的证据，其举证时间已经远远超出了提出无效宣告请求日起一个月内的举证期限，且根据其所欲证明的事实可知，这些证据不属于审查指南第四部分第三章第4.3.1节规定的可以考虑的例外情形，因此，合议组对附件9~12不予接受。

3. 关于依职权调查请求

当事人对自己提出的无效宣告请求所依据的事实或者反驳对方无效宣告请求所依据的事实有责任提供证据加以证明。没有证据或者证据不足以证明当事人的事实主张的，由负有举证责任的当事人承担不利后果。专利复审委员会一般不得主动调查收集案件需要的证据，对当事人及其代理人确因客观原因不能自行收集的证据，应当事人在举证期限内提出的申请，专利复审委员会认为确有必要时，方可调查收集。如果专利复审委员会认为并非确有必要，则没有法定义务进行证据的收集调查。

请求人主张，专利权人曾于1999年9月下旬将与本专利外观设计照片中显示的产品中底面（即：

仰视图）带有"钓鱼台国宾馆建馆四十周年特制 山东硅院 一九九九年九月"字样的相同产品已经送入钓鱼台国宾馆并在该馆对外待客使用至今。由于其举证确有困难，因此请求合议组赴钓鱼台国宾馆进行依职权调查。

合议组认为：首先，（1）根据附件1可知，山东省硅酸盐研究设计院（以下简称山东硅院）从1984年开始就一直为中南海设计国宴用瓷，并且还将向钓鱼台国宾馆提供58个品种、2万多件国宴用瓷，由此可见，山东硅院向钓鱼台国宾馆提供的国宴用瓷种类繁多、数量巨大，虽然附件1中记载，山东硅院曾于1999年9月20日向钓鱼台国宾馆送了一批带龙图案的国宴用瓷，但是附件1中未曾提示这批产品的种类、数量、用途，附件1也未曾提及过这批产品是为钓鱼台国宾馆建馆四十周年特制的，因此根据附件1并不能必然地认定山东硅院于1999年9月20日送往钓鱼台国宾馆的国宴用瓷中包括为钓鱼台国宾馆建馆四十周年特制的餐具、且具体为哪一套产品，此外，附件1中记载的简单的送货行为也并不必然导致所送产品的公开销售和使用；（2）虽然请求人声称附件2中所示产品即为钓鱼台国宾馆在先使用的与本专利相同的产品，但是在没有其他佐证的情况下，附件2所摄产品来源不明，合议组无法确定其与国宾馆之间确有关系以及所摄物品底部的文字确属真实；（3）附件7证言并不能证明山东硅院曾向钓鱼台国宾馆送过为钓鱼台国宾馆建馆四十周年特制的餐具；综合上述三点可知，请求人只是提出了钓鱼台国宾馆中有山东硅院为钓鱼台国宾馆建馆四十周年特制的餐具这一主张，但并未给出清晰完整的调查线索，使合议组调查目标不明确，无法确定是否确有请求人所主张的送货行为、该送货行为是否构成所送货物的公开销售和使用、赴钓鱼台国宾馆将具体调查什么产品用于与本专利进行相同相近似性比较。其次，附件8是请求人出示的一份介绍信，请求人欲以此来证明其举证确有困难且已经完成了应尽的举证责任，附件8的内容为"兹介绍我公司李玉强同志等贰名，前往你处联系就贵单位最早使用山东硅院'保温餐具'出具书面证明事宜请接洽协助是荷"，以及"我处不出据有关书面证明"（其上盖有"钓鱼台经济开发公司"章），合议组认为，从附件8的内容并不能看出钓鱼台国宾馆不出具证明的原因，即究竟是限于要求出证的主体资格不符而拒绝出具证明、还是由于不存在这样的事实而"无法"出具证明等，在此情况下，复审委员会前往调查很有可能同样无法对请求人的主张进行确认。综上所述，请求人给出的合议组依职权调查的信息不全、目标不明确、取证条件不明，合议组认为赴钓鱼台国宾馆进行调查并非"确有必要"，因而对请求人的上述请求不予支持。

4. 关于出版物公开及其证据

（1）关于证据。

附件1、3~6均为国内公开出版物证据，专利权人对其真实性、合法性、公开性予以认可，因此合议组对其予以采信。

附件1是一份标题为"山东硅院研制成功国宴用瓷"的简讯，但其中并未刊载任何有关餐具的图片，而是通过文字描述的方式记载了所述餐具的主要外观特点（参见上文），由于这些文字描述非常简单和粗略，从中并不足以得出所述餐具的具体形状和图案，因此虽然附件1的出版时间为1999年12月15日，早于本专利申请日，它不能证明本专利不符合专利法第23条的规定。

附件3~6的出版时间分别为2001年6月15日、2002年3月15日、2000年10月、2001年8月，均早于本专利的申请日，且附件3~6中均载有与本外观设计专利所示产品属于相同类别的餐具图片，因此，它们均可作为评述本专利是否符合专利法第23条之规定的在先设计。

（2）相同和相近似性比较。

本专利视图为一套餐具的外观设计，其中共包括21件产品，请求人主张，附件3~6公开了与本专利所示产品相同或相似的13件产品，以下根据不同附件分别进行比较。

①本专利与附件 3 的比较。

请求人主张附件 3 公开了本专利的茶壶、茶碗、茶碟的外观设计。

本专利所示茶壶其壶体呈扁圆柱形，壶底和壶顶稍稍内收，壶嘴短而弯曲，壶柄为"C"型，柄上有小凸起，壶盖蒂为小盘龙形状，壶盖和壶身上部有祥云单元纹饰，壶身上有祥龙、祥云和圆日图案；所示茶碗呈扁圆柱形，碗底稍内收，碗口稍外翻，碗柄为"C"型，柄上有小凸起，碗身上有祥龙、祥云和圆日图案；所示茶碟为扁圆形，盘内渐内收凹进，浅底，底部扁平，盘周边绘有规则排列的祥云单元纹饰。

附件 3 图片中显示了一套茶碗、茶壶、茶碟，虽然它们都只有一个视图，但是根据一般消费者的认知能力和常识可知，其中所示的茶壶壶体、茶碗和茶碟形状应为中心对称的，因此，根据附件 3 图片可知，所示茶壶体呈扁圆柱形，壶底和壶顶稍稍内收，壶嘴短而弯曲，壶柄为"C"型，柄上有小凸起，壶盖蒂为小盘龙形状，壶盖和壶身上部有祥云单元纹饰，壶身上模糊可见祥龙、祥云和圆日图案；所示茶碗呈扁圆柱形，碗底稍内收，碗口稍外翻，碗柄为"C"型，柄上有小凸起，碗身上有模糊的祥龙、祥云和圆日图案；所示茶碟为扁圆形，盘内渐内收凹进，浅底，盘周边绘有规则排列的模糊的祥云单元纹饰。

经单独对比可知，附件 3 所公开的茶碗、茶壶、茶碟与本专利中所示茶壶、茶碗、茶碟的主要区别在于本专利产品上的图案更为清晰，而附件 3 所示产品上的图案稍为模糊，合议组认为，虽然附件 3 中所显示的产品上的图案稍微有些模糊，但是一般消费者仍然能够判断它们的题材和主要线条，图案细微之处的模糊对其整体的外观设计的辨认及与本专利的比较不会带来影响，根据整体观察、综合判断的原则，可以认定附件 3 所公开的茶壶、茶碗和茶碟的外观设计与本专利中的茶壶、茶碗、茶碟的外观设计相近似。

②本专利与附件 4 的比较。

附件 4 图片中显示的是一套餐具。请求人主张附件 4 公开了本专利的毛巾盘、醋碟、盖碗、盖杯、鱼盘的外观设计。合议组认为，本专利所保护的设计包含的要素是形状和图案的结合，虽然从附件 4 中可以大致判断其所示各餐具的形状，区分其用途名称，但是由于附件 4 中所示餐具在照片中比例较小，各餐具上的图案非常模糊、难以分辨，使其无法与本专利视图进行相同和相近性比较，因此，根据附件 4 并不能认定与本专利所示毛巾盘、醋碟、盖碗、盖杯、鱼盘相同或者相似的外观设计在本专利申请日之前已经公开发表。

③本专利与附件 5 的比较。

附件 5 包括两幅视图，图片 5-1（附件 5 第 7 页）和图片 5-2（附件 5 第 10 页）。请求人主张附件 5 公开了本专利的茶壶、茶碗、盖碗、小碗、醋碟、中盘的外观设计。

（i）中盘的比较。

本专利中盘为扁圆形，盘内渐内收凹进，浅底，底部扁平，盘中央有两条首尾相接于祥云间的祥龙，盘底正中央为圆日图案，盘周边绘有规则排列的祥云单元纹饰。图片 5-2 中显示一个中盘，该中盘的视图与本专利中盘主视图相比，除盘周边的祥云单元个数有所不同外，其余设计完全相同，且二者均为圆形。合议组认为，虽然图片 5-2 中只有一面视图，使得无法确切得知其确切立体形状，但是由于本专利所示中盘其形状为惯常的扁圆形、渐进内收凹入设计，因此，图片 5-2 中盘的视图单一并不影响其与本专利所示中盘的比较。由于本专利所示中盘与图片 5-2 所示中盘均为圆形，且图案盘中央图案设计相同，盘周边图案设计相近似，因此，根据整体观察、综合判断的原则，本专利所示中盘与图片 5-2 所示中盘相近似。

（ii）盖碗、小碗、醋碟的比较。

本专利所示盖碗其碗体呈扁圆柱体，碗底内收，碗口外翻变大，碗盖蒂为小盘龙形状，碗身上均有祥龙、祥云和圆日图案；所示小碗呈扁圆柱形，碗口直径约为碗高的两倍，碗底内收，碗底直径约为碗口直径二分之一，碗身上有祥龙、祥云和圆日图案；所示醋碟为扁圆形，盘内渐内收凹进，碟高约为碟口直径的三分之一，底部扁平，碟口周边绘有规则排列的祥云单元纹饰。

图片 5-2 图片中显示了盖碗、小碗、醋碟，虽然它们都只有一个视图，但是根据一般消费者的认知能力和常识可知，其中所示的盖碗、小碗和醋碟形状应为中心对称的，因此，根据图片 5-2 附图可知，所示盖碗其碗体呈扁圆柱体，碗底内收，碗口外翻变大，碗盖蒂为小盘龙形状，碗身上有模糊的祥龙、祥云和圆日图案；所示小碗呈扁圆柱形，碗口直径约为碗高的两倍，碗底内收，碗底直径约为碗口直径二分之一，碗身上有模糊的祥龙、祥云和圆日图案；所示醋碟为扁圆形，盘内渐内收凹进，碟高约为碟口直径的三分之一，底部扁平，碟口周边绘有规则排列的祥云单元纹饰。

经单独对比可知，图片 5-2 所公开的盖碗、小碗和醋碟与本专利中所示盖碗、小碗和醋碟的主要区别在于本专利产品上的图案更为清晰，而图片 5-2 所示产品上的图案稍为模糊，合议组认为，虽然图片 5-2 中所显示的产品上的图案稍微有些模糊，但是一般消费者仍然能够判断它们的题材和主要线条，图案细微之处的模糊对其整体的外观设计的辨认及与本专利的比较不会带来影响，因此可以认定图片 5-2 所公开的盖碗、小碗和醋碟的外观设计与本专利中的盖碗、小碗和醋碟的外观设计相近性。

（iii）茶壶、茶碗的比较。

鉴于上述依据附件 3 已经得出本专利中茶壶、茶碗的外观设计与已有的设计相近似的结论，在此对茶壶和茶碗不再进行评述。

④本专利与附件 6 的比较。

附件 6 图片为一套餐具的部分俯视图照片。请求人主张附件 6 公开了本专利的鱼盘、中盘、蛋盅、奶缸、盖杯、调料碗、茶壶、茶碗的外观设计。

（i）鱼盘的比较。

本专利视图所示鱼盘为扁平长椭圆形，盘周边绘有规则排列的祥云单元纹饰（参见本专利视图），盘底空白。

附件 6 图片中显示了多个形状相同、大小不同的长椭圆形鱼盘的俯视图，盘周边绘有规则排列的祥云单元纹饰。

虽然附件 6 中各鱼盘从上至下按由小至大的顺序层叠放置，且顶层盘面上放置了其他餐具，导致无法得知盘中央的设计，且其视图为俯视图，也无法得知其确切的立体形状，但是由于本专利所示鱼盘其盘中央为惯常的空白设计，且盘体为惯常的渐进内收凹入设计，因此，附件 6 鱼盘的视图单一并不影响其与本专利所示鱼盘的比较。由于本专利所示鱼盘与附图 6 所示鱼盘均为长椭圆形，盘周边会有规则排列的祥云单元纹饰，本专利盘体形状与盘中央均为惯常设计，因此，本专利所示鱼盘与附件 6 所示鱼盘相近似。

（ii）蛋盅、奶缸、调料碗、茶壶、茶碗、盖杯的比较。

就蛋盅、奶缸、调料碗、茶壶、茶碗、盖杯而言，这些产品均为立体产品，且本专利中各产品的各侧面均有显著的图案设计，而附件 6 中所示的这些产品均只有俯视图（对于扣放的产品来说只有仰视图），不能显示侧面外观，它们的外观设计整体形状和图案都没有得以完整表达，足以影响对将它们与本专利中的相应产品进行整体观察和综合判断，因而无法认定附件 6 公开了与本专利所示中盘、蛋盅、奶缸、调料碗、茶壶、茶碗、盖杯相同或者相似的外观设计。

(iii) 中盘的比较。

鉴于上述与附件5的比较已经得出本专利中盘的外观设计与已有设计相近似的结论，在此对中盘不再进行评述。

⑤结论。

综上所述，在本专利申请日之前已有与本专利视图中所示的茶壶、茶碗、茶碟、中盘、盖碗、小碗、醋碟、鱼盘相同的外观设计在出版物公开发表过，这些产品的外观设计不符合专利法第23的规定；对于本专利视图中所示的其他产品，请求人提交的证据不足以证明在本专利申请日之前已有与它们的外观设计相同或相近似的外观设计在出版物上公开发表过或者在国内公开使用过，这些产品的外观设计符合专利法第23条的规定。

根据上述事实和理由，本案合议组作出如下决定。

三、决定

宣告02311365.0号外观设计专利茶壶、茶碗、茶碟、中盘、盖碗、小碗、醋碟、鱼盘的各视图所示外观设计专利权无效，维持该专利其他视图所示外观设计专利权有效。

当事人对本决定不服的，可以根据专利法第46条第2款的规定，自收到本决定之日起三个月内向北京市第一中级人民法院起诉。根据该款规定，一方当事人起诉后，另一方当事人应当作为第三人参加诉讼。

附件3

附件4

附件5 图1

国用专用瓷

附件 5 图 2

附件 6

茶碟后视图　　茶碟主视图　　茶碟左视图

茶壶俯视图　　茶壶仰视图　　茶壶右视图

  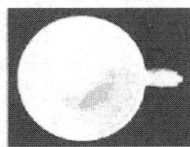

茶壶主视图　　茶壶左视图　　茶碗俯视图

茶碗仰视图　　茶碗右视图　　茶碗主视图

  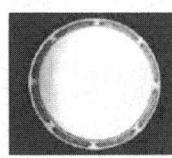

茶碗左视图　　醋碟后视图　　醋碟主视图

 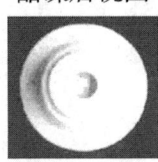 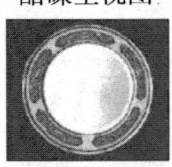

醋碟左视图　　蛋盅后视图　　蛋盅主视图

蛋盅左视图　　调料碟后视图　　调料碟主视图

调料碟左视图　　调料碗俯视图　　调料碗后视图

调料碗仰视图　　调料碗右视图　　调料碗主视图

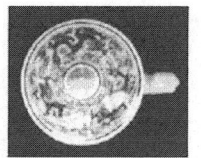  

盖杯俯视图　　盖杯仰视图　　盖杯右视图

  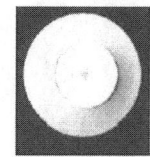

盖杯主视图　　盖杯左视图　　盖杯后视图

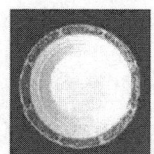  

盖盘主视图　　盖盘左视图　　盖碗碟后视图

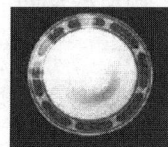  

盖碗碟主视图　　盖碗碟左视图　　盖碗俯视图

 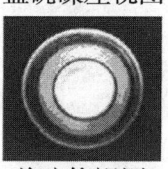 

盖碗后视图　　盖碗仰视图　　盖碗右视图

  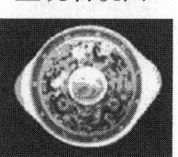

盖碗主视图　　盖碗左视图　　火锅煲俯视图

火锅煲仰视图　　火锅堡右视图　　火锅煲主视图

 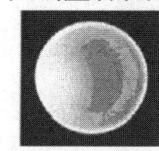 

火锅煲左视图　　酒杯俯视图　　酒杯后视图

酒杯仰视图　　酒杯右视图　　酒杯主视图

  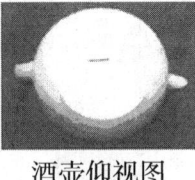

酒杯左视图　　酒壶俯视图　　酒壶仰视图

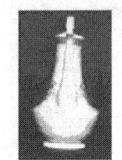  

酒壶右视图　　酒壶主视图　　酒壶左视图

酒盅俯视图　　酒盅后视图　　酒盅仰视图

 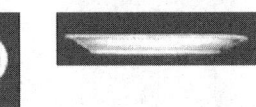 

酒盅右视图　　酒盅主视图　　酒盅左视图

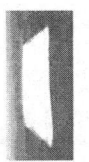 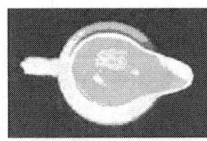 

毛巾盘后视图　　毛巾盘仰视图　　毛巾盘主视图

毛巾盘左视图　　奶缸俯视图　　奶缸仰视图

奶缸右视图　　奶缸主视图　　奶缸左视图

糖缸俯视图　　糖缸仰视图　　糖缸右视图

糖缸主视图　　糖缸左视图　　小碗俯视图

小碗后视图

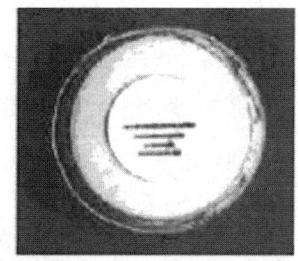
小碗仰视图

小碗主视图

小碗左视图

鱼盘后视图

鱼盘仰视图

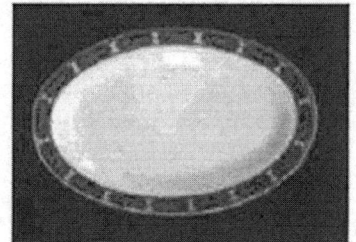
鱼盘主视图

鱼盘左视图

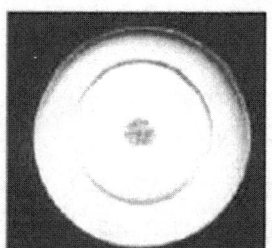
中盘后视图

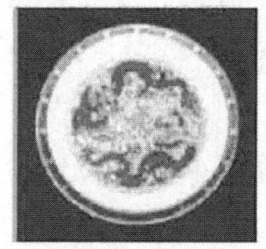
中盘主视图

中盘左视图

组合状态参考图1

组合状态参考图2

北京市第一中级人民法院
行政判决书

(2007) 一中行初字第 356 号

原告淄博工陶耐火材料有限公司，住所地山东省淄博市博山区五岭路 60 号

委托代理人巩同海，男，青岛发思特专利商标代理有限公司专利代理人

委托代理人张荣彦，男，北京信慧永光知识产权代理有限按责任公司专利代理人

被告国家知识产权局专利复审委员会，住所地北京市海淀区北四环西路 9 号银谷大厦 10 层至 12 层

法定代表人廖涛，副主任

委托代理人叶娟，女，国家知识产权局专利复审委员会干部

委托代理人程强，男，国家知识产权局专利复审委员会干部

第三人山东硅苑新材料科技股份有限公司，住所地山东省淄博市高新技术产业开发区柳泉路 264 号

法定代表人殷书建，董事长

委托代理人张建成，男，济南舜源专利事务所公司专利代理人

委托代理人孙兆杰，男，山东硅苑新材料科技股份有限公司人力资源部经理

原告淄博工陶耐火材料有限公司不服被告国家知识产权局专利复审委员会 2006 年 12 月 19 日作出的第 9209 号无效宣告请求审查决定，向本院提起诉讼。本院依法组成合议庭受理后。在本院审理过程中，原告以其"拟与第三人进行和解"、"本案没有继续诉讼必要"为由，向本院申请撤回起诉。

经审查，本院认为，原告申请撤诉系其真实意思表示，且不违反法律规定，本院予以准许。依照《中华人民共和国行政诉讼法》第五十一条的规定，裁定如下：

准许淄博工陶耐火材料有限公司撤回起诉。

案件受理费 1000 元，减半收取 500 元，由原告淄博工陶耐火材料有限公司负担（已交纳）。

审　判　长　饶亚东
代理审判员　刘景文
代理审判员　付勇军
二〇〇七年九月七日
书　记　员　盛　阳

瓶贴（统一鲜橙多）

无效宣告请求审查决定（第9220号）

决 定 号	第9220号
决 定 日	2006年12月25日
发明创造名称	瓶贴（统一鲜橙多）
国际分类号	19-08
无效宣告请求人	统一企业股份有限公司
专利权人	张　强
专 利 号	200430006554.X
申 请 日	2004年5月18日
授权公告日	2004年11月10日
合议组组长	吴亚琼
主 审 员	魏　屹
参 审 员	冯　涛
附 图	1页
法律依据	专利法第23条

决定要点

本专利为形状和图案结合的外观设计，因此判断其与在先设计是否构成相近似时，应将其形状和图案与在先设计的相应要素进行比较。两者相比，整体构图基本相同，仅存在着细微的差异，但这细微的差异对于一般消费者整体视觉效果没有产生显著的影响。因此，合议组通过整体观察、综合判断，认定两者相近似，本外观设计专利不符合专利法第23条的规定。

一、案由

本无效宣告请求涉及的是专利号为200430006554.X、名称为"瓶贴（统一鲜橙多）"的外观设计专利，该专利的申请日为2004年5月18日，授权公告日为2004年11月10日，专利权人为张强。

针对上述外观设计专利权（下称本专利），统一企业股份有限公司（下称请求人）于2004年11月24日向国家知识产权局专利复审委员会提出了无效宣告请求，请求专利复审委员会宣告本专利全部无效。请求宣告无效的理由是：本专利不符合专利法第23条的规定，同时提交了以下证据：

证据1：授权公告号为CN3220959D的中国外观设计专利公告的复印件，其授权公告日为2002年1月30日。

请求人认为：本专利与证据1所反映的在先设计相近似，因此本专利不符合专利法第23条的规定。

经形式审查合格后,专利复审委员会受理了上述无效宣告请求,于 2005 年 4 月 14 日向请求人和专利权人发出了无效宣告请求受理通知书,并将上述专利权无效宣告请求书及其附件清单中所列附件副本转送给专利权人,要求专利权人在指定期限内进行意见陈述,并成立合议组对本案进行审理。

专利权人未在指定期限内进行意见陈述。

专利复审委员会本案合议组于 2006 年 11 月 10 日向双方当事人发出合议组成员告知通知书,告知双方当事人本案合议组成员为:合议组组长:吴亚琼;主审员:魏屹;参审员:冯涛。

对此,双方当事人均未在指定期限内对上述合议组成员提出回避请求。

在上述程序的基础上,合议组认为本案事实已经清楚,可以依法作出如下审查决定。

二、决定理由

1. 证据的认定

证据 1 为中国外观设计专利公告,经核实,合议组对其真实性予以确认。证据 1 的授权公告日在本专利的申请日之前,可以作为评价本专利的相同或者相近似性的在先设计(下称在先设计)。

2. 关于专利法第 23 条

专利法第 23 款规定:"授予专利权的外观设计,应当同申请日以前在国内外出版物上公开发表过或者国内外公开使用过的外观设计不相同和不相近似,并不得与他人在先取得的合法权利相冲突。"

本专利和在先设计的反映的产品都是标贴,二者是相同类别的产品,因此可以将这两个设计的相应要素进行对比以判断两者是否构成相近似。

本专利为具有一幅主视图和使用状态图,主视图包括四个部分,下面按照从左到右的顺序对这四个部分的内容进行描述,第一部分是以浅色做底色,其上有一个深色的长方形色块,长方形色块上有"鲜橙多"三个大字,字体为黑体;深色长方形色块和"鲜橙多"几个字在该设计中非常抢眼,在"多"字下面,有一个橙子图形;橙子图形的左侧有"Orangeat"字样,在长方形色块上方,有"中国统一集团"字样(已划掉)。第二部分为产品说明(已划掉)。第三部分与第一部分内容相同。第四部分是条形码。

在先设计只有一幅主视图,包括四个部分,下面也按照从左到右的顺序对这四个部分的内容进行描述,第一部分是标贴的主要部分,它以浅色做底色,其中有一个深色的长方形色块,长方形色块上有"鲜橙多"三个大字,字体为黑体,在"鲜"字上方具有"统一"两个小字,深色长方形色块和"鲜橙多"几个字在该设计中非常抢眼,在"多"字下面,有一个橙子图形;橙子图形的左侧有"Orangeat"字样,在长方形色块上方,具有一个小的图标。第二部分为条形码。第三部分与第一部分内容相同。第四部分的上方是黑体字"鲜橙多"字样,下面是产品说明。

本专利为形状和图案结合的外观设计,因此判断其与在先设计是否构成相近似时,应将其形状和图案与在先设计的相应要素进行比较。本专利与在先设计相比,在平面状态下,除第二部分和第四部分的顺序颠倒以外但在使用状态下,将瓶贴首尾相连后,就不存在上述区别,因此整体构图基本相同,其他区别在于,在本专利的第一部分的长方形色块上方为文字,而在先设计的第一部分的长方形色块上方为图案。但这细微的差异对于一般消费者整体视觉效果没有产生显著的影响。因此,合议组通过对在先设计和本专利进行整体观察、综合判断,认定本专利和在先设计相近似,本外观设计专利不符合专利法第 23 条的规定。

三、决定

宣告 200430006554.X 号外观设计专利权无效。

当事人对本决定不服的,可以根据专利法第 46 条第 2 款的规定,自收到本决定之日起叁个月内向北京市第一中级人民法院起诉。根据该款的规定,一方当事人起诉后,另一方当事人应当作为第三人参加诉讼。

主视图

使用状态参考图

本专利

主视图

在先设计

喷头（2003-1）

无效宣告请求审查决定（第 9226 号）

决 定 号	第 9226 号
决 定 日	2006 年 12 月 21 日
发明创造名称	喷头（2003-1）
国 际 分 类 号	23-01
无效宣告请求人	宁波思迈尔机电有限公司
专 利 权 人	张阿华
申 请 号	03329329.5
申 请 日	2003 年 4 月 3 日
授 权 公 告 日	2003 年 10 月 1 日
合 议 组 组 长	崔国振
主 审 员	吴红权
参 审 员	刘 亚
法 律 依 据	专利法第 9 条
决 定 要 点	

在判断是否构成专利法第 9 条所述的"同样的发明创造"时，对于外观设计专利而言，应当以表示在两件外观设计专利申请或专利的图片或者照片中的外观设计产品为准。同样的外观设计是指两项外观设计相同或者相近似。

一、案由

本无效宣告请求案涉及国家知识产权局于 2003 年 10 月 1 日授权公告、申请日为 2003 年 4 月 3 日、名称为"喷头（2003-1）"的第 03329329.5 号外观设计专利（下称本专利），专利权人为张阿华。

针对上述专利权，宁波思迈尔机电有限公司（下称请求人）于 2006 年 5 月 25 日向专利复审委员会提出无效宣告请求，其理由是本专利不符合专利法第 23 条的规定，并提交了如下附件作为证据：

附件 1：专利号为 CN03301747.6、申请日为 2003 年 1 月 23 日、公告日为 2003 年 9 月 3 日的中国外观设计公告文本，复印件共 2 页。

请求人认为：附件 1 提供相近似的同类产品"喷泉泵"，附件 1 与本专利相近似之处在于其使用状态参考图 2 的形状与本专利的主视图相近似，附件 1 的申请日为 2003 年 1 月 23 日，在本专利的申请日之前，因此本专利不符合专利法第 23 条的规定。

经形式审查合格后,专利复审委员会受理了上述请求,于 2006 年 5 月 26 日向双方当事人发出了《无效宣告请求受理通知书》,并将《宣告专利权无效请求书》及其他有关文件的副本转送给专利权人,要求其在指定的期限内答复,同时成立合议组对本无效请求案进行审理。

2006 年 6 月 15 日,专利权人针对该无效宣告请求陈述了意见,认为:请求人提交的附件 1 属于申请在先、公开在后的专利文献,不能构成对比文件来破坏本专利的新颖性;而且,附件 1 的主题是喷泉泵,与本专利的喷头属于不同的产品设计;复审委已经有类似的审查决定(第 7664 号)。同时,专利权人提交了第 7664 号无效宣告请求审查决定书。

2006 年 6 月 19 日,请求人提交了补充的意见陈述书和附件 2。

附件 2:申请日为 2002 年 9 月 12 日、授权公告日为 2003 年 8 月 27 日、专利权人为张阿华、专利号为 ZL02267147.1 的实用新型专利说明书,复印件共 13 页。

请求人认为:(1)附件 1 的申请日早于本专利的申请日,附件 1 的授权公告日也早于本专利的授权公告日,附件 1 的使用状态参考图 2 中已基本反映了喷泉泵喷头的形状,为一平台,上段直筒,中间由弧形连接,下段也为直筒,其总体形状与本专利相近似,因此,本专利不符合专利法第 23 条的规定。(2)附件 2 在权利要求 6 的末段提到"喷头采用左右两部分通过固定套(23、24)连接固定",附件 2 的说明书附图图 1、图 2、图 3 和图 4 均提前公开了与本专利相近似的喷头,因此本专利不符合专利法第 23 条的规定。

2006 年 9 月 8 日,合议组向请求人发出《转送文件通知书》,将专利权人于 2006 年 6 月 15 日提交的意见陈述书及其附件清单中所列的附件的副本转送给请求人,要求其在一个月内答复。同日,合议组向专利权人发出《转送文件通知书》,将请求人于 2006 年 6 月 19 日提交的意见陈述书及其附件清单中所列的附件的副本转送给专利权人,要求其在一个月内答复。

2006 年 9 月 21 日,请求人针对《转送文件通知书》进行了答复,请求人认为:(1)附件 1 虽然提供的是喷泉泵,但是附件 1 的使用状态参考图 2 公开了与本专利相近似的喷头;(2)附件 2 虽然提供的也是喷泉泵,但是在附件 2 说明书附图图 1 的左上角、图 2 的喷头、图 3 的外形图和图 4 均公开了与本专利相近似的图形;(3)根据专利法第 9 条,在后申请的本专利应宣告其专利权无效。

2006 年 9 月 27 日,专利权人针对《转送文件通知书》进行了答复,专利权人认为:附件 1 的公开日是 2003 年 9 月,不能构成现有技术的对比文件;附件 2 的申请日是 2002 年 9 月,公开日是 2003 年 8 月,是申请在先、公开在后的文件,不能构成现有技术的对比文件。

2006 年 10 月 17 日,合议组向双方当事人发出《无效宣告请求口头审理通知书》,拟定于 2006 年 12 月 4 日举行口头审理,并将专利权人于 2006 年 9 月 27 日提交的意见陈述书转交给请求人,将请求人于 2006 年 9 月 21 日提交的意见陈述书转交给专利权人,要求他们在口头审理时答复。

2006 年 12 月 4 日,口头审理如期举行。双方当事人的代理人参加了口头审理。在口头审理过程中,合议组就本案的无效理由及证据逐一进行了调查,双方当事人充分陈述了各自的意见,并记录了以下事项:(1)请求人确认无效理由为专利法第 9 条,放弃专利法第 23 条的无效理由;(2)请求人以附件 1 和附件 2 作为证据使用;(3)请求人认为附件 1 使用状态参考图 2 中的图片与本专利外形相似;(4)专利权人认为附件 2 不适用专利法第 9 条。

至此,合议组认为本案的事实已经调查清楚,可以依法作出审查决定。

二、决定的理由

1. 无效理由和证据

请求人在口头审理过程中明确放弃专利法第 23 条的无效理由,坚持专利法第 9 条的无效理由。专利权人认为请求人提出专利法第 9 条的无效理由已经超出举证期限,应不予考虑。合议组认为,请求人提出专利法第 9 条的无效理由虽然在提出无效宣告请求之日起一个月之后，但是本无效宣告请求提交的附件 1 和 2 都属于申请在先、公开在后的文献，不属于现有技术，其与专利法第 23 条的无效理由明显不相对应，因此，根据审查指南第四部分第三章第 4.2 节的规定，允许请求人将无效宣告请求的理由由专利法第 23 条变更为专利法第 9 条。因此，合议组审理的无效宣告理由为：本专利相对于附件 1 或 2 不符合专利法第 9 条的规定。

请求人提交的附件 1 和附件 2 都是专利文献，合议组经核实后，对其真实性予以认可。

2. 法律依据

专利法第 9 条规定，两个以上的申请人分别就同样的发明创造申请专利的，专利权授予最先申请的人。

在判断是否构成专利法第 9 条所述的"同样的发明创造"时，对于外观设计专利而言，应当以表示在两件外观设计专利申请或专利的图片或者照片中的外观设计产品为准。同样的外观设计是指两项外观设计相同或者相近似。

3. 相近似判断

请求人认为，附件 1 与本专利属于同样的发明创造，因此只能授予一项专利权。合议组认为，专利法第 9 条所规定的同样的发明创造对于外观设计而言是指所要求保护的外观设计为同样的外观设计。附件 1 所要求保护的外观设计产品为"喷泉泵"，其六面视图所显示的为不包括喷头的喷泉泵外观设计（参见附件 1 的附图），虽然附件 1 在使用状态参考图 2 中显示有喷头，但附件 1 中的使用状态参考图 2 只是为了确定该喷泉泵产品的使用方法和场所，对该产品的保护范围并无影响，因此应将附件 1 六面视图所示喷泉泵的外观设计而不是使用状态参考图 2 中所示的局部喷头外观设计与本专利进行对比，在此情况下，本专利作为"喷头"的外观设计（参见本专利附图）与附件 1 "喷泉泵"的外观设计在产品用途上存在明显差别，二者属于不同类别的产品，因此，二者的外观设计不相同，请求人以此证明本专利不符合专利法第 9 条规定的主张不能成立。

附件 2 是同一专利权人张阿华于 2002 年 9 月 12 日申请、2003 年 8 月 27 日授权公告的实用新型专利，本专利是外观设计专利。在判断是否构成专利法第 9 条所述的"同样的发明创造"时，对于外观设计专利而言，应当以表示在两件外观设计专利申请或者专利的图片或者照片中的外观设计产品为准。同样的外观设计是指两项外观设计相同或者相近似。本专利与附件 2 显然不属于同样的发明创造，因此，附件 2 不适用专利法第 9 条的无效理由。

根据上述事实和理由，合议组作出如下审查决定。

三、决定

维持第 03329329.5 号外观设计专利权有效。

当事人对本决定不服的，可以根据专利法第 46 条第 2 款的规定，自收到本决定之日起三个月内向北京市第一中级人民法院起诉。根据该款规定，一方当事人起诉后，另一方当事人应当作为第三人参加诉讼。

北京市第一中级人民法院
行政判决书

(2007) 一中行初字第535号

原告宁波思迈尔机电有限公司，住所地浙江省宁波市北仑区崂山路8号

委托代理人白洪长，宁波奥凯专利事务所专利代理人

被告国家知识产权局专利复审委员会，住所地北京市海淀区北四环西路9号银谷大厦10~12层

法定代表人廖涛，副主任

委托代理人吴红权，男，国家知识产权局专利复审委员会审查员

委托代理人田华，女，国家知识产权局专利复审委员会审查员

第三人张阿华，男，1948年6月17日出生，汉族，住浙江省宁波市海曙区白杨街195弄25号103室

委托代理人袁忠卫，宁波诚源专利事务所有限公司专利代理人

原告宁波思迈尔机电有限公司不服被告国家知识产权局专利复审委员会作出的第9226号无效宣告请求审查决定，向本院提起行政诉讼。本院受理后，依法组成合议庭，向被告送达了起诉状副本及应诉通知书，并依照《中华人民共和国行政诉讼法》第二十七条之规定，通知张阿华作为本案第三人参加诉讼。本院于2007年5月14日公开开庭审理了本案。原告的委托代理人白洪长，被告的委托代理人吴红权、田华，第三人的委托代理人袁忠卫到庭参加了诉讼。本案现已审理终结。2006年12月21日，被告作出第9226号无效宣告请求审查决定（以下简称第9226号决定），依照《中华人民共和国专利法》（以下简称《专利法》）第九条的规定，维持第三人名称为喷头（2003-1），专利号为03329329.5的外观设计专利权（以下简称本专利）有效。被告为证明第9226号决定的合法性，在法定举证期限内向本院提供了如下作出该决定的证据：1.被告于2007年1月5日发出的更正处分通知书及9226号无效宣告请求审查决定书扉页；2.本专利公报；3.第03301747.6号中国外观设计专利公报（第9226号决定中的附件1）；4.第02267147.1号中国实用新型专利说明书（第9226号决定中的附件2）；5.口审记录表。原告诉称，第9226号决定不严谨，认定事实不清，导致被告2006年12月27日与2007年1月5日分别发出宣告专利权全部无效和维持专利权有效这样截然不同的审查决定。第9226号决定认为原告在无效审查程序中提交的附件1要求保护的外观设计的产品"喷泉泵"与本专利要求保护的外观设计的产品在用途上存在明显的差别，二者属于不同类别的产品。原告则认为两者产品用途一致，属于同种类的产品。上述附件1喷泉泵上连接的喷头与本专利"喷头（2003-1）"相近似，属可比对的相近种类的产品。二者的外观设计相同，因此，请求撤销被诉决定，由被告承担本案的诉讼费。原告为支持其诉讼主张，向本院提交的证据与被告证据2、证据3相同。被告辩称，我委在发现2006年12月27日发出的第9226号决定书的扉页中将"维持专利权有效"错写为"宣告专利权无效"后，立即于2007年1月5日发出《更正处分通知书》并附上更正后的审查决定书扉页，并将《更正处分通知书》及其更正后的审查决定书扉页分别寄送给原告和第三人以及浙江省宁波市中级人民法院，从原告在本案中提供的行政起诉状副本所列的材料可以看出，原告在起诉前已经收到上述《更正处分通知书》及所附的更正后的审查决定书扉页。从第9226号决定正文的内容和结论都可以看出，本决定的结论应是维持专利权有效，而不是宣告专利权无效。《审查指南》第四部分第一章第7.2节中规定：专利复审委员会对发出的各种通知书中存在的错误，发现后需要更正

的，经主任委员或者副主任委员批转后进行更正，并且通知当事人。《审查指南》第四部分第一章第7.3节中规定：对于复审或者无效宣告请求审查决定中的明显文字错误，发现后需要更正的，经主任委员或者副主任委员批准后进行更正，并以通知书随附替换页的形式通知当事人。因此，我委被诉行政行为并无不当。《专利法》第九条规定，两个以上的申请人分别就同样的发明创造申请专利的，专利权授予最先申请的人。《审查指南》第四部分第七章引言部分规定，《专利法》第九条所述的"同样的发明创造"对于发明和实用新型而言，是指要求保护的发明或者实用新型相同，对于外观设计而言，是指外观设计相同或者相近似，所述相同或者相近似的判断适用本部分第五章的规定。《审查指南》第一部分第三章第6.5.1节规定，在判断是否构成《专利法》第九条所述的"同样的发明创造"时，应当以表示在两件外观设计专利申请或专利的图片或者照片中的外观设计产品为准。同样的外观设计是指两项外观设计相同或者相近似。外观设计相同或者相近似的判断原则，适用本指南第四部分第五章的规定。《审查指南》第四部分第五章第5.5.2节规定，在确定被比设计时，应当以外观设计专利授权文本中的图片或者照片表示的外观设计为准。参考图（如使用状态参考图）通常用于理解被比设计的所属领域、使用方法、使用场所或者用途，以便于确定产品类别。《审查指南》第一部分第三章第4.2节规定，外观设计专利权的保护范围以表示在图片或者照片中的该外观设计专利产品为准。根据《专利法实施细则》第二十七条第三款的规定，原告应当就每件外观设计产品所要求保护的内容提交有关视图（图片或者照片），清楚地显示请求保护的对象。其中的"有关视图（图片或者照片）"就立体外观设计产品而言，产品设计要点设计六个面的，应当提交六面正投影视图；产品设计要点仅涉及一个或几个面的，应当至少提交所涉及面的正投影图和立体图。从《审查指南》的上述规定可以看出，使用状态参考图的目的是为了确定产品的类别，并不在外观设计专利权的保护范围之内。对于立体外观设计产品而言，其有关视图仅仅是指六面视图（即主视图、俯视图、仰视图、左视图、右视图、后视图），而不是指使用状态参考图。原告在无效审查程序中提交的附件1所示专利所要求保护的外观设计产品为"喷泉泵"，其六面视图所显示的为不包括喷头的喷泉泵外观设计，虽然在使用状态参考图中显示有喷头，但是该使用状态参考图并不在要求保护的范围之内。判断两件外观设计是否相同，应该将两件外观设计保护范围内的视图进行比较，因此，应当将附件1中所示喷泉泵的外观设计图（即六面视图）与本专利进行对比，在此情况下，本专利是"喷头"的外观设计，而附件1是"喷泉泵"的外观设计，两者在产品用途上存在明显差别，属于明显不相同也不相近似的产品，不属于同样的外观设计；其次，上述附件1的分类号是15-02，而本专利的分类号为23-01，二者在外观设计分类号上相差很远，外观设计分类号的作用就是要将外观设计产品区分开；再次，本专利的产品名称为喷头（2003-1），从产品名称和视图上不能确定是在喷泉上使用的喷头，有可能是其他产品的喷头，另外，喷头本身也可以作为单独的产品。2001年10月10日实施的《审查指南》第7.2.1节中关于"只有对于相同或者相近种类的产品，才能存在外观设计相近似的情况。所谓相近种类的产品是指用途相近似的产品。例如，鸡蛋容器和灯泡容器用途不同，但它们的用途是相近似的，两者属于相近种类的产品。"的规定，与第9226号决定中认定的事实并无矛盾之处。鸡蛋容器和灯泡容器被认为属于相近种类的产品，其原因是鸡蛋容器和灯泡容器都是容器，两者都属于容器的下位概念，都属于容器的范畴，因此将鸡蛋容器和灯泡容器认定为相近种类的产品。而对于上述附件1中的喷泉泵外观设计产品，其上位概念为泵，属于泵的范畴，而本专利中的喷头，其上位概念应是喷洒装置，无法将两者归为同一个上位概念。综上，第9226号决定认定事实清楚，适用法律法规正确。原告的诉讼理由不能成立，因此，请求予以驳回，维持第9226号决定。第三人同意被告的答辩意见，请求维持第9226号决定。

经庭审质证，本院审查认为，被告和原告提交的证据与本案被诉第9226号决定的合法性审查有关且合法、各方当事人对其真实性亦无异议，均为有效证据。根据以上证据及各方当事人在庭审中无争议的陈述，本院对本案事实作出如下认定：

中华人民共和国国家知识产权局于2003年10月1日授权公告了本专利。该专利的申请日为2003年4月3日，专利权人是本案第三人。

针对上述专利权，原告向被告提出无效宣告请求，并提交了附件1：专利号为CN03301747.6、申请日为2003年1月23日、公告日为2003年9月3日的中国外观设计公告文本复印件。

原告认为附件1提供的同类产品"喷泉泵"与本专利相近似之处在于其使用状态参考图2的形状与本专利的主视图相近似，附件1的申请日在本专利的申请日之前，因此本专利不符合《专利法》第二十三条的规定。

被告受理上述请求后，将原告的申请材料向第三人进行了转送，并要求其答复。第三人针对该无效宣告请求陈述了意见，认为：原告提交的附件1属于申请在先、公开在后的专利文献，不能构成对比文件来破坏本专利的新颖性；而且，附件1的主题是喷泉泵，与本专利的喷头属于不同的产品设计；被告已有类似的审查决定（第7664号）。同时，第三人提交了第7664号无效宣告请求审查决定书。原告提交了补充的意见陈述书和附件2：申请日为2002年9月12日、授权公告日为2003年8月27日、专利权人为张阿华、专利号为ZL02267147.1的实用新型专利说明书复印件。原告认为：附件1的申请日早于本专利的申请日，附件1的授权公告日也早于本专利的授权公告日，附件1的使用状态参考图2中已基本反映了喷泉泵喷头的总体形状与本专利相近似，因此，本专利不符合《专利法》第二十三条的规定。附件2在权利要求6的末段提到"喷头采用左右两部分通过固定套连接固定"，附件2的说明书附图1、图2、图3和图4均提前公开了与本专利相近似的喷头，因此本专利不符合《专利法》第二十三条的规定。

被告分别将第三人和原告的意见陈述书及其附件的副本向对方进行了转送，后原告和第三人又分别进行了答复。

随后，被告向双方当事人发出《无效宣告请求口头审理通知书》，定于2006年12月4日举行口头审理，并向原告和第三人分别转送了对方的意见陈述书。

口头审理如期举行。双方当事人的代理人参加了口头审理。在口头审理过程中，原告确认其无效理由为《专利法》第九条，放弃《专利法》第二十三条的无效理由，以附件1和附件2作为证据使用，并认为附件1使用状态参考图2中的图片与本专利外形相似；第三人认为附件2不适用《专利法》第九条。

被告经审查认为，原告提出《专利法》第九条的无效理由虽然在提出无效宣告请求之日起一个月之后，但是本无效宣告请求提交的附件1和附件2都属于申请在先、公开在后的文献，不属于现有技术，其与《专利法》第二十三条的无效理由明显不相对应，因此，根据《审查指南》第四部分第三章第4.2节的规定，允许原告将无效宣告请求的理由由《专利法》第二十三条变更为《专利法》第九条。因此，被告审理的无效宣告理由为：本专利相对于附件1或附件2不符合《专利法》第九条的规定。

原告提交的附件1和附件2都是专利文献，因此，对其真实性予以认可。

在判断是否构成《专利法》第九条所述的"同样的发明创造"时，对于外观设计专利而言，应当以表示在两件外观设计专利申请或专利的图片或者照片中的外观设计产品为准。同样的外观设计是指两项外观设计相同或者相近似。上述法律规定的同样的发明创造对于外观设计而言是指所要求保护的外观设计为同样的外观设计。附件1所要求保护的外观设计产品为"喷泉泵"，其六面视图所显示的为不包括喷头的喷泉泵外观设计，虽然附件1在使用状态参考图2中显示有喷头，但附件1中的使用状态参考图2只是为了确定该喷泉泵产品的使用方法和场所，对该产品的保护范围并无影响，因此应将附件1六面视图所示喷泉泵的外观设计而不是使用状态参考图2中所示的局部喷头外观设计与本专利进行对比，在此情况下，本专利作为"喷头"的外观设计与附件1"喷泉泵"的外观设计在产品用途上存在明显差别，二者属于不同类别的产品，因此，二者的外观设计不相同，原告以此证明本专利不符合《专利法》第九条规定的主张不能成立。

附件2是同一专利权人张阿华于2002年9月12日申请、2003年8月27日授权公告的实用新型专利，本专利是外观设计专利。在判断是否构成《专利法》第九条所述的"同样的发明创造"时，对于外观设计专利而言，应当以表示在两件外观设计专利申请或者专利的图片或者照片中的外观设计产品为准。同样的外观设计是指两项外观设计相同或者相近似。本专利与附件2显然不属于同样的发明创造，因此，附件2不适用《专利法》第九条的无效理由。

根据上述事实和理由，被告作出了维持本专利权有效的第9226号决定。

被告向原告及第三人发出第9226号决定书后，发现该决定书的扉页中将"维持专利权有效"错写为"宣告专利权无效"，立即进行了更正，并将《更正处分通知书》及其更正后的审查决定书扉页分别寄送给原告和第三人以及浙江省宁波市中级人民法院，原告在起诉前已经收到上述《更正处分通知书》及所附的更正后的审查决定书扉页。

本院认为，被告发现其发出的第9226号决定书中存在错误后，立即进行了更正，其更正行为符合《审查指南》的相关规定。此外，根据《审查指南》第四部分第三章第4.2节的规定，请求人在提出无效宣告请求之日起一个月后增加无效宣告理由的，专利复审委员会一般不予考虑，但对明显与提交的证据不相应的无效宣告理由进行变更的除外。由于原告向被告提交的附件1和附件2都属于申请在先、公开在后的文献，不属于现有技术，与其所提本专利不符合《专利法》第二十三条的规定的无效理由明显不相对应，被告允许原告在提出无效宣告请求之日起一个月后将其无效宣告请求的理由变更为本专利相对于附件1或附件2不符合《专利法》第九条的规定，亦符合《审查指南》第四部分第三章第4.2节的相关规定。

《专利法》第九条规定，两个以上的申请人分别就同样的发明创造申请专利的，专利权授予最先申请的人。《审查指南》第四部分第七章引言部分规定，《专利法》第九条所述的"同样的发明创造"对于外观设计而言，是指外观设计相同或者相近似，所述相同或者相近似的判断适用本部分第五章的规定。该章第5.5.2节中规定，在确定被比设计时，应当以外观设计专利授权文本中的图片或者照片表示的外观设计为准。参考图（如使用状态参考图）通常用于理解被比设计的所属领域、使用方法、使用场所或者用途，以便于确定产品类别。

根据上述规定，立体外观设计产品的有关视图仅仅是指六面视图（即主视图、俯视图、仰视图、左视图、右视图、后视图），而不包括使用状态参考图。原告在无效审查程序中提交的附件1所示专利所要求保护的外观设计产品为"喷泉泵"，其六面视图所显示的是不包括喷头的喷泉泵外观设计，虽然在使用状态参考图中显示有喷头，但是该使用状态参考图并不在要求保护的范围之内。判断两件外观设计是否相同，应该将两件外观设计保护范围内的视图进行比较，因此，本院认同被告在第9226号决定书及其答辩状中关于本专利"喷头"的外观设计与附件1"喷泉泵"的外观设计，在产品用途上存在明显差别，属于明显不相同也不相近似的产品，不属于同样的外观设计的认定意见。原告在无效审查程序中提交的附件2是实用新型专利说明书，与作为外观设计的本专利不属于同样的发明创造，因此，该附件2不适用《专利法》第九条的无效理由。

综上，第9226号决定认定事实清楚，适用法律法规正确，审查程序合法，本院应予维持。原告的诉讼理由事实及法律依据不足，其请求本院不予支持。据此，依照《中华人民共和国行政诉讼法》

第五十四条第（一）项之规定，判决如下：

维持被告国家知识产权局专利复审委员会作出的第9226号无效宣告请求审查决定。

本案案件受理费1000元，由原告宁波思迈尔机电有限公司负担（已交纳）。

如不服本判决，可在本判决书送达之日起15日内，向本院递交上诉状，并按对方当事人的人数提出副本，上诉于北京市高级人民法院。

审　判　长　吴　月
代理审判员　刘井玉
代理审判员　彭新民
二〇〇七年七月十日
书　记　员　赵　锋

北京市高级人民法院
行政判决书

（2007）高行终字第526号

上诉人（一审原告）宁波思迈尔机电有限公司，住所地浙江省宁波市北仑区崂山路8号

委托代理人白洪长，宁波奥凯专利事务所专利代理人

被上诉人（一审被告）国家知识产权局专利复审委员会，住所地北京市海淀区北四环西路9号

被上诉人（一审第三人）张阿华，男，1948年6月17日出生，汉族，住浙江省宁波市海曙区白杨街195弄25号103室

法定代表人廖涛，副主任

委托代理人吴红权，男，国家知识产权局专利复审委员会审查员

委托代理人田华，女，国家知识产权局专利复审委员会审查员

委托代理人袁忠卫，宁波诚源专利事务所有限公司专利代理人

上诉人宁波思迈尔机电有限公司（以下简称思迈尔公司）因专利无效审查决定一案，不服北京市第一中级人民法院（2007）一中行初字第535号行政判决，向本院提起上诉。本院依法组成合议庭进行了审理，现已审理终结。2006年12月21日，国家知识产权局专利复审委员会（以下简称专利复审委）作出第9226号无效宣告请求审查决定（以下简称第9226号决定），依照《中华人民共和国专利法》（以下简称《专利法》）第九条的规定，维持张阿华的名称为"喷头（2003-1）"，专利号为03329329.5的外观设计专利权（以下简称本专利）有效。思迈尔公司不服上述决定，向北京市第一中级人民法院提起诉讼。一审法院判决认定，专利复审委发现其发出的第9226号决定书中存在错误后，立即进行了更正，其更正行为符合《审查指南》的相关规定。此外，由于思迈尔公司向专利复审委提交的附件1和附件2都属于申请在先、公开在后的文献，不属于现有技术，与其所提本专利不符合《专利法》第二十三条的规定的无效理由明显不相对应，专利复审委允许思迈尔公司在提出无效宣告请求之日起一个月后将其无效宣告请求的理由变更为本专利相对于附件1或附件2不符合《专利法》第九条的规定，符合《审查指南》第四部分第三章第4.2节的规定。立体外观设计产品的有关视图仅仅是指六面视图（即主视图、俯视图、仰视图、左视图、右视图、后视图），而不包括使用状态参考图。思迈尔公司在无效审查程序中提交的附件1所示专利所要求保护的外观设计产品为

"喷泉泵",其六面视图所显示的是不包括喷头的喷泉泵外观设计,虽然在使用状态参考图中显示有喷头,但是该使用状态参考图并不在要求保护的范围之内。判断两件外观设计是否相同,应该将两件外观设计保护范围内的视图进行比较。因此,认同专利复审委在第9226号决定书及其答辩状中关于本专利"喷头"的外观设计与附件1"喷泉泵"的外观设计,在产品用途上存在明显差别,属于明显不相同也不相近似的产品,不属于同样的外观设计的认定意见。思迈尔公司在无效审查程序中提交的附件2是实用新型专利说明书,与作为外观设计的本专利不属于同样的发明创造,因此,该附件2不适用《专利法》第九条的无效理由。综上,专利复审委作出的第9226号决定认定事实清楚,适用法律法规正确,审查程序合法,应予维持。据此,依照《中华人民共和国行政诉讼法》第五十四条第(一)项的规定,判决维持专利复审委作出的第9226号决定。思迈尔公司不服一审判决,于2007年7月23日提出上诉。诉称,专利复审委作出的第9226号决定不严谨,认定事实不清,导致其2006年12月27日与2007年1月5日分别发出宣告本专利权全部无效和维持本专利权有效这样截然不同的审查决定。第9226号决定认为思迈尔公司在无效审查程序中提交的附件1要求保护的外观设计的产品"喷泉泵"与本专利要求保护的外观设计的产品在用途上存在明显的差别,二者属于不同类别的产品。思迈尔公司则认为两者产品用途一致,属于同种类的产品。上述附件1喷泉泵上连接的喷头与本专利"喷头(2003-1)"相近似,属可比对的相近种类的产品。二者属于相同的外观设计。综上,一审法院判决认定事实不清,适用法律错误,请求二审法院撤销一审判决。被上诉人专利复审委仍持第9226号决定意见,并认为一审法院判决认定事实清楚,适用法律正确,请求二审法院驳回上诉,维持一审判决。被上诉人张阿华同意专利复审委的意见。

经审理查明,2003年4月3日,张阿华向国家知识产权局提出了名称为"喷头(2003-1)"的外观设计专利申请(即本专利),2003年10月1日,本专利被授权公告,专利号为03329329.5,专利权人为张阿华。

针对上述专利权,思迈尔公司于2006年5月25日向专利复审委提出无效宣告请求,并提交了附件1:专利号为03301747.6、申请日为2003年1月23日、公告日为2003年9月3日的中国外观设计公告文本复印件。思迈尔公司认为附件1提供的同类产品"喷泉泵"与本专利相近似之处在于其使用状态参考图2的形状与本专利的主视图相近似,附件1的申请日在本专利的申请日之前,因此本专利不符合《专利法》第二十三条的规定。

专利复审委受理上述请求后,将思迈尔公司的申请材料向张阿华进行了转送,并要求其答复。张阿华针对该无效宣告请求陈述了意见,认为思迈尔公司提交的附件1属于申请在先、公开在后的专利文献,不能构成对比文件来破坏本专利的新颖性。而且,附件1的主题是喷泉泵,与本专利的喷头属于不同的产品设计,专利复审委已有类似的审查决定(第7664号决定)。同时,张阿华提交了第7664号无效宣告请求审查决定书。思迈尔公司提交了补充的意见陈述书和附件2:申请日为2002年9月12日、授权公告日为2003年8月27日、专利权人为张阿华、专利号为02267147.1的实用新型专利说明书复印件。思迈尔公司认为,附件1的申请日早于本专利的申请日,附件1的授权公告日也早于本专利的授权公告日,附件1的使用状态参考图2中已基本反映了喷泉泵喷头的总体形状与本专利相近似,因此,本专利不符合《专利法》第二十三条的规定。附件2在权利要求6的末段提到"喷头采用左右两部分通过固定套连接固定",附件2的说明书附图图1、图2、图3和图4均提前公开了与本专利相近似的喷头,因此本专利不符合《专利法》第二十三条的规定。

专利复审委分别将张阿华和思迈尔公司的意见陈述书及其附件的副本向对方进行了转送,思迈尔公司和张阿华分别进行了答复。随后,专利复审委向思迈尔公司和张阿华分别转送了对方的意见陈述书,并向双方当事人发出《无效宣告请求口头审理通知书》。

2006年12月4日，口头审理如期举行。双方当事人的代理人参加了口头审理。在口头审理过程中，思迈尔公司确认其无效理由为《专利法》第九条，放弃《专利法》第二十三条的无效理由，以附件1和附件2作为证据使用，并认为附件1使用状态参考图2中的图片与本专利外形相似。张阿华认为附件2不适用《专利法》第九条。

2006年12月21日，专利复审委作出第9226号决定，维持张阿华的名称为"喷头（2003-1）"的外观设计专利权有效。主要理由是，思迈尔公司提出《专利法》第九条的无效理由虽然在提出无效宣告请求之日起一个月之后，但是本无效宣告请求提交的附件1和附件2都属于申请在先、公开在后的文献，不属于现有技术，其与《专利法》第二十三条的无效理由明显不相对应，因此，根据《审查指南》第四部分第三章第4.2节的规定，允许思迈尔公司将无效宣告请求的理由由《专利法》第二十三条变更为《专利法》第九条。为此，专利复审委审理的无效宣告理由为：本专利相对于附件1或附件2不符合《专利法》第九条的规定。

思迈尔公司提交的附件1和附件2都是专利文献，因此，对其真实性予以认可。

在判断是否构成《专利法》第九条所述的"同样的发明创造"时，对于外观设计专利而言，应当以表示在两件外观设计专利申请或专利的图片或者照片中的外观设计产品为准。同样的外观设计是指两项外观设计相同或者相近似。上述法律规定的同样的发明创造对于外观设计而言是指所要求保护的外观设计为同样的外观设计。附件1所要求保护的外观设计产品为"喷泉泵"，其六面视图所显示的为不包括喷头的喷泉泵外观设计，虽然附件1在使用状态参考图2中显示有喷头，但附件1中的使用状态参考图2只是为了确定该喷泉泵产品的使用方法和场所，对该产品的保护范围并无影响，因此，应将附件1六面视图所示喷泉泵的外观设计而不是使用状态参考图2中所示的局部喷头外观设计与本专利进行对比，在此情况下，本专利作为"喷头"的外观设计与附件1"喷泉泵"的外观设计在产品用途上存在明显差别，二者属于不同类别的产品，因此，二者的外观设计不相同，思迈尔公司以此证明本专利不符合《专利法》第九条规定的主张不能成立。

附件2是同一专利权人张阿华于2002年9月12日申请、2003年8月27日授权公告的实用新型专利，本专利是外观设计专利。在判断是否构成《专利法》第九条所述的"同样的发明创造"时，对于外观设计专利而言，应当以表示在两件外观设计专利申请或者专利的图片或者照片中的外观设计产品为准。同样的外观设计是指两项外观设计相同或者相近似。本专利与附件2显然不属于同样的发明创造，因此，附件2不适用《专利法》第九条的无效理由。

另查，专利复审委向思迈尔公司及张阿华发出第9226号决定书后，发现该决定书的扉页中将"维持专利权有效"错写为"宣告专利权无效"，随即进行了更正，并将《更正处分通知书》及其更正后的审查决定书扉页分别寄送给思迈尔公司和张阿华以及浙江省宁波市中级人民法院，思迈尔公司在起诉前已经收到上述《更正处分通知书》及所附的更正后的审查决定书扉页。

本案一、二审法院审理期间，专利复审委提交了以下主要证据：1. 专利复审委于2007年1月5日发出的更正处分通知书及9226号决定书扉页；2. 本专利公报；3. 第03301747.6号中国外观设计专利公报（第9226号决定中的附件1）；4. 第02267147.1号中国实用新型专利说明书（第9226号决定中的附件2）；5、口审记录表。

思迈尔公司提交了以下主要证据：1. 本专利公报；2. 第03301747.6号中国外观设计专利公报。

以上证据经本院审查核实，确认一审法院认证结论正确，可以作为认定本案事实的根据。

本院认为，本专利是否属于《专利法》第九条规定的"同样的发明创造"的情形是本案争议的焦点问题。根据《专利法》第九条的规定，两个以上的申请人分别就同样的发明创造申请专利的，专利权授予最先申请的人。《审查指南》第四部分第七章引言部分规定，《专利法》第九条所述的

"同样的发明创造"对于外观设计而言,是指外观设计相同或者相近似,所述相同或者相近似的判断适用本部分第五章的规定。第五章第5.5.2节中规定,在确定被比设计时,应当以外观设计专利授权文本中的图片或者照片表示的外观设计为准。参考图(如使用状态参考图)通常用于理解被比设计的所属领域、使用方法、使用场所或者用途,以便于确定产品类别。根据上述规定,立体外观设计产品的有关视图仅仅是指六面视图,即主视图、俯视图、仰视图、左视图、右视图、后视图,而不包括使用状态参考图。思迈尔公司在无效审查程序中提交的附件1所示专利所要求保护的外观设计产品为"喷泉泵",其六面视图所显示的是喷泉泵外观设计,并不包括喷头,虽然在使用状态参考图中显示有喷头,但是该使用状态参考图不在该专利要求保护的范围之内。判断两件外观设计是否相同,应该将两件外观设计保护范围内的视图进行比较。为此,专利复审委在第9226号决定中关于本专利"喷头"的外观设计与附件1"喷泉泵"的外观设计,在产品用途上存在明显差别,属于明显不相同也不相近似的产品,不属于同样的外观设计的认定符合上述规定。思迈尔公司在无效审查程序中提交的附件2是实用新型专利说明书,与作为外观设计的本专利不属于同样的发明创造,因此,附件2不适用《专利法》第九条的无效理由。

对于专利复审委在发现第9226号决定中存在错误后,随即进行更正的问题,本院认为,该更正行为符合《审查指南》的相关规定。此外,由于思迈尔公司向专利复审委提交的附件1和附件2均属于申请在先、公开在后的文献,不属于现有技术,与其所提本专利不符合《专利法》第二十三条的规定的无效理由明显不相对应。根据《审查指南》第四部分第三章第4.2节的规定,请求人在提出无效宣告请求之日起一个月后增加无效宣告理由的,专利复审委员会一般不予考虑,但对明显与提交的证据不相应的无效宣告理由进行变更的除外。专利复审委允许思迈尔公司在提出无效宣告请求之日起一个月后将其无效宣告请求的理由变更为本专利相对于附件1或附件2不符合《专利法》第九条的规定,符合《审查指南》的上述规定。

综上,专利复审委作出的第9226号决定维持03329329.5号外观设计专利权有效合法,一审法院判决维持正确。依照《中华人民共和国行政诉讼法》第六十一条第(一)项的规定,判决如下:

驳回上诉,维持一审判决。

二审案件受理费人民币100元,由上诉人宁波思迈尔机电有公司负担(已交纳)。

本判决为终审判决。

审 判 长 朱世宽
代理审判员 王 燕
代理审判员 任全胜
二〇〇七年十二月十日
书 记 员 张 怡

标 贴

无效宣告请求审查决定（第 9227 号）

决 定 号	第 9227 号
决 定 日	2006 年 12 月 6 日
发明创造名称	标贴
外观设计分类号	19-08
无效宣告请求人	厦门银鹭集团有限公司
被 请 求 人	韩焕银
专 利 号	03312126.5
申 请 日	2003 年 1 月 7 日
授权公告日	2003 年 9 月 10 日
合议组组长	吴赤兵
主 审 员	高 雪
参 审 员	石 竞
附 图	1 页
法 律 依 据	专利法第 9 条

决 定 要 点

（1）在相近似判断中，产品外表出现的包括产品名称在内、作为图案的文字，是作为该外观设计产品中的图案设计，而不应当考虑其作为文字的字意；

（2）对于瓶贴一类产品的外观设计在判断相近似性时应考虑该产品在使用状态时的视觉效果。

一、案由

本无效宣告请求案涉及的是国家知识产权局于 2003 年 9 月 10 日授权公告的、名称为"标贴"的外观设计专利权（下称本专利），申请号为 03312126.5，申请日是 2003 年 1 月 7 日，专利权人为韩焕银（下称被请求人）。

针对本外观设计专利，厦门银鹭集团有限公司（下称请求人）于 2003 年 12 月 12 日向专利复审委员会提出无效宣告请求，理由是本专利不符合专利法第 23 条、第 56 条第 2 款的有关规定，同时请求人提交了以下附件：

附件 1：第 03312126.5 号外观设计专利公告文本（即本专利）；

附件 2：第 02352116.3 号外观设计专利公告文本。

请求人认为：本专利与对比文件相比，银鹭两字的大小、字体、位置相同，在银鹭下方的缎带大小、形状、位置也相同，一大碗八宝粥和小孩卡通形象以及左男右女半身像也相近似，因此本专利与对比文件属于相近似的外观设计，应予无效。

专利复审委员会经形式审查，受理了该无效宣告请求，并将无效宣告请求书及有关文件的副本转送给被请求人，要求被请求人在指定期限内陈述意见。

被请求人在指定期限内没有陈述意见。

国家知识产权局专利复审委员会于2004年9月7日向双方当事人发出合议组成员告知通知书，将合议组的组成人员告知了双方当事人，并告知当事人：根据《专利法实施细则》第38条的规定，如对上述合议组成员有回避请求的，请于收到本通知之日起7日内提交书面请求书，并且说明理由，必要时附具有关证明。并且告知：逾期未答复，视为无回避请求。

在指定期限内双方当事人均未答复。

2006年6月12日专利复审委员会收到请求人提交的意见陈述书，认为附件2的申请日早于本专利的申请日，因此本专利属于重复授权，不符合专利法第9条的规定，依法应当宣告无效。

合议组于2006年6月16日向双方当事人发出口头审理通知书，定于2006年8月15日举行口头审理。在向被请求人发出口头审理通知书的同时将专利复审委员会2006年6月12日收到的请求人提交的意见陈述书转送了被请求人。

请求人于期限之内将口头审理通知书回执寄交了专利复审委员会，被请求人未提交回执。

本次口头审理于2006年8月15日如期举行，双方当事人均未出席口头审理。

至此，合议组认为本案事实已经清楚，可以作出本审查决定。

二、决定的理由

请求人提交的附件1是本专利。附件2为第02352116.3号中国外观设计专利公告文本，经合议组核实，对附件2的真实性予以认可。

专利法第23条规定：授予专利权的外观设计，应当同申请日以前在国内外出版物上公开发表过或者国内公开使用过的外观设计不相同和不相近似，并不得与他人在先取得的合法权利相冲突。

附件2的申请日为2002年7月17日、公开日为2003年2月19日，专利权人为厦门银鹭集团有限公司，本专利的申请日为2003年1月7日，专利权人为韩焕银。附件2的申请日在本专利申请日之前，公开日在本专利申请日之后，因此附件2不能作为评价本专利是否符合专利法第23条的对比文件。

专利法第9条规定：两个以上的申请人分别就同样的发明创造申请专利的，专利权授予最先申请的人。

在专利复审委员会于2006年6月12日收到的请求人的意见陈述书中，请求人增加专利法第9条作为无效宣告的理由，对此合议组认为：首先，请求人虽然增加了无效请求的理由但并未补充证据；其次，针对请求人提交的附件2来说，原专利法第23条的无效理由明显与其不对应，应当允许其变更未相对应的无效理由，因此合议组允许请求人增加专利法第9条作为无效宣告的理由。

虽然本专利是一个标贴而附件2是一个饮料罐，但对于瓶贴一类产品的外观设计在判断相近似性时应注意该产品在使用状态时的视觉效果，在使用状态下二者均表现为在圆柱形的容器外表具有图案，具有可比性，因此附件2可以用作评价本专利与附件2是否属于同样的发明创造、是否符合专利法第9条有关规定的对比文件，下文称之为对比文件。

本专利是一个长方形的标贴，未请求保护色彩，从左至右基本可以分为三部分，其中第一部分与第三部分为主要图案，也是该标贴最能引起消费者注意的部分，第二部分为产品说明和条形码。第一部分底色由左至右逐渐变浅，在底色上与第二部分之间有明显的分界；第一部分上部中央有"银鹭"

两个大字，在"银鸳"字样的下方有缎带形图案，在缎带上写有"桂圆蜜枣八宝粥"字样；在缎带图案下方分两行写有"银鸳八宝 宝到福到"字样；在第一部分的中部及下部为一大碗八宝粥的图案，在图案右侧有一卡通的小孩图案，在图案左下方有两行字体很小的字样。第二与第三部分的底色整体由左至右逐渐变浅，第二与第三部分之间底色无明显分界。第二部分由一大体为长方形、四角为圆弧状的框围起，上部为"银鸳"字样，字样下方为字体较小的拼音"YINYUAN"，拼音下方为字体更小的产品说明，最下方为条形码。第三部分上方为与第一部分相应位置相同的"银鸳"字样和缎带形图案，第三部分中部及下部为一男一女两人的半身像，最右侧为较小的、纵向排列的卡通小孩图案、有关产品的说明和一圆形图案。（详见本专利附图。）

对比文件是一个圆柱形的饮料罐，未请求保护色彩，其外表图案基本可以分为三部分，其中第一部分与第三部分为主要图案，也是该饮料罐最能引起消费者注意的部分，第二部分为产品说明和条形码。第一部分底色由左至右逐渐变浅，在底色上与第二部分之间有明显的分界；第一部分上部中央有"银鹭"两个大字，在"银鹭"字样的下方有缎带形图案，在缎带上写有"桂圆莲子八宝粥"字样；在缎带图案下方有被划掉不予保护的"加料不加价"字样；在第一部分的中部及下部为一大碗八宝粥的图案，在图案右侧有一卡通的小孩图案，在图案左下方有两行字体很小的字样，在第一部分最下方有字体较小已被划掉不予保护的"厦门银鹭食品有限公司荣誉出品"字样。第二与第三部分的底色整体由左至右逐渐变浅，第二与第三部分之间底色无明显分界。第二部分由一大体为长方形、四角为圆弧状的框围起，上部为拼音"yinlu"，拼音下方为字体较小的产品说明，最下方为条形码和产品说明。第三部分上方为与第一部分相应位置相同的"银鹭"字样和缎带形图案，第三部分中部及下部为面容已被涂掉的两个人的半身像，最右侧为较小的、纵向排列的卡通小孩图案、有关产品的说明和一圆形图案。（详见对比文件附图。）

本专利未请求保护色彩，是形状和图案相结合的外观设计，因此在进行对比时只考虑本专利的外观设计与对比文件的外观设计的形状、图案件是否相同或者相近似。本专利与对比文件的差别主要在于：（1）本专利第一部分中为"银鸳"、"桂圆蜜枣八宝粥"以及"银鸳八宝 宝到福到"字样，对比文件相应位置为"银鹭"、"桂圆莲子八宝粥"以及"加料不加价"字样；（2）本专利第二部分上部为"银鸳"字样，字样下方为字体较小的拼音"YINYUAN"，对比文件相应位置只有拼音"yinlu"字样；本专利第二部分最下方为条形码，对比文件第二部分最下方为条形码和产品说明；（3）本专利第三部分第一部分相应位置相同的为"银鸳"和"桂圆蜜枣八宝粥"字样，对比文件相应位置为"银鹭"和"桂圆莲子八宝粥"字样；本专利第三部分中下部为一男一女两人的半身像，对比文件中相应位置两人的面容已被涂掉，不能明确的看出其性别。

对于上述差别，合议组认为：（1）在相近似判断中，产品外表出现的包括产品名称在内的文字是一种图案，是作为该外观设计产品中的图案设计，而不应当考虑其作为文字的字意，因此，对于本案中本专利与对比文件之间有关文字上的差异不应考虑其含义上的差别；（2）对于瓶贴一类产品的外观设计在判断相近似性时应注意该产品在使用状态时的视觉效果，本专利的外观设计与对比文件的外观设计相比较，布局基本相同，图案的色块构成、颜色对比基本相同，在本专利及对比文件使用状态时最能引起消费者注意的"银鸳"和"银鹭"这两个字使用的字体、大小、位置基本相同，八宝粥图案和两人半身像图案大小、位置也基本相同，上述差别仅为局部的细微的改变，不能引起消费者视觉上的注意，一般消费者会将本专利与对比文件的外观设计误认、混同，即二者的差别对于产品的整体视觉效果不具有显著的影响，是相近似的外观设计，属于同样的发明创造。

综上所述，本专利与对比文件属于同样的发明创造，本专利的授权不符合专利法第 9 条的有关规定，因此，请求人提出的关于宣告本专利权无效的请求能够成立。

鉴于本专利的授权不符合专利法第9条的有关规定，对于请求人提出的其他无效理由，合议组不再予以评述。

三、决定

宣告第03312126.5号外观设计专利权无效。

当事人对本决定不服的，可以根据专利法第46条第2款的规定，自收到本决定之日起三个月内向北京市第一中级人民法院起诉。根据该款的规定，一方当事人起诉后，另一方当事人应当作为第三人参加诉讼。

图1　　　　　　　使用状态参考图

本专利

主视图　　　　　　　后视图

对比文件

吸尘机（NK-117）

无效宣告请求审查决定（第 9234 号）

决　定　号	第 9234 号
决　定　日	2006 年 12 月 18 日
发明创造名称	吸尘机（NK-117）
外观设计分类号	15-05
无效宣告请求人	三洋电机株式会社
专　利　权　人	中山市龙的电器实业有限公司
专　利　号	02326555.8
申　请　日	2002 年 5 月 28 日
授权公告日	2003 年 1 月 22 日
合议组组长	杨克菲
主　审　员	宋鸣镝
参　审　员	陈勇
法　律　依　据	专利法第 23 条

决　定　要　点

如果本专利的外观设计与对比文件的外观设计相比较，两者的整体形状轮廓基本上相同，虽然两者之间存在一些细部处的差别，但相对于两者产品整体造型而言，其仅为局部的变化，不足以构成两产品外观形状的显著差异，则本专利的外观设计与对比文件的外观设计属于相近似的外观设计。

一、案由

本无效宣告请求涉及国家知识产权局于 2003 年 1 月 22 日公告授权的、专利号为 02326555.8、名称为"吸尘机（NK-117）"的外观设计专利（下称本专利），其申请日为 2002 年 5 月 28 日，专利权人为中山市龙的电器实业有限公司。

针对上述外观设计专利权，三洋电机株式会社（下称请求人）于 2004 年 5 月 18 日向国家知识产权局专利复审委员会提出了无效宣告请求，请求专利复审委员会宣告本专利全部无效。请求宣告无效的理由是：从整体视觉观察，本专利的外观设计与其申请日以前公开的外观设计相比，二者属于相近似的外观设计，因此本专利不符合专利法第 23 条的有关规定。与此同时，请求人提交了如下 2 份对比文件作为证据：

证据 1：授权公告号为"CN3204065D"、产品名称为"电气吸尘器主机"的中国外观设计专利公报复印件（共 1 页），其授权公告日为 2001 年 10 月 10 日（下称对比文件 1）；

证据2：登录意匠番号为"1112726"、产品名称为"电气扫除机本体"的日本意匠公报复印件（共2页），其授权公告日为2001年6月25日（下称对比文件2）。

经形式审查合格后，专利复审委员会受理了上述无效宣告请求，于2004年6月17日向请求人和专利权人发出了无效宣告请求受理通知书，并将上述专利权无效宣告请求书及其相关文件副本转送给专利权人，要求专利权人在指定期限内进行意见陈述，同时依法成立合议组对本案进行审理。

针对上述无效宣告请求，专利权人于2004年7月21日提交了意见陈述书，专利权人认为：本专利是插上电线后工作，对比文件1是充电无线式操作，本专利外观设计的"要部"具有鲜明特征，与对比文件相比外形上产生迥异的视觉效果，故二者不是相近似的外观设计。

专利复审委员会于2006年1月6日向双方当事人发出口头审理通知书，定于2006年2月13日在专利复审委员会举行口头审理，同时将专利权人在2004年7月21日提交的意见陈述书及其相关文件副本转送给请求人，并要求请求人在指定期限进行意见陈述。

请求人在指定期限内未进行意见陈述。

口头审理如期举行，仅请求人一方当事人出席了本次口头审理。在口头审理过程中，请求人明确表示对比文件1和对比文件2导致本专利不符合专利法第23条的规定，请求人结合上述对比文件充分陈述了意见。

在上述程序的基础上，合议组认为本案事实已经清楚，可以依法作出如下审查决定。

二、决定的理由

1. 法律依据

基于请求人提出的无效宣告请求的理由、范围和提供的证据，本案合议组依据专利法第23条的规定对本案进行审理。

专利法第23条规定："授予专利权的外观设计，应当同申请日以前在国内外出版物上公开发表过或者国内公开使用过的外观设计不相同和不相近似，并不得与他人在先取得的合法权利相冲突。"

2. 证据的认定

请求人提交的对比文件1为中国外观设计专利公报复印件，其属于公开出版物，专利权人未出席口头审理对该对比文件1的真实性提出异议，且该对比文件1经合议组核实对其真实性予以确认。对比文件1的授权公告日为2001年10月10日，早于本专利的申请日，其外观设计分类号为15-05，所记载的外观设计的产品名称为"电气吸尘器主机"，而本专利外观设计分类号为15-05，其所保护的外观设计的产品名称为"吸尘机（NK-117）"，由此可见，对比文件1与本专利属于相同种类产品的外观设计，二者具有可比性，故对比文件1可以作为用于评价本专利是否符合专利法第23条规定的现有技术，合议组对其予以采纳。

3. 本专利外观设计

本专利的"吸尘机（NK-117）"包括六幅视图，即仰视图、主视图、俯视图、左视图、右视图和后视图。

从仰视图观察，可见该"吸尘机（NK-117）"的机体外形基本上呈扁长方形，其上部的机盖体呈由弧线构成的扁片状，下部左侧的侧轮呈圆形，轮边具有环状的装饰性窄条，下部中间部位的机身部分呈月牙状，下部右侧的机头部分呈左侧为弧形向内凹陷、上下右三边大致直角连接的基本上矩形形状，底部具有隐约可见的底部滚轮。

从主视图观察，可见该"吸尘机（NK-117）"的机体外形基本上呈上下两角缺失、右侧角圆弧过渡的大致三角形形状，上下两侧的侧轮呈扁片状，视图中间部位的机盖体呈右侧为弧形向外凸出、上下左三边直角连接的基本上扁长方形形状，机盖体上具有较小长方形形状的灰尘显示窗，机盖体的上下两侧与侧轮之间具有装饰性凸块，视图左侧具有隐约可见的排风口栅栏和电气部件。

俯视图与仰视图的外形是对称的。

从左视图观察，可见该"吸尘机（NK-117）"的机体外形基本上呈立长方形，上下两侧的侧轮呈扁片状，视图右侧具有一条圆弧过渡线，位于视图右上部的排风口栅栏大致呈正方形，位于视图右下部的电气部件大致呈圆形，视图左侧具有隐约可见的底部滚轮，视图右侧具有三个向外凸出的圆弧形凸块，中间较大的一个为机盖体，上下两侧较小的为装饰性凸块。

从右视图观察，可见该"吸尘机（NK-117）"的机体外形基本上呈立长方形，上下两侧的侧轮呈扁片状，视图中间部位的机头部分大致呈正方形，其中间具有一个圆形的吸尘管道插口，插口下侧具有一U形凹陷，插口左侧具有一个用于掀起机盖体的立长方形凹陷，视图左侧具有三个向外凸出的圆弧形凸块，中间较大的一个为机盖体，上下两侧较小的为装饰性凸块，视图右侧具有隐约可见的底部滚轮。

从后视图观察，可见该"吸尘机（NK-117）"的机体外形基本上呈上下两角缺失、左侧角圆弧过渡的大致三角形形状，上下两侧的侧轮呈扁片状，视图中间偏左部位的底部滚轮呈圆形，底部滚轮的右上侧具有圆形通风口，底部滚轮的左侧具有左圆右直类似半圆形图案的接合部件，视图右侧具有隐约可见的排风口栅栏和电气部件。

（详见本专利附图。）

4. 对比文件1外观设计

对比文件1的"电气吸尘器主机"包括六幅视图，即仰视图（对应于本专利的后视图）、右视图（对应于本专利的俯视图）、主视图（对应于本专利的右视图）、左视图（对应于本专利的仰视图）、后视图（对应于本专利的左视图）和俯视图（对应于本专利的主视图）。

从左视图观察，可见该"电气吸尘器主机"的机体外形基本上呈扁长方形，其上部的机盖体呈由弧线构成的扁片状，下部左侧的侧轮呈圆形，下部中间部位的机身部分呈月牙状，下部右侧的机头部分呈左侧为弧形向内凹陷、上下右三边大致直角连接的基本上矩形形状，底部具有隐约可见的底部滚轮。

从俯视图观察，可见该"电气吸尘器主机"的机体外形基本上呈左右两角缺失、下侧角圆弧过渡的大致三角形形状，左右两侧的侧轮呈扁片状，视图中间部位的机盖体呈下侧为弧形向外凸出、左右上三边直角连接的基本上立长方形形状，视图上侧具有隐约可见的排风口栅栏和电气部件。

右视图与左视图的外形是对称的。

从后视图观察，可见该"电气吸尘器主机"的机体外形基本上呈扁长方形，左右两侧的侧轮呈扁片状，视图上侧具有一条圆弧过渡线，位于圆弧过渡线下侧的排风口栅栏大致呈扁长方形，位于排风口栅栏下侧的电气部件为与充电装置相匹配的扁长方形向内凹陷，视图下侧具有隐约可见的底部滚轮，视图上侧向外凸出的圆弧形凸块为机盖体。

从主视图观察，可见该"电气吸尘器主机"的机体外形基本上呈扁长方形，左右两侧的侧轮呈扁片状，视图中间部位的机头部分大致呈正方形，其中间具有一个圆形的吸尘管道插口，环绕插口四周具有一长方形凹陷，插口上侧具有一个用于掀起机盖体的扁长方形凹陷，视图上侧向外凸出的圆弧形凸块为机盖体，视图下侧具有隐约可见的底部滚轮。

从仰视图观察，可见该"电气吸尘器主机"的机体外形基本上呈左右两角缺失、上侧角圆弧过渡的大致三角形形状，左右两侧的侧轮呈扁片状，视图中间偏上部位的底部滚轮呈圆形，底部滚轮的上侧具有上圆下直类似半圆形图案的接合部件，底部滚轮的下侧具有一条直线形分割线，视图下侧具有隐约可见的排风口栅栏和电气部件。

(详见对比文件1附图。)

5. 比较判断

本专利与对比文件1相比较,两者的相同点在于两者的整体轮廓相似。

同时两者之间也具有一些细部处的不同点,具体表现在:(1) 本专利在侧轮边缘部位具有环状的装饰性窄条,对比文件1中没有该装饰性窄条;(2) 本专利在机盖体的两侧与侧轮之间具有装饰性凸块,对比文件1中没有该装饰性凸块;(3) 本专利在机盖体上具有较小长方形形状的灰尘显示窗,对比文件1中没有该灰尘显示窗;(4) 本专利的排风口栅栏大致呈正方形且位于相应视图的一角上,对比文件1的排风口栅栏大致呈扁长方形且位于相应视图的中间部位;(5) 本专利的电气部件大致呈圆形且位于相应视图的一角上,对比文件1的电气部件大致呈扁长方形向内凹陷且位于相应视图的中间偏下一侧部位上;(6) 本专利在吸尘管道插口旁具有一U形凹陷,对比文件1环绕吸尘管道插口四周具有一长方形凹陷;(7) 本专利的底部具有圆形通风口,对比文件1中没有该圆形通风口;(8) 本专利的底部没有分割线,对比文件1的底部具有一条直线形分割线。

根据整体观察、综合判断的原则,合议组将本专利的外观设计与对比文件1的外观设计进行比较后认为,对本案吸尘机类产品相近似性判断时应着重观察该吸尘机的机体形状,而两者机体外观的整体形状轮廓是基本上相同的。虽然两者之间存在如上所述的一些细部处的差别,但相对于两者产品整体造型而言,其仅为局部的细微变化,尚不足以构成两产品外观形状的显著差异,对整体视觉不具有显著的影响。因此,合议组认为,本专利的外观设计与对比文件1的外观设计属于相近似的外观设计。

综上所述,本专利与申请日以前公开发表的外观设计相近似。因此,本专利不符合专利法第23条的规定。

鉴于经过上述对比已经得出本专利不符合专利法第23条规定的结论,故合议组对请求人提出的其他无效理由不再予以评述。

三、决定

宣告02326555.8号外观设计专利权全部无效。

当事人对本决定不服的,可以根据专利法第46条第2款的规定,自收到本决定之日起三个月内向北京市第一中级人民法院起诉。根据该款的规定,一方当事人起诉后,另一方当事人应当作为第三人参加诉讼。

瓷用贴花纸（金羽毛）

无效宣告请求审查决定（第 9235 号）

决 定 号	第 9235 号
决 定 日	2006 年 12 月 13 日
发明创造名称	瓷用贴花纸（金羽毛）
外观设计分类	05-06
无效宣告请求人	杨冬金
专 利 权 人	李咸柏
专 利 号	03342222.2
申 请 日	2003 年 5 月 9 日
授权公告日	2004 年 4 月 14 日
合议组组长	黄毅斐
主 审 员	张 度
参 审 员	李韵美
法 律 依 据	专利法第 23 条
决 定 要 点	

请求人有责任为其主张提供充分的支持证据，本案的证据存在颇多疑点，且关联证据不能彼此印证相互支持，不能证明本专利外观设计在申请日前已经在国内外出版物上公开发表过或是在国内公开使用过。

一、案由

本无效宣告请求涉及的是国家知识产权局于 2004 年 4 月 14 日授权公告的外观设计专利，其名称为"瓷用贴花纸（金羽毛）"，专利号是 03342222.2（下称本专利），申请日为 2003 年 5 月 9 日，专利权人是李咸柏。

杨冬金（下称请求人）于 2005 年 7 月 6 日以本专利不符合专利法第 23 条第 1 款的规定，且违反了专利法实施细则第 64 条第 1 款的规定为理由提出专利权无效宣告请求，为支持其理由所提出的证据有：

附件 1：杭州萧山赛尔迪花纸厂证明及附图的复印件；
附件 2：景德镇市新中锐花纸彩艺厂证明及附图的复印件；
附件 3：江西省黎川县九洲瓷厂图片、发货花色单、发票及叶林证言公证书的复印件。

经形式审查合格后，专利复审委员会于 2005 年 7 月 8 日向双方当事人发出无效宣告请求受理通知书（案卷编号6W05375），并将请求人提交的请求书及其附件的副本转送给专利权人，要求专利权人在收到受理通知书之日起壹个月内陈述意见。

请求人于2005年8月4日提交了补充证据3份：

黎川县公证处（2005）黎证字第64号公证书原件（以下称为附件4），杭州市萧山区公证处（2005）杭萧证字第5343号公证书原件（以下称为附件5），江西省九洲陶瓷有限公司陶瓷画册原件一本（以下称为附件6）。

专利复审委员会于2005年8月16日收到专利权人的意见陈述书及其附件如下：

附件一：灰风叶效果图片三张及金羽毛外观贴花纸效果图两张的照片；

附件二：购买灰风叶发票的复印件；

附件三：九洲陶瓷有限公司宣传画册第50、51页复印件；

附件四：专利权人使用的金羽毛外观设计专利贴花纸；

附件五：江西省景德镇市中级人民法院（1999）景知字第06号民事调解书。

本案合议组于2006年8月29日向双方当事人发出无效宣告请求口头审理通知书，定于2006年11月15日举行口头审理，同时将请求人补交的证据附件4~6转交专利权人，并将专利权人提交的意见陈述书及其附件一至五的副本转交请求人。

专利复审委员会于2006年10月11日收到专利权人的意见陈述书三页及其附件如下：

（1）（2005）景民三初字第14号民事判决书（以下称为附件六）；（2）（2005）赣民三终字第25号民事调解书（以下称为附件七）；（3）口头审理回执，表示不参加口头审理；（4）200330104821.2号外观设计专利的著录项目网页，其申请日为2003年10月10日。

口头审理于2006年11月15日如期举行，请求人的委托代理人出席，专利权人缺席。请求人确认其无效宣告请求理由是专利法第23条，向合议组出示了附件1的原件，附件2中证明的原件，表示附件2附图无原件。请求人出示了附件3中图片和发货花色单3张的原件，其他无原件。请求人放弃附件4。请求人对专利权人提交的附件二的真实性提出异议，对附件一、三、四、五和景民三初字第14号民事判决书（附件六）和赣民三终字第25号民事调解书（附件七）的真实性没有异议。请求人的证人安琼玉就附件1的真实性出厅作证。

至此，双方当事人已有充分的机会发表意见，本案案情已经清楚，可在此基础上依法作出审查决定。

二、决定的理由

专利法第23条规定，授予专利权的外观设计，应当同申请日以前在国内外出版物上公开发表过或者国内公开使用过的外观设计不相同和不相近似，并不得与他人在先取得的合法权利相冲突。

附件1是赛尔迪花纸厂出具的从2001年11月起向请求人销售灰风叶花纸的证明，尽管有该厂法定代表人安琼玉为其作证，鉴于该销售行为没有工商行政管理部门的发票来证实，且赛尔迪花纸厂与请求人长期保持业务往来，存在利害关系，附件1的证明力较弱，在没有其他辅助证据支持且专利权人提出质疑的条件下，其真实性难以认定，合议组对附件1不予采信。

附件2是景德镇新中锐花纸彩艺厂李辉松的证言及附图的复印件，请求人向合议组出示了附件2中证言的原件，附件2附图无原件。合议组认为，由李辉松证明的生产、销售行为没有相应的合同、发票来支持，在仅有证人书面证言而证人没有出厅接受质证的情况下，不能作为定案的依据，合议组对附件2不予采信。

附件3是江西省黎川县九洲瓷厂图片、发货花色单、发票及叶林公证书的复印件，请求人提交了图片的原件（即附件6）、发货花色单3张的原件和叶林证言公证书的原件（即附件5），发票无原件。合议组认为，附件6是双方当事人均提交过的证据，其真实性可以认定，附件6是企业自行印制的印刷品，没有证据能证明其公开发行渠道，不是专利法意义上的公开出版物，也没有记载印刷和发布时间，因此，附件6本身既不能证明本专利外观设计在申请日前已经公开发表，也不能证明本专利外观设计产品在申请日前已经公开使用；发货花色单是与请求人有业务往来或利害关系的企业内部使用的记录，尽管请求人提交了原件，其真实性仍不够充分，并且其中记载的"1187黄金、白金"与附件6中50、51页记载的JZ-系列茶杯编号没有对应关系，不能证明其记载的就是具有本专利外观设计的产品；公证书是对叶林在公证处做证明这一事实过程的公证，对证明内容是否真实不能起到公证作用，叶林证言中所述的"1187黄金、白金茶杯花面"与附件6中50、51页记载的JZ-系列茶杯编号不符，不能相互印证，仅凭叶林的书面证言不能确认其所述的"1187黄金、白金花面茶杯"就是指本专利的外观设计；请求人没有提交发票的原件，发票复印件的真实性不能得到确认。总之，附件3的一组证据存在颇多疑点，并且不能彼此印证相互支持，合议组对附件3不予采信。

综上所述，合议组认为请求人对其所提交的所有证据附件1，附件2，附件3（包括附件5和6）都没有尽到充分的举证责任，无法确认其真实性。另一方面，专利权人对请求人所提证据的真实性提出异议并且提供了反证附件一和附件二，因此，合议组对请求人提交的上述所有证据均不予采信，请求人认为本专利不符合专利法第23条的理由不能得到支持。

三、决定

维持03342222.2号外观设计专利权有效。

当事人对本决定不服的，可以根据专利法第46条第2款的规定，自收到本决定之日起三个月内向北京市第一中级人民法院起诉。根据该条款的规定，一方当事人起诉后，另一方当事人应当作为第三人参加诉讼。

包装衬板（环氧胶35）

无效宣告请求审查决定（第9236号）

决 定 号	第9236号
决 定 日	2006年12月1日
发明创造名称	包装衬板（环氧胶35）
外观设计分类	19-08
无效宣告请求人	亨斯迈先进材料（瑞士）有限公司
专 利 权 人	袁宏伟
专 利 号	200430029888.9
申 请 日	2004年5月24日
授权公告日	2005年1月26日
合议组组长	崔哲勇
主 审 员	张度
参 审 员	詹靖康
附 图	1页
法 律 依 据	专利法第23条

决 定 要 点

仅仅一个字母的区别对产品的整体视觉效果没有显著影响，本专利与对比文件外观设计依整体观察、综合判断来看属于相近似的外观设计。

一、案由

本无效宣告请求涉及的是国家知识产权局于2005年1月26日授权公告的外观设计专利权，其名称为"包装衬板（环氧胶35）"，专利号是200430029888.9，申请日为2004年5月24日，专利权人是袁宏伟。

亨斯迈先进材料（瑞士）有限公司（下称请求人）于2005年8月3日以该外观设计专利权不符合专利法第23条的规定为理由提出无效宣告请求，为支持其理由所提出的证据有：

附件1：1996年第41期中国商标注册公告页（中国940040号商标）复印件2页；
附件2：1993年第41期中国商标注册公告页（中国676338号商标）复印件2页；
附件3：中国外观设计专利02368597.2复印件4页，授权公告日为2003年8月13日；
附件4：本专利。

请求人认为，200430029888.9号外观设计专利（下称本专利）在申请日以前已经公之于众，不符合专利法第 23 条的规定。

经形式审查合格，专利复审委员会于 2005 年 9 月 28 日发出无效宣告请求受理通知书，并将请求人提交的无效宣告请求书及其附件清单中所列附件的副本转送给专利权人（下称被请求人），要求被请求人在收到受理通知书之日起壹个月内陈述意见。

被请求人于 2005 年 10 月 22 日提交陈述意见书，要求对有关的五案同时举行口头审理。

本案合议组于 2006 年 5 月 9 日向双方当事人发出无效宣告请求口头审理通知书，定于 2006 年 6 月 27 日举行口头审理。

口头审理于 2006 年 6 月 27 日如期举行，请求人的代理人和专利权人的代表出席。请求人确认的无效宣告请求理由是本专利不符合专利法第 23 条的规定。专利权人认可本专利与附件 3 公开的图案、颜色基本相同。专利权人确认附件 2 和 3 正处于商标评审委员会评审过程中。

至此，双方当事人已经充分发表意见，可以在此基础上依法作出审查决定。

二、决定的理由

关于证据：由于附件 1 和 2 尚处在商标争议的审查程序中，其商标权地位尚未确定，因此在本案中不能作为"与他人在先取得的合法权利相冲突"的证据使用，附件 1 和 2 不能适用于依照专利法第 23 条评价本专利。附件 3 是本专利申请日以前公开发表的外观设计专利，适合用来评价本专利是否符合专利法第 23 条的规定。

现将本专利与附件 3 对比如下。本专利主视图和使用状态参考图主要布局均与附件 3 完全相同，具体对比可见本专利主视图和使用状态参考图中外文名称 Araldite 与附件 3 名称 Aroldite 仅"a"与"o"一个字母之差，下方安置胶筒的单色底板相同，中部左侧人物图案和右侧说明文字布局皆相同，并且单一底色与附件 3 同为红色；本专利后视图与附件 3 后视图布局完全相同。本专利与附件 3 的区别仅在于名称中一个字母之差。

合议组认为，面对布局和颜色相同仅一个字母之差的外观设计产品，一般消费者难以区分，极易造成混淆，仅仅一个字母的区别对产品的整体视觉效果没有显著影响，本专利与附件 3 外观设计依整体观察、综合判断来看极易使一般消费者产生混淆，二者属于相近似的外观设计。

综上所述，请求人提出本专利相对于附件 3 不符合专利法第 23 条规定的无效宣告请求理由成立。据此，合议组作出以下决定。

三、决定

宣告 200430029888.9 号外观设计专利权无效。

当事人对本决定不服的，可以根据专利法第 46 条第 2 款的规定，自收到本决定之日起三个月内向北京市第一中级人民法院起诉。根据该条款的规定，一方当事人起诉后，另一方当事人应当作为第三人参加诉讼。

主视图　　　　　　　　后视图　　　　　　　使用状态参考图

本专利附图

后视图　　　　　　　使用状态参考图　　　　　　　主视图

对比文件图
6w05476

硅酮密封胶包装塑料筒（9）

无效宣告请求审查决定（第9237号）

决 定 号	第9237号
决 定 日	2006年12月5日
发明创造名称	硅酮密封胶包装塑料筒（9）
外观设计分类	09-05
无效宣告请求人	亨斯迈先进材料（瑞士）有限公司
专 利 权 人	袁宏伟
专 利 号	200430029691.5
申 请 日	2004年3月26日
授权公告日	2004年12月1日
合议组组长	崔哲勇
主 审 员	张度
参 审 员	詹靖康
附 图	1页

法 律 依 据 专利法第23条

决 定 要 点

面对纵横布局和图形文字完全不同的外观设计产品，布局和图形文字的完全不同对产品的整体视觉效果具有显著影响，本专利与对比文件外观设计依整体观察、综合判断来看属于不相近似的外观设计。

一、案由

本无效宣告请求涉及的是国家知识产权局于2004年12月1日授权公告的外观设计专利权，其名称为"硅酮密封胶包装塑料筒（9）"，专利号是200430029691.5，申请日为2004年3月26日，专利权人是袁宏伟。

亨斯迈先进材料（瑞士）有限公司（下称请求人）于2005年8月3日以该外观设计专利权不符合专利法第23条的规定为理由提出无效宣告请求，为支持其理由所提出的证据有：

附件1：1996年第41期中国商标注册公告页（中国940040号商标）复印件2页；
附件2：1993年第41期中国商标注册公告页（中国676338号商标）复印件2页；
附件3：中国专利00332085.5复印件1页，授权公告日为2001年5月2日；
附件4：本专利。

请求人认为，第200430029691.5号外观设计专利（下称本专利）在申请日以前已经公之于众，不符合专利法第23条的规定。

经形式审查合格，专利复审委员会于2005年9月15日发出无效宣告请求受理通知书，并将请求人提交的无效宣告请求书及其附件清单中所列附件的副本转送给专利权人（下称被请求人），要求被请求人在收到受理通知书之日起壹个月内陈述意见。

被请求人于2005年10月22日提交陈述意见书，要求对有关的五案同时举行口头审理。

本案合议组于2006年5月9日向双方当事人发出无效宣告请求口头审理通知书，定于2006年6月27日举行口头审理。

口头审理于2006年6月27日如期举行，请求人的代理人和专利权人的代表出席。请求人确认的无效宣告请求理由是本专利不符合专利法第23条的规定。专利权人认可本专利与附件3公开的塑料筒外形形状相同，区别在于表面图案不同。专利权人确认附件2和3正处于商标评审委员会评审过程中。

至此，双方当事人已经充分发表意见，可以在此基础上依法作出审查决定。

二、决定的理由

关于证据：由于附件1和2尚处在商标争议的审查程序中，其商标权地位尚未确定，因此在本案中不能作为"与他人在先取得的合法权利相冲突"的证据使用，附件1和2不能适用于依照专利法第23条评价本专利。附件3是本专利申请日以前公开发表的外观设计专利，适合用来评价本专利是否符合专利法第23条的规定。

现将本专利与附件3对比如下。本专利主视图、后视图、左视图、右视图和俯视图外形与附件3塑料筒相应附图的外形完全相同，本专利与附件3的区别在于塑料筒表面文字、图形不同，本专利主视图标有大号外文名称"Aroldite"，后视图和右视图可见纵向排列五个小方格图形，附件3外观设计没有上述相应的文字和图形；本专利文字和图形都是纵向排列的，而附件3的文字和图形是横向排列的，视觉效果明显不同。

合议组认为，面对纵横布局和图形文字完全不同的外观设计产品，一般消费者很容易区分，不易造成混淆，布局和图形文字的完全不同对产品的整体视觉效果具有显著影响，本专利与附件3外观设计依整体观察、综合判断来看不会使一般消费者产生混淆，二者属于不相近似的外观设计。

综上所述，请求人提出本专利相对于附件3不符合专利法第23条规定的无效宣告请求理由不能成立。据此，合议组作出以下决定。

三、决定

维持200430029691.5号外观设计专利权有效。

当事人对本决定不服的，可以根据专利法第46条第2款的规定，自收到本决定之日起三个月内向北京市第一中级人民法院起诉。根据该条款的规定，一方当事人起诉后，另一方当事人应当作为第三人参加诉讼。

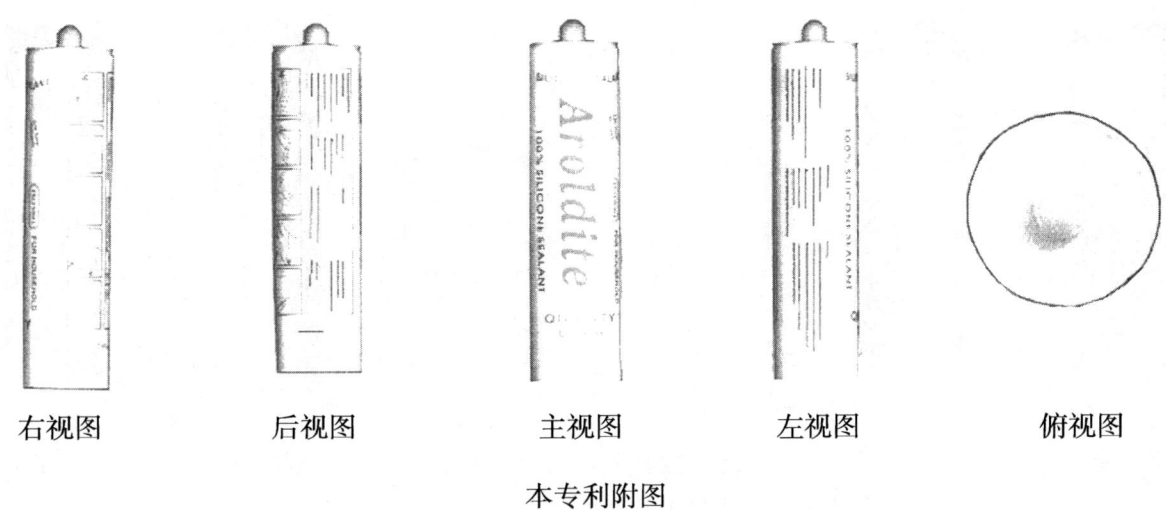

右视图　　　后视图　　　主视图　　　左视图　　　俯视图

本专利附图

    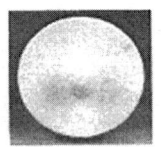  

主视图　　　　左视图　　　　仰视图　　　　仰视图　　　　右视图　　　　后视图

对比文件图
6w05473

北京市第一中级人民法院
行政判决书

(2007) 一中行初字第 531 号

原告亨斯迈先进材料（瑞士）有限公司，住所地瑞士巴塞尔市克里贝克街 200 号

委托代理人陈建民，女，北京三友专利代理有限责任公司专利代理人

委托代理人韩飘扬，女，北京三友专利代理有限责任公司专利代理人

被告国家知识产权局专利复审委员会，住所地北京市海淀区北四环西路 9 号银谷大厦 10~12 层

法定代表人廖涛，副主任

委托代理人张华，男，中华人民共和国国家知识产权局专利复审委员会审查员

第三人袁宏伟，男，住中华人民共和国湖南省浏阳市淮川办事处指背冲路 79 号附 1 号

原告亨斯迈先进材料（瑞士）有限公司不服被告中华人民共和国国家知识产权局专利复审委员会作出的第 9237 号无效宣告请求审查决定（以下简称无效决定），向本院提起行政诉讼。本院受理后依法组成合议庭，根据《中华人民共和国行政诉讼法》第二十七条、《中华人民共和国专利法》（以下简称《专利法》）第四十六条第二款的规定，通知袁宏伟作为第三人参加诉讼。本院于 2007 年 6 月 8 日、9 月 6 日公开开庭审理了本案，原告的委托代理人陈建民和韩飘扬、被告的委托代理人张华到庭参加了诉讼。经本院合法传唤，第三人袁宏伟未到庭参加诉讼，其亦未向本院提交书面意见，本院依法缺席审理。本案现已审理终结。被告针对原告提出的无效请求于 2006 年 12 月 5 日作出无效决定，其主要内容如下：本无效宣告请求涉及中华人民共和国国家知识产权局（以下简称知识产权局）于 2004 年 12 月 1 日授权公告的外观设计专利权，其名称为"硅酮密封胶包装塑料筒（9）"（以下简称本专利），专利号是 200430029691.5，申请日为 2004 年 3 月 26 日，专利权人是第三人。针对本专利，原告于 2005 年 8 月 3 日向被告提出无效宣告请求及下列证据：附件 1：1996 年第 41 期中国商标注册公告页（中国 940040 号商标）复印件 2 页；附件 2：1993 年第 41 期中国商标注册公告页（中国 676338 号商标）复印件 2 页；附件 3：中国专利第 00332085.5 号复印件 1 页，授权公告日为 2001 年 5 月 2 日；附件 4：本专利。被告经审查后认为：由于附件 1 和附件 2 尚处在商标争议的审查程序中，其商标权地位尚未确定，因此在本案中不能作为"与他人在先取得的合法权利相冲突"的证据使用，附件 1 和附件 2 不能适用于依照《专利法》第二十三条评价本专利。附件 3 是本专利申请日以前公开发表的外观设计专利，适合用来评价本专利是否符合《专利法》第二十三条的规定。将本专利与附件 3 对比如下：本专利主视图、后视图、左视图、右视图和俯视图外形与附件 3 塑料筒相应附图的外形完全相同，本专利与附件 3 的区别在于塑料筒表面文字、图形不同，本专利主视图标有大号外文名称"Aroldite"，后视图和右视图可见纵向排列五个小方格图形，附件 3 外观设计没有上述相应的文字和图形；本专利文字和图形都是纵向排列的，而附件 3 的文字和图形是横向排列的，视觉效果明显不同。被告认为，面对纵横布局和图形文字完全不同的外观设计产品，一般消费者很容易区分，不易造成混淆，布局和图形文字的完全不同对产品的整体视觉效果具有显著影响，本专利与附件 3 外观设计依整体观察、综合判断来看不会使一般消费者产生混淆，二者属于不相近似的外观设计。综上所述，原告提出本专利相对于附件 3 不符合《专利法》第二十三条规定的无效宣告请求理由不能成立。被告依据《专利法》第二十三条的规定，决定维持本专利有效。被告为证明无效决定的合法性，向本院提交了下列证据，用于证明无效决定认定的事实清楚，适用法律正确，被告

审理程序合法：1. 本专利公报；2. 1996 年第 41 期中国商标注册公告页（中国 940040 号商标，即附件 1）；3. 1993 年第 41 期中国商标注册公告页（中国 676338 号商标，即附件 2）；4. 第 ZL00332085.5 号专利公报（即附件 3）；5. 口头审理记录表；6. 无效决定书。原告诉称：1. 本专利与已有的外观设计相同且其文字和图形是早已公开的常规设计；2. 本专利的常规设计对一般消费者的整体视觉效果没有显著影响；3. 对一般消费者的视觉具有显著影响的只能是本专利产品的外观形状；4. 本专利与在先设计属于相近似的外观设计；5. 被告对于附件 1、附件 2 的认定错误；6. 被告对于原告所提附件 1、附件 2 作为出版物公开的无效理由未予审查。原告请求法院判决撤销无效决定。原告未向本院提交证据。被告辩称，1. 原告在提出无效宣告请求时，没有明确提出过以附件 1、附件 2 作为出版物公开的理由，且在口头审理中亦未明确提出该理由，原告对于附件 1、附件 2 只是提及了本专利与在先权利冲突的理由；2. 在口头审理时，原告对于第三人所述附件 1、附件 2 正处于商标评审过程中的事实已予认可，对于当事人均予认可的事实，被告可以认定。被告坚持无效决定的理由，请求法院判决维持无效决定。

经庭审质证，原告对被告提交证据的关联性、合法性、真实性没有异议，对其证明作用持有异议。本院根据最高人民法院《关于行政诉讼证据若干问题的规定》，对被告提交的证据认证如下：被告提交的证据 6 是本案被诉具体行政行为，不能作为证据使用；被告提交的其他证据均符合证据的相关要求，本院对其关联性、合法性、真实性予以确认，被告提交的证据可以证明本专利、对比文件、原告向被告提交证据以及口头审理等情况。

依据上述有效证据以及均无异议的当事人陈述，本院认定事实如下：

第三人于 2004 年 3 月 26 日向知识产权局申请名称是"硅酮密封胶包装塑料筒（9）"的外观设计专利权（即本专利），2004 年 12 月 1 日授权公告，专利权人是第三人。

针对本专利，原告于 2005 年 8 月 3 日向被告提出无效宣告请求，其理由是本专利不符合《专利法》第二十三的规定，即本专利不具有新颖性且与他人的在先合法权利相冲突。无效宣告请求书载明的主要理由是：1. 本专利与附件 3 属于相同的设计；2. 本专利与附件 1、附件 2 相比，系将他人在先权利作为自己设计中的主要图案，并且他人在先权利已经于本专利申请日之前公开；3. 本专利属于公知公用的包装物形状，不具有新颖性。原告向被告提交了 4 项证据，即附件 1、附件 2、附件 3、附件 4。

被告经形式审查合格，依法受理了上述无效宣告请求，并向原告和第三人发出无效宣告请求受理通知书，同时将双方提交的证据及意见陈述书转送对方。

2006 年 6 月 27 日举行了口头审理，原告和第三人均出席了口头审理。在口头审理中，原告确认的无效宣告请求理由是本专利不符合《专利法》第二十三条的规定、本专利与附件 3 公开的设计外形形状相同、区别在于表面图案不同；第三人认可本专利与附件 3 公开的塑料筒外形形状相同，区别在于表面图案不同；第三人确认附件 1、附件 2 正处于商标评审委员会评审过程中。原告及第三人均在口头审理记录表上签字确认。

被告经审查后作出无效决定，维持本专利有效。原告不服无效决定，向本院提起行政诉讼。

本院认为：根据《专利法》第四十六条第一款的规定，被告具有受理无效请求和作出无效决定的法定职权。根据当事人诉争的事项，本案争议的焦点问题是：1. 被告对附件 1、附件 2 的认定是否正确；2. 原告所提附件 1、附件 2 作为出版物公开的理由是否属于本案的审理范围；3. 本专利与附件 3 相比，是否属于相近似的外观设计。

第一，根据《审查指南》第四部分第八章第 4.3 节的规定，在无效宣告程序中，对一方当事人陈述的案件事实，另外一方当事人明确表示承认的，专利复审委员会应当予以确认。本案中，第三人在口头审理中提出附件1和附件2正处于商标评审委员会评审过程中。原告并未提出异议，且其在口头审理记录表上签字确认。由于附件1、附件2尚处在商标争议的审查程序中，其商标权地位尚未确定，不能作为"与他人在先取得的合法权利相冲突"的证据使用，被告对该证据的认定结论正确。

第二，根据《审查指南》第四部分第一章第2.3节、第三章第3.3节的规定，无效程序基于当事人的请求启动，无效宣告请求书中应当明确无效宣告请求范围，请求人应当具体说明无效宣告的理由。根据原告向被告提交的无效宣告请求书，以及口头审理记录的情况，原告没有明确提出以附件1、附件2作为出版物公开的理由，因此，该理由不属于本案的审理范围。

第三，根据《专利法》第二十三条的规定，授予专利权的外观设计，应当同申请日以前在国内外出版物上公开发表过或者国内公开使用过的外观设计不相同和不相近似。

将本专利与附件3所示外观设计对比，本专利主视图、后视图、左视图、右视图和俯视图外形与附件3塑料筒相应附图的外形完全相同，本专利与附件3的区别在于塑料筒表面文字、图形不同，本专利主视图标有大号外文名称"Aroldite"，后视图和右视图可见纵向排列五个小方格图形，附件3外观设计没有上述相应的文字和图形，本专利文字和图形都是纵向排列，而附件3的文字和图形是横向排列，视觉效果明显不同。对于纵横布局和图形文字完全不同的外观设计产品，一般消费者很容易区分，不易造成混淆，本专利与附件3所示外观设计属于不相近似的外观设计。

综上所述，被告作出的无效决定认定的事实清楚，适用法律正确，程序合法。原告的诉讼请求缺乏事实和法律依据，本院不予支持。据此，本院依照最高人民法院《关于执行〈中华人民共和国行政诉讼法〉若干问题的解释》第五十六条第（四）项的规定，判决如下：

驳回原告亨斯迈先进材料（瑞士）有限公司请求撤销被告中华人民共和国国家知识产权局专利复审委员会于二○○六年十二月五日作出的第9237号无效宣告请求审查决定的诉讼请求。

案件受理费1000元，由原告亨斯迈先进材料（瑞士）有限公司负担（已交纳）。

如不服本判决，原告亨斯迈先进材料（瑞士）有限公司可在本判决书送达之日起30日内，被告中华人民共和国国家知识产权局专利复审委员会及第三人袁宏伟可在本判决书送达之日起15日内，向本院递交上诉状，并按对方当事人的人数提交副本，上诉于中华人民共和国北京市高级人民法院。

审　判　长　饶亚东
代理审判员　刘景文
代理审判员　乔　军
二○○七年十二月二十日
书　记　员　张　涵

环氧胶包装底板（18）

无效宣告请求审查决定（第 9238 号）

决 定 号	第 9238 号
决 定 日	2006 年 12 月 1 日
发明创造名称	环氧胶包装底板（18）
外观设计分类	19-08
无效宣告请求人	亨斯迈先进材料（瑞士）有限公司
专 利 权 人	袁宏伟
专 利 号	200330103850.7
申 请 日	2003 年 11 月 25 日
授权公告日	2004 年 6 月 16 日
合议组组长	崔哲勇
主 审 员	张 度
参 审 员	詹靖康
附 图	1 页
法 律 依 据	专利法第 23 条

决 定 要 点

单一色彩的外观设计仅作色彩改变仍属于相近似的外观设计。

对于相同布局不同颜色的外观设计，仅仅颜色区别对产品外观设计的整体视觉效果没有显著影响，本专利与对比文件外观设计依整体观察、综合判断来看仅有底板颜色区别，属于相近似的外观设计。

一、案由

本无效宣告请求涉及的是国家知识产权局于 2004 年 6 月 16 日授权公告的外观设计专利权，其名称为"环氧胶包装底板（18）"，专利号是 200330103850.7，申请日为 2003 年 11 月 25 日，专利权人是袁宏伟。

亨斯迈先进材料（瑞士）有限公司（下称请求人）于 2005 年 8 月 3 日以该外观设计专利权不符合专利法第 23 条的规定为理由提出无效宣告请求，为支持其理由所提出的证据有：

附件 1：出版和使用公开的相关证据

1-1：建筑材料与设备指南年鉴 1997 第 184 页复印件；

1-2：1996 年 3 月至 1997 年 3 月在广州市第一公共汽车公司巴士车厢外的广告（复印件 7 页）

及有关广告刊出通知书（复印件1页）及合同（复印件1页）；

1-3：2001/2002年及2002/2003年在新加坡出版的工业用"绿页"（the "Green Book"）复印件共12页；

附件2：1996年第41期中国商标注册公告页（中国940040号商标）复印件2页；

附件3：1993年第41期中国商标注册公告页（中国676338号商标）复印件2页；

附件4：中国专利02368595.6复印件1页及其放大图3页，授权公告日为2003年8月13日；

附件5：本专利。

请求人认为，200330103850.7号外观设计专利（下称本专利）在申请日以前已经公之于众，不符合专利法第23条的规定。

经形式审查合格，专利复审委员会于2005年9月12日发出无效宣告请求受理通知书，并将请求人提交的无效宣告请求书及其附件清单中所列附件的副本转送给专利权人，要求专利权人在收到受理通知书之日起壹个月内陈述意见。

请求人于2005年9月2日和9月16日分两次提交了意见陈述书及补充证据，其中的补充证据是附件1-1和附件1-3的公证认证件，以及新加坡国立图书委员会关于附件1-3的证明信函及其中译文（均为复印件）。

专利权人于2005年10月22日提交陈述意见书，要求对有关的五案同时举行口头审理。

本案合议组于2006年5月9日向双方当事人发出无效宣告请求口头审理通知书，定于2006年6月27日举行口头审理，同时将请求人于2005年9月2日和16日提交的意见陈述书及附件转交专利权人。

口头审理于2006年6月27日如期举行，请求人的代理人和专利权人的代表出席。请求人确认的无效宣告请求理由是专利法第23条，请求人提交了附件1-1和附件1-3以及新加坡国立图书委员会关于附件1-3的证明信函的公证认证件原件（下称附件6），放弃附件1-2，请求人未提交附件1-3公证认证件和附件6的中文译文。专利权人对附件1-1和1-3的公证认证材料本身的真实性没有异议，对请求人未提交附件1-3和附件6的公证书中文译文有异议，并认为附件1-1的生成地在中国大陆地区，不需要公证。专利权人对附件2-4的真实性没有异议，确认附件2和3正处于商标评审委员会评审过程中。双方就本专利与附件1-1、附件1-3和附件4是否相同或相近似进行了充分的辩论，专利权人认可本专利与附件4的外观设计要素基本相同，区别是颜色不同；附件1-1第184页左下角两图与本专利外观设计构图相同，区别是颜色不同；附件1-3中01/02版和02/03版左起第二图与本专利外观设计构图基本相同，区别是附件1-3没有颜色。

至此，双方当事人已经充分发表意见，可以在此基础上依法作出审查决定。

二、决定的理由

关于证据：附件1-1是中国建筑工业出版社和香港贝思出版有限公司共同出版、1997年5月在中国大陆地区印刷的公开出版物，专利权人对其公证认证文件本身的真实性没有提出异议，在中国大陆地区印刷的公开出版物是否需要公证的问题对其真实性的确认没有影响，附件1-1在本案中可以作为证据使用。专利权人对请求人没有提交附件1-3公证认证文件中文译文提出异议，对此，合议组认为，提交外文证据的中文译文属于请求人应尽的举证责任，鉴于请求人在专利权人提出异议之后至今没有提交有关的译文，附件1-3在本案中不能作为证据使用。由于附件2和3尚处在商标争议的审查程序中，其商标权地位尚未确定，因此在本案中不能作为"与他人在先取得的合法权利相冲突"的证据使用，附件2和3不能适用于依照专利法第23条评价本专利。附件4是本专利申请日以前公开发表的外观设计专利，可以用来评价本专利是否符合专利法第23条的规定。

现将本专利与附件 1-1 比较如下。本专利主视图和使用状态参考图主要布局与附件 1-1 完全相同，具体对比可见主视图外文名称 Araldite 相同，左下方安置胶筒的单色底板相同，右下方从上到下的三个使用示意图和说明文字布局皆相同；附件 1-1 没有后视图。本专利与附件 1-1 的区别仅在于底板颜色不同。

现将本专利与附件 4 对比如下。本专利主视图和使用状态图主要布局均与附件 4 完全相同，具体对比可见主视图和使用状态图外文名称 Araldite 与附件 4 名称 Aroldite 仅一个字母之差，左下方安置胶筒的单色底板相同，右下方从上到下的三个使用示意图和说明文字布局皆相同；本专利后视图与附件 4 后视图布局完全相同。本专利与附件 4 的区别仅在于底板颜色不同。

按照审查指南第四部分第五章 6.5 的规定，单一色彩的外观设计仅作色彩改变仍属于相近似的外观设计。综合考虑本专利与附件 1-1 或附件 4 存在的颜色区别，合议组注意到本专利属于 ZL02368595.6（附件 4），ZL200330103850.7（本专利），ZL200330103859.8，ZL200430029887.4，ZL200430029888.9，ZL200430029886.X 等一系列同类外观设计中的一款，本专利权人同类的一系列外观设计底板有红、橙、蓝、黑色，其中本专利为黑色，附件 1-1 图片底板有红、橙、绿、蓝、紫色，附件 4 底板为天蓝色。对此，合议组认为，面对各种单色底板且布局相同的外观设计产品，一般消费者难以区分，极易造成混淆。换句话说，对于相同布局各种颜色的外观设计，仅仅颜色区别对产品的整体视觉效果没有显著影响，本专利与附件 4 外观设计依整体观察、综合判断来看仅有底板颜色不同，极易使一般消费者产生混淆，二者属于相近似的外观设计。

综上所述，请求人提出本专利相对于附件 4 不符合专利法第 23 条规定的无效宣告请求理由成立。据此，合议组作出以下决定。

三、决定

宣告 200330103850.7 号外观设计专利权无效。

当事人对本决定不服的，可以根据专利法第 46 条第 2 款的规定，自收到本决定之日起三个月内向北京市第一中级人民法院起诉。根据该条款的规定，一方当事人起诉后，另一方当事人应当作为第三人参加诉讼。

 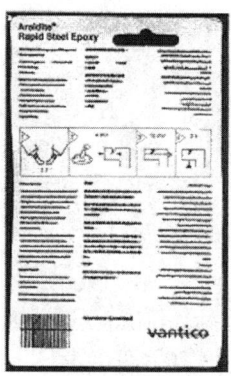 

主视图　　　　　　后视图　　　　　　使用状态图

本专利附图

 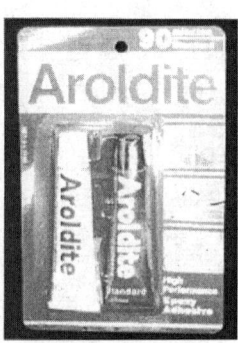 

后视图　　　　　使用状态参考图　　　　　主视图

对比文件图
6w05467

包装衬板（环氧胶 34）

无效宣告请求审查决定（第 9239 号）

决　定　号	第 9239 号
决　定　日	2006 年 12 月 5 日
发明创造名称	包装衬板（环氧胶 34）
外观设计分类	19-08
无效宣告请求人	亨斯迈先进材料（瑞士）有限公司
专　利　权　人	袁宏伟
专　利　号	200430029887.4
申　请　日	2004 年 5 月 24 日
授权公告日	2005 年 1 月 26 日
合议组组长	崔哲勇
主　审　员	张　度
参　审　员	詹靖康
附　　　图	1 页

法　律　依　据　专利法第 23 条
决　定　要　点

单一色彩的外观设计仅作色彩改变仍属于相近似的外观设计。

对于相同布局各种颜色的外观设计，仅仅颜色区别对产品外观设计的整体视觉效果没有显著影响，本专利与对比文件外观设计依整体观察、综合判断来看仅有底板颜色略有不同，二者属于相近似的外观设计。

一、案由

本无效宣告请求涉及的是国家知识产权局于 2005 年 1 月 26 日授权公告的外观设计专利权，其名称为"包装衬板（环氧胶 34）"，专利号是 200430029887.4，申请日为 2004 年 5 月 24 日，专利权人是袁宏伟。

亨斯迈先进材料（瑞士）有限公司（下称请求人）于 2005 年 8 月 3 日以该外观设计专利权不符合专利法第 23 条的规定为理由提出无效宣告请求，为支持其理由所提出的证据有：

附件 1：出版和使用公开的相关证据

1-1：建筑材料与设备指南年鉴 1997 第 184 页复印件；

1-2：1996 年 3 月至 1997 年 3 月在广州市第一公共汽车公司巴士车厢外的广告（复印件 7 页）

及有关广告刊出通知书（复印件1页）及合同（复印件1页）；

1-3：2001/2002年及2002/2003年在新加坡出版的工业用"绿页"（the "Green Book"）复印件共12页；

附件2：1996年第41期中国商标注册公告页（中国940040号商标）复印件2页；

附件3：1993年第41期中国商标注册公告页（中国676338号商标）复印件2页；

附件4：中国专利02368595.6复印件1页及其放大图3页，授权公告日为2003年8月13日；

附件5：本专利。

请求人认为，第200430029887.4号外观设计专利（下称本专利）在申请日以前已经公开使用，不符合专利法第23条的规定。

经形式审查合格，专利复审委员会于2005年9月28日发出无效宣告请求受理通知书，并将请求人提交的无效宣告请求书及其附件清单中所列附件的副本转送给专利权人，要求专利权人在收到受理通知书之日起壹个月内陈述意见。

请求人于2005年9月2日和16日两次提交了意见陈述书及补充证据，其中的证据是附件1-1和附件1-3的公证认证件，以及新加坡国立图书委员会证明信函及其中译文。

专利权人于2005年10月22日提交陈述意见书，要求对有关的五案同时举行口头审理。

本案合议组于2006年5月9日向双方当事人发出无效宣告请求口头审理通知书，定于2006年6月27日举行口头审理，同时将请求人于2005年9月2日提交的意见陈述书及附件转交专利权人。

口头审理于2006年6月27日如期举行，请求人的代理人和专利权人的代表出席。请求人确认的无效宣告请求理由是专利法第23条，请求人提交了附件1-1和附件1-3以及新加坡国立图书委员会关于附件1-3的证明信函的公证认证件原件（下称附件6），放弃附件1-2，未提交附件1-3公证认证件和附件6的中文译文。专利权人对附件1-1和1-3的公证认证材料本身的真实性没有异议，对请求人未提交附件1-3和附件6的公证书中文译文有异议，并认为附件1-1的生成地在中国大陆地区，不需要公证。专利权人对附件2-4的真实性没有异议，确认附件2和3正处于商标评审委员会评审过程中。双方就本专利与附件1-1、附件1-3和附件4是否相同或相近似进行了充分的辩论，专利权人认可本专利与附件4的外观设计要素基本相同，区别是颜色不同；附件1-1第184页左下角两图与本专利外观设计构图相同，区别是颜色不同；附件1-3中01/02版和02/03版左起第二图与本专利外观设计构图基本相同，区别是附件1-3没有颜色。

至此，双方当事人已经充分发表意见，可以在此基础上依法作出审查决定。

二、决定的理由

关于证据：附件1-1是中国建筑工业出版社和香港贝思出版有限公司共同出版、1997年5月在中国大陆地区印刷的公开出版物，专利权人对其公证认证文件本身的真实性没有提出异议，在中国大陆地区印刷的公开出版物是否需要公证的问题对其真实性的确认没有影响，附件1-1在本案中可以作为证据使用。专利权人对请求人没有提交附件1-3公证认证文件中文译文提出异议，对此，合议组认为，提交外文证据的中文译文属于请求人应尽的举证责任，鉴于请求人在专利权人提出异议之后至今没有提交有关的译文，附件1-3在本案中不能作为证据使用。由于附件2和3尚处在商标争议的审查程序中，其商标权地位尚未确定，因此在本案中不能作为"与他人在先取得的合法权利相冲突"的证据使用，附件2和3不能适用于依照专利法第23条评价本专利。附件4是本专利申请日以前公开发表的外观设计专利，适合用来评价本专利是否符合专利法第23条的规定。

现将本专利与附件1-1比较如下。本专利主视图和使用状态参考图中外观设计要素的主要布局与附件1-1第184页左下角两图完全相同，具体对比可见主视图外文名称Araldite相同，左下方安置胶筒的单色底板相同，右下方从上到下的三个使用示意图和说明文字布局皆相同；附件1-1没有后视图。本专利与附件1-1第184页左下角两图的区别仅在于底板颜色不同。

现将本专利与附件4对比如下。本专利主视图和使用状态参考图主要布局均与附件4完全相同，具体对比可见主视图和使用状态参考图外文名称Araldite与附件4名称Aroldite仅一个字母之差，左下方安置胶筒的单色底板相同，右下方从上到下的三个使用示意图和说明文字布局皆相同；本专利后视图与附件4后视图布局完全相同。本专利与附件4的区别仅在于底板颜色不同。

按照审查指南第四部分第五章6.5的规定，单一色彩的外观设计仅作色彩改变仍属于相近似的外观设计。综合考虑本专利与附件1-1或附件4存在的颜色区别，合议组注意到本专利属于ZL02368595.6（附件4），ZL200330103850.7（本专利），ZL200330103859.8，ZL200430029887.4，ZL200430029888.9，ZL200430029886.X等一系列同类外观设计中的一款，本专利权人同类的一系列外观设计底板有红、橙、蓝、黑色，其中本专利为蓝色，附件1-1图片底板有红、橙、绿、蓝、紫色，附件4底板为天蓝色。对此，合议组认为，面对各种单色底板且布局相同的外观设计产品，一般消费者难以区分，极易造成混淆。换句话说，对于相同布局各种颜色的外观设计，仅仅颜色区别对产品的整体视觉效果没有显著影响，本专利与附件4外观设计依整体观察、综合判断来看仅有底板颜色略有不同，极易使一般消费者产生混淆，二者属于相近似的外观设计。

综上所述，请求人提出本专利相对于附件4不符合专利法第23条规定的无效宣告请求理由成立。据此，合议组作出以下决定。

三、决定

宣告200430029887.4号外观设计专利权无效。

当事人对本决定不服的，可以根据专利法第46条第2款的规定，自收到本决定之日起三个月内向北京市第一中级人民法院起诉。根据该条款的规定，一方当事人起诉后，另一方当事人应当作为第三人参加诉讼。

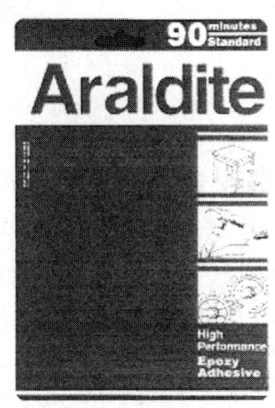  

主视图　　　　　　　　　后视图　　　　　　使用状态参考图

本专利附图

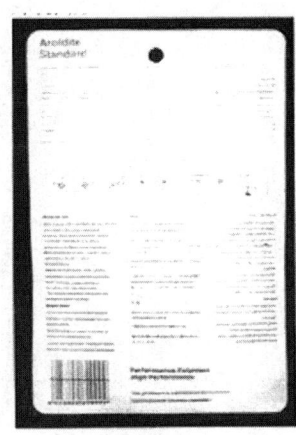
后视图

使用状态参考图
对比文件图
6w05471

主视图

包装衬板（环氧胶33）

无效宣告请求审查决定（第9240号）

决 定 号	第9240号
决 定 日	2006年12月1日
发明创造名称	包装衬板（环氧胶33）
外观设计分类	19-08
无效宣告请求人	亨斯迈先进材料（瑞士）有限公司
专 利 权 人	袁宏伟
专 利 号	200430029886.X
申 请 日	2004年5月24日
授权公告日	2004年12月1日
合议组组长	崔哲勇
主 审 员	张 度
参 审 员	詹靖康
附 图	1页

法 律 依 据 专利法第23条
决 定 要 点
单一色彩的外观设计仅作色彩改变仍属于相近似的外观设计。
对于相同布局各种颜色的外观设计，仅仅颜色区别对产品外观设计的整体视觉效果没有显著影响，本专利与对比文件外观设计依整体观察、综合判断来看仅有底板颜色略有不同，属于相近似的外观设计。

一、案由

本无效宣告请求涉及的是国家知识产权局于2004年12月1日授权公告的外观设计专利权，其名称为"包装衬板（环氧胶33）"，专利号是200430029886.X，申请日为2004年5月24日，专利权人是袁宏伟。

亨斯迈先进材料（瑞士）有限公司（下称请求人）于2005年8月3日以该外观设计专利权不符合专利法第23条的规定为理由提出无效宣告请求，为支持其理由所提出的证据有：

附件1：出版和使用公开的相关证据：
1-1：建筑材料与设备指南年鉴1997第184页复印件；
1-2：1996年3月至1997年3月在广州市第一公共汽车公司巴士车厢外的广告（复印件7页）

及有关广告刊出通知书（复印件1页）及合同（复印件1页）；

1-3：2001/2002年及2002/2003年在新加坡出版的工业用"绿页"（the "Green Book"）复印件共12页；

附件2：1996年第41期中国商标注册公告页（中国940040号商标）复印件2页；

附件3：1993年第41期中国商标注册公告页（中国676338号商标）复印件2页；

附件4：中国专利200330103859.8复印件4页，专利权人是袁宏伟，申请日为2003年11月25日，授权公告日为2004年6月23日；

附件5：中国专利02368595.6复印件4页，授权公告日为2003年8月13日；

附件6：本专利。

请求人认为，第200430029886.X号外观设计专利（下称本专利）在申请日以前已经公之于众，不符合专利法第23条的规定。

经形式审查合格，专利复审委员会于2005年9月15日发出无效宣告请求受理通知书，并将请求人提交的无效宣告请求书及其附件清单中所列附件的副本转送给专利权人（下称被请求人），要求被请求人在收到受理通知书之日起壹个月内陈述意见。

请求人于2005年9月2日2005年9月16日和提交了意见陈述书及补充证据，其中的证据是附件1-1和附件1-3的公证认证件，以及新加坡国立图书委员会证明信函及其中译文。

被请求人于2005年10月22日提交陈述意见书，要求对有关的五案同时举行口头审理。

本案合议组于2006年5月9日向双方当事人发出无效宣告请求口头审理通知书，定于2006年6月27日举行口头审理。

口头审理于2006年6月27日如期举行，请求人的代理人和专利权人的代表出席。请求人确认的无效宣告请求理由是专利法第23条，并且本专利与附件4相比不符合专利法第9条的规定。请求人提交了附件1-1和附件1-3以及新加坡国立图书委员会关于附件1-3的证明信函的公证认证件原件（下称附件6），放弃附件1-2，未提交附件1-3公证认证件和附件6的中文译文。专利权人对附件1-1和1-3的公证认证材料本身的真实性没有异议，对请求人未提交附件1-3和附件6的公证书中文译文有异议，并认为附件1-1的生成地在中国大陆地区，不需要公证。专利权人对附件2-5的真实性没有异议，确认附件2和3正处于商标评审委员会评审过程中。双方就本专利与附件1-1、附件1-3、附件4和附件5是否相同或相近似进行了充分的辩论，专利权人认可本专利与附件4的外观设计完全相同，与附件5的外观设计要素基本相同，区别是颜色不同；附件1-1第184页左下角两图与本专利外观设计构图相同，区别是颜色不同；附件1-3中01/02版和02/03版左起第二图与本专利外观设计构图基本相同，区别是附件1-3没有颜色。专利权人表示在5日内告知合议组有关附件4重复授权的处置意见（日后未告知）。

至此，双方当事人已经充分发表意见，可以在此基础上依法作出审查决定。

二、决定的理由

关于证据：附件1-1是中国建筑工业出版社和香港贝思出版有限公司共同出版、1997年5月在中国大陆地区印刷的公开出版物，专利权人对其公证认证文件本身的真实性没有提出异议，在中国大陆地区印刷的公开出版物是否需要公证的问题对其真实性的确认没有影响，附件1-1在本案中可以作为证据使用。专利权人对请求人没有提交附件1-3公证认证文件中文译文提出异议，对此，合议组认为，提交外文证据的中文译文属于请求人应尽的举证责任，鉴于请求人在专利权人提出异议之后至今没有提交有关的译文，附件1-3在本案中不能作为证据使用。由于附件2和3尚处在商标争议的审查程序中，其商标权地位尚未确定，因此在本案中不能作为"与他人在先取得的合法权利相冲突"的证据使用，附件2和3不能适用于依照专利法第23条评价本专利。附件4是在本专利申请日前提出并在本专利申请日后公开的外观设计申请，适合用来评价本专利是否符合专利法第9条的规定，附件5是本专利申请日以前公开发表的外观设计专利，适合用来评价本专利是否符合专利法第23条的规定。

专利法第9条规定：两个以上的申请人分别就同样的发明创造申请专利的，专利权授予最先申请的人。本专利的申请人与附件4的申请人是同一人，且图中的商品外文名称有一个字母不同，不适用专利法第9条，请求人认为本专利不符合专利法第9条的理由不成立。

现将本专利与附件1-1比较如下。本专利主视图和使用状态参考图主要布局与附件1-1第184页左下角两图完全相同，具体对比可见主视图外文名称Araldite相同，左下方安置胶筒的单色底板相同，右下方从上到下的三个使用示意图和说明文字布局皆相同；附件1-1没有后视图。本专利与附件1-1第184页左下角两图的区别仅在于底板颜色略有不同。

现将本专利与附件5对比如下。本专利主视图和使用状态参考图主要布局均与附件5完全相同，具体对比可见主视图和使用状态参考图外文名称Araldite与附件5名称Aroldite仅一个字母之差，左下方安置胶筒的单色底板相同，右下方从上到下的三个使用示意图和说明文字布局皆相同；本专利后视图与附件5后视图布局完全相同。本专利与附件5的区别仅在于底板颜色不同。

按照审查指南第四部分第五章6.5的规定，单一色彩的外观设计仅作色彩改变仍属于相近似的外观设计。综合考虑本专利与附件1-1或附件5存在的颜色区别，合议组注意到本专利属于ZL02368595.6（附件4），ZL200330103850.7（本专利），ZL200330103859.8，ZL200430029887.4，ZL200430029888.9，ZL200430029886.X等一系列同类外观设计中的一款，本专利权人同类的一系列外观设计底板有红、橙、蓝、黑色，其中本专利为红色，附件1-1图片底板有红、橙、绿、蓝、紫色，附件5底板为天蓝色。对此，合议组认为，面对各种单色底板且布局相同的外观设计产品，一般消费者难以区分，极易造成混淆。换句话说，对于相同布局各种颜色的外观设计，仅仅颜色区别对产品的整体视觉效果没有显著影响，本专利与附件5外观设计依整体观察、综合判断来看仅有底板颜色略有不同，极易使一般消费者产生混淆，二者属于相近似的外观设计。

综上所述，请求人提出本专利相对于附件5不符合专利法第23条规定的无效宣告请求理由成立。据此，合议组作出以下决定。

三、决定

宣告200430029886.X号外观设计专利权无效。

当事人对本决定不服的，可以根据专利法第46条第2款的规定，自收到本决定之日起三个月内向北京市第一中级人民法院起诉。根据该条款的规定，一方当事人起诉后，另一方当事人应当作为第三人参加诉讼。

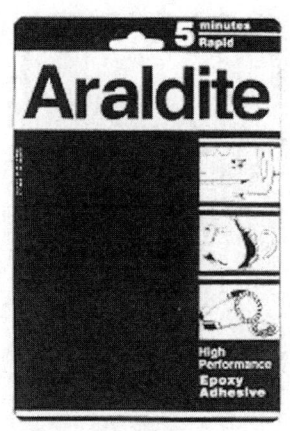 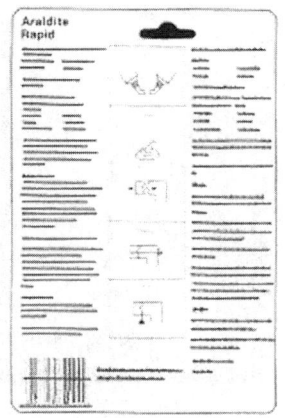 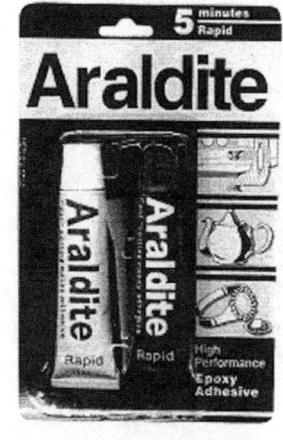

主视图　　　　　　　后视图　　　　　　使用状态参考图

本专利附图

 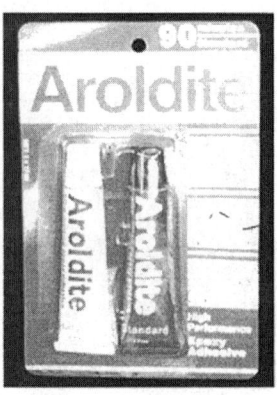 

后视图　　　　　　　　使用参考图　　　　　　　　主视图

对比文件图
6w05475

沙滩桌（HXPT-8836）

无效宣告请求审查决定（第9243号）

决 定 号	第9243号
决 定 日	2006年12月11日
发明创造名称	沙滩桌（HXPT-8836）
外观设计分类号	06-05
无效宣告请求人	谭英兰
被 请 求 人	罗雁翔
专 利 号	20023473282
申 请 日	2002年9月3日
授权公告日	2003年4月23日
合议组组长	徐媛媛
主 审 员	高 雪
参 审 员	耿 博
附 图	2页
法 律 依 据	专利法第23条
决 定 要 点	

变化状态的产品是指在销售和使用时呈现不同形状的产品。对于在先设计而言，所述产品的不同的外观均可用作与被比外观设计进行比较的对象。对于被比外观设计而言，应当以其使用状态的外观作为与在先设计进行比较的对象，产品的相同和相近似性取决于产品使用状态的外观设计的相同和相近似性。

一、案由

本无效宣告请求案涉及的是国家知识产权局于2003年4月23日授权公告的、名称为"沙滩桌（HXPT-8836）"的外观设计专利权（下称本专利），专利号为20023473282，申请日是2002年9月3日，专利权人为罗雁翔。

针对本专利，谭英兰（下称请求人）于2005年4月27日向专利复审委员会提出无效宣告请求，理由是本专利不符合专利法第23条、专利法实施细则第13条第1款的有关规定，同时请求人提交了以下附件作为证据：

附件1：专利号为19993302351的中国外观设计专利公告文本，授权公告日为2000年2月9日。

请求人认为，本专利与附件1属同类产品，附件1的各个视图与本专利的视图全部相同，因此本专利与附件1为同样的发明创造，不符合专利法第23条、专利法实施细则第13条第1款的有关规定，应予无效。

专利复审委员会经形式审查，于2005年6月27日受理了该无效宣告请求，并将无效宣告请求书及有关文件的副本转送给被专利权人，要求专利权人在指定期限内陈述意见。专利权人在指定期限内没有陈述意见。

2006年8月11日专利复审委员会向双方当事人发出合议组成员告知通知书，将本案的合议组组成人员告知了双方当事人，并明确告知双方当事人：如对上述合议组成员有回避请求的，请于收到本通知之日起7日内提交书面请求书，并且说明理由，必要时附具有关证据；逾期未答复，视为无回避请求。指定期限内双方当事人均未答复。

至此，双方当事人已有充分的机会发表意见，合议组认为本案事实已经清楚，可以作出本审查决定。

二、决定的理由

专利法第23条规定：授予专利权的外观设计，应当同申请日以前在国内外公开发表过或者国内公开使用过的外观设计不相同和不相近似，并不得与他人在先取得的合法权利相冲突。

请求人提交的附件1为专利文献，经合议组核实，对其真实性予以认可。附件1的授权公告日为2000年2月9日，在本专利的申请日之前，且与本专利具有相同的用途，属于同一种类的产品，因此可以作为评价本专利是否符合专利法第23条有关规定的对比文件，下文将附件2称为对比文件。

本专利为一可折叠的沙滩桌，其展开后为一桌四椅的状态，其中桌面的中央位置有一圆孔、左右两边分别设置一提手；围绕桌面顺时针设置的四把椅子有支架与桌面相联接，并分别有四个用于支撑的椅腿，每个椅面上有一圆盘形凹陷，在凹陷的中央位置有一小圆孔（详见本专利附图）。

对比文件为一可折叠的台椅，其展开状态之一为一桌四椅的状态，其中桌面的中央位置有一圆孔、左右两边分别设置一提手；围绕桌面逆时针设置的四把椅子有支架与桌面相联接，并分别有四个用于支撑的椅腿，椅面为网状设计（详见对比文件附图）。

本专利与对比文件均未请求保护色彩。

本专利和对比文件均为可折叠的产品，即在销售和使用时呈现不同形状的变化状态的产品。对于变化状态的产品，对比文件产品的不同的外观均可用作与本专利进行比较的对象，对于本专利，应当以其使用状态的外观作为与对比文件进行比较的对象，产品的相同和相近似性取决于产品使用状态的外观设计的相同和相近似性。

本专利的使用状态与对比文件的使用状态相比，其差别在于：围绕桌面设置的四把椅子的方向不同，本专利为顺时针方向围绕桌面，对比文件为逆时针方向围绕桌面；本专利椅面上有一圆盘形凹陷，在凹陷的中央位置有一小圆孔，对比文件的椅面为网状设计。

对此，合议组认为：本专利与对比文件相比，其使用状态的整体形状、结构基本相同，上述差别仅为局部的、细微的差别，对外观设计的整体视觉效果不具有显著影响。

综上所述，本专利与对比文件属于相近似的外观设计，因此，本专利的授权不符合专利法第23条的有关规定，请求人提出的关于宣告本专利权无效的请求成立。鉴于此，合议组对请求人提出的其他理由不再进行评述。

三、决定

宣告第20023473282号外观设计专利权无效。

当事人对本决定不服的，可以根据专利法第46条第2款的规定，自收到本决定之日起三个月内向北京市第一中级人民法院起诉。根据该款的规定，一方当事人起诉后，另一方当事人应当作为第三人参加诉讼。

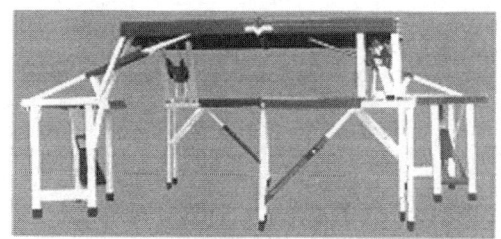
主视图

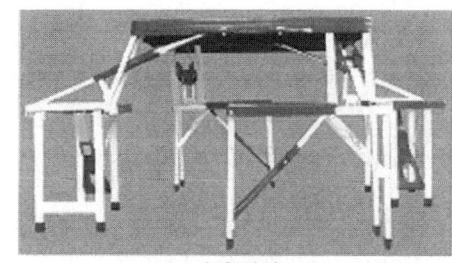
左视图

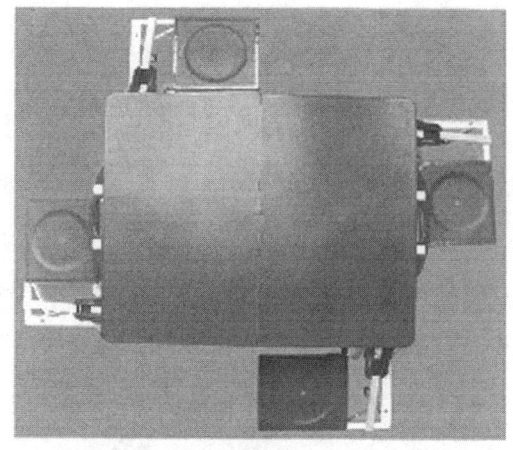
俯视图

立体图

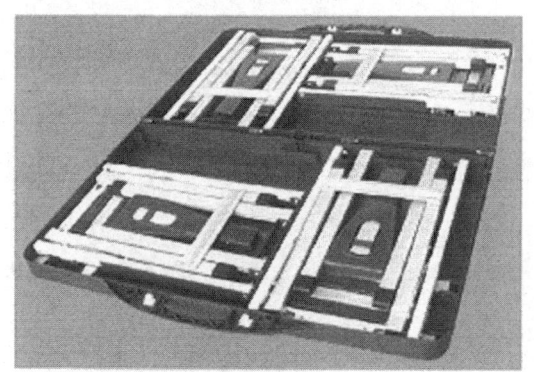
折叠状态图1

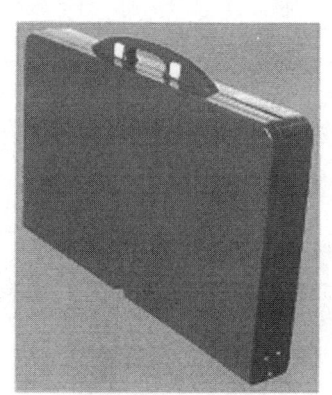
折叠状态图2

本专利附图

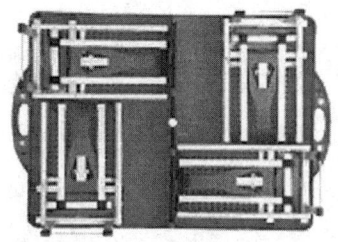

展开状态Ⅰ仰视图

展开状态Ⅰ俯视图

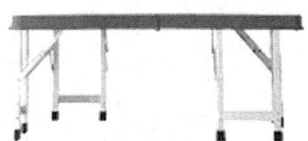

展开状态Ⅰ主视图

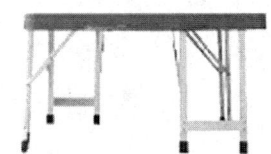

展开状态Ⅰ右视图

展开状态Ⅱ主视图

展开状态Ⅱ右视图

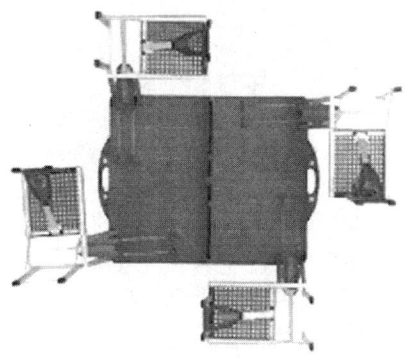

展开状态Ⅱ仰视图

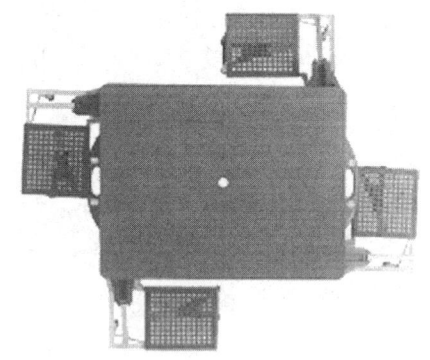

展开状态Ⅱ俯视图

对比文件图